ଆମେରିକାରେ ସତୁରି ଦିନ

ଆମେରିକାରେ ସତୁରି ଦିନ

ବିଜୟ ପଟ୍ଟନାୟକ

ବ୍ଲାକ୍ ଇଗଲ୍ ବୁକ୍ସ
ଭୁବନେଶ୍ୱର, ଓଡ଼ିଶା

BLACK EAGLE BOOKS
Dublin, USA

ଆମେରିକାରେ ସତୁରି ଦିନ / ବିଜୟ ପଟ୍ଟନାୟକ

ବ୍ଲାକ୍ ଇଗଲ୍ ବୁକ୍ସ : ଭୁବନେଶ୍ୱର, ଓଡ଼ିଶା ● ଡବ୍ଲିନ୍, ଯୁକ୍ତରାଷ୍ଟ୍ର ଆମେରିକା।

 BLACK EAGLE BOOKS

USA address:
7464 Wisdom Lane
Dublin, OH 43016

India address:
E/312, Trident Galaxy, Kalinga Nagar,
Bhubaneswar-751003, Odisha, India

E-mail: info@blackeaglebooks.org
Website: www.blackeaglebooks.org

First International Edition Published by
BLACK EAGLE BOOKS, 2025

AMERICARE SATURI DINA
by **Bijoy Pattanaik**
Z1 Estates, Vyom, Tower-B, Flat No-1302, Nandan Kanan Road,
Bhubaneswar-751024, Mob- 9437025429

Copyright © **Bijoy Pattanaik**

All rights reserved. No part of this publication may be reproduced, stored in a retrieval system, or transmitted, in any form or by any means, electronic, mechanical, photocopying, recording or otherwise without the prior permission of the publisher.

Cover & Interior Design: Ezy's Publication

ISBN- 978-1-64560-727-4 (Paperback)

Printed in the United States of America

ତୁମପାଇଁ......

ସ୍ନେହର ତମେ !
କଥା ଥିଲା, ହାତ ଧରି ଚ଼ାଲିବା ରାସ୍ତାର ଶେଷ ବିନ୍ଦୁଯାଏ,
କଥା ଥିଲା, ପାଦ ମିଳେଇ ଚାଲିବା ମୀନାରର ଶେଷ ପାହାଚ଼ ଯାଏ,
କଥା ଥିଲା, ଶୁଣୁଥିବା ପରସ୍ପରକୁ ହୃଦୟ ତନ୍ତ୍ରୀର ଶେଷ ସ୍ପନ୍ଦନ ଯାଏ।
କିନ୍ତୁ ଏ କ'ଣ କଲ ?
ହଠାତ୍ ହାତ ଛାଡି ଦେଲ, କୁଆଡେ କେମିତି ଚ଼ାଲିଗଲ କେଉଁ ଅଫେରା ରାଇଜକୁ।
ପଛକୁ ଥରେ ବି ଫେରି ଚ଼ାହିଁଲନି..... ମୁଁ କେମିତି ଅଛି !
ଆମେରିକା ବୁଲିଲି ଏକା ଏକା। କିନ୍ତୁ ପ୍ରତିଟି ମୂହୁର୍ତ୍ତରେ ତୁମେ ରହିଥିଲ ମୋ'ରି ଭିତରେ।
ପ୍ରତିଟି ସ୍ଥାନରେ ମତେ ଶୁଭି ଯାଉଥାଏ– 'ଟିକେ ଧୀରେ ଚ଼ାଲ, ମୁଁ ପଛକୁ ରହିଯାଉଛି ଯେ !'
ସବୁ ଦର୍ଶନୀୟ ସ୍ଥାନରେ ଦିଶି ଯାଉଥାଏ ତୁମରି ଆଖି।
ମୋ ଆଖିରେ ଲାଖି ରହିଥାଅ ତୁମେ।
ବେଳେ ବେଳେ ଲୁହ ହୋଇ ବାହାରିଆସିବାକୁ ଚ଼େଷ୍ଟା କର।
ତୁମକୁ ଅଟକେଇବା ତ ମୋ ପାଇଁ କଠିନ କାର୍ଯ୍ୟ,
ତଥାପି ଚ଼େଷ୍ଟା କରେ ଲୁହକୁ ରୋକି ଦେବା ପାଇଁ।
କିନ୍ତୁ ଲୁହମାନେ ତ ସବୁବେଳେ ଅମାନିଆଁ !
ଏ ଭ୍ରମଣ କାହାଣୀ ତୁମରି ପାଇଁ ସାମୁନୀ..... ଯେଉଁଠି ଥିଲେ ବି ନିଶ୍ଚିତ ପଢିବ।

(ଇତି)

ତମର 'ତମେ'

'ଆମେରିକାରେ ସତୁରି ଦିନ'ର ଆନ୍ତର୍ଜାତୀୟ ସଂସ୍କରଣ ପାଇଁ ପଦେ...

'ଆମେରିକାରେ ସତୁରି ଦିନ' ଭ୍ରମଣ କାହାଣୀର ଆନ୍ତର୍ଜାତୀୟ ସଂସ୍କରଣ ପ୍ରକାଶ ପାଇବା ଅତି ଆନନ୍ଦର କଥା। ବିଶ୍ୱର ସବୁ କୋଣରେ ଥିବା ପ୍ରବାସୀ ଓଡ଼ିଆମାନଙ୍କ ପାଇଁ ଏହା ଉପଲବ୍ଧ ହୋଇପାରିବ। ପୁସ୍ତକଟି ପ୍ରକାଶ ପାଇବାର ଦୁଇ ବର୍ଷ ଭିତରେ ଭ୍ରମଣ କାହାଣୀ ପର୍ଯ୍ୟାୟରେ ଦୁଇଟି ମର୍ଯ୍ୟାଦାବନ୍ତ ପୁରସ୍କାର (ରାଜଧାନୀ ପୁସ୍ତକ ମେଳା' ୨୦୨୨ ଓ ବ୍ୟାସକବି ଫକୀର ମୋହନ ସେନାପତି ସାହିତ୍ୟ ପରିଷଦ ପୁରସ୍କାର' ୨୦୨୪) ପ୍ରାପ୍ତି ନିଶ୍ଚିତ ଭାବରେ ଅସାଧାରଣ କଥା। ଏଥିପାଇଁ ଲେଖକ ଶ୍ରୀ ବିଜୟ ପଟ୍ଟନାୟକଙ୍କୁ ଆନ୍ତରିକ ଅଭିନନ୍ଦନ ଜ୍ଞାପନ କରୁଛି। ଲେଖକ ବୃତ୍ତିରେ ଜଣେ ଚାର୍ଟାର୍ଡ଼ ଆକାଉଣ୍ଟାଣ୍ଟ୍। କିନ୍ତୁ ନାଲ୍‌କୋ ଭଳି ବିଶିଷ୍ଟ ଶିଳ୍ପ ସଂସ୍ଥାର ଉଚ୍ଚ ପଦବୀରୁ ଅବସର ପରେ ପ୍ରବୃତ୍ତି ତାଙ୍କୁ ସାହିତ୍ୟ ଆଡ଼କୁ ଟାଣିଆଣିଛି ଓ ତାଙ୍କର ପ୍ରଥମ ଉଦ୍ୟମରେ ହିଁ ସେ ପାଠକମାନଙ୍କୁ ଚମତ୍କୃତ କରିପାରିଛନ୍ତି। ସାଧାରଣ ଲୋକ ଦୁଇ ନୟନରେ ଯାହା ଦେଖିନପାରେ, ଲେଖକ ତାର ତୃତୀୟ ନୟନରେ କିଛି ଅଲଗା ଦେଖିପାରେ। ଶ୍ରୀ ପଟ୍ଟନାୟକ ତାଙ୍କର ସତୁରି ଦିନର ଆମେରିକା ଭ୍ରମଣରେ ପ୍ରତିଟି ଜିନିଷକୁ ଇତିହାସ, ଭୁଗୋଳ ଓ ବିଜ୍ଞାନର ଯବକାଚ୍‌ରେ ଦେଖି ତାକୁ ଓଡ଼ିଆ ପାଠକମାନଙ୍କ ପାଇଁ ଅଭିନବ ରୂପରେ ପରିବେଷଣ କରିଛନ୍ତି। ସମ୍ପୂର୍ଣ୍ଣ ନୂତନ ବର୍ଣ୍ଣନା ଶୈଳୀର ଭ୍ରମଣ କାହାଣୀଟି ଓଡ଼ିଆ ସାହିତ୍ୟରେ ନିଜ ପାଇଁ ଏକ ସ୍ୱତନ୍ତ୍ର ସ୍ଥାନ ସୃଷ୍ଟି କରିପାରିଛି।

ପ୍ରଭୁ ଜଗନ୍ନାଥଙ୍କ କୃପାରୁ ହିଁ ଲେଖକଙ୍କର ସତୁରି ଦିନର ଯାତ୍ରାଟି ନିର୍ବିଘ୍ନରେ ସମାପ୍ତ ହୋଇପାରିଛି। ଯାତ୍ରା ଆରମ୍ଭରେ ଦିଲ୍ଲୀ ବିମାନ ବନ୍ଦରରେ ପାସପୋର୍ଟ ହଜିବା ଓ ମିଳିବା ତାଙ୍କରି ଲୀଳା ଛଡ଼ା ଆଉ କିଛି ନୁହଁ ବୋଲି ଲେଖକ ସ୍ୱୀକାର କହିଛନ୍ତି। ସେଇ ପ୍ରଭୁଙ୍କ କୃପାରୁ ପୁସ୍ତକଟି ଦେଶ ବିଦେଶରେ ଆଦୃତ ହେଉ।

ଲେଖକଙ୍କର କ୍ଷୁଦ୍ର ଗଳ୍ପ ସଂକଳନ 'ଈଶ୍ୱର ବି ଜୁଆ ଖେଳନ୍ତି' ନିକଟରେ ପ୍ରକାଶ ପାଇଛି। ଏହା ମଧ୍ୟ ପାଠକୀୟ ଶ୍ରଦ୍ଧା ଅର୍ଜନ କରିବ।

ଲେଖକ ଓ ତାଙ୍କ ଲେଖନୀ ପାଇଁ ଅଶେଷ ଶୁଭେଚ୍ଛା ଓ ଜଗନ୍ନାଥଙ୍କ ଆଶୀର୍ବାଦ ଝରିବା ପାଇଁ ପ୍ରାର୍ଥନା।

ପୀତବାସ ରାଉତରାୟ
ସଭାପତି, ଏକାମ୍ର ପୁସ୍ତକ ମହୋତ୍ସବ

‘ଆମେରିକାରେ ସତୁରି ଦିନ’ର ଆନ୍ତର୍ଜାତୀୟ ସଂସ୍କରଣ ମୂହୁର୍ତ୍ତରେ...

୨୦୨୨ରେ ଏହା ପ୍ରକାଶିତ ହେବାପରେ ତିନି ବର୍ଷ ବିତିଗଲାଣି। ଓଡ଼ିଆ ସାହିତ୍ୟରେ ଜଣେ ଅର୍ବାଚୀନ ଲେଖକର ପୁସ୍ତକ ଅନେକ ପଥ ଅତିକ୍ରାନ୍ତ କରିଆସିଛି। ସଂପୂର୍ଣ୍ଣ ଅପ୍ରତ୍ୟାଶିତ ଭାବେ ଦୁଇଟି ସମ୍ମାନଜନକ ପୁରସ୍କାର ମିଳି ଯାଇଛି। ୨୦୨୨ର ରାଜଧାନୀ ପୁସ୍ତକ ମେଳା ପୁରସ୍କାର ଓ ୨୦୨୪ର ଫକୀରମୋହନ ଭ୍ରମଣ ସାହିତ୍ୟ ପୁରସ୍କାର ଏ ପୁସ୍ତକ ଓ ଲେଖକ ପାଇଁ ସ୍ୱୀକୃତି ପ୍ରଦାନ କରିଥିବାରୁ ମୁଁ ନିଜକୁ ଓ ପୁସ୍ତକଟିକୁ ଭାଗ୍ୟବାନ୍ ମନେ କରୁଛି। ସମ୍ପୂର୍ଣ୍ଣ ଅଜଣା ସୂତ୍ରରୁ ବହି ବିଷୟରେ କିଛି ଟେଲିଫୋନ୍ ପାଇଛି ଓଡ଼ିଶାର ବିଭିନ୍ନ କୋଣ ଅନୁକୋଣରୁ। କେତେଜଣ ସହୃଦୟ ପାଠକ ପାଠିକା ଆମେରିକା ବୁଲିଯିବା ଆଗରୁ ବହିଟିକୁ ସାଙ୍ଗରେ ନେଇ ଯାଇଛନ୍ତି ଗାଇଡ୍ ହିସାବରେ। ମୋର ପରିଶ୍ରମ ସାର୍ଥକ ହେଇଛି। କିନ୍ତୁ, କିଛି ଦିନ ତଳେ ଗୋଟେ ଘଟଣା ମତେ ଏଇ ସଂସ୍କରଣ ପାଇଁ ଉତ୍ସାହିତ କଲା। ବନ୍ଧୁ ଶ୍ରୀ ଚିତ୍ତରଞ୍ଜନ ସ୍ୱାଇଁ ଆମେରିକା ଯାଇଥିଲା ବେଳେ ୱାସିଙ୍ଗ୍‌ଟନ୍ ଡିସିରେ ଦୀର୍ଘ ୩୫ ବର୍ଷ ଧରି ବାସକରୁଥିବା ତାଙ୍କର ଜଣେ ବନ୍ଧୁ ବହିଟିରେ କିଛି ନୂଆ ଜିନିଷ ଦେଖି ପଢ଼ିବା ପାଇଁ ଆଗ୍ରହାନ୍ୱିତ ହେଲେ ଓ କେମିତି ପାଇବେ ବୋଲି ପଚାରିଲେ। ତାଙ୍କୁ ବହିଟି ଦେଇଦେବାପାଇଁ ମୁଁ କହିଲି। ଭାବିଲି, ଭାରତ ବାହାରେ କେହି ଓଡ଼ିଆ ହୁଏତ ବହିଟିକୁ ପଢ଼ିବାକୁ ଇଚ୍ଛା କରିପାରନ୍ତି। ଏଇ ସମୟରେ ମୁଁ ବ୍ଲାକ୍ ଇଗଲ୍ ବୁକ୍ସ ବିଷୟରେ ଶୁଣିଲି। ଫୋନ୍ କଲି ଶ୍ରୀମାନ୍ ସତ୍ୟ ପଟ୍ଟନାୟକଙ୍କୁ। ଅନୁଜ ପ୍ରତିମ ସତ୍ୟ ବାବୁ ଉତ୍ସାହିତ କଲେ।

ଆଉ ଆଜି ‘ଆମେରିକାରେ ସତୁରି ଦିନ’ ତୃତୀୟ ବର୍ଷରେ ପଦାର୍ପଣ ସହିତ ଆନ୍ତର୍ଜାତିକ ବଜାରରେ ପ୍ରବେଶ କରିଛି। ଧନ୍ୟବାଦ୍ ସତ୍ୟବାବୁ!

ପୁଣି ଥରେ ଧନ୍ୟବାଦ୍ ଦେବି ଜଗନ୍ନାଥଙ୍କୁ। ଥ୍ୟାଙ୍କ୍ସ ପ୍ରଭୁ!

ବିଜୟ ପଟ୍ଟନାୟକ

୧୫ ଅଗଷ୍ଟ ୨୦୨୫

ମୋ କଥା...

୫ମ ଶ୍ରେଣୀରେ ପ୍ରଥମ ଭ୍ରମଣ କାହାଣୀ, ଶ୍ରୀହର୍ଷ ମିଶ୍ରଙ୍କର ପଶ୍ଚିମ ଦିଗନ୍ତ ପଢ଼ିଲା ଦିନଠୁ, 'ଆମେରିକା'ଗୋଟେ ସୁନେଲି ସ୍ୱପ୍ନ ହୋଇ ମନ ତଳେ ରହିଥିଲା। ତା'ପରେ ଅନେକ ଲେଖକଙ୍କର ଭ୍ରମଣ କାହାଣୀ ସେ ଆକାଂକ୍ଷାକୁ ତୀବ୍ରତର କରି ଆସିଥିଲେ। ୮/୧୦ ଦିନର ବିଦେଶ ଯାତ୍ରାରେ ବିମାନ ବା ଟୁରିଷ୍ଟ ବସ୍ ଝର୍କାରୁ ଦେଶର ପ୍ରକୃତ ସ୍ୱରୂପ ଦିଶେନି। ଲୋକମାନଙ୍କ ସଙ୍ଗେ ମିଶି ହୁଏନି। ସବ୍‌ୱେ ବା ଟ୍ରାମ୍‌ରେ ଅନିର୍ଦ୍ଦିଷ୍ଟ ଭାବରେ ବୁଲି ହୁଏନି। ସହର ଭିତରେ ବାରମ୍ବାର ହଜି ଯାଇ ନୂଆ ନୂଆ ଜାଗା ସବୁ ଆବିଷ୍କାର କରି ହୁଏନି। ବାଇସ୍କୋପ ପରି ବିଭିନ୍ନ ସ୍ଥାନଗୁଡ଼ିକର ଝଲକ ହିଁ ଫାଷ୍ଟ ଫରୱାର୍ଡ଼ ମୋଡ଼ରେ ଦେଖିବା ହିଁ ସାର। ଦୁଇଥର ୟୁରୋପ ଏଇପରି ଦେଖି ସାରିଲା ପରେ ଆମେରିକାକୁ ଟିକେ ଅଧିକ ନିବିଡ଼ ଭାବରେ ଦେଖିବାର ଇଚ୍ଛା ଥିଲା। ହଠାତ୍ ସୁଯୋଗ ଆସିଲା। ସିକାଗୋରେ ରହୁଥିବା ମୋର କଜିନ୍ ରଞ୍ଜୁ (ଜ୍ଞାନରଞ୍ଜନ ପଟ୍ଟନାୟକ), ପରିବାରର ଗୋଟେ ବାହାଘରରେ ଆସିଥିଲା। ମୋ କଥା ଶୁଣି କହିଲା, "ଭାଇ! ତମେ ଆସ। ଯେତେଦିନ ଇଚ୍ଛା ସେତେଦିନ ରୁହ। ଯେତେ ଇଚ୍ଛା ସେତେ ବୁଲ"। ଭାବିଲି, ତା' ପାଖେ ରହିଲେ ତ କେବଳ ସିକାଗୋ ଦେଖିବି। କିନ୍ତୁ ଆମେରିକା କେମିତି ଦେଖିବି? ଥରେ ତ ଯିବା କଥା! ସବୁଠୁ କମ୍ ଖର୍ଚ୍ଚରେ, ସବୁଠୁ କମ୍ ସମୟରେ ସବୁଠୁ ବେଶୀ ଆମେରିକା କେମିତି ଦେଖିବି? ଥୋମାସ୍ କୁକ୍, ଏସଓଟିସି, ମେକ୍‌ମାଇଁ ଟ୍ରିପ୍ ଆଦି ଟ୍ରାଭେଲ କମ୍ପାନୀମାନଙ୍କର ପ୍ୟାକେଜ୍ ଖୋଜିଲି। ଥୋମାସ୍ କୁକ୍‌ର ୧୯ଦିନର ପ୍ୟାକେଜ୍‌ଟି ସବୁଠୁ ଆକର୍ଷଣୀୟ ଲାଗିଲା। ସମ୍ପୂର୍ଣ୍ଣ ପୂର୍ବତଟ, ପଶ୍ଚିମତଟ (ଇଷ୍ଟକୋଷ୍ଟ ଆଣ୍ଡ ୱେଷ୍ଟକୋଷ୍ଟ) ସହ ବାହାମାସ୍ କ୍ରୁଜ୍ ଏଥିରେ ଥାଏ। ଯେହେତୁ ମୁଁ ଅଲଗା ଫେରିବି, ମତେ 'ଲ୍ୟାଣ୍ଡ ଓନ୍‌ଲି' ପ୍ୟାକେଜଟି ନେବାକୁ ପଡ଼ିଲା। ବିମାନ ଟିକଟ୍ ମୋର ଦାୟିତ୍ୱ। ଆମେରିକା ଭିସା ମିଳିବା କାଠିକର ପାଠ ବୋଲି କହନ୍ତି। ଭିସା ଇଣ୍ଟରଭ୍ୟୁରେ ଦୁଇ ତିନୋଟି ପ୍ରଶ୍ନ ପରେ ତରୁଣୀଟି କହିଲା,

"You are Welcome in America". ଦଶଦିନ ଭିତରେ ଦଶ ବର୍ଷର ଆମେରିକାନ୍ ଭିସା ମିଳିଗଲା। ୨୩ ଜୁନ୍, ୨୦୧୯ରୁ ଯାତ୍ରା ଆରମ୍ଭ ହେବାର ଥିଲା। ଥୋମାସ୍ କୁକ୍ କିନ୍ତୁ ତା'କୁ ୩୦ ଜୁନ୍‌କୁ ଘୁଞ୍ଚାଇ ଦେଲା। ବିମାନ ଟିକଟ୍ ତ କରିଦେଇଥିଲି। ଏବେ କ୍ୟାନସେଲ୍ କିମ୍ବା ରିସିଡ୍ୟୁଲ୍ କଲେ ବହୁତ କ୍ଷତି। ଭାବିଲି ସାତଦିନ ନ୍ୟୁୟର୍କରେ ଏକା ଏକା ବୁଲା ଯାଇପାରେ। ପୁରାତନ ବନ୍ଧୁ ନବକୁମାର ପ୍ରଧାନୀ ନ୍ୟୁୟର୍କ ପାଖରେ କୋଉଠି ରହନ୍ତି ବୋଲି ଥରେ ତାଙ୍କ ସହିତ ଦେଖା ହେଲାବେଳେ ଶୁଣିଥିଲି। ଫୋନ୍‌ରେ ସେ ବି ଉତ୍ସାହିତ କଲେ। ବାସ୍, ୪ ଦିନର ନ୍ୟୁୟର୍କ ଓ ୩ ଦିନର ଆଲବାନୀ ପ୍ରୋଗ୍ରାମ ହୋଇଗଲା।

ଦ୍ୱିତୀୟ ଦିନ ଠାରୁ ହ୍ୱାଟ୍‌ସ୍ ଆପ୍ ଗ୍ରୁପ୍ 'ଲଭ୍ ନେଷ୍ଟ'ରେ ବନ୍ଧୁମାନଙ୍କ ପାଇଁ ପ୍ରତିଦିନର ସଂକ୍ଷିପ୍ତ ଧାରାବିବରଣୀ ଫଟୋ ସହ ପୋଷ୍ଟ କରୁଥିଲି। ଯେ କୌଣସି ସ୍ଥାନ ଦେଖିଲା ବେଳକୁ ସେଇଠୁ ତା' ବିଷୟରେ ବୁଝିନିଏ । ଫଟୋ ସହ ତା'ର ଇତିହାସ, ଭୂଗୋଳ ବିଷୟରେ ଅଳ୍ପକରେ ଲେଖି ଦିଏ। ପୁରା ୭୦ ଦିନର ଅନୁଭବ ପୋଷ୍ଟ କରି ଚାଲିଥାଏ। ବନ୍ଧୁମାନେ ଉତ୍ସାହିତ କରୁଥାନ୍ତି ଫେରିଲା ପରେ ସମ୍ପୂର୍ଣ୍ଣ ଭ୍ରମଣ କାହାଣୀ ଲେଖିବା ପାଇଁ।

ଫେରିଲା ପରେ, ଯେତିକି ବିଷୟ ପଚାରି ବୁଝିଥିଲି ବା ସଂଗ୍ରହ କରିଥିଲି, ତା'କୁ ନେଇ ଇଣ୍ଟରନେଟ୍‌ରେ ଆହୁରି ଅଧିକ ରିସର୍ଚ୍ଚ କରିବାକୁ ପଡ଼ିଲା। ଯାହା ଦେଖିଛି ଓ ଫଟୋ ନେଇଛି କେବଳ ତା'ରି ବିଷୟରେ ଲେଖିଛି। ଯାହା ଦେଖିନି, ତା' ବିଷୟରେ ଲେଖିନି। ୭୦ ଦିନର ଅନୁଭୂତି ଲେଖିଲେ ଏତେ ଲମ୍ବା ହେବ ବୋଲି ଜାଣି ନଥିଲି। ପ୍ରତିଟି ଜିନିଷ ଯେମିତି ଦେଖିଛି ସେମିତି ଲେଖିଛି। ଏହାକୁ ଭ୍ରମଣ କାହାଣୀ ନକହି ଭ୍ରମଣ ବିବରଣୀ କହିବା ଅଧିକ ସମିଚ୍ୀନ ହେବ। ଘଟଣା ଗୁଡ଼ିକର ଲାଇଭ୍‌ଷ୍ଟ୍ରିମିଙ୍ଗ୍‌ର ଅନୁଭବ ଦେବା ପାଇଁ ଚେଷ୍ଟା କରିଛି। ପାଠକ ମୋ ସହିତ ଥାଇ ପ୍ରତିଟି ଦର୍ଶନୀୟ ଜିନିଷର ପ୍ରତ୍ୟକ୍ଷ ଦର୍ଶନର ଅନୁଭୂତି ପାଇବେ। ଏ ଲେଖା ଯଦି କାହାକୁ ଆମେରିକା ଭ୍ରମଣ ପାଇଁ ପ୍ରେରିତ କରିପାରିଲା, ମୁଁ ଖୁସି ହେବି।

ଆମେରିକାର ସ୍ୱାଧୀନତା ସଂଗ୍ରାମ ଓ ଗୃହଯୁଦ୍ଧକୁ ଛାଡ଼ି ଆମେରିକାକୁ ବୁଝିବା ଅସମ୍ପୂର୍ଣ୍ଣ। ତା'ଛଡ଼ା ବିଭିନ୍ନ ସ୍ଥାନରେ ଏ ସବୁର ସ୍ମୃତିର ଚିହ୍ନ ଦେଖିବାକୁ ମିଳେ। ତେଣୁ ସେ ସମସ୍ତ ତଥ୍ୟକୁ ଏକାଠି କରି ଉପସ୍ଥାପିତ କରିଛି। ସେଇପରି ଆମେରିକାର ରାଷ୍ଟ୍ରପତି ନିର୍ବାଚନକୁ ଛାଡ଼ି ୱାଶିଂଟନ ଡ଼ିସି ଓ ହ୍ୱାଇଟ୍ ହାଉସ୍ ବିଷୟରେ ଜାଣିବା ଅସମ୍ପୂର୍ଣ୍ଣ। ତେଣୁ ତିନୋଟି ଅଧ୍ୟାୟ ଯୋଗ କରିଛି।

ସ୍କୁଲ, କଲେଜ ପରେ ଓଡ଼ିଆରେ ଲେଖାଲେଖିର ଅଭ୍ୟାସ ନଥିଲା। ତା'ଛଡ଼ା

ସଠିକ୍ ଓଡ଼ିଆ ଶବ୍ଦ ଖୋଜି ପାଇବା ଏକ ଦୂରୁହ ବ୍ୟାପାର। ମୁଣ୍ଡ ଭିତରେ ଓଡ଼ିଆ ଭିତରକୁ ଇଂରାଜୀ ଶବ୍ଦମାନଙ୍କର ଧସେଇ ପଶିବା ଏକ ପୁରୁଣା ଅଭ୍ୟାସ। କିନ୍ତୁ ଏଥିରେ ମତେ ସାହାଯ୍ୟ କଲା 'ଗୁଗୁଲ ଟ୍ରାନ୍ସଲେଟ୍'। ହିନ୍ଦୀ ବା ବଙ୍ଗଳାର ପ୍ରତି ଶବ୍ଦ ମିଳିଗଲେ। କିଛିଦିନ ପରେ ଓଡ଼ିଆ ଟ୍ରାନ୍ସଲେଟ୍ ବି ଆସିଗଲା ଆଉଟିକେ ସୁବିଧା ହୋଇଗଲା। କିନ୍ତୁ ଓଡ଼ିଆ ଗୁଗୁଲ ଟ୍ରାନ୍ସଲେଟ୍ ଏବେ ବି ଶିଶୁ ଅବସ୍ଥାରେ ରହିଛି।

ବହିଟି ଓଡ଼ିଆରେ ଲେଖା ହୋଇଛି। କିନ୍ତୁ ଅନେକ ଇଂରାଜୀ ଶବ୍ଦ ମୁଁ ବ୍ୟବହାର କରିଛି। ଓଡ଼ିଆ ପ୍ରତିଶବ୍ଦ ମୁଁ ବ୍ୟବହାର କରିନି। ଓଡ଼ିଆ ଶବ୍ଦରେ ଟାଇମ୍ ସ୍କୋୟାର ଭିଡ଼ ଭିତରର ଥ୍ରିଲ୍(ରୋମାଞ୍ଚ) ଆସି ନଥାନ୍ତା। ପାଠକମାନଙ୍କୁ ନିଜେ ଆମେରିକା ବୁଲିବାର ଅନୁଭୂତି ଦେବା ପାଇଁ ଚେଷ୍ଟା କରିଛି।

ଚେଷ୍ଟା କରିଚି ସବୁବିଷୟରେ ସଠିକ୍ ତଥ୍ୟଦେବା ପାଇଁ। ତଥାପି ଯଦି କେଉଁଠି କିଛି ଅସଂଗତି ରହିଯାଇଥାଏ, ଜଣାଇଲେ ପରବର୍ତ୍ତି ପ୍ରକାଶନରେ ସଂଶୋଧନ କରିବାକୁ ଚେଷ୍ଟା କରିବି ।

୩୫୦ ପୃଷ୍ଠା ଲେଖିବା ପାଇଁ ପ୍ରାୟ ଦେଢ଼ବର୍ଷ ଲାଗିଗଲା। କରୋନା ଲକ୍‌ଡ଼ାଉନ ଯୋଗୁଁ ଡ଼ିଟିପି ଅନେକ ସମୟ ନେଲା। ଯା'ହେଉ, ଶେଷରେ ବହିଟି ଦିନର ଆଲୋକ ଦେଖି ପାରିଲା।

ବହି ଲେଖା ସରି ଆସିଲା ବେଳକୁ ରଞ୍ଜୁ ୨୦୨୧-୨୨ ପାଇଁ Orissa Society of Americas(OSA)ର President ଭାବେ ନିର୍ବାଚିତ ହୋଇଥିଲା। ଆମେରିକାନ୍ ଓଡ଼ିଆ ସମାଜରେ 'ଜ୍ଞାନ ପଟ୍ଟନାୟକ' ଏକ ଜଣାଶୁଣା ନାଁ ।

ଜଗନ୍ନାଥଙ୍କୁ ଅଶେଷ ଧନ୍ୟବାଦ। ଆମେରିକା ଟୁର୍‌ର ଟୁର ଅପରେଟର୍ ସେ, ଏ ଲେଖାର ଲେଖକ ବି ସେ।

ଶେଷରେ ତାଙ୍କରି ପାଦ ତଳେ ଏହି ପୁସ୍ତକଟି ସମର୍ପିତ ....

ବିଜୟ ପଟ୍ଟନାୟକ

ସୂଚିପତ୍ର

ମୋ କଥା......	୧୧
୨୧ ଘଣ୍ଟାରେ ପୃଥିବୀର ଏପଟରୁ ସେପଟ	୧୭
ନ୍ୟୁୟର୍କରେ ପ୍ରଥମ ସକାଳ	୨୯
ନ୍ୟୁୟର୍କର ବର୍ଷାଭିଜା ସକାଳ ଓ ମିନିକ୍‌ର ଲୁହ	୪୫
ଷ୍ଟ୍ରବେରୀ ଫିଲ୍ଡରେ ଦିନ ଓ ଟାଇମ୍ ସ୍କୋୟାରରେ ସଂଧ୍ୟା	୬୨
ଧ୍ୱଂସସ୍ତୁପରୁ ଅକ୍ୟୁଲସ୍‌ର ଉଡ଼ାଣ ଓ ସର୍ଭାଇଭର ଟ୍ରି	୭୬
ଆଲବାନୀ ଓ ହ୍ରଦରାଣୀ	୯୬
ସେରାଟନ୍, ଟାଇମ୍‌ସ୍କୋୟାର ଓ ଷ୍ଟୋନ୍‌ୱାଲ'୫୦	୧୧୦
ଷ୍ଟାଚ୍ୟୁ ଅଫ୍ ଲିବର୍ଟି ଓ ରକଫେଲର ସେଣ୍ଟର	୧୧୭
କାଚର ସହର ଓ ଉତ୍ତାଳ ପ୍ରପାତ	୧୨୮
ଶ୍ୱେତ ପ୍ରାସାଦ ସାମ୍ନାରେ ବିଶ୍ୱଶାନ୍ତିର ଉନ୍ନିଦ୍ର ପ୍ରହରୀ	୧୪୩
ଆମେରିକାନ୍ ଇଣ୍ଡିପେଣ୍ଡେନ୍ସ ୱାର୍	୧୫୮
ଆମେରିକାନ୍ ସିଭିଲ୍ ୱାର୍	୧୬୫
ଆମେରିକାର ପ୍ରେସିଡେଣ୍ଟ୍ ଇଲେକ୍‌ସନ୍	୧୭୦
ଅନ୍ତରୀକ୍ଷକୁ ପ୍ରବେଶ ଦ୍ୱାର, ନାସା	୧୭୫
ଏପ୍‌କଟ୍‌ରେ ମିସନ୍‌ସ୍ପେସ୍ ଓ ମଙ୍ଗଳ ଅବତରଣ	୨୦୬
ବାହାମାସ୍ କ୍ରୁଜ୍- ନାସାରୁ ନାସାଉ	୨୧୫
ସ୍ୱର୍ଣ୍ଣ ଦ୍ୱାରର ରକ୍ତିମ ତୋରଣ ଓ ଅନାହୂତ ସି-ଲାୟନ୍‌ମାନେ	୨୩୯
ପାପର ପୁରୁଣା ଠିକଣା ଓ ବିଷ୍ଣୁମନ୍ଦିରର ନୂଆ ଠିକଣା	୨୫୧
ସପନ ବଣିଜର ନଗରୀରେ ତାରେଁ ଜମିନ୍‌ପର୍	୨୭୧
ପବନର ସହରରେ ମେଘର ତୋରଣ ଓ ପରୀର ଅଭିସାର	୨୮୭
ମିସିସିପି ଓ ପଶ୍ଚିମ ସମ୍ପ୍ରସାରଣ	୩୦୭
ଡେନ୍‌ଭର ଓ ରକିଜ୍	୩୧୯
ଆମେରିକାରେ ଗାଁ ଓ ଘର	୩୩୧
ନଦୀର ଧାରେ ଧାରେ, ହ୍ରଦର ତୀରେ ତୀରେ	୩୪୧
ନାପରଭିଲ୍ - ଘରେ ଘରେ ଉଡ଼ାଜାହାଜ	୩୫୫
ଫେରିବା ଏଥର	୩୫୮

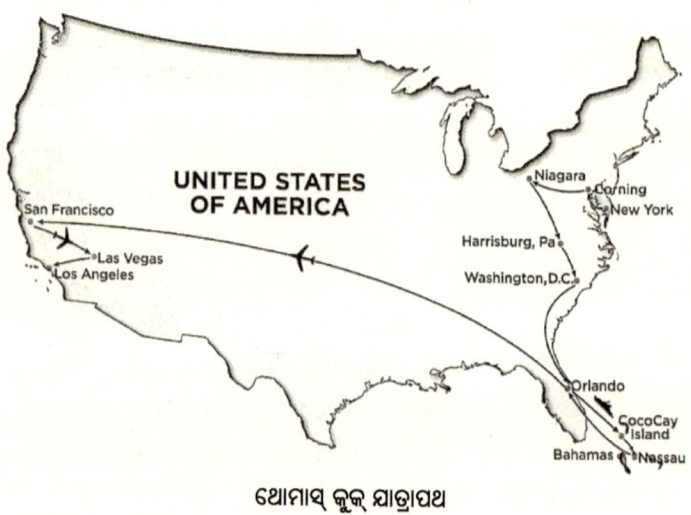

UNITED STATES
OF AMERICA
San Francisco
Las Vegas
Los Angeles
Niagara
Corning
New York
Harrisburg, Pa
Washington, D.C.
Orlando
CocoCay
Island
Bahamas
Nassau

ଥୋମାସ୍ କୁକ୍ ଯାତ୍ରାପଥ

୨୧ ଘଣ୍ଟାରେ ପୃଥିବୀର ଏପଟରୁ ସେପଟ

୨୨.୦୬.୨୦୧୯ (ଶୁକ୍ରବାର)

ଦିଲ୍ଲୀ ଏୟାରପୋର୍ଟରେ ଝିଅଜୋଇଁ ବିଦାୟ ଦେଲେ। ଇଣ୍ଟରନ୍ୟାସ୍‌ନାଲ ଟର୍ମିନାଲରୁ ଚତୁର୍ଥ ଯାତ୍ରା। ମୋର ପ୍ରଥମ ଯାତ୍ରା ୨୦୦୭ରୁ ଏ ପର୍ଯ୍ୟନ୍ତ ଦିଲ୍ଲୀ ଆନ୍ତର୍ଜାତୀୟ ବିମାନବନ୍ଦରର ଅକଳ୍ପନୀୟ ପରିବର୍ତ୍ତନ ହୋଇଯାଇଛି, ଯାହାକୁ କହନ୍ତି କାୟାକଳ୍ପ ପରିବର୍ତ୍ତନ। ମଧ୍ୟପ୍ରାଚ୍ୟ, ଆମେରିକା, ଇଉରୋପର ପ୍ରମୁଖ ଏୟାରପୋର୍ଟଗୁଡ଼ିକୁ ଦେଖିସାରିଲା ପରେ ଆମେ ପଛରେ ପଡ଼ିଥିବା ପରି ଲାଗେନି। ବରଂ ଅନେକ ପ୍ରଖ୍ୟାତ ଏୟାରପୋର୍ଟ ସମକକ୍ଷ ବା ଅଧିକ ସୁନ୍ଦର। ରାତି ୪.୪୫ AM ରେ ଏତିହାଦ୍ ଏଆରଲାଇନ୍‌ର ବିମାନରେ ଆବୁଧାବି ପର୍ଯ୍ୟନ୍ତ ୪ ଘଣ୍ଟାର ଯାତ୍ରା ପରେ ୩ ଘଣ୍ଟାର ରହଣି ଓ ସେଠୁ ନିଉୟର୍କ ପାଇଁ ୧୪ ଘଣ୍ଟାର ଉଡ଼ାଣ। ସିକ୍ୟୁରିଟି ଚେକ୍-ଇନ୍ ଓ ଇମିଗ୍ରେସନ୍ ସବୁ ସରିଗଲା। ସିଧା ଯାଇ ଏତିହାଦ୍ ଗେଟ୍ ପାଖରେ ବସିଲି ୨.୦୦ AM ସୁଦ୍ଧା। ହାତରେ ଦି'ଘଣ୍ଟା। ବୋର୍ଡ଼ିଂ ପାସ୍, ପାସ୍‌ପୋର୍ଟ ଆଦି ନିହାତି ସାବଧାନରେ ରଖିବାକୁ ପଡ଼ିବ ବିଦେଶ ଯାତ୍ରା ସମୟରେ। ବସି ପଢ଼ାପଢ଼ି କରୁଥାଏ। ଏତିହାଦ୍ ବୋର୍ଡ଼ିଂ ଆରମ୍ଭ ହେଲା। ଭାବିଲି ଲମ୍ବା ଲାଇନ୍‌ରେ କାହିଁକି ଠିଆ ହେବି? ଶେଷ ୧୫ ମିନିଟ୍ ଲାଇନ୍‌ରେ ଲାଗି ଯିବି। ହଠାତ୍ ଦେଖିଲି, ପାସ୍‌ପୋର୍ଟ ଓ ବୋର୍ଡ଼ିଂ ପାସ୍ ପକେଟ୍‌ରେ ନାହିଁ। ହ୍ୟାଣ୍ଡବ୍ୟାଗ୍, ପକେଟ୍, ଲାପଟପ୍ ବ୍ୟାଗ୍ ସବୁ ଖୋଜିଲି। କୋଉଠିବି ନାହିଁ। ମୁଣ୍ଡ ଖରାପ। ଏଆର ଲାଇନ୍ କର୍ମଚାରୀଙ୍କୁ କହିଲାରୁ ମୋ ବ୍ୟାଗ୍‌କୁ ଅଲଗା କରି ଦେବାକୁ କହିଲା। ୫୦° ସେଣ୍ଟିଗ୍ରେଡ୍ ଉତ୍ତାପ ମସ୍ତିଷ୍କରେ। ମୁଁ ତ ସିଧା ଆସି ବସିଲି। ବେଶୀ କୁଆଡ଼େ ବୁଲାବୁଲି କରିନି। କେମିତି ହଜିଲା? ଆଉ ଦଶ ମିନିଟ୍। ଭାବିଲି ଜଗନ୍ନାଥଙ୍କର ଇଚ୍ଛା ନାହିଁ। ଆମେରିକା ବୁଲା ବାତିଲ୍। ଆଖିକୁ ଲୁହ ଆସିଗଲା। ଜୀବନର ସବୁଠୁ ବଡ଼ ସକ୍...! ଏଆର ଲାଇନ୍ ଗେଟ୍‌ରୁ ଫେରସ୍ତ...! ହଠାତ୍ ଜଣେ

ଭଦ୍ରଲୋକ ଟି-ସାର୍ଟ ଭିତରକୁ ଦେଖାଇ କହିଲେ .... "କିଛି ବାହାରକୁ ଦିଶୁଛି।" ହେ ଭଗବାନ୍ ! ଅତି ସତର୍କ ହୋଇ ଗୋଟେ ପ୍ଲାଷ୍ଟିକ୍ ପାଉଚରେ ପାସ୍‌ପୋର୍ଟ ଇତ୍ୟାଦି ରଖି ବେକରେ ଝୁଲାଇ ଦେଇଥିଲି, କାଳେ କୋଉଠି ଖସି ପଡ଼ିଯିବ ବୋଲି। ସେଇଟା ମୋର ନିୟମିତ ଅଭ୍ୟାସ ନୁହେଁ। ତେଣୁ ମନେପଡ଼ିଲାନି ଠିକ୍ ସମୟରେ। ନିଶ୍ୱାସ ଟିକେ ନେଲି। ଶେଷ ଯାତ୍ରୀ ହିସାବରେ ଭିତରକୁ ପ୍ରବେଶ କଲି। ଜଗନ୍ନାଥଙ୍କୁ ପ୍ରଥମେ ଧନ୍ୟବାଦ ଦେଲି। କିନ୍ତୁ ପରମୁହୂର୍ତ୍ତରେ ମନଭରି ଗାଳିଦେଲି ଏରୋ ବ୍ରିଜ୍‌ରେ ଯାଉଯାଉ। ଆଉ ଟିକକରେ ତ ମତେ ଛାଡ଼ି ବିମାନ ଉଡ଼ିଯାଇଥାନ୍ତା ! କ'ଣ ଦରକାର ଥିଲା ଏପରି ଝଟ୍‌କା ଦେବା ପାଇଁ ? ? ଉଡ଼ାଜାହାଜରେ ବସିସାରି ଦି'ଟା ଲମ୍ବା ନିଶ୍ୱାସ ନେଲା ପରେ ଭାବିଲି... ଏବେ ଗାଳିଦେଲେ ହେବନି, ଦି'ମାସର ପୂରା ଯାତ୍ରାଟା ବାକି ଅଛି। ପୁଣି ହଇରାଣ କରିଦେଲେ କ'ଣ କରିବି ? ତା'କୁ ତ ବିଶ୍ୱାସ ନାହିଁ ! ଗୋଟେ କମ୍ପ୍ରୋମାଇଜ୍ ଫର୍ମୁଲା ଜଗନ୍ନାଥଙ୍କ ସହିତ ରଖିଲି। ଝଟ୍‌କା ଦବାକୁ ମନା ନାହିଁ। କିନ୍ତୁ ଏତେ ବଡ଼ ଝଟ୍‌କା ଦବନି। ଭଲରେ ଭଲରେ ଜୀବନର ଚରମ ଆକାଙ୍କ୍ଷୀତ ଯାତ୍ରାଟା କରେଇ ଦିଅ ପ୍ରଭୁ... ଆଗୁଆ ନମସ୍କାର ଓ ଧନ୍ୟବାଦ୍। ବାସ୍, ଜଗନ୍ନାଥ ବୋଧେ ମାନି ଗଲେ। ଆଉ କୌଣସି ଜାଗାରେ ହଇରାଣ ହୋଇନି। ସୁଦର୍ଶନ ଚକ୍ର ଆଢୁଆଳରେ ରଖିଲା ପରି ରଖିଲେ ପୂରା ୭୦ ଦିନ, ବୁଝାମଣା ଅନୁସାରେ। କିନ୍ତୁ ପୁଣି ଗୋଟେ ଝଟ୍‌କା ସେଇ ଦିଲ୍ଲୀ ଏୟାରପୋର୍ଟରେ, ଦିଲ୍ଲୀରୁ ଭୁବନେଶ୍ୱର ଆସିବା ଦିନ। ଅବଶ୍ୟ ମୋର ଦୋଷ ଥିଲା। ଆଉ କଣ୍ଟ୍ରାକ୍ଟ ପିରିଅଡ଼୍ ବି ସରିଯାଇଥିଲା। ଆଉ କିଛି ନୂଆ MOU ହୋଇନଥିଲା। ତେଣୁ ତାଙ୍କୁ ଦୋଷ ଦେଇ ହେବନି... ସେକଥା ପଛରେ କହିବି।

ଆମେରିକାରେ ପହଞ୍ଚିବାର କିଛିଦିନ ପରେ ନାପରଭିଲ୍‌ରେ ନନ୍ଦବାବୁଙ୍କ ଜଗନ୍ନାଥ ମନ୍ଦିରରେ ଦର୍ଶନ କରିସାରି ଭାବିଲି....ମୁଁ ତ ଗଞ୍ଜି ଭିତରେ ପାସ୍‌ପୋର୍ଟ ରଖିଥିବା କଥା ସମ୍ପୂର୍ଣ୍ଣ ଭୁଲି ଯାଇଥିଲି। କେବେ ବି ମନେ ପଡ଼ି ନଥାନ୍ତା, ଆଉ ଏତିହାଦ୍ ଏୟାରଲାଇନ୍ ମତେ ଛାଡ଼ି ଦେଇ ଉଡ଼ି ଯାଇଥାନ୍ତା ନିଶ୍ଚିତ। ସବୁ ଆଶା ହରେଇଲା ପରେ ସାର୍ଟ ତଳେ ଅଛି ବୋଲି ମତେ ଜଣେଇଦବା ପାଇଁ ସେ ଭଦ୍ରଲୋକ ସେଠି କିଏ ? କୋଉଠୁ ଆସିଲେ ? କେମିତି ଆସିଲେ ? ଏୟାରପୋର୍ଟ ଭିତରକୁ ସେଇ ମୁହୂର୍ତ୍ତରେ ତ ସେ କାଳିଆ ଘୋଡ଼ାରେ ଚଢ଼ି ଆସିନଥାନ୍ତେ ମତେ ଏତିହାଦ ବିମାନରେ ବସେଇ ଦବା ପାଇଁ!!!

ଚାରି ଘଣ୍ଟାର ଉଡ଼ାଣ ପରେ ଆବୁଧାବିରେ ପହଞ୍ଚିଲୁ ସକାଳ ୬.୫୫ରେ। ଭାରତୀୟ ସମୟ ଅନୁସାରେ ଆବୁଧାବି ସମୟ ଦେଢ଼ ଘଣ୍ଟା ପଛୁଆ। ପ୍ରାୟ ଦୁଇଘଣ୍ଟାର

ପ୍ରତୀକ୍ଷା ପରେ ନିଉୟର୍କ ଉଡ଼ାଣ ଧରିବା କଥା। ଇମିଗ୍ରେସନ୍ ଲାଇନ୍‌ରେ ଛିଡ଼ା ହୋଇଥାଉ। ହଠାତ୍ ଜଣା ପଡ଼ିଲା। ଆମେରିକାନ୍ ଇମିଗ୍ରେସନ୍ ଏଇଠି ହୋଇଯିବ। ତେଣୁ JFK ଏୟାରପୋର୍ଟରେ ଆଉ ଝାମେଲା ନାହିଁ। ଗୋଟେ ଦୃଷ୍ଟିରୁ ଭଲ। ଏଇଠୁ ଜଣାପଡ଼ିଯିବ, ଆମେରିକା ତା' ଦେଶରେ ଆମକୁ ପୁରେଇ ଦେବ, ନାଁ ଫେରନ୍ତା ଜାହାଜରେ ବସେଇଦେବ। ଅନେକ ଉଦାହରଣ ଅଛି ଏଇପରି। କିନ୍ତୁ ଏଥିପାଇଁ ଘଣ୍ଟାଏ ଡେରି। ବ୍ୟସ୍ତ ନହେବାକୁ ଏୟାରଲାଇନ୍ କର୍ମଚାରୀମାନେ କହିଲେ। ଏଥିପାଇଁ ନିଉୟର୍କରେ ପହଞ୍ଚିବା ବି ଡେରି ହେବ ନାହିଁ। ନିର୍ଦ୍ଧାରିତ ସମୟରେ ପହଞ୍ଚିବା ପାଇଁ ବିମାନ ତା'ର ଗତି ସେଇ ଅନୁସାରେ କମ୍ ବେଶୀ କରିଦେବ। ତେଣୁ ୧୪ ଘଣ୍ଟା ବଦଳରେ ୧୩ ଘଣ୍ଟା ଲାଗିବ!!

ଏୟାରବସ୍ ୩୮୦ ଏକ ବିଶାଳ ବିମାନ। Long Haul Flight ରେ ହିଁ ଏଇ ଧରଣର ବିମାନ ଉପଯୋଗ ହୁଏ। ଦିଲ୍ଲୀ-ଆବୁଧାବି ବିମାନ ଅପେକ୍ଷା ଯଥେଷ୍ଟ ବଡ଼ ଓ ଉତ୍କୃଷ୍ଟ ବିମାନ। ଦୁଇମହଲା ବିଶିଷ୍ଟ ଏଇ ବିମାନରେ ୮୬୮ ଇକୋନମି କ୍ଲାସ୍ ଯାତ୍ରୀ ବସି ପାରିବେ। ମାତ୍ର ଉପର ମହଲାକୁ ଫାର୍ଷ୍ଟ କ୍ଲାସ୍ ଓ ତଳ ମହଲାକୁ ବିଜନେସ୍ କ୍ଲାସ୍ ଓ ଇକୋନମି କ୍ଲାସ୍ ପାଇଁ ବ୍ୟବହାର କଲେ ୫୫୦ ଯାତ୍ରୀ ବସିପାରିବେ।

ଆମ ବିମାନର ବି ଉପର ମହଲା ଫାର୍ଷ୍ଟ କ୍ଲାସ୍ ଯାତ୍ରୀଙ୍କ ପାଇଁ ଉଦ୍ଦିଷ୍ଟ। ଶ୍ରେଣୀ ଅନୁସାରେ ସିଟ୍ ଛୋଟ ବଡ଼ ଓ ଲେଗ୍ ସ୍ପେସ୍ କମ୍ ବେଶୀ ଥାଏ। ଖାଦ୍ୟ ପାନୀୟ ଓ ଅନ୍ୟାନ୍ୟ ସୁବିଧା ସୁଯୋଗ ସବୁ କ୍ଲାସ୍ ପାଇଁ ଅଲଗା ଅଲଗା। ୪ଟା ଇକନମି କ୍ଲାସ୍ ସିଟ୍ ସହିତ ଗୋଟେ ଫାର୍ଷ୍ଟ କ୍ଲାସ୍ ସିଟ୍ ସମାନ ହୋଇଥାଏ। ସାଧାରଣତଃ ଫାର୍ଷ୍ଟ କ୍ଲାସ୍‌କୁ ସିଟ୍ ବଦଳରେ କେବିନ୍ କହିବା ଅଧିକ ସଠିକ୍ ହେବ। ଗୋଟେ ଛୋଟ ଆପାର୍ଟମେଣ୍ଟ ପରି ଫ୍ଲାଟ୍ ବେଡ୍ ଓ ସାୱାର ବନ୍ଦୋବସ୍ତ ଥାଏ। ଅସୀମିତ ଖାଦ୍ୟ ଓ ପାନୀୟ ସହିତ ସ୍ଲିପିଂ ପାଇଜାମା ବି ମିଳିଥାଏ। ବ୍ୟକ୍ତିଗତ ଫ୍ଲାଇଟ୍ ଆଟେଣ୍ଡାଣ୍ଟ ସେବା ମିଳେ। ଫାର୍ଷ୍ଟ କ୍ଲାସ୍ ଫେଆର୍ ଇକନମି କ୍ଲାସ୍ ଫେଆର୍‌ର ଦଶଗୁଣ ପର୍ଯ୍ୟନ୍ତ ହୋଇଥାଏ।

ବିଜିନେସ୍ କ୍ଲାସ୍ ସିଟ୍ ଅପେକ୍ଷାକୃତ କମ୍ ଜାଗା ଦରକାର କରେ। ଆଜିକାଲି କିଛିକିଛି ଏୟାରଲାଇନ୍‌ରେ ଫ୍ଲାଟ୍ ବେଡ୍ ବି ମିଳିଲାଣି। କିନ୍ତୁ ଫାର୍ଷ୍ଟ କ୍ଲାସ୍ ପରି ପ୍ରାଇଭେଟ୍ ଏରିଆ ନଥାଏ। ଖାଦ୍ୟପେୟ ଟିକେ କମ୍ କିନ୍ତୁ ଇକୋନମି ଅପେକ୍ଷା ଯଥେଷ୍ଟ ଅଧିକ ଗୁଣର ହୋଇଥାଏ। ସବୁ ସିଟ୍‌ଗୁଡ଼ିକ Aisle ସାଇଡ୍। ଇକନମି ଫେଆର୍ ଅପେକ୍ଷା ବିଜ୍‌ନେସ୍ କ୍ଲାସ୍ ଫେଆର୍ ପ୍ରାୟ ଚାରିଗୁଣ ହୋଇଥାଏ। ଗୋଟେ ଧାଡ଼ିରେ ଚାରିଟା ସିଟ୍ ଥାଏ। ମଝିରେ ଦି'ଟା ଓ ଦି'ଟା ୱିଣ୍ଡୋ ସିଟ୍।

ଇକନମି କ୍ଲାସ୍‌ରେ ତିନିଟା 'ରୋ', ପ୍ରତି ଧାଡ଼ିରେ ୧୦ଟା ସିଟ୍। ମଝି ରୋ'ରେ ଚାରିଟା ଓ ଦି'ପଟ ରୋ'ରେ ୩ଟା ଲେଖାଏଁ ସିଟ୍ ଥାଏ। ଗୋଡ଼ ଲମ୍ବେଇବାକୁ ବା ସିଟ୍‌କୁ ପଛକୁ ନୁଆଁଇବା ପାଇଁ ବହୁତ କମ୍ ଜାଗା। ଲମ୍ବା ଉଡ଼ାଣରେ ଅଣ୍ଟା ପିଠି ଲାଗିଯିବାଟା ନିଶ୍ଚିତ। ମଝିରେ ମଝିରେ ଯାଇ ଏମୁଣ୍ଡ ସେମୁଣ୍ଡ ଚାଲିବାକୁ ପଡ଼େ।

ଭାରତରେ ଡୋମେଷ୍ଟିକ୍ ଫ୍ଲାଇଟ୍ ଠାରୁ ଇଣ୍ଟରନ୍ୟାସ୍‌ନାଲ ଫ୍ଲାଇଟ୍‌ର ବିମାନଗୁଡ଼ିକ ବହୁତ ବଡ଼। ଏପଟରୁ ସେପଟକୁ ଆଖି ପାଏ ନାହିଁ। ଡୋମେଷ୍ଟିକ୍ ବିମାନଗୁଡ଼ିକର ହାରାହାରି ଲମ୍ବ ୧୦୦-୧୨୦ ଫୁଟ୍ ହୋଇଥିବା ବେଳେ ଇଣ୍ଟରନ୍ୟାସ୍‌ନାଲ ଲଙ୍ଗ୍‌ହଲ୍ ଫ୍ଲାଇଟ୍ ଗୁଡ଼ିକ ପ୍ରାୟ ଦୁଇଗୁଣ ବଡ଼, ୱାଇଡ୍ ବଡ଼ିଡ୍ ଓ ହାରାହାରି ୨୨୦-୨୪୦ ଫୁଟ୍ ଲମ୍ବା ହୋଇଥାନ୍ତି।

ମତେ ମୋର ୱିଣ୍ଡୋ ସିଟ୍ ମିଳିଗଲା। କିଛି ସମୟ ପରେ ଡ୍ରିଙ୍କ୍‌ସ। ଇଣ୍ଟରନ୍ୟାସ୍‌ନାଲ ଫ୍ଲାଇଟ୍‌ରେ ବିଦେଶୀ ମଦ୍ୟ ପରିବେଷଣ ହୁଏ ଲମ୍ବା ଯାତ୍ରାର କ୍ଲାନ୍ତି ଅପନୋଦନ ପାଇଁ। ଆଲକୋହଲିକ୍ ଡ୍ରିଙ୍କ୍ ବଦଳରେ ମୁଁ ଜିଞ୍ଜରେଲ୍ ନେଲି। ଟିକେ ମିଠା ମିଠା ଲାଗିଲା। ତା'ପରେ ଖାଇବା ପର୍ବ। ଏବେ ପୃଥିବୀର ସବୁଆଡ଼େ ଭାରତୀୟ ବିମାନ ଯାତ୍ରୀଙ୍କର ପ୍ରାଚୁର୍ଯ୍ୟ। ତେଣୁ ସବୁ ଇଣ୍ଟରନ୍ୟାସ୍‌ନାଲ ଫ୍ଲାଇଟ୍‌ରେ ହିନ୍ଦୁ ମିଲ୍ ଓ ଜୈନ୍ ମିଲ୍ ଷ୍ଟାଣ୍ଡାର୍ଡ଼ ମେନୁରେ ଉପଲବ୍ଧ। ତେଣୁ ଖାଇବାରେ କିଛି ଅସୁବିଧା ନାହିଁ। ହିନ୍ଦୁ ନନ୍‌ଭେଜ୍ ମିଲ୍‌ରେ ଚିକେନ୍ ଟିକ୍କା ବା ଚିକେନ୍ ମସାଲା ମିଳିଯିବ।

ଖାଇସାରିଲା ପରେ ପ୍ରାୟ ୧୪ ଘଣ୍ଟା ବସିବାକୁ ପଡ଼ିବ ଇକୋନମି ସିଟ୍‌ରେ। ଅଣ୍ଟା ବଥା ସହ ଅନିଦ୍ରା ଭୋଗିବାକୁ ପଡ଼ିବ। ପୁଣି ଏଇଥିରେ ମନମୁତାବକ ସହଯାତ୍ରୀ ନମିଳିଲେ ବୋର୍। କିଛି ମନୋରଞ୍ଜନ ତ ନିହାତି ଦରକାର। ଏଥିପାଇଁ ପ୍ରତି ଯାତ୍ରୀ ପାଇଁ ବ୍ୟକ୍ତିଗତ TV ର ବନ୍ଦୋବସ୍ତ ଥାଏ। ସାମ୍ନା ସିଟ୍ ପଛପଟେ ଛୋଟ ଏଲ୍‌ଇଡ଼ି ଟିଭି ଲାଗିଥାଏ। ଏହାକୁ Inflight Entertainment (IFE) ବୋଲି କହନ୍ତି। ଏଥିରେ ପୃଥିବୀର ବିଭିନ୍ନ ଭାଷାର ସିନେମା, ଟିଭି ସୋ, ଡକ୍ୟୁମେଣ୍ଟାରୀ ଦେଖି ହେବ। ଭିଡ଼ିଓ ଗେମ୍ ବି ଖେଳିହେବ। ଟିଭି ଅପରେଟ୍ କରିବା ପାଇଁ ଭିଡ଼ିଓ ପ୍ଲେୟାର ରିମୋଟ ପରି ହ୍ୟାଣ୍ଡସେଟ୍ ଥାଏ। ଏଥିରେ ଫାଷ୍ଟ ଫରୱାର୍ଡ଼, ରିୱିଣ୍ଡ, ପଜ୍ ଆଦି ବଟନ୍ ସହିତ ଜଏ ଷ୍ଟିକ୍ ବି ଥାଏ। ଆଜିକାଲି ଟଚ୍ ସ୍କ୍ରିନ୍ ଟିଭି ବି ଆସିଲାଣି। ଦି'ଟା ସିନେମା ଦେଖିଦେଲେ ୫-୬ ଘଣ୍ଟା ପାର୍ ହୋଇଯିବ। କପିଲ ଶର୍ମା ଶୋ' ବି ଦେଖି ହେବ! ଇୟର ଫୋନ୍ ଥିବାରୁ ପାଖଲୋକ ବି ଡିଷ୍ଟର୍ବ ହେବନାହିଁ।

IFE ରେ ଏବେ ଗୋଟେ ବଡ଼ ସୁବିଧା ଯୋଗ ହୋଇଛି। Aerial View

System (AVS) ଓ Moving Map System. (MMS) ଏ ଦୁଇଟି ସୁବିଧା ବିମାନ ଯାତ୍ରୀଙ୍କୁ ଭୂଗୋଳ ଓ ବିଜ୍ଞାନ ସହିତ ଯୋଡ଼ିଦିଅନ୍ତି। ଅତି ଚିତ୍ତାକର୍ଷକ ଅନୁଭବ। ଏରିଆଲ ଭିଉ ସିଷ୍ଟମ୍ ହେଲା ଅନ୍ତରୀକ୍ଷରୁ ପୃଥିବୀ ଦର୍ଶନ। ୩୮,୦୦୦ ଫୁଟ୍, ପ୍ରାୟ ୧୨ କିଲୋମିଟର ଉପରୁ ଭୂମିକୁ ଦେଖିବା ଏକ ଦୁର୍ଲ୍ଲଭ ଅଭିଜ୍ଞତା। ୱିଣ୍ଡୋ ସିଟ୍ ମିଳିଥିଲେ କିଛି ପରିମାଣରେ ଦେଖି ହୁଏ। କିନ୍ତୁ ସବୁ ଯାତ୍ରୀଙ୍କ ଭାଗ୍ୟରେ ଏ ସୁବିଧା ନଥାଏ। ତେଣୁ ଏରିଆଲ ଭିଉ ସମସ୍ତଙ୍କ ପାଇଁ ବେଶ୍ ଆକର୍ଷଣୀୟ। ବିମାନରେ ତିନିଟା ଜାଗାରେ କ୍ୟାମେରା ଲାଗିଥାଏ। ସାମ୍ନାରେ Nose-Cam, ଲାଞ୍ଜରେ Tail-Cam ଓ ପେଟତଳେ Under Belly-Cam। ତିନିଟାଯାକ କ୍ୟାମେରା ଏଚ୍‌ଡି ପିକ୍‌ଚର ଷ୍ଟ୍ରିମିଂ କରି ଚାଲିଥାନ୍ତି। ନୋଜ୍‌କ୍ୟାମ୍‌ରେ ବିମାନର ସାମ୍ନା ଦୃଶ୍ୟ ଦିଶେ। ଟେଲ୍‌କ୍ୟାମ୍‌ରେ ଟେଲ୍ ଉପରୁ ସାରା ବିମାନ ଉପରର ଦୃଶ୍ୟ ଦିଶେ ଓ ଅଣ୍ଡରବେଲି କ୍ୟାମ୍‌ରେ ଜଳ, ସ୍ଥଳ, ବନ, ଗିରି, ଆକାଶର ଅପରୂପ ଶୋଭା ଦିଶିଯାଏ। ମଧ୍ୟ ପ୍ରାଚ୍ୟ, ଇରାନ୍, ଇରାକ୍ ଉପରେ ଉଡ଼ିଲାବେଳେ ଦିଗନ୍ତ ବିସ୍ତାରୀ ଧୂସର ଧରିତ୍ରୀ... ମରୁଭୂମି ଦିଶେ। ଠାଏ ଠାଏ ମରୁଦ୍ୱୀପ ପରି ଛୋଟ ଛୋଟ ହ୍ରଦ ବା ସହର। ଇଉରୋପ ଉପରେ ଉଡ଼ିଲା ବେଳେ ଆଙ୍କିଦେଲା ପରି ସବୁଜ ଘାସ ବା ଶସ୍ୟକ୍ଷେତ ସହିତ ବରଫାଚ୍ଛାଦିତ ପର୍ବତମାଳା, ସମୁଦ୍ର ବା ହ୍ରଦର ନୀଳ ଜଳରାଶି, ଅଙ୍କାବଙ୍କା ନଦୀ ସବୁ ଦିଶି ଯାଉଥାଏ। ସପ୍ତମ ସ୍ୱର୍ଗ, ଉପରୁ ଏମିତି ଦିଶୁଥିବ ପରା!

ମହାଦେଶ ଓ ମହାସାଗରର ତଟରେଖା ପୃଥିବୀ ମାନଚିତ୍ର ସହ ଖାପ୍ ଖାଇଲା ପରି ଦିଶେ। ଟିକେ ଭୂଗୋଳ ବା ମାନଚିତ୍ର ଜ୍ଞାନ ଥିବା ଦରକାର। ସ୍କୁଲ ବହିରେ ଦେଖିଥିବା ମାନଚିତ୍ର ସହିତ ତଟରେଖା ମିଶିଯାଏ। ଚମତ୍କାର ଅନୁଭବ!

ଦ୍ୱିତୀୟଟି ହେଉଛି ମୁଭିଂ ମ୍ୟାପ୍ ସିଷ୍ଟମ୍ (MMS)। ଏକ ଚଳମାନ ମାନଚିତ୍ର। ବିମାନ ଚାଲିବା ସମୟରେ ମ୍ୟାପ୍ ବି ଚାଲିଥାଏ, ତା'ର ଗତି ସଙ୍ଗେ ତାଳ ଦେଇ। ତେଣୁ ଯେ କୌଣସି ସମୟରେ କରେଣ୍ଟ ପୋଜିସନ୍ ମିଳିଯାଏ। MMS ଅପ୍‌ସନ୍‌ରେ ସମ୍ପୂର୍ଣ୍ଣ ପୃଥିବୀ ମାନଚିତ୍ର ସ୍କ୍ରିନ୍ ଉପରେ ଭାସି ଉଠେ। ଟଚ୍ ସ୍କ୍ରିନ୍ ବା ଜଏ ଷ୍ଟିକ୍ ସାହାଯ୍ୟରେ ମ୍ୟାପ୍‌କୁ ଜୁମ୍ ଇନ୍, ଜୁମ୍ ଆଉଟ୍ କରିହେବ। ମ୍ୟାପ୍ ଉପରେ ବିମାନର ଅବସ୍ଥିତି ଓ ଗତିର ଲାଇଭ୍ ପୋଜିସନ୍ ଦିଶି ଯାଉଥିବ। ତଳେ ଥିବା ସହର, ନଦୀ ବା ହ୍ରଦର ନାଁ ଜାଣି ହେବ। ଯା ଛଡ଼ା ବିମାନର ଗତିପଥ, ସ୍ପିଡ୍, ଉଚ୍ଚତା, ବାହାରର ଉତ୍ତାପ, ଗନ୍ତବ୍ୟ ସ୍ଥାନର ବାକିଥିବା ଦୂରତା ଓ ଛାଡ଼ିଥିବା ଜାଗାଠୁ ଉଡ଼ି ସାରିଥିବା ଦୂରତା ଓ ସମୟ ବି ଦେଖାଏ। ବିମାନର ଗତି ଓ ବାକିଥିବା ଦୂରତାକୁ ନେଇ ଆନୁମାନିକ ପହଞ୍ଚିବା ସମୟ ଦେଖେଇଦିଏ। ଏସବୁକୁ ଦେଖିଲେ ବିମାନ ଉଡୁଥିବା ସ୍ଥାନ ଉପରେ

ଗୋଟେ ଭଲ ଧାରଣା ହୋଇଯାଉଥାଏ। ଏସବୁ ସମ୍ଭବ ହୁଏ ବିମାନର ସାଟେଲାଇଟ୍ ଓ GPS ସହିତ ସଂଯୋଗ ହେତୁ। ବିମାନ ପ୍ରାୟ ୩୮,୦୦୦ - ୪୦,୦୦୦ ଫୁଟ୍ ଉଚ୍ଚତାରେ ୮୦୦-୯୦୦ କି.ମି ସ୍ପିଡ୍‌ରେ ଉଡୁଥାଏ।

ହଁ ! ଆଉ ଗୋଟେ ଜିନିଷ ଦେଖାଏ। ବିମାନଠାରୁ ମକ୍କାର ଦୂରତା ଓ ଦିଗ। ବୋଧେ UAEର ବିମାନ ହୋଇଥିବାରୁ ମକ୍କା ବିଷୟରେ ଦେଖାଏ। ନମାଜ ସମୟରେ ମକ୍କା ଆଡ଼କୁ ମୁହଁ କରି ମୁଣ୍ଡ ନୁଆଁଇବାକୁ ହୁଏ। କିଛି ଆରବ ଯାତ୍ରୀ ତଳେ ବସି ଥରକୁ ଥର ନମାଜ କରୁଥିବାର ଦେଖିଲି।

ଏବେ ବିମାନ ଭିତରେ ୱାଇଫାଇ (SKY-FI) ମିଳିଲାଣି। କିଛି ଡଲାର ବଦଳରେ ୱାଇଫାଇରେ ନେଟ୍ ସର୍ଫିଙ୍ଗ୍ କରିପାର ବା ଇମେଲ୍ ପଠାଇପାର ବା ହ୍ୱାଟ୍ସଆପ୍‌ରେ ନିଜ ଲୋକଙ୍କ ସହିତ କଥାବାର୍ତ୍ତା କରିପାର ନିଜ ସିଟ୍‌ରେ ବସି। ଆଗରୁ ମୋବାଇଲ ଫୋନ୍ ବ୍ୟବହାର ନିଷିଦ୍ଧ ଥିଲା। କିନ୍ତୁ ଏବେ ଅତ୍ୟାଧୁନିକ ଟେକ୍ନୋଲୋଜି ସହିତ ମୋବାଇଲ ବି ଚଳଣିରେ ଆସିଗଲାଣି।

୨୦୧୨ ଓ ୨୦୧୭ରେ ଦେଖିଥିବା IFE ଅପେକ୍ଷା ଏଥରର IFE ଅଧିକ ଉନ୍ନତ। ଦେଖିବାକୁ ଗଲେ ବିମାନଯାତ୍ରା ପୃଥିବୀର ସବୁଠୁ ଅତ୍ୟାଧୁନିକ ଓ ବିଳାସମୟ ଯାତ୍ରା। କିନ୍ତୁ ସବୁଠୁ ବୋରିଙ୍ଗ୍ ମଧ୍ୟ। ୧୪-୧୫ ଘଣ୍ଟା ଗୋଟିଏ ସିଟ୍‌ରେ ବସିଥାଅ। ୧୯୬୧ ପର୍ଯ୍ୟନ୍ତ IFE କହିଲେ ମାଗାଜିନ୍ ପଢ଼ିବା, ସ୍ମୋକିଂ ରୁମ୍ ବା ଲାଉଞ୍ଜରେ ବସି ଗପିବା ଥିଲା। ୧୯୬୧ରେ TWA ପ୍ରଥମେ ଉଡ଼ାଣ ସମୟରେ 16mm ପ୍ରୋଜେକ୍ଟର ଯୋଗେ ଫିଲ୍ମ ଦେଖେଇବା ଆରମ୍ଭ କଲା ଅମେରିକା ଡୋମେଷ୍ଟିକ୍ ଫ୍ଲାଇଟ୍‌ରେ। କିନ୍ତୁ ଇଣ୍ଟରନ୍ୟାସ୍‌ନାଲ ଫ୍ଲାଇଟ୍‌ରେ ପାକିସ୍ତାନ ଏୟାରଲାଇନ୍ ପ୍ରଥମେ, ନିୟମିତ ଫିଲ୍ମ ଦେଖେଇବା ଆରମ୍ଭ କଲା ୧୯୬୨ରେ। ସିଲିଂରୁ ଝୁଲୁଥିବା 16mm ସ୍କ୍ରିନ୍ ଓ ହେଡ୍ ଫୋନ୍ ମାଧ୍ୟମରେ ଏହା ସମ୍ଭବ ହେଲା। ତା'ପରେ ୭୦ ଓ ୮୦ ଦଶକରେ ଆସିଲା VCR, ଲେଜର ଡିସ୍କ ଓ CRT ଟିଭି, ଅଡ଼ିଓପ୍ଲେୟାର ସିଷ୍ଟମ୍, ହେଡ୍‌ଫୋନ୍ ସହିତ। CRT ଟିଭି ଗୁଡ଼ିକ ସିଲିଂରୁ ତଳକୁ ଝୁଲି ରହିଲା ୨-୩ ଲାଇନ୍‌ର ସିଟ୍ ଉପରେ। ଅସଲ IFE ବିପ୍ଲବ ଆସିଲା ୧୯୮୮ରେ ଏଲସିଡ଼ି ଟିଭି ସହିତ। ଆଖି ସାମ୍ନାରେ ପତଳା, ନଅ ଇଞ୍ଚ ସ୍କ୍ରିନ୍‌ର ଏଲସିଡ଼ି ଟିଭି, ସିଟ୍ ପଛପଟେ ଖଞ୍ଜି ଦେଇହେଲା, ଷ୍ଟିରିଓଫୋନିକ୍ ହେଡ୍ ସେଟ୍ ସହିତ। ଏବେ କିନ୍ତୁ ଏଲ୍ଇଡି ଟିଭି ଲାଗିଗଲାଣି। ହୋମ୍ ଥିଏଟରର ମଜା ଉଡ଼ାଣ ସମୟରେ ! ଲାଇବ୍ରେରୀରେ ପୃଥିବୀର ସବୁ ଭାଷାର ହିଟ୍ ଫିଲ୍ମଗୁଡ଼ିକ ରଖିବା ପାଇଁ ବିମାନ କମ୍ପାନୀଗୁଡ଼ିକୁ ବେଶ୍ ମୂଲ୍ୟ ଦେବାକୁ ପଡ଼େ। ତିନିମାସର ଲାଇସେନ୍ସ ଫି ଏକାଥରକେ ବା ପ୍ରତି ପାସେଞ୍ଜର ଭିଉ ପାଇଁ ରେଟ୍ ଥାଏ।

ପର୍ସନାଲ ଟିଭି ଛଡ଼ା ପ୍ରତି ସେକ୍ସନ୍‌ର ସାମ୍ନା କାନ୍ଥରେ ବଡ଼ LED ଟିଭି ଲାଗିଥାଏ। ଏଥିରେ ମୁଭିଂ ମ୍ୟାପ୍ ଓ ବିମାନ ନାଭିଗେସନ୍ ତଥ୍ୟ ଅବିରତ ଦେଖାଯାଏ। ପାଇଲଟ୍‌ଙ୍କ ଠାରୁ ଜରୁରୀ ଘୋଷଣା ବି ଏହାଯୋଗେ ଆସିଯାଏ। ଇରାକ୍ ଉପରେ ଉଡୁଥିବା ସମୟରେ ପାଗଖରାପ ଜନିତ ଏକ ଜରୁରୀ ଘୋଷଣା ଆସିଲା ପାଇଲଟ୍‌ଙ୍କ ତରଫରୁ। ଇଂଲିଶ୍ ତ ବୁଝିହେଲା। କିନ୍ତୁ ଆରବୀ... ହଠାତ୍ ଆରବୀ ଭାଷା ଭିତରେ ଏକ ଶବ୍ଦ 'ମୌସମ' ଆସିଗଲା। କିନ୍ତୁ ଏଇଟା ତ ଆମ ଭାଷା ହିନ୍ଦୀ କିମ୍ବା ଓଡ଼ିଆ ସହିତ ସମାନ! ବୁଝିଲି, ଏହା ଭାରତୀୟ ଭାଷାକୁ ଆରବର ଦାନ। ସେଇଥିପାଇଁ ଡିକ୍ସନାରୀରେ ଏହାର ପ୍ରକାର ଭେଦ 'ଯାବନିକ' ବୋଲି ଦର୍ଶାଯାଏ। ଖୁବ୍ ଖୁସୀ ଲାଗିଲା ନିଜର ଶବ୍ଦ ଆଉ ଏକ ଜଗତରେ ଶୁଣିବାକୁ...।

ବିମାନ ଆବୁଧାବୀ ଛାଡ଼ିଲା। ସାଧାରଣ ମାନଚିତ୍ର ଧାରଣା ଅନୁସାରେ ଏହା ଆଫ୍ରିକାର ଉତ୍ତର ବା ଇଉରୋପର ଦକ୍ଷିଣ ମଧ୍ୟରେ ଆଟଲାଣ୍ଟିକ ସାଗର ଦେଇ ଆମେରିକା ପହଞ୍ଚିବା କଥା। ମୋ ମନରେ ବି ସେଇ ଧାରଣା ଥିଲା। ମାତ୍ର IFEରୁ ଉଡ଼ାଣପଥ ଦେଖିଲି... ଇରାନ୍, ଇରାକ୍ ଦେଇ ଇଉରୋପ ରାସ୍ତାରେ। ଗତଥର ଇଉରୋପ ଗଲାବେଳକୁ ଯେଉଁ ରାସ୍ତାରେ ଯାଇଥିଲୁ ଏବେ ପୁଣି ସେଇ ରାସ୍ତାରେ! ବୁଝି ପାରିଲିନି। ପୁଣିଥରେ ଉଡ଼ାଣ ପଥ ଦେଖିଲି...। ଏହା ଇରାନ୍, ଇରାକ୍, ଟର୍କି, ପୂର୍ବ ଇଉରୋପ, ନେଦରଲାଣ୍ଡ, ଆୟାର୍ଲାଣ୍ଡ, ଆଇସ୍‌ଲାଣ୍ଡ, କାନାଡ଼ା ଦେଇ ନିଉୟର୍କରେ ପହଞ୍ଚିବ। ତା' ଅର୍ଥ ପୂର୍ବରୁ ପଶ୍ଚିମକୁ ନ ଯାଇ, ଉତ୍ତରକୁ ଯାଇ, ଉତ୍ତର ମେରୁକୁ ସ୍ପର୍ଶ କରି ପୁଣି ଦକ୍ଷିଣକୁ ଯିବ ପୃଥିବୀର ଗୋଲେଇ ଉପରେ। କିଛିଦିନ ତଳେ ପଢ଼ିଥିଲି ସାନ୍‌ଫ୍ରାନ୍‌ସିସ୍‌କୋରୁ ଦିଲ୍ଲୀ ଏୟାରଇଣ୍ଡିଆ ଫ୍ଲାଇଟ୍ ଉତ୍ତର ମେରୁ ଉପର ଦେଇ ଆସିଥିଲା ସମୟ ଓ ଇନ୍ଧନ ବଞ୍ଚେଇବା ପାଇଁ। ବୁଝିପାରିଲି ଏଥର, ଉତ୍ତର ଗୋଲାର୍ଦ୍ଧର ପୂର୍ବରୁ ପଶ୍ଚିମକୁ ଯିବା ପାଇଁ ଉତ୍ତରକୁ ଯିବାକୁ ପଡ଼ିବ। ଭଲ ଗୋଟେ ସାଧାରଣ ଜ୍ଞାନ ଉପଲବ୍ଧ ହେଲା। ଅନେକ ଦିନର ଭୁଲ ଧାରଣା ସଂଶୋଧନ ହେଇଗଲା। ଖୁସୀ ଲାଗିଲା।

ଆବୁଧାବିରୁ ନ୍ୟୁୟର୍କ ୧୧୦୦୦ କି.ମି,୧୪ ଘଣ୍ଟା ୨୫ ମିନିଟ୍‌ର ଉଡ଼ାଣ। ଉଡ଼ାଣ କିନ୍ତୁ ଫେରନ୍ତା ରାସ୍ତାରେ ୧୩ ଘଣ୍ଟା ୫୫ ମିନିଟ୍ ଲାଗିବ। ପ୍ରାୟ ଅଧଘଣ୍ଟା କମ୍ ଲାଗିବ। ସେଇପରି ଦିଲ୍ଲୀରୁ ନିୟୁର୍କ ଡାଇରେକ୍ଟ ଫ୍ଲାଇଟ୍‌ରେ ପ୍ରାୟ ଘଣ୍ଟାକର ସଞ୍ଚୟ ହୋଇଥାଏ ଯିବା ଓ ଆସିବା ସମୟରେ। କାରଣ ହେଉଛି ଭୌଗୋଳିକ। ଏହା ପୃଥିବୀ ଉପରେ ବହୁଥିବା ଏକ ପଶ୍ଚିମା ପବନର ଚମତ୍କାରୀ। ଆମ ବାୟୁମଣ୍ଡଳର ସବା ତଳ ସ୍ତର ହେଉଛି ଟ୍ରପୋସ୍ଫିଅର, ପୃଥିବୀ ପୃଷ୍ଠରୁ ୧୦ କି.ମି ଉଚ୍ଚତା ପର୍ଯ୍ୟନ୍ତ।

ବାୟୁମଣ୍ଡଳର ଯାବତୀୟ ଗଣ୍ଡଗୋଳ ଏଇ ଭିତରେ ହୁଏ। ନିୟମିତ ମୌସୁମୀ ବାୟୁ ତଥା ସମସ୍ତ ଝଡ଼ଝଞ୍ଜାର ଖେଳଘର ଏଇ ଟ୍ରପୋସ୍ଫିଅର। ତା' ଉପରକୁ ରହିଛି ଷ୍ଟ୍ରାଟୋସ୍ଫିଅର ୧୦Km ରୁ ୩୦Km ଉଚ୍ଚତା ପର୍ଯ୍ୟନ୍ତ। ତେଣୁ ବାୟୁମଣ୍ଡଳୀୟ ଅଶାନ୍ତି (Turbulence)କୁ ଏଡ଼େଇବା ପାଇଁ ବିମାନ ଗୁଡ଼ିକ ଟ୍ରପୋସ୍ଫିଅରର ଉପରସ୍ତର ଓ ଷ୍ଟ୍ରାଟୋସ୍ଫିଅରର ନିମ୍ନସ୍ତର ଭିତରେ ଉଡ଼ିଥାଆନ୍ତି। ପ୍ରାୟ ୩୦,୦୦୦- ୩୯,୦୦୦ ଫୁଟ୍ ମଧ୍ୟରେ ଏମାନେ ଯାତ୍ରା କରନ୍ତି। କିନ୍ତୁ ଏଇଠି ଦେଖାଯାଏ ଆଉ ଏକ ବିସ୍ମୟ। ପୃଥିବୀର ପଶ୍ଚିମରୁ ପୂର୍ବକୁ ଘୂର୍ଣ୍ଣନ ପାଇଁ ଏକ ପଶ୍ଚିମା ପବନ, ଷ୍ଟ୍ରାଟୋସ୍ଫିଅର ତଳ ଭାଗରେ ପଶ୍ଚିମରୁ ପୂର୍ବକୁ ବହୁଥାଏ... ମେରୁ ଉପର ଦେଇ। ଏହାକୁ Jet Stream କୁହାଯାଏ। ଦୁଇ ଗୋଲାର୍ଦ୍ଧରେ ଏହା ଦେଖାଦିଏ। ମାତ୍ର ଉତ୍ତର ଗୋଲାର୍ଦ୍ଧରେ ଏହାର ତୀବ୍ରତା ବେଶୀ।

ଏହା ଉତ୍ତର ଆମେରିକାରୁ ଉତ୍ତର ମେରୁ ଓ ଇଉରୋପ ଦେଇ ଏସିଆ ମହାଦେଶ ଯାଏ ଉଡ଼େ। କିନ୍ତୁ ଦକ୍ଷିଣ ଗୋଲାର୍ଦ୍ଧରେ ଏହା ଆଣ୍ଟାର୍କଟିକା ଉପରେ ହିଁ ଉଡୁଥାଏ। ଜେଟ୍ ଷ୍ଟ୍ରିମ୍ ସାଧାରଣତଃ ୧୬୦-୨୪୦Km/hr ବେଗରେ ପ୍ରବାହିତ ହୁଏ। ବେଳେବେଳେ ୩୦୦-୪୦୦କି.ମି ପର୍ଯ୍ୟନ୍ତ ମପାଯାଇଛି। କେଇ ଶହ କିଲୋମିଟର ଓସାର ଓ ପ୍ରାୟ ୫ କି.ମି ମୋଟେଇର ପବନ ବହୁଥାଏ ଅନବରତ। ଏହାକୁ ପବନର ଏକ ନଦୀ କୁହାଯାଇ ପାରେ। ନଦୀପରି ବିଭିନ୍ନ ଶାଖା ପ୍ରଶାଖାରେ ପ୍ରବାହିତ ହୋଇ ପୁଣି ଏକାଠି ମିଶିଯାନ୍ତି ସବୁଧାର। ପ୍ରକୃତିର ଏଇ ବୈଚିତ୍ର୍ୟର ସୁବିଧା ନିଅନ୍ତି ବୈମାନିକମାନେ। ପୂର୍ବରୁ ପଶ୍ଚିମକୁ ଆସିଲା ବେଳକୁ ଜେଟ୍ ଷ୍ଟ୍ରିମ୍ ବିମାନର Head Wind ହିସାବରେ କାମ କରେ ଉଡ଼ାଣକୁ ପ୍ରତିହତ କରି। ତେଣୁ ବିମାନକୁ ଅଧିକ ଇନ୍ଧନ ଖର୍ଚ୍ଚ କରିବାକୁ ପଡ଼େ ଓ ବେଶୀ ସମୟ ନିଏ। କିନ୍ତୁ ଫେରିଲା ବେଳକୁ ଜେଟ୍ ଷ୍ଟ୍ରିମ୍, Tail Windର କାମ କରେ, ଅନୁକୂଳ ଦିଗରେ ଗତି କରିବା ପାଇଁ। ଋତୁ ଅନୁସାରେ ଜେଟ୍ ଷ୍ଟ୍ରିମ୍‌ର ଗତିପଥ କିଛି ମାତ୍ରାରେ ଏପଟ ସେପଟ ହୁଏ। ତେଣୁ ବିମାନ ଉଡ଼ାଣ କରିବା ଆଗରୁ ପାଇଲଟ ଏହାର ଗତିପଥକୁ ନେଇ ଛୋଟ ଛୋଟ ପରିବର୍ତ୍ତନ କରିଦିଅନ୍ତି ନିଜ ଗତିପଥରେ ପ୍ରଖର ହେଡ୍ ୱିଣ୍ଡ୍‌କୁ ଏଡ଼ାଇବା ପାଇଁ ଓ ଟେଲ୍ ୱିଣ୍ଡ୍‌ର ପୂରା ସୁବିଧା ନେବା ପାଇଁ। ଏହାକୁ କହନ୍ତି Riding on the Wind ବା ପବନ ସବାରୀ...। ନିକଟ ଅତୀତରେ ୮ ଫେବୃଆରୀ ୨୦୨୦ରେ ବ୍ରିଟିଶ୍ ଏୟାରୱେଜ୍ ଏକ ବୋଇଙ୍ଗ 747, ଝଡ଼ କ୍ଲାରା ସହିତ ଉଡ଼ି ସାଧାରଣ ଉଡ଼ାଣ ସମୟ ୭ଘଣ୍ଟା ପରିବର୍ତ୍ତେ ୫ ଘଣ୍ଟାରେ ନିଉୟର୍କରୁ ଲଣ୍ଡନ ପହଞ୍ଚିଯାଇଥିଲା। ବିମାନର ସାଧାରଣ

ସ୍ପିଡ୍ ୮୦୦Km/Hr ହେଲେ ବି ଝଡ଼ କ୍ଲାରାର ଟେଲ୍ ୱିଣ୍ଡ୍ ଦ୍ୱାରା ଏହା ୧୩୦୦ Km/Hr ସ୍ପିଡ୍‌ରେ ଉଡ଼ି ପାରିଥିଲା। ଉତ୍ତର ଆଟଲାଣ୍ଟିକ୍‌ରେ କ୍ଲାରା ଝଡ଼ ଦେଖା ଦେଇଥିଲା। ଏଇ ଦୁଇ ଘଣ୍ଟା ସଞ୍ଚୟର ଶ୍ରେୟ କେବଳ ଜେଟ୍ ଷ୍ଟ୍ରିମ୍‌ର।

ଦ୍ୱିତୀୟ ବିଶ୍ୱଯୁଦ୍ଧ ସମୟରେ ମିତ୍ର ଶକ୍ତିର ଯୁଦ୍ଧ ବିମାନର ପାଇଲଟ୍‌ମାନେ ଏହାର ସନ୍ଧାନ ପାଇଥିଲେ ଆମେରିକାରୁ ଜାପାନ୍ ବୋମା ପକାଇବା ପାଇଁ ଆସିଲାବେଳକୁ। କିନ୍ତୁ ବ୍ୟବସାୟିକ ବିମାନ ହିସାବରେ ୧୯୫୦ରେ Pan AM ପ୍ରଥମେ ନିଉୟର୍କରୁ ଲଣ୍ଡନ ଯିବା ପାଇଁ ଏହାକୁ ବ୍ୟବହାର କଲା।

ଆଜିକାଲି, ଜେଟ୍ ଷ୍ଟ୍ରିମ୍‌କୁ ବ୍ୟବହାର କରି ଇଲେକ୍ଟ୍ରିସିଟି ଉତ୍ପାଦନ କରିବା; କିଛି ସ୍ୱପ୍ନ ବିଳାସୀ ଲୋକଙ୍କ ମୁଣ୍ଡକୁ ଢୁକିଛି। ଏହା ହେଲେ ପୃଥିବୀର ଶକ୍ତି ସଂକଟ ଦୂର ହୋଇଯିବ ବୋଲି କୁହାଯାଉଛି। ବିଜ୍ଞାନ ତ ସ୍ୱପ୍ନକୁ ବାସ୍ତବିକତାରେ ପରିଣତ କରେ! ଅସମ୍ଭବ କାହିଁକି ଭାବିବା?

ଆଗରୁ କହିଛି ଆବୁଧାବି ଠାରେ US ଇମିଗ୍ରେସନ୍ ପାଇଁ ଘଣ୍ଟାଏ ଡେରି ହେଲା କିନ୍ତୁ ବିମାନ ଭିତରେ IFE ପହଞ୍ଚିବା ସମୟ ପୂର୍ବ ନିର୍ଦ୍ଧାରିତ ସମୟ ୧୬୦୦ Hrs ହିଁ ଦେଖାଇଲା। ବିମାନ ଘଣ୍ଟାଏ ସମୟ ସଞ୍ଚୟ କରିନେବ ୧୧,୦୦୦ କି.ମି ଉଡ଼ାଣ ପଥରେ। ଏହା ଅତ୍ୟାଧୁନିକ ଫ୍ଲାଏ ବାଇ ୱେୟାର ଟେକ୍ନୋଲଜିର ଆଶୀର୍ବାଦ। ଟ୍ୟାକ୍ସି ଓ ଟେକ୍ ଅଫ୍ ଛଡ଼ା ବାକିତକ ସମୟ ବିମାନ ଅଟୋ ପାଇଲଟ୍ ମୋଡ୍‌ରେ ଥାଏ। GPS ସହ ନାଭିଗେସନ୍ ସିଷ୍ଟମ୍ ବିମାନକୁ ଠିକ୍ ରାସ୍ତାରେ ଉଡ଼ାଇ ନିଏ। ଗନ୍ତବ୍ୟ ସ୍ଥାନ, ରୁଟ୍, ପହଞ୍ଚିବା ସମୟ ଜଣାଇଦେଲେ କମ୍ପ୍ୟୁଟର ସିଷ୍ଟମ, ସ୍ପିଡ୍, ଉଚ୍ଚତା ଓ ଅନ୍ୟାନ୍ୟ ଉଡ଼ାଣ ସମ୍ବନ୍ଧୀୟ ଆବଶ୍ୟକତା ନିଜେ ନିଜେ ବାଛିନିଏ ଓ ଠିକ୍ ସମୟରେ ପହଞ୍ଚାଇଦିଏ ନ୍ୟୁନତମ ଇନ୍ଧନ ଖର୍ଚ୍ଚ କରି। ଆଜିକାଲି ଅଟୋ ଲ୍ୟାଣ୍ଡିଂ ସୁବିଧା ନୂଆ ଜେନେରେସନ୍‌ର ବିମାନ ଗୁଡ଼ିକରେ ମିଳିଲାଣି। କିନ୍ତୁ ସବୁ ବିମାନ ବନ୍ଦରରେ ଏଥିପାଇଁ ବ୍ୟବସ୍ଥା ଉପଲବ୍ଧ ନାହିଁ। ଅଟୋ ଲ୍ୟାଣ୍ଡିଂର ସବୁଠୁ ବଡ଼ ସୁବିଧା ହେଉଛି, ରାତି କିମ୍ବା ଦିନ, ଅତ୍ୟନ୍ତ ପ୍ରତିକୂଳ ପାଗରେ (ଫଗ୍, ବର୍ଷା, ଝଡ଼) ବି ଏହା ଭରସାଯୋଗ୍ୟ। ଅବଶ୍ୟ ବିମାନ ଅଟୋ ପାଇଲଟ୍‌ରେ ଥିଲେ ବି ପାଇଲଟ୍ ଶୋଇଯା'ନ୍ତିନି। କଣ୍ଟ୍ରୋଲ ପ୍ୟାନେଲ ଉପରେ ସତର୍କ ଦୃଷ୍ଟି ରଖିଥାନ୍ତି। ଦରକାର ହେଲେ ଛୋଟ ଛୋଟ ସଂଶୋଧନ କରିଥାନ୍ତି ଉଡ଼ାଣରେ। ପାଇଲଟ୍ ନିଜେ ଟେକ୍-ଅଫ୍ ନେଇସାରିଲା ପରେ ପ୍ରାୟ ୧୦୦୦ ଫୁଟ୍ ପରେ ଅଟୋ ପାଇଲଟ୍‌କୁ କାମ ଦିଆଯାଏ।

ଶେଷକୁ ଆସିଲା ନ୍ୟୁୟର୍କ। ଆକାଶ ମାର୍ଗରୁ ଦେଖିଲି ସ୍ୱପ୍ନର ସହରକୁ। ହଡ଼ସନ୍

ନଦୀ ସମୁଦ୍ରରେ ମିଶିଛି। ନଦୀ ଓ ସମୁଦ୍ରରେ ଛୋଟବଡ଼ ଜାହାଜ ସବୁ ଦିଶୁଥାନ୍ତି ଖେଳଣା ପରି। ଷ୍ଟାଚ୍ୟୁ ଅଫ ଲିବର୍ଟି ବି ଦେଖାଯାଉଥାଏ। ଭାବିଲି, ଭଗବାନ୍ କାହିଁକି ଏଇ ସହରରେ ଏତେ ପ୍ରାଚୁର୍ଯ୍ୟ ଭରି ଦେଇଛନ୍ତି ? ଭୂଗୋଳ, ଇତିହାସ, ସାଧାରଣ ଜ୍ଞାନ, ଖବରକାଗଜ, ନଭେଲରେ ପଢ଼ିଥିବା ବିଭିନ୍ନ ଜିନିଷ ଦେଖିବାକୁ ମିଳିବ। ଏହି ସହର ଉପରେ ଅନେକ ସିନେମାରେ ଦେଖିଥିବା ଜିନିଷକୁ ଖାଲି ଆଖିରେ ଦେଖିବାର ସୁଯୋଗ ଆସିବ ! ଏତେବଡ଼ ସହରରେ ଏକା ଏକା, ଛୋଟ ମଫସଲରୁ ଆସିଥିବା ଗୋଟେ ଲୋକ ଏଠି କ'ଣ କରିବ ? ? ଡର ବି ଲାଗୁଥାଏ। ଦେଖିବା କ'ଣ ହେଉଛି !

୨୩.୦୬.୨୦୧୯ (ରବିବାର) -

ଶେଷରେ ବିମାନ ସତକୁ ସତ ଅବତରଣ କଲା JFK ଏୟାରପୋର୍ଟରେ ନିର୍ଦ୍ଧାରିତ ସମୟ ୧୬.୦୦Hrs ରେ। ଏତେବଡ଼ ଏୟାରପୋର୍ଟରେ ହଜିଯିବା ନିହାତି ସହଜ। ହଜାର ହଜାର ଲୋକ ଚାଲିଥାଆନ୍ତି। ଟିକେ ଏପଟସେପଟ ହେଲେ କୋଉଠି ପହଞ୍ଚିବ ଜଣା ନାହିଁ। ଜଣେ ଆମେରିକାନ୍ ଭଦ୍ର ମହିଳାଙ୍କ ସହ କଥା ହୋଇ ହୋଇ ଚାଲିଲି। ଠିକ୍ ଜାଗାରେ ପହଞ୍ଚି ବ୍ୟାଗେଜ୍ ବେଲ୍ଟରୁ ଲଗେଜ୍ ନେଲି। ଇମିଗ୍ରେସନ୍ ଝାମେଲା ଆବୁଧାବିରୁ ସରିଯାଇଛି। ତେଣୁ JFK ଏୟାରପୋର୍ଟରୁ ବାହାରିଲି ସିଧା ରାଜରାସ୍ତାରେ। ନ୍ୟୁୟର୍କ ମାଟିରେ ପାଦ ଦେଲା ଆଗରୁ ଜୋରରେ ନିଶ୍ୱାସ ନେଇଗଲି ଜଗନ୍ନାଥଙ୍କୁ ସ୍ମରଣ କରି। ଅପରାହ୍ଣ ସୂର୍ଯ୍ୟ ଓ ଆକାଶକୁ ଦେଖିନେଲି। ଠିକ୍ ଆମରି ପରି !! ହେଲେ ସନ୍ଧ୍ୟା ହେବାକୁ ଆହୁରି ଅନେକ ଡେରି। ସୂର୍ଯ୍ୟ ଦିଗ୍‌ବଳୟକୁ ସ୍ପର୍ଶ କରିନାହାନ୍ତି ୫.୦୦P.M. ବାଜିଥିଲେ ବି। ସମର୍ ଟାଇମ୍‌ରେ ୧୬ ଘଣ୍ଟା ଦିନ, ୯ଟାରେ ରାତି।

ମତେ ଯିବାକୁ ପଡ଼ିବ ଜର୍ସି ସିଟି ହୋଟେଲରେ ରହିବାକୁ। Booking.comରେ ବୁକ୍ କରିଥିଲି। କେମିତି ଯିବି ? ବିଷମ ସମସ୍ୟାର ସମାଧାନ କରିଦେଲା ପିଙ୍କି (ସୁସ୍ମିତା ପ୍ରଧାନ), ବନ୍ଧୁ ଶଶଧର ପ୍ରଧାନଙ୍କ ଝିଅ। ନ୍ୟୁୟର୍କରେ ଟିଭି18ର ଉଚ୍ଚ ପଦବୀରେ କାର୍ଯ୍ୟରତ। ତା'କୁ ଫୋନ୍ କରିଦେବାରୁ କହିଲା "Welcome at NY, Uncle! " ନିଜର ଜଣକୁ ପାଇଗଲେ ସାହସ ବଢ଼ିଯାଏ। ସେ ଗୋଟେ Lyft Taxi ପଠାଇଦେଲା। ଏଥିରେ 34th Street Path ଷ୍ଟେସନ୍ ଯାଏ ଯିବାକୁ ପଡ଼ିବ। ସେଠୁ Path (Subway) ଧରିବାକୁ ପଡ଼ିବ Journal Square, ଜର୍ସି ସିଟି ପର୍ଯ୍ୟନ୍ତ। ନିଉୟର୍କର OLA ହେଉଛି ଲିଫ୍ଟ। ଛାତି ଧକ୍‌ଧକ୍ ମଧ୍ୟରେ Taxi Bayରେ ଛିଡ଼ା ହେଲି। କେମିତି

ଟ୍ୟାକ୍ସି ଚିହ୍ନିବି ? ହେଲେ, କେହି ଜଣେ ମୋ ନାଁ ଧରି ଡାକୁଛି ଆମେରିକାନ୍ ଉଚ୍ଚାରଣରେ। ପାଖେଇ ଆସୁଥିବା ଟ୍ୟାକ୍ସି ଡ୍ରାଇଭର ହିଁ ଡାକୁଥିଲା। ଟ୍ୟାକ୍ସି ନମ୍ବର ମିଶିଗଲା ପିଙ୍କି ମେସେଜ୍ ସହିତ। ବସିପଡ଼ି ଆଶ୍ୱସ୍ତିର ନିଶ୍ୱାସ ମାରିଲି। ଧନ୍ୟବାଦ୍ ପିଙ୍କି ! ସଫଳ ନ୍ୟୁୟର୍କ ଲ୍ୟାଣ୍ଡିଙ୍ଗ୍......

ଟ୍ୟାକ୍ସିରେ ବସୁ ବସୁ ପ୍ରଧାନୀ ବାବୁଙ୍କ ଫୋନ୍ ଆସିଲା। ରଞ୍ଜୁର ଫୋନ୍ ଆସିଲା। ଅସୁବିଧା ନାହିଁ ବୋଲି ଜଣାଇଦେଲି। ଘଣ୍ଟାକର ରାସ୍ତା। ଟାକ୍ସି ମାନହଟ୍ଟାନ୍‌ରେ ପହଞ୍ଚିଲା। ଏମ୍ପାୟାର ଷ୍ଟେଟ୍ ବିଲ୍ଡିଂ ଦେଖିନେଲି ଟ୍ୟାକ୍ସି ଭିତରୁ ମୁଣ୍ଡ ବାହାର କରି। ଗୋଟେ ଲେନ୍ ପରେ 34th ଷ୍ଟ୍ରିଟ୍ ପାଥ୍ ଷ୍ଟେସନ୍‌ର ପ୍ରବେଶ ଦ୍ୱାର। ଆଗରୁ ଫଟୋ ଦେଖିଥିଲି। ତେଣୁ ରାସ୍ତା ପାଇବାକୁ ଅସୁବିଧା ହେଲାନି। ନ୍ୟୁୟର୍କରେ ପାଥ୍ ଷ୍ଟେସନ୍‌କୁ ରାସ୍ତା, ଆମ ଦିଲ୍ଲୀ ପରି ଖୋଲାମେଲା ନୁହଁ। ବଜାର ଭିତରେ ଫୁଟପାଥ୍ ଉପରେ ହଠାତ୍ ଗୋଟେ ଛୋଟ ରାସ୍ତା ମାଟି ତଳକୁ ଯିବା ପାଇଁ ୪-୫ ଫୁଟ୍ ଓସାରର। ପାହାଚ ଲମ୍ବି ଯାଇଥାଏ ତଳକୁ। ଅବଶ୍ୟ ପାଥ୍‌ର ସାଇନ୍ ବୋର୍ଡ଼ ଥିବ। ନିରେଖି ନଦେଖିଲେ ଚକ୍‌ମକ୍ ଦୋକାନ ଭିତରୁ ଖୋଜି ପାଇବା କଷ୍ଟକର। ଥରେ ତଳେ ପହଞ୍ଚିଗଲେ ଷ୍ଟେସନ୍, ମୂଷା ଗାତ ପରି ଟନେଲ ସବୁ ଖେଳିଯାଇଛି ସାରା ନିଉୟର୍କ ସିଟି ତଳେ ତଳେ।

ପାଥ୍ ଷ୍ଟେସନ୍‌ରେ ପହଞ୍ଚି ଟିକେଟ୍ କରିବାକୁ ଟିକେ ଅସୁବିଧା ହେଲା। ମତେ ନୂଆ ଦେଖି ଗୋଟେ ଝିଅ ଆସି ମୋ ପାଇଁ ଟିକେଟ୍ କରିଦେଲା। ଥ୍ୟାଙ୍କ୍‌ସ କହିଲି।

ପ୍ରାୟ ସନ୍ଧ୍ୟା ୮.୩୦ରେ ଜର୍ନାଲ ସ୍କୋୟାରରେ ପହଞ୍ଚିଲି। ହୋଟେଲର ଇ-ମେଲ ଅନୁସାରେ ହୋଟେଲ ଏଠୁ ଦେଢ଼ କି.ମି.। ଲଗେଜ୍ ନେଇ ଚାଲିବାକୁ ପଡ଼ିବ ୮ ମିନିଟ୍। କିନ୍ତୁ ଯିବି କୁଆଡ଼େ ? ଦୁର୍ଯୋଗ... ଦିଲ୍ଲୀରୁ ନେଇଥିବା ସିମ୍‌ରେ ନେଟ୍ ଚାଲୁନି। GPS ଦେଖିବି କେମିତି ? ହୋଟେଲ ପର୍ଯ୍ୟନ୍ତ ଯିବି କେମିତି ? ଭାବିଭାବି ବାହାରକୁ ଯିବା ପାଇଁ ଏସ୍କାଲେଟର ଚଢୁଛି। ଦେଖା ହୋଇଗଲା ଗୋଟେ ଭାରତୀୟ ପିଲା ସହିତ। ସାଥିରେ ତା'ର ବର୍ଷକର ଛୋଟ ପୁଅ ଓ ସ୍ତ୍ରୀ। ଦି'ଜଣ ଯାକଙ୍କର ବୟସ ୩୦ ଭିତରେ। ହରିଆଣାର ଏକ ଛୋଟ ସହରରୁ ଆସି ଏଠି ସଫ୍ଟୱେରରେ କାମ କରେ। ପ୍ରେଟ୍ଟି (ମୋ ଝିଅ) ଘର ପାଖରେ ତା'ର ଭାଇ ଘର, Crossing Republik, ଗାଜିଆବାଦରେ ଦି'ତିନିଟା ଫ୍ଲାଟ୍ ଛାଡ଼ି। ଦୁନିଆ କେତେ ବଡ଼ ଆଉ କେତେ ଛୋଟ ! ! ୩-୪ ପଦ କଥାରେ ଆତ୍ମୀୟତା ବଢ଼ିଗଲା। ମୋର ସମସ୍ୟା କହିଲି... "ଦୁଇଟା ଲଗେଜ୍ ସହିତ ହୋଟେଲ ଖୋଜିବାକୁ ପଡ଼ିବ ଚାଲିଚାଲି। ମତେ ଟିକେ ରାସ୍ତା ଦେଖେଇଦିଅ।" ସେ କହିଲା, "ଅଙ୍କଲ୍ ! ଆମେ ସେଇ ରାସ୍ତାରେ ଯିବୁ, ଚାଲନ୍ତୁ

ଛାଡ଼ିଦେବୁ ଅଧା ବାଟରେ।" ଝିଅ କିନ୍ତୁ କହିଲା- "ସନ୍ଧ୍ୟା ହୋଇଗଲାଣି ବିନା GPSରେ ଆପଣ ଯାଇପାରିବେନି। ଆମେ ଛାଡ଼ିଦେବୁ ହୋଟେଲରେ।" ମୋର ଛୋଟ ଲଗେଜ୍‌ଟା ଗୋଟେ ହାତରେ ଓ ମୋବାଇଲ ଆର ହାତରେ ଧରି ପୁଅଟି ଆଗେ ଆଗେ ଚାଲିଲା। ଯେତେ ମନା କଲେବି ମାନିଲେନି। ୧୦ ମିନିଟ ଚାଲିଲା ପରେ ମିଳିଲା ହୋଟେଲ... ଗୁଗ୍‌ଲ ଲୋକେସନ୍‌ରେ। କିନ୍ତୁ କିଛି ସାଇନ୍‌ବୋର୍ଡ୍ ନାହିଁ। ସ୍ଥାନୀୟ ଲୋକ କେହି ନାହାନ୍ତି। ଅନ୍ଧାର ହେଇଆସିଲାଣି। GPS ଅନୁସାରେ ଏଇଟା ହିଁ ଠିକ୍ ଜାଗା ବୋଲି ସେ କହିଲା। କଲିଂ ବେଲ୍ ମାରିଲା ସତ୍ତ୍ୱେ କିଛି ଉତ୍ତର ଆସିଲାନି ଘରଭିତରୁ। ମନେପଡ଼ିଲା ଇ-ମେଲ୍‌ରେ ଡୋର୍ ଲକ୍‌ର ପିନ୍‌କୋଡ୍ ପଠାଇଥିଲା ହୋଟେଲ ବାଲା। କୋଡ୍ ମାରିଲି କି-ପ୍ୟାଡ୍‌ରେ। ଖୁଲ୍‌ଯା ସିମ୍‌ସିମ୍ ପରି କବାଟ ଖୋଲିଗଲା। ଡରି ଡରି ଆଲିବାବା ଗୁମ୍ଫା ଭିତରେ ପଶିଲି ବାହାରେ ସେମାନଙ୍କୁ ଛିଡ଼ା କରାଇ। ତିନି ମହଲା ଘରେ କେହି ନାହାନ୍ତି। ଇ-ମେଲ୍ ଅନୁସାରେ ମୋ ରୁମ୍‌ଟି ଦେଖିଲି, ଚାବି ଓହଳିଛି। ସେ ବି ଖୋଲିଗଲା। ମିଳିଗଲା ମୋ ଘର - ସେମାନଙ୍କୁ ବିଦାୟ ଦେଲି ହୃଦୟଭରା ସ୍ନେହ ଓ ଆଶୀର୍ବାଦ ଦେଇ। ସେମାନେ ନଥିଲେ ନିଶ୍ଚିତ ଭାବରେ ହଇରାଣ ହୋଇଥାଆନ୍ତି। ଇ-ମେଲ୍ ଆଡ୍ରେସ୍ ଅନୁସାରେ ସେ ଘର ପାଇନଥାନ୍ତି। ଭାବିଲି ପୁଣି କାଳିଆର ଲୀଳା...। ନହେଲେ ଏସ୍କାଲେଟର ପାଖରେ ସେ କାହିଁକି ଆସିଥାନ୍ତା !

ଖଟ ଉପରେ ପଡ଼ିଗଲି। ଗତ ରାତିରେ ଶୋଇନି। ପ୍ଲେନ୍‌ରେ ବି ନିଦ ହୋଇନି। ହେଲେ ଖାଇବି କ'ଣ ? ଚୁଡ଼ା, ଅମୂଲ ଭରସା। ଦେଖିବା। ହଠାତ୍ ପିଙ୍କିର ଫୋନ୍ ଆସିଲା। ସେ ଆସି ପାଥ୍ ଷ୍ଟେସନ୍‌ରେ ଅଛି। ରାସ୍ତା ଦେଖିଦେଇଥିଲି। ମାଛି ଅନ୍ଧାରରେ ପୁଣି ଚାଲିଲି ଷ୍ଟେସନ୍। ବାଃ... ୪-୫ ଦିନର ବ୍ରେକ୍‌ଫାଷ୍ଟ ଓ ଡିନର ପାଇଁ, ଦୋଷା, ପରଟା, ସମ୍ବର, ଚଟ୍‌ନୀ, ରସମ୍ ଆଦି ସିଲ୍‌ଡ ପ୍ୟାକେଟ୍ ଆଣିଛି ସେ ମୋ ପାଇଁ। ମାଇକ୍ରୋ ଓଭନ୍‌ରେ ଗରମ କରି ଖାଇବା କଥା। କାଲି ବୁଲିବା ପାଇଁ କିଛି ଟିପ୍‌ସ ନେଲି ଓ ପୁଣି ଚାଲିଚାଲି ଆସିଲି। ପ୍ଲେନ୍‌ରେ ଠିକ୍ ଭାବରେ ଖାଇ ନଥିଲି। ଏବେ ଗରମ ଗରମ ଦୋଷା ଓ ଚଟ୍‌ନୀ, ସମ୍ବର ସହିତ ଦିବ୍ୟ ଭୋଜନ। ହୋଟେଲରୁ ୱାଇଫାଇରେ ସମସ୍ତଙ୍କ ସହିତ କଥା ହୋଇଗଲି। ଶୋଇପଡ଼ିଲି ଅନ୍ୟ ଗୋଟେ ରାଇଜରେ ପୃଥିବୀର ସେପଟେ, ଯୋଉଠି ଏବେ ରାତି ହୋଇଛି ଏପଟେ ଦିନ ହୋଇଥିଲା ବେଳେ... ୨୧ ଘଣ୍ଟାରେ ପୃଥିବୀର ଏପଟରୁ ସେପଟ...।

■

ନ୍ୟୁୟର୍କରେ ପ୍ରଥମ ସକାଳ

୨୪.୦୬.୨୦୧୯ (ସୋମବାର)

ଯାତ୍ରା ଜନିତ କ୍ଳାନ୍ତି ଓ ଠିକ୍ ସ୍ଥାନରେ ସୁବିଧାରେ ପହଞ୍ଚି ଯାଇଥିବାର ଖୁସୀରେ ବେଶ୍ ଭଲ ନିଦ ହେଲା। ସକାଳୁ ଉଠିଲି ୯.୦୦ଟାରେ। ପ୍ୟାକେଟ୍ ପରଟା ବ୍ରେକ୍‌ଫାଷ୍ଟ ପାଇଁ ଠିକ୍ ହେଲା। ପ୍ରାୟ ୧୧.୦୦ରେ ବାହାରିଲି। ଟିକେଟ୍ ଭେଣ୍ଡିଂ ମେସିନ୍‌ରୁ ୩୦.୦୦ ଡଲାରର ମେଟ୍ରୋ କାର୍ଡ଼ କିଣିଲି। ଏହି କାର୍ଡ଼ରେ ସବ୍‌ୱେ, ପାଥ୍ ଓ ନ୍ୟୁୟର୍କ ସିଟି ବସ୍‌ରେ ଯାତ୍ରା କରିହେବ। ଥରେ ଯାତ୍ରା କଲେ ୨.୨୫ ଡଲାର କଟିଯିବ। ଜର୍ଣ୍ଣାଲ ସ୍କୋୟାରରୁ 34th ଷ୍ଟ୍ରିଟ୍ ପାଥ୍। ଗୋଟେ ଷ୍ଟ୍ରିଟ୍ ଛାଡ଼ି 33rd ଷ୍ଟ୍ରିଟ୍‌ରେ Empire State Building. ଆଖିଖୋଲିଲା ଦିନୁ ୧୦୨ ମହଲାର ଏମ୍ପାୟାର ଷ୍ଟେଟ୍ ବିଲ୍ଡିଂ କଥା ପଢ଼ିଆସିଛି, ଶୁଣିଆସିଛି। ଚାରି ଦଶକ ଧରି ପୃଥିବୀ ଉଚ୍ଚତମ ପ୍ରାସାଦର ଗୌରବ ବହନ କରି ଆସିଥିଲା, ୧୯୭୦ ମସିହାରେ World Trade Centre ତିଆରି ହେଲା ପର୍ଯ୍ୟନ୍ତ। ଏବେ କିନ୍ତୁ ଏହା ପୃଥିବୀର ୪୫ତମ ଉଚ୍ଚତମ ଓ ଆମେରିକାର ସପ୍ତମ ଉଚ୍ଚତମ ପ୍ରାସାଦ। ଏକବିଂଶ ଶତାବ୍ଦୀର ଦ୍ୱିତୀୟ ଦଶକରେ ଚାଇନା ଓ ମଧ୍ୟପ୍ରାଚ୍ୟ କନ୍‌ଷ୍ଟ୍ରକ୍‌ସନ୍ ବୁମ୍ ଅନେକ ସ୍କାଏସ୍କ୍ରାପର୍ ବିଶ୍ୱ ସ୍କାଏ ଲାଇନ୍‌ରେ ଯୋଗ କରିଦେଇଛି। କିନ୍ତୁ ଏମ୍ପାୟାର ଷ୍ଟେଟ୍ ବିଲ୍ଡିଂ ଏପର୍ଯ୍ୟନ୍ତ ତା'ର ଅଭିମାନ ଓ ଗାମ୍ଭୀର୍ଯ୍ୟ ବଜାୟ ରଖିଛି, ବିଶ୍ୱର ପ୍ରଥମ ୧୦୦ ମହଲା ଟପି ଥିବା ସ୍କାଏସ୍କ୍ରାପର ହିସାବରେ।

ଏମ୍ପାୟାର ଷ୍ଟେଟ୍ ବିଲ୍ଡିଂର ଇତିହାସ, ଆମେରିକାର ଇତିହାସର ଏକ ସ୍ୱତନ୍ତ୍ର ପୃଷ୍ଠା ଦଖଲ କରେ। ବିଂଶ ଶତାବ୍ଦୀର ଗ୍ରେଟ୍ ଡିପ୍ରେସନ୍ (ମାନ୍ଦାବସ୍ଥା)। ୧୯୨୯-୧୯୩୮....... ଆମେରିକାନ୍ ଇକନମିର ଏକ କଷ୍ଟକର ଅଧ୍ୟାୟ। ଶିଳ୍ପ ଉତ୍ପାଦନ ଚରମ ଦୁର୍ଦ୍ଦିନରେ, ଚାକିରି ବଜାରରେ ହାହାକାର, ଲୋକଙ୍କ ହାତରେ ପଇସା ନାହିଁ ବଜାର ଯିବା ପାଇଁ, ଇକନମିରେ ଅନେକ ପରୀକ୍ଷା ନିରୀକ୍ଷା ଚାଲିଛି ଏଥିରୁ ବାହାରିବା

ପାଇଁ। ହଠାତ୍ ପାଞ୍ଚ ଜଣ ଦୁଃସାହସୀ ନିବେଶକ ବାହାରିଲେ ପୃଥିବୀର ଉଚ୍ଚତମ ସ୍କାଏସ୍କ୍ରାପର ତିଆରି କରିବେ ନ୍ୟୁୟର୍କ ବୁକୁରେ...... । ମ୍ୟାନ୍ ପାୱାର କଷ୍ଟ, ମାଟେରିଆଲ କଷ୍ଟ୍ ସବୁଠୁ ତଳେ ଥାଏ। ଏଇଟା ହେଉଛି ସୁଯୋଗ କମ୍ ପଇସାରେ ବଡ଼ କାମ କରିବା ପାଇଁ। ସେଇ ସମୟରେ ଆହୁରି କେତେକ ଉଦ୍ୟୋଗୀ ଉଚ୍ଚତମ ବିଲ୍ଡିଂ ତିଆରି କରିବା ପାଇଁ ଚେଷ୍ଟା କରୁଥାନ୍ତି। ୮୪୦ ଫୁଟର ବ୍ୟାଙ୍କ ଅଫ ମାନହଟ୍ଟାନ୍ ବିଲ୍ଡିଂ ଓ ୯୨୫ ଫୁଟର କ୍ରାଏସ୍‌ଲର୍ ବିଲ୍ଡିଂର କାମ ଆରମ୍ଭ ହୋଇଥାଏ କେଇଶହ ମିଟର ଦୂରରେ। ପ୍ରସିଦ୍ଧ କ୍ରାଏସ୍‌ଲର୍ କାର୍ କମ୍ପାନୀର ମାଲିକ ୱିଲିଅମ୍ ୱାଲ୍‌ଟର କ୍ରାଏସ୍‌ଲର୍ ଏମ୍ପାୟାର ଷ୍ଟେଟ୍ ବିଲ୍ଡିଂ ସହିତ ପ୍ରତିଯୋଗିତା କରି ଏହାକୁ ୧୦୪୬ଫୁଟ୍‌କୁ ବଢ଼ାଇ ଦେଲେ। ଆମେରିକାନ୍ ମିଡିଆ ଏହାକୁ ଆକାଶକୁ ଦୌଡ଼ (Race into the sky) କହି ଥଟ୍ଟାମଜ୍ଜା କରିଥିଲା। ଏମ୍ପାୟାର ଷ୍ଟେଟ୍ ବିଲ୍ଡିଂର ପ୍ରମୋଟର ମାନେ ତାଙ୍କର ଉଚ୍ଚତା ୧୦୫୦ ଫୁଟ୍‌କୁ ବଢ଼େଇ ସାରିଲା ପରେ ବି ଶାନ୍ତିରେ ବସି ପାରିଲେନି। ମାତ୍ର ୪ ଫୁଟର ଫରକକୁ କ୍ରାଏସ୍‌ଲର ଶେଷ ମିନିଟ ଖେଳରେ ଓଲଟପାଲଟ କରିଦେଇ ପାରେ। ତେଣୁ କ୍ରାଏସ୍‌ଲର୍ ବିଲ୍ଡିଂର ଭବିଷ୍ୟତ ରଣନୀତିକୁ ପ୍ରତିହତ କରିବା ପାଇଁ ଏକ ଅପରାଜେୟ ଉଚ୍ଚତା ପାଇଁ ଆର୍କିଟେକ୍ଟଙ୍କୁ ନିର୍ଦ୍ଦେଶ ଦେଲେ। ବାସ୍, ୧୨୫୦ ଫୁଟର ଉଚ୍ଚତା ପାଇଁ ଡିଜାଇନ୍ ତିଆରି ହୋଇଗଲା। ଯା ବାଦେ ୨୦୪ ଫୁଟର ରେଡ଼ିଓ ଆଣ୍ଟିନା ଏହାକୁ ୧୪୫୪ ଫୁଟ୍‌ରେ ପହଞ୍ଚାଇ ଦେଲା। ମଣିଷ ତିଆରି ଉଚ୍ଚତମ ପଦାର୍ଥର ନିଅଁ ପଡ଼ିଲା। ୬୦ ମିଲିଅନ୍ ବଜେଟ୍ ସହ ୧୭ ଜାନୁଆରୀ, ୧୯୩୦ରେ ନିର୍ମାଣର ଶୁଭାରମ୍ଭ ହେଲା। ୫୫ ଫୁଟ ଗଭୀରର ମୂଳଦୁଆ ପରେ ପାଇଲିଙ୍ଗ୍ ଡ୍ରିଲ୍ ସବୁ ରହିଲା ଷ୍ଟିଲ୍ କଲମ୍‌ର କଂକ୍ରିଟ୍ ଫୁଟିଙ୍ଗ୍ ତିଆରି ପାଇଁ। ୧୭ ମାର୍ଚ୍ଚ ୧୯୩୦ରେ ମାଟି ଉପରର କାମ ଆରମ୍ଭ ହେଲା।

ସମ୍ପୂର୍ଣ୍ଣ ବିଲ୍ଡିଂଟି ପ୍ରିଫାବ୍ରିକେଟେଡ୍ ଷ୍ଟିଲ୍ ଫ୍ରେମ୍ ଦ୍ୱାରା ତିଆରି ହେବ। ଷ୍ଟିଲ୍ ଷ୍ଟ୍ରକ୍‌ଚରାଲ୍ ସବୁ ଅନ୍ୟ ଜାଗାରେ ଫାବ୍ରିକେସନ ହୋଇ ଏଠାକୁ ଆସିଲା କେବଳ ରିଭେଟ୍ ଦ୍ୱାରା ଯୋଡ଼ା ହେବା ପାଇଁ।

ଏହାଦ୍ୱାରା କାମ ବହୁତ ଶୀଘ୍ର ଆଗେଇ ଚାଲିଲା। ଜୁଲାଇ ୨୭, ୧୯୩୦ରେ ଅଧା ଉଚ୍ଚତା ପହଞ୍ଚିଗଲା। ଷ୍ଟିଲ୍ ଷ୍ଟ୍ରକ୍‌ଚର କାମ ଉପରକୁ ଉପରକୁ ଚାଲିଥିଲା ବେଳେ ତଳ ମହଲାଗୁଡ଼ିକରେ ଇଟା, ସିମେଣ୍ଟର କାମ ସମତାଳରେ ଚାଲୁଥିଲା। ଏମିତି ହୋଇଥିଲା କି, ୯୫ ମହଲା ଫ୍ରେମ୍ କାମ ସରିଲା ବେଳକୁ ୭୫ ମହଲା ପର୍ଯ୍ୟନ୍ତ ସମସ୍ତ କାମ ସରିଯାଇଥିଲା। ସେପ୍ଟେମ୍ବର ୧୯ରେ ନିର୍ଦ୍ଧାରିତ ଦିନର ୧୨ଦିନ ଆଗରୁ ୨୩ ସପ୍ତାହ ଭିତରେ ୮୬ ମହଲା, ୧୦୪୮ ଫୁଟ୍‌ର କାମ ସରିଗଲା। ୮୬

ମହଲାରୁ ୧୦୨ ମହଲା ପର୍ଯ୍ୟନ୍ତ ଏକ ଫମ୍ପା ଷ୍ଟିଲ୍ ଫ୍ରେମ୍ ରହିଲା। ଯା ଉପରେ ୨୦୪ ଫୁଟର ରେଡ଼ିଓ ଆଣ୍ଟିନା ସହିତ ୧୪୫୪ ଫୁଟ୍‌ର ଏମ୍ପାୟାର ଷ୍ଟେଟ୍ ବିଲ୍ଡିଂର ତିଆରି ସରିଗଲା ଏପ୍ରିଲ୍‌୧୧, ୧୯୩୧ ଦିନ, ୪୧୦ ଦିନରେ। କମ୍ପାନୀର ମୁଖ୍ୟ ଆଲ୍ ସ୍ମିଥ୍ ନିଦା ସୁନାରେ ତିଆରି ଶେଷ ରିଭେଟ୍‌ଟି ପିଟି କାର୍ଯ୍ୟ ସମାପ୍ତିର ଘୋଷଣା କଲେ। ଶେଷରେ ୧୧ ମେ, ୧୯୩୧ ଦିନ ଔପଚାରିକ ଭାବରେ ଏମ୍ପାୟାର ଷ୍ଟେଟ୍ ବିଲ୍ଡିଂ ଜନସାଧାରଣଙ୍କ ପାଇଁ ଉଦ୍‌ଘାଟିତ ହେଲା। ୬୦ ମିଲିଅନ ବଜେଟ୍ ଜାଗାରେ ୫୫ ମିଲିଅନ ଡଲାର ଖର୍ଚ୍ଚ ହେଲା। ପ୍ରମୋଟରମାନଙ୍କର ଦୂରଦୃଷ୍ଟି ଯୋଗୁ ଗ୍ରେଟ୍ ଡିପ୍ରେସନ୍‌ର ଲାଭ ମିଳିଗଲା।

ଆମେରିକାର ଗର୍ବ ଓ ନ୍ୟୁୟର୍କ ସହରର ପରିଚୟ ହୋଇଗଲା ଏଇ ଆଇକନିକ୍ ବିଲ୍ଡିଂ। ପୃଥିବୀ ସାରା ଚହଳ ପଡ଼ିଗଲା... ମଣିଷ ୧୦୦ ମହଲାର ଘର କରିପାରେ ! ମାନ୍ଦାବସ୍ଥା ଯୋଗୁ ଭଡ଼ାଟିଆ ମିଳିବାରେ କିଛିଦିନ ଅସୁବିଧା ହେଲା। କିନ୍ତୁ କ୍ରମଶଃ ଅଫିସ ସବୁ ଚାଲି ଆସିଲେ ଏଇ ପ୍ରସିଦ୍ଧ ଆଡ୍ରେସ୍‌କୁ ସେୟାର କରିବା ପାଇଁ। ଏମ୍ପାୟାର ଷ୍ଟେଟ୍ ବିଲ୍ଡିଂର ବିଜୟ ଧ୍ୱଜା ୪୦ ବର୍ଷ ପାଇଁ ଉଡ଼ି ଚାଲିଲା, ୧୯୭୦ ମସିହାରେ ୧୧୦ ମହଲାର ୱାର୍ଲ୍ଡ ଟ୍ରେଡ୍ ସେଣ୍ଟର ବିଲ୍ଡିଂ (WTC) ଆସିବା ପର୍ଯ୍ୟନ୍ତ।

୧୦୨ ମହଲାର ଏହି ବିଲ୍ଡିଂର ୮୬ ମହଲା ହିଁ ବ୍ୟବହାର ଯୋଗ୍ୟ। ୮୬ ମହଲାରୁ ୧୦୨ ମହଲା ଏକ ଫମ୍ପା ଷ୍ଟିଲ୍ ଡ୍ରମ୍ ପରି ଜିନିଷ। ଏହାକୁ Art Deco Spire କହନ୍ତି। ଦ୍ୱିତୀୟ ବିଶ୍ୱଯୁଦ୍ଧ ଆଗରୁ ବଡ଼ବଡ଼ ବିଲ୍ଡିଂଗୁଡ଼ିକ ଶୀର୍ଷରେ କେବଳ ଆଳଙ୍କାରିକ ଉଦ୍ଦେଶ୍ୟରେ ଏକ ଗୋଜିଆ ଟୋପି ଲଗାଯାଉଥିଲା। ଏହା ବିଲ୍ଡିଂର ଶୀର୍ଷଦେଶକୁ ନିର୍ଦ୍ଦିଷ୍ଟ ଆକାର ଦେଇଥାଏ। ଏହା ହିଁ ସ୍କାଏସ୍କ୍ରାପରର ଚେହେରା ହୋଇ ରହିଯାଏ ଜନମାନସରେ। କିନ୍ତୁ ଏମ୍ପାୟାର ଷ୍ଟେଟ୍ ବିଲ୍ଡିଂର Art Deco Spire ପାଇଁ ଅନ୍ୟ କିଛି ବ୍ୟବହାର ଚିନ୍ତା କରାଯାଇଥିଲା। ସବା ଉପରେ ୧୦୨ ମହଲାରେ ଏକ ଏୟାରପୋର୍ଟ ଲାଉଞ୍ଜର ବ୍ୟବସ୍ଥା କରାଯାଇଥିଲା। ୧୯୩୦ ମସିହା ବେଳକୁ ଏୟାର ସିପ୍ (ଜେପେଲିନ୍)ର ବ୍ୟବହାର ଆରମ୍ଭ ହୋଇଥିଲା। ଏହା ମଣିଷ ପରିବହନ କରୁଥିଲା। ତେଣୁ ତୃତୀୟ ଦଶକରେ ବିମାନ ଯାତ୍ରୀମାନେ ଏଇ ବାଟେ ଯିବା ଆସିବା କରିଥାଆନ୍ତେ। ୧୦୨ ମହଲା ଉପରେ ଥିବା ଲୁହାଖୁଣ୍ଟ ଜେପେଲିନ୍‌ର ଡକ୍ ହିସାବରେ କାମ କରିଥାନ୍ତା। ଜେପେଲିନ୍ ଆସି ଏଠି ଲଙ୍ଗର ପକାଇ ଯାତ୍ରୀ ନବା ଆଣିବା କରିଥାନ୍ତା। ୮୬ ମହଲାରୁ ୧୦୨ ପର୍ଯ୍ୟନ୍ତ ଏଲିଭେଟରରେ ଯାଇ ସେଠୁ ଜେପେଲିନ୍...... । ବଡ଼ ଉଚ୍ଚାକାଙ୍କ୍ଷୀ ଯୋଜନା ବିଜ୍ଞାନ ଦୃଷ୍ଟିରୁ। କିନ୍ତୁ ଥରେ ବି ଏହା ସଫଳ ହେଲାନି। ପ୍ରଥମ ଜେପେଲିନ୍ , ପବନର ତୀବ୍ର ଗତି ପାଇଁ ଏମ୍ପାୟାର

ଷ୍ଟେଟ୍ ବିଲ୍ଡିଂ ଚାରିପଟେ ୨୫ ଥର ବୁଲି ବୁଲି ଡକିଙ୍ଗ କରିପାରିଲାନି। ବିପଜ୍ଜନକ ଭାବରେ ଏପଟ ସେପଟ ହେଲା। ଗମ୍ଭୀର ଦୁର୍ଘଟଣାର ଭୟ ରହିଲା। ତେଣୁ ଫେଲ୍ ମାରିଗଲା ଏଡ଼େବଡ଼ ପ୍ରୋଜେକ୍ଟ। ଏବେ କିନ୍ତୁ ୧୦୨ ମହଲା ଏକ ଅତ୍ୟାଧୁନିକ ଅବ୍‌ଜରଭେଟରି ହିସାବରେ ବ୍ୟବହାର ହେଉଛି। ତା'ଛଡ଼ା ଏହି Art Deco Spire, ବିଭିନ୍ନ କମ୍ପାନୀର ଦୂର ସଞ୍ଚାର ସୁବିଧା ପାଇଁ ବ୍ୟବହାର ହେଉଛି।

ଏମ୍ପାୟାର ଷ୍ଟେଟ୍ ବିଲ୍ଡିଂ ବିଷୟରେ କେତେ ମଜା ମଜା କଥା ରହିଛି। ୧୨୫୦ ଫୁଟ ଉପରେ ବାୟୁମଣ୍ଡଳରେ କେବେ କେମିତି ଷ୍ଟାଟିକ୍ ଇଲେକ୍ଟ୍ରିସିଟି ରହିଥାଏ। ୮୬ ମହଲାରେ ଅବ୍‌ଜରଭେଟରି ଡେକ୍ ଉପରେ ବେଳେବେଳେ ପ୍ରେମିକ ପ୍ରେମିକାମାନେ ନିଜର ପ୍ରେମର ନିଦର୍ଶନ ସ୍ୱରୂପ ପରସ୍ପରକୁ ଚୁମ୍ବନ ଦିଅନ୍ତି। ମାତ୍ର ଷ୍ଟାଟିକ୍ ଇଲେକ୍ଟ୍ରିସିଟିର ଉପସ୍ଥିତିରେ ଚୁମ୍ବନ ସହ ମୃଦୁ ଇଲେକ୍ଟ୍ରିକ୍ ସକ୍ ଉତ୍ପନ୍ନ ହୁଏ। ସବୁବେଳେ ତ ଏଇ ସୁବର୍ଣ୍ଣ ମୁହୂର୍ତ୍ତ ନଥାଏ। ତେଣୁ ସମସ୍ତଙ୍କ ଭାଗ୍ୟରେ ଇଲେକ୍ଟ୍ରିକ୍ କିସ୍ (ବିଜୁଳି ଚୁମ୍ବନ) ନଥାଏ। କେଇଜଣ ଭାଗ୍ୟବାନ୍ ହିଁ ଏହାକୁ ଅନୁଭବ କରିପାରନ୍ତି। ତେଣୁ ଇଲେକ୍ଟ୍ରିକ୍ କରେଣ୍ଟର ତୀବ୍ରତା ଅନୁସାରେ ଚୁମ୍ବନର ଉଷ୍ମତା ଓ ପ୍ରେମର ଗଭୀରତା ମପାଯାଇପାରେ! କିଛି ଲୋକ ୮୬ ମହଲାରୁ ତଳକୁ ଡେଇଁ ଆତ୍ମହତ୍ୟା କରିବାକୁ ଚେଷ୍ଟା କରିଛନ୍ତି। କିଛି ଲୋକ ସଫଳ ହୋଇଛନ୍ତି ଆଉ କିଛି ଲୋକ ବିଫଳ। ସବୁଠୁ ବଡ଼ ବିଫଳତା ଘଟିଥିଲା ଜଣେ ବ୍ୟକ୍ତିଙ୍କ ଭାଗ୍ୟରେ... ୮୬ ମହଲାରୁ ଡେଇଁ ପଡ଼ିଲା ପରେ ଦଲ୍‌କାଏ ପବନର ଧକ୍କାରେ ୮୫ ମହଲା ଭିତରକୁ ଛିଟ୍‌କି କରି ପଶିଗଲେ। ଅଳ୍ପ କିଛି ହାଡ଼ଭଙ୍ଗା ପାଇଁ ହସ୍ପିଟାଲ୍‌କୁ ଯିବାକୁ ପଡ଼ିଲା କିଛିଦିନ ପାଇଁ। ପବନ ବି ଈଶ୍ୱରଙ୍କ ଇଚ୍ଛାରେ ଚାଲେ, ଏଇଟା ତା'ର ପ୍ରମାଣ..। ଏବେ କିନ୍ତୁ ଅବ୍‌ଜରଭେଟରି ସମ୍ପୂର୍ଣ୍ଣ ଭାବରେ ଷ୍ଟିଲ୍ ଜାଲି ଦ୍ୱାରା ସୁରକ୍ଷିତ। ସୁରକ୍ଷା କର୍ମଚାରୀ ବି ସଦା ଜାଗ୍ରତ। ତେଣୁ ଏପରି ଦୁର୍ଘଟଣା ହେବାର ସମ୍ଭାବନା ଏବେ ଆଉ ନାହିଁ।

ଏଲିଭେଟର କେବଲ୍ ଛିଣ୍ଡିବାରେ ବି କିଛିଥର ଦୁର୍ଘଟଣା ଘଟିଛି। ଥରେ ୪୪ ମହଲାରୁ ୪ର୍ଥ ମହଲା ପର୍ଯ୍ୟନ୍ତ ଖସିଲା ପରେ କିଛି ସୁରକ୍ଷା ପ୍ରତିବିଧାନ ପାଇଁ ଲୋକ ବଞ୍ଚିଯାଇଛନ୍ତି। ଆଉ ଜଣେ ଲିଫ୍ଟ ଅପରେଟର ୭୫ ମହଲାରୁ ଖସି ବି ବଞ୍ଚି ଯାଇଥିଲେ।

ହଲିଉଡ୍ ଫିଲ୍ମ ଇଣ୍ଡଷ୍ଟ୍ରିଜ୍ ଏମ୍ପାୟାର ଷ୍ଟେଟ୍ ବିଲ୍ଡିଂ ସହିତ ନିବିଡ଼ ଭାବରେ ଜଡ଼ିତ। ଅନେକ ବ୍ଲକ୍ ବୁଷ୍ଟର ସାଇ-ଫାଇ ମୁଭି, ଏମ୍ପାୟାର ଷ୍ଟେଟ୍ ବିଲ୍ଡିଂ ଉପରେ ଚିତ୍ରାୟିତ ହୋଇଛି। ୧୯୩୩ରେ ପ୍ରଥମଥର ପାଇଁ ହଲିଉଡ୍, କିଙ୍ଗ୍‌କଙ୍ଗ୍‌କୁ ଏମ୍ପାୟାର ଷ୍ଟେଟ୍ ବିଲ୍ଡିଂ ଉପରେ ବସାଇ ଦେଇଥିଲା। ତା'ପରେ ଅନେକ ଫିଲ୍ମ-Independence Day, Superman, Spiderman, Elfi An affair to remember, ଇତ୍ୟାଦି ଏଠାରେ ସୁଟିଂ ହୋଇଛି । ତାମିଲ୍ ଫିଲ୍ମ Jeans, (ଐଶ୍ୱର୍ଯ୍ୟା ରାୟ ଅଭିନୀତ) ବି ଏଠି ସୁଟିଂ ହୋଇଛି ।

ଆମେରିକାର ଜଣେ ରିଅଲ ଇଷ୍ଟେଟ୍ ଟାଇକୁନ୍ ଏମ୍ପାୟାର ଷ୍ଟେଟ୍ ବିଲ୍ଡିଂକୁ କିଣିନେବା ପାଇଁ ଚେଷ୍ଟା କଲେ । ଆଇନର ଫାଙ୍କ ଦେଇ ଏମ୍ପାୟାର ଷ୍ଟେଟ୍ ବିଲ୍ଡିଂ ନାଁରେ କେଶ୍ କଲେ । ଏମ୍ପାୟାର ଷ୍ଟେଟ୍ ବିଲ୍ଡିଂ ଏକ ହାଇ ରାଇଜ୍ ସ୍ଲମ୍ କହି ବଦ୍‌ନାମ କରିଚାଲିଲେ । କିନ୍ତୁ ଏ ଅପଚେଷ୍ଟା ସଫଳ ହୋଇପାରିଲାନି । ଶେଷରେ ୨୦୦୨ ବେଳକୁ କିଛି ମିଲିୟନ୍ ଡଲାର ବିନିମୟରେ ଏକ ବୁଝାମଣା ସହିତ ନିଜର ଦାବିରୁ ଓହରିଗଲେ । ଅବଶ୍ୟ ତାଙ୍କର ଆଉ କିଛି ବୃହତ୍ତର ଲକ୍ଷ୍ୟ ଥିଲା । ତେଣୁ ଏମ୍ପାୟାର ଷ୍ଟେଟ୍ ବିଲ୍ଡିଂ ପରି ଛୋଟ ଲାଲସାକୁ ଛାଡ଼ି ନୂଆ ଏକ ସ୍ୱପ୍ନ ପଛରେ ଲାଗିଗଲେ । ସେ ଆଶା ତାଙ୍କର ସଫଳ ହେଲା । ୨୦୧୭ରେ ସେ ଆମେରିକାର ରାଷ୍ଟ୍ରପତି ହେଲେ । ଆମେ ତାଙ୍କୁ ଡୋନାଲ୍ଡ ଟ୍ରମ୍ପ୍ ବୋଲି ଜାଣିଲୁ ।

34th ଷ୍ଟ୍ରିଟ୍ ପାଥ୍ ଷ୍ଟେସନ୍‌ରୁ ଚାଲି ଚାଲି ପହଞ୍ଚିଗଲି ଏମ୍ପାୟାର ଷ୍ଟେଟ୍ ବିଲ୍ଡିଂ । ଭିତରେ ପଶିବି ଏକା ଏକା ! ହୃତ୍‌ସ୍ପନ୍ଦନ ଟିକେ ବଢ଼ିଗଲା । ଗେଟ୍‌ରେ ପଶିବା ଆଗରୁ ଟିକେ ଅଧିକା ଅକ୍ସିଜେନ୍ ନିଶ୍ୱାସରେ ଟାଣିନେଲି ଆତ୍ମବିଶ୍ୱାସ ଟିକେ ବଢ଼େଇଦବା ପାଇଁ । ଲବି ଓ କେତେଟା ଏସ୍କାଲେଟର ଦେଇ 4th ଫ୍ଲୋର୍ ଏଲିଭେଟର ଲେଭେଲରେ ପହଞ୍ଚିଗଲି । ବାଟସାରା ଆଖି ଖୋସି ହେଇଗଲା ପରି ସାଜସଜ୍ଜା । ଏମ୍ପାୟାର ଷ୍ଟେଟ୍ ବିଲ୍ଡିଂର ଇତିହାସ, ତା'ସହ ଜଡ଼ିତ ବିଭିନ୍ନ ବ୍ୟକ୍ତିତ୍ୱ ଓ ଫିଲ୍ମର ଚିତ୍ର ସବୁ... । ଟିକେଟ କାଟିଲି ଅବ୍‌ଜରଭେସନ୍ ଡେକ୍ ପାଇଁ । ଟିକେଟର ମୂଲ୍ୟ ୨୦ ଡଲାର । ସିନିଅର ସିଟିଜେନ୍‌ଙ୍କ ପାଇଁ ୧୮ ଡଲାର । ଏତେ ଭିଡ଼ ନଥିଲା । ଶୀଘ୍ର ଏଣ୍ଟ୍ରି ମିଳିଗଲା । ଚତୁର୍ଥ ମହଲାରୁ ୭୯ ମହଲା ପର୍ଯ୍ୟନ୍ତ ଗୋଟେ ଏଲିଭେଟର । ସେଠୁ ୮୬ ମହଲା ଆଉ ଗୋଟେ । ପ୍ରଥମ ଏଲିଭେଟର, ୭୫ ମହଲା ପାଇଁ ନିଏ ୪୭ ସେକେଣ୍ଡ!!! ସ୍ପିଡ୍ ୧୨୦୦ ଫୁଟ୍ ମିନିଟ ପ୍ରତି । ଅର୍ଥାତ୍ ସେକେଣ୍ଡକୁ ୧.୬ ମହଲା ! କିନ୍ତୁ ଜଣାପଡ଼େନି କେତେବେଳେ ଏଲିଭେଟର ଚାଲିବା ଆରମ୍ଭ ହେଲା ଓ କେତେବେଳେ ବନ୍ଦହେଲା । କେବଳ ଉପରକୁ ଗଲାବେଳେ କାନ ତାବ୍‌ଦା ତାବ୍‌ଦା ଲାଗେ । ତଳକୁ ଆସିଲା ବେଳକୁ କାନ ପରଦା ଖୋଲିଗଲା ପରି ଲାଗେ । ଉଚ୍ଚତା ପରିବର୍ତ୍ତନ ଯୋଗୁ ବାୟୁ ମଣ୍ଡଳୀୟ ଚାପର ପରିବର୍ତ୍ତନ ପାଇଁ ଏମିତି ହୁଏ । OTIS Elevator ଏହି ଏଲିଭେଟରର ନିର୍ମାତା । ଏମ୍ପାୟାର ଷ୍ଟେଟ୍ ବିଲ୍ଡିଂରେ ସମୁଦାୟ ୭୩ଟି ଏଲିଭେଟର ଅଛି ବିଭିନ୍ନ ମହଲା ପାଇଁ ।

ଏଲିଭେଟର ଚାଲିଲା ପରେ ପୂରା ଲିଫ୍ଟଟି ଏକ ମଲ୍ଟିମେଡ଼ିଆ ସିଷ୍ଟମରେ ପରିଣତ ହୋଇଯାଏ। ଏହାର ସିଲିଙ୍ଗ ଏକ LED HD ସ୍କ୍ରିନ୍‌ର କାମ କରେ 4K ସାଉଣ୍ଡ ସିଷ୍ଟମ୍ ସହିତ। ଏଲିଭେଟର ଚାଲିଲା ମାତ୍ରେ ସିଲିଂରେ ଭାସି ଉଠେ, ଏମ୍ପାୟାର ଷ୍ଟେଟ୍ ବିଲ୍ଡିଂ ତିଆରି ବେଳର ଦୃଶ୍ୟ। ଷ୍ଟିଲ୍ ବିମ୍, କଲମ୍ ନେବା ଆଣିବା ଚାଲିଥାଏ। କ୍ରେନ୍‌ରେ ଝୁଲି ଶ୍ରମିକମାନଙ୍କର ଯିବା ଆସିବା ଓ ଅଧାଗଢ଼ା ଏମ୍ପାୟାର ଷ୍ଟେଟ୍ ବିଲ୍ଡିଂ ଉପରୁ ନିଉୟର୍କର ଦୃଶ୍ୟ। ଏଲିଭେଟର ଉପରକୁ ଯିବା ସହିତ ଚତୁପାର୍ଶ୍ୱର ଦୃଶ୍ୟ ବି ପରିବର୍ତ୍ତିତ ହୋଇ ଚାଲିଥାଏ। ଚାରିପାଖ ବିଲ୍ଡିଂ ସବୁ ଛୋଟ ହୋଇ ଯାଉଥାଆନ୍ତି। ଦିଗ୍‌ବଳୟ ବଢ଼ି ବଢ଼ି ଯାଉଥାଏ। ସାଉଣ୍ଡ ସିଷ୍ଟମରୁ ଭାସି ଆସୁଥାଏ ତିଆରି ସମୟର ନାନା ପ୍ରକାରର ଯାନ୍ତ୍ରିକ ଶବ୍ଦ, ଶ୍ରମିକମାନଙ୍କର ହୋ ହଲ୍ଲା... ନିର୍ମାଣର ୧୩ ମାସର ଫାଷ୍ଟ ଫରୱାର୍ଡ଼ ଦୃଶ୍ୟ। ଭାବିବାକୁ ସମୟ ନାହିଁ... ଏଲିଭେଟର ଚାଲିଲା ମାତ୍ରେ ଆରମ୍ଭ ହୋଇଯିବ ଏସବୁ... ଖାଲି ଆଖି ଓ କାନ ଖୋଲା ରଖିବା କଥା। କିନ୍ତୁ ଯା ଭିତରେ ପାଟି ବି ମେଲା ହୋଇଯିବା ନିହାତି ସ୍ୱାଭାବିକ...। ହଠାତ୍ ଦୃଶ୍ୟ, ଶ୍ରାବ୍ୟ ସବୁ ବନ୍ଦ। ଡିସ୍‌ପ୍ଲେରେ ୭୯...., ୭୯ ମହଲା ପର୍ଯ୍ୟନ୍ତ ଯାତ୍ରା ଶେଷ..... ୪୭ ସେକେଣ୍ଡ ସମ୍ପୂର୍ଣ୍ଣ ମେସମରାଇଜଡ୍ ହେବାର ଅନୁଭବ। ସବୁ ଯାତ୍ରୀଙ୍କ ମୁହଁରେ ଆନନ୍ଦ, ଆଶ୍ଚର୍ଯ୍ୟର ମିଶାମିଶି ହସ। ପାଟିରୁ ବାହାରିଯାଉଥାଏ ୱାଃ... What a journey !! କବାଟ ଖୋଲିଗଲା। ଏବେ ୮୬ ମହଲାକୁ ଏକ ସାଧାରଣ ଏଲିଭେଟର (Scifi ନୁହଁ)। ୮୬ ମହଲାରେ ଅବ୍‌ଜରଭେସନ୍ ଡେକ୍ ୧୨୫୦ଫୁଟ ଉପରେ। ସମ୍ପୂର୍ଣ୍ଣ ନିଉୟର୍କ ସିଟି ପାଦ ତଳେ, ଆଖପାଖ ସବୁ ବିଲ୍ଡିଂ ତଳେ। ଉପରେ ଆକାଶ। ଦିଶିଯାଉଥାଏ ଆଗରୁ ସିନେମା ବା ଫଟୋରେ ଦେଖିଥିବା ସ୍ଥାପତ୍ୟ ସବୁ। କ୍ରାଏସଲର ବିଲ୍ଡିଂ, ଫ୍ଲାଟିରନ୍ ବିଲ୍ଡିଂ, ବ୍ରୁକ୍‌ଲିନ୍ ବ୍ରିଜ୍, ଷ୍ଟାଚ୍ୟୁ ଅଫ ଲିବର୍ଟି ଆଉ ଅଜଣା ଶହଶହ ସ୍କାଏ ସ୍କ୍ରାପର ବିଭିନ୍ନ ରଙ୍ଗ ଓ ଡିଜାଇନ୍‌ର। ଟିକିଏ ଦୂରରୁ ଦିଶୁଥାଏ ହଡ୍‌ସନ ନଦୀ, ସେଣ୍ଟ୍ରାଲ ପାର୍କ ଓ One World Centre (ଆଜିକାର WTC)। ଶହ ଶହ ପର୍ଯ୍ୟଟକ ଡେକ୍‌ରେ ପୃଥିବୀର କୋଣ ଅନୁକୋଣରୁ। ସମସ୍ତଙ୍କ ଆଖିରେ ସ୍ୱପ୍ନ ଓ ବାସ୍ତବତାର ମଝାମଝି ଭାବ। ସୁରକ୍ଷା କାରଣରୁ ଚାରିପଟେ ଲୁହା ଜାଲିଘେରା। ତା'ରି ଭିତରୁ ଦେଖିବାକୁ ପଡ଼ିବ। ମନଇଚ୍ଛା ଫଟୋ ଉଠାଇଲି, ନିଉୟର୍କ ଆକାଶର, ଭୂମିର ଓ ଦୂର ଦିଗ୍‌ବଳୟର। ନିର୍ମଳ ଆକାଶରେ ପ୍ରାୟ ୧୦୦ କି.ମି. ଦେଖିହୁଏ ଖାଲି ଆଖିରେ। ଡେକ୍ ଉପରକୁ Spire ଓ ରେଡ଼ିଓ ଆଣ୍ଟିନା ଆକାଶକୁ ଆହୁରି ୪୦୦ ଫୁଟ ଭେଦି ଯାଇଛନ୍ତି। ୧୦୨ ମହଲା ସେତେବେଳେ ସର୍ବସାଧାରଣଙ୍କ ପାଇଁ ଖୋଲା ହୋଇନଥିଲା। ମୁଁ ଆସିବା ପରେ ଅକ୍ଟୋବର ୧୯ରେ ଖୋଲିଛି। ହଁ, ଡେକ୍ ଉପରେ

ଅଧଘଣ୍ଟେ ଚଲାବୁଲା କଲା ପରେ ଟିକେ ହାଲିଆ ଲାଗିଲା। ସୁନ୍ଦର ଏକ ହଲ୍ ଅଛି ୨-୩ଟା ପାହାଚ ଉପରେ। ବର୍ଷା, ସ୍ନୋ ବା ଥଣ୍ଡା ପବନଠୁ ସୁରକ୍ଷିତ ରହି ଡେକ୍‌ରୁ ଦେଖିବା ପାଇଁ ଏହି କ୍ଲାଇମେଟ୍ କଣ୍ଟ୍ରୋଲ୍‌ଡ କାଚଘରଟି ତିଆରି ହୋଇଛି। ବାହାରର ଦୃଶ୍ୟ ଠିକ୍ ଦିଶେ। ବସିବା ପାଇଁ ଜାଗା ନାହିଁ। ହାଲିଆ ଲାଗୁଥିଲା। ତଳେ ବସି ପଡ଼ିଲି ଗୋଟେ ଖୁଣ୍ଟକୁ ଆଉଜି ୧୦-୧୫ ମିନିଟ୍। ୱାଇଫାଇ ମିଳିଗଲା। ଏମ୍ପାୟାର ଷ୍ଟେଟ୍ ବିଲ୍ଡିଂ ଉପରୁ କଥା ହେଲି ପୁଅ, ଝିଅଙ୍କ ସହିତ। ଭିଡ଼ିଓରେ ଦେଖାଇ ଦେଲି। ପୂରା ପରିବାର ଏମ୍ପାୟାର ଷ୍ଟେଟ୍ ବିଲ୍ଡିଂ ଉପରେ ଯେମିତି ! ଅଶେଷ ଧନ୍ୟବାଦ, ଟେକ୍ନୋଲୋଜି ତୁମକୁ।

ଏମ୍ପାୟାର ଷ୍ଟେଟ୍ ବିଲ୍ଡିଂରୁ ଓହ୍ଲାଇ ଚାରିଦିନର BIG Bus ସିଟି ଟୁର୍ ପାସ୍ ଟିକଟ କିଣିଲି। ଦାମ୍ ୮୨ ଡଲାର। ଚାରିଦିନର ଅସୀମିତ ବସ୍‌ଯାତ୍ରା, ଷ୍ଟାଚ୍ୟୁ ଅଫ ଲିବର୍ଟି, ସିଟି ମ୍ୟୁଜିୟମ୍, ଡାଉନ୍‌ଟାଉନ୍ ଓ ନାଇଟ୍ ଟୁର୍ ଇତ୍ୟାଦି ଲୋଭନୀୟ ଅଫର। ଚାଲିଚାଲି ବୁଲିବା ବା ଟ୍ୟାକ୍ସି କରି ବୁଲିବା ସମୟ ଓ ଅର୍ଥ ସାପେକ୍ଷ। ତେଣୁ ଭାବିଲି ବିଗ୍ ବସ୍ ପାସ୍ ସୁବିଧା ହେବ। ଦି' ମହଲାର ବସ୍। ଉପର ଛାତ ଖୋଲା। ତେଣୁ ଚାରିପଟ ଭଲରେ ଦେଖିହେବ ବସ୍ ଚାଲୁଚାଲୁ। ଫଟୋ ବି ଉଠାଇହେବ। ମନଇଚ୍ଛା ଷ୍ଟପେଜ୍‌ରେ ଓହ୍ଲାଇ ପୁଣି ପରବର୍ତ୍ତୀ ବସ୍ ଧରି ପାରିବ, ଦିନ ସାରା, ଚାରିଦିନ ପାଇଁ। ବସ୍‌ରେ ବସିଲି। ବସ୍‌ରେ ବସିଲା ବେଳକୁ ଟିକଟ ସ୍କାନ୍ କରିବାକୁ ପଡ଼ିବ। ସାଧବ ପୋକ ପରି ନାଲିନାଲି ଇୟର ଫୋନ୍ ସବୁ ବସ୍‌ରେ ରଖା ହୋଇଥିବ। ସିଟ୍ ପାଖରେ ଥିବା ପଏଣ୍ଟରୁ ଇୟରଫୋନ୍ ଲଗାଇ ବସ୍ ଚାଲିଲା ବେଳେ ଆଖପାଖର ପ୍ରସିଦ୍ଧ ଲ୍ୟାଣ୍ଡ ମାର୍କ ବିଷୟରେ ଶୁଣି ହେବ ମନପସନ୍ଦର ଭାଷାରେ (ଇଂଲିସ୍, ଫ୍ରେଞ୍ଚ, ଜାପାନିଜ୍ ଓ ଆରବିକ୍ ଓ ସ୍ପାନିସ୍)।

ଲୋୟର ମାନହଟ୍ଟାନର ବ୍ରଡ୍‌ୱେ ଉପରେ ଯାଉ ଥାଉ। ଅନେକ ଗୁରୁତ୍ୱପୂର୍ଣ୍ଣ ଅଫିସ୍, ହୋଟେଲ ଓ ଐତିହାସିକ ସ୍ଥାନ ବ୍ରଡ୍‌ୱେ ଦୁଇ ପାର୍ଶ୍ୱରେ। ଚାରି ଲେନ୍‌ରୁ ଦି'ପଟରେ ଦି'ଟା ଲେନ୍ ପାର୍କିଂ ପାଇଁ ଓ ଦି'ଟା ଲେନ୍ ଗାଡ଼ିମଟର ଯିବା ପାଇଁ କାମରେ ଆସେ। ଦି'ପଟରେ ବେଶ୍ ଓସାରିଆ ଫୁଟ୍‌ପାଥ୍, ସାଇକେଲ ଆଉ ପଦଚାରୀମାନଙ୍କ ପାଇଁ। ମାନ୍‌ହଟ୍ଟାନର ଉତ୍ତରରୁ ଦକ୍ଷିଣ ଏହି ରାସ୍ତା ସଂଯୋଗ କରୁଛି, ଟାଇମ୍ ସ୍କୋୟାରଠୁ ଆରମ୍ଭ କରି...।

CHARGING BULL :

ପରବର୍ତ୍ତୀ ଷ୍ଟପେଜ୍ Bowling Green. ଅଳ୍ପ କିଛି ଦୂରରେ Charging Bull.

ଏକ ଅତି ଜନପ୍ରିୟ ଟୁରିଷ୍ଟ ଡେଷ୍ଟିନେସନ ନିଉୟର୍କ ସିଟି ଭିତରେ। ନିଉୟର୍କ ଆସି ଚାର୍ଜିଂ ବୁଲ୍ ନଦେଖିଲେ, ସବୁ ଅଧା ଅଧା।

ଷ୍ଟକ୍ ମାର୍କେଟ୍‌ରେ ସେୟାର ହୋଲ୍ଡର ମାନଙ୍କୁ ଦୁଇ ଭାଗରେ ବିଭକ୍ତ କରାଯାଏ Bull ଆଉ Bear ନାଁରେ। ବୁଲ୍‌ମାନେ ମାର୍କେଟ୍‌ରେ ଆକ୍ରମଣାତ୍ମକ ଢଙ୍ଗରେ କିଣା ବିକା କରନ୍ତି। ଏମାନେ ଅତିମାତ୍ରାରେ ଆଶାବାଦୀ, ରିସ୍କ ଟେକିଂ । ବଜାରରେ ପ୍ରତିକୂଳ ସମୟରେ ବି ଏମାନେ କିଣାକିଣି କରିଦିଅନ୍ତି ଏକ ଅନୁକୂଳ ସମୟର ଆଶାରେ। କିନ୍ତୁ ବିଅର ମାନେ ବଡ଼ ରକ୍ଷଣାତ୍ମକ। ବଜାରରେ ରହିଲେବି, ଦେଖିଚାହିଁ ପାଦ ପକାନ୍ତି। ଯାହାକୁ କହନ୍ତି ହାତେ ମାପି ଚାଖଣ୍ଡେ ଚାଲନ୍ତି ଏମାନେ। କମ୍ ରିସ୍କ ଟେକିଂ। ଅନୁକୂଳ ପରିସ୍ଥିତିରେ ଏମାନେ ଟ୍ରେଡ଼ିଂ କରନ୍ତି। କିଣାବିକା ଅଧିକ ଓ ଇଣ୍ଡେକ୍ସ ଅଧିକ ଥିଲେ ବୁଲ୍ ମାର୍କେଟ୍ କହନ୍ତି, କିଣାବିକା କମିଲେ ଓ ଇଣ୍ଡେକ୍ସ କମ୍ ଥିଲେ ବିଅର ମାର୍କେଟ୍ ବୋଲି କହନ୍ତି। କିନ୍ତୁ ଷ୍ଟକ୍ ମାର୍କେଟ୍‌ରେ ଆଶାବାଦୀ ନହେଲେ ଲାଭ ଆସେନି। ତେଣୁ ବୁଲ୍‌ମାନେ, ଭାଗ୍ୟ ଭଲ ଥିଲେ ବହୁତ ଲାଭ କରନ୍ତି ଓ ଭାଗ୍ୟ ଖରାପ ଥିଲେ ବହୁତ କ୍ଷତି କରନ୍ତି। କୁହାଯାଏ ଷ୍ଟକ୍ ମାର୍କେଟ୍‌ରେ "ପାଣିପରି ପଇସା ଗଲେ ପବନ ପରି ପଇସା ଆସେ।" Money goes like water and comes like wind. ଏଇ ଆଶାବାଦ ହିଁ ଷ୍ଟକ୍ ଏକ୍ସଚେଞ୍ଜ ଓ ବଜାର ଇକୋନମିକୁ ଚଳାଏ। ଆଙ୍ଗୁଠି ଅଗରେ ଗଣିଲା ପରି ଭାଗ୍ୟବାନ୍ କେତେ ଜଣ ବୁଲ୍‌ଙ୍କ ପ୍ରାଚୁର୍ଯ୍ୟ ଦେଖି ବାକି ନିୟୁତ ନିୟୁତ ସାଧାରଣ ଜନତା ଲାଗିଯାନ୍ତି ବୁଲ୍ ରନ୍‌ରେ। ପେଷା ଅପେକ୍ଷା ନିଶା କାମକରେ ସେଆର ମାର୍କେଟରେ ବେଶୀ ମାତ୍ରାରେ। ଯା' ହେଲେବି, ଟ୍ରିଲିଅନ୍ ଡଲାରର ଇକନମି, ସେଆର ମାର୍କେଟ ପାଇଁ କୋଳାହଳମୟ ଓ ଗତିମାନ୍। ଏଇ ବୁଲ୍‌ମାନଙ୍କର ଉଦ୍ଦେଶ୍ୟରେ New York Stock Exchange (NYSE) ଠାରୁ ଗୋଟେ ବ୍ଲକ୍ ଛାଡ଼ି ଠିଆ ହୋଇଛି ଚାର୍ଜିଂ ବୁଲ୍ ଏକ ଆକ୍ରମଣାତ୍ମକ ମୁଦ୍ରାରେ, ଲମ୍ବା ଲମ୍ବା ଗୋଜିଆ ସିଂଘ ତଳକୁ କରି, ନାକକୁ ଫୁଲାଇ ଓ ଖୁରାକୁ ମାଟିରେ ମାରି। ଚାବୁକ୍ ପରି ଲାଞ୍ଜକୁ ଉପରକୁ ଟେକି ମାଂସପେଶୀ ବହୁଳ ଶରୀରକୁ ବାଁ ପଟକୁ ନୁଆଁଇ ଜଳନ୍ତା ଆଖିରେ ସାମ୍ନାକୁ ଦେଖୁଛି। ସତେ ଯେମିତି ଯେ କୌଣସି ସମୟରେ ଭୁଷି ଦେବ।

୧୧ ଫୁଟ୍ ଉଚ୍ଚ, ୧୬ ଫୁଟ୍ ଲମ୍ବା ଓ ୩୨୦୦ କେ.ଜି.ର ଏଇ ପିତ୍ତଳ ବୁଲର ମୂର୍ତ୍ତିଟି, ସ୍ଥାପତ୍ୟକାର Arturo Di Modico ଙ୍କ ଦ୍ୱାରା ନିର୍ମିତ। ୧୯୮୭ର ବ୍ଲାକ୍ ମନ୍‌ଡେ... NYSE କ୍ରାସ୍ କଲା। ନିବେଶକମାନେ ବିଲିଅନ୍ ଡଲାର ହରାଇଲେ। ବଜାରରେ ସମ୍ପୂର୍ଣ୍ଣ ନିରାଶା ଭାବ ଛାଇ ଯାଇଥାଏ। ନିସ୍ତବ୍ଧ ବଜାର, ନିବେଶକମାନଙ୍କ ଭିତରେ ଗୁମ୍‌ସୁମ୍ ଭାବ। ନୂଆ ନିବେଶର ଅଭାବ। ଏଇ ସମୟରେ Di Modico

ନିଉୟର୍କକୁ ଏକ ବାର୍ତ୍ତା ଦେବାକୁ ଚାହିଁଲେ। ସିସିଲିରୁ କପର୍ଦ୍ଦକ ଶୂନ୍ୟ ହୋଇ ଆମେରିକାରେ ପହଞ୍ଚିଥିବା Di Modico, ନିଉୟର୍କର ଜଣେ ସଫଳ ମୂର୍ତ୍ତିକାର ରୂପେ ପ୍ରତିଷ୍ଠିତ ହୋଇସାରିଥାନ୍ତି। ଆମେରିକା ପ୍ରତି ତାଙ୍କର କିଛି କର୍ତ୍ତବ୍ୟ ଅଛି ବୋଲି ସେ ଭାବିଲେ, ସେୟାର ମାର୍କେଟ୍‌ର ମୁଡ୍ ପରିବର୍ତ୍ତନ ହେବା ଦରକାର। ଆଶାବାଦୀ ହେବା ତ ନିହାତି ଦରକାର। ଅର୍ଥନୀତି, ବଜାର ଆଗକୁ କେମିତି ବଢ଼ିବ? ୧୫ ଡିସେମ୍ବର୍ ୧୯୮୯ ପାହାନ୍ତାରୁ ଏଇ ବୁଲ୍‌କୁ ଗୋଟେ ଟ୍ରକ୍‌ରେ ନେଇ ପହଞ୍ଚିଲେ NYSE ପାଖରେ। ପୂର୍ବଦିନ ରାତିରେ ସେ ଆସି ଦେଖିଥିଲେ ଯେ ନିଉୟର୍କ ପୋଲିସ ପେଟ୍ରୋଲ ପ୍ରାୟ ପ୍ରତି ୫-୬ ମିନିଟ୍‌ରେ ସେଇ ବାଟେ ଯାଉଛି। ତେଣୁ ସେ ଦେଢ଼ ମିନିଟ୍‌ରେ ସବୁ କାମ ସାରି ଦେବାକୁ ସ୍ଥିର କଲେ। କିନ୍ତୁ NYSE ସାମ୍ନା ବ୍ରଡ୍ ଷ୍ଟ୍ରିଟ୍‌ରେ ପହଞ୍ଚିଲା ବେଳକୁ NYSE ସେଠି ଏକ ବିଶାଳ କ୍ରିସ୍‌ମାସ୍ ଟ୍ରି ସ୍ଥାପନ କରିଛି। ସମୟ ହାତରେ କମ୍। ତେଣୁ ବୁଲ୍‌କୁ ତା'ରି ତଳେ ରାସ୍ତାର ମଝାମଝି ରଖିଦେଇ ଚାଲିଗଲେ। ଗରିଲା ୱାର ପରି ଏଇଟା ଗୋଟେ ଗରିଲା ଆର୍ଟ। ୩,୬୦,୦୦୦ ଡଲାର ଦେଇ ସେ ଏହାକୁ ଗଢ଼ିଥିଲେ ଏକ ନୂତନ ସୁବର୍ଣ୍ଣ ସକାଳର ଆଶା ନେଇ। ସବୁଠୁ ଖରାପ ସମୟରେ ସବୁଠୁ ଭଲ ଜିନିଷ କରିବା ଦରକାର। ଏଥିପାଇଁ ଦରକାର ଦୃଢ଼ ସଂକଳ୍ପ। "You must be strong". ବ୍ରୋଞ୍ଜ ମୂର୍ତ୍ତିର ରଙ୍ଗ ଓ ସୁଗଠିତ ମାଂସପେଶୀ ଏକ ବ୍ରୁଟ୍ ଫୋର୍ସର ସିମ୍ବଲ - ଏନର୍ଜି, ଷ୍ଟ୍ରେଙ୍ଗଥ୍ ଓ ଅନ୍‌ପ୍ରେଡ଼ିକ୍ଟିବିଲିଟି ଏହାର ଥିମ୍ ଯାହାକି ଷ୍ଟକ୍ ମାର୍କେଟ୍‌କୁ ପ୍ରତିନିଧିତ୍ୱ କରେ। ପ୍ରସ୍ପେରିଟି ତ ଯାରି ଭିତରୁ ଖୋଜିବାକୁ ପଡ଼ିବ। ସକାଳୁ ସକାଳୁ ଅନେକ ଲୋକ ଏହାକୁ ଦେଖିଲେ, କୌତୁହଳୀ ହେଲେ ଓ ପସନ୍ଦ ବି କଲେ। Di Modico ବୁଲ୍ ବିଷୟରେ କିଛି ଲିଫ୍‌ଲେଟ୍ ବାଣ୍ଟିଲେ ତାଙ୍କର ସନ୍ଦେଶ ଥାଇ। କିନ୍ତୁ NYSE କର୍ତ୍ତୃପକ୍ଷ ପ୍ରଥମେ ହତଭମ୍ବ ହୋଇଗଲେ, କ'ଣ କରାଯାଏ ପାରେ ଯାକୁ ସାମ୍ନାରେ ରଖି? ପୋଲିସ ଆସି ଏହାକୁ ଜବତ୍ କରି ନେଇଗଲା। କିନ୍ତୁ ବୁଲ୍ ସେତେବେଳକୁ ନିଉୟର୍କରମାନଙ୍କ ହୃଦୟରେ ପ୍ରବେଶ କରିଯାଇଥିଲା। ନିଉୟର୍କ ସିଟି ଡିପାର୍ଟମେଣ୍ଟ ବି ଏତେ ସୁନ୍ଦର ଜିନିଷକୁ ଅବହେଳା ନକରି, ଦୁଇଟା ବ୍ଲକ୍ ପରେ ବ୍ୟାଟେରୀ ପାର୍କ ପାଖରେ ବ୍ରଡ୍‌ୱେ କଡ଼କୁ ରଖିଦେଲା। ବାସ୍, NYSE କୁ ଏକ ଚମତ୍କାର ପ୍ରତୀକ ମିଳିଗଲା, ପୁଣି ପାଉଁଶ ତଳୁ ଉଠିବା ପାଇଁ। କିନ୍ତୁ ଏହାର ମାଲିକ କିଏ ଏ ପର୍ଯ୍ୟନ୍ତ ସ୍ଥିର ହୋଇପାରି ନାହିଁ। ସିଟି ଡିପାର୍ଟମେଣ୍ଟ କିଣିନି କି Di Modico ବିକି ନାହାନ୍ତି। ଯା' ହେଉ, ସାରା ନ୍ୟୁୟର୍କକୁ ଏହା କିଣି ନେଇଛି। ତା' ସହିତ କିଣି ନେଇଛି ଅଗଣିତ ଟୁରିଷ୍ଟମାନଙ୍କ ମନ। ନ୍ୟୁୟର୍କ ଆସି ଚାର୍ଜିଂ ବୁଲ୍ ସହିତ ଫଟୋ ନ ଉଠାଇଲେ ନିଉୟର୍କ ଦେଖା ଅସମ୍ପୂର୍ଣ୍ଣ। ଶହଶହ ଲୋକ ଲାଇନ୍ ଲଗାଇଥାନ୍ତି ଫଟୋ

ଉଠାଇବା ପାଇଁ। ହେଲେ ମୋ ହାତରେ ସମୟ କମ୍। ମୁହଁ ସାମ୍ନାରୁ ନହେଲେ ପିଠି ପଟୁ ତ ଉଠାଇହେବ ବିନା ଲାଇନ୍‌ରେ ! ନେଇଗଲି ତିନି ଚାରିଟା ଫଟୋ ସିଂଘଠାରୁ ଟିକେ ନିରାପଦ ଦୂରତାରୁ। ସିଂଘ ଭୁଷି ଦେବାର ଭୟ ନଥାଏ ବୋଲି କହି ହେବନି। ଚାର୍ଜିଂବୁଲ୍ ନ୍ୟୁୟର୍କର ସମ୍ପତ୍ତି ହୋଇଥିଲେ ବି ଏହା ସମଗ୍ର ପୃଥିବୀର ଷ୍ଟକ୍ ମାର୍କେଟ୍‌ର ସମୃଦ୍ଧିର ପ୍ରତୀକ।

ଆମେରିକାରେ ଚାର୍ଜିଂ ବୁଲ୍‌ର ଆଲୋଚକ ନାହାନ୍ତି ବୋଲି କହି ହେବନି। ୨୦୧୧ରେ Occupy Wall Street ଆନ୍ଦୋଳନ ସମୟରେ ବୁଲ୍ ସେମାନଙ୍କର ଶରବ୍ୟ ହୋଇଥିଲା। ପୁଞ୍ଜିବାଦର ପ୍ରତୀକ ହିସାବରେ। ତେଣୁ କିଛି ଦିନ ଏହାର ସୁରକ୍ଷା ବନ୍ଦୋବସ୍ତ କରାଯାଇଥିଲା... ୨୦୧୪ ପର୍ଯ୍ୟନ୍ତ। ହିନ୍ଦୀ ଫିଲ୍ମ 'କଲ୍ ହୋ ନା ହୋ'ର ସୁଟିଂ ଚାର୍ଜିଂ ବୁଲ୍ ସାମ୍ନାରେ ପ୍ରିଟି ଜିଣ୍ଟା ଓ ଶାହାରୁଖ୍ ଖାନ୍‌ଙ୍କୁ ନେଇ ହୋଇଛି।

ଚାର୍ଜିଂ ବୁଲ୍ ସାମ୍ନାରେ ଦେଖିଲି ଗୋଟେ ଛୋଟ ଝିଅର ପାଦଚିହ୍ନ (ପିତ୍ତଳରେ ତିଆରି ଏକ ଫଳକ) କେଇ ଫୁଟ୍ ଦୂରରେ। ସେଠି ଲେଖା ହୋଇଛି Fearless Girl now shifted to NYSE । ଦେଖା ହେଲା ତା' ସାଙ୍ଗରେ NYSE ସାମ୍ନାରେ।

New York Stock Exchange (NYSE)

ଚାର୍ଜିଂ ବୁଲ୍ ରୁ NYSE ୪-୫ ମିନିଟ୍‌ର ଚଲା ରାସ୍ତା। ବ୍ରଡ୍‌ୱେ ରୁ ୨୦୦ ମିଟର ଏକ ଅଣଓସାରିଆ ରାସ୍ତା NYSE ପର୍ଯ୍ୟନ୍ତ। ଏଇଟା ହିଁ ବିଖ୍ୟାତ Wall Street. ୱାଲ୍ ଷ୍ଟ୍ରିଟ୍ ଓ ବ୍ରଡ୍ ଷ୍ଟ୍ରିଟ୍‌ର ସଂଯୋଗ ସ୍ଥାନରେ NYSE. ଠିକଣା-୧୧, ୱାଲ ଷ୍ଟ୍ରିଟ୍, ଲୋୟର ମାନ୍‌ହଟ୍ଟାନ। ସାରା ପୃଥିବୀର ବେପାର ବଣିଜ ଏଇଠୁ ସଞ୍ଚାଳିତ ହୁଏ। ବିଶ୍ୱ ଅର୍ଥନୀତିର ହୃତ୍‌ପିଣ୍ଡର ଠିକଣା। ଅର୍ଥନୀତିର ରକ୍ତ ସଂଚାଳନ ଏଇଠୁ କରାଯାଏ ଡଲାର ମାଧ୍ୟମରେ। ସମସ୍ତ ଅନ୍ତର୍ଜାତୀୟ ବିଜିନେସ୍‌ର ମାଧ୍ୟମ ହେଉଛି ଡଲାର। NYSE ଇନ୍‌ଡେକ୍ସ ହେଉଛି ପୃଥିବୀ ବଜାର ଅର୍ଥନୀତିର ନାଡ଼ି। ଅର୍ଥନୀତିର ସ୍ୱାସ୍ଥ୍ୟ ଏଇଥିରୁ ଜଣାପଡ଼େ। NYSE ସାମ୍ନାରେ ୨୦-୨୫ ଫୁଟର ରାସ୍ତା। କେବଳ କାର୍ ଯିବାପାଇଁ। ବସ୍ ଯାଇପାରିବ ନାହିଁ। NYSE ସାମ୍ନାରେ ପହଞ୍ଚି ଟିକେ ନିରାଶ ହେବାକୁ ପଡ଼ିଲା। ସାମ୍ନାରେ ଏତେ କମ୍ ଜାଗା ଯେ ୱାଇଡ୍ ଆଙ୍ଗଲ ଲେନ୍ସ ନଥିଲେ ପୂରା ବିଲ୍ଡିଂ କ୍ୟାମେରା ଭିଉ ଫାଇଣ୍ଡରରେ ଆସିବ ନାହିଁ । ସେ ଯା'ହେଉ, ପୃଥିବୀର ନାଡ଼ି ନକ୍ଷତ୍ରର ଏଇମାନେ ହିଁ ଭାଗ୍ୟ ବିଧାତା। ବାମପନ୍ଥୀମାନେ କହନ୍ତି, ଆମେରିକାନ୍ କଂଗ୍ରେସ୍‌ରେ ପ୍ରସ୍ତାବ ପାରିତ ହେବା ଆଗରୁ ଏଇଠି ପଲିସି ତିଆରି ହୁଏ। ଦେଶର ଭବିଷ୍ୟତର ରୂପରେଖ

ଏଇମାନେ ତିଆରି କରନ୍ତି। ଯୁଦ୍ଧ, ଶାନ୍ତି, ଖେଳ, ସାହିତ୍ୟ, ବିଜ୍ଞାନ ସବୁ NYSE ର ଖେଳ।

ପୃଥିବୀର ସବୁଠୁ ବଡ଼ ଷ୍ଟକ୍ ଏକ୍ସଚେଞ୍ଜର ମାର୍କେଟ୍ କ୍ୟାପିଟାଲାଇଜେସନ୍ ପ୍ରାୟ ୩୦ ଟ୍ରିଲିୟନ୍ ଡଲାର। ସାମ୍ନାରେ ଲେଖାଯାଇଛି... "You Bring it to life, we bring it to market". ଚମତ୍କାର ଦର୍ଶନ...। Creator ଆଉ User ଭିତରେ ବ୍ୟବସାୟ ତ ଯୋଗସୂତ୍ର ! ବିଜ୍ଞାନର ସବୁ ଆବିଷ୍କାର ବିଜ୍‌ନେସ୍ ବାଟ ଦେଇ ବଜାରରେ ପହଞ୍ଚିବ। Capitalist Economy ର ଏଇଆ ତ ମୂଳମନ୍ତ୍ର। ଯେତେ ପ୍ରକାର ISM ରାଜନୀତି ଭିତରକୁ ଆସିଲେବି ବଜାର ତ ଚିରନ୍ତନ ସତ୍ୟ। ଗତ ଗୋଟିଏ ଶତାବ୍ଦୀରେ ଆମେ କେତେ ପ୍ରକାର Political-Economy (ରାଜନୀତି-ଅର୍ଥନୀତି)ର ଉତ୍‌ଥାନ ପତନ ଦେଖିଲେଣି। କିନ୍ତୁ ପ୍ରଫିଟ୍ ଓ ମାର୍କେଟ୍ ହିଁ ଅଲ୍ଟିମେଟ୍ ସର୍ଭାଇଭର ଭାବେ ଉଭା ହୋଇଛନ୍ତି।

ଅଷ୍ଟାଦଶ ଶତାବ୍ଦୀର ଶେଷ ଦଶକ ପର୍ଯ୍ୟନ୍ତ, ଗହମ, ଧୂଆଁପତ୍ର ଆଦି କୃଷିଜାତ ଦ୍ରବ୍ୟ ଏକାଠି ହୋଇ ଦଳେ ଦଲାଲ ବ୍ୟବସାୟ କରୁଥିଲେ। ୧୭୯୨ରେ ସେମାନଙ୍କ ଭିତରୁ ୨୪ ଜଣ ଏକାଠି ହୋଇ NYSE ପ୍ରତିଷ୍ଠା କଲେ। ଦୁଇଶ ବର୍ଷର ଏହି ଷ୍ଟକ୍ ଏକ୍ସଚେଞ୍ଜରେ ୧୯୯୫ରେ କମ୍ପ୍ୟୁଟର ଟ୍ରେଡ଼ିଂ ଆରମ୍ଭ ହେଲା ଓ ଷ୍ଟକ୍ ବ୍ରୋକରମାନଙ୍କର ୨୦୩ ବର୍ଷର ପାଟିତୁଣ୍ଡ କରି ଟ୍ରେଡ଼ିଙ୍ଗ କରିବା ଅଭ୍ୟାସ ବନ୍ଦ ହେଲା। NYSE ରେ ବ୍ରୋକର ମେମ୍ବରସିପ୍ ପାଇବାକୁ ହେଲେ ୪-୫ ମିଲିଅନ୍ ଡଲାର୍ ଦାମ୍ ଦେବାକୁ ହୁଏ। ପୃଥିବୀର ସବୁ ବଡ଼ ବଡ଼ କମ୍ପାନୀମାନଙ୍କର ଅନ୍ତିମ ଲକ୍ଷ୍ୟ ହେଉଛି NYSE ରେ ଲିଷ୍ଟେଡ୍ ହେବା। ଭାରତର Make my Trip, Dr Reddy's Lab, Infosys, TCS, Vedanta, ICICI Bank, HDFC Bank ଆଦି ଏ ସୌଭାଗ୍ୟର ଅଧିକାରୀ। NYSE ରେ ସବୁଠୁ ଅତ୍ୟାଧୁନିକ କମ୍ପ୍ୟୁଟର, ରୋବଟ୍ ଟେକ୍ନୋଲଜି, ଆର୍ଟିଫିସିଆଲ ଇଣ୍ଟେଲିଜେନ୍ସ, ଡାଟା ସାଇନ୍‌ସ ଇତ୍ୟାଦିର ବ୍ୟାପକ ବ୍ୟବହାର ହେଲେ ବି, ଅଳ୍ପ କିଛି ହାତଗଣତି ଅତି ମୂଲ୍ୟବାନ୍ ସେୟାର ସବୁ ମଣିଷମାନଙ୍କ ଦ୍ୱାରା ଟ୍ରେଡ଼ିଂ ହୁଏ। NYSE ର ଟ୍ରେଡିଂ ଆରମ୍ଭ ଓ ଶେଷ ହେବା ପାଇଁ ଏକ ଘଣ୍ଟି ବଜାଯାଏ ସକାଳ ୯.୩୦ରେ ଓ ଅପରାହ୍ଣ ୪.୩୦ରେ। ପ୍ରଥମେ ଏଠି ଏକ ହାମର୍ ପିଟା ଯାଉଥିଲା ଏଥିପାଇଁ। କ୍ରମେ ବ୍ରୋକରଙ୍କ ସଂଖ୍ୟା ବଢ଼ିଲା। ହାମର ବଦଳରେ ଏକ ଘଣ୍ଟା ପିଟା ହେଲା। କିନ୍ତୁ ୧୯୩୦ରେ ଏହା ପରିବର୍ତ୍ତିତ ହେଲା ଏକ ଘଣ୍ଟିକୁ। ଏବେ ବି ତାହା ଚାଲିଛି। ମଝିରେ ମଝିରେ କୌଣସି ଉତ୍ସବ ସମାରୋହରେ ସେଲିବ୍ରିଟି ମାନଙ୍କ ଦ୍ୱାରା ଘଣ୍ଟି ବଜା ଯିବାର ପରମ୍ପରା ରହିଛି। ଏହାଦ୍ୱାରା NYSE

ସେମାନଙ୍କ ପ୍ରତି ସମ୍ମାନ ଜଣାଇଥାଏ। ଆମର ଅର୍ଥମନ୍ତ୍ରୀ ଶ୍ରୀ ଅରୁଣ ଜେଟ୍‌ଲୀଙ୍କୁ NYSE ନିମନ୍ତ୍ରଣ କରିଥିଲା କ୍ଲୋଜିଂ ବେଲ୍ ବଜାଇବା ପାଇଁ ୧୮ ଜୁନ୍, ୨୦୧୫ ଦିନ। ଯା ଛଡ଼ା ବଡ଼ ବଡ଼ କମ୍ପାନୀର ସେୟାର NYSE ରେ ଲିଷ୍ଟିଂ ପରେ ଟ୍ରେଡ଼ିଂ ଆରମ୍ଭ ସମୟରେ କମ୍ପାନୀର ପ୍ରମୁଖ ବ୍ୟକ୍ତିଙ୍କୁ ଓପନିଂ ବେଲ୍ ବଜାଇବାକୁ ଦିଆଯାଏ। ଏଇ ସୂତ୍ରରେ HDFC ର ଦୀପକ ପାରେଖ, WIPRO ର ଅଜୀମ୍ ପ୍ରେମ୍‌ଜୀ ବି ସେମାନଙ୍କ ପବ୍ଲିକ୍ ଲିଷ୍ଟିଂ ସମୟରେ NYSE ର ଓପନିଂ ବେଲ୍ ବଜାଇବାର ସୌଭାଗ୍ୟ ଲାଭ କରିଛନ୍ତି। ଏକ ଇଲେକ୍ଟ୍ରିକ୍ ସ୍ୱିଚ୍ ଦ୍ୱାରା ଏହା ସମଗ୍ର ଟ୍ରେଡିଂ ଫ୍ଲୋରରେ ଏକାସାଙ୍ଗେ ଟିଣ୍ ଟିଣ୍ କରି ବାଜି ଉଠେ।

NYSE ସାମ୍ନାରେ ଦେଖା ହୋଇଗଲା Fearless girl ସହିତ।

ଫିୟରଲେସ୍ ଗାର୍ଲ ପଛରେ ଆଉ ଏକ କାହାଣୀ। କିଛି ବର୍ଷ ତଳେ, ନାରୀମାନଙ୍କୁ କର୍ପୋରେଟ୍ ଜଗତର ଟପ୍ ମ୍ୟାନେଜ୍‌ମେଣ୍ଟରେ ଉପଯୁକ୍ତ ସ୍ଥାନ ମିଳୁନଥିଲା ବୋଲି ଅଭିଯୋଗ ଆସୁଥିଲା। ଜେଣ୍ଡର ଇକ୍ୱାଲିଟିକୁ ସମ୍ମାନ ମିଳୁନଥିଲା, ପୁରୁଷମାନଙ୍କର ଆଧିପତ୍ୟ ଯୋଗୁ। କିଛି କିଛି ସକ୍ରିୟତାବାଦୀ ମହିଳା ଏଇ ଦିଗରେ କାମ କରୁଥିଲେ। ୭ ମାର୍ଚ୍ଚ ୨୦୧୭ରେ ଏମିତି ଏକ ସଂଗଠନ ଗୋଟେ ଛୋଟ ଝିଅର ବ୍ରୋଞ୍ଜ ପ୍ରତିମୂର୍ତ୍ତି ଚାର୍ଜିଂ ବୁଲ୍ ସାମ୍ନାରେ ରଖିଦେଲା।

ସନ୍ଦେଶ ଦିଆଗଲା... “Know the power of woman in leadership”. ଏତେ ବଡ଼ ଭୟଙ୍କର ବୁଲ୍‌କୁ ବି ଗୋଟେ ଟିକି ଝିଅ ସାମ୍ନା କରିପାରେ ନିର୍ଭୟରେ ! ସୁନ୍ଦର ଥିମ୍। କିଛିଦିନ ପାଇଁ ଏହା ଲୋକଙ୍କ ମନକୁ ଛୁଇଁଗଲା। ମାତ୍ର ବୁଲ୍‌ର ସ୍ରଷ୍ଟା Arturo ଏଥିରେ ବ୍ୟଥିତ ହେଲେ। ଆପତ୍ତି ଜଣାଇଲେ ନିଉୟର୍କ ସିଟି କର୍ତ୍ତୃପକ୍ଷଙ୍କୁ। ଚାର୍ଜିଂ ବୁଲ୍ କେବେ ବି ପାଶବିକ ବା ପୁରୁଷ ଶକ୍ତିର ପ୍ରତୀକ ହିସାବରେ ରଖାଯାଇନି। ଏହା ସମୃଦ୍ଧି ଓ ଶକ୍ତିର ପ୍ରତୀକ। କିନ୍ତୁ ଚାର୍ଜିଂ ବୁଲ୍ ସାମ୍ନାରେ ଫିୟରଲେସ୍ ଗାର୍ଲ ଏହାକୁ ଏକ ଆସୁରିକ ଶକ୍ତି ହିସାବରେ ଚିତ୍ରାୟିତ କରୁଛି। ତାଙ୍କର କଳାକୃତିକୁ ଏହା ଅସମ୍ମାନ। ତେଣୁ ଫିୟରଲେସ୍ ଗାର୍ଲର ଉପସ୍ଥିତି ଏଠି ଅସଂଗତ। ଫିୟରଲେସ୍ ଗାର୍ଲକୁ ତୁରନ୍ତ ଏଠୁ ସ୍ଥାନାନ୍ତରିତ କରିବାକୁ ସେ ଅନୁରୋଧ କଲେ। NYSE ସ୍ୱତଃପ୍ରବୃତ୍ତ ହୋଇ ଝିଅଟିକୁ ନିଜ କୋଳକୁ ନେଇଯିବାକୁ ଇଚ୍ଛା କଲା। ୨୮ ନଭେମ୍ବର, ୨୦୧୮ରେ NYSE ସାମ୍ନାରେ ଏହାକୁ ଅବସ୍ଥାପିତ କରିଦିଆଗଲା। ୪ ଫୁଟର ଏହି ଟିକି ଝିଅଟି ପିଗ୍‌ଟେଲ୍ ବେଣୀ ସହ ଦୁଇହାତ ଅଣ୍ଟାରେ ଦେଇ NYSE ସାମ୍ନା ଫୁଟ୍‌ପାଥ୍‌ରୁ NYSE ଚୂଡ଼ାକୁ ଚାହିଁ ରହିଛି ଅପଲକ ନୟନରେ। ସମ୍ଭାବନାରେ ଝଲମଲ୍ ଆଖିରେ ତା'ର ଆଖିଏ ସ୍ୱପ୍ନ। ଦୁନିଆ ଜିତିବ, ଆଗକୁ ବଢ଼ିବ। ଆମେରିକା କର୍ପୋରେଟ୍

ଇତିହାସରେ, ସ୍ୱପ୍ନ ଦେଖୁଥିବା ଟିକି ଝିଅଟିକୁ ଏକ ସ୍ଥାୟୀ ସ୍ଥାନ ମିଳିଗଲା । ଏହାପରେ ଏବେ କମ୍ପାନୀ ବୋର୍ଡ଼ ଗୁଡ଼ିକରେ ସ୍ତ୍ରୀଲୋକମାନଙ୍କର ସଂଖ୍ୟା ବଢ଼ିଛି । ଏସବୁ କଥା ଜାଣିସାରି ଭାବିଲି, କେଡ଼େ ଟିକି ଝିଅ ! ଏତେବଡ଼ ଚାର୍ଜିଂ ବୁଲ୍‌କୁ ଡରାଇଦେଲା ! ନାରୀ ଶକ୍ତି ଆଗରେ ସବୁ ଶକ୍ତି ନିଷ୍ପ୍ରଭ ସତେ ! ଏବେ କିନ୍ତୁ ସେ ନିଡ଼ର ଟିକି ଝିଅଠୁ ଚାର୍ଜିଂ ବୁଲ୍‌କୁ ଆଉ କୌଣସି ଡର ନାହିଁ । ଦିହେଁ ନିଜ ନିଜ ସ୍ଥାନରେ ଅପ୍ରତିଦ୍ୱନ୍ଦ୍ୱୀ ।

OCCUPY WALL STREET :

ପୃଥିବୀରେ ଷ୍ଟକ୍ ଏକ୍ସଚେଞ୍ଜର ଜନ୍ମ ସପ୍ତଦଶ ଶତାବ୍ଦୀରେ । ଗତ ୩୦୦ ବର୍ଷ ଧରି ଷ୍ଟକ୍ ଏକ୍ସଚେଞ୍ଜର ବିଭିନ୍ନ ସ୍ତର ଦେଇ କ୍ରମ ବିକାଶ ହୋଇଆସିଛି । ସାଧାରଣ ଜନତାଙ୍କ ସହିତ ଇଣ୍ଡଷ୍ଟ୍ରି ସଂଯୁକ୍ତ ହୋଇଛି ଏକ ବ୍ୟବସ୍ଥା ଭିତରେ । ଏହି ବ୍ୟବସ୍ଥାକୁ କ୍ୟାପିଟାଲିଜିମ୍ (ପୁଞ୍ଜିବାଦ) କହନ୍ତି । ଏହାର ପ୍ରଶଂସକମାନଙ୍କ ଅପେକ୍ଷା ନିନ୍ଦୁକ ବେଶୀ । ପୃଥିବୀ ଅର୍ଥନୀତିର ଯାବତୀୟ ଅସୁବିଧା ପାଇଁ ଷ୍ଟକ୍ ଏକ୍ସଚେଞ୍ଜକୁ ଦାୟୀ କରନ୍ତି ଏହାର ସମାଲୋଚକମାନେ । କମ୍ୟୁନିଜିମ୍ ହେଉଛି ଏମାନଙ୍କର ମୂଳମନ୍ତ୍ର । ପୃଥିବୀରୁ କମ୍ୟୁନିଜିମ୍ ଅସ୍ତମିତ ହେଲା ପରେ ବି ବିଭିନ୍ନ ପ୍ରକାରରେ ଏହା ଏବେବି ଜନମାନସରେ ରହିଛି । ମଝିରେ ମଝିରେ ବିଭିନ୍ନ ଆନ୍ଦୋଳନ ଦ୍ୱାରା ଏହା ଜନମାନସକୁ ଆନ୍ଦୋଳିତ କରେ । ସେହିପରି ଏକ ଆନ୍ଦୋଳନ ଥିଲା 'Occupy Wall Street'.

୧୭.୯.୨୦୧୧ ଦିନ NYSE ନିକଟସ୍ଥ ଜୁକୋଟି ପାର୍କରେ ଆନ୍ଦୋଳନକାରୀମାନେ ଏକାଠି ହେଲେ । ଆମେରିକାର କ୍ରମବର୍ଦ୍ଧିଷ୍ଣୁ ଆର୍ଥିକ ଅସମାନତାକୁ ନେଇ ଏହାର ଜନ୍ମ । ଏହାର ସ୍ଲୋଗାନ୍ ଥିଲା "We are 99%". ୧% ଲୋକଙ୍କ ହାତରେ ୯୯% ସମ୍ପତ୍ତି କାହିଁକି ରହିଛି, ଏହାର ପ୍ରତିବାଦରେ । ନିୟମିତ ଆଇନର ବାଟ ନଦେଇ ଏମାନେ ସିଧା ସମ୍ପତ୍ତି ଦଖଲ (ଡାଇରେକ୍ଟ ଆକ୍ସନ୍) କରି ନେବେ ବୋଲି ଭାବିଲେ । ବ୍ୟାଙ୍କ୍, କର୍ପୋରେଟ୍ ହେଡ୍‌କ୍ୱାର୍ଟର, ୟୁନିଭର୍ସିଟି ସବୁ ଏମାନଙ୍କ ଲକ୍ଷରେ ରହିଲା । ପ୍ରଥମେ ସେମାନେ ଚାର୍ଜିଂ ବୁଲ୍‌କୁ ନଜର ପକାଇଲେ । ତା' ଉପରେ କିଛି ନକଲି ରକ୍ତ (Fake Blood) ଢାଳିଦେଲେ । ଚାର୍ଜିଂ ବୁଲ୍ ଉପରେ ଏକ ବାଲେ ଡ୍ୟାନ୍ସର ବାଲେ କରୁଥିବାର ଚିତ୍ରକରି ଏମାନେ ସାରା ବ୍ୟବସ୍ଥା ଉପରେ ପଦାଘାତ କରିବାର ସନ୍ଦେଶ ଦେଲେ । ୧ ଅଗଷ୍ଟ, ୨୦୧୧ରେ ୪୯ ଜଣ ବିକ୍ଷୋଭକାରୀ ସମ୍ପୂର୍ଣ୍ଣ ଉଲଗ୍ନ ହୋଇ ଏକ Nude ପ୍ରତିବାଦ କଲେ । ଜୁକୋଟି ପାର୍କରେ ହଜାରେ ସରିକି ଆନ୍ଦୋଳନକାରୀ ଏକାଠି ହେଲେ । ସଦ୍ୟ ପ୍ରାପ୍ତ ଦର୍ଶନ ଉପରେ ଚର୍ଚ୍ଚା ଚାଲିଲା । ତିନିଦିନ ଧରି USAର ବିଭିନ୍ନ ୟୁନିଭର୍ସିଟି, NGO ଓ କମ୍ପାନୀ ମାନଙ୍କରୁ

ସ୍ୱପ୍ନବାଦୀ ବିପ୍ଲବୀମାନଙ୍କର ଏହା ଏକ ମିଳନ ସ୍ଥଳ ହେଲା। ବିଭିନ୍ନ ସୂତ୍ରରୁ ଚାନ୍ଦା ଆଦାୟ ହେଲା। ଖାଇବା, ପିଇବା, ପାମ୍ପଲେଟ୍ ଛାପିବା ଇତ୍ୟାଦି କାମ ଚାଲିଲା। ସାଇକେଲ ଡାଇନାମୋରୁ ଇଲେକ୍ଟ୍ରିସିଟି ଜେନେରେସନ୍ କରି ଲାପଟପ୍, ପ୍ରିଣ୍ଟର ଆଦି ଚାଲିଲା। କିନ୍ତୁ ମାଇକ୍ରୋଫୋନ୍ ବ୍ୟବହାରର ଅନୁମତି ନଥିବାରୁ ମାଇକ୍ରୋଫୋନ୍ ବଦଳରେ ଗୋଟେ ନୂଆ କୌଶଳ ବ୍ୟବହାର ହେଲା। ଜଣେ ବଡ଼ ପାଟିରେ କହିଲେ ଆଉ କେତେଜଣ ତା'କୁ ରିଲେ କଲାପରି ଅନ୍ୟମାନଙ୍କୁ କହି ଦେବାଟା 'ହ୍ୟୁମାନ୍ ମାଇକ୍ରୋଫୋନ୍' ବୋଲି କୁହାଗଲା। ପ୍ରତିବାଦକାରୀମାନେ କେହି ଆଇନ୍ ବାହାରକୁ ଯାଇନଥିଲେ। ଭଙ୍ଗାରୁଜା ତ ଦୂରର କଥା, ପୋଲିସ ସହ ଠେଲାପେଲା ବି ହୋଇନଥିଲା। କିନ୍ତୁ ତିନିଦିନ ପରେ ସ୍ଥାନୀୟ ଲୋକମାନଙ୍କୁ ଚାରିଆଡ଼େ କୁଢ଼କୁଢ଼ ମଇଳା ଓ ମଣିଷ ମଳମୂତ୍ର ଦେଖିବାକୁ ପଡ଼ିଲା।

ଆନ୍ଦୋଳନକାରୀମାନେ ସ୍ୱତଃପ୍ରବୃତ୍ତ ହୋଇ ରାତାରାତି ମଇଳା ସଫା କରିଦେଲେ। ମାତ୍ର ପୁଲିସ ଅଧିକା ସମୟ ଅନୁମତି ଦେଲାନାହିଁ। ଅକୁପାଏ ୱାଲ୍ ଷ୍ଟ୍ରିଟ୍ ଅଧ୍ୟାୟ ଏଇଠି ଶେଷ ହେଲା। ଏଇ ସଂଘର୍ଷ ଥିଲା ପୁଞ୍ଜିବାଦ ଓ କମ୍ପାନୀବାଦ ବିରୁଦ୍ଧରେ। କିନ୍ତୁ ମଜାର କଥା, ଏଥିପାଇଁ ଚାନ୍ଦା ଆସିଥିଲା କେତେକ କମ୍ପାନୀମାନଙ୍କ ଠାରୁ! କ'ଣ କୁହାଯାଇ ପାରେ! ଅସଲ କଥା ହେଲା, ସମାଜର କୌଣସି ଦୃଢ଼ ବ୍ୟବସ୍ଥାକୁ ସ୍ଲୋଗାନ୍ ଦ୍ୱାରା ରାତାରାତି ବିସ୍ଥାପିତ କରାଯାଇ ପାରିବ ନାହିଁ। We are ୨୨%, ସର୍ବହରାର ଶାସନ, ବୁର୍ଜୁଆ ବିଲୋପ, ଏଇ କେତେ ସ୍ଲୋଗାନ ବିଭିନ୍ନ ସମୟରେ ଶୁଣାଯାଇଛି। ଶୁଣିବା ପାଇଁ ସୁନ୍ଦର ହେଲେ ବି ସମାଜ ଏଗୁଡ଼ିକୁ ସର୍ବତୋ ଭାବେ ଗ୍ରହଣ କରିନେଇ ନାହିଁ। ସ୍ଲୋଗାନ୍ ମାନଙ୍କର ବି ସ୍ୱାଭାବିକ ମୃତ୍ୟୁ ଅଛି। କିନ୍ତୁ କେତୋଟି ଉପାଦାନ ଏଇଥିରୁ ନେଇ ସମାଜ ନିଜର ରାସ୍ତା ଓ ବ୍ୟବସ୍ଥାକୁ ସୁଧାରି ନେଇଛି। କହିବାକୁ ଗଲେ ସମାଜ ବି ବିବର୍ତ୍ତନବାଦର ଅଧୀନ। ଲିଙ୍ଗ ଅସମତା, ଦାସ ପ୍ରଥା, ଛୁଆଁ ଅଛୁଆଁ, ଅନ୍ଧବିଶ୍ୱାସ କାଳକ୍ରମେ ଦୂର ହୋଇଛି ବା ଦୂର ହେବାର ଦ୍ୱାର ଦେଶରେ। ତେଣୁ ଅକୁପାଏ ୱାଲ୍ ଷ୍ଟ୍ରିଟ୍‌କୁ ବିଫଳ କୁହାଯାଇ ପାରିବ ନାହିଁ।

ଫିୟରଲେସ୍ ଗାର୍ଲକୁ NYSE ଆଗରେ ଦେଖିଲା ପରେ ମତେ ଲାଗିଲା ଏହାହିଁ ପ୍ରକୃତ ଅକୁପାଏ ୱାଲ୍ ଷ୍ଟ୍ରିଟ୍। ଗୋଟେ ଅନାମଧେୟ ଝିଅ ୱାଲ୍ ଷ୍ଟ୍ରିଟ୍ ଦଖଲ କରି ନେଇଛି। ତେଣୁ ୨୦୧୧ର ଏ ଆନ୍ଦୋଳନ ସଫଳ ହୋଇଛି ୨୮ ନଭେମ୍ବର, ୨୦୧୮ରେ ଫିୟରଲେସ୍ ଗାର୍ଲର NYSE ସାମ୍ନାରେ ସ୍ଥାପନା ସମୟରେ !!

ୱାଲ୍ ଷ୍ଟ୍ରିଟ୍ ପରେ ପୁଣି ବସିଲି BIG Bus ରେ। Statue of Liberty Cruise ବି ଟିକେଟ୍‌ରେ ମିଳିଛି। ତେଣୁ ଓହ୍ଲାଇଲି ନିକଟସ୍ଥ ଷ୍ଟପେଜ୍‌ରେ। ଘଣ୍ଟାଏ ଲାଇନ୍‌ରେ

ଛିଡ଼ା ହେବା ପରେ କ୍ରୁଜ୍‌ରେ ପ୍ରବେଶ ମିଳିଲା। କେବଳ ଷ୍ଟାଚ୍ୟୁ ଅଫ୍ ଲିବର୍ଟି ଥିବା ଏଲିସ୍ ଆଇଲାଣ୍ଡ ଚାରିପଟେ କ୍ରୁଜ୍ ପାଇଁ। ଦି ମହଲା ବିଶିଷ୍ଟ ଷ୍ଟିମର୍‌ରେ Deck ଉପରେ ବସିବା ବା ଠିଆହେବା ସୁବିଧାଜନକ। ହଡ୍‌ସନ୍ ନଦୀ ଭିତର ଦେଇ କ୍ରୁଜ୍ ମାନହଟାନ କୂଳେ ଏଲିସ୍ ଆଇଲାଣ୍ଡ ପାଖକୁ ଯାଏ। ଟିକେ ଦୂରରୁ ଷ୍ଟାଚ୍ୟୁ ଅଫ ଲିବର୍ଟିକୁ ଦେଖିବା ବି କମ୍ ନୁହେଁ। ତା'ପରେ କ୍ରୁଜ୍ Brooklyn Bridge ବାଟ ଦେଇ ଫେରିବ। ଗଲା ଓ ଆସିଲା ବେଳକୁ ଲୋୟର ମାନହଟାନ୍‌ର ସବୁ ସ୍କାଏସ୍କ୍ରାପରକୁ ନେଇ ସ୍କାଏ ଲାଇନ୍ ଏକ ଅତ୍ୟନ୍ତ ଲୋଭନୀୟ ଦୃଶ୍ୟ। ଅପରାହ୍ନର ଖରା ଓ ମେଘ ସ୍କାଏସ୍କ୍ରାପର ଗୁଡ଼ିକୁ ବିଭିନ୍ନ ରଙ୍ଗରେ ରଙ୍ଗେଇ ଦିଅନ୍ତି।

ପୃଷ୍ଠ ଦେଶରେ ଥିବା ମେଘଗୁଡ଼ିକ ସ୍କାଏସ୍କ୍ରାପର ଗୁଡ଼ିକୁ ଅଲଗା ରୂପ ଦିଅନ୍ତି ଓ ସାମ୍ନାରେ ଥିବା ବିଭିନ୍ନ ରଙ୍ଗର ମେଘଗୁଡ଼ିକ ସ୍କାଏସ୍କ୍ରାପରର କାଚ ଦେହରେ ପ୍ରତିଫଳିତ ହୋଇ ସ୍କାଏ ସ୍କ୍ରାପରଟି ଭାସିଲା ପରି ଅନୁଭବ ଦିଅନ୍ତି। ଷ୍ଟାଚ୍ୟୁ ଅଫ ଲିବର୍ଟି ପାଖରୁ ଦେଖିବାର ଅଛି ଥୋମାସ୍ କୁକ୍ ପ୍ୟାକେଜ୍‌ରେ। ତେଣୁ ଅପେକ୍ଷା କରିବା ସେ ଦିନକୁ।

ତା'ପରେ Big Bus, Down Town ଦେଇ ପହଞ୍ଚିଲା ESB ପାଖରେ। ସେଠୁ 34th ଷ୍ଟ୍ରିଟ୍ ପାଥ୍ ଷ୍ଟେସନ୍ ଦେଇ ପହଞ୍ଚିଲି ଜର୍ଣ୍ଣାଲ ସ୍କୋୟାରରେ। ଷ୍ଟେସନ୍‌ରୁ ବାହାରୁ ବାହାରୁ ଏସ୍‌କାଲେଟରରେ ଦେଖାହେଲା ଗୋଟେ ଓଡ଼ିଆ ପରିବାର ସହିତ। କଥା ହେଲି। ବାଲେଶ୍ୱରର କେଉଁ ଅଖ୍ୟାତ ପଲ୍ଲୀରୁ ବାପା, ମା', ପୁଅ-ବୋହୂଙ୍କ ପାଖକୁ ଆସିଛନ୍ତି। ଟିକେ ମଫସଲି ଲୋକ। ମାସେ ହେଲା ଆସିଛନ୍ତି। ଆହୁରି ଦି'ମାସ ରହିବେ। ଭୁବନେଶ୍ୱରରେ ନୂଆ ଘରେ ତାଲା ପଡ଼ିଛି। ଏ ଜାଗା ଭଲ ଲାଗୁଛି। ଅମକ ଅମକ ଜାଗା ବୁଲିଲେଣି। ଭଦ୍ରଲୋକଙ୍କ କଣ୍ଠରେ ଆତ୍ମପ୍ରତ୍ୟୟ ଓ ଓଠରେ ଆତ୍ମତୃପ୍ତିର ହସ। କଷ୍ଟ କରି ପୁଅକୁ ପାଠ ପଢ଼ାଇଥିବାର ଆନନ୍ଦ। ନିମ୍ନ ମଧ୍ୟବିତ୍ତ ଭାରତୀୟ ପରିବାରର ସ୍ୱପ୍ନ ସାକାର କରିବା ପାଇଁ ବିଦ୍ୟା ଏକ ନିଶ୍ଚିତ ଅବଲମ୍ବନ। ବିଦ୍ୟା ମୁକ୍ତି ଦିଏ। Education Liberates... ସା ବିଦ୍ୟା ଯା ବିମୁକ୍ତୟେ!!

ପାଥ୍ ଷ୍ଟେସନ୍‌ରୁ ବାହାରିଲେ ୨୦୦ ମିଟର ଦୂରରେ ଏକ ଭାରତୀୟ ବଜାର। ପାଦରେ ଚାଲିଲେ ୫ ମିନିଟ୍। ଲିଟିଲ୍ ଇଣ୍ଡିଆ ବା ଲିଟିଲ୍ ଗୁଜୁରାଟ କୁହାଯାଏ ଯାକୁ। ଯେ କୌଣସି ଭାରତୀୟ ଷ୍ଟ୍ରିଟ୍ ପରି। ଦି'ପଟରେ ଇଣ୍ଡିଆନ୍ ରେଷ୍ଟୁରାଣ୍ଟ, ଡ୍ରେସ, ଅଳଙ୍କାର ଓ ଅନ୍ୟାନ୍ୟ ଭାରତୀୟ ଜିନିଷର ଦୋକାନ ସବୁ। Apna Bazar (ଅପ୍‌ନା ବଜାର) ମଧ୍ୟବିତ୍ତ ଭାରତୀୟଙ୍କ ପାଇଁ ଏକ ଡ଼ିପାର୍ଟମେଣ୍ଟାଲ ଷ୍ଟୋର। ଷ୍ଟିଲ୍ ଗିନା ଠାରୁ ଆରମ୍ଭ କରି ଫେୟାର ଆଣ୍ଡ ଲଭ୍‌ଲି ପର୍ଯ୍ୟନ୍ତ ସବୁ ଷ୍ଟେସ୍‌ନାରୀ ଜିନିଷ ମିଳେ। ଇଣ୍ଡିଆନ୍

ପରିବା ବି ଥାଏ। କିଛି ଦୂରରେ ଗୋଟେ ବନାରସୀ ପାନ ଦୋକାନ। ଦି'ତିନି ଜଣ ଭାରତୀୟ ଯୁବକ ପାନଖାଇ ସିଗାରେଟ୍ ଟାଣୁଥାନ୍ତି ଆମ କଟକର କୌଣସି ଗଳି ଦୋକାନ ପରି। 'Dosa King' ଏକ ଭଲ ସାଉଥ୍ ଇଣ୍ଡିଆନ୍ ରେଷ୍ଟୁରାଣ୍ଟ। ଗୋଟେ ଦୋଷା ଖାଇଲି, ୧୧ ଡଲାର, ପକେଟ୍‌କୁ ବାଧିଲା ଟିକେ। କଟକ ଭଳି ମୋବାଇଲ ଦୋକାନ ବି ଅଛି। ସବୁପ୍ରକାରର ମୋବାଇଲ ତାର ଝୁଲେଇଛି ଦୋକାନ ସାମ୍ନାରେ। ୯୦% ଲୋକ ଭାରତୀୟ। ରାସ୍ତାରେ ଗଲାବେଳେ ବଙ୍ଗଳା, ହିନ୍ଦୀ, ତାମିଲ ସବୁ ପ୍ରକାର ଭାଷା କାନରେ ପଡ଼ିଯାଏ। ଫେରିଲା ବେଳକୁ ସନ୍ଧ୍ୟା ଉତ୍ତୀର୍ଣ୍ଣ। ଷ୍ଟ୍ରିଟ୍ ଲାଇଟ୍ ଜଳିଯାଇଥାଏ। ଝିଅଟିଏ ମା' ସହ ମୋବାଇଲରେ ବଙ୍ଗଳାରେ କଥା ହୋଇ ହୋଇ ଯାଉଥାଏ। ମାଛି ଅନ୍ଧାରରେ ଆମେ ଆଗ ପଛ ହୋଇ ଯାଉଥାଉ। ଶୁଭୁଥାଏ ଟିକେ ଟିକେ ତା' କଥା। ବାର ପ୍ରକାର ଆପତ୍ତି ଅଭିଯୋଗ ମା' ପାଖରେ। ମଝିରେ ମଝିରେ ଲୁହ ବି ଝରିଯାଉଥାଏ ଝିଅଟିର। ନାକକାନ୍ଦୁରୀ ଝିଅଟି ବୋଧେ ନୂଆ ଆସିଛି ମା'କୁ ଛାଡ଼ି। ଏତେ ଦୂରରେ ଥାଇ ବି ମା' ପାଖରେ ଅଳି ଅର୍ଦ୍ଦଳି ଲାଗି ରହିଛି। ଏବେ ଏକା ଏକା ଅନୁଭବ କରୁଛି। କିଛିଦିନ ପରେ ହୁଏତ ସମସ୍ୟା କମିଯିବ, ସେ ବାହାହେବ, ଛୁଆ ପିଲା ହେଲା ପରେ ନିଜେ ବି ମା' ହେବ। ମା' ରହିଯିବ କେତେ ପଛରେ। ୧୪,୦୦୦ କି.ମି ଦୂରରେ। ପାଠ ବା ଚାକିରି ତା'କୁ ଦୂରକୁ ନେଇ ଆସିଲେ ବି ମା' ସହ କଥା ହେଉଛି ସଞ୍ଜ ସକାଳେ। ହ୍ୱାଟ୍ସଆପ୍‌ରେ ମୁହଁ ତ ଦେଖୁଛି ! ଟେକ୍ନୋଲୋଜି ଦୂରତାକୁ ଅର୍ଥହୀନ କରିଦେଇଛି। କିନ୍ତୁ ସଂସାର ତା'କୁ ମା'ଠୁ ହଜେଇ ଦବ। ନିଉୟର୍କର ରାଜରାସ୍ତାରେ ସେ ଖୋଜୁଥିବ ନିଜର ଅସ୍ତିତ୍ୱ ପୃଥିବୀର ଏପଟେ। ଆରପଟେ ମା' ଅପେକ୍ଷା କରିଥିବ ଝିଅକୁ ବା ତା'ର ଟେଲିଫୋନ୍‌କୁ ଶୁଖିଲା ଆଖିରେ। ଦିଓଟି ହୃଦୟ ପରସ୍ପର ପାଇଁ ଝୁରୁଥିବେ ପୃଥିବୀର ଦି'ପଟେ...।

ହୋଟେଲରେ ପହଞ୍ଚି ଫଟୋ ସହିତ ଆଜିର ଭ୍ରମଣ ବିବରଣୀ ମୋର ବନ୍ଧୁମାନଙ୍କ ପାଖକୁ ହ୍ୱାଟ୍ସଆପ୍ କରିଦେଇ ଶୋଇଗଲି।

■

ନ୍ୟୁୟର୍କର ବର୍ଷାଭିଜା ସକାଳ ଓ ମିନିକ୍‌ର ଲୁହ

୨୫.୦୬.୨୦୧୯ (ମଙ୍ଗଳବାର)

ପ୍ରଚଣ୍ଡ ଘଡ଼ଘଡ଼ି ଶବ୍ଦରେ ନିଦ ଭାଙ୍ଗିଗଲା। ପାହାନ୍ତା ୬.୦୦ଟା ବେଳେ ବାହାରେ ଜୋର ବର୍ଷା ଓ ଘଡ଼ଘଡ଼ି। ଆଜି ଆଉ ବାହାରି ହେବନି। ସକାଳ ୭.୦୦ଟା ବେଳକୁ Saint Louise ରୁ ବାପୁର ଫୋନ୍ ଆସିଲା। ବର୍ଷା ହେଉଛି ଶୁଣି ସାଙ୍ଗେ ସାଙ୍ଗେ ୱେଦର ଫୋରକାଷ୍ଟ୍ ଦେଖି କହିଲା, "ବ୍ୟସ୍ତ ହୁଅନ୍ତୁନି। ୧୦ଟା ବେଳକୁ ଆକାଶ ପରିଷ୍କାର ହୋଇଯିବ। ଖରା ଆସିବ, ରେଡ଼ି ହୋଇଯାଆନ୍ତୁ।" ଏଠାର ୱେଦର ଫୋରକାଷ୍ଟ୍ ଭାରି ସଠିକ୍। ସତକୁ ସତ ୧୦.୦୦ଟା ବେଳକୁ ହାଲ୍କା ଖରା ଆସିଗଲା, ନିର୍ମଳ ଆକାଶ। ଆଜିର ବ୍ରେକ୍‌ଫାଷ୍ଟ, ଦୋଷା, ସମ୍ବର, ଚଟ୍‌ନୀ। ମାଇକ୍ରୋୱେଭ୍‌ରେ ଗରମ କରି ଖାଇଲି। ଆଜିର ଆକର୍ଷଣ American Museum of Natural History (AMNH). 34th ଷ୍ଟ୍ରିଟ୍ ପାଥ୍ ଷ୍ଟେସନ୍‌ରେ ଓହ୍ଲାଇ ବିଗ୍ ବସ୍ ଧରିଲି। Lower Manhattan, Upper Manhattan ରାସ୍ତାରେ ଗଲାବେଳକୁ ଦିଶିଯାଉଥାଏ ବିଖ୍ୟାତ ସ୍କାଏସ୍କ୍ରାପର୍ ସବୁ ଦି'ପଟରେ। ହଠାତ୍ ଡାହାଣ ପଟରେ ସେଣ୍ଟ୍ରାଲ ପାର୍କ। କିଛି ସମୟ ପରେ ବାଁ ପଟରେ AMNH। ଆମେରିକାନ୍ ଐତିହ୍ୟର ଏକ ଅତି ମହତ୍ତ୍ୱପୂର୍ଣ୍ଣ ଜାତୀୟ ସ୍ମାରକୀ। AMNH ହେଉଛି ପୃଥିବୀ ବକ୍ଷରେ ପ୍ରକୃତିର ଇତିହାସ... ଜୀବନ ସୃଷ୍ଟିରୁ କ୍ରମବିକାଶର ଇତିହାସ ଏହି ମ୍ୟୁଜିୟମ୍‌ରେ ରହିଥାଏ। ନ୍ୟୁୟର୍କର ଏହି ମ୍ୟୁଜିୟମଟି ପୃଥିବୀର ସବୁଠୁ ବଡ଼ ନାଚୁରାଲ ହିଷ୍ଟୋରି ମ୍ୟୁଜିଅମ୍। ଉଦ୍ଭିଦ ଓ ପ୍ରାଣୀ ଜଗତର କ୍ରମବିକାଶର ପ୍ରମାଣ ବହନ କରୁଥିବା ନମୁନା ସବୁ ପୃଥିବୀର ବିଭିନ୍ନ ସ୍ଥାନରୁ ସଂଗ୍ରହ କରି ଏଠି ସଯତ୍ନରେ ରଖା ହୋଇଛି।

ପ୍ରେସିଡେଣ୍ଟ ରୁଜ୍‌ଭେଲ୍‌ଟ (୧୯୦୧-୧୯୦୯) ଙ୍କ ପିତା ରୁଜ୍‌ଭେଲ୍‌ଟ ସିନିଅର ଜଣେ ବିଖ୍ୟାତ Naturalist (ପ୍ରକୃତିବାଦୀ ବୈଜ୍ଞାନିକ) ଥିଲେ। କେତେଜଣ ସମଭାବାପନ୍ନ ବନ୍ଧୁଙ୍କ ସହ ମିଶି ସେଣ୍ଟ୍ରାଲ ପାର୍କ ମଧ୍ୟରେ ଏକ ମ୍ୟୁଜିୟମ୍ ପ୍ରତିଷ୍ଠା କରିଥିଲେ। ସରକାର ଏହାକୁ ଅଧିଗ୍ରହଣ କରି, ୧୮୬୯ରେ ଏକ ଆଇନ୍ ଦ୍ୱାରା AMNH ପ୍ରତିଷ୍ଠା କଲେ। ପୁରୁଣା ମ୍ୟୁଜିଅମର ସମସ୍ତ ପ୍ରଦର୍ଶନ ସାମଗ୍ରୀଗୁଡ଼ିକ ଏଠାକୁ ସ୍ଥାନାନ୍ତର କରାଗଲା। ୧୮୭୭ରେ ନୂଆ ମ୍ୟୁଜିୟମ୍ ଉନ୍ମୋଚନ ହେଲା। ସେଣ୍ଟ୍ରାଲ ପାର୍କ ସାମ୍ନାରେ AMNH ର ମୁଖ୍ୟ ପ୍ରବେଶ ଦ୍ୱାର ନିକଟରେ ଓହ୍ଲାଇଲି। ଗେଟ୍ ସାମ୍ନାରେ Teddy Roosevelt (ପ୍ରେସିଡେଣ୍ଟ ଥିଓଡ଼ର ରୁଜ୍‌ଭେଲ୍‌ଟଙ୍କ ଶ୍ରଦ୍ଧା ନାମ)ଙ୍କର ଘୋଡ଼ା ଉପରେ ଚଢ଼ିଥିବାର ମୂର୍ତ୍ତି। ଡାହାଣ ପଟରେ ଜଣେ ଇଣ୍ଡିଆନ୍ ଯୋଦ୍ଧା, ବାଁ ପଟରେ ଜଣେ ଆଫ୍ରିକାନ୍ ଆମେରିକାନ୍ ସହଚର ବିଦ୍ୟମାନ। ୧୦-୧୨ଟି ପାହାଚ ଚଢ଼ି AMNH ର ମୁଖ୍ୟ ପ୍ରବେଶ କକ୍ଷରେ ପହଞ୍ଚି ତା'ର ବିଶାଳତା ଓ ଡାଇନୋସରସ ମାନଙ୍କର କଙ୍କାଳ ଦେଖିଲେ ଆଖି ପାଟି ମେଲା ହୋଇଯିବା ସ୍ୱାଭାବିକ। ଜୁରାସିକ୍ ଯୁଗରେ ପହଞ୍ଚିଗଲା ପରି ଲାଗିଲା। ୩ଟି ବିଶାଳ ଡାଇନୋସରମାନଙ୍କର କଙ୍କାଳ ଛିଡ଼ା ହୋଇଛନ୍ତି ଆକ୍ରମଣାତ୍ମକ ମୁଦ୍ରାରେ। ୪୦ ଫୁଟ୍ ଉଚ୍ଚର ସବୁଠୁ ବଡ଼ Baro Saurus ନିଜର ଶାବକକୁ ମାଂସଭୋଜି Allosaurus ଠାରୁ ବଞ୍ଚେଇବା ପାଇଁ ଚେଷ୍ଟା କରୁଛି। ଏତେ ବଡ଼ କଙ୍କାଳକୁ ଏତେ ପାଖରୁ ଦେଖିଲେ ଡର ଲାଗେ। ଆଉ ଏକ ଭୟଙ୍କର ଜୀବ Jurrassic Park ରେ ଦେଖିଥିବା Tyrannosaurus। ସତେ କ'ଣ ଏତେ ବଡ଼ ବଡ଼ ଜୀବ ଆମ ପୃଥିବୀରେ ବାସ କରୁଥିଲେ! ମୁଁ ତ ପ୍ରଥମେ ଆଖିକୁ ବିଶ୍ୱାସ କରିପାରିଲିନି। ୧୦-୧୫ ମିନିଟ୍ ବସିରହି ଦେଖୁଥାଏ, ଫଟୋ ଉଠାଉଥାଏ।

AMNH ରେ ପ୍ରବେଶ କରିବାକୁ ହେଲେ ଟିକଟ କରିବାକୁ ହୁଏ। ଅଳ୍ପ କିଛି Special SCI-FI Show ପାଇଁ ହିଁ ଟିକେ ଦାମି ଟିକଟ ଦରକାର। ଅନ୍ୟ ସମସ୍ତ ବସ୍ତୁ ଦେଖିବା ପାଇଁ କୌଣସି ନିର୍ଦ୍ଦିଷ୍ଟ ରେଟ୍ ନାହିଁ। ଯେତିକି ପାରିବେ ସେତିକି। ଏମିତି କି ୧ଡଲାର ଦେଲେ ବି ଚଳିବ। ସେମାନେ ଖୁସୀରେ ଗ୍ରହଣ କରନ୍ତି। କିଛି SCI-FI Showର ଟିକଟ କାଟିଲି।

ଏମିତି ସବୁ ଜିନିଷ ଦେଖିବାକୁ ୨-୩ ଦିନ ଲାଗିବ। ଚେଷ୍ଟା କଲି ଗୋଟେ ଦିନରେ ସାରିବା ପାଇଁ। କେତେଟା ଅତି ଗୁରୁତ୍ୱପୂର୍ଣ୍ଣ ଜିନିଷ ବିଷୟରେ କଥା ହେବା-

୧. ଝିଅଟିର ନାଁ ଲୁସି :

ଦେଖା ହେଲା ଲୁସି ସହିତ, ୪ ଫୁଟ ଉଚ୍ଚତାର ଏକ ୧୨ ବର୍ଷର ଟିକି ଝିଅ

ସହ ଯେ କି ୩.୨୨ ମିଲିଅନ ବର୍ଷ ତଳେ ପୃଥିବୀରେ ବାସ କରୁଥିଲା । ଇଥିଓପିଆର Hadar ଅଞ୍ଚଳରୁ ଏକ ଫ୍ରେଞ୍ଚ୍ ଆମେରିକାନ୍ ଜୀବାଶ୍ମ ବିଜ୍ଞାନୀ ଅଭିଯାତ୍ରୀ ଦଳ (Palaentologists) ୧୯୭୪ ରେ କିଛି ହାଡ଼ର Fossil ଅବଶେଷ ପାଇଥିଲେ । ତା'ର ଗୋଡ଼ ହାଡ଼, Pelvic Bone, ଖପୁରୀ ଆଦି ପରୀକ୍ଷା କରି ଜାଣିଲେ ଯେ ଏହା ଗଛରୁ ପଡ଼ି ମରିଯାଇଥିବା ଏକ ୧୨ ବର୍ଷର ଝିଅର କଙ୍କାଳ । ଗୋଡ଼ ହାଡ଼ରୁ ଜଣାପଡ଼ିଲା ଯେ ସେ ସିଧା ହୋଇ ଦି' ଗୋଡ଼ରେ ଚାଲି ପାରୁଥିଲା । ସେଦିନ ରାତିରେ ସେମାନଙ୍କ ତମ୍ବୁରେ Beatlesଙ୍କ 'Lucy in the Sky with Diamonds' ଗୀତ ବାଜୁଥିଲା । ତେଣୁ ତା'ର ନାଁ ଦିଆଗଲା ଲୁସି । ଏ ପର୍ଯ୍ୟନ୍ତ ମିଳିଥିବା ସମସ୍ତ ହ୍ୟୁମାନ ଫସିଲ୍ ଭିତରେ ଏହାହିଁ ହେଉଛି ସର୍ବ ପୁରାତନ । ଏହାର ଛାଞ୍ଚ ତିଆରି କରି ସାରିଲା ପରେ ଇଥିଓପିଆ ସରକାରଙ୍କୁ ଫେରେଇ ଦିଆଯାଇଛି । ଲୁସି AMNH ର ସବୁଠୁ ରୋମାଣ୍ଟିକ ଓ ଅମୂଲ୍ୟ ସମ୍ପଦ ବୋଲି କୁହାଯାଏ । ହ୍ୟୁମାନ୍ ଇଭଲ୍ୟୁସନ୍‌ରେ ଏହାକୁ Hominin କୁହାଯାଏ ।

2. The Turkana Boy :

ଲୁସି ପରେ ଆଉ ଗୋଟିଏ ୧୦-୧୧ ବର୍ଷର ବାଳକ ସହ ଦେଖା ହେଲା । The Turkana Boy, ୧.୭ ମିଲିଅନ୍ ବର୍ଷର । ଏହି ପିଲାଟି କେନିଆର Lake Turkana ନିକଟରୁ ମିଳିଥିଲା ୧୮୯୪ ମସିହାରେ । ୧.୬୮ ମିଟର ଉଚ୍ଚତା ଓ ୬୮ କେଜି ଓଜନ । ଏହା ପ୍ରଥମ Homo Erectus ବା ସିଧା ଛିଡ଼ା ହୋଇଥିବା ଜୀବ ଯାହାକି ମିଲିଅନ ବର୍ଷ ପରେ ସମ୍ପୂର୍ଣ୍ଣ ମାନବରେ ପରିଣତ ହୋଇଛି । ଏହାର ଗୋଡ଼ ହାତର ଗଠନରୁ ଏହାର ପ୍ରମାଣ ମିଳେ ।

ଲୁସି ଓ ତୁର୍କାନା ବୟକୁ ନେଇ ନୃତତ୍ତ୍ୱବିତ୍‌ମାନେ ଆଫ୍ରିକାକୁ ମାନବର ଉତ୍ପତ୍ତି ସ୍ଥଳ ବୋଲି ଭାବୁଛନ୍ତି ।

୩. ନୀଳ ତିମିର କୁହୁକ ରାଇଜ :

Milstein Hall of Ocean Life, ସମୁଦ୍ର ଜୀବନ ପାଇଁ ଉତ୍ସର୍ଗୀତ । ହଲ୍ ଭିତରେ ପଶିଗଲେ ଦେଖା ହେବ ବିଶାଳ ନୀଳତିମି ଓ ଅନ୍ୟାନ୍ୟ ଜଳଚର ଜୀବଜନ୍ତୁଙ୍କ ସହିତ । ୯୪ ଫୁଟ ଲମ୍ବ ଓ ୧୧.୦୦ ଟନ୍‌ର ଫାଇବର ଗ୍ଲାସ୍ ଓ ଫୋମ୍‌ର ଏଇ ଅବିକଳ ମଡ଼େଲଟି AMNH ର ଅନ୍ୟତମ ଆକର୍ଷଣ । ଏତେବଡ଼ ମଡ଼େଲ ଛାତରୁ ଶୂନ୍ୟରେ ଝୁଲିଲା ପରି ରହିଛି, ସମୁଦ୍ରରେ ସନ୍ତରଣ କରୁଥିବା ମୁଦ୍ରାରେ । ଅପୂର୍ବ ଆଲୋକ

ଓ ଶବ୍ଦ ସମ୍ପାତ ଯୋଗୁ ପୂରା ହଲ୍‌ଟି ଅତଳ ଆଟଲାଣ୍ଟିକ୍ ମହାସାଗର ସମୁଦ୍ରତଳର ଭ୍ରାନ୍ତି ସୃଷ୍ଟି କରେ। ହାଲ୍‌କା ନୀଳ ଆଲୋକରେ ଚାରିପଟୁ ଷ୍ଟିରିଓଫୋନିକ୍ ନୀଳ ତିମି ସଂଗୀତ (Whale Song) ପ୍ରତିଧ୍ୱନିତ ହେଉଥିବ ହଲ୍ ସାରା। ଏକ ଯାଦୁକରୀ ଅନୁଭବ। AMNH, ତିମି ପ୍ରେମିକ (Whale Lovers) ମାନଙ୍କ ପାଇଁ ଏକ ଅଭିନବ Show ପ୍ରାୟୋଜନ କରେ, 'Sleep over for Grown Ups'. $ ୩୫୦.୦୦ ର ଟିକେଟ କିଣିଲେ ରାତିସାରା ମ୍ୟୁଜିୟମରେ ନୀଳ ତିମି ସହିତ ସମୟ ବିତାଇ ପାରିବେ, ସନ୍ଧ୍ୟା ୮.୦୦ରୁ ସକାଳ ୬.୦୦ଟା ପର୍ଯ୍ୟନ୍ତ। ମ୍ୟୁଜିୟମରେ ୱେଲକମ୍ ସାମ୍ପେନ୍, ଡିନର ଆଉ ତା'ପର ଦିନ ବ୍ରେକ୍‌ଫାଷ୍ଟ ସହିତ ପରଦିନ ମ୍ୟୁଜିୟମ୍ ସାରା ବୁଲି ପାରିବେ। ରାତି ବୁଲାବୁଲି ପରେ ନୀଳ ତିମି ହଲ୍‌ରେ ବିଛଣା ପକେଇ ଶୋଇ ପାରିବେ। କିନ୍ତୁ ନିଜର ବିଛଣା, ଟୁଥ୍‌ବ୍ରଶ୍ ଓ ପେଷ୍ଟ୍ ଆଣିବାକୁ ପଡ଼ିବ। ଆଲୁଅ ଅନ୍ଧାରର ମଝାମଝି ପରିବେଶରେ ନୀଳତିମି ଦିଶୁଥିବ ଆଉ ନିଜକୁ ପାଇବେ ତା'ର ପେଟ ତଳେ। ଚାରିପଟ କାନ୍ଥରେ ଆକ୍ୱାରିଅମ୍ ଗୁଡ଼ିକରେ ବିଭିନ୍ନ ସମୁଦ୍ର ଜୀବ ପହଁରୁଥିବେ। ରାତିର ନୀରବତା ସହିତ ନୀଳତିମିର ସଂଗୀତ, ଅବିକଳ ସମୁଦ୍ର ତଳର ଅନୁଭବ।

4. Tree Cross Section - Mark Twain Tree :

Giant Sequoia Tree ଗୁଡ଼ିକ ଉଦ୍ଭିଦ ଜଗତର ରାଜା। ୨୫୦ ଫୁଟ ଉଚ୍ଚା, ୨୦ ଫୁଟ ବ୍ୟାସର ଗଣ୍ଡି ସହିତ ଏଇ ଗଛଗୁଡ଼ିକ ଆଶ୍ଚର୍ଯ୍ୟଜନକ ଭାବେ ଦୀର୍ଘଜୀବୀ। ୩୦୦୦ ବର୍ଷ ପର୍ଯ୍ୟନ୍ତ ଏମାନେ ବଞ୍ଚିରହନ୍ତି। ଏହାର ଉପରଛେଲି (Bark) ପ୍ରାୟ ୩ ଫୁଟ୍ ମୋଟା ଓ ଅଗ୍ନି ନିରୋଧକ। ଏଥିରେ ଥିବା ଏକ ପ୍ରକାର ରସାୟନ, ବୃକ୍ଷଟିକୁ ରୋଗ ପୋକ ଆକ୍ରମଣରୁ ରକ୍ଷା କରେ। Yeshomiti National Parkରେ ଏମାନେ ଦେଖାଯାଆନ୍ତି। ଦକ୍ଷିଣ ଆମେରିକା ଗାଲେରୀରେ ୧୪୦୦ ବର୍ଷ ବଞ୍ଚିଥିବା ଏକ Seqouia ଗଛର ଗଣ୍ଡିର Cross Section ରଖାଯାଇଛି। ୧୮୯୧ ମସିହାରେ ଏଇ ବୃକ୍ଷଟିକୁ କଟାଯାଇ ଥିଲା। Cross Section ଉପରେ ୧୪୦୦ ବର୍ଷର ଚିହ୍ନ ଲିପିବଦ୍ଧ ହୋଇ ରହିଛି। ବୃକ୍ଷ ଗଣ୍ଡିରେ ପ୍ରତିବର୍ଷ ପାଇଁ ଏକ କୁଣ୍ଡଳାକୃତୀ ଦାଗ ରହିଯାଏ। ଏହାକୁ ଗଣି ଗଛର ବୟସ ଜଣାପଡ଼ିଯାଏ। ଲମ୍ବା ସମୟର କାହାଣୀ କହୁଥିବା ଏଇ ବୃକ୍ଷକୁ ବିଖ୍ୟାତ କାହାଣୀକାର ମାର୍କ ଟ୍ୱେନ୍‌ଙ୍କ ନାମରେ ନାମିତ କରାଯାଇଛି।

5. Arthur Ross Hall of Meteors (ARHM) :

ARHM, ଉଲ୍‌କା ଜଗତକୁ ଏକ ଯାତ୍ରା। ମହାକାଶରେ ବିଭିନ୍ନ ମହାଜାଗତିକ

ବସ୍ତୁର ଭଙ୍ଗା ଗଢ଼ା ଚାଲିଥାଏ । ଏଇଥିରୁ ଛୋଟ ଛୋଟ ପଥର ବା ଗୋଡ଼ି ପରି ଟୁକୁରା ଖଣ୍ଡସବୁ ମହାକାଶରେ ଲକ୍ଷ୍ୟହୀନ ଭାବରେ ଘୂରି ବୁଲୁଥାନ୍ତି ବଡ଼ ବଡ଼ ନକ୍ଷତ୍ରମାନଙ୍କର ଆକର୍ଷଣ ଶକ୍ତିରେ । ପୃଥିବୀ ପାଖାପାଖି ଆକାଶରେ ଗତି କଲା ବେଳକୁ କିଛି କିଛି ଆକର୍ଷିତ ହୋଇ ଆମ ବାୟୁମଣ୍ଡଳରେ ପ୍ରବେଶ କରନ୍ତି । ୯୦%ରୁ ଅଧିକ ବାୟୁମଣ୍ଡଳରେ ଜଳିପୋଡ଼ି ଯାନ୍ତି । ଅଳ୍ପ କିଛି ସମ୍ପୂର୍ଣ୍ଣ ଜଳି ନପାରି ଅବଶିଷ୍ଟାଂଶ ପୃଥିବୀ ଉପରେ ପଡ଼ିଥାଏ ଉଲ୍‌କା ପିଣ୍ଡ ଭାବରେ । ବୈଜ୍ଞାନିକମାନେ ଏସବୁ ଉଲ୍‌କା ଖଣ୍ଡକୁ ପୃଥିବୀର ବିଭିନ୍ନ ସ୍ଥାନରୁ ସଂଗ୍ରହ କରନ୍ତି । ଏଇପରି ଏକ ସଂଗ୍ରହାଳୟ ହେଉଛି ARHM. ପ୍ରତିଟି ଉଲ୍‌କା ଖଣ୍ଡ ତଳେ ଥିବା ଫଳକରେ ତା'ର ରୋମାଞ୍ଚକାରୀ ଇତିହାସ ଲେଖାହୋଇଛି । ଶହଶହ ଉଲ୍‌କା ପିଣ୍ଡରେ ଭରା ଏଇ ହଲ୍ । ମହାକାଶରେ ବୁଲି ବୁଲି ନିଜ ପସନ୍ଦର ଉଲ୍‌କା ସହିତ ଦେଖା ହୋଇଯିବା ପରି ଅନୁଭବ ହୁଏ । ସୁଦୂର ଆକାଶରେ ତାରାମାନଙ୍କ ସହିତ ମିଟ୍‌ମିଟ୍ କରୁଥିବା ଏକ ମହାଜାଗତିକ ବସ୍ତୁକୁ ଦେଖିବା, ହାତରେ ଛୁଇଁବା ଏକ ଶିହରଣ ସୃଷ୍ଟିକାରୀ ଅନୁଭୂତି । ଦେଖିବା କିଛି ବିଶ୍ୱପ୍ରସିଦ୍ଧ ଉଲ୍‌କା ପିଣ୍ଡକୁ ଓ ଜାଣିବା ତାଙ୍କର ଇତିହାସ ।

6. Willamet Meteor :

Willamet ଏକ ବିଖ୍ୟାତ ଉଲ୍‌କା ପିଣ୍ଡ । ଆମେରିକାରେ ଓରେଗନ୍‌ରୁ ୧୯୦୨ରେ ମିଳିଥିଲା । ଏହା ମିଳିଥିବା ଜାଗାରେ Impact Crater (ପତନ ଗର୍ତ୍ତ) ନଥିବାରୁ ଏହାର ପ୍ରାମାଣିକତା ବିଷୟରେ ପ୍ରଶ୍ନ ଉଠିଥିଲା । ମାତ୍ର ପରବର୍ତ୍ତୀ ସମୟରେ ଉତ୍ତର ମିଳିଗଲା । ଏହା ୧୫,୦୦୦ ବର୍ଷ ପୂର୍ବେ Ice Age ରେ କାନାଡ଼ାର ବରଫ ଉପରେ ପଡ଼ିଥିଲା । ପରବର୍ତ୍ତୀ କାଳରେ ୧୩,୦୦୦ ବର୍ଷ ପୂର୍ବେ, ଶେଷ ଆଇସ୍ ଏଜ୍ ସମୟରେ Missoula Flood ବୋଲି ଏକ ବରଫ ତରଳି ସୃଷ୍ଟି ହୋଇଥିବା ପ୍ରଚଣ୍ଡ ବଢ଼ିରେ ଏହା ଓରେଗନ୍ ପର୍ଯ୍ୟନ୍ତ ଭାସି ଆସିଥିଲା । ୯୧% Iron, ୮% Nickel, ଅଳ୍ପ ଅଳ୍ପ କୋବାଲ୍‌ଟ ଓ ଫସ୍‌ଫରସ୍‌କୁ ନେଇ ଏହା ଗଠିତ । କିନ୍ତୁ ପୃଥିବୀରେ ବହୁତ କମ୍ ପରିମାଣର ମିଳୁଥିବା ବିରଳ ଧାତୁ ଇରିଡ଼ିୟମ୍‌ର ଭାଗ ଏଥିରେ ଅଧିକ (୪.୭ppm) । ଏହାର ପୃଷ୍ଠଦେଶ ଆବୁଡ଼ା ଖାବୁଡ଼ା ଅସମାନ ଗର୍ତ୍ତମାନଙ୍କରେ ପରିପୂର୍ଣ୍ଣ । ବୋଧହୁଏ ଲୁହା ଓ ନିକେଲକୁ ଛାଡ଼ି ଅନ୍ୟ ଉପାଦାନଗୁଡ଼ିକ ବାୟୁମଣ୍ଡଳରେ ଜଳିଯାଇଛି ବା ପୃଥିବୀ ପୃଷ୍ଠରେ ପ୍ରାକୃତିକ କ୍ଷୟକାରୀ ଶକ୍ତି ଦ୍ୱାରା କ୍ଷତବିକ୍ଷତ ହୋଇଯାଇଛି । ୧୦ ଫୁଟ୍ ଉଚ୍ଚତା, ୬.୫ ଫୁଟ୍ ଓସାର ଓ ୪.୨୫ ଫୁଟ୍ ମୋଟେଇର ଏହି ଉଲ୍‌କା ପିଣ୍ଡର ଓଜନ ୧୫.୫ MT. ।

୧୯୦୨ରେ ELLIS Hughes ନାମକ ଜଣେ ବ୍ୟକ୍ତି Oregon Steel Companyର ଜମିରେ ଏହାକୁ ଦେଖିଲେ। କେହି ଜାଣିବା ଆଗରୁ ଏହାକୁ ବିକ୍ରୀ କରି ରାତାରାତି ବଡ଼ ଲୋକ ହେବାର ସ୍ୱପ୍ନ ତାଙ୍କୁ ଘାରିଲା। ସ୍ତ୍ରୀଙ୍କ ଦ୍ୱାରା ପ୍ରରୋଚିତ ହୋଇ ତାକୁ ଅନ୍ୟମାନଙ୍କ ଠାରୁ ଲୁଚେଇ ଲୁଚେଇ ଖୋଳିବା ଆରମ୍ଭ କଲେ। ଗୋଟିଏ ଘୋଡ଼ା, କିଛି କାଠପଟା ଓ ତାଙ୍କ ପୁଅ ସହିତ ତାକୁ ସମସ୍ତଙ୍କ ଦୃଷ୍ଟି ଆଢୁଆଳରେ ୧୨୦୦ ମିଟର ଦୂରରେ ଥିବା ନିଜ ଜମିକୁ ନେଇଯିବାକୁ ଲାଗିଲେ। ୯୦ ଦିନର ଅକ୍ଲାନ୍ତ ପରିଶ୍ରମ ପରେ ନିଜ ଜମିରେ ରଖିଦେଲେ। କିନ୍ତୁ ଓରେଗନ୍ ଷ୍ଟିଲ୍ କମ୍ପାନୀ ଏହା ଜାଣିଦେଲା ଓ ତାଙ୍କ ନାଁରେ ଚୋରି କେଶ୍ କରିଦେଲା। Hughesଙ୍କୁ ଅଗତ୍ୟା ଏହା ଛାଡ଼ିବାକୁ ପଡ଼ିଲା। କିଛିଦିନ ପରେ William Dodge ନାମକ ଜଣେ ବଦାନ୍ୟ ବ୍ୟକ୍ତି ଏହାକୁ $ ୨୦,୦୦୦ରେ କିଣି AMNHକୁ ବିକ୍ରି କରିଦେଲେ। ୧୯୦୬ରୁ ଏହା AMNH ପ୍ରଦର୍ଶିତ ହେଲା। ୧୯୯୯ରେ, ପ୍ରାୟ ୯୦ ବର୍ଷ ପରେ ଚିନୁକ୍ ଟ୍ରାଇବ୍‌ର ଏକ ସଂଘ ହଠାତ୍ ଏହାକୁ ନିଜର ବୋଲି ଦାବି କଲା। ଚିନୁକ୍‌ମାନେ ଏହାକୁ ଟୋମାନୋଜ୍ ଦେବତାଙ୍କର ପ୍ରତିନିଧି ଶୀଳା ହିସାବରେ ୧୯୦୨ ଆଗରୁ ପୂଜା କରୁଥିବାର ପ୍ରମାଣ ଦେଇ ଅଧିକାର ସାବ୍ୟସ୍ତ କଲେ। କିନ୍ତୁ ଶେଷରେ ଏକ ଆପୋଷ ବୁଝାମଣାରେ ଏ ବିବାଦର ଅନ୍ତ ଘଟିଲା। ଚିନୁକ୍ ମାନେ ବର୍ଷକୁ ଥରେ ଏହି ଶୀଳାକୁ ପୂଜା କରିପାରିବେ AMNH ଭିତରେ। AMNH କୁ କେବଳ ପ୍ରଦର୍ଶନ କରିବାର ଅଧିକାର ରହିଲା। ଅନ୍ୟ କାହାକୁ ହସ୍ତାନ୍ତର ନୁହେଁ। ଅନ୍ୟଥା ଚିନୁକ୍‌ମାନେ ଏହାକୁ ଫେରସ୍ତ ପାଇବା ପାଇଁ ହକ୍‌ଦାର ହେବେ।

୭. ଆକାଶୀ ଲୁହା ଓ ମିନିକ୍ ଲୁହର କାହାଣୀ :

ୱିଲାମେଟ୍ ଉଲ୍‌କା ଦେଖି ଆଶ୍ଚର୍ଯ୍ୟ ତ ହେଲି। କିନ୍ତୁ ମତେ ଅପେକ୍ଷା କରିଥିଲା ଆଉ ଏକ ବିସ୍ମୟକର ପଦାର୍ଥ ଯାହା ସହିତ ଜଡ଼ିତ ଏକ ସଭ୍ୟତାର କରୁଣ କାହାଣୀ। ଦେଖିଲି ଆଉଏକ ବିଶାଳ ଉଲ୍‌କା ପିଣ୍ଡ 'Cape York' ଓ ତା'ର ଦୁଇ ସହଚରଙ୍କୁ। ୧୦,୦୦୦ ବର୍ଷ ପୂର୍ବେ ଗ୍ରୀନ୍‌ଲାଣ୍ଡ ଆକାଶରେ ଏକ ୨୦୦ ଟନ୍ ଓଜନର ଉଲ୍‌କା ପିଣ୍ଡ ବିସ୍ଫୋରଣ ହୋଇ ଟୁକୁରା ଟୁକୁରା ହୋଇ ବିସ୍ତୀର୍ଣ୍ଣ ଅଞ୍ଚଳରେ ବରଫ ଓ ସମୁଦ୍ରରେ ପଡ଼ିଥିଲା। ସବୁଠାରୁ ବଡ଼ ପିଣ୍ଡଟିର ଓଜନ ୪୦ ଟନ୍ ଥିବାର ଅନୁମାନ କରାଯାଏ। ୧୮୦୦ ମସିହା ପର୍ଯ୍ୟନ୍ତ ଗ୍ରୀନ୍‌ଲାଣ୍ଡ, Innuit ଜାତିର ଏସ୍କିମୋମାନଙ୍କର ବାସସ୍ଥଳୀ ଥିଲା। 'ଇନୁଇଟ୍', ୩୦୦-୪୦୦ ଏସ୍କିମୋମାନଙ୍କର ଏକ ଟ୍ରାଇବ୍‌ର ନାମ ଥିଲା। ୧୮୦୦ ମସିହା ବେଳକୁ, ଇଉରୋପିଆନ ଓ ଆମେରିକାନ୍‌ମାନେ ଉତ୍ତର ମେରୁ

ବିଷୟରେ ଅନୁସନ୍ଧିତ୍ସୁ ହେଲେ। ୧୮୧୮ ମସିହାରେ ବ୍ରିଟିଶ୍ ନାଭିର ଜଣେ ଅଫିସର John Ross, ଗ୍ରୀନ୍‌ଲାଣ୍ଡରେ ପହଞ୍ଚିଲେ। ସେ ପର୍ଯ୍ୟନ୍ତ ଇନୁଇଟ୍‌ମାନେ ପଶୁ ହାଡ଼ରେ ସମସ୍ତ ହାତ ହତିଆର, ଶିକାର ଅସ୍ତ୍ର ଆଉ ଛୁଞ୍ଚି ଆଦି ତିଆରି କରୁଥିଲେ। ବାହାର ଦୁନିଆଁ ସଙ୍ଗେ କିଛି ବି ସମ୍ପର୍କ ନଥିବାରୁ ଲୁହାର ଉତ୍ପାଦନ ବିଷୟରେ ଜାଣିନଥିଲେ। ସେମାନେ ପ୍ରସ୍ତର ଯୁଗରେ ବାସ କରୁଥିଲେ। କିନ୍ତୁ ଏକ ଦୈବୀ ଶକ୍ତିର ଦୟାରୁ ଲୁହାର ଉପଯୋଗ ବିଷୟରେ ଜାଣିଥିଲେ। ଜନ୍ ରସ୍ ସେମାନଙ୍କ ସହିତ ମିଶି ଦେଖିଲେ ଯେ ସେମାନେ ଛୁରୀ ଓ Harpoon ରେ ଅଳ୍ପ ଅଳ୍ପ ଲୁହା ବ୍ୟବହାର କରୁଛନ୍ତି। କିନ୍ତୁ ଲୁହାର ଉତ୍ସ ବିଷୟରେ ସେମାନଙ୍କ ଠାରୁ କିଛି ଖବର ମିଳିଲାନି। ଇନୁଇଟ୍‌ମାନଙ୍କର ଏହା ଏକ ଟ୍ରାଇବ୍ ସିକ୍ରେଟ ଥିଲା। କେବଳ ଏତିକି ଜାଣିଲେ ଯେ, ଦୂର ଏକ ପାହାଡ଼ରେ ହିଁ ତାଙ୍କୁ ଲୁହା ମିଳେ। ଲୋକକଥାରେ ଲୁହା ଆକାଶରୁ ଆସିଥିବା କଥା ବି ଶୁଣିଲେ। ରସ୍ ଇନୁଇଟ୍‌ମାନଙ୍କ ଠାରୁ କିଛି ଛୁରୀ ଓ ହାର୍ପୁନ୍ ଇଂଲାଣ୍ଡ ଆଣିଲେ। ଅନ୍ୟ ଉତ୍ତର ମେରୁ ଅଭିଯାତ୍ରୀଙ୍କ କାନରେ ଏକଥା ପଡ଼ିଲା। କିନ୍ତୁ ୧୮୮୬ ମସିହାରେ ଆମେରିକାନ୍ ଆବିଷ୍କାରକ Robert Peary ଗ୍ରୀନ୍‌ଲାଣ୍ଡରେ ପହଞ୍ଚିଲା ବେଳକୁ ଏହା ଏକ ରହସ୍ୟ ହୋଇ ରହିଥାଏ। ବାରମ୍ବାର ଉତ୍ତର ମେରୁ ଅଭିଯାନ ମଧ୍ୟରେ ପିଆରୀ ଇନୁଇଟ୍‌ମାନଙ୍କ ସହିତ ବନ୍ଧୁତା ସ୍ଥାପନ କଲେ। ଶେଷରେ ୧୮୯୪ ମସିହାରେ ଜଣେ ଇନୁଇଟ୍‌ଠାରୁ ଲୁହା ଖଣିର ସନ୍ଧାନ ମିଳିଲା। ବରଫ ଉପରେ ଏଗାର ଦିନ, ୨୫କି.ମି ଚାଲିବା ପରେ ସେ ଦେଖିଲେ ଏକ ବିଶାଳ ପ୍ରସ୍ତର ଖଣ୍ଡ ଓ ପ୍ରାୟ ୭ କି.ମି. ଦୂରରେ ଆଉ ଦୁଇଟି ଅପେକ୍ଷାକୃତ ଛୋଟ ପ୍ରସ୍ତରଖଣ୍ଡ। ପ୍ରସ୍ତର ଚାରିପଟେ ହଜାର ହଜାର ପଥରରେ ତିଆରି ଛେଣି, ହାତୁଡ଼ି ପଡ଼ିଥାଏ। ତିନୋଟିଯାକ ପ୍ରସ୍ତରରେ ଅସଂଖ୍ୟ କ୍ଷତ ଚିହ୍ନ। ଟୁକୁରା ଟୁକୁରା ସେଥିରୁ କାଟି ନିଆଯାଇଛି ଗତ କେଇ ଶହ ବର୍ଷ ଭିତରେ। ଇନୁଇଟ୍‌ମାନେ ଏଇ ଟୁକୁରା ପ୍ରସ୍ତରଖଣ୍ଡକୁ ହାତୁଡ଼ିରେ ପିଟିପିଟି ଛୋଟଛୋଟ ଧାରୁଆ ଅସ୍ତ୍ରଶସ୍ତ୍ର ତିଆରି କରୁଥିଲେ। କେବଳ ଇନୁଇଟ୍‌ମାନେ ହିଁ ଏହାର ମାଲିକ। ପୁରୁଷ ପୁରୁଷ ଧରି ଜନଶ୍ରୁତିରେ ଚାଲିଆସିଥିବା ଗଳ୍ପ ଅନୁସାରେ :- ଅନେକ ବର୍ଷ ତଳେ Tonarsuk ନାମକ ସଇତାନ୍, ଏକ ଇନୁଇଟ୍ ନାରୀକୁ ତା'ର ତମ୍ବୁ ଓ କୁକୁର ସହିତ ଆକାଶରୁ ପୃଥିବୀ ପୃଷ୍ଠକୁ ଫୋପାଡ଼ି ଦେଇଥିଲା। ସବୁଠୁ ବଡ଼ ଲୁହା ଖଣ୍ଡକୁ The Tent, ଅପେକ୍ଷାକୃତ ଛୋଟ ଦୁଇଟିକୁ Woman ଓ Dog ହିସାବରେ ଇନୁଇଟ୍‌ମାନେ ବିଶ୍ୱାସ କରୁଥିଲେ।

ଏଇଠୁ ଇନୁଇଟ୍‌ମାନେ ପ୍ରସ୍ତର ଯୁଗରୁ ଲୌହଯୁଗକୁ ପ୍ରବେଶ କଲେ, ଲୁହାର ବିଷୟରେ ସମ୍ପୂର୍ଣ୍ଣ ଅଜ୍ଞ ଥାଇ। ସେମାନେ ଏହାକୁ Saviksue ବା Great Iron

ବୋଲି କହୁଥିଲେ। ଏହି ଆକାଶୀ ଲୁହାଟି (Iron from the sky), ଶହଶହ ବର୍ଷ ଧରି ଇନୁଇଟ୍ ମାନଙ୍କର ଲୁହାର ଏକମାତ୍ର ଉତ୍ସ ହୋଇ ରହିଥିଲା।

ରବର୍ଟ ପିଆରି ଜଣେ ସିଭିଲ ଇଞ୍ଜିନିୟର ହିସାବରେ ଏହାକୁ ଠିକ୍ ଚିହ୍ନିପାରିଲେ ଏକ ଉଲ୍‌କା ପିଣ୍ଡ ହିସାବରେ। ବର୍ଷକ ପୂର୍ବରୁ ୧୮୯୩ରେ ଅନ୍ୟ ଏକ ଉତ୍ତର ମେରୁ ଅଭିଯାନ ସମୟରେ ତାଙ୍କର ଝିଅ Marie Ahnighito ଜନ୍ମ ହୋଇଥିଲା। ତା'ପାଇଁ Fur Suit ତିଆରି କରିଦେଇଥିବା ଇନୁଇଟ୍ ମହିଳା ଆନ୍ନିଘିଟୋର ନାଁ ଅନୁସାରେ ଝିଅର ନାମକରଣ କରିଥିଲେ। ସବୁଠୁ ବଡ଼ ଉଲ୍‌କା ପିଣ୍ଡ (The Tent)ର ନାଁ 'ଆନ୍ନିଘିଟୋ' ରଖିଲେ। ବାରମ୍ବାର ଅଭିଯାନ ସତ୍ତ୍ୱେ ସେ ଉତ୍ତର ମେରୁରେ ପହଞ୍ଚିପାରୁନଥାନ୍ତି। କିନ୍ତୁ କିଛି ଅସାଧାରଣ କରିବାର ଦୁର୍ବାର ଇଚ୍ଛା ତାଙ୍କୁ ଆନ୍ନିଘିଟୋ ପାଖକୁ ଟାଣି ନେଲା। ଆମେରିକାରେ ଏହାକୁ ଦେଖାଇ ପଇସା ରୋଜଗାର କରିହେବ ଓ ନାଁ ବି କମେଇ ହେବ।

ମେରୁ ଅଭିଯାତ୍ରୀମାନଙ୍କର ବାରମ୍ବାର ଯିବା ଆସିବାରୁ ଇନୁଇଟ୍ ମାନଙ୍କୁ ଯଥେଷ୍ଟ ପରିମାଣରେ ଲୁହାର ଅସ୍ତ୍ରଶସ୍ତ୍ର ମିଳିଯାଉଥାଏ। ସେମାନେ ଆଉ The Tent ଉପରେ ନିର୍ଭରଶୀଳ ନଥାନ୍ତି। ରବର୍ଟ ପିଆରୀ ସେଇଟିକୁ ତାଙ୍କ ଜାହାଜରେ ଲଦି ଦେବା ପାଇଁ ଇନୁଇଟ୍ ମାନଙ୍କୁ ପ୍ରବର୍ତ୍ତାଇଲେ। ସେମାନଙ୍କର ବିଶ୍ୱାସ ଜିତିବାରେ ତିନିବର୍ଷ ଲାଗିଗଲା। ଶେଷରେ ୧୮୯୭ରେ ଇନୁଇଟ୍‌ମାନେ ତାଙ୍କର The Tent, The Woman ଓ The Dog ମାନଙ୍କୁ ପିଆରୀଙ୍କୁ ଉପହାର ଦେବା ପାଇଁ ରାଜି ହୋଇଗଲେ। ଏହାର ମୂଲ୍ୟ ହିସାବରେ ପିଆରୀ ସେମାନଙ୍କୁ ରାଇଫଲ୍, ଲୁହାର ବାସନ କୁସନ, କରତ, ଛୁରୀ ଇତ୍ୟାଦି ଦେଲେ। ଏଇଠି ପିଆରୀ ଆଉ ଏକ ଦୁଃସାହସିକ କାମ କଲେ। AMNH ର ପ୍ରସିଦ୍ଧ ନୃତତ୍ତ୍ୱବିତ୍ Franz Boas, ଯଦି ସମ୍ଭବ, ଜଣେ ଏସ୍କିମୋକୁ ସାଥୀରେ ଆଣିବାକୁ ଅନୁରୋଧ କରିଥିଲେ ତାଙ୍କର ଅଧ୍ୟୟନ ପାଇଁ। କିନ୍ତୁ ପିଆରୀ ୬ ଜଣ ଏସ୍କିମୋଙ୍କୁ ସାଙ୍ଗରେ ଯିବା ପାଇଁ ରାଜି କରେଇଦେଲେ। ସୁନ୍ଦର ସୁନ୍ଦର ଉଷୁମ ଘର, ଦିଗନ୍ତ ବିସ୍ତାରୀ ସୂର୍ଯ୍ୟସ୍ନାତ ଭୂମି (Sunshine Land), ବନ୍ଧୁକ, ଛୁରୀ ଇତ୍ୟାଦି ସହିତ 'ଛୁଞ୍ଚି' ବି ଦେବା ପାଇଁ ପ୍ରତିଶ୍ରୁତି ଦେଲେ। କଥା ହେଲା ଯେ ସେମାନେ ବର୍ଷକ ପରେ ଫେରି ଆସିବେ ପରବର୍ତ୍ତୀ ମେରୁ ଅଭିଯାନ ସହିତ। ୬ ଜଣଙ୍କ ଭିତରେ ଥିଲା ଗୋଟିଏ ୬-୭ ବର୍ଷର ବାଳକ 'ମିନିକ୍' ଓ ତା'ର ପିତା। ଜାହାଜରେ ସେମାନଙ୍କୁ ନିଉୟର୍କ ନେଇ ଆସିଲେ। ଆନ୍ନିଘିଟୋ ନିଉୟର୍କ ବାସୀଙ୍କ ପାଇଁ ଏକ ବିରାଟ ଆଶ୍ଚର୍ଯ୍ୟ। ହଜାର ହଜାର ଲୋକ 25 ସେଣ୍ଟର ଟିକେଟ କରି ଏହାକୁ ଦେଖିଲେ। ଏସ୍କିମୋ ମାନଙ୍କୁ AMNH ନିଆଗଲା।

ବୈଜ୍ଞାନିକମାନେ ସେମାନଙ୍କ ଉପରେ ଗବେଷଣା ଆରମ୍ଭ କରିଦେଲେ। ତା'ଙ୍କ ଶରୀର, ପୋଷାକ, ଭାଷା, ସାମାଜିକ ଚଳଣିର ଅଧ୍ୟୟନ ଚାଲିଲା। ସେମାନେ ମ୍ୟୁଜିୟମର ସ୍ପେସିମେନ (ନମୁନା) ହୋଇଗଲେ। ମ୍ୟୁଜିୟମର ଅନ୍ଧାରୁଆ, ଗରମ ଓ ସନ୍ତସନ୍ତିଆ ବେସ୍‌ମେଣ୍ଟରେ ରହିବାକୁ ଦିଆଗଲା। ସେମାନଙ୍କର ପାରମ୍ପରିକ ପୋଷାକ PARKA ଛାଡ଼ି ସେମାନେ ସାହେବମାନଙ୍କ ପରି ସୁଟ୍, ବୁଟ୍ ପିନ୍ଧିଲେ। ସାମୁଦ୍ରିକ ଖାଦ୍ୟ ଛାଡ଼ି ଆମେରିକାନ୍ ଖାଦ୍ୟ ସବୁ ଖାଇବାକୁ ପଡ଼ିଲା। ଗ୍ରୀନଲାଣ୍ଡର ଶୀତଳ, ଶୁଷ୍କ, ପ୍ରଦୂଷଣ ରହିତ ବାୟୁ ବଦଳରେ ସେମାନଙ୍କୁ ମିଳିଲା ନିଉୟର୍କର ଗରମ, ଧୂଳି ଧୂଆଁର ପବନ। ନ୍ୟୁୟର୍କ ଆବହାଓ୍ୱାରେ ଚଳିବା ପାଇଁ ସେମାନଙ୍କର ଶରୀରରେ ରୋଗ ପ୍ରତିରୋଧକ ଶକ୍ତି ନଥାଏ। ଆଠ ମାସ ଭିତରେ ମିନିକ୍‌ର ବାପାଙ୍କ ସହିତ ଚାରି ଜଣ ଯକ୍ଷ୍ମାରେ ମରି ଗଲେ। ଜଣେ ଇନୁଇଟ୍ ଦଳେ ମେରୁ ଅଭିଯାତ୍ରୀଙ୍କ ସାଙ୍ଗରେ ଦେଶକୁ ଫେରିଗଲା। ବାକି ରହିଗଲା ମିନିକ୍, ଏକାଏକା ଏକ ଅଜଣା ଜଗତରେ। ରବର୍ଟ ପିଆରୀ ଇନୁଇଟ୍‌ମାନଙ୍କ ହାତ ଛାଡ଼ି ଦେଲେ। ଆନ୍ନିଘିଟୋକୁ ୪୦,୦୦୦ ଡଲାରରେ AMNH କୁ ବିକ୍ରି କରି ଦେଇ ପରବର୍ତ୍ତୀ ମେରୁ ଅଭିଯାନ ପାଇଁ ପ୍ରସ୍ତୁତ ହେଲେ। ମିନିକ୍ ନ୍ୟୁୟର୍କରେ ଏକା। ଶେଷକୁ AMNHର ସୁପରିନ୍‌ଟେଣ୍ଡେଣ୍ଟ, William Wallace ତାକୁ ନିଜର ସନ୍ତାନ ହିସାବରେ ଗ୍ରହଣ କରି ନେଲେ। ମିନିକ୍ ସ୍କୁଲରେ ପାଠ ପଢ଼ିଲା। ନିଜ ଭାଷା, ସଂସ୍କୃତି ସବୁ ଭୁଲିଗଲା। ଦିନେ ସ୍କୁଲରେ ତା' ଜୀବନର ସବୁଠୁ ଯନ୍ତ୍ରଣାଦାୟକ ସତ୍ୟ ତା' ସାମ୍ନାରେ ଉଦ୍‌ଘାଟିତ ହେଲା। ତା'ର ବାପାର ମୃତ୍ୟୁ ପରେ, ବାପାର ଶବକୁ କବର ଦେବା ବଦଳରେ ଏକ କାଠଖଣ୍ଡକୁ Fur ରେ ଘୋଡ଼ାଇ ଦେଇ କବର ଦିଆଯାଇଥିଲା। ଅସଲ ଶବ ରହିଯାଇଥିଲା AMNH ର ଲାବୋରେଟରୀରେ। ପରସ୍ତ ପରସ୍ତ ମାଂସ କାଟି, ହାଡ଼ ସଂଗ୍ରହ କରି ମ୍ୟୁଜିଅମ୍ ଜାର୍‌ରେ ସାଇତା ହୋଇ ରଖା ହୋଇଛି। ନୃତତ୍ତ୍ୱର ଗବେଷଣା ଚାଲିଛି। ଚରମ ମାନସିକ ଯନ୍ତ୍ରଣା ଦେଇ ଗତି କରିବା ପରେ ୧୯୦୯ରେ ମିନିକ୍ ଆଉ ଏକ ମେରୁ ଅଭିଯାତ୍ରୀ ଦଳଙ୍କ ସହିତ ଗ୍ରୀନ୍‌ଲାଣ୍ଡ ଫେରିଗଲା। ଆମେରିକା ତା'ଠୁ ଛଡ଼େଇ ନେଇଥିଲା ତା'ର ବାପାକୁ, ତା' ବାପାର ମରଶରୀରକୁ, ତା'ର ସମାଜକୁ। ଫେରିଲା ବେଳେ ସେ କହିଲା "You are a Race of scientific criminals. I know, I will not get back my father's bones out of AMNH. I am glad enough to get away before they grab my brain and stuff them in to a jar". ମୁହଁରେ ଅଭିଶାପ ଓ ଛାତିରେ କୋହ ନେଇ ନ୍ୟୁୟର୍କ ଛାଡ଼ିଲା। ଛାଡ଼ିଦେଇ ଆସିଲା ନିଜର ପାଞ୍ଚ ଜଣ ପରିଜନଙ୍କୁ ଅଜଣା ଏକ

ରାଜ୍ୟରେ । ସଂଯୋଗର କଥା ସେତିକିବେଳେ ରବର୍ଟ ପିଆରୀ ଉତ୍ତରମେରୁ ଆବିଷ୍କାର କଲେ । ମିନିକ୍ ଯାଇ ସାରିଲା ପରେ ସେ ଆମେରିକାରେ ପହଞ୍ଚିଲେ । ୧୮ବର୍ଷୀୟ ଯୁବକ ମିନିକ୍ ନିଜ ଗାଁରେ ପହଞ୍ଚିଗଲା । ନିଜ ଲୋକଙ୍କ ସହିତ ମିଶିଲା । ନିଜ ଭାଷା ଶିଖିଲା, ତିମି, ସିଲ୍ ଓ ୱାଲ୍‌ରସ୍ ଶିକାର କରି ଶିଖିଲା । ସ୍ଲେଜ୍, କାୟାକ୍ ଚଲେଇବା, ହାର୍ପୁନ୍ ଫିଙ୍ଗିବା ଶିଖିଲା । ଶେଷକୁ ମନପସନ୍ଦର ଝିଅଟିଏ ଦେଖି ବାହା ହେଲା । ଇନୁଇଟ୍ ସମାଜ ଭିତରେ ମିଶିଯିବାକୁ ଚେଷ୍ଟା କଲା... । କିନ୍ତୁ ଛାଡ଼ିଆସିଥିବା ନ୍ୟୁୟର୍କ ସିଟି ସତେ ଯେମିତି ତାକୁ ହାତଠାରି ଡାକୁଥିଲା । ନ୍ୟୁୟର୍କର ବିଜୁଳୀ ଆଲୋକ, ଭୂତଳ ସବ୍‌ୱେ, ବଜାର ବିପଣୀ, ଚୌଡ଼ା ଚୌଡ଼ା ରାସ୍ତା ସବୁ ତା'ର ମନରେ ଲହଡ଼ି ଭାଙ୍ଗୁଥିଲେ । ଝିଅଟି ସହିତ ବେଶୀଦିନ ମନ ମିଶିଲା ନାହିଁ । ଶେଷକୁ ପୁଣି ଫେରିଲା ନ୍ୟୁୟର୍କ ସହରକୁ ୧୯୧୬ରେ ଗ୍ରୀନ୍‌ଲାଣ୍ଡ ଓ ଇନୁଇଟ୍‌ମାନଙ୍କୁ ପଛରେ ଛାଡ଼ିଦେଇ । ଏଥର ସେ ଚାଲିଗଲା ପିଟର୍ସବର୍ଗ । କାଠ କଟାଳି ଭାବେ କାମ କଲା । ହଠାତ୍ ୧୯୧୮ରେ ତା'ର ମୃତ୍ୟୁ ହୋଇଗଲା ସ୍ପାନିସ୍ ଫ୍ଲୁରେ ୨୭ ବର୍ଷ ବୟସରେ । ଦୁଇଟି ସଭ୍ୟତାର ସଂଘାତର କରୁଣ ପରିଣତି ହେଉଛି 'ମିନିକ୍' । ମିନିକ୍‌ର କାହାଣୀ ପ୍ରଥମେ ୧୯୮୬ରେ ଲୋକଲୋଚନକୁ ଆସିଲା । ଲୋକମାନେ ରବର୍ଟ ପିଆରୀ ଓ AMNH ଙ୍କୁ ନିନ୍ଦା କରିବାକୁ ଲାଗିଲେ । ଜନମତକୁ ସମ୍ମାନ ଦେବାକୁ ଯାଇ ମିନିକ୍ ବାପାର ଅସ୍ଥି ୧୯୯୩ରେ ଗ୍ରୀନ୍‌ଲାଣ୍ଡକୁ ନେଇ ଇନୁଇଟ୍‌ମାନଙ୍କର ରୀତି ନୀତି ଅନୁସାରେ କବର ଦିଆଗଲା । କବର ଫଳକରେ ଏସ୍କିମୋ ଭାଷାରେ ଲେଖା ହୋଇଛି- "ସେମାନେ ଘରକୁ ଫେରି ଆସିଛନ୍ତି ।" ସଭ୍ୟତାର ଭିଡ଼ରେ ହଜିଯାଇଥିବା ଛ'ଜଣ ଇନୁଇଟ୍‌ଙ୍କ ପାଇଁ AMNHର ଏହା ଏକ ସାଙ୍କେତିକ ଶ୍ରଦ୍ଧାଞ୍ଜଳି ଓ ପ୍ରାୟଶ୍ଚିତ ।

Cape York ଉଲ୍‌କା ପିଣ୍ଡ ଦେହରେ ହାତଦେଇ ଛିଡ଼ା ହେଲି । ଖଣ୍ଡିଆ ଖାବରା ଦେହରେ ହାତ ବୁଲାଇ ନେଲି । ୧୧.୨feet x ୬.୯ feet x ୫.୬ feet ର 'The Tent', ୩୪ଟନ୍ ଓଜନର ଲୁହା ଓ ନିକେଲ୍‌ର ଏକ ନିଦା ପିଣ୍ଡ । ଲୁହା, ନିକେଲ୍ ପରି ଓଜନିଆ ଧାତୁ ତରଳ ଅବସ୍ଥାରେ ଗ୍ରହର ନାଭି ଦେଶରେ ଥାଏ । ତେଣୁ କୌଣସି ଗ୍ରହର ବିସ୍ଫୋରଣ ସମୟରେ ଛିଟ୍‌କି ପଡ଼ିଥିବା ନାଭିଦେଶର ଏହା ଅଂଶ ବିଶେଷ । ଏହାର ଓଜନକୁ ସମ୍ଭାଳି ପାରିଲା ଭଳି ବିଶେଷ ମୁଳଦୁଆ ଥିବା ଏକ ପ୍ଲାଟଫର୍ମ କରାଯାଇଛି । ଇନୁଇଟ୍ ମାନଙ୍କର ଆତ୍ମାକୁ ଧରି ରଖିଥିବା 'The Tent' ପାଖରେ ଛିଡ଼ା ହୋଇ ଛୁଇଁବା ଏକ ବିଶେଷ ଅନୁଭୂତି । ଦେହରେ ଶୀହରଣ ଖେଳିଯାଏ । Arthur Ross Hall ର ହାଲ୍‌କା ଆଲୁଅରେ ମିନିକ୍ ଓ ୫ ଜଣ ଇନୁଇଟ୍‌ଙ୍କର ଛାଇ

ଦିଶିଯାଏ। କାନ ପାରିଲେ ଶୁଭେ ମିନିକ୍‌ର ଲୁହଭିଜା ଦୀର୍ଘଶ୍ୱାସ। କିନ୍ତୁ ବିଜ୍ଞାନ ବଡ଼ ନିଷ୍ଠୁର, ପ୍ରକୃତିର ରହସ୍ୟ ଉଦ୍‌ଘାଟନ କରିବା ପାଇଁ। କକ୍ଷଚ୍ୟୁତ 'The Tent' ଆଉ କକ୍ଷଚ୍ୟୁତ 'ମିନିକ୍', ଦୁହିଁଙ୍କର ଶେଷ ଠିକଣା AMNH।

କିଛି ଦୂରରେ ଥାଆନ୍ତି ୩ ଟନ୍ ଓଜନର 'The Woman' ଓ ଦେଢ଼ ଟନ୍ ଓଜନର 'The Dog'. ଏ ତିନୋଟି ଉଲ୍‌କା ପିଣ୍ଡ ଛଡ଼ା ମୂଳ ଉଲ୍‌କାର ୫ଟି ଛୋଟ ଛୋଟ ଅଂଶ ପରବର୍ତ୍ତୀ କାଳରେ ଆବିଷ୍କୃତ ହୋଇଛି। ସେମାନଙ୍କ ଭିତରୁ ୨୦ ଟନ୍‌ର 'The Man', ଡେନ୍‌ମାର୍କର ରାଜଧାନୀ କୋପେନ୍‌ହେଗେନ୍ ମ୍ୟୁଜିଅମ୍‌ରେ ଅବସ୍ଥାପିତ।

8. Theodore Roosevelt :

ଆମେରିକାନ୍ ପ୍ରେସିଡ଼େଣ୍ଟ, Theodore (Teddy) Roosevelt ଓ ତାଙ୍କ ପିତାଙ୍କର ଅତୁଳନୀୟ ଯୋଗଦାନ ପାଇଁ AMNH ସମ୍ଭବ ହୋଇପାରିଛି। ଦୁଇଜଣ ଯାକ ପୃଥିବୀ ପ୍ରସିଦ୍ଧ, Naturologist ଓ Conservationists। ଆମେରିକାର କନିଷ୍ଠତମ ପ୍ରେସିଡେଣ୍ଟ ହିସାବରେ, ଆମେରିକା ମହାଦେଶର ପ୍ରକୃତିର ରକ୍ଷଣା ବେକ୍ଷଣ ତାଙ୍କୁ ଏକ ବିଶେଷ ସ୍ଥାନ ଦେଇଛି AMNH ଭିତରେ ଓ ବାହାରେ। ମୁଖ୍ୟ ପ୍ରବେଶ ଦ୍ୱାର ପାଖରେ ଥିବା ଟେଡ଼ି ରୁଜ୍‌ଭେଲଟ୍‌ଙ୍କ ଅଶ୍ୱାରୋହୀ ପ୍ରତିମା ସହିତ ଇଣ୍ଡିଆନ ଯୋଦ୍ଧା ଓ ଆଫ୍ରିକାନ୍ ସହଚରମାନଙ୍କର ମୂର୍ତ୍ତି ନାଚୁରାଲିଷ୍ଟ ଟେଡ଼ିଙ୍କର ଦୁଇ ସମ୍ପ୍ରଦାୟର ଯୋଦ୍ଧାଙ୍କ ସହିତ ଭ୍ରମଣର କାହାଣୀ ସୂଚିତ କରେ। ଟେଡ଼ି, ପ୍ରକୃତି ଉପରେ ବିଭିନ୍ନ ପରୀକ୍ଷା ନିରୀକ୍ଷା ପାଇଁ ଆମେରିକାର ପାହାଡ଼, ଜଙ୍ଗଲ ସବୁ ବୁଲୁଥିଲେ। ନିଜେ ପିସ୍ତଲ ସହ ଶିକାରୀ ବେଶରେ ଥାଇ ଦୁଇଜଣ ବନ୍ଧୁକଧାରୀ.... ଇଣ୍ଡିଆନ୍ ଓ ଆଫ୍ରିକାନ୍ ଶିକାରୀମାନଙ୍କୁ ସାଥିରେ ରଖିବା ତ ସ୍ୱାଭାବିକ। କିନ୍ତୁ ଏବେ କିଛିଦିନ ତଳେ ୨୦୧୭ରେ ହଠାତ୍ କିଛି ଲୋକଙ୍କୁ ଏଇ ମୂର୍ତ୍ତି ଅସମୀଚୀନ ଲାଗିଲା। ଦୁଇ ଜାତିର ସହଚରଙ୍କୁ ଠିକ୍ ଭାବରେ ପ୍ରଦର୍ଶନ କରାଯାଇନାହିଁ। ଘୋଡ଼ା ଉପରେ ବସିଥିବା Teddy, White supremacyର ପ୍ରତୀକ ଓ ବର୍ଣ୍ଣବୈଷମ୍ୟ ଉଦ୍ରେକକାରୀ ବୋଲି ୨୦୧୭ ମସିହାରେ କିଛି ଲୋକ ପାଟିତୁଣ୍ଡ କରିବା ଆରମ୍ଭ କଲେ। ହଠାତ୍ ଦିନେ ସକାଳୁ ମୂର୍ତ୍ତି ଉପରେ କେହି Fake Blood (ନକଲି ରକ୍ତ) ଫିଙ୍ଗି ଦେଇଥିଲା। କିଛିଦିନ ପରେ କେତେଜଣ ଲୋକ ପ୍ରତିବାଦ କରିବାକୁ ଯାଇ ପାରାସୁଟ୍ କନାରେ ସମ୍ପୂର୍ଣ୍ଣ ମୂର୍ତ୍ତିଟିକୁ ଘୋଡ଼ାଇ ଦେବାକୁ ଚେଷ୍ଟା କରିଥିଲେ। ଅବଶ୍ୟ ଏପରି ଲୋକଙ୍କ ସଂଖ୍ୟା ନଗଣ୍ୟ, କିନ୍ତୁ ଟେଡ଼ି ରୁଜ୍‌ଭେଲଟ୍‌ଙ୍କ ପରି ରାଷ୍ଟ୍ରନେତାଙ୍କ ଅପମାନ, ସ୍ପୃହଣୀୟ ନୁହେଁ। ଟେଡ଼ିଙ୍କର

ଆଉ ଏକ ବସିଥିବା ମୂର୍ତ୍ତି Theodore Roosevelt Memorial Hall ଭିତରେ ରହିଛି । ଶିକାରୀ ପୋଷାକରେ ବେଞ୍ଚରେ ବସିଥିବା ମୂର୍ତ୍ତି ବଡ଼ ଜୀବନ୍ତ ଲାଗେ । ଟେଡ଼ିଙ୍କ ପାଖରେ ବସି କିଛି ଫଟୋ ନେଲି ।

9. Castle Entrance :

ମୁଖ୍ୟ ପ୍ରବେଶ ଦ୍ୱାର ବ୍ୟତୀତ ଆଉ ଗୋଟିଏ ଦ୍ୱାର ରହିଛି AMNH ର, 77th ଷ୍ଟ୍ରିଟ୍‌କୁ ମୁହଁ କରି । ଯା ସାମ୍ନାରେ ରହିଛି ସୁନ୍ଦର ଥିଓଡ଼ର ରୁଜ୍‌ଭେଲଟ୍ ପାର୍କ, ଡେଙ୍ଗା ଡେଙ୍ଗା ଓକ୍ ଗଛ ସହିତ ସବୁଜ ଘାସର ଗାଲିଚା ଓ ଭଳିକି ଭଳି ଫୁଲର ଶୋଭାଯାତ୍ରା । କିଛି ସମୟ ବିତାଇଲି ପାର୍କ ବେଞ୍ଚରେ ବସି । ଘାସ ଉପରେ ଗୁଣ୍ଡୁଚି ମୂଷାମାନଙ୍କର ଲୁଚକାଳୀ ଖେଳ ସହିତ କଳା ଧଳା ଗୀଜ୍‌ମାନଙ୍କର ଯିବା ଆସିବା ଲାଗିଥାଏ । ଏଠିକାର ଗୁଣ୍ଡୁଚି ମୂଷା କିନ୍ତୁ ଆମ ଗୁଣ୍ଡୁଚିଠାରୁ ପ୍ରାୟ ଦୁଇ ଅଢ଼େଇ ଗୁଣ ବଡ଼ ଓ ବେଶ୍ ଫୁର୍ତ୍ତି । ଗଛ ତଳେ ଘାସ ଉପରେ ଡେଇଁ ଡେଇଁ ମଞ୍ଜି ଓ ଫଳ ଖାଇବାବେଳେ ଟିକିଏ ଶବ୍ଦ ହେଲେ ଆଖିପିଛୁଳାକେ ଓକ୍ ଗଛରେ ଚଢ଼ି ଯାଉଥାନ୍ତି ।

ପ୍ରବେଶ ଦ୍ୱାର ସାମ୍ନାରେ ପଥରରେ AMNH ର ନାଁ ଲେଖା ହୋଇଛି । ମାତ୍ର ସ୍ପେଲିଙ୍ଗ ଏମିତି କେମିତି ? ଲେଖାଯାଇଛି, "THE AMERICAN MVSEVM OF NATVRAL HISTORY" । 'U' ବଦଳରେ ଲେଖାଯାଇଛି 'V' । ଆଶ୍ଚର୍ଯ୍ୟ ହେଲି, ମଜା ବି ଲାଗିଲା । ୧୫୦ ବର୍ଷ ପଛକୁ ଫେରିବାକୁ ପଡ଼ିବ ଯା ଅର୍ଥ ବୁଝିବାକୁ । ଇଉରୋପିଆନ ଭାଷାଗୁଡ଼ିକ ରୋମାନ୍ ଭାଷାରୁ ଉତ୍ତରିତ । ତେଣୁ ରୋମାନ୍ ଲିପିଗୁଡ଼ିକ ହିଁ ଇଉରୋପିଆନ୍ ଲିପି ଭାବରେ ଗ୍ରହଣ କରାଯାଏ । ପରବର୍ତ୍ତୀ କାଳରେ ଖ୍ରୀ.ପୂ. ଦଶମ ଶତାବ୍ଦୀ ବେଳକୁ ରୋମାନ୍ ଭାଷାଠାରୁ ଲାଟିନ ସାହିତ୍ୟର ଭାଷା ଭାବେ ଉତ୍ପତ୍ତି ହେଲା ଓ ସମସ୍ତ ଇଉରୋପିଆନ ଭାଷାଗୁଡ଼ିକୁ ଜନ୍ମ ଦେଲା । ସେଥିପାଇଁ ଲାଟିନ୍‌କୁ ଇରୋପିଆନ ଭାଷାଗୁଡ଼ିକର ଜନନୀ ବୋଲି କୁହାଯାଏ । ରୋମାନ୍ ଲିପିରେ J, U ଓ W ଅକ୍ଷର ନଥିଲା । ୧୮୦୦ ମସିହା ବେଳକୁ 'V' ଉଭୟ V ଓ U ପାଇଁ ବ୍ୟବହୃତ ହେଉଥିଲା Consonant ଓ Vowel ହିସାବରେ । ଇଂରାଜୀ ଭାଷାରେ Consonant ପାଇଁ 'V' କୁ ରଖି Vowel ହିସାବରେ 'U' କୁ ଯୋଗ କରାଗଲା । କିନ୍ତୁ ଲାଟିନ ସାଧୁ ଭାଷା ହିସାବରେ ତା'ର ଗାମ୍ଭୀର୍ଯ୍ୟ ବଜାୟ ରଖିଥିଲା । ସାହିତ୍ୟରେ ଲିଖିତ ଭାଷା ପାଇଁ ସମ୍ଭ୍ରାନ୍ତ ଲାଟିନ ହିଁ ବ୍ୟବହାର ହେଉଥିଲା । ତେଣୁ ସେ ସମୟର ସମସ୍ତ ସ୍ଥାପତ୍ୟରେ 'U' ବଦଳରେ 'V' ଲେଖାଯାଉଥିଲା । ୧୮୬୯ରେ AMNH ପ୍ରତିଷ୍ଠା ବେଳକୁ ସେ ସମୟର ଶୈଳୀରେ ଲେଖାଯିବା ସ୍ୱାଭାବିକ ।

10. Hayden Planetorium :

Rose Centre for Earth & Space - ଏକ ଅତ୍ୟାଧୁନିକ ପ୍ଲାନେଟୋରିଅମ୍ ଓ ସ୍ପେସ୍ ମ୍ୟୁଜିୟମ୍, ୧୯୩୩ରେ ପ୍ରତିଷ୍ଠିତ Hayden Planetoriumର ଏହା ନୂତନ ଅବତାର। ଫେବୃଆରୀ ୨୦୦୦ରେ ଏହି ବିଶ୍ୱର ଅନ୍ୟତମ ଶ୍ରେଷ୍ଠ ପ୍ଲାନେଟୋରିଅମ୍‌ଟି ପ୍ରତଷ୍ଠିତ ହୋଇଛି। ୧୨୦ ଫୁଟ୍ ବାହୁ ବିଶିଷ୍ଟ ଏହା ଏକ Glass Cube। ଏହା ମଧ୍ୟରେ ୮୭ ଫୁଟ୍ ବ୍ୟାସ ବିଶିଷ୍ଟ Sphere (ଗୋଲକ) ପ୍ରାୟ ଭାସମାନ ଭାବରେ ଅବସ୍ଥାପିତ। ଏହି ଗୋଲକର ଉପରାର୍ଦ୍ଧରେ ହେଡ଼େନ୍ ପ୍ଲାନେଟୋରିଅମ୍ ଓ ନିମ୍ନାର୍ଦ୍ଧରେ Bigbang ଥିଏଟର ଅବସ୍ଥିତ। ୪୨୯ ସିଟ୍ ବିଶିଷ୍ଟ ହେଡ଼େନ୍ ପ୍ଲାନେଟୋରିଅମ୍‌ରେ Zeiss mark IV star Projector with Digital Dome Projector ଖଞ୍ଜା ହୋଇଛି। ଏଥିରୁ ବିଶ୍ୱର 3D ଚିତ୍ର ପ୍ରଦର୍ଶିତ ହୁଏ। ୨୦ମିନିଟ୍‌ର ଏହି ସୋ'ରେ ଦର୍ଶକକୁ ଅନ୍ତରୀକ୍ଷର ରହସ୍ୟ ବୁଝାଇ ଦିଆଯାଏ। ଗ୍ରହ, ଗ୍ରହାନ୍ତର, ନକ୍ଷତ୍ର ଠାରୁ ଆରମ୍ଭ କରି ଗାଲାକ୍‌ସି (ନିହାରିକା) ପର୍ଯ୍ୟନ୍ତ ସୁଗମ ଭାଷା ଓ 3D ଚଳଚ୍ଚିତ୍ର ଦ୍ୱାରା ଦେଖାଇ ଦିଆଯାଏ। ତଳ ମହଲାରେ ଥିବା 'ବିଗ୍ ବ୍ୟାଙ୍ଗ୍ ଥିଏଟର' ଆଉ ଏକ ଆଶ୍ଚର୍ଯ୍ୟ। ପ୍ଲାନେଟୋରିଅମ୍‌ରେ ଉପରକୁ ଦେଖିଲା ବେଳକୁ ଏଠି ତଳକୁ ଦେଖିବାକୁ ପଡ଼େ। ତଳ ଉପର ଚାରିପଟଯାକ ଅନନ୍ତ ବିଶ୍ୱର ଚିତ୍ର ଦେଖାଇଦିଏ। ଦର୍ଶକ ବିଲ୍‌କୁଲ୍ ଅନ୍ତରୀକ୍ଷର ମଝିରେ ଥାଇ ତଳ ଉପର ଓ ଚାରିପଟକୁ ଦେଖୁଥିବ। 3D ଚିତ୍ର ସାଙ୍ଗକୁ ଅତ୍ୟାଧୁନିକ ଶବ୍ଦ ପ୍ରକ୍ଷେପଣ ବିଗ୍‌ବ୍ୟାଙ୍ଗ୍‌ର ବିଚିତ୍ର ଅନୁଭୂତି ଦିଏ। ବିଗ୍‌ବ୍ୟାଙ୍ଗ୍‌ରୁ ବିଶ୍ୱର ଜନ୍ମ, ବିସ୍ତାର, ଶୀତଳୀକରଣ, Gas Cloud ରୁ ଗାଲାକ୍ସି, ନକ୍ଷତ୍ର ଓ ଗ୍ରହମାନଙ୍କର ଜନ୍ମ ଦେଖାଇଦିଏ। କିନ୍ତୁ ବିସ୍ତାରିତ ହୋଇଥିବା ନକ୍ଷତ୍ର ପୁଣି କେଉଁ ଶକ୍ତିଦ୍ୱାରା ଘନୀଭୂତ ହୁଏ ତା'ର ଉତ୍ତର 'ସୋ' ପାଖରେ ନଥାଏ। ବୈଜ୍ଞାନିକମାନେ ଏଇ ଶକ୍ତିର ନାଁ Dark Energy ବୋଲି କହୁଛନ୍ତି। ଏବେ କିଛି ଜଣା ନ ଥିଲେ ବି ଆଗାମୀ ସମୟରେ ଏହାର ଉତ୍ତର ମିଳିବ ବୋଲି ଆଶା ରଖି 'ସୋ' ବନ୍ଦ ହୁଏ।

ଗ୍ଲାସ୍ କ୍ୟୁବ୍‌ଟି ସୌର ମଣ୍ଡଳର ପରିକଳ୍ପନା। ଗ୍ଲାସ୍ କ୍ୟୁବ୍ ଅନ୍ତରୀକ୍ଷ ମଧ୍ୟରେ Hayden Sphere ସୂର୍ଯ୍ୟ, ଓ ତା'ର ଚାରିପଟେ ସୌରମଣ୍ଡଳର ଗ୍ରହମାନେ ଛୋଟ ବଡ଼ ଗୋଲକ ରୂପରେ ଶୂନ୍ୟରେ ଝୁଲୁଥାନ୍ତି, ସୂର୍ଯ୍ୟ ଚାରିପଟେ ପ୍ରଦକ୍ଷିଣ କଲାପରି। ସେଠି ଦେଖାହେଲା। ଥାଇଲାଣ୍ଡର ଜଣେ ରିସର୍ଚ୍ଚ ସ୍କଲାର ସହିତ। ପାଞ୍ଚ ମିନିଟ୍ କଥା ହେଲି। ବ୍ୟାଙ୍ଗ୍‌କ, ପଟ୍ଟାୟା ଦେଖିଛି ଶୁଣି ସେ ବହୁତ ଖୁସି ହେଲା। ଭାରତକୁ ସେମାନେ ପ୍ରେରଣାର ସ୍ରୋତ ବୋଲି ମନେକରନ୍ତି ବୋଲି କହିଲା।

11. Fossil Hall :

ସମ୍ପୂର୍ଣ୍ଣ ଚତୁର୍ଥ ମହଲାଟି ବିଭିନ୍ନ ପ୍ରକାରର ଫସିଲ୍ (ଜୀବାଶ୍ମ)ର ଗନ୍ତାଘର। ପୃଥିବୀ ପୃଷ୍ଠରେ ଅତୀତରେ ବାସ କରୁଥିବା ହଜାର ହଜାର ସଂଖ୍ୟାରେ ବିଭିନ୍ନ ପ୍ରଜାତିର ଜୀବଜନ୍ତୁଙ୍କର ଫସିଲରେ ଭର୍ତ୍ତି। ଲକ୍ଷ ଲକ୍ଷ ବର୍ଷ ତଳର ସମୁଦ୍ର ପୋକ ଠାରୁ ଆରମ୍ଭ କରି, ମାଛ, କଇଁଛ, ଡାଇନୋସର, ମନୁଷ୍ୟ ପରିକା ଜୀବମାନଙ୍କର ଫସିଲ୍ ପୃଥିବୀର ବିଭିନ୍ନ ସ୍ଥାନରୁ ସଂଗ୍ରହ କରି ଏଠି ରଖାଯାଇଛି। ସବୁଠୁ ଆକର୍ଷଣୀୟ ହେଲା ଡାଇନୋସରମାନଙ୍କର ପ୍ରଦର୍ଶନୀ -

i. Titanosaurus : ୨୦୧୬ରେ ୧୨୨ ଫୁଟ୍‌ର ଏଇ ଜୀବର ଫସିଲ୍ AMNHରେ ସ୍ଥାନ ପାଇଛି। ଏକ ସମ୍ପୂର୍ଣ୍ଣ ହଲ୍ ଅଧିକାର କରି ଘର ବାହାରକୁ ମୁଣ୍ଡ ରଖିଛି, ଦର୍ଶକମାନଙ୍କୁ ନିଜ ଘରକୁ ନିମନ୍ତ୍ରଣ କରିବା ପରି। ଆର୍ଜେଣ୍ଟିନାର ପାଟାଗୋନିଆ ଅଞ୍ଚଳରୁ ଆବିଷ୍କୃତ ଏଇ ଜୀବଟିର ଓଜନ ପ୍ରାୟ ୭୦ ଟନ୍ ଥିଲା ଓ ୧୦୦ ମିଲିଅନ୍ ବର୍ଷ ତଳେ ପୃଥିବୀରେ ରାଜୁତି କରୁଥିଲା। ଏହା ଏ ପର୍ଯ୍ୟନ୍ତ ମିଳିଥିବା ସବୁଠୁ ବଡ଼ ଡାଇନୋସର।

ii. Tyrannosaurus - (T. Rex) : ସବୁଠାରୁ ଭୟଙ୍କର ଏଇ T. Rex. ଜୁରାସିକ୍ ପାର୍କ ସିନେମା ଏଇ ଜୀବ ଉପରେ ତିଆରି ହୋଇଥିଲା। ୧୦୦ ମିଲିଅନ୍ ବର୍ଷ ପୂର୍ବେ ଏମାନେ ପୃଥିବୀ ପୃଷ୍ଠରେ ଚରାବୁଲା କରୁଥିଲେ। ଏହି ମାଂସଭୋଜୀ ପ୍ରାଣୀଟିର ୪ ଫୁଟ୍ ଲମ୍ବା ଜିଭ ଓ ୬ ଇଞ୍ଚ ଲମ୍ବା ଦାନ୍ତ ପାଇଁ ଅଖାଦ୍ୟ କିଛି ନଥିଲା। ଅନ୍ୟ ସମସ୍ତ ପ୍ରାଣୀ ଏହାର ଖାଦ୍ୟ ଶୃଙ୍ଖଳା ଭିତରେ ଥିଲେ।

iii. Barosaurus : ୧୪୫ ମିଲିଅନ୍ ବର୍ଷ ତଳେ ଏହି ତୃଣଭୋଜି ଡାଇନୋସର ବାସ କରୁଥିଲା। ୨୬ ମିଟର ଉଚ୍ଚ ଓ ୨୦ ଟନ୍ ଓଜନର ଏଇ ଜୀବ ସବୁଠାରୁ ଡେଙ୍ଗା।

iv. Mammoth : ୩ ମିଲିୟନ ବର୍ଷ ତଳେ ବାସ କରୁଥିବା ମାମଥ, ଆଜିର ହାତୀର ପୂର୍ବ ପୁରୁଷ। ୧୩ ଫୁଟ୍ ଉଚ୍ଚତା ଓ ୧୨ ଟନ୍ ଓଜନରେ ଏହା ହାତୀଠାରୁ ପ୍ରାୟ ଅଢ଼େଇଗୁଣ ବଡ଼। (ହାତୀ - ୩ ମିଟର ଉଚ୍ଚତା, ୫ ଟନ୍ ଓଜନ)। ଏମାନଙ୍କ ବିଶେଷତ୍ୱ ହେଲା ଅତିଲମ୍ବା ଦାନ୍ତ।

Night at Museum (ମ୍ୟୁଜିଅମ୍‌ରେ ରାତି) :

Night at Museum ର ପ୍ରଥମ ସିନେମାଟି ୨୦୦୬ ମସହାରେ AMNH ଉପରେ କରାଯାଇଥିଲା। ରାତିରେ ସିନେମାର ନାୟକ AMNH ଭିତରେ ସମସ୍ତ

ଫସିଲ୍ ଗୁଡ଼ିକ ଜୀବନ୍ତ ହୋଇଉଠିବାର ଦେଖୁଛି। ସେଇ ଫିଲ୍ମ ପରି ଏକ ସୋ'ର ବନ୍ଦୋବସ୍ତ କରାଯାଇଛି AMNHରେ। ମ୍ୟୁଜିଅମର ଶେଷ ଦରଜା ବନ୍ଦ ହେବା ପରେ, ସମସ୍ତ ଆଲୋକ ଲିଭିଯାଇ କେବଳ ରାତ୍ରିର ଧୀମା ଆଲୋକ ଜଳି ଉଠିବା ପରେ ୬-୧୬ ବର୍ଷର ପିଲାମାନଙ୍କ ପାଇଁ ଖୋଲିଯାଏ ଆଉ ଏକ ଦ୍ୱାର। ହାତରେ ସର୍ଚ୍ଚ ଲାଇଟ୍, ପିଠିରେ ବ୍ୟାକ୍‌ପ୍ୟାକ୍ ସହିତ ପିଲାମାନେ ଘୂରିବୁଲନ୍ତି ଖାଲି ମ୍ୟୁଜିଅମର କୋଣ ଅନୁକୋଣ। T REX ବା ସ୍ପେସ୍ ସୋ'ର 3D ଫିଲ୍ମ ଦେଖି, T REX ଓ ଅନ୍ୟ ଫସିଲ୍‌ମାନଙ୍କ ପେଟ ତଳେ ବା ପାଟି ପାଖରେ ଶୋଇବା ବା ବସିବାର ଦୁଃସାହସ କରନ୍ତି। ଶେଷରେ ଶୋଇଯାନ୍ତି, Blue whale ବା African Mammal ବା Planet Earth Hall ଗୁଡ଼ିକରେ। $୧୫୦ ର ଟିକେଟ୍‌ରେ ରାତ୍ରି ଅଭିଯାନ ସହିତ ତା'ପରଦିନର ସମ୍ପୂର୍ଣ୍ଣ ମ୍ୟୁଜିଅମ ଦେଖି ହେବ। କିନ୍ତୁ ରାତିରେ ଶୋଇବା ପାଇଁ ବିଛଣା, ଟୁଥ୍‌ବ୍ରସ୍, ଟୁଥ୍‌ପେଷ୍ଟ୍ , ସର୍ଚ୍ଚଲାଇଟ୍ ଇତ୍ୟାଦି ଆଣିବାକୁ ପଡ଼ିବ।

ପ୍ରାୟ ୫.୦୦ଟା ବେଳକୁ AMNH ଦେଖା ସରିଲା। ବିଗ୍ ବସ୍ ଧରିଲି ସାମ୍ନା ବସ୍ ଷ୍ଟପ୍‌ରୁ। ତା' ପରେ ମାନହଟ୍ଟାନ୍ ଡ଼ାଉନ୍ ଟାଉନ୍ ପ୍ରାୟ ଦେଢ଼ ଦୁଇ ଘଣ୍ଟାର ଡ୍ରାଇଭ୍। ବସ୍ ଛାତ ଉପରେ ବସି ଦୁଇପଟର ଦୋକାନ ବଜାର, ସ୍କାଏସ୍କ୍ରାପରସ୍ ଦେଖିବା ବେଶ୍ ଆନନ୍ଦ ଦାୟକ। ସନ୍ଧ୍ୟା ହୋଇଯାଇଥିଲା। ମୋବାଇଲ୍ ଠିକ୍‌ରେ କାମ କରୁ ନ ଥିଲା। ପିଙ୍କି ମୋବାଇଲ ଠିକ୍ କରିଦେବ ବୋଲି ପ୍ରଧାନ ସାର୍ କହିଥିଲେ। ତା'ଛଡ଼ା ପିଙ୍କି ତରଫରୁ ଡିନର୍ ନିମନ୍ତ୍ରଣ। ପାଥ୍‌ରେ ନ୍ୟୁ ପୋର୍ଟ ଯିବାକୁ ପଡ଼ିବ। ନ୍ୟୁ ପୋର୍ଟରେ ଓହ୍ଲାଇଲି। ଅଳ୍ପଦୂରରେ ପିଙ୍କିର ଘର। ପାଥ୍ ଷ୍ଟେସନ୍ ବାହାରୁ ହଡ୍‌ସନ୍ ନଦୀର ନିଉୟର୍କର ଅପରପାର୍ଶ୍ୱ ହେଉଛି ନିଉଜର୍ସି, Hoboken. ପିଙ୍କି କହିଲା- "ମାନହଟ୍ଟାନ୍‌ର ସ୍କାଏଲାଇନ୍ ଦେଖିବେ ଚାଲନ୍ତୁ ଅଙ୍କଲ୍"। ନଦୀ କୂଳକୁ ତା' ସହିତ ଗଲି। World Trade Centre, American Express Building, NYSE, Winter Garden of Financial District, Rockfeller Plaza, Met Life Buildings ଇତ୍ୟାଦି ସ୍କାଏ ସ୍କ୍ରାପରସ୍ ହଡସନ୍ ନଦୀର ଆରପଟେ ଦିଶୁଥାନ୍ତି। ସୂର୍ଯ୍ୟ ଦିଗ୍‌ବଳୟରେ ଥା'ନ୍ତି।

ହଡ୍‌ସନ୍ ନଦୀରେ ହଠାତ୍ ୧୫-୨୦ Canadian Geese କୁଆଡୁ ଚାଲି ଆସିଲେ। ଏତେ ପାଖରେ ଏତେ ହଂସ ଦେଖି ଆଶ୍ଚର୍ଯ୍ୟ ହେଲି। ପୋଷା ବୋଲି ଭାବିଲି। ନାଁ, ଏସବୁ ୱାଇଲଡ ଗିଜ୍, ୩୬୫ ଦିନ ଏମାନେ ଏଇଠି ରହନ୍ତି। ପ୍ରବଳ ବରଫପାତ ଭିତରେ ବି କୁଆଡ଼େ ଯା'ନ୍ତିନି। ଏମାନେ ସଂରକ୍ଷିତ ଜୀବ।

ବିଭିନ୍ନ ରଙ୍ଗର ବାଦଲମାନେ ମାନହଟ୍ଟାନ୍ ଆକାଶର ପରଦାରେ ଭାସୁଥାନ୍ତି।

ସ୍କାଏସ୍କ୍ରାପର୍ ମାନଙ୍କର ରଙ୍ଗ ସହିତ ସ୍କାଏଲାଇନ୍‌ର ରଙ୍ଗ ପ୍ରତି ୩-୪ ମିନିଟ୍‌ରେ ପରିବର୍ତ୍ତିତ ହେଇଯାଉଥାଏ। ସ୍କାଏସ୍କ୍ରାପର୍ ଗୁଡ଼ିକର କାଚ ଉପରେ ଅସ୍ତଗାମୀ ସୂର୍ଯ୍ୟର କିରଣ ବିଭିନ୍ନ ରଙ୍ଗର ଓ୍ୱାଲ୍ ପେପର ପରି ଦୃଶ୍ୟମାନ ହେଉଥାଏ। ଚମତ୍କାର ଦୃଶ୍ୟ ସତରେ। ସବୁଠୁ ଭଲ କଥା ହେଲା ପିଙ୍କି ସେଇ ପାଖରେ ଗୋଟେ ସ୍କାଏସ୍କ୍ରାପରରେ ରହେ ଓ ସକାଳେ ସଞ୍ଜରେ ମାନହଟ୍ଟାନ୍‌ର ସ୍କାଏଲାଇନ୍ ଦେଖେ। ସେ TV 18, Colours TV ର ନିଉୟର୍କ ଅଫିସ୍‌ରେ ଭାଇସ୍ ପ୍ରେସିଡ଼େଣ୍ଟ ହିସାବରେ କାର୍ଯ୍ୟରତ। ତେଣୁ ଭଗବାନ୍ ବୋଧେ ତା' ଝରକାରୁ ବିଭିନ୍ନ 'କଲର'ର ଚମତ୍କାର ଦୃଶ୍ୟ ଦେଖେଇଥାନ୍ତି। ଆମର ଝିଅ ହିସାବରେ ଆମେ ଗର୍ବ କରିବା କଥା।

ଡିନର ସମୟ ଆସିଲା। "Something different try କରନ୍ତୁ ଅଙ୍କଲ୍ ! ମେକ୍ସିକାନ୍ ଫୁଡ୍ ଖାନ୍ତୁ। ଭାତ, ଚିକେନ୍ ଇଣ୍ଡିଆନ୍ ଫୁଡ୍ ପରି ଲାଗିବ।" ପିଙ୍କି ସଜେଷ୍ଟ କଲା। ଠିକ୍ ଅଛି। କିଛି ନୂଆ ତ ଦେଖିବାକୁ ବା ଚାଖିବାକୁ ପଡ଼ିବ ଏତେଦୂର ଆସି। ହଁ ଭରିଲି। Mexican Rice with Chicken, $8.00 per potion. ମୋଟା ଚାଉଳର ଭାତ, ଟମାଟୋ, ଛୋଟ ଛୋଟ ଚିକେନ୍, ମେକ୍ସିକାନ୍ ବିନ୍ ଓ ଗୋଲମରିଚ, କିଛି ଅଜଣା ମସଲା ଆଉ ମନପସନ୍ଦର TACO Salad ପାଇଁ ୮-୧୦ ପ୍ରକାରର ପତ୍ର (ବନ୍ଧାକୋବି, ଫୁଲକୋବି, ପିଆଜ, ଟମାଟୋ, ଧନିଆ ପତ୍ର, ଲେମ୍ବୁ ଇତ୍ୟାଦି ଇତ୍ୟାଦି) ଗୋଟେ ପ୍ଲେଟ୍ ଜଣକ ପକ୍ଷରେ ବହୁତ ଅଧିକା ହୋଇଯିବ। ଅଧା ଖାଇଲି, ଅଧା ପ୍ୟାକ୍ କରି ହୋଟେଲକୁ ନେଇ ଆସିଲି। ସନ୍ଧ୍ୟା ଅତିକ୍ରାନ୍ତ ହୋଇଯାଇଥିଲା। ପୁଣି ପାଥ୍ ଷ୍ଟେସନ୍, ଜର୍ନାଲ ସ୍କୋୟାର ଓ ସେଠୁ ଚାଲିବା ପାଇଁ ଅସୁବିଧା ହୋଇଯିବ କହି ଏକ ଟ୍ୟାକ୍ସିରେ ଜବରଦସ୍ତି ପଠେଇଦେଲା ପିଙ୍କି। ଖୁବ୍ ସୁବିଧାରେ ପହଞ୍ଚିଗଲି। ଆଜିକାର ନ୍ୟୁୟର୍କ ଏଇଠି ଶେଷ। ସାଙ୍ଗମାନଙ୍କ ପାଖକୁ ଆଜିର ଡାଏରୀ ପଠେଇବାକୁ ପଡ଼ିବ। ଏତେ ଜଣକ ପାଖକୁ ଖୋଜିଖୋଜି ପଠେଇବା କାଠିକର ବ୍ୟାପାର। ଭାବିଲି ଏକ Whats App Group ଖୋଲାଯାଇପାରେ। Love Nest Group ମୂଳଦୁଆ ପଡ଼ିଲା ବନ୍ଧୁମାନଙ୍କୁ ନେଇ। ବେଶ୍ ସୁବିଧାରେ ଅପ୍‌ଲୋଡ୍ ହୋଇଗଲା। ଆଜିର ଖବର ଓ ଫଟୋ। ପୃଥିବୀର ଏପଟରୁ ସେପଟ ପାଇଁ। ଏବେ ସକାଳ ହେଇଥିବ। ସକାଳୁ ସକାଳୁ ବନ୍ଧୁମାନଙ୍କ ପାଇଁ ସରପ୍ରାଇଜ୍।

Iron From The Sky - Pyramid Story :

ଗ୍ରୀନ୍‌ଲାଣ୍ଡ ପରି ଆଉ ଏକ ସଭ୍ୟତା ଯୋଉମାନେ ଲୁହା ଆକାଶରୁ ଈଶ୍ୱରଙ୍କର ଆଶୀର୍ବାଦ ବୋଲି ଭାବୁଥିଲେ। ସେ ହେଉଛି ପ୍ରାଚୀନ ମିଶରୀୟ ସଭ୍ୟତା। ମିଶରରେ

ଲୁହାର ବ୍ୟବହାର ଖ୍ରୀ.ପୂ. ୩୪୦୦ ମସିହାରୁ ଥିବାର ପ୍ରମାଣ ମିଳେ। ଏ ସମୟ ହେଉଛି ଫାରୋମାନଙ୍କର ସଭ୍ୟତା। ପିରାମିଡ଼ ତଳେ ଏ ଯୁଗର ପ୍ରମାଣ ସାଇତା ରହିଛି। ୧୯୨୫ରେ ରାଜା ଟୁଟାନ୍ ଖାମୁନ୍‌ଙ୍କ ସମାଧି ଥିବା ପିରାମିଡ୍ ଭିତରୁ ସୁନାର ବେଣ୍ଟ ଓ ଖୋଳଥିବା ଏକ ଲୁହାର ଛୁରୀ ମିଳିଛି। ୧୯୧୧ରେ ଗେରଜେ ନାମକ ଆଉ ଏକ କବରଖାନାରୁ ଏକ ପୁରୁଷ ମମି ଅଣ୍ଟାରେ ସୁନା, ମୂଲ୍ୟବାନ୍ ପଥର, ମାଣିକ୍ୟ ଆଦିର ମାଳି ବନ୍ଧା ହୋଇଥିବାର ମିଳିଥିଲା। ଆଶ୍ଚର୍ଯ୍ୟଜନକ କଥା ଯେ ସୁନା, ମାଣିକ୍ୟର ମାଳି ସହିତ ଲୁହାର ମାଳି ବି ଲଗା ହୋଇଥିଲା। ଯାର ଅର୍ଥ, ଲୁହା ବି ସୁନା ଓ ମାଣିକ୍ୟ ପରି ଦୁଷ୍ପ୍ରାପ୍ୟ ଓ ଅମୂଲ୍ୟ ଥିଲା। କେବଳ ରାଜାମାନେ ହିଁ ବ୍ୟବହାର କରୁଥିଲେ। କିନ୍ତୁ ମିଶର ଇତିହାସରେ ଷଷ୍ଠ ଶତାବ୍ଦୀ BC ପର୍ଯ୍ୟନ୍ତ ଲୁହାର ଉତ୍ପାଦନର କୌଶଳ ଜଣାନଥିଲା। ଅନେକ ଦିନ ପର୍ଯ୍ୟନ୍ତ ମିଶରୀୟ ଲିପି ଦୁର୍ବୋଧ ଥିଲା। ୧୮୨୨ରେ ଏହା ପଢ଼ିବା ସମ୍ଭବପର ହେଲା। ତା'ପରେ ବିଭିନ୍ନ ଶିଳାଲେଖର ଅନୁବାଦ ଚାଲିଲା। ପ୍ରାୟ ୧୨୯୫ ବିସିର ଏକ ଶିଳାଲେଖରେ 'Iron from the sky' ଲେଖାଥିବାର ପ୍ରମାଣ ମିଳିଛି। Archeologist ମାନଙ୍କ ମନରେ ସନ୍ଦେହ ରହିଥିଲା ଏ ବିଷୟରେ। କିନ୍ତୁ ୧୯୮୦ ମସିହାରେ ମାଞ୍ଚେଷ୍ଟର ୟୁନିଭରସିଟି ଅତ୍ୟାଧୁନିକ X-Ray ଇମେଜିଙ୍ଗ୍ ଦ୍ୱାରା ଏହା Nickel + Iron ଉଲ୍‌କାପିଣ୍ଡ ସହିତ ସମାନ ପଦାର୍ଥରେ ଗଠିତ ବୋଲି ପ୍ରମାଣ ପାଇଛନ୍ତି।

ଭାରତରେ କିନ୍ତୁ ଲୌହଯୁଗ ୧୪୦୦ ବିସିରୁ ଆରମ୍ଭ ହେବାର ପ୍ରତ୍ନତାତ୍ତ୍ୱିକ ପ୍ରମାଣ ମିଳିଛି ହରପ୍ପା, ମହେଞ୍ଜୋଦାରୋରୁ। କିନ୍ତୁ ରାମାୟଣ ମହାଭାରତ ଯୁଗରୁ ଲୁହାର ବ୍ୟବହାରର ଉଲ୍ଲେଖ ପୁରାଣରେ କରାଯାଇଛି। ଖଣ୍ଡା, ତୀର, ବର୍ଚ୍ଛା ଇତ୍ୟାଦି ଲୁହାରେ ତିଆରି ହେଉଥିଲା।

AMNH ର ରିଚାର୍ଡ୍ ଗିଲଡ଼ର ଗ୍ରାଜୁଏଟ୍ ସ୍କୁଲ ଏକ ଅନ୍ତର୍ଜାତୀୟ ଖ୍ୟାତି ସମ୍ପନ୍ନ ଶିକ୍ଷାନୁଷ୍ଠାନ। ତାଛଡ଼ା Anthropology, Paleontology, Astrophysics ଇତ୍ୟାଦି ବିଷୟରେ ମାଷ୍ଟର୍ସ କିମ୍ବା ପିଏଚ୍‌ଡି କରିବା ପାଇଁ AMNH ଏକ ପୃଥିବୀ ପ୍ରସିଦ୍ଧ ରିସର୍ଚ୍ଚ ଅନୁଷ୍ଠାନ। ଆର୍ଟସ କିମ୍ବା ସାଇନ୍‌ସର ଯେକୌଣସି ଗ୍ରାଜୁଏଟ୍ ଏହି କୋର୍ସ ପାଇଁ ଆବେଦନ କରିପାରିବ। ପଢ଼ିବା ସହିତ ଆସିଷ୍ଟାଣ୍ଟସିପ୍ ବି ଏଠି ମିଳିଯାଏ। ଆମ ଦେଶରୁ ବହୁତ କମ୍ ପିଲା ଏଠାକୁ ପଢ଼ିବାକୁ ଆସନ୍ତି। କିନ୍ତୁ ଏଠି ପଢ଼ିବା ଓ ପିଏଚଡି କରିବା ଏକ ବିରଳ ସୁଯୋଗ। ଇଣ୍ଟରନ୍ୟାସନାଲ ଇଭେଣ୍ଟ, ପୃଥିବୀ ପ୍ରସିଦ୍ଧ ବୈଜ୍ଞାନିକ ଓ ପ୍ରଫେସରମାନଙ୍କ ସହିତ କାମ କରିବାର ସୁଯୋଗ ରହିଛି। ଆମର ମେଧାବୀ ଛାତ୍ରମାନେ ଏଇଠି ପଢ଼ିବା ପାଇଁ ଚେଷ୍ଟା କରିବା ଉଚିତ। ■

ଷ୍ଟ୍ରବେରୀ ଫିଲ୍ଡରେ ଦିନ ଓ ଟାଇମ୍ ସ୍କୋୟାରରେ ସଂଧ୍ୟା

୨୬.୦୬.୨୦୧୯ (ବୁଧବାର)

AMNH ଦେଖିସାରିଲା ପରେ ଆଜି ଦେଖିବା ଏ ସହରର ଦିନ ଆଉ ରାତିକୁ ସୁନ୍ଦର କରି ରଖିଥିବା କେତୋଟି ପାର୍କ ଓ ସାର୍ବଜନିକ ସ୍ଥାନ। ସବୁଠୁ ସୁନ୍ଦର, ସବୁଠୁ ରୋମାଣ୍ଟିକ୍ ଓ ଗୁରୁତ୍ୱପୂର୍ଣ୍ଣ ସ୍ଥାନ ହେଉଛି Central Park. ମାନହଟ୍ଟାନ୍‌ରେ AMNHର ସାମ୍ନାସାମ୍ନି ଅବସ୍ଥିତ ଏହି ପାର୍କର କ୍ଷେତ୍ରଫଳ ୮୪୦ ଏକର (୪କିମି , ୦.୮କିମିର ଏକ ଆୟତାକାର କ୍ଷେତ୍ର)। ନିଉୟର୍କର ପଞ୍ଚମ ବୃହତ୍ତମ ପାର୍କ ହେଲେବି, ଐତିହ୍ୟ ଓ ସଂସ୍କୃତି ଦୃଷ୍ଟିରୁ ଏହା ପ୍ରଥମ ସ୍ଥାନର ଦାବୀଦାର। ଏହାର ସବୁଜ ଘାସ ପଡ଼ିଆ ଓ ଅରଣ୍ୟର ବୃକ୍ଷରାଜି ନିଉୟର୍କର ଫୁସ୍‌ଫୁସ୍ କହିଲେ ଅତ୍ୟୁକ୍ତି ହେବନାହିଁ। ଗାଡ଼ି ମଟରର ପ୍ରଦୂଷଣ ଜନିତ ଅଙ୍ଗାରକାମ୍ଳକୁ ଶୋଷଣ କରି ତାଜା ଅକ୍ସିଜେନ୍ ଯୋଗାଉଥିବା ଏଇ ପାର୍କଟିକୁ Heart of Big Apple ବି କହନ୍ତି। (ନିଉୟର୍କର ଶ୍ରଦ୍ଧା ନାମ Big Apple) ମାନହଟ୍ଟାନ୍‌ର ଗଗନଚୁମ୍ବୀ ସ୍କାଏସ୍କ୍ରାପର୍‌ଗୁଡ଼ିକ ମଝିରେ ଏହା ଏକ ଓଏସିସ୍ ପରି। ସ୍କାଏସ୍କ୍ରାପରଗୁଡ଼ିକର ଝରକାରୁ ସେଣ୍ଟ୍ରାଲ ପାର୍କ ଏକ ଲୋଭନୀୟ ଦୃଶ୍ୟ। ସେଣ୍ଟ୍ରାଲ ପାର୍କରେ Fall ସାରା ମାନହଟ୍ଟାନ୍‌କୁ ନାଲି, ନେଳୀ, ହଳଦିଆ ଓ ଆହୁରି ଅନେକ ରଙ୍ଗରେ ସଜା ହୋଇଥିବା, ଏକ ପରୀ ରାଇଜକୁ ନେଇଯାଏ। ଚାରିପଟରେ ଥିବା ସ୍କାଏସ୍କ୍ରାପରଗୁଡ଼ିକର ବିଭିନ୍ନ ରଙ୍ଗର କାଚଗୁଡ଼ିକ ସଙ୍ଗରେ ସେଣ୍ଟ୍ରାଲ ପାର୍କର ଗଛମାନେ ପ୍ରତିଦ୍ୱନ୍ଦ୍ୱିତା କରନ୍ତି କିଏ କେତେ ପ୍ରକାର ରଙ୍ଗ ଦେଖେଇପାରେ। ବର୍ଷକୁ ପ୍ରାୟ ୪୦ ମିଲିୟନ୍ ଲୋକ ଏଠାକୁ ବୁଲିବାକୁ ଆସନ୍ତି।

୧୮୪୦ରେ ମାନହଟ୍ଟାନ୍‌ରେ ଏକ ପାର୍କର ପରିକଳ୍ପନା କରାଗଲା। ୧୮୫୭ରେ ଏହାର ନିର୍ମାଣ ସରିଲା। (ଆମ ଭାରତରେ ସେତେବେଳକୁ ସିପାହୀ

ବିଦ୍ରୋହ ଚାଲିଥାଏ)। ପାର୍କର ସ୍ଥାନ ନିରୁପଣ ବେଳକୁ ଏଠି ଦାସତ୍ୱରୁ ମୁକ୍ତି ପାଇଥିବା କିଛି କଳା ଲୋକ ଓ ଆଇରିସ୍ ପ୍ରବାସୀମାନେ ରହୁଥିଲେ। Pig Town, Seneca Village ପରି ଛୋଟଛୋଟ ଗାଁ ଥିଲା। ସେ ଲୋକମାନଙ୍କୁ ଅନ୍ୟତ୍ର ସ୍ଥାନାନ୍ତର କରାଗଲା। ପଥୁରିଆ ଓ ସନ୍ତସନ୍ତିଆ ଭୂମିକୁ ସମତଳ କରି ପାର୍କରେ ଛୋଟବଡ଼ ଗଛ, ଫୁଲ ବଗିଚା ଓ ଘାସ ପଡ଼ିଆ ସହିତ ଲ୍ୟାଣ୍ଡସ୍କେପ୍ କରିବା ଏକ କଠିନ ଆହ୍ୱାନ ଥିଲା। କାଦୁଅ ଓ ଗୋଡ଼ିମାଟିକୁ ବାହାର କରି ଉର୍ବର Top Soil ପକାଗଲା। ଆମେରିକାରେ ଲ୍ୟାଣ୍ଡସ୍କେପ୍ କରି ସୃଷ୍ଟି କରାଯାଇଥିବା ଏହା ପ୍ରଥମ ପାର୍କ। ସନ୍ତସନ୍ତିଆ ଜାଗାଗୁଡ଼ିକୁ ସହରର ଓ୍ୱାଟର ସପ୍ଲାଇରୁ ପାଇପ୍ ଦ୍ୱାରା ପାଣି ଭର୍ତ୍ତିକରି କୃତ୍ରିମ ହ୍ରଦ ସବୁ କରାଗଲା। ଏହି ପାର୍କଟି ୧୮୭୬ରୁ ଏ ପର୍ଯ୍ୟନ୍ତ, ଅର୍ଥାଭାବ, ରାଜନୀତିକ ଓ ସାମାଜିକ କାରଣରୁ ଉତ୍‌ଥାନ ପତନ ଦେଇ ଚାଲିଆସିଛି। ଆଜି ଦିନରେ କିନ୍ତୁ ଏହା ନିଉୟର୍କର ଅନ୍ୟତମ ବ୍ୟସ୍ତତମ ଡେଷ୍ଟିନେସନ ଓ ଗର୍ବ। ଆସନ୍ତୁ ଦେଖିବା ସେଣ୍ଟ୍ରାଲ ପାର୍କର କେତେକ ଜନପ୍ରିୟ ଆକର୍ଷଣ।

1. Jacqueline Kennedy Reservoir :

Central Park ଭିତରେ ୭ଟି କୃତ୍ରିମ ଲେକ୍ ଭିତରେ ଏଇ ଲେକ୍‌ଟି ସବୁଠୁ ପ୍ରସିଦ୍ଧ। ପ୍ରେସିଡ଼େଣ୍ଟ କେନେଡ଼ିଙ୍କ ସ୍ତ୍ରୀ ଜାକ୍ୱିଲିନ୍‌ଙ୍କର ସେଣ୍ଟ୍ରାଲ ପାର୍କ ପ୍ରତି ଅବଦାନ ପାଇଁ ଏହା ତାଙ୍କରି ନାଁରେ ନାମିତ ଓ ତାଙ୍କ ସ୍ମୃତି ଉଦ୍ଦେଶ୍ୟରେ ଉତ୍ସର୍ଗିତ। ନିଉୟର୍କ ସିଟିକୁ ଏଇଠାରୁ ଜଳ ଯୋଗାଣ ହୁଏ। ଏହାର ଚାରିପଟେ ରହିଥିବା ୨.୫ କିମିର ଜଗିଙ୍ଗ୍ ଟ୍ରାକ୍, ଜଗ୍‌ଗର ମାନଙ୍କର ଏକ ପ୍ରିୟ ସ୍ଥାନ। ଖାଲି ଦେହରେ ଝାଳନାଳ ହୋଇ ଏଠି ଦିନସାରା ଲୋକମାନେ ଦୌଡ଼ୁଥାନ୍ତି। ଅତୀତରେ Jacky କେନେଡ଼ି, ବିଲ୍ କ୍ଲିଣ୍ଟନ୍ ବା ମାଡ଼ୋନାଙ୍କ ପରି ବିଖ୍ୟାତ ଓ ଶକ୍ତିଶାଳୀ ବ୍ୟକ୍ତିମାନେ ବି ଏଇ ଟ୍ରାକ୍‌ରେ ଦୌଡ଼ିଛନ୍ତି। ପ୍ରାୟ ୨୦ଟି ପ୍ରଜାତିର ଚଢ଼େଇ ଏଠି ଦେଖାଯାନ୍ତି। Ducks, Gulls, ବଗ ଆଦି ଜଳଚର ପକ୍ଷୀମାନଙ୍କର ଏହା ଏକ ମନପସନ୍ଦର ସ୍ଥାନ। ଜାକ୍ୱିଲିନ୍ କେନେଡ଼ି, ପ୍ରେସିଡେଣ୍ଟ କେନେଡ଼ିଙ୍କ ମୃତ୍ୟୁ ପରେ ଜଣେ ଗ୍ରୀକ୍ ଟାଇକୁନ୍‌ଙ୍କୁ ଦ୍ୱିତୀୟ ବିବାହ କରିଥିଲେ ଓ ତାଙ୍କର ସାଙ୍ଗିଆ ଗ୍ରହଣ କରିଥିଲେ। ମତେ କାହିଁକି କେଜାଣି କେନେଡ଼ି ନାଁ ପରେ ଆଉ କୌଣସି ଲୋକର ଉପନାମ ଯୋଗ କରିବାକୁ ଅସହଜ ଲାଗେ। କେନେଡ଼ି ମୋ ପିଲାଦିନର ହିରୋ ନେହେରୁଙ୍କ ପରେ। ତେଣୁ ମୁଁ ସେ ନାଁଟିକୁ ଉଦ୍ଦେଶ୍ୟମୂଳକ ଭାବରେ କାଟି ଦେଉଛି। ତିନିଜଣଯାକ କେହି ନାହାନ୍ତି। ତେଣୁ ଅସୁବିଧା ବୋଧେ ହେବନି।

2. Sheep Meadow :

ସେଣ୍ଟ୍ରାଲ ପାର୍କର ଏହା ବୋଧେ ସବୁଠୁ ବଡ଼ ଆକର୍ଷଣ। ୧୫ ଏକରର ଏହି ଘାସ ପଡ଼ିଆଟି ସମର୍‌ରେ ହଜାର ହଜାର ଲୋକଙ୍କର ମନପସନ୍ଦର ଅବସର ବିନୋଦନ ପାଇଁ ପ୍ରକୃଷ୍ଟ ସ୍ଥାନ। ଦିନସାରା ଏଠି ପୁଅଝିଅମାନେ ସ୍ୱଳ୍ପ ବସ୍ତ୍ରରେ ଖରା ଖାଆନ୍ତି। ଏଇଠି ବସନ୍ତି, ଖାଆନ୍ତି, ଶୁଅନ୍ତି, ବହି ପଢ଼ନ୍ତି ଏକା ଏକା ବା ନିଜ ସାଥୀ ସହିତ। ବିଭିନ୍ନ ରଙ୍ଗର ପୋଷାକରେ ସାରା Meadow (ଘାସ ପଡ଼ିଆ), ସବୁଜ ଘାସର କାର୍ପେଟ ଉପରେ ହଜାର ହଜାର ରଙ୍ଗର ଛିଟା ପଡ଼ିଥିବା ଏକ ରଙ୍ଗୀନ କାନ୍‌ଭାସ୍‌ରେ ପରିଣତ ହୋଇଯାଏ।

ସେଣ୍ଟ୍ରାଲ ପାର୍କ ହେବା ଆଗରୁ ଏଠି ଶହଶହ ମେଣ୍ଢାମାନଙ୍କର ଚାରଣ ଭୂମି ଥିଲା। ତେଣୁ ସେମାନଙ୍କ ପ୍ରତି ସମ୍ମାନ ଜଣାଇ ଏହାକୁ Sheep Meadow ନାଁ ଦିଆଯାଇଛି। କିନ୍ତୁ ଆଜିକାର ପରିବେଶରେ ଏହାକୁ Lovers' Meadow କହିବା ବେଶୀ ସମୀଚିନ ହେବ। କିଛିଦିନ ପୂର୍ବରୁ ଏଠି ବଡ଼ବଡ଼ କନସର୍ଟ ପାଇଁ ଅନୁମତି ଦିଆଯାଉଥିଲା। ୧୯୬୯ରେ ଆପୋଲୋ ୧୧ର ଚନ୍ଦ୍ର ଅବତରଣର ଲାଇଭ୍ ଟେଲିକାଷ୍ଟ ବି ଏଇଠି କରାଯାଇଥିଲା। କିନ୍ତୁ ଏବେ ଯେକୌଣସି ପ୍ରକାରର 'ସୋ' ପ୍ରଦର୍ଶନ ପାଇଁ ଏହା ନିଷିଦ୍ଧ।

କିଛି ସମୟ ବସିପଡ଼ିଲି। Sheep Meadow ର ଭେଲ୍‌ଭେଟ୍ ଘାସରେ ବସିବା ବା ଶୋଇବା ଅତ୍ୟନ୍ତ ଆନନ୍ଦଦାୟକ। ଚାରିପଟଯାକ ମାନହଟାନ୍‌ର ସ୍କାଏସ୍କ୍ରାପରମାନେ ସ୍କାଏଲାଇନ୍‌କୁ ବିଭିନ୍ନ ଜ୍ୟାମିତିକ ଆକୃତିରେ ସଜେଇଥାନ୍ତି। ମୁଣ୍ଡ ଉପରେ ଜୁନ୍‌ମାସର ପରିଷ୍କାର ନୀଳ ଆକାଶ। କେଉଁଠି କେମିତି ଛୋଟ ଛୋଟ ମେଘଖଣ୍ଡର ଏକାକୀ ଯାତ୍ରା ଆଖିକୁ କ୍ଲାନ୍ତ ହେବାକୁ ଦିଅନ୍ତିନି। ଆଖି ବୁଜିଦେଲେ ଚାରିପଟୁ ମେଣ୍ଢାପଲଙ୍କ Bleating ଶବ୍ଦ ଶୁଭିଲା ପରି ଲାଗିଲା।

3. Shakespeare In the Park :

ସେକ୍ସପିୟର ପ୍ରେମିକମାନେ ସମର୍‌ରେ ସେଣ୍ଟ୍ରାଲ ପାର୍କ ଭିତରେ ସେକ୍ସପିୟରଙ୍କର ନାଟକମାନ ମଞ୍ଚସ୍ଥ କରନ୍ତି। ଜନସାଧାରଣଙ୍କ ପାଇଁ ସମ୍ପୂର୍ଣ୍ଣ ମାଗଣାରେ Delacort Open Air Theatreରେ ବିଶ୍ୱସ୍ତରୀୟ ଡ୍ରାମା ସବୁ ଦେଖିବାର ସୁଯୋଗ ମିଳେ।

4. Strawberry Field Memorial :

'Strawberry Fields', ୨.୫ ଏକରର ଏକ ଛୋଟ ଫୁଲବଗିଚା। ପ୍ରସିଦ୍ଧ Rock Band, Beatles ର ସବୁଠୁ ଜନପ୍ରିୟ ଗାୟକ ଥିଲେ John Lennon. 'Strawberry Fields for Ever' ତାଙ୍କର ଅନ୍ୟତମ ପପୁଲାର ଗୀତ। ସେଣ୍ଟ୍ରାଲ

ପାର୍କ ନିକଟସ୍ଥ ତାଙ୍କ ଘର ଡାକୋଟା ଆପାର୍ଟମେଣ୍ଟ ସାମ୍ନାରେ ଜଣେ ଆତତାୟୀ ତାଙ୍କୁ କୌଣସି କାରଣ ନଥାଇ ଗୁଳି କରି ମାରିଦେଇଥିଲା । ତାଙ୍କରି ସ୍ମୃତିରେ ସେଣ୍ଟ୍ରାଲ ପାର୍କର ଏଇ ଅଂଶଟିକୁ ଉତ୍ସର୍ଗ କରାଯାଇଛି 'Straw Berry Fields' ନାମରେ, ଲେନନ୍‌ଙ୍କ ସ୍ମୃତିକୁ ଉଜ୍ଜୀବିତ ରଖିବା ପାଇଁ । କଳାଧଳା ମାର୍ବଲର ଏକ ଫୁଲର ଡିଜାଇନ (Mosaic) କରାଯାଇ ମଝିରେ ଲେଖାଯାଇଛି 'Imagin'. 'Imagin' ଆଉ ଏକ ଅଭୁଲା, ଅମର ଲେନନ୍ ସଂଗୀତ ବିଶ୍ୱ ଭାତୃତ୍ୱ ଉପରେ । ବିଟଲ୍ ଓ ଲେନନ୍‌ଙ୍କର ପ୍ରଶଂସକମାନଙ୍କର ଏହା ଏକ ତୀର୍ଥ ସ୍ଥାନ । Gary Santos ନାମକ ଜଣେ ଲେନନ୍ ପାଗଳ ବ୍ୟକ୍ତି ୧୯ ବର୍ଷ ଧରି 'Imagin' ଉପରେ ସବୁଦିନ ଫୁଲ ସଜଉ ଥିଲେ ତାଙ୍କର ଗାର୍ଲଫ୍ରେଣ୍ଡ ଓ କୁକୁରଙ୍କୁ ସାଙ୍ଗରେ ନେଇ । ୨୦୧୩ରେ ଲ୍ୟୁକୋମିଆରେ ତାଙ୍କର ମୃତ୍ୟୁ ହେଲା ପର୍ଯ୍ୟନ୍ତ ସେ ଫୁଲ ଅର୍ପଣ କରି ଆସୁଥିଲେ । ଟାଇମ୍ ମାଗାଜିନ୍ ତାଙ୍କୁ 'Governor of Strawberry Fields' ନାଁରେ ପରିଚିତ କରାଇଥିଲା । 'Imagin' ଉପରେ କେତୋଟି ଫୁଲ ପାଖୁଡ଼ା ରଖିଦେଲି ଲେନନ୍‌ଙ୍କ ସମ୍ମାନରେ ।

5. Cleopatra Needle :

ଲାଲ୍ ଗ୍ରାନାଇଟ୍‌ରେ ପ୍ରସ୍ତୁତ ଏହି ଚତୁଃଷ୍କୋଣୀୟ ସ୍ତମ୍ଭଟି ୩,୫୦୦ ବର୍ଷର କାହାଣୀ କହେ । ଏହାର ଶୀର୍ଷ ଗୋଜିଆ ହୋଇଥିବାରୁ Needle ବୋଲି କୁହାଯାଏ । ଖ୍ରୀ:ପୂ୧୪୭୫ରେ ଏହା ଇଜିପ୍ଟର ରାଜା ଫାରୋ ଟୁଟ୍‌ମୋଜ-IIIଙ୍କ ଦ୍ୱାରା ସ୍ଥାପିତ ହୋଇଥିଲା । ପ୍ରାୟ ୧୦୦୦ ବର୍ଷ ପରେ ଆଲେକ୍‌ଜାଣ୍ଡ୍ରିଆର Queen Cleopatra, Julius Ceasar ଙ୍କ ସମ୍ମାନାର୍ଥେ ଏହାକୁ ଆଲେକ୍‌ଜାଣ୍ଡ୍ରିଆ ଆଣିଥିଲେ । କାଳକ୍ରମେ ଏହା ମରୁଭୂମିର ବାଲିରେ ପୋତି ହୋଇଯାଇଥିଲା । ୬୯ ଫୁଟ୍ ଉଚ୍ଚ ଓ ୨୦୦ ଟନ୍ ଓଜନର ଏହି ମିଶର ସଭ୍ୟତାର ସ୍ତମ୍ଭଟିକୁ ଉଦ୍ଧାର କରି ୧୮୮୦ରେ ଆମେରିକା ଅଣାଯାଇଥିଲା । ଏହା ଦେହରେ ମିଶରୀୟ ହିରୋଗ୍ଲିଫ(Heiroglyf) ର ଖୋଦେଇ ଚିତ୍ର ସବୁରେ ସେ ସମୟର ଇତିହାସ ଲେଖାଯାଇଛି । ୩୫୦୦ ବର୍ଷ ତଳର ମନୁଷ୍ୟକୃତ ଏହି ସ୍ମାରକୀ ମିଶରୀୟ ସଭ୍ୟତାର ଉତ୍କର୍ଷତାକୁ ପ୍ରତିପାଦନ କରେ । ପାଖରେ ଛିଡ଼ା ହେଲେ କ୍ଲିଓପାଟ୍ରାଙ୍କର ସାମ୍ନାସାମ୍ନି କଲାପରି ଲାଗେ । ପ୍ୟାରିସ୍ ଓ ଲଣ୍ଡନରେ ଆଉ ଦିଓଟି କ୍ଲିଓପାଟ୍ରା ନିଡ଼ଲ ରହିଛି । ୩୫୦୦ ବର୍ଷ ତଳେ ୨୦୦ ଟନ୍‌ର ଏତେବଡ଼ ପଥରର ସ୍ତମ୍ଭ କେମିତି ସିଧା ରଖାଯାଇଥିଲା, ଭାବିଲେ ଆଶ୍ଚର୍ଯ୍ୟ ଲାଗେ ।

7. Whisper Bench :

ସେଣ୍ଟ୍ରାଲ ପାର୍କରେ ପ୍ରାୟ ୯୦୦୦ଟି ଲୁହାର ବେଞ୍ଚ୍ ରହିଛି । ବଦାନ୍ୟ

ବ୍ୟକ୍ତିଙ୍କର ଚାନ୍ଦାରେ ବେଞ୍ଚ୍ ଗୁଡ଼ିକ କିଣାଯାଏ। ନିଜ ନାଁରେ ଗୋଟିଏ ବେଞ୍ଚ୍ ପକାଇବାକୁ $୧୦,୦୦୦ ପଡ଼େ। କିନ୍ତୁ Whisper Bench ଏକ ଅଲଗା କିସମର ବେଞ୍ଚ୍ । ଅର୍ଦ୍ଧ ବୃତ୍ତାକାର ଆକାରର ୨୦ ଫୁଟ୍ ଲମ୍ବାର ଏହା ଏକ ଗ୍ରାନାଇଟ୍ ବେଞ୍ଚ୍ । ଗୋଟେ ପଟେ ଫୁସ୍‌ଫୁସ୍ କଥା କହିଲେ ଆର ପଟକୁ ଶୁଭୁଥିବାରୁ ଏହାର ନାଁ ଏମିତି ହୋଇଛି। ଯୁବକ ଯୁବତୀମାନେ ଏହାର ପରୀକ୍ଷା କରୁଥାନ୍ତି ସବୁବେଳେ।

ଯା ଛଡ଼ା ଦେଖିଲି, Alice In Wonderland Statue, Bethesda Terrace। ଆଉ ଏକ ଜାଣିବା କଥା... ସେଣ୍ଟ୍ରାଲ ପାର୍କକୁ ଚିରି ଚାରିଟା ରାସ୍ତା ଯାଇଛି। ମାତ୍ର ପାର୍କର କୌଣସି ଜାଗାରୁ ଗାଡ଼ିମଟର ଦିଶେ ନାହିଁ କି ଶବ୍ଦ ଶୁଭେନି। ଏପରି ହୋଇଛି ଏକ ବ୍ରିଲିଆଣ୍ଟ ଆଇଡ଼ିଆ ପାଇଁ। ରାସ୍ତାଗୁଡ଼ିକ ଭୂମି ପତନର ୧୫-୨୦ ଫୁଟ୍ ତଳେ ଯାଇଛନ୍ତି (Underground ନୁହେଁ) ତେଣୁ ଗାଡ଼ିମଟରମାନେ ସେଣ୍ଟ୍ରାଲ ପାର୍କ ଦେଖନ୍ତିନି ବା ସେଣ୍ଟ୍ରାଲ ପାର୍କ ଗାଡ଼ି ମଟର ଗାଡ଼ି ଦେଖେନି।

Grand Central Terminal (GCT) :

ସେଣ୍ଟ୍ରାଲ ପାର୍କରୁ ପରବର୍ତ୍ତୀ ଡେଷ୍ଟିନେସନ୍ - Grand Central... ନ୍ୟୁୟର୍କରେ ଗ୍ରାଣ୍ଡ ସେଣ୍ଟ୍ରାଲ କହିଲେ ସହରର ବୃହତ୍ତମ ରେଲଷ୍ଟେସନ Grand Central Terminalକୁ ବୁଝାଯାଏ। ସେଣ୍ଟ୍ରାଲ ପାର୍କରୁ ବିଗ୍ ବସ୍‌ରେ ବେଶ୍ ଏକ ଲମ୍ବା ଚକ୍କର ନେଲାପରେ ପହଞ୍ଚିଲି 42nd Street. ୨-୩ ମିନିଟ୍‌ର ପାଦଚଲା ରାସ୍ତା ସେଠୁ GCT। ଗ୍ରାଣ୍ଡସେଣ୍ଟ୍ରାଲ ବିଷୟରେ ଆଗରୁ ଶୁଣିଥିଲି, ମାତ୍ର କଳ୍ପନା କରିପାରିନଥିଲି। ଭିତରେ ପଶି ପ୍ରଥମେ Main Concourse Level ରେ ପହଞ୍ଚି ୪୮ ଫୁଟ୍ ଉଚ୍ଚର ଛାତକୁ ଦେଖି ରହିଗଲି ୨-୩ ମିନିଟ୍ ଉପରକୁ ଅନେଇ କରି। କୋଉଠୁ ଆରମ୍ଭ କରି କୋଉଠି ଶେଷ କରିବି ଜାଣିପାରିଲିନି। ସମୟ ଅଳ୍ପ। ମେନ୍ କନକୋର୍ସର ମଝିରେ Enquiry Booth। ସେଇଠି ମିଳିଗଲା GCT Walking Tour Ticket, $୧୦.୦୦। ମିଶିଗଲି ଗୋଟେ ଗ୍ରୁପ୍ ସହିତ ଚାଲିଚାଲି ଦେଖିବା ପାଇଁ।

ଏନ୍‌କ୍ୱାରୀ ବୁଥ୍ ଉପରେ GCTର ଅନ୍ୟତମ ଆକର୍ଷଣ ଚାରିଟି ମୁହଁ ଥିବା Iconic Clock। ସମସ୍ତେ ଏହାକୁ The Clock ବୋଲି କହନ୍ତି। ଆମେରିକାନ୍ ନାଭିର Atomic Clock (ପରମାଣୁ ଘଣ୍ଟା) ସହ ଏହି ଘଣ୍ଟା ସଂଯୁକ୍ତ। ୨୦ ବିଲିଅନ୍ ବର୍ଷରେ ୧ ସେକେଣ୍ଡର ଫରକ ଆସେ ଏଥିରେ। ଏହାର ଦାମ୍ ପ୍ରାୟ $ ୨୦.୦୦ ମିଲିଅନ୍।

ମେନ୍ କନକୋର୍ସ ସିଲିଙ୍ଗ୍‌ର ଉଚ୍ଚତା ୪୮ଫୁଟ୍। ନୀଳ ରଙ୍ଗର ସିଲିଂରେ ଅସଂଖ୍ୟ ତାରାମାନଙ୍କ ସହିତ ତାରା ମଣ୍ଡଳଗୁଡ଼ିକର ଚିତ୍ର ସତ ଆକାଶର ଅନୁଭବ

ଦିଏ । ନକ୍ଷତ୍ର ମଣ୍ଡଳ ବିଷୟରେ ଗୋଟେ ମଜା କଥା କହିଲେ ଗାଇଡ୍ । ୧୯୧୩ରେ ସିଲିଂକୁ ପ୍ରଥମଥର ପାଇଁ ପେଣ୍ଟ କରାଯାଇଥିଲା । ତାରା ମଣ୍ଡଳ (୧୨ଟି ରାଶିନକ୍ଷତ୍ରର Zodiac Sign) ସବୁ କୌଣସି କାରଣରୁ ଭୁଲରେ ପୂର୍ବ ପଶ୍ଚିମ ଦିଗ ଓଲଟା ପେଣ୍ଟିଂ ହୋଇଗଲା । ପରବର୍ତ୍ତୀ ସମୟରେ ଏହାକୁ ସଂଶୋଧନ କରି ୧୧ଟି ରାଶିକୁ ଠିକ୍ କରିଦିଆଗଲା । କିନ୍ତୁ ଦ୍ୱାଦଶତମ ରାଶି Orionକୁ ପୂର୍ବପରି ଛାଡ଼ି ଦିଆଗଲା । ଫଳରେ ସ୍ଥାନ ଠିକ୍ ହେଲେ ବି ଓରିଅନ୍ ଓଲଟା ଦିଗକୁ ମୁହଁ କରି ରହିଛି । ପରବର୍ତ୍ତୀ ସମୟରେ ସିଲିଂର ପୁନରୁଦ୍ଧାର ପରେ ବି ଓରିଅନ୍ ସେଇ ଭୁଲ ମୁଦ୍ରାରେ ରହିଯାଇଛି । ଗାଇଡ୍‌ଙ୍କ ଠାରୁ ଏବେ GCT କୁ ପୂରା ଜାଣିବା... ।

ଗ୍ରାଣ୍ଡ ସେଣ୍ଟ୍ରାଲ ଟର୍ମିନାଲ, ଦୂରଗାମୀ ଟ୍ରେନ୍ ଓ Subway Trainମାନଙ୍କର ଏକ ହବ୍ । ଗୋଟିଏ ପଟେ 42nd Street Subway Station । ଆରପଟେ GCT Main Train Terminal । ୧୮୩୦ରେ ନ୍ୟୁୟର୍କରେ ପ୍ରଥମ ରେଳରାସ୍ତା ତିଆରି ହେଲା । ଦୂର ସହରଗୁଡ଼ିକ ନ୍ୟୁୟର୍କ ସହ ଟ୍ରେନ୍‌ରେ ସଂଯୋଗ ହେଲା । ଲୋକ ସଂଖ୍ୟା ବଢ଼ିଲା, ଟ୍ରେନ୍ ସଂଖ୍ୟା ବଢ଼ିଲା । ଷ୍ଟିମ୍ ଇଞ୍ଜିନ୍ ସବୁ ସହର ଭିତରେ ଯିବା ଆସିବା କଲେ । ଧୂଆଁ ଓ କୋଇଲା ଗୁଣ୍ଡରେ ସହର ଭରିଗଲା । ଟ୍ରେନ୍‌ମାନଙ୍କୁ GCTକୁ ଆସିବା ପାଇଁ ଅନୁମତି ମିଳିଲା ନାହିଁ । ସହର ବାହାରୁ GCT ପର୍ଯ୍ୟନ୍ତ ବଗିଗୁଡ଼ିକୁ ଘୋଡ଼ାରେ ଟାଣି ଆଣିବା ପାଇଁ ନିୟମ ହେଲା । ୧୮୫୦ ବେଳକୁ Vander Bilt ବୋଲି ଜଣେ ସିପିଙ୍ଗ୍ ଟାଇକୁନ୍ ରେଳ ଯାତ୍ରାର ସୁନେଲି ଭବିଷ୍ୟତ ଦିବ୍ୟ ଦୃଷ୍ଟିରେ ଦେଖିପାରିଲେ ଓ ଗ୍ରାଣ୍ଡ ସେଣ୍ଟ୍ରାଲକୁ କିଣିନେଲେ । ଗ୍ରାଣ୍ଡ ସେଣ୍ଟ୍ରାଲକୁ ସମ୍ପୂର୍ଣ୍ଣ ନୂଆ ରୂପରେ ଦେଖିବାକୁ ଚିନ୍ତା କଲେ । ଷ୍ଟେସନ ଛଡ଼ା ଆହୁରି ଅନେକ ରୂପରେ ଏହାକୁ ବ୍ୟବହାର କରିବାକୁ ଭାବିଲେ । ଗ୍ରାଣ୍ଡ ସେଣ୍ଟ୍ରାଲର ସବୁକିଛି ଗ୍ରାଣ୍ଡ ହେବା ଦରକାର । ୧୮୭୧ରେ ନୂଆ ଷ୍ଟେସନ ତିଆରି ହେଲା । କିନ୍ତୁ ଆଜିର ରୂପ ନେଲା ୧୯୧୩ ମସିହାରେ । ବର୍ତ୍ତମାନର GCT ର ୪୮ ଏକର ଜାଗାରେ ତଳେ ଦୁଇଟି ଲେଭେଲର ଟ୍ରେନ୍‌ଲାଇନ୍ ରହିଛି । ଦୁଇ ମହଲାରେ ୪୪ଟି ପ୍ଲାଟ୍‌ଫର୍ମ ସହିତ ୬୭ଟି ଟ୍ରାକ୍ ରହିଛି । ଅପର ଲେଭେଲ(-୧) ର ୪୧ଟି ଟ୍ରାକ୍ ଦୂରଗାମୀ ସହରଗୁଡ଼ିକର ଏକ୍ସପ୍ରେସ୍ ଓ ସୁପରଏକ୍ସପ୍ରେସ୍ ଟ୍ରେନ୍ ସବୁ ପାଇଁ ଉଦ୍ଦିଷ୍ଟ । ଲୋଅର ଲେଭେଲ (-୨) ରେ ୨୬ଟି ଟ୍ରାକ୍ ଲୋକାଲ ଟ୍ରେନ୍ ପାଇଁ ଉଦ୍ଦିଷ୍ଟ ।

ସମଗ୍ର ରେଳ ଚଳାଚଳକୁ ଭୂମି ତଳକୁ ନେଇଯିବା ପରେ ମାଲିକମାନଙ୍କ ମନରେ ଏକ ନୂଆ ଆଇଡ଼ିଆ ଆସିଲା । ରିଅଲ ଆସେଟ୍ ବଦଳରେ ସେମାନେ ଆବିଷ୍କାର କଲେ ଅନ୍‌ରିଅଲ୍ ଆସେଟ୍ (Unreal Asset) । ଭୂମି ଉପରର ଜାଗା ସବୁ ବ୍ୟବସାୟିକ ଉଦ୍ଦେଶ୍ୟରେ ବ୍ୟବହାର କରାଯାଇପାରେ ! ଏଇଠି ଆସିଲା ଆଉ ଏକ

ଶବ୍ଦ 'Air Rights'. ପୂରା ଷ୍ଟେସନ ଉପରେ ସୁନ୍ଦର ସୁନ୍ଦର ହୋଟେଲ, ଅଫିସ୍, ଆପାର୍ଟମେଣ୍ଟ ତଥା ମଲ୍ ଥାଇ ସ୍କାଏସ୍କ୍ରାପର୍ ଗଢ଼ି ଉଠିଲା । ଆଖପାଖରେ ବ୍ୟବସାୟ ପ୍ରତିଷ୍ଠାନ ସବୁ ଚଳଚଞ୍ଚଳ ହୋଇ ଉଠିଲେ । GCT ହୋଇ ଉଠିଲା ମଧ୍ୟ ମାନହଟ୍ଟାନ୍‌ର Busiest ଓ Priciest ଠିକଣା । ପୁଣି ଏକ ଅସମୟ ସମୟ ଆସିଲା ବିଂଶ ଶତାବ୍ଦୀର ୫୦-୬୦ ଦଶକରେ । ସଡ଼କ ଓ ଆକାଶ ପଥରେ ଯାତ୍ରା ସହଜ ଓ ଶସ୍ତା ହୋଇଗଲା । ଲୋକମାନେ ଟ୍ରେନ୍ ଯାତ୍ରାକୁ ଅର୍ଥ ଓ ସମୟର ଅପଚୟ ବୋଲି ଭାବିଲେ । GCT ବି ପୁରୁଣା ହୋଇଆସିଲା । ମରାମତି ଦରକାର ପଡ଼ିଲା ।

ପେନ୍ ଷ୍ଟେସନ୍ ପରି ଯାକୁ ଭାଙ୍ଗିଦେଇ ସମ୍ପୂର୍ଣ୍ଣ ବ୍ୟବସାୟିକ ଉଦ୍ଦେଶ୍ୟରେ ଲଗାଇବାକୁ ଭାବିଲେ । ଯା ଉପରେ ୮୦ ମହଲାର ଏକ ସ୍କାଏ ସ୍କ୍ରାପର୍ ପରିକଳ୍ପନା କରାଗଲା । କିନ୍ତୁ ସେଇ ସମୟରେ ସେ ସମୟର First Lady Jacky Kennedy ଆଗେଇ ଆସିଲେ ଯାକୁ ଏକ ଜାତୀୟ ଐତିହ୍ୟ ରୂପେ ସଂରକ୍ଷିତ ରଖିବା ପାଇଁ । ସେ କହିଲେ "Europe has Cathedrals and we have GCT. Europeans wouldn't put a Tower on The Cathedral". ଆମେ କାହିଁକି ଆମ Cathedralକୁ ହରେଇବୁ ? ? GCT ରକ୍ଷା ପାଇଗଲା । ନୂଆରୂପ ଦେବା ପାଇଁ ନିର୍ଣ୍ଣୟ ହେଲା । ମାଲିକମାନେ GCT ର ଉତ୍ତରରେ ଟିକେ ଦୂରରେ ଥିବା ତାଙ୍କର ଅଫିସ ଉପରେ ତିଆରି କଲେ ୫୯ ମହଲାର ଏକ ସ୍କାଏ ସ୍କ୍ରାପର୍, Pan Am Building, ଏବେର 'Metlife Tower' । ଶେଷରେ ୨୦୧୩ରେ GCT ତା'ର ଆଧୁନିକ ରୂପ ପାଇଲା ପୁରୁଣା ଆର୍କିଟେକ୍‌ଚର୍‌କୁ ଅକ୍ଷୁର୍ଣ୍ଣ ରଖି । ଶେଷରେ "Cathedral remains as a Cathedral for American Nation" ।

ଏବେ ଦେଖିବା GCT ର କେତେକ ଗୁରୁତ୍ୱପୂର୍ଣ୍ଣ ଅଂଶ........

1. Whispering Gallery:

ପରସ୍ପର ଠାରୁ ୩୦ ଫୁଟ ଦୂରରେ ଥିବା ଦିଓଟି ଖିଲାଣ (Arch)ର ମ୍ୟାଜିକ୍ ହେଉଛି Whispering Gallery. ଗୋଟିଏ ଆର୍କ ତଳେ କମ୍‌ସ୍ୱରରେ କଥା କହିଲେ ବି ଆର ଆର୍କର ତଳେ ଥିବା ଲୋକକୁ ପୁରା ଶୁଭେ । ଦୁଇ ଆର୍କର ବକ୍ରତା ଓ ଟାଇଲ୍ କାନ୍ଥ ଯୋଗୁ, ଶବ୍ଦ ପ୍ରକ୍ଷେପଣ ସମ୍ଭବ ହୁଏ । ଯୁବକ ଯୁବତୀଙ୍କ ପ୍ରେମ ନିବେଦନ ଓ ପରସ୍ପର ଭିତରେ ଅବିଶ୍ୱାସର ସ୍ୱୀକାରୋକ୍ତି (Confession) ଏଇଠି ହୁଏ । ହୃଦୟ ଯୋଡ଼ିବାରେ ଏଇ ଦୁଇ ଆର୍କର ଅନେକ ଅବଦାନ ରହିଛି ।

2. Looping of Tracks :

ଗ୍ରାଣ୍ଡ ସେଣ୍ଟ୍ରାଲ ବିଭିନ୍ନ ରେଳ ପଥର ଅନ୍ତିମ ଷ୍ଟେସନ। ବିଭିନ୍ନ ସହରରୁ ଟ୍ରେନ୍ ଯିବା ଆସିବା ପାଇଁ ୬୭ଟି ଟ୍ରାକ୍ ରହିଛି। ତେଣୁ ଏଠି ପହଞ୍ଚିସାରିଲା ପରେ ପରବର୍ତ୍ତୀ ଯାତ୍ରା ପାଇଁ ପଛକୁ ଫେରିବାକୁ ପଡ଼ନ୍ତା। କିନ୍ତୁ Track Looping ସୁବିଧା ପାଇଁ ଏମିତି କରିବା ଆବଶ୍ୟକ ହୁଏ ନାହିଁ। ଆସିଥିବା ଯାତ୍ରୀମାନେ ପ୍ଲାଟ୍‌ଫର୍ମରେ ଓହ୍ଲାଇସାରିଲା ପରେ ଟ୍ରେନ୍ ଏକ ଲୁପ୍ ଲାଇନ୍‌ରେ ଘୁରିଯାଇ ଅନ୍ୟଏକ ପ୍ଲାଟଫର୍ମରେ ପହଞ୍ଚିଯାଏ। ନୂଆ ଯାତ୍ରୀମାନଙ୍କୁ ଧରି ନୂଆ ସହର ଅଭିମୁଖେ ଚାଲିଯାଏ। ଏଥିରେ ଯାତ୍ରୀମାନଙ୍କର ସୁବିଧା ଓ ସମୟ ସଞ୍ଚୟ ହୁଏ। ପୃଥିବୀରେ ବହୁତ କମ୍ ଜାଗାରେ ଏପରି ସୁବିଧା ଅଛି।

3. Vanderbilt Hall :

GCT ର ପରିକଳ୍ପନା କରିଥିଲେ Vanderbilt। ତାଙ୍କରି ନାଁରେ ଏଇ ହଲଟି ଉତ୍ସର୍ଗିତ। ରେଳଷ୍ଟେସନ୍‌ର ୱେଟିଂ ରୁମ୍‌କୁ ଏକ ଅତ୍ୟାଧୁନିକ Event Hall ରେ ପରିଣତ କରାଯାଇଛି। ଆମେରିକାର ଅନେକ ସମ୍ଭ୍ରାନ୍ତ Event ସବୁ ଏଇଠି ହୁଏ। କେତେବେଳେ ଏହା Squash Courtରେ ପରିଣତ ହୁଏତ କେତେବେଳେ ଟେନିସ୍ କୋର୍ଟରେ ତ କେତେବେଳେ ଥିଏଟର ହଲ୍‌ରେ। ବର୍ଷ ସାରା ଏଠି ବିଭିନ୍ନ ଖେଳ ଓ ସାଂସ୍କୃତିକ ଉତ୍ସବ ଚାଲିଥାଏ।

GCT ର ପ୍ରତିଟି ଇଞ୍ଚରେ ଦେଖାଯାଏ ବିଲ୍‌ଡିଂ କନ୍‌ଷ୍ଟ୍ରକ୍‌ସନ୍‌ର ଚରମ ଉତ୍କର୍ଷତା। Vanderbiltଙ୍କ ସ୍ୱପ୍ନକୁ ରୂପ ଦିଆଯାଇଛି – "Every inch of Grand Central is Grand", କୌଣସି ଜାଗାରେ ସୁନ୍ଦରତା ସହିତ ବୁଝାମଣା କରାଯାଇନି।

4. Two Levels of GCT :

ଭୂମି ପତନର ତଳକୁ GCTର ଦୁଇଟି ଲେଭେଲ୍ । ଅପର ଲେଭେଲ୍‌ରେ ମେନ୍ କନ୍‌କୋର୍ସ, ଲୋଅର ଲେଭେଲ୍‌ରେ ଡାଇନିଙ୍ଗ୍ କନ୍‌କୋର୍ସ। ମେନ୍ କନ୍‌କୋର୍ସରେ ଏନ୍‌କ୍ୱାରୀ ବୁଥ୍ ଆଉ ଇଣ୍ଟର ସିଟି ଟ୍ରେନ୍ ପ୍ଲାଟ୍‌ଫର୍ମମାନ ରହିଛି। ଡାଇନିଙ୍ଗ୍ କନ୍‌କୋର୍ସରେ କେବଳ ସହର ଭିତରର ଟ୍ରେନ୍ ପାଇଁ ପ୍ଲାଟ୍‌ଫର୍ମ ଓ ରେଷ୍ଟୁରାଣ୍ଟ ସବୁ ଥାଏ। ନିଉୟର୍କ ସହରର ସବୁଠୁ ସୁନ୍ଦର ଓ ମହଙ୍ଗା ରେଷ୍ଟୁରାଣ୍ଟଗୁଡ଼ିକ ଏଇଠି ରହିଛି।

Bryant Park :

ବିଗ୍ ବସ୍‌ରେ ଯାଉ ଯାଉ ହଠାତ୍ ଦେଖିଲି ଏକ ସୁନ୍ଦର ପାର୍କ, ନାଁ ତା'ର Bryant Park. ସାମ୍ନାରେ ଓହ୍ଲାଇ ପଡ଼ିଲି। ଛୋଟ ହେଲେବି ନିଉୟର୍କର ସାମାଜିକ ଓ ସାଂସ୍କୃତିକ ଜଗତର ପ୍ରାଣକେନ୍ଦ୍ର ଏଇ ପାର୍କ। ସେଣ୍ଟ୍ରାଲ ପାର୍କର କନିଷ୍ଠା ଭଗିନୀ

ଏଇ ପାର୍କଟି ନ୍ୟୁୟର୍କର ପ୍ରଖ୍ୟାତ ସଡ଼କ Fifth Avenue ଓ Sixth Avenue ମଧ୍ୟରେ ଅବସ୍ଥିତ। ଚାରିପଟେ ଗଗନଚୁମ୍ବୀ ସ୍କାଏସ୍କ୍ରାପରମାନଙ୍କ ଭିତରେ ଛୋଟ ଏକ ଘାସ ପଡ଼ିଆ। ସମର୍‌ରେ ଏଠି ଦିନସାରା ଲୋକଙ୍କ ଭିଡ଼। ଘାସ ଉପରେ ବସିଥାନ୍ତି, ଶୋଇଥାନ୍ତି ନିଜ ପରିବାର ସହିତ ବନ୍ଧୁ, ବାନ୍ଧବୀମାନଙ୍କ ସହିତ। ଘାସ ଲନ୍‌ର ଚାରିପଟେ ଖାଦ୍ୟ ପାନୀୟର ଅନେକ ଦୋକାନ ପୂରା ଦିନଟିକୁ ଅଳସରେ ଉପଭୋଗ କରିବାକୁ ଉତ୍ସାହିତ କରେ। ତା'ଛଡ଼ା ଏକ ଛୋଟ ଲାଇବ୍ରେରୀ ରହିଛି ପାର୍କରେ। ଏକୁଟିଆ ଥିବା ଲୋକମାନେ ବହି ଧାର ନେଇ ପଢ଼ିପାରିବେ। ଲାଇବ୍ରେରୀର ରିଡ଼ିଙ୍ଗ ରୁମ୍ ଏକ ପୋଏଟ୍ରି ଆସରର ସ୍ଥାନ। ମଝିରେ ମଝିରେ ଏଠି କବିତା ପାଠୋତ୍ସବ ହୁଏ। ଚୌକି ସବୁ ପଡ଼ିଥାଏ ଚାରିଆଡ଼େ। ଇଚ୍ଛା କଲେ ଚୌକିରେ ବି ବସିପାର। ଛୋଟ ପିଲାମାନେ ଖେଳରେ ମାତି ଥିଲାବେଳେ ଯୁବକଯୁବତୀମାନେ ରୋମାଣ୍ଟିକ ଗପସପରେ ବ୍ୟସ୍ତ ଥାନ୍ତି ମଝିମଝିରେ ଓଷ୍ଠ ଚୁମ୍ବନର ଆଦାନ ପ୍ରଦାନ ସହିତ। ସମସ୍ତେ Bryant ପାର୍କକୁ ଏକାଏକା ଉପଭୋଗ କରନ୍ତି ଚାରିପଟେ ଭିଡ଼ଭାଡ଼ ସତ୍ତ୍ୱେ। ଏଇଟା ହେଉଛି ଆମେରିକାନ୍ ମାନସିକତା। ନିଜ ଖୁସି ପାଇଁ ବଞ୍ଚି ରୁହ। ଅନ୍ୟକୁ ଦେଖି ଇର୍ଷାନ୍ୱିତ ହେବାର ଆବଶ୍ୟକତା ନାହିଁ। ହାଲିଆ ଲାଗୁଥିଲା। ଖରାରେ ବୋଧେ ଜଳୀୟ ଅଂଶ କମିଯାଇଥିଲା। ଗୋଟେ ଚିଲ୍ଡ କୋକ୍‌ରେ ଦେହ ଓ ମନକୁ ତାଜା କରିଦେଲି।

ଶୀତଦିନେ Bryant ପାର୍କ ପରିବର୍ତ୍ତିତ ହୋଇଯାଏ ଆଉ ଏକ ରାଜ୍ୟରେ। ବ୍ୟାଙ୍କ୍ ଅଫ୍ ଆମେରିକା ସୌଜନ୍ୟରୁ, ଲନ୍‌ଟି ଏକ ବରଫ ଗାଁରେ ପରିଣତ ହୋଇଯାଏ । ନାଁ ତା'ର Bank of America Winter Village। ସାରା ଲନ୍ ଏକ Ice Skating Rink ରେ ପରିଣତ ହୋଇଯାଏ। ଭରିଯାଏ ଶୀତଦିନିଆ ଦୋକାନଗୁଡ଼ିକରେ। ଗୋଟିଏ ଅଂଶରେ ବରଫ ଉପରେ ତିଆରି ହୁଏ ସ୍କେଟିଙ୍ଗ ରିଙ୍କ୍। ନ୍ୟୁୟର୍କର ଜନସାଧାରଣଙ୍କ ପାଇଁ ବିନା ମୂଲ୍ୟରେ ଉପଲବ୍ଧ ହୁଏ। ହଜାର ହଜାର ଯୁବକ, ଯୁବତୀ ଓ ଛୋଟ ପିଲାମାନେ ଏଥିରେ ଭାଗ ନିଅନ୍ତି। ରାତିରେ ବିଖ୍ୟାତ Broadway Theatre ଏଠି ସୋ' କରେ। ବିଖ୍ୟାତ Rock Bandମାନେ ବି ଏଠି ପ୍ରଦର୍ଶନ କରନ୍ତି।

Bryant ପାର୍କର ଦକ୍ଷିଣ ପଶ୍ଚିମ କୋଣରେ ଆଉଏକ ସ୍ମୃତି ପୀଠ। 'Nikola Tesla Corner'। A/C Power ର ବିଖ୍ୟାତ ଉଦ୍ଭାବକ Nikola Tesla ଜୀବନର ଶେଷ ବର୍ଷଗୁଡ଼ିକ ଏଠି 'New Yorker' ହୋଟେଲରେ ରହୁଥିଲେ ଓ ପାରାମାନଙ୍କୁ ଏଇ ଛକରେ ଶସ୍ୟ ଖାଇବାକୁ ଦେଉଥିଲେ। ମାନବ ଜାତିକୁ A/C ପାୱାର ପରି ଏତେବଡ଼ ଉପହାର ଦେଇଥିବା ବୈଜ୍ଞାନିକ ମୃତ୍ୟୁ ବେଳକୁ ଅର୍ଥାଭାବର ସମ୍ମୁଖୀନ

ହୋଇଥିଲେ। ରାସ୍ତା କଡ଼ର ସାଇନ୍ ବୋର୍ଡ଼ରେ ଟେସ୍‌ଲାଙ୍କ ନାଁ ଦେଖି ମୁଣ୍ଡ ନୁଆଁଇ ନମସ୍କାର କଲି। ପଞ୍ଚମ ଶ୍ରେଣୀରେ ପ୍ରଥମ କରି ଇଲେକ୍ଟ୍ରିକ୍ କରେଣ୍ଟ ଖାଇଥିବାର ମିଠା ଝଟ୍‌କା ମନରେ ଆସିଗଲା। ମନେମନେ ହସିଦେଲି। ମତେ କରେଣ୍ଟ ଦେଇଥିବା ବ୍ୟକ୍ତି ଏଇଠି ରହୁଥିଲେ ତେବେ!!!

ଘଣ୍ଟାଟେ ବସି ସାରିଲା ପରେ ଉଠିଲି ଆଉ ଏକ ଲକ୍ଷ୍ୟରେ। ଇର୍ଷା ଲାଗିଲା ନ୍ୟୁୟର୍କର ମାନଙ୍କୁ Bryant ପାର୍କ ପାଇଁ। ପଛରେ ଆଉ ଗୋଟେ କଥା ଜାଣି ଅନୁତାପ କରିବାକୁ ପଡ଼ିଲା। Bryant ପାର୍କର ରାସ୍ତା ଆରପଟେ ବିଖ୍ୟାତ ନ୍ୟୁୟର୍କ ପବ୍ଲିକ୍ ଲାଇବ୍ରେରୀର Main Branch । ଏକ ବିଖ୍ୟାତ ଲାଇବ୍ରେରୀ। ଏହାର Stack (ବହି ରଖିବା ସ୍ଥାନ) Bryant ପାର୍କ ତଳେ ଅବସ୍ଥିତ। ନବେ ଦଶକରେ ଲାଇବ୍ରେରୀର ଷ୍ଟାକ୍ ନିଅଣ୍ଟ ହେବାରୁ ସମ୍ପ୍ରସାରଣ ଦରକାର ପଡ଼ିଲା। Bryant ପାର୍କକୁ ନୂଆ ରୂପରେ ସଜେଇବାକୁ ଏକ ସୁଯୋଗ ମିଳିଗଲା। ସମ୍ପୂର୍ଣ୍ଣ ପାର୍କଟିକୁ ଖୋଳି ଦିଓଟି ଲେଭେଲ୍‌ର Underground Stack (ଭୂତଳ ଷ୍ଟାକ୍) କରିଦିଆଗଲା। 'ଉପରେ Bryant ପାର୍କ, ତଳେ Book Stack'! ଅବସୋସ୍ ରହିଗଲା ଏତେ ବଡ଼ ଜିନିଷଟେ ଦେଖିପାରିଲିନି ଏତେ ପାଖରେ ଥାଇ!! ଆର ଥରକୁ ???

Time Square :

Nikola Tesla Corner ରୁ ଟାଇମ୍ ସ୍କୋୟାର ବହୁତ କମ୍ ବାଟ। ୫-୭ ମିନିଟ୍‌ର ରାସ୍ତା। ଚାଲି ଚାଲି ୪-୫ ମିନିଟ୍‌ରେ ପହଞ୍ଚିଗଲି। 'ଟାଇମ୍ ସ୍କୋୟାର୍' - ଆମେରିକାର ବ୍ୟସ୍ତତମ ଛକ; ସବୁଠୁ ମୂଲ୍ୟବାନ ରିଅଲ ଇଷ୍ଟେଟ୍, ସବୁଠୁ ବଡ଼ ଟୁରିଷ୍ଟ ଆକର୍ଷଣ। ଆମେରିକାରେ ପହଞ୍ଚୁଥିବା ପ୍ରତି ଟୁରିଷ୍ଟ ଏଠି ପାଦ ରଖିବାକୁ ଇଚ୍ଛା କରେ। ଜୀବନରେ ଯେତେ ସବୁ ଦର୍ଶନୀୟ ସ୍ଥାନ ଦେଖାଯାଏ, ଟାଇମ୍ ସ୍କୋୟାର୍, ସବା ଉପରେ ରହେ। ନାଁ ସିନା ସ୍କୋୟାର୍, କିନ୍ତୁ ଏହା ଏକ ଚୌରାସ୍ତା ବା କେତୋଟି ରାସ୍ତାର ମିଳନ ସ୍ଥାନ ନୁହେଁ। 40th Street West ରୁ 47th Street West ଓ 6th Avenue ରୁ 8th Avenue ର ମଧ୍ୟବର୍ତ୍ତୀ ପ୍ରାୟ ଦୁଇ କିଲୋମିଟର ଲମ୍ବ ଏକ ଚୌଡ଼ା ରାସ୍ତାକୁ ଟାଇମ୍ ସ୍କୋୟାର କୁହାଯାଏ। ଏହା କେବଳ ପାଦରେ ଚାଲି ଚାଲି ବୁଲିବା ପାଇଁ ଉଦ୍ଦିଷ୍ଟ, ଗାଡ଼ି ମଟର ପାଇଁ ଅନୁମତି ନାହିଁ।

୧୮୮୦ ବେଳକୁ ଏହି ସ୍ଥାନଟି ଘୋଡ଼ା କିଣା ବିକା ପାଇଁ ବ୍ୟବହାର ହେଉଥିଲା। ଯାର ନାଁ ଥିଲା Long Acre Square। ୧୯୦୪ରେ New York Times, 42nd Streetରେ ଏକ ସ୍କାଏସ୍କ୍ରାପର୍ ନିଜ ଅଫିସ ଖୋଲିବା ପାଇଁ କିଣିଲା।

ହଠାତ୍ ଏଠି ଗୋଟେ ସବ୍‌ୱେ ଷ୍ଟେସନ ବି ଖୋଲିଲା। ଏହାର ଗୁରୁତ୍ୱ ବଢ଼ିଗଲା। ନ୍ୟୁୟର୍କ ଟାଇମ୍‌ସ ନାଁରେ ସ୍କାଏସ୍କ୍ରାପର୍‌ର ନାଁ ନ୍ୟୁୟର୍କ ଟାଇମ୍‌ସ ବିଲ୍‌ଡିଂ ଓ ସ୍ଥାନଟିର ନାମ ଟାଇମ୍ ସ୍କୋୟାର ଦିଆଗଲା। ଏକ ନୂଆ ଠିକଣା ନ୍ୟୁୟର୍କ ଡାଏରୀରେ ଯୋଡ଼ାଗଲା। ୧୯୬୧ରେ ନ୍ୟୁୟର୍କ ଟାଇମ୍‌ସ ଏହି ବିଲ୍ଡିଂଟିକୁ ବିକ୍ରି କରିଦେଲେ ବି ଏହାର ନାଁ ଏବେ ବି 'ୱାନ୍ ଟାଇମ୍ ସ୍କୋୟାର' ରହିଛି। ଏଇ ଅଞ୍ଚଳରେ ନାଁ କରା **'Broadway Theatre'** ସବୁ ରହିଛି। ବ୍ରଡ଼ୱେ ଥିଏଟର୍ ସହିତ ସିନେମା ହଲ୍ ସବୁ ଖୋଲିଗଲା। ବିଜ୍ଞାପନ ପାଇଁ ବଡ଼ ବଡ଼ ନିଅନ୍ ସାଇନ୍‌ବୋର୍ଡ଼ ଲାଗିଗଲା। ଧୀରେ ଧୀରେ ଏସବୁ ସିନେମା ହଲଗୁଡ଼ିକୁ **Sex Industry** ଦଖଲ କରିନେଲା। ଟାଇମ୍ ସ୍କୋୟାର ଚୋରି, ବେଶ୍ୟାବୃତ୍ତି, ପକେଟମାର୍ ଇତ୍ୟାଦି ପାଇଁ କୁଖ୍ୟାତ ହୋଇ ଉଠିଲା। **25 Cent** ର **Peep Hole Show** ରେ ସେକ୍‌ସ ଫିଲ୍ମ ସବୁ ଚାଲିଲା। ଆଇନ ଶୃଙ୍ଖଳା ବ୍ୟବସ୍ଥା ଢିଲା ହେବାକୁ ଲାଗିଲା। ୧୯୯୦ରେ ନ୍ୟୁୟର୍କର ମେୟର **Rudolph Giuliani** ଏସବୁ ବନ୍ଦ କରିଦେଲେ। କେବଳ **Upmarket** ର ବଡ଼ ବଡ଼ ବ୍ୟବସାୟିକ ପ୍ରତିଷ୍ଠାନମାନଙ୍କ ଅନୁମତି ମିଳିଲା। ବିଖ୍ୟାତ ମାଡ଼ାମ୍ ତୁସାଦ୍ ଏକ ଶାଖା ଏଠି ଖୋଲିଯିବା ପରେ ନୂଆ ନୂଆ ସ୍କାଏସ୍କ୍ରାପର୍ ସବୁ ଆସିଗଲା। ୨୦୦୯ ମସିହାରେ ଏହାକୁ କେବଳ ପଥଚାରୀମାନଙ୍କ ବ୍ୟବହାର ପାଇଁ ଅନୁମତି ଦିଆଗଲା। ଗାଡ଼ିମଟର ବନ୍ଦ ୨କି.ମି. ଲମ୍ବାର ବ୍ରଡ଼ୱେ , ଏଣ୍ଟରଟେନ୍‌ମେଣ୍ଟର ଏକ ବହୁତ ବଡ଼ ଆକର୍ଷଣ ହୋଇଗଲା। ଦୋକାନମାନଙ୍କର ବିକ୍ରୀ ବଢ଼ିଗଲା। ଇଲେକ୍ଟ୍ରୋନିକ ବିଲ୍ ବୋର୍ଡ଼ ଗୁଡ଼ିକରୁ ଆୟ ଆଶାତୀତ ଭାବେ ବଢ଼ିଗଲା। କିନ୍ତୁ କ୍ରମାଗତ କ୍ଷତି ପାଇଁ ୱାନ୍ ଟାଇମ୍ ସ୍କୋୟାରର ମାଲିକମାନେ ଏହାକୁ ବିକ୍ରି କରିବାକୁ ବାଧ୍ୟ ହେଲେ। ୧୯୯୨ ମସିହାରେ **Lehman Brothers** $୨୭.୫ ମିଲିଅନ୍‌ରେ କିଣିନେଲା। ସେମାନେ ବିଲ୍ଡିଂଟିକୁ ଅଲଗା ଭାବରେ ବ୍ୟବହାର କରିବାକୁ ଠିକ୍ କଲେ। ସାରା ବିଲ୍ଡିଂର ବାହାର ପାର୍ଶ୍ୱରେ ବଡ଼ ବଡ଼ ବିଲ୍-ବୋର୍ଡ଼ ବିଜ୍ଞାପନ ପାଇଁ ଲଗାଇ ଦେଲେ। ଆଶାତୀତ ଭାବରେ ଆୟ ବଢ଼ିଗଲା। ସେମାନେ ୧୯୯୭ରେ ଏହାକୁ ୩ଗୁଣ ଲାଭରେ $ ୧୧୭ ମିଲିଅନ୍‌ରେ ବିକ୍ରୀ କରିଦେଲେ। ଟାଇମ୍ ସ୍କୋୟାର୍‌ରେ ଏବେକାର ଗୋଟିଏ ଗୋଟିଏ ବିଲ୍ ବୋର୍ଡ଼ର ବାର୍ଷିକ ଆୟ ହେଉଛି $ ୪ ମିଲିଅନ୍। ସବୁଠୁ ବଡ଼ **Bill Board** ପାଇଁ ମାସକୁ $ ୩ ମିଲିଅନ୍ ମିଳିଯିବା ବି ଅସମ୍ଭବ ନୁହେଁ।

Bryant Park ରୁ **One Time Square Building** ପାଖରେ ପହଞ୍ଚୁ ପହଞ୍ଚୁ ଆଖିରେ ପଡ଼ିଗଲା **HM**ର ବିଲ୍ ବୋର୍ଡ଼ ସହିତ, **NYSE** ର ଆଉ ପାନାସୋନିକ୍‌ର ବିଲ୍ ବୋର୍ଡ଼ ଯାହା ସବୁ ସିନେମାରେ ବା ଟିଭିରେ ଦେଖିଥିଲି। ବିଲ୍ଡିଂ ସାମ୍ନାରେ

ପହଞ୍ଚି ଦେଖିଲି ଆଖି ପାଇଲା ଯାଏ ଲୋକ ଆଉ ଲୋକ। ସତରେ, ସନ୍ଧ୍ୟାରେ ନ୍ୟୁୟର୍କର ସବୁ ରାସ୍ତା ଟାଇମ୍ ସ୍କୋୟାର୍ ଆଡ଼କୁ ମୁହାଁଇଥାଏ। (All the Roads lead to Time Square)। ଟାଇମ୍ ସ୍କୋୟାରର LED ବିଲ୍ ବୋର୍ଡ଼ ଗୁଡ଼ିକର ଆଲୁଅରେ ଦିନ ରାତିର ଫରକ୍ ଜଣାପଡ଼େନି। ଏମାନଙ୍କ ପାଇଁ ସର୍ବନିମ୍ନ ଉଜ୍ଜ୍ୱଳତା (Lux) ଠିକ୍ କରାଯାଇଥାଏ, ସର୍ବୋଚ୍ଚ ନୁହେଁ। ତେଣୁ ବିଲ୍ ବୋର୍ଡ଼ ମାନଙ୍କ ଭିତରେ ପ୍ରତିଯୋଗିତା ଚାଲିଥାଏ ଉଜ୍ଜ୍ୱଳରୁ ଉଜ୍ଜ୍ୱଳତର ହେବା ପାଇଁ। ମତେ କିନ୍ତୁ ଲାଗିଲା ସେମାନେ ସୂର୍ଯ୍ୟଙ୍କ ସହିତ ପ୍ରତିଯୋଗିତା କରନ୍ତି ଉଜ୍ଜ୍ୱଳତାରେ।

ଏବେ ଟାଇମ୍ ସ୍କୋୟାର୍‌ରେ ଚାଲିବାକୁ ଆରମ୍ଭ କଲି। ରାସ୍ତାର ଦୁଇପଟେ Pedestrian Path। ହଜାର ହଜାର ଲୋକ ଚାଲୁଥାନ୍ତି ଭିଡ଼ ଭିତରେ। ଜନସ୍ରୋତରେ ମିଶିଗଲି। ରାସ୍ତା ଉପରେ ବିଭିନ୍ନ ପ୍ରକାରର 'ସୋ'। Breakdance, Acrobatics, Jugglery, Fancy Dress, Violin, Guitar ବଜେଇବା ବା ଗୀତ ଗାଇବା ଇତ୍ୟାଦି ଚାଲିଥାଏ। ଏକ ମୁକ୍ତାକାଶ ରଙ୍ଗମଞ୍ଚ ଓ ମଲ୍ ପରି ଲାଗେ। କେବଳ ପଥଚାରୀମାନଙ୍କ ପାଇଁ ଉଦ୍ଦିଷ୍ଟ ଥିବାରୁ ଏହାକୁ Pedestrian Plaza କହନ୍ତି। ଆଫ୍ରିକାନ୍ ଆମେରିକାନ୍ ମାନଙ୍କର Dare Devil Stunt Show ସବୁ ଦର୍ଶକଙ୍କୁ ବାନ୍ଧି ରଖେ। ସବୁ ପ୍ରକାରର Talent Show ପାଇଁ ରାସ୍ତା ଖୋଲା ପଡ଼ିଛି। ଦର୍ଶକମାନେ ଇଚ୍ଛା ହେଲେ ପଇସା ଦେଇପାରନ୍ତି।

ଆଉ ଗୋଟେ କଥା... 'Desnudas'... ଆମ ପାଇଁ ଏକ ନୂଆ ଜିନିଷ। ପୁରୁଣା ଟାଇମ୍ ସ୍କୋୟାର୍‌ର କିଛି ଚିହ୍ନ ଏବେବି ରହିଛି ପ୍ରତୀକାତ୍ମକ ଭାବେ। କେତୋଟି ଜାଗାରେ ଝିଅମାନଙ୍କର Topless Show ଚାଲିଥାଏ। ଉର୍ଦ୍ଧାଙ୍ଗ ସମ୍ପୂର୍ଣ୍ଣ ଖୋଲା ଥାଇ ନିମ୍ନାଙ୍ଗ ୩-୪ ଇଞ୍ଚର ଏକ ସରୁ କପଡ଼ାରେ ଆଚ୍ଛାଦିତ ଥାଏ। ଅବଶ୍ୟ ଉର୍ଦ୍ଧାଙ୍ଗ Skin Color ବା ଅନ୍ୟ ରଙ୍ଗରେ ପେଣ୍ଟିଂ ହୋଇଥାଏ। ନାରୀ ଶରୀର ଅନୁସନ୍ଧିତ୍ସୁମାନଙ୍କ ପାଇଁ ଏକ ଅପୂର୍ବ ସୁଯୋଗ। କିଛି ଡଲାର ବିନିମୟରେ ସେମାନଙ୍କ ସହ ଫଟୋ ନିଆଯାଇପାରେ। ୪-୫ ଜଣ ଅଲଗା ଅଲଗା Shape, Size ଓ ରଙ୍ଗର Desnudas ବୁଲୁଥାନ୍ତି। ମନପସନ୍ଦ ଅନୁସାରେ ଫଟୋ ପାଇଁ ବଛାଯାଇପାରେ। ପଇସା ନଦେଇ ଫଟୋ ଉଠାଇବା ମନା। ପାଖରୁ ଫଟୋ ନେଲେ ସେମାନେ ଜବରଦସ୍ତ ପଇସା ନେଇଯିବେ। ଏଠି ବେଶ୍ୟାବୃତ୍ତି ବି ଚାଲେ ଉଭୟ ଲିଙ୍ଗର। ପୁରୁଷ ବେଶ୍ୟାମାନଙ୍କୁ Hustler କୁହାଯାଏ। କେଇ ଡଲାର ବିନିମୟରେ ଏସବୁ ମିଳିଯାଏ। କିନ୍ତୁ ଏମାନଙ୍କ ପାଇଁ ଅଳ୍ପ କିଛି ସ୍ଥାନ ନିରୁପିତ ହୋଇଛି। ଅବଶ୍ୟ ସେମାନେ ଏହାକୁ ଆର୍ଟ ବୋଲି କହନ୍ତି ନିଜ ଦେହକୁ କାନଭାସ୍‌ରେ ପରିଣତ କରି। ଅଦ୍‌ଭୂତ ଯୁକ୍ତି ! ନାଁ ବାହାନା ?

ବୋଧେ ଆମେରିକାନ୍‌ମାନେ ପୁରୁଣା ଜିନିଷକୁ ସହଜରେ ଛାଡ଼ି ପାରନ୍ତିନି। ଅଳ୍ପ ହେଲେ ବି ପୁରୁଣା ମନ୍ଦ ଜିନିଷରୁ ବି ଟିକେ ଟିକେ ରଖିଥାନ୍ତି Fun ଆଉ Entertainment ପାଇଁ। ତେଣୁ ପୁରୁଣା ଟାଇମ୍ ସ୍କୋୟାର୍‌ର ଚିହ୍ନ ଏସବୁ କେମିତି ଛାଡ଼ି ପାରନ୍ତେ ! ତା'ଛଡ଼ା ଟୁରିଷ୍ଟମାନଙ୍କ ପାଇଁ ଏଇଟା ଗୋଟେ ବଡ଼ କୌତୂହଳ ଆଉ ଆକର୍ଷଣ !

Pedestrian Plaza ର ମଝିରେ ମଝିରେ ଚୌକି ସବୁ ପଡ଼ିଥାଏ ବିଭିନ୍ନ ସୋ' ସବୁ ଦେଖିବା ପାଇଁ। ଏତେ ଭିଡ଼ଭାଡ଼ ଭିତରେ ଶାନ୍ତି ଶୃଙ୍ଖଳା କିନ୍ତୁ ବଜାୟ ରହିଥାଏ। ସବୁଆଡ଼େ ପୋଲିସ ରହିଥାନ୍ତି। NYPD- New York Police Deptt. ଏକ ଅନୁଶାସନବଦ୍ଧ ସୁରକ୍ଷା ବଳ। ଆଇନ୍ ପାଳନ ପାଇଁ ସମାଜର ସବୁ ଶ୍ରେଣୀର ଲୋକମାନଙ୍କୁ ସମାନ ଭାବରେ ଦେଖନ୍ତି। ଆମେରିକାରେ ଆଇନର ହାତ ସତରେ ଲମ୍ବା ଓ ଶକ୍ତ।

ଏମିତି ଚାଲିଚାଲି ଗଲି ଟାଇମ୍ ସ୍କୋୟାର୍ ଶେଷ ପର୍ଯ୍ୟନ୍ତ, Father Duffy Square... ଏଠି ରହିଛି ଆଉ ଏକ ଦର୍ଶନୀୟ ସ୍ଥାପତ୍ୟ... TKTS Booth - Red Stairs. ଟାଇମ୍ ସ୍କୋୟାର, ୱାନ୍ ଟାଇମ୍ ସ୍କୋୟାରରେ ଆରମ୍ଭ ହୋଇ ଶେଷ ହୋଇଛି ଏହି ରେଡ୍ ଷ୍ଟେୟାର୍‌ସ ବା ଲାଲ ପାବଛ ଶ୍ରେଣୀ ନିକଟରେ। ଏହା ପ୍ରସିଦ୍ଧ ବ୍ରଡ଼୍-ୱେ ଥିଏଟର ଗୁଡ଼ିକର ଟିକେଟ୍ ବୁଥ। ସାଧାରଣତଃ ବ୍ରଡ଼-ୱେ ଥିଏଟର ଗୁଡ଼ିକରେ ପ୍ରଦର୍ଶିତ ହେଉଥିବା ନାଟକଗୁଡ଼ିକର ଟିକେଟ୍ ଦାମ୍ ବହୁତ ଅଧିକ। ସାଧାରଣ ଲୋକଙ୍କ କ୍ରୟଶକ୍ତି ବାହାରେ ଥାଏ। କିନ୍ତୁ Tkts ବୁଥ୍‌ରେ ସେଇଦିନର ଟିକେଟ୍ ସବୁ ବେଶ୍ ଶସ୍ତାରେ ମିଳିଯାଏ। ଟୁରିଷ୍ଟମାନଙ୍କ ପାଇଁ ବ୍ରଡ଼-ୱେ ଥିଏଟର ଦେଖିବା ଏକ ଅପୂର୍ବ ସୁଯୋଗ। ତେଣୁ ସେଠି ସଦାବେଳେ ଭିଡ଼ ଲାଗିଥାଏ। ଏହାକୁ ନାଟକ ଟିକଟ ଘର କୁହାଯାଇପାରେ। ମାତ୍ର ଏହାର ସ୍ୱାତନ୍ତ୍ର୍ୟ ରହିଛି। ଲାଲ୍ ଲାଲ୍ କାଚରେ ତିଆରି ପାହାଚଗୁଡ଼ିକ ବୁଥ୍‌ର ଛାତ ହିସାବରେ ବ୍ୟବହାର କରାଯାଏ। ଟାଇମ୍ ସ୍କୋୟାର୍‌ର ଗୋଟିଏ ମୁଣ୍ଡରେ ଥିବାରୁ ଏହି ପାହାଚଗୁଡ଼ିକ ଏକ ଷ୍ଟାଡ଼ିଅମ୍‌ର ସିଟ୍ ପରି କାମକରେ। ଏଠି ବସିଲେ ଟାଇମ୍ ସ୍କୋୟାର୍‌ର ଏମୁଣ୍ଡରୁ ସେମୁଣ୍ଡ ସିନେମା ହଲ୍‌ର ବାଲ୍‌କୋନୀରୁ ବସି ଦେଖିଲା ପରି ଲାଗେ। ଲାଲ୍ କାଚର ପାହାଚ ଉପରେ ଦେଖଣାହାରୀମାନେ ବସିରହନ୍ତି ଅନେକ ସମୟ ସାଙ୍ଗ, ସାଥୀ, ପରିବାର ସହିତ। ପୂରା ଟାଇମ୍ ସ୍କୋୟାର୍‌କୁ ପଛରେ ରଖି ସେଲ୍‌ଫି ନେବା ପାଇଁ ଏହା ଏକ ପ୍ରକୃଷ୍ଟ ସ୍ଥାନ। ତେଣୁ ଏହାକୁ ଟାଇମ୍ ସ୍କୋୟାର୍‌ର ସେଲ୍‌ଫିସ୍ଥାନ୍ କୁହାଯାଇପାରେ।

ପୁଣି ଫେରିଲି ୱାନ୍ ଟାଇମ୍ ସ୍କୋୟାର ପାଖକୁ। ଛିଡ଼ା ହେଲି କିଛି ସମୟ। ରାତି ୯ଟା ହେଲାଣି। ସନ୍ଧ୍ୟା ଉତ୍ତୀର୍ଣ୍ଣ। ଚାରିପଟର ବିଲ୍‌ବୋର୍ଡ଼ ଗୁଡ଼ିକର ଆଲୋକରେ କିନ୍ତୁ ଟାଇମ୍ ସ୍କୋୟାର୍ ଦିନ ଭଳି ଆଲୋକିତ। ଛିଡ଼ା ହେଲି, ଟାଇମ୍ ସ୍କୋୟାର୍ Ball

ସ୍କ୍ରିନ୍ ସାମ୍ନାରେ। ଏହା ଏକ ଅଣଓସାରିଆ କିନ୍ତୁ ଅତି ଉଚ୍ଚତା ବିଶିଷ୍ଟ ବିଲ୍‌ବୋର୍ଡ଼, Panasonic, Sony, Visa ଇତ୍ୟାଦିର ବିଜ୍ଞାପନ ଚାଲିଥାଏ। ଏହି ବିଲ୍‌ବୋର୍ଡ଼ର ବିଶେଷତ୍ୱ ହେଲା... ଏଇଠି ନୂତନ ବର୍ଷ ପାଇଁ ଡିସେମ୍ବର ମାସର କନକନିଆ ଥଣ୍ଡାରେ ଲକ୍ଷଲକ୍ଷ ଲୋକ ଜମା ହୋଇଥାନ୍ତି ନୂଆ ବର୍ଷକୁ ସ୍ୱାଗତ ଜଣାଇବା ପାଇଁ। 'ନୂତନ ବର୍ଷ' ଏଠି ଏକ ବିଶାଳ ଆଲୋକିତ ପେଣ୍ଡୁ ସହିତ ୱାନ୍ ଟାଇମ୍ ସ୍କୋୟାର ବିଲ୍ଡିଂର ଶୀର୍ଷ ଦେଶରୁ ତଳକୁ ଖସିବାର ଦେଖାଯାଏ। ରାତି ୧୧.୫୯ରୁ ବିଲ୍ଡିଂର ଶୀର୍ଷ ଦେଶରୁ ଖସିବା ଆରମ୍ଭ ହୋଇ ଠିକ୍ ୧୨.୦୦ରେ ନିମ୍ନଦେଶରେ ପହଞ୍ଚିଯାଏ। ସମବେତ ଜନତା ଏକସ୍ୱରରେ 10-9-8-7-6...0 Countdownରେ ଲାଗିଥାନ୍ତି, ବଲ୍‌କୁ ନଜରରେ ରଖି। ଲକ୍ଷ ଲକ୍ଷ କ୍ୟାମେରା ଝଲସି ଉଠେ ନୂଆବର୍ଷର ଆଗମନ ମାତ୍ରେ। ପୁରୁଷ, ସ୍ତ୍ରୀ, ଯୁବକ, ଯୁବତୀ ସମସ୍ତେ ପରସ୍ପରକୁ କୋଳାଗ୍ରତ କରନ୍ତି ବା ଚୁମ୍ବନ ଦେଇ ଆନନ୍ଦର ପରିପ୍ରକାଶ କରନ୍ତି। ଟାଇମ୍ ସ୍କୋୟାର୍‌ରେ ଲକ୍ଷ ଲକ୍ଷ ଜନତା ଟାଇମ୍ ସ୍କୋୟାର୍ ବଲ୍‌କୁ ପ୍ରତ୍ୟକ୍ଷ ଭାବରେ ଦେଖିବା ସହିତ କୋଟି କୋଟି ଜନତା ଟିଭିରେ ଦେଖନ୍ତି ପୃଥିବୀ ସାରା।

୧୯୦୭ ମସିହାରୁ ଏହା ପାଳିତ ହୋଇ ଆସୁଛି ୱାନ୍ ଟାଇମ୍ ସ୍କୋୟାର ବିଲ୍ଡିଂ ଦ୍ୱାରା। ୧୨ ଫୁଟ୍ ବ୍ୟାସର ଏହି ବଲ୍‌ବଟି Crystal ରେ ତିଆରି। ୩୨, ୨୫୬ଟି ଏଲ୍ଇଡି ବଲ୍‌ବ, ୧୬ ମିଲିଅନ୍ କଲରରେ ଏହାକୁ ସଜେଇଦେଇ ପାରେ। ଆଜି ଜୁନ୍ ୨୫। ଆହୁରି ୫ ମାସ ଅପେକ୍ଷା କରିବାକୁ ପଡ଼ିବ ଏଠି Time Ball ପାଇଁ !!! ଆଜି ପାଇଁ ଟାଇମ୍ ସ୍କୋୟାରକୁ ବିଦାୟ। 42nd ଷ୍ଟ୍ରିଟ୍ ସବ୍‌ୱେ ଷ୍ଟେସନରୁ 33rd ଷ୍ଟ୍ରିଟ୍ ପାଥ୍ ଓ ସେଠୁ ଜର୍ଣ୍ଣାଲ ସ୍କୋୟାର। ରାତି ପ୍ରାୟ ୧୦.୩୦PM. ରାସ୍ତାଘାଟ ଖାଲି। କାଲିର ମେକ୍ସିକାନ୍ ଫୁଡ୍ ତ ଫ୍ରିଜ୍‌ରେ ଅପେକ୍ଷା କରିଥିବ। ମାଇକ୍ରୋୱେଭ୍‌ରେ ଗରମ କରିବା କଥା। ତେଣୁ ଡିନର ପାଇଁ ଜର୍ଣ୍ଣାଲ ସ୍କୋୟାର ବଜାର ଗଲିନି। ହୋଟେଲରେ ମତେ ଗୋଟେ ମେଣ୍ଟାଲ୍ ସକ୍ ଅପେକ୍ଷା କରିଥିଲା। ମେକ୍ସିକାନ୍ ଫୁଡ୍ ପ୍ୟାକେଟ୍ କିଏ ଖାଇଦେଇଛି ବା ଫୋପାଡ଼ି ଦେଇଛି। ଫ୍ରିଜ୍‌ରେ ନାହିଁ। ଅସୁବିଧା ନାହିଁ, ପରଟା ଓ ଦୋଷା ଏବେବି ଅପେକ୍ଷା କରି ରହିଛି। ଗରମ କରି ଖାଇନେଲି। ଆଜି ପ୍ରାୟ ୫-୭ କି:ମି ପାଦରେ ଚାଲିଛି। ହାଲିଆ ଲାଗୁଥିଲା।

ସାଙ୍ଗସାଥୀଙ୍କ ସହିତ ସନ୍ଧ୍ୟା କଟେଇ ସାରିଲା ପରେ, ବଜାରରେ ହୋଟେଲ ବନ୍ଦ ହୋଇ ସାରିଲା ପରେ ହଠାତ୍ ଘରେ ଆସି ଖାଇବା ନଥିବାର ଅନୁଭବ ଥରେ ଦି'ଥର ହୋଇଛି ବ୍ୟାଚ୍‌ଲର ଥିଲା ବେଳେ। ଆଜି ଆଉଥରେ ସେଇ ଅନୁଭୂତି ପୃଥିବୀର ଏପଟରେ...।

■

ଧ୍ୱଂସ ସ୍ତୁପରୁ ଅକ୍ୟୁଲସ୍‌ର ଉଡ଼ାଣ ଓ ସର୍ଭାଇଭର ଟ୍ରି

୨୭.୦୬.୨୦୧୯ (ଗୁରୁବାର)

ଚାରିଦିନ ହୋଇଗଲାଣି ନ୍ୟୁୟର୍କରେ। କାଲି ଆଲବାନୀ ଯିବାର ଅଛି। ଥୋମାସ୍ କୁକ୍‌ର ଟୁର୍ ୩୦ ଜୁନ୍‌ରୁ ଆରମ୍ଭ ହେବ। ସେମାନଙ୍କ ଟୁର୍ ପ୍ରୋଗ୍ରାମ୍‌ରେ ଗୋଟେ ଦିନ ନ୍ୟୁୟର୍କ ସିଟି ଟୁର୍ ଅଛି। Statue of Liberty ସେମାନେ ଦେଖେଇବେ। ତେଣୁ ତା'କୁ ଛାଡ଼ି ଆଉ ଅନ୍ୟ କିଛି ଐତିହାସିକ ସ୍ଥାନ ବୁଲିବାକୁ ପଡ଼ିବ। ୱାର୍ଲ୍ଡ ଟ୍ରେଡ୍ ସେଣ୍ଟର ଓ Brooklyn Bridge ପ୍ଲାନ୍ କରି ବାହାରିଲି। ଜର୍ଣ୍ଣାଲ ସ୍କୋୟାର ପାଥ୍ ଷ୍ଟେସନରେ ଟ୍ରେନ୍ ପାଇଁ ଅପେକ୍ଷା କରି ବସିଛି। ଦେଖାହେଲା ଗୋଟେ ଭୁବନେଶ୍ୱରର ଓଡ଼ିଆ ପରିବାର ସହିତ। ସେମାନେ ବି WTC ଯାଉଛନ୍ତି ଶୁଣି ଅଧିକ ଉତ୍ସାହିତ ହୋଇ କହିଲି, ଚାଲନ୍ତୁ ସାଙ୍ଗ ହୋଇ ବୁଲିବା। କିନ୍ତୁ ତାଙ୍କ ସ୍ୱରରେ ଏତେ ଉଷ୍ମତା ନଥିଲା ପରି ଲାଗିଲା। ଠିକ୍ ଅଛି, ଅନ୍ୟ ଆଡେ ନଜର ପକେଇଲି। ମେଟ୍ରୋ ଟ୍ରେନ୍ ଭିତରେ ହୋଲିର ଏକ AD Sticker ଦେଖିଲି। ହୋଲି ଆମେରିକାନ୍ ପର୍ବପର୍ବାଣୀ ଲିଷ୍ଟରେ (Christmas, Easter Holiday ପରି) ଯୋଗ ହୋଇଗଲାଣି। ଭାରତୀୟମାନେ ପାଳନ କରୁଛନ୍ତି ଓ ଆମେରିକାନ୍‌ମାନେ ବି ଉପଭୋଗ କରୁଛନ୍ତି। ହୋଲି, ଦିୱାଲି ଏବେ ଆମେରିକାନ୍‌ମାନଙ୍କର ପ୍ରିୟ ସେଲିବ୍ରେସନ୍।

ଜର୍ଣ୍ଣାଲ ସ୍କୋୟାରରୁ WTC ପାଥ୍ ଷ୍ଟେସନ୍ ଦଶ ମିନିଟ୍‌ର ରାସ୍ତା। ଚାରିଦିନ ଦୌଡ଼ାଦୌଡ଼ି ଭିତରେ ପାଥ୍ ବା ସବ୍‌ୱେ ଷ୍ଟେସନ୍ ଗୁଡ଼ିକରେ ଫଟୋ ଉଠାଇନଥିଲି ବା Love Nestରେ ପୋଷ୍ଟ କରିନଥିଲି। ତେଣୁ ଜର୍ଣ୍ଣାଲ୍ ସ୍କୋୟାରର କିଛି ଫଟୋ ସହିତ ଅନ୍ୟ ସବ୍‌ୱେ ଷ୍ଟେସନ୍ ବିଷୟରେ ପୋଷ୍ଟ କରୁଥିଲି ଟ୍ରେନ୍‌ରେ ବସି ବସି।

ଏପର୍ଯ୍ୟନ୍ତ ୩-୪ଟା ମେଟ୍ରୋ ଷ୍ଟେସନ୍ ଦେଖିଥିଲି, ଜର୍ଣ୍ଣାଲ୍ ସ୍କୋୟାର, 33rd Street, 42nd Street ଓ Madison Square Garden. ଏସବୁ ଷ୍ଟେସନ୍ ସବୁ କିନ୍ତୁ ଆମ ଦିଲ୍ଲୀ ମେଟ୍ରୋ ପରି ବଡ଼, ନୂଆ ବା ଆକର୍ଷଣୀୟ ନୁହେଁ। ଭାବିଲି, ନ୍ୟୁୟର୍କରେ ପୁରୁଣା ମେଟ୍ରୋ ଆମ ସରି ନୁହନ୍ତି। ସତରେ ଆମେରିକା ଓ ଲଣ୍ଡନ୍‌ର ମେଟ୍ରୋ ସବୁ ଦେଖିସାରିଲା ପରେ ଦିଲ୍ଲୀ ମେଟ୍ରୋ ଦେଖିଲେ ଖୁସି ଲାଗେ। ସେମାନଙ୍କ ତୁଳନାରେ ଆମର ଷ୍ଟେସନ୍ ଓ ଡବାଗୁଡ଼ିକ ବେଶ୍ ବଡ଼ ଓ ଚିକ୍‌ମିକ୍...। ପହଞ୍ଚିଗଲି WTC, ପାଥ୍ ଷ୍ଟେସନ, ଲାଇନ୍‌ର ଶେଷ ଷ୍ଟେସନ୍। ଏଇଠୁ ଟ୍ରେନ୍ ଫେରିବ। ମେଟ୍ରୋରୁ ଓହ୍ଲାଇ ଚାରିପଟକୁ ଦେଖି ଚାଲୁ ଚାଲୁ ପୋଷ୍ଟ କରିଦେଇଥିଲି ମୋର ମନକୁ ନପାଇବା କଥା......ଏସ୍କାଲେଟରରେ ପହଞ୍ଚିଗଲି WTC ଷ୍ଟେସନ୍‌ର ମେନ୍ କନ୍‌କୋର୍ସରେ... କେଇମିନିଟ୍ ଭିତରେ ୪-୫ ଦିନର ଧାରଣା ଚୁର୍‌ମାର୍ ହୋଇଗଲା। ବୁଝିପାରିଲିନି ମୁଁ କେଉଁଠି ପହଞ୍ଚିଲି। ତଳ ଉପର ଓ ଚାରିପଟକୁ ଦେଖି ହତଚକିତ ହୋଇ ଅଟକିଗଲି। କେଇ ମିନିଟ୍ ପର୍ଯ୍ୟନ୍ତ ହଲ୍‌ଚଲ୍ ନହୋଇ କେବଳ ଛିଡ଼ା ହୋଇ ଦେଖୁଥାଏ। ଓଡ଼ିଆ ପରିବାର କନ୍‌କୋର୍ସ ଭିତରେ କୁଆଡ଼େ ହଜିଗଲେଣି। ସାମ୍ନାରେ ବସିବା ଜାଗା। ଶିମ୍ବ ମଞ୍ଜି ଓ ଫୋଟକା (Bean & Bubble)ର ସମ୍ମିଶ୍ରଣରେ ଏତ ଅଦ୍‌ଭୁତ ଡିଜାଇନ୍‌ର ବେଞ୍ଚ୍ , ଷ୍ଟୁଲ୍ ସବୁ ପଡ଼ିଥାଏ। ବସିପଡ଼ିଲି ତା ଉପରେ। ସଫେଦ୍ ରଙ୍ଗର ବିଶାଳ କନ୍‌କୋର୍ସ ସୂର୍ଯ୍ୟାଲୋକରେ ସମ୍ପୂର୍ଣ୍ଣ ଉଦ୍‌ଭାସିତ। କନ୍‌କୋର୍ସର କାନ୍ଥ, ସିଲିଂ, ଚଟାଣ, ଦୋକାନ ବଜାର ସବୁ ସଫେଦ୍ ରଙ୍ଗରେ ରଙ୍ଗାୟିତ। ଅନ୍ୟ କୌଣସି ରଙ୍ଗର ସତ୍ତା ଦେଖିବାକୁ ମିଳେନି ମୂଳ ଷ୍ଟ୍ରକ୍‌ଚରରେ। କିନ୍ତୁ ସିଲିଂରୁ ଓହଳିଥାଏ ରଙ୍ଗ ବେରଙ୍ଗର (ଲାଲ, ନାରଙ୍ଗୀ ଓ ନୀଳ) ବେଲୁନ୍ ଓ ଆମେରିକାନ୍ National Flag। ସଫେଦ୍ ରଙ୍ଗର ଚାଦର ଉପରେ ରଙ୍ଗୀନ୍ ଛଟା, ଅତି ଚମତ୍କାର ରଙ୍ଗର ସମନ୍ୱୟ। ୪୦୦ ଫୁଟ୍ ଲମ୍ବା, ୨୦୦ ଫୁଟ୍ ଓସାର ଓ ୧୦୦ ଫୁଟ୍ ଉଚ୍ଚତାର ଏହି କନ୍‌କୋର୍ସଟି ଆଧୁନିକ ସ୍ଥାପତ୍ୟ ବିଦ୍ୟାର ଏକ ବିସ୍ମୟ। ନଦେଖିଲେ କେହି ବିଶ୍ୱାସ କରିପାରିବନି ଯେ ଏପରି ଏକ ସଂରଚନା (Structure) ସମ୍ଭବ। ଏତେବଡ଼ କନ୍‌କୋର୍ସ ହଲ୍‌ର ମଝାମଝି Column / Pillar ଦେଖିବାକୁ ପାଇଲିନି। ଅତି ଚତୁର ଭାବେ ପିଲାର ସବୁ ସଂରଚନାର ଦୁଇପଟେ ଖଞ୍ଜି ଦିଆଯାଇଛି। ଭିତରୁ ଦେଖିଲେ ଏକ ବିଶାଳ ତିମି ମାଛର ପଞ୍ଜରା (Skeleton) ଭିତରେ ରହିଲା ପରି ଲାଗେ। ହଜାର ହଜାର ଲୋକ ଯିବା ଆସିବା କରୁଥିଲେ ବି ଆମ ଷ୍ଟେସନ୍‌ଗୁଡ଼ିକ ପରି ଘୋ ଘୋ ଶବ୍ଦ ଶୁଭେନି। ଚମତ୍କାର ଆକଷ୍ଟିକ୍‌ସର ସଂଯୋଜନା। ଏଥର ଜାଣିବା, ପୃଥିବୀର ଏଇ ସୁନ୍ଦରତମ ଓ ସବୁଠୁ ବେଶୀ ଖର୍ଚ୍ଚ ହୋଇଥିବା ଟ୍ରାନ୍ସପୋର୍ଟ ହବ୍ (ପରିବହନ କେନ୍ଦ୍ର) ବିଷୟରେ ବିସ୍ତୃତ ଭାବରେ।

ଆଗରୁ କହିଛି ନ୍ୟୁୟର୍କର ସମସ୍ତ ନାଗରିକ ସୁବିଧା ସବୁ ପୋର୍ଟ ଅଥରିଟିର ମାଲିକାନାରେ ଥାଏ। କିନ୍ତୁ ହଡ଼ସନ୍ ନଦୀ ଆରପଟେ ନିଉଜର୍ସି ଷ୍ଟେଟ୍‌ର ଜର୍ସି ସିଟି, ନ୍ୟୁୟର୍କର ଅଭିନ୍ନ ଅଙ୍ଗ ପରି। ତେଣୁ ଏ ଦୁଇ ସହର ଭିତରର ଜନସେବା ସୁବିଧା ଓ ଗମନାଗମନ ସୁବିଧା ଦୁଇ ସହରର ସହ-ମାଲିକାନାରେ ରହିଛି। ପାଥ୍ ହେଉଛି ସେଇଭଳି ଏକ ସଂସ୍ଥା ଯାହାକି ନ୍ୟୁୟର୍କ ଓ ଜର୍ସି ସିଟି ଭିତରେ କାମ କରେ। ପାଥର ଅସଲ ନାଁ ହେଉଛି Port Authority Trans Hudson (PATH). ତେଣୁ ଜର୍ସି ସିଟି ଓ ନ୍ୟୁୟର୍କ ଭିତରର ଭୂତଳ ରେଳ ସିଷ୍ଟମ୍‌କୁ କହନ୍ତି ପାଥ୍। ନ୍ୟୁୟର୍କ ସହର ଭିତରର ଭୂତଳ ରେଳ ସିଷ୍ଟମକୁ କହନ୍ତି ସବ୍‌ୱେ ।

୯/୧୧ର ଆତଙ୍କବାଦୀ ଆକ୍ରମଣରେ WTC ରେ ଥିବା Twin Tower ର ପତନ ସହିତ WTC ପାଥ୍ ଷ୍ଟେସନ୍ ବି ଧ୍ୱସ୍ତ ବିଧ୍ୱସ୍ତ ହୋଇଯାଇଥିଲା। North Tower ୮.୪୬ AM ରେ ହିଟ୍ (Hit) ହେବା ସଙ୍ଗେ ସଙ୍ଗେ Jet Fuel, Elevator Shaft ଦେଇ ପାଥର ଗ୍ରାଉଣ୍ଡ ଫ୍ଲୋର୍ ମଲ୍‌ରେ ପ୍ରବେଶ କରିଗଲା। Fire Ball ସମ୍ପୂର୍ଣ୍ଣ ମଲ୍‌କୁ ଆଚ୍ଛାଦିତ କରିଦେଲା। ସମ୍ପୂର୍ଣ୍ଣ ପାଥ୍ ଷ୍ଟେସନ୍ ଧୂଆଁରେ ଭରିଗଲା। କିନ୍ତୁ Automatic Fire Sprinkler କାମ କରିଗଲା। ପାଣି ଛିଞ୍ଚିଲାରୁ ଅଧିକ ନିଆଁ ଲାଗିଲାନି। କିନ୍ତୁ କିଛି ଅଂଶ ଧସି ପଡ଼ିଲା। ୯/୧୧ ପରେ କିଛିଦିନ ପାଥ୍ ଅସ୍ଥାୟୀ ଷ୍ଟେସନ୍‌ରୁ ଚାଲିଲା।

ଆମେରିକାନ୍‌ମାନେ ସ୍ଥିର କଲେ ନୂଆ WTC ତିଆରି କରିବେ ଧ୍ୱଂସସ୍ତୂପ ଭିତରୁ ପୂର୍ବ ଅପେକ୍ଷା କାହିଁ କେତେ ଗୁଣରେ ସରସ ସୁନ୍ଦର କରି। 'Rising like Phoenix from Ashes'. ପାଉଁଶ ତଳୁ ଫିନିକ୍ସ ପକ୍ଷୀ ଉଠିଲା ପରି ଭୂମି ଉପରେ ୧୬ ଏକର ଜାଗାରେ WTC ର ବିଭିନ୍ନ ନୂଆ ବିଲ୍ଡିଂ ଓ ନାଗରିକ ସୁବିଧା ସବୁ ରହିବ। କିନ୍ତୁ ଭୂମିତଳେ ବି ଆଧୁନିକ ବିଜ୍ଞାନ ଓ କାରିଗରୀର ଉତ୍କର୍ଷତା ପ୍ରମାଣ କରିବାକୁ ପଡ଼ିବ। ବିଶ୍ୱକୁ ଚମତ୍କୃତ କରିଦେଲା ପରି ଟ୍ରାନ୍ସପୋର୍ଟ ହବ୍‌ର ପରିକଳ୍ପନା କରାଗଲା। ବିଖ୍ୟାତ Spanish Architect, Santiago Calatrava ଏହାର ଡିଜାଇନ୍ କଲେ। $୨.୦୦ ବିଲିଅନ୍ ବଜେଟ୍‌ରୁ ଆରମ୍ଭ ହୋଇ $୪.୦୦ ବିଲିଅନ୍‌ରେ ଚୂଡ଼ାନ୍ତ ହେଲା। ଏଥିରୁ କାଲାଟ୍ରାଭାଙ୍କ ଫି' କେବଳ $ ୮୦.୦୦ ମିଲିଅନ୍ । ସ୍ୱିଡ଼େନ୍‌ର ସ୍କାନ୍‌ସ୍କା କମ୍ପାନୀକୁ ନିର୍ମାଣ ଦାୟିତ୍ୱ ଦିଆଗଲା। ଭୂମିତଳେ ୪ଟି ଲେଭେଲ ଓ ଭୂମି ଉପରେ ଏକ ବିରାଟ ସଂରଚନା (Structure), OCCULUS ର ପରିକଳ୍ପନା କଲେ। ଏକ ଶ୍ୱେତ ଇସ୍ପାତ୍ କପୋତ ଆକାଶକୁ ଉଡ଼ିଯାଉଥିବାର ଦୃଶ୍ୟ। ଏକ ଛୋଟ ଶିଶୁ କପୋତଟିକୁ ନୀଳ ଆକାଶକୁ ମୁକ୍ତ କରି ଦେଉଥିବାର ମୁହୂର୍ତ୍ତ... ସ୍ୱାଧୀନତାର ପ୍ରତୀକ... ଏଥର ଦେଖିବା ଏହି ସ୍ଥାପତ୍ୟର ବିଶେଷତ୍ୱ ସବୁ।

ସମଗ୍ର ଅକ୍ୟୁଲସଟି ଏକ Prefabricated Steel Structure. ୩୫୦ଫୁଟ୍ ଲମ୍ବା, ୧୧୫ ଫୁଟ୍ ଓସାର ଓ ୧୦୦ ଫୁଟ୍ ଉଚ୍ଚତାର ସଂରଚନା। ଭୂମି ଉପରୁ ଛାତ ପର୍ଯ୍ୟନ୍ତ Transluscent Glass Sheet ରେ ତିଆରି। ସିଲିଙ୍ଗ୍‌ର ଶୀର୍ଷ ଦେଶରେ ୩୩୦ ଫୁଟ୍ ଲମ୍ବାର ଏକ ସ୍କାଏ ଲାଇଟ୍ ଯାହାକି ଖୋଲା ଯାଇପାରେ ଆକାଶକୁ। ଖୋଲିଦେଲେ ନ୍ୟୁୟର୍କର ଆକାଶ ସହିତ WTC ର ସ୍କାଏସ୍କ୍ରାପର୍ ଗୁଡ଼ିକ ଦୃଶ୍ୟମାନ ହୁଅନ୍ତି। ସେପ୍ଟେମ୍ବର ୧୧ ତାରିଖ ଦିନ ୯/୧୧ର ସ୍ମୃତି ଉଦ୍ଦେଶ୍ୟରେ ଏହା ୧୦୨ ମିନିଟ୍ ପାଇଁ ଖୋଲା ରହେ। North Tower Hit ଓ South Tower ର ପତନର ସମୟ ବ୍ୟବଧାନ ହେଉଛି ୧୦୨ ମିନିଟ୍। ସୂର୍ଯ୍ୟଙ୍କର ଉତ୍ତରାୟଣ ସମୟର ରଶ୍ମୀ ସ୍କାଏ ଲାଇଟ୍ ମଧ୍ୟ ଦେଇ ଅକ୍ୟୁଲସ୍ ଭିତରେ ସିଧା ପଡ଼ିବା ପାଇଁ ଡିଜାଇନ୍ ହୋଇଛି। ସ୍ଥପତି କାଲାଟ୍ରାଭାଙ୍କ ଭାଷାରେ ଅକ୍ୟୁଲସ୍, ଷ୍ଟିଲ୍, ସିମେଣ୍ଟ ଓ ଆଲୋକରେ ତିଆରି। (Building is built with Steel, Cement & Light) ଟ୍ରାନ୍ସଲୁସେଣ୍ଟ ଗ୍ଲାସ୍ ଯୋଗୁଁ ବିଲ୍ଡିଂର କୋଣ ଅନୁକୋଣ ମୁକ୍ତ ଆଲୋକରେ ସ୍ନାନ କରୁଥାଏ। ଏପରିକି ତଳ ଲେଭେଲ୍‌ରେ ଥିବା ପ୍ଲାଟ୍‌ଫର୍ମ ବି ଆଲୋକିତ ହୁଏ। ଦିନବେଳେ ସୂର୍ଯ୍ୟାଲୋକର ସମ୍ପୂର୍ଣ୍ଣ ଉପଯୋଗ ପାଇଁ ଇଲେକ୍ଟ୍ରିସିଟିର ବହୁତ କମ୍ ଖର୍ଚ୍ଚ ହୋଇଥାଏ। ଇଲେକ୍ଟ୍ରିସିଟିର ଖର୍ଚ୍ଚ କମ୍ କରିବା ପାଇଁ ଏୟାର କୁଲିଂ ମେସିନ୍‌ରେ ହଡ଼ସନ୍ ନଦୀର ଥଣ୍ଡା ଜଳ ବ୍ୟବହୃତ ହୁଏ।

Bubble Bean Benchରେ ମୁଁ ବସି ଭାବୁଥାଏ ସିଲିଙ୍ଗ୍‌କୁ ଦେଖି ଦେଖି, ଓସାମା ବିନ୍ ଲାଡ଼େନ୍ କ'ଣ ଭାବି ଏତେ ବଡ଼ କାଣ୍ଡ କଲା ? ମାନବ ସଭ୍ୟତାର ଇତିହାସ ପୃଷ୍ଠାରେ ନାଁ ରଖିଦେଲା ସତ, କିନ୍ତୁ ଆମେରିକାନ୍ ସ୍ୱାଭିମାନକୁ କ'ଣ ସତରେ ଭୂଲୁଣ୍ଠିତ କରିପାରିଲା ? ? ଆମେରିକାନ୍‌ମାନେ ଆହତ ହେଲେ ସତ, ମାତ୍ର ଇତିହାସର ପରପୃଷ୍ଠାରେ ନିଜ ସଭ୍ୟତାକୁ ଆହୁରି ଶୀର୍ଷକୁ ନେଇଗଲେ। ପୁଣି ଭାବିଲି, ଦୁଇଟି ମାନବୀୟ ଶକ୍ତି ବିନ୍ ଲାଡ଼େନ୍ ଓ ଆମେରିକାନ୍ ଜାତୀୟତା, ସଇତାନ୍ ଓ ଈଶ୍ୱରୀୟ ଚେତନାର ପ୍ରତୀକ। ବିନ୍ ଲାଡ଼େନ ଦ୍ୱାରା ଟ୍ୱିନ୍ ଟାୱାରକୁ ଧ୍ୱସ୍ତ କରି ସଇତାନ୍ ଭାବୁଥିଲା... ଈଶ୍ୱରଙ୍କ ପ୍ରେରିତ ବିଜ୍ଞାନର ସର୍ବୋତ୍କୃଷ୍ଟ ଉପଲବ୍ଧିକୁ ପୃଥିବୀ ପୃଷ୍ଠରୁ ଲିଭେଇଦେବ। କିନ୍ତୁ ସେ କ'ଣ ଜାଣିଥିଲା, ଈଶ୍ୱରଙ୍କ ସୃଷ୍ଟିର ସୀମା ସରହଦ୍ ? ସୀମାହୀନ କଳ୍ପନାର ସ୍ୱପ୍ନ ହିଁ ସେ ମାନବକୁ ଦେଖାନ୍ତି। ବାସ୍, ମାନବ ଚଢ଼ି ଯାଉଥାଏ ସୋପାନ ପରେ ସୋପାନ ସେଇ ଦିବ୍ୟ ଆଲୋକ ଆଡ଼କୁ...। ଏବେ କିନ୍ତୁ ବିନ୍ ଲାଡ଼େନ୍ ସଇତାନ୍ ପାଖରେ ରହି ମଥା ପିଟୁଥିବ, "ମୁଁ କାହିଁକି ଏମିତି କଲି ?" ଆମେରିକାନ୍‌ମାନେ ତ ପୂର୍ବାପେକ୍ଷା ଅଧିକ ସୁନ୍ଦର WTC ଗଢ଼ି ତୋଳିଲେ। ଈଶ୍ୱର କିନ୍ତୁ ହସୁଥିବେ......

କନ୍‌କୋର୍ସର ଦିଓଟି ଲେଭେଲ୍ ମଲ୍‌ର ଦିପଟେ ପୃଥିବୀର ସମସ୍ତ Prestigious Brand ଗୁଡ଼ିକର ବିପଣୀ। ମନଲୋଭା ଖାଦ୍ୟର ରେସ୍ତୋରାଁ ସବୁ ରହିଥାଏ। ସବୁ କିନ୍ତୁ ସଫେଦ୍ ହିଁ ସଫେଦ୍। ପାର୍ଶ୍ୱ କଲମ୍‌ଗୁଡ଼ିକୁ ଗୋଟିଏ ମୁଣ୍ଡରୁ ଦେଖିଲେ ସଫେଦ୍ ରଙ୍ଗ ଓ ଆଲୋକର ମ୍ୟାଜିକ୍ ଦୁଇଟି ସମାନ୍ତରାଳ ଦର୍ପଣରେ ଅସରନ୍ତି ପ୍ରତିବିମ୍ବର ଭ୍ରମ ସୃଷ୍ଟି କରନ୍ତି ଆଖି ପାଇଲାଯାଏ (୪୦୦ ଫୁଟ୍ ଲମ୍ବା)।

ଅକ୍ୟୁଲସ୍ ଭିତରୁ ବାହାରକୁ ଆସିଲି ସମ୍ପୂର୍ଣ୍ଣ ସମ୍ମୋହିତ ଅବସ୍ଥାରେ। ଗ୍ରିନ୍‌ୱିଚ୍ ଷ୍ଟ୍ରିଟ୍ ରେ ଭୂମି ପୃଷ୍ଠରୁ ଏହାର ଚେହେରା ଆହୁରି ଆକର୍ଷକ ଓ ପ୍ରାଣବନ୍ତ। ଅକ୍ୟୁଲସ୍ ଭିତରେ ଥିଲେ ଏକ ବିଶାଳ ତିମି ସ୍କେଲିଟନ୍ ଭିତରେ ଥିଲାପରି ଲାଗେ। କିନ୍ତୁ ବାହାରକୁ ଆସି ଦେଖେତ ଅକ୍ୟୁଲସ୍ ଆକାଶ ସହ କଥା କହୁଥାଏ। ଏହା ଏକ ଉଡ଼ିବା ଆରମ୍ଭ କରୁଥିବା କପୋତର ଡିଜାଇନ୍। କପୋତଟିର ଡେଣାର Rib ଗୁଡ଼ିକ ଭୂମି ପୃଷ୍ଠରୁ ୧୬୮ ଫୁଟ୍ ଉଚ୍ଚତା ପର୍ଯ୍ୟନ୍ତ ଆକାଶରେ ଉଠିଯାଇଛନ୍ତି ଯେ କୌଣସି ମୁହୂର୍ତ୍ତରେ ଉଡ଼ିଯିବା ପାଇଁ।

ଜୁଲାଇ ୨୦୦୮ରୁ ଆରମ୍ଭ ହୋଇ ମାର୍ଚ୍ଚ ୨୦୧୬ରେ ଏହାର ନିର୍ମାଣ ଶେଷ ହେଲା।

ସବୁ ସୁନ୍ଦର ଜିନିଷର ସମାଲୋଚନା ଥାଏ। କିଛି ଲୋକଙ୍କର ସମାଲୋଚନା ଏକ ପେଷା ଓ ନିଶା। ଏତେ ସୁନ୍ଦର ଜିନିଷର ପ୍ରଶଂସା ଛଡ଼ା ଅନ୍ୟ ଭାବ ମୋ ମନରେ ତ ଆସିଲାନି। କିନ୍ତୁ ନ୍ୟୁୟର୍କର ଅଗ୍ରଣୀ ନ୍ୟୁଜ୍ ପେପର, ନ୍ୟୁୟର୍କ ଟାଇମ୍‌ସ, ସମ୍ପାଦକୀୟରେ ଲେଖିଲା- “World’s most obscenly overpriced commuter rail station and possibly the ugliest”. (ପୃଥିବୀର ସବୁଠୁ ଅଶ୍ଳୀଳ, ମହଙ୍ଗା ରେଲଷ୍ଟେସନ, ବୋଧହୁଏ ସବୁଠୁ ବେଶୀ କୁରୂପ ବି) ଏତିକିରେ ସରିଲାନି - ପୁଣି କହିଲେ- “Giant Grey white Jurassic Space Insect”। (ମହାକାୟ ଧୂସର-ସଫେଦ୍ ଜୁରାସିକ୍ ମହାକାଶୀୟ କୀଟ)। ବୋଧହୁଏ ବିନ୍ ଲାଡ଼େନ୍‌ର ଜ୍ଞାତିକୁଟୁମ୍ବ କିଛି ଏବେବି ପୃଥିବୀ ପୃଷ୍ଠରେ ରହିଯାଇଛନ୍ତି, ଯାହା ମସ୍ତିଷ୍କରେ ହିଁ ପୃଥିବୀ ବାହାରୁ ଆସିଥିବା ପରଭୋଜୀ କୀଟ ସବୁ ବାସ କରୁଥାନ୍ତି !

ଅକ୍ୟୁଲସ୍‌ରୁ ବାହାରିଲେ World Trade Centre. WTC କହିଲେ ୯/୧୧ରେ ଭୂପତିତ ହୋଇଥିବା ଦୁଇଟି ସ୍କାଏ ସ୍କ୍ରାପରକୁ ଆମେ ବୁଝୁ। କିନ୍ତୁ WTC, ନ୍ୟୁୟର୍କର ଲୋଅର ମାନହଟ୍ଟାନ୍‌ରେ ୧୬ ଏକର ଜମିରେ ଥିବା ୭ଟି ସ୍କାଏସ୍କ୍ରାପରକୁ ନେଇ ୧୯୭୧ରେ ତିଆରି ହୋଇଥିଲା। ପୃଥିବୀ ଯାକର Trade ଆଉ Commerce (ବାଣିଜ୍ୟ, ବ୍ୟାପାର)କୁ ଯୋଡ଼ିବାର ଉଦ୍ଦେଶ୍ୟ ନେଇ ଏହା ଗଢ଼ା ହୋଇଥିଲା।

WTC Association ପୃଥିବୀ ସାରା ବ୍ୟାପ୍ତ ଏକ ସଂସ୍ଥା । ପୃଥିବୀର ୧୦୦ଟି ବଡ଼ବଡ଼ ସହରରେ WTC ର ୩୫୦ଟି ଶାଖା ଅଫିସ ସବୁ ରହିଛି ।

ହଁ, ନ୍ୟୁୟର୍କର WTC ରେ ସାତଟି ସ୍କାଏସ୍କ୍ରାପର୍ ଥିଲା । (One WTC, Two WTC, Three WTC, Four WTC, Five WTC, Six WTC ଓ Seven WTC) ସେଥିରୁ One WTC ଓ Two WTC ଉଚ୍ଚତମ ଓ ବିଖ୍ୟାତ ଥିଲା । ଏମାନଙ୍କୁ ନର୍ଥ ଟାୱାର, ସାଉଥ୍ ଟାୱାର ସହିତ ଟ୍ୱିନ୍ ଟାୱାର କୁହାଯାଉଥିଲା । WTCର ଏ ଦୁହେଁ ମୁକୁଟ ମଣି ସଦୃଶ ଥିଲେ । ଆମେରିକା ଯାଉଥିବା ସବୁଲୋକଙ୍କ ମନରେ ଟ୍ୱିନ୍ ଟାୱାର ଦେଖିବାର ଇଚ୍ଛା ରହୁଥିଲା । ୧୩୫୦ ଫୁଟ୍,୧୧୦ ମହଲା ବିଶିଷ୍ଟ One WTC, ସେ ସମୟରେ ପୃଥିବୀର ଉଚ୍ଚତମ ସ୍କାଏସ୍କ୍ରାପର୍ ରହିଥିଲା - ୧୯୭୩ରୁ ୨୦୦୧ ମସିହା ପର୍ଯ୍ୟନ୍ତ । ୯/୧୧/୨୦୦୧ ମାନବ ଇତିହାସରେ ଏକ କଳା ଦିବସ । ଆତଙ୍କବାଦୀ ସଂଗଠନ ଅଲକାଏଦା, ଆତଙ୍କୀମାନଙ୍କୁ ବ୍ୟବହାର କରି ଦୁଇଟି ବିମାନ ଅପହରଣ କରିନେଇ ଏଇ ଦୁଇ ଟାୱାରରେ ପିଟି ଦେଇଥିଲା । ଦୁଇଟି ଯାକ ଟାୱାର ତାସ୍‌ର ଘର ପରି ଖସି ପଡ଼ିଲେ । ଆମେରିକାନ୍ ସୋସାଇଟିକୁ ବୃହତ୍ତମ ଧକ୍କା । ଦ୍ୱିତୀୟ ବିଶ୍ୱଯୁଦ୍ଧରେ ତିନି ଦେଶର ସମ୍ମିଳିତ ଅକ୍ଷଶକ୍ତି (Axis Power)ର ସୈନ୍ୟ ବଳ ଯାହା କରିପାରିନଥିଲେ, ଏକ ତୃତୀୟ ବିଶ୍ୱ ଦେଶରେ, ଅନାମଧେୟ ସ୍ଥାନରେ ବସି ଜଣେ ଅଜ୍ଞାତ ଆତଙ୍କବାଦୀ ୮-୧୦ଜଣ ଧର୍ମାନ୍ଧ ବ୍ୟକ୍ତିଙ୍କୁ ନେଇ ଆଟଲାଣ୍ଟିକ୍ ପାର ହୋଇ ସେୟା କରିଦେଲା । ଟ୍ୱିନ୍ ଟାୱାର ଭାଙ୍ଗିପଡ଼ିବା ସହିତ Three WTC, ମାରିଅଟ୍ ହୋଟେଲ ବି ପଡ଼ିଗଲା ଓ ଅନ୍ୟ ଚାରିଟି ବିଲ୍ଡିଂ ବି ମରାମତି ନହୋଇ ପାରିଲା ଭଳି କ୍ଷତିଗ୍ରସ୍ତ ହେଲେ । ତେଣୁ ସମ୍ପୂର୍ଣ୍ଣ WTC କମ୍ପ୍ଲେକ୍ସକୁ ନୂଆ କରି ଗଢ଼ିବାକୁ ଏହାର ମାଲିକ ପୋର୍ଟ ଅଥରିଟି ଚିନ୍ତା କଲା । ପୃଥିବୀର ବିଖ୍ୟାତ ସ୍ଥପତିମାନଙ୍କୁ ପରାମର୍ଶ କରାଗଲା । ଏଥର ପୋର୍ଟ ଅଥରିଟି, ଆମେରିକାନ୍ ସ୍ପିରିଟ୍‌କୁ ସମ୍ମାନ ଦେବା ପାଇଁ ଅଲଗା କିଛି କରିବା ପାଇଁ ଠିକ୍ କଲେ । ଘୃଣାର ମାନସିକତାରୁ ଉଠି ବିଶ୍ୱ ମୈତ୍ରୀ ଓ ପ୍ରେମର ସନ୍ଦେଶ ଦେବାକୁ ଭାବିଲେ ।

ପୂର୍ବ ପରି କେବଳ ବ୍ୟବସାୟିକ କୋଠାବାଡ଼ି ତିଆରି ନକରି ବିଶ୍ୱ ମୈତ୍ରୀ ପାଇଁ ବିଭିନ୍ନ ପ୍ରକାରର ସ୍ଥାପତ୍ୟର ପରିକଳ୍ପନା କରାଗଲା । ସେଗୁଡ଼ିକ ହେଲା-

1) Eternity Water Fall : ଟ୍ୱିନ୍ ଟାୱାରର ଧ୍ୱଂସସ୍ଥଳୀ Ground zero ଉପରେ ଟାୱାର ତିଆରି ନକରି ୯/୧୧ରେ ଶହୀଦ୍ ହୋଇଥିବା ବ୍ୟକ୍ତିମାନଙ୍କ ସ୍ମୃତିରେ ଦୁଇଟି Eternity Water Fall and Pool(ଚିରନ୍ତନ ପ୍ରପାତ ଓ ପୁଷ୍କରିଣୀ) ରଖାଗଲା ଆଗାମୀ ଜେନେରେସନକୁ ମୈତ୍ରୀର ବାର୍ତ୍ତା ଦେବା ପାଇଁ ।

2) Freedom Tower - WTC ସବୁଠାରୁ ଗୁରୁତ୍ୱପୂର୍ଣ୍ଣ ବିଲ୍ଡିଂ। ପରବର୍ତ୍ତୀ କାଳରେ ତା'ର ନାଁ One World Trade Centre ରଖାଗଲା।

3) ମାନବ ସ୍ୱାଧୀନତା ଉଦ୍ଦେଶ୍ୟରେ Liberty Park.

4) ଈଶ୍ୱରଙ୍କ ଅସ୍ତିତ୍ୱକୁ ଉପଲବ୍ଧି କରିବା ପାଇଁ Greek Orthodox Church.

5) 9/11 ଆକ୍ରମଣର Memorial Museum,

6) Liberty Park Glade.

7) WTC Path Station.

8) 2 WTC, 3 WTC, 4 WTC, 5 WTC ଓ 7 WTC ନାଁରେ ପାଞ୍ଚଟି ସ୍କାଏ ସ୍କ୍ରାପର।

2 WTC ଓ 5 WTC କୁ ଛାଡ଼ି, ଜୁନ୍ ୨୦୧୯ ସୁଦ୍ଧା ଏ ସମସ୍ତ ବିଲ୍ଡିଂ ଓ ମେମୋରିଆଲ୍ ତିଆରି ସରିଲାଣି। ଏଥର ଚାଲନ୍ତୁ ଦେଖିବା ଅନ୍ୟ ଜନିଷଗୁଡ଼ିକୁ। ଅକ୍ୟୁଲସ୍‌ରୁ ବାହାରିଲେ ୩୦-୪୦ ମିଟର ଦୂରରେ ୯/୧୧ ମେମୋରିଆଲ। ୮ ଏକର ଜମିରେ Liberty Park, Museum, Park Glade ଓ Eternity Waterfall and Pool.

ଆମେରିକାନ୍‌ମାନେ ନିଜର ଅତୀତ ସଂରକ୍ଷିତ କରି ରଖିବାକୁ ଭଲପାନ୍ତି ଯେତେ ତିକ୍ତ ହେଲେବି। ସେମାନେ ଚାହିଁଥିଲେ ପୁରୁଣା ଟାୱାର ଉପରେ ଆହୁରି ଉଚ୍ଚ ଟାୱାର ଦୁଇଟି ଗଢ଼ିପାରିଥାନ୍ତେ। ମାତ୍ର ସେମାନେ ଚାହିଁଲେ ତାଙ୍କର ଗତକାଲିର ଝର୍କା ଖୋଲା ରଖିବାକୁ ପରବର୍ତ୍ତୀ ପିଢ଼ି ପାଇଁ। "Lest We Forget – ନହେଲେ ଆମେ ଭୁଲିଯିବା।" ସେଥିପାଇଁ ସେମାନେ ଏକ ସ୍ମାରକୀ ଗଢ଼ିବାକୁ ସ୍ଥିର କଲେ। ମେମୋରିଆଲ୍ ପାଇଁ ଇସ୍‌ରାଏଲି ଆର୍କିଟେକ୍ଟ Michael Arad ଙ୍କ ଡିଜାଇନ୍ ଚୂଡ଼ାନ୍ତ ହେଲା... ଗ୍ରାଉଣ୍ଡ୍ ଜିରୋ ଉପରେ ଗଢ଼ା ହୋଇଛି Reflective Absence... (ପ୍ରତିଫଳିତ ଅନୁପସ୍ଥିତି) ନାଁରେ ଦୁଇଟି Eternity Pool। ଏହି ପୁଲ୍ ଦୁଇଟିକୁ ଘେରି ରହିଛି Liberty Park, ଓ ୯/୧୧ ମ୍ୟୁଜିୟମ୍।

Reflective Absence... ୧୯୨ft x ୧୯୨ft x ୩୦ft ର ଏକ ବର୍ଗାକାର ପୁଷ୍କରିଣୀ ଓ ଜଳପ୍ରପାତ। ୩୦ଫୁଟ୍ ଉଚ୍ଚ ଗ୍ରାନାଇଟ୍ କାନ୍ଥ ଉପରକୁ ପାଣି ଉଠି ପୁଣି ଝରିଯାଉଥାଏ ତଳେ ଥିବା ପୁଷ୍କରିଣୀକୁ ଓ ପୁଷ୍କରିଣୀ ମଧ୍ୟ ଭାଗରେ ଥିବା ଆଉ ଏକ ବର୍ଗାକାର ଗର୍ତ୍ତ ମଧ୍ୟକୁ। ମିନିଟ୍‌କୁ ୨୬,୦୦୦ ଗ୍ୟାଲନ୍ ପାଣି ବହି ଚାଲିଥିଲେ ବି ଏହି ଗର୍ତ୍ତ କେବେ ବି ଭର୍ତ୍ତି ହୁଏ ନାହିଁ। ଗ୍ରାନାଇଟ୍ ୱାଲ ଦେଇ ମୁକ୍ତା ପରି ପାଣି ଝରିଯିବାର ଦୃଶ୍ୟ ଓ ସର୍‌ସର୍ ଶବ୍ଦ ଆମେରିକାନ୍ ମାନଙ୍କର ଲୁହ ଓ କୋହର ପ୍ରତୀକ

ପରି ମତେ ଲାଗିଲା। ପୁଷ୍କରିଣୀର ବ୍ରୋଞ୍ଜ ପାରାପେଟ୍ ଉପରେ ୯/୧୧ ଓ ଅନ୍ୟ ସମୟରେ ଆତଙ୍କବାଦୀ ଆକ୍ରମଣରେ WTC ରେ ମୃତ୍ୟୁ ଲାଭ କରିଥିବା ୨୯୭୭ ଜଣ ବ୍ୟକ୍ତିଙ୍କର ନାଁ ଖୋଦିତ ହୋଇ ରହିଛି। ଅନ୍ତିମ ସମୟରେ ଯିଏ ଯେଉଁଠି ଥିଲେ, ସେଇ ଅନୁସାରେ ନାଁ ଗୁଡ଼ିକ ପାଖାପାଖି ରହିଚି। ଦଶଜଣ ଅନ୍ତସତ୍ତ୍ୱା ମହିଳାଙ୍କ ନାମ ସହିତ ଲେଖା ହୋଇଛି 'Her Unborn Child'। ପରିଜନମାନେ ନିଜ ନିଜର ଅନ୍ତରଙ୍ଗ ବ୍ୟକ୍ତିର ନାମ ପାଖରେ ଫୁଲ ରଖିଦିଅନ୍ତି। ଏଠି ଦେଖିଲି ତିନି ଚାରି ଜଣ ଭାରତୀୟଙ୍କ ନାଁ। ଆମେ ବି ଆମେରିକାର ଏତେବଡ଼ ଟ୍ରାଜେଡ଼ିରେ ଅଂଶୀଦାର। ଆଉ ସେମାନେ ଆମକୁ ମନେ ରଖିଛନ୍ତି। ଦୁଃଖ ସହ ଖୁସୀ ବି ଲାଗିଲା। କୃତଜ୍ଞ ଏ ଜାତି ପ୍ରତି ମୁଣ୍ଡ ନଇଁଗଲା। ଯଥାର୍ଥରେ ଏହାର ନାମ 'ପ୍ରତିଫଳିତ ଅନୁପସ୍ଥିତି।' ପୁଷ୍କରିଣୀର ପ୍ରତିଟି ଇଞ୍ଚରେ ୩୦୦୦ ଲୋକଙ୍କର ଅନୁପସ୍ଥିତି ପ୍ରତିଫଳିତ ହେଉଥିବାର ଉପଲବ୍ଧି କରିହୁଏ। କିଛି ଫଟୋ ନେଲି। କିଛି ସମୟ ବସିଲି ଲିବର୍ଟି ପାର୍କର ଛାଇରେ, ପଥର ବେଞ୍ଚରେ, ନିରବରେ। ବିଶ୍ୱାସ ହେଉନଥାଏ ଏତେ ବଡ଼ ଦୁର୍ଘଟଣାର। ହେଲେ, ଆମ ଆଖି ଆଗର କଥା ତ! ଟେଲିକମ୍ ଟାୱାର ସହିତ ଟାୱାର-୧ର ଖସିବା ଦୃଶ୍ୟ ସ୍ଲୋ ମୋସନ୍‌ରେ ଦେଖିବା ଦୃଶ୍ୟ ମନେପଡ଼ିଲେ ଏବେବି ଅନ୍ତରାତ୍ମା ଥରି ଉଠେ। କ'ଣ ହୋଇଥିବ ଭିତରେ ଥିବା ଲୋକଙ୍କର ଓ ଉଦ୍ଧାର କରୁଥିବା ଅଗ୍ନିଶମ କର୍ମଚାରୀ ମାନଙ୍କର? ଲିବର୍ଟି ପାର୍କର ସବୁଜ ଘାସର ଲନ୍ ସହିତ ୪୦୦ Swamp White Oak ଗଛର ଛାଇ ମଣିଷର ମନରେ ଭରିଦିଏ ଶାନ୍ତି ଓ ସ୍ୱର୍ଗୀୟ ଆନନ୍ଦ। ମୋ ଭଳି ଅନେକ ଲୋକ ବସିଥାନ୍ତି ବା ବୁଲୁଥାନ୍ତି। କିନ୍ତୁ ଜଣକ ମୁହଁରେ ଖୋଲା ହସ ବା ହାଲ୍‌କା ଭାବ ଦେଖିବାକୁ ପାଇଲିନି। ସମସ୍ତଙ୍କ ମୁହଁରେ ଥାଏ ଥମ୍ ଥମ୍ ଭାବ, ପ୍ରାୟ ନିଃଶବ୍ଦ... ନିଜର କିଛି ଅତିପ୍ରିୟ ଜିନିଷ ଯେମିତି ହରେଇ ଦେଇଛି!! ୩୦୦୦ ଲୋକଙ୍କର ଆତ୍ମା ଏବେ ବି ଇଥରରେ ଭାସି ବୁଲୁଥିଲା ପରି ଲାଗେ। ଲିବର୍ଟି ପାର୍କର ମଝିରେ ପ୍ରାୟ ୩୦ ଫୁଟ୍‌ର ଏକ Callery Pear ଗଛ 'Survivor Tree', ୯/୧୧ ଦୁର୍ଘଟଣାର ଏକ ଦୁଃଖଦ ପରିଣାମ। ୧୧' ସେପ୍ଟେମ୍ବର, ୨୦୦୧ ଦୁର୍ଘଟଣାର ପ୍ରାୟ ମାସକ ପରେ ଗ୍ରାଉଣ୍ଡ୍ ଜିରୋ ସଫା ସଫି କଲାବେଳକୁ ଧ୍ୱଂସସ୍ତୂପ ଭିତରୁ ଏକ ଧ୍ୱସ୍ତ ବିଧ୍ୱସ୍ତ ଗଛ ମିଳିଲା। ଅଧିକାଂଶ ଡାଳ ଭାଙ୍ଗିଯାଇ ପୋଡ଼ିଯାଇଥିବା ପତ୍ରବିହୀନ ଗୋଟେ ଥୁଣ୍ଟା ଡାଳ ଉଦ୍ଧାର କର୍ମଚାରୀମାନଙ୍କୁ ବିକଳ ଅବସ୍ଥାରେ ଚାହିଁ ରହିଥାଏ। କେହି ଜଣେ କର୍ମଚାରୀ ସେଥିରୁ କେତୋଟି କଅଁଳ ପତ୍ର ବାହାରି ଆସୁଥିବାର ଦେଖିପାରିଲେ। ଡାଳଟିକୁ ପାର୍କ ଡିପାର୍ଟମେଣ୍ଟର ନର୍ସରୀକୁ ନିଆଗଲା। ମଣିଷ ହାତର ଯତ୍ନ ପାଇଲା। କିଛିଦିନ ପରେ Spring ସହିତ ଡାଳରେ ପତ୍ର ଆସିଗଲା। ୮ ଫୁଟ୍‌ର ଅର୍ଦ୍ଧମୃତ ଡାଳ,

୩୦ ଫୁଟ୍‌ର ବୃକ୍ଷରେ ପରିଣତ ହେଇଛି କେଇଟା ବର୍ଷରେ। ଶେଷରେ ୨୦୧୦ ମସିହାରେ ଲିବର୍ଟି ପାର୍କରେ ଏକ ଟ୍ରି ପ୍ଲାଣ୍ଟର ମେସିନ୍ ସାହାଯ୍ୟରେ ସ୍ଥାପିତ ହେଲା ସାରା ଆମେରିକାର ସ୍ନେହଶ୍ରଦ୍ଧା ସହ। ନାଁ ଦିଆଗଲା 'ସର୍ଭାଇଭର ଟ୍ରି'। ତଥାପି ବଞ୍ଚିଥିବା ଏହି ଗଛଟି ଆଶା ଓ ପୁନର୍ଜନ୍ମର ପ୍ରତୀକ। ଲିବର୍ଟି ପାର୍କରେ ଏହା ଏକମାତ୍ର ଜୀବନ୍ତ ସତ୍ତା, ଯେ ୯/୧୧ ବିଭୀଷିକା (Holocaust) ଭିତରୁ ମୃତ୍ୟୁକୁ ଧୋକା ଦେଇ ଜୀବନ ନେଇ ବାହାରି ଆସିଛି। ନୂଆ ପୃଥିବୀକୁ ଦେଖିଛି ନୂଆ ଆଖିରେ, ନୂଆ ଆଶା ନେଇ। ଯାକୁ ଇ କହନ୍ତି ଜୀବନ... ଏବେ ବି ସେ ଏଠି ବିନ୍ ଲାଡ଼େନକୁ ଚେତାଇ ଦେଉଛି ହସି ହସି ଯେ ସେ କେତେ ବିଫଳ...। ସର୍ଭାଇଭର ଟ୍ରି ଚାରିପଟେ ଲୋକମାନେ ଜମା ହୋଇଥାନ୍ତି। ରଙ୍ଗୀନ୍ ବେଲୁନ୍ ବା ରିବନ୍ ବାନ୍ଧି ଦେଉଥାନ୍ତି ଡାଳଗୁଡ଼ିକରେ ଶ୍ରଦ୍ଧାରେ ଓ ସମ୍ମାନରେ। ଡାଳ ସବୁ ଝଲମଲ୍ କରୁଥାନ୍ତି ସୂର୍ଯ୍ୟାଲୋକ ଓ ପବନ ସହିତ ହଲଚଲ୍ ହୋଇ। ସମସ୍ତେ ଫଟୋ ନେଉଥାନ୍ତି। ମୁଁ ବି ନେଲି। ଗଛରେ ଗୋଟେ ହାତ ଦେଇ ଚେଷ୍ଟାକଲି ଅନୁଭବ କରିବା ପାଇଁ ୯/୧୧ର ବିଭୀଷିକା।

ଲିବର୍ଟି ପାର୍କ ନିକଟସ୍ଥ Battery Park Garrage ସେଇଠୁ ଦିଶେ। ଏଇ ଗ୍ୟାରେଜ୍ ଛାତଉପରୁ ସବୁବର୍ଷ ୯/୧୧ର ବର୍ଷ ପୂରାଣି ଦିନ ଏକ ଆଲୋକର ଶ୍ରଦ୍ଧାଞ୍ଜଳି ଦିଆଯାଏ- 'Tribute In Light'. ୪୮sft ର ଦୁଇଟି ଆଲୋକ ସ୍ତମ୍ଭ ଆକାଶକୁ ପ୍ରକ୍ଷେପିତ ହୁଏ ଟ୍ୱିନ୍ ଟାୱାରର ସ୍ମୃତି ଉଦ୍ଦେଶ୍ୟରେ ସନ୍ଧ୍ୟା ତିନିଟାରୁ ରାତି ୧୨ଟା ପର୍ଯ୍ୟନ୍ତ। ଆକାଶକୁ ପ୍ରାୟ ୬କି.ମି ପର୍ଯ୍ୟନ୍ତ ଭେଦିଥିବା ଆଲୋକର ଏହି ଟ୍ୱିନ୍ ଟାୱାର ପ୍ରାୟ୧୦୦ କିମି ଦୂରରୁ ଲୋକମାନେ ଦେଖିପାରନ୍ତି।

ଲିବର୍ଟି ପାର୍କର ଆଉ ଏକ କୋଣରେ ୯/୧୧ ମ୍ୟୁଜିୟମ ଓ ଚର୍ଚ୍ଚ। ସମୟର ଅଭାବ। ବାହାରୁ ଦେଖିନେଲି। ଆଉଥରକ ପାଇଁ ରହିଲା!!

ଲିବର୍ଟି ପାର୍କର ପଶ୍ଚିମ କୋଣରେ ଅଣଓସାରିଆ ଫୁଲଟନ୍ ଷ୍ଟ୍ରିଟ୍ ପାରି ହେଲେ One World Trade Centre, WTC Complex ର କ୍ରାଉନ୍ ଜିୱେଲ। ନିର୍ମାଣ ପୂର୍ବରୁ ଏହାର ନାମ ଫ୍ରିଡ଼ମ୍ ଟାୱାର ଥିଲେ ବି ପରବର୍ତ୍ତୀ ସମୟରେ ଯାକୁ One WTC କୁହାଗଲା। ଫୁଲଟନ୍ ଷ୍ଟ୍ରିଟ୍ ପାର ହୋଇ ୱାନ୍ ୱାର୍ଲଡ ସାମ୍ନାରେ ପହଞ୍ଚିଲି। ଛୋଟ ଏକ କ୍ୟୁ ଭିତରକୁ ଯିବା ପାଇଁ। ମୋ ପାଇଁ ବୋଧେ ଭଗବାନ୍ ଏମିତି ସୁବିଧା ରଖିଛନ୍ତି। ଟିକେଟ୍ କାଉଣ୍ଟରରେ ଝିଅଟିକୁ ସିନିୟର ସିଟିଜେନ୍ ଟିକଟ ମାଗିଲି। ସଦ୍ୟ ଡାଇଙ୍ଗ ହୋଇଥିବା ମୁଣ୍ଡବାଳକୁ ଦେଖି ହସିହସି କହିଲା... "You don't look like, but I believe you". ମୁଁ ହସିଲି... "Thanks for compliment" କହି ଭିତରକୁ ଗଲି। ପ୍ରାୟ ୩୦ଫୁଟ୍ ଏସ୍କାଲେଟରରେ ତଳକୁ ଖସି ସାରିଲା ପରେ Observation

Deck କୁ ଯିବାପାଇଁ ଗେଟ୍ ଓ ଲବି । ବିମାନବନ୍ଦର ପରି କଡ଼ାକଡ଼ି ସିକ୍ୟୁରିଟି ଚେକ୍। ବେଲ୍ଟ, ଯୋତା ଆଦି ଖୋଲିବାକୁ ପଡ଼ିଲା। "ଯା'ପୁଅକୁ ସାପ କାମୁଡ଼ିଛି, ସେ ପାଳଦଉଡ଼ି ଦେଖିଲେ ଡରେ...।" ସତ କଥା... ମଣିଷକୁ ଜାଣିବା ଅସମ୍ଭବ। ବିରାଟ ଏଲଇଡି ସ୍କ୍ରିନ୍‌ରେ ୱାର୍ଲ୍ଡ ମ୍ୟାପ୍ ସହିତ ୱେଲକମ୍ ସ୍କ୍ରିନ୍। ପୃଥିବୀର ବିଭିନ୍ନ ଭାଷାରେ ୱେଲ୍‌କମ୍ ମେସେଜ୍ ଭାସି ଉଠୁଥାଏ। ବାଃ... ହିନ୍ଦୀରେ ବି "ଆପ୍‌କା ସ୍ୱାଗତ ହୈ" ଦେଖାଗଲା, ଆମ ଜାତୀୟ ପତାକା ସହିତ କିଛି ଭାରତୀୟଙ୍କ ଚିତ୍ର ସହ। ଗର୍ବ ଅନୁଭବ କଲି। ୧୩୦ କୋଟି ଭାରତୀୟଙ୍କ ଭାଷା ଏକ ଗ୍ଲୋବାଲ୍ ଭାଷା ହୋଇଗଲାଣି।

ଗୋଟେ ଟନେଲ୍ ଦେଇ ଭିତରକୁ ଯିବାକୁ ପଡ଼ିବ। ବିରାଟ ବିରାଟ ପଥର ସବୁ କଟା ହୋଇ ଟନେଲ ତିଆରି ହୋଇଛି। ଏଇଟା ହେଉଛି ୱାନ୍ WTCର ମୂଳଦୁଆର Footing ସବୁ। ଶେଷରେ ଏଲିଭେଟରସ୍(୫ଟା ଏକ୍‌ସପ୍ରେସ୍ ଏଲିଭେଟର୍ ସିଧା ୧୦୪ ମହଲାକୁ। Thyssen KRUPP Companyର ଏଇ ଏଲିଭେଟରଗୁଡ଼ିକ ଗୋଟିଏ ଗୋଟିଏ Technological Marvel। ପାଳି ଅନୁସାରେ ଯିବାକୁ ପଡ଼ିବ। ଆଗରୁ ESBର ଅନୁଭୂତି ଥିଲା। ତେଣୁ କ୍ୟାମେରା ସହିତ ରେଡ଼ି ହୋଇଗଲି। ଏଲିଭେଟର ଷ୍ଟାର୍ଟ ହୋଇଗଲା। ବାଃ... ଚାରିପଟର କାନ୍ଥ ସହ ସିଲିଙ୍ଗ ବି ଝଲସି ଉଠିଲା। LED HD Monitor ଓ Mimic Glassର ସ୍କ୍ରିନ୍‌ରେ ୧୫୦୦ ମସିହାରୁ ୨୦୧୯ ମସିହା ପର୍ଯ୍ୟନ୍ତ ୫୦୦ ବର୍ଷର ମାନହଟ୍ଟାନ୍‌ର ଝଲକ ଦିଶିଯାଉଥାଏ। ଏଲିଭେଟର ଯାଉଥାଏ ଉପରକୁ ଉପରକୁ, ବଦଳି ଯାଉଥାଏ ମସିହା, ବଦଳିଯାଉଥାଏ ହଡ୍‌ସନ୍ ନଦୀର ଆଖପାଖର ଦୃଶ୍ୟ... ଛୋଟଛୋଟ ଗଛ, ଘାସବଣ, ସନ୍ତସନ୍ତିଆ ଭୂମିରେ ଡଚ୍‌ମାନଙ୍କର କଲୋନୀ... ଆରମ୍ଭ ହୋଇଯାଏ ବନ୍ଦର, ସହର, ସ୍କାଏ ସ୍କ୍ରାପର୍ ଆଦି। ଏଲିଭେଟର ସ୍ପିଡ୍ ୩୭କିମି ଘଣ୍ଟାପ୍ରତି ବା ୩୩ଫୁଟ୍ ସେକେଣ୍ଡ ପ୍ରତି। ୪୭ ସେକେଣ୍ଡରେ ଏଲିଭେଟର ପହଞ୍ଚି ଯାଏ ୨୦୧୯ ମସିହାରେ। ସ୍କ୍ରିନ୍‌ରେ ୧୦୨ ମହଲାରୁ ଚାରିପଟର Bird's Eye View (ବିହଙ୍ଗମ ଦୃଶ୍ୟ)। ୧୭୭୬ ଫୁଟ ଉପରେ ଛିଡ଼ା ହୋଇ ଚାରିପଟକୁ ଏକୁଟିଆ ଦେଖିବାର ଅନୁଭୂତି... ଏଲିଭେଟର ଭିତରେ ଆଲୋକ ନଥାଏ, କେବଳ ସ୍କ୍ରିନ୍ ଆଲୁଅ। ୪୭ ସେକେଣ୍ଡରେ ସ୍କ୍ରିନ୍ ଛଡ଼ା ଅନ୍ୟକିଛି ଭାବିବାର ସୁଯୋଗ ହିଁ ନାହିଁ। ଖାଲି ଆଖି ମେଲାକରି ଚାରିପଟକୁ ଓ ଉପରକୁ ଚାହିଁ ରହିଯିବ। କେବଳ କାନ ଟିକେ ତାବ୍‌ଦା ଲାଗିବ... ଏଲିଭେଟରରୁ ବାହାରି ପହଞ୍ଚିବ ଏକ ଅନ୍ଧାରୁଆ ହଲ୍‌ରେ। ୨-୩ ମିନିଟ୍ ପରେ ସାମ୍ନା କାନ୍ଥ ପରିବର୍ତ୍ତିତ ହୋଇଗଲା ୩୦-୪୦ ଫୁଟ୍ ଲମ୍ବା ଓ ୧୫ ଫୁଟ ଉଚ୍ଚତାର ଏକ ଏଚ୍‌ଡି ସ୍କ୍ରିନ୍‌ରେ। ସୋ' ଆରମ୍ଭ

ହୋଇଗଲା। ସୋ' ଆରମ୍ଭ ହେବା ଆଗରୁ ଗାଇଡ୍ କହିଲେ- "ଏଇ ୯୦ ସେକେଣ୍ଡ ହେଉଛି ଆପଣଙ୍କର, ଆଉ କାହାର ଏଥିରେ ଭାଗ ନାହିଁ। ଫଟୋ ବା ଭିଡ଼ିଓ କରିବାରେ ସମୟ ନଷ୍ଟ କରନ୍ତୁ ନାହିଁ। କେବଳ ଆଖିକାନ ଖୋଲା ରଖନ୍ତୁ ଅନ୍ୟ କିଛି ନଭାବି, ନକହି।" ନ୍ୟୁୟର୍କର ଜୀବନ ଭାସି ଚାଲିଲା ସ୍କ୍ରିନ୍ ଏମୁଣ୍ଡରୁ ସେମୁଣ୍ଡ ପର୍ଯ୍ୟନ୍ତ। ବ୍ରଡ଼ୱେ, ସବ୍‌ଓ୍ୱେ, ଟାଇମ୍ ସ୍କୋୟାର, ବ୍ରୁକ୍‌ଲିନ୍ ବ୍ରିଜ୍, ESB ଆଦି ନ୍ୟୁୟର୍କର ସବୁ ଚିତ୍ର ଭାସି ଉଠିଲେ। ସ୍କାଏ ସ୍କ୍ରାପର୍ ଗୁଡ଼ିକର ଚୁଡ଼ା ଛୁଇଁ ଉଡ଼ିଯିବାର ଅନୁଭୂତି। ପାୱାର ବୋର୍ଡ଼ରେ ପିଲାମାନେ ଏପଟରୁ ସେପଟ ଦୌଡ଼ିଯିବାର ଦୃଶ୍ୟ। ଦେଖି ଯାଅ ନ୍ୟୁୟର୍କ ଫାଷ୍ଟ ଫରୱାର୍ଡ଼ ମୋଡ଼ରେ ୯୦ ସେକେଣ୍ଡରେ। ୯୦ ସେକେଣ୍ଡ ସରିଗଲା। ସ୍କ୍ରିନ୍ ଉଠିଗଲା ଉପରକୁ। ସାମ୍ନାରେ କାଚ ସେପଟେ ସମ୍ପୂର୍ଣ୍ଣ ଲୋୟର ମାନହଟ୍ଟାନ, ଆଟଲାଣ୍ଟିକ ମହାସାଗର ଓ ହଡ୍‌ସନ୍ ନଦୀ, ଜାହାଜ, ଷ୍ଟିମର, ଷ୍ଟାଚ୍ୟୁ ଅଫ୍ ଲିବର୍ଟି ଆଉ ଅଗଣିତ ସ୍କାଏସ୍କ୍ରାପର୍ ବିଭିନ୍ନ ରଙ୍ଗ ଓ ଡିଜାଇନ୍‌ର। ସମ୍ମିଳିତ ଦର୍ଶକମାନଙ୍କ ମୁହଁରେ ଆପେ ଆସିଯାଏ ଓ୍ୟାଃ...। ତା'ପରେ Sky Lobby, ୨୦ଫୁଟ୍ ଉଚ୍ଚ ଗ୍ଲାସ୍ ଓ୍ୟାଲ୍ ସହ ୱାନ୍ WTC କୁ ୩୬୦° ଘେରି ରହିଛି। ଚାରିପଟେ ବୁଲି ବୁଲି ମାନହଟ୍ଟାନ୍‌ର ଦୃଶ୍ୟ ଦେଖି ହେବ। ସ୍କାଏ ଲବିରୁ ହଡ଼ସନ୍ ନଦୀର ଆଟଲାଣ୍ଟିକ୍‌ରେ ମିଶିବା ଦୃଶ୍ୟ ଆଦି ଚମତ୍କାର। ଦିଗନ୍ତ ବିସ୍ତାରି ନୀଳ ଜଳରାଶିରେ ହଡ଼ସନ୍ ନଦୀର ଗୋଳିଆ ପାଣି କିଛି ଦୂର ପର୍ଯ୍ୟନ୍ତ ସମୁଦ୍ରର ରଙ୍ଗ ଅଲଗା କରି ରଖିଥାଏ। ଷ୍ଟିମର, ସ୍ପିଡ୍ ବୋଟ୍, ଜାହାଜ ଆଦି ଯାଉଥିବା ବେଳେ ପ୍ରୋପେଲର ଘୂରିବା ଯୋଗୁ ପଛରେ ପାଣି ଉପରେ ସଫେଦ୍ ରଙ୍ଗର Ship Trail ଛାଡ଼ି ଯାନ୍ତି। ନୀଳ ଜଳରାଶି ଉପରେ ସିପ୍ ଟ୍ରେଲ୍ ବିଭିନ୍ନ ଜ୍ୟାମିତିକ ଆକୃତିର ସଫେଦ୍ ରଙ୍ଗର ଅସ୍ଥାୟୀ ରେଖାମାନ ଟାଣିଦିଏ। ଲବି ଚାରିପଟେ ବୁଲି ବୁଲି ଯେତେ ଫଟୋ ଉଠାଇଲେ ବି କମ୍ ଲାଗିବ। ହଁ ଆଉ ଗୋଟେ ସୁବିଧା..., IPOD Tour. $୨୫ର ଟିକେଟ୍‌ରେ IPOD ରେ ସହିତ Earpod ମିଳିଯିବ। IPOD ରେ 360° View ଥାଏ। ସ୍କାଏଲାଇନ୍‌କୁ ଫୋକସ୍ କରି ଯେ କୌଣସି ସ୍କାଏସ୍କ୍ରାପର୍ ସହିତ Image Matching କଲେ ଖୋଲିଯିବ ସେଇ ସ୍କାଏସ୍କ୍ରାପର୍‌ର ହିଷ୍ଟୋରି ସିଟ୍, ନାଁ, ଠିକଣା, ଇତିହାସ, ଉଚ୍ଚତା ଆଦି ସମସ୍ତ ଜାଣିବା କଥା କହିଯିବ। ନିହାତି ପାଖରୁ ହେଲିକପ୍ଟରରେ ବସି ଦେଖିଲା ପରି ଦୃଶ୍ୟ ଦେଖେଇ ଦେବ। ଟିକେ ଅଧିକା ପଇସା ହେଲେ ବି କମ୍ ସମୟ ଭିତରେ ଅଧିକ କଥା ଜାଣିହେବ। ଏ ସବୁ ତ ୧୪୦୦ ଫୁଟ୍ ଉପରେ ଆକାଶରେ... ହେଲେ ତଳେ କ'ଣ ସବୁ ହେଉଛି, ଜୀବନ କେମିତି ଚାଲିଛି ? ଲବି ଫ୍ଲୋର୍‌ରେ ଗୋଟେ ଛୋଟ ୱିଣ୍ଡୋ ରହିଛି। ଏଇଠି ଦେଖାଯାଏ WTC ତଳେ ରାସ୍ତାରେ ଗାଡ଼ି, ମଟର ମଣିଷ ଯିବା ଆସିବାର ଦୃଶ୍ୟ। ପ୍ରାୟ ଘଣ୍ଟାଏ ସ୍କାଏ

ଲବିରେ କଟାଇଲି। ୪୭ ସେକେଣ୍ଡରେ ୫୦୦ ବର୍ଷର ଫାଷ୍ଟ ଫରୱାର୍ଡ଼! ମାତ୍ର ପରେ ଘଣ୍ଟାଏ ପାଇଁ ସମୟ ସ୍ଥିର ହୋଇଗଲା ପରି ଲାଗିଲା। ଅଦ୍ଭୁତ... ଅବିସ୍ମରଣୀୟ ଏଇ ମୁହୂର୍ତ୍ତ।

ଏଥର ଜାଣିବା ୱାନ୍ ୱାର୍ଲଡର ବେଶ୍ ମଜାଦାର କାହାଣୀ। ଯେକୌଣସି ରୋମାଞ୍ଚକାରୀ ନଭେଲ ଠାରୁ କମ୍ ନୁହେଁ। ୯/୧୧ ଘଟଣା ପୂର୍ବର କଥା। ୧୯୮୭ ଷ୍ଟକ୍ ମାର୍କେଟ କ୍ରାସ୍ ପାଇଁ କ୍ରମାଗତ କ୍ଷତିରୁ ବଞ୍ଚିବା ପାଇଁ ପୋର୍ଟ ଅଥରିଟି, WTC କୁ ଲିଜ୍‌ରେ ଦେବ ବୋଲି ଭାବିଲା। ଜାନୁଆରୀ ୨୦୦୧ରେ ରିଅଲ ଇଷ୍ଟେଟ୍ ଟାଇକୁନ୍ Larry Silverstein $ ୩.୨୦ ବିଲିଅନ୍‌ରେ ୯୯ ବର୍ଷ ଲିଜ୍ ନିଲାମରେ ଯୋଗ୍ୟ ହେଲେ। ଲିଜ୍ ଦ୍ୱାରା One (North Tower), Two (South Tower), Four and Five WTC Building ଗୁଡ଼ିକର ମାଲିକାନା ପାଇଁ ୨୪ ଜୁଲାଇ ୨୦୦୧ରେ ଲିଜ୍ ଡ଼ିଡ଼୍ ଦସ୍ତଖତ ହେଲା।

ମାରିଅଟ୍ ହୋଟେଲ, Three, Six and Seven WTCର ମାଲିକାନା ପୋର୍ଟ ଅଥରିଟି ପାଖରେ ରହିଲା।

ସିଲଭରଷ୍ଟିନ୍‌ଙ୍କ ବାସଗୃହ ପାର୍କ ଆଭେନ୍ୟୁର Four Seasons Hotelରୁ, WTC ୩-୪ ମିନିଟ୍‌ର ରାସ୍ତା। ନିଜ ଝର୍କାରୁ ସବୁଦିନ ଟ୍ୱିନ୍ ଟାୱାର ଦେଖି ଦେଖି ଦିନେ ନା ଦିନେ ଏହାର ମାଲିକ ହେବେ ବୋଲି ସ୍ୱପ୍ନ ଥିଲା। ଲିଜ୍ ପାଇଲା ପରେ ତାଙ୍କର ରୁଟିନରେ ସବୁଦିନ ସକାଳୁ ନର୍ଥ ଟାୱାର ଉପରେ ଥିବା ବିଖ୍ୟାତ ରେଷ୍ଟୁରାଣ୍ଟ 'Windows on The World'ରେ ବ୍ରେକ୍‌ଫାଷ୍ଟ ଟେବୁଲ୍‌ରେ ନୂଆ Tenant ମାନଙ୍କ ସହିତ ବିଜିନେସ୍ ମିଟିଂ ଥାଏ। କିନ୍ତୁ ୯/୧୧ ଦିନ ତାଙ୍କ ସ୍ତ୍ରୀ ତାଙ୍କୁ ଅଣ୍ଟା ଦରଜ ପାଇଁ ଡାକ୍ତରଙ୍କ ପାଖକୁ ଜବରଦସ୍ତି ନେଇଗଲେ। କିଛିଦିନ ଆଗରୁ ଗୋଟେ ମଦୁଆ ଟ୍ରକ୍ ଡ୍ରାଇଭର ତାଙ୍କୁ ରାସ୍ତାରେ ଧକ୍କା ଦେବାରେ ଅଣ୍ଟା ଜଖମ୍ ହୋଇ ଯାଇଥିଲା। ୮.୪୬AMରେ ସେ ଡାକ୍ତରଙ୍କ ସାମ୍ନାରେ ବସିଛନ୍ତି..... ନର୍ଥ ଟାୱାରରେ America Airline ର Flight No.11 ଧକ୍କା ହେଲା। ସାତ ମିନିଟ୍ ପରେ ୯.୦୩ AMରେ ସାଉଥ୍ ଟାୱାରରେ United Airlineର Flight No. 175 ପିଟି ହେଲା। ଦୁଇଟି ଯାକ ଟାୱାର ଜ୍ୱଳନ୍ତ ଅବସ୍ଥାରେ ଥାଇ, Tower-II, ୯.୫୯AM ରେ ଓ Tower-I, ୧୦.୦୮ AM ରେ ଶହଶହ ଟିଭି କ୍ୟାମେରା ସାମ୍ନାରେ ତାସ ଘର ପରି ଖସି ପଡ଼ିଲେ...। ଟ୍ୱିନ୍ ଟାୱାର ସହିତ WTC-3 ମାରିଅଟ୍ ହୋଟେଲ ଉପରେ ଭୂପତିତ ହେଲା। ଅନ୍ୟ ସମସ୍ତ ବିଲ୍ଡିଂ ମରାମତି ନହୋଇପାରିଲା ପରି କ୍ଷତିଗ୍ରସ୍ତ ହେଲେ। ଭୂଲୁଣ୍ଠିତ ଟ୍ୱିନ୍ ଟାୱାରକୁ Ground Zero କୁହାଗଲା। ସାରା ବିଶ୍ୱ ସ୍ତବ୍ଧ ହୋଇ ଚାହିଁ ରହିଲା। ମାନବ ଇତିହାସରେ

ଏକ କଳା ଅଧ୍ୟାୟ। ୨୭୫୩ ଜଣ ଲୋକ ଏଥିରେ ମୃତ୍ୟୁ ବରଣ କଲେ। ୨୪ ଜୁଲାଇ ୨୦୦୧ରୁ ୧୧ ସେପ୍ଟେମ୍ବର ୨୦୦୧ ପର୍ଯ୍ୟନ୍ତ ଲିଜ୍ ନେବାର ୫୦ ଦିନ ନ ପୁରୁଣୁ ସିଲ୍‌ଭରଷ୍ଟିନ୍‌ଙ୍କ ଆଖି ସାମ୍ନାରେ ତାଙ୍କ ସ୍ୱପ୍ନର ମିନାର, ଟ୍ୱିନ୍ ଟାୱାର ଧୂଳିସାତ୍ ହୋଇଗଲା। ଲିଜ୍ କଣ୍ଟ୍ରାକ୍ଟ ସହିତ 1, 2, 4 and 5 WTC ପାଇଁ $୩.୫୫ ବିଲିଅନ୍‌ର ଇନ୍‌ସ୍ୟୁରାନ୍‌ସ ପଲିସି ନିଆଯାଇଥିଲା। ପଲିସିରେ $୩.୫୫ ବିଲିଅନ୍‌ର କ୍ଷତିପୂରଣ "Per Occurrence of Terrorist Attack" ପାଇଁ ସ୍ଥିର ହୋଇଥିଲା। ଦି'ଥର ଆକ୍ରମଣ...ତେଣୁ ସିଲ୍‌ଭରଷ୍ଟିନ୍ , ୩.୫୫x୨=$ ୭.୧୦ ବିଲିଅନ୍‌ର କ୍ଷତିପୂରଣ ଦାବି କଲେ। ଇନ୍‌ସୁରାନ୍ସ କମ୍ପାନୀମାନେ ରାଜି ହେଲେନି। ଅନେକ ବିଚାର ବିମର୍ଷ ଓ ୬ ବର୍ଷର କୋର୍ଟ କଚେରି କେସ୍ ପରେ ମେ' ୨୦୦୭ରେ $୪.୫୫ ବିଲିଅନ୍‌ର କ୍ଷତିପୂରଣ ପାଇଁ ରାଜିନାମା ହେଲା। କିନ୍ତୁ ଏହି କ୍ଷତିପୂରଣ ପାଇଁ ସିଲ୍‌ଭରଷ୍ଟିନ୍‌ଙ୍କ ସହିତ ପୋର୍ଟ ଅଥରିଟି ବି ହକ୍‌ଦାର। ତେଣୁ ପୋର୍ଟ ଅଥରିଟି ସହିତ ଆଉ ଏକ ରାଜିନାମା ହେଲା। ଏଇ ରାଜିନାମା ଅନୁସାରେ-

1. ସିଲ୍‌ଭରଷ୍ଟିନ୍, WTCର Flagship Tower-I (Freedom Tower) ଓ WTC-5 ରୁ ଦାବି ଛାଡ଼ିଦେବେ। ଏହାର ସ୍ୱତ୍ତ୍ୱ ପୋର୍ଟ ଅଥରିଟି ପାଖକୁ ଫେରିଯିବ।
2. $ ୪.୫୫ ବିଲିଅନ୍ କ୍ଷତିପୂରଣ ରାଶିରୁ ୪୪% ପୋର୍ଟ ଅଥରିଟି ପାଇବ।
3. ସିଲ୍‌ଭରଷ୍ଟିନ୍ ତିନୋଟି ଟାୱାର - WTC, 2,3 ଓ 4 ତିଆରି କରିବାର ଅଧିକାର ପାଇବେ।
4. ଭିତ୍ତିଭୂମି ତିଆରି ପାଇଁ ସିଲ୍‌ଭରଷ୍ଟିନ୍ ୧୦୪ ମିଲିଅନ୍ ଡଲାର ଦେବେ।
5. ସିଲ୍‌ଭରଷ୍ଟିନ୍ $ ୨.୫ ବିଲିଅନ୍ Tax Free bond ପାଇବେ ଓ ବର୍ଷକୁ ୧୦୨ ମିଲିଅନ୍ ଡଲାର Rent ଦେବେ।
6. Port Authority 4, WTC Complex ରେ Museum, Church, Park, ସ୍ମରଣିକା ଆଦି ଜନସାଧାରଣଙ୍କ ପାଇଁ ସୁବିଧା ତିଆରି କରିବ।

ତା'ପରେ ଆରମ୍ଭ ହୋଇଗଲା ନୂଆ WTC. North ଓ South ଟାୱାରର ଗ୍ରାଉଣ୍ଡ୍ ଜିରୋ ଉପରେ ଗଢ଼ା ହେଲା ଦୁଇଟି Eternity Pool, WTC-6 ସ୍ଥାନରେ ଛିଡ଼ା ହେଲା WTC ର ମୁକୁଟ ମଣି One World WTC । ପୁଣି ତିଆରି ହେଲା Liberty Park, 9/11 Museum, Occulus, Church, and Perfoming Arts Centre. ସିଲ୍‌ଭର୍ ଷ୍ଟିନ୍ ତାଙ୍କ ଭାଗରେ ପଡ଼ିଥିବା ତିନୋଟି ସ୍କାଏସ୍କ୍ରାପର୍ ଓ ନିଜର WTC-7ର କାମ ଆରମ୍ଭ କରିଦେଲେ। ତେଣୁ ୭ଟି ଷ୍ଟିଲ୍ ସିମେଣ୍ଟର ସ୍କାଏସ୍କ୍ରାପର୍ ଜାଗାରେ ଛିଡ଼ା ହେଲା କେତୋଟି ପ୍ରାଣୋଚ୍ଛଳ ମାନବୀୟ ସ୍ମାରକୀ। ଆମେରିକାନ୍

ଜୀବନ, ଧର୍ମ, ସଂସ୍କୃତି, ବିଜ୍ଞାନ ଓ କାରିଗରୀର ଅଭୁତପୂର୍ବ ସଂଯୋଜନା ଆସନ୍ତା ପିଢ଼ିକୁ ପ୍ରେରଣା ଯୋଗାଉଥିବ।

One World WTC :

୧୭୭୬ ମସିହା ଆମେରିକାର ସ୍ୱାଧୀନତା ବର୍ଷ। ତାକୁଇ ମନେ ରଖିବା ପାଇଁ ୧୦୪ ମହଲା ବିଶିଷ୍ଟ ଫ୍ରିଡ଼ମ୍ ଟାୱାରର ପରିକଳ୍ପନା ଓ ଏହାର ଉଚ୍ଚତା ୧୭୭୬ ଫୁଟ୍ ରଖାଗଲା। ୧୦୪ ମହଲା କୁହାଗଲେ ବି ଏଥିରେ ୯୪ ମହଲା ଅଛି। କିଛି ମହଲା ସାଧାରଣ ଉଚ୍ଚତାରୁ ଅଧିକ ଥିବାରୁ ଏପରି ହୋଇଛି। ଏହି ୧୦୪ ମହଲା, ପୁରୁଣା ନର୍ଥ ଟାୱାର ଉଚ୍ଚତା ୧୩୬୮ ଫୁଟ୍ ସହ ସମାନ ହେଲେ ବି ୪୦୮ ଫୁଟ୍‌ର ଟ୍ରାନ୍ସମିଶନ ଟାୱାର ଥାଇ Spire ଏହାକୁ ୧୭୭୬ ଫୁଟ୍‌ର ପରିଚୟ ଦିଏ। ଏପ୍ରିଲ ୨୦୦୬ ମସିହାରେ ଆରମ୍ଭ ହୋଇ ୮ ବର୍ଷରେ ନଭେମ୍ବର ୨୦୧୪ରେ ଏହା ଲୋକାର୍ପଣ ହେଲା। Burj Khalifa ଓ Willis Tower ର Architect, David Childs ଏହାର ପ୍ରାଣଦାତା। ୨୦୦୯ରେ ଫ୍ରିଡ଼ମ୍ ଟାୱାରର ନାଁ ପରିବର୍ତ୍ତିତ ହୋଇ ୱାନ୍ WTC ରେ ପରିଚିତ ହେଲା। ନୂଆ WTC ଅନେକ କଠିନ ସମୟ ଓ ସମାଲୋଚନା ଦେଇ ଗତି କରିଛି। ସେ ସମୟର ଜଣେ ରିଅଲ୍ ଇଷ୍ଟେଟ୍ ଟାଇକୁନ୍, ଡ଼ୋନାଲ୍ଡ ଟ୍ରମ୍ପ ଏଥିରେ ପ୍ରବେଶ କରିବାକୁ ଚେଷ୍ଟା କରିଥିଲେ। ନୂଆ ପ୍ଲାନ୍ "Looks like a Junkyard" ବୋଲି କହିଲେ। ପୂର୍ବ ଟ୍ୱିନ୍ ଟାୱାର ଅପେକ୍ଷା ୧୦୦ ଫୁଟ୍ ଅଧିକ ଉଚ୍ଚର ଟ୍ୱିନ୍ ଟାୱାର ସହ କେବଳ ବାଣିଜ୍ୟିକ ବିଲ୍ଡିଂ ଗଢ଼ିବାକୁ ଚାହିଁଲେ। Lead Architect, David Childs ଏଥିରେ ଏକମତ ହେଲେନି। ସେ କହିଲେ, "ନୂଆ WTC ଏକ ଖାଣ୍ଟି ବ୍ୟବସାୟିକ ସ୍ଥାନ (Pure commercial space) ନୁହଁ। ୩୦୦୦ ଜୀବନକୁ ସମ୍ମାନ ଦେବାର ଜାତୀୟ ପ୍ରତିବଦ୍ଧତାକୁ ସାକାର କରିବାକୁ ପଡ଼ିବ। ଟ୍ରମ୍ପଙ୍କର ଅନେକ ଟାୱାର ଅଛି ନିଜ ନାଁରେ। ଏଠି କିନ୍ତୁ ବ୍ୟକ୍ତିଗତ ନାମରୁ ଉପରକୁ ଉଠି ଆମେରିକାନ୍ ଗୌରବ ପରିଚୟ ଓ ନ୍ୟୁୟର୍କକୁ ଆରୋଗ୍ୟ ସ୍ପର୍ଶ ଦେବାକୁ ପଡ଼ିବ।" ନ୍ୟୁୟର୍କର ମେୟର ଓ ଆମେରିକାନ୍ ପ୍ରେସିଡେଣ୍ଟ୍ ନୂଆ ପରିଯୋଜନାକୁ ସମ୍ମତି ଦେଲେ। ଏବେ WTC ଟ୍ରମ୍ପଙ୍କୁ ଦେଖି ଅଳ୍ପ ଅଳ୍ପ ହସୁଥିବ ଆଉ କହୁଥିବ- "ମୁଁ ଅଲଗା ଜିନିଷ ଟ୍ରମ୍ପ ସାହେବ।"

ଆଉ ଏକ ଗୋପନୀୟ ଅଧ୍ୟାୟ WTCର। ଟ୍ୱିନ୍ ଟାୱାର ଧ୍ୱସ୍ତ ହୋଇସାରିଲା ପରେ ହଠାତ୍ ଦିନେ ନିଉୟର୍କ ପୋଲିସ କିଛି ଟ୍ରକ୍‌ର ଟାୟାର ଚିହ୍ନ ବେସ୍‌ମେଣ୍ଟ ପାଖାପାଖି ଦେଖିଲା। Welding, Cutting ର କିଛି ଚିହ୍ନ ବି ମିଳିଲା। କିଏ, କାହିଁକି

ଏଠାକୁ ଆସୁଥିଲା NYPDର ଦୃଷ୍ଟି ଆଢ଼େଇ ? ? WTCରେ Basement ଏକ ରହସ୍ୟ ଦୁନିଆଁ । WTC-4ର ବେସ୍‌ମେଣ୍ଟ ଭୂମିଠାରୁ ୭୦ ଫୁଟ୍ ତଳେ Bank of Novascotiaର Gold Deposittory ଥିଲା । ଏଥିରେ $୨୩୦ ମିଲିଅନ୍‌ର ସୁନା Ingot (ପ୍ରତିଟିର ଓଜନ ୭୦ପାଉଣ୍ଡ) ରହିଥିଲା । WTCର ବେସ୍‌ମେଣ୍ଟରୁ ମିଳିଲା, ପିଲାମାନଙ୍କର ପ୍ରିୟ Godiva Chocolate, କୋକେନ୍‌ର କେକ୍, Assault Rifle, Armoured Limousine, CIA Files, ସୁନା ରୁପା ଓ ଆହୁରି କେତେ କ'ଣ ! ଏସବୁ ଥିଲା, WTC ରେ ଥିବା US Custom Deptt and CIA Deptt.ର କିଛି ସମ୍ପତ୍ତି ! ! ଦି' ମାସ ଭିତରେ ବ୍ୟାଙ୍କ ଓ ସରକାର ସତର୍କତାର ସହିତ ଏସବୁ ଜିନିଷ ସ୍ଥାନାନ୍ତରିତ କରିଦେଲେ ସତ, କିନ୍ତୁ ଖବରକାଗଜରୁ ଅନେକ ସତ ଅସତ ଷ୍ଟୋରୀ ଅନେକ ଦିନ ପର୍ଯ୍ୟନ୍ତ ଆମେରିକା ଆକାଶରେ ଉଡୁଥିଲା । ସବୁଠୁ ଆଶ୍ଚର୍ଯ୍ୟ କଥା, ବେସ୍‌ମେଣ୍ଟରେ ଏ ସମସ୍ତ ଜିନିଷ ଅକ୍ଷୁର୍ଣ୍ଣ ଭାବରେ ଥିଲା ୧୦୪ ମହଲାର Debris ତଳେ ।

ୱାନ୍ ୱାର୍ଲଡରୁ ଓହ୍ଲାଇଲି । ସମୟ ପ୍ରାୟ ଅପରାହ୍ଣ ୨-୩ଟା । ସୂର୍ଯ୍ୟ ନ୍ୟୁୟର୍କ ଆକାଶରେ ପଶ୍ଚିମ ଆଡ଼କୁ ଆସିଲେଣି । ୱାନ୍ ୱାର୍ଲଡ ସାମ୍ନାରେ ବସି ଦେଖୁଥାଏ 3 WTC, 4 WTC, 7 WTC, ମାରିଅଟ୍ ହୋଟେଲ ଆଉ ଅନେକ ଅଜଣା ସ୍କାଏସ୍କ୍ରାପର୍ ନ୍ୟୁୟର୍କ ସିଟି ଆକାଶରେ ଧଳା, ଧୂସର, ନାରଙ୍ଗୀ ରଙ୍ଗର ଖଣ୍ଡଖଣ୍ଡ ମେଘ ସବୁଯାକ ସ୍କାଏସ୍କ୍ରାପର୍‌ର କାଚରେ ପ୍ରତିଫଳିତ ହୋଇ ଆକାଶକୁ ତଳକୁ ଟାଣି ଆଣିଥାନ୍ତି । ଗୋଟିଏ ସ୍କାଏସ୍କ୍ରାପର୍‌ର ଛାଇ ଅନ୍ୟ ଏକ ସ୍କାଏସ୍କ୍ରାପର୍ ଉପରେ ପଡ଼ି ମେଘ ସହ ପ୍ରତିଫଳିତ ହେଉଥାନ୍ତି । ସବୁଠୁ ଚମତ୍କାର ୱାନ୍ ୱାର୍ଲଡର ଗ୍ଲାସ୍ ଫସାଦ୍ । ଈଷତ୍ ନୀଳ ରଙ୍ଗର କାଚର ଫସାଦ୍ ଆକାଶ ସହିତ ପ୍ରତିଯୋଗିତା କରୁଥାଏ, ରଙ୍ଗ ବଦଳାଇବାରେ...। ଫଟୋଗ୍ରାଫି ପାଇଁ ଅସରନ୍ତି ସୁଯୋଗ । ପ୍ରତି ପାଞ୍ଚ ମିନିଟ୍‌ରେ ଦୃଶ୍ୟ ପରିବର୍ତ୍ତନ........

WTC ର ପ୍ରସ୍ତାବିତ ୬ଟି ବିଲ୍ଡିଂ (1,2,3,4,5 and 7)ରୁ ସିଲ୍‌ଭରଷ୍ଟିନ୍‌ଙ୍କ WTC-2 ଓ ପୋର୍ଟ ଅଥରିଟିର WTC-5 ଏ ପର୍ଯ୍ୟନ୍ତ ତିଆରି ଆରମ୍ଭ ହୋଇନି Tenant ମାନଙ୍କର ଅଭାବରୁ । ଏଣୁ WTC ଏବେ ବି ଅସମ୍ପୂର୍ଣ୍ଣ... ।

ଆଉଗୋଟେ ମଜା କଥା... ଓସାମା ବିନ୍ ଲାଡ଼େନ ସହ ଟ୍ୱିନ୍ ଟାୱାରର ସମ୍ପର୍କ... ପୁରୁଣା ଟ୍ୱିନ୍ ଟାୱାର, ଜାପାନିଜ୍ ଆର୍କିଟେକ୍ଟ Yamasakiଙ୍କ ଦ୍ୱାରା ଡିଜାଇନ୍ କରାଯାଇଥିଲା । ସେ ସାଉଦୀ ଆରବର DHAHRAN International ଏଆର ପୋର୍ଟର ଡିଜାଇନ୍ କରିଥିଲେ । ଯାପରେ ଯାମାସାକୀ, ଇସ୍‌ଲାମିକ୍ ଆର୍କିଟେକ୍‌ଚର୍ ଦ୍ୱାରା ପ୍ରଭାବିତ ହୋଇଥିଲେ ଓ ତାଙ୍କର ପରବର୍ତ୍ତୀ କାମ ଗୁଡ଼ିକରେ ଇସ୍‌ଲାମିକ୍ ଆର୍କିଟେକ୍‌ଚରର ଛାପ ଦେଖିବାକୁ ମିଳେ । ସାଉଦୀଆରବର DHAHRAN ଏଆର

ପୋର୍ଟ ଓ ଅନ୍ୟକାମ ଗୁଡ଼ିକରେ ସେଠିକାର ରାଜପରିବାରର ସମ୍ପର୍କୀୟ "Saudi Bin Ladin Group", ୟାମାସାକୀଙ୍କର ନିର୍ମାଣ ସହଯୋଗୀ ଥିଲେ। ତେଣୁ ବିନ୍ ଲାଡ଼େନ୍ ଗ୍ରୁପ୍ ସହିତ ୟାମାସାକୀଙ୍କର ନିବିଡ଼ ବ୍ୟବସାୟିକ ସମ୍ପର୍କ ଥିଲା।

ଓସାମା ନିଜେ ସାଉଦୀ ରାଜବଂଶୀୟ ଓ ବିନ୍ ଲାଡ଼େନ୍ ଗ୍ରୁପ୍‌ର ଅନ୍ୟତମ ଅଂଶୀଦାର ଥିଲା ତା'ର ଅନ୍ୟ ଭାଇ ଓ ସମ୍ପର୍କୀୟମାନଙ୍କ ସହିତ। ପରିବାର ସହ ମନୋମାଳିନ୍ୟ ହେବାରୁ ସେ ଅନ୍ୟ ରାଜ୍ୟରେ ଯାଇ ରହୁଥିଲା। ଟ୍ୱିନ୍ ଟାୱାର ତିଆରି କରି ସାରିଲା ପରେ ୟାମାସାକୀ ଏହାକୁ ମାନହଟାନର ମକ୍କା ବୋଲି କହିଲେ। ଟ୍ୱିନ୍ ଟାୱାରର ଦୁଇଟି ଯାକ ଟାୱାର ଇସଲାମ ଧର୍ମର ପବିତ୍ରତମ ମସ୍‌ଜିଦ୍‌ର ମଧ୍ୟ ସ୍ଥଳରେ ଥିବା କଳା ରଙ୍ଗର Cube 'କାବା' (Kaaba) ପରି ଦିଶୁଥିଲା। କିଛି ଲୋକ କହନ୍ତି, ଏଇଥିପାଇଁ ଓସାମା ଏହାକୁ 'କାବା'ର ଡିଜାଇନ୍ ଚୋରି ଓ ଅପମାନ ବୋଲି ଭାବୁଥିଲା ଓ ଟ୍ୱିନ୍ ଟାୱାର ପ୍ରତି ଏକ ଅସହିଷ୍ଣୁ ଭାବ ପୋଷଣ କରୁଥିଲା। କେତେ ସତ ଏଥିରେ ଅଛି ଜଣାନାହିଁ। କିନ୍ତୁ ଏକ ମଜାଦାର ସଂଯୋଗ ବୋଲି କୁହାଯାଇପାରେ।

ଅପରାହ୍ନ ଚାରିଟା। ଆହୁରି ଅଛି Brooklyn Bridge, ଆଉ ଏକ ନ୍ୟୁୟର୍କ ହେରିଟେଜ୍। ପ୍ରାୟ ୧ କିମି ଚାଲିବାକୁ ପଡ଼ିବ। ୧୦ ମିନିଟ୍‌ର ରାସ୍ତା। ବ୍ରୁକ୍‌ଲିନ୍ ବ୍ରିଜ୍ ଏକ ଦୁଇଥାକିଆ ସସ୍‌ପେନ୍‌ସନ୍ କେବୁଲ ବ୍ରିଜ୍। ତଳ ୬ ଲେନ୍ ରାସ୍ତାରେ ଗାଡ଼ି ମଟର ଯାଏ ଓ ଉପର ଥାକ 'ପ୍ରୋମେନେଡ୍' ପଦଚାରୀ ଓ ସାଇକେଲ ଆରୋହୀମାନଙ୍କ ପାଇଁ। ମାନହଟାନ୍ ଓ ବ୍ରୁକ୍‌ଲିନ୍ ସହର ମଝିରେ East River ଉପରେ ଏହି ବ୍ରିଜ୍, ମାନହଟାନର ଭିଡ଼ଭାଡ଼ ଭିତରୁ ବାହାରି ଖୋଲାମେଲା ଥଣ୍ଡା ପବନ ଖାଇବା ପାଇଁ ଏକ ଆକର୍ଷଣୀୟ ସ୍ଥାନ। ପ୍ରୋମେନେଡ ଦିନ ଓ ରାତିର ବେଶ୍ ସମୟ ପର୍ଯ୍ୟନ୍ତ ଟୁରିଷ୍ଟ ଓ ନ୍ୟୁୟର୍କର ଜନସାଧାରଣଙ୍କ ଦ୍ୱାରା ଭର୍ତ୍ତିଥାଏ। ଲୋକମାନେ ଚାଲୁଥାନ୍ତି, ବୁଲୁଥାନ୍ତି। ମାନହଟାନ୍‌ର ସୁନ୍ଦର ସ୍କାଏ ସ୍କ୍ରାପର୍ ସବୁ ନଦୀ ଉପରୁ ଦେଖିବା ପାଇଁ, ଏଇଟା ଗୋଟେ ସୁବିଧାଜନକ ସ୍ଥାନ (Vantage Point)। ମୁଁ ଚାଲିଲି ପ୍ରୋମେନେଡ ଉପରେ। କିଛି ବାଟ ଗଲା ପରେ ସାମ୍ନାପଟୁ ଆସୁଥିବା ଲୋକ ସବୁ ମତେ ଟିକେ ଅଜବ ଦୃଷ୍ଟିରେ ଦେଖୁଥାନ୍ତି। ଜଣେ ଦି'ଜଣ "ସରି" କହି ସାମ୍ନାରୁ ଘୁଞ୍ଚିଗଲେ। ତିନିଚାରିଜଣ ଏପରି କରିସାରିଲା ପରେ ମନେପଡ଼ିଲା, ଆମେରିକାରେ "Keep to the Right" "ରାସ୍ତାର ଡାହାଣପଟେ ଚାଲ !" ମୁଁ ଆସିବା ଲୋକଙ୍କ ରାସ୍ତାରେ ଚାଲୁଛି। ପ୍ରକୃତିସ୍ଥ ହୋଇ ଟ୍ରାକ୍ ପରିବର୍ତ୍ତନ କଲି। ବେଶ୍ ଖରା ଥିଲା। ଚାଲି ଚାଲି ନ୍ୟୁୟର୍କ ସିଟି ଟାୱାରରୁ ବ୍ରୁକ୍‌ଲିନ୍ ଟାୱାର ପର୍ଯ୍ୟନ୍ତ ଯିବା ଟିକେ କଷ୍ଟ ହେଲା। (ଏହି ବ୍ରିଜ୍‌ଟି ଦୁଇପଟେ ଦୁଇଟି ଟାୱାରରୁ କେବୁଲ ସାହାଯ୍ୟରେ ଝୁଲିକରି ରହିଛି।)

କିନ୍ତୁ ଚାରିପଟର ଦୃଶ୍ୟ ଓ ଥଣ୍ଡା ପବନ ହାଲିଆ ମାରି ଦେଉଥାଏ। ବ୍ରୁକ୍‌ଲିନ୍ ଟାୱାରରେ ପହଞ୍ଚି ଟାୱାର ଛାଇରେ ତଳେ ବସିଗଲି। ଅନ୍ୟ କେତେ ଟୁରିଷ୍ଟଙ୍କ ଭିତରେ ଗୋଟେ ଭାରତୀୟ ପରିବାର ବି ଥିଲା। ପରସ୍ପରକୁ ଫଟୋ ନେବାରେ ସାହାଯ୍ୟ କଲୁ। ବ୍ରୁକ୍‌ଲିନ୍ ପଟୁ ମାନହଟ୍ଟାନ୍‌ର ସ୍କାଏଲାଇନ୍ ଅତି ଚମତ୍କାର ଦିଶେ। ପ୍ରାୟ ୩୦ ମିନିଟ୍ ବସି ଫେରିଲି। ଟାୱାରରେ ଫଳକରେ ଲେଖା ହୋଇଛି ବ୍ରିଜ୍‌ର ଇତିହାସ।

ଊନ୍ନବିଂଶ ଶତାବ୍ଦୀର ମଧ୍ୟ ବେଳକୁ ନ୍ୟୁୟର୍କ ମାନହଟ୍ଟାନ୍ ଓ ବ୍ରୁକ୍‌ଲିନ୍ ଦୁଇଟି ସହର ଭିତରେ ଅନ୍ତରାୟ ଥାଏ East River. ଯିବା ଆସିବାର ଉପାୟ ହେଲା 'ଫେରୀ' (Ferry- ନୌକା)। ବ୍ରୁକ୍‌ଲିନ୍‌ର ବାସିନ୍ଦାମାନେ ନ୍ୟୁୟର୍କ ସଙ୍ଗେ ଯୋଡ଼ି ହେବାକୁ ଚାହିଁଲେ। ଦୁଇ ସହରର ସରକାର ଏକ ବ୍ରିଜ୍ କରିବାକୁ ଠିକ୍ କଲେ। ୧୮୬୯ରେ କର୍ତ୍ତୃପକ୍ଷ ବ୍ରିଜ୍ ନିର୍ମାଣରେ ନୂଆ ପରୀକ୍ଷା ଚଳାଇଥିବା John Augustus Roebling ନାମକ ଜର୍ମାନ-ଆମେରିକାନ ସିଭିଲ ଇଞ୍ଜିନିୟରଙ୍କୁ ବ୍ରିଜ୍ ନିର୍ମାଣର ଦାୟିତ୍ୱ ଦେଲେ। ସେତେବେଳକୁ ସେ କେତୋଟି ଛୋଟ ଛୋଟ ସସ୍‌ପେନସନ୍ ବ୍ରିଜ୍ ନିର୍ମାଣ କରିଥାନ୍ତି। କିନ୍ତୁ ଏଠି ୬୦୦୦ଫୁଟ୍ ଲମ୍ବା ପୃଥିବୀର ଦୀର୍ଘତମ ସସ୍‌ପେନସନ୍ ବ୍ରିଜ୍ କରିବାକୁ ପଡ଼ିବ। Roebling ଦାୟିତ୍ୱ ନେଲେ ଓ ୧୯୬୯ରୁ କାମ ଆରମ୍ଭ କଲେ। ନଦୀ ଉପରେ ସର୍ଭେ କାମ କରୁଥିବା ବେଳେ ଅନ୍ୟ ଏକ ଡଙ୍ଗା ଧକ୍କାରେ ପାଦର ବୁଢ଼ା ଆଙ୍ଗୁଠି ହରାଇବସିଲେ। ତିନି ସପ୍ତାହ ଭିତରେ ଟିଟାନସ୍‌ରେ ସେ ଜୀବନ ହରାଇଲେ। ତାଙ୍କର ୩୨ ବର୍ଷୀୟ ପୁଅ Washington Roebling ପରେ ଚିଫ୍ ଇଞ୍ଜିନିୟର ହିସାବରେ ଦାୟିତ୍ୱ ନେଲେ। ବାପାଙ୍କ ସହିତ ସେ ଆଗରୁ ଅନ୍ୟ ବ୍ରିଜ୍ ନିର୍ମାଣରେ ଭାଗ ନେଇଥିଲେ। ବ୍ରିଜ୍‌ର ମୂଳଦୁଆ ଖୋଳିବା ଆରମ୍ଭ ହେଲା। ଖୋଳିବା କାମରେ କେସନ୍ (Caisson) ବୋଲି ଏକ ଯନ୍ତ୍ରର ଉପଯୋଗ ହେଉଥିଲା। କେସନ୍ ଗୋଟେ ପଟ ଖୋଲା ଥାଇ ବିଶାଳ Water tight Cylinder ବା ଡ୍ରମ୍ (Drum)। ଖୋଲାଥିବା ମୁହଁକୁ ପାଣି ଭିତରକୁ - ପ୍ରବେଶ କରାଯାଏ। ଉପଯୁକ୍ତ ବାୟୁ ଚାପ ଦ୍ୱାରା ଯା ଭିତରେ ଶୂନ୍ୟ ସ୍ଥାନ ସୃଷ୍ଟିକରି ପାଣି ପଶିବାକୁ ଦିଆଯାଏନି। କିନ୍ତୁ ଲୋକମାନେ କେସନ୍ ଭିତରେ ରହି ପାଣି ତଳେ କାମ କରିପାରନ୍ତି। କେସନ୍ ଭିତରେ ରହି ମାଟି ବାଲି ଖୋଳିବା କର୍ମଚାରୀମାନଙ୍କୁ Sand Hog (ବାଲୁକା ଶୁକର ବା ବାଲି ଘୁଷୁରୀ) କୁହାଯାଉଥିଲା। ଅଧିକ ସମୟ ଯା ଭିତରେ ରହିଲେ ଉଚ୍ଚ ବାୟୁଚାପ, ରକ୍ତ ସଞ୍ଚାଳନରେ ତଥା ଫୁସ୍‌ଫୁସ୍ କାମରେ ବ୍ୟାଘାତ ଆଣେ। ମସ୍ତିଷ୍କ ଉପରେ ବି ପ୍ରଭାବ ପକାଏ। ବ୍ରୁକ୍‌ଲିନ୍ ବ୍ରିଜ୍ ନିର୍ମାଣ ସମୟରେ ଅନେକ ଶ୍ରମିକ ମୃତ୍ୟୁ ମୁଖରେ ପଡ଼ିଥିଲେ। ଏହାକୁ କେସନ୍ ଡିଜିଜ୍ ବୋଲି କୁହା ହେଉଥିଲା। Washington Roebling ବି ଏଇ

ରୋଗର ଶିକାର ହୋଇ ପକ୍ଷାଘାତ ରୋଗରେ ଆକ୍ରାନ୍ତ ହେଲେ। କିନ୍ତୁ ସେଇ ଅବସ୍ଥାରେ ସେ ତାଙ୍କ ଫ୍ଲାଟ୍‌ରୁ ବାଇନୋକୁଲାରରେ ଦେଖି ଦେଖି ବ୍ରିଜ୍ କାମ ତଦାରଖ କରୁଥିଲେ। ତାଙ୍କ ସ୍ତ୍ରୀ Emily, Washington ଓ ନିର୍ମାଣ କର୍ମଚାରୀମାନଙ୍କ ଭିତରେ ଯୋଗସୂତ୍ର ଥିଲେ। ଏଇପରି ନିର୍ମାଣ କାର୍ଯ୍ୟ ଚାଲିଲା ଓ ୧୩ ବର୍ଷରେ ୧୮୮୩ରେ ବ୍ରୁକ୍‌ଲିନ୍ ବ୍ରିଜ୍ ନିର୍ମାଣ ଶେଷ ହେଲା। ପ୍ରଥମ ପଦଚାରୀ ହିସାବରେ ଏମିଲି ବିଜୟର ପ୍ରତୀକ ଏକ ଗଞ୍ଜା ଧରି ବ୍ରୁକ୍‌ଲିନ୍ ବ୍ରିଜ୍ ପାଦରେ ଚାଲି ଅତିକ୍ରମ କଲେ। ଦୁଇ ସହରର ସ୍ୱପ୍ନ ସାକାର ହୋଇଗଲା। ନ୍ୟୁୟର୍କ ଆକାଶରେ ଆବିର୍ଭାବ ହେଲା ଆଉ ଏକ ଲିଜେଣ୍ଡ।

ବ୍ରୁକ୍‌ଲିନ୍ ବ୍ରିଜ୍‌ର ଟାୱାରର ଭୂମିତଳେ ରହିଛି ଏକ ଗୁପ୍ତ ରହସ୍ୟ! ବଡ଼ବଡ଼ Vault (ସିନ୍ଧୁକ)ର ଷ୍ଟୋର ରୁମ୍। ତା' ଭିତରେ ରହିଛି ୱାଇନ୍ ଷ୍ଟୋର। ବର୍ଷ ସାରା ନଦୀ ପତନରୁ ନିମ୍ନରେ ଉତ୍ତାପ ପ୍ରାୟ ୧୬°C ତଳେ ରହେ। ୱାଇନ୍ ସଂରକ୍ଷଣ ପାଇଁ ଅତ୍ୟନ୍ତ ଅନୁକୂଳ ପରିବେଶ। ୱାଇନ୍ ଷ୍ଟୋରରୁ ବ୍ରିଜ୍ କର୍ତ୍ତୃପକ୍ଷ ଭଡ଼ା ପା'ନ୍ତି। ଥରେ ନ୍ୟୁୟର୍କ ଟାଇମ୍‌ସ ପ୍ରତିନିଧି ସେଠିକି ବୁଲି ଯାଇଥିଲେ। କାନ୍ଥରେ ଲେଖାଯାଇଛି- Who loveth not Wine, Women, Song, he remains a fool his whole life long." ("ଯେ Wine, Woman ଆଉ ସଂଗୀତ ଭଲ ନପାଏ, ଜୀବନ ସାରା ବୋକା ହୋଇ ରହିଯାଏ।")

୧୮୭୦ରେ ୧୫୦ ବର୍ଷ ତଳେ ଆଜିକାର Portland Cement ବ୍ୟବହାରରେ ଆସିନଥିଲା। ତେଣୁ ଟାୱାର ଗୁଡ଼ିକରେ ଗ୍ରାନାଇଟ୍, ଲାଇମ୍‌ଷ୍ଟୋନ୍ ଓ Rosendale Cement ବ୍ୟବହାର କରାଯାଉଥିଲା। ଏହି ସିମେଣ୍ଟ ଅତି ସରୁ ବାଲି, ଆଲୁମିନା ଓ ଚୂନପଥରକୁ ଚୁନା କରି ରନ୍ଧାଯାଏ। ଆମ ଦେଶରେ ବି ପୁରୁଣା କାଳରେ ଚୁନପଥରରୁ ସିମେଣ୍ଟ ତିଆରି ହୋଇ ମନ୍ଦିର ନିର୍ମାଣ ହେଉଥିଲା।

ଫେରିଲା ବେଳେ କେବୁଲ ଲାଇନ୍ ତଳକୁ ଆଖି ପକାଇଲି ହଜାର ହଜାର ତାଲା ଝୁଲୁଛି ପୂରା କେବୁଲ୍‌ଗୁଡ଼ିକରେ। ବୁଝିଲି, ଏସବୁ 'Love Lock' (ପ୍ରେମ ତାଲା)। ପ୍ରେମୀମାନେ ଏଠାକୁ ଆସି ନିଜର ପ୍ରେମକୁ ଚିରସ୍ଥାୟୀ କରିବା ପାଇଁ ତାଲାରେ ନିଜ ନାଁ ଲେଖି, କେବୁଲରେ ଲଗେଇ ଚାବିକୁ East River କୁ ପକାଇଦିଅନ୍ତି। ବାସ୍... ଜୀବନ ସାରା ଆଉ ପ୍ରେମ ହୁଗୁଳା ହେବାର ନାହିଁ। କିନ୍ତୁ ଏଠି ତାଲା ପକେଇବା ଏକ ଦଣ୍ଡନୀୟ ଅପରାଧ। ଧରା ପଡ଼ିଲେ ୧୦୦ ଡଲାର ଜୋରିମାନା। କିନ୍ତୁ ପ୍ରେମ କ'ଣ ଜୋରିମାନା ମାନେ? ତେଣୁ ଜୋରିମାନା ଆଦାୟ ହେଉ ନହେଉ, ବ୍ରିଜ୍ କର୍ତ୍ତୃପକ୍ଷ ସବୁ ବର୍ଷ $ ୧,୦୦,୦୦୦ ଖର୍ଚ୍ଚ କରନ୍ତି ତାଲାଗୁଡ଼ିକୁ କାଟି ବାହାର କରିବା ପାଇଁ। କିଛି ଦୂର ଆସିଲା ପରେ ଟାୱାର ପାଖରେ ତଳକୁ ଦେଖିଲି ହଜାର ହଜାର

କଏନ୍ ସବୁ ବ୍ରିଜ୍‌ର ନିମ୍ନ ଦେଶରେ ଥିବା ବିମ୍ ଉପରେ ବିଛାଡ଼ି ହୋଇ ପଡ଼ିଛି...ସୌଭାଗ୍ୟ ପାଇଁ ମାନସିକ କରି ଲୋକମାନେ ଏସବୁ ପକେଇଥାନ୍ତି।

୨୦୦୦ ମସିହାରେ ସସ୍‌ପେନ୍‌ସନ୍ କେବୁଲରେ ଏଲ୍‌ଇଡି ବଲ୍‌ବ ସବୁ ଖଞ୍ଜି ଦିଆଗଲା। ରାତିରେ ଝୁଲି ରହିଥିବା କେବୁଲ୍ ସହିତ ଏଲଇଡି ବଲ୍‌ବର ଆଲୋକ ଏକ ନେକ୍‌ଲେସ୍‌ର ଭ୍ରମ ସୃଷ୍ଟି କରୁଥିବାରୁ ଏହାକୁ ବ୍ରୁକ୍‌ଲିନ୍ ନେକ୍‌ଲେସ୍ କହନ୍ତି।

ବ୍ରୁକ୍‌ଲିନ୍ ବ୍ରିଜ୍‌ଠାରୁ ବିଦାୟ ନେବା ବେଳ ଆସିଗଲା। ଫେରିଲି WTC ପାଥ୍ ଷ୍ଟେସନକୁ। ହାତରେ କିଛି ସମୟ ଥିଲା। ଆଉ ଥରେ ପୂରା ଅକ୍ୟୁଲସକୁ ବୁଲିଲି। କିଛି ସମୟ Bubble Benchରେ ବସି ଦେଖୁଥାଏ। ଅକ୍ୟୁଲସ୍ ମଣିଷର କଳ୍ପନାର ପରିଧି ଟପିବାକୁ ଚେଷ୍ଟା କରିଛି। ଶ୍ୱେତ ଇସ୍ପାତର ଏକ ସ୍ୱପ୍ନର ସ୍ଥାପତ୍ୟ। କାଲାଟ୍ରାଭା ବୋଧେ ୩୦୦୦, ୯/୧୧ ଆତ୍ମାର ଜ୍ୱଳନ୍ତ Inferno ଭିତରୁ ମୁକ୍ତି ପାଇଁ ବିକଳ ଚିତ୍କାର ଅନୁଭବ କରି ମୁକ୍ତିକାମୀ କପୋତଟିର କଳ୍ପନା କରିଥିବେ। ଟିକେ ଦୂରରୁ ଅକ୍ୟୁଲସକୁ ଦେଖିଲେ ଏକ ଉଡ଼ନ୍ତା କପୋତ ଡେଣା ଝାଡ଼ି ଓ୍ୱାନ୍ ଓ୍ୱାର୍ଲଡ (One WTC) ଚୂଡ଼ା ଛୁଇଁବାର ଚେଷ୍ଟା କରୁଥିବା ପରି ଲାଗେ।

ଅକ୍ୟୁଲସକୁ ଗୁଡ୍‌ବାଏ କହି ପାଥ୍ ଟ୍ରେନ୍‌ରେ ବସିଲି। ଜର୍ଣ୍ଣାଲ୍ ସ୍କୋୟାରରେ ପହଞ୍ଚିଲି। ଏସ୍‌କାଲେଟରରେ ଉପରକୁ ଉଠିଲା ବେଳକୁ ଦେଖିଲି ଜଣେ ଯୁବକ ଅତ୍ୟନ୍ତ ହାଲୁକା ଏକ ଫୋଲ୍ଡିଂ ସାଇକେଲ ଗୋଟେ ହାତରେ ଧରି ଉଠୁଛି। ଷ୍ଟେସନ୍ ବାହାରକୁ ଆସି ସାଇକେଲଟିକୁ ଫିଟିଙ୍ଗ୍ କରିବାକୁ ୩୦ ସେକେଣ୍ଡ ହିଁ ଲାଗିଲା। ପଚାରିଲାରୁ କହିଲା ସେ ସବୁଦିନ ଟ୍ରେନ୍‌ରେ ସାଇକଲଟିକୁ ନେଇଯାଏ ଓ ଆସେ। ଏଠି ସବ୍‌ୱେରେ ବା ବସ୍‌ରେ ସାଇକେଲ ନେବା ଅନୁମତିପ୍ରାପ୍ତ।

ଜର୍ଣ୍ଣାଲ୍ ସ୍କୋୟାର ବଜାରରେ ପହଞ୍ଚି ଦେଖିଲି, ଦୋଷା ପ୍ୟାଲେସ୍ ଆଜି କୌଣସି କାରଣରୁ ବନ୍ଦ। ଆଉ ଗୋଟେ ସାଉଥ୍ ଇଣ୍ଡିଆନ୍ ରେଷ୍ଟୁରାଣ୍ଟ ମିଳିଗଲା। ଇଡ୍‌ଲି ମଗେଇଲି। ବେଶ୍ ବଡ଼ ବଡ଼ ଇଡ୍‌ଲି, ନଡ଼ିଆ ଚଟଣି ସହିତ ଅତି ସୁସ୍ୱାଦୁ...। ଦାମ୍ ୫.୦୦ ଡଲାର।

ଟିକେ ଦିନ ଥାଏ। ଫୁଟ୍‌ପାଥରେ ବୁଲୁବୁଲୁ ଦେଖିଲି ରାସ୍ତା କଡ଼ରେ ଶିରିଡ଼ି ସାଇ ମନ୍ଦିର। ଜଗନ୍ନାଥଙ୍କ ରଥଯାତ୍ରା ପାଇଁ ନୋଟିସ୍ ଲାଗିଛି। ଭିତରକୁ ଦେଖେ ତ ସାଇଙ୍କର ଶେଜ ଆରତୀ ଚାଲିଛି। ଜୋତା ଖୋଲୁଥାଏ....... ମନ୍ଦିର ଭିତରକୁ ପଶିବାକୁ....

ହଠାତ୍ ଆରତୀ ସରିଗଲା... ଆରମ୍ଭ ହୋଇଗଲା... 'ଜନଗଣ ମନ ଅଧିନାୟକ ଜୟ ହେ...।' ଛୋଟ କୋଠରିଟିରେ ୫୦-୬୦ ଜଣ ଲୋକ ଏକ କଣ୍ଠରେ

ବୋଲୁଥାନ୍ତି, ଭାରତମାତାଙ୍କ ମୂର୍ତ୍ତି ସାମ୍ନାରେ ଆରତୀ ସହିତ। ତରତର ହୋଇ ଭିଡ଼ିଓ ଆରମ୍ଭ କଲି... ଦ୍ୱିତୀୟ ପଦ... "ଦ୍ରାବିଡ଼ ଉତ୍କଳ ବଂଗ... ଠାରୁ ରେକର୍ଡ଼ିଂ ହେଲା"... ଛାତିର ସ୍ପନ୍ଦନ ବଢ଼ିଗଲା, ଆଖିକୁ ଲୁହ ଆସିଗଲା। ମନ୍ଦିରରେ ଠାକୁର ପୂଜା ସହ ଭାରତ ମାତାର ପୂଜାରେ ଉଦ୍‌ଯାପନ ଏକ ଚମତ୍କାର ପରମ୍ପରା ପ୍ରବାସୀମାନେ ରଖିପାରିଛନ୍ତି ମାତୃଭୂମିଠାରୁ ଏତେ ଦୂରରେ ଥାଇ ପୃଥିବୀର ଆରପଟେ...।

■

ଆଲବାନୀ ଓ ହ୍ରଦରାଣୀ

୨୮.୦୬.୨୦୧୯ (ଶୁକ୍ରବାର)

ଚରିଦିନ ନ୍ୟୁୟର୍କରେ ଏକା ଏକା ବୁଲିବା ପରେ ବାହାରିଲି 'ଆଲବାନୀ', ବନ୍ଧୁ ଶ୍ରୀ ନବ କୁମାର ପ୍ରଧାନୀଙ୍କ ସାନ୍ନିଧ ପାଇଁ। ଶ୍ରୀ ପ୍ରଧାନୀ ନାଲ୍‌କୋରେ କାର୍ଯ୍ୟରତ ଥିବାବେଳର ବନ୍ଧୁତା ଏବେ ବି ଅକ୍ଷୁର୍ଣ୍ଣ ଥିଲା। ଭୁବନେଶ୍ୱରରୁ ବାହାରିବା ଆଗରୁ ଫୋନ୍‌ରେ ତାଙ୍କ ସହ କଥାବାର୍ତ୍ତା। ଆମେରିକା ଆସୁଛି ଶୁଣି ତତ୍‌କ୍ଷଣାତ୍ ତାଙ୍କ ଘରକୁ ନିମନ୍ତ୍ରଣ କରିଥିଲେ।

ନ୍ୟୁଜର୍ସିରୁ ପେନ୍ ଷ୍ଟେସନ (Penn Station) :

ଜର୍ସି ସିଟିରୁ Grey Hound ସଟଲ୍‌ରେ ନ୍ୟୁୟର୍କ ଯିବା କଥା। ୩ ଘଣ୍ଟା ବିଳମ୍ବରେ ଆସି ସଟଲ୍ ବସ୍ ମତେ ଆଣି ନ୍ୟୁୟର୍କ ପେନ୍ ଷ୍ଟେସନରେ ଛାଡ଼ିଦେଲା। ସେଠୁ ଆଲବାନୀ ବସ୍ ଧରିବାକୁ ପଡ଼ିବ। ପେନ୍ ଷ୍ଟେସନ କଥା ବନ୍ଧୁ ଶ୍ରୀ ଶଶଧର ପ୍ରଧାନଙ୍କ ଠାରୁ ଶୁଣିଥିଲି। କିନ୍ତୁ ଷ୍ଟେସନ୍ ଭିତରକୁ ପହଞ୍ଚିଲା ପରେ ମୋର ଆଖି ଖୋସି ହୋଇଗଲା। ଏଇଟା ଗୋଟେ ବସ୍ ଓ ଟ୍ରେନ୍ ଷ୍ଟେସନ୍। ନ୍ୟୁୟର୍କର ବ୍ୟସ୍ତତମ ଟ୍ରାନ୍ସପୋର୍ଟ ହବ୍। ବସ୍, SUBWAY, MTA Bus ଓ Amtrak Train ର ରହଣିସ୍ଥଳ। ଗ୍ରେ ହାଉଣ୍ଡ ହେଉଛି ଆମେରିକାର ସବୁଠୁ ବଡ଼ ଓ ପୁରାତନ ବସ୍ କମ୍ପାନୀ। ଏମାନଙ୍କର ବସ୍ ଆମେରିକା, କାନାଡ଼ା ଓ ମେକ୍ସିକୋର ପ୍ରତିଟି କୋଣକୁ ଚଳେ। ଗ୍ରେ ହାଉଣ୍ଡ କମ୍ପାନୀର ନିଜସ୍ୱ ବସ୍‌ଷ୍ଟାଣ୍ଡ ସବୁ ସହରରେ ରହିଛି। ବସ୍‌ଷ୍ଟାଣ୍ଡଗୁଡ଼ିକ ଆମର ବିମାନବନ୍ଦର ପରି ସୁନ୍ଦର ଓ ସୁବ୍ୟବସ୍ଥିତ। ଆମ୍‌ଟ୍ରାକ୍ ହେଉଛି ଆମେରିକାର ବୃହତ୍ତମ ରେଲୱେ କମ୍ପାନୀ। ଆମ୍‌ଟ୍ରାକ୍ ଆମେରିକାର କୋଣ ଅନୁକୋଣକୁ ଟ୍ରେନ୍ ଚ଼ଲାଏ। ୩୫୦୦୦କି.ମିର ରୁଟ୍ ଏମାନେ ପରିବହନ କରନ୍ତି। ନ୍ୟୁୟର୍କ ପାଇଁ ପେନ୍ ଷ୍ଟେସନ୍ ଆମଟ୍ରାକ୍ କମ୍ପାନୀ ଏକଚଟିଆ ବ୍ୟବହାର କରେ।

ନ୍ୟୁୟର୍କ ସିଟି ଭିତରେ ଭୂମିଗତ ଟ୍ରେନ୍‌ର ନାମ ହେଉଛି ସବ୍‌ୱେ। ନ୍ୟୁୟର୍କ ସିଟିରୁ ହଡ଼ସନ୍ ନଦୀ ପାର ହୋଇ ନ୍ୟୁଜର୍ସି ଯିବା ଟ୍ରେନର ନାମ ହେଉଛି PATH. ନ୍ୟୁୟର୍କ ସିଟି ଭିତରେ ଚାଲୁଥିବା ସିଟି ବସ୍‌ଗୁଡ଼ିକୁ MTA କୁହାଯାଏ। ଗୋଟିଏ ଟିକଟ କିଣିଲେ ଜଣେ, ସବ୍‌ୱେ, ପାଥ୍ ଓ MTA ରେ ଯାତ୍ରା କରିପାରିବ। ପ୍ରତିଟି ଟ୍ରିପ୍ ପାଇଁ $୨.୨୫ କଟିଯିବ ବସ୍, ଟ୍ରେନ୍‌ରେ ପଶିଲା ଆଗରୁ। ଦିନିକିଆ, ସାପ୍ତାହିକୀ ବା ମାସିକ ପାସ୍ କିଣିପାରିବେ।

ହଁ, ପେନ୍ ଷ୍ଟେସନ ଭିତରକୁ ପଶି ଭାବିଲି ବୋଧେ ଭୁଲରେ କେଉଁ ମଲ୍ ଭିତରକୁ ପଶିଆସିଲି। ତିନି ମହଲାର ଏଇ ଷ୍ଟେସନଟି ସମ୍ପୂର୍ଣ୍ଣ ଭୂମିଗତ। ପ୍ରଥମ ଦୁଇମହଲା Concourse (ବ୍ୟବସାୟିକ ଅତ୍ୟାଧୁନିକ ମଲ୍)। ସବା ତଳ ମହଲା ଆମ୍‌ଟ୍ରାକ୍ ଟ୍ରେନ, ଗ୍ରେ ହାଉଣ୍ଡ, ସବ୍‌ୱେ ରେଲ ଓ MTA ବସ୍ ଯାତାୟାତ ପାଇଁ ବ୍ୟବହାର ହୁଏ।୧୯୧୦ରେ ଏହି ଷ୍ଟେସନ ପ୍ରତିଷ୍ଠା ହୋଇଥିଲା Pennsylvania Station ନାମରେ। କାଳକ୍ରମେ ଏହା 'ପେନ୍ ଷ୍ଟେସନ' ନାଁରେ ଜନପ୍ରିୟ ହୋଇଯାଇଛି। କିନ୍ତୁ କାଗଜପତ୍ରରେ ପୂରାନାମ ଏବେବି ରହିଛି। ୧୯୬୩-୬୦ରେ ଏହାକୁ ନୂଆ ରୂପ ଦିଆଯାଇଥିଲା। ଆଜିର ପେନ୍ ଷ୍ଟେସନ୍ ପଶ୍ଚିମ ଗୋଲାର୍ଦ୍ଧର ସବୁଠୁ ବ୍ୟସ୍ତତମ ରେଳ, ବସ୍ ଟର୍ମିନାଲ। ଯେ କୌଣସି କାର୍ଯ୍ୟ ଦିବସରେ ହାରାହାରି ୬,୩୦,୦୦୦ ଯାତ୍ରୀ ଏଠି ଯିବା ଆସିବା କରନ୍ତି। ଏହାର Layout ଏପରି ଭାବେ ତିଆରି ଯେ ଏତେ ଲୋକଙ୍କ ପଶିବା, ବାହାରିବାରେ କୌଣସି ଅସୁବିଧା ହୁଏନି। ଏତେ ବିଶାଳ ଓ ଜଟିଳ ନେଟୱ୍ୱର୍କକୁ ସୁବିଧାରେ ବୁଝିବା ପାଇଁ ଏକ ଆପ୍ ବ୍ୟବହାର ହୁଏ।

ଏସବୁ ହେଲା ମାଟି ତଳ କଥା। ମାଟି ଉପରେ ରହିଛି ଦୁଇଟି ପ୍ରଖ୍ୟାତ ସ୍ଥାପତ୍ୟ (Building)। Madison Square Garden (MSG) ଓ ଅତ୍ୟାଧୁନିକ Penn Plaza. MSG ଏକ ବିଶାଳ ଅତ୍ୟାଧୁନିକ ମଲ୍‌ଟି ପରପସ୍ ଇନ୍‌ଡୋର ଆରେନା। ଅତ୍ୟାଧୁନିକ ପ୍ରେକ୍ଷାଳୟ ସହିତ ବିଭିନ୍ନ ଇନ୍‌ଡୋର ସ୍ପୋର୍ଟ୍ସର ସୁବିଧା ଅଛି। George Harison, John Lennon, Elton John, Elvis Presley, Madonna ଏବଂ Michael Jacksonଙ୍କ ଭଳି ପ୍ରସିଦ୍ଧ ଗାୟକ ଓ ମ୍ୟୁଜିସିଆନ୍‌ମାନେ ଏଠି ପରଫର୍ମ କରିଛନ୍ତି। ଦୁନିଆର ସମସ୍ତ କଳାକାର MSG ର ଷ୍ଟେଜ୍ ଛୁଇଁବାକୁ ସୌଭାଗ୍ୟ ମନେ କରନ୍ତି। ଏଠାରେ ବକ୍ସିଂ ରିଙ୍ଗ ବି ତତୋଧିକ ପ୍ରଖ୍ୟାତ। ମହମ୍ମଦ ଅଲ୍ଲି ଓ ଜୋ ଫ୍ରେଜିୟରଙ୍କ ଐତିହାସିକ ପ୍ରଥମ ମୁଷ୍ଟିଯୁଦ୍ଧ ଏହିଠାରେ ହୋଇଥିଲା (March'8-1991)। ଏହି Fight of the Century ରୁ ଆରମ୍ଭ ହୋଇଥିଲା ମହମ୍ମଦ ଅଲ୍ଲିଙ୍କର 'I am the

Greatest' ର ଯାତ୍ରା ! ଭାରତର ପ୍ରଧାନମନ୍ତ୍ରୀ ଶ୍ରୀ ନରେନ୍ଦ୍ର ମୋଦୀ ଏହି MSG ରୁ ତାଙ୍କ ବିଶ୍ୱକୁ ଆପଣାର କରିବା ଅଭିଯାନ ଆରମ୍ଭ କରିଥିଲେ। ୧୯୦୦୦ ପ୍ରବାସୀ ଭାରତୀୟଙ୍କ ଦ୍ୱାରା MSG ଅଡ଼ିଟୋରିଅମ୍ ସେଦିନ ଭର୍ତ୍ତି ହୋଇଯାଇଥିଲା। ଭାରତ ଓ ଆମେରିକାର ଭାରତୀୟମାନଙ୍କ ଏହା ଏକ ସୁବର୍ଣ୍ଣ ମୁହୂର୍ତ୍ତ। ଆମେରିକାବାସୀ ଭାରତକୁ ପ୍ରଥମଥର ପାଇଁ ଆବିଷ୍କାର କଲେ ଏକ ମର୍ଯ୍ୟାଦାପୂର୍ଣ୍ଣ ନଜରରେ।

ହଁ, ପେନ୍ ଷ୍ଟେସନ ଭିତରେ ପାଦ ଦେଲି। ଗ୍ରେ ହାଉଣ୍ଡ Bay ପାଖକୁ କେମିତି ରାସ୍ତା ପାଇବି ଏତେ ବଡ଼ ଷ୍ଟେସନରେ ! ମୁଁ ଚାଲୁଥାଏ ଓ ପଚାରୁଥାଏ ଯାକୁ ତା'କୁ। ହଠାତ୍ ଦେଖିଲି ଗୋଟେ ଦାଢ଼ୀ ରଖା ଲୋକ ଗୋଟେ ସ୍ନାକ୍ସ ଦୋକାନର ମାଲିକାଣୀ ସହିତ କଥା ହେଉଛି ହିନ୍ଦୀରେ। ଦି'ଜଣ ଆମ ଦେଶ ଲୋକ ପରି ଲାଗିଲେ। ହିନ୍ଦୀରେ ସେ ଲୋକକୁ ପଚାରିଲି। ସେ ବ୍ୟସ୍ତ ଅଛି କହି ମାଲିକାଣୀ ଆଡ଼କୁ ଦେଖାଇଦେଇ ଚାଲିଗଲା। ପଚାରିଲି ହିନ୍ଦୀରେ। ହେଲେ ମାଲିକାଣୀ ଇଂଲିଶରେ କହିବା ଆରମ୍ଭ କଲା। ହେଲେ ତା' ଉଚ୍ଚାରଣରୁ ବଙ୍ଗଳା ଭାଷାର ବାସ୍ନା ପାଇଲି। ବଙ୍ଗଳାରେ କହିଲି- "ବାଂଲା ବୋଲୁନ୍..... ଏକ୍‌ଟୁ ଏକ୍‌ଟୁ ବୁଝିତେ ପାରି।" ବାସ୍..... ଅନ୍ତର ଖୋଲା ହସର ଇନ୍ଦ୍ରଧନୁ ଫୁଟାଇ ସେ କହିଚାଲିଲା ଖାଣ୍ଟି ବଙ୍ଗଳାରେ ଜଣେ ଅତିଆପଣାର ମଣିଷ ହିସାବରେ। ୩-୪ ମିନିଟ୍ ନନ୍‌ଷ୍ଟପ୍ କହି ସାରିଲା ପରେ ପଚାରିଲା, "ବୁଝିତେ ପାରି ?" "ଏକ୍‌ଦମ୍" କହିଲି। ହାତଯୋଡ଼ି କହିଲି, "ଧନ୍ୟବାଦ୍, ନୋମୋସ୍ତେ ଦିଦି।" ବହୁତ ଖୁସୀ ଲାଗିଲା ଅପ୍ରତ୍ୟାଶିତ ଭାବରେ ଏକ ଅଜଣା ଜାଗାରେ ନିଜର କାହାକୁ ପାଇଲା ପରି। ବୋଧେ ସେ ବାଂଲାଦେଶୀ... ଦୌଡ଼ିଲି। ଦି'ଟା ଲେଭଲ୍ ତଳେ ବସ୍ ବେ'। ତା' ଅର୍ଥ ଭୂମିଠାରୁ ୪୦-୫୦ ଫୁଟ୍ ତଳେ ବସ୍ - ଟ୍ରେନ୍ ଷ୍ଟେସନ ! ବାଟସାରା ଫଟୋ ଉଠାଉଥାଏ ଏତେ ସୁନ୍ଦର ସୁନ୍ଦର ଦୋକାନ ଗୁଡ଼ିକର।

ଆଲବାନୀ ଯିବା ବସ୍ ଲାଇନ୍‌ରେ ଛିଡ଼ା ହେଲି। ବୁଝିଲି, ମୋ ବସ୍ ଦି'ଘଣ୍ଟା ଆଗରୁ ଚାଲିଯାଇଛି, ନ୍ୟୁଜର୍ସିରୁ ଆସିବା ଡେରି ଯୋଗୁ। ହେଲେ ଡେରି ପାଇଁ ଗ୍ରେ ହାଉଣ୍ଡ ନିଜେ ଦାୟୀ। ମୋର କ'ଣ ଦୋଷ ? କିନ୍ତୁ କରିବି କ'ଣ ? ଏନ୍‌କ୍ୱାରୀରେ ପଚାରିଲି। ସେମାନେ କହିଲେ, "ବସ୍‌ର ଡ୍ରାଇଭର ହିଁ ସବୁଠୁ ଶକ୍ତିଶାଳୀ ଏ ବିଷୟରେ। ସେ ଯାହା କହିବ ସେୟା ହେବ। ଧୈର୍ଯ୍ୟର ସହିତ ଅପେକ୍ଷା କର।" ଲାଇନ୍‌ରେ ଛିଡ଼ା ହୋଇଥିଲି। ଦେଖାହେଲା ଗୋଟେ ଦିଲ୍ଲୀ ଝିଅ ସହିତ। ତା ନାଁ ଶ୍ରୀଯା, ସଫ୍ଟୱେରରେ କାମ କରେ ନ୍ୟୁୟର୍କରେ। ବର୍ଷେ ହେଲା ବାହା ହୋଇଛି। ତା' ସ୍ୱାମୀ ରହେ ଆଲବାନୀରେ। ତେଣୁ ସେ ସପ୍ତାହନ୍ତରେ (ଶୁକ୍ରବାର ସନ୍ଧ୍ୟା) ଆଲବାନୀ ଯାଏ ଓ ସୋମବାର ସକାଳୁ ଆସେ। ତା'କୁ ଅସୁବିଧା କଥା କହିଲି। ସେ ଆଶ୍ୱାସନା

ଦେଲା, "ଅସୁବିଧା ହେବା କଥା ନୁହେଁ। ଆପଣ ଏ ବସ୍‌ରେ ଯାଇପାରିବେ।" ଟିକେ ଉଶ୍ୱାସ ଲାଗିଲା। ବସ୍ ଡ୍ରାଇଭର ଆସିଲା। ୬ଫୁଟର ଆଫ୍ରିକାନ୍ ଆମେରିକାନ୍। ଟିକେଟ ଦେଖି କହିଲା- 'Problem BRO, Wait.' ହୃତ୍‌ସ୍ପନ୍ଦନ ବଢ଼ିଗଲା। ସବୁ ଯାତ୍ରୀ ଭିତରକୁ ଚାଲିଗଲେ। ମୁଁ ଏକା ଗେଟ୍ ଏପଟେ। ୩-୪ ମିନିଟ୍ ପରେ ଆସି କହିଲା- 'Come on Buddy'. ବସ୍‌ରେ ଲଗେଜ୍ ରଖୁଛି। ଶ୍ରୀଯା ଓହ୍ଲାଇ ଆସି କହିଲା- "ଆସନ୍ତୁ ଅଙ୍କଲ୍ ! ଆମ ପାଇଁ ସିଟ୍ ରଖିଛି।" ବସ୍‌ରେ ବସିପଡ଼ିଲି। ଫୋନ୍ କରି କହିଦେଲି ପ୍ରଧାନୀ ବାବୁଙ୍କୁ ଓ ସୌନ୍ଦର୍ଯ୍ୟାକୁ (ବନ୍ଧୁ ଶଙ୍କର ବାବୁଙ୍କ ଝିଅ)। ସେ ବି ଆଲବାନୀରେ ରହେ। ବାଟସାରା କଥା ହେଲୁ ତା ସ୍ୱାମୀ ରୋହିତ, ଶାଶୂ ଶ୍ୱଶୁର, ବାପା ମା'ଙ୍କ କଥା। ନ୍ୟୁୟର୍କରୁ ଆଲବାନୀ ୨୪୦ କି.ମି., ପ୍ରାୟ ଚାରିଘଣ୍ଟାର ରାସ୍ତା। ହଡ଼୍‌ସନ୍ ନଦୀ କୂଳେ କୂଳେ। ଉଭୟ ସହର ନଦୀର ଡାହାଣ ପାଖରେ ଅବସ୍ଥିତ। ବସ୍‌ରେ ୱାଇଫାଇ ସୁବିଧା ଥାଏ।

ପଚାରି ବୁଝିଲି, ଆଲବାନୀ ପହଞ୍ଚୁ ପହଞ୍ଚୁ ପ୍ରାୟ ୯.୩୦, ତା ଅର୍ଥ ଆସନ୍ନ ସନ୍ଧ୍ୟା। ଯଦି ପ୍ରଧାନୀ ବାବୁ ଆସି ନଥିବେ କ'ଣ କରିବି ? ସେ କହିଲା, "କିଛି ଅସୁବିଧା ନାହିଁ, ରୋହିତ୍ କାର ନେଇ ଆସୁଛନ୍ତି। ଆମେ ଆପଣଙ୍କୁ ନେଇ ତାଙ୍କ ଘରେ ଛାଡ଼ି ଦେବୁ।" ହେଲେ ପ୍ରଧାନୀ ବାବୁ ଓ ସୌନ୍ଦର୍ଯ୍ୟା, ଗ୍ରେ ହାଉଣ୍ଡ ଷ୍ଟେସନ ବାହାରେ ଠିକ୍ ସମୟରେ ପହଞ୍ଚି ଗଲେ। ଧନ୍ୟବାଦ ସହ ବିଦାୟ ନେଲି ଶ୍ରୀଯା ଓ ରୋହିତଙ୍କ ଠାରୁ। ରାତିରେ ଆମ ପୁଅ ଝିଅଙ୍କ କଥା ଭାବିଲି। ବର୍ଷେ ହେଲା ବାହାଘର। ଏକାଠି ରହିବାର ସୁଯୋଗ ନାହିଁ। ବାହାଘରର ପ୍ରଥମ ବର୍ଷେ, ଦି'ବର୍ଷ ଯଦି ଏକାଠି ନରହିଲ, ତେବେ ପରସ୍ପରର ସାନ୍ନିଧ୍ୟର ସୁଖ ବା ମ୍ୟାଜିକ୍ କ'ଣ ମିଳିଲା ? ଦାମ୍ପତ୍ୟ ଜୀବନର ସବୁଠୁ ମୂଲ୍ୟବାନ ଏଇ ସମୟତକ, ମିଠା ଏଇ ମୁହୂର୍ତ୍ତତକ। ତା'ପରେ ଛୁଆପିଲା, କ୍ୟାରିୟର, ଅନ୍ୟାନ୍ୟ ପାରିବାରିକ ଜଞ୍ଜାଳ, ତେଲଲୁଣର ସଂସାର...। ଏସବୁ ଭିତରେ ରୋମାନ୍ସ କୁଆଡ଼େ ହଜିଯିବ......!! ୩୦-୪୦ ବର୍ଷ ପରେ ପିଲାମାନେ ଉଡ଼ିଗଲା ପରେ ପଛକୁ ଫେରି ଦେଖିଲେ ଏଇ ରଙ୍ଗୀନ୍ ମୁହୂର୍ତ୍ତ ସବୁ ପ୍ରଚ୍ଛଦ ପଟରେ ଭାସିଆସେ। ସେଇତ ସାରା ଜୀବନର ଅର୍ଜନ, ସମ୍ବଳ ବାକି ଜୀବନତକ ବଞ୍ଚିବା ପାଇଁ। ହେଲେ ଏ ଜେନେରେସନର ପିଲାମାନେ କ'ଣ କରୁଛନ୍ତି, କ'ଣ ଦେଖୁଛନ୍ତି ! ବେଳେବେଳେ ଲାଗେ ଆମେ ବୋଧେ ଏମାନଙ୍କ ଅପେକ୍ଷା ବେଶୀ ଭାଗ୍ୟବାନ୍ ଥିଲୁ, ଭାରତର କୌଣସି ଛୋଟ ସହରରେ ରହି !! ପୁଣି ଭାବିଲି ରୋହିତ୍, ଶ୍ରୀଯା ତ ପ୍ରତି ସପ୍ତାହରେ ପରସ୍ପରକୁ ଭେଟୁଛନ୍ତି ! ଦୁଇଦିନ - ତିନି ରାତି ପାଇଁ। ୨୪୦ କି.ମି, ୪ ଘଣ୍ଟାର ରାସ୍ତା। କିନ୍ତୁ ଆହୁରି ଅନେକ ଦମ୍ପତି ରହୁଛନ୍ତି

ପରସ୍ପରଠାରୁ ଯଥେଷ୍ଟ ଦୂରରେ। ମାସରେ ଥରେ ବି ଦେଖା ହେଉନି। କିନ୍ତୁ ଏଇଟା ତ ଏକବିଂଶ ଶତାବ୍ଦୀର ଜୀବନ! ଅନେକ ଜିନିଷ ଆମେ ଯାହା ପାଇନୁ ଏମାନେ ପାଇଛନ୍ତି। ସମୟ ଜୀବନ ତିଆରି କରେ ନୂଆ ନୂଆ ତରିକାରେ!!

ପ୍ରଧାନୀ ବାବୁଙ୍କ ଘର :

ସନ୍ଧ୍ୟା ଥାଉ ଥାଉ ପହଞ୍ଚିଗଲୁ ପ୍ରଧାନୀ ବାବୁଙ୍କ ଘରେ। ସୂର୍ଯ୍ୟ ଦିଗ୍‌ବଳୟରେ ଥା'ନ୍ତି। ତାଙ୍କ ଘର ଗୋଟେ ଗ୍ରୁପ୍ ହାଉସିଂ ସୋସାଇଟି ଭିତରେ। ଚୌଡ଼ା ଚୌଡ଼ା ରାସ୍ତାର ଦି'ପାର୍ଶ୍ୱରେ ପୋଷ୍ଟକାର୍ଡ଼ ସିନେରୀ ପରି ଘରସବୁ କିଏ ଯେମିତି ଖଞ୍ଜି ଦେଇଛି ଘାସର ଲନ୍ ଓ ଛୋଟ ଛୋଟ ଫୁଲ ବଗିଚା ମଧ୍ୟରେ। ପ୍ରତିଟି ଘର ସାମ୍ନା ମଝାମଝି ଜାଗାରେ ମ୍ୟାପଲ ଗଛ, ଘରର ସୌନ୍ଦର୍ଯ୍ୟ ବଢ଼ାଇ ଦେଉଥାଏ। ପ୍ରତିଟି ଘର ଦି'ମହଲା, ଆଗରେ ଓ ପଛରେ ସୁଦୃଶ୍ୟ ବିସ୍ତୀର୍ଣ୍ଣ ଲନ୍। ଘର ଭିତରକୁ ପଶିଲି। ଗୋଟେ ମେଣ୍ଟାଲ ସକ୍ ମତେ ଅପେକ୍ଷା କରିଥିଲା। ପାଦ ପଡ଼ିଲା ବେଳକୁ ଲାଗିଲା କାଠ ଉପରେ ଚାଲୁଛି। ଗୋଡ଼ ମାରି ଦେଖିଲି... କାନ୍ଥରେ ହାତମାରି ଦେଖିଲି, ଉପରମହଲାକୁ ଗଲି, ଷ୍ଟେୟାର କେସ୍ ସହିତ ସବୁ କାଠ! ଇଟା, ସିମେଣ୍ଟର କିଛି ନାହିଁ?? ଘରଟା ପୂରା କାଠରେ ତିଆରି!! ବିଶ୍ୱାସ କରିପାରିଲିନି। କିଛି ସମୟ ପରେ ଆଉ କିଛି ଜାଗାରେ ପରୀକ୍ଷା କରି ବଡ଼ ସନ୍ତର୍ପଣରେ ପ୍ରଧାନୀ ବାବୁଙ୍କୁ ପଚାରିଲି। ସେ ହସି ହସି କହିଲେ, "ଆମେରିକାରେ ଆଜିକାଲି ସବୁ ଘର କାଠର...।" ତା' ପରଦିନ ସକାଳୁ ପୂରା ଘର ଦେଖିଲି, ଭିତରୁ ବାହାରୁ, ବେସ୍‌ମେଣ୍ଟ ଆଦି। କେବଳ ବେସ୍‌ମେଣ୍ଟ ସିମେଣ୍ଟ କଂକ୍ରିଟ୍‌ରେ ତିଆରି। ବେସ୍‌ମେଣ୍ଟର କାନ୍ଥ ଭୂମି ପତନ ତଳକୁ ସାତ/ ଆଠ ଫୁଟ୍ ଓ ଉପରକୁ ଅଢ଼େଇ/ତିନି ଫୁଟ୍ ପର୍ଯ୍ୟନ୍ତ ରହିଥାଏ। ଏହା ଫାଉଣ୍ଡେସନ୍‌ର କାମ ଦିଏ। ଆଉ ସମସ୍ତ ଅଂଶ କାଠରେ ତିଆରି, ଛାତ ସହିତ। ଅନେକ ପ୍ରଶ୍ନ ମନରେ। କିଛି କିଛି ଉତ୍ତର ସେ ଦେଲେ। କିନ୍ତୁ ଅନେକ ସନ୍ଦେହ ରହିଗଲା। ଆଖି ଆଉ ମନର ସବୁ ସନ୍ଦେହ ଦୂର ହେଲା ଡେନ୍‌ଭରରେ ଗୋଟେ ହାଉସିଂ କନ୍‌ଷ୍ଟ୍ରକ୍‌ସନ୍ ସାଇଟ୍ ଭିତରେ। ମୂଳରୁ ଶେଷଯାଏ ଘର ତିଆରିର ବିଭିନ୍ନ ସ୍ତର ଦେଖିଲି। ସେ କଥା ବିସ୍ତାର ଭାବେ କଥାବାର୍ତ୍ତା ହେବା ଡେନ୍‌ଭରରେ ପହଞ୍ଚିଲେ...!

ପରଦିନ ସକାଳୁ ଉଠି ଆଲବାନୀରେ ସୂର୍ଯ୍ୟୋଦୟ ଦେଖିଲି। ଶ୍ରୀମତୀ ପ୍ରଧାନୀଙ୍କ ହାତରୁ ଚକୁଳି ପିଠା, ଡାଲମା ଓ ଚା' ପିଇ ବାହାରିଲୁ ଆଲବାନୀ ଦେଖି।

୨୯.୦୬.୨୦୧୯ (ଶନିବାର) ଆଲବାନୀ ସହର :

ଆଲବାନୀ ଏକ ଛୋଟ, ସୁନ୍ଦର ଓ ମହତ୍ତ୍ୱପୂର୍ଣ୍ଣ ସହର। ଏହା ନ୍ୟୁୟର୍କ ଷ୍ଟେଟ୍‌ର ରାଜଧାନୀ। ତେଣୁ ରାଜ୍ୟର ସବୁ ବଡ଼ ବଡ଼ ଅଫିସ୍ ଏଠି ଅବସ୍ଥିତ। ପ୍ରାୟ ଏକ ଲକ୍ଷ ଅଧିବାସୀ ରହୁଥିବା ଏହି ସହରର ଐତିହ୍ୟ ବେଶ୍ ପ୍ରାଚୀନ ଓ ରୋଚକ।

୧୬୧୪ରେ ଡଚ୍ ମାନଙ୍କର ଏକ ଉପନିବେଶ ଭାବେ ଏହା ପ୍ରତିଷ୍ଠିତ ହୋଇଥିଲା। ହଡ୍‌ସନ୍ ନଦୀରେ ପଣ୍ୟ ପରିବହନ ପାଇଁ ଏଠାରେ 'ଫୋର୍ଟ ନାସାଉ' ପ୍ରତିଷ୍ଠା କରିଥିଲେ। ଇଂରେଜମାନେ ଏହାକୁ ୧୬୮୬ରେ ଦଖଲ କଲା ପରେ Duke of Albany, ସେ ସମୟର ସ୍କଟଲ୍ୟାଣ୍ଡର ଜଣେ ରାଜବଂଶୀୟଙ୍କ ଉପାଧି ଅନୁସାରେ ଏହାର ନାମ ଆଲବାନୀ ଦିଆଯାଇଥିଲା। ସ୍କଟଲ୍ୟାଣ୍ଡ ପରି ସୁନ୍ଦର ପାହାଡ଼, ନଦୀ, ହ୍ରଦ, ପ୍ରପାତ, ଜଙ୍ଗଲ ଆଉ ଗ୍ରାସଲ୍ୟାଣ୍ଡରେ ଘେରା ଏହି ସହର ଏବେବି ପରୀ ରାଇଜକୁ ନେଇଯାଏ ମୋ ଭଳି ପର୍ଯ୍ୟଟକକୁ। ୧୭୯୭ରେ ଏହା ନ୍ୟୁୟର୍କ ଷ୍ଟେଟ୍‌ର ରାଜଧାନୀ ହେଲା। ରେଳଲାଇନ୍ ହେବା ଆଗରୁ ନ୍ୟୁୟର୍କ ବନ୍ଦରରୁ ପ୍ରଦେଶ ଭିତରକୁ ପଣ୍ୟ କାରବାର ପାଇଁ ହଡ୍‌ସନ୍ ନଦୀ ଏକମାତ୍ର ଜଳ ମାର୍ଗ ଥିଲା। ପଣ୍ୟ ଓ ଯାତ୍ରୀ ପରିବହନ ପାଇଁ ଷ୍ଟିମର ହିଁ ଏକମାତ୍ର ଅବଲମ୍ବନ ଥିଲା। ୧୮୦୭ରେ ପୃଥିବୀର ପ୍ରଥମ ଯାତ୍ରୀବାହୀ ଷ୍ଟିମ୍ ବୋଟ୍ ନ୍ୟୁୟର୍କ ଠାରୁ ଆଲବାନୀ ଚାଲିଥିଲା। ପଶୁ ଲୋମ, ପଶୁ ମାଂସ, ଗହମ ଓ ଗୃହୋପଯୋଗୀ କାଠ ଏଠିକାର ପ୍ରଧାନ ବ୍ୟବସାୟ ଥିଲା।

ଆଲବାନୀର ଜଳବାୟୁ ଖରାଦିନେ 32°C ରୁ ଅଧିକା ହୁଏନି। କିନ୍ତୁ ଶୀତଦିନେ ମାଇନସ୍ ୧୮°C ହୋଇଯାଏ। ଆମେରିକାରେ ଏଇଟାକୁ ଆରାମଦାୟକ ବୋଲି କହନ୍ତି !!

ଆଧୁନିକ ଆଲବାନୀ ଏକ ଛୋଟ ସହର ହେଲେ ବି ଏହା ନିଜର ଆଭିଜାତ୍ୟ, ସଂସ୍କୃତି ଓ ଇତିହାସକୁ ବଜାୟ ରଖିପାରିଛି। ଆଧୁନିକ ସ୍ଥାପତ୍ୟର ନିଦର୍ଶନ ସ୍ୱରୂପ ସୁନ୍ଦର ସୁନ୍ଦର ମଲ୍, ଅଫିସ ବିଲ୍ଡିଂ ସବୁ ରହିଛି। ସବୁଠୁ ଆକର୍ଷଣୀୟ ବିଲ୍ଡିଂ ହେଲା Empire State Plaza (ESP) ଓ The Egg.

ଆଲବାନୀର ଗଭର୍ଣ୍ଣର, ନେଲସନ୍ ରକ୍‌ଫେଲର ଏହି ଦୁଇ ବିଲ୍ଡିଂର ପରିକଳ୍ପନା କରିଥିଲେ। ଆର୍କିଟେକ୍ଟ ୱାଲେସ୍ ହ୍ୟାରିସନ ଏହାକୁ ବାସ୍ତବ ରୂପ ଦେଇଥିଲେ। ୧୯୬୬ରେ ଆରମ୍ଭ ହୋଇ ୧୯୭୮ରେ ଶେଷ ହୋଇଥିଲା। ଆଲବାନୀର ସ୍କାଏଲାଇନ୍ ଏହାକୁ ନେଇ ସ୍ପର୍ଦ୍ଧିତ। ESP, ୪୪ ମହଲାର ସାତଟି ସ୍କାଏସ୍କ୍ରାପର (ଗଗନଚୁମ୍ବୀ ଅଟ୍ଟାଳିକା) କୁ ନେଇ ଗଠିତ। ଏଠାରେ ବିଭିନ୍ନ ସରକାରୀ, ବେସରକାରୀ ଅଫିସ, ହୋଟେଲ ଓ ମଲ୍‌ମାନ ଅଛି।

କିନ୍ତୁ The Egg ହେଉଛି ଏହାର ପ୍ରଧାନ ଆକର୍ଷଣ। ଅଧା ଅଣ୍ଡା ଆକାରର ଏହି ଆଧୁନିକ ସ୍ଥାପତ୍ୟ ବାହାରକୁ ଏକ ବିଲ୍ଡିଂ ପରି ଜଣାପଡ଼େନି। ଯା ଭିତରେ ଦୁଇଟି ସୁନ୍ଦର ସୁନ୍ଦର ଥିଏଟର ରହିଛି। ଆଲବାନୀର ଏହା ସାଂସ୍କୃତିକ ହୃତ୍‌ପିଣ୍ଡ କହିଲେ ଅତ୍ୟୁକ୍ତି ହେବନାହିଁ। ବର୍ଷସାରା ଏଠି ଡ୍ୟାନ୍ସ, ଡ୍ରାମା, ମ୍ୟୁଜିକ୍, କନ୍‌ସର୍ଟ ଆଦି ଚାଲିଥାଏ। ଏହି ବିଲ୍ଡିଂର ବିଶେଷତ୍ୱ ହେଲା ଏହାର ବାହାର ଓ ଭିତର କାନ୍ଥ କେହିବି ଗୋଟିଏ ସରଳ ରେଖାରେ ନଥାନ୍ତି। ଭିତରୁ Concave shapeର ଛାତ ଓ କାନ୍ଥ ପାରାବୋଲାର ଅଂଶ ପରି ଜଣାପଡ଼େ। ସମଗ୍ର Empire Plazaର The Egg ମଥାମଣି ସଦୃଶ।

ଆଲବାନୀର କାଠ ଇଲେକ୍‌ଟ୍ରିକ୍ ଖୁଣ୍ଟ:

ନ୍ୟୁୟର୍କରୁ ଆଲବାନୀ ଆସିବା ରାସ୍ତାରେ ଛୋଟଛୋଟ ସହରରେ ମତେ ଅପେକ୍ଷା କରିଥିଲା ଏକ ଆଶ୍ଚର୍ଯ୍ୟ ଜିନିଷ। ଆମେରିକା ପରି ପ୍ରାଚୁର୍ଯ୍ୟଭରା ଦେଶରେ ପ୍ରଥମଥର ପାଇଁ ଏହା ଦେଖିଲେ ଯେ କୌଣସି ଲୋକ ନିଶ୍ଚିତ ଆଶ୍ଚର୍ଯ୍ୟ ହୋଇଯିବ। ଛୋଟ ଜିନିଷଟାଏ, ମାତ୍ର ଦେଖିବାକୁ ଟିକେ ଅଡୁଆ ଲାଗିବ। ଏଇଟା କେମିତି କାହିଁକି ହେଲା ? ହଠାତ୍ ବସ୍ ଭିତରୁ ଦେଖିଲି ରାସ୍ତାକଡ଼ର ସମସ୍ତ ଇଲେକ୍‌ଟ୍ରିକ୍ ଖୁଣ୍ଟ କାଠର ! ବୁଝିପାରିଲିନି, ଲୁହା, ସିମେଣ୍ଟ ବା ଅନ୍ୟ ଧାତୁର ଖୁଣ୍ଟ କ'ଣ ଏମାନଙ୍କୁ ଅପୂର୍ବ ? ଶ୍ରୀଯାକୁ ପଚାରିଲି। ସେ କହିଲା, ଆଲବାନୀରେ ବି ସବୁ ଖୁଣ୍ଟ କାଠର। ଆମେରିକାର ଅନ୍ୟଆଡ଼େ ବି କାଠଖୁଣ୍ଟ ଦେଖାଯାଏ। କାରଣ କହି ପାରିଲାନି। ଆଲବାନୀରେ ପ୍ରଧାନୀ ବାବୁ ବି ସେୟା କହିଲେ। ପ୍ରକୃତ କାରଣ ଜାଣିବାକୁ ଇଚ୍ଛା ହେଲା। ନାପରଭିଲରେ ପହଞ୍ଚି ରିସର୍ଚ୍ଚ କଲି ଇଣ୍ଟରନେଟ୍‌ରେ। ଜଣେ ଇଞ୍ଜିନିୟର ବନ୍ଧୁଙ୍କ ଠାରୁ ଶୁଣି ନିଶ୍ଚିତ ହେଲି।

ଅସଲ କାରଣ ହେଲା - ଆମେରିକା, କାନାଡ଼ା ଓ ସ୍କାଣ୍ଡିନେଭିଆନ (ନରୱେ, ଫିନ୍‌ଲାଣ୍ଡ, ସ୍ୱିଡ଼େନ୍) ଜଙ୍ଗଲରେ ସିଧା ସଳଖ ଓ ପାକଳ କାଠର ପ୍ରାଚୁର୍ଯ୍ୟ। ଗୋଟେ ସାଇଜର କାଠ ଗଡ଼ ସହଜରେ ବହୁତ ସଂଖ୍ୟାରେ ମିଳେ। ମେକାନାଇଜଡ୍ ଟିମ୍ବର ହାର୍‌ଭେଷ୍ଟିଂ ଦ୍ୱାରା ଏମାନେ କାଠର ଗଣ୍ଡି ସବୁ ବହୁତ ଶସ୍ତାରେ ପାଇଯାଆନ୍ତି। ଏହାକୁ କାରଖାନାରେ ପ୍ରସେସିଂ କରି ସୁଦୃଢ଼, ୱେଦର ପ୍ରୁଫ୍ ଓ ଟରମାଇଟ୍ ପ୍ରୁଫ୍ କରିଦିଆଯାଏ। କାଠର ଉପରୁ ଦି'ଟା ସ୍ତର (Bark and Bast) ବାହାର କରିଦେଲେ ମଞ୍ଜି କାଠ ରହିଯାଏ। କାରଖାନାରେ ଗରମ ପବନ ହିଟ୍ ଚାମ୍ବର ଭିତରକୁ ପମ୍ପ କରିଦେଲେ କାଠରୁ ଜଳୀୟ ଅଂଶ ବାହାରିଯାଏ। ଉଚ୍ଚ ଚାପ ସହିତ କ୍ରୋମିୟମ, କପର୍, ଆର୍ସେନିକ୍ ଇତ୍ୟାଦି କୀଟନାଶକ ରସାୟନ କାଠ ଭିତରକୁ ଭର୍ତ୍ତି କରିଦିଆଯାଏ। ଭିତରେ ଥିବା

କୀଟ ପତଙ୍ଗ ଗରମ ପବନ ଓ ରାସାୟନିକ ସଂସ୍ପର୍ଶରେ ଆସି ନଷ୍ଟ ହୋଇଯାଆନ୍ତି। ଭବିଷ୍ୟତରେ ବି ଆଉ ପଶନ୍ତିନି। ଏହି ପ୍ରୋସେସ୍‌ରେ କାଠ ହାଲୁକା ଓ ଶକ୍ତ ହୋଇଯାଏ। ୟୁକାଲିପଟାସ, ଫାର, ରେଡ୍ ସେଡ଼ାନ ବା ପାଇନ୍ ଗଛରୁ ଏ ଖୁଣ୍ଟ ଗୁଡ଼ିକ ସୁବିଧାରେ ମିଳେ। ଏଗୁଡ଼ିକର ମୂଲ୍ୟ ଲୁହାଖୁଣ୍ଟର ଏକ ତୃତୀୟାଂଶ ହୋଇଥାଏ। ଆମେରିକାର ଜଳବାୟୁରେ ଉଇ ଇତ୍ୟାଦି ବହୁତ କମ୍ ଥାଆନ୍ତି। ତେଣୁ ପୋକ କାଟିବାର ଆଶଙ୍କା କମ୍ ଥାଏ। ଏହାଛଡ଼ା କାଠ ବିଦ୍ୟୁତ୍‌ର କୁପରିବାହୀ ଓ ଆମେରିକାରେ ୧୧୦Volt ର ବିଜୁଳି ପରିବହନ ହେଉଥିବାରୁ ଇନ୍‌ସୁଲେସନ ପାଇଁ ଆମ ଦେଶ ଅପେକ୍ଷା ଛୋଟ ଛୋଟ ଇନ୍‌ସୁଲେଟର ବ୍ୟବହାର କରାଯାଏ। ଏ ଖୁଣ୍ଟଗୁଡ଼ିକର ଜୀବନ ୬୦-୭୦ ବର୍ଷ ହୋଇଥାଏ। କାଠଖୁଣ୍ଟର ବ୍ୟବହାର ପ୍ରଥମେ ୧୮୪୪ରେ ସାମୁଏଲ ମୋର୍ସ କରିଥିଲେ ବଲଟିମୋର ଓ ୱାଶିଂଟନ୍ ମଧ୍ୟରେ ୪୦ କି.ମି.ର ଟେଲିଗ୍ରାଫ୍ ଲାଇନ୍ ପାଇଁ। ଏବେ କିନ୍ତୁ ଆମେରିକାରେ କମ୍ପୋଜିଟ୍ ପ୍ଲାଷ୍ଟିକ୍ ଇଲେକ୍ଟ୍ରିକ୍ ଖୁଣ୍ଟ ଆସିଗଲାଣି। ଲୁହାର ଏକ ପଞ୍ଚମାଂଶ ଓଜନ ସହିତ ବିଭିନ୍ନ ରଙ୍ଗର ଖୁଣ୍ଟ ଅଧାରୁ କମ୍ ଖର୍ଚ୍ଚରେ ମିଳିଯାଉଛି। ମଜାର କଥା, ଏହି ଖୁଣ୍ଟ ତିଆରି କରୁଥିବା କମ୍ପାନୀଗୁଡ଼ିକ ବିଜ୍ଞାପନ ଦିଅନ୍ତି ଯେ, "ଆମ ଖୁଣ୍ଟଗୁଡ଼ିକୁ କାଠହଣା ଚଢ଼େଇ ଖୁମ୍ପି ପାରିବ ନାହିଁ କି ଗୁଣ୍ଡୁଚି ମୂଷା ଚଢ଼ିପାରିବ ନାହିଁ!!" କାଠଖୁଣ୍ଟଗୁଡ଼ିକର ଦିନ କାଳ ସରି ଆସୁଛି ବୋଧେ।

ଆମେରିକାର ହ୍ରଦରାଣୀ (Lake George):

ପ୍ରଧାନୀ ବାବୁଙ୍କ ଘର ପୁରୀରେ। ସେ ଜଗନ୍ନାଥଙ୍କ ସେବାୟତ। ଶ୍ରୀମତୀ ପ୍ରଧାନୀଙ୍କ ଘର ବି ପୁରୀ। ପ୍ରସିଦ୍ଧ ଓଡ଼ିଆ ସିନେମା ନିର୍ମାତା କେଦାର ଗୁରୁଙ୍କ ପରିବାରର। ତାଙ୍କ ପୁଅ ବୋଷ୍ଟନରେ କାମ କରେ। ଖରା ଟିକେ ଥାଏ। ତେଣୁ ଶ୍ରୀମତୀ ପ୍ରଧାନୀ, ଦହି ପଖାଳ, କଖାରୁ ଫୁଲ ଭଜା, ରୋହୀ ମାଛ ଭଜା, ବଡ଼ିଚୁରା, ଶାଗ ଭଜା ଇତ୍ୟାଦି ଛ'ତିଅଣ ନ'ଭଜା କରିଛନ୍ତି। ଆମେରିକାରେ ଗୋଟେ ଖାଣ୍ଟି ଓଡ଼ିଆ ଲଞ୍ଚ୍ ମିଳିଗଲା ଶ୍ରୀମତୀ ପ୍ରଧାନୀଙ୍କ ସୌଜନ୍ୟରୁ। ମତେ ତ ମାଛଭଜାକୁ ଛାଡ଼ି ଆଉ ସବୁ ପ୍ରସାଦ ପରି ଲାଗିଲା।

ଖାଇସାରି ବାହାରିଲୁ ଲେକ୍ ଜର୍ଜ ଅଭିମୁଖେ। ଆଲବାନୀରୁ ୧୦୦କି.ମି. ପ୍ରାୟ ଦେଢ଼ ଘଣ୍ଟାର ରାସ୍ତା କାର୍ ଯୋଗେ। କଳା ମଚ୍‌ମଚ୍ ହାଇୱେର ଦି'ପାଖରେ ସବୁଜ ବୃକ୍ଷମାନଙ୍କର ଶୋଭାଯାତ୍ରା, ଛୋଟ ଛୋଟ ପାହାଡ଼ କୋଳରେ ଘଞ୍ଚ ଜଙ୍ଗଲ। ହରିଣ, ଠେକୁଆ ମାନଙ୍କର ନିର୍ଭୟ ଚଳପ୍ରଚଳ। ହରିଣ ରାସ୍ତାକୁ ଆସିଲେ ଦି'ପଟୁ ଗାଡ଼ି ମଟର ବନ୍ଦ। ସେ ଯାଇ ସାରିଲେ, ଯିବାଆସିବା। ଲେକ୍ ଜର୍ଜ ଆମେରିକାର

ଅନ୍ୟତମ ସୁନ୍ଦରତମ ହ୍ରଦ। କ୍ୱିନ୍ ଅଫ୍ ଆମେରିକାନ୍ ଲେକ୍ ବୋଲି କୁହାଯାଏ। ୫୨ କି.ମି. ଦୈର୍ଘ୍ୟ ଓ ୧.୫-୫ କି.ମି. ପ୍ରସ୍ଥ ବିଶିଷ୍ଟ ଏହି ମଧୁର ଜଳ ହ୍ରଦ ପର୍ଯ୍ୟଟକ ମାନଙ୍କର ଏକ ପ୍ରିୟ ଦର୍ଶନୀୟ ସ୍ଥାନ। ସ୍ଫଟିକ ସ୍ୱଚ୍ଛ ନୀଳ ଜଳରାଶି ଏହି ହ୍ରଦର ପ୍ରଧାନ ଆକର୍ଷଣ। ଏହା ଏତେ ଶୁଦ୍ଧ ଯେ ସିଧା ପିଇବା ପାଇଁ ବ୍ୟବହାର କରାଯାଏ। ନିକଟସ୍ଥ ପର୍ବତରୁ ବରଫ ତରଳି ଓ ହ୍ରଦର ଭୂମିଗତ ଝରଣା ଦ୍ୱାରା ଏହି ହ୍ରଦ ପୁଷ୍ଟ। ଛୋଟ ଛୋଟ ୩୦୦ ଦ୍ୱୀପ ଏହା ଭିତରେ ରହିଛି। ହ୍ରଦରେ ନୌକା ଭ୍ରମଣକୁ ଏଠି କ୍ରୁଜ୍ ବୋଲି କୁହନ୍ତି। ଏକ ଦୁଇଘଣ୍ଟିଆ କ୍ରୁଜ୍ ବନ୍ଦୋବସ୍ତ କରିଥିଲେ ବନ୍ଧୁ ଶ୍ରୀ ପ୍ରଧାନୀ। ଦୁଇଘଣ୍ଟା କ୍ରୁଜ୍‌ର ଦାମ୍ ୨୦ଡଲାର। ଦୁଇ ମହଲାର ଏକ ଷ୍ଟିମର। ଆମେ ଉପର ଡେକ୍‌କୁ ଚାଲିଗଲୁ। ୮-୧୦ ଜଣ ପର୍ଯ୍ୟଟକ ଥା'ନ୍ତି। କିନ୍ତୁ ଷ୍ଟିମର୍ ଠିକ୍ ସମୟରେ ବାହାରିଲା ଓ ପୂରା ନୌଯାତ୍ରା ଶେଷ କଲା। ହ୍ରଦର ମଝାମଝି ଯାତ୍ରା। ଦୁଇପଟରେ Adirondak ପର୍ବତ ଶୃଙ୍ଖଳା। ଘଞ୍ଚ ବୃକ୍ଷରାଜି। ନୀଳ ଜଳରାଶିରେ ସବୁଜ ପାହାଡ଼ର ଛାଇ..., ଦଳ ଦଳ ଧଳା ହଂସ ଉଡ଼ିଯାଉଥାନ୍ତି ଓ ପାଣିରେ ପହଁରୁଥାନ୍ତି। ଚିତ୍ରିତ କାନାଡ଼ିଆନ ଗୀଜ୍‌ମାନେ ଷ୍ଟିମର ଉପର ଦେଇ ଉଡ଼ି ଯାଆନ୍ତି। ସ୍ପିଡ୍ ବୋଟ୍, କାୟାକ୍, ଛୋଟ ବୋଟ୍‌ରେ ପର୍ଯ୍ୟଟକମାନେ ଭାସିବୁଲୁଥାନ୍ତି। ଅଧିକାଂଶ ଛୋଟ ବୋଟ୍‌ରେ ବିକିନି ପିନ୍ଧା ସୁନ୍ଦରୀ ଝିଅମାନଙ୍କର ଭିଡ଼। ଖାଦ୍ୟ, ପାନୀୟ ସହିତ ବୟ ଫ୍ରେଣ୍ଡମାନେ ବି ସାଙ୍ଗରେ ଥା'ନ୍ତି। ଯା'ଛଡ଼ା ଆଡ୍‌ଭେଞ୍ଚର ଓ୍ୱାଟର ସ୍ପୋର୍ଟ୍ସରେ ପାରା ସେଲିଂ, ଓ୍ୱାଟର ସ୍କିଂ, ଓ୍ୱାଟର ବୋର୍ଡ଼ିଂ ଇତ୍ୟାଦି ବି ଚାଲିଥାଏ। ନୀଳ ଜଳରାଶିର ୧୦୦-୨୦୦ ଫୁଟ୍ ଉପରେ କେତେ ରଙ୍ଗବେରଙ୍ଗର ପାରା ସେଲିଂ ବି ଅତ୍ୟନ୍ତ ଚିତ୍ତାକର୍ଷକ। ହ୍ରଦର ଦୁଇପଟର କୂଳରେ ସୁନ୍ଦର ସୁନ୍ଦର ରିସର୍ଟ ଓ ମ୍ୟାନ୍‌ସନ୍ ସବୁ ରହିଥାଆନ୍ତି। ହ୍ରଦ କୂଳରେ ଘରର ଦାମ୍ ଏତେ ବେଶୀ ଯେ କେବଳ ସୁପର ରିଚ୍ ଆମେରିକାନ୍‌ମାନେ ଏଠି ଘର କିଣନ୍ତି ଗ୍ରୀଷ୍ମକାଳୀନ ରହଣି ନିମନ୍ତେ। ହ୍ରଦର ବାମପଟେ ଲମ୍ବିଯାଇଥାଏ ଛୋଟ ବଡ଼ ସଫେଦ ରଙ୍ଗର ଭିଲ୍ଲା ସବୁ ଅନେକ ଦୂର ପର୍ଯ୍ୟନ୍ତ। ଏହି ଲେନ୍‌କୁ ମିଲିଅନେୟାର ରୋ ବୋଲି କହନ୍ତି। ଡାହାଣ ପଟରେ ଆଡିରନ୍‌ଡାକ୍ ଛିଡ଼ା ହୋଇଥାଏ ଏକ ଶୃଙ୍ଖଳିତ ପ୍ରହରୀ ପରି। ଆମ ଷ୍ଟିମରଟି ଅତ୍ୟାଧୁନିକ। କିନ୍ତୁ ଧୂଆଁ ଛାଡ଼ି, ପଛପଟେ ପ୍ୟାଡ୍‌ଲ ହ୍ୱିଲ୍ ଘୂରୁଥିବା ବାଷ୍ପ ଚାଳିତ ପୁରୁଣା ମଡ଼େଲର ଷ୍ଟିମର ବି ଚାଲିଛି। ଏହା ଲେକ୍ ଜର୍ଜରେ ପର୍ଯ୍ୟଟକମାନଙ୍କୁ ୧୦୦ ବର୍ଷ ତଳକୁ ନେଇଯାଏ। ଲେକ୍ ଜର୍ଜ ଷ୍ଟିମ୍ ବୋଟ୍ କମ୍ପାନୀ ପ୍ରଥମ ଥର ପାଇଁ ଅମେରିକାରେ ଷ୍ଟିମ୍ ବୋଟ୍ ହଡ୍‌ସନ୍ ନଦୀରେ ଚଳାଇଥିଲା। ଏବେ ସେ କମ୍ପାନୀ କେବଳ ଲେକ୍ ଜର୍ଜରେ ଷ୍ଟିମର ଚଳାଉଛି।

Lake George ରେ Fall :

ଅକ୍ଟୋବର ପ୍ରଥମ ସପ୍ତାହରୁ ନଭେମ୍ବର ପ୍ରଥମ ସପ୍ତାହ ପର୍ଯ୍ୟନ୍ତ ତିନି ଚାରି ସପ୍ତାହ ଫଲ୍ ସିଜିନ୍, ଶୀତ ଆସିଯାଏ ଥଣ୍ଡା ପବନ ଓ ଅଳ୍ପ ଅଳ୍ପ ବର୍ଷା ସହିତ । ହଠାତ୍ ଗଛଗୁଡ଼ିକର ପତ୍ର ସବୁ ନାଲି, ହଳଦିଆ, ନାରଙ୍ଗୀ ଆଦି ରଙ୍ଗରେ ରଙ୍ଗେଇ ହୋଇଯା'ନ୍ତି ଓ ସପ୍ତାହେ ଭିତରେ ପଡ଼ିଯାଆନ୍ତି । ତା'ପରେ ପତ୍ରବିହୀନ ଗଛସବୁ ଅପେକ୍ଷା କରନ୍ତି ବିଷର୍ଣ୍ଣ ମନରେ ହିମରାଣୀଙ୍କର । ସ୍ନୋ ପଡ଼ିଯାଏ ସବୁଆଡ଼େ, କେବଳ ଧଳାଧଳା ଦିଶେ ପାହାଡ଼, ପର୍ବତ, ନଦୀ, ନାଳ, ପଡ଼ିଆ ସବୁ ।

ଶୀତର ଆଗମନୀ ଓ ସ୍ନୋ ପଡ଼ିବା ଭିତରେ ଗୋଟେ ମାସ ହେଉଛି ଫଲ୍, ଏଇ ସମୟରେ ଆଡ଼ିରନ୍‌ଡାକ୍ ପାହାଡ଼ରେ ବୃକ୍ଷମାନଙ୍କର ହୋଲି ପର୍ବ । ପର୍ଯ୍ୟଟକମାନଙ୍କୁ ନେଇଯାଏ ଏକ ଅଜଣା ରାଇଜକୁ ଯେଉଁଠି ଦୁନିଆର ସବୁତକ ରଙ୍ଗ ମାଖି ହୋଇଯାଏ ଆଡ଼ିରନ୍‌ଡାକ୍ ପାହାଡ଼ ଦେହରେ । ସାରା ଆମେରିକାରୁ ପର୍ଯ୍ୟଟକମାନେ ଛୁଟି ଆସନ୍ତି ଏଠାକୁ ଫଲ୍ ଫେଷ୍ଟିଭାଲ୍ ପାଇଁ । ସବୁଠୁ ଆକର୍ଷଣୀୟ ହେଉଛି ମ୍ୟାପଲ ପତ୍ର । (ଏହା କାନାଡ଼ାର ନ୍ୟାସ୍‌ନାଲ ସିମ୍ବଲ) । ୟେଲୋ ବାର୍ଚ୍, ପେପର ବାର୍ଚ୍, ଆମେରିକାନ୍ ବାର୍ଚ୍, ହବଲ୍ ବୁସ୍ ଇତ୍ୟାଦି ଗଛ ବି ରଙ୍ଗ ଲେସିଦିଅନ୍ତି ନିଜ ପତ୍ରରେ । କିନ୍ତୁ ପାଇନ୍ ଇତ୍ୟାଦି ଗଛର ପତ୍ରରେ ଫଲ୍‌ର ମ୍ୟାଜିକ୍ ନଥାଏ । ଆଲବାନୀରୁ ଲେକ୍ ଜର୍ଜ ଆସିବା ରାସ୍ତା ଓ ଆଡ଼ିରନ୍‌ଡାକ୍ ପାହାଡ଼ର ଅନ୍ଧିସନ୍ଧିରେ ପର୍ଯ୍ୟଟକମାନେ ଟ୍ରେକିଂରେ ବୁଲୁଥାନ୍ତି । କିନ୍ତୁ ଲେକ୍ ଜର୍ଜରେ ଏଇ ସମୟରେ ଫଲ୍ କ୍ରୁଜ୍‌ର ମଜା ଅଲଗା । କ୍ରୁଜ୍‌ରୁ ଦେଖିବାର କଥା ଆଡ଼ିରନ୍‌ଡାକ୍ ପାହାଡ଼କୁ । ଏକ ଅପରୂପ ରଙ୍ଗୀନ ଓଢ଼ଣୀରେ ଏହା ଘୋଡ଼େଇ ହୋଇଥାଏ । ପରୀ ରାଇଜରେ କ୍ରୁଜ୍ ପରି ଲାଗେ ।

ଫଲ୍ ଫେଷ୍ଟିଭାଲ୍ ସମୟରେ ଟୁରିଷ୍ଟମାନେ ସେଓ ବଗିଚାରୁ ସେଓ ତୋଳିବାର ମଜା ନିଅନ୍ତି । ପମ୍ପକିନ୍ ଫେଷ୍ଟିଭାଲରେ ବହୁତ ବଡ଼ବଡ଼ ପମ୍ପକିନ୍‌ର ପ୍ରଦର୍ଶନୀ ହୁଏ । ୟାଛଡ଼ା, ଗୁଡ଼ି ଉଡ଼ାଇବା, ହଟ୍ ବେଲୁନିଂ ବି ଚଳେ ।

ତା'ପରେ ନଭେମ୍ବର ପ୍ରଥମ ସପ୍ତାହ ସୁଦ୍ଧା ୱିଣ୍ଟର ପୂରା ମାତ୍ରାରେ ଆସିଯାଏ । ଲେକ୍ ଜର୍ଜ ସମ୍ପୂର୍ଣ୍ଣ ବରଫରେ ପରିଣତ ହୋଇଯାଏ । ମାଇଲ ମାଇଲ ଧରି ହ୍ରଦ ଏକ ସ୍କେଟିଂ ରିଙ୍କ୍‌ରେ ପରିଣତ ହୋଇଯାଏ । ଆଇସ୍ ସ୍କେଟରମାନଙ୍କ ପାଇଁ ଏହା ପରମ ସୁଯୋଗ । କିନ୍ତୁ ବେଳେ ବେଳେ ପତଳା ବରଫ ଯୋଗୁ ଦୁର୍ଘଟଣା ବି ଘଟେ ।

Fishing :

ଲେକ୍ ଜର୍ଜର ଆଉ ଏକ ଆକର୍ଷଣ ହେଲା- Fishing (ବନ୍‌ଶୀରେ ମାଛ

ମାରିବା)। କିନ୍ତୁ ମାଛ ମାରିବା ପାଇଁ ଏଠି ଗୋଟେ ଆଇନ୍ ଅଛି ଶୁଣି ଆଶ୍ଚର୍ଯ୍ୟ ଲାଗିଲା। ନ୍ୟୁୟର୍କ ଷ୍ଟେଟ୍ ଏଥିପାଇଁ ଆଇନ ପ୍ରଣୟନ କରିଛି। ୧୬ ବର୍ଷ ବୟସରୁ ଊର୍ଦ୍ଧ୍ୱ କେହି ଏଥିପାଇଁ ଲାଇସେନ୍ସ ନେଇ ପାରିବ। ଲାଇସେନ୍ସରେ ମାଛର ପ୍ରକାର, ଆକାର ଓ ମାରିବା ସମୟ ଉଲ୍ଲେଖ କରାଯାଇଥାଏ। ସବୁ ମାଛ, ସବୁ ସାଇଜ୍‌ର ସବୁ ସମୟରେ ମାରି ହେବନି। ଦି'ପ୍ରକାର ଲାଇସେନ୍ସ ଦିଆଯାଏ।

1. Sports Fishing :

ବର୍ଷକ ପାଇଁ ୨୦ ଡଲାର ଓ ଲାଇଫ ଟାଇମ୍ ଫିସ୍ ୨୦୦ ଡଲାର ପଡ଼େ। ବିଭିନ୍ନ ମାଛର ମ୍ୟାକ୍ସିମମ୍ ଲିମିଟ୍ ରଖାଯାଇଥାଏ। ଉଦାହରଣ ସ୍ୱରୂପ- 'ବାସ୍ ମାଛ' ଦିନକୁ ପାଞ୍ଚଟି, ସବୁଠୁ କମ୍ ୧୨" ଲମ୍ବାର ମାଛ ମାରି ଘରକୁ ଆଣି ପାରିବ। ବାକିତକ ହ୍ରଦରେ ଛାଡ଼ିଦେବାକୁ ପଡ଼ିବ।

2. Conservation Fishing :

ସୌଖିନ୍ ମାଛ ମରାଳୀମାନଙ୍କୁ ଏହା ଦିଆଯାଏ। ଏମାନେ କେବଳ ଧରିବେ ଓ ନିଜ ପାଇଁ ଦୁଇ ତିନି ପାଉଣ୍ଡ ରଖି ବାକିତକ ହ୍ରଦରେ ଛାଡ଼ିଦେବେ।

ଲେକ୍ ଜର୍ଜରେ ଅନେକ ପ୍ରକାରର ସୁଆଦିଆ ମଧୁର ଜଳ ମାଛ ମିଳନ୍ତି। ଲେକ୍ ଟ୍ରାଉଟ୍ ସବୁଠାରୁ ଲୋକପ୍ରିୟ ମାଛ। ଯା ଛଡ଼ା, ବାସ୍, ସାଲମନ୍, ଇଲ୍ ଆଦି ମାଛ ବି ମିଳନ୍ତି।

ଲେକ୍ ଜର୍ଜରେ American Civil War :

୧୬୦୯ରେ ଫ୍ରେଞ୍ଚ୍ ମିଶନାରୀ ଆଇଜାକ୍ ଜୋଗସ୍ ଏହି ହ୍ରଦକୁ ଆବିଷ୍କାର କରିଥିଲେ। ନାଁ ଦେଇଥିଲେ 'LAC DU', 'ପବିତ୍ର ଶପଥର ହ୍ରଦ'। ପ୍ରଥମେ ଏହା ଫ୍ରାନ୍ସ ମାଲିକାନାରେ ଥିଲା। ୧୭୫୫ରୁ ୭ ବର୍ଷ ମଧ୍ୟରେ ତିନି ତିନିଟା ରକ୍ତାକ୍ତ ଯୁଦ୍ଧ ବ୍ରିଟିଶ ଓ ଫ୍ରାନ୍ସ ଔପନିବେଶିକଙ୍କ ଭିତରେ ଲାଗିଥିଲା। ଶେଷରେ ଏହା ବ୍ରିଟିଶ ଶାସନାଧୀନ ହେଲା। କିଙ୍ଗ ଜର୍ଜ ନାଁରେ ଏହା ନାମିତ ହେଲା। ଶେଷ ଯୁଦ୍ଧରେ ଏଠି ଏତେ ମାତ୍ରାରେ ରକ୍ତପାତ ହୋଇଥିଲା ଯେ, ସୈନିକମାନଙ୍କ ରକ୍ତରେ ଲେକ୍ ଜର୍ଜ ହ୍ରଦ ରକ୍ତିମ ହୋଇଯାଇଥିଲା। ଏହାକୁ ବ୍ଲଡ଼ି ପଣ୍ଡ୍ ବୋଲି କୁହାଗଲା। ଏହି ଯୁଦ୍ଧର ସ୍ମୃତିରେ କିଛି ଦୂରରେ ବ୍ୟାଟଲଫିଲ୍ଡ ପାର୍କ ସ୍ଥାପନ କରାଯାଇଛି। ଶେଷ ଯୁଦ୍ଧରେ ଫ୍ରେଞ୍ଚମାନେ ହାରିବାର କାରଣ ଶତ୍ରୁତା ନୁହେଁ, ବନ୍ଧୁତା। ସବୁ ଯୁଦ୍ଧରେ ବିଶ୍ୱାସଘାତକତା ହାରିବାର କାରଣ ହୁଏ। କିନ୍ତୁ ଏଠି ଗୋଟେ ଜାତିର ନିଜ ପ୍ରତି ବିଶ୍ୱାସ ଫ୍ରେଞ୍ଚମାନଙ୍କୁ ହରାଇଦେଲା, ବ୍ରିଟିଶ ସୈନ୍ୟମାନଙ୍କର ବୀରତ୍ୱ ପାଇଁ ନୁହେଁ। ଦି'ପଟର ୟୁରୋପିଆନ୍

(ବ୍ରିଟିଶ ଓ ଫ୍ରେଞ୍ଚ୍) ସୈନ୍ୟମାନଙ୍କ ସହିତ ରେଡ୍ ଇଣ୍ଡିଆନ୍ ନେଟିଭ୍ ମାନେ ବି ଥାଆନ୍ତି। ଏମାନେ ଥିଲେ ମୋହାକ୍ ଜାତିର। ଫ୍ରେଞ୍ଚ୍ ସେନାପତି ସୁବିଧାଜନକ ସ୍ଥାନରେ ଥାଇ, ନିଜ ମୋହାକ୍ ଯୋଦ୍ଧାମାନଙ୍କୁ ଦୁର୍ଗ ଭିତରେ ଥିବା ବ୍ରିଟିଶ୍ ଓ ମୋହାକ୍ ସୈନ୍ୟମାନଙ୍କ ଉପରେ ଆକ୍ରମଣ କରିବାକୁ ଆଦେଶ ଦେଲେ। ବିଜୟ ସେମାନଙ୍କ ପାଇଁ ଅପେକ୍ଷା କରିଥିଲା। ମାତ୍ର ହଠାତ୍ ମୋହାକ୍‌ମାନଙ୍କର ମୋହ ଭଙ୍ଗ ହେଲା। ସେମାନେ ଦେଖିଲେ ଗ୍ରେନେଡ୍ ପକାଇଲେ ତାଙ୍କରି ଜାତିଭାଇ ହିଁ ମରିବେ। ମୋହାକ୍‌ମାନେ ମୋହାକ୍‌ମାନଙ୍କୁ ମାରିବେ ଆଉ ଇଂରେଜ ବା ଫ୍ରେଞ୍ଚ୍ ମାନେ ଜିତିବେ। ଯା'ହେଲେ ବି ବିଦେଶୀମାନଙ୍କର ବିଜୟ ଓ ଦେଶୀୟ ମୋହାକ୍‌ମାନଙ୍କର ମୃତ୍ୟୁ। ହଠାତ୍ ସେମାନେ ମନା କରିଦେଲେ ଲଢ଼ିବା ପାଇଁ ନିଜ ଲୋକଙ୍କ ବିରୁଦ୍ଧରେ। ଅଗତ୍ୟା ଫ୍ରେଞ୍ଚ୍‌ମାନେ ନିଜ ସୈନ୍ୟ ଧରି ଯୁଦ୍ଧ କଲେ ଓ ହାରିଲେ।

SUNY (State University of Newyork) ରେ ଗୁଲାବ୍ ଜାମୁନ୍ :

ଲେକ୍ ଜର୍ଜରୁ ଫେରିବା ରାସ୍ତାରେ ମତେ ପ୍ରଧାନୀ ବାବୁ ସୌନ୍ଦର୍ଯ୍ୟା ଘରେ ଛାଡ଼ିଦେଲେ। ଆଗରୁ କହିଛି, ବନ୍ଧୁ ଶଙ୍କର ବାବୁଙ୍କ ଝିଅ ସୌନ୍ଦର୍ଯ୍ୟା SUNYରୁ ମାଷ୍ଟର୍ସ କରି ସାରି ଆଲବାନୀରେ ଚାକିରି କରିଛି। ଆମ ଦି ପରିବାର ଦାମନ୍‌ଯୋଡ଼ିରେ ପାଖାପାଖି କ୍ୱାର୍ଟରରେ ରହୁଥିଲୁ। ସୌନ୍ଦର୍ଯ୍ୟା ବି ଆମ ପରିବାରର ଗେହ୍ଲା ଝିଅ। ତା' କାର୍‌ରେ ତା' ୟୁନିଭର୍ସିଟି ଦେଖି ବାହାରିଲୁ। ରବିବାର ଛୁଟି ଥିବାରୁ ବାହାରୁ ବାହାରୁ ଦେଖିଲୁ। SUNY, ଆଲବାନୀ ଆନ୍ତର୍ଜାତିକ ସ୍ତରର ନାଁ'କରା ୟୁନିଭର୍ସିଟି, ଅଣ୍ଡର ଗ୍ରାଜୁଏଟ୍ ଏବଂ ପୋଷ୍ଟ ଗ୍ରାଜୁଏଟ ଷ୍ଟଡ଼ିଜ୍‌ରେ ପ୍ରାୟ ୧୮୦୦୦ ଆମେରିକା ଓ ଆନ୍ତର୍ଜାତିକ ଛାତ୍ରଛାତ୍ରୀ ପଢ଼ନ୍ତି।

4 QUADS, SUNYର ପ୍ରଧାନ ଆକର୍ଷଣ। କ୍ୟାମ୍ପସର ଚାରିକୋଣରେ ଚାରିଟି ୨୩ ମହଲା ବିଶିଷ୍ଟ ବର୍ଗାକୃତିର Dorm(ହଷ୍ଟେଲ)। ପ୍ରତି ଡର୍ମରେ ପ୍ରାୟ ୧୨୦୦ ଛାତ୍ରଛାତ୍ରୀ ରହନ୍ତି। ୟୁନିଭର୍ସିଟିର ଚାରିପଟେ ଘାସର ଲନ୍। ବୃତ୍ତାକାର ୟୁନିଭର୍ସିଟି ବିଲ୍ଡିଂ ମଝିରେ ବିଶାଳ ଫାଉଣ୍ଟେନ୍ ଶୃଙ୍ଖଳା। ଛୋଟ ବଡ଼ ଅନେକ ଫାଉଣ୍ଟେନ୍ ଏକ ସମୟରେ ଚାଲିଲେ ଶତ ଇନ୍ଦ୍ରଧନୁ ସୃଷ୍ଟି କରନ୍ତି।

କ୍ୟାମ୍ପସରେ ବୁଲିଲା ବେଳକୁ କିଛି ନିଗ୍ରୋ ଛାତ୍ରଛାତ୍ରୀଙ୍କୁ ଦେଖିଲୁ। ସେମାନଙ୍କ ବିଷୟରେ କିଛି ପଚାରିଲି ଓଡ଼ିଆରେ। ସାଙ୍ଗେ ସାଙ୍ଗେ ଚାପା ସ୍ୱରରେ କହିଲା- "ସେ ୱାର୍ଡ଼ କୁହନ୍ତୁନି ଅଙ୍କଲ୍, ଆରେଷ୍ଟ ହୋଇଯିବେ।" ବୁଝେଇ ଦେଲା, ଯେ ଆମେରିକାର କୌଣସି ପବ୍ଲିକ୍ ପ୍ଲେସ୍‌ରେ ନିଗ୍ରୋ କିମ୍ବା ବ୍ଲାକ୍ କହିବା କଳା ଗୋରା ଭେଦଭାବ ଓ

ଧର୍ତ୍ତବ୍ୟ ଅପରାଧ। ଏମାନଙ୍କୁ ସମ୍ମାନର ସହିତ ଆଫ୍ରୋ ଆମେରିକାନ୍ କୁହାଯାଏ। ବଡ଼ ସନ୍ତର୍ପଣରେ ପଚାରିଲି, "ତମେ ତା'ହେଲେ ତୁମ ଭିତରେ ଏମାନଙ୍କ ବିଷୟରେ କେମିତି କଥାହୁଅ ଓଡ଼ିଆ ବା ହିନ୍ଦୀରେ?" ସେ କହିଲା, ଆମେ କହୁ 'ଗୁଲାବ ଜାମୁନ୍'। ଜୋରରେ ହସିଲି। ପୁଣି ପଚାରିଲି, "ତାହେଲେ ଗୋରାମାନଙ୍କୁ ତମେ କ'ଣ କୁହ।" ତତ୍‌କ୍ଷଣାତ୍ କହିଲା, 'ରସ୍‌ଗୁଲ୍ଲା'। ଆହୁରି ଜୋରରେ ହସିଲି। ସନ୍ଧୁଆମ୍ମା (ମୁଁ ତାକୁ ପିଲାଦିନୁ ଏମିତି ଡାକେ) ତା' ବାପା ଶଙ୍କର ବାବୁଙ୍କ ପରି ମଜ୍ଜା ମଜ୍ଜା କଥା କହେ ଛୋଟ ବେଳୁ। ଆମେ ତା' କଥାରେ ହସି ହସି ଗଡ଼ିଯାଉ। ଏବେବି ତା' ଭିତରେ ପିଲାଦିନର ଝଲକ୍ ରହିଛି। ୟୁନିଭର୍ସିଟିରେ ବୁଲି କିଛି ଫଟୋ ଉଠାଇଲୁ, ମାତ୍ର ଛୁଟିଦିନ ଥିବାରୁ କ୍ଲାସ୍‌ରୁମ୍ ଦେଖି ହେଲାନି ବା ଅସଲ କ୍ୟାମ୍ପସ୍‌ର ଚିତ୍ର ଦେଖିପାରିଲିନି। ଅବଶୋଷ ରହିଗଲା। ଆଉ ଥରେ କଲେଜ୍ ଜୀବନ ଫେରି ଆସନ୍ତା କି? କିନ୍ତୁ ସମୟର ଘଣ୍ଟାକଣ୍ଟା ତ ଅଣଲେଉଟା..!

୩୦.୦୬.୨୦୧୯ (ରବିବାର)

ଦି'ପହରେ, ଗୋଟେ ଚାଇନିଜ୍ ବସ୍ କମ୍ପାନୀ BOLTର ବସ୍‌ରେ ବାହାରିଲି ନ୍ୟୁୟର୍କ। ବସ୍ ଷ୍ଟାଣ୍ଡରେ ଅପେକ୍ଷା କରିଥିଲା ବେଳେ ଦେଖାହେଲା ଜଣେ ଶିଖ୍ ସର୍ଦ୍ଦାର ସହିତ। ପୋଷାକପତ୍ର ଏତେ ପରିଷ୍କାର ପରିଚ୍ଛନ୍ନ ନଥାଏ। ଇଂରାଜୀ ବି ଠିକ୍‌ରେ କହିପାରୁନଥାଏ। ହିନ୍ଦୀରେ କଥାହେଲି। ଶୁଣିଲି ତା' କାହାଣୀ। ଦୁଇବର୍ଷ ହେଲା ସେ ଆଲବାନୀ ଆସିଛି ଗୁରୁଦ୍ୱାରରେ ତବ୍‌ଲା ବାଦକ ହୋଇ। ଗୁରୁଦ୍ୱାରରେ ଖାଇପିଇ ରହି ୧୦୦୦ଡଲାର ମିଳେ ମାସକୁ। ଭଜନ ସଂକୀର୍ତ୍ତନ ତା'ର କାମ। ଆଲବାନୀ ଓ ଆଖପାଖ ସହରର ଶିଖ୍‌ମାନେ ଘରେ ସଂକୀର୍ତ୍ତନ କଲେ ତା'କୁ ଡକରା ହୁଏ। ଗୋଟେ ସଂକୀର୍ତ୍ତନରୁ ୩୦୦-୪୦୦ ଡଲାର ତାକୁ ମିଳିଯାଏ। ତା'ଛଡ଼ା ଗୁରୁଦ୍ୱାରରେ ସେ ତବ୍‌ଲା ଶିଖାଏ। ଆଉ କିଛି ପଇସା ମିଳେ। ତେଣୁ ଘରକୁ ସେ ପୂରା ୧୦୦୦ ଡଲାର ପଠେଇ ଦିଏ। ପଚାରିଲି, "ଇଣ୍ଡିଆ କବ୍ ଯାଏଙ୍ଗେ?" ସେ କହିଲା,"ଦି ବର୍ଷ ହୋଇଗଲା ଯାଇନି, ଗ୍ରୀନ୍ କାର୍ଡ଼ ପାଇଁ ଅପେକ୍ଷା କରିଛି। ମିଳିଲେ ହିଁ ଯିବି। ତା' ଆଗରୁ ଯାଇହେବନି।" "କେତେବର୍ଷ ଲାଗିବ?" ପଚାରିଲି। "ଆଉ ଦୁଇ ତିନିବର୍ଷ ଲାଗିପାରେ।" ଘରେ ତା'ର ସ୍ତ୍ରୀ, ପିଲା, ବାପ, ମା', ଭାଇ, ଭଉଣୀ... କିନ୍ତୁ ଗ୍ରୀନ୍ କାର୍ଡ଼ର ନିଶାରେ ସେ ପାଞ୍ଚ ଛ'ବର୍ଷ ଘରକୁ ଯିବନି। ଆମେରିକା ନିଶା ବଡ଼ ଭୟଙ୍କର। ସେ ତ ଅଳ୍ପ ଶିକ୍ଷିତ। ଆହୁରି ଦେଖିଲି କେତେ ଉଚ୍ଚଶିକ୍ଷିତ, ସେଇ ଅବସ୍ଥା। ଇଣ୍ଡିଆ ଛାଡ଼ିଲା ପରେ ବାପା, ମା' ଏପରିକି ନୂଆ ବାହା ହୋଇଥିବା ସ୍ତ୍ରୀକୁ ଛାଡ଼ି ଆମେରିକା

ଆସିଯାଇଛନ୍ତି । ସାମ୍ନାରେ ଗ୍ରୀନ୍‌କାର୍ଡ଼ର ସମ୍ଭାବନାରେ ପରିବାର କାହିଁ କେତେ ପଛରେ ପଡ଼ିଯାଉଛି । "ଦେଶ ମନେ ପଡୁନି ?" ପଚାରିଲି । ସେ କହିଲା- "ଦୁଇବର୍ଷ ତଳେ ଟିକେ ଅସୁବିଧା ହେଉଥିଲା । ଏବେ କିନ୍ତୁ ହ୍ୱାଟ୍ସଆପ୍ ପାଇଁ ୩୦ଡଲାରର ଡାଟା କାର୍ଡ଼ରେ ଘର ସହିତ ଅସୀମିତ ଭିଡ଼ିଓ କଲିଂ । ତେଣୁ ସକାଳେ ସନ୍ଧ୍ୟାରେ ସ୍ତ୍ରୀ, ପିଲାଙ୍କ ସହିତ ଦେଖାହୁଏ । ଦିଲ୍ଲୀରୁ ଲୁଧିଆନା ପରି ଲାଗୁଛି । ବେଳେବେଳେ ଖରାପ ଲାଗେ । କିନ୍ତୁ ପରିବାର ପାଇଁ କିଛି ତ୍ୟାଗ କରିବାକୁ ପଡ଼ିବ । ଗ୍ରୀନ୍ କାର୍ଡ଼ ମିଳିଲେ ସ୍ତ୍ରୀ ପିଲାଙ୍କୁ ନେଇଆସିବି ।" ଭାବିଲି, ଏଇପରି ଦେଶକୁ ହଜେଇଦେଇ ଆସିଥିବା ଲୋକମାନଙ୍କ ପାଇଁ, ଗ୍ରୀନ୍ କାର୍ଡ ଏକ ସୁନେଲୀ ତାରା ହୋଇ ଝୁଲୁଥାଏ ଦୂର ଦିଗ୍‌ବଳୟରେ । ତାକୁଇ ପାଇବାର ସ୍ୱପ୍ନ ହିଁ ତାକୁ ବଞ୍ଚିବାର ରାହା ଦେଖେଇଦିଏ..... ପୃଥିବୀ ଆରପଟେ ସ୍ତ୍ରୀ ପିଲାଙ୍କ ବ୍ୟତୀତ । ସନ୍ଧ୍ୟା ୬ଟାରେ ପହଞ୍ଚିଗଲି ନ୍ୟୁୟର୍କ ।

ଆଲବାନୀର ସ୍ମୃତି ଅଭୁଲା । ଚିରଦିନ ମନରେ ରହିଯିବ ଲେକ୍ ଜର୍ଜ୍ ଓ ପ୍ରଧାନୀ ବାବୁଙ୍କ ସାହଚର୍ଯ୍ୟ । ସବୁ କାମଦାମ ଛାଡ଼ି ମତେ ବୁଲେଇଲେ ଏତେ ବାଟ । ଜଗନ୍ନାଥଙ୍କର ସେ ନିଜ ଲୋକ । ଠାକୁରଙ୍କ ଆଶୀର୍ବାଦ ତାଙ୍କ ପାଇଁ ଝରୁଥାଉ... ।

■

ସେରାଟନ୍, ଟାଇମ୍‌ସ୍କୋୟାର ଓ ଷ୍ଟୋନ୍‌ଓ୍ୱାଲ' ୫୦

୩୦.୦୬.୨୦୧୯ (ରବିବାର)

ଆଲ୍‌ବାନିରୁ ବସ୍‌ରେ ନ୍ୟୁୟର୍କ ପହଞ୍ଚିଲି। ଚାଇନିଜ୍ ଡ୍ରାଇଭର ଗୋଟେ ସବ୍‌ଓ୍ୱେ ପାଖରେ ଛାଡ଼ିଦେଇ କହିଲା ସେରାଟନ୍ ଟାଇମ୍ ସ୍କୋୟାର୍ ପାଇଁ ଟ୍ରେନ୍ ଏଇଠୁ ମିଳିଯିବ। ଷ୍ଟେସନ୍ ଭିତରେ ପଶି ବୁଝିଲି ଦି'ଟା ଟ୍ରେନ୍ ଧରିବାକୁ ପଡ଼ିବ ସେରାଟନ୍ ପାଇଁ। ପ୍ରଥମ ଟ୍ରେନ୍‌ରୁ ଓହ୍ଲାଇ ଦ୍ୱିତୀୟ ଟ୍ରେନ୍ ପାଇଁ ଦି'ଟା ଲେଭେଲ୍ ଚଢ଼ିବାକୁ ପଡ଼ିଲା।

ଟିକେ ପୁରୁଣା ଷ୍ଟେସନ୍ ବୋଧେ, ଏଲିଭେଟର ବା ଏସ୍କାଲେଟର ନାହିଁ। ସନ୍ଧ୍ୟା ୮.୩୦ ହୋଇଗଲାଣି। କାହିଁକି କେଜାଣି ଲୋକ କମ୍ ଦିଶୁଛନ୍ତି। ଦି'ଟା ବଡ଼ବଡ଼ ଲଗେଜ୍ ଧରି ପାହାଚ ଉଠିବା ବଡ଼ କଷ୍ଟ। ହଠାତ୍ ଦେଖିଲି ଦି'ଜଣ ଯୁବକ, ଜଣେ ଶ୍ୱେତ ଆଉ ଜଣେ ଅଶ୍ୱେତ ଆଫ୍ରିକାନ୍ ହାତ ଧରାଧରି ହୋଇ ବଡ଼ ପାଟିରେ କଥାବାର୍ତ୍ତା ହୋଇ ହସି ହସି ଆସୁଛନ୍ତି। ଆଫ୍ରିକାନ୍ ଆମେରିକାନ୍ ଜଣକ ପ୍ରାୟ ୬ଫୁଟ୍ ଲମ୍ବା ଓ 6 Pack Muscle ସହିତ ବେଶ୍ ସୁଗଠିତ ଶରୀର। କିନ୍ତୁ ଟପ୍‌ଲେସ୍ (ସାର୍ଟ ବିହୀନ) ଅବତାର, Low Waist Pant ସହିତ। ଦି'ଜଣଯାକ ଗାଲରେ ରଙ୍ଗୀନ ଟାଟୁ କରିଛନ୍ତି। ରାସ୍ତା ପଚାରିଲି। ହସିହସି ରାସ୍ତା ଦେଖେଇ ଦେଲେ। ଷ୍ଟେସନ୍‌ର ଅନ୍ଧାରିଆ ପଟକୁ ଚାଲିଗଲେ ଦି'ଜଣ। ହଠାତ୍ ମତେ ସେମାନଙ୍କ ଚାଲିଚଳଣ ଅଡୁଆ ଲାଗିଲା। ଆଫ୍ରିକାନ୍ ଆମେରିକାନ୍‌ର ଚାଲି ଝିଅ ପିଲାଙ୍କ ପରି... ଯା'ହେଉ ଦି'ଟା ଲେଭେଲ୍ ଜିନିଷପତ୍ର ଧରି ଉଠିଲି। ତା'ପର ଟ୍ରେନ୍ ଧରି ସେରାଟନ୍ ଷ୍ଟେସନ୍ ପହଞ୍ଚିଗଲି। ଏଠିବି ସେମିତି ଏସ୍କାଲେଟର ବା ଏଲିଭେଟର ପାଇଲିନି। ପୁଣି ପାହାଚ ଉଠିଲି।

ହେଲେ ଶେଷ ପାହାଚ ତଳେ ଛିଡ଼ା ହୋଇ ଟିକେ ନିଶ୍ୱାସ ନେଉଛି। ଯୁବକଟିଏ ଓହ୍ଲାଉଥିଲା। ମତେ ଏ ଅବସ୍ଥାରେ ଦେଖି ପଚାରିଲା, **"Can I help?"** ବଡ଼ ଲଗେଜ୍‌ଟାକୁ ନେଇ ରାସ୍ତା ଉପରେ ରଖିଦେଲା। ଧନ୍ୟବାଦ୍ ଦେଲି। ବାସ୍, ୧୫ ଫୁଟ୍ ଦୂରରେ ସେରାଟନ୍, ଟାଇମ୍ ସ୍କୋୟାର। ଏମିତି ଝାଳନାଳ ହୋଇ ଦି'ଦି'ଟା ଲଗେଜ୍ ନେଇ ହୋଟେଲରେ ପଶିଗଲି। ଏକା ଏକା ବିଦେଶରେ କୌଣସି ଷ୍ଟାର ହୋଟେଲରେ ପଶିବା ନୂଆ ଅଭିଜ୍ଞତା। ଯଦି ନ ଛାଡ଼ିବ? ନାଁ ସେମିତି କିଛି ହେଲାନି। ୫-୬ ଜଣ ଇଣ୍ଡିଆନ୍‌ଙ୍କୁ ଏକାଠି ଦେଖି ପଚାରିଲି... " ଫ୍ରମ୍ ଥୋମାସ୍ କୁକ୍ ?" ଏକା ସମୟରେ ସମସ୍ତେ କହିଲେ **"Yes Sir".** ଦମ୍ଭ ଆସିଗଲା। ମୋ ନାଁରେ ତ ବୁକିଂ ଥିଲା। ଚାବି ମିଳିଗଲା। ଟୁର୍ ଗାଇଡ୍‌ଙ୍କ ସହିତ ବି ଦେଖା ହୋଇଗଲା। ବାସ୍, ଆସନ୍ତା ୧୯ଦିନ ପାଇଁ ଆଉ କିଛି ଭାବିବାକୁ ପଡ଼ିବନି, ନିଶ୍ଚିନ୍ତରେ ବୁଲୁଥା' ଆଉ ଆମେରିକା ଦେଖୁଥା'...। ଖାଇବା, ପିଇବା, ରହିବା, ବୁଲିବା ସବୁ ଥୋମାସ୍ କୁକ୍‌ର ଦାୟିତ୍ୱ। ଏହା ଏକ ବିଶ୍ୱସ୍ତରୀୟ ବିଖ୍ୟାତ ଟ୍ରାଭେଲ୍ କମ୍ପାନୀ। ଅସୁବିଧା ନହେବା କଥା। ମୁଁ ନେଇଥିବା ପ୍ୟାକେଜର ନାଁ **'American Grandeur-19 Days'**। ୯ଟାରେ ଡିନର ପାଇଁ ଯିବାକୁ ପଡ଼ିବ। **24th** ଫ୍ଲୋର୍‌ରେ ଲଗେଜ୍ ରଖିଦେଇ ତଳକୁ ଆସିଲି। ଲବିର ଗୋଟେ କୋଣରେ ଖଚାଖଚ୍ ଭିଡ଼। ପାଖରେ କନ୍‌ଫରେନ୍ସ ହଲ୍ ଦେଖେତ, ପୂରା ଭର୍ତ୍ତି। ଗୋଟେ କଥା ନିରୀକ୍ଷଣ କଲି। ସମସ୍ତେ ଗୋଟେ ପ୍ରକାର ରଙ୍ଗୀନ ଟାଟୁ କରିଛନ୍ତି, ସେଇ ରଙ୍ଗର ଡ୍ରେସ୍ ପିନ୍ଧିଛନ୍ତି, ବାଳ ରଙ୍ଗ କରିଛନ୍ତି ବା ପତାକା ଧରିଛନ୍ତି। ସମସ୍ତେ ପ୍ରାୟ ଯୋଡ଼ି ଯୋଡ଼ି ହୋଇ ଚଲାବୁଲା କରୁଛନ୍ତି। ପୁରୁଷ ସ୍ତ୍ରୀର ଭେଦଭାବ ନାହିଁ। କିଛି ପୁରୁଷ, ସ୍ତ୍ରୀ ଭଳି ଡ୍ରେସ୍ ପିନ୍ଧିଛନ୍ତି ବା ବେଶ ହୋଇଛନ୍ତି। ଗୀତ ବାଦ୍ୟ ନୃତ୍ୟ ଚାଲିଛି। ଲବିରେ ସେଇ ରଙ୍ଗର ବଡ଼ ବଡ଼ ଫ୍ଲାଗ୍ ସବୁ ସଜା ହୋଇଛି। ଛ'ଟି ରଙ୍ଗର ସମାବେଶର ଏଇ ଫ୍ଲାଗ୍‌କୁ ଦେଖିଥିଲି ଆଲବାନୀରେ ଦି'ଦିନ ତଳେ ସୌନ୍ଦର୍ଯ୍ୟା ସାଙ୍ଗରେ ବୁଲିଲା ବେଳେ। ପଚାରିଲାରୁ, ଏଇଟା **'Gay'** ମାନଙ୍କର 'ରେନ୍‌ବୋ ଫ୍ଲାଗ୍' ବୋଲି କହିଥିଲା। ଅଧିକା ପଚାରିଲିନି ତାକୁ। ଏଠି ସେରାଟନ୍‌ରେ ଏତେ ଲୋକ ଏକାଥରକେ ଦେଖି ଭାବିଲି, କିଛି ବିଶେଷ ଦିନ ବୋଧେ ସେମାନଙ୍କର... କିନ୍ତୁ ଏତେ ଲୋକ କ'ଣ **Gay** ? ପୁଣି ଏତେବଡ଼ ହୋଟେଲରେ ସେଲିବ୍ରେସନ୍ ? ? ଅଧିକାଂଶ ଲୋକ କିନ୍ତୁ ସାଧାରଣ ଚେହେରା। ଟିନ୍‌ଏଜ୍‌ରଙ୍କ ଠାରୁ ଆରମ୍ଭ କରି ୬୦-୭୦ ବା ତା'ଠୁ ଅଧିକ ବୟସର ବୃଦ୍ଧମାନଙ୍କୁ ଦେଖିଲି। ବେଶ୍ ସମ୍ଭ୍ରାନ୍ତ ଦର୍ଶନ ବ୍ୟକ୍ତିମାନେ। ନିଶ୍ଚିତ ବଡ଼ବଡ଼ କମ୍ପାନୀର ଏକ୍‌ଜିକ୍ୟୁଟିଭ୍ ବା ସମାଜର ଉପର ବର୍ଗର ଲୋକ। ଆଶ୍ଚର୍ଯ୍ୟ ହେଲି। କିନ୍ତୁ ମନ ମାନିଲାନି।

ଡିନର ପାଇଁ ଚାଲିଲୁ ଟାଇମ୍ ସ୍କୋୟାର୍... । ଇଣ୍ଡିଆନ୍ ରେଷ୍ଟୁରାଣ୍ଟରେ ଖାଇବା... ବେଶ୍ ଭଲ । ତା'ପରେ... ଟାଇମ୍ ସ୍କୋୟାର୍ ଦର୍ଶନ । ମୋ ପାଇଁ ଦ୍ୱିତୀୟ ସନ୍ଧ୍ୟା... । କିନ୍ତୁ ଏଠି ଆହୁରି ଅଧିକା ରଙ୍ଗୀନ ମଣିଷମାନେ... ସମସ୍ତେ ଇନ୍ଦ୍ରଧନୁ ରଙ୍ଗରେ ରଙ୍ଗାୟିତ... ଅଦ୍‌ଭୁତ ଫ୍ୟାନ୍‌ସି ଡ୍ରେସ୍ ସବୁ । It's a Gay World... Occupy Time Square ମୁହୂର୍ତ୍ତ । ହଜାର ହଜାର ସଂଖ୍ୟାରେ Gay ମାନେ ପୂରା ଟାଇମ୍ ସ୍କୋୟାର୍‌ଟା ଦଖଲ କରିନେଇଥାନ୍ତି । ପୁରୁଷ ବା ଅଧା ପୁରୁଷମାନେ ଏପରି ବେଶ ପୋଷାକ ହୋଇଥାନ୍ତି ଯେ ହସ ଲାଗିବ । ନାରୀ ବା ଅର୍ଦ୍ଧନାରୀଙ୍କ କଥା ତ ଛାଡ଼ । ଉଭୟ ଗୋରା ଓ ଅଗୋରା ସବୁ ଜାତିର ଲୋକ ପରସ୍ପରକୁ ଆଲିଙ୍ଗନ କରୁଥାନ୍ତି, ଚୁମ୍ବନ ଦେଉଥାନ୍ତି । ବିଲ୍‌ବୋର୍ଡ଼ ସବୁ ଏଇମାନଙ୍କର ଫଟୋ ଓ ରେନ୍‌ବୋ ଫ୍ଲାଗ୍‌ରେ ଛାଇଯାଇଥାଏ । ରାତି ପ୍ରାୟ ୧୧ଟା । ଭିଡ଼ କିନ୍ତୁ କିଛି କମିଲା ପରି ଦିଶୁନଥାଏ । ଆଜି ରାତି ଯେମିତି ପାହିବ ନାହିଁ ଏମାନଙ୍କ ପାଇଁ । ନ୍ୟୁଡ୍ ଲଳନାମାନଙ୍କର ସଂଖ୍ୟା ଆଜି ଟିକେ ବଢ଼ିଯାଇଛି । ବିଶୃଙ୍ଖଳାର ନାଁ ଗନ୍ଧ ନାହିଁ । ପୋଲିସ ଭର୍ତ୍ତି । ଏତେବଡ଼ ଉତ୍ସବ ଆଜି କାହିଁକି ନ୍ୟୁୟର୍କରେ ? ପଚାରି ବୁଝିଲି । ଆଜି ହେଉଛି '50-Pride Day', 'ପଚାଶତମ ଗୌରବ ଦିବସ' । 'Stonewall 50-World Pride Day' ହେଉଛି ଆଜିର ଉତ୍ସବର ନାଁ । 'Stone Wall Riot' ର ସ୍ୱର୍ଣ୍ଣ ଜୟନ୍ତୀ ଆଜି ନ୍ୟୁୟର୍କରେ ପାଳନ ହେଉଛି ସାରା ପୃଥିବୀ ପାଇଁ । ପୃଥିବୀର ସବୁଆଡୁ Gay ମାନେ ନ୍ୟୁୟର୍କରେ ପହଞ୍ଚିଛନ୍ତି । ଟାଇମ୍ ସ୍କୋୟାର୍‌ରେ ଆହୁରି ଭିଡ଼ ଥିଲେ ବି ହୋଟେଲରେ ୧୨ଟା ସୁଦ୍ଧା ପହଞ୍ଚିବାକୁ ପଡ଼ିବ । କାଲି ସକାଳ ୮ଟାରେ ନ୍ୟୁୟର୍କ ଟୁର୍‌ର ଶୁଭାରମ୍ଭ । ତେଣୁ ଫେରିଲି । ପରେ ଏସବୁ ବିଷୟ ବୁଝିଲି । ବେଶ୍ ରୋମାଞ୍ଚକର ଗତ ୫୦ବର୍ଷର ଇତିହାସ Gay ମାନଙ୍କର । ଆସନ୍ତୁ ଜାଣିବା.......

Gay କହିଲେ, ଆମେ ସମଲିଙ୍ଗୀ ବୋଲି ବୁଝୁ । ସୃଷ୍ଟିରେ ପୁରୁଷ, ସ୍ତ୍ରୀ ଦି'ଟା ଲିଙ୍ଗ ଛଡ଼ା କିଛି ଲୋକଙ୍କର ଲିଙ୍ଗ ନେଇ କିଛି ଭ୍ରାନ୍ତି ରହିଯାଇଥାଏ । ଦୁଇ ସ୍ପଷ୍ଟ ଲିଙ୍ଗର Twilight Zone ରେ କିଛି ଲୋକ ରହିଯାଇଥାନ୍ତି । କ୍ରୋମୋଜୋମ୍‌ର ଅସନ୍ତୁଳନ ପାଇଁ କିଛି କିଛି ଲୈଙ୍ଗିକ ଗୁଣ କମ୍ ବେଶୀ ହୋଇଯାଏ । ଶାରୀରିକ ସଂକେତ ନଥିଲେ ବି ମାନସିକ ସ୍ତରରେ ସେମାନେ ଅନ୍ୟ ଲିଙ୍ଗର ହୋଇଥାନ୍ତି ବା ଅନ୍ୟ ଲିଙ୍ଗ ପାଇଁ ସହଜ ଅନୁଭବ କରନ୍ତି । କିନ୍ତୁ Gay ର ଆଧୁନିକ ପରିଭାଷା ବଡ଼ କଠିନ ଓ ଲମ୍ବା । ଏବେ କୁହାଯାଉଛି LGBTQ... Group.

L - Lesbians - ସମଲିଙ୍ଗୀ ସ୍ତ୍ରୀ

G - Gay - ସମଲିଙ୍ଗୀ ପୁରୁଷ

B - Bisexual - ଉଭୟ ଲିଙ୍ଗ ପ୍ରତି ଆକୃଷ୍ଟ

T - Transgender - ଜନ୍ମ ବେଳର ଲିଙ୍ଗ ପରବର୍ତ୍ତୀ ସମୟରେ ପରିବର୍ତ୍ତନ ହୋଇ ଯାଇଥାଏ। ଅପରେସନ୍ ବା ବିନା ଅପରେସନ୍‌ରେ ଏମାନେ ଅନ୍ୟ ଲିଙ୍ଗକୁ ପରିବର୍ତ୍ତିତ ହୋଇଥାନ୍ତି।

Q - Queer - ଉପରୋକ୍ତ ଚାରିଟି ଶ୍ରେଣୀରେ ଅନ୍ତର୍ଗତ ନଥାଇ ଅଜବ ପ୍ରକାରର ଯୌନ ପ୍ରତିବେଦନା ଥିବା ବ୍ୟକ୍ତି।

Q ବା Queer ର ୫-୬ ପ୍ରକାରର ଭେଦ ରହିଛି... Q - TQIAAP

T -Trans sexual - ଅପରେସନ୍ ଦ୍ୱାରା ଲିଙ୍ଗ ପରିବର୍ତ୍ତନ କରି ଦେଇଥିବା Transgender. ପୁରୁଷ ବା ସ୍ତ୍ରୀ।

Q - Questioning - ନିଜର ଲିଙ୍ଗ ପ୍ରକାର ବିଷୟରେ ନିଜେ ସନ୍ଦିହାନ ଥିବା ବ୍ୟକ୍ତି।

I - Intersex - ଅସମ୍ପୂର୍ଣ୍ଣ ଯୌନ ଶରୀର ରଚନା ଓ ଅସ୍ପଷ୍ଟ କ୍ରୋମୋଜୋମ୍ ପ୍ୟାଟର୍ନ ଥିବା ଲୋକ।

A - Asexual - କୌଣସି ଯୌନ ଆବେଦନ ନଥିବା ବ୍ୟକ୍ତି।

P - Pan sexual - ଯୌନ ଆବେଦନ କୌଣସି ଲିଙ୍ଗ ପ୍ରତି ନଥାଇ ବ୍ୟକ୍ତିତ୍ୱ ପ୍ରତି ଥାଏ।ଏମାନଙ୍କୁ Gender Blind ବା ଲିଙ୍ଗ ଅନ୍ଧ କୁହାଯାଏ।

ସୃଷ୍ଟି ଆରମ୍ଭରୁ ଏମାନେ ସମାଜ ଭିତରେ ରହିଥିଲେ ବି, ସେମାନଙ୍କର ବ୍ୟବହାର, ଚାଲିଚଳନ ପୁରୁଷ-ସ୍ତ୍ରୀର ମିଶାମିଶି ହୋଇଥିବାରୁ ସମାଜରେ ସେମାନଙ୍କୁ ଥଟ୍ଟା ମଜ୍ଜା କରାଯାଉଥିଲା। ଏମାନଙ୍କର ଯୌନ ଜୀବନକୁ ବିକାର ବୋଲି ଧରାଯାଉଥିଲା। ଆଇନ ଦୃଷ୍ଟିରେ ଅପରାଧ ଥିଲା। ମୋଟାମୋଟି ସମାଜରେ ଏମାନଙ୍କୁ ସମ୍ମାନର ସହିତ ଦେଖା ଯାଉନଥିଲା। ଥଟ୍ଟା ମଜା, ହେୟ ଭାବ ଓ ଘୃଣା ହିଁ ଏମାନଙ୍କ ପ୍ରାପ୍ୟ ଥିଲା। ଆମେରିକାରେ ବି ଏମାନଙ୍କୁ ମୁଖ୍ୟ ଧାରାରେ ମିଶିବା ସମ୍ଭବ ହେଉନଥିଲା। ତେଣୁ କିଛି କିଛି ହୋଟେଲ ଓ ରେଷ୍ଟୁରାଣ୍ଟ କେବଳ ଏଇମାନଙ୍କ ପାଇଁ ପ୍ରଚ୍ଛନ୍ନ ଭାବେ ଖୋଲାଯାଇଥିଲା। ଏଇପରି ଏକ ରେଷ୍ଟୁରାଣ୍ଟ 'Stone Wall Inn' ମାନହଟ୍ଟାନର କ୍ରିଷ୍ଟୋଫର୍ ଷ୍ଟ୍ରିଟ୍‌ରେ ରହିଥିଲା। ନ୍ୟୁୟର୍କର ସବୁଆଡୁ Gay ବା LGBT ମାନେ ଏଠାକୁ ଆସୁଥିଲେ। ଏକତ୍ରିତ ହେଉଥିଲେ। କିନ୍ତୁ ସମାଜର ଉପର ବର୍ଗର ବି କିଛି ଲୋକ ଏଠି ଲୁଚାଛପାରେ ଆସୁଥିଲେ କିଛି ଅର୍ଥ ବିନିମୟରେ ନିଜର ନିଷିଦ୍ଧ ବାସନା ଚରିତାର୍ଥ କରିବାପାଇଁ । ଏହି ରେଷ୍ଟୁରାଣ୍ଟଟି କିଛି ମାଫିଆ ଶ୍ରେଣୀର ଅପରାଧୀମାନଙ୍କ ଦ୍ୱାରା ପରିଚାଳିତ ହେଉଥିଲା। ଲୁଚିଛପି ଆସୁଥିବା ଲୋକମାନଙ୍କୁ

ନିଷିଦ୍ଧ ଡ୍ରଗ୍ସ ଓ ସେକ୍ସ ଯୋଗାଇ ପୁଲିସ ନାଁରେ ବ୍ଲାକ୍‌ମେଲ୍ କରି ବେଶ୍ ପଇସା ରୋଜଗାର କରୁଥିଲେ। Homo Sexual ଓ ଯୌନ ବିକାରଗ୍ରସ୍ତ ଲୋକମାନଙ୍କର ଏହା ଏକ ଫେବରିଟ୍ ରେଷ୍ଟୁରାଣ୍ଟ ଥିଲା। ଲେସ୍‌ବିଆନ, ପୁରୁଷ ବେଶ୍ୟା, ଟ୍ରାନ୍‌ସଜେଣ୍ଡର, ସ୍ତ୍ରୈଣ ପୁରୁଷମାନଙ୍କର ଏହା ଏକ ବଜାର ଥିଲା। ସ୍ଥାନୀୟ ଲୋକମାନଙ୍କ ଠାରୁ ଏଠି ବେଶ୍ୟାବୃତ୍ତି, ଡ୍ରଗ୍‌ସ ଓ ବିଭିନ୍ନ କ୍ରାଇମ୍‌ର ଅଭିଯୋଗ ଆସୁଥିଲା। ଏଡ୍‌ସ ପାଇଁ ଏଇମାନଙ୍କୁ ଦାୟୀ କରାଯାଉଥିଲା। ତେଣୁ ବାରମ୍ବାର ପୋଲିସ ରେଡ୍ ହେଉଥିଲା ଓ କ୍ରେତା, ବିକ୍ରେତାମାନଙ୍କୁ ଗିରଫ କରି ନିଆଯାଉ ଥିଲା। ମାତ୍ର ବୃତ୍ତି କିଏ ଛାଡ଼େ ? ଦି'ଦିନ ଭିତରେ ଜାମିନରେ ଆସି ପୁଣି ଷ୍ଟୋନ୍‌ୱାଲ୍‌ରେ ହାଜର। ମାଫିଆ, ଓକିଲ, ପୋଲିସ, ଗ୍ରାହକ ସମସ୍ତଙ୍କର ଗୋଟେ ବିଷବୃତ୍ତ ।

ହଠାତ୍ ଦିନେ... ୨୮ ଜୁନ୍, ୧୯୬୯ ରାତି ସାଢ଼େ ଗୋଟାଏରେ ନ୍ୟୁୟର୍କ ପୋଲିସ୍ ଏଠି ରେଡ୍ କଲା। କିଛି ପୋଲିସ ସାଦା ପୋଷାକରେ ଆସି ଷ୍ଟୋନ୍‌ୱାଲ୍ ଭିତରେ ସବୁ ଦେଖି ସାରିଲା ପରେ ପୋଲିସ ଫୋର୍ସ ଚାରିପଟୁ ଘେରିଗଲେ। ୨୦୦ ସରିକି ଗ୍ରାହକ ଓ Gay ମାନଙ୍କୁ ଲାଇନ୍‌ରେ ଛିଡ଼ା କରାଗଲା। ପରିଚୟ ପତ୍ର ଦେଖି ପ୍ରାୟ ୧୫୦ ଜଣକୁ ଛାଡ଼ିଦିଆଗଲା। କିନ୍ତୁ ସେମାନେ ଯାଇ ବାହାରେ ଛିଡ଼ା ହୋଇ ରହିଲେ। ଆଖ ପାଖରୁ ସେମାନଙ୍କର ବନ୍ଧୁମାନେ ଆସି ଜମା ହୋଇଗଲେ। ଦେଖଣାହାରୀମାନଙ୍କ ଭିତରେ ଥିଲେ ପ୍ରସିଦ୍ଧ Folk Singer ଦ୍ୱୟ Bob Dylan (2016 ନୋବେଲ ପ୍ରାଇଜ୍ ପ୍ରାପ୍ତ) ଓ Dave Van Ronk । ସେମାନେ ପାଟିତୁଣ୍ଡ ଶୁଣି ପାଖ ବାର୍‌ରୁ ଉଠି ଆସିଥିଲେ। ପରବର୍ତ୍ତୀ ସମୟରେ ସେମାନେ LGBT ଆନ୍ଦୋଳନର ସମର୍ଥନରେ ଅନେକ ଗୀତ ବୋଲିଥିଲେ ଓ ସଫଳ କରାଇଥିଲେ।

ସନ୍ଦେହଜନକ ପୋଲିସ ରେକର୍ଡ଼ ଥିବା ଅଭ୍ୟାସଗତ ଅପରାଧୀ ଓ Gayମାନଙ୍କୁ ଗିରଫ କରି ଭ୍ୟାନ୍‌ରେ ପୁରାଇଲା ବେଳକୁ ଜଣେ ସ୍ତ୍ରୀ ଲୋକ ପୋଲିସ ଉପରେ ଆକ୍ରମଣ କରିଦେଲା। ପୋଲିସ ତା'କୁ ଜବରଦସ୍ତ ଭ୍ୟାନ୍‌କୁ ଉଠାଇଲା ବେଳେ ସେ ଚିତ୍କାର କରି ଛିଡ଼ା ହୋଇଥିବା ଲୋକଙ୍କୁ କହିଲା... "Why don't you do something ?" ବାସ୍, ସବୁଲୋକଙ୍କର ଧୈର୍ଯ୍ୟର ବନ୍ଧ ଭାଙ୍ଗିଗଲା। ସମସ୍ତେ ଅତୀତରେ କେତେବେଳେ ନା କେତେବେଳେ ପୁଲିସ କାର୍ଯ୍ୟାନୁଷ୍ଠାନର ଶିକାର ହୋଇଥିଲେ। ପ୍ରତିଶୋଧ ନେବାର ସମୟ ଆସିଗଲା। ୫୦୦-୬୦୦ ଲୋକ ପୋଲିସଙ୍କୁ ଘେରିଗଲେ। ଗିରଫ ହୋଇଥିବା ଲୋକମାନଙ୍କୁ ଛଡ଼େଇ ନେଲେ। ଇଟା, ପଥର, ବିଅର କ୍ୟାନ୍ ମାଡ଼ ଆରମ୍ଭ ହୋଇଗଲା। ପୋଲିସ ଭ୍ୟାନ୍ ପୋଡ଼ିଦିଆଗଲା। ପୋଲିସ୍ ଆତ୍ମରକ୍ଷା ପାଇଁ ଷ୍ଟୋନ୍‌ୱାଲ୍ ଭିତରେ ଆଶ୍ରୟ ନେଲା। ୪୫ ମିନିଟ୍ ପରେ ଫାୟାର

ବ୍ରିଗେଡ୍ ଆସି ସେମାନଙ୍କୁ ଉଦ୍ଧାର କଲା । ଚାରି ପାଞ୍ଚ ଦିନ ପର୍ଯ୍ୟନ୍ତ ପୋଡ଼ାଜଳା ସହ ବିରୋଧ ଚାଲୁ ରହିଲା କ୍ରିଷ୍ଟୋଫର୍ ଷ୍ଟ୍ରିଟ୍‌ରେ । ଖବରକାଗଜମାନେ Gay ଅଧିକାର ସପକ୍ଷରେ ଲେଖିଲେ । ଜନସାଧାରଣଙ୍କ ଭିତରେ Gay ମାନଙ୍କୁ ସହ୍ୟ କରିବାର ଏକ ମାନସିକତା ଦେଖା ଦେଲା । ଶେଷକୁ ସରକାର Gay Right ପାଇଁ ଆଇନ୍ ଆଣିଲେ ଓ Gay ମାନେ ଆଇନର ପରିଧି ଭିତରକୁ ଚାଲିଆସିଲେ । ପୃଥିବୀର ସବୁ Gay ମାନଙ୍କର ଏହା ବିଜୟ । 'ଷ୍ଟୋନ୍‌ୱାଲ୍ ଇନ୍' ଏକ ତୀର୍ଥସ୍ଥାନରେ ପରିଣତ ହେଲା । LGBT ଆନ୍ଦୋଳନର ଏନ୍ତୁଡ଼ିଶାଳ ହିସାବରେ ପ୍ରଖ୍ୟାତ ହୋଇଗଲା । ୨୦୦୦ ମସିହାରେ 'ଷ୍ଟୋନ୍‌ୱାଲ୍ ଇନ୍'କୁ ଜାତୀୟ ଐତିହାସିକ ପ୍ରତୀକ (National Historical Land Mark) ହିସାବରେ ମାନ୍ୟତା ଦିଆଗଲା । ସେଇଥିପାଇଁ ଜୁନ୍ ମାସର ଶେଷ ଶନିବାର Gay Pride Day ହିସାବରେ ପାଳନ କରାଯାଉଛି । ଗତକାଲି ହିଁ ଜୁନ୍ ମାସର ଶେଷ ଶନିବାର ଥିଲା । ଏବର୍ଷ ୨୦୧୯, ସେମାନଙ୍କର ସୁବର୍ଣ୍ଣ ଜୟନ୍ତୀ ହୋଇଥିବାରୁ ଏ ବର୍ଷ ଉତ୍ସବର ନାଁ "Stone Wall-50' World Pride, NYC 2019". ନ୍ୟୁୟର୍କରେ ଜୁନ୍ ମାସ ସାରା ଏଇ ଉତ୍ସବ ପାଳନ ହେଉଛି । ପୃଥିବୀର ସବୁକୋଣରୁ LGBTମାନେ ନ୍ୟୁୟର୍କରେ ପହଞ୍ଚିଛନ୍ତି । ଆଜି ଜୁନ୍ ୩୦, ଉଦ୍‌ଯାପନୀ ଦିବସ । ସେଇଥିପାଇଁ ସେରାଟନ୍ , ଟାଇମ୍ ସ୍କୋୟାର ଆଜି ଏତେ ଭିଡ଼, ଏତେ ରଙ୍ଗମୟ, ଏତେ ପ୍ରେମମୟ !!! ଆମେରିକା ଯାତ୍ରାର ଏଇଟା ଗୋଟେ ଅବିସ୍ମରଣୀୟ ସ୍ମୃତି । ନିଜେ ନଦେଖିଥିଲେ ବିଶ୍ୱାସ କରିପାରିନଥାନ୍ତି । LGBT ମାନଙ୍କର ଗର୍ବ ହେଉଛି ତାଙ୍କର ପତାକା । ୬ଟି ରଙ୍ଗର ସମାହାରରେ Rainbow Flag LGBTQ ସମାଜର ବିବିଧତାକୁ ଦର୍ଶାଇଥାଏ । ଇନ୍ଦ୍ରଧନୁ ପରି ରଙ୍ଗୀନ୍ ମନ ବି ଏମାନଙ୍କର !!

ଆମେରିକାନ୍ ସମାଜ LGBTQମାନଙ୍କୁ ସମ୍ମାନର ସହ ଗ୍ରହଣ କରିନେଇଛି । ମାଇକ୍ରୋସଫ୍ଟ, ଆମାଜନ୍, ଫେସ୍‌ବୁକ୍ ପରି ସମ୍ମାନାସ୍ପଦ କମ୍ପାନୀମାନେ ବି ଏମାନଙ୍କୁ ଉତ୍ସାହିତ କରନ୍ତି । ବିଲ କ୍ଲିଣ୍ଟନ୍, ବାରାକ୍ ଓବାମା, ଡୋନାଲ୍ଡ ଟ୍ରମ୍ପ ଆଦି ପ୍ରେସିଡେଣ୍ଟମାନେ ବି ରେନ୍‌ବୋ ଫ୍ଲାଗ୍ ତଳେ ଛିଡ଼ା ହୋଇଛନ୍ତି ସେମାନଙ୍କ ପ୍ରତି ସାମାଜିକ ସ୍ୱୀକୃତି ସହ । ସମାଜର ପ୍ରତି କ୍ଷେତ୍ରରେ ଏମାନେ ପ୍ରତିଷ୍ଠା ଲାଭ କରୁଛନ୍ତି । ପ୍ରସିଦ୍ଧ ବୈଜ୍ଞାନିକ, ଲୟର, କବି, ଅଧ୍ୟାପକ, ଫେସନ୍ ଡିଜାଇନର ହିସାବରେ ସେମାନେ ଆମେରିକାନ୍ ସୋସାଇଟିରେ ସମ୍ମାନସ୍ପଦ ସ୍ଥାନ ମଣ୍ଡନ କରୁଛନ୍ତି । LGBTQ ମାନେ ଗର୍ବର ସହିତ ନିଜର ପରିଚିତି ସହ ସମାଜରେ ଚଳିବା ଶିଖିଲେଣି ।

ହଁ । ଆଉ ଗୋଟେ ମଜା କଥା । ଦ୍ୱିତୀୟ ଦିନ (ଜୁନ୍ ୨୫) AMNH ରୁ ବିଗ୍ ବସ୍‌ରେ ଆର୍ଟ ମ୍ୟୁଜିୟମ ଆସୁଥାଏ । ଓହ୍ଲାଇଲା ପରେ ଦେଖିଲି ବିଗ୍ ବସ୍ ଟିକେଟ୍‌ଟି

ହଜିଯାଇଛି। ଚାରିଦିନିଆ ପାସ୍‌ଟା ଦ୍ୱିତୀୟ ଦିନରେ ହିଁ ହଜିଗଲା!! ଟିକେଟ୍‌ର ଦାମ୍ ୮୦.୦୦ ଡଲାର। ମନଦୁଃଖ ହେଲା। ପକେଟ୍‌ରେ ସବ୍‌ୱେ ଟିକେଟ୍ ତ ଥିଲା। ସିଟି ବସ୍‌ରେ କାମ କରିବ ଶୁଣି ଅନ୍ୟ ଏକ ସିଟି ବସ୍‌ରେ ଚଢ଼ିଗଲି। ଡ୍ରାଇଭର ସିଟ୍ ପାଖରେ ବସିଥିଲି। ହଠାତ୍ ଗୋଟିଏ ଅତ୍ୟାଧୁନିକା ସୁନ୍ଦରୀ ଆସି ମୋ ସାମ୍ନାରେ ବସିପଡ଼ିଲା। ଛୋଟ ଗୋଟେ ଷ୍ଟ୍ରଲି ଧରିଥାଏ। ପ୍ରସାଧନ ପାଇଁ ବୋଧେ ଆଉ କିଛି ବାକି ନ ଥିଲା। ମୁହଁ ଦେହ ସବୁ ଅତ୍ୟଧିକ ପାଉଡ଼ର, ରୁଜ୍.... ଆହୁରି କେତେ କ'ଣ ସହିତ ସୁନେଲି ରଙ୍ଗର ଗୁଣ୍ଡରେ ଚିକ୍‌ଚିକ୍ କରୁଥାଏ। କେଶ ବିନ୍ୟାସ ବି କେମିତି ଗୋଟେ ଅଜବ ଷ୍ଟାଇଲର। ବିଭିନ୍ନ ରଙ୍ଗର ରିବନ୍ ସୁନ୍ଦର ଭାବରେ ବନ୍ଧା ହୋଇଛି। ଥରେ ଦେଖିଲେ ଆଖି ଲାଖିଗଲା ପରି ଚେହେରା। କିନ୍ତୁ ଦୁଇ ତିନି ମିନିଟ୍ ଦେଖିଲା ପରେ ମତେ କେମିତି ଟିକେ ଅଡୁଆ ଲାଗିଲା। ହାଇ ହିଲ୍, ନିତମ୍ବ ଦେଶରେ ପ୍ୟାଡ଼୍, କଟିଦେଶରେ ପ୍ୟାଡ଼୍, ବକ୍ଷୋଜ ବି କୃତ୍ରିମ...... ହସ ଲାଗିଲା। ନାରୀ ରୂପୀ କିନ୍ନରୀ! ଆଉ କିଛି ସମୟ ଦେଖିଲି। ଏତେ ବେଶ ହୋଇ କୁଆଡ଼େ ବୁଲି ବାହାରିଛି! ଆମେରିକାନ୍ ଜୀବନ ସହିତ ଜଡ଼ିତ ନୂଆ ଜିନିଷ ଗୋଟେ ଦେଖିବାର ସୁଯୋଗ ମିଳିଲା। ମୋ ଷ୍ଟପେଜ୍‌ରେ ଓହ୍ଲାଇଗଲି। ଓହ୍ଲାଇ ସାରିଲା ପରେ ଭାବିଲି କେତେବଡ଼ କ୍ଷତିଟାଏ କଲି! ଗୋଟେ ଫଟୋ ତ ଆଣିପାରିଥାନ୍ତି। ଚେନାଏ ଆମେରିକା ହାତରୁ ଖସିଗଲା। ହଁ, ଏମାନଙ୍କର ବି ଏକ ନାଁ ଅଛି-'Drag Queen'। ସେଇପରି ଯାର ଓଲଟା 'Drag King' ବି ଅଛନ୍ତି।

ଟାଇମ୍ ସ୍କୋୟାରରେ ବୁଲିବୁଲି ଫେରିଲି ରାତି ୧୨.୦୦ଟା ବେଳକୁ। ୨୪ ମହଲାର ଝରକାରୁ ଅନ୍ୟ ସ୍କାଏସ୍କ୍ରାପର୍‌ଗୁଡ଼ିକୁ ଦେଖି ଦେଖି ଶୋଇଗଲି।

■

ଷ୍ଟାଚ୍ୟୁ ଅଫ୍ ଲିବର୍ଟି ଓ ରକଫେଲର ସେଣ୍ଟର

୦୧.୦୭.୨୦୧୯ (ସୋମବାର)

ସକାଳୁ ଉଠି ସେରାଟନ୍ ଟାଇମ୍ ସ୍କୋୟାରର ଝର୍କାରୁ ଦେଖିଲି ମାନ୍‌ହଟାନ୍‌ର ସ୍କାଏସ୍କ୍ରାପର୍ ସବୁ। ସୂର୍ଯ୍ୟୋଦୟ ତ ଦେଖି ହେବନି। କିନ୍ତୁ ସିଲ୍‌ହଟ୍‌ରେ ସୂର୍ଯ୍ୟ ଥାଇ ସ୍କାଏସ୍କ୍ରାପର୍ ଗୁଡ଼ିକୁ ଛାଇଆଲୁଅରେ ଦେଖିବା ବି ଗୋଟେ ଅଲଗା ଦୃଶ୍ୟ। କାଚର ଫସାଦ୍ ଉପରେ ଉଦୟ ସୂର୍ଯ୍ୟଙ୍କ କିରଣ ସିନ୍ଦୁର ବିଞ୍ଚି ଦେଇଥିଲା ପରି ଦିଶୁଥାଏ। କେଉଁଠି କେମିତି କେଇଟା କିରଣର ଛଟା ଛିଟ୍‌କି ଆସିଥାଏ, ପ୍ରତିଫଳିତ ହୋଇ। କଫି ସହିତ ଛାଇ ଆଲୁଅର ଲୁଚକାଳି ଅଧଘଣ୍ଟେ ଦେଖିଲା ପରେ ବାହାରିଲି ୭.୩୦ରେ ବ୍ରେକ୍‌ଫାଷ୍ଟ ପାଇଁ। ତରତର ହୋଇ ପହଞ୍ଚିଲା ବେଳକୁ ଦେଖିଲି ବ୍ରେକ୍‌ଫାଷ୍ଟ କୁପନ୍ ନାହିଁ। ବୋଧେ ରୁମ୍‌ରେ ଛାଡ଼ିଦେଇଛି। ସମୟ କମ୍। ତେଣୁ ଥୋମାସ୍ କୁକ୍‌ର ଗାଇଡ୍‌ଙ୍କୁ ଅସୁବିଧା କଥା କହିଲି। ତରୁଣୀଟି ବଡ଼ ଅଭଦ୍ର ଭାବରେ କହିଲା- "ପ୍ରଥମ ଥର ମୁଁ ଏପରି ଟୁରିଷ୍ଟ ଦେଖୁଛି। ଖାଇବା ନଖାଇବା ତୁମ ଉପରେ ନିର୍ଭର କରେ। ଏଠି ବ୍ରେକ୍‌ଫାଷ୍ଟର ଦାମ୍ ୪୩.୦୦ ଡଲାର।" ଟିକେ ଖରାପ ଲାଗିଲା। ବ୍ରେକ୍‌ଫାଷ୍ଟ ଲାଉଞ୍ଜର ଷ୍ଟିୱାର୍ଡ଼ ଜଣେ ବୟସ୍କା ମହିଳା। ହସି ହସି ରୁମ୍ ନମ୍ବର ପଚାରିଲେ। କହିଲେ "ଆଜି ଆପଣ ବ୍ରେକ୍‌ଫାଷ୍ଟ କରିପାରନ୍ତି। କାଲି କୁପନ୍ ଦେବାକୁ ଚେଷ୍ଟା କରିବେ।" ବଡ଼ ସମସ୍ୟା ଗୋଟେ, ଛୋଟ ହସଟିରେ ସମାଧାନ ହୋଇଗଲା। ହୋଟେଲ / ଟୁରିଷ୍ଟ ଇଣ୍ଡଷ୍ଟ୍ରିରେ ଏ ଟୁର୍ ଗାଇଡ୍ ପରି ଝିଅ/ପୁଅ କାହିଁକି ଥାନ୍ତି କେଜାଣି ବୁଝିହୁଏନା। ବ୍ରେକ୍‌ଫାଷ୍ଟ ଲାଉଞ୍ଜଟି କିନ୍ତୁ ସେରାଟନ୍ ପରି ହୋଟେଲ ତୁଳନାରେ ଛୋଟ ଥିଲା ପରି ଲାଗିଲା। ଅବଶ୍ୟ ବଫେ ଟେବୁଲରେ B/F ଆଇଟମ୍‌ର ଅଭାବ ନଥିଲା। ଆମିଷ, ନିରାମିଷ ଖାଦ୍ୟ ଭିତରୁ, ଦୁଧ, ଅଣ୍ଡା, କର୍ଣ୍ଣଫ୍ଲେକ୍‌ସ, ଫଳ, କୁକିଜ୍, ସାଲାଡ୍ ଇତ୍ୟାଦି ପାଇବାରେ ଅସୁବିଧା ହେଲାନି। ବେଶ୍ ପେଟ ପୂରା ଭୋଜନ।

ସେରାଟନ୍ ଟାଇମ୍ ସ୍କୋୟାର ପ୍ରସିଦ୍ଧ ହୋଟେଲ ଗ୍ରୁପ୍ Mariott ର ଅଂଶ ବିଶେଷ। ୫୧ ମହଲା ବିଶିଷ୍ଟ ଏହି ସ୍କାଏସ୍କ୍ରାପରଟିରେ ୧୭୫୦ ରୁମ୍ ରହିଛି। ଏହି 5 Star ହୋଟେଲର ସାଧାରଣ ରୁମ୍‌ର ଟାରିଫ୍ ୨୨,୦୦୦/- ଟଙ୍କା (୩୦୦ Dollar)ରୁ ଆରମ୍ଭ। ୧୯୬୨ ମସିହାରେ ଏହା 'ହୋଟେଲ ଆମେରିକା' ନାଁରେ ପ୍ରତିଷ୍ଠିତ ହୋଇଥିଲା। ୨୦୦୫ରେ ମାରିଅଟ୍ ଗ୍ରୁପ୍ ଏହାକୁ ଅଧିଗ୍ରହଣ କରିଛି। ସେରାଟନର ଏଲିଭେଟର (Lift) ଟିକେ ଅଲଗା ସିଷ୍ଟମରେ କାମ କରେ। ଏଲିଭେଟର ବ୍ୟାଙ୍କ ପାଖରେ ପହଞ୍ଚି ଟଚ୍ ବଟନ୍ ଟିପି ନିଜର ଫ୍ଲୋର ନମ୍ବର ବାଛିବାକୁ ପଡ଼ିବ। ସଙ୍ଗେ ସଙ୍ଗେ ସ୍କ୍ରିନ୍ ଆପଣଙ୍କୁ ଏକ ଏଲିଭେଟର ନମ୍ବର ଜଣେଇଦବ ଓ କେଇ ସେକେଣ୍ଡରେ ତାହା ପହଞ୍ଚିଯିବ। ଆପଣ ସେଇ ଏଲିଭେଟରରେ ଯିବେ ଓ ସବୁଠୁ କମ୍ ସମୟ ଭିତରେ ନିଜ ଇଚ୍ଛିତ ଫ୍ଲୋର୍‌ରେ ପହଞ୍ଚି ଯିବେ। ଏଠି କିନ୍ତୁ ସାଧାରଣ ଲିଫ୍ଟ... ESB ବା ୱାନ୍ ୱାର୍ଲଡ ପରି ମଲ୍ଟିମେଡ଼ିଆ କାର୍ ନୁହଁ।

ବସ୍‌ରେ ନ୍ୟୁୟର୍କ ଟୁର୍ ଆରମ୍ଭ ହେଲା ସକାଳ ୮.୩୦ରେ। ପ୍ରାୟ ୪୦ ଜଣ ଟୁରିଷ୍ଟ ଭାରତର ବିଭିନ୍ନ ପ୍ରଦେଶରୁ। ପ୍ରଥମ ଡେଷ୍ଟିନେସନ୍, ଷ୍ଟାଚ୍ୟୁ ଅଫ୍ ଲିବର୍ଟି। ଚାରିଦିନ ତଳେ ଏଠି କ୍ରୁଜ୍ ନେଇଥିଲି ଲିବର୍ଟି ଦ୍ୱୀପ ଚାରିପଟେ। ଆଜି ଦ୍ୱୀପରେ ପାଦ ଦେବି। ଲିବର୍ଟି ଆଇଲାଣ୍ଡ, ବ୍ୟାଟେରୀ ପାର୍କ ଫେରୀ ଠାରୁ ପ୍ରାୟ ୩୦ ମିନିଟ୍‌ର ଷ୍ଟିମର ଯାତ୍ରା ହଡ୍‌ସନ୍ ମୁହାଣରେ। ବାମ ପଟେ ମାନ୍‌ହଟାନ୍‌ର Financial District, ଡାହାଣ ପଟେ କିଛି ଦୂରରେ Ellis Island।

ଆମେରିକାର ସ୍ୱାଧୀନତା ସଂଗ୍ରାମରେ ଫ୍ରେଞ୍ଚମାନଙ୍କର ଅବଦାନ ଅତୁଳନୀୟ। ଅର୍ଥ, ସୈନ୍ୟ, କୂଟନୈତିକ ଆଦି ସମସ୍ତ ସାହାଯ୍ୟ ଦେଇଥିଲେ। ୧୭୮୩ରେ ବ୍ରିଟେନ୍ ଆମେରିକାରୁ ଶାସନ ପ୍ରତ୍ୟାହାର କରି ନେଇଥିଲା। ଏହାର ୮୨ ବର୍ଷ ପରେ, ୧୮୬୫ ରେ ଆମେରିକାନ୍ ସିଭିଲ୍ ୱାର୍ ପରେ ହିଁ ପ୍ରକୃତ ଯୁକ୍ତରାଷ୍ଟ୍ର ଆମେରିକାର ଜନ୍ମ ହେଲା। ଏଇ ଉପଲକ୍ଷେ ଫ୍ରେଞ୍ଚମାନେ ଏକ ମୂଲ୍ୟବାନ ଜିନିଷ ଆମେରିକାକୁ ଉପହାର ଦେବେ ବୋଲି ଭାବିଲେ। French Sculptor (ସ୍ଥପତି) Frederic Auguste Bartholdi ବ୍ରୋଞ୍ଜର ଏକ ବିଶାଳ ମୂର୍ତ୍ତିର ପରିକଳ୍ପନା କଲେ ସ୍ୱାଧୀନତାର Roman Goddess Libertasଙ୍କୁ ମନରେ ରଖି। ଫ୍ରାନ୍ସ ଓ ଆମେରିକାର ମିଳିତ ପ୍ରଚେଷ୍ଟାରେ ଏହି ଷ୍ଟାଚ୍ୟୁର ଯୋଜନା କରାଗଲା। ଫ୍ରାନ୍ସର ଜନସାଧାରଣ ଚାନ୍ଦା କରି ଷ୍ଟାଚ୍ୟୁ ପ୍ରସ୍ତୁତ କରିବେ ଓ ଆମେରିକାର ଜନସାଧାରଣ ଏହାର ସ୍ଥାପନାର ଦାୟିତ୍ୱ ନେବେ। Bartholdi ଆମେରିକାରେ ପହଞ୍ଚି ହଡ୍‌ସନ୍ ମୁହାଣରେ Bedloes Island କୁ ଦେଖି ଚମତ୍କୃତ ହୋଇଗଲେ। ଇଉରୋପରୁ ଆଟଲାଣ୍ଟିକ୍ ମହାସାଗର ଦେଇ ଆମେରିକା ଆସୁଥିବା

ସମସ୍ତ ଜାହାଜ ଏଇ ବାଟରେ ହିଁ ନ୍ୟୁୟର୍କ ବନ୍ଦରରେ ପ୍ରବେଶ କରନ୍ତି। ନିକଟସ୍ଥ ଏଲିସ୍ ଆଇଲାଣ୍ଡ୍‌ରେ ଇମିଗ୍ରେସନ୍ ହୁଏ, ନ୍ୟୁୟର୍କ ସିଟିରେ ପାଦ ଦେବା ଆଗରୁ। ତେଣୁ ବେଡ୍‌ଲୋଜ୍ ଆଇଲାଣ୍ଡ୍‌କୁ ଆମେରିକାର ପ୍ରବେଶ ଦ୍ୱାର କହିବା ତ ଭୁଲ ହେବନି। ଏଇଠି ଲିବର୍ଟି ଦେବୀଙ୍କୁ ସ୍ଥାପନା କରିବାକୁ ସେ ଭାବିଲେ। ସ୍ୱାଧୀନତାର ଦେବୀ ସ୍ୱାଧୀନତା ମନ୍ଦିରର ଦ୍ୱାର ଦେଶରେ ପ୍ରତିଟି ସ୍ୱାଧୀନତାକାମୀ ମଣିଷକୁ ମୁକ୍ତିର ମଶାଲ ଦେଖାଉଥିବେ। ଆମେରିକା ସରକାର ବି ଏଥିରେ ରାଜି ହୋଇଗଲେ। Libertasଙ୍କର ଡିଜାଇନ୍ କରାଗଲା। ଦେବୀ ମୂର୍ତ୍ତି ଡାହାଣ ହାତରେ ମୁକ୍ତିର ମଶାଲ୍ ଉପରକୁ ଟେକି ରଖି ବାମ ହାତରେ ଆମେରିକାର ସମ୍ବିଧାନ ବକ୍ଷରେ ଜଡ଼ାଇ ଧରିଥାନ୍ତି। ୧୫୪ଫୁଟ୍‌ର ପାଦପୀଠ ଉପରେ ୧୫୧ ଫୁଟ୍‌ର ମୂର୍ତ୍ତି, ସମୁଦାୟ ୩୦୫ ଫୁଟର ସ୍ଥାପତ୍ୟ। ଗ୍ରୀକ୍ ଦେବୀମାନଙ୍କ ପରି Stola and Pella (Gown and Cloak) ପିନ୍ଧିଥାନ୍ତି। Crown(ମୁକୁଟ)ରୁ ବାହାରିଥିବା ସାତଟି କିରଣ ସାତଟି ସମୁଦ୍ର ଓ ସାତଟି ମହାଦେଶ ଉଦ୍ଦେଶ୍ୟରେ ବିକିରୀତ ହେଉଥାଏ। ସମଗ୍ର ବିଶ୍ୱ ପାଇଁ ସ୍ୱାଧୀନତାର କିରଣ। ଛିଣ୍ଡି ଯାଇଥିବା ଶିକୁଳୀ ଉପରେ ବାମ ପାଦ ଆଗକୁ ବଢ଼ାଇ ଚାଲିବା ମୁଦ୍ରାରେ ଥା'ନ୍ତି। ମାନବ ଜାତି ପାଇଁ ମୁକ୍ତି ଓ ସମାନ ଅଧିକାରର ପ୍ରତୀକ। ଯଥାର୍ଥରେ Statue of Liberty। ହଁ Bartholdi ସିନା ମୂର୍ତ୍ତିଟିକୁ ଗଢ଼ିଲେ, ଏହାର ଲୁହାର ଫ୍ରେମ୍ କରିବାକୁ ଆଇଫେଲ୍ ଟାୱାରର ସ୍ଥପତି Gustave Eiffelଙ୍କର ସହାୟତା ନେଲେ। ଲୁହାର ଫ୍ରେମ୍ ଉପରେ ତମ୍ବାର ପାତିଆ ସବୁ ଖଞ୍ଜିଦିଆଗଲା ମୂର୍ତ୍ତିକୁ ରୂପ ଦେବା ପାଇଁ। ଶେଷରେ ୨୮ ଅକ୍ଟୋବର ୧୮୮୬ରେ ପ୍ରେସିଡ଼େଣ୍ଟ Grover Cleveland ଏହାକୁ ଜାତି ଉଦ୍ଦେଶ୍ୟରେ ଉତ୍ସର୍ଗ କଲେ। ସେଦିନ ନ୍ୟୁୟର୍କ ଆକାଶରେ ଦେଖାଗଲା ଏକ ଅଦ୍‌ଭୁତ ଦୃଶ୍ୟ। ପ୍ରେସିଡ଼େଣ୍ଟଙ୍କ ପରେଡ୍ ମାଡ଼ିସନ୍ ସ୍କୋୟାରରୁ ଆରମ୍ଭ ହୋଇ ବ୍ୟାଟେରୀ ପାର୍କ ପର୍ଯ୍ୟନ୍ତ ଆସିବା କଥା। ବାଟରେ ମାନହଟାନର ଫାଇନାନ୍‌ସିଆଲ ଡିଷ୍ଟ୍ରିକ୍ଟ ଆଉ NYSE. NYSE ସାମ୍ନାରେ ପରେଡ୍‌କୁ ଅପେକ୍ଷା କରିଥିଲା ଏକ ଆଶ୍ଚର୍ଯ୍ୟ। ଟ୍ରେଡରମାନେ ସ୍ୱତଃସ୍ଫୁର୍ତ୍ତ ଭାବରେ NYSE ଉପରୁ ହଜାର ହଜାର ସଂଖ୍ୟାରେ ଟିକର୍ ଟେପ୍ ଆକାଶକୁ ଉଡ଼ାଉଥାନ୍ତି। ଟିକର୍ ଟେପ୍ ହେଉଛି ଷ୍ଟକ୍ ଏକ୍ସଚେଞ୍ଜର ଟେଲିଗ୍ରାଫ ମେସିନ୍‌ରେ Stock Price ପ୍ରିଣ୍ଟ ହେବାପାଇଁ Spool ରେ ଲାଗିଥିବା କାଗଜର ରିଲ୍ ସବୁ। ୩/୪ ଇଞ୍ଚ୍‌ଓସାର ଓ ୫୦-୬୦ ମିଟର ଲମ୍ବା କାଗଜର ଟେପ୍‌ରେ ଷ୍ଟକ୍ ପ୍ରାଇସ୍ ପ୍ରିଣ୍ଟ ହୋଇ ବାହାରି ସାରିଲା ପରେ ପୁଣି Spool କରି ରଖିଦିଆଯାଏ ପଢ଼ିବା ପାଇଁ ବା ରେକର୍ଡ଼ ପାଇଁ। ଟେଲିଗ୍ରାଫ ମେସିନର ଟିକ୍‌ଟକ୍ ଶବ୍ଦରୁ ଏହାର ନାମ ଟିକର୍ ଟେପ୍ ହୋଇଛି। ପାରେଡ୍‌କୁ ଦେଖି ଅତ୍ୟୁତ୍ସାହୀ ବ୍ରୋକରମାନେ NYSE

ଝରକାରୁ ପୁରୁଣା, ଟିକର୍ ଟେପ୍ ସବୁ ଖୋଲିକରି ଉଡ଼ାଉଥାନ୍ତି। ବୁଢ଼ିଆଣୀ ଜାଲ ପରି ଆକାଶ ଭରିଗଲା ଟିକର ଟେପ୍‌ଗୁଡ଼ିକରେ। ଏକ ନୂଆ ପରୀକ୍ଷା, ଆନନ୍ଦର ପରିପ୍ରକାଶ ପାଇଁ। ଏହା ହେଉଛି ପୃଥିବୀର ପ୍ରଥମ ଟିକର ଟେପ୍ ପାରେଡ୍। ହଁ, ଏଇ ଅଳ୍ପ ଦିନ ହେଲା, ୧୯୫୬ରେ ବେଡ୍‌ଲୋଜ୍ ଆଇଲାଣ୍ଡ୍‌ର ନାମ 'ଲିବର୍ଟି ଆଇଲାଣ୍ଡ୍' ରଖାଯାଇଛି।

ମୂର୍ତ୍ତିଟି ତମ୍ବାର ହୋଇଥିଲେ ବି ନୀଳ ରଙ୍ଗର ଦିଶେ। ବର୍ଷ ବର୍ଷ ଧରି ସାମୁଦ୍ରିକ ଜଳବାୟୁ ପାଇଁ ତମ୍ବାର Oxydation ହୋଇ ନୀଳ ରଙ୍ଗ ଆସିଯାଇଛି। କିନ୍ତୁ ବୈଜ୍ଞାନିକମାନଙ୍କ ମତରେ ଏହା ମୂର୍ତ୍ତିଟିକୁ ପ୍ରାକୃତିକ କ୍ଷୟକାରୀ ଶକ୍ତିଠାରୁ ରକ୍ଷା କରୁଥିବା ରଙ୍ଗର କାମ କରୁଛି। ତେଣୁ ଆଉ ସଂରକ୍ଷଣ ପାଇଁ ଅନ୍ୟ ରଙ୍ଗ ଦେବା ଦରକାର ହୁଏନି।

କ୍ରୁଜ୍‌ର କ୍ୟାବିନ୍ ଖଚାଖଚ୍ ଭିଡ଼ଥାଏ। ମୁଁ ଡ଼େକ୍ ଉପରକୁ ଚାଲିଗଲି। ଡ଼େକ୍ ଉପରୁ ବାଁ ପଟେ ମାନ୍‌ହଟ୍ଟାନର ସ୍କାଏସ୍କ୍ରାପର୍ ସବୁ ଓ ଡାହାଣ ପଟେ ଜର୍ସି ସିଟି ଓ ଏଲିସ୍ ଆଇଲାଣ୍ଡ ସବୁ ଦିଶେ। ପାଗ ଭଲ ଥିଲା। ଫଟୋ ଉଠାଇବା ପାଇଁ ସୁବର୍ଣ୍ଣ ସୁଯୋଗ। ଛାଡ଼େ କିଏ!! ଲିବର୍ଟି ଆଇଲାଣ୍ଡ୍‌ରେ ପାଦଦେଲୁ। ଆଖି ଫିଟିଲା ଦିନଠୁ ଷ୍ଟାଚ୍ୟୁ ଅଫ୍ ଲିବର୍ଟି ସ୍ୱପ୍ନରେ ଝୁଲୁଥାଏ। ଆଜି ଦେଖିବା... କିନ୍ତୁ ମୂର୍ତ୍ତିକୁ ତଳୁ ଦେଖିବାକୁ ପଡ଼ିଲା। Pedestal ପର୍ଯ୍ୟନ୍ତ ଏଲିଭେଟର ଅଛି। ତା' ଉପରକୁ କ୍ରାଉନ୍ ପର୍ଯ୍ୟନ୍ତ ଯିବାକୁ ହେଲେ ପ୍ରାୟ ୧୦ ମହଲା ବା ୧୬୨ଟି ପାହାଚ ଚଢ଼ିବାକୁ ପଡ଼ିବ। କ୍ରାଉନ୍‌ଠାରୁ ମଶାଲ ପର୍ଯ୍ୟନ୍ତ ୪୦ ଫୁଟର ଆଉ ଏକ ସିଡ଼ି ରହିଛି। କିନ୍ତୁ କେବଳ କ୍ରାଉନ୍ ପର୍ଯ୍ୟନ୍ତ ଯିବାପାଇଁ ଅନୁମତି ମିଳେ। ୯/୧୧ ପରେ ସାଧାରଣ ଭାବେ ଆଉ ଅନୁମତି ମିଳୁନି। ଆଡ଼ଭାନ୍ସ ବୁକିଂ କରିବାକୁ ପଡ଼ିବ। ସୀମିତ ସଂଖ୍ୟାରେ ଟିକଟ ମିଳେ।

ଷ୍ଟାଚ୍ୟୁ ଅଫ୍ ଲିବର୍ଟିକୁ ପ୍ରଦକ୍ଷିଣ କରି ସାରିଲା ପରେ ମ୍ୟୁଜିୟମ। ଆଜି ୧ ଜୁଲାଇ ୨୦୧୯। ଆମର ଭାଗ୍ୟ ଯେ ଦେଢ଼ମାସ ଆଗରୁ ୧୬ ମେ ୨୦୧୯ରେ ଏହି ମ୍ୟୁଜିୟମଟି ଖୋଲା ହୋଇଛି। ଖୁସୀ ଲାଗିଲା ଗୋଟେ ସଦ୍ୟପ୍ରସ୍ତୁତ ଦର୍ଶନୀୟ ଜିନିଷ ଦେଖି। ଏଇଠି ଷ୍ଟାଚ୍ୟୁ ଅଫ୍ ଲିବର୍ଟି ତିଆରିର ଯାବତୀୟ ଜିନିଷ, ଫଟୋ ଇତ୍ୟାଦି ରହିଛି। ଏହାର ଇତିହାସ ସୁନ୍ଦର ଭାବେ ଦେଖେଇ ଦିଆହୋଇଛି। ପ୍ରଖ୍ୟାତ ଟାଇକୁନ୍ Michael Bloomberg, Jeff Bezos, George Lucas ଆଦି ଏଥିପାଇଁ ଅର୍ଥ ଯୋଗାଇ ଦେଇଛନ୍ତି।

ଷ୍ଟାଚ୍ୟୁ ଅଫ୍ ଲିବର୍ଟିଠାରୁ ବିଦାୟ ନେଇ କ୍ରୁଜ୍‌ରେ ପୁଣି ଆସିଲୁ ବ୍ୟାଟେରୀ ପାର୍କ। ପରବର୍ତ୍ତୀ ଆକର୍ଷଣ ଫାଇନାନ୍‌ସିଆଲ ଡିଷ୍ଟ୍ରିକ୍ଟ। ସାରା ପୃଥିବୀର ଅର୍ଥନୀତିର ହୃତପିଣ୍ଡ କହିଲେ ଚଳେ। ଏହାର ମୁଖ୍ୟ ଧମନୀ ହେଉଛି ବ୍ରଡଓ୍ୱେ, ନ୍ୟୁୟର୍କର

ବ୍ୟସ୍ତତମ ରାଜପଥ। ବ୍ରଡୱେର ଗଲାବେଳେ ଦୁଇପଟରେ ଦିଶିଯାଉଥାଏ ପୃଥିବୀ ପ୍ରସିଦ୍ଧ ସ୍କାଏସ୍କ୍ରାପର୍ ସବୁ। WTC, Woolworth Building, One Chase Manhattan Building, HSBC Bank, Barclay Tower, NYSE, Sea Port Residences, Trump Tower ଇତ୍ୟାଦି। ବସ୍‌ରୁ କିନ୍ତୁ ଏସବୁକୁ ମନଭରି ଦେଖିବାର ଅବକାଶ ନଥାଏ। କିନ୍ତୁ ଅତ୍ୟନ୍ତ ରୋମାଞ୍ଚିତ ଲାଗେ ନ୍ୟୁୟର୍କର ଅର୍ଥନୀତିକ ହୃତ୍‌ପିଣ୍ଡ ଉପରେ ଗତି କଲାବେଳେ। ସାରା ପୃଥିବୀ ଏଇଠୁ ସଞ୍ଚାଳିତ ହେଉଛି !! ଗାଇଡ୍ ସବୁ ବିଲ୍ଡିଂଗୁଡ଼ିକୁ ଚିହ୍ନାଇ ଦେଉଥାନ୍ତି।

ପରବର୍ତ୍ତୀ ଷ୍ଟପେଜ୍ - Rockefeller Centreରେ ପହଞ୍ଚିଲୁ। ଟିକେ ନିଦ ଲାଗିଯାଇ ଥିଲା। ଆଖି ଖୋଲି ପଚାରିଲି United Nation କୋଉଠି ବୋଲି। ଗାଇଡ୍ ହସି ହସି କହିଲେ- "You were sleeping at that time"। ମୁଁ ବି ହସିଲି। କିନ୍ତୁ ଅବସୋସ ରହିଗଲା UN Head Quarter ଦେଖି ହେଲାନି।

ବସ୍‌ରୁ ଓହ୍ଲାଇଲୁ ରକଫେଲର ସେଣ୍ଟରର ମଝାମଝି ଜାଗାରେ, Lower Plaza ଓ 30, Rock ସାମ୍ନାରେ।

ରକଫେଲର ସେଣ୍ଟର, ମିଡ୍ ଟାଉନ୍ ମାନହଟ୍ଟାନ୍‌ର ୨୨ ଏକର ଜାଗାରେ ୧୯ଟି ସ୍କାଏସ୍କ୍ରାପର୍‌କୁ ନେଇ ନ୍ୟୁୟର୍କର ଏକ ବ୍ୟସ୍ତତମ ବିଜ୍‌ନେସ୍ ସେଣ୍ଟର। ଅଫିସ୍, ଟିଭି ଷ୍ଟେସନ, ରେଡ଼ିଓ ଷ୍ଟେସନ, ମଲ୍, ହୋଟେଲ, ରେଷ୍ଟୁରାଣ୍ଟ ଥିବା ଏକ ବାଣିଜ୍ୟିକ ପରିସର। ଏହାକୁ ନ୍ୟୁୟର୍କର ସେଣ୍ଟର କୁହାଯାଇପାରେ। ପ୍ରାୟ ୧୦୦ ବର୍ଷ ଧରି ନ୍ୟୁୟର୍କରେ ବ୍ୟବସାୟ ବାଣିଜ୍ୟର ହୃତ୍‌ପିଣ୍ଡ ହୋଇ ରହିଆସିଛି। ରକଫେଲର ସେଣ୍ଟର, ଜନ୍ ଡି ରକଫେଲର ନାମକ ଜଣେ ଜର୍ମାନ ଟାଇକୁନ୍‌ଙ୍କ କଳ୍ପନା ପ୍ରସୂତ। ୧୯୨୮ ମସିହା କଥା। କଲମ୍ବିଆ ୟୁନିଭର୍ସିଟି ଅର୍ଥନୈତିକ ସଂକଟରେ ଥାଏ। ସେମାନେ ନ୍ୟୁୟର୍କରେ ଥିବା ଏଇ ୨୨ଏକର ଜାଗା ବିକ୍ରି କରିଦେବାକୁ ଚାହିଁଲେ। ଷ୍ଟକ୍ ମାର୍କେଟ୍ କ୍ରାସ୍ କରିଥାଏ। ଗ୍ରେଟ୍ ଡିପ୍ରେସନ୍‌ର ମର୍ମର ଧ୍ୱନି ଶୁଭିଲାଣି। ଏଇ ସମୟରେ ବଜାରରେ ଟଙ୍କାର ଅଭାବ। ଗ୍ରାହକ ମିଳିଲେନି ଏତେ ବଡ଼ ପ୍ରପର୍ଟି କିଣି ଲାଭଜନକ ବିଜିନେସ୍‌ରେ ଲଗାଇବା ପାଇଁ। ଏଇ ସମୟରେ ଅମେରିକାର Oil Baron, ସବୁଠୁ ବଡ଼ ତେଲ କମ୍ପାନୀ Standard Oil ର ମାଲିକ, ଜନ୍ ଡି ରକଫେଲର ଏହାକୁ କିଣିବାକୁ ଆଗ୍ରହ ପ୍ରକାଶ କଲେ। ୧୯୩୧ରୁ ଆରମ୍ଭ ହୋଇ ସବୁଠୁ ମହତ୍ତ୍ୱପୂର୍ଣ୍ଣ ବିଲ୍‌ଡ଼ିଂ, 30, ରକଫେଲର ସେଣ୍ଟର ବା 30, Rock, ୧୯୩୩ରେ ଶେଷ ହେଲା। ପରକୁ ପର ଆଉ ୧୮ଟି ସ୍କାଏ ସ୍କ୍ରାପର୍ ୧୯୩୯ ସୁଦ୍ଧା ଛିଡ଼ା ହୋଇଗଲା।

ରକଫେଲର ସେଣ୍ଟରର ମୁଖ୍ୟ ଆକର୍ଷଣ ଲୋୟର ପ୍ଲାଜା ପାଖରେ ଓହ୍ଲାଇ ଦେଖୁ

ତ... ଚାରିପଟେ ଆକାଶ ଚୁମ୍ବୀ ସ୍କାଏସ୍କ୍ରାପର୍ ମଝିରେ ଭୂମି ପତନ ଠାରୁ ପ୍ରାୟ ୩୦ ଫୁଟ ତଳେ ରହିଛି ଏକ ଆଇସ୍ ସ୍କେଟିଂ ରିଙ୍କ୍। ଚାରିପଟେ ପାଦଚଲା ରାସ୍ତା। ପୃଥିବୀର ସବୁ ଦେଶର ଜାତୀୟ ପତାକା ଧାଡ଼ି କରି ଶୋଭା ପାଉଛି। ମଝିରେ ମଝିରେ ଛୋଟଛୋଟ ଫାଉଣ୍ଟେନ୍ ଓ ଫୁଲ ଗଛର Hedge. ସ୍କେଟିଂ ରିଙ୍କ୍ ସାଧାରଣତଃ ଶୀତଦିନେ ବ୍ୟବହାର ହୁଏ। ବର୍ଷର ଅନ୍ୟ ସମୟରେ ଏହା ଏକ ମୁକ୍ତାକାଶ ଫୁଡ୍ ପ୍ଲାଜା। ଖାଦ୍ୟପ୍ରିୟ ଲୋକଙ୍କର ବଡ଼ ଆକର୍ଷଣ। ଶହ ଶହ ଲୋକ ଖୋଲା ଅଗଣାରେ ବସି ଖାଇବାର ଆନନ୍ଦ ନିଅନ୍ତି। ଲୋୟର ପ୍ଲାଜାର ଗୋଟିଏ ପଟେ ରହିଛି Greek God Prometheus ଙ୍କର ସୁନା ପୁଟ ଦିଆ ବ୍ରୋଞ୍ଜ ଷ୍ଟାଚ୍ୟୁ। ୧୯୩୪ ଠାରୁ ଏହି ମୂର୍ତ୍ତି ରକ୍‌ଫେଲର ସେଣ୍ଟରର ଲୋଗୋ ହୋଇ ରହିଛି। ଦେବତା ପ୍ରୋମେଥିଅସ୍ , ଅନ୍ୟ ଦେବତାମାନଙ୍କର ଇଚ୍ଛା ବିରୁଦ୍ଧରେ ମଣିଷକୁ ଅଗ୍ନି ଆଣିଦେଇଥିଲେ ସ୍ୱର୍ଗରୁ ମାନବ ସଭ୍ୟତାର ପ୍ରଗତିପାଇଁ। ୧୮ ଫୁଟ୍ ଉଚ୍ଚର ଏହି ମୂର୍ତ୍ତିର ଡାହାଣ ହାତରେ ଜ୍ୱଳନ୍ତ ଅଗ୍ନି ନେଇ ସ୍ୱର୍ଗରୁ ଓହ୍ଲାଉଥିବାର ଦୃଶ୍ୟ ଓ ତା’ ପଛକୁ ରହିଛି ୬୦ ଫୁଟ୍ ଲମ୍ବ ଏକ ପାଣିର ଫୁଆରା, ନ୍ୟୁୟର୍କର Most photographed Symbol। କିଛି ସମୟ ସେଠି ବସିଲି।

ସାମ୍ନାରେ 30, Rock, ରକଫେଲର ସେଣ୍ଟରର Crowning Glory. ୬୬ ମହଲା ଓ ୮୭୨ ଫୁଟ୍ ଉଚ୍ଚା ଏହି ସ୍କାଏ ସ୍କ୍ରାପର୍‌ଟି ରକଫେଲର ସେଣ୍ଟରର ପରିଚୟ ଓ ଗୌରବ। ଏଇଠି ରହିଛି ମୁଖ୍ୟ ଆକର୍ଷଣ NBC ଷ୍ଟୁଡିଓ, Radio City Music Hall, Mall, Rainbow Room ଓ ରକ୍‌ଫେଲର ପରିବାରର ଆବାସିକ ଆପାର୍ଟମେଣ୍ଟ ସବୁ।

ନ୍ୟୁୟର୍କର ବାସିନ୍ଦା ଓ ଟୁରିଷ୍ଟମାନଙ୍କର ଗୋଟେ ବଡ଼ ଆକର୍ଷଣ ହେଲା, NBC ଷ୍ଟୁଡିଓ...। 30, ରକ୍‌ର ତଳ ମହଲାରେ ରହିଛି NBC TV ର ‘Today Show’ର ଷ୍ଟୁଡ଼ିଓ। ଏହି ସୋ’ ଟି ଆମେରିକାର ଅନ୍ୟତମ ପପୁଲାର ସୋ ହିସାବରେ ୧୯୫୨ ମସିହାରୁ ଚାଲିଛି। ସକାଳ ୭ଟାରୁ ୧୧ଟା ପର୍ଯ୍ୟନ୍ତ ୪ ଘଣ୍ଟାର ପ୍ରୋଗ୍ରାମ୍। ଏହାର ବିଶେଷତ୍ୱ ହେଲା, ସାଧାରଣ ଜନତାଙ୍କୁ ଲାଇଭ୍ ସୋ’ରେ ଜଡ଼ିତ କରାଇବା। ଯେ କୌଣସି ଲୋକ ଏହି ‘ସୋ’ରେ ଭାଗ ନେଇପାରିବ। କେବଳ ତାକୁ ପାହାନ୍ତାରୁ ଯାଇ NBC ଷ୍ଟୁଡିଓ ସାମ୍ନାରେ ଛିଡ଼ା ହେବାକୁ ପଡ଼ିବ। ପ୍ରୋଗ୍ରାମ୍ ଆରମ୍ଭ ହେଲେ ‘ସୋ’ ଆଙ୍କର ମାନେ ବସିଥିବା ପଛପଟ କାଚ କାନ୍ଥରୁ ପରଦା ଉଠାଇ ଦିଆଯିବ। ବାସ୍, କାଚ କାନ୍ଥର ସେପଟେ 49th ଷ୍ଟ୍ରିଟ୍। ଷ୍ଟ୍ରିଟ୍‌ରେ ଛିଡ଼ା ହୋଇଥିବା ଦର୍ଶକମାନେ ସିଧା ଯୋଡ଼ି ହୋଇଯିବେ ‘ଟୁଡେ ସୋ’ର ଲାଇଭ୍ ଟେଲିକାଷ୍ଟ୍ ସହିତ। ସାରା ଆମେରିକାର ଲୋକଙ୍କ ଟିଭିରେ ଭାସି ଉଠିବ ଏମାନଙ୍କ ଚିତ୍ର। ଟିଭି କ୍ୟାମେରା ଫ୍ରେମ୍‌ରେ ରହିବା ପାଇଁ ବିଭିନ୍ନ ଆକର୍ଷଣୀୟ ଫ୍ୟାନ୍‌ସି ଡ୍ରେସ୍‌ରେ ଆସିଥିବେ। ପୋଷ୍ଟର

ସାହାଯ୍ୟରେ ନିଜର ମତାମତ ବା ପରିଚୟ ଦେଇ ପାରିବେ। ସାଧାରଣ ଜନତାଙ୍କ ପାଇଁ ଏହା ଖୋଲା ଥିଲେ ବି ଭିଆଇପି ପାସ୍ କିମ୍ବା ଫ୍ୟାନ୍ ପାସ୍ ନଦେଲେ ସାମ୍ନା ଲାଇନ୍‌ରେ ରହି ହେବନି। ନ୍ୟୁୟର୍କର ପାହାନ୍ତା ପହରର ଥଣ୍ଡାଟା କିନ୍ତୁ ନିଶ୍ଚିତ ମିଳିଯିବ। ବିଶେଷ କରି ଶୀତଦିନେ NBC ଷ୍ଟୁଡିଓ ସାମ୍ନାରେ ପ୍ରତୀକ୍ଷା କାଠିକର ପାଠ ନିଶ୍ଚୟ।

ତେଣୁ ଲୋକମାନେ ଯଥେଷ୍ଟ ଶୀତ ପୋଷାକ ପିନ୍ଧିକରି ଆସିଥାନ୍ତି ସକାଳ ୬ଟା ଆଗରୁ। ସାମ୍ନାରେ ଟିକିଏ ଜାଗା ପାଇବା ପାଇଁ।

'Today Show'ରେ ଲୋୟର ପ୍ଲାଜାର ପତାକାସବୁ ସହିତ ରାସ୍ତାରେ ଯାଉଥିବା ଗାଡ଼ି, ମଟର, ଫୁଟ୍‌ପାଥରେ ଚାଲୁଥିବା ଲୋକମାନେ ଲାଇଭ୍ ଦିଶନ୍ତି।

30, Rock ର 65th ଫ୍ଲୋର୍‌ରେ ରେନ୍‌ବୋ ରୁମ୍ । ନିଉୟର୍କର ଏକ ପ୍ରିମିୟର ରେଷ୍ଟୁରାଣ୍ଟ। 3 କୋର୍ସ ଡିନରର ଦାମ୍ ଏଠି ୧୭୫-୨୫୦ ଡଲାର। କିନ୍ତୁ ଦାମ୍ ନିର୍ଭର କରେ କୋଉ ଆର୍ଟିଷ୍ଟ ପ୍ରୋଗ୍ରାମ୍ ଦେଉଛି। ଡିନର ସମୟରେ ଆମେରିକାର ବିଖ୍ୟାତ ଆର୍ଟିଷ୍ଟ ମାନେ ଗୀତ ବୋଲନ୍ତି ବା ଅନ୍ୟ ମନୋରଞ୍ଜନ କାର୍ଯ୍ୟକ୍ରମ କରିଥା'ନ୍ତି।

ତା'ଛଡ଼ା ରେଡିଓ ସିଟି ମ୍ୟୁଜିକ୍ ହଲ୍, ନ୍ୟୁୟର୍କର ଏକ ସମ୍ଭ୍ରାନ୍ତ ଅଡ଼ିଟୋରିଅମ୍... । ଏଇଠି Grammy Award, Tony Award, Emmy Award, MTV Music Award ଇତ୍ୟାଦି ବିଖ୍ୟାତ ପୁରସ୍କାର ଉତ୍ସବ ସଂଗଠିତ ହୁଏ। Movie Premier ବା International ତାରକାମାନଙ୍କ ଦ୍ୱାରା Concert ବି ଏଇଠି ପରିବେଷଣ ହୁଏ। ଏଇଥିପାଇଁ ଏହାକୁ 'Show Piece of the Nation' କୁହାଯାଏ।

NBC ଷ୍ଟୁଡିଓର ସାଇନ୍‌ବୋର୍ଡ଼ ସିନା ଦେଖିଲି, କିନ୍ତୁ କାଚ କାନ୍ଥ ଭିତରୁ ପର୍ଦ୍ଦା ପଡ଼ି ଯାଇଥିଲା।

ହଁ, ଆଉଗୋଟେ ବଡ଼ କଥା ହେଲା, ରକଫେଲର ପରିବାରର କିଛି ସଦସ୍ୟ ଏଠି ରହନ୍ତି। 54, 55 ଓ 56th ଫ୍ଲୋର୍ ପରିବାର ପାଇଁ। ଅନ୍ୟ ଫ୍ଲୋରର ଟେନାଣ୍ଟ ମାନଙ୍କ ପାଇଁ ଏଇଟା ଏକ ଗୌରବର କଥା ଯେ ସେମାନେ ରକଫେଲର ମାନଙ୍କର ପଡ଼ୋଶୀ। ରକଫେଲର ଫାମିଲିର ନାଁ ଆମେରିକାରେ ବଡ଼ ସ୍ନେହ, ଶ୍ରଦ୍ଧା ଓ ସମ୍ମାନର ସହ ନିଆଯାଏ। ଆସନ୍ତୁ ଜାଣିବା ସେମାନଙ୍କ ବିଷୟରେ।

ରକଫେଲର ପରିବାର ୧୭ଶ ଶତାବ୍ଦୀରେ ଜର୍ମାନୀର ରାଇନ୍ ଲାଣ୍ଡରୁ ନ୍ୟୁ ୱାର୍ଲ୍ଡକୁ ଆସିଥିଲେ। ଜନ୍ ଡି ରକଫେଲର ଓ ୱିଲିଅମ୍ ରକଫେଲର Jr, ଦୁଇଭାଇ ଖଣିଜ ତେଲ ବ୍ୟବସାୟରେ ପ୍ରଥମ ପିଢ଼ି। ପୃଥିବୀର ଅନ୍ୟତମ ବୃହତ୍ ତେଲ କମ୍ପାନୀ Standard Oil ର ପ୍ରତିଷ୍ଠାତା। ପ୍ରଖ୍ୟାତ ଆମେରିକାନ୍ ବ୍ୟାଙ୍କ 'Chase Manhattan' (ଏବେ ଚେଜ୍ ବ୍ୟାଙ୍କ) ଏଇମାନଙ୍କ ସୃଷ୍ଟି। ଏହାଛଡ଼ା ଆମେରିକାର ସବୁ ସହରରେ

ଏମାନଙ୍କର ରିଅଲ୍ ଇଷ୍ଟେଟ୍ ବିଜିନେସ୍ ରହିଛି। ବ୍ୟବସାୟ ଛଡ଼ା, ରାଜନୀତି, ସାଂସ୍କୃତିକ ଓ ଶିକ୍ଷା କ୍ଷେତ୍ରରେ ବି ଏମାନେ ସକ୍ରିୟ। ଜଣେ ରକଫେଲର ଆମେରିକାର ଭାଇସ୍ ପ୍ରେସିଡ଼େଣ୍ଟ ଥିଲେ। ପରିବାରର ଅନ୍ୟ ଦି'ଜଣ, ଷ୍ଟେଟ୍‌ର ଗଭର୍ଣ୍ଣର ପଦବୀ ବି ଅଳଂକୃତ କରିଥିଲେ। ଇରାନ୍‌ର ବହିଷ୍କୃତ ରାଜା 'Mohammed Reza Shah Pahlavi'ଙ୍କ ବିପର୍ଯ୍ୟୟ ସମୟରେ ରକଫେଲର ପରିବାର ତାଙ୍କୁ ଆମେରିକାରେ ଥଇଥାନ କରାଇଥିଲା ଓ ଶାରୀରିକ ଅସୁସ୍ଥତାର ଚିକିତ୍ସା ବି କରାଇଥିଲା। ଆନ୍ତର୍ଜାତିକ ସ୍ତରରେ ଏମାନଙ୍କ ଅସାଧାରଣ ପ୍ରଭାବ ବି ରହିଛି। କିଛି ଦେଶ ଏମାନଙ୍କୁ 'ରାଷ୍ଟ୍ରମୁଖ୍ୟ'ର ସମ୍ମାନ ଦିଅନ୍ତି।

ପରିବାରର ପ୍ରାଣ ପ୍ରତିଷ୍ଠାତା ଜନ୍ ଡି ରକଫେଲରଙ୍କ ଠାରୁ ୧୫୦ ବର୍ଷ ବିତିଯାଇଥିଲେ ବି ପରିବାର ଭିତରେ ସମ୍ପର୍କର ବାଡ଼ ପଡ଼ିନି। ଏବେବି ପରିବାର ଭିତରେ ଏକତା ଅକ୍ଷୁଣ୍ଣ ରହିଛି। ଆମେରିକାର ଶିକ୍ଷା, ସ୍ୱାସ୍ଥ୍ୟ, ସାଂସ୍କୃତିକ, ବିଜ୍ଞାନ, କଳା, ଗବେଷଣା ଇତ୍ୟାଦି ଉଦ୍ଦେଶ୍ୟରେ ଏମାନଙ୍କର ବିଲିୟନ୍ ଡଲାରର ଅନୁଦାନ ଏମାନଙ୍କୁ ଅଲଗା ପରିଚୟ ଦିଏ। ରକଫେଲର ପରିବାରରେ Charity ପିଲାଦିନୁ ଶିଖାଯାଏ। ଡେଭିଡ୍ ରକଫେଲରଙ୍କ ଭାଷାରେ, ପରିବାରର ସନ୍ତାନମାନଙ୍କୁ ସପ୍ତାହକୁ ୨୫ ସେଣ୍ଟର ପକେଟ୍ ମନି ଦିଆଯାଉଥିଲା। ବାକି ପଇସା ସେମାନଙ୍କୁ ପରିବା ଚାଷ କରି ବା ଠେକୁଆ ପାଳନ କରି ରୋଜଗାର କରିବାକୁ ପଡୁଥିଲା। ପୁଣି ଏଇ ରୋଜଗାରରୁ ୧୦% Charity ଓ ୧୦% Saving ପାଇଁ ରଖିବାକୁ ପଡୁଥିଲା। ମାସ ଶେଷରେ ହିସାବଖାତାରେ ପ୍ରତିଟି Cent ର ହିସାବ ସମୀକ୍ଷା କରିବାକୁ ଶିଖାଯାଏ। ସେମାନେ ଶିଖନ୍ତି "Wealth Brings Great Responsibility" (ସମ୍ପଦ ମହାନ୍ ଉତ୍ତର ଦାୟିତ୍ୱ ଆଣିଥାଏ।)।

ହାର୍ଭାର୍ଡ଼, ପ୍ରିନ୍‌ସଟନ୍, କାଲିଫର୍ଣ୍ଣିଆ, ବର୍କଲି, ଷ୍ଟାନ୍‌ଫର୍ଡ଼, ୟେଲ, MIT, କର୍ଣ୍ଣେଲ, ପେନ୍‌ସିଲ୍‌ଭାନିଆ ୟୁନିଭର୍ସିଟି ଇତ୍ୟାଦି Ivy League ଶିକ୍ଷାନୁଷ୍ଠାନସବୁ ରକଫେଲର ଫାଉଣ୍ଡେସନ୍‌ର ଅନୁଦାନରେ ପରିପୁଷ୍ଟ।

ଏଇ Philanthropy (ପରୋପକାର) କିନ୍ତୁ ରକ୍‌ଫେଲର ପରିବାର ପାଇଁ ଏକ କରୁଣ ଅଧ୍ୟାୟ ଆଣିଦେଇଛି। ନେଲସନ୍ ରକଫେଲର, ୨୦ ଫେବୃଆରୀ ୧୯୫୭ ରେ ନ୍ୟୁୟର୍କରେ 'Museum of Primitive Art' ର ପ୍ରତିଷ୍ଠା କଲେ। ସାରା ପୃଥିବୀରୁ ଆଦିମ ଅଧିବାସୀ ମାନଙ୍କର କଳାତ୍ମକ ହସ୍ତକଳା ସବୁ ସଂଗ୍ରହ କରି ପ୍ରଦର୍ଶନ କରାଯିବାର ପରିକଳ୍ପନା ହେଲା। ତାଙ୍କର ୧୯ ବର୍ଷର ସନ୍ତାନ ମାଇକେଲ ରକଫେଲର ଏହାର ପରିଚାଳନା ମଣ୍ଡଳୀରେ ରହିଲେ। ଷ୍ଟାଣ୍ଡାର୍ଡ ଅଏଲ୍ କମ୍ପାନୀର

ଭାଇସ୍ ପ୍ରେସିଡେଣ୍ଟ ଚୌକି ତାଙ୍କୁ ଅପେକ୍ଷା କରିଥିଲା। ମାତ୍ର ବିଧିର ବିଧାନ ଅଲଗା ଥିଲା। Philanthropy ଯାହା ରକ୍ତରେ ବହୁଥାଏ ସେ ତ ଉତ୍ତରାଧିକାର ସୂତ୍ରରେ ଅନ୍ୟ ଉପାଦାନରେ ଗଢ଼ା ! ହାର୍ଭାର୍ଡ଼ରୁ ଇତିହାସ ଓ ଅର୍ଥନୀତିରେ ବିଏ ପାସ୍ କରିସାରିଲା ପରେ ସେ ଆଦିମ ଅଧିବାସୀ ମାନଙ୍କର ହସ୍ତ କଳା ସଂଗ୍ରହ ସହିତ ସେମାନଙ୍କ ସହିତ ମିଶିବା ଓ ସେମାନଙ୍କର ଜୀବନ ଓ ସଂସ୍କୃତି ବିଷୟରେ ଜାଣିବା ପାଇଁ ଠିକ୍ କଲେ। କୌଣସି ସଭ୍ୟ ସମାଜର ଦୃଷ୍ଟି ଆଢୁଆଳରେ ଥିବା Dutch New Guineaର Asmat Tribe ରାଜ୍ୟରେ ପହଞ୍ଚିବେ ବୋଲି ଭାବିଲେ। ୧୯୬୧ ମସିହାରେ ନୃତତ୍ତ୍ୱବିତ୍ Rene Wassingଙ୍କୁ ସାଙ୍ଗରେ ଧରି ବାହାରିଲେ। ଆସ୍‌ମତ୍ ଗାଁ ଗାଁ ବୁଲି ହସ୍ତକଳା ସବୁ ସଂଗ୍ରହ କଲେ। ୪୦,୦୦୦ ବର୍ଷ ଧରି ଆସ୍‌ମତ୍‌ମାନେ ଏଠି ରହୁଥିଲେ। ଏମାନଙ୍କ ଭିତରୁ କିଛି ନରଖାଦକ ବି ଥିଲେ। ମଣିଷ ଶିକାର ସହିତ ପରସ୍ପରର ରକ୍ତ ଓ ପରିସ୍ରା ପିଇବା ଏମାନଙ୍କର ଧାର୍ମିକ ରୀତିନୀତିର ଅଂଶବିଶେଷ ଥିଲା। ମାଇକେଲ, ଆସ୍‌ମତ୍ ଗାଁ ଗୁଡ଼ିକରେ ପହଞ୍ଚି ସେମାନଙ୍କ ସହ ବନ୍ଧୁତା ସ୍ଥାପନ କଲେ, ନାଚିଲେ। ଅନେକ ଆସ୍‌ମତ୍ ହସ୍ତକଳା ସଂଗ୍ରହ କଲେ। ଆସ୍‌ମତ୍‌ମାନଙ୍କ ସହ ନାଚୁଥିବାର ଫଟୋ ରହିଛି। ଅନ୍ୟ ଏକ ଆସ୍‌ମତ୍ ଅଞ୍ଚଳକୁ ଯିବାକୁ Betsy ନଦୀ ମୁହାଣ ଦେଇ ଏକ ହୁଲି ଡଙ୍ଗାରେ ଦି'ଜଣ ଆସ୍‌ମତ୍ ବାଳକ ଓ ୱାଶିଙ୍ଗ୍‌ଙ୍କୁ ସାଥିରେ ନେଇ ବାହାରିଲେ। ସନ୍ଧ୍ୟା ବେଳଟାରେ ଜୁଆର ଢେଉରେ ଡଙ୍ଗା ଓଲଟି ପଡ଼ିଲା। ବାଳକ ଦି'ଜଣ ପହଁରିକି ସ୍ଥଳ ଭାଗକୁ ଚାଲିଗଲେ। ମାଇକେଲ ଓ ୱାଶିଙ୍ଗ୍ ଓଲଟା ଡଙ୍ଗା ଉପରେ ରାତିସାରା ଭାସୁଥାନ୍ତି। ତା' ପରଦିନ ସକାଳୁ ନିଜକୁ ୧୦କି.ମି ସମୁଦ୍ର ଭିତରେ ପାଇଲେ। କ୍ରମେ କ୍ରମେ ସେମାନେ ସ୍ଥଳଭାଗରୁ ଦୂରେଇ ଯାଉଥିବାର ଅନୁମାନ କଲେ। ଦୁଃସାହସୀ ମାଇକେଲ ଦୁଇଟି ପ୍ଲାଷ୍ଟିକ୍ ଜରକିନ୍ ଅଣ୍ଟାରେ ବାନ୍ଧି କୂଳ ଆଡ଼କୁ ପହଁରିବା ଆରମ୍ଭ କରିଦେଲେ ୱାଶିଂଙ୍କୁ ଡଙ୍ଗାରେ ଛାଡ଼ି। ବାସ୍ ସେଇ ଶେଷ, ତାଙ୍କୁ କେହି ଦେଖିଥିବାର। ତା' ପରଦିନ ହେଲିକପ୍ଟର ଆସି ୱାଶିଙ୍ଗ୍‌ଙ୍କୁ ସମୁଦ୍ର ମଧ୍ୟରୁ ଉଦ୍ଧାର କଲା। କିନ୍ତୁ ମାଇକେଲ ସମୁଦ୍ରର ନୀଳ ଜଳରାଶି ବା ନୀଳ ଆକାଶରେ ଯେମିତି ହଜିଯାଇଥିଲେ। କୌଣସି ପତ୍ତା ମିଳିଲାନି ତାଙ୍କର, ଡଚ୍ ଓ ଆମେରିକାନ୍‌ମାନଙ୍କର ଶତଚେଷ୍ଟା ସତ୍ତ୍ୱେ। ପିତାମାତା ଆସି ହତାଶ ହୋଇ ଫେରିଗଲେ। କିଛିଦିନ ପରେ ଜଣେ ଡଚ୍ ଧର୍ମଯାଜକ Hurburtus Von Peij ସେଇ ଆସ୍‌ମତ୍ ଗାଁକୁ ଯାଇଥିଲେ। ଗାଁ ମୁଖିଆ ଠାରୁ ଶୁଣିଲେ ଏକ ରୋମାଞ୍ଚକାରୀ ତଥ୍ୟ...

କିଛି ଦିନ ପୂର୍ବରୁ ଡଚ୍ ଓ ଆସ୍‌ମତ୍ ମାନଙ୍କର ଏକ ବିବାଦରେ ପାଞ୍ଚ ଜଣ ଆସ୍‌ମତ୍, ଡ଼ଚ୍‌ମାନଙ୍କ ଗୁଳିରେ ପ୍ରାଣ ହରାଇଥାନ୍ତି।

ସେଦିନ ମାଇକେଲ ପହଁରି ପହଁରି କୂଳରେ ପହଞ୍ଚୁଥାନ୍ତି। ଡଚ୍‌ମାନଙ୍କ ପରି ସେ ବି ଜଣେ ଶ୍ୱେତାଙ୍ଗ। ବାସ୍... ଯାହା ହେବାର ଥିଲା... ହେଲା। ଜଣେ ଆସ୍‌ମତ୍ କହିଲା, "ଏଇଟା କୁମ୍ଭୀରଟାଏ କି?" "ନାଁ ନାଁ, ଏଇଟା ମଣିଷଟେ।" ତା'ର ସହଚର ଉତ୍ତର ଦେଲା। ପାଞ୍ଚ ଜଣ ଆସ୍‌ମତ୍ ପରିଜନଙ୍କ ମୃତ୍ୟୁର ପ୍ରାୟଶ୍ଚିତ ତ କରିବାକୁ ପଡ଼ିବ! ଗୋରା ଲୋକଟେ ତ ସାମ୍ନାରେ ଅଛି। ହଠାତ୍ ଗୋଟାଏ ବର୍ଚ୍ଛା ମାଇକେଲ୍‌ଙ୍କର ବକ୍ଷ ଭେଦ କଲା। ଆଉ ଗୋଟେ କୁଠାର ଆଘାତ ମୁଣ୍ଡ ଉପରେ...। ଏବେ ଉତ୍ସବ ଆରମ୍ଭ ହେବ... ମାଇକେଲ୍‌ଙ୍କର ଶିର ଅଲଗା କରିଦିଆଯିବ। ପେଟ ଚିରିଦିଆଯିବ, ଅଙ୍ଗ ପ୍ରତ୍ୟଙ୍ଗ ଅଲଗା କରି ପବିତ୍ର ଅଗ୍ନିରେ ସମର୍ପଣ ହେବ। ମନ୍ତ୍ର ପଢ଼ି ସାରିଲା ପରେ ପାଞ୍ଚଟି ମୃତ ଆତ୍ମାର ସଦ୍‌ଗତି ନିମନ୍ତେ ପାକ ହୋଇଥିବା ଅଙ୍ଗପ୍ରତ୍ୟଙ୍ଗମାନ ପରିଜନମାନେ ସେବନ କରିବେ... ମୁଣ୍ଡକୁ ଦେବତାଙ୍କ ପାଖରେ ଝୁଲେଇ ରଖିବେ... ଆଃ... କି ଭୟଙ୍କର ଘଟଣା! କିନ୍ତୁ ଏୟା ହିଁ ଘଟିଥିଲା ମାଇକେଲଙ୍କ ସହିତ। Hurburtus ତାଙ୍କର ବହି 'Savage Harvest'ରେ ଏମିତି ଲେଖିଛନ୍ତି। ଅନ୍ତ ହେଲା ଏକ ବୁଦ୍ଧିଦୀପ୍ତ ଉଦୀୟମାନ ପ୍ରତିଭାର, ମଣିଷକୁ ଭଲ ପାଉଥିବା ଏକ ଆତ୍ମାର...।

୧୯୭୬ ମସିହାରେ ମାଇକେଲଙ୍କ ପିତା Museum of Primitive Art କୁ MET ମ୍ୟୁଜିଅମ୍‌କୁ ହସ୍ତାନ୍ତର କରିଦେଲେ। ସ୍ୱପ୍ନ ତାଙ୍କର ଭାଙ୍ଗିଗଲା। ମାଇକେଲଙ୍କର ସଂଗୃହିତ ପଦାର୍ଥ ସବୁ MET ମ୍ୟୁଜିଅମ୍‌ରେ ପ୍ରଦର୍ଶନ ହେଉଛି।

ରକଫେଲର ସେଣ୍ଟର ବୁଲିବା ସରିଗଲା। ୧୦-୧୫ ମିନିଟ୍ ହାତରେ ଅଛି। ଚାଲି ଚାଲି କିଛିବାଟ ଭିତର ଆଡ଼କୁ ଗଲି। ହଠାତ୍ ଦେଖିଲି ରାଜରାସ୍ତାରେ ମ୍ୟାନ୍‌ହୋଲ୍ ଉପରେ ୧୫-୨୦ ଫୁଟ୍ ଉଚ୍ଚର ଏକ ଚିମ୍‌ନିରୁ ଧୂଆଁ ବାହାରୁଛି। ଗତ ସପ୍ତାହରେ ନ୍ୟୁୟର୍କ ବୁଲିଲା ବେଳେ କେତେ ଜାଗାରେ ଏମିତି ଜିନିଷ ଦେଖିଛି। ଏପରିକି ଟାଇମ୍ ସ୍କୋୟାରରେ ବି ଦେଖିଥିଲି। ମାତ୍ର ସମୟ ଅଭାବରୁ ପାଖକୁ ଯାଇପାରିନଥିଲି। କାରଣ ଠିକ୍‌ରେ ଜାଣିନି। କିନ୍ତୁ ଟାଇମ୍ ସ୍କୋୟାର, ESB ପରି ଭିଡ଼ଭାଡ଼ ଜାଗାରେ ଦିନ ଦି'ପହରେ ରାସ୍ତା ଅବରୋଧ କଲା ପରି ଚିମ୍‌ନି ସବୁ କାହିଁକି ଲଗାନ୍ତି? ତା' ଛଡ଼ା ଏସବୁ କେତେବେଳେ କେଉଁଠି ଅସ୍ଥାୟୀ ଭାବରେ ମ୍ୟାନ୍‌ହୋଲ୍ ଉପରେ ହିଁ ଲାଗିଥାଏ। ଭାବୁଥିଲି ଭୂମିତଳ ମଲ୍ ବା ରେଲୱେ ଲାଇନ୍‌ର ବା ବସ୍ ସବୁର ଧୂଆଁ ନିଷ୍କାସନ ପାଇଁ ହୋଇଥାଇପାରେ। ମାତ୍ର ଏଇ କାରଣଟା ସମ୍ଭବ ଲାଗିଲାନି। (ପେନ୍ ଷ୍ଟେସନ୍‌ର ୫୦-୬୦ ଫୁଟ ତଳେ ବସ୍ ଯିବା ଆସିବା କରେ, ଗ୍ରାଣ୍ଡ ସେଣ୍ଟ୍ରାଲରେ ବି ବେଳେ ବେଳେ ଡିଜେଲ ଇଞ୍ଜିନ ଚାଲେ ଭୂମିତଳେ।

ଏହା ହେଉଛି Underground Steam System ର ଉଦ୍‌ବୃତ୍ତ ଷ୍ଟିମ୍।

ସହରରେ ପାଣି, ଇଲେକ୍ଟ୍ରିସିଟି, ଟେଲିଫୋନ୍ ପରି ଷ୍ଟିମ୍ ବି ଯୋଗାଇଦିଆଯାଏ, ଗ୍ରାହକମାନଙ୍କୁ ବ୍ୟକ୍ତିଗତ ବା ବ୍ୟବସାୟିକ ବ୍ୟବହାର ପାଇଁ। ନ୍ୟୁୟର୍କରେ ପ୍ରାୟ ୧୭୦କି.ମି.ର ଷ୍ଟିମ୍ ପାଇପ୍ ଲାଇନ୍ ଭୂମିତଳେ ରହିଛି। ଷ୍ଟିମ୍ ଘରେ, ହୋଟେଲରେ ବା ହସ୍ପିଟାଲରେ ବାସନକୁସନ ସଫା କରିବା, ଲଣ୍ଡ୍ରୀରେ ଲୁଗାପଟା ସଫା କରିବା ବା ହସ୍ପିଟାଲ ଉପକରଣ Sterilise (ଜୀବାଣୁମୁକ୍ତ) କରିବା ପାଇଁ ବ୍ୟବହାର ହୁଏ। ତା'ଛଡ଼ା ରୁମ୍ ହିଟିଙ୍ଗ୍ , ରୁମ୍ କୁଲିଙ୍ଗ୍ ବା ଗୃହର କ୍ଲାଇମେଟ୍ କଣ୍ଟ୍ରୋଲ୍ ପାଇଁ ବି ଷ୍ଟିମ୍ ଦରକାର ହୁଏ। Consolidated Edison INC (ConED) ହେଉଛି ନ୍ୟୁୟର୍କକୁ ଇଲେକ୍ଟ୍ରିସିଟି ଯୋଗାଉଥିବା ବୃହତ୍ତମ କମ୍ପାନୀ। ଇଲେକ୍ଟ୍ରିସିଟି ଜେନେରେସନ୍ ସହିତ ConED, ଷ୍ଟିମ୍ ବି ଉତ୍ପାଦନ କରେ Co-generation Processରେ। କୋ-ଜେନେରେସନ୍‌ରେ ଇଲେକ୍ଟ୍ରିସିଟି ଉତ୍ପାଦନ ସମୟରେ, ଷ୍ଟିମ୍ ସହ-ଉତ୍ପାଦ (By product ବା Co product) ହିସାବରେ ବାହାରିଯାଏ ବେଶ୍ କମ୍ ଖର୍ଚ୍ଚରେ। ଏହି ଷ୍ଟିମ୍‌କୁ ସମଗ୍ର ମାନ୍‌ହଟାନକୁ ଯୋଗାଇଦିଆଯାଏ ଭୂମିଗତ ପାଇପ୍ ଲାଇନ୍ ଦ୍ୱାରା। ପ୍ରାୟ ୨୦୦୦ ବିଲ୍ଡିଂ ଏହାର ଗ୍ରାହକ। ESB, United Nation, Chrysler Building ଇତ୍ୟାଦି ସ୍କାଏସ୍କ୍ରାପର, ଷ୍ଟିମ୍ ବ୍ୟବହାର କରନ୍ତି। ପ୍ରାୟ ୩୫୦°C ଉତ୍ତାପରେ ଷ୍ଟିମ୍ ପାଇପ୍ ଲାଇନ୍‌ରେ ପ୍ରବହମାନ ହୁଏ। ପାଣିପାଇପ୍ ପରି ଷ୍ଟିମ୍‌ର ସଂଯୋଗ ନିଅନ୍ତି ଓ ମିଟର ଅନୁସାରେ ବିଲ୍ ଦିଅନ୍ତି। ନିଜେ ଷ୍ଟିମ୍ ଉତ୍ପାଦନ ନକରି କମ୍ ପଇସାରେ ConED ଠାରୁ କିଣନ୍ତି। ଏଇ ପାଇପ୍ ଲାଇନ୍ ଗୁଡ଼ିକ ବେଳେବେଳେ ମରାମତି କଲାବେଳେକୁ କିଛି ଷ୍ଟିମ୍ ବାହାରି ଯାଏ। ତା'ଛଡ଼ା ଭୂମି ଉପରୁ ପାଣି ବା ବରଫ ଭୂମିତଳ ପାଇପ୍ ଲାଇନ୍ ଉପରେ ମାଟିର ଛିଦ୍ର ଦେଇ ଝରିପଡ଼େ। ତେଣୁ କିଛି ଷ୍ଟିମ୍ ଅବାଞ୍ଛିତ ଭାବରେ ଭୂମିତଳେ ସୃଷ୍ଟି ହୋଇଯାଏ। ଏହାକୁ ସୁରକ୍ଷା ଦୃଷ୍ଟିରୁ ବାହାରକୁ ନଛାଡ଼ିଲେ ପାଇପ୍ ଲାଇନ୍‌ରେ ବିସ୍ଫୋରଣ ହେବାର ସମ୍ଭାବନା ଥାଏ। ତେଣୁ କର୍ମଚାରୀମାନେ ବଳକା ଷ୍ଟିମ୍‌କୁ ମ୍ୟାନ୍‌ହୋଲ୍ ଉପରେ ଅସ୍ଥାୟୀ ଚିମ୍‌ନୀ ଲଗାଇ ବାହାର କରିଦିଅନ୍ତି। ଧଳା ଓ କମଳା ରଙ୍ଗର ପଟି ଥିବା ଏହି ଚିମ୍‌ନୀ ଗୁଡ଼ିକୁ 'Steam Stack' କୁହାଯାଏ। ଏଇ କାରଣରୁ ବେଳେବେଳେ ମ୍ୟାନ୍ ହୋଲ୍ ପାଖରେ ଭୂମି ଉପରେ ବିଶେଷକରି ଶୀତଦିନେ ଧୂଆଁ ଉଠୁଥିବାର ଦେଖାଯାଏ। ଅଧିକାଂଶ ସମୟରେ ଏହା ବିପଦ୍‌ଜନକ ହୋଇନଥାଏ। କିନ୍ତୁ ବେଳେବେଳେ ବିସ୍ଫୋରଣ ହୋଇ କ୍ଷତି ହେବାର ଦୃଷ୍ଟାନ୍ତ ବି ରହିଛି।

ଟିକେ ସନ୍ଧ୍ୟା ଥିଲା ସେରାଟନ୍‌ରେ ପହଞ୍ଚିଲୁ। ଆଜି ଶେଷ ରାତ୍ରି ନ୍ୟୁୟର୍କରେ। ଟାଇମ୍ ସ୍କୋୟାରରେ ତୃତୀୟ ଓ ଅନ୍ତିମ ସନ୍ଧ୍ୟା। ଆଉଥରେ ବୁଲିନେଲି ମନ ପୁରିଲା ପର୍ଯ୍ୟନ୍ତ। ଇଣ୍ଡିଆନ୍ ରେଷ୍ଟୁରାଣ୍ଟରେ ଡିନର ପରେ ସେରାଟନ୍‌ରେ ବିଶ୍ରାମ। ■

କାଚର ସହର ଓ ଉତ୍ତାଳ ପ୍ରପାତ

୦୨.୦୭.୨୦୧୯ (ମଙ୍ଗଳବାର)

ଆଜି ସେରାଟନ୍‌ରେ ଶେଷ ବ୍ରେକ୍‌ଫାଷ୍ଟ। ଗତକାଲିର ହଜିଲା ବ୍ରେକ୍‌ଫାଷ୍ଟ କୁପନ୍, ରୁମ୍‌ରୁ ମିଳିଯାଇଥିଲା। ରେଷ୍ଟୁରାଣ୍ଟର ମହିଳା ଷ୍ଟିଓ୍ୱାର୍ଡ଼ଙ୍କୁ ଗତକାଲିର କୁପନ୍ ଦେଲି ଗତକାଲିର ପ୍ରମିଜ୍ ମନେ ପକେଇ କୃତଜ୍ଞତା ଜ୍ଞାପନ କଲି। "It happens Sir ! Thanks". ହସିଦେଇ ସେ କହିଲେ। ବସ୍ ବାହାରିଲା ନ୍ୟୁୟର୍କରୁ ନାଏଗ୍ରା ଫଲ୍ ଅଭିମୁଖେ। ବିଦାୟ ନ୍ୟୁୟର୍କ, ବିଦାୟ ସେରାଟନ୍, ବିଦାୟ ଟାଇମ୍ସ ସ୍କୋୟାର୍ । ସ୍ୱପ୍ନରେ ଆସୁଥା'......

ବାଟରେ Corning City ଦେଖିବାର ଅଛି। ନ୍ୟୁୟର୍କରୁ କର୍ଣ୍ଣିଙ୍ଗ୍ ୪୦୦ Km, ପ୍ରାୟ ୪ ଘଣ୍ଟାର ରାସ୍ତା। ଛୋଟ ଏକ ସହର, ଛୋଟ ଏକ ନଦୀ Chemung କୂଳରେ। ଜନସଂଖ୍ୟା ପ୍ରାୟ ୧୦ ହଜାର। ଏଇ ସହରଟି ବିଶ୍ୱବିଖ୍ୟାତ Corning Glass Works (CGW)ର ହେଡ୍‌କ୍ୱାର୍ଟର। କର୍ଣ୍ଣିଙ୍ଗ୍ Inc ଏକ Fortune 500 କମ୍ପାନୀ। ଗ୍ଲାସ୍ ଟେକ୍ନୋଲୋଜିରେ ବିଶ୍ୱ ଅଗ୍ରଣୀ। CGW ହେଉଛି କର୍ଣ୍ଣିଙ୍ଗ୍ ସହରର ଆତ୍ମା ଓ ପରିଚୟ। ତେଣୁ ଏହାକୁ କାଚର ସହର ବୋଲି କୁହାଯାଇପାରେ।

ପ୍ରାୟ ୧୨ଟା ବେଳକୁ CGWରେ ପହଞ୍ଚିଲୁ। ବିଶ୍ୱପ୍ରସିଦ୍ଧ କର୍ଣ୍ଣିଙ୍ଗ୍ ଗ୍ଲାସ୍ ମ୍ୟୁଜିୟମ ଦେଖିବାକୁ ସୁଯୋଗ ମିଳିଲା। ପାଟିରେ ଫୁଙ୍କି ବିଭିନ୍ନ ପ୍ରକାରର କଳାତ୍ମକ ଜିନିଷ ତିଆରି କରିବାର କୌଶଳ ଦେଖିଲୁ। ବ୍ଲୋ ପାଇପ୍, ଚିମୁଟା ଓ କଟର୍ ଦ୍ୱାରା ସୁନ୍ଦର ସୁନ୍ଦର ସାଜସଜ୍ଜା ସାମଗ୍ରୀ ତିଆରି କରି ଦେଖାଇ ଦେଉଥାନ୍ତି। ତା'ପରେ Museum Pavillion। ଏଇଠୁ କର୍ଣ୍ଣିଙ୍ଗ୍ କମ୍ପାନୀର ଇତିହାସ ଓ ପରିଚୟ ମିଳେ। ୧୮୫୧ରେ ଏହା ପ୍ରତିଷ୍ଠା ହେଲା ଦିନଠୁ ମାନବ ସଭ୍ୟତାକୁ ଏହାର ଦାନ ଅତୁଳନୀୟ। ଟେକ୍ନୋଲୋଜି ଇନୋଭେସନ୍, କର୍ଣ୍ଣିଙ୍ଗ୍‌ର ଅଭ୍ୟାସରେ ପରିଣତ

ହୋଇଗଲାଣି । ମାନବ ଜୀବନକୁ ପ୍ରଭାବିତ କଲାପରି ଉଦ୍ଭାବନ ସବୁ କରିଚାଲିଛି କର୍ଣ୍ଣିଙ୍ଗ୍ । ଆସନ୍ତୁ ଦେଖିବା ଟେକ୍ନୋଲୋଜିକୁ ଏହାର ଅବଦାନ । କର୍ଣ୍ଣିଙ୍ଗ୍‌ର ଲକ୍ଷ୍ୟ ହେଉଛି 'Glass Age' । ତାଙ୍କର CEO କହନ୍ତି- Stone Age, Bronze Age, Iron Age ପରି ଆସନ୍ତା ସମୟ ହେଉଛି 'Glass Age' । ୧୬୬ ବର୍ଷ ଧରି ଏମାନେ, ମଣିଷ ଜୀବନର ସମସ୍ତ ଅଙ୍ଗକୁ ଛୁଇଁଲା ଭଳି ଗ୍ଲାସ୍‌ର ନୂଆ ନୂଆ ବ୍ୟବହାର ଆଣିଦେଇଛନ୍ତି । କର୍ଣ୍ଣିଙ୍ଗ୍‌ର ବିଜ୍ଞାନୀମାନଙ୍କ ମତରେ ଆମେ ଏବେ 'ଗ୍ଲାସ୍ ଏଜ୍'ର ପ୍ରାରମ୍ଭିକ ପର୍ଯ୍ୟାୟରେ ରହିଛେ । ଆଗାମୀ ଯୁଗ ହିଁ ଅସଲ 'ଗ୍ଲାସ୍ ଏଜ୍' ହେବ । ଲୁହା, ତମ୍ବା ଆଦି ଧାତୁର ସ୍ଥାନ କାଚ (ଗ୍ଲାସ୍)ହିଁ ଦଖଲ କରିନେବ । ମ୍ୟୁଜିୟମରେ କେତୋଟି ଆଭାସ ମିଳିଲା । କର୍ଣ୍ଣିଙ୍ଗ୍‌ର ଦେଢ଼ ଶତାବ୍ଦୀର ଇତିହାସ ଓ ବର୍ତ୍ତମାନର ରିସର୍ଚ୍ଚର ଧାରା ଏଇଆ ହିଁ ସୂଚନା ଦେଉଛି । ଆସନ୍ତୁ କର୍ଣ୍ଣିଙ୍ଗ୍‌ର ଇନୋଭେସନ୍‌ର ଡେଟ୍‌ଲାଇନ୍‌କୁ ।

1. ୧୯୨୬: Bulb Ribbon Machine-

ଥୋମାସ୍ ଏଡ଼ିସନ୍ ୧୮୭୯ରେ ଇଲେକ୍ଟ୍ରିକ୍ ବଲ୍‌ବ ଆବିଷ୍କାର କଲେ । କିନ୍ତୁ ସାଧାରଣ ଜନତା ବ୍ୟବହାର କରିବା ପରି ମାସ୍ ପ୍ରଡ଼କ୍ସନ୍ ନଥିଲା । ୧୯୨୬ରେ କର୍ଣ୍ଣିଙ୍ଗ୍ Bulb Ribbon Machine ଦ୍ୱାରା ଲକ୍ଷ ଲକ୍ଷ ସଂଖ୍ୟାରେ ବଲ୍‌ବ ତିଆରି କରି ସାଧାରଣ ବ୍ୟବହାର ଯୋଗ୍ୟ କରିଦେଲା ।

2. ୧୯୪୮: Telescopic Mirror-

ଅନ୍ତରୀକ୍ଷ ବିଜ୍ଞାନକୁ କର୍ଣ୍ଣିଙ୍ଗ୍‌ର ଅବଦାନ ଅତି ମହତ୍ତ୍ୱପୂର୍ଣ୍ଣ । Palamore Observatoryର ୨୦୦ ଇଞ୍ଚ୍ ବ୍ୟାସର Hale Telescopic Mirror, କର୍ଣ୍ଣିଂର ସୃଷ୍ଟି । ୧୯୪୮ ରୁ ୧୯୭୫ ଏହା ପୃଥିବୀର ବୃହତ୍ତମ ଟେଲିସ୍କୋପ୍ ହୋଇ ରହିଥିଲା । ଦୂର ଗାଲାକ୍ସିର ଗ୍ରହନକ୍ଷତ୍ର ଅନ୍ୱେଷଣ କରିବାର ସୁଯୋଗ ଆଣିଦେଇଥିଲା ଏଇ ଟେଲିସ୍କୋପ୍ । ପ୍ରଥମ ଥର ପାଇଁ ଅନ୍ତରୀକ୍ଷ ବିଜ୍ଞାନୀମାନେ ମହାକାଶର ଅଭ୍ୟନ୍ତରକୁ ଦୃଷ୍ଟିପାତ କରିପାରିଲେ ।

୩. ୧୯୪୯: TV Screen-

କର୍ଣ୍ଣିଙ୍ଗ୍‌ର CRT TV ସ୍କ୍ରିନ୍ (Cathode Ray Tube) ର ମାସ୍ ପ୍ରଡ଼କ୍ସନ୍ ଦ୍ୱାରା ସାଧାରଣ ଜୀବନକୁ ଟିଭି ଆସିପାରିଲା ।

୪.୧୯୬୦ : Photochromic Glass -

ଚଷମାରେ ବ୍ୟବହୃତ Day & Night ଗ୍ଲାସ୍ ବା Photochromic ଗ୍ଲାସ୍ ବି କର୍ଣ୍ଣିଙ୍ଗ୍‌ର ଅବଦାନ।

୫.୧୯୬୧ : Glass For Space-

ଇଉରୋପ, ଆମେରିକାରେ ଶୀତଦିନେ ବାୟୁମଣ୍ଡଳର ଉତ୍ତାପ କମିଗଲେ, କାଚଝରକା ସବୁ ଫାଟି ଯାଉଥିଲା। ମହାକାଶର ୨.୭୩ Kelvin (-୨୭୦° Centigrade) ଉତ୍ତାପକୁ ସହ୍ୟ କଲାଭଳି କାଚ କେବଳ କର୍ଣ୍ଣିଙ୍ଗ୍ ହିଁ ତିଆରି କରିପାରିଥିଲା। ତେଣୁ Apollo, Gemini, International Space Station ଆଦି ସମସ୍ତ ମହାକାଶ ଯାନରେ କର୍ଣ୍ଣିଙ୍ଗ୍‌ର କାଚ ହିଁ ବ୍ୟବହାର ହେଲା। ସେଇ କାଚ, ଘରେ କବାଟ ଝରକାରେ ବି ଲାଗିଲା। ଶୀତଦିନେ କାଚ ବଦଳାଇବା ଝଞ୍ଜଟ୍‌ରୁ ମୁକ୍ତି ମିଳିଗଲା ସାଧାରଣ ଲୋକଙ୍କୁ।

୬. ୧୯୭୦ : Fiber Optics-

ଟେଲି ଯୋଗାଯୋଗରେ ଏକ ନୂଆ ସକାଳ। କମ୍ୟୁନିକେସନର ପରିଭାଷା ବଦଳିଗଲା। ହଜାର ହଜାର ମାଇଲର ତମ୍ବା ତାର ଅଚଳନ୍ତି ହୋଇଗଲା। ତମ୍ବା ତାରର ଏକ ଦଶମାଂଶ ଖର୍ଚ୍ଚରେ ୧୦୦ ଗୁଣ ଅଧିକ ଗୁଣବତ୍ତାର Fibre Optics କେବୁଲ ଉଦ୍ଭାବନ କଲା କର୍ଣ୍ଣିଙ୍ଗ୍। ଏହାର ପୃଷ୍ଠଭୂମିର କାହାଣୀ ଅଦ୍‌ଭୁତ। Charles Kao ନାମକ ଜଣେ ଚୀନା ରିସର୍ଚ୍ଚ ସ୍କଲାର ୧୯୬୬ରେ ଆଲୋକ ଦ୍ୱାରା ସଂକେତ ପଠାଇହେବ ବୋଲି କହିଲେ। କିନ୍ତୁ କେମିତି ହେବ ତା'ର ଉତ୍ତର ଜଣା ନଥିଲା। କର୍ଣ୍ଣିଙ୍ଗ୍‌ର ବିଜ୍ଞାନୀମାନେ ଏହାର ସମାଧାନ କରିଦେଲେ ୧୯୭୯ରେ। ବିଜ୍ଞାନର ଏକ ନୂଆ ଅଧ୍ୟାୟ ଖୋଲିଗଲା 'ଫାଇବର ଅପ୍‌ଟିକ୍‌ସ'। ଆଖି ବାଳ ପରି ସରୁ ଫାଇବର ଓ ଗ୍ଲାସ୍‌ର ଫମ୍ପା ତାର ଭିତର ଦେଇ ହଜାର ହଜାର ସଂକେତ (Data) ପଠାଇ ହେବ ବୋଲି ଦେଖାଇଦେଲେ। ପୃଥିବୀ ପୃଷ୍ଠରେ ଓ ସମୁଦ୍ର ତଳେ ମିଲିଅନ୍ କିଲୋମିଟରର ଫାଇବର ଅପ୍‌ଟିକ୍ କେବୁଲ ବିଛାଇ ଦିଆଯାଇଛି। ସମସ୍ତ ପ୍ରକାରର ସଂକେତ (ଶବ୍ଦ, ଚିତ୍ର, ଡାଟା ଇତ୍ୟାଦି) ଏଥିରେ ଆଲୋକ ଗତିରେ ପ୍ରସାରିତ ହୋଇପାରୁଛି। ଯୋଗାଯୋଗର ଏହା ସବୁଠୁ ବଡ଼ ବିପ୍ଳବ ବିଶ୍ୱରେ। ପୃଥିବୀର ଯେକୌଣସି ସ୍ଥାନକୁ ଆଖି ପିଛୁଳାକେ ସଂଯୋଗ କରାଯାଇପାରୁଛି। ୨୦୦୯ରେ କାଓ ପଦାର୍ଥ ବିଜ୍ଞାନରେ ନୋବେଲ ପ୍ରାଇଜ୍ ପାଇଲେ, ତାଙ୍କ ଥିଓରୀର ୪୭ ବର୍ଷ

ପରେ। କିନ୍ତୁ କାଓଙ୍କ ସ୍ୱପ୍ନକୁ ବାସ୍ତବ ରୂପ ଦେବା କର୍ଣ୍ଣିଙ୍ଗ୍‌ର ଅବଦାନ। ଏଣୁ ଫାଇବର ଅପ୍‌ଟିକ୍‌ସ କହିଲେ କର୍ଣ୍ଣିଙ୍ଗ୍‌କୁ ହିଁ ବୁଝାଯାଏ।

୭.୧୯୮୭: LCD Glass-Flat TV -

LCD ଉଦ୍ଭାବନ ହୋଇସାରିଥିଲେ ବି ଏହାର ସ୍କ୍ରିନ୍ ଅତି ଦୁର୍ବଳ ଥିଲା। ସାମାନ୍ୟ ଆଘାତରେ ନଷ୍ଟ ହୋଇଯିବାର ସମ୍ଭାବନା ଥିଲା। କର୍ଣ୍ଣିଙ୍ଗ, LCD ର ଗୁଣ ରଖିଥିବା ଗ୍ଲାସ୍ ଉଦ୍ଭାବନ କରି ମାସ୍ ପ୍ରଡ଼କ୍ସନ୍‌ର ରାସ୍ତା ଖୋଲିଦେଲା। ଟିଭିର ସଂଜ୍ଞା ବଦଳିଗଲା। Flat Panel TV ପତଳା ହୋଇଗଲା, ବଡ଼ ହୋଇଗଲା, ଶସ୍ତା ବି ହୋଇଗଲା।

୮. ୧୯୯୦-୯୭ :

Hubble Telescope ର Mirror ପାଇଁ ଗ୍ଲାସ୍ ବି କର୍ଣ୍ଣିଙ୍ଗ୍ ଯୋଗାଇଥିଲା। Space Industry ରେ Telescopic Mirror ତିଆରିରେ କର୍ଣ୍ଣିଙ୍ଗ୍‌ର ଆଧିପତ୍ୟ।

୯.୨୦୦୬: Gorilla Glass -

୧୯୫୨, କର୍ଣ୍ଣିଙ୍ଗ୍‌ରେ ଦିନେ Donald Stooky, ଜଣେ ରସାୟନ ବିଜ୍ଞାନୀଙ୍କର ରିସର୍ଚ୍ଚ ଲାବ୍‌ରେ ଗୋଟେ ପରୀକ୍ଷାରେ କିଛି ଭୁଲ୍‌ଭାଲ୍ ହୋଇଗଲା। ୬୦୦°C ବଦଳରେ କଣ୍ଟ୍ରୋଲରର ତ୍ରୁଟି ପାଇଁ ୯୦୦°C ପର୍ଯ୍ୟନ୍ତ ଉତ୍ତାପ ଚାଲିଗଲା। ଡରି ଡରି Stooky ଫର୍ନେସ ଡୋର୍ ଖୋଲିଲେ। Lithium Silicate ତକ ଏକ ଦୁଗ୍ଧ ଧବଳ ପ୍ଲେଟ୍‌ରେ ପରିଣତ ହୋଇଯାଇଛି। ତାକୁ ଚିମୁଟା ସାହାଯ୍ୟରେ ବାହାରକୁ ଆଣୁ ଆଣୁ ତଳେ ଖସିପଡ଼ିଲା। କାଚଟି ଭାଙ୍ଗିଯିବା ପରିବର୍ତ୍ତେ ଧାତବ ଶବ୍ଦ କରି ଚଟାଣ ଉପରେ ଡେଇଁ ପଡ଼ିଲା। ଏକ ନୂଆ ପଦାର୍ଥ ଉଦ୍ଭାବନ ହେଲା, ଅଭଙ୍ଗା କାଚ ବା 'Pyro Ceram'! ଆଲୁମିନିୟମ୍ ଅପେକ୍ଷା ହାଲ୍‌କା କିନ୍ତୁ କାର୍ବନ୍ ଷ୍ଟିଲ୍‌ଠାରୁ ଶକ୍ତ। Pyro Ceram, ରକେଟ୍ ଓ ମିଶାଇଲର Nose Coneରେ ବ୍ୟବହାର ହେଲା। ଆମେରିକାନ୍ ମୋଟର୍ସ ଏଥିରେ Windshield ତିଆରି କଲା। Corning Ware ବୋଲି ନୂଆ କାଚ ବାସନ ଆସିଲା। କିନ୍ତୁ ଅତ୍ୟଧିକ ଦାମ୍ ପାଇଁ ଏସବୁ ବଜାରରେ ତିଷ୍ଠି ପାରିଲାନି। କର୍ଣ୍ଣିଙ୍ଗ୍‌କୁ ଅପେକ୍ଷା କରିବାକୁ ପଡ଼ିଲା ୨୦୦୬ ମସିହା ପର୍ଯ୍ୟନ୍ତ ଷ୍ଟିଭ୍ ଜବ୍‌ସଙ୍କୁ......। ଷ୍ଟିଭ୍ ଜବ୍‌ସ ତାଙ୍କର ନୂଆ ଆଇ ଫୋନ୍‌ରେ ପ୍ଲାଷ୍ଟିକ୍ ସ୍କ୍ରିନ୍ ବଦଳରେ କାଚର ସ୍କ୍ରିନ୍ ଦେବେ ବୋଲି ଭାବିଲେ। କିନ୍ତୁ ସେଥିପାଇଁ ଶକ୍ତ କାଚ ତ ଦରକାର... କେହି ଜଣେ ତାଙ୍କୁ କର୍ଣ୍ଣିଙ୍ଗ୍ ଓ ପାଇରୋସେରାମ୍ ବିଷୟରେ କହିଲା। ବାସ୍, ତା'

ପରଦିନ ପହଞ୍ଚିଗଲେ କର୍ଣ୍ଣିଙ୍ଗ୍‌ରେ। CEO, Wendel Weekଙ୍କ ସହିତ କଥାବାର୍ତ୍ତା ହେଲା। କିନ୍ତୁ ସମ୍ପୂର୍ଣ୍ଣ ଏକ ନୂଆ ଉତ୍ପାଦର ବରାଦ୍... ରିସର୍ଚ୍ଚ ତ ଦରକାର ! ମାସ୍ ପ୍ରଡ଼କ୍ସନ୍ ତ ଅନେକ ଦୂର। କିନ୍ତୁ ନୂଆ ଆଇ ଫୋନ୍ ୨୦୦୭, ଜାନୁଆରୀରେ ଆସିବ। ଛ'ମାସ ସମୟ ହାତରେ। Wendel ଟିକେ ଥତମତ ହେଲେ। ହେଲେ ସେ ତ ଷ୍ଟିଭ୍ ଜବ୍‌ସ, ଇନୋଭେସନ୍ ଗୁରୁ ! ହଠାତ୍ କହିଲେ, " Don't be afraid. You can do it." ଗୋଟେ ଟନ୍ ବରାଦ୍ ଦେଇ ନ୍ୟୁୟର୍କ ଫେରିଗଲେ... । ବାକି ରହିଗଲା ଇତିହାସ। Stooky ଓ ତାଙ୍କର ଟିମ୍ ପାଇରୋସେରାମ୍‌ର ରିସର୍ଚ୍ଚକୁ ଆଗକୁ ବଢ଼େଇନେଲେ। ପ୍ରସ୍ତୁତ ହେଲା 'Gorilia Glass'ର ସ୍କ୍ରିନ୍ କାଚ ଠିକ୍ ସମୟରେ। ଜାନୁଆରୀ ୨୦୦୭ରେ ନୂଆ I-Phone ଗରିଲା ଗ୍ଲାସ୍ ସହ ଆସିଲା ଏକ ବୈପ୍ଳବିକ ସ୍କ୍ରିନ୍ ସହିତ। ହାତରୁ ପଡ଼ିଲେ ଭାଙ୍ଗିବନି, ଫାଟିବନି, ସ୍କ୍ରିନ୍ ଉପରେ ଗାର ପଡ଼ିବନି। ପ୍ଲାଷ୍ଟିକ୍ ସ୍କ୍ରିନ୍ ଅପେକ୍ଷା ପତଳା, ହାଲ୍‌କା କିନ୍ତୁ ଶକ୍ତ। ମୋବାଇଲ ଟେକ୍‌ନୋଲଜିରେ ଗୋଟେ ନୂଆ ଅଧ୍ୟାୟ କର୍ଣ୍ଣିଙ୍ଗ୍ ନାଁରେ ଲେଖା ହୋଇଗଲା।

ଗରିଲା ଗ୍ଲାସ୍ ସିନା ମୋବାଇଲ ପାଇଁ ଆସିଲା। କିନ୍ତୁ କର୍ଣ୍ଣିଙ୍ଗ୍ ଆହୁରି ଶହଶହ ଆପ୍ଲିକେସନ୍ ପାଇଁ ବାଟ ଖୋଲି ଦେଲା। ମ୍ୟୁଜିୟମ ବାହାରେ ଏକ Concept Car ଦେଖିଲି। ଏହାର Windshield, Roof Glass, Rear Glass, Window Glass, ଏପରିକି Dash Board ବି ଗରିଲା ଗ୍ଲାସରେ ତିଆରି।

୧୦. ୨୦୧୨: Ultra Thin Willow Glass -

ଗରିଲା ଗ୍ଲାସର ଆଉ ଏକ ସମ୍ଭ୍ରାନ୍ତ ସଂସ୍କରଣ 'ୱିଲୋ ଗ୍ଲାସ'। ଗରିଲା ଗ୍ଲାସର ଶକ୍ତି (Strength) ଓ ୱିଲୋ ପତ୍ରର ନମନୀୟତା ହେଉଛି ୱିଲୋ ଗ୍ଲାସ୍‌ର ବିଶେଷତ୍ୱ ଓ ଆକର୍ଷଣ। କାଗଜ ପରି ପତଳା ଗରିଲା ଗ୍ଲାସର ରୂପ ହେଉଛି ୱିଲୋ ଗ୍ଲାସ୍ । ମନଇଚ୍ଛା ଏହାକୁ ଆକାର ଦିଆଯାଇପାରେ। ମନଲାଖି ରଙ୍ଗର କାଚ ତିଆରି କରାଯାଇପାରେ। ଗୃହର ଆସବାବପତ୍ର (Furniture), କାନ୍ଥ ବା ଇଣ୍ଟେରିଅର, କିଚିନ୍ ସିଙ୍କ୍ ଆଦି ସମସ୍ତ ଜିନିଷ ୱିଲୋ ଗ୍ଲାସ୍‌ରେ ଲାମିନେଟ୍ କରିଦିଆ ଯାଇପାରେ। ପାରଦର୍ଶୀ ୱିଲୋ ଗ୍ଲାସ୍ ହେଲେ ଅରିଜିନାଲ୍ ରଙ୍ଗ ଚିରକାଳ ଅପରିବର୍ତ୍ତିତ ରହିବ। ଇଚ୍ଛା କଲେ ବିଭିନ୍ନ ରଙ୍ଗର ଲାମିନେସନ୍ ବି କରାଯାଇପାରେ। ୱିଲୋ ଗ୍ଲାସ୍‌ର ଭିତର ବା ବାହାର କାନ୍ଥ ବାୟୁମଣ୍ଡଳ ଉତ୍ତାପ ଅନୁସାରେ ରଙ୍ଗ ପରିବର୍ତ୍ତନ କରିପାରିବ ବା ଯା ଭିତରେ ଇଲେକ୍ଟ୍ରିକ୍ କରେଣ୍ଟ ପ୍ରବାହିତ କରାଇ ଇଚ୍ଛା ଅନୁସାରେ ରଙ୍ଗ ପରିବର୍ତ୍ତନ କରାଯାଇ ପାରିବ। ହାତରେ ରିମୋଟ୍ ଆଉ ମନ ପସନ୍ଦର ଘର ରଙ୍ଗ ! ମ୍ୟାଜିକ୍ ଆଉ କାହାକୁ କହନ୍ତି ? ?

କାଚ ହୋଇଥିବାରୁ ରଙ୍ଗ ଫିକା ହେବନି, ସ୍କ୍ରାଚ୍ ହେବନି, ଧୂଳି ଧରିବନି। ଜିରୋ ମେଣ୍ଟେନାନ୍ସ କୁହାଯାଇପାରେ। ବୋଧହୁଏ ଆସନ୍ତା ଦଶକରେ ହିଁ ୱିଲୋ ଗ୍ଲାସ୍ ଆମ ଘର ଭିତରକୁ ଆସିଯିବ। Glass Age ଆସୁଛି ଅତିଶୀଘ୍ର। ଭବିଷ୍ୟତ ସମୟ କାଚର...

୧୧. ୨୦୧୫: Glass Concept car -

କର୍ଣ୍ଣିଙ୍ଗ୍ ମ୍ୟୁଜିୟମ୍ ପ୍ରବେଶ ଦ୍ୱାରରେ ଦେଖିଲି ଏକ କନ୍‌ସେପ୍ଟ କାର୍ । ସମସ୍ତ କାଚ ତ ଗରିଲା ଗ୍ଲାସ୍‌ର। କିନ୍ତୁ ଡ୍ୟାସ୍‌ବୋର୍ଡ୍.. ସେ ବି କାଚର... ୱିଣ୍ଡସିଲ୍‌ଡ, କେବଳ ସାମ୍ନାକୁ ଦେଖିବାର ପାରଦର୍ଶୀ କାଚ ନୁହେଁ, ଡ୍ରାଇଭର ପାଇଁ ଏହା ଏକ ସ୍କ୍ରିନ୍ ମଧ୍ୟ। 'Head UP Display', ଏକ ନୂଆ ପରିକଳ୍ପନା। ଡ୍ୟାସ୍‌ବୋର୍ଡ୍‌କୁ ମୁଣ୍ଡ ନୂଆଁଇ ଦେଖିବା ଆବଶ୍ୟକତା ନାହିଁ। କାର୍‌ର ସମସ୍ତ ତଥ୍ୟ (Data) ୱିଣ୍ଡସିଲ୍‌ଡ୍‌ରେ ହିଁ ଭାସି ଉଠୁଥିବ 2D ବା 3D ଚିତ୍ରରେ। ସମ୍ପୂର୍ଣ୍ଣ ଡ୍ୟାସ୍‌ବୋର୍ଡ୍ ଓ ୱିଣ୍ଡସିଲ୍‌ଡ ପରିବର୍ତ୍ତିତ ହୋଇଯିବ ଏକ କନ୍‌ସୋଲ୍‌ରେ। ବର୍ତ୍ତମାନ ଠାରୁ ବହୁତ ବେଶୀ ତଥ୍ୟ ମିଳିଯିବ Head up Displayରେ। 'Head Down Display' ଅତୀତ ବା 'Thing of past' ହୋଇ ରହିଯିବ।

Corning Glass Museum :

ମାନବ ସଭ୍ୟତା ପ୍ରାୟ ୩୫୦୦ ବର୍ଷ ହେଲା କାଚ ତିଆରି ଶିଖିଛି। ପ୍ରତ୍ନତତ୍ତ୍ୱବିଦ୍ ମାନଙ୍କ ଦ୍ୱାରା ବିଭିନ୍ନ ଯୁଗର କାଚ ମିଳିଛି ବିଭିନ୍ନ ସ୍ଥାନର ଉତ୍‌ଖନନରୁ। ରୋମ୍ ସାମ୍ରାଜ୍ୟ ଓ ଇସ୍‌ଲାମିକ୍ ଜଗତର ଅଭ୍ୟୁଦୟ ବେଳୁ କାଚର ବ୍ୟବହାର ହେଉଥିବାର ଜଣାପଡ଼ିଛି। ଭାରତରେ ୧୭୦୦ ଖ୍ରୀ.ପୂ ସମୟର Indus Valley ସଭ୍ୟତାରୁ କାଚ ବ୍ୟବହାରର ପ୍ରମାଣ ମିଳେ। ହରପ୍ପାରୁ କାଚର ମାଳି ଓ ତକ୍ଷଶୀଳାରୁ ଚୁଡ଼ି, ମାଳି, ଛୋଟ ଛୋଟ ପାତ୍ର, ଟାଇଲ୍ ସବୁ ମିଳିଛି। ଏସବୁ ଖ୍ରୀଷ୍ଟପୂର୍ବ ତୃତୀୟ ଶତାବ୍ଦୀର।

ଆଧୁନିକ କାଚ୍ ଟେକ୍ନୋଲୋଜି ଆରମ୍ଭ ହେଲା ରୋମାନ୍ ସାମ୍ରାଜ୍ୟରେ ଖ୍ରୀଷ୍ଟପର ପ୍ରଥମ ଶତାବ୍ଦୀରେ। ସୁନ୍ଦର ସୁନ୍ଦର ରଙ୍ଗୀନ୍ ପାନପାତ୍ର ସବୁ ତିଆରି ହେଲା। କାଚ ଉପରେ ମୀନା କାମ ବି ଏଇଠୁ ଆରମ୍ଭ ହେଲା।

କାଚର ଇତିହାସ ଦେଖେଇ ଦିଆ ହୋଇଛି ମ୍ୟୁଜିଅମ୍‌ଟିରେ। ସାଧାରଣ ଲୋକ ବୁଝିପାରିଲା ପରି ଉପକରଣ ସବୁ ରହିଛି। ଦର୍ଶକମାନେ ଏଥିରେ ବିଭିନ୍ନ ଥିଓରୀ

ନିଜେ ଏକ୍ସପେରିମେଣ୍ଟ କରି ଦେଖିପାରିବେ। ଫାଇବର ଅପ୍‌ଟିକ୍‌ର କାର୍ଯ୍ୟକାରୀତା ସୁନ୍ଦର ଭାବରେ ମଡ଼େଲ ସାହାଯ୍ୟରେ ବୁଝେଇ ଦିଆଯାଇଛି।

ମ୍ୟୁଜିୟମ ଭିତରେ ହଜାର ହଜାର ସୁନ୍ଦର ସୁନ୍ଦର ଆଧୁନିକ ସାଜସଜ୍ଜା କାଚର ହସ୍ତକର୍ମ ଦେଖିବାକୁ ମିଳିଲା। Palamore Observatory ପାଇଁ ତିଆରି ହୋଇଥିବା Reflection Mirror ର ପ୍ରଥମ ଛାଞ୍ଚ ବି ଏଇଠି ରହିଛି।

ମ୍ୟୁଜିୟମ ଦେଖି ବାହାରକୁ ଆସିଲୁ। ଗେଟ୍ ସାମ୍ନାରେ କମ୍ପାନୀର ଲୋଗୋ... ଆମ ଷ୍ଟେଟ୍ ବ୍ୟାଙ୍କ ଲୋଗୋର ପାଖାପାଖି ଡିଜାଇନ୍। ଏକାପରି ଦେଖିବାକୁ। ମଜା ଲାଗିଲା। କେତେଜଣ SBI ବନ୍ଧୁଙ୍କ ପାଖକୁ ଫଟୋ ପଠାଇଲି। ସମସ୍ତେ ଖୁସୀ ହେଲେ...।

ମ୍ୟୁଜିୟମ୍ ପରେ କର୍ଣ୍ଣିଙ୍ଗ୍ ସହରର ଅନ୍ୟତମ ଆକର୍ଷଣ, ଭାରତୀୟ ହୋଟେଲ 'Thali of India'. ନ୍ୟୁୟର୍କରୁ ନାଏଗ୍ରା ରାସ୍ତାରେ ଆସୁଥିବାରୁ ଦିନ ସାରା ଏଠି ଟୁରିଷ୍ଟମାନଙ୍କର ଭିଡ଼ ଲାଗିଥାଏ। ଭାରତୀୟମାନଙ୍କ ଛଡ଼ା ଭାରତୀୟ ଉପମହାଦେଶର ଅନ୍ୟାନ୍ୟ ଦେଶର ଟୁରିଷ୍ଟମାନେ ବି ଏଠିକି ଆସନ୍ତି। ତା'ଛଡ଼ା, ଆମେରିକାନ୍ ବା ଇଉରୋପିଆନ୍ ମାନଙ୍କ ଭିତରେ ବି ଭାରତୀୟ ଖାଦ୍ୟର କ୍ରେଜ୍ ବି ରହିଛି। ଦୁଇଦିନ ନ୍ୟୁୟର୍କରେ ବ୍ୟସ୍ତ ରୁଟିନ୍‌ରେ ଠିକ୍‌ରେ ଲଞ୍ଚ୍ ଖିଆ ହୋଇ ନଥିଲା। ଚୁଡ଼ାଭଜା, ହଲଦୀରାମ୍‌ର ରେଡ଼ିମିକ୍ସ ମୁଢ଼ି ପରି ଜିନିଷରେ ଚଳିଯାଇଥିଲା। ଆଜି କିନ୍ତୁ ମନପସନ୍ଦର ଖାଇବା ସାମ୍ନାରେ। ଭାତ, ଡାଲି, ରୁଟି, ଚିକେନ୍, ଖିରୀ, ପାମ୍ପଡ଼ ଆଦି ସବୁ ଦେଶୀ ଖାଦ୍ୟ। ଭୁରି ଭୋଜନ...।

ଉତ୍ତାଳ ପ୍ରପାତରେ ଅକସ୍ମାତ୍ ଦେବଜାନୀ–

ପରବର୍ତ୍ତୀ ଲକ୍ଷ୍ୟ ନାଏଗ୍ରା ଜଳ ପ୍ରପାତ। କର୍ଣ୍ଣିଙ୍ଗ୍‌ରୁ ନାଏଗ୍ରା ପ୍ରାୟ ୨୫୦ କି.ମି, ଅଢ଼େଇ ଘଣ୍ଟାର ବସ୍ ଯାତ୍ରା। ନାଏଗ୍ରା ସହର ଛୁଇଁବା ଆଗରୁ ଗାଇଡ୍ ଦୂରକୁ ଦେଖାଇଦେଲେ ଏକ ଧୂମ୍ରାଭ ସ୍ତମ୍ଭ (ଧୂଆଁର ଟାୱାର) ଅଧା ଆକାଶ ପର୍ଯ୍ୟନ୍ତ। ଏଇଟା ହେଉଛି ନାଏଗ୍ରା ଫଲ୍‌ର ଜଳ କଣିକାର ଊର୍ଦ୍ଧ୍ୱ ଗତି। ଦିନ ପ୍ରାୟ ୪.୦୦ଟା। ଆଉ ୪-୫ ଘଣ୍ଟା ହାତରେ ଅଛି, ସନ୍ଧ୍ୟା ହେଲା ଆଗରୁ। ଆଜି ଅଧା ଦେଖିବା, କାଲି ବାକୀ ଅଧା.......

ନାଏଗ୍ରା ଫଲ୍‌ସ... ଶେଷରେ ପହଞ୍ଚିଗଲୁ ନାଏଗ୍ରା ନଦୀ କୂଳରେ। ବାଁ ପଟକୁ ଅନତି ଦୂରରେ ସମଗ୍ର ନାଏଗ୍ରା ପ୍ରପାତ। ଏପଟେ ଆମେରିକା, ସେପଟେ କାନାଡ଼ା। ଡାହାଣ ପଟରେ ନଦୀ ଉପରେ ରେନ୍‌ବୋ ବ୍ରିଜ୍ ଦୁଇ ଦେଶକୁ ସଂଯୋଗ କରେ। କାନାଡ଼ାର ଭିସା ଥିଲେ ହିଁ ପୋଲ ପାରି ହେବ, ନହେଲେ ଏଇପଟୁ ଦେଖିବାକୁ

ପଡ଼ିବ। ପାଦତଳେ ନାଏଗ୍ରା ନଦୀର ନୀଳ ଜଳରାଶି ଉପରେ ଧଳାଧଳା Sea Gull ମାନଙ୍କର ଭିଡ଼। ହଜାର ହଜାର ସଂଖ୍ୟାରେ ଉଡୁଥାନ୍ତି, କୂଳରେ ବସିଥାନ୍ତି ବା ନଦୀରେ ଭାସୁଥାନ୍ତି।

ନାଏଗ୍ରା ନଦୀ ଆମେରିକା ଓ କାନାଡ଼ା ଦୁଇଦେଶ ସୀମାରେ ଥିବା Erie ହ୍ରଦ ଓ Ontario ହ୍ରଦ ଦୁଇଟିକୁ ସଂଯୋଗ କରୁଛି। Erie ହ୍ରଦ ଠାରୁ ୨୩ କି.ମି. ସମତଳ ଭୂମିରେ ବହିସାରିଲା ପରେ ନଦୀ ହଠାତ୍ ୨୦୦ ଫୁଟ୍ ତଳକୁ ନାଏଗ୍ରା Gorge (ଗଣ୍ଡ) ଭିତରକୁ ଲମ୍ଫ ପ୍ରଦାନ କରେ, ନାଏଗ୍ରା ପ୍ରପାତ ସୃଷ୍ଟି କରି। ଏଇଠୁ ପ୍ରାୟ ୩୨ କି.ମି ଗତି କଲାପରେ ଏହା Ontario ହ୍ରଦ ସହିତ ମିଳିତ ହୁଏ। ଏଠାରୁ ପୁଣି Saint Lawrence ନଦୀ ନାଁରେ ଆଟଲାଣ୍ଟିକ୍ ପର୍ଯ୍ୟନ୍ତ ବହିଯାଏ। ନଦୀ ଓ ହ୍ରଦମାନଙ୍କର ଲୁଚକାଳୀ ଖେଳ !

ନାଏଗ୍ରା ପ୍ରପାତଟି ତିନୋଟି ପ୍ରପାତର ସମଷ୍ଟି। ସମଗ୍ର ନାଏଗ୍ରା ନଦୀଟି ପ୍ରପାତର ରୂପ ନେବା ଆଗରୁ – Goat Island ଓ Luna Island ଦ୍ୱାରା ତିନିଭାଗରେ ବିଭକ୍ତ ହୋଇ ତିନିଟି ଧାରରେ ତିନୋଟି ପ୍ରପାତ ହୋଇ ତଳକୁ ପଡୁଛି। ଆମେରିକା ପଟରେ ଆମେରିକାନ୍ ଫଲ୍ ଓ ବ୍ରାଇଡ଼ାଲ ଭେଲ୍ ଫଲ୍। କାନାଡ଼ା ପଟରେ ସବୁଠୁ ବଡ଼ Horse Shoe ଫଲ୍ (ଅଶ୍ୱ କ୍ଷୁରାକୃତି ପ୍ରପାତ)। ହର୍ସ ସୁ ଫଲ୍ ଦେଇ ୯୦% ଜଳ ପ୍ରବାହିତ ହୁଏ। ବାକୀ ୧୦% ଜଳ ଆମେରିକାନ୍ ଫଲ୍ ଓ ବ୍ରାଇଡ଼ାଲ୍ ଭେଲ୍ ଫଲ୍ ଭାଗରେ ପଡ଼େ।

ଆମେରିକାନ୍ ଫଲ୍ ପ୍ରାୟ ୧୦୫୦ ଫୁଟ୍ ଲମ୍ବା ଓ ୧୯୦ ଫୁଟ୍ ଉଚ୍ଚ। କିନ୍ତୁ ପ୍ରପାତର ପାଣି ୧୦୦ ଫୁଟ୍ ତଳକୁ ଆଗରୁ ଖସିଥିବା ପଥର ଗଦା ଉପରେ ପଡ଼ି ଆଉ ୯୦ଫୁଟ୍ ତଳକୁ ପଥର ଉପର ଦେଇ ବହିଯାଇ ଗଣ୍ଡରେ ପଡ଼େ।

ଆମେରିକାନ ଫଲ୍‌ର ବାଁ ପଟକୁ ଏକ ଛୋଟ ଦ୍ୱୀପ ଲୁନା ଆଇଲାଣ୍ଡ, ବ୍ରାଇଡ଼ାଲ ଭେଲ ଫଲ୍ ବୋଲି ଆଉ ଏକ ଛୋଟ ପ୍ରପାତ ସୃଷ୍ଟି କରିଛି। ସବୁଠୁ ଛୋଟ ଏଇ ପ୍ରପାତର ଦୈର୍ଘ୍ୟ ୫୬ ଫୁଟ୍ ଓ ଉଚ୍ଚତା ୧୯୦ ଫୁଟ୍। ଆମେରିକାନ୍ ଫଲ୍ ପରି ଏହାର ପାଣି ଦୁଇ ଥାକରେ ପଥର ଗଦା ଓ ଗଣ୍ଡରେ ପଡୁଛି। 'ବ୍ରାଇଡ଼ାଲ ଭେଲ୍', ବେଶ୍ ରୋମାଣ୍ଟିକ୍ ୟାର ନାଁଟି। ନୂଆ ବୋହୂର ଓଢ଼ଣା ଝାଲର ପରି ଏହା ତଳକୁ ଝୁଲିଥାଏ। ପ୍ରାୟ ୧୦୦ ଫୁଟ୍ ତଳେ ପାଣି ପଡ଼ିବା ଜାଗାକୁ 'Cave of Wind' କୁହାଯାଏ। ଆଗରୁ ଏଠି ପ୍ରପାତର ପାଦ ଦେଶରେ ପାଣି ପଡ଼ି ପଡ଼ି ଏକ ଗୁମ୍ଫା ସୃଷ୍ଟି ହୋଇଥିଲା। ୧୯୫୪ ମସିହାରୁ ଏହାକୁ ସୁରକ୍ଷା ଦୃଷ୍ଟିରୁ ବନ୍ଦ କରି ଦିଆଯାଇଛି। ପାଣି ପବନର ଖେଳ ଏଠି ଲାଗିରହିଥାଏ। କାଲି ଦେଖିବା...

ବ୍ରାଇଡ଼ାଲ୍ ଭେଲ୍‌ର ବାଁ ପଟକୁ ଗୋଟ୍ ଆଇଲାଣ୍ଡ୍ , ଏହାକୁ ହର୍ସ ସୁ ଫଲ୍ ଠାରୁ ଅଲଗା କରିଛି। ଅଷ୍ଟାଦଶ ଶତାବ୍ଦୀରେ ଜଣେ ବ୍ୟବସାୟୀ ଏହି ଦ୍ୱୀପଟି କିଣି ଏଠି ଛେଳି ପାଳନ କରୁଥିଲେ। ଏବେ କିନ୍ତୁ ଛେଳିମାନଙ୍କର ଦେଖାନାହିଁ। ପ୍ରାୟ ୨୧୦୦ ଫୁଟ୍ ଲମ୍ବାର ଏହି ଆଇଲାଣ୍ଡ୍ ପରେ ହର୍ସ ସୁ ଫଲ୍।

ଏହି ପ୍ରପାତଟି ସମ୍ପୂର୍ଣ୍ଣ କାନାଡ଼ା ସୀମା ଭିତରେ ଅବସ୍ଥିତ। ୨୭୦୦ ଫୁଟ୍ ଲମ୍ବା ଓ ୧୯୦ ଫୁଟ୍ ଉଚ୍ଚ ସବୁଠୁ ବଡ଼ ପ୍ରପାତଟି ହର୍ସ ସୁ ଭଳି U Shape ର। ପାଣିର ପ୍ରବାହ ଅଧିକ ହୋଇଥିବାରୁ ଏହାର ଧାର ଦନ୍ତୁରିତ ହୋଇ ଅଧିକ ମାତ୍ରାରେ କ୍ଷୟ ହେଉଛି ଓ କ୍ରମଶଃ V shape ହେଉଛି।

ନାଏଗ୍ରା ଫଲ୍ ଯାହା ଆମେ ଯେଉଁଠି ଦେଖିଲୁ, କିଛି ବର୍ଷ ପୂର୍ବେ ସେଇ ଅବସ୍ଥାରେ ସେଇଠି ନଥିଲା। ଜଳ ସ୍ରୋତ ଓ ପ୍ରପାତର ପତନର କ୍ଷୟକାରୀ ଶକ୍ତିରୁ ପ୍ରପାତ ତଳର ମାଟି ଆସ୍ତେ ଆସ୍ତେ ତଳୁ ଖାଇଯାଏ। ଗଣ୍ଡ ଉପରର ନଦୀ ଏକ ପଥୁରିଆ ଶଯ୍ୟାରେ ପ୍ରବାହିତ ହେଉଥିବାରୁ ନଦୀଶଯ୍ୟା ସହଜରେ କ୍ଷୟହୁଏ ନାହିଁ। କିନ୍ତୁ ୫୦-୬୦ ଫୁଟ ତଳର ମାଟି ଅପେକ୍ଷାକୃତ ଦୁର୍ବଳ ଓ କୋମଳ। ତେଣୁ ଜଳସ୍ରୋତ ଓ ଜଳପତନର ଆଘାତରେ ପ୍ରପାତର ନିମ୍ନଦେଶର ମାଟି ଖାଇଯାଏ ଭିତରକୁ, ଭିତରକୁ। ଏମିତି କିଛି ବାଟ ତଳୁ ମାଟି ଖାଇସାରିଲେ ଉପରର ପଥୁରିଆ ମାଟିର ଅତଡ଼ା ନିଜ ଓଜନରେ ତଳକୁ ଖସିପଡ଼େ। ତଳେ ଗଣ୍ଡରେ ପଥର ଗଦା ହୋଇ ଚାଲିଥାଏ ଓ ପ୍ରପାତ ପଛକୁ ପଛକୁ ଘୁଞ୍ଚି ଚାଲିଥାଏ। ବର୍ତ୍ତମାନ ବର୍ଷକୁ ପ୍ରାୟ ୧ ଫୁଟ ହିସାବରେ ପ୍ରପାତ ପଶ୍ଚାଦ୍ ଗତି କରୁଛି। ଗତ ୧୦-୧୧,୦୦୦ ବର୍ଷରେ ଏହା ପ୍ରାୟ ୧୦ କି.ମି. ପଛକୁ ଘୁଞ୍ଚି ଆସିଛି। ଭୂବୈଜ୍ଞାନିକମାନେ କହନ୍ତି, ଆସନ୍ତା ୫୦,୦୦୦ ବର୍ଷରେ ନାଏଗ୍ରା ପ୍ରପାତ ୩୨ କି.ମି. ଦୂରରେ ଥିବା ଏହାର ଉତ୍ସ Erie Lakeରେ ମିଶିଯିବ ପଛେଇ ପଛେଇ।

ହର୍ସ ସୁ ଫଲ୍‌ରେ ପ୍ରାୟ ୯୦,୦୦୦ ଘନଫୁଟ ଜଳ ତଳକୁ ପଡ଼େ ପ୍ରତି ସେକେଣ୍ଡରେ। ଆମେରିକାନ ଫଲ୍ ଓ ବ୍ରାଇଡ଼ାଲ୍ ଭେଲ୍ ଫଲ୍ ପରି ଏଠି ପାଣି ପ୍ରଥମ ଥାକରେ ପଥର ଗଦା ଉପରେ ନପଡ଼ି ସିଧା ନଦୀ ପୃଷ୍ଠରେ ପଡ଼େ। ଏତେ ବେଶୀ ପାଣି ପ୍ରାୟ ୨୦୦ ଫୁଟ୍ ଉପରୁ ନଦୀ ଉପରେ ପଡ଼ି ପବନ ସହିତ ଜଳ କଣିକା ସବୁ ସୃଷ୍ଟି କରେ। ପ୍ରପାତ ପାଖରେ, ଏଇସବୁ ଜଳକଣିକା ବାୟୁମଣ୍ଡଳରେ କୁହୁଡ଼ି ପରି ଧୂଆଁ ସୃଷ୍ଟି କରନ୍ତି। ଏହାକୁ Mist- 'କୁଜ୍ଝଟିକା' ବୋଲି କହନ୍ତି। ଏଠି Mist ଆକାଶରେ ୨୦୦-୩୦୦ ଫୁଟ୍ ଉପରକୁ ଉଠିଥାଏ। ଆଜିର ଅଭିଯାନ ସେଇ 'କୁଜ୍ଝଟିକା' କୋଳକୁ, Maid of the Mist (କୁଜ୍ଝଟିକା କୁଆଁରୀ) ନାମକ ଷ୍ଟିମର୍‌ରେ।

Maid of the Mist Company ର ପ୍ରବେଶ ଦ୍ୱାର ଦେଇ ଲିଫ୍ଟରେ ନଦୀ ଶଯ୍ୟା ସ୍ତରକୁ ଓହ୍ଲାଇଲୁ। ଷ୍ଟିମର କମ୍ପାନୀ, ଗଲା ଆଗରୁ ପଲିଥିନ୍‌ର ଏକ ରେନ୍ କୋଟ୍ ଓ ରବର ସାଣ୍ଡାଲ୍ ଦିଏ, ଓଦା ନହେବା ପାଇଁ ଓ ଗୋଡ଼ ନଖସିବା ପାଇଁ। ହାତବ୍ୟାଗ୍ ଆଦି ଲକର୍‌ରେ ରଖି ବର୍ଷାତି ପିନ୍ଧି ବାହାରିଲୁ। ଏଇ କମ୍ପାନୀର ବର୍ଷାତି ସବୁ ନୀଳ ରଙ୍ଗର। ତେଣୁ ଏକାଥରେ ୩୦୦ ଲୋକ ଗୋଟିଏ ରଙ୍ଗର ବର୍ଷାତି ପିନ୍ଧି ଷ୍ଟିମରରେ ଚଢ଼ିଲେ। ତଳ କେବିନ୍ ଅପେକ୍ଷା ଉପର ଡେକ୍‌ରେ ବେଶୀ ଭିଡ଼। କୌଣସିମତେ ଉପରେ ଜାଗା ମିଳିଗଲା। ଦି'ହାତରେ କ୍ୟାମେରା ଓ ଭିଡ଼ିଓ ସବୁ ରେଡ଼ି। ଏଇ ୧୫ ମିନିଟ୍ ଜୀବନରେ ଆଉ ମିଳିବାର ନାହିଁ। କୁହୁଡ଼ିକା ଭିତରେ ଥରେ ପଶି ବାହାରିଅସିଲା ପରେ ଆଉ ପଶିବାର ଗ୍ୟାରେଣ୍ଟି ନାହିଁ। ତେଣୁ ପ୍ରତିଟି ମୁହୂର୍ତ୍ତକୁ ଧରି ରଖିବାକୁ ପଡ଼ିବ। ପୁଙ୍ଗା ବଜାଇ ଷ୍ଟିମର ଛାଡ଼ିଲା। ସାରା ଡେକ୍ ନୀଳ ରଙ୍ଗରେ ଭର୍ତ୍ତି। ନାଏଗ୍ରାର ନୀଳ ଜଳ ରାଶିରେ ସ୍ରୋତର ବିପରୀତ ଦିଗରେ ଯାତ୍ରା। ଆମେରିକାନ୍ ଫଲ୍ ଓ ବ୍ରାଇଡ଼ାଲ୍ ଭେଲ୍ ଫଲ୍ ବାଁ ପଟରେ ରହିଗଲା। ନଦୀ ଉପରୁ ଦୁଇ ପ୍ରପାତକୁ ମନ ପୁରେଇ ଦେଖି ହେଲା। ୨୦୦ ଫୁଟ୍ ଉପରୁ ନଦୀ ତଳକୁ ପଡୁଛି ଆଉ ତମେ ତଳେ... ଚମତ୍କାର ଦୃଶ୍ୟ। କିନ୍ତୁ ଅସଲ ନାଏଗ୍ରା କେଇ ମିନିଟ୍ ଦୂରରେ। ସାମ୍ନାରେ ଦିଶୁଛି ହର୍ସ ସୁ ଫଲ୍, କୁହୁଡ଼ିକାର ଧୂଆଁ ଭିତରୁ। 'କୁହୁଡ଼ିକା କୁଆଁରୀ' ମିଷ୍ଟ୍ ଭିତରକୁ ପଶିବାକୁ ଆରମ୍ଭ କଲା। ହଠାତ୍ ଦଲ୍‌କା ଦଲ୍‌କା ପବନ କେଉଁଠି ଥିଲେ, ଆସିବାକୁ ଆରମ୍ଭ କଲେ ଟିକି ଟିକି ଜଳ ବୁନ୍ଦା ସହିତ। ପ୍ରାୟ ବର୍ଷାପରି। ଉପରୁ ନାଏଗ୍ରା ପାଣି ଫୋପାଡୁଥାଏ, ତଳ ଆଡୁ ପାଣି ପବନରେ ଉଡ଼ି ଆସୁଥାଏ। ଚାରିପଟୁ ଯେମିତି କିଏ ପାଣି ସ୍ପ୍ରେ କରୁଛି। କେଇ ମିନିଟ୍ ପରେ ଆଗକୁ କିଛି ଦିଶିଲାନି। ନାଏଗ୍ରା ପାଖରେ ସମ୍ପୂର୍ଣ୍ଣ ସମର୍ପଣ କରିଦେବା ହିଁ ଉଚିତ। ପ୍ରପାତର ଝର୍ଝର ଶବ୍ଦ, ପବନର ଘୁ ଘୁ ଫୁତ୍କାର ସହିତ ଜଳ ସିଞ୍ଚନକୁ ଉପଭୋଗ କରିବା ହିଁ ବିଜ୍ଞଜନୋଚିତ ! ନାଏଗ୍ରାର ମିଷ୍ଟ୍ ସହିତ ମିଶିଯିବାର ଆନନ୍ଦ ପୁଣି ଜୀବନରେ ମିଳିବାରେ ସଂଶୟ। ୨୭୦୦ ଫୁଟ୍ ଓସାରରେ ୨୦୦ ଫୁଟ୍‌ର U-Shapeର ପ୍ରପାତ ମଝାମଝି ଜାଗାରୁ ମୁଣ୍ଡ ଟେକି ଉପରକୁ ଦେଖିଲେ ତିନିପଟୁ ହଜାର ହଜାର ଟନ୍ ପାଣି ଝରିପଡ଼ିବାର ଦୃଶ୍ୟ ଜୀବନରେ ଭୁଲିବାର ନୁହେଁ। ହଁ, ମିଷ୍ଟ୍ ଭିତରେ ଫଟୋ ଉଠାଉଥାଏ। ଲେନ୍‌ସରେ ପାଣି ଭର୍ତ୍ତିହୋଇ ଯାଉଥାଏ। ବାରମ୍ବାର ପୋଛିବାକୁ ପଡୁଥାଏ। ଠିକ୍‌ରେ ଦିଶୁନଥାଏ। ଫଟୋ ଉଠୁଛି କି ନାହିଁ ଜଣା ନାହିଁ। ତଥାପି ସଟର୍ ଟିପି ଚାଲିଥାଏ, ଗୋଟେ ଆଖି ନାଏଗ୍ରା ଉପରେ ଓ ଅନ୍ୟଟି View Screen ଉପରେ ରଖି। ହଠାତ୍ ମିଷ୍ଟ୍ ଭିତର ଉଜ୍ଜ୍ୱଳ ଦିଶିଲା। ଭ୍ୟୁ ସ୍କ୍ରିନ୍‌ରେ ଫୁଟି ଉଠିଲା ଗୋଟେ ସୁନ୍ଦର ଜାପାନୀ ଝିଅର ମୁହଁ।

ନୀଳ ରେନ୍‌କୋଟ ହୁଡ୍ ତଳୁ ହଳଦିଆ ଗୋରା ରଙ୍ଗର ମୁହଁଟି ଫୁଟି ଉଠୁଥାଏ। ନାଏଗ୍ରାକୁ ପ୍ରଥମ କରି ଦେଖିବାର ଆନନ୍ଦ ଓ ବିସ୍ମୟରେ ଆଖି ତା'ର ଝଲମଲ, ଓଠରେ ଚେନାଏ ହସ ସହିତ। ଚେପ୍‌ଟା ମୁହଁ ହେଲେ ବି ତୀଖ ନାକ... ଦେଖିବା ଲୋକର ଆଖି ଅମାନିଆ ହେବାକୁ ବାଧ୍ୟ। ୨-୩ଟା ଫଟୋ ନେଇଗଲି ତା'ର। ମିଷ୍ଟ୍ ପୁଣି ତା' କାମ କରିନେଲା କେଇ ସେକେଣ୍ଡ ପରେ। ମିଷ୍ଟ୍ ଭିତରୁ 'କୁହୁଡ଼ିକା କୁଆଁରୀ' ଫେରି ଆସିଲା କିନ୍ତୁ ଜାପାନୀ ସୁନ୍ଦରୀଟି ଡେକ୍ ଉପରୁ ସତେ ଯେମିତି ମିଳେଇ ଯାଇଥିଲା। ଆଉ ଦେଖା ହେଲାନି। କୁହୁଡ଼ିକାରୁ ବାହାରି, କୁହୁଡ଼ିକାରେ ଯେମିତି ମିଶିଗଲା ସେ 'କୁହୁଡ଼ିକା ସୁନ୍ଦରୀ'।

କଲେଜରେ ପଢ଼ିଥିଲି ସ୍ୱନାମଧନ୍ୟ ଗଳ୍ପକାର କୃଷ୍ଣପ୍ରସାଦ ମିଶ୍ରଙ୍କର ଗଳ୍ପ 'ନାଏଗ୍ରା ଓ ଦେବଜାନୀ'। ଗଳ୍ପଟି ଅତି ମର୍ମସ୍ପର୍ଶୀ ହୋଇଥିବାରୁ ୩-୪ ଥର ପଢ଼ିଥିବାର ମନେଅଛି। କିନ୍ତୁ ଗଳ୍ପର କାହାଣୀ ମନେନାହିଁ। କାନାଡ଼ା ଓ ନାଏଗ୍ରା ଉପରେ ହିଁ ଲେଖିଥିଲେ। କଲେଜର ଗୋଟେ ସୁନ୍ଦରୀ ଝିଅର ନାଁ ଦେବଜାନୀ ହୋଇଥିବାରୁ ଗପର ନାଁ ଟି ମତେ ରୋମାଞ୍ଚିତ କରିଥିଲା ଓ ଏବେ ବି ମନେ ଅଛି । ମତେ କିନ୍ତୁ ଆଜି ନାଏଗ୍ରା ଓ ଦେବଜାନୀ ଏକତ୍ର ମିଳିଗଲେ। ୪୫ ବର୍ଷ ଲାଗିଲା ଏକାଥରେ ସଶରୀରେ ମୁହାଁମୁହିଁ ହେବାପାଇଁ ଦି' ଜଣକ ସଙ୍ଗରେ। ଧନ୍ୟବାଦ୍ ନାଏଗ୍ରା, ଧନ୍ୟବାଦ୍ କୁହୁଡ଼ିକା ସେଇ କେତେ ସେକେଣ୍ଡ ପାଇଁ...।

ରେନ୍‌କୋଟ୍ ସତ୍ତ୍ୱେ ମୁହଁ, ଦେହ, ମୁଣ୍ଡ ଆଦି ଭିଜି ଯାଇଥିଲା। କିଛି ସମୟ ପରେ ଶୁଖିଗଲା ସତ, କିନ୍ତୁ ନାଏଗ୍ରାରେ ଭିଜିଥିବା ମନ ଜୀବନସାରା ଭିଜାଭିଜା ରହିଥିବ। ଯେତେବେଳେ ମନେ ପଡ଼ିଲେ ବି, ନାଏଗ୍ରାର ଦଲକାଏ ଥଣ୍ଡା ପବନ ସହିତ ଜଳକଣିକା ସବୁ ଦେହ ଓ ମନକୁ ଛୁଇଁ ଯାଉଥିବେ ଆଉ ଆଖି ଆଗରେ ଭାସି ଉଠୁଥିବ କୁହୁଡ଼ିକା ସୁନ୍ଦରୀର ମିଷ୍ଟ୍ ଭିଜା ମୁହଁ।

'କୁହୁଡ଼ିକା କୁଆଁରୀ' କୂଳକୁ ଆସିଲା। ହୋଟେଲକୁ ଆସିଲୁ। 'Sheraton Niagara', ସେରାଟନ୍ ଗ୍ରୁପ୍‌ର ଏକ ପଞ୍ଚ ତାରକା ହୋଟେଲ। ଗାଇଡ୍ କହିଲେ- ସନ୍ଧ୍ୟା ୧୦ଟାରେ ନାଏଗ୍ରା ଉପରେ ଆଲୋକ ଓ ଆତସବାଜୀ ସୋ' (Light & Fire work show) ଦେଖିବାର ପ୍ରୋଗ୍ରାମ...। କିଛି ସମୟ ବିଶ୍ରାମ ନେଇ ସଞ୍ଜ ବୁଡ଼ୁ ବୁଡ଼ୁ ଯାଇ ପହଞ୍ଚିଗଲୁ। ଅନ୍ଧାର ହେବା ସଙ୍ଗେ ସଙ୍ଗେ ତିନୋଟି ଯାକ ପ୍ରପାତ ବିଭିନ୍ନ ରଙ୍ଗରେ ଝଲସି ଉଠିଲେ। କାନାଡ଼ା ପଟୁ ଆରମ୍ଭ ହୋଇଗଲା ଆତସବାଜୀ ସୋ' ୧୫ ମିନିଟ୍ ପାଇଁ। ତେଣୁ ନାଏଗ୍ରାର ଜଳ, ସ୍ଥଳ ଓ ଆକାଶ ଏକ ହୋଇଗଲେ ବିଭିନ୍ନ ଆଲୋକର ଶୋଭାଯାତ୍ରାରେ। ଆମେରିକା ଓ କାନାଡ଼ାର ଦୁଇପଟରେ ହଜାର

ହଜାର ଟୁରିଷ୍ଟଙ୍କର ସମାବେଶ। ସାରାଦିନ ଲୋକମାନେ ଅପେକ୍ଷା କରିଥାନ୍ତି ଏଇ ଉତ୍ସବଟିକୁ ଦେଖିବାପାଇଁ।

ରାତିର ନାଏଗ୍ରା ବି ଦିନର ନାଏଗ୍ରା ପରି ଆକର୍ଷଣୀୟ ହୋଇଉଠେ। କିନ୍ତୁ ଏସବୁର ଟିକିଏ ପରେ, ଟୁରିଷ୍ଟମାନେ୧୦.୩୦PM ପରେ ହୋଟେଲକୁ ଫେରିଗଲାପରେ, ରଙ୍ଗବେରଙ୍ଗର ଆଲୁଅ ଲିଭିଯିବା ପରେ, ଆରମ୍ଭ ହୋଇଯାଏ ଆଉ ଏକ ରୁଟିନ୍ ସମସ୍ତଙ୍କର ଦୃଷ୍ଟି ଆଢୁଆଳରେ। ହଠାତ୍ ପ୍ରପାତରେ ପଡୁଥିବା ପାଣି ଅଧା ହୋଇଯାଏ। ଉପର ମୁଣ୍ଡରୁ ଅଧାପାଣି ଅପହରଣ ହୋଇଯାଏ। କାହିଁକି ? କେମିତି ? ଜାଣିବା ଆସନ୍ତୁ...

ଜଳପ୍ରପାତ ଯୋଉଠି, ଜଳ ବିଦ୍ୟୁତ ସେଇଠି। ୧୮୮୦ ମସିହାରେ ଥୋମାସ୍ ଏଡ଼ିସନ୍ ଇଲେକ୍ଟ୍ରିସିଟି ଉଦ୍ଭାବନ କରି ସାରିଲା ପରେ ୧୮୮୧ରେ ନାଏଗ୍ରାରେ ଛୋଟ ଏକ ଜଳବିଦ୍ୟୁତ୍ ପ୍ରକଳ୍ପ ବସାଯାଇଥିଲା ପାଖ ସହର ଓ ଗାଁ ଗୁଡ଼ିକୁ ବିଜୁଳୀ ବିକ୍ରି କରିବା ପାଇଁ। ଏହା DC ବା Direct Current ଥିଲା। କିନ୍ତୁ ଡିସି ପାୱାରର ଟିକେ ଅସୁବିଧା ଥିଲା। ୨କି:ମିରୁ ଅଧିକ ଦୂରକୁ ଡିସି ପ୍ରସାରଣ ହୋଇପାରୁନଥିଲା ବା କରେଣ୍ଟ କମ୍ ବେଶୀ କରାଯାଇ ପାରୁନଥିଲା। ତେଣୁ ବଡ଼ବଡ଼ ପ୍ରକଳ୍ପ ବସାଇବା ସମ୍ଭବପର ହେଉନଥିଲା। ଏଇ ସମୟରେ ଆଉଜଣେ ବିଖ୍ୟାତ ବୈଜ୍ଞାନିକ Nikola Tesla, Alternating Current (A.C)ର ଉଦ୍ଭାବନ କଲେ। ଏବେ ଇଲେକ୍ଟ୍ରିସିଟି ଦୂରକୁ ପ୍ରସାରଣ ହୋଇପାରିଲା। Step-up Transformer ଦ୍ୱାରା କରେଣ୍ଟ କମ୍ ବେଶୀ ହୋଇପାରିଲା। ଡିସି ପାୱାରର ଅସୁବିଧା ଦୂର ହୋଇଗଲା। ସେ ସମୟର ପୃଥିବୀରେ ବୈଜ୍ଞାନିକମାନେ ଦୁଇଟି ଶିବିରରେ ବିଭକ୍ତ ହୋଇଯାଇଥିଲେ। ଏଡ଼ିସନ୍ ଡିସି ପାୱାର ଉଦ୍ଭାବନ କରିଥିବାରୁ ଏସି ପାୱାର ବିରୁଦ୍ଧରେ ପ୍ରଚାର କରୁଥିଲେ। । ଟେସ୍‌ଲାଙ୍କର ଏସି ପାୱାର ବିରୁଦ୍ଧରେ ଏଡ଼ିସନ୍‌ଙ୍କ କ୍ୟାମ୍ପ୍ ଲବି କରିବା ଆରମ୍ଭ କରିଦେଲା। ଏସି ପାୱାର ବିପଦ୍‌ଜନକ ବୋଲି ପ୍ରଚାର କଲେ। ଏଡ଼ିସନ୍ ଜଣେ ଅଦ୍ୱିତୀୟ ଉଦ୍ଭାବକ ହେବା ସହିତ ଅସାଧାରଣ ପ୍ରତ୍ୟୁତ୍ପନ୍ନମତି ବ୍ୟବସାୟୀ ଥିଲେ। ଡିସି ପାୱାର ଉତ୍ପାଦନରୁ ମିଲିଅନ୍ ଡଲାରର ରୟାଲ୍‌ଟି ହରେଇଦେବାର ଡର ତାଙ୍କୁ ଘାରିଥିଲା। ତେଣୁ ଏସି ପାୱାରକୁ ବଜାରକୁ ଆସିବାକୁ ବିରୋଧ କରୁଥିଲେ। କିନ୍ତୁ ଟେସ୍‌ଲା ଜଣେ ଖାଣ୍ଟି ସାଇଣ୍ଟିଷ୍ଟ (Pure Scientist) ଥିଲେ। ବ୍ୟବସାୟିକ ସୂକ୍ଷ୍ମ ବୁଦ୍ଧିର ଧାର ଧାରୁନଥିଲେ। ଡିସି ପାୱାର, ଏସି ପାୱାରର ପଥରୋଧ କରିବା ସମ୍ଭବପର ନଥିଲା। ନାଏଗ୍ରାରେ ଏକ ବୃହତ୍ ଜଳ ବିଦ୍ୟୁତ ପ୍ରକଳ୍ପରେ ଏଡ଼ିସନ୍‌ଙ୍କ କମ୍ପାନୀ ପ୍ରତିଯୋଗିତାରେ ହାରିଗଲା। ଟେସ୍‌ଲାଙ୍କ ଟେକ୍ନୋଲୋଜି ନେଇ ୱେଷ୍ଟିଂ ହାଉସ୍ କମ୍ପାନୀ ଏସି ପାୱାରର ବିଦ୍ୟୁତ

ପ୍ରକଳ୍ପର କଣ୍ଟ୍ରାକ୍ଟ ଜିତିଗଲା । ଏଇଠି ଏସି ପାୱାର, ଡିସି ପାୱାରକୁ ଅଚଳନ୍ତି (Obsolete) କରିଦେଲା । ସାରା ପୃଥିବୀ ଏସି ପାୱାରକୁ ଆପଣେଇ ନେଲା । ଟେସ୍‌ଲା କିନ୍ତୁ ଏହାର ଫାଇଦା ଉଠାଇ ପାରିଲେନାହିଁ । ତାଙ୍କ ଟେକ୍ନୋଲୋଜି ବ୍ୟବହାର କରି ଅନ୍ୟମାନେ ପଇସା ରୋଜଗାର କଲେ କିନ୍ତୁ କିଛିଦିନ ପରେ ଟେସ୍‌ଲା ନିଜକୁ ଦେବାଳିଆ ଘୋଷଣା କଲେ । ମୃତ୍ୟୁ ବେଳକୁ କପର୍ଦ୍ଦକଶୂନ୍ୟ ହୋଇଯାଇଥିଲେ ।

୧୮୯୫ରେ ୱେଷ୍ଟିଂ ହାଉସ୍‌ର ବିଦ୍ୟୁତ୍ ପ୍ରକଳ୍ପର ଡିଜାଇନ୍ ଆରମ୍ଭ ହେଲା ନାଏଗ୍ରାର ପ୍ରପାତକୁ ଅକ୍ଷୁର୍ଣ୍ଣ ରଖି । ନାଏଗ୍ରା ପ୍ରପାତଠୁ କିଛି ଦୂର ନଦୀର ତଳମୁଣ୍ଡରେ ଏହାର ଯୋଜନା କରାଗଲା । ୫ଟି ଟନେଲ୍ ଦ୍ୱାରା ପ୍ରପାତର ଉପର ମୁଣ୍ଡରୁ ପାଣି ୧୦କି.ମି. ଦୂର ନଦୀର ତଳମୁଣ୍ଡରେ ଦି' ପାଖରେ ଦୁଇଟି ଜଳଭଣ୍ଡାର ପର୍ଯ୍ୟନ୍ତ ନେବାର ବ୍ୟବସ୍ଥା କରାଗଲା ଓ ୨୯୫ ଫୁଟ୍ ଉଚ୍ଚରୁ ପୁଣି ନାଏଗ୍ରା ନଦୀ ଧାରରୁ ନଦୀକୁ ଛାଡ଼ି ଦିଆଗଲା । ନାଏଗ୍ରା ଫଲ୍ ପାଖରେ ୧୯୦ ଫୁଟ୍ ଉଚ୍ଚତା ବଦଳରେ ୨୯୫ ଫୁଟର ପତନ ମିଳିଗଲା । ବିଦ୍ୟୁତ ଉତ୍ପାଦନ ଅପେକ୍ଷାକୃତ ସହଜ ହୋଇଗଲା । ଟୋପାଏ ପାଣି ଅପଚୟ ନହୋଇ, ନାଏଗ୍ରା ଫଲ୍‌କୁ ଅକ୍ଷୁର୍ଣ୍ଣ ରଖି, ବିଦ୍ୟୁତ୍ ମିଳିଗଲା । ଏଥିପାଇଁ ୧୯୫୦ରେ ଦୁଇଦେଶ ମଧ୍ୟରେ ନାଏଗ୍ରା ଜଳର ଉପଯୋଗ ପାଇଁ 'Niagara River Water Diversion Treaty' ସ୍ୱାକ୍ଷରିତ ହେଲା । ଏହି ରାଜିନାମା ଅନୁସାରେ ହର୍ସ ସୁ ଫଲ୍‌ର କେଇଶହ ମିଟର ଉପରମୁଣ୍ଡରେ ଏକ Weir (ବୁଡ଼ାବନ୍ଧ) ନିର୍ମାଣ କରି ପାଣିକୁ ନିୟନ୍ତ୍ରିତ କରାଗଲା । ଏଇଠୁ ୫ଟି ଟନେଲ୍ (ଆମେରିକା-୨, କାନାଡ଼ା-୩) ତିଆରି ହେଲା ଦୁଇପଟର ନାଏଗ୍ରା ସହର ତଳେ ତଳେ । ନାଏଗ୍ରା ପ୍ରପାତରେ ଦିନବେଳେ ସେକେଣ୍ଡ ପ୍ରତି ପ୍ରାୟ ୧,୦୦,୦୦୦CFT ପାଣି ଛଡ଼ାଯାଏ ପ୍ରପାତକୁ ଜୀବନ୍ତ ରଖିବା ପାଇଁ । ରାତିରେ ଏହାକୁ ଅଧା କରିଦିଆଯାଏ । ୫୦,୦୦୦CFT ପାଣି ଟନେଲରେ ୧୦ କିମି ତଳେ ଥିବା ଜଳଭଣ୍ଡାରକୁ ଚାଲିଯାଏ ଆଉ ଦିନ ସାରା ସେଠି ଟର୍ବାଇନ୍ ଚାଲେ ନନ୍‌ଷ୍ଟପ୍... ମଜା କଥା ନୁହେଁ କି ?

ଶସ୍ତା ଇଲେକ୍ଟ୍ରିସିଟି ନାଏଗ୍ରା ପାଖାପାଖି ଅନେକ କଳ କାରଖାନା ନେଇଆସିଲା । ପୃଥିବୀର ବୃହତ୍ତମ ଆଲୁମିନିଅମ୍ କମ୍ପାନୀ ALCOA ବି ଏଠି ନିଜର ଆଲୁମିନିୟମ ପ୍ଲାଣ୍ଟ ବସାଇଲା । ଯାଛଡ଼ା, ଆହୁରି ଅନେକ ଇଣ୍ଡଷ୍ଟ୍ରି ଚାଲିଲା ବିଂଶ ଶତାବ୍ଦୀର ପ୍ରଥମ ଅର୍ଦ୍ଧଶତାବ୍ଦୀ ପର୍ଯ୍ୟନ୍ତ । ୧୯୬୦ ବେଳକୁ ଶିଳ୍ପ ପ୍ରଦୂଷଣ ବିରୁଦ୍ଧରେ ଜନସାଧାରଣଙ୍କ ଅସନ୍ତୋଷ ଗୁଞ୍ଜରିତ ହେଲାଣି । ଏଇ ସମୟରେ ଏକ ଅଘଟଣ ଘଟିଲା...'Love Canal Tragedy', ୧୯୭୮ରେ । ନାଏଗ୍ରା ସହରର Love Canal ବୋଲି ଜାଗାରେ Industrial Waste (ଶିଳ୍ପ ବର୍ଜ୍ୟବସ୍ତୁ) PIT ରହିଥିଲା । ପାଖ ଇଣ୍ଡଷ୍ଟ୍ରିର ବର୍ଜ୍ୟବସ୍ତୁ

ଏଇଠି ପୋତା ହୋଇଥାଏ। ହଠାତ୍ କୌଣସି କାରଣରୁ PITର କାନ୍ଥ ଲିକ୍ କଲା। ଭୂତଳ ଜଳ ପ୍ରଦୂଷିତ ହୋଇଗଲା। ଘରଗୁଡ଼ିକର ବେସ୍‌ମେଣ୍ଟରେ ପ୍ରଦୂଷିତ ବିଷାକ୍ତ ପାଣି ଝରି ଆସିଲା। ସହରର ପାନୀୟ ଜଳ ପ୍ରଦୂଷିତ ହୋଇଗଲା। ସରକାର (ପ୍ରେସିଡେଣ୍ଟ ଜିମି କାର୍ଟର) ଏହାକୁ ଜାତୀୟ ବିପତ୍ତି ବୋଲି ଘୋଷଣା କଲେ। ସମସ୍ତ କଲ କାରଖାନା ବନ୍ଦ ହୋଇଗଲା। କିନ୍ତୁ ରହିଗଲା ନାଏଗ୍ରା ନଦୀ, ପ୍ରପାତ ଓ ତା'ର ସ୍ଫଟିକ ସ୍ୱଚ୍ଛ ନୀଳ ଜଳରାଶି, ଟୁରିଷ୍ଟ ଓ ସି-ଗଲ୍ ମାନଙ୍କର ଏକଚାଟିଆ ସମ୍ପତ୍ତି ହୋଇ...। ଆମେରିକା ଓ କାନାଡ଼ା ଏହାକୁ ଆହୁରି ସୁନ୍ଦର ଓ ଆକର୍ଷଣୀୟ କରି ଗଢ଼ି ତୋଳିଲେ ଓ ପ୍ରମୁଖ ପର୍ଯ୍ୟଟନ ସ୍ଥଳୀର ମାନ୍ୟତା ଦେଲେ...।

ରାତିରେ ନିକଟସ୍ଥ ଇଣ୍ଡିଆନ୍ ରେଷ୍ଟୁରାଣ୍ଟରେ ଡିନର୍। ଆଜି ସେରାଟନ୍ ନାଏଗ୍ରାରେ ଶେଷ ରାତ୍ରି...।

୦୩.୦୭.୨୦୧୯ (ବୁଧବାର)

ପରଦିନ ବ୍ରେକ୍‌ଫାଷ୍ଟ ପରେ ବ୍ରାଇଡ଼ାଲ୍ ଭେଲ୍ ଫଲ୍‌ର ଆକର୍ଷଣ 'Cave of Winds'. ଲିଫ୍‌ଟ ଆଉ ଟନେଲ୍ ଦେଇ ଗୋଟ୍ ଆଇଲାଣ୍ଡ୍‌ର ନିମ୍ନ ଦେଶକୁ ଯାଇ ବ୍ରାଇଡ଼ାଲ୍ ଭେଲ୍‌ର ପାଦ ଦେଶକୁ ପହଞ୍ଚିବାକୁ ପଡ଼ିବ। 'Cave of Wind'ର Host Company, ରିସିପ୍‌ସନ୍‌ରୁ ହଳଦିଆ ରେନ୍‌କୋଟ୍ ଓ ପ୍ଲାଷ୍ଟିକ ସାଣ୍ଡଲ ପିନ୍ଧି ବାହାରିଲୁ କେଭ୍ ଅଫ ୱିଣ୍ଡ ଆଡ଼କୁ। ପ୍ରପାତର ନିମ୍ନଦେଶ ଉପରୁ ପଡ଼ିଥିବା ପଥରରେ ଭର୍ତ୍ତି। ଯା ଉପରେ ରେଡ୍ ଉଡ୍ କାଠର ଫ୍ରେମରେ Walkway (ଚଲା ରାସ୍ତା) କରାଯାଇଛି। ଏସବୁ ଶୀତଦିନେ ବାହାର କରିନିଆଯାଏ। ପୁଣି ଟୁରିଷ୍ଟ ସିଜିନରେ ବ୍ୟବହାର ହୁଏ। ପ୍ରାୟ ଅଧା କିଲୋମିଟର ୱାକ୍-ୱେରେ ଚାଲିବା ପରେ ପ୍ରପାତର ପାଦଦେଶରେ ପହଞ୍ଚିଲୁ। ପ୍ରାୟ ୧୦୦ ଫୁଟ୍ ଉପରୁ ୬୦ ଫୁଟ୍ ଓସାରରେ ନଦୀର ପାଣି ଉପରୁ ପଡୁଛି। ଏହି ପାଣିର ଚାଦର ଏକ Veil (ଝାଲରର)ର ଭ୍ରମ ସୃଷ୍ଟି କରୁଛି। ତଳେ ପଥର ଉପରେ ଏତେ ପାଣି ପଡ଼ିବାର ଘୁ ଘୁ ଶବ୍ଦ ମନରେ ଭୟ ସୃଷ୍ଟି କରୁଥାଏ ସିନା, ପ୍ରପାତର ତଳକୁ ଯାଇ ଜଳପତନର ୪-୫ ଫୁଟ୍ ଦୂରରେ ଛିଡ଼ା ହେବାରେ ବି ଆଡ଼ଭେଞ୍ଚର ଥାଏ। ଉପରକୁ ଅନାଇଲେ ସୂର୍ଯ୍ୟ କିରଣର ଛଟା ଜଳକଣିକାଗୁଡ଼ିକରେ ଇନ୍ଦ୍ରଧନୁ ସୃଷ୍ଟି କରୁଥାନ୍ତି। ପ୍ରପାତ ଶବ୍ଦ ସହ ବର୍ଷାତି ଉଡ଼ାଇନେଲା ପରି ପବନ ବି ବହୁଥାଏ। ପୂର୍ବରୁ ଏଠି ଏକ ପ୍ରାକୃତିକ ଗୁମ୍ଫା ଥିଲା। କିନ୍ତୁ ସୁରକ୍ଷା ଦୃଷ୍ଟିରୁ ୧୯୫୪ରୁ ଏହାକୁ ବନ୍ଦ କରିଦିଆ ଯାଇଛି। ପବନରେ ଜଳ କଣିକା ସବୁ ଉଡ଼ି ଦେହ, ମୁଣ୍ଡ ଓଦା କରିଦିଅନ୍ତି। ସେଥିପାଇଁ ଏଇ ଜାଗାଟିକୁ 'କେଭ୍ ଅଫ ୱିଣ୍ଡ'(ପବନର ଗୁମ୍ଫା)

କହନ୍ତି। ଏଠିକାର ପବନ ପାଇଁ, ୱାକ୍ ୱେର ଅନ୍ତିମ ଅଂଶକୁ Hurricane Deck କୁହନ୍ତି । କେହି କେହି ଟୁରିଷ୍ଟ ବର୍ଷାତି ଖୋଲିଦେଇ ସମ୍ପୂର୍ଣ୍ଣ ଭିଜିବାର ଆନନ୍ଦ ନେଉଥାନ୍ତି ପ୍ରପାତ ତଳେ ଛିଡ଼ାହୋଇ। ପାଣି ଓ ପବନ ସହ ୧୫ ମିନିଟ୍ ଏକାତ୍ମ ହୋଇସାରିଲା ପରେ କେଭ୍ ଅଫ ୱିଣ୍ଡ୍‌କୁ ବିଦାୟ ଦେବାର ବେଳ। ୱାକ୍-ୱେର ଦୁଇପଟରେ ଅଦ୍‌ଭୁତ ଦୃଶ୍ୟ। ହଜାର ହଜାର ସି-ଗଲ୍ ବସିଥାନ୍ତି ବା ଉଡୁଥାନ୍ତି। ମଣିଷର ଯିବା ଆସିବାରେ ଅଭ୍ୟସ୍ତ ହୋଇଯାଇ ଖାତିର କରୁନଥାନ୍ତି। ହଜାର ହଜାର କାଠିକୁଟାର ବସା ଉପରେ ଅଣ୍ଡା ଓ ବିଭିନ୍ନ ବୟସର ଶାବକ ସବୁ। ଆଖି ନଫିଟିଲା ଠାରୁ ପର ଉଠୁଥିବା ବା ଖଣ୍ଡିଉଡ଼ା ଶିଖୁଥିବା ଶାବକ ସବୁ ବସାରେ ଚିଁ ଚିଁ ଶବ୍ଦ କରୁଥାନ୍ତି। ମା' ସି-ଗଲ୍ ଆହାର ଦେବାର ଦୃଶ୍ୟ ଏତେ ପାଖରୁ ଦେଖିନଥିଲି। ୪-୫ ଫୁଟ୍ ଦୂରରୁ ଦେଖିହୁଏ। ଟିକେ ପାଖକୁ ହାତ ବଢ଼ାଇଲେ ମା' ଓ ବାପ ସି-ଗଲ୍ ତୀବ୍ର ଗତିରେ ପାଖକୁ ଉଡ଼ି ଆସୁଥାନ୍ତି। କିଛି କିଛି ସି-ଗଲ୍ ଚମତ୍କାର ଫଟୋଜେନିକ୍ ପୋଜ୍ ଦେଇ ଛିଡ଼ା ହୋଇଥାଆନ୍ତି ବା ବସିଥାଆନ୍ତି ନିଶ୍ଚିନ୍ତରେ। ନଦୀ ତଳକୁ ଦେଖିଲା ବେଳକୁ ସମଗ୍ର ନାଏଗ୍ରା ଏକ ପ୍ରକାଣ୍ଡ ଇନ୍ଦ୍ରଧନୁରେ ଆଚ୍ଛାଦିତ। ପ୍ରଚ୍ଛଦରେ ହର୍ସ ସୁ ଫଲ୍...। ଫଟୋଗ୍ରାଫରମାନଙ୍କ ପାଇଁ ବିରଳ ସୁଯୋଗ। ଫେରିଲୁ ପ୍ରପାତ ଉପରକୁ। ନଦୀ କୂଳେକୂଳେ କିଛିବାଟ ଉପରମୁଣ୍ଡକୁ ଯାଇ ଫେରିଲି। ନାଏଗ୍ରା ନଦୀ ଏଠି ପ୍ରାୟ ଦେଢ଼ କି.ମି ଓସାର। ନଦୀକୂଳ ବେଞ୍ଚରେ ବସି ପାଦ ତଳେ ବହି ଯାଉଥିବା ସ୍ଫଟିକ ସ୍ୱଚ୍ଛ ପାଣିକୁ ଚାହିଁବା ଏକ ମ୍ୟାଜିକ ଅନୁଭବ। ଉପରେ ମେଘମୁକ୍ତ ନୀଳ ଆକାଶ, ନଦୀରେ ନୀଳ ଜଳଧାରା ଓ ଅପରପାର୍ଶ୍ୱରେ ସବୁଜ ବୃକ୍ଷରାଜିର ଧାରେ ହସ , ଅନ୍ୟ ଏକ ଅନୁଭବ ସତରେ। ଠିକ୍ ପ୍ରପାତ ଉପରେ ଛିଡ଼ା ହେଲେ ଉପରୁ ତଳକୁ ପାଣିସହ ନିଜେ ପଡ଼ିଗଲା ପରି ଲାଗେ। କିଛି ସମୟ ଅବିରାମ ଚାହିଁରହିଲେ ମୁଣ୍ଡ ବୁଲେଇ ଦେବ।

ସମୟ ସରିଲା... ବିଦାୟ ନାଏଗ୍ରା, ବିଦାୟ ସି-ଗଲ୍ ଓ ବିଦାୟ ଦେବଜାନୀ...।

ବସ୍ ଛାଡ଼ିଲା। ଆଜି ବାଟରେ Harisburgରେ ରହଣୀ। କାଲି ୱାସିଂଟନ୍ ଡିସି... ଭାଗ୍ୟରେ ଥିଲେ ଟ୍ରମ୍ପ ଦର୍ଶନ....

■

ଶ୍ୱେତ ପ୍ରାସାଦ ସାମ୍ନାରେ ବିଶ୍ୱଶାନ୍ତିର ଉନ୍ନିଦ୍ର ପ୍ରହରୀ

୦୪.୦୭.୨୦୧୯ (ଗୁରୁବାର)

ସକାଳୁ ସକାଳୁ ହାରିସ୍‌ବର୍ଗ ଛାଡ଼ିଲୁ। ୧୨୦ କି.ମି. ରାସ୍ତା, ବସ୍‌ରେ ଦୁଇ ଘଣ୍ଟାର ଯାତ୍ରା। ଦିନ ୧୧ଟା ବେଳକୁ ପହଞ୍ଚିଲୁ ୱାଶିଂଟନ୍ ଡିସି, ଆମେରିକାର ରାଜଧାନୀ।

ୱାଶିଂଟନ୍ ଡିସି ଏକ ସୁନ୍ଦର ଓ ପରିଛନ୍ନ ସହର। ନ୍ୟୁୟର୍କ ପରି ଏତେ ଭିଡ଼ଭାଡ଼ ନୁହେଁ। ସ୍କାଏସ୍କ୍ରାପରଙ୍କର ଭିଡ଼ ନାହିଁ। ଅଧିକାଂଶ ସୌଧ ସରକାରୀ, ୧୦୦ ବର୍ଷରୁ ଊର୍ଦ୍ଧ୍ୱ, ଗ୍ରୀକ୍ ଆର୍କିଟେକ୍‌ଚର। ସମସ୍ତ ସରକାରୀ ସୌଧ ସଫେଦ୍ ରଙ୍ଗର। ଅନେକ ପ୍ରସିଦ୍ଧ ସୌଧ ଭିତରୁ ସୁପ୍ରିମକୋର୍ଟ, ନ୍ୟାସ୍‌ନାଲ ଲାଇବ୍ରେରୀ, କ୍ୟାପିଟଲ ହିଲ୍ ଓ ହ୍ୱାଇଟ୍ ହାଉସ୍ ଦେଖିବାର ସୁଯୋଗ ମିଳିଲା।

୧୭୮୩ରେ ଆମେରିକା ବ୍ରିଟିଶ ସାମ୍ରାଜ୍ୟ ଠାରୁ ସ୍ୱାଧୀନତା ପାଇଲା। କଂଗ୍ରେସ କାମ କରିବା ଆରମ୍ଭ କରିଥାଏ, ବିଭିନ୍ନ ସହରରେ କଂଗ୍ରେସ ବସୁଥାଏ। ସ୍ଥାୟୀ ରାଜଧାନୀ ନଥାଏ। ଜର୍ଜ ୱାଶିଂଟନଙ୍କ ନେତୃତ୍ୱରେ ସ୍ୱାଧୀନତା ମିଳିଥାଏ ଓ ନୂଆ ସରକାର ବିଭିନ୍ନ ସମସ୍ୟାରେ ବ୍ୟସ୍ତ ଥାଏ। ଜୁନ୍ ୧୭୮୩ରେ ପେନ୍‌ସିଲ୍‌ଭାନିଆର ଫିଲାଡ଼େଲଫିଆ ସହରରେ କଂଗ୍ରେସ ଅଧିବେଶନ ଚାଲିଥାଏ। ହଠାତ୍ ୪୦୦ ସୈନିକ ବାକିଆ ଦରମା ପାଇଁ କଂଗ୍ରେସକୁ ଘେରାଉ କରିଦେଲେ। ପେନ୍‌ସିଲ୍‌ଭାନିଆ ଷ୍ଟେଟ୍ କିଛି ପଦକ୍ଷେପ ନେଲାନାହିଁ। ଏହି ବିଦ୍ରୋହକୁ ପେନ୍‌ସିଲ୍‌ଭାନିଆ ମ୍ୟୁଟିନି ବୋଲି କୁହାଯାଏ। କୌଣସି ଉପାୟରେ ମ୍ୟୁଟିନି ଶାନ୍ତ କରାଗଲା। କିନ୍ତୁ ଫେଡ଼େରାଲ ସରକାର କୌଣସି ଷ୍ଟେଟ୍ ଉପରେ ନିର୍ଭର ନକରି ନିଜର ନିରାପତ୍ତା ପାଇଁ ନିଜର ବ୍ୟବସ୍ଥା

କରିବାକୁ ଠିକ୍ କଲା। ନ୍ୟାସ୍‌ନାଲ କ୍ୟାପିଟାଲ୍‌ର ପରିକଳ୍ପନା ହେଲା। ୧୭୯୦ରେ ପୋଟୋମାକ୍ ନଦୀ କୂଳରେ ମ୍ୟାରିଲାଣ୍ଡ ଓ ଭର୍ଜିନିଆ ଦୁଇ ଷ୍ଟେଟ୍‌ଠାରୁ କିଛି କିଛି ଜାଗା ନେଇ ରାଜଧାନୀର ନକ୍ସା ତିଆରି କରାଗଲା। ଦୁଇଟି ଛୋଟ ସହର ଆଲେକ୍‌ଜାଣ୍ଡ୍ରିଆ ଓ ଜର୍ଜ ଟାଉନ୍‌କୁ ନେଇ ନୂଆ ସହର ଜାତିର ପିତା ଓ ପ୍ରଥମ ରାଷ୍ଟ୍ରପତି ଜର୍ଜ ୱାଶିଂଟନ୍‌ଙ୍କ ନାଁରେ ଗଠନ କରାଗଲା। ଫେଡ଼େରାଲ ଡିଷ୍ଟ୍ରିକ୍ଟ କଲମ୍ବିଆ ଅଧିନରେ ଏହା ରହିଲା। ରାଷ୍ଟ୍ରର ରାଜଧାନୀ ହୋଇଥିବାରୁ କୌଣସି ଷ୍ଟେଟ୍‌ର ଅନ୍ତର୍ଗତ ନହୋଇ ସିଧା କଂଗ୍ରେସ ଦ୍ୱାରା ଶାସିତ ଏକ କାଉଣ୍ଟି ହିସାବରେ ରହିଲା।* କାଉଣ୍ଟି ତରଫରୁ ଜଣେ ପ୍ରତିନିଧି କଂଗ୍ରେସରେ ସ୍ଥାନ ପାଆନ୍ତି ଭୋଟ୍ ଅଧିକାର ନଥାଇ। କିନ୍ତୁ ସିନେଟ୍‌ରେ ପ୍ରତିନିଧି ନଥାନ୍ତି। ରାଜଧାନୀର ପୁରା ନାଁ ହେଉଛି ୱାଶିଂଟନ୍ ଡିସି। ଅର୍ଥାତ୍ ୱାଶିଂଟନ୍, ଡିଷ୍ଟ୍ରିକ୍ଟ ଅଫ କଲମ୍ବିଆ।

କ୍ୟାପିଟଲ ହିଲ୍ (CAPITOL HILL) :

ବସ୍‌ରୁ ଓହ୍ଲାଇ ସିଧା ଚାଲିଲୁ କ୍ୟାପିଟଲ ହିଲ୍। କ୍ୟାପିଟଲ୍ ହିଲ୍ ହେଉଛି ଆମେରିକାନ୍ କଂଗ୍ରେସର ଠିକଣା। ଫେଡ଼େରାଲ ସରକାରର ଆଇନ୍ ପ୍ରଣୟନକାରୀ ଅଙ୍ଗ ହେଉଛି କଂଗ୍ରେସ (ଆମ ପାର୍ଲିଆମେଣ୍ଟ ପରି)। ଏହା ଦୁଇ ସଦନ ବିଶିଷ୍ଟ - House of Representative ଓ House of Senate (ଆମର ଲୋକସଭା ଓ ରାଜ୍ୟସଭା ପରି)। ପ୍ରେସିଡେଣ୍ଟ କଂଗ୍ରେସର ପରାମର୍ଶରେ ଶାସନ ଚଳାନ୍ତି। କଂଗ୍ରେସ ପାଇଁ ୧୭୯୦ରେ ଗଢ଼ାଗଲା, ହାଉସ୍ ଅଫ କଂଗ୍ରେସ୍। ସେ ସମୟର ସେକ୍ରେଟେରୀ ଅଫ୍ ଷ୍ଟେଟ୍ ଥୋମାସ୍ ଜେଫରସନ୍ (ପରବର୍ତ୍ତୀ କାଳରେ ଭାଇସ୍‌ପ୍ରେସିଡ଼େଣ୍ଟ ଓ ପ୍ରେସିଡେଣ୍ଟ ହେଲେ) ଏହାର ନାଁ ଦେଲେ 'CAPITOL' ଏହାର ଅର୍ଥ କ୍ୟାପିଟାଲ ସମ୍ପର୍କିତ ନୁହଁ। ଲାଟିନ୍ ଶବ୍ଦ 'କ୍ୟାପିଟଲ' ଆସିଛି ରୋମ୍‌ର ସେଭେନ୍ ହିଲ୍‌ର

---

* ଏଇ ଧାରଣାରେ ବୋଧେ ଆମର ରାଜଧାନୀ ଦିଲ୍ଲୀକୁ ୟୁନିଅନ ଟେରୀଟୋରୀ କରି ରଖାଯାଇଥିଲା। ପରବର୍ତ୍ତୀ ସମୟରେ ରାଜନୀତିକ କାରଣରୁ ଏହାକୁ ଅଧା ରାଜ୍ୟର ମାନ୍ୟତା ଦିଆଗଲା। ପୋଲିସ ଓ କିଛି ପ୍ରଶାସନିକ କ୍ଷମତା କେନ୍ଦ୍ରସରକାରଙ୍କ ପ୍ରତିନିଧି ଲେଫ୍ଟନାଣ୍ଟ ଗଭର୍ଣ୍ଣରଙ୍କ ହାତରେ ରହିଲା। ଏହାକୁ ବିରୋଧ କରି ମୁଖ୍ୟମନ୍ତ୍ରୀ କେଜ୍ରିୱାଲ ଧାରଣା, ଧର୍ମଘଟ ଠାରୁ ଆରମ୍ଭ କରି ବିଚାରାଳୟର ହସ୍ତକ୍ଷେପ ଚାହିଁଥିଲେ। ଭାଗ୍ୟକୁ ବିଚାରାଳୟ ଏହାକୁ ଆଗକୁ ବଢ଼ିବାକୁ ଦେଲାନି। କେଜ୍ରିୱାଲଙ୍କର ପ୍ରଧାନମନ୍ତ୍ରୀ ଓ ରାଷ୍ଟ୍ରପତିଙ୍କୁ ଶାସନ କରିବା ସ୍ୱପ୍ନ ଏଇଠି ଅନ୍ତ ହୋଇଗଲା।

ଅନ୍ୟତମ ପର୍ବତ CAPITOLINE ରୁ, ଯେଉଁଠି ରହିଛି ଜୁପିଟରଙ୍କ ମନ୍ଦିର। ଏହାର ଗଠନ କାଳ ୧୭୯୩-୧୭୯୫। ଦକ୍ଷିଣ ପକ୍ଷ (Right Wing)ରେ ହାଉସ୍ ଅଫ ରିପ୍ରେଜେଣ୍ଟେଟିଭ୍ ଓ ବାମ ପକ୍ଷ (Left Wing) ରେ ହାଉସ୍ ଅଫ ସିନେଟ୍। ଉଭୟ ସଦନ ପାଇଁ ୪୩୫ ରିପ୍ରେଜେଣ୍ଟେଟିଭ୍ ଓ ୧୦୦ ସିନେଟର୍ ଲୋକମାନଙ୍କ ଦ୍ୱାରା ନିର୍ବାଚିତ ହୁଅନ୍ତି।

କ୍ୟାପିଟଲ ହିଲ୍‌ର ଇଣ୍ଟେରିଅର ଆମେରିକାର ବିଖ୍ୟାତ ଶିଳ୍ପୀମାନଙ୍କ ଦ୍ୱାରା ସୁସଜ୍ଜିତ। ସବୁଠୁ ଇଣ୍ଟ୍ରେଷ୍ଟିଂ ହେଲା ଏହାର ଗମ୍ବୁଜ (Dome)। ପ୍ରଥମେ ଏହା କାଠରେ ତିଆରି ହୋଇଥିଲା। ମାତ୍ର ୧୮୬୩ରେ ଏହାକୁ ଅପସାରିତ କରି ୪.୫୦୦ ଟନ୍‌ର କାଷ୍ଟ୍ ଆଇରନ୍‌ର ଗମ୍ବୁଜ ଲଗାଯାଇଥିଲା। ସଫେଦ୍ ରଙ୍ଗର ଏହି ସୌଧ ଟୁରିଷ୍ଟମାନଙ୍କ ପାଇଁ ଏକ ପ୍ରମୁଖ ଆକର୍ଷଣ। ଚାରିପଟେ ନାଁ ଅଛି ପାଚେରୀ, ନାଁ ଅଛି ତାରବାଡ଼, କେବଳ ସବୁଜ ଘାସର ଗାଲିଚା - ଲନ୍। ଠାଏ ଠାଏ ଫୁଲର ଶଯ୍ୟା ଓ ପାଣିର ଫୁଆରା। କ୍ୟାପିଟଲ ହିଲ୍‌ର ପାଦଦେଶ ପର୍ଯ୍ୟନ୍ତ ଯାଇହେବ। ଏଠି ସେଠି ଜଣେ ଜଣେ ଗାର୍ଡ଼ ଠିଆ ହୋଇଥାନ୍ତି। ଚାରିପଟେ ବୁଲିବା ପାଇଁ କିଛି କଟକଣା ନାହିଁ। କ୍ୟାପିଟଲ ହିଲ୍‌ର ପାଖକୁ ଯାଇ ଫଟୋ ଉଠାଇଲୁ। ଏତେ ସୁନ୍ଦର ସୌଧ ଦେଖିଲା ପରେ ଆହୁରି ଆହୁରି ଦେଖିବାକୁ ଇଚ୍ଛା ହୁଏ। କିଛି ଦୂରରେ ସୁପ୍ରିମ୍‌କୋର୍ଟ ଓ ଲାଇବ୍ରେରୀ ଅଫ କଂଗ୍ରେସ୍। ଏହା ହେଉଛି ପୃଥିବୀର ବୃହତ୍ତମ ଲାଇବ୍ରେରୀ।

ହ୍ୱାଇଟ୍ ହାଉସ୍ :

ତା'ପରର ଆକର୍ଷଣ ହ୍ୱାଇଟ୍ ହାଉସ୍। ବସ୍‌ରୁ ଓହ୍ଲାଇ ଏକ କିଲୋମିଟର ଚାଲିବାକୁ ପଡ଼ିଲା। ଏଇ ଏକ କିଲୋମିଟର ଭିତରେ ଗାଡ଼ିମଟର ଯାତାୟତର କଟକଣା। Lafayette Park ଭିତର ଦେଇ ଚାଲିଲୁ। ୭ ଏକରର ଏହି ପାର୍କରେ ଆମେରିକାନ୍ ସିଭିଲ୍‌ୱାର ହୀରୋମାନଙ୍କର ଷ୍ଟାଚ୍ୟୁ ସବୁ ରହିଛି। ସମସ୍ତ ଷ୍ଟାଚ୍ୟୁ ମଧ୍ୟରେ ଅଗ୍ରଗଣ୍ୟ ହେଉଛି ଫ୍ରେଞ୍ଚ୍ ଜେନେରାଲ ଲାଫାୟେତ୍‌ଙ୍କର। ସେ ଫ୍ରାନ୍ସର ନାଗରିକ ହୋଇଥିଲେ ବି ଆମେରିକାନ୍ ସିଭିଲ ୱାର୍‌ରେ ଅତି ମହତ୍ତ୍ୱପୂର୍ଣ୍ଣ ଭୂମିକା ଗ୍ରହଣ କରିଥିଲେ ଓ ବ୍ରିଟିଶମାନଙ୍କ ସହିତ ଅନେକ ଯୁଦ୍ଧରେ ବିଜୟ ଲାଭ କରିଥିଲେ। ସେ ପ୍ରଧାନ ସେନାପତି ଜର୍ଜ ୱାଶିଂଟନ୍‌ଙ୍କର ଅତି ପ୍ରିୟ ବନ୍ଧୁ ଥିଲେ। ଫ୍ରାନ୍ସର ସମର୍ଥନ ବ୍ରିଟିଶ ସୈନ୍ୟମାନଙ୍କ ସହିତ ଯୁଦ୍ଧରେ ନିତାନ୍ତ ଆବଶ୍ୟକ ଥିଲା। ତାଙ୍କରି ପ୍ରଚେଷ୍ଟାରେ ଫ୍ରାନ୍ସ ପ୍ରଥମେ ଆମେରିକାକୁ ସ୍ୱାଧୀନ ଦେଶ ଭାବରେ ମାନ୍ୟତା ଦେଇଥିଲା। ସେଇଥିପାଇଁ ଆମେରିକାନ୍ ସିଭିଲ ୱାର୍‌ରେ ଜେନେରାଲ ଲାଫାୟେତ୍‌ଙ୍କ ନାଁ ସମ୍ମାନର ସହିତ

ନିଆଯାଏ। ଆମେରିକାର ସ୍ୱାଧୀନତା ପରେ ସେ ଫ୍ରାନ୍ସ ଫେରିଯାଇଥିଲେ। ତାଙ୍କରି ସମ୍ମାନରେ ଏ ପାର୍କ ନାମିତ ହୋଇଥିଲା।

ଶେଷରେ ଆସିଗଲା ସେଇ ପ୍ରତୀକ୍ଷିତ ମୁହୂର୍ତ୍ତ, ହ୍ୱାଇଟ୍ ହାଉସ୍ ଦର୍ଶନ...। ମନରେ ଆଗ୍ରହ, ଉଦ୍‌ବେଗ, ଛାତି ଦମ୍‌ଦମ୍ ଭିତରେ ପହଞ୍ଚିଗଲୁ 1600, Pennsylvania Avenue ସାମ୍ନାରେ। ୧୦୦ ଫୁଟ୍ ଦୂରରେ ରାସ୍ତାର ଆରପଟେ ହ୍ୱାଇଟ୍ ହାଉସ୍, ପୃଥିବୀର ସବୁଠୁ ଶକ୍ତିଶାଳୀ ଲୋକର ଘର। କେତେ ଫିଲ୍ମ, ଟିଭି ସୋ, ସମ୍ବାଦରେ ଏଇ ଘରକୁ ଦେଖିଥିବୁ। ଚିତ୍ର ତ ମନତଳେ ଅଙ୍କା ହୋଇଅଛି, ଭୁଲ୍ ହେବାର ନାହିଁ। ମାତ୍ର ଏ କ'ଣ? ମନଟା ମୋର ପାଣିଚିଆ ହୋଇଗଲା। ସବୁ ଯାତ୍ରୀଙ୍କ ଅବସ୍ଥା ସେୟା। ଜଣେ ତାମିଲ ଭଦ୍ରମହିଳା ମୁଣ୍ଡରେ ହାତ ଦେଇ ଖଣ୍ଟି ଇଂରାଜୀରେ କହିଲେ, "So small house ! Not happy... ।" ବସି ପଡ଼ିଲେ ଲଥକରି ଏକ ବେଞ୍ଚିରେ। ସମସ୍ତ ଆଗ୍ରହ ମରିଗଲା। ଆମ ଭୁବନେଶ୍ୱରର ଅନେକ ଘରଠାରୁ ଛୋଟ। ମାତ୍ର ଦି'ମହଲା, ୬୦-୭୦ଫୁଟ୍ ଓସାର ଓ ୨୫-୩୦ଫୁଟ୍ ଉଚ୍ଚତାର ଏକ ଧଳା ରଙ୍ଗର ଘର। ଘର ସାମ୍ନାରେ ୪୦-୫୦ ଫୁଟ୍ ଲନ୍। ତା'ପରେ ୧୦ ଫୁଟ୍ ଉଚ୍ଚତାର ଆଇରନ୍ ଫେନ୍‌ସ। ଶେଷରେ ଜନସାଧାରଣ ରାସ୍ତା - ପେନ୍‌ସିଲ୍‌ଭାନିଆ ଆଭେନ୍ୟୁ, ୧୫୦-୨୦୦ ଫୁଟ୍ ଦୂରରେ। ଶହଶହ ଲୋକଙ୍କର ଭିଡ଼ ରାସ୍ତା ଉପରେ। ଦର୍ଶକ ଓ ଆଇରନ୍ ଫେନ୍‌ସ ଭିତରେ ଛିଡ଼ା ହୋଇଥାଏ ଜଣେ ନାଭି ସିଲ୍ (କମାଣ୍ଡୋ) ଅତ୍ୟାଧୁନିକ ଅସ୍ତ୍ରଶସ୍ତ୍ରରେ ସଜ୍ଜିତ ହୋଇ। ଏତେ ବଡ଼ ମହତ୍ତ୍ୱପୂର୍ଣ୍ଣ ସୌଧ ସାମ୍ନାରେ ମାତ୍ର ଗୋଟିଏ ପ୍ରହରୀ!! ସାଦା ପୋଷାକରେ ଅଧିକ ଥାଇପାରନ୍ତି। ଇଲେକ୍ଟ୍ରୋନିକ୍ ସର୍ଭେଲାନ୍ସ ଯୁଗରେ ମଣିଷ ପ୍ରହରୀ କ'ଣ ଦରକାର? ହ୍ୱାଇଟ୍ ହାଉସ୍‌ର ୨୦୦ ଫୁଟ୍ ଦୂରରୁ ମନଇଚ୍ଛା ଫଟୋ ନେଲୁ। ଶହଶହ ଦେଖଣାହାରୀ ଓ ବିକ୍ଷୋଭ ପ୍ରଦର୍ଶନକାରୀ ପ୍ଲାକାର୍ଡ଼ ନେଇ ବୁଲୁଥାନ୍ତି। କିନ୍ତୁ ସ୍ଲୋଗାନ୍ ନାହିଁ କି ବିଶୃଙ୍ଖଳା ନାହିଁ। ସମସ୍ତେ ସ୍ୱାଧୀନ ଅନ୍ୟର ସ୍ୱାଧୀନତାକୁ ବିପନ୍ନ ନକରି। ଆମେ ଦି'ତିନିଜଣ ବି ଆନ୍ଦୋଳନକାରୀଙ୍କ ସହ ମିଶିଗଲୁ। ବସିଗଲୁ ରାସ୍ତା ଉପରେ ୧୦-୧୫ ମିନିଟ୍ ପାଇଁ ପ୍ରେସିଡେଣ୍ଟଙ୍କୁ ବିରୋଧ କରି (କିଛି କାରଣ ନ ଥାଇ)! କଲେଜ ଧର୍ମଘଟରେ ବି ମଜ୍ଜା ଥାଏ। ହ୍ୱାଇଟ୍ ହାଉସ୍ ସାମ୍ନାରେ ବସିବାର ଅନୁଭୂତି ସାରା ଜୀବନ ମନେ ରହିବ।

ଦେଖଣାହାରୀ ଓ ବିକ୍ଷୋଭକାରୀଙ୍କ ଭିତରେ ମିଶିଯାଇ ଫଟୋ ଉଠାଇବାରେ ଲାଗିଗଲି। ହଠାତ୍ ଆଖି ରହିଗଲା ରାସ୍ତା ଆରପଟେ ଗୋଟେ ଚିରାଫଟା ପଲିଥିନ୍‌ରେ ତିଆରି ଛୋଟ ଇଗ୍‌ଲୁ ପରିକା ତମ୍ବୁ ଉପରେ। ତା' ଭିତରୁ ଦିଶୁଥାଏ ଏକ ଶ୍ମଶ୍ରୁଭରା ମୁହଁ। ଆଶ୍ଚର୍ଯ୍ୟ ହୋଇ ପାଖକୁ ଗଲି। କେବେ ଗାଧୋଇ ନଥିବା ଓ ନିଶଦାଢ଼ୀ

ନକାଟିଥିବା ଜଣେ ବୃଦ୍ଧ ଭଙ୍ଗା ଚୌକିରେ ବସି ବିଭିନ୍ନ ପ୍ଲାକାର୍ଡ଼ ଦେଖାଉଛନ୍ତି । ତମ୍ବୁ ଦେହରେ ଲେଖାଯାଇଛି ଅନେକ ସ୍ଲୋଗାନ୍ । ଚାରିପଟେ ପ୍ଲାକାର୍ଡ଼ ସବୁ ପୋତାଯାଇଛି ବିଭିନ୍ନ ସ୍ଲୋଗାନ୍ ସହିତ ।

Love thy Neighbour, No exception,
Human rights, Not Trump Rights,
Wanted wisdom & honesty ,
War is not the Answer,
Nukes are not polite.

ଆହୁରି ଅନେକ ପଲିଟିକାଲି ରୋମାଣ୍ଟିକ୍ ସ୍ଲୋଗାନ୍ ସବୁ । ବୁଝିପାରିଲିନି, ଏସବୁର ଦାବି ପୂରଣ ପାଇଁ ହ୍ୱାଇଟ୍ ହାଉସ୍ ଆଗରେ ଧର୍ମଘଟ କରିବା କ'ଣ ଦରକାର ! ଗାଇଡ୍ କହିଲେ, "He is sitting here since last few years". "Last few years !" ମୋ କାନକୁ ବିଶ୍ୱାସ କରିପାରିଲିନି । ପ୍ରଶାସନ କେମିତି ଅନୁମତି ଦେଇଛି, ଏତେ ଅସନା ଜିନିଷକୁ ହ୍ୱାଇଟ୍ ହାଉସ୍ ସାମ୍ନାରେ ରହିବାକୁ ବର୍ଷ ବର୍ଷ ? ପଛରେ ବୁଝିଲି ଏହାର ଇତିହାସ । Few years ମାନେ ୩୮ ବର୍ଷ !

PEACE VIGIL :

ଏଇ ତମ୍ବୁ ଏକ ଲମ୍ବା ଆନ୍ଦୋଳନର ପଦ ଚିହ୍ନ । ପିସ୍ ଭିଜିଲ୍ ଅର୍ଥ 'ଶାନ୍ତି ପାଇଁ ଅନିଦ୍ରା' ବା 'ଶାନ୍ତି ପାଇଁ ସତର୍କ ନଜର' । ଏଇଠି ବସି ବିଶ୍ୱ ଶାନ୍ତିର ରକ୍ଷଣା ବେକ୍ଷଣ କରାଯାଉଛି ! ଜୁନ୍ ୩, ୧୯୮୧ରୁ ଯାର ଆରମ୍ଭ । ୱିଲିୟମ ଥୋମାସ୍ ନାମକ ଜଣେ ବ୍ୟକ୍ତି ଏଠି ୨୪ ଘଣ୍ଟା ବସିବାର ଶୁଭାରମ୍ଭ କରିଥିଲେ । ସେ ପ୍ରଥମେ ହ୍ୱାଇଟ୍ ହାଉସ୍ ସାମ୍ନାରେ ଶୋଉଥିଲେ ଖୋଲା ଆକାଶ ତଳେ । ଅଗଷ୍ଟ ୧୯୮୧ରେ Concepcion Picciotto ନାମ୍ନି ଜଣେ ଭଦ୍ରମହିଳା ତାଙ୍କ ସହିତ ମିଶିଲେ ଓ ଏକ ପ୍ଲାଷ୍ଟିକ୍ ତମ୍ବୁ ଯୋଗାଡ଼ କରିଦେଲେ । ଏପ୍ରିଲ ୧୯୮୪, ଏଲେନ୍ ବେଞ୍ଜାମିନ୍ ନାମ୍ନି ଜଣେ ମହିଳା ଥୋମାସଙ୍କ ସହିତ ପ୍ରଥମ ଦେଖାରେ ପ୍ରେମ ଓ ବିବାହ ବନ୍ଧନରେ ବାନ୍ଧି ହୋଇ ଏହି ଆନ୍ଦୋଳନରେ ମିଶିଲେ । ତା'ପରେ ଆହୁରି ଅନେକ ଲୋକ ଏଇ ଆନ୍ଦୋଳନରେ ଯୋଡ଼ିହୋଇଗଲେ । ୧୯୮୦-୮୧ ଶୀତଳ ଯୁଦ୍ଧର ସମୟ । ଇରାନ୍ ୫୨ ଜଣ ଆମେରିକୀୟ ରାଷ୍ଟ୍ରଦୂତଙ୍କୁ ୪୪୪ ଦିନ ମୁଣ୍ଡ ଜାମିନ ରଖିଥାଏ । ସେମାନଙ୍କୁ ମୁକୁଳାଇବା ପାଇଁ 'ଅପରେସନ୍ ଇଗଲ କ୍ଲ' ଗୋଟେ ହେଲିକପ୍ଟର କ୍ରାସ୍‌ରେ ଫେଲ୍ ମାରିଯାଇଥାଏ; ଲିବିଆ ସହିତ ଆମେରିକାର ବିବାଦ ଚରମ ସୋପାନରେ ଥାଏ; ଇସ୍ରାଏଲ, ବେରୁଟ୍‌ରେ ଥିବା PLO ହେଡ୍‌କ୍ୱାର୍ଟର ଉପରେ ବୋମାମାଡ଼ କରିଥାଏ ।

ଏଇ ସମୟରେ ରୋନାଲ୍ଡ ରେଗାନ୍ ପ୍ରେସିଡେଣ୍ଟ ହିସାବରେ ଦାୟିତ୍ୱ ନେଲେ। ରୁଷିଆ ଓ କ୍ୟୁବା ସହ ମନୋମାଳିନ୍ୟ ବି ଚାଲିଥାଏ। ୧୯୭୫ରେ ଆମେରିକା ଭିଏତ୍‌ନାମ୍ ଯୁଦ୍ଧରୁ ବାହାରି ଆସିଥାଏ। ପରମାଣୁ ଯୁଦ୍ଧର ବାଦଲ ସାରା ପୃଥିବୀ ଉପରେ ଝୁଲୁଥାଏ। ଆମେରିକାନ୍‌ମାନେ ଅନ୍ୟଦେଶ ପାଇଁ ନିଜେ ଅର୍ଥ ଓ ଜନବଳ ଖର୍ଚ୍ଚ କରିବାକୁ ପଛଘୁଞ୍ଚା ଦେଉଥାନ୍ତି। ଏ ସମୟରେ ଏହି ଆନ୍ଦୋଳନ ପରମାଣୁ ବିରୋଧୀ ଚିନ୍ତାଧାରାରୁ ଜନ୍ମ ନେଇଥିଲା। ପିସ୍ ଭିଜିଲର ସଦସ୍ୟ ସଂଖ୍ୟା ବଢ଼ିଗଲା। ପ୍ଲାଷ୍ଟିକ୍ ଓ ପଲିଥିନ୍‌ର ଇଗ୍‌ଲୁ ହ୍ୱାଇଟ୍ ହାଉସ୍ ସାମ୍ନାରେ ରହିଥାଏ, ପୋଲିସର ଅନେକ ଚେଷ୍ଟା ସତ୍ତ୍ୱେ। ଧନ୍ୟବାଦ୍ ଦେବାକୁ ପଡ଼ିବ ଥୋମାସ୍‌ଙ୍କ ଆଇନ ଜ୍ଞାନ ପାଇଁ। ଆଇନ ଅନୁସାରେ ଲାଫାୟେତ୍ ପାର୍କ ପରି ସାର୍ବଜନିକ ଜାଗାରେ ସ୍ଥାୟୀ ତମ୍ବୁ ବା ନିର୍ମାଣ କରାଯାଇ ପାରିବ ନାହିଁ। କିନ୍ତୁ ପିସ୍ ଭିଜିଲର ତମ୍ବୁ ତ ସ୍ଥାୟୀ ନୁହଁ! ୩-୪ଟି ପଲିଥିନ୍‌ର ଆବରଣ ମାତ୍ର! ଲୋକ ନଥିବା ବେଳେ ପୋଲିସ ଏହାକୁ ବାଜ୍ୟାପ୍ତି କରିଦେଇପାରେ। ସେଥିପାଇଁ ୨୪ ଘଣ୍ଟା ଏଥିରେ କେହି ନା କେହି ପାଳିକରି ବସି ରହନ୍ତି ବର୍ଷା, ଶୀତ, ଖରା ବା ବରଫ ଝଡ଼ ଭିତରେ। ଏଠି କେହି ଆନ୍ଦୋଳନ କରିପାରିବେ ନାହିଁ। କିନ୍ତୁ ଏମାନେ ଖାଲି ବସି ରହିଲେ ନିଃଶବ୍ଦରେ ଶାନ୍ତି ଭଙ୍ଗ ନକରି! ପ୍ଲାକାର୍ଡ଼ ଛଡ଼ା କୌଣସି ଆନ୍ଦୋଳନାତ୍ମକ କାର୍ଯ୍ୟ ନଥାଏ। ୧୯୮୧ରୁ ୨୦୧୯ ଅଠତିରିଶ ବର୍ଷ ଧରି ଏହି ନିଃଶବ୍ଦ ଆନ୍ଦୋଳନ ଚାଲିଆସୁଛି। ଆଙ୍ଗୁଠି ଅଗରେ ଗଣି ହେଲା ଭଳି କେତେଜଣ ସ୍ୱେଚ୍ଛାସେବୀଙ୍କ ଦ୍ୱାରା ପୃଥିବୀର ସବୁଠୁ ଶକ୍ତିଶାଳୀ ବ୍ୟକ୍ତି ବିରୁଦ୍ଧରେ ତା'ରି ଘର ସାମ୍ନାରେ ସବୁଠାରୁ କଠୋର ପୋଲିସର ନାକତଳେ ଏହି ଶବ୍ଦାତୀତ କ୍ରାନ୍ତି ଚାଲିଛି। କୋର୍ଟକୁ ଏମାନେ ଯୁକ୍ତିକରି ବୁଝାଇ ଦେଲେ ଯେ ସେମାନେ କେବଳ ସତର୍କ ନଜର (Vigil) ରଖିଛନ୍ତି ରାଷ୍ଟ୍ରପତିଙ୍କ କାମର, କୌଣସି ଆଇନ ଓ ଶାନ୍ତି ଭଙ୍ଗ ନକରି। ଆମେରିକାନ୍ କୋର୍ଟ ବି ଖୁବ୍ ଶାନ୍ତିପ୍ରିୟ ଓ ଆଇନର ସଂରକ୍ଷକ! କୋର୍ଟ ଏମାନେ କୌଣସି ଆଇନ ଭଙ୍ଗ କରୁଥିବାର ପ୍ରମାଣ ପାଇଲା ନାହିଁ। ସେମାନଙ୍କ ସପକ୍ଷରେ ନିର୍ଣ୍ଣୟ ଗଲା। ତେଣୁ ପୋଲିସ ନାଚାର ଓ ଇଗ୍‌ଲୁକୁ ମିଳିଗଲା ଅଲିଖିତ ଦୀର୍ଘମିଆଦି ଲିଜ୍। ମଜାର କଥା, ୧୨ ସେପ୍ଟେମ୍ବର ୨୦୧୩ ରାତି... ପିସ୍ ଭିଜିଲର ଇଗ୍‌ଲୁରେ ଆକସ୍ମିକ କେହି ନଥିଲେ। ଦୀର୍ଘ ୩୨ ବର୍ଷ ପରେ ଦିନେ ପୂର୍ବାହ୍ନରେ ଇଗ୍‌ଲୁ ଖାଲିଥିଲା କେଇଘଣ୍ଟା ପାଇଁ। ପୋଲିସ ପାଇଁ ସୁବର୍ଣ୍ଣ ସୁଯୋଗ। ସମ୍ପୂର୍ଣ୍ଣ ଇଗ୍‌ଲୁକୁ ଉଠାଇ ଦେଲା। ତା' ପରଦିନ ସକାଳୁ ଲାଫାୟେତ୍ ସ୍କୋୟାର ଖାଲି କିନ୍ତୁ ସମସ୍ତ ଖବରକାଗଜର ପ୍ରଥମପୃଷ୍ଠା ଭର୍ତ୍ତି। ୱାଶିଂଟନ୍ ପୋଷ୍ଟ, ନ୍ୟୁୟର୍କ ଟାଇମ୍‌ସ ପରି ସମ୍ଭ୍ରାନ୍ତ ସମ୍ବାଦପତ୍ର ଏହାକୁ ବଡ଼ ବଡ଼ ଅକ୍ଷରରେ ଛାପିଲେ। ସାରା ଆମେରିକାରେ ଚହଳ ପଡ଼ିଗଲା।

ବ୍ୟକ୍ତି ସ୍ୱାଧୀନତା ଉପରେ ପୋଲିସର ବର୍ବର ଆଚରଣ! ପିସ୍ ଭିଜିଲର ସ୍ୱେଚ୍ଛାସେବକମାନେ, ନିଜର ପରିଚିତି ଦେଇ ପୋଲିସ ପାଖରୁ ସମସ୍ତ ଜବତ ମାଲ୍ ନେଇଆସିଲେ। ସନ୍ଧ୍ୟା ସୁଦ୍ଧା ରାଷ୍ଟ୍ରପତିଙ୍କ ନିକଟତମ ପ୍ରତିବେଶୀ ପୁଣି ନିଜ ସ୍ଥାନରେ ଅବସ୍ଥାପିତ ହେଲେ।

ଆନ୍ଦୋଳନର ଜନ୍ମଦାତା ୱିଲିୟମ ଥୋମାସ୍ ମୃତ୍ୟୁ ପର୍ଯ୍ୟନ୍ତ (୨୩ ଜାନୁଆରୀ ୨୦୦୯) ଏଠି ବସୁଥିଲେ। ତାଙ୍କ ପରେ Picciotto ଆନ୍ଦୋଳନର ପୁରୋଭାଗରେ ରହି ଚଳାଇ ଆସିଲେ, ୮୦ ବର୍ଷ ବୟସରେ ତାଙ୍କର ମୃତ୍ୟୁ ହେବା ପର୍ଯ୍ୟନ୍ତ (୨୫ ଜାନୁଆରୀ ୨୦୧୬)। କିନ୍ତୁ ଏମାନଙ୍କ ମୃତ୍ୟୁରେ ଆନ୍ଦୋଳନର ମୃତ୍ୟୁ ହୋଇନି। ଥୋମାସ୍ଙ୍କର ଆଉ ଜଣେ ଅନୁଗାମୀ ସଂଗ୍ରାମୀ Pilipos Melaku Bello ଏବେ ଇଗ୍ଲୁର ପ୍ରମୁଖ ନିବାସୀ, ମୋ ଦେଖିଲା ପର୍ଯ୍ୟନ୍ତ (୪ଜୁଲାଇ ୨୦୧୯)। ପାଖକୁ ଗଲି, ତାଙ୍କର ଫଟୋ ଉଠାଇଲି। ସେ ହସି ହସି ହାତ ହଲେଇଲେ, ପ୍ଲାକାର୍ଡ଼ ଦେଖାଇଲେ। ସତରେ! ବର୍ତ୍ତମାନ Bello ହିଁ, ରାଷ୍ଟ୍ରପତି ଟ୍ରମ୍ପଙ୍କର ସବୁଠୁ ପାଖ ଲୋକ!!! ୧୯୮୧ରେ ରୋନାଲ୍ଡ ରିଗାନଙ୍କ ଶାସନ କାଳରେ ପିସ୍ ଭିଜିଲ ଆରମ୍ଭ ହେଲା। ଯା ଭିତରେ ଜୁଲାଇ ୨୦୧୯ ସୁଦ୍ଧା, ୫ ଜଣ ରାଷ୍ଟ୍ରପତି ହ୍ୱାଇଟ୍ ହାଉସରୁ ବିଦାୟ ନେଇ ସାରିଲେଣି ଓ ଷଷ୍ଠ ଜଣକ ୨୦୨୧ ପର୍ଯ୍ୟନ୍ତ ରହିବାର ଅଛି। କିନ୍ତୁ ପିସ୍ ଭିଜିଲର ଇଗ୍ଲୁ ତିଷ୍ଠି ରହିଛି ସମସ୍ତ ପ୍ରତିକୂଳ ପାଣିପାଗ ସତ୍ତ୍ୱେ। ଯୁକ୍ତରାଷ୍ଟ୍ର ଆମେରିକାର ସବୁଠୁ ସୁନ୍ଦର ଗୃହ ସାମ୍ନାରେ ଏକ ଅସୁନ୍ଦର ପଲିଥିନ୍ ତମ୍ବୁ ଓ ତମ୍ବୁ ଭିତରେ ଅସଜଡ଼ା ଦାଢ଼ି ନିଶ ରଖିଥିବା ଜଣେ ବୃଦ୍ଧ ବା ଚମ ଧୁଡୁଧୁଡୁ ବୃଦ୍ଧା ବସି ରହିଛନ୍ତି। ପ୍ରତି ମୁହୂର୍ତ୍ତରେ ଆମେରିକାର ବିବେକକୁ ଦଂଶନ କରିଚାଲିଛି ଏ ତମ୍ବୁ। ଦୁଇ ତିନି ଜଣ ବ୍ୟକ୍ତିଙ୍କର ୩୮ ବର୍ଷର ନିରସ୍ତ୍ର, ନିଃଶବ୍ଦ ଆନ୍ଦୋଳନ ଆମେରିକା ପ୍ରଶାସନକୁ ବାଧ୍ୟ କରିଛି ପରମାଣୁ ନିରସ୍ତ୍ରୀକରଣ ଆଇନ ଆଣିବା ପାଇଁ। ନିଜର ପରମାଣବିକ ଅସ୍ତ୍ରଶସ୍ତ୍ରକୁ ନଷ୍ଟ କରିବା ପାଇଁ। ଯାଠୁ ବଳି ବଡ଼ ଉପଲବ୍ଧି କ'ଣ ହୋଇପାରେ? ମତେ ଲାଗିଲା, ସୁନ୍ଦର ହ୍ୱାଇଟ୍‌ହାଉସ୍ ସାମ୍ନାରେ ଏଇ ଅସୁନ୍ଦର ତମ୍ବୁ ହିଁ ଆମେରିକାନ୍ ଡେମୋକ୍ରାସିର ପ୍ରକୃତ ସୌନ୍ଦର୍ଯ୍ୟ। ମାନବିକତା ଓ ଗଣତନ୍ତ୍ରର ପ୍ରକୃତ ଶକ୍ତି ହେଉଛି ଏଇ ତମ୍ବୁ। ଆମେରିକାନ୍ ରାଷ୍ଟ୍ରପତିଙ୍କର ନିକଟତମ ପ୍ରତିବେଶୀ ଓ ବୈଚାରିକ ପ୍ରତିଦ୍ୱନ୍ଦ୍ୱୀ ଜଣେ କପର୍ଦ୍ଦକ ଶୂନ୍ୟ ବୃଦ୍ଧ ହୋଇପାରନ୍ତି! ସବୁଠୁ ଦୁର୍ବଳ ସମାଲୋଚକକୁ ସଂରକ୍ଷଣ ଦେବା ଗଣତନ୍ତ୍ର, ନ୍ୟାୟତନ୍ତ୍ର ଓ ଶାସନତନ୍ତ୍ରର ମହାନତା... Its possible only in America !! ଏବେ ଫେରିବା ନର୍ଥ ପୋର୍ଟିକୋକୁ। ଆର୍କିଟେକ୍‌ଚର ଡିଜାଇନ ପାଇଁ ହ୍ୱାଇଟ୍ ହାଉସ୍ ଭଳି ଏକ ବିଶାଳ ପ୍ରାସାଦ ଏକ

ଛୋଟ ଘରର ଭ୍ରମ ସୃଷ୍ଟି କରିଥାଏ। ନର୍ଥ ପୋର୍ଟିକୋ ହେଉଛି ହ୍ୱାଇଟ୍ ହାଉସ୍‌ର ସାର୍ବଜନିକ ଚେହେରା। ଜନସାଧାରଣ ଦର୍ଶନ ପାଇଁ ଏହାକୁ ରଖାଯାଇଛି। ଏଠୁ ହ୍ୱାଇଟ ହାଉସ୍‌ର ଓସାରର ଏକ ତୃତୀୟାଂଶ ଦିଶେ। ଚାରି ମହଲାରୁ ଦୁଇ ମହଲା ଦିଶେ। ଅସଲ ହ୍ୱାଇଟ୍ ହାଉସ୍‌ର ବିଶାଳତା ସାଉଥ୍ ପୋର୍ଟିକୋ ପଟୁ କିଛି କିଛି ଦିଶେ। ଏଥର ଚାଲନ୍ତୁ ହ୍ୱାଇଟ୍ ହାଉସ୍ ପଛପଟକୁ ଯିବା ସାଉଥ ପୋର୍ଟିକୋକୁ ଓ ସମଗ୍ର ହ୍ୱାଇଟ୍ ହାଉସ୍ ବିଷୟରେ ଜାଣିବା।

American Independence War ପରେ ରାଜଧାନୀ ୱାଶିଂଟନ୍ ସହର, ବିଭିନ୍ନ ସରକାରୀ ସୌଧ ଓ ରାଷ୍ଟ୍ରପତି ଭବନର ପରିକଳ୍ପନା ହେଲା। ରାଷ୍ଟ୍ରପତିଙ୍କ ପ୍ରାସାଦ ପାଇଁ ପ୍ରଥମ ରାଷ୍ଟ୍ରପତି ଜର୍ଜ ୱାଶିଂଟନ୍‌ଙ୍କୁ ଦାୟିତ୍ୱ ଦିଆଗଲା। ସେ ପୋଟୋମାକ୍ ନଦୀ ତୀରରେ ଏହି ସ୍ଥାନଟିକୁ ବାଛିଲେ। ଆର୍କିଟେକ୍ଟ ଜେମ୍ସ ହୋବାନ ଯାର ନକ୍ସା ପ୍ରସ୍ତୁତ କଲେ। ୧୭୯୧ରେ ଆରମ୍ଭ ହୋଇ ୧୮୦୧ରେ ରାଷ୍ଟ୍ରପତିଙ୍କ ପ୍ରାସାଦ ଶେଷ ହେଲା। ପ୍ରଥମେ ଏହାକୁ ପ୍ରେସିଡେଣ୍ଟ ହାଉସ୍ ବା ଏକ୍‌ଜିକ୍ୟୁଟିଭ୍ ମ୍ୟାନ୍‌ସନ୍ କୁହାଯାଉଥିଲା। ଜନ୍ ଆଡାମସ୍ ପ୍ରଥମ ରାଷ୍ଟ୍ରପତି ଭାବେ, ୧, ନଭେମ୍ବର ୧୮୦୦ ଦିନ ଗୃହପ୍ରବେଶ କଲେ ଓ ନୂଆ ରାଷ୍ଟ୍ରପତି ଥୋମାସ୍ ଜେଫରସନ୍, ୨୦, ଜାନୁଆରୀ ୧୮୦୧ରେ କାର୍ଯ୍ୟଭାର ଗ୍ରହଣ କରିବା ପର୍ଯ୍ୟନ୍ତ ମାତ୍ର ତିନି ମାସ ପାଇଁ ଏଠି ବାସ କରିଥିଲେ।

ବ୍ରିଟେନ୍ ଠାରୁ ୧୭୮୩ରେ ସ୍ୱାଧୀନତା ପାଇସାରିଲା ପରେ ବି ବ୍ରିଟେନ୍ ସହ ସମୟ ସମୟରେ ବେପାର ବଣିଜ ପାଇଁ ଯୁଦ୍ଧ ଲାଗି ରହିଥିଲା। ୧୮୧୪ରେ ଆମେରିକାନ୍‌ମାନେ ପୋର୍ଟ ଡୋଭର ଆକ୍ରମଣ କରି ବ୍ରିଟିଶ ସେନାର ପ୍ରଭୁତ କ୍ଷତି ପହଞ୍ଚାଇ ଥିଲେ। ତା'ର ପ୍ରତିଶୋଧ ପାଇଁ ବ୍ରିଟିଶ ସେନା ୱାଶିଂଟନ୍ ଡିସି ଆକ୍ରମଣ କରି କ୍ୟାପିଟଲ୍ ହିଲ୍, ହ୍ୱାଇଟ୍ ହାଉସ୍ ଇତ୍ୟାଦି ସରକାରୀ ପ୍ରାସାଦଗୁଡ଼ିକ ଜାଳିପୋଡ଼ି ଧ୍ୱସ୍ତ କରିଦେଇଥିଲେ। ଆମେରିକାନ୍‌ମାନେ ୱାଶିଂଟନ୍ ଡିସି ଛାଡ଼ି ଚାଲିଗଲେ ବ୍ରିଟିଶମାନଙ୍କର ଆସିବା ଆଗରୁ। ଫାଷ୍ଟ ଲେଡି ଡଲି ମ୍ୟାଡ଼ିସନ୍ କିନ୍ତୁ ପ୍ରଥମେ ଜର୍ଜ ୱାଶିଂଟନ୍‌ଙ୍କର ତୈଳଚିତ୍ର ଏକ ନିରାପଦ ଜାଗାକୁ ପଠାଇ ସାରିଲା ପରେ ଏକ୍‌ଜିକ୍ୟୁଟିଭ୍ ମ୍ୟାନ୍‌ସନ୍ ଛାଡ଼ିଲେ। ହ୍ୱାଇଟ୍ ହାଉସ୍‌ର ବାହାର କାନ୍ଥ ଛଡ଼ା ଆଉ ସବୁ ଧ୍ୱସ୍ତ ବିଧ୍ୱସ୍ତ ହୋଇଯାଇଥିଲା ନିଆଁରେ। ଏହାର ପୁନର୍ଗଠନ କରାଯାଇ ସରିଲା ୧୮୧୭ରେ। ୧୮୨୪ରେ ନର୍ଥ ପୋର୍ଟିକୋ ଓ ୧୮୪୮ରେ ସାଉଥ ପୋର୍ଟିକୋ ଯୋଡ଼ି ଦିଆଗଲା। ଏ ପର୍ଯ୍ୟନ୍ତ ଏ ଦୁଇଟି ପୋର୍ଟିକୋ, ହ୍ୱାଇଟ୍ ହାଉସ୍‌ର ଫଟୋଗ୍ରାଫିକ ଚେହେରା। ଟ୍ରୁମ୍ୟାନଙ୍କ ଦ୍ୱାରା ସାଉଥ୍ ପୋର୍ଟିକୋରେ ଏକ ବାଲ୍‌କୋନୀ ଯୋଗକରା- ଯାଇଥିବାରୁ

ତାକୁ ଟ୍ରୁମ୍ୟାନ୍ସ ବାଲ୍‌କୋନୀ କୁହାଯାଏ।

୧୯୦୦ ମସିହା ବେଳକୁ ପ୍ରେସିଡେଣ୍ଟ ହାଉସ୍‌ରେ ଅଧିକରୁ ଅଧିକ ସ୍ଥାନ ଦରକାର ପଡ଼ିଲା ବିଭିନ୍ନ ଅଫିସ ପାଇଁ। ପ୍ରେସିଡେଣ୍ଟଙ୍କ ପରିବାର ପାଇଁ ସ୍ଥାନ କମ୍ ହେଲା। ତେଣୁ ୧୯୦୯ରେ ତିନି ମହଲା ବିଶିଷ୍ଟ ୱେଷ୍ଟ ୱିଙ୍ଗ୍ ତିଆରି ହେଲା। ଅଫିସ ଛଡ଼ା, ଅତିଥିମାନଙ୍କ ପାଇଁ ବି ଏଥିରେ ସ୍ଥାନ ରଖାଗଲା।

୧୯୦୧ରେ ପ୍ରେସିଡେଣ୍ଟ ଥିଓଡ଼ର ରୁଜ୍‌ଭେଲ୍ଟ ଏହାକୁ ହ୍ୱାଇଟ୍ ହାଉସ୍ ନାମରେ ପରିଚିତ କରାଇଲେ।

ୱେଷ୍ଟ ୱିଙ୍ଗ୍‌ରେ ପ୍ରଧାନତଃ ପ୍ରେସିଡେଣ୍ଟଙ୍କ ନିଜ ଅଫିସ ଓ ଷ୍ଟାଫ ଅଫିସ ଅବସ୍ଥିତ। ଏଇଠି ଅଛି ପ୍ରସିଦ୍ଧ OVAL, ଯେଉଁଠିକି ପ୍ରେସିଡେଣ୍ଟ ନିଜେ ବସନ୍ତି। ଅଣ୍ଡାକାର ଏଇ ଅଫିସଟି ୱେଷ୍ଟ ୱିଙ୍ଗ୍‌ର ପ୍ରଥମ ମହଲାରେ ରୋଜ୍ ଗାର୍ଡ଼େନର ଏକ କୋଣରେ ଅବସ୍ଥିତ। ହଁ, ଆଉ ଏକ ମହତ୍ତ୍ୱପୂର୍ଣ୍ଣ କୋଠରି ହେଲା ଗ୍ରାଉଣ୍ଡ ଫ୍ଲୋର୍‌ରେ ଥିବା Situation Room ବା WAR Room. ଯୁଦ୍ଧ ବା ସଂକଟ ସମୟରେ ପ୍ରେସିଡେଣ୍ଟ ଏଇ କୋଠରିରେ ବସି ପରିଷଦମାନଙ୍କ ସହ ବସି ନିର୍ଣ୍ଣୟ ନିଅନ୍ତି। ବିନ୍ ଲାଡ଼େନ୍ ପାଇଁ ଅପରେସନ୍ ଜେରୋନିମୋ ଏହିଠାରୁ ପରିଚାଳନା କରଯାଉଥଲା। ବାରାକ୍ ଓବାମା, ହିଲାରୀ କ୍ଲିଣ୍ଟନ୍, ଜୋ ବାଇଡ଼େନ୍ ଆଦି ପ୍ରମୁଖ ସଚିବମାନଙ୍କ ସହ ଏଇଠି ବସି ଅପରେସନ୍‌ର ଲାଇଭ୍ ଫିଡ୍ ଦେଖୁଥିଲେ। ISISର ଆବୁବେକର ବାଗ୍‌ଦାଦୀର ନିପାତର ସଂଯୋଜନା ଏଇଠୁ କରୁଥିଲେ ପ୍ରେସିଡେଣ୍ଟ ଟ୍ରମ୍ପ।

ପୁଣି ଜାଗା ଅଭାବ ହେଲା ହ୍ୱାଇଟ୍ ହାଉସ୍‌ରେ। ୧୯୪୨ରେ ଦୁଇ ମହଲା ବିଶିଷ୍ଟ ଇଷ୍ଟ ୱିଙ୍ଗ୍ ଏଥିରେ ଯୋଡ଼ାଗଲା। ଇଷ୍ଟ ୱିଙ୍ଗ୍, ଫାଷ୍ଟ ଲେଡ଼ିଙ୍କର ଅଫିସ ଓ ଅତିଥି ସତ୍କାର ପାଇଁ ଉପଯୋଗ ହୁଏ। ଏବେ ହ୍ୱାଇଟ୍ ହାଉସ୍ କହିଲେ ଦି ରେସିଡ଼େନ୍ସ, ଦି ୱେଷ୍ଟ ୱିଙ୍ଗ୍ ଓ ଦି ଇଷ୍ଟ ୱିଙ୍ଗ୍‌ର ସମାହାରକୁ ବୁଝାଯାଏ।

ସମଗ୍ର ହ୍ୱାଇଟ୍ ହାଉସ୍‌ର Statistics -

୧. ୧୮ ଏକର ଜମି ଉପରେ ଏହା ତିଆରି ହୋଇଛି। ଯା ଭିତରେ ହ୍ୱାଇଟ୍ ହାଉସ୍ ଛଡ଼ା ରୋଜ୍ ଗାର୍ଡ଼େନ୍, କେନେଡ଼ି ଗାର୍ଡ଼େନ୍, ସ୍ୱିମିଙ୍ଗ ପୁଲ୍, ସାଉଥ୍ ଲନ୍, ଟେନିସ୍ କୋର୍ଟ, ଚିଲ୍‌ଡ୍ରେନ୍ ଗାର୍ଡ଼େନ୍, ହେଲିପ୍ୟାଡ୍ ଆଦି ସୁବିଧା ରହିଛି।

୨. ୫୫,୦୦୦Sft.ର ରେସିଡ଼େନ୍ସ ଓ ଅଫିସ୍ ବିଲ୍ଡିଂ ରହିଛି।

୩. ୩୫ଟି ବାଥ୍ ରୁମ୍ ସହ ୧୩୨ଟି ଲିଭିଂ ରୁମ୍ ରହିଛି।

୪. ଦି ରେସିଡ଼େନ୍ସର ମାଟି ଉପରକୁ ଚାରିମହଲା ଓ ମାଟି ତଳକୁ ଦି ମହଲା ରହିଛି।

୫.   ଏହାର ଉଚ୍ଚତା ୫୮' ଓ ଓସାର ୧୭୦'।

ଏଥର ଜାଣିବା ହ୍ୱାଇଟ୍ ହାଉସ୍‌ର କେତେକ ଗୁରୁତ୍ୱପୂର୍ଣ୍ଣ ଅଙ୍ଗ ବିଷୟରେ।

1. North Portico -

୧୬୦୦, ପେନ୍‌ସିଲ୍‌ଭାନିଆ ଷ୍ଟ୍ରିଟ୍, ଏହାହିଁ ହ୍ୱାଇଟ୍ ହାଉସ୍‌ର ପୋଷ୍ଟାଲ୍ ଆଡ୍ରେସ୍। ଭୂମି ଉପରକୁ ଥିବା ଚାରି ମହଲାରୁ ଦୁଇ ମହଲା ହିଁ ଦିଶେ। ଗ୍ରାଉଣ୍ଡ ଫ୍ଲୋର୍ ସାମ୍ନା ଲନ୍ ତଳକୁ ରହିଯାଏ। ଚତୁର୍ଥ ମହଲା, ତୃତୀୟ ମହଲା ପାରାପେଟ୍ ଆଢୁଆଳରେ ଲୁଚିଯାଏ। ଇଷ୍ଟ ୱିଙ୍ଗ୍ ଓ ୱେଷ୍ଟ ୱିଙ୍ଗ୍ ସାମ୍ନା ଗଛଗୁଡ଼ିକର ପଛରୁ ଦେଖାଯାଏ ନାହିଁ। ତେଣୁ ଗୋଟେ ଛୋଟିଆ ଦି'ମହଲା ଘର ଭ୍ରମ ସୃଷ୍ଟି କରେ।

2. South Portico ବା Truman Balcony -

ସାଉଥ୍ ପୋର୍ଟିକୋରୁ ଚାରିଟି ଯାକ ମହଲା ଦିଶେ ତେଣୁ ହ୍ୱାଇଟ୍ ହାଉସ୍‌ର ଚେହେରା ଟିକେ ଅଧିକା ଦେଖି ହୁଏ। କିନ୍ତୁ ଇଷ୍ଟ ୱିଙ୍ଗ୍ ଓ ୱେଷ୍ଟ ୱିଙ୍ଗ୍ ଗଛ ଆଢୁଆଳରେ ରହିଯାଏ। କେବଳ ଦିଶେ ଟ୍ରୁମ୍ୟାନ୍ ବାଲ୍‌କୋନୀ । ପ୍ରେସିଡ଼େଣ୍ଟ ଟ୍ରୁମ୍ୟାନ ଏହି ବାଲକୋନୀକୁ ୧୯୪୮ରେ ହ୍ୱାଇଟ୍ ହାଉସ୍‌ରେ ଯୋଗ କରିଥିଲେ। ଏହାର ପ୍ରଥମ ଓ ଦ୍ୱିତୀୟ ମହଲାରେ ରାଷ୍ଟ୍ରପତି ସପରିବାରେ ବିଭିନ୍ନ ରାଷ୍ଟ୍ରମୁଖ୍ୟମାନଙ୍କ ସହିତ ବସାଉଠା କରନ୍ତି। ଅତିଥିମାନଙ୍କୁ ଆପ୍ୟାୟିତ କରନ୍ତି। ଏଇଠୁ ହ୍ୱାଇଟ୍ ହାଉସ୍‌ର ବିସ୍ତୀର୍ଣ୍ଣ ସାଉଥ୍ ଲନ୍ ଓ ଲିଙ୍କନ୍ ମନୁମେଣ୍ଟ ଦେଖାଯାଏ। ଏହା ହେଉଛି ପ୍ରେସିଡ଼େଣ୍ଟଙ୍କର ଘରୋଇ ଯିବା ଆସିବା ରାସ୍ତା। ଅନ୍ୟ ଦେଶର ରାଷ୍ଟ୍ରମୁଖ୍ୟମାନଙ୍କୁ ସାଉଥ୍ ପୋର୍ଟିକୋରୁ ହିଁ ସ୍ୱାଗତ କରାଯାଏ। ହେଲିକପ୍ଟର ବି ଏଇ ଲନ୍‌ରୁ ଯିବା ଆସିବା କରେ।

ସାଉଥ ପୋର୍ଟିକୋର ମାଗ୍ନୋଲିଆ ଗଛ, ହ୍ୱାଇଟ ହାଉସ ସହିତ ଆଉ ଏକ ରୋମାଣ୍ଟିକ୍ ଅଧ୍ୟାୟ। ଆମେରିକାର ସପ୍ତମ ରାଷ୍ଟ୍ରପତି ଆଣ୍ଡ୍ରିଉ ଜ୍ୟାକସନ୍ ନିଜର ପରଲୋକଗତା ପତ୍ନୀଙ୍କର ସ୍ମୃତିରେ ୧୮୩୫ ମସିହାରେ ଏହି ମାଗ୍ନୋଲିଆ ଚାରାଟିକୁ ଲଗାଇଥିଲେ। ଗତ୧୮୦ ବର୍ଷ ଧରି ସେଇ ଚାରାଟି ଏବେ ଏକ ବୃକ୍ଷ ହୋଇ ସାଉଥ ପୋର୍ଟିକୋର ଅଭିନ୍ନ ଅଙ୍ଗ ହୋଇରହିଛି। ମାଗ୍ନୋଲିଆ ଗଛଟିକୁ ଛାଡ଼ିଦେଲେ ସାଉଥ ପୋର୍ଟିକୋର କଳ୍ପନା କରାଯାଇପାରେନା। ଦୁଇଶତାବ୍ଦୀର ଇତିହାସର ଏହା ମୂକସାକ୍ଷୀ। ୩୯ ଜଣ ପ୍ରେସିଡେଣ୍ଟଙ୍କୁ ସେ ଦେଖିଛି। ଯାରି ଛାଇରେ ପ୍ରେସିଡେଣ୍ଟ ହରବର୍ଟ ହୁଭର ବ୍ରେକ୍‌ଫାଷ୍ଟ କରିବା ଓ କ୍ୟାବିନେଟ୍ ମିଟିଂର ଦୃଶ୍ୟ ସେ ଦେଖିଛି। ରୁଜ୍‌ଭେଲ୍ଟ ଓ ୱିନ୍‌ଷ୍ଟନ୍ ଚର୍ଚ୍ଚିଲ୍‌ଙ୍କ ସିଗାର ଓ ସାମ୍ପେନ୍ ସହ ଗପସପ ବି ସେ ଦେଖିଛି। ପ୍ରାୟ ୨

ଶତାବ୍ଦୀର ଜରାଜୀର୍ଣ୍ଣ ବୃକ୍ଷକୁ ଶ୍ରଦ୍ଧାର ସହିତ ଯତ୍ନ ନିଆଯାଉଛି। ଡୋନାଲ୍ଡ ଓ ମେଲାନିଆ ଟ୍ରମ୍ପ ବେଳେବେଳେ ଯାରି ତଳେ ଅତିଥି ସତ୍କାର କରିଥାନ୍ତି।

3. RESOLUTE DESK -

ପ୍ରେସିଡେଣ୍ଟଙ୍କର ଅଫିସ, ଓଭାଲରେ ଏହି DESK (ଟେବୁଲ୍) ଶୋଭାପାଏ। ଏହାହିଁ ପ୍ରେସିଡ଼େଣ୍ଟଙ୍କର ଅଫିସିଆଲ ଟେବୁଲ। ପୃଥିବୀର ଭାଗ୍ୟ ନିର୍ଣ୍ଣୟ ଏଇ ଟେବୁଲ ଉପରୁ ହିଁ କରାଯାଏ। ଏହା ଏକ ସାଧାରଣ ଟେବୁଲ ନୁହେଁ। ଦୁଇଟି ମହାନ୍ ରାଷ୍ଟ୍ରର ମନୋମାଳିନ୍ୟର ସମାଧାନର ସାକ୍ଷୀ ଏଇ ଟେବୁଲ। ୧୮୫୪ରୁ ପ୍ରାୟ ୧୭୦ ବର୍ଷର ଇତିହାସ - ୧୮୫୪ରେ ଜଣେ ଇଂରେଜ କ୍ୟାପଟେନ୍ Resolute ଜାହାଜକୁ ଉତ୍ତରମେରୁ ନିକଟରେ ବରଫ ଘେରିଯିବାରୁ ଛାଡ଼ି ଦେଇ ଜୀବନ ବଞ୍ଚାଇ ପଳାଇ ଆସିଲେ। ୧୮୫୫ରେ ଜେମ୍ସ ବଡ଼ିଂଟନ୍ ବୋଲି ଜଣେ ଆମରିକାନ୍ ତିମି ଶିକାରୀ ଏହାକୁ ପ୍ରାୟ ୨୦୦୦ କି.ମି. ଦୂରରୁ ଉଦ୍ଧାର କରି ଆମେରିକା ଆଣିଲେ। ଆମେରିକା ସରକାର ଏହାକୁ କିଣିନେଇ ମରାମତି କରି ୧୮୫୬ରେ ଇଂଲଣ୍ଡକୁ ଉପହାର ହିସାବରେ ପଠାଇଦେଲେ। ସେତେବେଳେ ଆମେରିକା ଓ ଇଂଲଣ୍ଡ ଭିତରେ ଅନେକ ବିଷୟରେ ମନୋମାଳିନ୍ୟ ଚାଲିଥାଏ। ଯେକୌଣସି ମୁହୂର୍ତ୍ତରେ ଯୁଦ୍ଧର ସମ୍ଭାବନା ରହିଥିଲା। କିନ୍ତୁ ଆମେରିକାର ଏ ସଦ୍‌ଭାବ ଦେଖି ଇଂଲଣ୍ଡ ବି ନରମ ବ୍ୟବହାର ଦେଖାଇବାକୁ ଠିକ୍ କଲା। ଯୁଦ୍ଧର କଳାବାଦଲ ଅପସରିଗଲା। ଶାନ୍ତି ଓ ମୈତ୍ରୀର ଶୀତଳ ପବନ ବହିବାକୁ ଆରମ୍ଭ କଲା। ଆପୋଷ ବୁଝାମଣାରେ ସବୁ ସମସ୍ୟା ସମାଧାନ ହୋଇଗଲା। ଯାପରେ ଆମେରିକା ଓ ଇଂଲଣ୍ଡ ମଧ୍ୟରେ ଆଉ ଯୁଦ୍ଧ ହେଇନି। ଦୁଇଟି ଶ୍ରେଷ୍ଠ ଗଣତନ୍ତ୍ର ବନ୍ଧୁତାରେ ଆବଦ୍ଧ ହେଲେ। ଇଂଲଣ୍ଡ ରିଜଲ୍ୟୁଟ୍ ଜାହାଜଟିକୁ ବ୍ୟବହାର ନକରି ସଦ୍‌ଭାବନାର ପ୍ରତୀକ ହିସାବରେ ରଖିଲା। ଶେଷରେ ୧୮୭୯ରେ ଏହାକୁ ସେବାନିବୃତ୍ତ କରାଗଲା। ସିପ୍ ବ୍ରେକିଂୟାର୍ଡ଼ରେ ଏଥିରୁ ମୂଲ୍ୟବାନ୍ କାଠ ସବୁ ବାହାର କରାଗଲା ଓ ସେଇ କାଠରେ ତିଆରି କରାଗଲା ଏକ ଡେସ୍କ ଆମେରିକାର ପ୍ରେସିଡ଼େଣ୍ଟଙ୍କ ପାଇଁ।

୧୮୮୦ରେ ଇଂଲଣ୍ଡର ରାଣୀ ସେଇ ଡେସ୍‌କଟିକୁ ଆମେରିକାନ୍ ପ୍ରେସିଡ଼େଣ୍ଟଙ୍କୁ ଉପହାର ସୂତ୍ରରେ ପ୍ରଦାନ କଲେ। ସେଇଦିନଠାରୁ ପ୍ରେସିଡ଼େଣ୍ଟମାନେ ଏହି ଡେସ୍କଟିକୁ ସମ୍ମାନର ସହିତ ଓଭାଲ ରୁମ୍‌ରେ ବ୍ୟବହାର କରନ୍ତି। ୧୯୬୩ ରୁ ୧୯୬୯ ପର୍ଯ୍ୟନ୍ତ ଏହା କେନେଡ଼ି ମେମୋରିଆଲ ପ୍ରଦର୍ଶନୀରେ ଥିଲା। ପରବର୍ତ୍ତୀ ରାଷ୍ଟ୍ରପତି ଲିଣ୍ଡନ୍ ଜନ୍‌ସନ୍ ଏହାକୁ ଓଭାଲ ଫେରେଇ ଆଣିଲେ। ସେଇଦିନ ଠାରୁ ସମସ୍ତ ପ୍ରେସିଡେଣ୍ଟ ଏହାକୁ ବ୍ୟବହାର କରନ୍ତି।

4. Kennedy's Coconut Paper Weight -

ଏକ ନଡ଼ିଆ ଖୋଳପା ସ୍ଥାନ ପାଏ ରିଜଲ୍ୟୁଟ୍ ଡେସ୍କ ଉପରେ ପେପର ୱେଟ୍ ହିସାବରେ। ଦ୍ୱିତୀୟ ବିଶ୍ୱଯୁଦ୍ଧରେ ଜନ୍ ଏଫ କେନେଡ଼ି ୟୁଏସ୍ ନାଭିର କମାଣ୍ଡର ଥା'ନ୍ତି। ଜାପାନିଜ୍ ଟର୍ପେଡ଼ୋ ମାଡ଼ରେ ତାଙ୍କ ବୋଟ୍ କ୍ଷତିଗ୍ରସ୍ତ ହେଲା ଓ ସେ ସୋଲୋମୋନ୍ ଦ୍ୱୀପରେ ଆଶ୍ରୟ ନେଇଥିଲେ। କିଛି ସ୍ଥାନୀୟ ଅଧିବାସୀଙ୍କ ହାତରେ ଏକ ନଡ଼ିଆ ଖୋଳପା ଉପରେ SOS ବାର୍ତ୍ତା ପଠାଇଲେ ନିକଟତମ ନାଭି ବେସ୍‌କୁ। ନାଭି ତା'ଙ୍କୁ ଉଦ୍ଧାର କଲା। ସେଇ ନଡ଼ିଆ ଖୋଳପାକୁ କାଠ ଓ ପ୍ଲାଷ୍ଟିକ୍‌ରେ ଖୋଦେଇ କରି ପେପର ୱେଟ୍ ହିସାବରେ ସେ ବ୍ୟବହାର କରୁଥିଲେ।

ଏହିପରି ହ୍ୱାଇଟ୍ ହାଉସ୍‌ର ପ୍ରତିଟି ବସ୍ତୁରେ ୨୨୦ ବର୍ଷର ଇତିହାସ ଛପି ରହିଛି।

୧୮୦୧ରୁ ୨୦୧୯, ୨୧୮ ବର୍ଷ ହେଲା ହ୍ୱାଇଟ୍ ହାଉସ୍ ତିଷ୍ଠି ରହିଛି ଶତ୍ରୁ ଆକ୍ରମଣ, ପ୍ରାକୃତିକ ଓ ମନୁଷ୍ୟକୃତ କ୍ଷୟ ସହିତ। ଆଧୁନିକ ଟେକ୍ନୋଲୋଜି ହ୍ୱାଇଟ୍ ହାଉସ୍‌ରେ ସମୟ ସମୟରେ ଉପଯୋଗ କରାଯାଇଛି। ୧୮୭୯ରେ ଟେଲିଫୋନ୍ ଲାଗିଲା। ୧୮୯୧ରେ ଇଲେକ୍ଟ୍ରିସିଟି ଆସିଲା। ୧୯୭୮ରେ କମ୍ପ୍ୟୁଟର ଓ ଲେଜର ପ୍ରିଣ୍ଟର ଲଗାଗଲା। ୧୮୦୦ ମସିହା ପରଠାରୁ ହ୍ୱାଇଟ୍ ହାଉସ୍‌ର ମରାମତି, ବିସ୍ତାର, ସୌନ୍ଦର୍ଯ୍ୟକରଣ ଅନେକ କାମ ହୋଇଛି। ସବୁଠୁ ବଡ଼ ମରାମତି କାମ ନିଆଗଲା ୧୯୪୮ରୁ ୧୯୫୨ ମସିହାରେ ପ୍ରେସିଡ଼େଣ୍ଟ ହ୍ୟାରୀ ଟ୍ରୁମ୍ୟାନ୍‌ଙ୍କ ଦ୍ୱାରା। ଏହାକୁ ମରାମତି ନକହି ରିନୋଭେସନ୍ ଓ ପ୍ରିଜରଭେସନ୍ କୁହାଯାଏ। ବାହାର କାନ୍ଥ ଓ ମୂଳ ଆର୍କିଟେକ୍‌ଚରକୁ ଅକ୍ଷୁର୍ଣ୍ଣ ରଖି, ଭିତରର ସମ୍ପୂର୍ଣ୍ଣ ପରିବର୍ତ୍ତନ କରିଦିଆଗଲା। ଏୟାର କଣ୍ଡିସନିଂ ବ୍ୟବସ୍ଥା କରାଗଲା। ବାହାର କାନ୍ଥକୁ ଅକ୍ଷୁଣ୍ଣ ରଖିବା ପାଇଁ ଭିତରେ ଷ୍ଟିଲ୍ ବିମ୍ ଓ ଜଏଷ୍ଟ୍‌ର ଫ୍ରେମ୍ ତିଆରି କରାଗଲା। ନୂଆ ହ୍ୱାଇଟ୍ ହାଉସ୍ ତିଆରି ହୋଇଗଲା। ଏହାକୁ ଟ୍ରୁମ୍ୟାନ୍ସ ରିନୋଭେସନ ବୋଲି କହନ୍ତି।

ହ୍ୱାଇଟ୍ ହାଉସ୍‌ର ନିରାପତ୍ତା ବ୍ୟବସ୍ଥା :-

ଆଗରୁ କହିଛି ନର୍ଥ ପୋର୍ଟିକୋ ସାମ୍ନାରେ ଜଣେ ମାତ୍ର ଶସ୍ତ୍ରଧାରୀ ନାଭି ସିଲ୍ ଛିଡ଼ା ହୋଇଥାଏ। କିନ୍ତୁ ତା'ପରର ଆଇରନ୍ ଫେନ୍‌ସ ଅତିକ୍ରମ କରିଗଲେ, ଡଗ୍ ସ୍କ୍ୱାର୍ଡ଼ ଓ ସାର୍ପ ସୁଟରଙ୍କ ଦୃଷ୍ଟିରୁ ବଞ୍ଚିବା ସମ୍ଭବପର ନୁହେଁ। ଦି'ଟା ବ୍ଲକ୍ ଆଗରୁ ପେନ୍‌ସିଲ୍‌ଭାନିଆ ଷ୍ଟ୍ରିଟ୍‌ରେ ଯାନ ଯାତାୟାତ ବନ୍ଦ, କିନ୍ତୁ ଶହଶହ ଯୁବକ ଯୁବତୀ ବ୍ୟାଟେରୀ ଚାଳିତ ସ୍କେଟ୍ ବୋର୍ଡ଼ ବା ପାୱାର ବୋର୍ଡ଼ରେ ପବନରେ ପହଁରିଲା ପରି

ଯା' ଆସ କରୁଥାନ୍ତି। ମଜ୍ଜାଲାଗେ ଦେଖିବାକୁ। ଆକାଶରୁ ବିପଦ ଆଶଙ୍କାକୁ ପ୍ରତିହତ କରିବା ପାଇଁ ହ୍ୱାଇଟ୍ ହାଉସ୍‌କୁ ଲେଜରଫେନ୍‌ସିଂ କରାଯାଇଛି। ୨୦ କି.ମି. ଦୂରରୁ ଦିନବେଳେ ବି ତୀବ୍ର ଲେଜର ରଶ୍ମୀ ପାଇଲଟ୍‌କୁ ଦିଶେ ଓ ନୋ ଫ୍ଲାଇଂ ଜୋନ୍ ବାହାରେ ରହିବାକୁ ବାଧ କରେ। କୌଣସି କାରଣରୁ ଅଜଣା ବିମାନ ହ୍ୱାଇଟ୍ ହାଉସ୍‌ର ପାଖାପାଖି ହେବା ପୂର୍ବରୁ ନାଭି ହେଲିକପ୍ଟର ଆକାଶକୁ ଉଠିଯିବେ ତାକୁ ଅବରୋଧ କରିବା ପାଇଁ। ଯେକୌଣସି ଅନୁପ୍ରବେଶକାରୀକୁ ଆକାଶରେ ହିଁ ଧ୍ୱଂସ କରି ଦିଆଯାଇପାରିବ। କିନ୍ତୁ ସ୍କୃ ଢିଲା ବାଲା ମଣିଷ ବା ଅତି ଚତୁର ମଣିଷଙ୍କର କ'ଣ ଅଭାବ? ଆଇରନ୍ ଫେନ୍‌ସ ଚଢୁ ଚଢୁ ବା ଲନ୍‌ରେ ପାଦ ଦେଉଦେଉ ସାର୍ପ ସୁଟର ତା କାମ କରିନିଏ। କିଛି ଲୋକଙ୍କୁ ବି ଧରି ନିଆଯାଏ। କିନ୍ତୁ ସୁଟ୍‌ବୁଟ୍ ପିନ୍ଧି ମିଲିଅନେୟାର ଓ ସେଲିବ୍ରିଟିଙ୍କ ଗହଣରେ ବିନା ନିମନ୍ତ୍ରଣରେ ହ୍ୱାଇଟ୍ ହାଉସ୍‌ରେ ଡିନର ଖାଇନେବାର ଉଦାହରଣ ଅଛି। ୨୦୦୯ରେ ଭାରତୀୟ ପ୍ରଧାନମନ୍ତ୍ରୀ ଶ୍ରୀ ମନମୋହନ ସିଂଙ୍କ ସମ୍ମାନାର୍ଥେ ଦିଆଯାଇଥିବା ଡିନରରେ ମାଇକେଲ ସାଲାହି ଓ ତାରେକ୍ ସାଲାହି ନାମକ ସ୍ୱାମୀ ସ୍ତ୍ରୀ ଦି'ଜଣ ବିନା ନିମନ୍ତ୍ରଣରେ ହ୍ୱାଇଟ୍ ହାଉସ୍‌ର ପାର୍ଟି ହଲ୍‌ରେ ପଶି ଓବାମାଙ୍କ ସହ ହାତ ମିଳାଇ ଫଟୋ ଉଠାଇବା ସହିତ ଗପସପ କରି ଖାଇପିଇ ବାହାରି ଯାଇଥିଲେ। ମନମୋହନ ସିଂହ ଓ ଇନ୍ଦ୍ରା ନୁୟୀଙ୍କ ପାଖାପାଖି ଏମାନଙ୍କୁ ଦେଖିବାକୁ ମିଳିଥିଲା। ନିରାପତ୍ତା ରକ୍ଷୀମାନେ ବି ସେଦିନ ଜାଣିପାରି ନଥିଲେ। ତା'ପରଦିନ ଏମାନଙ୍କ ଫେସ୍‌ବୁକ୍ ପୋଷ୍ଟିଂ କଲା ପରେ ହ୍ୱାଇଟ୍ ହାଉସ୍ ସିକ୍ୟୁରିଟି ଲୋକହସା ହୋଇଥିଲା। ସାଲାହି ଦମ୍ପତି ନିମନ୍ତ୍ରିତ ଅତିଥିମାନଙ୍କ ସହିତ ମିଶି ପଶି ଆସିଥିଲେ। ବୋଧହୁଏ ଏମାନଙ୍କର ଗାଡ଼ି ଓ ପୋଷାକ ପତ୍ର ଦେଖି ନିରାପତ୍ତା ରକ୍ଷୀ ପରିଚୟ ମାଗିବାକୁ ସାହାସ କରିପାରିନି। ସେ ଯା'ହେଉ, ଏତେବଡ଼ ନିରାପତ୍ତା ବ୍ୟତିକ୍ରମ ପାଇଁ ହ୍ୱାଇଟ୍ ହାଉସ୍ ବେଶ୍ ସମାଲୋଚନାର ଶରବ୍ୟ ହୋଇଥିଲା।

୨୦୦୫ରେ ଆଉ ଥରେ ଜଣେ ଯୁବକ ଆଇରନ୍ ଫେନ୍‌ସ ଡେଇଁ ହ୍ୱାଇଟ୍ ହାଉସ୍‌ରେ ପଶି ଯାଇଥିଲେ ..... ଚେଲ୍‌ସି କ୍ଲିଣ୍ଟନଙ୍କୁ ବିବାହ କରିବା ପାଇଁ। ଦୁଃଖର ବିଷୟ ଚେଲ୍‌ସି ତାଙ୍କ ପିତା ବିଲ୍ କ୍ଲିଣ୍ଟନ୍‌ଙ୍କ ସହ ୨୦୦୧ ମସିହାରୁ ହ୍ୱାଇଟ୍ ହାଉସ୍ ଛାଡ଼ି ସାରିଥିଲେ। ଡାକ୍ତରୀ ପରୀକ୍ଷାରୁ ତାଙ୍କର ମାନସିକ ଅବସ୍ଥା ଠିକ୍ ନଥିଲା ବୋଲି ଜଣାପଡ଼ିଲା।

ହ୍ୱାଇଟ୍ ହାଉସ୍‌ର ଭିତର ସର୍ବସାଧାରଣଙ୍କ ଦେଖିବା ପାଇଁ ସୁବିଧା ରହିଛି। କେବଳ ଆଗରୁ ଅନ୍‌ଲାଇନ୍‌ରେ ବୁକ୍ କରିବାକୁ ପଡ଼ିବ।

ପ୍ରେସିଡେଣ୍ଟଙ୍କ ଦରମା :-

୪,୦୦,୦୦୦ ଡଲାର ବର୍ଷକୁ। ସବୁଠାରୁ ବେଶୀ ଦରମା ପାଉଥିବା ଏକ ନମ୍ବରର ଫେଡ଼େରାଲ କର୍ମଚାରୀ। ଯା ଛଡ଼ା ପ୍ରେସିଡ଼େଣ୍ଟଙ୍କୁ ବିଜ୍‌ନେସ୍ ଏକ୍‌ସପେନ୍‌ସ ପାଇଁ ୫୦,୦୦୦ ଡଲାର, ଗସ୍ତ ଖର୍ଚ୍ଚ ପାଇଁ ୧,୦୦,୦୦୦ ଡଲାର, ଏଣ୍ଟରଟେନ୍‌ମେଣ୍ଟ ପାଇଁ ୧୯,୦୦୦ ଡଲାର ଦିଆଯାଏ। ସବୁଠୁ କୌତୁହଳଜନକ କଥା ହେଲା ହ୍ୱାଇଟ୍ ହାଉସ୍‌ରେ ପ୍ରେସିଡେଣ୍ଟ ଓ ତାଙ୍କ ପରିବାର ପାଇଁ ରହିବା ଫ୍ରି, କିନ୍ତୁ ପରିବାର ବା ନିଜ ଅତିଥିମାନଙ୍କର ଖାଇବା ଖର୍ଚ୍ଚ ପ୍ରେସିଡ଼େଣ୍ଟଙ୍କୁ ଦେବାକୁ ପଡ଼େ। ଯାଛଡ଼ା ବ୍ୟକ୍ତିଗତ ଉପହାର, ହେୟାର ଷ୍ଟାଇଲିଂ, ଡ୍ରାଏ କ୍ଲିନିଂ, ପୋଷାକ ପରିଛଦ, ପିଲାଙ୍କ ପଢ଼ିବା ଖର୍ଚ୍ଚ ତାଙ୍କୁ ଦେବାକୁ ପଡ଼େ। ରାଷ୍ଟ୍ରପତି ହିସାବରେ ଅନ୍ୟ ଦେଶମାନଙ୍କରୁ ମିଳିଥିବା ଉପହାର ସବୁ ହ୍ୱାଇଟ୍ ହାଉସ୍‌ର ସମ୍ପତ୍ତି। ହ୍ୱାଇଟ୍ ହାଉସ୍ ଛାଡ଼ିଲା ବେଳକୁ ଯଦି କିଛି ନେବାକୁ ଚାହାନ୍ତି, ସେଥିପାଇଁ ପଇସା ଦେବାକୁ ପଡ଼େ।

ଆମେରିକାର ପ୍ରେସିଡେଣ୍ଟ ପୃଥିବୀର ସର୍ବଶକ୍ତିମାନ୍ ବ୍ୟକ୍ତି ହିସାବରେ ମାନ୍ୟତା ପାଇ ଆସିଛନ୍ତି ଓ ବିଶ୍ୱ ଇତିହାସକୁ ପ୍ରଭାବିତ କରିଛନ୍ତି। କିନ୍ତୁ ଅନେକ ସାଧାରଣ ବ୍ୟକ୍ତିମାନେ ବି ଏ ପଦବୀ ମଣ୍ଡନ କରି ଆସିଛନ୍ତି। ନିର୍ବାଚିତ ହୋଇ ସାରିଲା ପରେ ବି ଏମାନେ ନିଜ ମୂଳକୁ ଭୁଲି ଯାଆନ୍ତି ନାହିଁ। ହ୍ୱାଇଟ୍ ହାଉସ୍‌ରେ ଅବସ୍ଥାନ କରିବା ଏକ ଗର୍ବ ଓ ଅହମିକାର କାରଣ ନହୋଇ ଦେଶ ପ୍ରତି ଦାୟିତ୍ୱବୋଧ ଓ ଜନସାଧାରଣଙ୍କ ପ୍ରତି ସମ୍ମାନବୋଧ ଜାଗ୍ରତ କରାଯାଇଥାଏ। କେତେ ଜଣ ପ୍ରାତଃସ୍ମରଣୀୟ ପ୍ରେସିଡେଣ୍ଟ ଏହାର ପ୍ରମାଣ ରଖିଯାଇଛନ୍ତି-

1. ହ୍ୱାଇଟ୍ ହାଉସ୍‌ର ପ୍ରଥମ ଅଧିବାସୀ ଜନ୍ ଆଡ଼ାମ୍ସ ଲେଖିଥିଲେ- "I pray heaven to bestow best blessing on this house and all that shall after inhabit it, may none but honest and wise men ever rule under this roof. ଫ୍ରାଙ୍କଲିନ୍ ରୁଜ୍‌ଭେଲ୍ଟ ଏଇ ବାକ୍ୟଟିକୁ ଷ୍ଟେଟ୍ ଡାଇନିଂ ରୁମ୍‌ର ଫାୟାର ପ୍ଲେସ୍ ଉପରେ ଲେଖିଯାଇଛନ୍ତି।

2. ଫ୍ରାଙ୍କଲିନ୍ ରୁଜ୍‌ଭେଲ୍ଟ ଲେଖିଥିଲେ- "I never forget that, I live in a house owned by all the poeple of America and I have been given that Trust."

ହ୍ୱାଇଟ୍ ହାଉସ୍ ଦେଖିସାରିଲା ପରେ ବାହାରିଲୁ ବିଖ୍ୟାତ Smithsonian Museum ଦେଖିବା ପାଇଁ। ନିଉୟର୍କରେ AMNH ଦେଖିସାରିଲା ପରେ ଏହାକୁ ଦେଖିବାର ଅନେକ ଇଚ୍ଛା ଥିଲା। ହଠାତ୍ ଗାଇଡ୍ କହିଲେ ଆଜି ଜୁଲାଇ ୪,

ଆମେରିକାର ସ୍ୱାଧୀନତା ଦିବସ। ପ୍ରେସିଡେଣ୍ଟ ଆଜି ନ୍ୟାସ୍‌ନାଲ ଆଡ୍ରେସ୍ କରିବେ ଲିଙ୍କନ୍ ମେମୋରିଆଲ୍‌ରୁ। ତେଣୁ ଆଜି ଟ୍ରାଫିକ୍ କଟକଣା ହୋଇଛି। ମ୍ୟୁଜିୟମ ପାଖରେ ବସ୍ ପାର୍କିଂ ଜାଗା ନାହିଁ। ତେଣୁ ମ୍ୟୁଜିୟମ ଦେଖା ବାତିଲ୍। ମନଦୁଃଖରେ ରହିଲୁ। ହଠାତ୍ କିଛି ପୋଲିସ ଓ ମିଲିଟାରୀ ଗାଡ଼ି ସାଇରନ୍ ମାରି ଚାଲିଗଲେ। ସବୁ ଗାଡ଼ି ମଟର ଛିଡ଼ା ହୋଇଗଲେ। ଭାବିଲୁ ଏଇଠି ଟ୍ରମ୍ପ ସାହେବଙ୍କ ସହ ଦେଖା ହୋଇଯିବ। ମାତ୍ର ଏହା ଏକ ଡ୍ରିଲ୍ ଥିଲା। କିନ୍ତୁ ନିରାପତ୍ତା କଡ଼ା ହୋଇଥିବାର ପ୍ରମାଣ ମିଳିଲା ଯେତେବେଳେ ଗୋଟାକ ପରେ ଗୋଟେ ଆର୍ମର୍ଡ୍ ଭେଇକିଲ୍ ଆଗପଛ ହୋଇ ଗଲେ ଓ ଛକରେ ମିଲିଟାରୀ ଟ୍ୟାଙ୍କ କାହାକୁ ଅପେକ୍ଷା କରିଥିବାର ଦେଖିଲୁ। ମାତ୍ର ସ୍ମିଥ୍‌ସୋନିଆନ୍ ମ୍ୟୁଜିୟମ୍‌ର ଏସବୁ ବିକଳ୍ପ ନୁହେଁ।

ଆଜି ରଥଯାତ୍ରା। ବନ୍ଧୁମାନେ ବରାଦ ଦେଲେ ୱାଶିଂଟନ୍ ଡିସିରେ ଜଗନ୍ନାଥଙ୍କୁ ଦେଖା କରିବାକୁ। କିନ୍ତୁ ତାଙ୍କର ଇଚ୍ଛା ନଥିଲା। ପୃଥିବୀର ଆରପଟେ ଜଗନ୍ନାଥ ବଡ଼ଦାଣ୍ଡରେ ବିଜେ। ଆଉ ଏ ପଟେ ନାଁ ଦେଖା ହେଲା ଟ୍ରମ୍ପ ସାହେବଙ୍କ ପହଣ୍ଡି ବିଜେ ନା ଦେଖାହେଲା ଠାକୁରଙ୍କର ୱାଶିଂଟନ୍ ଡିସି ବିଜେ। ହ୍ୟାଟ୍ ରିଜେନ୍ସି ଫେୟାରଫ୍ୟାକ୍ସ ହୋଟେଲରେ ଶୋଇବାରେ ବାକି ଦିନଟି ଗଲା।

■

ଆମେରିକାନ୍ ଇଣ୍ଡିପେଣ୍ଡେନ୍ସ ୱାର୍
(୧୭୭୫-୧୭୮୩)

ଇଟାଲୀୟ ଅନ୍ୱେଷକ Christopher Columbus ସ୍ପେନ୍‌ର ରାଜା, ରାଣୀଙ୍କ ସହାୟତାରେ ଭାରତ ଆବିଷ୍କାର କରିବାକୁ ବାହାରି ୧୪୯୨ ମସିହାରେ ବାହାମାସ୍ ଦ୍ୱୀପ- ପୁଞ୍ଜରେ ପହଞ୍ଚିଲେ। ଏହାକୁ ସେ ଭାରତ ବୋଲି ଭାବିଲେ। ସ୍ପେନ୍ ଫେରି ସେ ଏଇ ନୂଆ ରାଜ୍ୟକୁ King Ferdinand ଓ Queen Isabella ଙ୍କୁ ଉପହାର ସ୍ୱରୂପ ଭେଟି ଦେଲେ। ପରେପରେ ତିନୋଟି ଅଭିଯାନରେ ସେ କାରିବିଏନ୍ ଦ୍ୱୀପ (West Indies) ସହିତ ମେକ୍ସିକୋ, ମଧ୍ୟ ଆମେରିକା ଓ ଦକ୍ଷିଣ ଆମେରିକାରେ ପହଞ୍ଚିଥିଲେ। ସେଠାରୁ କିଛି ସ୍ଥାନୀୟ ଅଧିବାସୀଙ୍କୁ ଜାହାଜରେ ଅପହରଣ କରିଆଣି ଇଉରୋପରେ ଚହଳ ପକେଇଦେଲେ। କିନ୍ତୁ ୧୪୯୮ରେ Vasco Da Gama ଅସଲ ଭାରତ ଆବିଷ୍କାର କଲାପରେ ଜଣାପଡ଼ିଗଲା ଯେ କଲମ୍ବସ୍ ଅଜାଣତରେ ଏକ ନୂତନ ପୃଥିବୀ ଆବିଷ୍କାର କରିଛନ୍ତି। ସେ ପର୍ଯ୍ୟନ୍ତ ଇଉରୋପିଆନ୍-ମାନେ, ପୃଥିବୀ କହିଲେ, ଇଉରୋପ, ଆଫ୍ରିକା ଓ ଏସିଆକୁ ଭାବୁଥିଲେ। ତେଣୁ ଏହାକୁ ଏକ ସମ୍ପୂର୍ଣ୍ଣ ନୂତନ ଭୂଖଣ୍ଡ ବା New World କୁହାଗଲା। ଏଠାର ଅଧିବାସୀମାନଙ୍କୁ ପ୍ରଥମେ ଭାରତୀୟ କୁହାଯାଉଥିଲା। ଏବେ ସେମାନଙ୍କୁ ତାଙ୍କ ରଙ୍ଗକୁ ନେଇ Red Indian (ଲୋହିତ ଭାରତୀୟ) କୁହାଗଲା। ପରେ ୧୫୦୧ରେ ଅନ୍ୟ ଜଣେ ଇତାଲୀୟ ଆବିଷ୍କାରକ Amerigo Vespucci ନିର୍ଦ୍ଦିଷ୍ଟ ଭାବେ ଉତ୍ତର ଓ ଦକ୍ଷିଣ ଆମେରିକାକୁ ଚିହ୍ନଟ କରିଥିବାରୁ, ତା'ଙ୍କ ନାଁରେ ଆମେରିକା ନାମିତ ହେଲା।

ଆମେରିକା ପରି ଏକ ବିଶାଳ ଭୂଖଣ୍ଡର ଠିକଣା ମିଳିଗଲା ଇଉରୋପିଆନ୍‌ମାନଙ୍କୁ। ନ୍ୟୁ ୱାର୍ଲ୍ଡ ପାଇଁ ସବୁ ଦେଶମାନଙ୍କ ଭିତରେ ପ୍ରତିଯୋଗିତା

ଲାଗିଗଲା ଏହାକୁ ଦଖଲ କରିବାକୁ। ପଞ୍ଚଦଶ ଶତାବ୍ଦୀରେ ସ୍ପେନ୍, ଫ୍ରାନ୍ସ, ନେଦରଲାଣ୍ଡ, ଜର୍ମାନୀ, ସ୍ୱିଡ଼େନ୍ ଆଦି ସବୁ ଦେଶରୁ ଅଭିଯାତ୍ରୀମାନେ ଆସି ନୂଆନୂଆ ଉପନିବେଶମାନ ସ୍ଥାପନ କରିବାକୁ ଲାଗିଲେ। ରେଡ୍ ଇଣ୍ଡିଆନ୍‌ମାନଙ୍କ ସହିତ ବିଭିନ୍ନ ସମୟରେ ଯୁଦ୍ଧ ବା ସନ୍ଧି କରି ଉପନିବେଶର ବିସ୍ତାର କରି ଚାଲିଲେ।

ସ୍ପେନୀୟମାନେ ପ୍ରଥମେ West Indies, Florida, San Antonio, Los Angeles, San Francisco ଆଦି ସ୍ଥାନ ସହିତ ପଶ୍ଚିମ ତଟରେ ଡେରା ପକାଇଲେ।

ଡଚ୍‌ମାନେ ୨୪ ଡଲାରରେ ରେଡ୍ ଇଣ୍ଡିଆନ୍‌ମାନଙ୍କଠାରୁ ମାନହଟ୍ଟାନ୍ କିଣି ନ୍ୟୁ ନେଦରଲ୍ୟାଣ୍ଡ ସହିତ ନ୍ୟୁ ଆମଷ୍ଟରଡ଼ାମ୍ ସ୍ଥାପନ କଲେ। ଫ୍ରେଞ୍ଚମାନେ କ୍ୟୁବେକ୍, ମିସିସିପି ନଦୀ, ଲୁଇଜିଆନା, ନ୍ୟୁ ଅର୍ଲିଅନ୍‌ସ୍ ଇତ୍ୟାଦି ଉପନିବେଶ ସ୍ଥାପନ କଲେ। ଏସବୁ ଏବେକାର କାନାଡ଼ାର ଅନ୍ତର୍ଗତ।

ବ୍ରିଟିଶମାନେ ଟିକେ ଡେରିରେ ୧୬୦୦ ମସିହା ବେଳକୁ ନ୍ୟୁ ୱାର୍ଲ୍ଡ ଆଡ଼କୁ ଆଖି ପକାଇଲେ। ୧୬୦୭ରେ ଭର୍ଜିନିଆରେ ବସତି ସ୍ଥାପନ କଲେ। ବୋଷ୍ଟନ୍ ସହିତ ଆଟଲାଣ୍ଟିକ୍ ଉପକୂଳର ସମ୍ପୂର୍ଣ୍ଣ ପୂର୍ବ ତଟ ଏମାନଙ୍କର ଅଧିକୃତ ହେଲା, କେବଳ ନ୍ୟୁ ନେଦରଲାଣ୍ଡକୁ ଛାଡ଼ି। ତେଣୁ ୧୬୬୪ରେ ସେମାନେ ଡଚ୍‌ମାନଙ୍କ ଠାରୁ ଏହା ଦଖଲ କରିନେଇ ଏହାର ରାଜଧାନୀର ନାମ New York City ଦେଲେ। କିନ୍ତୁ ନେଦରଲାଣ୍ଡର ନାଁ ରହିଗଲା। ଏବେ ବି ନ୍ୟୁୟର୍କର ସେହି ଅଞ୍ଚଳକୁ ଓ ନିଉ ନେଦରଲାଣ୍ଡ ଓ ନ୍ୟୁ ଆମଷ୍ଟରଡ଼ାମ୍ କୁଆଯାଉଛି। ଡଚ୍ କଲୋନୀର ଅବଶେଷ ଏବେ ବି ରହିଯାଇଛି।

ୟୁରୋପିଆନ୍‌ମାନେ ଉପନିବେଶର ବିସ୍ତାର କରୁଥାନ୍ତି। କିନ୍ତୁ ବ୍ରିଟିଶ୍ ଅଧିକରୁ ଅଧିକ କଲୋନୀ ସ୍ଥାପନ କଲା। ସମଗ୍ର ପୂର୍ବତଟରୁ ଆପଲାଚିଆନ୍ ପର୍ବତ ଶୃଙ୍ଖଳା ପର୍ଯ୍ୟନ୍ତ ବ୍ରିଟିଶ କଲୋନୀ ବ୍ୟାପ୍ତ ରହିଲା। କ୍ରମେ କ୍ରମେ ନିଜର ଉପନିବେଶ ବିସ୍ତାର ପାଇଁ ସେମାନଙ୍କ ଭିତରେ ପ୍ରତିଯୋଗିତା ଲାଗି ରହିଲା। ୟୁରୋପରେ ସେତେବେଳେ ଦେଶ ଦେଶ ମଧ୍ୟରେ ବିଭିନ୍ନ କାରଣ ହେତୁ ଶତ୍ରୁତା ଲାଗି ରହିଥାଏ। ତେଣୁ ୟୁରୋପର ଯୁଦ୍ଧ ନ୍ୟୁ ୱାର୍ଲ୍ଡରେ ପ୍ରତିଫଳିତ ହେବା ସ୍ୱାଭାବିକ। ଭାରତରେ ବି ଏହାର ପ୍ରତିଧ୍ୱନି ଶୁଣାଯାଇଥିଲା।

୧୭୫୬ ରୁ ୧୭୬୩ - ବିଭିନ୍ନ ରାଷ୍ଟ୍ର ମଧ୍ୟରେ ଏକ ସମୟରେ ତିନୋଟି ମହାଦେଶ ବ୍ୟାପୀ ଯୁଦ୍ଧ ଲାଗିଥିଲା। ଏହାକୁ 7 Years War କହନ୍ତି।

୧. ଉତ୍ତର ଆମେରିକାରେ ବ୍ରିଟେନ୍ ଓ ଫ୍ରାନ୍ସ ମଧ୍ୟରେ ଯୁଦ୍ଧ ଲାଗି ବ୍ରିଟେନ୍ ବିଜୟ ଲାଭ କଲା ଓ ଉତ୍ତର ଆମେରିକା ଉପରେ ଏକଚାଟିଆ ଅଧିକାର ସାବ୍ୟସ୍ତ କଲା କାନାଡ଼ାକୁ ଛାଡ଼ିଦେଇ।

୨. ୟୁରୋପ ମହାଦେଶରେ ପୃସିଆ, ଫ୍ରାନ୍ସ, ରୁଷିଆ, ସ୍ୱିଡ଼େନ୍, ଅଷ୍ଟ୍ରିଆ ଆଦି ଭିତରେ ଲାଗିଥିବା ଯୁଦ୍ଧ ସନ୍ଧିରେ ଶେଷ ହେଲା ।

୩. ଭାରତୀୟ ଉପମହାଦେଶରେ ଫ୍ରେଞ୍ଚ୍ ଇଷ୍ଟ ଇଣ୍ଡିଆ କମ୍ପାନୀ ଓ ବ୍ରିଟିଶ ଇଷ୍ଟ ଇଣ୍ଡିଆ କମ୍ପାନୀ ମଧ୍ୟରେ ବ୍ୟବସାୟରେ ଆଧିପତ୍ୟ ପାଇଁ ଯୁଦ୍ଧ ଲାଗିଲା । ଦକ୍ଷିଣ ଭାରତରେ ଲାଗ୍ ଲାଗ୍ ତିନୋଟି ଯୁଦ୍ଧରେ ବ୍ରିଟିଶମାନେ ବିଜୟ ଲାଭ କରି ସମଗ୍ର ଭାରତ ଉପରେ ଅଧିକାର ସାବ୍ୟସ୍ତ କଲେ । ଏହାକୁ Carnatic Wars କହନ୍ତି । ଶେଷରେ Treaty of Parisରେ ବ୍ରିଟିଶ୍ ମାନେ ସମ୍ପୂର୍ଣ୍ଣ ଭାରତର ବ୍ୟବସାୟ ଅଧିକାର ପାଇଲେ । ଫ୍ରାନ୍ସକୁ ଦୁଇଟି ଉପନିବେଶ ଚନ୍ଦନ ନଗର ଓ ପଣ୍ଡିଚେରୀ ଫେରାଇ ଦିଆଗଲା ।

ପୃଥିବୀର ତିନୋଟି ମହାଦେଶରେ ଏହି ଯୁଦ୍ଧ ସବୁକୁ ସେ ସମୟରେ ବିଶ୍ୱଯୁଦ୍ଧ କୁହାଯାଇପାରେ । ସେଭେନ୍ ଇୟର୍ ୱାର୍‌ର ଅନ୍ତିମ ପରିଣାମ ହେଲା ଫ୍ରାନ୍ସର ଶୋଚନୀୟ ପରାଜୟ ସହିତ ଉପନିବେଶ ପ୍ରତ୍ୟର୍ପଣ । ଏହି ଅପମାନଜନକ ପରାଜୟ ଓ କ୍ଷତି ପାଇଁ ସେମାନେ ପରବର୍ତ୍ତୀ ସମୟରେ ଆମେରିକାର ସ୍ୱାଧୀନତା ସଂଗ୍ରାମରେ ଭାଗନେଇ ବ୍ରିଟେନ ଉପରେ ପ୍ରତିଶୋଧ ନେଇଥିଲେ ।

୧୭୬୩ ପରେ ବ୍ରିଟିଶମାନଙ୍କର ପ୍ରତିପତ୍ତି ପୃଥିବୀ ସାରା ବଢ଼ିଗଲା । ସବୁଠୁ ବେଶୀ ଉପନିବେଶ ତାଙ୍କ ଅଧିକାରରେ ରହିଲା । କିନ୍ତୁ ଯୁଦ୍ଧରେ ବ୍ରିଟେନ୍‌ର ଅନେକ ଖର୍ଚ୍ଚ ହୋଇଥିଲା, ରାଜକୋଷ ପ୍ରାୟ ଖାଲି ହୋଇଯାଇଥିଲା । ଉପନିବେଶଗୁଡ଼ିକ ଉପରେ ସେମାନଙ୍କର ନଜର ପଡ଼ିଲା । ବିଭିନ୍ନ ଆଳରେ ବିଭିନ୍ନ ଟ୍ୟାକ୍ସ ସବୁ ବସାଇବାକୁ ଲାଗିଲେ । ବ୍ରିଟିଶ ପାର୍ଲାମେଣ୍ଟ ସାରା ପୃଥିବୀର ଅଧିଶ୍ୱର ହୋଇଗଲା । ଏଇ ଭିତରେ ଆମେରିକାରେ ବ୍ରିଟିଶମାନଙ୍କର ସଂଖ୍ୟା ବଢ଼ିଗଲା ।

ବ୍ରିଟେନ୍‌ର ରାଜତନ୍ତ୍ରରେ ଅସନ୍ତୁଷ୍ଟ ହୋଇ ଅନେକ ଉଦାରବାଦୀ ବୁଦ୍ଧିଜୀବୀ (Liberal Inteligentia) ନ୍ୟୁ ୱାର୍ଲ୍ଡକୁ ଚାଲିଆସିଲେ । ୬,୦୦୦ କି.ମି. ଦୂରରେ ରାଜ ଛତ୍ରଛାୟା ବାହାରେ ନିଜର ଏକ ସ୍ୱପ୍ନର ରାଜ୍ୟ ଗଢ଼ିବା ପାଇଁ ଭାବିଲେ; ଯେଉଁଠି ସମସ୍ତେ ସମାନ, ଛୋଟ ବଡ଼ର ଭେଦଭାବ ନଥିବ; ସରକାର ଓ ଜନସାଧାରଣଙ୍କ ଭିତରେ ଶାସକ ଓ ଶାସିତର ସମ୍ପର୍କ ନରହି ଏକ 'Social Contract' ରହିବ; ଯେଉଁଥିରେ ଜନସାଧାରଣ ସ୍ୱାଧୀନ ରହିବେ; ସରକାର ଗଢ଼ିବେ ଓ ସରକାର ସେମାନଙ୍କୁ ସାମାଜିକ ତଥା ଅର୍ଥନୈତିକ ସୁରକ୍ଷା ଯୋଗାଇଦେବ । ଜନସାଧାରଣଙ୍କ ପାଖରେ ସରକାର ବଦଳାଇ ଦେବାର 'Natural Right' ରହିବ । ଏଇସବୁ ମାନବବାଦୀ ଦର୍ଶନ 'Republicanism' ବୋଲି ଏକ ରାଜନୀତିକ ମତବାଦକୁ

ଜନ୍ମଦେଲା। ଦେଶ ରାଜାଙ୍କ ଅଧିନସ୍ଥ ନରହି 'ରିପବ୍ଲିକ୍' ହେବ। ଜନସାଧାରଣ ସ୍ୱାଧୀନ ନାଗରିକ (Citizen) ହେବେ। Public Good, Public Interest, Public Honour ଇତ୍ୟାଦି ଏହାର ମୂଳମନ୍ତ୍ର ରୂପେ ଗ୍ରହଣ କରାଗଲା। 'Commonsense' ନାଁ'ରେ ଏକ Pamphlet ସାରା ଦେଶରେ ୧୭୭୬ରେ ଜନମାନସରେ ଏଇ ଧାରଣାକୁ ଉଦ୍ରେକ କଲା। American Revolution ର ମୂଳଦୁଆ ପଡ଼ିଲା।

କଲୋନୀଗୁଡ଼ିକରେ ବ୍ରିଟିଶ ପାର୍ଲାମେଣ୍ଟ ତରଫରୁ ଗଭର୍ଣ୍ଣରମାନେ ଶାସନ କରୁଥିଲେ। ଶାସକୀୟ ଅଧିକାରୀମାନେ ବି ବ୍ରିଟେନ୍‌ରୁ ନିଯୁକ୍ତ ହେଉଥିଲେ। ସମସ୍ତ ଆଇନ୍ ରାଜାଙ୍କ ନାଁ'ରେ ବ୍ରିଟିଶ ପାର୍ଲାମେଣ୍ଟ ତିଆରି କରୁଥିଲା ଓ ବିଭିନ୍ନ ଟ୍ୟାକ୍ସ ବସାଉଥିଲା। ବ୍ରିଟିଶ ଆବଶ୍ୟକତା ପାଇଁ ଉପନିବେଶ ମାନଙ୍କୁ ଟ୍ୟାକ୍ସ ଦେବାକୁ ପଡ଼ିଲା। କିଛି କିଛି ଟ୍ୟାକ୍ସ କଲୋନୀମାନଙ୍କ ପାଇଁ ଅବାନ୍ତର ଥିଲା। ଯା ଭିତରେ ୧୩ଟି କଲୋନୀ ଶକ୍ତିଶାଳୀ ହୋଇଉଠିଲେ। ପ୍ରତି କଥାରେ ବ୍ରିଟିଶ ପାର୍ଲାମେଣ୍ଟର ପ୍ରଭୁତ୍ୱ ଏମାନେ ସ୍ୱୀକାର କରିବାକୁ ରାଜି ହେଲେନି। ବ୍ରିଟେନ୍ ରାଜକୋଷର ଭରଣା ପାଇଁ ଆମେ କାହିଁକି ଟ୍ୟାକ୍ସ ଦେବୁ? ଆମେ କାହିଁକି ବ୍ରିଟେନ୍‌ର ଏକଚାଟିଆ ଟ୍ରେଡ଼ର ଶିକାର ହେବୁ? 'No Tax without Representation'; ଇତ୍ୟାଦି ପ୍ରଶ୍ନ ଉଠିଲା। କେତୋଟି ଅତ୍ୟାଚାରୀ ଟ୍ୟାକ୍ସର ଉଦାହରଣ ଦିଆଯାଇପାରେ।

1. 1764 - Sugar Act -

କେବଳ West Indies ରେ ଥିବା ବ୍ରିଟିଶ ଆଖୁଚାଷୀ ଓ ବ୍ୟବସାୟୀଙ୍କ ଠାରୁ ଚିନି କିଣାଯାଇପାରିବ। କଲୋନୀମାନେ ଅନ୍ୟ ସୂତ୍ରରୁ ଶସ୍ତା ଚିନି କିଣିପାରିବେନି।

2. 1765 - Stamp Act -

ସମସ୍ତ ପ୍ରକାର, ଖବର କାଗଜ, ଲିଗାଲ ଡକୁମେଣ୍ଟସ୍ (ଆଇନ୍ ନଥିପତ୍ର), Printed Matter ବା ପାମ୍ଫଲେଟ୍ ଉପରେ ଟ୍ୟାକ୍ସ ବସିଲା।

3. 1773-Tea Act -

ଚା'ର ଏକଚାଟିଆ ବ୍ୟବସାୟ ଅଧିକାର ବ୍ରିଟେନ୍ ପାଖରେ ରହିଲା ଓ ଇଷ୍ଟ ଇଣ୍ଡିଆ କମ୍ପାନୀ ହିଁ ଚା' ବିକ୍ରି କରିବା ପାଇଁ ଅଧିକୃତ ହେଲା ଓ ଯା ଉପରେ Import Duty ବସିଲା।

ଏଇସବୁ ଆକ୍ଟ ଓ ଟ୍ୟାକ୍ସ ପାଇଁ ଆମେରିକାନ୍‌ମାନେ କୁହୁଳୁଥିଲେ। ୧୬ -

ଡିସେମ୍ବର ୧୭୭୩ ଦିନ ହଠାତ୍ Sons of Liberty ନାମରେ ଦଳେ ଆନ୍ଦୋଳନକାରୀ, ରେଡ୍ ଇଣ୍ଡିଆନ୍‌ମାନଙ୍କର ଛଦ୍ମ ବେଶରେ ବୋଷ୍ଟନ ବନ୍ଦରରେ ଇଷ୍ଟ ଇଣ୍ଡିଆ କମ୍ପାନୀର ୪ଟି ଚା' ଜାହାଜରେ ପଶି ଚା'ପେଟି ସବୁ ସମୁଦ୍ରକୁ ଫିଙ୍ଗି ଦେଲେ। ଏହା Boston Tea Party ନାମରେ ବିଖ୍ୟାତ। ଆମେରିକାନ୍ ରିଭଲ୍ୟୁସନ୍‌ର ଏହା ଏକ ନିର୍ଣ୍ଣାୟକ ମୋଡ଼। ଜନସାଧାରଣ ଚା'ପେଟି ଫିଙ୍ଗିବାର ମୂଳ କାରଣ ହେଉଛି 'No Tax Without Representation' ଅଭିଯାନ। ବ୍ରିଟିଶ ପାର୍ଲାମେଣ୍ଟରେ ଆମେରିକାନ୍ ମାନଙ୍କର କୌଣସି ପ୍ରତିନିଧି ନଥିବାରୁ କୌଣସି ବ୍ରିଟିଶ ଆଇନ ବା ନିଷ୍ପତ୍ତିକୁ ସେମାନେ ମାନିବାକୁ କୁଣ୍ଠାବୋଧ କଲେ।

ବୋଷ୍ଟନ୍ ବିପ୍ଳବୀମାନଙ୍କୁ ସାବାଡ୍ କରିବା ପାଇଁ ୧୭୭୪ରେ ବ୍ରିଟିଶ୍ ପାର୍ଲିଆମେଣ୍ଟ Intolerable Act ପ୍ରଣୟନ କଲା। ଏଇ ଆଇନ ଦ୍ୱାରା ବୋଷ୍ଟନ୍ ବନ୍ଦରକୁ ବନ୍ଦ କରିଦିଆଗଲା ବିପ୍ଳବୀମାନଙ୍କ ଠାରୁ କ୍ଷତି ପୂରଣ ଆଦାୟ ପର୍ଯ୍ୟନ୍ତ। Quartering Act ବୋଲି ଅନ୍ୟ ଏକ ଆଇନ ଦ୍ୱାରା ବ୍ରିଟିଶ ସୈନ୍ୟମାନଙ୍କୁ ଆମେରିକାର ସର୍ବସାଧାରଣଙ୍କ ଘରେ ବିନାନୁମତିରେ ରହିବାର ଅନୁମତି ମିଳିଗଲା। ଏଥିରେ ସମସ୍ତଙ୍କର ବ୍ୟକ୍ତିଗତ ସ୍ୱାଧୀନତା କ୍ଷୁର୍ଣ୍ଣ ହେଲା। ଲୋକମାନେ ବିରକ୍ତ ହେଲେ।

ମାସାଚ୍ୟୁସେଟ୍‌ସ୍‌ର ରାଜଧାନୀ ବୋଷ୍ଟନ୍‌ରେ ଏହି ଆନ୍ଦୋଳନ ହୋଇଥିବାରୁ ମାସାଚ୍ୟୁସେଟ୍‌ସ୍ ରାଜ୍ୟର ସ୍ୱାୟତ୍ତତା ପ୍ରତ୍ୟାହୃତ କରାଗଲା। ପାର୍ଲାମେଣ୍ଟ ଭାବିଲା, ଏହାଦ୍ୱାରା କଲୋନୀମାନେ ଡରିଯିବେ ଓ ବ୍ରିଟେନ୍‌ର ଅନୁଗତ ରହିବେ। କିନ୍ତୁ ଫଳ ଓଲଟା ହେଲା। ୧୩ଟି ଯାକ କଲୋନୀ ୟା ଭିତରେ ବେଶ୍ ଶକ୍ତିଶାଳୀ ହୋଇଯାଇଥିଲେ, ସ୍ୱାଧୀନତାର ସ୍ୱପ୍ନ ସେମାନେ ଦେଖିବା ଆରମ୍ଭ କରିଦେଇଥିଲେ।

ଜନସାଧାରଣମାନଙ୍କ ଭିତରେ ବି ବ୍ରିଟେନ୍‌ଠାରୁ ମୁକ୍ତି ପାଇଁ ବିପ୍ଳବ କରିବାର ପ୍ରବୃତ୍ତି ଦେଖାଦେଲାଣି। କିନ୍ତୁ ସମସ୍ତେ ବିପ୍ଳବରେ ଯୋଗଦେବାର ଅବସ୍ଥାରେ ନଥାନ୍ତି। ୪୦-୫୦% ଲୋକ ସ୍ୱାଧୀନତା ପକ୍ଷରେ। ଏମାନଙ୍କୁ Patriot (ପାଟ୍ରିଅଟ୍) କୁହାଗଲା। ୨୦-୩୦% ଲୋକ ରାଜତନ୍ତ୍ର ସପକ୍ଷରେ ରହିଲେ। ଏମାନଙ୍କୁ Loyalist(ଲୟାଲିଷ୍ଟ)କୁହାଗଲା। ସରକାରୀ କର୍ମଚାରୀମାନେ ଏଇ ଗୋଷ୍ଠୀରେ ରହିଲେ। ବାକି ୧୫-୨୦% ନିଷ୍କ୍ରିୟ ଲୋକଙ୍କୁ ନିଉଟ୍ରାଲ କୁହାଗଲା।

୧୩ଟି ଷ୍ଟେଟ୍‌ର ପ୍ରତିନିଧିମାନେ ୫, ଅକ୍ଟୋବର ୧୭୭୪ରେ First Continental Congress ଗଠନ କଲେ। ନୂଆ କରି ଗଢ଼ା ହୋଇଥିବା Continental Army 18, April' 1775 ରେ ବ୍ରିଟିଶ କଲୋନୀ Quebeck ଆକ୍ରମଣ କରି ସ୍ୱାଧୀନତା ସଂଗ୍ରାମର ଶୁଭାରମ୍ଭ କଲା।

ମାର୍ଚ୍ଚ ୧୭୭୬ରେ ୧୩ଟା ଯାକ କଲୋନୀ ସ୍ୱାଧୀନତା ଘୋଷଣା କରିଦେଲେ। ସମସ୍ତଙ୍କର ସମ୍ବିଧାନ ତିଆରି ହୋଇଗଲା। ବ୍ରିଟିଶ ସୈନ୍ୟ ଓ ଅଫିସରମାନଙ୍କୁ ତଡ଼ି ଦିଆଗଲା। ସେମାନେ ନିଜକୁ ଷ୍ଟେଟ୍‌ରେ ପରିବର୍ତ୍ତିତ କରିଦେଲେ। ଶେଷରେ ୪' ଜୁଲାଇ ୧୭୭୬ରେ Thomas Jeffersonଙ୍କ ଦ୍ୱାରା ପ୍ରସ୍ତୁତ କରାଯାଇଥିବା Declaration of Independence ସର୍ବସମ୍ମତି ଯୋଗେ ଗ୍ରହଣ କରିନିଆଗଲା। United States of Americaର ଜନ୍ମ ହେଲା ବ୍ରିଟିଶ ଶାସନରୁ ମୁକ୍ତ ହୋଇ। ପୃଥିବୀର ଶ୍ରେଷ୍ଠ ଗଣତନ୍ତ୍ରର ବିଜୟ ହେଲା। ପୃଥିବୀ ପୃଷ୍ଠରେ ନ୍ୟୁ ୱାର୍ଲ୍ଡରେ ଏକ ନୂଆ ଦୁନିଆ ପ୍ରତିଭାତ ହେଲା ଗଣତନ୍ତ୍ରର ଜଠରରୁ।

କିନ୍ତୁ ୟା ଭିତରେ ବ୍ରିଟେନ୍ ହାତ ବାନ୍ଧି ବସି ନଥିଲା। ନଭେମ୍ବର ୧୭୭୬ରେ ସେମାନେ ନ୍ୟୁୟର୍କ, ନ୍ୟୁ ପୋର୍ଟ ଓ ନ୍ୟୁ ଜର୍ସି ପୁନର୍ଦଖଲ କରିନେଲେ। କିନ୍ତୁ ଆମେରିକାନ୍ ସେନାପତି ଜର୍ଜ ୱାଶିଂଟନ୍ ଏକ ଡେୟାର ଡେଭିଲ୍ ପଦକ୍ଷେପ ନେଲେ। ଡିସେମ୍ବର ୨୬, ୧୭୭୬ର ପ୍ରବଳ ଥଣ୍ଡା ରାତିରେ ବରଫାଚ୍ଛାଦିତ ଡ଼େଲାୱେର ନଦୀ ପାର ହୋଇ ନ୍ୟୁ ଜର୍ସି ଦଖଲ କରିନେଲେ। ଏଠିସେଠି ଆମେରିକା ସାରା ପାଟ୍ରିଅଟ୍ ଓ ବ୍ରିଟିଶ୍ ମାନଙ୍କର ଯୁଦ୍ଧ ଲାଗିଥାଏ। ହଠାତ୍ ଅକ୍ଟୋବର ୧୭୭୭ରେ ବ୍ୟାଟଲ୍ ଅଫ୍ ସାରାଟୋଗାରେ ଜର୍ଜ୍ଜ ୱାଶିଂଟନ୍ ବ୍ରିଟିଶ୍ ସୈନ୍ୟମାନଙ୍କୁ ପରାସ୍ତ କଲେ। ବ୍ୟାଟଲ୍ ଅଫ୍ ସାରାଟୋଗା, ଆମେରିକାନ୍ ରିଭଲ୍ୟୁସନ୍‌ର ଏକ ମହତ୍ତ୍ୱପୂର୍ଣ୍ଣ ମୋଡ଼।

ବ୍ୟାଟଲ୍ ଅଫ୍ ସାରାଟୋଗାର ସଫଳତାରେ ଉତ୍ସାହିତ ହୋଇ, ଫ୍ରାନ୍ସ, ଆମେରିକାକୁ ଏକ ସ୍ୱାଧୀନ ରାଷ୍ଟ୍ର ହିସାବରେ ସ୍ୱୀକୃତି ପ୍ରଦାନ କଲା ଓ ଯୁଦ୍ଧରେ ଦେଶ ବାହାରର ପ୍ରଥମ ସହଯୋଗୀ ଭାବରେ ଯୋଗ ଦେଲା। ପରେ ପରେ ସ୍ପେନ୍ ଓ ନେଦରଲାଣ୍ଡ ବି ଯୋଗ ଦେଲେ। ଏମାନେ ସମସ୍ତେ ଅତୀତରେ ବ୍ରିଟେନ୍ ଦ୍ୱାରା ଉପନିବେଶଚ୍ୟୁତ ହୋଇଥିଲେ। ବ୍ରିଟେନ୍ ଆନ୍ତର୍ଜାତୀୟ ସ୍ତରରେ ଏକୁଟିଆ ହୋଇଗଲା। ନୂଆ ସରକାର କାମ କରୁଥାଏ ଓ ବ୍ରିଟିଶ ସୈନ୍ୟମାନଙ୍କ ସହ ଛୋଟବଡ଼ ଯୁଦ୍ଧ ଲାଗିଥାଏ। ଶେଷରେ ଫ୍ରାନ୍ସ ମଧ୍ୟସ୍ଥତାରେ ୧୭୮୩ରେ USA ଓ ବ୍ରିଟେନ୍ ମଧ୍ୟରେ ଏକ ସନ୍ଧି ସ୍ୱାକ୍ଷରିତ ହେଲା। Paris Peace Treaty ହିସାବରେ ଏହା ପ୍ରଖ୍ୟାତ। ବ୍ରିଟେନ୍ USAକୁ ଏକ ସ୍ୱାଧୀନ ରାଷ୍ଟ୍ର ଭାବେ ସ୍ୱୀକୃତି ଦେଲା। ଏକ ବିରାଟ ଦେଶ ସହିତ ବାଣିଜ୍ୟ କରିବାକୁ ଅଧିକାର ପାଇଲା। ସ୍ୱାଧୀନ USA ସହ ବ୍ରିଟେନ୍‌ର ଦ୍ୱିପାକ୍ଷୀୟ ବାଣିଜ୍ୟ ପାଇଁ ସହମତି ହେଲା। ଶାନ୍ତି ଫେରିଲା।

ପୂର୍ବତଟ ଉପନିବେଶଗୁଡ଼ିକ ସମଗ୍ର ଅମେରିକା ଉପମହାଦେଶ ଉପରେ ଅଧିକାର ପାଇଲେ। ଆମେରିକା ଆଟଲାଣ୍ଟିକ୍ ମହାସାଗରଠାରୁ ପ୍ରଶାନ୍ତ ମହାସାଗର

ପର୍ଯ୍ୟନ୍ତ ଗୋଟିଏ ରାଷ୍ଟ୍ର ହୋଇଗଲା। କିନ୍ତୁ ଫ୍ରାନ୍ସ, ଆମେରିକାନ୍ ରିଭଲ୍ୟୁସନ୍‌ରେ ଭାଗ ନେଇ ନିଜର ରାଜକୋଷ ଖାଲି କରିଦେଇ ବରବାଦ୍ ହୋଇଯାଇଥିଲା। ବ୍ରିଟେନ୍, ଆମେରିକା ଛାଡ଼ି ନୂଆ ଉପନିବେଶ ଖୋଜିବାରେ ମନ ଦେଲା। ଏସିଆ-ପାସିଫିକ୍ ଓ ଆଫ୍ରିକା ତା'ର ନଜରରେ ଆସିଲା...।

ପଶ୍ଚିମରୁ ଏଥର ଆସିବା ପୃଥିବୀର ପୂର୍ବ ପଟକୁ। ୧୭୫୭, ପଲାସୀ ଯୁଦ୍ଧରେ ରବର୍ଟ କ୍ଲାଇବ୍‌ଙ୍କ ନେତୃତ୍ୱରେ ବେଙ୍ଗଲ ପ୍ରଦେଶ ଜୟ କରି ସାରିଲା ପରେ, ଇଷ୍ଟ ଇଣ୍ଡିଆ କମ୍ପାନୀ ସାରା ଭାରତ ଦଖଲର ଅପେକ୍ଷାରେ ଥାଏ। ଭାରତରେ ବ୍ୟବସାୟ କରିବା ପାଇଁ କେତେ ଜଣ ସେୟାର ହୋଲଡ଼ର (ଅଂଶୀଦାର)ଙ୍କ ଦ୍ୱାରା ଏହି କମ୍ପାନୀ ବ୍ରିଟେନ୍‌ରେ ପ୍ରତିଷ୍ଠିତ ହୋଇଥିଲା। ବଙ୍ଗପ୍ରଦେଶ ଜୟ କରିସାରିଲା ପରେ ରବର୍ଟ କ୍ଲାଇବ୍ ଓ ଅନ୍ୟ କମ୍ପାନୀ କର୍ମଚାରୀଙ୍କ ଦୁର୍ନୀତି ଓ ଅପକର୍ମ ହେତୁ, ୧୭୮୪ରେ PITTS INDIA Act ଦ୍ୱାରା ବ୍ରିଟିଶ ସରକାର କମ୍ପାନୀକୁ ନିଜ ଅଧିନକୁ ନେଇଗଲା। 'ଭାରତବର୍ଷ' ବ୍ରିଟିଶ କ୍ରାଉନ୍‌ର ଅଧୀନସ୍ଥ ହେଲା। ଆମେରିକାରୁ ଅବନତ ହୋଇଥିବା ୟୁନିଅନ ଜ୍ୟାକ୍, ଭାରତ ଆକାଶରେ ଉତ୍ତୋଳିତ ହେଲା। ବ୍ରିଟେନ୍, ଆମେରିକାକୁ ହରାଇ ଭାରତକୁ ପାଇଲା। ଆମେରିକାର ସ୍ୱାଧୀନତା ସହିତ ଆମର ପରାଧୀନତା ଯୋଡ଼ି ହୋଇଗଲା। କାଳର ବିଡ଼ମ୍ବନା... ସମୟର ବାଲିଘଡ଼ିରେ ବାଲି ଖାଲି ଏପଟ ସେପଟ ହେଉଥାଏ।

ସ୍ଥାନ, କାଳ, ପାତ୍ର ଭିତରୁ କାଳ ହିଁ ଚିରନ୍ତନ ସତ୍ୟ, ଚୀର ପ୍ରବହମାନ, ଖାଲି ପରିବର୍ତ୍ତନ ହେଉଥାଆନ୍ତି ସ୍ଥାନ ଓ ପାତ୍ର ବିଭିନ୍ନ ରୂପରେ।

■

ଆମେରିକାନ୍ ସିଭିଲ୍ ୱାର୍
(୧୮୬୧-୧୮୬୫)

୧୭୮୩ରେ ବ୍ରିଟିଶ୍ ଉପନିବେଶରୁ ମୁକ୍ତ ହୋଇ ଯୁକ୍ତରାଷ୍ଟ୍ର ଆମେରିକା ଏକ ସ୍ୱାଧୀନ ରାଷ୍ଟ୍ର ଭାବେ ଉଭା ହେଲା। ୧୩ଟି ଉପନିବେଶ, ୧୩ଟି ଷ୍ଟେଟ୍ ଭାବେ ନୂଆ ରାଷ୍ଟ୍ର ପାଇଁ ଏକତ୍ରିତ ହେଲେ। ଏକ Federal Govt. ତିଆରି ହେଲା। ସବୁ ଷ୍ଟେଟ୍‌ର ସ୍ୱାଧୀନ ସମ୍ବିଧାନ ସହ ସ୍ୱାଧୀନ ଶାସନ ବିଧି ରହିଲା। ଟ୍ୟାକ୍ସ ବି ଷ୍ଟେଟ୍ ଅଧୀନରେ ରହିଲା। Union Govt / Federal Govt. ହାତରେ କେବଳ ପ୍ରତିରକ୍ଷା ଦାୟିତ୍ୱ। ଦେଶର Sovereignity (ସାର୍ବଭୌମତ୍ୱ) ରକ୍ଷା କରିବା Federal Govt.ର ଉଦ୍ଦେଶ୍ୟ ରହିଲା। ଷ୍ଟେଟ୍‌ମାନେ ଧୀରେ ଧୀରେ କ୍ଷମତାଶାଳୀ ହୋଇଗଲେ। ସବୁ କ୍ଷମତା Federal Govt.କୁ ଦେବାକୁ ରାଜି ହେଲେନି। ତେଣୁ ସମଗ୍ର ଦେଶ ଗୋଟିଏ ଦେଶ ନହୋଇ, ଏକ ଢିଲା ସମ୍ବିଧାନରେ ବନ୍ଧା ହୋଇ କେତୋଟି ପ୍ରଦେଶର ସମଷ୍ଟି ହୋଇ ରହିଲା। ବ୍ରିଟେନ୍ ସହ ଶାନ୍ତି ଚୁକ୍ତି ଅନୁଯାୟୀ ଆଟ୍‌ଲାଣ୍ଟିକ୍ ପୂର୍ବ ଉପକୂଳରେ ଥିବା ୧୩ଟି ଷ୍ଟେଟ୍ କ୍ରମେ କ୍ରମେ ପଶ୍ଚିମରୁ ପଶ୍ଚିମକୁ ରାଜ୍ୟ ବଢ଼ାଇ ଚାଲିଲେ। ଶେଷରେ ଆଟ୍‌ଲାଣ୍ଟିକ୍ ମହାସାଗରରୁ ପ୍ରଶାନ୍ତ ମହାସାଗର ପର୍ଯ୍ୟନ୍ତ ଯୁକ୍ତରାଷ୍ଟ୍ର ଆମେରିକା ବ୍ୟାପ୍ତ ହୋଇଗଲା। ଏକ ବିଶାଳ ଦେଶ, ମହାଦେଶ କହିଲେ ଚଳେ। ଷ୍ଟେଟ୍ ସଂଖ୍ୟା ବଢ଼ି ୩୬ରେ ପହଞ୍ଚିଗଲା।

ବ୍ରିଟିଶ୍‌ମାନଙ୍କ ଠାରୁ ସିନା ସ୍ୱାଧୀନତା ମିଳିଲା, କିନ୍ତୁ ବିଭିନ୍ନ ଷ୍ଟେଟ୍ ମଧ୍ୟରେ ଅନେକ ପରସ୍ପର ବିରୋଧୀ ଚିନ୍ତାଧାରା ରହିଯାଇଥିଲା। ଏତେ ବଡ଼ ଦେଶ ଭିତରେ ସବୁ ପ୍ରଦେଶର ଅଲଗା ଅଲଗା ସମସ୍ୟା ରହିବା ସ୍ୱାଭାବିକ। ସେତେବେଳକୁ ଆମେରିକାରେ ୟୁରୋପର ବିଭିନ୍ନ ଦେଶରୁ ଅଧିବାସୀମାନେ ଥିଲେ। ସେମାନଙ୍କ

ସହିତ ବ୍ରିଟିଶ ସାମ୍ରାଜ୍ୟ ସହିତ ଆସିଥିବା ଆଫ୍ରିକାନ୍ ନିଗ୍ରୋମାନେ ବି ଥିଲେ। ଏମାନେ ଆମେରିକୀୟ ସମାଜର ଅଂଶ ଥିଲେ। କିନ୍ତୁ ଆମେରିକାର ମୂଳ ଅଧିବାସୀ ରେଡ୍ ଇଣ୍ଡିଆନ୍‌ମାନେ ଥିଲେ ନିଜ ନିଜର ରାଜ୍ୟରେ। ଏମାନେ ଇଉରୋପୀୟମାନଙ୍କ ସହ ଯୁଦ୍ଧ ସନ୍ଧି ସବୁ କରି ସମ୍ପର୍କରେ ଥିଲେ। କିନ୍ତୁ ଆମେରିକାନ୍ ସୋସାଇଟି ସମାଜର ଅଂଶ ନଥିଲେ। ସେମାନଙ୍କର ସଭ୍ୟତା ଅଲଗା ଥିଲା। ସାରା ମହାଦେଶରେ ସେମାନେ ବ୍ୟାପୀ ରହିଥିଲେ ଛୋଟ ଛୋଟ ପକେଟ୍‌ରେ। ସ୍ୱାଧୀନତା ସଂଗ୍ରାମରେ ନିଗ୍ରୋମାନେ ପାଟ୍ରିଅଟ୍ ଓ ବ୍ରିଟିଶ ଉଭୟଙ୍କ ତରଫରୁ ଲଢ଼ିଥିଲେ। ପାଟ୍ରିଅଟ୍ ମାନଙ୍କ ସହିତ ଏମାନଙ୍କର ବର୍ତ୍ତମାନ ଓ ଭବିଷ୍ୟତ ଜଡ଼ିତ ଥିବାରୁ, ସେମାନଙ୍କ ସହିତ ଏମାନେ ବେଶୀ ପରିମାଣରେ ଥିଲେ। କିନ୍ତୁ ସ୍ୱାଧୀନତା ପାଇଲା ପରେ ବି ଏମାନଙ୍କର ଆମେରିକାନ୍‌ମାନଙ୍କ ସହିତ ସେଇ ପୁରୁଣା ପ୍ରଭୁ-ଦାସର ସମ୍ପର୍କ ରହିଲା। ଆମେରିକାର ମୂଳ ଅଧିବାସୀମାନଙ୍କର ବି ସ୍ୱାଧୀନତାରୁ କିଛି ଦେବାକୁ ବା ନେବାକୁ ନଥିଲା। ଆମେରିକାର ଇଉରୋପିଆନ୍‌ମାନେ ବ୍ରିଟେନ୍‌ଠାରୁ ସ୍ୱାଧୀନତା ପାଇଲେ। କିନ୍ତୁ ଇଣ୍ଡିଆନ୍‌ମାନେ ନୂଆ ଷ୍ଟେଟ୍ ଗୁଡ଼ିକର ପରାଧୀନତା ଭିତରକୁ ଠେଲି ହୋଇଗଲେ। ଏମାନଙ୍କ ବ୍ୟତୀତ ସାଧାରଣ ଇଉରୋପୀୟ ନାଗରିକମାନେ, ସାଧାରଣ ଜନତା ଭାବେ ସ୍ୱାଧୀନତା ସଂଗ୍ରାମରେ ଭାଗ ନେଇଥିଲେ ବି, ସ୍ୱାଧୀନତା ପରେ ଭୋଟ୍ ଦେବାର ଅଧିକାର ପ୍ରାପ୍ତ ହୋଇନଥିଲେ। ଏଥିରୁ ଦେଖାଗଲା ଯେ ସ୍ୱାଧୀନତା ଫଳରେ କ୍ଷମତା ଧନୀ ବ୍ରିଟିଶମାନଙ୍କ ଠାରୁ ଧନୀ ଆମେରିକାନ୍‌ମାନଙ୍କ ପାଖକୁ ଆସିଲା। ସାଧାରଣ ଜନତା, ନିଗ୍ରୋ ଓ ଇଣ୍ଡିଆନ୍‌ମାନେ ପୂର୍ବପରି ଅବହେଳିତ, ପରାଧୀନ ଓ ଦଳିତ ହୋଇ ରହିଲେ।

ଆମେରିକାର ଉତ୍ତର ଷ୍ଟେଟ୍‌ଗୁଡ଼ିକ ଶିଳ୍ପୋନ୍ନତ ଥିଲେ ଓ ଦକ୍ଷିଣ ଷ୍ଟେଟ୍‌ଗୁଡ଼ିକ କୃଷି ଉପରେ ନିର୍ଭର କରୁଥିଲେ। ଧୂଆଁପତ୍ର ଓ କପା ଏମାନେ ସାରା ଇଉରୋପ ପାଇଁ ଉତ୍ପାଦନ କରୁଥିଲେ। ଏସବୁ କ୍ଷେତ୍ରରେ ଦକ୍ଷିଣ ଷ୍ଟେଟ୍‌ମାନେ ଅଧିକ ସଂଖ୍ୟାରେ କ୍ଷେତ ଶ୍ରମିକ ଆବଶ୍ୟକ କରୁଥିଲେ। ତେଣୁ ଅଧିକ ସଂଖ୍ୟାରେ ଦାସ ଦକ୍ଷିଣ ପଟରେ ଥିଲେ। ସେଠାକାର ଧନୀ ଚାଷୀମାନେ ଦାସ ପ୍ରଥାର ପ୍ରବଳ ସମର୍ଥକ ଥିଲେ।

କିନ୍ତୁ ଉତ୍ତରର ଲୋକମାନେ ଦାସମାନଙ୍କ ଉପରେ କମ୍ ନିର୍ଭର କରୁଥିଲେ। ୧୮୩୩ରେ ବ୍ରିଟେନ୍ ନିଜ ଦେଶ ଓ ଉପନିବେଶଗୁଡ଼ିକରେ ଦାସ କିଣାବିକା (Slave Trade) ଆଇନ୍ କରି ବନ୍ଦ କରିଦେଲା। ୧୭୮୩ରେ ଆମେରିକା ସ୍ୱାଧୀନ ହେଲାବେଳେ ଦାସ ପ୍ରଥା ଆଇନ ସମ୍ମତ ଥିଲା। ତେଣୁ ୧୮୩୩ ପରେ ପୃଥିବୀର ବ୍ରିଟିଶ ଶାସିତ ଅନ୍ୟ ଅଂଶରେ ଦାସ ପ୍ରଥା ବନ୍ଦ ହୋଇଗଲା ପରେ, ସ୍ୱାଧୀନ ଆମେରିକା

ଉପରେ ଏହା ପ୍ରଭାବ ପକାଇ ପାରିଲା ନାହିଁ। କିନ୍ତୁ ବ୍ରିଟେନ୍‌ର ମାନବତାବାଦୀମାନଙ୍କର ଦାସ ପ୍ରଥା ବିରୁଦ୍ଧରେ ଆନ୍ଦୋଳନ ଆମେରିକାର ଜନତାମାନଙ୍କ ଭିତରେ ପ୍ରତିଧ୍ୱନିତ ହେଉଥାଏ। ନୂଆ ଆମେରିକାର Republicanism (ଗଣତନ୍ତ୍ରବାଦ) ସହିତ ବ୍ୟକ୍ତିଗତ ସ୍ୱାଧୀନତା ହରଣ କରୁଥିବା ଦାସ ପ୍ରଥା ବିପରୀତ ଥିଲା। ଆମେରିକାନ୍ Political Class (ରାଜନୀତିକ ଶ୍ରେଣୀ) ଭିତରେ ଏଇ ଧାରଣା ଅଙ୍କୁରିତ ହେଲା। ରିପବ୍ଲିକାନ୍ ପାର୍ଟି ୨୩ଟି ଉତ୍ତରର ଷ୍ଟେଟ୍‌ଗୁଡ଼ିକରେ ପ୍ରଭାବଶାଳୀ ଥିଲା। ତେଣୁ ଏଇ ଷ୍ଟେଟ୍‌ଗୁଡ଼ିକରେ ଦାସ ପ୍ରଥା ବିରୁଦ୍ଧରେ ସ୍ୱର ଉଠିବାକୁ ଲାଗିଲା। ଏଥିପାଇଁ ଏହି ଷ୍ଟେଟ୍‌ଗୁଡ଼ିକୁ Free State ବୋଲି କୁହାଗଲା। ସେ ସମୟର ବିଶିଷ୍ଟ ରାଜନୀତିଜ୍ଞ Abraham Lincoln ଏହାର ମୁଖ୍ୟ ପୁରୋଧା ହେଲେ। କିନ୍ତୁ ୧୧ଟି ଦକ୍ଷିଣର ଷ୍ଟେଟ୍‌ଗୁଡ଼ିକରୁ ଦାସ ପ୍ରଥା ସପକ୍ଷରେ ପ୍ରବଳ ସ୍ୱର ଉଠିଲା। ଏମାନଙ୍କୁ Slave State ବୋଲି କୁହାଗଲା।

ଏଇ ସମୟରେ ୧୮୫୨ରେ ହୃଦୟର ସମସ୍ତ ତନ୍ତ୍ରୀକୁ ଥରାଇଦେଲା ପରି ଏକ ଉପନ୍ୟାସ 'Uncle Tom's Cabin' ନାମରେ ପ୍ରକାଶିତ ହେଲା। ଏହି ଉପନ୍ୟାସରେ ଆଫ୍ରିକୀୟ ଦାସମାନଙ୍କ ଉପରେ ହେଉଥିବା ଅମାନବୀୟ ନିର୍ଯାତନା ଓ ଅକଥନୀୟ ଶୋଷଣର ଏକ ଅବିକଳ ଚିତ୍ର ଦିଆଯାଇଥିଲା। Harriet Stowe ଏହାର ଲେଖିକା ଥିଲେ। ସାରା ପୃଥିବୀରେ ଏହା ଚହଳ ପକାଇ ଦେଲା। ବ୍ରିଟେନ୍ ଓ ଆମେରିକାରେ ବାଇବେଲ୍ ପରେ ଏହା 2nd Best Seller ହେଲା।

ଆବ୍ରାହାମ୍ ଲିଙ୍କନ୍ ନିର୍ବାଚନରେ ବିପୁଳ ଭୋଟ୍‌ପାଇ ପ୍ରେସିଡେଣ୍ଟ ଭାବେ ନିର୍ବାଚିତ ହେଲେ। ୨୩ଟି ଉତ୍ତର ଷ୍ଟେଟ୍‌ର ଭୋଟାଧିକାର ଅଧିକ ହୋଇଥିବାରୁ ସେ ସହଜରେ ନିର୍ବାଚିତ ହେଲେ। ଦକ୍ଷିଣ ଷ୍ଟେଟ୍‌ମାନେ ଏଇଟାକୁ ସହଜରେ ଗ୍ରହଣ କରିପାରିଲେନି। ଲିଙ୍କନ୍ ରାଷ୍ଟ୍ରପତି ଭାର ଗ୍ରହଣ କରିବା ଆଗରୁ ୧୧ଟି ଯାକ ସ୍ଲେଭ୍ ଷ୍ଟେଟ୍ ଏକାଠି ହୋଇ ଏକ କନ୍‌ଫେଡ଼େରେସନ୍ ଅଫ୍ ଷ୍ଟେଟ୍ ଗଠନ କଲେ। ଫେଡ଼େରାଲ ସରକାରରୁ ବାହାରିଯିବାର ପ୍ରସ୍ତାବ କନ୍‌ଫେଡ଼େରେଟ୍‌ମାନେ ଗ୍ରହଣ କରିନେଲେ। ରାଷ୍ଟ୍ର ସହିତ ରହିବା ନରହିବା ଷ୍ଟେଟ୍‌ର ଅଧିକାର ବୋଲି କୁହାଗଲା। ଫ୍ରି-ଷ୍ଟେଟ୍‌ମାନଙ୍କୁ ଚମକାଇଦେଇ ୧୨ ଏପ୍ରିଲ ୧୮୬୧ରେ କନ୍‌ଫେଡ଼େରେଟ୍ ଆର୍ମି ଆକ୍ରମଣ ଆରମ୍ଭ କରିଦେଲା। ସାରା ଆମେରିକାର ବିଭିନ୍ନ ସ୍ଥାନରେ ଯୁଦ୍ଧ ଲାଗି ରହିଲା ଚାରିବର୍ଷ କାଳ। ଏହାକୁ ଆମେରିକାନ୍ ସିଭିଲ୍ ୱାର୍ କୁହାଗଲା।

କନ୍‌ଫେଡ଼େରେଟ୍ ଷ୍ଟେଟ୍‌ର କପା ଉତ୍ପାଦନ ଉପରେ ଇଉରୋପ ନିର୍ଭର କରୁଥିଲା। ତେଣୁ ବ୍ରିଟେନ୍ ଓ ଫ୍ରାନ୍ସ ସେମାନଙ୍କୁ ସମର୍ଥନ କରିବେ ବୋଲି ଭାବିଲେ। ଏମାନଙ୍କୁ 'Cotton King' କୁହାଯାଉଥିଲା। ବିଡ଼ମ୍ବନାର ବିଷୟ ସେଇ ସମୟରେ

ଇଉରୋପରେ ଖାଦ୍ୟଶସ୍ୟର ଫସଲହାନି ହେଲା। ତେଣୁ ସେମାନେ ଗହମ ପାଇଁ ଉତ୍ତର ଷ୍ଟେଟ୍ ବା ଫ୍ରିଷ୍ଟେଟ୍ ଗୁଡ଼ିକୁ ଅନାଇ ରହିଲେ। 'Cotton' ଜାଗାରେ 'Wheat King' ର ଆବିର୍ଭାବ ହେଲା। ବ୍ରିଟିଶମାନେ ଛାଡ଼ି ଆସିଥିବା ଉପନିବେଶଗୁଡ଼ିକ ଖଣ୍ଡଖଣ୍ଡ ହୋଇ ଭାଙ୍ଗି ପଡୁଥିବାର ଦେଖି ସେମାନେ ଖୁସି ହେଲେ ଓ ଯୁଦ୍ଧକୁ ବଢ଼ିବାକୁ ଦେଲେ। କୁହାଯାଏ ସେ ସମୟର ବ୍ରିଟିଶ ପ୍ରଧାନମନ୍ତ୍ରୀ Lord Palmerston, 'Uncle Tom's Cabin' ଏକା ନିଶ୍ୱାସରେ ତିନିଥର ପଢ଼ିଦେଇଥିଲେ। ନିଜ ଦେଶରେ ଦାସ ପ୍ରଥା ବିରୁଦ୍ଧରେ ଜନମତ ଓ Uncle Tom's Cabin ରେ ଦାସମାନଙ୍କର ଦୁର୍ଦ୍ଦଶା ଓ ତାଙ୍କ ଉପରେ ହେଉଥିବା ଲୋକଟାଙ୍କୁରା ଅତ୍ୟାଚାର ବିଷୟରେ ପଢ଼ି ଗଭୀର ଭାବରେ ପ୍ରଭାବିତ ହୋଇ କୌଣସି ପକ୍ଷ ନ ନେବାକୁ ସ୍ଥିର କଲେ। ଗୃହ ଯୁଦ୍ଧ ସମୟରେ ଲିଙ୍କନ୍ ଥରେ ଏହି ଉପନ୍ୟାସର ଲେଖିକା ହାରିଏଟ୍ ଷ୍ଟୋ'ଙ୍କୁ କହିଥିଲେ, "So, this is the little lady who started the Great war !"

ଲିଙ୍କନଙ୍କ ବଳିଷ୍ଠ ନେତୃତ୍ୱରେ ଶେଷରେ ୯ ଏପ୍ରିଲ ୧୮୬୫ରେ ଫ୍ରି ଷ୍ଟେଟ୍ ମାନଙ୍କର ବିଜୟ ହେଲା। ୭,୦୦,୦୦୦ରୁ ଅଧିକ ମୃତ ଓ ୧୫,୦୦,୦୦୦ରୁ ଅଧିକ ଆହତ ହେଲେ ଏଇ ଯୁଦ୍ଧରେ। ସ୍ୱାଧୀନତାର ୮୨ ବର୍ଷ ପରେ ଯୁକ୍ତରାଷ୍ଟ୍ର ଆମେରିକା ନୂଆ ଭାବରେ ଗଢ଼ା ଗଲା। ଏକ ଯଥାର୍ଥ ରିପବ୍ଲିକ୍, ଯେଉଁଠି ବ୍ୟକ୍ତି ସ୍ୱାଧୀନତାକୁ ଶୀର୍ଷରେ ରଖାଗଲା। ଯେଉଁଠି ସବୁ ମଣିଷ ସମାନ ଧନ, କଳା ଗୋରା ରଙ୍ଗଭେଦ ସତ୍ତ୍ୱେ। ଗଣତନ୍ତ୍ରର ପରୀକ୍ଷାଗାରରୁ ଆଧୁନିକ ଯୁକ୍ତରାଷ୍ଟ୍ର ଆମେରିକା ନୂଆ ରୂପରେ ବାହାରିଲା। ସାରା ପୃଥିବୀର ଦଳିତ, ନିଷ୍ପେସିତ ଲୋକମାନଙ୍କ ପାଇଁ ଏହା ଏକ ମୁକ୍ତିର ସଂକେତ ଥିଲା। ମାନବ ଇତିହାସରେ ସ୍ୱାଧୀନତାର ସବୁଠୁ ବଡ଼ ଘଟଣା। ଡ଼େମୋକ୍ରାସିର ଦ୍ୱିତୀୟ ଜନ୍ମ, ଗ୍ରୀକ୍ ସଭ୍ୟତାର ୨,୫୦୦ ବର୍ଷ ପରେ। ଆମେରିକାନ୍ ସ୍ୱାଧୀନତା ପରେ ପୃଥିବୀର ଅନ୍ୟ ଦେଶଗୁଡ଼ିକ ସ୍ୱାଧୀନତାର ସ୍ୱପ୍ନ ଦେଖିବା ଆରମ୍ଭ କଲେ। ମାନବ ଇତିହାସରେ ଆବ୍ରାହମ୍ ଲିଙ୍କନଙ୍କ ନାଁ ଏଥିପାଇଁ ସ୍ୱର୍ଣ୍ଣାକ୍ଷରରେ ଲିପିବଦ୍ଧ ରହିବ।

କିନ୍ତୁ ନାଟକର ସବୁଠୁ ଦୁଃଖଦାୟକ ଅଙ୍କ ହେଉଛି ଶେଷ ଅଙ୍କ ଯାହାକି ଘଟିବାକୁ ଥିଲା ଗୃହ ଯୁଦ୍ଧ ଶେଷର ୬ ଦିନ ପରେ। ଯୁକ୍ତରାଷ୍ଟ୍ର ଆମେରିକାକୁ ଏକ ନୂତନ ଜୀବନ ଓ ସମଗ୍ର ପୃଥିବୀକୁ ଏକ ନୂତନ ସକାଳ ପ୍ରଦାନ କରିଥିବା ଆମେରିକାନ୍ ପ୍ରେସିଡ଼େଣ୍ଟ ଲିଙ୍କନ୍‌ଙ୍କର ୧୫ ଏପ୍ରିଲ୍ ୧୮୬୫ ସନ୍ଧ୍ୟାରେ ମୃତ୍ୟୁ ଘଟିଲା, John Wilkes Booth ନାମକ ଜଣେ ଆତତାୟୀର ଗୁଳିରେ ଫୋର୍ଡ଼ ଥିଏଟରରେ ନାଟକ ଦେଖୁଥିବା ବେଳେ। ଆସାମୀ ବୁଥ୍‌ର ଗୁଳିକାଣ୍ଡ, ଏକ ବୃହତ୍ତର ଷଡ଼ଯନ୍ତ୍ରର ଅଂଶ

ଥିଲା। ସ୍ଲେଭ ଷ୍ଟେଟ୍ ଗୁଡ଼ିକ ଯୁଦ୍ଧରେ ହାରି ଯାଇଥିଲେ ବି କିଛି ଲୋକଙ୍କ ମନରେ ବିଷ ଚରିଯାଇଥିଲା। ଦେଶର ସବୁଠୁ ଶକ୍ତିଶାଳୀ ତିନିଜଣ ବ୍ୟକ୍ତିଙ୍କୁ ହତ୍ୟା କରିଦେଲେ କନ୍‌ଫେଡ଼େରେଟ୍ ଷ୍ଟେଟ୍‌ଗୁଡ଼ିକର ପୁନରୁତ୍‌ଥାନ ସହିତ ଦାସ ପ୍ରଥା ଅବ୍ୟାହତ ରହିବ ବୋଲି ଏମାନେ ଭାବିଲେ। ବୁଥ୍ ପ୍ରେସିଡ଼େଣ୍ଟଙ୍କୁ ଓ ଆଉ ଅନ୍ୟ ଦୁଇଜଣ ଆତତାୟୀ ଭାଇସ୍ ପ୍ରେସିଡେଣ୍ଟ ଏବଂ ସେକ୍ରେଟାରୀ ଅଫ୍ ଷ୍ଟେଟ୍‌ଙ୍କୁ ହତ୍ୟା କରିବା ପାଇଁ ଷଡ଼ଯନ୍ତ୍ର କରାଯାଇଥିଲା। ବୁଥ୍ ଏଥିରେ ସଫଳ ହେଲା, କିନ୍ତୁ ଅନ୍ୟ ଦୁଇଜଣ ଅସଫଳ ହେଲେ। ବୁଥ୍ ପ୍ରେସିଡ଼େଣ୍ଟଙ୍କୁ ହତ୍ୟାକରି ଫେରାର ହୋଇଗଲା ଓ କିଛିଦିନ ପରେ ପୁଲିସ ଗୁଳିରେ ମୃତ୍ୟୁବରଣ କଲା। ଅନ୍ୟ ଦୁଇଜଣଙ୍କୁ ଅନ୍ୟ ଷଡ଼ଯନ୍ତ୍ରକାରୀଙ୍କ ସହିତ ଫାଶୀ ଦିଆଗଲା।

ଏଇପରି, ଆମେରିକାନ୍ ଗୃହଯୁଦ୍ଧ ଏକ ବିୟୋଗାନ୍ତକ ସଫଳ ନାଟକ ଭାବରେ ବିଶ୍ୱ ଇତିହାସରେ ସ୍ଥାନ ପାଇଛି।

■

ଆମେରିକାର ପ୍ରେସିଡେଣ୍ଟ ଇଲେକ୍‌ସନ୍

ଜାତିର ଜନକ ଜର୍ଜ ୱାଶିଂଟନ୍‌ଙ୍କ ପରେ ଯୁକ୍ତରାଷ୍ଟ୍ର ଆମେରିକାକୁ ନୂଆ ଜନ୍ମ ଦେଇଥିବା ରାଷ୍ଟ୍ରପତି ହେଉଛନ୍ତି ଆବ୍ରାହମ୍ ଲିଙ୍କନ୍। ନିଜକୁ ସ୍ୱାଧୀନ ମଣୁଥିବା ଓ Federal Govt.କୁ ବେଖାତିର କରୁଥିବା ୩୪ଟି ସ୍ୱେଚ୍ଛାଚାରୀ ଷ୍ଟେଟ୍‌ଙ୍କୁ ଗୋଟିଏ ପ୍ରଶାସନିକ ଛତା ତଳକୁ ଆଣିଥିବା ଏଇ ରାଷ୍ଟ୍ରପତି ଜଣକ ଦେଶକୁ ପ୍ରକୃତ ଗଣତନ୍ତ୍ର (Democracy)ର ସ୍ୱାଦ ଚଖାଇ ଥିଲେ। ତାଙ୍କୁ ଆଧୁନିକ ଗଣତନ୍ତ୍ରର ଜନକ କହିଲେ ଅତ୍ୟୁକ୍ତି ହେବ ନାହିଁ। ଡେମୋକ୍ରାସିର ବିଖ୍ୟାତ ପରିଭାଷା, " Democracy is of the people, by the people, for the people"; ହେଉଛି ତାଙ୍କରି ମୁଖ ନିଃସୃତ। ଯୁକ୍ତରାଷ୍ଟ୍ରର ଗଣତନ୍ତ୍ରରେ ରାଷ୍ଟ୍ରପତି ହିଁ ଶାସନ ମୁଖ୍ୟ। ସେ ହିଁ ଜନସାଧାରଣଙ୍କ ନିର୍ବାଚିତ ପ୍ରତିନିଧି। କିନ୍ତୁ ଏକ ଅପ୍ରତ୍ୟକ୍ଷ ପ୍ରକ୍ରିୟାରେ ସେ ନିର୍ବାଚିତ ହୁଅନ୍ତି। ଜନସାଧାରଣଙ୍କର ପ୍ରତ୍ୟକ୍ଷ ଭୋଟରେ ନୁହଁ। ଆମ ଭାରତର ପ୍ରଧାନମନ୍ତ୍ରୀ ୱେଷ୍ଟ ମିନିଷ୍ଟର ମଡ଼େଲରେ ନିର୍ବାଚିତ ହୁଅନ୍ତି, ଜନସାଧାରଣମାନଙ୍କ ଦ୍ୱାରା ସିଧା ନିର୍ବାଚିତ ହୋଇଥିବା ଲୋକସଭା ଏମ୍‌ପି ମାନଙ୍କ ଦ୍ୱାରା। କିନ୍ତୁ ଆମେରିକାର ରାଷ୍ଟ୍ରପତି ନିର୍ବାଚନ ଏକ ଅପେକ୍ଷାକୃତ ଜଟିଳ ପ୍ରକ୍ରିୟା।

ସରଳ ଭାଷାରେ, ରାଷ୍ଟ୍ରପତି ନିର୍ବାଚନ ୫ଟି ସ୍ତର ଦେଇ ଅନୁଷ୍ଠିତ ହୁଏ।

1. Primary and Caucus.
2. National convention.
3. Election Campaigning
4. General Election (Popular Vote).
5. Electroral Colleges.
6. Inauguration.

1. Primary and Caucus:-

ଯେକୌଣସି ୩୫ ବର୍ଷୀୟ ଆମେରିକାରେ ଜନ୍ମ ହୋଇଥିବା ଓ ଆମେରିକାରେ ୧୪ ବର୍ଷ ବାସ କରିଥିବା ନାଚୁରାଲାଇଜ୍ଡ ନାଗରିକ ରାଷ୍ଟ୍ରପତି ପଦପାଇଁ ପ୍ରାର୍ଥୀ ହୋଇ ପାରିବେ। ତେଣୁ ଗ୍ରୀନ୍ କାର୍ଡ଼ ପାଇଥିବା କୌଣସି ଆମେରିକାବାସୀ ଏଥିପାଇଁ ଯୋଗ୍ୟ ନୁହଁନ୍ତି। କୌଣସି ବ୍ୟକ୍ତି ଦୁଇଥରରୁ ଅଧିକ ରାଷ୍ଟ୍ରପତି ନିର୍ବାଚିତ ହୋଇପାରିବ ନାହିଁ। ପ୍ରତି ଚାରିବର୍ଷରେ ଥରେ ରାଷ୍ଟ୍ରପତି ନିର୍ବାଚନ ହୁଏ। ଉପରାଷ୍ଟ୍ରପତି ପଦ ପାଇଁ ବି ସମାନ ଯୋଗ୍ୟତା ଦରକାର ହୁଏ ଓ ସେ ରାଷ୍ଟ୍ରପତିଙ୍କ ସହିତ ଏକାଥରକେ ନିର୍ବାଚିତ ହୁଅନ୍ତି।

ଯେକୌଣସି ନାଗରିକ ସିଧା ଭୋଟ୍‌ରେ ଅବତୀର୍ଣ୍ଣ ହୋଇପାରିବନି। ନିଜର ରାଜନୀତିକ ଚିନ୍ତାଧାରାର ପାଖାପାଖି ଦୁଇଟି ମୁଖ୍ୟ ରାଜନୀତିକ ଦଳରୁ ଗୋଟିଏ ବାଛିନେବାକୁ ପଡ଼ିବ। ଦିଓଟି ମୁଖ୍ୟ ଦଳ ରିପବ୍ଲିକାନ୍‌ସ, ଡେମୋକ୍ରାଟ୍‌ସ ଛଡ଼ା କେତେକ ଛୋଟ ପାର୍ଟି ଯଥା- Libertarian, Green Party, Constitution Party ବି ନିର୍ବାଚନରେ ଭାଗ ନିଅନ୍ତି। କିନ୍ତୁ ଅସଲ ପ୍ରତିଯୋଗିତା ଦୁଇ ମୁଖ୍ୟ ଦଳମାନଙ୍କ ଭିତରେ ହୁଏ। ନିଜ ପାର୍ଟି ଭିତରେ ତୀବ୍ର ପ୍ରତିଯୋଗିତା ମଧ୍ୟ ଦେଇ ପାର୍ଟି ମେମ୍ବରମାନଙ୍କର ବିଶ୍ୱାସ ହାସଲ କରିବାକୁ ପଡ଼ିବ। ଭିନ୍ନ ଭିନ୍ନ ସହରରେ ନିର୍ବାଚନ ପ୍ରଚାର ସଭାମାନ କରାଯିବ। ଶେଷରେ ପ୍ରତି ଷ୍ଟେଟ୍‌ରେ 'ନମିନେଟିଙ୍ଗ କନ୍‌ଭେନ୍‌ସନ' ଗୁଡ଼ିକରେ ପାର୍ଟି ମେମ୍ବରମାନେ ମନପସନ୍ଦର ପ୍ରାର୍ଥୀ ଓ କନ୍‌ଭେନ୍‌ସନ ଡ଼େଲିଗେଟ୍ ବାଛନ୍ତି। ଏହି ନମିନେଟିଙ୍ଗ କନ୍‌ଭେନ୍‌ସନ୍, ୩୪ଟି ରାଜ୍ୟ ସରକାର ବା ସ୍ଥାନୀୟ ସ୍ୱାୟତ୍ତ ସଂସ୍ଥାଙ୍କ ଦ୍ୱାରା ପରିଚାଳିତ ହୁଏ। ଏହାକୁ କୁହାଯାଏ 'Primaries'। କିନ୍ତୁ ଆଉ ୧୬ଟି ରାଜ୍ୟରେ ରାଜନୀତିକ ଦଳମାନେ ନିଜେ ନିଜର ନମିନେଟିଙ୍ଗ କନ୍‌ଭେନ୍‌ସନ କରନ୍ତି। ଏହାକୁ କୁହାଯାଏ 'Caucus'. Primaries ଓ Caucusesରୁ ଡ଼େଲିଗେଟ୍ ମାନେ ନ୍ୟାସନାଲ୍ କନ୍‌ଭେନ୍‌ସନକୁ ନିର୍ବାଚିତ ହୁଅନ୍ତି।

2. National convention:-

ପ୍ରତି ଷ୍ଟେଟ୍‌ରୁ ଲୋକସଂଖ୍ୟା ଅନୁସାରେ ଅଲଗା ଅଲଗା ସଂଖ୍ୟାରେ ଡ଼େଲିଗେଟ୍ ନ୍ୟାସନାଲ୍ କନ୍‌ଭେନ୍‌ସନକୁ ଯାଆନ୍ତି ଓ ଦଳପାଇଁ ସର୍ବାଧିକ ଭୋଟରେ ରାଷ୍ଟ୍ରପତି ପ୍ରାର୍ଥୀ ବାଛନ୍ତି। ପ୍ରତ୍ୟେକ ପ୍ରାର୍ଥୀ ନିଜର ପ୍ରାର୍ଥୀତ୍ୱ ଘୋଷଣା କରିବା ସମୟରେ ନିଜର 'Running Mate' ବି ଘୋଷଣା କରନ୍ତି, ଯେ କି ଉପରାଷ୍ଟ୍ରପତି ହିସାବରେ ନିର୍ବାଚିତ ହୁଅନ୍ତି ରାଷ୍ଟ୍ରପତିଙ୍କ ସହିତ। ନ୍ୟାସନାଲ୍ କନ୍‌ଭେନ୍‌ସନରେ ସର୍ବାଧିକ ଭୋଟ ପାଇଥିବା

ପ୍ରାର୍ଥୀଙ୍କୁ ଦଳ ରାଷ୍ଟ୍ରପତି ପ୍ରତିଦ୍ୱନ୍ଦ୍ୱୀ ଭାବେ ଘୋଷଣା କରନ୍ତି। ନିର୍ବାଚନ ରଣ ଦୁନ୍ଦୁଭି ଏଇଠାରୁ ବାଜି ଉଠେ।

3. Election Campaigning. (ନିର୍ବାଚନ ଅଭିଯାନ) -

ପାର୍ଟିର ନିର୍ବାଚିତ ପ୍ରାର୍ଥୀ ତା'ପରେ ଘୁରି ବୁଲନ୍ତି ସହରରୁ ସହର ନିଜର ମତ ଓ ଭବିଷ୍ୟତ କାର୍ଯ୍ୟପନ୍ଥା ଜଣାଇବା ପାଇଁ। ପବ୍ଲିକ୍ ର୍‌ୟାଲି, ଡ଼ିବେଟ୍ ଓ ମିଡ଼ିଆ କ୍ୟାମ୍ପେନ୍ ସବୁ ଚାଲେ ଅଧିକରୁ ଅଧିକ ଜନମତ ନିଜ ସପକ୍ଷରେ ନେବା ପାଇଁ। ଆଜି କାଲି ଇଲେକ୍ଟ୍ରୋନିକ୍ ଯୁଗରେ ଟିଭି ଆଉ ସୋସିଆଲ ମିଡ଼ିଆ ଦ୍ୱାରା ଜନମତ ତିଆରି ହେଉଛି।

4. General Election.- (ସାଧାରଣ ନିର୍ବାଚନ):-

ସାଧାରଣତଃ ନଭେମ୍ବର ମାସରେ ଭୋଟ ଦେବାପାଇଁ ରେଜିଷ୍ଟ୍ରେସନ କରିଥିବା ନାଗରିକମାନେ ରାଷ୍ଟ୍ରପତିଙ୍କୁ ଭୋଟ୍ ଦେବା ପାଇଁ ଆସନ୍ତି। ନିଜ ପସନ୍ଦର ଦଳ ଓ ପ୍ରାର୍ଥୀଙ୍କୁ ଭୋଟ୍ ଦେବାକୁ ଯାଇ ସେମାନେ ଦଳେ ଇଲେକ୍ଟରଙ୍କୁ ଭୋଟ୍ ଦିଅନ୍ତି। ରାଜନୀତିକ ଦଳମାନେ ନିଜ ନିଜର ଇଲେକ୍ଟର୍ସ ବାଛନ୍ତି। କଂଗ୍ରେସରେ ପାଇଥିବା ଆସନକୁ ନେଇ ଇଲେକ୍ଟରଙ୍କ ସଂଖ୍ୟା ନିରୁପିତ ହୁଏ। କଂଗ୍ରେସ (Senate-୧୦୦ + House of Representative-୪୩୫+Washington DC Representive-୩ = ୫୩୮) ର ଆସନ ସଂଖ୍ୟା ସହିତ ସମାନ ୫୩୮ ଜଣ ଇଲେକ୍ଟର ନିର୍ବାଚିତ ହୁଅନ୍ତି ଭୋଟରମାନଙ୍କ ଦ୍ୱାରା। ସାଧାରଣତଃ ଇଲେକ୍ଟରମାନେ ଦଳୀୟ କର୍ମୀ ଥାଇ କୌଣସି ପଦପଦବୀରେ ନଥାନ୍ତି। ନିର୍ବିବାଦୀୟ ଓ ବିଶ୍ୱାସଯୋଗ୍ୟ ବ୍ୟକ୍ତିତ୍ୱର ଅଧିକାରୀ ହୋଇଥାନ୍ତି। ସେମାନେ ଭୋଟରମାନଙ୍କର ପ୍ରତିନିଧି ହିସାବରେ ନିଜର ପାର୍ଟି ପ୍ରାର୍ଥୀଙ୍କୁ ହିଁ ଭୋଟ୍ ଦେବେ ବୋଲି ଶପଥ ନିଅନ୍ତି। ତେଣୁ ଏହା ଏକ ବିଶ୍ୱାସ ଓ ଭରସାର ପଦବୀ। ସରକାରଙ୍କ ଦ୍ୱାରା ଏମାନେ ଭୋଟରମାନଙ୍କ ପ୍ରତିନିଧି ହିସାବରେ ନିଯୁକ୍ତ ପାଇଥାଆନ୍ତି। ନିଜ ଦଳର ପ୍ରାର୍ଥୀଙ୍କୁ ଭୋଟ୍ ନଦେଲେ ସେମାନଙ୍କୁ Faithless Elector କୁହାଯାଏ ଓ ଆଇନ୍ ଅନୁସାରେ ଦଣ୍ଡିତ କରାଯାଇପାରିବ। ପ୍ରତି ଷ୍ଟେଟ୍‌ରେ ଇଲେକ୍ଟର ମାନଙ୍କର ଗୋଷ୍ଠୀକୁ ଇଲେକ୍ଟୋରାଲ କଲେଜ୍ କୁହାଯାଏ। ଏଇମାନଙ୍କ ଭୋଟରେ ହିଁ ରାଷ୍ଟ୍ରପତି ନିର୍ବାଚିତ ହୁଅନ୍ତି। ପ୍ରତି ଷ୍ଟେଟ୍‌ର ଇଲେକ୍ଟୋରାଲ କଲେଜରେ ଇଲେକ୍ଟରମାନେ ନିଜ ଦଳୀୟ ପ୍ରାର୍ଥୀଙ୍କୁ ରାଷ୍ଟ୍ରପତି ହିସାବରେ ଭୋଟ୍ ଦେବେ। ଇଲେକ୍ଟୋରାଲ କଲେଜର ଭୋଟ ସରିଲା ପରେ ଯେଉଁ ଦଳ ପ୍ରାର୍ଥୀଙ୍କୁ

ବହୁମତ ମିଳିଲା, ସେ ଇଲେକ୍ଟୋରାଲ କଲେଜର ସମସ୍ତ ଇଲେକ୍ଟରମାନଙ୍କର ଭୋଟ ତାଙ୍କ ଖାତାକୁ ଚାଲିଯିବ। 'Winner takes it all ', ହେଉଛି ନିୟମ। ଉଦାହରଣ :- କାଲିଫର୍ଣ୍ଣିଆରେ ୫୫ ଜଣ ଇଲେକ୍ଟର। ରିପବ୍ଲିକ୍ ପାର୍ଟିକୁ ୨୮ରୁ ଅଧିକ ଇଲେକ୍ଟର ଭୋଟ୍ ମିଳିଲା। ତେଣୁ ସଂଖ୍ୟାଧିକ ଭୋଟ ପାଇବାରୁ, ସମଗ୍ର କାର୍ଲିଫର୍ଣ୍ଣିଆ ଇଲେକ୍ଟୋରେଟ କଲେଜର ୫୫ଟି ଭୋଟ୍ ରିପବ୍ଲିକାନ୍ ପାର୍ଟିର ପ୍ରାର୍ଥୀ (ଟ୍ରମ୍ପ୍)ଙ୍କ ଖାତାକୁ ଚାଲିଯିବ। ଜାନୁଆରୀ, ପ୍ରଥମ ସପ୍ତାହରେ ଉପରାଷ୍ଟ୍ରପତି, ସିନେଟ୍‌ର ଅଧକ୍ଷ ହିସାବରେ ସବୁ ଇଲେକ୍ଟୋରାଲ କଲେଜର ଭୋଟ୍‌ଗୁଡ଼ିକ ଗଣତି କରି କଂଗ୍ରେସର Joint Session (ମିଳିତ ଅଧିବେଶନ) ରେ ବିଜୟୀ ରାଷ୍ଟ୍ରପତି ଓ ଉପରାଷ୍ଟ୍ରପତିଙ୍କ ନାମ ଘୋଷଣା କରିବେ। ରାଷ୍ଟ୍ରପତି ନିର୍ବାଚିତ ହେବାପାଇଁ ୫୩୮ ଇଲେକ୍ଟୋରାଲ ଭୋଟ୍‌ରୁ ଅତିକମ୍‌ରେ ୨୭୦ଟି ଭୋଟ ପାଇଥିବା ଆବଶ୍ୟକ। ୨୬୯ ଲେଖାଏଁ... ସମାନ ଭାଗ ହୋଇଗଲେ... ହାଉସ ଅଫ୍ ରିପ୍ରେଜେଣ୍ଟେଟିଭ୍, ସବୁଠୁ ବେଶୀ ଭୋଟ ପାଇଥିବା ୩ ଜଣ ପ୍ରାର୍ଥୀଙ୍କ ଭିତରୁ ଜଣକୁ ସଂଖ୍ୟାଧିକ ଭୋଟରେ ରାଷ୍ଟ୍ରପତି ଭାବେ ବାଛିବ। ସେଇପରି ସିନେଟ୍, ସବୁଠୁ ବେଶୀ ଭୋଟ ପାଇଥିବା ଦୁଇଜଣ ଉପରାଷ୍ଟ୍ରପତି ପ୍ରାର୍ଥୀମାନଙ୍କ ଭିତରୁ ଜଣକୁ ଉପରାଷ୍ଟ୍ରପତି ହିସାବରେ ବାଛିବ।

5. Popular Vote:-

ଏଇଠି 'ପପୁଲାର ଭୋଟ୍'- ଏକ ମଜାଦାର ବିଷୟ ଚାଲିଆସେ। ଇଲେକ୍ସନ୍ ସମୟରେ ଭୋଟରମାନେ ବାଲଟ୍ ପେପର ଉପରେ ନିଜ ପସନ୍ଦର ରାଷ୍ଟ୍ରପତିଙ୍କୁ ବାଛିଥାନ୍ତି। କିନ୍ତୁ ଏଇଥିରେ ତାଙ୍କ ଦଳର ଇଲେକ୍ଟରମାନେ ଇଲେକ୍ଟୋରାଲ କଲେଜକୁ ନିର୍ବାଚିତ ହୋଇଯାଆନ୍ତି। ପୂର୍ବ ପାରାରେ କହିଥିବା ପ୍ରକ୍ରିୟାରେ ରାଷ୍ଟ୍ରପତି ନିର୍ବାଚନ ହୋଇଯାଏ। ମାତ୍ର ଭୋଟରମାନେ ନିଜ ପ୍ରାର୍ଥୀଙ୍କୁ ଦେଇଥିବା ଭୋଟ ସେଇଠି ରହିଯାଏ। ଏହାକୁ ପପୁଲାର ଭୋଟ୍ କୁହାଯାଏ। ଏହି ସିଧା ଭୋଟ୍‌କୁ ଗଣତି କରି ପ୍ରତି ପ୍ରାର୍ଥୀ ପାଇଥିବା ପପୁଲାର ଭୋଟ୍ ହିସାବରେ ଧରାଯାଏ। ଦେଖିବାକୁ ଗଲେ ରାଷ୍ଟ୍ରପତି ନିର୍ବାଚନରେ ପପୁଲାର ଭୋଟର କିଛି ଭୂମିକା ନାହିଁ। କିନ୍ତୁ ଜନସାଧାରଣଙ୍କ ମନ ଜାଣି ହୁଏ। ଅଧିକ ପପୁଲାର ଭୋଟ୍ ପାଇ ବି ଇଲେକ୍ଟୋରାଲ କଲେଜ ଭୋଟ୍‌ରେ ଜଣେ ପ୍ରାର୍ଥୀ ପରାଜିତ ହୋଇପାରନ୍ତି। ୨୦୧୬ ନିର୍ବାଚନରେ ଏଇପରି ହୋଇଥିଲା। ହିଲାରି କ୍ଲିଣ୍ଟନ୍ ୪୭.୭୫% ପପୁଲାର ଭୋଟ୍ ପାଇଲେବି, ଡୋନାଲ୍ଡ ଟ୍ରମ୍ପ ୩୦୬ଟି ଇଲେକ୍ଟେରାଲ କଲେଜ ଭୋଟ ପାଇ ବିଜୟୀ ହେଲେ। ଅତୀତରେ ୫ଥର ଏମିତି

ହୋଇଛି। ରାଷ୍ଟ୍ରପତିଙ୍କ ସହିତ ତାଙ୍କର ରନିଙ୍ଗ ମେଟ୍ ଆପେ ଆପେ ଉପରାଷ୍ଟ୍ରପତି ହିସାବରେ ନିର୍ବାଚିତ ହୋଇଯାଆନ୍ତି।

6. Inauguration: -

ବିଜୟୀ ପ୍ରାର୍ଥୀମାନେ ଶପଥ ନିଅନ୍ତି ଓ ଆସନ୍ତା ଚାରିବର୍ଷ ପାଇଁ ପୃଥିବୀର ରାଜନୀତି ଆକାଶରେ ଉଜ୍ଜ୍ୱଳତମ ତାରକା ହୋଇ ଝଲସୁଥାନ୍ତି। ଆମେରିକାର ରାଷ୍ଟ୍ରପତିଙ୍କୁ ପୃଥିବୀର ସବୁଠୁ ଶକ୍ତିଶାଳୀ ବ୍ୟକ୍ତି ବୋଲି କୁହାଯାଏ।

ଏବେ ଦୁଇ ପ୍ରାର୍ଥୀଙ୍କ ଭିତରେ ଡ଼ିବେଟ୍ ସବୁଠୁ ବଡ଼ କ୍ୟାମ୍ପେନ୍ ହିସାବରେ ଧରାଯାଉଛି। ଡିବେଟ୍‌ରେ ପ୍ରାର୍ଥୀଙ୍କର ପ୍ରଦର୍ଶନକୁ ନେଇ ହାରିବା ଜିତିବା ନିର୍ଣ୍ଣୟ ହୋଇଯାଉଛି। କୁହାଯାଏ, ୧୯୬୦ରେ ଜନ୍ ଏଫ୍ କେନେଡ଼ି ଓ ନିକ୍ସନ୍‌ଙ୍କ ଡିବେଟ୍‌ରେ, ନିକ୍ସନ୍ ଏକ ଫିକା ରଙ୍ଗର ସୁଟ୍ ପିନ୍ଧି ଟିଭି ପାଇଁ ମେକ୍‌ଅପ୍ ନେଇ ନଥିବାରୁ ସ୍କ୍ରିନ୍‌ରେ ଛାଇ ପଡ଼ିଗଲା। ଏତିକିରେ ଜନ୍ କେନେଡ଼ି ଜନସାଧାରଣଙ୍କ ମନ ଜିତିନେଲେ। ତା'ପରକୁ ଯେତେ ପ୍ରକାରର ପ୍ରୟାସ କଲେ ବି ନିକ୍ସନ୍ ପଛରେ ପଡ଼ିଗଲେ। ଆମେରିକା ସମ୍ବିଧାନରେ ଡିବେଟ୍ ସମ୍ବନ୍ଧରେ କିଛି ନଥିଲେ ବି ୧୯୬୦ ଠାରୁ ଦୁଇ ପ୍ରତିଦ୍ୱନ୍ଦ୍ୱୀଙ୍କ ଭିତରେ ଗୋଟିଏ ଷ୍ଟେଜ୍‌ରେ ଡିବେଟ୍‌ର ଅୟମାରମ୍ଭ ହୋଇଛି। ସାଧାରଣତଃ, ସମଗ୍ର ଭୋଟ ପ୍ରଚାର କାଳରେ ରାଷ୍ଟ୍ରର ବିଭିନ୍ନ ସହରରେ ୩ଟି ଡିବେଟ୍ କରାଯାଉଛି। ସମଗ୍ର ଦେଶ ଚାତକ ପରି ଚାହିଁଥାଏ ଟିଭିରେ ଏହାକୁ ଦେଖିବାକୁ। ଦୁଇ ପ୍ରତିଯୋଗୀ ସମସ୍ତ କୌଶଳ ବ୍ୟବହାର କରନ୍ତି ମନୋବୈଜ୍ଞାନିକ ଲାଭ ପାଇବା ପାଇଁ। ଡିବେଟ୍‌ରେ ସୃଷ୍ଟି ହୋଇଥିବା ଛବି ହିଁ ଭୋଟରକୁ ପ୍ରରୋଚିତ କରେ ପ୍ରାର୍ଥୀ ବାଛିବା ପାଇଁ। ୨୦୧୬ରେ ଆଉ ଏକ ଇଲେକ୍ଟ୍ରନିକ୍ ମିଡ଼ିଆ କ୍ୟାମ୍ପେନ୍ ହୋଇଥିଲା, ଲୋକମାନଙ୍କର ସୋସିଆଲ୍ ସାଇଟ୍ ଦ୍ୱାରା। କେମ୍ବ୍ରିଜ୍ ଆନାଲିଟିକା ବୋଲି ଏକ ବ୍ରିଟିଶ ସଫ୍ଟୱେର କମ୍ପାନୀ ଫେସ୍‌ବୁକ୍‌ର ଡାଟା ବେଆଇନ୍ ଭାବେ ବ୍ୟବହାର କରି ଭୋଟରମାନଙ୍କ ମନୋଭାବ ଅନୁମାନ କରି ଡ଼ିଜିଟାଲ୍ ଆଡ଼ଭର୍ଟାଇଜ୍‌ମେଣ୍ଟ ଦ୍ୱାରା ସେମାନଙ୍କର ମତକୁ ପ୍ରଭାବିତ କରୁଥିଲା। ସାରା ପୃଥିବୀରେ ଏଥିପାଇଁ ଫେସ୍‌ବୁକ୍ ଅପମାନିତ ହୋଇଥିଲା ଓ Privacy Law ତିଆରି ହୋଇଥିଲା।

■

ଅନ୍ତରୀକ୍ଷକୁ ପ୍ରବେଶ ଦ୍ୱାର, ନାସା

୫.୦୭.୨୦୧୯ - ୬.୦୭.୨୦୧୯ (ଶୁକ୍ରବାର-ଶନିବାର)

ତା ୦୬.୦୭.୨୦୧୯ (ଶନିବାର) : ଗତକାଲି ୱାଶିଂଟନ୍ ଡିସିରୁ Southwest Airlineରେ ଫ୍ଲାଇଟ୍‌ରେ Orlando ଆସିଲୁ। ପ୍ରାୟ ଅଢ଼େଇ ଘଣ୍ଟାର ଫ୍ଲାଇଟ୍, ଆମେରିକାରେ ଅନେକ ଏୟାରଲାଇନ୍ ଭିତରୁ ସାଉଥ୍ ୱେଷ୍ଟ୍ ବେଶ୍ ବଡ଼ ଓ ନାଁ'କରା ଏୟାରଲାଇନ୍। ଶସ୍ତା ଟିକେଟ୍ ପାଇଁ ଅଧିକାଂଶ ଏୟାରଲାଇନ୍ ୧୫କେଜିର ଗୋଟିଏ ଲଗେଜ୍ ନିଅନ୍ତି। Spirit Air, Frontier Air ପରି ଏୟାରଲାଇନ୍ ତ କେବଳ ୭କେଜିର ହ୍ୟାଣ୍ଡ ବ୍ୟାଗ୍ ପାଇଁ ଅନୁମତି ଦିଅନ୍ତି। ଅଧିକା ଲଗେଜ୍ ହେଲେ ପ୍ରତି ଲଗେଜ୍ ପାଇଁ ୩୦ ଡଲାର ଲାଗେ। ବେଳେବେଳେ ୩୦ ଡଲାରରେ ଟିକେଟ ବି ହୋଇଯାଏ। କିନ୍ତୁ ସାଉଥ୍ ୱେଷ୍ଟ୍ ଏୟାରଲାଇନ୍ ୧୫କେଜି ଲେଖାଏଁ ଦୁଇଟି ଲଗେଜ୍ ନିଏ। ଅପରାହ୍ଣରେ ଆସି Hotel Crown Plazaରେ ରହିଲୁ। ରାତ୍ରିରେ ବିଶ୍ରାମ।

ପରଦିନ ସକାଳୁ ବାହାରିଲୁ NASA, Kenedy Space Centre (KSC)। ଏହା Cape Canaveral ନାମକ ଜାଗାରେ ଅବସ୍ଥିତ।

NASA (National Aeronautics and Space Administration) ଯୁକ୍ତରାଷ୍ଟ୍ର ସରକାରଙ୍କର ଏକ ସଂସ୍ଥା। ମହାକାଶ ଯାତ୍ରା ଓ ଗବେଷଣା ପାଇଁ ଏହା ପୃଥିବୀର ସବୁଠୁ ଅଗ୍ରଣୀ ଅନୁଷ୍ଠାନ। ୧୯୪୬ରୁ କେପ୍ କାନାଭେରାଲରେ ରକେଟ୍ ଉପରେ ସାମରିକ ଉଦ୍ଦେଶ୍ୟରେ ଗବେଷଣା ହେଉଥିଲା। କିନ୍ତୁ ହଠାତ୍ ସବୁ ପରିବର୍ତ୍ତନ ହୋଇଗଲା, ୧୯୫୭ରେ ସୋଭିଏଟ୍ ରୁଷିଆ ଅନ୍ତରୀକ୍ଷକୁ କୃତ୍ରିମ ଉପଗ୍ରହ Sputnik ପଠେଇବା ପରେ। ୧୯୫୮ରେ NASAର ପ୍ରତିଷ୍ଠା ସହ ସାମରିକ କୌଶଳ ଓ ଗବେଷଣାରେ, ମହାକାଶ ବି ସାମିଲ ହୋଇଗଲା। ଆହୁରି ବଦଳିଗଲା NASA, ଏପ୍ରିଲ୍ ୧୨, ୧୯୬୧ରେ ସୋଭିଏଟ ମହାକାଶଚାରୀ ୟୁରି ଗାଗାରିନ୍‌ଙ୍କ ଅନ୍ତରୀକ୍ଷ

ଯାତ୍ରା ପରେ। ପୃଥିବୀ ବାହାରେ ପ୍ରଥମ ମଣିଷ ଜଣେ ରଷିଆନ୍! ଆମେରିକାକୁ ଗୋଟେ ବଡ଼ ମାନସିକ ଧକ୍କା ହୋଇଗଲା। ସୋଭିଏଟ୍ ରୁଷିଆ ତ ମହାକାଶରେ ଆମେରିକା ଆଗକୁ ଚାଲିଗଲା! American Pride (ଆତ୍ମ ସମ୍ମାନକୁ)କୁ ବାଧା ହେଲା। President John Kennedy, ୨୫ ମେ ୧୯୬୧ରେ ହଠାତ୍ ଘୋଷଣା କରିଦେଲେ ଆସନ୍ତା ଦଶବର୍ଷ ଭିତରେ ଆମେରିକା ଚନ୍ଦ୍ର ପୃଷ୍ଠରେ ଅବତରଣ କରିବ ଓ ସକୁଶଳେ ଫେରି ଆସିବ। ହାତରେ କିଛି ନଥାଇ ସେ ଏତେବଡ଼ ଘୋଷଣା କରିଦେଲେ। ବୈଜ୍ଞାନିକମାନଙ୍କ ପାଇଁ ଏହା ଏକ ବିରାଟ ଆହ୍ୱାନ। କିନ୍ତୁ ବୈଜ୍ଞାନିକମାନଙ୍କୁ ସଫଳତା ମିଳିଗଲା ଦଶବର୍ଷ ପୂରିବା ଆଗରୁ। ମହାକାଶ ବିଜ୍ଞାନୀମାନଙ୍କର ଅକ୍ଳାନ୍ତ ପରିଶ୍ରମ ମଣିଷକୁ ୨୦ ଜୁଲାଇ ୧୯୬୯ରେ ଚନ୍ଦ୍ରପୃଷ୍ଠରେ ପହଞ୍ଚାଇ ଦେଲା। Armstrong ଚନ୍ଦ୍ରରେ ପାଦ ଥାପିଲେ ଓ ସକୁଶଳେ ଫେରିଆସିଲେ। ସେଇଦିନଠୁ ସୋଭିଏଟ୍ ରୁଷିଆ ମହାକାଶ ଗବେଷଣାରେ ପଛରେ ପଡ଼ିଗଲା। ଏବେ ବି ପଛରେ...। କିନ୍ତୁ କେନେଡ଼ି ନିଜର ସ୍ୱପ୍ନ ସାକାର ହେବା ଦେଖିବାକୁ ନଥିଲେ। ଆତତାୟୀ ଗୁଳିରେ ୨୨ ନଭେମ୍ବର ୧୯୬୩ରେ ପ୍ରାଣତ୍ୟାଗ କଲେ। ଏହାର ଛଅଦିନ ଆଗରୁ ସେ କେପ୍ କାନାଭେରାଲ ପରିଦର୍ଶନ କରିଥିଲେ। ତାଙ୍କରି ସମ୍ମାନରେ ଏହାକୁ 'କେପ୍ କେନେଡ଼ି' ନାଁ ଦିଆଗଲା। କିନ୍ତୁ ଦି'ଟା ଯାକ ନାଁ ଚଳଣିରେ ଅଛି।

ଅର୍ଲାଣ୍ଡୋ ସହରରୁ ପ୍ରାୟ ୬୦କି.ମି. ଦୂର Meritt Island ରେ KSC ପ୍ରାୟ ୫୭୦Square Km ଜାଗାରେ ସ୍ଥାପିତ ହୋଇଛି। ଯା ପାଖରେ ରହିଛି US Air Force Command। ଦୁଇଟି ଯାକ US ସରକାରଙ୍କର ସଂସ୍ଥା ପରସ୍ପରର ପରିପୂରକ ଭାବେ କାମ କରନ୍ତି। KSC ଛଡା, NASAର ଅନ୍ୟ କେତୋଟି ଅନୁଷ୍ଠାନ ଆମେରିକାର ବିଭିନ୍ନ ସ୍ଥାନରେ ରହିଛି ଅଲଗା ଅଲଗା ଉଦ୍ଦେଶ୍ୟରେ। କେତୋଟି ଗୁରୁତ୍ୱପୂର୍ଣ୍ଣ ସଂସ୍ଥା ହେଲେ...

1. Lyndon B. Johnson Space Centre, (Human Space Flight Training & Misson Control (Houston).
2. George Marshall Space Flight Centre, Hunts Ville.
3. Goddard Space Flight Centre, (Mary Land).
4. Jet Propulsion Laboratory, Pasadena.
5. Kennedy Space Centre, NASA Launch Operation Centre, Cape Kennedy (KSC).

ଅନ୍ୟ ସବୁ ଜାଗାରେ ମହାକାଶ ଗବେଷଣା, ପରୀକ୍ଷା ନିରୀକ୍ଷା ଚାଲେ।

ହ୍ୟୁଷ୍ଟନ୍‌ରୁ ପ୍ରକ୍ଷେପଣ ପର ଓ ଅବତରଣ ପୂର୍ବର ସମସ୍ତ ମିଶନ୍ କଣ୍ଟ୍ରୋଲର ପରିଚାଳନା କରାଯାଏ। ମହାକାଶରେ ଘୁରୁଥିବା ସମସ୍ତ ଉପଗ୍ରହ ଗୁଡ଼ିକର ନିୟନ୍ତ୍ରଣ ହୁଏ। କିନ୍ତୁ ଅସଲ Firework ହୁଏ KSC ରେ ରକେଟ୍ ପ୍ରକ୍ଷେପଣ ସହିତ। ତେଣୁ KSCକୁ ଅନ୍ତରୀକ୍ଷକୁ ପ୍ରବେଶ ଦ୍ୱାର (Gateway to Cosmos) ଓ କେପ୍ କାନାଭେରାଲକୁ ମହାକାଶ ଉପକୂଳ (Space Coast) ବୋଲି କହନ୍ତି। ଏ ପର୍ଯ୍ୟନ୍ତ ଆମେରିକାର ସମସ୍ତ ରକେଟ୍ ଏହିଠାରୁ ହିଁ ଉତ୍କ୍ଷେପଣ ହୋଇଛି। ଏଠି KSCର ସ୍ଥାପନା ପାଇଁ ଏକ ବୈଜ୍ଞାନିକ କାରଣ ରହିଛି। ଯୁକ୍ତରାଷ୍ଟ୍ର ଆମେରିକାର ଦକ୍ଷିଣତଟରେ ବିଷୁବ ରେଖା ଠାରୁ ୨୮° ଅକ୍ଷାଂଶ ଉପରେ ଏହା ଅବସ୍ଥିତ। ପୃଥିବୀର ପଶ୍ଚିମରୁ ପୂର୍ବକୁ ଘୂର୍ଣ୍ଣନ ବିଷୁବ ରେଖା ଠାରେ ସବୁଠୁ ଅଧିକ, ୧୭୦୦Km/Hr ଥାଏ। କେପ୍ କାନାଭେରାଲ ଠାରେ ଏହା ପ୍ରାୟ ୧୫୦୦Km/Hr ଥାଏ। ତେଣୁ ମହାକାଶ ଯାନକୁ ପୂର୍ବଦିଗକୁ ଉତ୍କ୍ଷେପଣ କଲେ, ପୃଥିବୀର ଘୂର୍ଣ୍ଣନରୁ କିଛି ବଳ ମିଳିଯାଏ ପ୍ରକ୍ଷେପଣ ପାଇଁ। ଇନ୍ଧନ ଖର୍ଚ୍ଚ କିଛି କମିଯାଏ। ଏହାକୁ Sling Shot Launching (ଛିଟ୍‌କିଣି ପ୍ରକ୍ଷେପଣ) କୁହାଯାଏ। ବିଭିନ୍ନ ଗ୍ରହନକ୍ଷତ୍ର ଅଭିଯାନରେ ଯାଉଥିବା ମହାକାଶ ଯାନଗୁଡ଼ିକ ରାସ୍ତାରେ ବଡ଼ ବଡ଼ ଗ୍ରହନକ୍ଷତ୍ରମାନଙ୍କ ଚାରିପଟେ ଗୋଟେ ଦି'ଟା ଚକ୍କର ନେଇ ସ୍ଲିଙ୍ଗ୍ ସଟ୍ ଫୋର୍ସରୁ ଅଧିକା ଶକ୍ତି ଆହରଣ କରି ପୁଣି ଦୂରକୁ ଚାଲିଯାନ୍ତି ପ୍ରକ୍ଷେପଣ ସମୟର ଗତିଠାରୁ ଅନେକ ଗୁଣ ବେଗରେ। ଜଣାପଡ଼ିଛି, ସୂର୍ଯ୍ୟ ନିକଟକୁ ପ୍ରକ୍ଷେପଣ ହୋଇଥବା ମହାକାଶ ଯାନ Parkerର ବର୍ତ୍ତମାନର ଗତି ଶୁକ୍ର ଗ୍ରହର ସ୍ଲିଙ୍ଗ୍ ସଟ୍ ଓ ସୂର୍ଯ୍ୟର ମହାକର୍ଷଣ ହେତୁ ଘଣ୍ଟାପ୍ରତି ୬,୯୨,୦୦୦ Km ହୋଇପାରିଛି। ସ୍ଲିଙ୍ଗ୍ ସଟ୍ Launching ଛଡ଼ା ଆଉ ଗୋଟେ ବଡ଼ ସୁବିଧା ହେଲା, ପ୍ରକ୍ଷେପଣ ମାତ୍ରେ ରକେଟ୍ ଆଟ୍‌ଲାଣ୍ଟିକ୍ ମହାସାଗର ଉପରକୁ ଚାଲିଯାଏ। ଯଦି କିଛି ଅଘଟଣ ହୁଏ ମହାସାଗର ଭିତରେ ହିଁ ହେବ। ସାଧାରଣ ଜନଜୀବନ ହାନିର ସମ୍ଭାବନା ନଥାଏ।

ପ୍ରାୟ ସକାଳ ୧୦ଟାରେ KSC Visitors' Complexର ଗେଟ୍ ପାଖରେ ପହଞ୍ଚିଗଲୁ। NASAର ପରିଚାଳନାରେ ଏହା ଏକ ସ୍ପେସ୍ ମ୍ୟୁଜିଅମ୍ । NASA ର ଅତୀତ, ବର୍ତ୍ତମାନ ଓ ଭବିଷ୍ୟତର ରୂପରେଖ ଏଠି ଦେଖିବାକୁ ମିଳେ। ଜନସାଧାରଣଙ୍କର ମହାକାଶ ବିଷୟରେ ଆଗ୍ରହ ସୃଷ୍ଟି ପାଇଁ ଏହାର ପରିକଳ୍ପନା। ମହାକାଶ ବିଜ୍ଞାନର ବିଭିନ୍ନ ପ୍ରୟୋଗ ଏଠି ସାଧାରଣ ଲୋକଙ୍କ ଭାଷାରେ ବୁଝାଇ ଦିଆଯାଇଛି। ବର୍ଷକୁ ପ୍ରାୟ ୧.୫ ମିଲିଅନ୍ ଦର୍ଶକ ଏଠିକି ଆସନ୍ତି ନାସାର ଝର୍କାରୁ ନାସାକୁ ଦେଖିବା ପାଇଁ। ଗେଟ୍ ଏପଟେ ପ୍ରାୟ ୫୦୦୦ ଲୋକଙ୍କ ଭିଡ଼। ଗେଟ୍ ସେପଟେ ଆକାଶକୁ ଛୁଇଁଥିବା ରକେଟ୍ ଗୁଡ଼ିକର ମଡ଼େଲ ସବୁ ଶୋଭା ପାଉଥାଏ। 'Rocket Garden'

ରେ ଗତ ୮୦ବର୍ଷ ଭିତରେ ବ୍ୟବହାର ହୋଇଥିବା ସବୁ ରକେଟ୍ ଦେଖିବାକୁ ମିଳେ। ଗେଟ୍ ଉପରେ NASAର LOGO ସହିତ ଲେଖା ହୋଇଛି 'EXPLORE' (ଅନ୍ୱେଷଣ) ... ଆଜି ପୃଥିବୀରେ ଥାଇ ମହାକାଶର ଅନ୍ୱେଷଣ କରିବାର ଏକ ଅପୂର୍ବ ସୁଯୋଗ। ଚାଲନ୍ତୁ ଦେଖିବା-

ଗେଟ୍ ପରେ ପରେ, ଟିକିଏ ଦୂରରେ NASA ର Preamble, John Kennedyଙ୍କ ଭାଷାରେ-

"For the eyes of world now look into space, the moon and to the planets beyond and we have vowed that, we shall not see it governed by a hostile flag of conquest, but by a banner of freedom and peace"- **JFK**

"ଏବେ ଆମେ ପୃଥିବୀରୁ ମହାକାଶକୁ, ଚନ୍ଦ୍ରକୁ, ଦୂର ଗ୍ରହନକ୍ଷତ୍ରମାନଙ୍କୁ ଦେଖିବା ଆରମ୍ଭ କରିଛେ। ଆମେ ସଂକଳ୍ପ କରିଛୁ ଯେ ଏହା କୌଣସି ଶତ୍ରୁ ଭାବାପନ୍ନ ଶକ୍ତି ଦ୍ୱାରା ବିଜିତ ହେବନାହିଁ। ବରଂ ଶାନ୍ତି ଓ ମୁକ୍ତିର ଜୈତ୍ର ଉଡ଼ାଇବ।"JFK.

JFK ଙ୍କର ନିର୍ବାଚନ ସ୍ଲୋଗାନ୍ ଥିଲା- "A Time for Greatness, 1960", ସତକୁ ସତ ସେ ଷଷ୍ଠ ଦଶକକୁ ଆମେରିକାର ଶ୍ରେଷ୍ଠ ଦଶକ ଭାବେ ଗଢ଼ି ତୋଳିଲେ ୧୯୬୧-୧୯୬୩, ମାତ୍ର ଦୁଇବର୍ଷ ଭିତରେ।

ବାଁ ପଟକୁ ରକେଟ୍ ଗାର୍ଡେନ। ଆକାଶଚୁମ୍ବୀ ରକେଟ୍‌ଗୁଡ଼ିକ ଛିଡ଼ା ହୋଇଥାନ୍ତି। ଆମେରିକାର ମହାକାଶ ଅଭିଯାନର ସବୁ ପ୍ରକାରର ରକେଟ୍ ମଡ଼େଲ ଏଠି ରଖା ହୋଇଛି। ସବୁଠୁ ବୃହତ୍ତମ ରକେଟ Saturn 1B ଯାହାକି ଆପୋଲୋ ଚନ୍ଦ୍ର ଅଭିଯାନରେ ବ୍ୟବହାର ହୋଇଥିଲା କିନ୍ତୁ ଶାୟିତ ଅବସ୍ଥାରେ ରହିଛି।

Journey to Mars, Explorers Wanted:-

ମଙ୍ଗଳ ଅଭିଯାନ ପାଇଁ ଏହି ପାଭିଲିଅନଟି ଉତ୍ସର୍ଗୀକୃତ। ମଙ୍ଗଳ ଯାତ୍ରାର ଅତୀତ, ବର୍ତ୍ତମାନ ଓ ଭବିଷ୍ୟତର ନକ୍ସା ଏଇ ହଲ୍‌ରେ ରହିଛି। ଲୋହିତ ଗ୍ରହରେ ଅତୀତରେ ଅବତରଣ କରିଥିବା ଯାନଗୁଡ଼ିକର (Curiosity, Spirit, Opportunity ଓ Sojourner) ମଡ଼େଲ ସବୁ ରହିଛି। ସବୁଠୁ ବଡ଼ ଆକର୍ଷଣ ହେଉଛି ୨୦୨୦ର ପରବର୍ତ୍ତୀ ମଙ୍ଗଳ ଗ୍ରହ ଅଭିଯାନର Rover-Preservance ଓ ହେଲିକପ୍ଟର - Ingenuity.

Preservance Rover : ଅତୀତର ସମସ୍ତ Mars Rover ଅପେକ୍ଷା Preservance ଅନେକ ବଡ଼। ପ୍ରାୟ ୧୦୦୦ କେଜି ଓଜନର ଏହି ଯାନଟି ଅତିକମ୍‌ରେ ୧୪ ବର୍ଷ ପର୍ଯ୍ୟନ୍ତ ମଙ୍ଗଳ ପୃଷ୍ଠରେ କାମ କରିବ। ଦିନ, ରାତି, ଖରା, ଧୂଳିଝଡ଼ରେ ବି କାମ କରିବ। ଛ'ଟି ଆଲୁମିନିୟମର ହ୍ୱିଲ୍‌ରେ ଏହି ଯାନ ମଙ୍ଗଳ ଗ୍ରହ ଉପରେ ଘଣ୍ଟାପ୍ରତି ୧୫୨ ମିଟର ଗତିରେ ଚାଲି ପାରିବ। ଏଥିରେ ଲାଗିଥିବା Camera, Drill Machine, Spectrometer ଇତ୍ୟାଦିକୁ ନେଇ ଏହା ଏକ ଚଳମାନ ପରୀକ୍ଷାଗାରର କାମ କରିବ। ମାଟି, ବାୟୁ ମଣ୍ଡଳର ଅଧ୍ୟୟନ କରିବ। ଆସନ୍ତା ଅଭିଯାନରେ ପଥର, ଗୋଡ଼ି, ମାଟି ସଂଗ୍ରହ କରି, ପ୍ୟାକେଟ୍ କରି ରଖାଯିବ ଭବିଷ୍ୟତରେ ସୁବିଧା ହେଲେ ପୃଥିବୀକୁ ଆସିବ।

Ingenuity Rotorcraft:

Ingenuity Helicoptorଟି, ପ୍ରିଜରଭାନ୍‌ସ ରୋଭରରେ ବାସ କରୁଥିବା ଏକ ଛୋଟ 'Scout ଯନ୍ତ୍ର-ପକ୍ଷୀ'। ଏକ ଛୋଟ ହେଲିକପ୍ଟର ପରି ଏହି ଯାନଟି, Twin Counter Rotating Blade (ପରସ୍ପର ଓଲଟା ଦିଗରେ ଘୁରୁଥିବା ଦୁଇଟି ବ୍ଲେଡ୍) ଦ୍ୱାରା ଉଡୁଥିବା ଏକ ରୋଟରକ୍ରାଫ୍ଟ। ମଙ୍ଗଳ ବାୟୁମଣ୍ଡଳରେ ପ୍ରାୟ ୧୦ ମିଟର ଉଚ୍ଚତା ପର୍ଯ୍ୟନ୍ତ ଉଡ଼ି ପାରିବ। ମାତ୍ର ଦିନକୁ ତିନି ମିନିଟ୍ ହିଁ ଉଡ଼ିପାରିବ। ୧୯୦୧ରେ Wright Brothersଙ୍କ ପରେ ମାନବ ସଭ୍ୟତାର ଅନ୍ୟଏକ ଗ୍ରହରେ ଏହା ହେବ ପ୍ରଥମ ଉଡ଼ାଣ। ଅତୀତରେ ରୋଭର ଗୁଡ଼ିକ ମଙ୍ଗଳ ପୃଷ୍ଠରେ ଦୁର୍ଘଟଣାର ସମ୍ମୁଖୀନ ହୋଇଛନ୍ତି। ତେଣୁ ରୋଟରକ୍ରାଫ୍ଟଟି ରୋଭର ଆଗରେ ଉଡ଼ି ସୁରକ୍ଷିତ ପଥ ପ୍ରଦର୍ଶନ କରିବ।

Mars Rover Vehicle Navigatior (MRVN):

ଆଉ ଏକ Concept Vehicle- MRVN ଯାନ। ଭବିଷ୍ୟତର ମଙ୍ଗଳ ଗ୍ରହରେ ମାନବର ବସତି ସ୍ଥାପନରେ ସାହାଯ୍ୟ କରିବ। ପାଭିଲିଅନ୍ ବାହାରେ ରଖା ହୋଇଥିବା ଏଇ ଯାନଟିକୁ ଅନେକ ସମୟ ପର୍ଯ୍ୟନ୍ତ ଦେଖିଲି। ମାନବ ବସତି ହେଲେ ଏହା... Man ଓ Materials Transport ପାଇଁ କାମ କରିବ। ଏହା ଏକ ମିନି ଟ୍ରକ୍ ଓ ଏକ ମୋବାଇଲ ଲାବୋରେଟୋରୀର କାମ କରେ। ଏହାର Non Pneumatic Tyre ରବରର Muscle ଦ୍ୱାରା ତିଆରି। ଏହି Muscle ସ୍ପ୍ରିଙ୍ଗ ପରି ଦବିଗଲେ ବି ପୁଣି ନିଜ ଆକାର ନେଇଯିବ। ତେଣୁ ମଙ୍ଗଳରେ ପାହାଡ଼, ପର୍ବତ, ଉତ୍ତପ୍ତ ଧୂଳିଗଦା ଉପରେ

ଚାଲିଲେ ବି ଟାୟାର ନଷ୍ଟ ହେବ ନାହିଁ। ଏତେ ପାଖରେ ଦେଖି ଲୋମ ଟାଙ୍କୁରି ଉଠିଲା। ସତରେ ଏଇ ଯାନଟି ଆସନ୍ତା ମାନବ ଅଭିଯାନରେ ମଙ୍ଗଳ ଗ୍ରହରେ ଚଳପ୍ରଚଳ କରିବ! ମଣିଷ କେତେଦୂର କଳ୍ପନା କରିପାରେ!!

ହଲ୍ ବାହାରକୁ ଆସି ଦେଖା ହେଲା ଜଣେ ପୂରା ସ୍ପେସ୍ ସୁଟ୍‌ରେ ଥିବା, ଦର୍ଶକମାନଙ୍କ ସହିତ ହ୍ୟାଣ୍ଡସେକ୍ କରୁଥିବା ଓ ଦର୍ଶକମାନଙ୍କ ସହ ଫଟୋ ପାଇଁ ପୋଜ୍ ଦେଉଥିବା ଆଷ୍ଟ୍ରୋନଟ୍‌ଙ୍କ ସହିତ। ଧୋବ ଫରଫର ସ୍ପେସ୍ ସୁଟ୍ ଓ ମୁଣ୍ଡରେ Golden Visor ସହ Bubble Helmet ପିନ୍ଧିଥାନ୍ତି। ପିଲାମାନଙ୍କ ପାଇଁ ବଡ଼ ଆକର୍ଷଣ। ଆମ ପାଇଁ ବି କମ୍ ନୁହେଁ। Dummy(ନକଲି) ହେଲେ ବି ମହାକାଶଚାରୀଙ୍କୁ ସଶରୀରେ ଦେଖିବାର ଆଶା ପୂର୍ଣ୍ଣ ହୋଇଗଲା। ଫଟୋ ନେଲି ତାଙ୍କ ସହିତ।

ସାମ୍ନାରେ ଦେଖିଲି Orion Space Craftର ଏକ ମଡ଼େଲ। ଶୁଣିଥିଲି ଆଗରୁ Orion ବିଷୟରେ। NASA Artemis Programmeର ଅନ୍ତର୍ଗତ ଏହା ଏକ Crew Module। ହଠାତ୍ ଏମିତି Orion ସହିତ ସାମ୍ନାସାମ୍ନି ହୋଇଯିବ ବୋଲି ଧାରଣା ନ ଥିଲା। Lockheed Martin ଦ୍ୱାରା ଡିଜାଇନ୍ କରାଯାଇଥିବା ଏହି ସ୍ପେସ୍ କ୍ରାଫ୍ଟରେ ଚନ୍ଦ୍ର, ମଙ୍ଗଳ ଓ ଅନ୍ୟ ଗ୍ରହମାନଙ୍କୁ ଅଭିଯାନ କରାଯିବ। ସତୁରି ଦଶକର ଚନ୍ଦ୍ର ଅଭିଯାନ Command Module ଥରେ ହିଁ ବ୍ୟବହାର ହେଉଥିଲା। କିନ୍ତୁ ଓରିଅନ୍‌ର କ୍ରିଉ ମଡ୍ୟୁଲ ପୁନଃ ବ୍ୟବହାର କ୍ଷମ ହେବ। ୧୬'.୬" ବ୍ୟାସର Base ସହ ୧୧ ଫୁଟ୍ ଉଚ୍ଚତାର ଏକ କୋନ୍ ଆକୃତିର ସ୍ପେସ୍ କାପସ୍ୟୁଲ୍। ପୂର୍ବବର୍ତ୍ତୀ କମାଣ୍ଡ ମଡ୍ୟୁଲଠାରୁ ଏହା ଅନେକ ବିକଶିତ। ମଙ୍ଗଳ ଅଭିଯାନ ପରେ ନାସାର ଭିତରକୁ ଯିବାକୁ ଏକ ବସ୍ ଟୁର୍‌ରେ ବାହାରିଲୁ। Visitors' Complex ରୁ ପ୍ରାୟ ୧୦ କିଲୋମିଟର ଯାତ୍ରା କରିବାକୁ ପଡ଼ିଲା ଶେଷ ଦର୍ଶନୀୟ ସ୍ଥାନ ଲଞ୍ଚ୍ ପ୍ୟାଡ୍ ସବୁ ଦେଖିବା ପାଇଁ। ଘଣ୍ଟାକର ଟୁର୍ ନାସାର ବିଭିନ୍ନ ଗୁରୁତ୍ୱପୂର୍ଣ୍ଣ ଫାସିଲିଟି ନିକଟକୁ। ଡ୍ରାଇଭର ନିଜେ ଗାଇଡ୍। ସୁନ୍ଦର ଭାବରେ ବୁଝାଇ ଦେଉଥାନ୍ତି। ପ୍ରାୟ ୨୦ ମିନିଟ୍ ଯାତ୍ରା ପରେ ଦେଖିଲୁ VAB (Vehicle Assembly Building)। ବିଭିନ୍ନ ସ୍ଥାନରୁ ରକେଟ୍ ଓ ମହାକାଶଯାନର ପାର୍ଟ ସବୁ ଆସି ଏଇଠି Assembly ହୁଏ। ୫୨୬ ଫୁଟ୍ ଉଚ୍ଚତାର ଏହା ପୃଥିବୀର ସବୁଠୁ ବଡ଼ Single Storey Building. Assembly Bay ର ଦୁଇପଟର ଦ୍ୱାରରେ ୪୫୬ ଫୁଟ୍ ଉଚ୍ଚର କବାଟ ଥାଏ। ସଟଲ୍‌ର ବିଭିନ୍ନ ଭାଗ, Solid Rocket Booster, External Fuel Tank ଓ ସଟଲ୍ ଏଇଠି Mobile Launcher Platform ସହିତ ଯୋଡ଼ାଯାଏ। ସେଇପରି ରକେଟ୍‌ର ତିନୋଟି ଷ୍ଟେଜ୍ ସହିତ ସର୍ଭିସ ମଡ୍ୟୁଲ, କମାଣ୍ଡ ମଡ୍ୟୁଲ ବି ଏଇଠି ଯୋଡ଼ି ହୁଏ ମୋବାଇଲ୍ ଲଞ୍ଚର୍ ପ୍ଲାଟ୍‌ଫର୍ମ ସହିତ।

ମୋବାଇଲ୍ ଲଞ୍ଚର୍ ପ୍ଲାଟ୍‌ଫର୍ମରେ ୩୮୦ ଫୁଟ୍ ଉଚ୍ଚର Launch Umblical Tower (LUT) ଓ ୯ଟି Swing Arm ଥାଏ। ରକେଟ୍ LUT ଉପରେ ଭରା ଦେଇ ଛିଡ଼ା ହୋଇଥାଏ। Launching (ଉତ୍‌କ୍ଷେପଣ) ସମୟରେ Main Rocket Fire ହେଲା ମାତ୍ରେ ୯ଟି ଯାକ Umblical Swing Arm. ଖସିଯାଇ ଯାନଟିକୁ ଛାଡ଼ିଦିଅନ୍ତି। ରକେଟ୍ ଉଠିଯାଏ ନିଜର ଶକ୍ତିରେ।

ଯାନଟି ମୋବାଇଲ୍ ଲଞ୍ଚର୍ ପ୍ଲାଟ୍‌ଫର୍ମରେ Assemble ହୋଇ ସାରିଲା ପରେ ଏହାକୁ ଲଞ୍ଚ୍ ପ୍ୟାଡ୍‌କୁ ନିଆଯାଏ ଏକ ବିଶାଳ Crawler Machine ଉପରେ ଛିଡ଼ା ହେବା ଅବସ୍ଥାରେ। ୨୭୦୦ ଟନ୍ ଓଜନର ଏହି କ୍ରଲର ମେସିନ୍‌ଟି ୧୩୧ ଫୁଟ୍ ଲମ୍ବ, ୧୧୪ ଫୁଟ୍ ଓସାର ୨୮ ଫୁଟ୍ ଉଚ୍ଚ। ଚେନ୍ ଲିଙ୍କ ଟ୍ରାକ୍ ଦ୍ୱାରା ଏହା ଚାଲେ। ଏତେବଡ଼ ମେସିନ୍ ଚାଲିବା ପାଇଁ ଏକ କ୍ରଲର ମେସିନ୍ ଟ୍ରାକ୍ ତିଆରି ହୋଇଛି। ୭ ଫୁଟ୍ ଗଭୀରର ଗୋଡ଼ିରେ ତିଆରି ଏହି ଟ୍ରାକ୍ ଉପରେ ମେସିନ୍ ଘଣ୍ଟାକୁ ୧.୬ କିମି ସ୍ପିଡ୍‌ରେ ଚାଲେ। ଲଞ୍ଚ୍ ପ୍ୟାଡ ପର୍ଯ୍ୟନ୍ତ ଯିବା ପାଇଁ ୫-୬ ଘଣ୍ଟା ସମୟ ଲାଗେ। ଦୁଇଟି କ୍ରଲର ମେସିନ୍, 'Hans' ଓ 'Franz' VAB ପାଖରେ ଛିଡ଼ା ହୋଇଥିବାର ଦେଖିଲୁ। ମୋବାଇଲ ଲଞ୍ଚ୍ ପ୍ୟାଡ଼ ସହ LUT ବି ଦେଖିବାକୁ ମିଳିଲା।

ତା'ପରେ ପହଞ୍ଚିଲୁ ଲଞ୍ଚ୍ ପ୍ୟାଡ଼ ଏରିଆରେ। ନାସାର 39A, 39B ଓ 39C ନାଁ'ରେ ତିନୋଟି ଲଞ୍ଚ୍ ପ୍ୟାଡ୍ ରହିଛି। 39A, ପ୍ରଥମେ ଆପୋଲୋ ଓ ଚନ୍ଦ୍ର ଅଭିଯାନ ପାଇଁ ବ୍ୟବହୃତ ହେଉଥିଲା। ପରବର୍ତ୍ତୀ ସମୟରେ ସଟଲ୍ ଗୁଡ଼ିକ ବି ଏଇଠୁ ପ୍ରକ୍ଷେପଣ ହେଉଥିଲା। ଏବେ କିନ୍ତୁ ଏହି ପ୍ୟାଡ୍‌ଟିକୁ ବ୍ୟବସାୟିକ ବ୍ୟବହାର ପାଇଁ ଘରୋଇ କମ୍ପାନୀ Space-Xକୁ ଲିଜ୍‌ରେ ଦିଆଯାଇଛି। ନାସାର ସବୁ ମହତ୍ତ୍ୱପୂର୍ଣ୍ଣ ଉତ୍‌କ୍ଷେପଣ ଏଇଠୁ ହୋଇଛି। ସେଇଥିପାଇଁ ଏହାକୁ ଶ୍ରଦ୍ଧାରେ Moon Port କୁହାଯାଏ। ଗାଇଡ୍ ହସି ହସି କହିଲେ, "ସବୁଠୁ ଶକ୍ତିଶାଳୀ ରକେଟ୍‌ଗୁଡ଼ିକ ଏଇଠୁ ଯାଇଥିବାରୁ ଆମେ ଏହାକୁ 'Bond Pad' କହୁ।"

39B Pad ଟି ଏବେ ବିକଶିତ ହେଉଛି ଭବିଷ୍ୟତର Artemis Programme ପାଇଁ। 39C ଆଉ ଏକ ଛୋଟ ପ୍ୟାଡ଼। ଗବେଷଣା ଓ ପରୀକ୍ଷାମୂଳକ ପ୍ରକ୍ଷେପଣ ପାଇଁ ଏହା ବ୍ୟବହାର ହୁଏ।

39A Pad ର ଗେଟ୍ ପାଖକୁ ବସ୍ ଗଲା। ଗେଟ୍ ପାଖରେ ଓହ୍ଲାଇ ପ୍ରାୟ ୩୦୦ ମିଟର ଦୂରରୁ, ଲଞ୍ଚ୍ ପ୍ୟାଡ୍ ଦେଖିଲୁ। ତା' ସହିତ ଦେଖିଲୁ ଏକ ବହୁତ ଉଚ୍ଚାର ପାଣିଟାଙ୍କି। କିନ୍ତୁ ପାଣିଟାଙ୍କିର କ'ଣ କାମ ରକେଟ୍ ଲଞ୍ଚ୍ ପ୍ୟାଡ୍ ପାଖରେ? ଗାଇଡ୍ ଅଳ୍ପକେ ବୁଝାଇଦେଲେ। ମୁଁ ପଛରେ ବିସ୍ତୃତ ଭାବରେ ଜାଣିଲି। ଇଣ୍ଟେରେଷ୍ଟିଂ କଥା। ଆସନ୍ତୁ ଜାଣିବା-

ରକେଟ୍ ଲଞ୍ଚିଂ ସମୟରେ Launch Flame ଭୀଷଣ ଶବ୍ଦ କରି ପ୍ରାୟ ୩୨୦୦°C ଉତ୍ତାପ ସୃଷ୍ଟି କରି ଜଳିଉଠେ। ୨୦୪db ଶବ୍ଦ ସୃଷ୍ଟି ହୁଏ। ଏତେ ଭୀଷଣ ଶବ୍ଦ ଆଖପାଖର ଯନ୍ତ୍ରପାତି ସହିତ ରକେଟ୍‌କୁ ବି କ୍ଷତି ପହଞ୍ଚାଇପାରେ। ତେଣୁ ନାସାର ବୈଜ୍ଞାନିକମାନେ ଏହାର ଏକ ଜଳ ସମାଧାନ ବାହାର କରିଛନ୍ତି। ପ୍ରତି ଲଞ୍ଚ୍ ପ୍ୟାଡ୍ ପାଖରେ ୨୯୦ ଫୁଟ୍ ଉଚ୍ଚତାର ୩ ମିଲିଅନ୍ ଗ୍ୟାଲନ୍ ପାଣି ଗଚ୍ଛିତ କରି ରଖିଲା ପରି ଏକ ପାଣିଟାଙ୍କି ଥାଏ। ଲଞ୍ଚ୍ ପ୍ୟାଡ୍‌ରେ ରକେଟ୍ ଫାୟାର୍ ହେବାର ୬.୬ ସେକେଣ୍ଡ ଆଗରୁ ଛ'ଟା ୭ ଫୁଟ୍ ବ୍ୟାସ ଓ ୧୨ଫୁଟ୍ ଉଚ୍ଚ ପାଇପ୍ ସାହାଯ୍ୟରେ ୪୧ସେକେଣ୍ଡରେ ସମସ୍ତ ୩ ମିଲିଅନ୍ ଗ୍ୟାଲନ୍ ପାଣି ଲଞ୍ଚ୍ ପ୍ୟାଡ୍ ଉପରେ ଓ ନିମ୍ନରେ ଥିବା Flame Trenchକୁ ଛାଡ଼ି ଦିଆଯାଏ। ଏ ପାଇପ୍ ଗୁଡ଼ିକୁ 'Rain Bird' କୁହାଯାଏ। ଏତେ ବେଶୀ ପାଣି ରକେଟ୍ ଫ୍ଲେମ୍‌କୁ ଘୋଡ଼ାଇ ପକାଇବା ସଙ୍ଗେ ସଙ୍ଗେ ଶବ୍ଦକୁ ଶୋଷଣ କରି ୧୪୫ db ଭିତରେ ରଖେ। ତଥାପି ମେଘ ଘଡ଼ଘଡ଼ି ପରି ଶବ୍ଦ ସୃଷ୍ଟି କରିଥାଏ। ରକେଟ୍ ଫ୍ଲେମ୍‌ର ସଂସ୍ପର୍ଶରେ ଆସି ଅଧିକାଂଶ ପାଣି Split Second ରେ ଜଳୀୟ ବାଷ୍ପରେ ପରିଣତ ହୋଇଯାଏ ଓ ଲଞ୍ଚ୍ ପ୍ୟାଡ୍ ଚାରିପଟେ ଧଳାଧଳା ଧୂଆଁ ଭର୍ତ୍ତି ହୋଇଯାଏ। ରକେଟ୍ ନାରଙ୍ଗୀ ରଙ୍ଗର ଫ୍ଲେମ୍ ଛାଡ଼ି ଉଡ଼ିଯାଏ ତା'ର କକ୍ଷପଥକୁ। ଆଉ ରେନ୍‌ବାର୍ଡମାନେ ଅପେକ୍ଷା କରି ରହନ୍ତି ପରବର୍ତ୍ତୀ ପ୍ରକ୍ଷେପଣ ପାଇଁ।

ଆପୋଲୋ ସାଟର୍ନ ରକେଟ୍ ସେଣ୍ଟର :

ଗାଇଡ୍ ତା'ପରେ ବସ୍ ଫେରାଇଲେ Apollo Saturn Rocket Centre ଅଭିମୁଖେ। ଚନ୍ଦ୍ର ଅଭିଯାନରେ ୧୯୬୧ରୁ ୧୯୭୩ ପର୍ଯ୍ୟନ୍ତ, ଆପୋଲୋ ୪ରୁ ଆରମ୍ଭ କରି ଆପୋଲୋ ୧୭ ପର୍ଯ୍ୟନ୍ତ ୧୪ଟି ଆପୋଲୋ ଯାନ ଚନ୍ଦ୍ର ଅବତରଣର ବିଭିନ୍ନ ପର୍ଯ୍ୟାୟ ପାଇଁ ବ୍ୟବହାର ହୋଇଥିଲା। ଆପୋଲୋ ୧୧ରେ ଚନ୍ଦ୍ରାବତରଣ ହେଲା ପରେ ଆଉ ୫ଥର (ଆପୋଲୋ ୧୩କୁ ଛାଡ଼ି) ଚନ୍ଦ୍ରରେ ମଣିଷର ପାଦ ପଡ଼ିଥିଲା। ଆପୋଲୋ ଯାନ ପାଇଁ ସବୁଠୁ ଶକ୍ତିଶାଳୀ ରକେଟ୍ Saturn V Rocket ବ୍ୟବହାର ହୋଇଥିଲା। ସେଇ ସମୟର ଗର୍ବିତ ସ୍ମୃତିକୁ ନେଇ ଆପୋଲୋ ସାଟର୍ନ ପାଭିଲିୟନଟି ଖୋଲାଯାଇଛି। ଚନ୍ଦ୍ର ଅଭିଯାନର ବିଭିନ୍ନ ଉପକରଣ, ଯାନ, ଯନ୍ତ୍ରପାତି ଇତ୍ୟାଦି ଏଠି ସାଇତି କରି ରଖାଯାଇଛି। ଏସବୁ ଜିନିଷ ଦେଖିଲେ ବିଶ୍ୱାସ ହୁଏନି ଯେ ସତରେ କ'ଣ ଏମିତି ହୋଇଥିଲା ! ମହାକାଶ ଉତ୍ସାହୀମାନଙ୍କ ପାଇଁ ଏହା ଏକ ପରମ ଆକାଙ୍କ୍ଷିତ ସ୍ଥାନ। ଆସନ୍ତୁ ଦେଖିବା ଗୋଟିକ ପରେ ଗୋଟିଏ ଅଧ୍ୟାୟ ବିଭିନ୍ନ ଗ୍ୟାଲେରୀରେ।

ଆପୋଲୋ ଲଞ୍ଚ୍ କଣ୍ଟ୍ରୋଲ ରୁମ୍ :

ଏହା ଏକ ଅତ୍ୟାଧୁନିକ ପ୍ରେକ୍ଷାଳୟ। ସାମ୍ନାରେ ଆପୋଲୋ-୮ ଉତ୍କ୍ଷେପଣ ସମୟର କଣ୍ଟ୍ରୋଲ ରୁମ୍ ପ୍ୟାନେଲ୍। ସେ ସମୟର କଣ୍ଟ୍ରୋଲ ରୁମ୍‌ର କମ୍ପ୍ୟୁଟର ସବୁ ଧାଡ଼ି ଧାଡ଼ି କରି ସଜା ହୋଇ ରହିଛି। ସାମ୍ନା ସ୍କ୍ରିନ୍ ବି ସେ ସମୟ କଣ୍ଟ୍ରୋଲ ରୁମ୍‌ର। ଆପୋଲୋ-୮ କଣ୍ଟ୍ରୋଲ ରୁମ୍‌ରେ ବସିବାର ଅଭିଜ୍ଞତା ଆଣିଦିଏ ଏହି ହଲ୍। ତିନି ଭାଗରେ ବିଭକ୍ତ ହୋଇଥିବା ସ୍କ୍ରିନ୍‌ଟି ଉତ୍କ୍ଷେପଣ ସହିତ ସେ ସମୟର ସମାନ୍ତରାଳ ଦୃଶ୍ୟ ସବୁ ଦେଖେଇଦିଏ। ତିନୋଟି ସ୍କ୍ରିନ୍‌ରେ ରକେଟ୍ ଫାୟାରିଙ୍ଗ, ମହାକାଶ ଯାନ ଭିତରେ ମହାକାଶଚାରୀମାନଙ୍କର କାର୍ଯ୍ୟକଳାପ ଓ ଆମେରିକାର ଜନସାଧାରଣଙ୍କର ପ୍ରତିକ୍ରିୟା ଏକା ସାଙ୍ଗରେ ଦିଶୁଥାଏ। HD ପିକ୍‌ଚର୍ କ୍ୱାଲିଟି ସହିତ 4K ସାଉଣ୍ଡ୍ ଇଫେକ୍ଟ ଦର୍ଶକକୁ ସିଧା ଲଞ୍ଚ୍ ପ୍ୟାଡ଼ ତଳକୁ ନେଇଯାଏ। ଫ୍ଲେମ୍ ପିଟ୍ ପାଖରୁ ରକେଟ୍ ଫ୍ଲେମ୍‌ର ଭୀଷଣ ଦୃଶ୍ୟ ଓ ଶବ୍ଦ କାନ ଅତଡ଼ା ପକାଇଲା ପରି ଲାଗେ, ଛାତି ଥରି ଉଠେ। କିଛି ସମୟ ପାଇଁ ରକେଟ୍‌ର ନାରଙ୍ଗୀ ରଙ୍ଗର ଫ୍ଲେମ୍‌ରେ ସମସ୍ତ ଅଡ଼ିଟୋରିଅମ୍ ଭରିଗଲା ପରି ଲାଗେ କେଇ ସେକେଣ୍ଡ ପାଇଁ। କେଇଫୁଟ୍ ଦୂରରୁ ଏଇ ଭୀଷଣ ଦୃଶ୍ୟ ଜୀବନରେ ଭୁଲିବାର ନୁହେଁ। ମହାକାଶ ଯାନ କକ୍ଷରେ ଅବସ୍ଥାପିତ ହେବା ସହିତ ନିଶ୍ୱାସ ପ୍ରଶ୍ୱାସ ସ୍ଥିର ହେବାକୁ ଲାଗେ। ୫ ମିନିଟ୍‌ର ଫିଲ୍ମ ୫୦ ବର୍ଷ ତଳର ଗୌରବାବହ ମାନବ ଇତିହାସ ସହିତ ଯୋଡ଼ିଦିଏ।

ଅଡ଼ିଟୋରିଅମ୍‌ରୁ ବାହାରି ସାଟର୍ନ ରକେଟ୍ ହଲ୍‌ରେ ପହଞ୍ଚିଲୁ। ସାମ୍ନାରେ ୩୬୩ ଫୁଟ୍ ଲମ୍ବାର ଏକ ସାଟର୍ନ ରକେଟ୍ ଭୂମି ସହ ସମାନ୍ତରାଳ କରି ୧୦-୧୨ ଫୁଟ୍ ଉଚ୍ଚରେ ରଖାଯାଇଛି। ସାଟର୍ନ V ରକେଟ୍‌ର 3 ଷ୍ଟେଜ୍‌ର ରକେଟ୍, Service Module, Command Module ଏକ ସରଳରେଖାରେ ରଖା ହୋଇଛି। ଯାରି ତଳେ ଚାଲିଚାଲି ପୂରା ରକେଟ୍‌ଟିକୁ ଏ ମୁଣ୍ଡରୁ ସେମୁଣ୍ଡ ଦେଖିବାର ସୁଯୋଗ ମିଳିଲା। ରକେଟ୍ ଓ ସ୍ପେସ୍‌କ୍ରାଫ୍ଟ ବିଷୟରେ ଭଲ ଗୋଟେ ଧାରଣା ଆସିଗଲା। ସାଟର୍ନ-V, ଏପର୍ଯ୍ୟନ୍ତ ତିଆରି ହୋଇଥିବା ରକେଟ୍‌ଗୁଡ଼ିକ ଭିତରେ ଉଚ୍ଚତମ, ବୃହତ୍ତମ ଓ ଶକ୍ତିଶାଳୀତମ। କେବଳ ଚନ୍ଦ୍ର ଅଭିଯାନ ପାଇଁ ଏହାକୁ ବିକଶିତ କରାଯାଇଥିଲା। ତେଣୁ ଆପୋଲୋ ୧୭ ପରେ ଆଉ ଏହାର ବ୍ୟବହାର ହୋଇନାହିଁ। ୧୪ଟି ଆପୋଲୋ ଅଭିଯାନ (ଆପୋଲୋ-୪ରୁ୧୭) ପରେ ତିନୋଟି ସାଟର୍ନ-V ରକେଟ୍ ବଳକା ରହିଯାଇଥିଲା। ସେଇଥିରୁ ଗୋଟିଏ ଏଇଠି ପ୍ରଦର୍ଶନ କରାଯାଇଛି। ଅନ୍ୟ ଦୁଇଟି Johnson Space Centre, ହ୍ୟୁଷ୍ଟନ୍ ଓ US Space & Rocket Centre, ହଣ୍ଟସଭିଲ୍‌ରେ ରହିଛି।

ସାଟର୍ନ- V ରକେଟ୍, Arthur Rudolph ନାମକ ଜଣେ ଜର୍ମାନ ବୈଜ୍ଞାନିକଙ୍କ ଦ୍ୱାରା ବିକଶିତ ହୋଇଥିଲା। ସାଟର୍ନ ରକେଟ୍ ପାଇଁ ହିଁ ଚନ୍ଦ୍ର ଅଭିଯାନ ସଫଳ ହୋଇଥିଲା। ରୁଡ଼ଲଫ୍‌ଙ୍କ ପାଇଁ ଆମେରିକାରେ ସମ୍ମାନ ଅଜାଡ଼ିହୋଇ ପଡ଼ିଲା। US ଆର୍ମି ଓ ନାସାଠାରୁ ସର୍ବୋଚ୍ଚ ସେବା ମେଡ଼ାଲମାନ ମିଳିଲା। ମାତ୍ର କେଇଟା ବର୍ଷ ପରେ ୧୯୮୪ରେ ଏକ ବିଚିତ୍ର ଘଟଣା ଘଟିଲା। ଦ୍ୱିତୀୟ ବିଶ୍ୱଯୁଦ୍ଧର ଦସ୍ତାବିଜ୍ ଭିତରୁ ଜଣେ ଗବେଷକ ରୁଡ଼ଲଫ୍‌ଙ୍କର ନାଜୀମାନଙ୍କ ସହ ସମ୍ପର୍କ ଥିଲା ବୋଲି ତଥ୍ୟ ନେଇ ଏକ ପ୍ରତିକୂଳ ରିପୋର୍ଟ ପ୍ରକାଶ କରି ଦେଲେ। ରୁଡ଼ଲଫ୍‌ଙ୍କୁ ବିଚାରର ସମ୍ମୁଖୀନ ହେବାକୁ ପଡ଼ିଲା। ପଛକୁ ଦେଖିଲେ ଜଣାପଡ଼େ ରୁଡ଼ଲଫ୍‌ଙ୍କର ଜୀବନ କାହାଣୀ। ଜର୍ମାନୀରେ ଜନ୍ମ ହୋଇ ୩୦ଦଶକରେ ତାଙ୍କୁ ଜୀବନ ପାଇଁ ସଂଘର୍ଷ କରିବାକୁ ପଡ଼ିଥିଲା, ଛୋଟମୋଟ ଚାକିରି କରି। ହଠାତ୍ ଦିନେ ଜର୍ମାନୀର ବିଖ୍ୟାତ ରକେଟ୍ ବିଜ୍ଞାନୀ W. Von Braunଙ୍କ ସଂସ୍ପର୍ଶରେ ଆସି ରକେଟ୍ ବିଜ୍ଞାନରେ ଗବେଷଣା କଲେ। ଜର୍ମାନୀର V_2 ରକେଟ୍ ବିକାଶରେ ଭାଗ ନେଇଥିଲେ। ୧୯୪୫ରେ ଜର୍ମାନୀ ଦ୍ୱିତୀୟ ବିଶ୍ୱଯୁଦ୍ଧ ହାରିଯିବା ପରେ ଭନ୍ ବ୍ରାଉନ୍‌ଙ୍କ ସହ ରୁଡ଼ଲଫ୍, ଆମେରିକାନ୍ ଆର୍ମି ପାଖରେ ଆତ୍ମସମର୍ପଣ କଲେ। କିନ୍ତୁ ତାଙ୍କୁ ବ୍ରିଟିଶମାନଙ୍କୁ ହସ୍ତାନ୍ତର କରି ଦିଆଗଲା, ଜର୍ମାନୀରୁ ଟେକ୍ନୋଲୋଜି ଉଦ୍ଧାର କରିବା ପାଇଁ। ବ୍ରିଟିଶମାନେ Operation Back Fire ମାଧ୍ୟମରେ ତାଙ୍କୁ ବ୍ୟବହାର କଲେ। ପରେ ବ୍ରିଟିଶମାନେ ତାଙ୍କୁ ଆମେରିକାନ୍‌ମାନଙ୍କୁ ଫେରାଇଦେଲେ। ଯା ଭିତରେ US ଆର୍ମି, ରୁଡ଼ଲଫ୍‌ଙ୍କର ସ୍ତ୍ରୀ ଓ ଛୋଟ ଝିଅକୁ ରସିଆନ୍ ଆର୍ମି ଜର୍ମାନୀରେ ପହଞ୍ଚିଲା ଆଗରୁ ଗୁପ୍ତରେ ଉଦ୍ଧାର କରି ଆମେରିକା ନେଇଆସିଥିଲା। ବ୍ରିଟିଶ୍‌ମାନଙ୍କଠାରୁ ଛାଡ଼ ପାଇ ରୁଡ଼ଲଫ୍ ଆମେରିକା କ୍ୟାମ୍ପରେ ପହଞ୍ଚି ନିଜର ଗୁରୁ ଭନ୍ ବ୍ରାଉନ୍‌ଙ୍କୁ ଭେଟିଲେ। ପରେ ନିଜର ପରିବାର ସହିତ ମିଳିତ ହେଲେ। Operation Paper Clip ମାଧ୍ୟମରେ ଆମେରିକା ଜର୍ମାନ୍ ବୈଜ୍ଞାନିକମାନଙ୍କୁ ସଂଗ୍ରହ କରୁଥିଲା। ଭନ୍ ବ୍ରାଉନ୍, ରୁଡ଼ଲଫ୍‌ଙ୍କ ସହିତ ଅନ୍ୟ ବୈଜ୍ଞାନିକମାନଙ୍କୁ ଆମେରିକା ଆଣି ସମ୍ମାନର ସହ ନାଗରିକତ୍ୱ ଦେଇଦେଲା। ସବୁ V_2 ରକେଟ୍ ବୈଜ୍ଞାନିକମାନଙ୍କୁ ନିଜର Pershing Missile Programme ପାଇଁ ନିଯୁକ୍ତି ଦେଲା। ଭନ୍ ବ୍ରାଉନ୍ ଓ ରୁଡ଼ଲଫ୍‌ଙ୍କ ସହାୟତାରେ ଚନ୍ଦ୍ର ଅଭିଯାନ ସ୍ୱପ୍ନ ସାକାର କରିବା ପାଇଁ ସାଟର୍ନ ରକେଟ୍ ତିଆରି ହେଲା। ଆମେରିକାନ୍‌ମାନେ ଚନ୍ଦ୍ରପୃଷ୍ଠରେ ପାଦଦେଲେ। ସମ୍ମାନ ମିଳିଲା, ପୁରସ୍କାର ମିଳିଲା। ମାତ୍ର ୧୯୮୪ରେ ସବୁଠୁ ଦୁଃଖଦ ଘଟଣାଟି ଘଟିଲା। ଆଇନକାନୁନ୍‌ର ଜାଲରେ ଛନ୍ଦିହୋଇ ରୁଡ଼ଲଫ୍ ଶେଷରେ ବାଧ୍ୟବାଧକତାରେ ଦୋଷ ସ୍ୱୀକାର କାଗଜରେ ଦସ୍ତଖତ କରିଦେଲେ ଓ ନାଗରିକତ୍ୱ ସମର୍ପଣ କରି ଦଣ୍ଡରୁ

ରକ୍ଷାପାଇଲେ। ସୌଭାଗ୍ୟର କଥା, ଅବସରକାଳୀନ ପେନ୍‌ସନ୍‌ରୁ ତାଙ୍କୁ ବଞ୍ଚିତ କରାଗଲା ନାହିଁ। ସ୍ତ୍ରୀଙ୍କ ସହ ନିଜ ଦେଶ ଜର୍ମାନୀ ଫେରିଗଲେ ୪୦ ବର୍ଷ ପରେ। ଝିଅ US ସିଟିଜେନ୍ ହିସାବରେ ଆମେରିକାରେ ରହିପାରିଲା। ଏବେ କିନ୍ତୁ ଜର୍ମାନୀ ମାନଚିତ୍ର ବଦଳି ଯାଇଛି। ପଶ୍ଚିମ ଜର୍ମାନୀରେ ତାଙ୍କୁ ଯୁଦ୍ଧ ଅପରାଧ ପାଇଁ ବିଚାରର ସମ୍ମୁଖୀନ ହେବାକୁ ପଡ଼ିଲା। କିନ୍ତୁ ଶେଷରେ ୧୯୮୫ରେ ନିଜ ଦେଶ ତାଙ୍କୁ କୋଳେଇ ନେଲା। ୧୯୮୯ରେ ଚନ୍ଦ୍ର ଅଭିଯାନ ଓ ଚନ୍ଦ୍ର ଅବତରଣର ବିଂଶତମ ଜୟନ୍ତୀରେ ଯୋଗ ଦେବା ପାଇଁ ଦରଖାସ୍ତ କଲେ। କିନ୍ତୁ ଆମେରିକା ତା'ଙ୍କୁ ଭିସା ଦେଲା ନାହିଁ। ସେ ଚାଲିଯିବା ପରେ ତାଙ୍କଠୁ ପୁରସ୍କାର ଓ ସମ୍ମାନ ଫେରେଇ ଆଣିବା ପାଇଁ କଂଗ୍ରେସରେ କିଛି ଲୋକ ପ୍ରସ୍ତାବ ଆଣିଲେ। ଏଇପରି, ଯେଉଁ ବୈଜ୍ଞାନିକଙ୍କ ପାଇଁ ଆମେରିକା ଚନ୍ଦ୍ରପୃଷ୍ଠରେ ପାଦ ଦେଲା, ଶେଷରେ ତାଙ୍କୁଇ ଅପମାନିତ କଲା। ଯାଠାରୁ ଦୁଃଖର କଥା କ'ଣ ହୋଇପାରେ! ଆମେରିକା ପରି ଏକ ଦେଶ, ନିଜ ଦେଶକୁ ସପରିବାରେ ନିମନ୍ତ୍ରଣ କରି, ତା'ଙ୍କ ଜୀବନର ଶ୍ରେଷ୍ଠ ସମୟକୁ ଉପଯୋଗ କରି, ଦେଶ ପ୍ରତି ତାଙ୍କର ଏତେବଡ଼ ଅବଦାନକୁ ଅଣଦେଖା କରିଦେଲା। ୫୦-୬୦ ବର୍ଷ ତଳର ଘଟିଥିବା, ନଘଟିଥିବା ଘଟଣା ପାଇଁ ଏପରି ଅପମାନିତ ବା ଦଣ୍ଡିତ କରିବା ଅନ୍ୟାୟ, ଅନୁଚିତ ଓ ଅକ୍ଷମଣୀୟ। ଶେଷରେ ୧୯୯୬ରେ ୮୯ ବର୍ଷ ବୟସରେ ରୁଡ଼ଲଫ୍ ମୃତ୍ୟୁଲାଭ କଲେ ନିଜ ମାଟିରେ। ଆପୋଲୋ ଚନ୍ଦ୍ର ଅଭିଯାନର ଏହା ଏକ କଳଙ୍କିତ ଅଧ୍ୟାୟ। ଯେଉଁ ସାଟର୍ନ-V ରକେଟ୍‌କୁ KSC ଗର୍ବର ସହ ନିଜର ଉପଲବ୍ଧି ବୋଲି ପ୍ରଦର୍ଶନ କରୁଛି। ତା'ର ଜନକଙ୍କୁ ଏପରି ଦୁର୍ବ୍ୟବହାର କରିବା ଆମେରିକା ପରି ଦେଶ ପାଇଁ ଠିକ୍ ହେଲାନି।

ଏବେ ଜାଣିବା ସାଟର୍ନ V ବିଷୟରେ :

ଆପୋଲୋ ମହାକାଶ ଯାନର ୬ଟି ଅଂଶ। ସାଟର୍ନ-V ର ତିନି ସ୍ତରର ରକେଟ୍, Service Module (SM), Lunar Module (LM) ଓ Command Module (CM). ୩୬୩ଫୁଟ୍ ଲମ୍ବା ଓ ୩୩ ଫୁଟ୍ ବ୍ୟାସ ବିଶିଷ୍ଟ ଏହି ତ୍ରିସ୍ତରୀୟ ରକେଟ୍‌ରେ ପ୍ରଥମ ଷ୍ଟେଜ୍‌ରେ Liquid Oxygen, Rocket Propellant ହିସାବରେ ବ୍ୟବହାର ହୁଏ, କିନ୍ତୁ ପରବର୍ତ୍ତୀ ଦୁଇଟି ଷ୍ଟେଜ୍‌ରେ Liquid Hydrogen ବ୍ୟବହାର ହୁଏ।

Stage-I ରକେଟ୍‌ର ୫ଟି ଇଞ୍ଜିନ୍ ୨.୫ ମିନିଟ୍ ପାଇଁ ପ୍ରଜ୍ଜ୍ୱଳିତ (Fire) ହୋଇ ପୃଥିବୀଠୁ ୬୮ କିମି ଉଚ୍ଚତାରେ ପହଞ୍ଚାଇଦିଏ ଓ ଯାନକୁ ୨୦,୦୦୦ Km/hr ଗତି ପ୍ରଦାନ କରି ଆଟଲାଣ୍ଟିକ୍ ମହାସାଗରରେ ଖସିପଡ଼େ।

ତା'ପରେ Stage-II ରକେଟ୍‌ର ୫ଟି ଇଞ୍ଜିନ୍ ୬ ମିନିଟ୍ ପାଇଁ ପ୍ରଜ୍ୱଳିତ ହୋଇ ଯାନକୁ ୧୭୬କିମି ଉଚ୍ଚତାରେ ପହଞ୍ଚାଇ ୨୫,୦୦୦ Km/hr ଗତି ପ୍ରଦାନ କରି ତଳକୁ ଖସିପଡ଼େ।

Stage-III ରେ କିନ୍ତୁ ଗୋଟିଏ ଇଞ୍ଜିନ୍। ୨.୫ ମିନିଟ୍ ପାଇଁ ଜଳି ୧୯୧କିମି ଉଚ୍ଚ କକ୍ଷରେ ପହଞ୍ଚାଇଦିଏ। ଏହାକୁ Parking Orbit କହନ୍ତି। ଏହି ଜ୍ୱଳନକୁ 3rd Stage ରକେଟ୍‌ର Burn-I କହନ୍ତି। ଏଇଠି ଯାନକୁ (୮ Km/Second)ର ସ୍ପିଡ୍ ମିଳିଯାଏ। କିନ୍ତୁ ପୃଥିବୀର ମାଧ୍ୟାକର୍ଷଣ ଶକ୍ତିରୁ ମୁକୁଳିବା ପାଇଁ ଯାନକୁ ଅତିକମ୍‌ରେ ୪୦,୦୦୦Km/Hr (୧୧Km/Second)ର ଗତି ଦରକାର। ଏହାକୁ Escape Velocity କହନ୍ତି। ତେଣୁ ଅବଶିଷ୍ଟ ୩Km/Second ଗତି ମିଳିଲେ ଯାନ ପୃଥିବୀ ଛାଡ଼ିଦେବା କଥା। ପାର୍କିଙ୍ଗ୍ ଅର୍ବିଟରେ ୮Km/Second ସ୍ପିଡ୍‌ରେ କେଇଥର ଘୂରି ସାରିଲା ପରେ ଷ୍ଟେଜ୍-୩ ରକେଟ୍‌ର ୬ ମିନିଟ୍ ପାଇଁ Burn-II ହୁଏ ଓ ଯାନ ପାର୍କିଙ୍ଗ୍ ଅର୍ବିଟ ଛାଡ଼ି ପୃଥିବୀର ମାଧ୍ୟାକର୍ଷଣ ଶକ୍ତିରୁ ମୁକ୍ତ ହୋଇଯାଏ। ଏଇ ଗତିପଥକୁ Trajectory କହନ୍ତି। ଆଉ କିଛି ଶକ୍ତି ବି Trajectory Motion ପାଇଁ କାମ କରନ୍ତି। କେପ୍ କେନେଡ଼ିଠାରୁ ରକେଟ୍ ପଶ୍ଚିମରୁ ପୂର୍ବକୁ ପୃଥିବୀର ଘୂର୍ଣ୍ଣନର ସମଦିଗରେ ପ୍ରକ୍ଷେପିତ ହୋଇଥିବାରୁ କିଛି ଅଧିକା ଶକ୍ତି ମିଳିଯାଏ। ଏହାକୁ ସ୍ଲିଙ୍ଗ୍ ସଟ୍ ଫୋର୍ସ କହନ୍ତି। ତା'ଛଡ଼ା, ଚନ୍ଦ୍ରର ଆକର୍ଷଣ ବି କିଛି ଶକ୍ତି ଯୋଗାଇଦିଏ ଟ୍ରାଜେକ୍‌ଟରି ମୋସନ୍ ପାଇଁ। ଏଇ କୌଶଳ ବ୍ୟତିରେକେ ସିଧା ବାୟୁମଣ୍ଡଳରେ ଉଠି ପୃଥିବୀର ଏସ୍‌କେପ୍ ଭେଲୋସିଟି ପାଇବା ଅତି କଠିନ ଓ ଶକ୍ତି ସାପେକ୍ଷ। ତେଣୁ ୬ ମିନିଟରେ Burn II, ଷ୍ଟେଜ୍-୩ ରକେଟ୍ ଓ Command Service Module (CS ମଡ୍ୟୁଲ)କୁ ୩୩୪ କିମି ଉଚ୍ଚତାକୁ ନେଇ ୧୧Km/Sec (୪୦,୦୦୦Km/Hr)ର ଏସ୍‌କେପ୍ ଭେଲୋସିଟି ପ୍ରଦାନ କରେ। ଚନ୍ଦ୍ରକୁ ଯିବା ପାଇଁ ଏତିକି ଏସ୍‌କେପ୍ ଭେଲୋସିଟି ଦରକାର। ଏହାକୁ Translunar Injection (TLI) କହନ୍ତି। TLI ର ୪୦ ମିନିଟ୍ ପରେ CS ମଡ୍ୟୁଲ, ଷ୍ଟେଜ୍-୩ ରକେଟ୍‌ର ଉପର ଚ୍ୟାମ୍ବରରେ ଥିବା ଲୁନାର ମଡ୍ୟୁଲକୁ ଟାଣିଆଣି ନିଜ ସହ ଜଡ଼େଇ ରଖେ। ୟାର ୫୦ ମିନିଟ୍ ପରେ ଷ୍ଟେଜ୍-୩ ରକେଟ୍ ସ୍ପେସ୍‌କ୍ରାଫ୍ଟରୁ ଅଲଗା ହୋଇଯାଏ ଓ ବାକିଥିବା Propellantକୁ ବ୍ୟବହାର କରି Burn-III ଦ୍ୱାରା ଚନ୍ଦ୍ରକକ୍ଷରୁ ଦୂରକୁ ଏକ Helio Centric Orbitକୁ ଚାଲିଯାଏ, ଯେମିତିକି ସ୍ପେସ୍‌କ୍ରାଫ୍ଟର ଆଉ ପାଖାପାଖି ହେବନାହିଁ। କିନ୍ତୁ ସଦାବେଳେ ପରିତ୍ୟକ୍ତ ଷ୍ଟେଜ୍-୩ ରକେଟ୍‌ମାନେ ଠିକ୍‌ରେ ପ୍ରକ୍ଷେପିତ ହୁଅନ୍ତି ନାହିଁ। ୧ ସେପ୍ଟେମ୍ବର ୨୦୦୨ରେ ହଠାତ୍ ନାସାର ଜଣେ Astronomer ପୃଥିବୀ କକ୍ଷରେ ଏକ ସନ୍ଦିଗ୍ଧ

ଗ୍ରହାଣୁ ପିଣ୍ଡର ଉପସ୍ଥିତି ଦେଖିବାକୁ ପାଇଲେ। ସୌରମଣ୍ଡଳର କୌଣସି ଜଣାଶୁଣା ପିଣ୍ଡ ପରି ଜଣାପଡ଼ିଲାନି। Spectroscope ରେ ସେଥିରେ Titanium Oxide ଥିବାର ଜଣାପଡ଼ିଲା, ଯାହାକି ସାଟର୍ନ-V ରକେଟ୍‌ର Paintingରେ ଲାଗୁଥିଲା। ଏହାର କକ୍ଷପଥ ହିସାବ କରୁକରୁ ଜଣାପଡ଼ିଲା ଏହା ନଭେମ୍ବର ୧୯୬୯ରେ ପ୍ରକ୍ଷେପିତ ହୋଇଥିବା ଆପୋଲୋ-୧୨ର ଷ୍ଟେଜ୍-୩ ରକେଟ୍। କୌଣସି କାରଣରୁ ଏହା ବୋଧେ ଭୁଲ କକ୍ଷରେ ପହଞ୍ଚିଯାଇଥିଲା। ୩୧ ବର୍ଷ ପରେ ପୁଣି ପୃଥିବୀ ନିକଟକୁ ଆସିଯାଇଥିଲା। ସୁଖର କଥା ବର୍ଷକ ପରେ ପୁଣି ଏହା ଅନନ୍ତ ମହାକାଶରେ ମିଳେଇ ଯାଇଥିଲା। ପୁଣି ଲେଉଟିପାରେ, ନପାରେ। ଏଇପରି ଉଦ୍‌ଭ୍ରାନ୍ତ ରକେଟ୍‌ଗୁଡ଼ିକରୁ ରକ୍ଷା ପାଇବା ପାଇଁ ଆପୋଲୋ-୧୩ ପରେ ଷ୍ଟେଜ୍-୩ ରକେଟ୍‌କୁ ଚନ୍ଦ୍ରରେ ଧକ୍କା ଖାଇ ନଷ୍ଟ ହେବା ପାଇଁ ପଠାଇ ଦିଆଗଲା। ଏଥିରୁ ଆମେ ଜାଣିଲେ ପୃଥିବୀରୁ ଚନ୍ଦ୍ରକକ୍ଷ ପର୍ଯ୍ୟନ୍ତ ଯାତ୍ରା ପାଇଁ ରକେଟ୍‌କୁ ମାତ୍ର ୧୭ ମିନିଟ୍ ଜ୍ୱଳନ ଦରକାର ହୁଏ। (Stage I- 2.5mnt + Stage II- 6mnt + Stage III Burn I- 2.5mnt + Stage III Burn II - 6mnt).

ହଁ, ରକେଟ୍‌କୁ Launch କରିବା ହିଁ, ନାସା, କେପ୍ କେନେଡ଼ିର କାମ। Rocket, Launch Tower ଛାଡ଼ିଦେଲେ Launching Teamର ଛୁଟୀ। Flight Control ଚାଲିଯାଏ Johnson Space Centre, Houston ହାତକୁ ତା'ପରେ।

ସାଟର୍ନ-V ର ସବା ତଳେ ଷ୍ଟେଜ୍-୧ ରକେଟ୍‌ର ୫ଟି ଇଞ୍ଜିନ୍‌ର Nozzle ଦେଖିବାର ଜିନିଷ। ୧୨ଫୁଟ୍ ବ୍ୟାସର ପ୍ରତିଟି ନଜଲ୍‌ରେ ୩୨୦୦°C ପର୍ଯ୍ୟନ୍ତ ଉତ୍ତାପ ଉତ୍ପନ୍ନ ହୁଏ, Liquid Oxygen ଓ Liquid Hydrogenର ଜ୍ୱଳନ ହେତୁ। Oxygenକୁ ତରଳ ଅବସ୍ଥାରେ ରଖିବା ପାଇଁ ମାଇନସ୍ ୧୮୩°C (୯୦ Kelvin) ଓ Hydrogenକୁ ତରଳ ରଖିବା ପାଇଁ ମାଇନସ୍ ୨୫୩°C (୨୦ Kelvin) ଉତ୍ତାପ ଦରକାର ହୁଏ। ଏହା ବସ୍ତୁର ଅତି ଶୀତଳାବସ୍ଥା। ଏହାକୁ କ୍ରାୟୋଜେନିକ୍ ଷ୍ଟେଟ୍ କହନ୍ତି। ତେଣୁ ଏହି ଇଞ୍ଜିନ୍‌ଗୁଡ଼ିକୁ କ୍ରାୟୋଜେନିକ୍ ଇଞ୍ଜିନ୍ କୁହାଯାଏ। ଏହାର ଟେକ୍ନୋଲୋଜି ଅତ୍ୟନ୍ତ ଜଟିଳ ଓ ହାତଗଣତି ଦେଶମାନଙ୍କ ପାଖରେ ରହିଛି। ପୋଖରାନ୍ ପରେ ଆମେରିକାର ବାସନ୍ଦ ହେତୁ ଆମକୁ କ୍ରାୟୋଜେନିକ୍ ଇଞ୍ଜିନ୍ ଋଷରୁ ମିଳିପାରିନଥିଲା। ଆମ ବୈଜ୍ଞାନିକମାନଙ୍କୁ ଦଶବର୍ଷ ଲାଗିଲା ଏଥିପାଇଁ। କିନ୍ତୁ ମହାକାଶ ଗବେଷଣା ଏକ ନୂତନ ଶୀଖର ଛୁଇଁ ପାରିଲା। ପୂରା ରକେଟ୍ ତଳେ ତଳେ ଦୁଇଥର ବୁଲି ସାରିଲା ପରେ ମନ ଶାନ୍ତି ହେଲା।

ମହାକାଶ ଯାନ (Spacecraft)

(Command, Service & Lunar Module):-

ତା'ପରେ ନଜର ପଡ଼ିଲା ଆପୋଲୋ କମାଣ୍ଡ ଓ ସର୍ଭିସ ମଡ୍ୟୁଲ (CS ମଡ୍ୟୁଲ) ଉପରେ। ତା' ନିକଟରେ ଏକ ଲୁନାର ମଡ୍ୟୁଲ ବି ରହିଛି। ସାଟର୍ନ ରକେଟ୍‌ର ତିନୋଟି ଷ୍ଟେଜ୍ ପରେ ରହେ ଏଇ ତିନୋଟି ମଡ୍ୟୁଲ। ଷ୍ଟେଜ୍-୩ ରକେଟ୍‌ର ଉପର Chamberର Fuselage ଭିତରେ ଲୁନାର ମଡ୍ୟୁଲ ରହିଥାଏ। ତା' ଉପରେ ସର୍ଭିସ ମଡ୍ୟୁଲ ଓ ସବା ଉପରେ କମାଣ୍ଡ ମଡ୍ୟୁଲ (CM). ଷ୍ଟେଜ୍-୩ ରକେଟ୍‌ର ଲୁନାର ମଡ୍ୟୁଲ ଚାମ୍ବରରୁ ଲୁନାର ମଡ୍ୟୁଲକୁ CS ମଡ୍ୟୁଲକୁ ହସ୍ତାନ୍ତରିତ କରି ଷ୍ଟେଜ୍-୩ ଅଲଗା ହୋଇଯାଏ। ଏବେ ଦୁଇଟି ଯାକ ମଡ୍ୟୁଲ ଚନ୍ଦ୍ରର କକ୍ଷ ପର୍ଯ୍ୟନ୍ତ ମିଳିତ ଯାତ୍ରା କରନ୍ତି। କିଛି ସମୟ ଚନ୍ଦ୍ର କକ୍ଷରେ ଘୁରି ସାରିଲା ପରେ ଦି'ଜଣ ମହାକାଶଚାରୀ ଲୁନାର ମଡ୍ୟୁଲକୁ ଯା'ନ୍ତି, ଜଣେ କମାଣ୍ଡ ମଡ୍ୟୁଲରେ ରହନ୍ତି। ଲୁନାର ମଡ୍ୟୁଲ ଭଲ ଭାବେ ସିଲ୍ ହୋଇସାରିଲା ପରେ CS ମଡ୍ୟୁଲରୁ Undocking ହୋଇ ଲୁନାର ମଡ୍ୟୁଲ ଚନ୍ଦ୍ରପୃଷ୍ଠକୁ ଯାତ୍ରା କରେ। ଏହାର ଦୁଇଟି ଅଂଶ - Descent ମଡ୍ୟୁଲ ଓ Ascent ମଡ୍ୟୁଲ (ଅବରୋହଣ ଓ ଆରୋହଣ ମଡ୍ୟୁଲ)। Ascent ମଡ୍ୟୁଲ ଏକ ସ୍ୱୟଂ ସମ୍ପୂର୍ଣ୍ଣ କମାଣ୍ଡ ମଡ୍ୟୁଲ ବା ମହାକାଶ ଯାନ। ମହାକାଶଚାରୀମାନଙ୍କ ରହଣି ପାଇଁ ସବୁ ବ୍ୟବସ୍ଥା ଥାଏ। ଏହା ଏକ Life Boatର କାମ କରିପାରେ, କମାଣ୍ଡ ମଡ୍ୟୁଲର ଅସୁବିଧାରେ। ଆପୋଲୋ-୧୩ର କମାଣ୍ଡ ମଡ୍ୟୁଲ ଖରାପ ହେଲା ପରେ ମହାକାଶଚାରୀମାନେ Ascent ମଡ୍ୟୁଲରେ ହିଁ ପୃଥିବୀ ପର୍ଯ୍ୟନ୍ତ ଆସିପାରିଥିଲେ। ଚନ୍ଦ୍ର ଅବରୋହଣ ସମୟରେ Descent ମଡ୍ୟୁଲର Thrust Rocket, ଗତି କମ୍ କରିବା ପାଇଁ ଓ Soft Landing ପାଇଁ କାମ କରେ। ଲୁନାର ମଡ୍ୟୁଲ ଅବତରଣ କରିସାରିଲା ପରେ ମହାକାଶଚାରୀ ମାନେ ଚନ୍ଦ୍ରରେ ଚଲାବୁଲା କରି ବା ରୋଭର ଯାନରେ ଟିକେ ଦୂରକୁ ଯାଇ ଗବେଷଣା ପାଇଁ ମାଟି, ଗୋଡ଼ି ସଂଗ୍ରହ କରି ଫେରି ଆସନ୍ତି। ଏଇ ସମୟରେ ସେମାନେ ଏକ ଜୀବନ ରକ୍ଷାକାରୀ ପୋଷାକ ପିନ୍ଧିଥାନ୍ତି (ଏ ବିଷୟରେ ଟିକେ ପରେ ଜାଣିବା)। ଚନ୍ଦ୍ରପୃଷ୍ଠରେ କାମ ସରିଲା ପରେ ଲୁନାର ମଡ୍ୟୁଲକୁ ଫେରି ଆସନ୍ତି। ଏବେ ପ୍ରତ୍ୟାବର୍ତ୍ତନ ଯାତ୍ରା। Descent ମଡ୍ୟୁଲଟିକୁ ଚନ୍ଦ୍ର ପୃଷ୍ଠରେ ଛାଡ଼ିଦେଇ Ascent ମଡ୍ୟୁଲରେ ସର୍ଭିସ କମାଣ୍ଡ ମଡ୍ୟୁଲ ପାଖକୁ ଫେରିଆସନ୍ତି। ଏଠି ପୁଣି କମାଣ୍ଡ ମଡ୍ୟୁଲ ସହ Docking ଓ ଦୁଇଜଣ ଯାତ୍ରୀ କମାଣ୍ଡ ମଡ୍ୟୁଲ ଭିତରକୁ ଆସିଯାଆନ୍ତି। Ascent ମଡ୍ୟୁଲର କାମ ଶେଷ। ତା'କୁ ଚନ୍ଦ୍ର କକ୍ଷରେ ଛାଡ଼ିଦିଅନ୍ତି କିଛିଦିନ ପରେ ଚନ୍ଦ୍ରପୃଷ୍ଠରେ ପଡ଼ି ନଷ୍ଟ ହୋଇଯିବା ପାଇଁ।

ଏବେ ପୃଥିବୀ ମୁହାଁ ହେବ CS ମଡ୍ୟୁଲ। ସର୍ଭିସ୍ ମଡ୍ୟୁଲର ରକେଟ୍ ଅଢ଼େଇ ମିନିଟ୍ ପାଇଁ ଫାୟାର ହୁଏ ଚନ୍ଦ୍ରକକ୍ଷ ଛାଡ଼ି ପୃଥିବୀ ଅଭିମୁଖେ ଯାତ୍ରା ପାଇଁ। ମାତ୍ର ଅଢ଼େଇ ମିନିଟର ଜ୍ୱଳନ ଯଥେଷ୍ଟ ଶକ୍ତି ଯୋଗାଇଦିଏ ପୂରା ଫେରନ୍ତା ଯାତ୍ରା ପାଇଁ ପୃଥିବୀର କକ୍ଷ ପର୍ଯ୍ୟନ୍ତ। ଏହାକୁ Transearth Injection କୁହାଯାଏ। ମନେଥିବ, Translunar Injection Fireରେ ୬ ମିନିଟ୍‌ର ଜ୍ୱଳନ ଦରକାର ହୋଇଥିଲା। ଏବେ ସେତିକି ରାସ୍ତା ପାଇଁ ଅଢ଼େଇ ମିନିଟର ଜ୍ୱଳନ! ଚନ୍ଦ୍ରର କମ୍ ମାଧ୍ୟାକର୍ଷଣ, ପୃଥିବୀର ଅଧିକ ଆକର୍ଷଣ ଓ ଲୁନାର ମଡ୍ୟୁଲକୁ ଛାଡ଼ିଦେବା ପରେ ଓଜନ ହ୍ରାସ ପାଇଁ ଏହା ସମ୍ଭବ ହୋଇଥାଏ। ପ୍ରାୟ ୬୦ ଘଣ୍ଟା ପରେ ଏହା ପୃଥିବୀର କକ୍ଷ ପଥରେ ପହଞ୍ଚିଗଲେ କମାଣ୍ଡ ମଡ୍ୟୁଲ, ସର୍ଭିସ ମଡ୍ୟୁଲକୁ ଛାଡ଼ି ପୃଥିବୀ ବାୟୁମଣ୍ଡଳରେ ପ୍ରବେଶ କରିଯାଏ। ଆଟଲାଣ୍ଟିକ୍ ମହାସାଗରରେ ପାରାଚ୍ୟୁଟ୍ ସାହାଯ୍ୟରେ ସୁରକ୍ଷାର ସହିତ ଅବତରଣ କରେ। ରକେଟ୍ ଦେଖା ସରିଲା। ଏବେ ଦେଖିବା ତିନୋଟି ଯାନ ମଡ୍ୟୁଲ। ସର୍ଭିସ ମଡ୍ୟୁଲ, କମାଣ୍ଡ ମଡ୍ୟୁଲ ଓ ଲୁନାର ମଡ୍ୟୁଲ।

Service Module :-

ଏହି ମଡ୍ୟୁଲ ହେଉଛି ସମଗ୍ର ମିଶନର ସେବାକାରୀ Unit. Fuel Cell, Liquid Hydrogen ଓ Liquid Oxygen ସାହାଯ୍ୟରେ ଏହାର ଏକମାତ୍ର ଇଞ୍ଜିନ୍, ଯାନଟିକୁ ଦରକାରୀ Propulsion ଯୋଗାଇଦିଏ। ୨୫ ଫୁଟ୍ ଲମ୍ବା, ୧୩ ଫୁଟ୍ ବ୍ୟାସ ଓ ପ୍ରାୟ ୨୪,୦୦୦ କେଜି ଓଜନର ଏହି ମଡ୍ୟୁଲଟି ସର୍ଭିସ ମଡ୍ୟୁଲ ଓ କମାଣ୍ଡ ମଡ୍ୟୁଲକୁ ଇଲେକ୍ଟ୍ରିସିଟି, ଅକ୍ସିଜେନ୍, ପାଣି ଇତ୍ୟାଦି Life Support ଯୋଗାଇଦିଏ। ଯୋଗାଯୋଗ ପାଇଁ ଏକ S-Band Antenna ସଂଯୋଗ ହୋଇଥାଏ। ଯାତ୍ରା ମଝିରେ Course Correction ପାଇଁ ଏଥିରେ ୧୬ଟି Thrust Motor ଥାଏ। Fuel Cellରୁ ଇଲେକ୍ଟ୍ରିସିଟି ଉତ୍ପାଦନ ସହିତ ପିଇବା ପାଣି ବି ତିଆରି ହୋଇଯାଏ। ଫେରନ୍ତା ଯାତ୍ରାରେ ପୃଥିବୀ କକ୍ଷରୁ Re-entry ସମୟରେ ସର୍ଭିସ ମଡ୍ୟୁଲଟି କମାଣ୍ଡ ମଡ୍ୟୁଲରୁ ଅଲଗା ହୋଇଯାଏ ଓ ପୃଥିବୀର ବାୟୁମଣ୍ଡଳରେ ଜଳିଯିବା ପାଇଁ ଛାଡ଼ି ଦିଆଯାଏ।

Command Module :-

କମାଣ୍ଡ ମଡ୍ୟୁଲ ଏକ କୋନ୍ (ନଟୁ) ଆକାରର Crew Cabin। ଯାହାରି ଭିତରେ ହିଁ ମହାକାଶଚାରୀମାନେ ରହି ସମଗ୍ର ଯାତ୍ରା ପରିଚାଳନା କରନ୍ତି। ଏହାର

ଉଚ୍ଚତା ୧୧.୫ ଫୁଟ୍ ଓ Baseର ବ୍ୟାସ ୧୩ ଫୁଟ୍ ଏବଂ ଓଜନ ୫,୫୦୦ କେଜି। ତିନିଜଣ ମହାକାଶଚାରୀଙ୍କ ପାଇଁ ତିନୋଟି ଚୌକି ଥାଏ। ୨୨୦ Cft ଜାଗାରୁ ୧୬୦Cft ହିଁ ଚଳପ୍ରଚଳ ପାଇଁ ଥାଏ। ତିନିଜଣ ବସି ସାରିଲା ପରେ ଜଣେ ମଣିଷ ଯା ଭିତରେ ଛିଡ଼ା ହୋଇପାରିବ ନାହିଁ। ଚନ୍ଦ୍ର ଅଭିଯାନର ଯିବା ଆସିବା ୭ଦିନ ମହାକାଶଚାରୀମାନେ କେବଳ ବସିରହି ସବୁ କାମ କରନ୍ତି। ସିଟ୍ ଛଡ଼ା ଆଗ, ପଛ, ଉପର ସବୁଆଡ଼େ କଣ୍ଟ୍ରୋଲ ପ୍ୟାନେଲ ଥାଏ। ସମ୍ପୂର୍ଣ୍ଣ ଆପୋଲୋ ମିଶନ୍‌ରେ (ଆପୋଲୋ-୭ରୁ ୧୭ ପର୍ଯ୍ୟନ୍ତ) କମାଣ୍ଡ ମଡ୍ୟୁଲ ଭିତରେ ଟଏଲେଟ୍ ନଥିଲା। ମହାକାଶଚାରୀମାନେ ସ୍ୱତନ୍ତ୍ର ଧରଣର ପାଉଚରେ ଝାଡ଼ା ପରିସ୍ରା କରି ପୃଥିବୀକୁ ଫେରେଇ ଆଣିବା ପାଇଁ ଫ୍ରିଜ୍‌ରେ ରଖିଦିଅନ୍ତି। ବସିବା ଅବସ୍ଥାରେ ହିଁ ଶୋଇବାକୁ ପଡ଼େ। ମହାକାଶ ଯାନରେ ଟଏଲେଟ୍ ସୁବିଧା ସଟଲ୍ ଯାନରେ ହିଁ ଆରମ୍ଭ ହେଲା ୮୦ ଦଶକରେ। କମାଣ୍ଡ ମଡ୍ୟୁଲ ଭିତରକୁ ଯିବାକୁ ଓ ଏଥିରୁ ବାହାରିବାକୁ ଦୁଇପଟରେ ଦୁଇଟି ଅଣଓସାରିଆ (୩୪ Inch x ୨୯ Inch) ଦ୍ୱାର ଥାଏ। ଏହାକୁ Hatch କହନ୍ତି। ଏ ଦୁଇଟି ହ୍ୟାଚ୍ ଉତ୍‌କ୍ଷେପଣ ବେଳେ ଖୋଲାଯାଏ ପ୍ରବେଶ କରିବା ପାଇଁ ଓ ଆଉଥରେ ଖୋଲାଯାଏ Pacific Ocean ରେ ତା' ଭିତରୁ ବାହାରିବା ପାଇଁ। କିନ୍ତୁ କମାଣ୍ଡ ମଡ୍ୟୁଲରୁ ଲୁନାର ମଡ୍ୟୁଲକୁ ଯିବା ଆସିବା ପାଇଁ ଆଉ ଏକ ହ୍ୟାଚ୍ ଥାଏ କମାଣ୍ଡ ମଡ୍ୟୁଲର ଶୀର୍ଷ ଦେଶରେ। ଦୁଇ ମଡ୍ୟୁଲର Docking ପରେ ମହାକାଶଚାରୀ ଲୁନାର ମଡ୍ୟୁଲ ଭିତରକୁ ଯାନ୍ତି ଓ ଆସନ୍ତି। CM ଭିତରେ ସିଟ୍‌କୁ ସିଧା କରିଦେଇ Sleeping Bagରେ ଶୋଇପାରନ୍ତି ସିଟ୍‌ରେ ବାନ୍ଧିଦେଇ। ଭାରଶୂନ୍ୟତା ହେତୁ ଗୋଡ଼ ଯେମିତି ରଖିଲେ ବି ଅସୁବିଧା ନାହିଁ। ବେଳେବେଳେ ସିଟ୍ ଉପରେ Hammock (ଝୁଲା) ଲଗାଇ ବି ଶୋଇପାରନ୍ତି।

ପୃଥିବୀକୁ ଫେରିବା ସମୟରେ CMକୁ ପୃଥିବୀର ୧୦୦କିମି ଉଚ୍ଚତାରୁ ବାୟୁମଣ୍ଡଳରେ ପଶିବାକୁ ପଡ଼େ। ଏହାକୁ Re-entry କହନ୍ତି। ଏହି ସମୟରେ CMର ଗତି ୨୮,୦୦୦ Km/Hr ହୋଇଯାଏ ଓ ବାହାରର ଉତ୍ତାପ ୧୬୫୦°C ପର୍ଯ୍ୟନ୍ତ ପହଞ୍ଚିଯାଏ। ଫଳରେ CM ଚାରିପଟେ ପ୍ଲାଜ୍‌ମା ସୃଷ୍ଟି ହୋଇଯାଏ। ଏତେ ଅଧିକ ଉତ୍ତାପରୁ CMକୁ ବଞ୍ଚାଇବା ପାଇଁ CM ଉପରେ Ablative Heat Shieldର ଏକ ପରସ୍ତ ଦିଆଯାଇଥାଏ। କିନ୍ତୁ Ablative Shield ବି ପ୍ଲାଜ୍‌ମା ଜନିତ ଜ୍ୱଳନରୁ ଅନେକ କ୍ଷତିଗ୍ରସ୍ତ ହୋଇଥାଏ। CMର ବାହାର ପଟରେ ପୋଡ଼ା ଦାଗ ଓ ସ୍କ୍ରାଚ୍ ଚିହ୍ନ ସବୁ ଦେଖିଲି। ବାୟୁ ମଣ୍ଡଳୀୟ ଧୂଳିକଣା ସଂସ୍ପର୍ଶରେ ଆସି ଏହା କ୍ଷତ ବିକ୍ଷତ ହୋଇଯାଇଥାଏ। କମାଣ୍ଡ ମଡ୍ୟୁଲଟି ଏକ ସଦ୍ୟ ପୋଡ଼ା ହାଣ୍ଡି ପରି ଦିଶୁଥାଏ।

ଏସବୁ ଦେଖି ଭିତରେ ଥିବା ମହାକାଶଚାରୀମାନଙ୍କ କଥା ଭାବି ଦେହ ଶୀତେଇ ଉଠିଲା ।

ଅବତରଣ ସମୟରେ ଗତିପଥ ସଂଶୋଧନ ପାଇଁ CM ସାମ୍ନାରେ ଓ ନିମ୍ନଭାଗରେ Reaction Control System (RCS)ର Vent ଥିବାର ଦେଖିଲି । Thrust Rocket ଗୁଡ଼ିକର Exhaust ଏଇ Vent ବାଟଦେଇ ବାହାରକୁ ଆସେ ଓ ଯାନର ଗତି ପରିବର୍ତ୍ତନ ହୁଏ ।

Lunar Module :

ଲୁନାର ମଡ୍ୟୁଲଟି ଚନ୍ଦ୍ରକୁ ଯିବାଆସିବା ପାଇଁ ଉଦ୍ଦିଷ୍ଟ । Descent Stage ଓ Ascent Stage ନାମକ ଏହାର ଦୁଇଟି ଷ୍ଟେଜ୍‌ର କାର୍ଯ୍ୟ ବିଷୟରେ ପୂର୍ବରୁ ଜାଣିଛେ । Descent Stage ଉପରେ ହିଁ Ascent Stage ରହେ ।

DESCENT STAGE : ୧୧ଫୁଟ୍ ଉଚ୍ଚ, ୧୩ ଫୁଟ୍ ବ୍ୟାସ ଓ ୧୦,୦୦୦ କେଜି ଓଜନ ବିଶିଷ୍ଟ ଏହି ମଡ୍ୟୁଲଟି କେବଳ ଅବତରଣ ପାଇଁ ବ୍ୟବହାର ହୁଏ । ଏହା ଭିତରେ ଲୁନାର ରୋଭର ଓ ମହାକାଶ ଯାତ୍ରୀମାନଙ୍କର ଚନ୍ଦ୍ରପୃଷ୍ଠରେ ବ୍ୟବହାର କରିବା ପାଇଁ ଆବଶ୍ୟକୀୟ ଯନ୍ତ୍ରପାତି ସବୁ ଥାଏ । ଚାରୋଟି ଗୋଡ଼ ସାହାଯ୍ୟରେ ଏହା ଚନ୍ଦ୍ର ଉପରେ ଅବସ୍ଥାପିତ ହୁଏ ।

ASCENT STAGE : ଏଥିରେ ମହାକାଶ ଯାତ୍ରୀମାନଙ୍କ ରହଣି ପାଇଁ, ଅକ୍ସିଜେନ୍, ଜଳ, ଇଲେକ୍ଟ୍ରିସିଟି ଆଦି ସମସ୍ତ ବ୍ୟବସ୍ଥା ଥାଏ । ମାତ୍ର ବସିବା ପାଇଁ ସିଟ୍ ନଥାଏ । ଯାତ୍ରୀମାନେ ଚନ୍ଦ୍ରକୁ ଆସିଲା ବେଳକୁ ଓ ଫେରିଲା ବେଳକୁ ଛିଡ଼ା ହୋଇ ଯାଆନ୍ତି । ଚନ୍ଦ୍ରକକ୍ଷରୁ ପୃଷ୍ଠକୁ ଯିବା ଆସିବା ପାଇଁ କମ୍ ସମୟ ଲାଗୁଥିବାରୁ ଅସୁବିଧା ହୁଏ ନାହିଁ । ଯାନର ଓଜନ କମ୍ କରିବା ପାଇଁ ଏହା ଦରକାର ହୁଏ । ୯ ଫୁଟ୍ ଉଚ୍ଚ, ୧୪ ଫୁଟ୍ ବ୍ୟାସ ଓ ୫୦୦୦ କେଜି ଓଜନର ଏହି ଯାନଟିରେ ଗୋଟିଏ ଇଞ୍ଜିନ୍ ଥାଏ ଚନ୍ଦ୍ରରୁ ଉଠିବା ପାଇଁ ଓ Thrust Motor ଥାଏ ଦିଗ ପରିବର୍ତ୍ତନ କରି କମାଣ୍ଡ ମଡ୍ୟୁଲ ସହିତ ପୁନଃ ମିଳିତ ହେବା ପାଇଁ ।

ଲୁନାର ମଡ୍ୟୁଲର ଦୁଇଟି ଯାକ ଷ୍ଟେଜ୍ ଦେଖିଲି । Descent Stage ଟି ସୁନା ପରି ଜରି (Foil)ରେ ଘୋଡ଼ା ହୋଇଥାଏ । କିନ୍ତୁ Ascent Stage ନୁହେଁ ? ଅବଶ୍ୟ ବୁଝାପଡ଼ିଲା ଯେ ସୂର୍ଯ୍ୟତାପରୁ ଯନ୍ତ୍ରପାତିକୁ ରକ୍ଷାକରିବା ପାଇଁ ଏହା ଦିଆଯାଏ । ମାତ୍ର Ascent Stage କାହିଁକି ନୁହେଁ ? ଅନେକ ଦିନ ପାଇଁ ଏ ପ୍ରଶ୍ନ ମୋ ମନରେ ଆନ୍ଦୋଳିତ ହେଉଥିଲା । କିଛିଦିନ ପରେ ଏହାର ଉତ୍ତର ମିଳିଲା । Ascent Stageଟି

Crew Cabin ହୋଇ ଥିବାରୁ ଏହାର କଠିନ ଆବରଣ ଥାଏ। କିନ୍ତୁ Descent Stageର ସମସ୍ତ ଯନ୍ତ୍ରପାତି ଖୋଲାଥାଏ। ଲୁନାର ମଡ୍ୟୁଲର ଓଜନ କମ୍ କରିବା ପାଇଁ ଏଥିରେ କଠିନ ଆବରଣ ଦିଆଯାଏନି। ଲୁନାର ମଡ୍ୟୁଲ ଅନ୍ତରୀକ୍ଷରେ ଷ୍ଟେଜ୍-୩ ରକେଟ୍‌ରୁ ବାହାରି ଚନ୍ଦ୍ର ପର୍ଯ୍ୟନ୍ତ ଯାଏ। ଚନ୍ଦ୍ରରେ ବା ଅନ୍ତରୀକ୍ଷରେ ବାୟୁ ନଥିବାରୁ ଏହା ବାୟୁର ସଂସ୍ପର୍ଶରେ ଆସେ ନାହିଁ ବା ଏହାର ଉଡ଼ିବା ପାଇଁ ସମସ୍ୟା ହୁଏନି। କିନ୍ତୁ ଚନ୍ଦ୍ରପୃଷ୍ଠରେ ନିରନ୍ତର ସୂର୍ଯ୍ୟ ତାପର ସାମ୍ନା କରେ। Descent Stageର ଇଞ୍ଜିନ୍, ଫୁଏଲ ଟ୍ୟାଙ୍କ ଓ ଅନ୍ୟାନ୍ୟ ଯନ୍ତ୍ରପାତିଗୁଡ଼ିକ ଅତ୍ୟଧିକ ଉତ୍ତାପରେ କ୍ଷତିଗ୍ରସ୍ତ ହେବାର ସମ୍ଭାବନା ଥାଏ। ତା'ଛଡ଼ା ଚନ୍ଦ୍ରପୃଷ୍ଠରେ ଧୂଳି ବି ଜମିଯାଇପାରେ। ତେଣୁ ଧୂଳି ଓ ସୂର୍ଯ୍ୟ କିରଣରୁ ଯନ୍ତ୍ରପାତିକୁ ରକ୍ଷା କରିବା ପାଇଁ ଯନ୍ତ୍ରପାତି ଚାରିପଟେ Amber, ହଳଦିଆ ବା ସିଲ୍‌ଭର କଲରର Kapton Film (Aluminium Foil ପରି) ଗୁଡ଼ାଇ ଦିଆଯାଏ। ଏବେ ସୁନା ଜରିର ରହସ୍ୟ ଜଣାପଡ଼ିଲା !

Lunar Rover : ଟିକିଏ ଦୂରରେ ଥାଏ ଜିପ୍ ପରିକା ଏକ ଗାଡ଼ି। ଚନ୍ଦ୍ରପୃଷ୍ଠରେ ଚାଲିବା ପାଇଁ, ଆପୋଲୋ ୧୫, ୧୬ ଓ ୧୭ ମିଶନରେ ଏହା ବ୍ୟବହାର ହୋଇଥିଲା। ଯାକୁ ରୋଭର କହନ୍ତି। ୧୦ ଫୁଟ୍ ଲମ୍ବା ୭.୫ ଫୁଟ ଓସାର ଓ ୩.୬ ଫୁଟ୍ ଉଚ୍ଚତାର ଏହି ଯାନଟି ୨୧୦ କେଜି ଓଜନ (ଚନ୍ଦ୍ରପୃଷ୍ଠରେ ୩୫କେଜି)। ଏହା ୪୯୦ କେଜି (ଚନ୍ଦ୍ରରେ ୮୨ କେଜି) ଓଜନର ଜିନିଷ ପରିବହନ କରି ଘଣ୍ଟାକୁ ୧୩ କିମି ସ୍ପିଡ୍‌ରେ ଚାଲିପାରିବ। Aluminium Alloy Tubing ର ଚେସିସ୍ ଉପରେ ମହାକାଶଚାରୀମାନଙ୍କ ପାଇଁ ଦୁଇଟି ସିଟ୍ ଥାଏ। କିନ୍ତୁ ସିଟ୍ ଦେଖି ହସ ଲାଗିଲା। ୪-୫ ଲାଇନ୍‌ର ନାଇଲନ୍ ଫିତା (ଫିତା ଖଟ ପରି) ଉପରେ ବସିବାକୁ ପଡ଼ିବ। ପିଠିପଟେ ୨-୩ ଲାଇନ୍‌ର ଫିତା ବନ୍ଧା ହୋଇଥିବ। ଓଜନ କମ୍ ରଖିବା ପାଇଁ ଏମିତି ହୋଇଥାଏ। ଚାରୋଟି ଯାକ ଚକାରେ ବ୍ୟାଟେରୀରେ ଚାଲିବା ପାଇଁ ଇଲେକ୍ଟ୍ରିକ ମଟର ଲାଗିଥାଏ। ଏହା ଦ୍ୱାରା ଯାନଟି ଆଗକୁ ବା ପଛକୁ ଚାଲିପାରିବ। ଚନ୍ଦ୍ରରେ ଚାଲିଲା ବେଳେ ମିଶନ କଣ୍ଟ୍ରୋଲ ଯା ଉପରେ ନଜର ରଖିଥାଏ। କିନ୍ତୁ କାଳେ ବାଟ ଭୁଲିଯିବ ତେଣୁ ସୂର୍ଯ୍ୟ ଛାଇରୁ ଦିଗ ନିର୍ଣ୍ଣୟ କରିବା ପାଇଁ ଏକ ସନ୍ ଡ଼ାଏଲ ବି ଥାଏ। ରୋଭର ଉପରେ ରେଡ଼ିଓ ଆଣ୍ଟିନା ଓ ଟିଭି କ୍ୟାମେରା ବି ଥାଏ। ବୋଇଂ କମ୍ପାନୀ, ୪ଟି ରୋଭର ତିଆରି କରିବା ପାଇଁ ୩୮ ମିଲିଅନ ଡଲାର ଖର୍ଚ୍ଚ କରିଥିଲା। ତିନୋଟି ରୋଭର ତ ଚନ୍ଦ୍ରପୃଷ୍ଠରେ ରହିଯାଇଛି (ଆପୋଲୋ ୧୫, ୧୬ ଓ ୧୭)। ଚତୁର୍ଥଟିକୁ ସଶରୀରେ ଦେଖିବାର ଭାଗ୍ୟ ଥିଲା।

ରୋଭରର ସବୁଠୁ ଆଶ୍ଚର୍ଯ୍ୟ ଲାଗିଲା ତା'ର ଚକା। ନାସା ଏକ ନୂଆ ପ୍ରକାରର Wheel ଉଦ୍ଭାବନ କରିଥିଲା- Resilient Tyre. ରବର ଟାୟାର, ଟ୍ୟୁବ୍ ବଦଳରେ ଲାଗିଥାଏ Zinc Coated Steel Strandର Wiremess ବା ଜାଲି। ଭିତରଟି ସମ୍ପୂର୍ଣ୍ଣ ଫମ୍ପା ଓ ଦେଖି ହେବ। ଏପଟ ସେପଟ ପବନ ଯା-ଆସ କରିପାରିବ। ଏହି Non Pneumatic Tyre ରେ ପମ୍ପ ଦରକାର ହୁଏ ନାହିଁ। ନଦେଖିଲେ ବିଶ୍ୱାସ କରି ହେବନି। ଷ୍ଟିଲ୍ ତାରର ଜାଲିରେ ତିଆରି ଟାୟାର ! ଏହାକୁ Airless Woven Steel Tyre ବା Chain Mail Wheel କହନ୍ତି। ଧୂଳିରେ ପୋତି ନ ହୋଇ ଠିକ୍‌ରେ ଚାଲିବା ପାଇଁ ଟାୟାର ଉପରେ ଟାଇଟାନିଅମର Chevron Strip (ପାଡିଆ) ଲାଗିଥାଏ।

Spacesuit :

ତା'ପରେ ଦେଖିବାକୁ ମିଳିଲା ବିଭିନ୍ନ ପ୍ରକାରର, ବିଭିନ୍ନ ଉଦ୍ଦେଶ୍ୟରେ, ବିଭିନ୍ନ ସମୟରେ ଅନ୍ତରୀକ୍ଷ ଅଭିଯାନରେ ବ୍ୟବହାର ହୋଇଥିବା ସ୍ପେସ ସୁଟ୍ ସବୁ। ସ୍ପେସ ସୁଟ୍‌ର କ୍ରମବିକାଶ ଏଇ ପାଭିଲିଅନ୍‌ରୁ ସହଜରେ ଜାଣିହୁଏ। ଆପୋଲୋ ୧୪ର ମହାକାଶଚାରୀ Allan Sepherdଙ୍କ ସ୍ପେସ ସୁଟ୍ ଏହି ପାଭିଲିଅନ୍‌ର ଅନ୍ୟତମ ଆକର୍ଷଣ। ସାଧାରଣତଃ ତିନିଟି ଉଦ୍ଦେଶ୍ୟରେ ସ୍ପେସ ସୁଟ୍ ବ୍ୟବହାର ହୋଇଥାଏ IVA-Intra Vehicular Activity, EVA-Extra Vechicular Activity ଓ IEVA - Intra/Extra Vehicular. ଅର୍ଥାତ୍ - ଯାନ ଭିତରେ, ଯାନ ବାହାରେ ବ୍ୟବହାର ପାଇଁ ତିନି ପ୍ରକାରର ସ୍ପେସ ସୁଟ୍ ବ୍ୟବହାର ହୁଏ।

1) IVA / Launch Entry Space Suit (LES)/Aces :

Launch ଓ Re-entry ବେଳେ ମହାକାଶ ଯାନ ଭିତରେ ମହାକାଶଚାରୀମାନଙ୍କୁ ଅତ୍ୟଧିକ ଚାପର ସମ୍ମୁଖୀନ ହେବାକୁ ପଡ଼ିଥାଏ। ତେଣୁ ସେମାନେ ଏକ ପ୍ରକାରର ସ୍ପେସ ସୁଟ୍ ପିନ୍ଧନ୍ତି ଓ ଏଇ ସମୟରେ ଦୁର୍ଘଟଣା ଘଟିବାର ସମ୍ଭାବନା ଥିବାରୁ କକ୍‌ପିଟ୍‌ରୁ ବାହାରକୁ ଛିଟ୍‌କି ଯିବାର ବିକଳ୍ପ ମହାକାଶଚାରୀମାନଙ୍କ ପାଇଁ ଥାଏ। ଏହାକୁ Advanced Crew Escape Suit (ACES) ବୋଲି କହନ୍ତି। କେହି କେହି ପମ୍ପକିନ୍ ସୁଟ୍ ବୋଲି କହନ୍ତି। ଏହାର ରଙ୍ଗ ପାଇଁ ଏହା ଅରେଞ୍ଜ ସୁଟ୍ ନାମରେ ବି ଲୋକପ୍ରିୟ। ସମସ୍ତେ ଟିଭିରେ ଦେଖିଥିବେ ମହାକାଶଚାରୀମାନେ କମଳା ରଙ୍ଗର ସ୍ପେଶ୍ ସୁଟ୍ ପିନ୍ଧି ମହାକାଶଯାନକୁ ଆସନ୍ତି ପ୍ରକ୍ଷେପଣ ପୂର୍ବରୁ। ଏହା ଏକ One Piece Suit। ଯାଛଡ଼ା ହେଲମେଟ୍ ଓ ଗ୍ଲୋଭ୍‌ସ ପିନ୍ଧିବାକୁ ପଡ଼ିବ। ପରିସ୍ରା ପାଇଁ

Maximum Absorbency Garments (MAG)ର Diaper ପିନ୍ଧିବାକୁ ପଡ଼େ। ପୋଷାକ ତଳେ ଏକ ସରୁ ପାଇପ୍‌ର ଜାଲି ଥିବା ଜ୍ୟାକେଟ୍ ଥାଏ। ଏହା ଭିତର ଦେଇ ପାଣି ପ୍ରବାହିତ ହୋଇ ଶରୀରକୁ ଥଣ୍ଡା ରଖେ। ଅକ୍ସିଜେନ୍ ଆସିବା ଓ CO_2 ଯିବା ପାଇଁ ରାସ୍ତା ଥାଏ। ସୁଟ୍ ପିନ୍ଧିଲା ପରେ ଏକ ବିଶେଷ ଧରଣର ହେଲମେଟ୍ ପିନ୍ଧିବାକୁ ପଡ଼େ। ସାଧାରଣ ସ୍ୱଚ୍ଛ Visor ସହିତ କଳା ରଙ୍ଗର ଏକ ଅତିରିକ୍ତ Sunshade ଲାଗିଥାଏ UV Ray ରୁ ବଞ୍ଚାଇବା ପାଇଁ। ଅରେଞ୍ଜ ସୁଟ୍ ସହ ଏକ Survival Backpack (ଜୀବନ ରକ୍ଷାକାରୀ ବ୍ୟାଗ୍) ବି ସଂଯୁକ୍ତ ଥାଏ। ଏଥିରେ ପାରାଚ୍ୟୁଟ୍, LIfe Raft (ଜୀବନ ତରୀ), ଖାଦ୍ୟ ପାନୀୟ, ଜୀବନ ରକ୍ଷାକାରୀ ଔଷଧ, ମ୍ୟାପ୍; ଇତ୍ୟାଦି ସରଞ୍ଜାମ ଥାଏ। ପ୍ରକ୍ଷେପଣ ବେଳେ ଆକସ୍ମିକ ଦୁର୍ଘଟଣା ଘଟିଲେ ମହାକାଶଚାରୀମାନେ Abort Mode Activate କରିଦେଲେ Seat Ejection System ଦ୍ୱାରା Crew (ଯାତ୍ରୀ) କ୍ୟାପସୁଲ୍ ବାହାରକୁ ଛିଟ୍‌କି ପଡ଼ି ଜୀବନ ବଞ୍ଚେଇ ଦିଅନ୍ତି। ଏଥିପାଇଁ ସେମାନଙ୍କର ସିଟ୍‌ରେ ଏକ Seat Propulsion System ଖଞ୍ଜା ହୋଇଥାଏ। ସମୁଦ୍ରରେ ବା ଅନ୍ୟକୌଣସି ଅପନ୍ତରା ଜାଗାରେ ପଡ଼ିଲେ ସର୍ଭାଇଭର କିଟ୍ ସରଞ୍ଜାମ ସବୁ କାମରେ ଆସେ।

EVA SUIT - EMU/MMU/SAFER :

Extra Vehicular Activity (EVA) ହେଉଛି, ମହାକାଶ ଯାନ ବାହାରକୁ ଯାଇ କାମ କରିବା। ମହାକାଶରେ ଥିଲାବେଳେ ବା ଚନ୍ଦ୍ର ଅବତରଣ ପରେ ବାହାରକୁ ଯିବା ଦରକାର ହୁଏ। ମହାକାଶରେ ଉତ୍ତାପ ମାଇନସ୍ ୨୩୩°C ଠାରୁ ୧୨୧°C ପର୍ଯ୍ୟନ୍ତ ରହିଥାଏ। ବାୟୁମଣ୍ଡଳର ଅନୁପସ୍ଥିତିରେ ପାରିପାର୍ଶ୍ୱିକ ଚାପ ବି ବିପଦ୍‌ଜନକ ଭାବରେ କମ୍ ଥାଏ। ଖାଲି ଦେହରେ ମହାକାଶରେ ନିଶ୍ୱାସ ନେବା ତ ଦୂରର କଥା, କେଇ ସେକେଣ୍ଡ ଭିତରେ, ଦେହ ଭିତରର ଅଙ୍ଗ ପ୍ରତ୍ୟଙ୍ଗ ଫାଟିଯିବା ଅବସ୍ଥାକୁ ଆସନ୍ତି। ତେଣୁ EVA ପାଇଁ ବିଶେଷ ଧରଣର ସ୍ପେସ ସୁଟ୍ ଆବଶ୍ୟକ ହୁଏ। ଏଥିରେ, ବାୟୁ ଚାପ ଓ ଉତ୍ତାପ ନିୟନ୍ତ୍ରଣ, ଶରୀରର ବର୍ଜ୍ୟବସ୍ତୁ ଅପସାରଣ, ଅମ୍ଳଜାନ - ଅଙ୍ଗାରକାମ୍ଳ ନେବା ଆଣିବା, ତଥା ବିଜୁଳି ଶକ୍ତି ଉତ୍ପାଦନ ଓ ଯୋଗାଯୋଗ ଉପକରଣ ସବୁ ଥାଏ। ଏହା ମହାକାଶଚାରୀ ଶରୀରକୁ ନିରାପଦରେ ରଖେ। ତା'ଛଡ଼ା ମହାକାଶରେ Space Dust (ଅନ୍ତରୀକ୍ଷ ଧୂଳି) ବା Micro Meteorite (କ୍ଷୁଦ୍ରାତିକ୍ଷୁଦ୍ର ଗ୍ରହାଣୁ)ର ଆଘାତରୁ ରକ୍ଷା କରେ। ସ୍ପେସ୍ ସୁଟ୍ ସହ ପିଠି ପଟେ ଏକ Life Support System (ଜୀବନ ରକ୍ଷାକାରୀ ମେସିନ୍) ବି ରହିଥାଏ। ଏହାକୁ Extra Vehicular Mobility

Unit (EMU) ବୋଲି କୁହାଯାଏ । କିନ୍ତୁ EMU ସହିତ ମହାକାଶଯାନ ବାହାରେ ରହି ଲମ୍ବା ସମୟ ପାଇଁ କାମ କରିବା ବିପଦରୁ ଦୂରରେ ନୁହଁ । ଅସୁବିଧାବଶତଃ ମହାକାଶଚାରୀ କୌଣସି କାରଣରୁ ମହାକାଶଯାନଠାରୁ ଦୂରକୁ ଚାଲିଯିବାର ସମ୍ଭାବନା ଥାଏ । ତେଣୁ EMU କୁ ଏକ ରସି ସାହାଯ୍ୟରେ ଯାନରେ ବାନ୍ଧି ଦିଆଯାଏ । ମହାକାଶଚାରୀମାନେ ୮ଘଣ୍ଟା ପର୍ଯ୍ୟନ୍ତ ବାହାରେ ରହି କାମ କରିପାରନ୍ତି ।

କିଛିଦିନ ପରେ, EMUରେ ଏକ Propulsion Unit ବା Jet Pack ଖଞ୍ଜି ଦିଆଗଲା । ଏଥିରେ ଥିବା Thrust motor ଗୁଡ଼ିକ ଦ୍ୱାରା ମହାକାଶରେ ଚଳପ୍ରଚଳ ସୁବିଧା ହୋଇଗଲା । ଏହାକୁ Man Maneuvering Unit (MMU) କୁହାଗଲା । ସେକେଣ୍ଡ ପ୍ରତି ୮୦ଫୁଟ୍ ସ୍ପିଡ୍‌ରେ ଯାନ ଚାରିପଟେ ଉଡ଼ିପାରିଲେ । ମହାକାଶଚାରୀକୁ ଅନ୍ତରୀକ୍ଷରେ ପକ୍ଷୀ ପରି ଉଡ଼ିବାର ମଜା ଦିଏ MMU. କିନ୍ତୁ ଏଥିରେ ବିପଦ ବଢ଼ିଗଲା । କୌଣସି କାରଣରୁ MMU ନିୟନ୍ତ୍ରଣ ବାହାରକୁ ଚାଲିଗଲେ, ମହାକାଶରେ ହଜିଯିବା ହିଁ ସାର । ତେଣୁ ପୁଣି EMU ର ବ୍ୟବହାର ଫେରି ଆସିଲା ।

ବୈଜ୍ଞାନିକମାନେ ପୁଣି ଅଧିକ ନିରାପତ୍ତା ପାଇଁ ଭାବିଲେ ଓ ସମ୍ପୂର୍ଣ୍ଣ ସୁରକ୍ଷିତ ଏକ EVA Suit ଆଣିଲେ । ଏଥିରେ EMU ସହିତ ଛୋଟ ଏକ ଜେଟ୍ ପ୍ୟାକ୍ ଯୋଡ଼ିଦେଲେ । ସେକେଣ୍ଡପ୍ରତି ୧୦ ଫୁଟ ସ୍ପିଡ୍‌ରେ ଏହା ଗତିକରି ପାରେ । କିନ୍ତୁ ରସି ସହ ବନ୍ଧା ରହିଲା । କେବଳ ଆପତ୍‌କାଳରେ ଜେଟ୍ ପ୍ୟାକ୍ ଚଲେଇ ଯାନକୁ ଫେରିବାର ବ୍ୟବସ୍ଥା ରହିଲା । ଏହାର ନାଁ Simplified AID for EVA Rescue (Saver) ରହିଲା । ରସି ସହ EMU ହିଁ ସବୁଠୁ ସୁରକ୍ଷିତ ଓ ସୁବିଧା ମଣିଷ ଜୀବନ ପାଇଁ ।

ପ୍ରାୟ ୨ ଘଣ୍ଟାରେ Apollo Saturn Rocket Centre ଦେଖା ସରିଲା । ୨ଟା ବାଜି ଯାଇଥାଏ । କିଛି ଖାଇବାକୁ ପଡ଼ିବ । ବେଶୀ ଦୂର ନୁହେଁ । ସାଟର୍ନ ରକେଟ୍‌ର ଡାହାଣ ପଟରେ ରହିଛି Moon Rock Cafe... ପୂରା ଖୋଲା । ଖାଇବା ପାଇଁ କେବଳ ଆମେରିକାନ୍ ଫାଷ୍ଟଫୁଡ୍ । ଖୋଜି ଖୋଜି ଶେଷରେ ମିଳିଲା ଫ୍ରେଞ୍ଚ୍ ଫ୍ରାଏ ଓ ସାଲାଡ଼ - $ ୧୦.୦୦ ! କିନ୍ତୁ ସାଟର୍ନ ରକେଟ ତଳେ ଖାଇବା ତ ଗୋଟେ ଅଲଗା ଅନୁଭୂତି । ନିଜକୁ ଆଷ୍ଟ୍ରୋନଟ୍ ମନେକରି ଖାଇବା କଥା...... । କିଛି ଦୂରରେ ଲୁନାର ମଡ୍ୟୁଲ । ଲୁନାର ମଡ୍ୟୁଲରୁ ବାହାରି EVA ସୁଟ୍‌ରେ EVA କରିସାରି ଚନ୍ଦ୍ରପୃଷ୍ଠରେ ବସି ଖାଇବା ପରି ! ଖାଇସାରିଲେ Ascent Module ଭିତରକୁ ଯିବାକୁ ପଡ଼ିବ । ଚନ୍ଦ୍ର ଛାଡ଼ିବା ସମୟ ହୋଇଗଲାଣି । କକ୍ଷରେ CS ମଡ୍ୟୁଲ ଅପେକ୍ଷା କରିଛି ....ବସ୍ ଆସିବା ସମୟ ହୋଇଗଲାଣି......

ବସ୍ ବେ'ରେ କିଛି ସମୟ ଅପେକ୍ଷା କରିବାକୁ ପଡ଼ିଲା । ବେଶ୍ ଖରା ଥିଲା ।

ଗରମ ବି ହେଉଥିଲା। ଦେଖିଲି ବସ୍ ବେ'ର ଟୁରିଷ୍ଟ ଲାଇନ୍ ଉପରେ ଥଣ୍ଡା ପାଣିର ମିଷ୍ଟ୍ ସ୍ପ୍ରେ ହେଉଛି। ଗରମ ପବନରେ ମିଷ୍ଟ୍ ସାଙ୍ଗେ ସାଙ୍ଗେ ପବନ ମିଶିଯାଉଥାଏ ମାତ୍ର ମିଷ୍ଟ୍ ମେସିନ୍ ତଳେ ଠିଆ ହେଲେ ଥଣ୍ଡା ଲାଗୁଥାଏ। ବସ୍‌ରେ ବସିଲୁ। ଏଥର ଗାଇଡ୍ ଗୋଟେ ବୁଲାଣି ରାସ୍ତାରେ ନେଲେ ପୂରା ନାସାର ଇଲାକା ଦେଖାଇବା ପାଇଁ। ପ୍ରାୟ ୧୦କିମି ବୁଲିଲୁ ନାସାର ଭିତର ରାସ୍ତାଗୁଡ଼ିକରେ। ବହୁତ ଦୂରରେ ବିଲ୍ଡିଂ ଓ ଲଞ୍ଚ୍ ପ୍ୟାଡ଼ ସବୁ ଦିଶୁଥାଏ। ରାସ୍ତାର ଦି'ପଟେ ଖାଲି ସନ୍ତସନ୍ତିଆ ଜମି, ବଡ଼ ବଡ଼ ଗଛ। ନାସାର ୫୭୦ ବର୍ଗ କିଲୋମିଟର ଜାଗାରୁ କେବଳ ୯% ହିଁ ନାସାର କାମରେ ଲାଗିଛି। ବାକିତକ ଛାଡ଼ି ଦିଆଯାଇଛି ପ୍ରକୃତି ପାଇଁ। ଏହା ଏକ Wildlife Sanctuary. Bald Eagle, American Alligators, Wild Boar, Rattle Snake, Florida Panther ଇତ୍ୟାଦି ବନ୍ୟଜୀବ ଏଠିକାର ସ୍ଥାୟୀ ବାସିନ୍ଦା। KSC ଏମାନଙ୍କ ସହିତ ସମ୍ମାନର ସହିତ ସହାବସ୍ଥାନ କରେ। କେବେ କେମିତି ରାସ୍ତା ଉପରକୁ ବଣ ଘୁଷୁରି ବା Alligator ଆସିଯାଆନ୍ତି। ବସ୍ କିନ୍ତୁ ଛିଡ଼ା ହୋଇଯାଏ, ସେମାନଙ୍କୁ ବାଟ ଛାଡ଼ିଦିଏ। କିଛି ଗଛ ଉପରେ ବଡ଼ ବଡ଼ ଚଢ଼େଇବସା ଦେଖିଲୁ। ଗାଇଡ୍ କହିଲେ ଏ ହେଉଛି ବାଲ୍ଡ଼ ଇଗଲର ବସା। ବାଲ୍ଡ଼ ଇଗଲ ଆମେରିକାର ଜାତୀୟ ପକ୍ଷୀ। ଆପୋଲୋ-୧୧ର ଲୁନାର ମଡ୍ୟୁଲ ତା'ରି ନାଁରେ 'ଇଗଲ' ଦିଆଯାଇଥିଲା। ବାଲ୍ଡ଼ ଇଗଲ ବସତି ଅଞ୍ଚଳରେ କୌଣସି ଗତିବିଧି କରାଯାଇପାରିବ ନାହିଁ। ସେ ରହୁଥିବା ଫ୍ଲୋରିଡ଼ା ପାଇନ୍ ଗଛ ବା ଓକ୍ ଗଛ କାଟିବା ମନା। ସେ ହେଉଛି ଫ୍ଲୋରିଡ଼ାର ରାଜା। ସେ ଏଠି ମନଇଚ୍ଛା ବସା କରିବ, ଅଣ୍ଡା ଦେବ, ଛୁଆ ଫୁଟେଇବ, ସମୁଦ୍ରରୁ ମାଛ ଖାଇବ ଆଉ ଆଟଲାଣ୍ଟିକ ମହାସାଗର ଆକାଶକୁ ଚିରି ମନଇଚ୍ଛା ଉଡ଼ିବ। ବାଲ୍ଡ଼ ଇଗଲର ପ୍ରତିଦ୍ୱନ୍ଦ୍ୱୀ ପୁଣି ଆକାଶରେ କିଏ ହୋଇପାରିବ ? ? ହଜାର ହଜାର ବର୍ଷ ଧରି ସେ ହିଁ ଆଟଲାଣ୍ଟିକ୍ ଉପରେ ଉଡୁଥିଲା, ମାଛ ଖାଉଥିଲା...। ମାତ୍ର ହଠାତ୍ ଗୋଟେ ପରିବର୍ତ୍ତନ ହୋଇଯାଇଛି ୧୯୬୨ ମସିହାରୁ। ତା'ର ଗୋଟେ ପ୍ରତିଦ୍ୱନ୍ଦ୍ୱୀ ଆସିଯାଇଛି... ଅନେକ ଦିନ ତଳେ ଗୋଟେ ସୁନ୍ଦର ଜୋକ୍ ଶୁଣିଥିଲି। ବାଲ୍ଡ଼ ଇଗଲ ବସା ଦେଖି ମନେ ପଡ଼ିଗଲା......

ବାଲ୍ଡ଼ ଇଗଲ ଉପାଖ୍ୟାନ-

"କେପ୍ କେନେଡ଼ିର ଓକ୍ ଗଛ ଅଗରେ ଗୋଟେ ବୁଢ଼ା ବାଲ୍ଡ଼ ଇଗଲ ବସିଥାଏ। ଦି'ଚାରିଟା ଟୋକା ବାଲ୍ଡ଼ ଇଗଲ ତୀବ୍ର ଗତିରେ ଆକାଶରେ ବାଦଲ ଚିରି ଉଡୁଥାନ୍ତି। ଆକାଶରୁ ଆଖିପିଛୁଳାକେ ଉଡ଼ିଆସି ଆଟଲାଣ୍ଟିକ୍‌ରୁ ମାଛ ଉଠେଇ

ନେଉଥାନ୍ତି। ମଝିରେ ମଝିରେ ବୁଢ଼ା ଚନ୍ଦା(!) ଇଗଲଙ୍କୁ ମାଛ ଦିଅନ୍ତି। ବୁଢ଼ା ତ ଉଡ଼ିପାରୁ ନଥାଏ, କିନ୍ତୁ ସେମାନଙ୍କୁ ତା'ର ଯୌବନ ସମୟର ଗପ କହୁଥାଏ। ତା'ର ଉଡ଼ିବା ସ୍ପିଡ୍‌କୁ ନେଇ ବିଭିନ୍ନ ଘଟଣା ବର୍ଣ୍ଣନା କରୁଥାଏ। ଲେଡ଼ି ଇଗଲ ପାଇଁ ମାଛ ଧରିବାର କୌଶଳ ବିଷୟରେ ବି କହୁଥାଏ। ହେଲେ, ଏବେ ଟୋକା ଇଗଲମାନଙ୍କ ସହିତ ଉଡ଼ି ନପାରୁଥିବାରୁ ତା'ର ମନଦୁଃଖ। ଇର୍ଷା ବି ହୁଏ ବେଳେବେଳେ। କିନ୍ତୁ ମାଛ ପାଇଁ ବନ୍ଧୁତା ରଖିଥାଏ। ହଠାତ୍ ଦିନେ ତା' ବସାରେ ବସିଛି। ଭୀଷଣ ଶବ୍ଦ ଏକ ଶୁଭିଲା କିଛି ଦୂରରୁ। ପଛକୁ ଅନାଇ ଦେଖେ ତ ଏକ ବିଶାଳ ଇଗଲ ନିଆଁ ଭିତରୁ ଆକାଶକୁ ଉଠି କେଇ ସେକେଣ୍ଡ ଭିତରେ ଆଟଲାଣ୍ଟିକ୍ ଦିଗ୍‌ବଳୟରେ ଅଦୃଶ୍ୟ ହୋଇଗଲା। ସବୁ ଟୋକା ଇଗଲମାନେ ଡରରେ ତା' ପାଖକୁ ଚାଲି ଆସିଲେ। ବୁଢ଼ା ଟିକେ ଥୟ ଧରି କହିଲା, "ତମେସବୁ ସ୍ପିଡ୍‌ରେ ଉଡୁଛ। କିନ୍ତୁ ଏ ନୂଆ ଇଗଲ ସ୍ପିଡ୍‌ରେ ଉଡ଼ିପାରିବ?" ଟୋକାମାନେ ହତବାକ୍ ହୋଇ ଚାହିଁଥାନ୍ତି ସମୁଦ୍ର ଆଡ଼େ। ସବୁଠୁ ଡରୁଆ ଟୋକା ଇଗଲଟି କହିଲା... "ତମ ପଛରେ ନିଆଁ ଲାଗିଲେ ଅଜା! ତମେ ବି ୟାର ଡବଲ୍ ସ୍ପିଡ୍‌ରେ ପାଣିଆଡ଼କୁ ଉଡ଼ିକରି ଯିବ...।" ବୁଢ଼ା ବାଲ୍‌ଡ଼ ଇଗଲ, ନୂଆ ଇଗଲ୍ ଆକାଶରେ ଛାଡ଼ି ଯାଇଥିବା Smoke Trailକୁ ଚାହିଁଥାଏ।"

Atlantis Exploration Centre-

ବସ୍‌ରେ ପୁଣି ପହଞ୍ଚିଗଲୁ ମେନ୍ ଗେଟ୍ ପାଖରେ। ଅପରାହ୍ଣ ଚାରିଟା। ହାତରେ ମାତ୍ର ଘଣ୍ଟାଏ ସମୟ। ଗୋଟିଏ ଜିନିଷ ରହିଯାଇଛି- Atlantis Exploration Centre. ଜଲ୍‌ଦି ଦେଖିବାକୁ ପଡ଼ିବ। ଆଟଲାଣ୍ଟିସ୍ ବିଲ୍ଡିଂ ସାମ୍ନାରେ ଛିଡ଼ା ହୋଇଛି ଆଟଲାଣ୍ଟିସ୍‌ର ପ୍ରକ୍ଷେପକ ରକେଟ୍ ସିଷ୍ଟମ୍। ସଫେଦ୍ ରଙ୍ଗର ଦୁଇଟି Solid Rocket Booster ସହିତ କମଳା ରଙ୍ଗର External Fuel Tank ପ୍ରାୟ ୧୫୦ ଫୁଟ୍ (୧୫ ମହଲା) ଉଚ୍ଚରେ ଛିଡ଼ା ହୋଇଛି। ନାସା କ୍ୟାମ୍ପସ୍‌ର ଅନେକ ଦୂରରୁ ଏଇ ରକେଟ୍‌ଟି ଦିଶେ। କିନ୍ତୁ ଏମାନଙ୍କର ସାଥୀ ଆଟଲାଣ୍ଟିସ୍ ସଟଲ୍ ରହିଛି ବିଲ୍ଡିଂ ଭିତରେ। ଲମ୍ବା ଲାଇନ୍‌ରେ ପ୍ରାୟ ୩୦ ମିନିଟ୍ ଚାଲିଗଲା। ସମୟ ବହୁତ କମ୍। ପ୍ରବେଶ କଲୁ ଏକ SCIFI ସିନେମା ହଲରେ। ହଲ୍‌ରେ ବ୍ୟବସ୍ଥାପକ ସଟଲ୍ ଯାନର ଜନ୍ମ ଇତିହାସ ବିଷୟରେ କହିଲେ। (ଟିକେ ପରେ ଜାଣିବା) ଏଠିକାର ସ୍ପେଶାଲ୍ ଇଫେକ୍ଟ ଅଲଗା ଧରଣର। ସଟଲ୍ ଲଞ୍ଚ ଓ ଅର୍ବିଟ୍‌ରେ ପହଞ୍ଚିବାର ଦୃଶ୍ୟ। ଶୋ' ଶେଷ ହେବ ସମଗ୍ର ସ୍କ୍ରିନ୍‌ରେ ଆଟଲାଣ୍ଟିସର ଏକ କ୍ଲୋଜ ଅପ୍ ଫଟୋ ସହିତ। ହଠାତ୍ ସ୍କ୍ରିନ୍ ଉପରକୁ ଉଠିଯିବ। ସାମ୍ନାରେ ସମ୍ପୂର୍ଣ୍ଣ ଆଟଲାଣ୍ଟିସ, ସଶରୀରେ। ଆଟଲାଣ୍ଟିସ୍‌ର ନୋଜ୍ ଠାରୁ ମାତ୍ର ୧୦-

୧୫ ଫୁଟ୍ ଦୂରରେ ଆମେ। ବିଶାଳ ଆଟଲାଣ୍ଟିସ୍ ଡେଣା ମେଲି ଅର୍ଦ୍ଧଶାୟିତ ଅବସ୍ଥାରେ ରହିଛି ଭୂମିଠାରୁ ୫ ଫୁଟ୍ ଉଚ୍ଚରେ। ଟିକେ ନଇଁପଡ଼ି ହାତ ବଢ଼େଇଲେ ଡେଣା ଛୁଇଁ ହେବ। ସବୁଠୁ ରୋମାଞ୍ଚକର ମୁହୂର୍ତ୍ତ, ଆଟଲାଣ୍ଟିସ୍ ସହ ସାକ୍ଷାତ। ସମ୍ପୂର୍ଣ୍ଣ ସଟଲ୍ ଯାନଟି ଗୋଟେ ବିରାଟ Hangarରେ ବିରାଜମାନ। ସମ୍ପୂର୍ଣ୍ଣ କାର୍ଗୋ ବେ'ର ଘୋଡ଼ଣୀ ଖୋଲି ଦିଆଯାଇଛି ଭିତରର ସମସ୍ତ ଅଂଶ ଦେଖାଇବା ପାଇଁ। ସଟଲ୍‌ର ନୋଜ୍ ଠାରୁ ଟେଲ୍ ଏକ୍‌ଜଷ୍ଟ ପର୍ଯ୍ୟନ୍ତ, ସବୁକିଛି ଅବିକଳ ସ୍ଥିତିରେ ରଖାଯାଇଛି। ସଟଲ୍‌ର Canadarm ବା Robotic Arm ଯେମିତି ପ୍ରସ୍ତୁତ ରହିଛି ଯେ କୌଣସି ମୁହୂର୍ତ୍ତରେ କୌଣସି ମରାମତି ବା ସ୍ପେସ୍ ରେସ୍‌କ୍ୟୁ କାମ କରିବା ପାଇଁ। କାନାଡ଼ାର୍ମ ଏକ Shuttle Remote Manipulation System ଏସବୁ କାମ କରିବା ପାଇଁ। Canadian National Research Council (NRC) ଏହି ରୋବଟିକ୍ ଆର୍ମଟିକୁ ନାସା ପାଇଁ ତିଆରି କରିଥିବାରୁ ଏହାର ନାଁ କାନାଡ଼ାର୍ମ ରଖାଯାଇଛି। କଲମ୍ବିଆ ଦୁର୍ଘଟଣା ପରେ ଏହା ସଟଲ୍‌ର ଅବିଚ୍ଛେଦ୍ୟ ଅଙ୍ଗ ଭାବେ ସ୍ଥାନ ପାଇଥିଲା। ମହାକାଶଚାରୀମାନେ ଏଥିରେ ସଂଯୁକ୍ତ ହୋଇ ବା ଯାନ ଭିତରୁ ରିମୋଟ କଣ୍ଟ୍ରୋଲ ସାହାଯ୍ୟରେ ଏହାକୁ ଚଲେଇ ପାରନ୍ତି। ସଟଲ୍‌ର ମରାମତି ବା ମହାକାଶରେ ଥିବା ରୁଗ୍ଣ ସାଟେଲାଇଟ୍ ଗୁଡ଼ିକୁ ସଂଗ୍ରହ କରି ମରାମତି କରନ୍ତି। ୫୦ଫୁଟ୍ ଲମ୍ବା ୧୫ ଇଞ୍ଚ ବ୍ୟାସ ବିଶିଷ୍ଟ ଏହି ରୋବୋ ଆର୍ମଟିର ଓଜନ ପ୍ରାୟ ୪୦୦ କେଜି କିନ୍ତୁ ମହାକାଶରେ ଏହା ୩୦୦୦ କେଜିର ଓଜନ ଉଠାଇ ନେଇ ପାରେ। କାନାଡ଼ାର୍ମରେ ସଂଯୁକ୍ତ ହୋଇ ମହାକାଶଚାରୀମାନେ ମହାକାଶ ଯାନର ଦେଖାରଖା କରନ୍ତି।

ଆଟଲାଣ୍ଟିସ ଠାରୁ ୩-୪ ଫୁଟ୍ ଦୂରରେ ଛିଡ଼ା ହୋଇ ଫଟୋ ନେଲି। ଭାବିଲି, କେତେ ମିଲିୟନ ମାଇଲ ଗ୍ରହନକ୍ଷତ୍ରଙ୍କ ସହ ଅନ୍ତରୀକ୍ଷରେ ଭ୍ରମଣ କରି ଏ ଯାନ ଆଜି ଏଇଠି ବିଶ୍ରାମ ନେଉଛି। ଧନ୍ୟ ଏହାର ସ୍ରଷ୍ଟା ଓ ଧନ୍ୟ ଏହାର ମହାକାଶଚାରୀଗଣ।

ଆଟଲାଣ୍ଟିସର ଦେହସାରା ରଙ୍ଗଛଡ଼ା ଟାଇଲ ଓ ଟାଇଲ ଉପରେ ଘର୍ଷଣ ଦାଗ (Scratches)। ଏସବୁ ରି- ଏଣ୍ଟ୍ରି ସମୟରେ ଅତ୍ୟଧିକ ଉତ୍ତାପର ଦାନ। କିନ୍ତୁ ଛୋଟ ଛୋଟ ଖଣ୍ଡିଆ ଦାଗ ସବୁ Micrometeoride ଅବା ସ୍ପେସ୍ ଡ଼ଷ୍ଟର ସୌଜନ୍ୟରୁ ମିଳିଥାଏ। ତା'ଛଡ଼ା ମନୁଷ୍ୟକୃତ ଅନେକ ସ୍ପେସ୍ ଡ଼େବ୍ରିସ୍ (ମହାକାଶ ଆବର୍ଜ୍ଜନା) (ଅକାମୀ ରକେଟ୍ ଓ ସାଟେଲାଇଟ୍‌ର ଯନ୍ତ୍ରାଂଶ) ପୃଥିବୀରେ ପଡ଼ିବା ଆଗରୁ ମହାକାଶରେ ଘୁରୁଥାନ୍ତି। ଏହି Orbital Debris ଗୁଡ଼ିକ ବି ସଟଲ୍‌ରେ ଖଣ୍ଡିଆ ଖାବରା କରିଦିଅନ୍ତି।

ଆଟଲାଣ୍ଟିସ, ନାସାର ସଟଲ୍ ପ୍ରୋଗ୍ରାମରେ ବ୍ୟବହୃତ ହୋଇଥିବା ୫ଟି ସଟଲ୍‌ରୁ ଗୋଟିଏ। ସଟଲ୍ ପ୍ରୋଗ୍ରାମର ଜନ୍ମ ବିଷୟରେ ଆସନ୍ତୁ ଏବେ ଜାଣିବା

ଆଟଲାଣ୍ଟିସ କେନ୍ଦ୍ରର ବ୍ୟବସ୍ଥାପକଙ୍କ ଠାରୁ। ୧୯୬୧ ରୁ ୧୯୭୨-୧୧ ବର୍ଷ, ଆପୋଲୋ ପ୍ରୋଗ୍ରାମ, ଚନ୍ଦ୍ର ଅଭିଯାନ ପାଇଁ ଉଦ୍ଦିଷ୍ଟ ରହିଥିଲା। (ଆପୋଲୋ-୧୧ରୁ ଆପୋଲୋ-୧୭-୧୯୬୯-୧୯୭୨) ୬ ଥର ଆମେରିକାନ୍‌ମାନେ ଚନ୍ଦ୍ରରେ ଅବତରଣ କରିଥିଲେ। ଅତ୍ୟନ୍ତ ବ୍ୟୟବହୁଳ ହୋଇଥିବାରୁ ବେଶୀଦିନ ଅଭିଯାନ ଚାଲିପାରିଲା ନାହିଁ। କିଛି ଦିନ ପରେ ଚନ୍ଦ୍ର ବିଜୟ ନିଶା ଛାଡ଼ିଗଲା। ତା'ଛଡ଼ା ଚନ୍ଦ୍ରକୁ ଛାଡ଼ି, ପୃଥିବୀର ଆଖପାଖ ମହାକାଶରେ ଗବେଷଣା କରିବା ଦରକାର ପଡ଼ିଲା। ମହାକାଶକୁ ବ୍ୟବସାୟିକ ଉଦ୍ଦେଶ୍ୟରେ ବ୍ୟବହାର କରିବା ପାଇଁ ଚିନ୍ତା କରାଗଲା। ସାମରିକ ପାଣିପାଗ ଓ ଯୋଗାଯୋଗ (ଟେଲିଭିଜନ୍, ଟେଲିଫୋନ୍) ଇତ୍ୟାଦି ପାଇଁ ମହାକାଶରେ ସାଟେଲାଇଟର ବ୍ୟବହାର ବଢ଼ିଲା। MIR, Sky Lab, International Space Station ପରି ବିଶାଳ ସଂରଚନା ସବୁ ମହାକାଶରେ ସ୍ଥାପନ କରିବାର ପ୍ରଚେଷ୍ଟା କରାଗଲା।

ଏସବୁ କାର୍ଯ୍ୟକ୍ଷମ ରଖିବା ପାଇଁ ମହାକାଶଚାରୀମାନଙ୍କର ବର୍ଷ ବର୍ଷ ଧରି ମହାକାଶ ରହଣୀର ଚିନ୍ତା କରାଗଲା। ତେଣୁ ବାରମ୍ବାର ପୃଥିବୀ କକ୍ଷକୁ, ମହାକାଶଚାରୀ, ଖାଦ୍ୟ, ଜଳ, ନିତ୍ୟ ବ୍ୟବହାର୍ଯ୍ୟ ଜିନିଷ ଦେବା ଆଣିବାକୁ ଦରକାର ପଡ଼ିବ। Saturn Rocket ପରି Single use ରକେଟ୍ ବା Service ଓ Command Module ପରି Single use ଅନ୍ତରୀକ୍ଷ ଯାନ ଆଉ ଦରକାର ହେବନି।

ଚନ୍ଦ୍ରଯାନଗୁଡ଼ିକରେ ମହାକାଶଚାରୀଙ୍କ ପାଇଁ ବହୁତ କମ୍ ଜାଗା ରହୁଥିଲା। ଏପରିକି ଟଏଲେଟ୍ ବି ନଥିଲା। ୭-୮ ଦିନର ଯାତ୍ରା କୌଣସି ପ୍ରକାରେ ଚଳିଯାଉଥିଲା। ମାତ୍ର ସ୍ଥାୟୀ ରହଣୀ ପାଇଁ ଅଧିକ ଜାଗା ଦରକାର ହେଲା। ବଡ଼ ଯାନର ଆବଶ୍ୟକତା ଆସିଲା। ଏସବୁ ପାଇଁ Boeing 747 ବିମାନ ଆକାରର ମହାକାଶ ଯାନର ପରିକଳ୍ପନା ସହିତ   'Home In Space' ପରି ନୂଆ ବିଚାର ଆସିଲା। ନୂଆ ଯାନଟି କମ୍ ଖର୍ଚ୍ଚରେ ମହାକାଶକୁ ଅନାୟାସରେ ଯିବା ଆସିବା କରି ପାରୁଥିବ, ଶହ ଶହ ଟନ୍‌ର କାର୍ଗୋ ଓ ୭-୮ ଜଣ ମହାକାଶଚାରୀଙ୍କୁ ନେଇଯାଇ ପାରୁଥିବ। ନୂଆ ଯାନର ନାଁ ରଖାଗଲା 'Shuttle'- 'Space Shuttle'. ପ୍ରତି ସଟଲ୍ ଅତିକମ୍‌ରେ ୧୦୦ଟି ମହାକାଶ ଯାତ୍ରା କରିପାରୁଥିବ। ନାସା ବୈଜ୍ଞାନିକମାନେ ଏକ ଡେଣା ଥିବା ବିଶାଳ ବିମାନର ପରିକଳ୍ପନା କଲେ ଯାହାକି ରକେଟ୍ ଦ୍ୱାରା ପ୍ରକ୍ଷେପଣ ହେଲେ ବି ବିଶାଳ ବିମାନ ପରି ସାବଲୀଳ ଭାବେ ଅବତରଣ କରି ପାରୁଥିବ। ୧୯୭୧ରେ ନାସାର ମୁଖ୍ୟ ଯେତେବେଳେ ବୈଜ୍ଞାନିକମାନଙ୍କୁ ଆଲୋଚନାରେ, ସଟଲ୍ ପାଇଁ କେତେବର୍ଷ ଲାଗିବ ବୋଲି ପଚାରିଲେ, ଜଣେ ମହିଳା

ବୈଜ୍ଞାନିକ ୧-୨ ବର୍ଷ ବୋଲି କହିଦେଲେ । ମାତ୍ର ପୂରା ୧୦ବର୍ଷ ଲାଗିଗଲା ପ୍ରଥମ ସଟଲ୍, Columbiaର ଉତ୍କ୍ଷେପଣ ପାଇଁ । Reusable (ପୁନଃ ବ୍ୟବହାରକ୍ଷମ) ସଟଲ୍ ପାଇଁ ସବୁଠୁ ବଡ଼ ସମସ୍ୟା ଥିଲା Re-Entry ବେଳେ ଅତ୍ୟଧିକ ଉତ୍ତାପରୁ ଯାନକୁ ବଞ୍ଚେଇବା । ୨୮,୦୦୦ କି.ମିର ସ୍ପିଡ୍ ସହିତ ୧୭୦୦°C ର ଉତ୍ତାପ ଯେକୌଣସି ପଦାର୍ଥକୁ ପାଉଁଶରେ ପରିଣତ କରିଦେବ ପୃଥିବୀର ବାୟୁମଣ୍ଡଳ । Matterକୁ Energyରେ ପରିଣତ ହେବା ପାଇଁ କେଇ ସେକେଣ୍ଡ ଲାଗିବ । ଆକାଶରେ କେବଳ ଛାଡ଼ିଯିବ ଆଲୋକର ଏକ ସରଳରେଖା ସେତିକି ସମୟ ପାଇଁ । ବାୟୁମଣ୍ଡଳୀୟ ସଂଘାତରୁ କମାଣ୍ଡ ମଡ୍ୟୁଲକୁ ରକ୍ଷା କରୁଥିବା 'Ablative Heat Shield' କେବଳ ଗୋଟିଏ Re-Entry ପାଇଁ ଉପଯୁକ୍ତ । ତା'ଛଡ଼ା ଏହା ବେଶ୍ ଓଜନିଆ ବି । ତେଣୁ ନାସା ବୈଜ୍ଞାନିକମାନେ ଏହାର ସମାଧାନ ଖୋଜିଲେ । ଅନେକ ଗବେଷଣା, ପରୀକ୍ଷା ନିରୀକ୍ଷା ପରେ ତାଙ୍କୁ ସମାଧାନ ମିଳିଗଲା 'ପାଦ ତଳୁ' । ସାଧାରଣ ବାଲି ବା 'Silicon' ହିଁ ସେମାନଙ୍କର 'ସ୍ୱପ୍ନର ପଦାର୍ଥ' ଥିଲା । ସିଲିକନ୍‌ର ଆଉଏକ ରୂପ (Form) ହେଉଛି 'Quartz'. (LI 900) Silica Tile ୯୯.୯% Silica ରୁ ହିଁ ତିଆରି ହେଲା । ୯0% Air ଓ ୧0% Silicaରୁ ତିଆରି ଏହି ଟାଇଲ ଅତି ହାଲୁକା ଓ ନିରାପଦ ହେଲା । ବେଶ୍ କମ୍ ପରିଶ୍ରମରେ ସଟଲ୍‌ର Aluminium Bodyରେ ଅଠା (Glue) ସାହାଯ୍ୟରେ ଲଗାଇ ଦିଆଗଲା । ପ୍ରସ୍ତୁତ ହୋଇଗଲା 'Space Shuttle', Boeing କମ୍ପାନୀ ଦ୍ୱାରା । କଲମ୍ବିଆ ସଟଲ୍ ୧୨ ଏପ୍ରିଲ ୧୯୮୧ରେ ରକେଟ୍ ସାହାଯ୍ୟରେ ଉତ୍କ୍ଷେପଣ ହୋଇ ଏପ୍ରିଲ-୧୪ରେ ଫେରି ଆସିଲା । John Kennedy Space Centreର Runway ରେ ଏକ ସାଧାରଣ ବିମାନ ପରି ଅବତରଣ କଲା । ସାରା ବିଶ୍ୱରେ ଚହଳ ପଡ଼ିଗଲା । Reusable Space Shuttleର ଯୁଗ ଆସିଗଲା । ସୋଭିଏତ୍ ରୁଷ ପୁଣି ପଛକୁ ପଡ଼ିଗଲା । ମନେପଡ଼େ, ସେଦିନ 'ସମାଜ'ର ପ୍ରଥମ ପୃଷ୍ଠାରେ ବଡ଼ ଅକ୍ଷରରେ ଏକ ସମ୍ବାଦର ଶିରୋନାମା... "କଲମ୍ବିଆ ସଟଲ୍‌ର ସଫଳ ଅବତରଣ ।" ପାଖରେ କଲମ୍ବିଆର ଚିତ୍ର । ଖବରଟି ମୋ ପାଇଁ ଏକ ମଜାଦାର ଅଭିଜ୍ଞତା । ଏବେବି ମନେ ଅଛି । ଲେଖା ହୋଇଥିଲା- "ମହାକାଶଚାରୀମାନେ ଯାନଟିକୁ ଏକ 'ଖୁସି ବାଡ଼ି' ସାହାଯ୍ୟରେ ଅନାୟାସରେ ଅବତରଣ କରାଇଲେ ।" ମୁଁ ବୁଝିପାରିଲିନି ଏତେବଡ଼ ସଟଲ୍‌କୁ ବାଡ଼ି ସାହାଯ୍ୟରେ କିପରି ଚାଳନା କରାଯାଇପାରେ!! ଅନେକ ଦିନ ପର୍ଯ୍ୟନ୍ତ ମୋ ମନରେ ଏଇ ପ୍ରଶ୍ନ ଆନ୍ଦୋଳିତ କରୁଥିଲା । ୧୯୮୫ରେ ଆମ କମ୍ପାନୀ ନାଲ୍‌କୋ Pot Line ରେ PTM ମେସିନ୍ ଦେଖିବାର ସୁଯୋଗ ମିଳିଲା । ଇଞ୍ଜିନିଅର ବନ୍ଧୁ ଡ୍ରାଇଭର କେବିନ୍‌ରେ ମୋତେ ବସାଇ ଏକ ଗିଅର ପରି ଯନ୍ତ୍ରକୁ ଆଗପଛ କରି

କିଛି ବାଟ ଚଲେଇ ଦେଲେ। ସେ ଏହାକୁ Joy Stick ବୋଲି ଚିହ୍ନାଇ ଦେଲେ। ହଠାତ୍ ମନେପଡ଼ିଗଲା 'ଖୁସୀ ବାଡ଼ି' କଥା! ୧୯୮୧ରେ ଓଡ଼ିଶାକୁ କମ୍ପ୍ୟୁଟର ସହ 'Joy Stick' ଆସିନଥିଲା। ତେଣୁ ସମ୍ବାଦପତ୍ର ଡେସ୍କରେ ଥିବା ସାମ୍ବାଦିକ ବନ୍ଧୁ ଜଣକ ରଏଟର ଡେସ୍‌ପାଚ୍‌ରୁ Joy Stickକୁ 'ଖୁସି ବାଡ଼ି'ରେ ଅନୁବାଦ କରିଦେଇଥିବେ। ମନ ଭରି ହସିଥିଲି ସେଦିନ। ଆଟ୍‌ଲାଣ୍ଟିସ୍ ତଳେ ଛିଡ଼ା ହୋଇ ଆଉଥରେ ହସିଲି ସେ କଥା ମନେ ପକାଇ...।

ଏବେ ଜାଣିବା ସ୍ପେସ୍ ସଟଲ୍‌ର ବିଭିନ୍ନ ଅଙ୍ଗ ବିଷୟରେ। ନିମ୍ନ ତିନୋଟି ଅଂଶକୁ ନେଇ ସଟଲ୍ ଉଡ଼ାଣ ନିଏ।

1. ଦୁଇଟି Solid Fuel Rocket Booster (କଠିନ ଜାଳେଣୀ ରକେଟ ବୁଷ୍ଟର)
2. External Fuel Tank (ବାହ୍ୟ ଜାଳେଣୀ ଟାଙ୍କି)
3. Orbitor

1. Fuel Rocket Boosters:-

୫୦ ଫୁଟ୍ ଉଚ୍ଚ ଓ ୧୨ ଫୁଟ୍ ବ୍ୟାସ ବିଶିଷ୍ଟ ଦୁଇଟି ବୁଷ୍ଟର୍ ରକେଟ୍ ସଟଲ୍‌କୁ ୨ ମିନିଟ୍‌ରେ ୪୮ କିମି ଉଚ୍ଚତାରେ ପହଞ୍ଚାଇଦିଏ। ପ୍ରକ୍ଷେପଣରେ ୭୦% ଏନର୍ଜି ଏଇଥିରୁ ହିଁ ମିଳେ। ଏଥିରେ କଠିନ ଜାଳେଣି ଭାବେ Powdered Aluminium ଓ Ammonium Perchlorateର ମିଶ୍ରଣ କାମ କରେ। ପିଲାଙ୍କ ରବର୍ ପରି ଏହା ଟିକେ ନମନୀୟ ହେଲେ ବି Solid କୁହାଯାଏ। ଅବଶ୍ୟ ଏଥିରେ କିଛି ପରିମାଣରେ Iron Oxide ମିଶାଯାଏ Catalyst ଭାବେ କାମ କରିବାକୁ ଓ ଦି'ଟା ରସାୟନକୁ ବାନ୍ଧି ରଖିବା ପାଇଁ। ପ୍ରାୟ ୪୮୦୦Km/Hr Speedରେ ଏହା ଗତି କରେ। ୪୮ କିମି ଉଚ୍ଚତାରେ Propellant ସମ୍ପୂର୍ଣ୍ଣ ଜଳିସାରିଲା ପରେ ଦୁଇଟି ଯାକ ରକେଟ ସଟଲ୍‌ରୁ ଅଲଗା ହୋଇ ପାରାଚ୍ୟୁଟ୍ ଦ୍ୱାରା ସମୁଦ୍ରରେ ଖସିପଡ଼ନ୍ତି। ଏହା Reusable ହୋଇଥିବାରୁ, ନାସାର ଜାହାଜ ଦ୍ୱାରା ଏହାକୁ ଉଦ୍ଧାର କରି ଆଣନ୍ତି Refuel କରି ପରବର୍ତ୍ତୀ ଅଭିଯାନରେ ବ୍ୟବହାର ପାଇଁ ।

2. External Fuel Tank

ଏହା ଏକ ବିଶାଳ ଗ୍ୟାସ୍ ଟାଙ୍କି। ସଟଲ୍‌ର ତିନୋଟି ଇଞ୍ଜିନ ପାଇଁ ଜାଳେଣି ଏଇଥିରେ ଥାଏ। ୧୫୩ ଫୁଟ୍ ଉଚ୍ଚ, ୨୮ ଫୁଟ୍ ବ୍ୟାସ ବିଶିଷ୍ଟ ଏହି ଟାଙ୍କିଟି କମଳା ରଙ୍ଗର ହୋଇଥାଏ। ଏଥିରେ ଜାଳେଣୀ ରୂପେ Liquid Oxygen (Lox) ଓ Liquid Hydrogen (LH_2), ୨:୫ Ratio ରେ ବ୍ୟବହାର ହୁଏ। ତିନୋଟି ଭାଗରେ ବିଭକ୍ତ

ଏଇ ଟାଙ୍କିଟିର ପୁରୋଭାଗରେ ୫୦ ଫୁଟ ଲମ୍ବାର Lox Tank ଓ ନିମ୍ନଭାଗରେ ୯୬ଫୁଟ୍ ଲମ୍ବାର LH_2 Tank ଥାଏ। ମଝିରେ ୨୩ ଫୁଟ୍ ଲମ୍ବାର Inter Tankରେ ସମସ୍ତ ପ୍ରକାରର ଇଲେକ୍ଟ୍ରିକାଲ ଯନ୍ତ୍ରପାତି ରହିଥାଏ। Booster Rocket ଦ୍ୱୟ ଖସି ପଡ଼ିଲା ପରେ ସଟଲ୍‌ର ତିନୋଟି ଯାକ ଇଞ୍ଜିନ୍‌କୁ ଏହି ଟାଙ୍କିଟି ଜାଳେଣୀ ଯୋଗାଇଦିଏ। ମାତ୍ର ୬ ମିନିଟ୍‌ରେ ଏହା ୨୭,୩୫୦Km/Hr ଗତି ପ୍ରାପ୍ତ ହୋଇ ଏସକେପ୍ ଭେଲୋସିଟିକୁ ଅତିକ୍ରମ କରି ୧୧୩କିମିର ଉଚ୍ଚତାରେ ଥିବା ଏହାର କକ୍ଷରେ ପହଞ୍ଚିଯାଏ। Orbitor କକ୍ଷରେ ପହଞ୍ଚିଗଲେ, External Tank ବାୟୁମଣ୍ଡଳକୁ ଖସିପଡ଼ି ନଷ୍ଟ ହୋଇଯାଏ।

3. Shuttle (Orbitor) :

ନିର୍ଦ୍ଦିଷ୍ଟ ଉଚ୍ଚତାରେ ପହଞ୍ଚି ସାରିଲା ପରେ ସ୍ପେସ୍ ସଟଲ୍ ହିଁ ପୃଥିବୀ ଚାରିପଟେ ଘୁରୁଥାଏ। ଏହି କକ୍ଷକୁ ସଟଲ୍‌ର ORBIT ବୋଲି କହନ୍ତି। ତେଣୁ ତା'ର ନାମ Orbitor। ମହାକାଶଚାରୀମାନଙ୍କ ପାଇଁ ଏହା ଏକ ସ୍ୱୟଂସମ୍ପୂର୍ଣ୍ଣ ହୋଟେଲ, ଲାବୋରେଟରୀ, ୱାର୍କସପ୍, ଗବେଷଣାଗାର ଓ ମହାକାଶରେ ଆହୁରି ଅନେକ କାମ କରିବା ପାଇଁ ଉଦ୍ଦିଷ୍ଟ। ISS ସହ Docking ହୋଇ ମହାକାଶଚାରୀ ଅଦଳବଦଳ ଓ ଅନ୍ୟ ଦରକାରୀ ସରଞ୍ଜାମ ଯୋଗାଇ ଦେଇ ପୃଥିବୀକୁ ଫେରିଆସେ। ଏହା ୧୨୨ ଫୁଟ୍ ଲମ୍ବ ଓ ୭୮ ଫୁଟ୍ ଓସାରର ଡେଣା ଥାଇ ଏକ ଡିସି ବିମାନ ଆକାରର ହୋଇଥାଏ। ସ୍ପେସ୍ ସଟଲ୍‌ଟିକୁ ଚାରି ଭାଗରେ ବିଭକ୍ତ କରାଯାଇପାରେ -

1. Crew Compartmert
2. Payload / Cargo Bay
3. Engine
4. Delta Wing ଓ Rudder

1. Crew Compartment

ସଟଲ୍‌ର ସାମ୍ନାରେ Crew Compartment ଥାଏ। ତିନି ମହଲାର ଏହି Compartmert ର ସବା ଉପର ମହଲାଟି Flight Deck। ଏଥିରେ Cockpit ଓ Flight Control Panel ସହିତ Pilot ଓ Commander ବସନ୍ତି। ତାଙ୍କ ପଛରେ ୩-୪ଟି ସିଟ୍ ଥାଏ ସହାୟକ ମହାକାଶଚାରୀମାନଙ୍କ ପାଇଁ। ତା' ତଳକୁ Mid Deck, Crew ମାନଙ୍କର ବସାଉଠା କରିବା ପାଇଁ। ଏଇଟି ସେମାନଙ୍କର Living Zone.

ଶୋଇବା ପାଇଁ Sleeping Bunk ଏଇଠି ଥାଏ। ମେଡ଼ିକାଲ ସରଞ୍ଜାମ, ନିତ୍ୟ ବ୍ୟବହାର୍ଯ୍ୟ ଜିନିଷ, ଖିଆପିଆ ବ୍ୟବସ୍ଥା, ଟଏଲେଟ୍, ସବୁ ପ୍ରକାରର Crew ସୁବିଧା ଏଇଠି ଥାଏ। ସବା ତଳେ Lower Deck. ଏହା କେବଳ ଷ୍ଟୋରର କାମ କରେ। Waste Management System ଏଇଠି ଥାଏ। ଫ୍ଲାଇଟ୍ ଡେକ୍ ଓ ମିଡ୍ ଡେକ୍‌ରେ ପୃଥିବୀ ବାୟୁମଣ୍ଡଳ ଭଳି ଚାପ ଓ ତାପର ବନ୍ଦୋବସ୍ତ ଥାଏ, ମହାକାଶଚାରୀମାନଙ୍କର ସାଧାରଣ ଚଳଣି ପାଇଁ। Orbitରେ ପହଞ୍ଚି ସାରିଲା ପରେ ସେମାନେ ଯାନ ଭିତରେ ସାଧାରଣ ପୋଷାକ ହିଁ ପିନ୍ଧନ୍ତି। ଏହାକୁ Shirt Sleeve Environment କହନ୍ତି। ବଙ୍କ୍‌ଗୁଡ଼ିକରେ ପାଳିକରି ଶୁଅନ୍ତି। ଅବଶ୍ୟ ଯେକୌଣସି ଜାଗାରେ ଗୋଡ଼ ଲମ୍ବା କରି ଭାସମାନ ଅବସ୍ଥାରେ ଶୋଇହେବ। କିନ୍ତୁ ସୁରକ୍ଷା ଦୃଷ୍ଟିରୁ ବଙ୍କ୍‌ରେ ହିଁ ଶୁଅନ୍ତି। ବାହାରୁ ଦେଖିଲେ ପୂରା Crew Compartmentଟି ସଟଲ୍‌ର ନୋଜ୍‌କୁ ଲାଗି କରିଥାଏ। ନୋଜ୍ ଉପରେ ଓ ଦି'ପଟରେ ୧୬ଟି ଛୋଟଛୋଟ ରନ୍ଧ୍ରସବୁ ଦେଖିବାକୁ ପାଇଲି। ଏସବୁ Reaction Control Systemର (RCS) Thrusters. ଯାନର ଦିଗ ପରିବର୍ତ୍ତନ ପାଇଁ ଏହି Thruster ଗୁଡ଼ିକୁ କିଛି ସେକେଣ୍ଡ ପାଇଁ ଚଲାଯାଏ। Re-Entryର ସଫଳତା ଏଇ Thruster ମାନଙ୍କ ଉପରେ ନିର୍ଭର କରେ। ସୁରକ୍ଷିତ ରି-ଏଣ୍ଟ୍ରି ପାଇଁ ଯାନକୁ ଏକ ନିର୍ଦ୍ଧାରିତ Angle ଭିତରେ ହିଁ ବାୟୁମଣ୍ଡଳରେ ପ୍ରବେଶ କରାଯାଏ। ଏହାକୁ ରି-ଏଣ୍ଟ୍ରି କରିଡ଼ର କହନ୍ତି। ଏହି କରିଡ଼ରର ଉପରକୁ ପ୍ରବେଶ କଲେ ପୃଥିବୀ କକ୍ଷ ବାହାରକୁ ମହାକାଶକୁ ଛିଟ୍‌କି ଯିବ। କରିଡ଼ରର ତଳକୁ ପ୍ରବେଶ କଲେ ରି-ଏଣ୍ଟ୍ରି ଅସୁରକ୍ଷିତ ହୋଇଯିବ। ଦୁର୍ଘଟଣା ହେବାର ସମ୍ଭାବନା ବଢ଼ିଯାଏ।

2. Pay load / Cargo Bay

Crew Cabin ପଛପଟକୁ Cargo Bay। ୬୦ଫୁଟ ଲମ୍ବା, ୧୫ଫୁଟ ଓସାର ଓ ୧୫ ଫୁଟ ଗଭୀରତାର ଏହି ଅଂଶଟି ଶହଶହ ଟନ୍ ଓଜନର ମାଲ ନେବା ଆଣିବା କରେ। ଯା ଭିତରେ କାନାଡ଼ାର୍ମ ବି Folding ଅବସ୍ଥାରେ ରହେ। ବେଳେବେଳେ ଜିନିଷପତ୍ର ବଦଳରେ Modular ଘର ପରି Space Laboratory ବି ନିଆଯାଏ। ଏହାକୁ Pallet ବୋଲି କହନ୍ତି। ସଟଲ୍‌ର Crew ମାନଙ୍କ ଛଡ଼ା European Space Agency ପରି ସଂସ୍ଥାମାନଙ୍କର ବୈଜ୍ଞାନିକମାନେ ଅନ୍ତରୀକ୍ଷ ଗବେଷଣା ପାଇଁ ଯା'ନ୍ତି। ସମ୍ପୂର୍ଣ୍ଣ Cargo Bayଟି ଦୁଇଟି Flap ଦ୍ୱାରା ଘୋଡ଼େଇ ହୋଇରହିଯାଏ। Flap ଖୋଲି ଦେଲେ ପୂରା ଖୋଲିଯାଏ। Flight Deckରେ ରହି ପଛପଟେ ପୂରା Bay ଟିକୁ ଦେଖିହୁଏ। (ଟ୍ରକ୍‌ରେ ଡ୍ରାଇଭର ଡାଲାକୁ ଦେଖିଲା ପରି!!)

Shuttle Landing Runway :

୪,୫୦୦ ମିଟର ଲମ୍ବାର ଏହି Runway ଟି କେବଳ Shuttle Landing ପାଇଁ KSCରେ ନିର୍ମାଣ କରାଯାଇଛି। ଏହି ରନ୍‌ୱେରେ ସଟଲ୍ ତା'ର ମହାକାଶରୁ ଫେରନ୍ତା ଯାତ୍ରା ଶେଷ କରେ। Landing Gear ସାହାଯ୍ୟରେ ଏକ ସାଧାରଣ ବିମାନ ପରି ଅବତରଣ କରେ। ସଟଲ୍ ଭୂମିସ୍ପର୍ଶ କରିବା ମାତ୍ରେ ଏହାର Tail Endରୁ Drag Parachute ଖୋଲିଯାଏ ଗତିକୁ ଧୀର କରିବା ପାଇଁ।

ଆମେରିକାର ସ୍ପେସ୍ ସଟଲ୍ ପ୍ରୋଗ୍ରାମରେ ୫ଟି ସଟଲ୍ ତିଆରି ହୋଇଥିଲା। (Enterprise, Columbia, Challenger, Discovery, Atlantis ଓ Endeaver) ଏଥିରୁ Challenger, ଉତ୍‌କ୍ଷେପଣ ବେଳେ ଓ Columbia, ରି-ଏଣ୍ଟ୍ରି ସମୟରେ ଦୁର୍ଘଟଣାର ସମ୍ମୁଖୀନ ହୋଇ ନଷ୍ଟ ହୋଇଯାଇଥିଲେ। ଦୁଇ ଦୁଇଟା ଦୁର୍ଘଟଣାରେ ସମସ୍ତ Crew ମାନଙ୍କୁ ହରେଇଲା ପରେ ଆମେରିକା ସଟଲ୍ ପ୍ରୋଗ୍ରାମର ପୁନର୍ବିଚାର କଲା। ଅଧିକ ଖର୍ଚ୍ଚ ସାଙ୍ଗକୁ ମହାକାଶଚାରୀମାନଙ୍କୁ ହରେଇବାର ଭୟ ସଟଲ୍ ପ୍ରୋଗ୍ରାମରେ ଡୋର ବାନ୍ଧିଲା। ବନ୍ଦ ହୋଇଗଲା ସଟଲ୍‌ର ଉଡ଼ାଣ।

୮ରୁ ୨୧ ଜୁଲାଇ ୨୦୧୧ ଆମେରିକାର ଶେଷ ସଟଲ୍ ଆଟଲାଣ୍ଟିସ୍ ଉଡ଼ାଣ ନେଇଥିଲା। ତା'ପରେ ସଟଲ୍ ଯୁଗ ଶେଷ। ଏବେ ତିନୋଟି ସଟଲ୍ ଅବସର ନେଇ ଆମେରିକାର ବିଭିନ୍ନ ସ୍ପେସ୍ ମ୍ୟୁଜିଅମ୍‌ରେ ଅବସ୍ଥାନ କରୁଛନ୍ତି।

ସଟଲ୍ ଉଡ଼େ କେମିତି ?

ଆଉ ଗୋଟେ ମଜା କଥା। ସଟଲ୍ କକ୍ଷରେ କେମିତି ଉଡ଼େ? ସାଧାରଣ ବିମାନ ପରି ଏହାର ତିଆରି। ତେଣୁ କକ୍‌ପିଟ୍‌ରେ ବସିଲେ ଗୋଡ ତଳେ ପୃଥିବୀ ଓ ମୁଣ୍ଡ ଉପରକୁ ଅନ୍ତରୀକ୍ଷ ରହିବା କଥା। ତା' ଅର୍ଥ ଏହାର ଅଣ୍ଡର-ବେଲି ପୃଥିବୀ ପଟକୁ ଓ କାର୍ଗୋ-ବେ ଅନ୍ତରୀକ୍ଷ ପଟକୁ ରହିବା ଦରକାର। କିନ୍ତୁ ହୁଏ ଓଲଟା। ଏହାର ଅଣ୍ଡର-ବେଲି ସୂର୍ଯ୍ୟଙ୍କ ପଟକୁ ରହେ ଓ କାର୍ଗୋ-ବେ ପୃଥିବୀ ପଟକୁ ରହେ। ତା'ଅର୍ଥ, ସଟଲ୍ ପେଟ ଉପରକୁ କରି ଚିତ୍‌ପହଁରା ଦେଇ ଉଡେ ଓ ମହାକାଶଚାରୀମାନେ ଗୋଡ଼ ଉପରକୁ ଓ ମୁଣ୍ଡ ତଳକୁ କରି ବସନ୍ତି। ଅଣ୍ଡର-ବେଲିରେ ହିଟ୍ ସିଲ୍ଡ ଟାଇଲ ସବୁ ଥାଏ। ସୂର୍ଯ୍ୟ କିରଣର ଅତ୍ୟଧିକ ଉତ୍ତାପରୁ ସଟଲ୍ ଓ ମହାକାଶଚାରୀମାନଙ୍କୁ ବଂଚାଇବା ପାଇଁ ଏମିତି ହୁଏ। ତା'ଛଡ଼ା ସଟଲ୍ ମହାକାଶଚାରୀ ବସିଥିବା ନୋଜ୍ ବା ସାମ୍ନା ପଟକୁ ଗତି ନ କରି ଟେଲ୍ ପଟକୁ ପଶ୍ଚାତ୍‌ଗତି କରେ। ସ୍ପେସ ଡେବ୍ରିଜ୍ ବା ମିଟିଓରାଇଟ୍ ଆଘାତରୁ କ୍ରୁ-କେବିନ୍‌କୁ ରକ୍ଷା କରିବାପାଇଁ ଏମିତି କରାଯାଏ। ଅବଶ୍ୟ ଭାରହୀନତା

ହେତୁ ମହାକାଶଚାରୀମାନଙ୍କୁ ତଳ ଉପର ବା ଆଗ ପଛର ଅନୁଭବ ହୁଏନାହିଁ। ଯେ କୌଣସି ପୋଜିସନ୍‌ରେ ଶୋଇପାରିବ, ବସିପାରିବ ବା ଫ୍ଲୋଟ୍ କରି ଗୋଟିଏ ଜାଗାରୁ ଆଉ ଗୋଟେ ଯାଗାକୁ ଯାଇପାରିବ। ତା'ଛଡ଼ା ଇଣ୍ଟରନ୍ୟାସ୍‌ନାଲ୍ ସ୍ପେସ୍ ସେଣ୍ଟର ସହିତ ଡକିଂ ବେଳେ ଏହା ପୃଥିବୀଠାରୁ ସମକୋଣରେ ଛିଡ଼ା ହେବାଭଳି ପୋଜିସନ୍‌ରେ ଆଇଏସ୍‌ଏସ୍ ସହିତ ମିଳିତ ହୋଇ କକ୍ଷରେ ଗତି କରେ। କିନ୍ତୁ ପୃଥିବୀକୁ ଫେରନ୍ତା ରାସ୍ତାରେ ଅଣ୍ଡର-ବେଲି ପୃଥିବୀ ପଟକୁ କରି ସାଧାରଣ ବିମାନ ପରି ମହାକାଶଚାରୀମାନେ ଅବତରଣ କରନ୍ତି। ହିଟ୍ ସିଲ୍ଡ ଏଠି ଯାନକୁ ବାୟୁମଣ୍ଡଳୀୟ ଉତ୍ତାପରୁ ରକ୍ଷା କରେ। ଦିଗ ପରିବର୍ତ୍ତନ ପାଇଁ ନୋଜ୍‌ରେ ଥିବା RCS Thruster ଓ ଟେଲ୍‌ରେ ଥିବା Thrust ରକେଟ୍ କାମ କରେ।

ଭବିଷ୍ୟତର NASA : Atlantis Shuttle Center ଗାଇଡ୍ ଭବିଷ୍ୟତ ନାସାର ଏକ ଉତ୍ସାହୀ ଚିତ୍ର ଦେଲେ। Artemis Programmeରେ ମଙ୍ଗଳ ଗ୍ରହକୁ ମଣିଷ ଅଭିଯାନର ରୂପରେଖ ତିଆରି ଚାଲିଛି। MARS Rover Design ସରିଗଲାଣି। Inflatable Habitat -ଏକ ନୂଆ ପରିକଳ୍ପନା.......ଇଚ୍ଛା ଅନୁସାରେ ମାନବବସତି ଛୋଟ ବଡ଼ କରିହେବ।

■

ଏପ୍‌କଟ୍‌ରେ ମିସନ୍‌ସ୍ପେସ୍ ଓ ମଙ୍ଗଳ ଅବତରଣ

୭.୦୭.୨୦୧୯ (ରବିବାର)

ଆଜି EPCOT ଦର୍ଶନ। Walt Disneyର ଏହା ଏକ Theme Park. ଥୋମାସ୍ କୁକ୍ ପ୍ୟାକେଜ୍‌ରେ ଡିଜ୍‌ନିର Magic Kingdom ଓ EPCOT, ଦୁଇଟି ଥିମ୍ ପାର୍କରୁ ଗୋଟିକୁ ବାଛିବାର ଥିଲା। ମ୍ୟାଜିକ୍ କିଙ୍ଗଡମ୍ ପିଲାଙ୍କ ପାଇଁ ଏକ ଆକର୍ଷଣୀୟ ଆମ୍ୟୁଜ୍‌ମେଣ୍ଟ ପାର୍କ। ତେଣୁ ଆଉ ଗୋଟେ ଅଲଗା ପ୍ରକାରର ଥିମ୍, ନଲେଜ୍ ପାର୍କ ଦେଖିବାକୁ ଗାଇଡ୍ ପରାମର୍ଶ ଦେଲେ। ମ୍ୟାଜିକ୍ କିଙ୍ଗଡମ୍ ଠାରୁ ଅଳ୍ପ ଦୂରରେ ଅବସ୍ଥିତ ଜ୍ଞାନ ବିଜ୍ଞାନ ଭିତ୍ତିକ ଏଇ ପାର୍କର ନାଁ EPCOT. (Experimental Prototype Community of Tomorrow)।

ପାର୍କଟିର ନାଁ ଅନୁଯାୟୀ ଓ୍ୱାଲ୍‌ଟ ଡିଜ୍‌ନି ଏହାର ପରିକଳ୍ପନା କରିଥିଲେ ମଣିଷର ଭବିଷ୍ୟତର ଜୀବନ ଯାପନ ପ୍ରଣାଳୀ ବିଷୟରେ। ଡିଜ୍‌ନିଙ୍କର ପରିକଳ୍ପନା ଅନୁସାରେ ମାନବ ସଭ୍ୟତାର ନିରନ୍ତର ପରିବର୍ତ୍ତନ ସହିତ EPCOTର ବି କ୍ରମ ବିକାଶ ହେଉଥିବ, ସଭ୍ୟତାର ନୂଆ ଦିଗନ୍ତ ଉନ୍ମୋଚନ କରୁଥିବ। ଏକ Utopian ସହରର ପରିକଳ୍ପନା। ୧୯୬୦ରେ ଏହାର ଜନ୍ମ, କିନ୍ତୁ ୧୯୬୬ରେ ଓ୍ୱାଲ୍‌ଟ ଡିଜ୍‌ନିଙ୍କର ମୃତ୍ୟୁ ପରେ ନୂଆ ଆଇଡିଆର ଅଭାବ ପଡ଼ିଲା। ତାଙ୍କ ପରି ଦୂରଦ୍ରଷ୍ଟାଙ୍କ ଅବର୍ତ୍ତମାନରେ EPCOT ଧିମେଇ ଗଲା। କିନ୍ତୁ ୨୦୦୦ ମସିହା ଠାରୁ ଏହାର ନୂଆ ଅବତାରର ବିକାଶ ହୋଇଚାଲିଛି। ବିଭିନ୍ନ ଦର୍ଶନୀୟ ଜିନିଷ ଭିତରେ ନିମ୍ନଲିଖିତ କେତୋଟି ଜିନିଷ ମନେ ରଖିଲା ଭଳି।

1. Spaceship Earth, 2. Soarin, 3. Mission Mars, 4. World Show Case, 5. Imax, Imagination

1. Space Ship Earth :

EPCOTର ପ୍ରବେଶ ପଥରେ Spaceship Earth ଏକ ଅତି ଆକର୍ଷଣୀୟ ସ୍ଥାପତ୍ୟ। ଏହାହିଁ EPCOTର ପରିଚୟ। ଗଲ୍‌ଫ ବଲ୍ ପରି ଏକ ବିଶାଳ Geodesic Sphere (ଗୋଲକ)। ଚାରିଟି ଗୋଡ଼ରେ ୧୬୫ ଫୁଟ୍ ବ୍ୟାସ ଓ ୧୮୫ ଫୁଟ ଉଚ୍ଚତାର ଏହି ଗୋଲକଟି ପୃଥିବୀର ଏକ ମଡ଼େଲ। ପୃଥିବୀକୁ ଏକ ମହାକାଶ ଯାନ ହିସାବରେ କଳ୍ପନା କରାଯାଇଛି। ସମୟର ଗତିପଥରେ ବିଭିନ୍ନ ଘଟଣାର ଝଲକ ଏଥିରେ ଦେଖାଇ ଦିଆଯାଇଛି। ଏଇ Time Travel ଟି ଆରମ୍ଭ ହୁଏ ଏକ Two Seater Trolley Ride (Omni- mover)ରୁ। ଯାତ୍ରା ଆରମ୍ଭ ହୁଏ ମଣିଷର ସମ୍ପର୍କର ଭାଷା, ଯୋଗାଯୋଗ ଓ ଭାବର ଆଦାନ ପ୍ରଦାନର କ୍ରମବିକାଶକୁ ନେଇ(Communication Evolution)। ଗୁମ୍ଫା-ମଣିଷଠାରୁ, ଶବ୍ଦ ଓ ଗୁମ୍ଫା ଚିତ୍ର ସହିତ ଆରମ୍ଭ। ଆଦିମାନବ ଏକ ବାଡ଼ି ଧରି ବିଶାଳ Woolly Mammothକୁ ଶିକାର କରିବାର ଦୁଃସାହସ, Phoenician ମାନଙ୍କର ଅକ୍ଷର ଆବିଷ୍କାର, ରୋମ୍‌ରେ ଗଣିତ ଓ ଲଜିକ୍‌ର ଅଭ୍ୟୁଦୟ, କାଗଜର ଉଦ୍ଭାବନ, ଅଗ୍ନିଦଗ୍ଧ ଆଲେକ୍‌ଜାଣ୍ଡ୍ରିଆ ଲାଇବ୍ରେରୀ, ମାଇକେଲ ଏଞ୍ଜେଲୋଙ୍କର SISTINE CHAPEL Painting କରୁଥିବାର ଦୃଶ୍ୟ, ପ୍ରିଣ୍ଟିଂ ପ୍ରେସ୍, ଖବରକାଗଜ କାରଖାନା, ସିନେମା, ଟେଲିଭିଜନ, ଚନ୍ଦ୍ର ଅଭିଯାନ, ଏକ କୋଠରୀ ପୂର୍ଣ୍ଣ ଫାର୍ଷ୍ଟ ଜେନେରେସନର ENIAC କମ୍ପ୍ୟୁଟର ଇତ୍ୟାଦି ପାଭିଲିୟନ ଦେଖିଲା ପରେ ଦେଖିଲୁ California Garrage... କାଲିଫର୍ଣ୍ଣିଆର ଏକ ନାମହୀନ ଗ୍ୟାରେଜର କାହାଣୀ। ଛୋଟ ଏକ ଗ୍ୟାରେଜ ଭିତରେ ଆବୁରୁଜାବୁରୁ ଜିନିଷ ମଝିରେ ଏକ ଟିଣ ଚେୟାରରେ ଜଣେ ଯୁବକ ଛୋଟ ଏକ କମ୍ପ୍ୟୁଟରରେ କାମ କରୁଥିବାର ଦୃଶ୍ୟ ଆମକୁ ନେଇଗଲା ସତୁରି ଦଶକକୁ। ମଣିଷ ଜୀବନକୁ ହୋମ୍ କମ୍ପ୍ୟୁଟର ବା ପର୍ସନାଲ କମ୍ପ୍ୟୁଟର (PC)ର ଆଗମନ। 3rd Gen ଓ 4th Gen କମ୍ପ୍ୟୁଟର ହିଁ ମଣିଷ ଜୀବନକୁ ବଦଳାଇ ଦେଲା। କାଲିଫର୍ଣ୍ଣିଆର PC ର ଏନ୍ତୁଡ଼ିଶାଳ ଏଇ ଗ୍ୟାରେଜରେ ଲମ୍ବା ବାଳ, ଓସାରିଆ ଛାତି ଓ ପୂରା ହାତ ଥିବା ସାର୍ଟ ପିନ୍ଧି ବସିଥିବା ଯୁବକଟିର ପରିଚୟ କେହି ଜାଣନ୍ତିନି। ଚେହେରା ସହିତ ସାମଞ୍ଜସ୍ୟ ନଥିଲେ ବି ଯାକୁ Apple Computer ର ଆବିଷ୍କର୍ତ୍ତା ଷ୍ଟିଭ୍ ଜବ୍‌ସ ବା ତାଙ୍କର ସହକର୍ମୀ Steve Wozniac ବୋଲି ଲୋକମାନେ କହନ୍ତି। କିନ୍ତୁ ସେ ପ୍ରତିନିଧିତ୍ୱ କରେ ଏକ ନୂଆ ପିଢ଼ିର...। ସେ

ସମୟରେ କାଲିଫର୍ଣ୍ଣିଆର ଅନେକ ଗ୍ୟାରେଜର କିଛିକିଛି କାହାଣୀ ଅଛି Imagination, Innovation ଓ Inventionର। ଏହି 3I ର ପରିଣତି ହେଉଛି 4th ଓ 5th Gen କମ୍ପ୍ୟୁଟର ଓ Data Revolution (ଡାଟା ବିପ୍ଳବ) । ସେସବୁ ଗ୍ୟାରେଜୀୟ ଯୁବକମାନଙ୍କ ଭିତରେ ଷ୍ଟିଭ୍ ଜବ୍‌ସ ଓ ଓଜ୍‌ନିଆକ୍‌ଙ୍କର ଛବି ପ୍ରତିଫଳିତ ହୋଇଥିଲା। ତେଣୁ ଏଇ ଯୁବକଟି ୭୦ ଦଶକର ଯେକୌଣସି 3I ଯୁବକକୁ ପ୍ରତିନିଧିତ୍ୱ କରେ।

ଏଇଠୁ ଓମ୍‌ନି ମୁଭର୍‌ର ଊର୍ଦ୍ଧ୍ୱମୁଖୀ ଯାତ୍ରା ଆରମ୍ଭ ହୋଇଯିବ ଭବିଷ୍ୟତକୁ। ଅନ୍ଧାର ଭିତରେ ଉଠାଣିରେ ଉପରକୁ ଉଠିବାର ଅନୁଭବ। ଚାରିପଟେ ଅକ୍ଷର, ସଂଖ୍ୟା ଓ ସିମ୍ବଲମାନଙ୍କର ମିଟ୍‌ମିଟ୍ ଆଲୋକ ସିଗ୍‌ନାଲ 3D Projectionରେ ମୁଣ୍ଡ ଉପର ଦେଇ ପ୍ରସରଣ ହୋଇଯାଉଥିବ। ଜାଣିପାରିବନି ଏହା କେଉଁ ଦୁନିଆଁ। ମସ୍ତିଷ୍କ ଭିତରେ ନିଉରନ୍‌ର ଯାତାୟାତ ପରି ଏଠି ଆଲୋକ ସିଗ୍‌ନାଲର ଅବିରାମ ଯାତ୍ରା। ଏଇଟା ହେଉଛି କମ୍ପ୍ୟୁଟର କୋଡ୍‌ର ଦୁନିଆଁ। ନଦୀ ପରି କୋଡ୍‌ର ପ୍ରବାହ। ଆଜିର ସଭ୍ୟତାର ଭବିଷ୍ୟତ ହେଉଛି କୋଡ୍‌ର ୱାର୍ଲ୍ଡ। କଥା କହିବା, ଗୀତ ବୋଲିବା, ଚିତ୍ର କରିବା ସବୁ ପରିଣତ ହୋଇଯିବ କୋଡ୍‌ରେ। ଯୋଗାଯୋଗର ମାଧ୍ୟମ କେବଳ କୋଡ୍ । ମଣିଷର ଦୁନିଆଁ ହୋଇଯିବ ଶବ୍ଦାତୀତ, ସଂଖ୍ୟାତୀତ- କୋଡ୍‌ମୟ। ଭାବନାର ପରିପ୍ରକାଶ, ଆଦାନପ୍ରଦାନ... ସବୁର ମାଧ୍ୟମ କୋଡ୍। ହୋଇପାରେ, ଗ୍ରହଗ୍ରହାନ୍ତର ସହିତ ଯୋଗାଯୋଗ ପାଇଁ ବ୍ୟବହାର ହେବ କୋଡ୍ । ସୃଷ୍ଟିର ଏକକ ଭାଷା ହୋଇଯିବ କୋଡ୍। ଜଗତ୍ ମିଥ୍ୟା, କୋଡ୍ ହିଁ ଏକମାତ୍ର ସତ୍ୟ। କୋଡ୍ ହିଁ ଈଶ୍ୱର, ଈଶ୍ୱର ହିଁ କୋଡ୍ ... ଅକଳ୍ପନୀୟ... ମାତ୍ର ଅସମ୍ଭବ ନୁହେଁ। ଉଲି ମାମଥ୍ ଠାରୁ ଆଜି ପର୍ଯ୍ୟନ୍ତ ୧୦,୦୦୦ ବର୍ଷର ଯାତ୍ରା। ଆଜିଠୁ ୨୦,୦୦୦ ବର୍ଷ ପରେ ଦୁନିଆଁର ସ୍ୱରୂପ କ'ଣ ହେବ, EPCOTର ଏହି ପରିକଳ୍ପନା ଅତ୍ୟନ୍ତ ସାହସିକ। ତା'ପରେ ଓମ୍‌ନିମୁଭର୍ ପହଞ୍ଚିଯିବ ଗୋଲକର ଶୀର୍ଷ ଦେଶରେ ଏକ ପ୍ଳାନେଟୋରିଅମ୍‌ରେ। ଆକାଶରେ ଭବିଷ୍ୟତର ପୃଥିବୀ ଓ ନକ୍ଷତ୍ର ମଣ୍ଡଳର ଦୃଶ୍ୟ, ୨୦,୦୦୦ ବର୍ଷ ପରେ ଆମେ ଏଇଠି ଥିବା। କିନ୍ତୁ କେମିତି ଥିବା ? ? ?

ହଠାତ୍ ଓମ୍‌ନି ମୁଭର୍ ପଛକୁ ଚାଲିବା ଆରମ୍ଭ କରିବ ତଳକୁ ତଳକୁ। ଅନ୍ତରୀକ୍ଷର କିଟିମିଟିଆ ଅନ୍ଧାର ଭିତରେ ଚାରିପଟେ ନକ୍ଷତ୍ରମାନଙ୍କର ଦିକ୍‌ଦିକ୍ ଆଲୁଅ। ସମୟ ସହିତ ପଛକୁ ଯାତ୍ରା। କେଇ ମିନିଟ୍ ପରେ ସୂର୍ଯ୍ୟାଲୋକ ଓ ଯାତ୍ରା ଶେଷ ହେବ 'ବର୍ତ୍ତମାନ'ରେ, ଯେଉଁଠୁ ଆରମ୍ଭ ହୋଇଥିଲା ସେଇଠି..। 'ସ୍ପେସ୍‌ସିପ୍ ଆର୍ଥ' ସହ ୩୦,୦୦୦ ବର୍ଷର ଯାତ୍ରା। ଆଦି ମାନବର ପ୍ରଥମ ଭାଷା Cave Painting ଠାରୁ କୋଡ୍ ପର୍ଯ୍ୟନ୍ତ। ତା' ପରକଥା କିଏ ଜାଣେ ? EPCOT ବି ଜାଣିନି...।

2. SOARIN - (Soaringର ଅପଭ୍ରଂଶ) :

Soarin ଏକ Flight Simulator। ପାଞ୍ଚ ମିନିଟ୍‌ର ରାଇଡ୍ ପୃଥିବୀର ୬ଟି ମହାଦେଶର ପ୍ରାକୃତିକ ଓ ମନୁଷ୍ୟକୃତ ଆଶ୍ଚର୍ଯ୍ୟଗୁଡ଼ିକ ଉପରେ ଉଡ଼ିବାର ଅନୁଭବ ଦିଏ। ନ ଦେଖିଲେ ଜାଣିହେବ ନାହିଁ ସେ ଚମତ୍କାର ଅନୁଭବ।

'ସୋରିନ୍' ଏକ Virtual ସିନେମା ହଲ୍। ୮୦ ଫୁଟ୍‌ର Concave, 180° Dome Screen ସହିତ ଏହା ଏକ 4D Omnimax ଥିଏଟର। ପ୍ରତି ଧାଡ଼ିରେ.. ..୯ଟି Seat Bank Unit. ପ୍ରତି ୟୁନିଟରେ୧୦ ଜଣ ହିସାବରେ ସମୁଦାୟ ୯୦ଜଣ ଦର୍ଶକ ଏକ ସଙ୍ଗରେ ଏହି ସୋ'ଟି ଦେଖିପାରିବେ। ଦର୍ଶକ ବସିସାରିଲା ପରେ Lap Belt ଲଗେଇବାକୁ ପଡ଼ିବ। ସୋ' ଆରମ୍ଭ ହେଲେ ହଲ୍ ଅନ୍ଧାର ହୋଇଯିବ ଓ ସିଟ୍ ବ୍ୟାଙ୍କ ଗୁଡ଼ିକ ଆକାଶକୁ ଉଠିଯିବେ। ସାମ୍ନାରେ ଅନନ୍ତ ନୀଳ ଆକାଶ, ଗୋଡ଼ ଶୂନ୍ୟରେ ଝୁଲୁଥିବ। 'Soaring Around the World' ଆରମ୍ଭ ହୋଇଯିବ ସ୍ୱିସ୍ ଆଲପ୍‌ସର Snow Peakରୁ। ତା'ପରେ ଗ୍ରିନ୍‌ଲାଣ୍ଡ ଓ ପୋଲାର ବିଅର୍। ତା'ପରେ ସିଡ୍‌ନି ଅପେରା ହାଉସ୍; ପ୍ରଶାନ୍ତମହାସାଗରରେ ଅସଂଖ୍ୟ ସଫେଦ୍ ରଙ୍ଗର ୟଟ୍ ଓ ସ୍ପିଡ୍ ବୋଟ୍ ଭାସୁଥିବାର ଦୃଶ୍ୟ; Ice Berg ଭର୍ତ୍ତି ସମୁଦ୍ରରେ ହଠାତ୍ ଏକ ନୀଳତିମିର ଆକାଶକୁ ଲମ୍ଫ ଏବଂ ତା'ର ସମୁଦ୍ରରେ କଚାଡ଼ି ହୋଇ ପଡ଼ିବା ସମୟର ପାଣିଛିଟିକା, ଦର୍ଶକ ଉପରେ ପଡ଼ିଯିବାର ପ୍ରତୀୟମାନ ହୁଏ। କିଲ୍‌ମାଞ୍ଜାରୋ ପର୍ବତର ପାଦ ଦେଶରେ ଆଫ୍ରିକାନ୍ ହାତୀର ଧୂଳି ଖେଳରୁ ଧୂଳି ହଠାତ୍ ଦର୍ଶକ ଆଖିରେ ପଡ଼ିଗଲା ପରି ଲାଗିବ। ତା'ପରେ ଗ୍ରେଟ୍‌ୱାଲ୍ ଅଫ୍ ଚାଇନା, ଇଜିପ୍‌ଟର ପିରାମିଡ, ଆରିଜୋନା Utahର ମନୁମେଣ୍ଟ ଭାଲି, ବ୍ରାଜିଲର Iguazu ଜଳପ୍ରପାତ, ଆଇଫେଲ୍ ଟାୱାର, ଇତ୍ୟାଦିଙ୍କ ଉପରେ ଉଡ଼ିଲା ପରେ ତାଜମହଲ ଉପରେ ଉଡ଼ିବାର ସୁଯୋଗ ମିଳିଲା। ମେରୁ ଉପରେ ଉଡ଼ିଲା ବେଳେ କନକନିଆ ଥଣ୍ଡା ପବନ, ମହାସାଗର ଉପରେ ଉଡ଼ିଲା ବେଳକୁ ନାତିଶୀତୋଷ୍ଣ ବାୟୁ ବହିଯାଉଥିବ, ମୁହଁ ଓ ଦେହକୁ ଛୁଇଁ ଦେଇ। ଆହୁରି ଆଶ୍ଚର୍ଯ୍ୟ ହେଉଛି ତାଜମହଲ ଉପରେ ଉଡ଼ିଲା ବେଳେ ଗୋଲାପର ବାସ୍ନା। ଏସବୁ 4D ସିନେମାର କରାମତି। ପାଞ୍ଚ ମିନିଟର ରାଇଡ଼ରେ କି ମନ ବୁଝେ ଏମିତିଆ ମ୍ୟାଜିକ୍ ଅନୁଭବ ପାଇଁ? ? ମନବୋଧ ହେଲାନି। ଗେଟ୍‌ରେ କ୍ୟୁ ଛୋଟ ଥିଲା । ପୁଣି ପଶିଗଲି ଆଉ କେତେଜଣ ସହଯାତ୍ରୀଙ୍କୁ ନେଇ ଆଉଥରକ ପାଇଁ। ଦ୍ୱିତୀୟ ବିଶ୍ୱ ଭ୍ରମଣ କରିନେଲି। 'ସୋ' ସରିଲା ପରେ ତା'ର ଟେକ୍ନୋଲୋଜି ଦେଖିଲି। ସିଟ୍‌ବ୍ୟାଙ୍କ୍ ବା ମୋସନ୍ ୟୁନିଟ୍‌ଟି ମାତ୍ର ୪-୫ ଫୁଟ୍ ଉପରକୁ ଉଠୁଛି କିନ୍ତୁ ୧୮୦ ଫୁଟର Concave Screen ହଜାର ହଜାର ଫୁଟ ଉପରକୁ ଉଠିଯାଉଥିବାର ଅନୁଭବ ଦେଇଦିଏ। ସାଧାରଣ ସିନେମା ଅପେକ୍ଷା ଦୁଇଗୁଣ ସ୍ପିଡ୍‌ରେ

ସେକେଣ୍ଡ ପ୍ରତି ୫୦ଟି ଫ୍ରେମ୍ ଚାଲୁଥିବାରୁ ନିଜେ ସେତିକି ସ୍ପିଡ୍‌ରେ ଉଡ଼ିବାର ଅନୁଭବ ହୁଏ। ତା ସହିତ ପବନ ବହିବାର ବନ୍ଦୋବସ୍ତ ଆକାଶରେ ସତକୁ ସତ ଉଡ଼ିବାର ଅନୁଭୂତି ଦିଏ।

3. Mission Space - Travel To Mars:-

ଏହା ଏକ ଭବିଷ୍ୟତଦର୍ଶୀ ସ୍ପେସ୍ ମିସନ୍, ସମୟ ଓ ସ୍ଥାନ ୨୦୩୫ ମସିହା, International Space Training Centre (ISTC). ମହାକାଶ ପରିଭ୍ରମଣ (Tourism) ପାଇଁ ଏହା ଏକ ଷ୍ଟେସନ୍। ପୃଥିବୀବାସୀଙ୍କ ପାଇଁ ଗ୍ରହ ଗ୍ରହାନ୍ତର ଭ୍ରମଣ ଆଉ ସ୍ୱପ୍ନ ହୋଇନାହିଁ।

ଆଜିକାର ମହାକାଶ ଯାନ Launch ମଙ୍ଗଳ ଗ୍ରହ ଅଭିମୁଖେ। ଚାଳିଶ ଜଣ ଯାତ୍ରୀ ଏକ ସଙ୍ଗେ ଉଡ଼ାଣ ନେବୁ। ଟ୍ରେନିଂ ସେଣ୍ଟରର କରିଡ଼ରରେ ଯିବାବେଳେ ଦି'ପଟରେ ମହାକାଶରେ ବ୍ୟବହାର ହେଉଥିବା ବିଭିନ୍ନ ଯାନର ଓ ଆସବାବ ପତ୍ରର ପ୍ରଦର୍ଶନୀ।

Queue Area ରେ ଭବିଷ୍ୟତର Deep Space Shuttle, Space Stationର ମଡ଼େଲ ଦେଖିବାକୁ ମିଳିଲା। ଶେଷରେ Launch Pad କୁ ପ୍ରବେଶ ଉତ୍‌କ୍ଷେପଣ ପାଇଁ। ସତର୍କ କରିଦିଆଗଲା ମହାକାଶଚାରୀମାନଙ୍କୁ "ଅସଲି ମହାକାଶଚାରୀମାନେ ବେଳେବେଳେ ମହାକାଶଯାତ୍ରାରେ Motion Sickness ଅନୁଭବ କରନ୍ତି। ଏଥିରେ ମୁଣ୍ଡ ବୁଲେଇବା, ବାନ୍ତିବାନ୍ତି ଲାଗିବା, ମୁଣ୍ଡବିନ୍ଧା, ନିଦନିଦ ଲାଗିବା ହୋଇପାରେ। ତେଣୁ ଆପଣ ବି ମୋସନ୍ ସିକ୍‌ନେସ୍ ଅନୁଭବ କରପାରନ୍ତି।" ଏଥିପାଇଁ ଦି'ପ୍ରକାରର ମିଶନ୍‌ର ବିକଳ୍ପ ରହିଛି Orange Mission, Green Mission. ଗ୍ରିନ୍ ମିସନ୍‌ରେ ଅପେକ୍ଷାକୃତ କମ୍ ଶକ୍ତିଶାଳୀ ରକେଟ୍‌ରେ ଆପଣ ପୃଥିବୀ ଚାରିପଟେ ବୁଲି ଫେରି ଆସିବେ ISTCକୁ। G-Forceର ପ୍ରଭାବ କମ୍ ରହିବ, ମୋସନ୍ ସିକ୍‌ନେସ୍ ଏଡ଼େଇ ଦେଇ ପାରିବେ। କିନ୍ତୁ ଅରେଞ୍ଜ ମିସନ୍‌ରେ ଆପଣଙ୍କ ମଙ୍ଗଳ ଅଭିଯାନରେ ବୃହତ୍ ରକେଟ୍ ବ୍ୟବହାର ହେବ। ୨.୪ର G-Force ସହ୍ୟ କରିବାକୁ ପଡ଼ିବ। କିଛି ଅଘଟଣ ଘଟିଲେ ISTC କର୍ତ୍ତୃପକ୍ଷ ଦାୟୀ ରହିବେ ନାହିଁ। ତେଣୁ ଦୁର୍ବଳ ହୃତ୍‌ପିଣ୍ଡ, ଉଚ୍ଚ ରକ୍ତଚାପ, ମୋସନ୍ ସିକ୍‌ନେସ୍‌କୁ ଡରୁଥିବା ଯାତ୍ରୀମାନେ ଗ୍ରିନ୍ ମିସନ୍‌କୁ ଯାଇପାରନ୍ତି। Hostessଙ୍କର ଏକଥା ଶୁଣି ୨-୩ ଜଣ ଆମ ପରି ସାହସୀ ଟୁରିଷ୍ଟ ବି ଅରେଞ୍ଜ ମିସନ୍‌ରୁ ଗ୍ରିନ୍ ମିସନ୍‌କୁ ଚାଲିଗଲେ। ମୁଁ କିନ୍ତୁ ଦମ୍ଭ ଧରି ଠିଆ ହେଲି। ଥରେ ତ ଏସ୍‌କେପ୍ ଭେଲୋସିଟିକୁ ଟପିବାର ସୁଯୋଗ ନେବା! ମଙ୍ଗଳ ଗ୍ରହ ଅବତରଣ କିଏ ଛାଡ଼େ?

Launch Pad ପାଖରେ Space Ride Pod ଭିତରକୁ ଗଲି। ଚାରିଜଣ ବସିବା ପାଇଁ ବେଶ୍ ଆରାମଦାୟକ ସିଟ୍। ଆଖି ସାମ୍ନାରେ Control Panel, ହାତ ପାଖରେ ଯାନ ଚଳେଇବା ପାଇଁ ଜଏ ଷ୍ଟିକ୍ ଆଉ ଗୁଡ଼ାଏ ପୁସ୍ ବଟନ୍। ଆଜି 'ଖୁସୀବାଡ଼ି' ସାହାଯ୍ୟରେ ମହାକାଶ ଯାନ ଚଳେଇବାର ସୁଯୋଗ ମିଳିଛି! ଖୁସୀର କଥା। ହୃତ୍ସ୍ପନ୍ଦନ ବଢ଼ିଯାଉଥାଏ। ହୋଷ୍ଟେସ୍ ମୁଣ୍ଡ ଉପରୁ Shoulder Restraint ଆଣି ଦେହରେ ଲଗାଇ ଦେଲେ (Roller Coaster ର Safety Restraint ପରି)। ସ୍ପେସ୍‌କ୍ରାଫ୍ଟର ଉତ୍କ୍ଷେପଣ ବେଳର ଝଟ୍‌କାରେ ସିଟ୍‌ଚ୍ୟୁତ ହେବାର ସମ୍ଭାବନା ଥାଏ। ଏହା ଯାତ୍ରୀଙ୍କୁ ସିଟ୍ ସହିତ ନିରାପଦରେ ଜଡ଼ାଇ ରଖେ। ଚାରିଜଣ ଯାତ୍ରୀ, ଯାନର ଗୋଟିଏ ଗୋଟିଏ ଦାୟିତ୍ୱ ସମ୍ଭାଳିବାକୁ ପଡ଼ିବ। Commander, Navigator, Pilot ଓ Engineer, ଚାରିଜଣିଆ Crew ଯାନର ଦାୟିତ୍ୱରେ ରହନ୍ତି। ସିଟ୍ ଓ Control Panel ଭିତରେ ନିହାତି କମ୍ ବ୍ୟବଧାନ। ଠିକ୍ ଲୁନାର କମାଣ୍ଡ ମଡ୍ୟୁଲ ପରି। ଯା ଭିତରେ ବସିଲା ପରେ ସତୁରି ଦଶକର ମହାକାଶଚାରୀମାନଙ୍କର ଅସୁବିଧା ବୁଝିହେଲା। ସିଟ୍‌ରେ ବାନ୍ଧି ହୋଇଗଲା ପରେ ହଲ୍‌ଚଲ୍‌ର ପ୍ରଶ୍ନ ନାହିଁ। କେବଳ ଆଗରେ କଣ୍ଟ୍ରୋଲ୍ ପାନେଲ ଦେଖି, Background Command ଶୁଣି ଦି ହାତରେ ଜଏ ଷ୍ଟିକ୍ ବା ପୁସ୍ ବଟନ୍ ଅପରେଟ୍ କରିବାକୁ ପଡ଼ିବ। ହୋଷ୍ଟେସ୍ Thumsup କରିଦେଇ ଡୋର ବନ୍ଦ କରିଦେଲେ। ସ୍ପେସ୍‌କ୍ରାଫ୍ଟ ଭିତର ଅନ୍ଧାର। କେବଳ କଣ୍ଟ୍ରୋଲ୍ ପାନେଲର LED ଆଲୋକ। ସ୍ପେସ୍‌କ୍ରାଫ୍ଟ Launch ମୋଡ୍‌କୁ ଆସିଲା। ସିଟ୍‌ଗୁଡ଼ିକ ପଛପଟକୁ ଅଣେଇ ହୋଇଗଲେ। ଆକାଶଆଡ଼କୁ ମୁହଁ କରି ବସିବାକୁ ପଡ଼ିଲା। ସାମ୍ନା କଣ୍ଟ୍ରୋଲ୍ ପାନେଲ ସ୍କ୍ରିନ୍‌ରେ ଆକାଶ, ମେଘ ଓ ଚଢ଼େଇ ଉଡ଼ିଯିବାର ଦୃଶ୍ୟ,1st ଷ୍ଟେଜ୍ Rocket Fire ...... ମେଘ ଘଡ଼ଘଡ଼ି ପରି ଶବ୍ଦ ସହିତ Launch Pad ଧଳାଧୂଆଁରେ ଭର୍ତ୍ତି ହୋଇଗଲା। Umblical Swing Arm ସବୁ ରକେଟ୍‌ରୁ ଅଲଗା ହୋଇଗଲେ ଓ Launch ଟାୱାର ଛାଡ଼ି ରକେଟ୍ ଆକାଶକୁ ଉଠିଗଲା। ସିଟ୍ ସହ ଜଏ ଷ୍ଟିକ୍ ଜୋର୍‌ରେ ଦୋହଲିବାକୁ ଲାଗିଲା, ସ୍ପିଡ୍ ବଢ଼ିଗଲା। 2nd ଷ୍ଟେଜ୍ ରକେଟ ଫାୟାର ପାଇଁ କମାଣ୍ଡ ଆସିଲା। ସ୍ୱିଚ୍ ଟିପିବାକୁ ପଡ଼ିଲା। ସ୍କ୍ରିନ୍‌ରେ 1st ଷ୍ଟେଜ୍ ଓ 2nd ଷ୍ଟେଜ୍ ରକେଟ ଅଲଗା ହୋଇ ଖସି ପଡ଼ିବାର ଦୃଶ୍ୟ ଦିଶିଯାଉଥାଏ। କଣ୍ଟ୍ରୋଲ୍ ପାନେଲରେ ଯାନର ସ୍ପିଡ୍ ଓ ପୃଥିବୀଠାରୁ ଦୂରତା ଦିଶିଯାଉଥାଏ। 2.4 G-Force ରେ ସିଟ୍ ସହ ଲାଗିଗଲା ପରି ଲାଗୁଥାଏ। ପୃଥିବୀର ସ୍ଥଳଭାଗ, ସମୁଦ୍ର ସବୁ କାହିଁ କେତେ ତଳେ ରହିଗଲେ। ବାଦଲ ବି ଦୂରେଇ ଗଲେ। 3rd ଷ୍ଟେଜ୍ ରକେଟ ଫାୟାର ପରେ ସ୍ପେସ୍‌କ୍ରାଫ୍ଟ ର ସ୍ପିଡ୍ ଆହୁରି ବଢ଼ିଗଲା। ଯାନଟିର Parking Orbit ରେ ପହଞ୍ଚିଗଲୁ। ତା'ପରେ Trans-lunar Injection

ସହିତ ପୃଥିବୀର ଏସ୍‌କେପ୍ ଭେଲୋସିଟି ଟପି ଚନ୍ଦ୍ର ଅଭିମୁଖେ ଯାନ ଉଡ଼ି ଚାଲିଲା। ବାଟରେ Hubble Telescope ସହିତ ସାକ୍ଷାତ। ସ୍ପେସ୍‌କ୍ରାଫ୍ଟ ଗୋଟିଏ ସ୍ପିଡ୍‌ରେ ଚାଲୁଥିବାରୁ G-Force ରୁ ମୁକ୍ତିପାଇ ଓଜନ କମ୍ ହୋଇଯିବାର ଅନୁଭବ ଆସିଲା। ଚନ୍ଦ୍ର ଦିଶିଗଲା ଅତି ପାଖରୁ। ଚନ୍ଦ୍ର ଚାରିପଟେ ଗୋଟେ ପରିକ୍ରମା ନେଲା ପରେ ଏକ Sling Shot ନେଇ ମଙ୍ଗଳ ଅଭିମୁଖେ ବାହାରିଗଲା... କିଛି ସମୟ ପରେ ସାମ୍ନାରେ 'ଲୋହିତ ଗ୍ରହ ମଙ୍ଗଳ'। ସଟଲ୍ Thrust Rocket Fire କରି ମଙ୍ଗଳ ବାୟୁମଣ୍ଡଳରେ ପ୍ରବେଶ କଲା। ଆକାଶରୁ ମଙ୍ଗଳର ମାଟି, ଗୋଡ଼ି, ପଥର, ପାହାଡ଼, ପର୍ବତ ସବୁ ଲାଲ ରଙ୍ଗର। ପାଣି ତ ନାହିଁ। ଏଠି, ସଟଲ୍ ଲାଣ୍ଡିଙ୍ଗ୍ ପାଇଁ ଏକ ରନ୍‌ୱେ ରହିଛି। ଲାଣ୍ଡିଙ୍ଗ୍ ନେଲା ବେଳକୁ ପଛପଟୁ ଡ୍ରାଗ୍ ପାରାସୁଟ୍ ଖୋଲିଗଲା। ସଟଲ୍ ଧୀମେଇଗଲା, କିନ୍ତୁ ଧାବମାନ ହେଉଥାଏ ଏକ ପାହାଡ଼ର ଧାର ଆଡ଼କୁ। ସଟଲ୍ ଠିକ୍ ପାହାଡ଼ର ଖାଇ ପୂର୍ବରୁ ଅଟକିଗଲା। ମହାକାଶଚାରୀ ମାନଙ୍କର ଜୀବନ ବଞ୍ଚିଗଲା। ମଙ୍ଗଳ ଗ୍ରହରେ ଅବତରଣ ହୋଇଗଲା। ମଙ୍ଗଳ ଗ୍ରହରୁ ପୃଥିବୀ ପ୍ରତ୍ୟାବର୍ତ୍ତନର ଆପାତତଃ କିଛି କାର୍ଯ୍ୟକ୍ରମ ନାହିଁ। କିନ୍ତୁ ହଠାତ୍ ସ୍ପେସ୍‌କ୍ରାଫ୍ଟର ଦି'ପଟୁ ଡୋର୍ ଖୋଲିଗଲା। ପାଦ ଦେଲୁ ପୃଥିବୀରେ। ୬ ମିନିଟ୍‌ର ମଙ୍ଗଳ ଯାତ୍ରା ଶେଷ ହେଲା।

ପୂରା ଯାତ୍ରାଟିରେ ଜଏ ଷ୍ଟିକ୍ ବା ପୁସ୍ ବଟନ୍ ବ୍ୟବହାର କରିବାକୁ କମାଣ୍ଡ ଆସୁଥିଲେ ବି, ଆମ ଅପରେସନ୍ ସହିତ ସଟଲ୍ ଗତିର କିଛି ସମ୍ପର୍କ ନଥାଏ। ଏହା ସମ୍ପୂର୍ଣ୍ଣ ଅଟୋ ପାଇଲଟ୍‌ରେ ଥାଏ। କେବଳ ଥ୍ରିଲ୍ ପାଇଁ ଜଏ ଷ୍ଟିକ୍ ଇତ୍ୟାଦି ରହିଥାଏ।

ତା'ପରେ ଗ୍ରୀନ୍ ମିଶନ୍। ଏଠି Launching ଅତ୍ୟନ୍ତ Smooth, G-force ର ପ୍ରଭାବ ନାହିଁ କି ଏସ୍‌କେପ୍ ଭେଲୋସିଟିର ଚାପ ନାହିଁ। ସାଧାରଣ ବିମାନ ଟେକ୍ ଅଫ୍ ଓ ଲାଣ୍ଡିଙ୍ଗ୍ ପରି ଯାତ୍ରା। କେବଳ ପୃଥିବୀ କକ୍ଷରେ ଥରେ ଘୂରିଯାଇ ପୁଣି ଆସି ISTC ର ରନ୍‌ୱେରେ ଓହ୍ଲାଇପଡ଼ିବା କଥା।

ଅରେଞ୍ଜ ମିସନ୍‌ର ସ୍ପେସ୍‌କ୍ରାଫ୍ଟ ଏକ Multi Arm Space Simulator। ୧୦ଟି Space Pod ଏହାର Axis ଚାରିପଟେ ଘୁରିଥାଏ। Spinforce ଯାତ୍ରୀମାନଙ୍କୁ Centrifugal Force (ଛିଞ୍ଚାଡ଼ି ଦେବାର ଫୋର୍ସ) ଦେବା ବଦଳରେ Lift Off ଫୋର୍ସର ଅନୁଭବ ଦିଏ। ଏହାହିଁ ଏହି ମେସିନ୍‌ର ବାହାଦୁରୀ...।

4. Imagination Area - Pixar Short Film

4D IMax Theatreରେ Pixarର Short Film Festival ଚାଲିଥାଏ। ଏଠି ଦେଖିଲି ଗୋଟେ ସର୍ଟ ଫିଲ୍ମ 'Piper'। ୫-୬ ମିନିଟ୍‌ର ଏହି ଫିଲ୍ମକୁ ମୁଁ ଆଗରୁ

ୟୁଟ୍ୟୁବ୍‌ରେ ଦେଖିଥିଲି। ପିକ୍‌ସାର୍ ଫିଲ୍ମ, ଡିଜ୍‌ନିର ନିଜର। ତେଣୁ ଡିଜ୍‌ନିର ନିଜ IMaxରେ Piper ଦେଖିବା ଓ ତା'ର ପ୍ରଚ୍ଛଦ କାହାଣୀ ବିଷୟରେ ଜାଣିବା ଏକ ଅଲଗା ଅନୁଭୂତି। Pixar Studio, ସାନ୍ ଫ୍ରାନ୍‌ସିସ୍କୋର Bay Area ରେ ଅବସ୍ଥିତ। 'Piper'ର ସ୍ରଷ୍ଟା Alan Barillard, ଦିନେ ସାନ୍‌ଫ୍ରାନ୍‌ସିସ୍କୋ ବେ ବିଚ୍‌ରେ ବୁଲୁଥାନ୍ତି। ହଠାତ୍ ଦେଖିଲେ ଦଳେ Sand Piper ଚଢ଼େଇ ସମୁଦ୍ର ଲହଡ଼ି ସହ ଲୁଚକାଳି ଖେଳି ଖାଦ୍ୟ ସଂଗ୍ରହ କରୁଥାନ୍ତି। ଲହଡ଼ି ଆସିବା ସମୟରେ ଛୋଟଛୋଟ ଶାମୁକା ଓ ଗେଣ୍ଡାମାନେ ବାଲି ଭିତରୁ ପାଣି ସ୍ପର୍ଶରେ ଉପରକୁ ଉଠି ଆସନ୍ତି। ଲହଡ଼ି ଫେରିଯିବା ପରେ କେଇ ସେକେଣ୍ଡ ଭିତରେ ପୁଣି ବାଲି ଭିତରେ ପଶିଯାଆନ୍ତି। ସ୍ୟାଣ୍ଡ ପାଇପର୍ ଚଢ଼େଇମାନଙ୍କ ପାଇଁ ଏଇଟା ଶିକାର କରିବାର ପ୍ରକୃଷ୍ଟ ସମୟ। ପାଇପ୍ ପରି ସରୁସରୁ ଲମ୍ବା ଥଣ୍ଟରେ ଏମାନଙ୍କୁ ସୁବିଧା ହୁଏ ବାଲି ଭିତରୁ ଶାମୁକା ନେଇଆସିବା ପାଇଁ। ଏଥିପାଇଁ ଏମାନଙ୍କୁ ସ୍ୟାଣ୍ଡ ପାଇପର୍ କୁହାଯାଏ। ଲହଡ଼ି ଛାଡ଼ିବା ଓ ଆସିବା ଭିତରେ ବହୁତ କମ୍ ସମୟ। ସେତିକି ସମୟ ଭିତରେ ବାଲିଭିତରୁ ଶାମୁକା ଗୋଟେଇ ଆଣି ପୁଣି ଲହଡ଼ି ଆସିଲା ପୂର୍ବରୁ କୂଳକୁ ଉଡ଼ିଆସନ୍ତି। ଅଧିକାଂଶ ସମୟରେ ଖାଲି ଥଣ୍ଟରେ ଫେରନ୍ତି ବା ଲହଡ଼ି ଉପରେ ଉପରେ ଉଡୁଥାନ୍ତି ଶାମୁକା ସନ୍ଧାନରେ...। ଦିନ ସାରା ସ୍ୟାଣ୍ଡ ପାଇପର୍ ମାନଙ୍କର ଏଇ ଖେଳ ଲାଗିଥାଏ ଲହଡ଼ି ସାଙ୍ଗରେ। ଗୋଟେ ଛୁଆ ସ୍ୟାଣ୍ଡ ପାଇପର୍‌କୁ ତା'ମା ଶାମୁକା ଶିକାର ଶିଖାଉଥାଏ। କିନ୍ତୁ ପ୍ରଥମ ଥରରେ ହିଁ ସେ ଲହଡ଼ି ଉପରକୁ ଉଡ଼ିପାରିଲାନି। ବିଚରା ଓଦା ହୋଇଗଲା। ଡରିଯାଇ ଦୌଡ଼ିଲା ବସାକୁ। ମା' ତା'କୁ ଥଣ୍ଟରେ ଠେଲାପେଲା କଲେବି ଗଲାନି। ଘାସ ଗଛ ସନ୍ଧିରେ ଲୁଚିକି ବସିଲା। ସ୍ୟାଣ୍ଡ ପାଇପର୍ ଛଡ଼ା ଆଉ ଏକ ଶିକାରୀ ଥାଏ ସାନ୍ ଫ୍ରାନ୍‌ସିସ୍କୋ ବେ' ବିଚ୍‌ରେ। ସେ ହେଉଛି Hermit Crab। ଏହା ଏକ ଅଦ୍‌ଭୁତ ଧରଣର କଙ୍କଡ଼ା ଯାହାର ନିଜର ଟାଣ ଖୋଳପା ନଥାଏ। ସେ ନିଜ ରହିବା ପାଇଁ ମଲା ଗେଣ୍ଡାର ଖୋଳ ଯୋଗାଡ଼ କରି ମୁଣ୍ଡରେ ଧରି ବୁଲେ। ବିପଦର ଆଶଙ୍କା ପାଇଲେ ତା' ଭିତରକୁ ପଶି ଆତ୍ମରକ୍ଷା କରେ। ସେମିତି ଗୋଟେ ହର୍ମିଟ୍ କ୍ରାବ୍ ଆସି ଛୁଆ ପାଇପର୍‌କୁ ଡାକିଲା। ନିଜ ଉପରେ ବସାଇ ତା'କୁ ଲହଡ଼ି ଭିତରକୁ ନେଇଗଲା। ଏଥର ବି ଛୁଆ ପାଇପର୍ ଲହଡ଼ି ପାଣିରେ ବୁଡ଼ିଗଲା। କିନ୍ତୁ ହର୍ମିଟ୍ କ୍ରାବ୍‌ଠୁ ଶିଖି ବାଲି ଉପରେ ଶୋଇପଡ଼ିଲା। ପାଣି ଉପରେ ଚାଲିଗଲା। ଶାମୁକା ସବୁ ପାଣି ତଳେ ଉପରକୁ ଉଠି ଆସିଲେ। ପରିଷ୍କାର ସେ ଦେଖିପାରିଲା ପାଣି ତଳେ ସେମାନଙ୍କ ଅବସ୍ଥିତି। ପାଣି ଭିତରେ ନିଶ୍ୱାସ ବନ୍ଦ କରି ଆଖି ଖୋଲା ରଖି ରହିବାର ଟ୍ରିକ୍ ହର୍ମିଟ୍ କ୍ରାବ୍ ଠାରୁ ଶିଖିଗଲା। ବାଲି ଉପରକୁ ଉଠି ଆସିଥିବା ଶାମୁକାଗୁଡ଼ିକୁ ପାଣି ଭିତରେ ଥାଇ ଧରିନେଇ ପାରିଲା ବା ପାଣି

ଛାଡ଼ିଲା ପରେ ଠିକ୍ ଜାଗାରେ ଥଣ୍ଟ ମାରି ଶିକାର କରିପାରିଲା। ବଡ଼ ପାଇପର୍‌ମାନଙ୍କ ପରି ଅନୁମାନରେ ଏଠି ସେଠି ଥଣ୍ଟ ମାରିବାକୁ ପଡ଼ିଲାନି। ସାରା ବେଳାଭୂମି ଦୌଡ଼ି ବୁଲିଲା। ମନଇଚ୍ଛା ଶିକାର କଲା। ନିଜ ଜାତି ଭାଇଙ୍କ ପାଇଁ ପାଣି ଭିତରେ ପଶିପଶି ଶାମୁକା ଫୋପାଡ଼ିଲା। ପାଇପର୍ ମାନଙ୍କ ଭିତରେ ଚହଳ ପଡ଼ିଗଲା ଛୁଆଟିର କାରନାମାରେ। ୬ ମିନିଟ୍‌ର ଫିଲ୍ମ ସିନା ସରିଗଲା। ବଡ଼ ପାଇପର୍ ମାନେ ନୂଆ କୌଶଳ ଶିଖିଯାଇଥିବେ। ସାନ୍ ଫ୍ରାନ୍‌ସିସ୍କୋ ବେ' ବିଚ୍‌ରେ ସେମାନଙ୍କର ପାଣି ଉପରେ ଅଯଥା ଉଡ଼ିବା କମି ଯାଇଥିବ। ସମୟ ସଞ୍ଚୟ କରି ଅନ୍ୟ କ୍ରିଏଟିଭ୍ କାମ କରିଥିବେ, ବିଶ୍ରାମ ନେଇଥିବେ। ଏ ଫିଲ୍ମର ସାରାଂଶ ହେଲା Imagination ଓ Innovation। ୬ ମିନିଟ୍‌ର ଏଇ ଫିଲ୍ମଟି ତିଆରି କରିବାକୁ Pixar କୁ ୩ ବର୍ଷ ଲାଗିଯାଇଥିଲା। ୨୦୧୬ର ଏକାଡ଼େମୀ ଆୱାର୍ଡ଼ ପାଇଥିଲା Best Animated Short Film ଭାବେ।

ଏଠି ଆଉ ଗୋଟେ କଥା ଜାଣିବା ପିକ୍‌ସାର୍ ବିଷୟରେ। ୧୯୮୫ରେ ଆପଲ୍ କମ୍ପାନୀ ନିଜର ପ୍ରତିଷ୍ଠାତା ଷ୍ଟିଭ୍ ଜବ୍‌ସଙ୍କୁ ବହିଷ୍କାର କରିଦେଲା। ନିଜ କମ୍ପାନୀରୁ ବାହାରି ସିଧା ରାସ୍ତା ଉପରେ ପହଞ୍ଚିଗଲେ ଷ୍ଟିଭ୍ । କିନ୍ତୁ ତାଙ୍କର ସ୍ୱପ୍ନ ଦେଖିବାର ନିଶା, ନୂଆ ଜିନିଷ କଳ୍ପନା କରିବାର ଶକ୍ତି ତ ମୁଣ୍ଡ ଭିତରେ ରହିଥିଲା। ୧୯୮୬ରେ Star Wars ର ନିର୍ମାତା George Lucas ଙ୍କ ସହ ମିଶି ପିକ୍‌ସାର୍ ଷ୍ଟୁଡ଼ିଓ ତିଆରି କଲେ। କମ୍ପ୍ୟୁଟର ଗ୍ରାଫିକ୍ସରେ ଆନିମେସନ୍‌ର ନୂଆ ପରିଭାଷା ସୃଷ୍ଟି କଲେ। ୨୦୦୬ରେ ଡିଜ୍‌ନି ଏହାକୁ କିଣିନେଲା। ଏବେ ଡିଜ୍‌ନିର ଏହା ନିଜ କମ୍ପାନୀ। ଷ୍ଟିଭ୍ ଜବ୍‌ସଙ୍କର ଆଉ ଏକ ଅବଦାନ କମ୍ପ୍ୟୁଟର ଦୁନିଆକୁ।

5. World Show Case :

'World Show Case' ହେଉଛି ପୃଥିବୀର ଦେଶମାନଙ୍କର ଏକ ପ୍ରଦର୍ଶନୀ। ଏଠି ୧୧ଟି ଦେଶର ପାଭିଲିଅନ୍ ରହିଛି। ପାଭିଲିଅନ୍‌ରେ ବିଭିନ୍ନ ଦେଶର ଦର୍ଶନୀୟ ଜିନିଷ ଓ ଜୀବନ ଶୈଳୀ ଦେଖିବାକୁ ମିଳେ। Canada, UK, France, Morocco, Japan, USA, Italy, Germany, China, Norway, Mexico ଇତ୍ୟାଦିର ପାଭିଲିଅନ୍ ରହିଛି। ଆମେ ୩-୪ ଟା ଦେଖି ଫେରିଲୁ।

■

ବାହାମାସ୍ କ୍ରୁଜ୍- ନାସାରୁ ନାସାଉ

୦୮.୦୭.୨୦୧୯ : ସୋମବାର

ଆଟ୍‌ଲାଣ୍ଟିସ୍‌ରୁ ଆଟଲାଣ୍ଟିକ୍ ......

ତିନି ଦିନର ଅର୍ଲାଣ୍ଡୋ ରହଣି ପରେ ଆଜି କ୍ରୁଜ୍ ଯାତ୍ରା ଆରମ୍ଭ ବାହାମାସ୍ ଅଭିମୁଖେ। ଥୋମାସ୍ କୁକ୍‌ର ପ୍ୟାକେଜ୍‌ରେ ଏଇ ଚାରି ରାତି, ତିନି ଦିନର କ୍ରୁଜ୍ ରାଇଡ୍ ବି ଅନ୍ତର୍ଭୁକ୍ତ ଥିଲା। ପ୍ରଥମ ଦିନ On the Sea, ଦ୍ୱିତୀୟ ଦିନ ବାହାମାସ୍ ଓ ତୃତୀୟ ଦିନ Coco Cay ଦ୍ୱୀପ ବୁଲି ସାରିଲା ପରେ ଚତୁର୍ଥ ଦିନ କେପ୍ କାନାଭେରାଲ ଫେରିବ। କେପ୍ କାନାଭେରାଲ ବନ୍ଦରରେ କ୍ରୁଜ୍ ଧରିବା ପାଇଁ ପହଞ୍ଚିଲୁ। ଦୂରରୁ ତିନି ଚାରିଟା କ୍ରୁଜ୍, ବନ୍ଦରରେ ଥିବାର ଦେଖିଲୁ। ବିମାନ ବନ୍ଦରରେ ଚେକ୍-ଇନ୍ ପରି ପ୍ରକ୍ରିୟା ମଧ୍ୟ ଦେଇ ଯିବାକୁ ପଡ଼ିଲା। ୨.୦୦PM ରେ ଜାହାଜ ନିକଟରେ ପହଞ୍ଚିଲୁ। ୩.୦୦PM ରେ ବୋର୍ଡ଼ିଂ ଶେଷ। ଆଉ ପ୍ରବେଶ ମିଳିବ ନାହିଁ। ଆମ କ୍ରୁଜ୍‌ର ନାଁ 'Mariner of Seas'। ଜଳ ଜାହାଜରେ ପ୍ରଥମ ଅନୁଭୂତି। ଅବଶ୍ୟ ଆଣ୍ଡାମାନ୍‌ରୁ ହାଭ୍‌ଲକ୍ ଦ୍ୱୀପକୁ ଏକ ଛୋଟ ଜାହାଜରେ ଯାତ୍ରା କରିଥିଲି। ମାତ୍ର ତାହା ନିତାନ୍ତ ଛୋଟ, ଗୋଟେ ବଡ଼ ଷ୍ଟିମର କୁହାଯାଇପାରେ। ଏଥର ଯାତ୍ରୀ ଜାହାଜ, ପୁଣି କ୍ରୁଜ୍.... 5 ଷ୍ଟାର୍ ବିଳାସ ବ୍ୟସନର ସମସ୍ତ ବନ୍ଦୋବସ୍ତ ସହିତ ଏକ ଲକ୍‌ଜୁରି ସିପ୍ ! ମନରେ ଆଗ୍ରହ ଓ ଉତ୍କଣ୍ଠା ଥାଏ। ମତେ ମିଳିଲା ଡ଼େକ୍-୨ରେ ୨୩୧୨ ନମ୍ବର ଷ୍ଟେଟ୍ ରୁମ୍। ଲଗେଜ୍‌ରେ ଯାତ୍ରୀଙ୍କ ନାମ ଓ ରୁମ୍ ନମ୍ବରର ଟ୍ୟାଗ୍ ଲାଗିଥାଏ। ଲଗେଜ୍‌କୁ ରୁମ୍ ପର୍ଯ୍ୟନ୍ତ ନେବାପାଇଁ ଏକ ଡଲାର ଦେବାକୁ ପଡ଼ିଲା। ଭୁବନେଶ୍ୱର ଷ୍ଟେସନ୍ ଅପେକ୍ଷା ଶସ୍ତା ! Key Card ନେଇ ରୁମ୍‌ରେ ପହଞ୍ଚିଲା ବେଳକୁ ରୁମ୍ ସାମ୍ନାରେ ଲଗେଜ୍ ଥୁଆ ହୋଇଛି। ରୁମ୍ ଭିତରେ ପଶିଲି। ୧୬x୧୦=୧୬୦ ବର୍ଗଫୁଟର ଛୋଟିଆ ରୁମ୍। କିନ୍ତୁ Inter-com, TV, Locker, Sofa, Coffee Maker ସହିତ ଏକ Queen

Bed ରହିଛି। Shower Cabin ଥାଇ ଏକ କୁନି ଟଏଲେଟ୍ ବି ଅଛି । Queen Bed କୁ ଲାଗିକରି ଝରକା। ମୋ ରୁମ୍‌ଟି Ocean View ଥିଲା। ପର୍ଦ୍ଦା ଆଡ଼େଇଲେ ନୀଳ ସମୁଦ୍ର। ଗାଇଡ୍‌ଙ୍କର ନିର୍ଦ୍ଦେଶ ଥିଲା ଚେକ୍-ଇନ୍ କରି ସାରିଲା ପରେ ଡ଼େକ୍-୫ରେ Guest Assembly Drill ରେ ଯୋଗ ଦେବା ପାଇଁ। ତେଣୁ ସଙ୍ଗେ ସଙ୍ଗେ ଚାଲିଲୁ ଡ଼େକ୍-୫, Assembly Area. ସାଇରନ୍ ବାଜିବା ମାତ୍ରେ ୩.୩୦PM ରେ ନିଜକୁ ପ୍ରେଜେଣ୍ଟ କରିବାକୁ ପଡ଼ିବ। ଡ଼େକ୍-୫ ଯାଇ ଦେଖେ ତ ସାରା ଜାହାଜଟାର ଯାତ୍ରୀ ସେଇଠି ପହଞ୍ଚି ଯାଇଛନ୍ତି। କିନ୍ତୁ ବଡ଼ ବ୍ୟବସ୍ଥିତ ଭାବରେ ଯାଞ୍ଚ ଚାଲିଛି। କେହି ଯାତ୍ରୀ ଆସିଛି, ନଆସିଛି ଜାଣିବା ପାଇଁ ଏହା ଏକ ବାଧ୍ୟତାମୂଳକ ଡ୍ରିଲ୍। ଏହାକୁ Muster Drill କହନ୍ତି। ପାସପୋର୍ଟ ଓ Key Card ଚେକିଂ ପରେ ରୁମ୍‌କୁ ଯାଇପାର। ତା'ପରେ ଚାରିଦିନ ପାଇଁ ତମେ ଜାହାଜରେ ମନଇଚ୍ଛା ବୁଲିପାର, ଖିଆପିଆ କରିପାର, ଖେଳ ଉପଭୋଗ କରିପାର। ସମସ୍ତ ସୁବିଧା ସୁଯୋଗ ପାଇଁ ରାସ୍ତା ଖୋଲିଗଲା। କୌଣସି ଜାଗାରେ କେହି ପରିଚୟ ପଚାରିବେନି। ଅବଶ୍ୟ କେତେକ ପ୍ରିମିଅମ୍ ସୁବିଧା ପାଇଁ ଡଲାର ଦେବାକୁ ପଡ଼ିପାରେ। ମାତ୍ର ଯେତିକି ସୁବିଧା ମାଗଣା ମିଳେ, ସେତିକି ଉପଭୋଗ କରିବାକୁ ସମୟ ନଥାଏ ବା ଶକ୍ତି ନଥାଏ।

ସଂଧ୍ୟା ହୋଇ ଆସୁଥାଏ। ସବା ଉପର ଡେକ୍‌କୁ ଯିବାକୁ ଗାଇଡ୍ କହିଲେ। ଚାଲିଲୁ ସମସ୍ତେ। ଡେକ୍-୧୨ ହେଉଛି Top ଡେକ୍। ପୂରା ଡେକ୍‌ଟି ଯାତ୍ରୀମୟ। ଡେକ୍-୧୧ର Swimming Pool ବି ଉପରୁ ଦିଶୁଥାଏ। ଦୁଇଟା ଯାକ ଡେକ୍ ୫୦୦-୬୦୦ ଯାତ୍ରୀରେ ଭର୍ତ୍ତି। ସ୍ୱିମିଂ ପୁଲ୍‌ରେ ତ ପିଲା, ବୁଢ଼ା, ଝିଅ, ପୁଅ, ଯୁବକ, ଯୁବତୀଙ୍କର ଭିଡ଼ । ସୂର୍ଯ୍ୟାସ୍ତ ହେବାକୁ ୪ ଘଣ୍ଟା ବାକି। କ୍ରୁଜ୍ ବନ୍ଦର ଛାଡ଼ିବ ଠିକ୍ ୪.୦୦ଟାରେ। ଦେଖିବା କଥା କେମିତି Berth ରୁ ଦୂରେଇଯିବ। ପୁଙ୍ଗା ବାଜିବା ସଙ୍ଗେ ସଙ୍ଗେ ଜାହାଜ ଗତିଶୀଳ ହେଲା। ବର୍ଥ ରୁ କିଛିବାଟ ଆଡ଼ିରେ ଘୁଞ୍ଚିଯିବା ପରେ ସିଧା ଚାଲିଲା ଆଟଲାଣ୍ଟିକ୍ ମହାସାଗର ଭିତରକୁ। ଆଟ୍‌ଲାଣ୍ଟିକ୍‌ର ନୀଳ ଜଳରାଶି ଅପରାହ୍ଣର ସୂର୍ଯ୍ୟ କିରଣରେ ଚିକ୍‌ମିକ୍ କରୁଥାଏ। ସହରର ସ୍କାଏସ୍କ୍ରାପର୍ ସବୁ ଦେଖୁଦେଖୁ ଦୂରେଇଗଲେ। ପାୟ ଘଣ୍ଟାଏ ପରେ ସମ୍ପୂର୍ଣ୍ଣ ମହାସାଗର କୋଳରେ। ସ୍ଥଳଭାଗ ଆଉ ଦିଶୁନଥାଏ। ହଠାତ୍ ଦେଖିଲି ୩-୪ଟି ବଡ଼ବଡ଼ ଚଢ଼େଇ ଢେଉର ଉପରେ ଡେଣା ପିଟି ଉଡ଼ିଯାଉଥାନ୍ତି। ବଡ଼ ବଡ଼ ଥଣ୍ଟ ଥିବା ଏଇ ପକ୍ଷୀଗୁଡ଼ିକ Great White Pelican ବୋଲି ପରେ ଚିହ୍ନିଲି।

ଡେକ୍ ୧୨ ଉପରେ ଶହ ଶହ ଡେକ୍ ଚେୟାର ପଡ଼ିଥାଏ। ଆରାମରେ ଶୋଇଗଲି। ଆକାଶ ଦେଖ, ସମୁଦ୍ର ଦେଖ ବା ସ୍ୱିମିଂ ପୁଲ୍‌କୁ ଦେଖ। ଯାହା ଦେଖିଲେ

ବି ଉପଭୋଗ୍ୟ। କେତେଜଣ ସହଯାତ୍ରୀଙ୍କ ସହିତ ଡେକ୍‌ଚେୟାରରେ ବସି ଗପସପ କଲି। ୮.୩୦ PM ବେଳକୁ ସୂର୍ଯ୍ୟାସ୍ତ ହୋଇଆସିଲା। ସମୁଦ୍ର ଭିତରେ ସୂର୍ଯ୍ୟାସ୍ତ ଦେଖିନଥିଲି। ଦୂର ଦିଗ୍‌ବଳୟରେ ସୂର୍ଯ୍ୟ ପାଣି ଭିତରେ ପଶିଯିବା ପରି ଲାଗେ। ସନ୍ଧ୍ୟା ପରେ କିଛି ସମୟ ବସିଲି। ଆଟଲାଣ୍ଟିକ୍‌ର ସନ୍ଧ୍ୟା ପବନ ବେଶ୍ ଆରାମ ଦାୟକ।

ଆଜି ଡିନର ପାଇଁ Main Dining Hall ରେ ୯.୦୦PM ସୁଦ୍ଧା ପହଞ୍ଚିବାକୁ ପଡ଼ିବ। ଟେବୁଲ ରିଜର୍ଭେସନ ହୋଇଛି। ଠିକ୍ ସମୟରେ ଠିକ୍ ଟେବୁଲ ପାଖରେ ପହଞ୍ଚିବାକୁ ପଡ଼ିବ ବୋଲି ଗାଇଡ୍‌ଙ୍କର ତାଗିଦ୍। ପହଞ୍ଚିଗଲୁ ସବୁ। ୮-୧୦ ଜଣ ସହଯାତ୍ରୀ ପାଖାପାଖି ବସିଲୁ। ଏଠି Ala-Carta, Fine Dining, ମନପସନ୍ଦର ଖାଦ୍ୟ ମଗେଇ ଖାଇହେବ। ବିରାଟ ଡାଇନିଂ ହଲ୍, ତିନିଟା Level ରେ ପ୍ରାୟ ୧୫୦୦ ସିଟ୍।

Deck-3 : Rhapsody Blu Restaurant - 735 Seats

Deck-4 : Hat & Tail Restaurant - 502 Seats

Deck-5 : Lotus Lounge - 308 Seats

ଆମେ ଡେକ୍-୫ରେ ବସିଲୁ। ଡେକ୍-୫ର Centrum ରୁ ତଳକୁ ଦେଖିଲେ ଡେକ୍-୩ ଓ ୪ର ହଲ୍ ଦୁଇଟି ଦିଶେ। ଜଣେ ଇଣ୍ଡିଆନ୍ Floor Manager ସହିତ ଦେଖାହେଲା। ମେନୁ କାର୍ଡ଼ରୁ ଡିସ୍ ବାଛିବା କଷ୍ଟକର। ତେଣୁ ସେ ଫ୍ଲୋର୍ ମ୍ୟାନେଜରଙ୍କ ସାହାଯ୍ୟ ନେଇ କିଛି ଇଣ୍ଡିଆନ୍ ଡିସ୍ ଅର୍ଡର କଲୁ। ଘଣ୍ଟାଏ ବସିଲା ପରେ ଡିନର ଆସିଲା। କିନ୍ତୁ ଖାଇବା ଯୋଗ୍ୟ ନୁହେଁ। ଚିକେନ୍‌ର ଅଦ୍ଭୁତ ସ୍ୱାଦ, ରୁଟିକୁ ଦାନ୍ତରେ ଓଟାରି ବଡ଼ କଷ୍ଟରେ ଖାଇବାକୁ ପଡ଼ିଲା। ଡାଲି ବି ତତୋଽଧିକ। ମୁଁ ତ କିଛି ଖାଇପାରିଲିନି। ଫିଲିପିନୋ ପରିଚାରକ ଶେଷରେ କହିଲା, "I can give you Papadam". ଏକ ସ୍ୱରରେ ସମସ୍ତେ ହଁ କଲୁ। କିନ୍ତୁ 'ପାପଡମ୍' ବି କେଉଁ ଅଜଣା ରାଜ୍ୟରୁ ଆନୀତ। ଅଦ୍ଭୁତ ସ୍ୱାଦର ପାମ୍ପଡ। ପ୍ରଥମ ରାତିର ଡିନରଟା ସମ୍ପୂର୍ଣ୍ଣ ନିରାଶାଜନକ। ଏତେ ବଡ଼, ଏତେ ସୁନ୍ଦର ଡାଇନିଂ ହଲ୍‌ରୁ ଅଧାପେଟରେ ଫେରିବା ଦୁର୍ଭାଗ୍ୟଜନକ। ହେଲେ ଦୋଷ ଆମର। କ୍ରୁଜ୍‌ରେ Authentic ଇଣ୍ଡିଆନ୍ ଫୁଡ୍ କିଏ ଦେବ!! କାଲିଠୁ ଖାଇବା କେମିତି ଚିନ୍ତା ହେଲା! ଖାଇ ସାରିଲା ପରେ ପୁଣି ଚାଲିଲି ଟପ୍ ଡେକ୍ । ଲୋକ କମି ଗଲେଣି। ଅଧିକାଂଶ ଚେୟାର ଖାଲି। ରାତି ଏଗାରଟା ପରେ ଡେକ୍‌ର ସବୁ ଆଲୁଅ ଲିଭିଗଲା। ଦୂରରେ କେବଳ ଜଳୁଥାଏ ଜାହାଜର Smoke Stack (ଚିମ୍‌ନି)ର ଆଲୁଅ। ଆଜି କୃଷ୍ଣପକ୍ଷ ସପ୍ତମୀ। ଆଟଲାଣ୍ଟିକ୍‌ର ମେଘହୀନ ଆକାଶରେ ତାରାମାନଙ୍କର ରାଜୁତି। ଚନ୍ଦ୍ର ଉଦୟ ହେବେ ୦୦.୩୬ରେ।

ଆକାଶକୁ ମୁହଁ କରି ଶୋଇଲି। ସମ୍ପୂର୍ଣ୍ଣ ଛାୟାପଥ ଦିଶୁଥାଏ ଏ ଦିଗ୍‌ବଳୟରୁ ସେ ଦିଗ୍‌ବଳୟ ପର୍ଯ୍ୟନ୍ତ। ସ୍ଥଳ ଭାଗରେ ତ ଏମିତି ଦିଶିବିନି। ପାହାଡ଼, ପର୍ବତ ଆସିଯିବ ଦୃଷ୍ଟିରେ।

ରାତି ବାରଟା ବେଳକୁ ଡେକ୍ ଖାଲି କରିବାର ସମୟ। ରୁମ୍‌ରେ ପହଞ୍ଚିଲି। ରୁମ୍‌ର ଆଲୁଅ ଲିଭେଇ ୱିଣ୍ଡୋର ପର୍ଦ୍ଦା ଆଡ଼େଇ ଦେଲେ ୨୦-୩୦ ଫୁଟ୍ ତଳେ ଜାହାଜର ଉପର ଡେକ୍‌ଗୁଡ଼ିକର ଆଲୋକରେ ଅଳ୍ପ ଅଳ୍ପ ସମୁଦ୍ର ଦିଶୁଛି। ଟିଭିରେ ଗୋଟେ ଚାନେଲରେ ଜାହାଜର ଗତିପଥ ଓ ବିଷୟରେ ଡିସ୍‌ପ୍ଲେ କରୁଛି। GPSରେ ସମୁଦ୍ରରେ ଜାହାଜର ଅବସ୍ଥିତି, ସ୍ପିଡ୍, ସମୁଦ୍ରର ଗଭୀରତା, ଏ ପର୍ଯ୍ୟନ୍ତ ଆସିଥିବା ଦୂରତା ଓ ବାକିଥିବା ଦୂରତା ଆଦିର ସୂଚନା ଦେଖେଇ ଦେଉଛି। ଏପର୍ଯ୍ୟନ୍ତ ପ୍ରାୟ ୭୦Knot (Nautical Mile) (୧Knot = ୧.୮ KM), ୧୩୦Km ଆସି ସାରିଲେଣି। ୨୩୦ Knot ବାକି ଅଛି। ଜାହାଜ ୮-୯ Knot (୧୮-୧୯Km) ପ୍ରତି ଘଣ୍ଟା ସ୍ପିଡ୍‌ରେ ଚାଲୁଛି। ଏଠି ସମୁଦ୍ରର ଗଭୀରତା ୭୭୦-୮୦୦ ମିଟର ଭିତରେ ରହିଛି। ଡର ତ ଲାଗିଲା! ହଁ, ଜାହାଜ ଚାଲିବାରେ କୌଣସି ଶବ୍ଦ ହେଉନି ବା ହଲ୍‌ଚଲ୍ ବି ନାହିଁ। ଯେକୌଣସି 5 ଷ୍ଟାର୍ ହୋଟେଲରେ ଶୋଇଲା ପରି ଲାଗୁଥାଏ। ରାତି ପ୍ରାୟ ଗୋଟାଏ। କାଲି ସକାଳୁ ଉଠି ସୂର୍ଯ୍ୟୋଦୟ ଦେଖିବାକୁ ପଡ଼ିବ। ଶୋଇବାକୁ ଗଲାବେଳକୁ ମନେ ପଡ଼ିଗଲା ଟାଇଟାନିକ୍ କଥା। ଟାଇଟାନିକ୍‌ରେ ଦେଖିଥିବା ସବୁ ଜିନିଷ କାଲି ଖୋଜି ଖୋଜି ଦେଖିବି। କିନ୍ତୁ ପ୍ରଥମେ ଲାଇଫ୍ ବୋଟ୍ ! ଆଟଲାଣ୍ଟିକ୍ ବକ୍ଷରେ ପ୍ରଥମ ରାତ୍ରି। ସୁନିଦ୍ରା ଓ ଆସନ୍ତା କାଲିର ସୂର୍ଯ୍ୟୋଦୟ ଦେଖିବାର ଆଶା ରଖି ଶୋଇବାକୁ ଗଲି। ଶୁଭରାତ୍ରୀ ଆଟଲାଣ୍ଟିକ୍ ଓ ମ୍ୟାରିନର ଅଫ୍ ସି'ଜ୍ !

୦୯.୦୭.୨୦୧୯-ମଙ୍ଗଳବାର

ଆଟଲାଣ୍ଟିକ୍ ବକ୍ଷରେ ଗୋଟିଏ ଦିନ :

ଆଜି ପୂରା ଦିନଟି ସମୁଦ୍ର ଉପରେ (On the Sea) କଟିବ। ସୂର୍ଯ୍ୟୋଦୟ ୬.୩୦ AM ରେ ଥିଲା। ୫.୩୦ AM ରୁ ଯାଇ ଡ଼େକ୍-୧୨ (Top Deck) ରେ ପହଞ୍ଚିଗଲି। ଏହାକୁ Sun Deck କହନ୍ତି। ଅନ୍ଧାର ଟିକେ ଟିକେ ଥିଲା। ଜଗିଙ୍ଗ୍ ଟ୍ରାକ୍‌ରେ କେତେଜଣ ଦୌଡୁଥାନ୍ତି, ଚାଲୁଥାନ୍ତି। ତଳେ, ଡେକ୍-୧୧ରେ ସ୍ୱିମିଂ ପୁଲ୍। ପୁଲ୍‌ଗୁଡ଼ିକ ଆକାଶକୁ ଖୋଲା। ପୁଲ୍ ଚାରିପଟେ ପୁଲ୍ ଚେୟାର ସବୁ ପଡ଼ିଥାଏ ବିଶ୍ରାମ କରିବା ପାଇଁ। ଏଇ Rest Area ଉପରେ ହିଁ ଡେକ୍-୧୨, ପୁଲ୍ ଚାରିପଟେ ଘେରିକି ରହିଛି। ତେଣୁ ଡେକ୍-୧୨ର ଭିତର ପଟରୁ ତଳକୁ ଦେଖିଲେ ଡେକ୍-୧୧। ପୁଲ୍

ଏରିଆ ବାହାର ପଟକୁ ଦେଖିଲେ ସମୁଦ୍ର । ତେଣୁ ଡେକ୍-୧୨ ବା ସନ୍ ଡେକ୍‌ଟି ପ୍ରକୃତରେ ବସିବା ବା ବୁଲିବା ପାଇଁ ୨୦ ଫୁଟ୍ ଓସାରର ଏକ ରାସ୍ତା । ଦି'ପଟେ ଡେକ୍ ଚେୟାର ଓ ମଝିରେ ଯିବା ଆସିବା ପାଇଁ ଅରେଞ୍ଜ କଲରର Track ! ଅଣ୍ଡାକୃତିର ଏଇ ଟ୍ରାକ୍‌ର ଦୈର୍ଘ୍ୟ୨୦୦ ମିଟର, ତେଣୁ ୫ଥର ବୁଲିଲେ ଏକ କିଲୋମିଟର ହୁଏ । କିଛି ସମୟ ଜଗିଙ୍ଗ୍ କଲି, ମାତ୍ର ସେଇ ଏକା ସମସ୍ୟା । Keep to The Right, ଏଇଟା ଆମେରିକା ! ବାରମ୍ବାର Sorry କହି ବାମରୁ ଡାହାଣକୁ ଆସିବାକୁ ପଡୁଥାଏ । କିଛି କିଛି ଲୋକ କୌତୁହଳୀ ହୋଇ ମୋ ଆଡ଼େ ଅନଉଥାନ୍ତି । ସୂର୍ଯ୍ୟ ଉଠିବା ଆଗରୁ ଆଟଲାଣ୍ଟିକ୍‌ର ଥଣ୍ଡା ଥଣ୍ଡା ପବନରେ ପ୍ରଚୁର ଅକ୍ସିଜେନ୍ । ଫୁସ୍‌ଫୁସ୍ ଶୁଦ୍ଧ ଅକ୍ସିଜେନ୍‌ରେ ଭରିଯାଏ ଚାଲୁ ଚାଲୁ । ସତେଜ ଲାଗେ । ସକାଳୁ ସକାଳୁ ପୁଲ୍ ପଟକୁ ନଦେଖି ସମୁଦ୍ର ପଟକୁ ଦେଖିବାର ଯାଦୁକରୀ ଅନୁଭବ । ଆଖି ପାଇଲା ଯାଏ କେବଳ ନୀଳ ଜଳ ରାଶି । ଜୁଲାଇ ମାସର ଆଟଲାଣ୍ଟିକ ବଡ଼ ଶାନ୍ତ ଓ ସୁଧାର । କୁନି କୁନି ଢେଉ କାଟି କ୍ରୁଜ୍ ଯାଉଥାଏ । କାନ ନପାରିଲେ ଇଞ୍ଜିନ୍ ଶବ୍ଦ ଶୁଭେନି । କେବଳ ଶୁଭେ ପବନର ସୁ ସୁ ଶବ୍ଦ । ବଡ଼ ଢେଉ ନଥିବାରୁ ଜାହାଜ ବି ଚାଲିଲା ପରି ଲାଗେନା । ସୂର୍ଯ୍ୟ ଉଦୟର ସମୟ ହେବାରୁ ଡେକ୍ ଚେୟାରରେ ଆଉଜି ବସିଲି । କ୍ୟାମେରା ରେଡ଼ି କଲି । ପ୍ରଥମେ ସୂର୍ଯ୍ୟଙ୍କର ଛଟା ଦିଶିଗଲା ଦିଗ୍‌ବଳୟରୁ । କିନ୍ତୁ ହାୟ, ଦିଗ୍‌ବଳୟରେ ଆଜି ମେଘ ରହିଯାଇଛି । ତେଣୁ ସମୁଦ୍ର ଭିତରୁ ସୂର୍ଯ୍ୟ ଉଠିବା ଦେଖି ହେଲାନି । ମେଘ ପଛରୁ ସୂର୍ଯ୍ୟ ଉଠୁଉଠୁ ଦିଗ୍‌ବଳୟଠାରୁ ଉପରକୁ ଆସି ଯାଇଥିଲେ । ଠିକ୍ ଅଛି, ହାତରେ ଆହୁରି ତିନିଦିନ ଅଛି । ସକାଳର ସନ୍ ଡେକ୍ ଦର୍ଶନ ହୋଇଗଲା । ଏବେ ବ୍ରେକ୍‌ଫାଷ୍ଟ ଓ ମ୍ୟାରିନର ଅଫ୍ ସିଜ୍ ଭିତରେ ଟାଇଟାନିକ୍ ଖୋଜିବାକୁ ପଡ଼ିବ ।

ରୁମ୍‌ରେ ପହଞ୍ଚିଲି । ବାଥ୍‌ରୁମ୍ ଏକ ଦର୍ଶନୀୟ ଜିନିଷ । ୪x୪= ୧୬ ବର୍ଗଫୁଟର ଏକ ରୁମ୍ । ଯା ଭିତରେ କିନ୍ତୁ ରହିଛି କେତେ କ'ଣ - Stand up Shower, Mirror, Sink, Commode, Storage Cup Board ଇତ୍ୟାଦି ସମସ୍ତ ଉପକରଣ । ଏତେ ଛୋଟ ରୁମ୍‌ରେ ଦି'ଟା କାନ୍ଥରେ ଆଇନା ଥିବାରୁ ବଡ଼ ରୁମ୍ ପରି ଲାଗୁଛି । ସବୁଠୁ ମଜାଦାର ହେଉଛି ଏହାର Standing Shower । କେବଳ ଜଣେ ଲୋକ ହିଁ ସନ୍ତର୍ପଣରେ ଯା ଭିତରେ ଛିଡ଼ା ହୋଇପାରିବ । ଅର୍ଦ୍ଧବୃତ୍ତାକାର Sliding Door ଥିବା, ୨x୨ ଫୁଟ୍ ସାଇଜ୍‌ର ରୁମ୍ ଭିତରେ ଜଣେ ମୋଟା ଲୋକ ଛିଡ଼ା ହୋଇପାରିବନି । ସାଧାରଣ ଲୋକ ନଇଁ ପାରିବନି । ସ୍ଲାଇଡ଼ିଂ ଡୋର୍ ଟାଣିଦେଇ ସାଓ୍ୱାର ତଳେ ସିଧା ଛିଡ଼ା ହୋଇ ଗାଧୋଇବାକୁ ପଡ଼ିବ । ସାଓ୍ୱାର ଚାମ୍ବର ଭିତରେ ଅସୁବିଧା ହେଲେ ସ୍ଲାଇଡ଼ିଂ ଡୋର୍ ଖୋଲା ରଖି ଲମ୍ବା Hose ଥିବା Spray Wand (ହାତ ସାଓ୍ୱାର)

ବ୍ୟବହାର କରି ଗାଧୋଇ ହେବ। ବାଥ୍‌ରୁମ୍‌ରେ ଥଣ୍ଡା ଗରମ ପାଣିର ବନ୍ଦୋବସ୍ତ ଥାଏ। ଟ୍ୟାପ୍‌ରେ ପିଇବା ଯୋଗ୍ୟ ପାଣି ଆସେ। ପାଣି ଖର୍ଚ୍ଚ କମ୍ କରିବା ପାଇଁ ଭ୍ୟାକ୍ୟୁମ୍ ଟଏଲେଟ୍। ରହିଥାଏ। ଏଇଟା ହେଲା ସବୁଠୁ ଛୋଟ ରୁମର ଟଏଲେଟ୍। Suit କିମ୍ବା Grand Suit ଗୁଡ଼ିକରେ ବହୁତ ବଡ଼ ବଡ଼ ଟଏଲେଟ୍ ଥାଏ। ଏପରିକି ବାଥ୍ ଟବ୍ ବି ଥାଏ।

ଜାହାଜରେ ଶୁଦ୍ଧ ପାଣି ପାଇବା ବଡ଼ ସମସ୍ୟା। ପୂର୍ବରୁ ମିଠା ପାଣି କେବଳ ବନ୍ଦରମାନଙ୍କରୁ ମିଳୁଥିଲା। ଏବେ କିନ୍ତୁ ଟେକ୍ନୋଲୋଜିର ଅଗ୍ରଗତି ଦ୍ୱାରା ପାଣି ଆଉ ସମସ୍ୟା ହୋଇ ରହିନାହିଁ। Reverse Osmosis Process ରେ Desalination Plant ଦ୍ୱାରା ଜାହାଜରେ ହିଁ ସମୁଦ୍ର ପାଣିରୁ ମିଠା ପାଣି ମିଳିଯାଏ। ତା'ଛଡ଼ା ଡେକ୍ ଉପରୁ ବର୍ଷାପାଣି ସଂଗ୍ରହ କରି ବିଶୋଧନ କରି ବ୍ୟବହାର କରାଯାଏ। ପୁଣି ଜାହାଜର ଇଞ୍ଜିନ୍‌ର ଉତ୍ତାପକୁ ବ୍ୟବହାର କରି ସମୁଦ୍ର ପାଣିରୁ ବାଷ୍ପ ଦ୍ୱାରା ମିଠାପାଣି ବାହାର କରାଯାଏ।

ଗାଧୁଆ ସରିଲା ପରେ ଏବେ ଚାଲନ୍ତୁ ଦେଖିବା ଜାହାଜ..... ପ୍ରଥମ ଠିକଣା ହେଉଛି ଡ଼େକ୍-୧୧ରେ 'WINDJAMMER RESTAURANT '. ପୁରାତନ କାଳରେ ପାଲଟଣା ବୋଇତ ଗୁଡ଼ିକୁ 'Windjammer' କୁହାଯାଉଥିଲା। ନାଁଟି ସେଇଠୁ ଆସିଛି।

ମୁଁ ପହଞ୍ଚିଲା ବେଳକୁ ଭିଡ଼ ହୋଇସାରିଲାଣି। ପ୍ରବେଶ ଦ୍ୱାର ପାଖରେ ଦି'ଜଣ Electric Guitarist, "Wash your Hand" କୁ ବିଭିନ୍ନ ସ୍ୱରରେ ବୋଲି ହାତଧୋଇବା ଟ୍ୟାପ୍‌ଗୁଡ଼ିକ ପାଖକୁ ଇସାରା କରିଦେଉଥାନ୍ତି। ସମସ୍ତେ ହାତଧୋଇ ରେଷ୍ଟୁରାଣ୍ଟ ଭିତରକୁ ଯିବେ। ଏଠି ବ୍ରେକ୍‌ଫାଷ୍ଟ କମ୍ପ୍ଲିମେଣ୍ଟାରୀ । ଭିତରକୁ ପଶି ଆଖି ଖୋସି ହୋଇଗଲା। ପ୍ରାୟ ୩୦୦ଫୁଟ୍ ଲମ୍ବା ଓ ୧୩୦ଫୁଟ୍ ଓସାରର ଏହି ଅଣ୍ଡାକୃତି ହଲ୍‌ଟି ଡେକ୍-୧୧ରେ ଜାହାଜର ସାମ୍ନା ପଟକୁ ରହିଥାଏ। ପୂରା ଗୋଟେ ରାଉଣ୍ଡ ନେଲି, କୋଉଠି କ'ଣ ଅଛି ! ପ୍ରାୟ ୫୦-୬୦ପ୍ରକାରର ବ୍ରେକ୍‌ଫାଷ୍ଟ ଷ୍ଟେସନ୍ ରହିଛି। Continental, Chinese, Japanese, Indian, European, Mexican କାହିଁ କେତେ ଦେଶର ଡିସ୍ ସବୁ। ତା'ଛଡ଼ା କେତେ ପ୍ରକାରର ଜଣା ଅଜଣା ଫ୍ରୁଟ୍‌ସ। କମଳା, ଅଙ୍ଗୁର, ମୌସୁମୀ, ପିଚ୍, କାକୁଡ଼ି, ଅମୃତଭଣ୍ଡା ସହିତ ନାଲି, ନେଳି, ହଳଦିଆ ରଙ୍ଗର ସେଓ ଦେଖି ଖୁସୀ ହୋଇଗଲି। ଆମର ନିଜର କାକୁଡ଼ି, ଅମୃତଭଣ୍ଡା, Cornflakes, Milk, Omelette ଇତ୍ୟାଦିରେ ପେଟ ପୁରିଗଲା। ବ୍ରେକ୍‌ଫାଷ୍ଟ ପରେ, ୧୦ ପ୍ରକାର କଫି, କିନ୍ତୁ ଚା' ଗୋଟିଏ ପ୍ରକାରର। Pepsi, Coke, Sprite, Fanta

ଇତ୍ୟାଦି, ସଫ୍ଟ ଡ୍ରିଙ୍କ୍ Fountainରୁ ସ୍ୱିଚ୍ ଟିପିଲେ ମିଳିଯିବ। 24 Hour Beverage Stationରେ Milk, Coffee, Hot Chocolate, Juice ଇତ୍ୟାଦି Health Drink ବି ମିଳିଯାଏ। ୱିଣ୍ଡଜାମରରେ ପୃଥିବୀର ସବୁ ଦେଶରେ କ୍ରୁ ଅଛନ୍ତି। କଫି ଆଣିଲା ବେଳକୁ ଗୋଟେ ଭାରତୀୟ ପିଲା ସହିତ ଦେଖା ହେଲା। ତା'କୁ ପାଖକୁ ଡାକିଲି। Badge ଦେଖି ଜାଣିଲି ତା' ନାଁ ରବୀନ୍ଦ୍ର। ହିନ୍ଦୀରେ ପଚାରିଲି 'ଘର କେଉଁଠି?' ସେ କହିଲା ଭୁବନେଶ୍ୱର। ଏତେ ଖୁସି ଲାଗିଲା ଯେ କଫି ଛାଡ଼ି ତା'କୁ କୁଣ୍ଢେଇ ଧରିଲି। ତା'ର ଗାଁ ବାଲେଶ୍ୱର। ୩-୪ ବର୍ଷର କ୍ରୁଜ୍ ଚାକିରି ଭିତରେ, ପ୍ରଥମ ଥର ଜଣେ ଓଡ଼ିଆକୁ ଦେଖିଲା ଓ କଥା ହେଲା। ଖାଇବା, ପିଇବା, ରହିବା ଛଡ଼ା ମାସକୁ ଦରମା ୧୫୦୦ଡଲାର। ପ୍ରାୟ ୧,୦୦,୦୦୦ ଟଙ୍କା, ପୂରା ସଞ୍ଚୟ। ଆଠ ମାସର ଡ୍ୟୁଟି ପରେ ଦୁଇମାସ ଛୁଟି। ଘରକୁ ଯିବା ଆସିବା ଖର୍ଚ୍ଚ କମ୍ପାନୀ ଦିଏ। ବେଶ୍ ଖୁସୀରେ ଅଛି। ଗାଁରେ ବାପା ମା'ଙ୍କ ପାଇଁ ଘର କରିବା ତା'ର ସ୍ୱପ୍ନ। ଆରମ୍ଭ କରିଛି। ଏଇବର୍ଷ ସରିଯିବ। ଗୋଟେ Ocean Side Table ଦେଖି ବସିଲି। ସମୁଦ୍ରକୁ ଦେଖି ଦେଖି ବ୍ରେକ୍‌ଫାଷ୍ଟ ଖାଇବା ଗୋଟେ ଅଲଗା ଅନୁଭବ।

ଏଥର ଦେଖିବା 'ମ୍ୟାରିନର ଅଫ୍ ସି-ଜ୍'। Royal Caribbean Internationalର ୨୭ଟି କ୍ରୁଜ୍ ଜାହାଜ ମଧ୍ୟରୁ ଏହା ହେଉଛି ଅନ୍ୟତମ। ୨୦୦୩ରେ ଏହାର ଜଳାବତରଣ ଫିନ୍‌ଲ୍ୟାଣ୍ଡରେ ହୋଇଥିଲା। ୨୦୧୮ରେ ୧୨୦.୦୦ ମିଲିଅନ ଡଲାର ଖର୍ଚ୍ଚ କରି ଏହାର ନବୀକରଣ କରାଯାଇଛି। ୧୦୨୦ ଫୁଟ୍ ଲମ୍ବ ଓ ୧୨୭ ଫୁଟ୍ ଓସାରର ଏହି ଜାହାଜଟି ଘଣ୍ଟାକୁ ୨୩Knot (୪୧Km) ଗତିରେ ଯାତ୍ରା କରିପାରେ। ୧୬୬୪ଟି 'State Room' ରେ ୩୩୪୪ ଅତିଥି ରହିବା ପାଇଁ ସୁବିଧା ରହିଛି। ଜାହାଜ ପରିଚାଳନା ପାଇଁ ପୃଥିବୀର ପ୍ରାୟ ସବୁ ଦେଶରୁ ପ୍ରାୟ ୧୨୦୦ କ୍ରୁ ଏହି ଜାହାଜଟିରେ କାର୍ଯ୍ୟରତ। ଡେକ୍-୨ରେ ମୋର ରୁମ୍‌ଟି ୧୬୦ ବର୍ଗଫୁଟର ସବୁଠୁ ଛୋଟ ରୁମ୍। ବିଭିନ୍ନ ଡେକ୍‌ରେ ଅଲଗା ଅଲଗା ସାଇଜର ଅଲଗା ଅଲଗା ସୁବିଧା ଥାଇ ରୁମ୍‌ସବୁ ରହିଛି।

୧. ୨୪୬ଟି ଷ୍ଟେଟ୍ ରୁମ୍ – 160 - 328 Sft - 2- 4 ଜଣଙ୍କ ପାଇଁ

୨. ୬୩୮ଟି Balcony Room –198 - 275 Sft - 2- 4 ଜଣଙ୍କ ପାଇଁ

୩. ୧୨୧ଟି Suit – 277 - 1260 Sft - 4- 8 ଜଣଙ୍କ ପାଇଁ

ଗତକାଲି ଭାବୁଥିଲି, ଏତେ ବଡ଼ ଜାହାଜରେ କେଉଁଠୁ ଆରମ୍ଭ କରିବି, କେଉଁଠି ଶେଷ କରିବି ସବୁଠୁ କମ୍ ପରିଶ୍ରମରେ! ସକାଳୁ କ୍ରୁଜ୍‌ର ୩-୪ ପୃଷ୍ଠାର Daily Planner / News Letter, 'Cruise Compass' ରୁମ୍‌ରେ ମିଳିଯାଇଥିଲା। ଏଥିରେ

ଦିନକର ଜାହାଜର ସମସ୍ତ କାର୍ଯ୍ୟକ୍ରମ ଲିପିବଦ୍ଧ ଥାଏ। ଆସନ୍ତା ୨୪ଘଣ୍ଟାର ପ୍ରତିଟି ଆକର୍ଷଣର ରୁଟିନ୍ ଏଥିରେ ମିଳିବ । ତେଣୁ ମନପସନ୍ଦର ଜାଗା ନିଜ ସୁବିଧା ଅନୁସାରେ ବୁଲି ହେବ।

Indoor - Out Door Games :

ସ୍ୱିମିଂ ପୁଲ୍ ପରେ, Ice Skating Rink, Art Gallery, Library, Fitness Centre, Video Game Parlour, Boleros-Latin American Music and Dance Bar, Table Tennis Room ଇତ୍ୟାଦି Indoor Entertainment Facilty ଦେଖିଲି. ଡ଼େକ୍-୧୩ରେ ରହିଛି Out Door Games - Legend, Magic Johnson ଙ୍କର ଏକ Life Size ପ୍ରତିମୂର୍ତ୍ତି ଥାଇ Basket Ball Court, Mini Golf Course, Sky Climber, Rock Climbing, Perfect Storm (Water Slide), Flow Rider (ଟିକେ ପରେ ଜାଣିବା) ଇତ୍ୟାଦି। ଯାଛଡ଼ା ବିଭିନ୍ନ ଡେକ୍‌ରେ ବାର୍ ସବୁ ରହିଛି। ଏସବୁ ବୁଲିଲା ପରେ ଲଞ୍ଚ୍ ସମୟ ହୋଇଯାଇଥିଲା। ପୁଣି ପାଲଟଣା ବୋଇତ (Wind Jammer)କୁ ଯିବା।

ୱିଣ୍ଡଜାମର ସବୁଠୁ ଲୋକପ୍ରିୟ ବଫେଟ୍ ରେଷ୍ଟୁରାଣ୍ଟ। ଏଠି Breakfast- (7 AM-11 AM), Lunch (11.30-3.30 PM), Dinner (6.00–9.00PM) ମିଳେ। ୩୪୮ ସିଟ୍ ବିଶିଷ୍ଟ ଏହି ରେଷ୍ଟୁରାଣ୍ଟଟି ଏତେ ସୁନ୍ଦର ଯେ ଯେତେ ସମୟ ବସିଲେ ବି ବୋର୍ ଲାଗିବନି। କିଛି ନଖାଇ ସଫ୍‌ଟ ଡ୍ରିଙ୍କ୍ ବା କଫି ନେଇ Ocean Side ସିଟ୍‌ରେ ବସିପାର ୨-୩ ଘଣ୍ଟା। ବ୍ରେକ୍‌ଫାଷ୍ଟ ଅପେକ୍ଷା ଏହାର ଲଞ୍ଚ୍ ଆହୁରି ଆକର୍ଷଣୀୟ। ପୃଥିବୀର ସବୁ ଦେଶର ଖାଦ୍ୟ ଏଠି ମିଳିଯାଏ। ଆଫଗାନୀ, ଲେବାନିଜ୍, ଥାଇ, ଭିଏଟ୍‌ନାମିଜ୍ ଇତ୍ୟାଦି ଛୋଟ ଛୋଟ ଦେଶର ଖାଦ୍ୟ ବି ମିଳେ। କିନ୍ତୁ ମୋ ପାଇଁ ଗୋଟେ Surprise ଅପେକ୍ଷା କରିଥିଲା...'Salad Lunch'। ଲଞ୍ଚ୍‌ରେ ସାଲାଡ୍ ଖିଆଯାଏ ବୋଲି ମୁଁ ଶୁଣିଥିଲି। କିନ୍ତୁ ବୁଝିପାରୁନଥିଲି ଖାଲି ସାଲାଡ଼୍‌ରେ କେମିତି ପେଟ ପୁରିବ। ଆଜି 'ସାଲାଡ' କ'ଣ ଦେଖିଲି, ଖାଇଲି ଓ ଜାଣିଲି। ସାଲାଡରେ ଏଠିଥାଏ - ବିଭିନ୍ନ ପ୍ରକାରର ଫଳ ଓ କଞ୍ଚା ପନିପରିବା - କେତେ ପ୍ରକାରର କାକୁଡ଼ି, ୨-୩ ରଙ୍ଗର ବନ୍ଧାକୋବି ପତ୍ର, ଲେଟ୍ୟୁସ୍, ସ୍ପିନାଚ୍, ଗାଜର, ମୂଳା, ଲଙ୍କା, ଧନିଆଁ ପତ୍ର ଓ ଆହୁରି ଅଜଣା କେତେ କ'ଣ ପତ୍ର, ଫଳ ଫୁଲ। ଏସବୁ ଅତ୍ୟନ୍ତ ସ୍ୱାଦିଷ୍ଟ। ଫଳ ଭିତରେ ନାଲି, ନେଳି, ହଳଦିଆ ରଙ୍ଗର ସେଓ, କମଳା, ଅମୃତଭଣ୍ଡା, ପିଜୁଳୀ, ସପୁରୀ, Watermelon, Muskmelon ଇତ୍ୟାଦି। ଖାଦ୍ୟର ୭୦-୮୦% ସାଲାଡ୍

ହିଁ ନେଲି। ଥୋମାସ୍ କୁକ୍‌ର ବାକି ୧୨ ଦିନର ଖାଇବାରେ ସାଲାଡ୍ ହିଁ ମୋର ପ୍ରଥମ ପସନ୍ଦ ହୋଇ ରହିଲା। ଏସବୁ ଜିନିଷ ଏଠି ଆମର 5 ଷ୍ଟାର୍ ହୋଟେଲରେ ବି ମୁଁ ଦେଖିନି। ପ୍ଲେଟ୍ ଭରା ସାଲାଡ୍ ନେଇ Ocean Side Table ରେ ବସି ଖାଇବାର ଅନୁଭୂତି କେବେବି ଭୁଲି ହେବନି। ଶେଷରେ Fresh Fruit Juice, Butter Milk, Milk Yogurt (ଦହି ପରି ଏକ ପ୍ରସ୍ତୁତି) ଓ ଆଇସ୍‌କ୍ରିମ୍‌ରେ ଉଦ୍‌ଯାପନ...।

ଲଞ୍ଚ୍ ପରେ ଦି'/ ତିନି ଘଣ୍ଟା ରୁମ୍‌ରେ ବିଶ୍ରାମ, ୱିଣ୍ଡୋରେ ସମୁଦ୍ର ଦେଖି ଦେଖି। ୱିଣ୍ଡୋଗୁଡ଼ିକ ଗୋଲାକାର ହୋଇଥାଏ। ଏଗୁଡ଼ିକୁ ୱିଣ୍ଡୋ ନକହି Port Hole ବୋଲି କୁହାଯାଏ। ଆଗରୁ କେତେଥର ଜାହାଜରେ ଏଇପରି ଗୋଲାକାର ଝରକା ଦେଖିଥିଲି। ମାତ୍ର କାରଣ ଜାଣି ନଥିଲି। ଆଜି ଜଣାପଡ଼ିଲା। ଆୟତାକାର ବା ବର୍ଗାକାର କାଚ ଝରକା ସମୁଦ୍ର ପବନ ବା ପାଣିର ଧକ୍କା ଠିକ୍‌ରେ ସମ୍ଭାଳି ପାରିବେନି। ଏଗୁଡ଼ିକ ୧୦୦% Water proof ବା Air proof ହୋଇପାରିବେନି। କିନ୍ତୁ ଗୋଲାକାର କାଚଝରକା ସାମୁଦ୍ରିକ ଝଡ଼ ସହିଲା ଭଳି ଶକ୍ତି ରଖିଥାଏ।

ସମୟ ୬.୦୦ PM. ଅପରାହ୍ନର ସୂର୍ଯ୍ୟ ଦିଗ୍‌ବଳୟ ପାଖାପାଖି ଚାଲିଗଲେଣି। ଏବେ ଗୋଟେ କାମ ବଜାର ବୁଲା.. ଡେକ୍-୫ରେ Royal Promenade, ୩୯୫ ଫୁଟ୍ ଲମ୍ବା ଏକ ରାଜରାସ୍ତା। ଦୁଇପଟେ ବଜାର, ଫୁଟପାଥ୍‌ରେ ଉଠା ଦୋକାନ; ମଝିରେ ମଝିରେ ମ୍ୟୁଜିକ୍ ବ୍ୟାଣ୍ଡ; ମ୍ୟାଜିସିଆନ୍‌ର ମ୍ୟାଜିକ୍; ଫ୍ୟାନ୍‌ସି ଡ୍ରେସ୍‌ରେ କଳାକାରମାନଙ୍କର ଯିବା ଆସିବା। ଯାତ୍ରୀମାନଙ୍କର ଭିଡ଼ ରାସ୍ତା ଉପରେ, କଫି ସପ୍‌ରେ, ସୁନା ଦୋକାନରେ, ବାର୍‌ରେ, ଗିଫ୍ଟ ଦୋକାନରେ ବା ଫ୍ୟାସନ୍ ସପ୍‌ରେ। ରାସ୍ତା ଦି'ପଟରେ ଦୋକାନ ଉପରେ ୫ ମହଲା ବିଲ୍ଡିଂ ପରି ଡେକ୍ ୫,୬,୭,୮,୯,୧୦ର ପ୍ରୋମେନେଡ୍ ରୁମ୍ ସବୁ ଥାଏ। ଏହି ରୁମ୍‌ରେ ବସି ଝରକାରୁ ବଜାର ଦୃଶ୍ୟ ଦେଖି ହେବ ହାୱା ମହଲ ପରି। ସେଥିପାଇଁ ପ୍ରୋମେନେଡ୍ ରୁମ୍ ଗୁଡ଼ିକର ଦାମ୍ ଟିକେ ଅଧିକା। ପ୍ରୋମେନେଡ୍‌ର ଦୋକାନଗୁଡ଼ିକରେ ଡ୍ୟୁଟି ଫ୍ରି ଦାମ୍‌ରେ ଜିନିଷ ମିଳେ। ତେଣୁ ଇମ୍ପୋର୍ଟେଡ ଜିନିଷ ସବୁ ଲୋକ ଏଠୁ କିଣାକିଣି କରନ୍ତି। Pub ଓ Bar ରେ ବେଶ୍ ଭିଡ଼। ଏସବୁକୁ ନେଇ ପ୍ରୋମେନେଡ୍ ରୟାଲ, ଆମେରିକାର କୌଣସି ଏକ ବ୍ୟସ୍ତ ଷ୍ଟ୍ରିଟ୍ (ବଜାର)ର ଭ୍ରାନ୍ତି ସୃଷ୍ଟି କରେ। ଆଟଲାଣ୍ଟିକ ମହାସାଗର ଭିତରେ ଏଇ ବଜାରରେ ସପିଂ କରିପାରିବ, ପିଜ୍ଜା ଖାଇପାରିବ, ମ୍ୟୁଜିକ୍ ଶୁଣିପାରିବ, କଫି ପିଇ ପାରିବ ବା ଗାର୍ଲଫ୍ରେଣ୍ଡ ଧରି ବୁଲିପାରିବ। ସମୟ ତ କୁଆଡ଼େ ହଜିଯିବ। ପ୍ରୋମେନେଡ୍ ଯଥାର୍ଥରେ 'Heart of the Ship'. ସାମ୍ପେନ୍ ବା ସ୍କଚ୍ ସହିତ ହୃଦୟ ବି ଏଠି ତରଳ ଅବସ୍ଥାରେ (Liquid State) ରେ ଥାଏ!!

ରୟାଲ ପ୍ରୋମେନେଡ୍ ରାସ୍ତାରେ କେଫ୍ ପ୍ରୋମେନେଡ୍ ଏକ ପପୁଲାର '24 Hour Quick Food Eatery'. ଏଠି Pizza, Sandwich, Cookies, Pastries, Muffins, Icecream ଇତ୍ୟାଦି ଦିନ ରାତି ୨୪ ଘଣ୍ଟା ମିଳେ। ଅବଶ୍ୟ ସମସ୍ତ ଜିନିଷ କମ୍ପ୍ଲିମେଣ୍ଟାରୀ। ପଇସା ଖର୍ଚ୍ଚ କରିବା ଆବଶ୍ୟକତା ନାହିଁ। ୧୦-୨୦ ପ୍ରକାର ପିଜ୍ଜାରୁ ମୋର ପସନ୍ଦ ଚିଜ୍ ପିଜ୍ଜା। ପିଜ୍ଜା ସପ୍ ସାମ୍ନାରେ Band Stand. ଜାହାଜର Band Team Western Music ପରିବେଷଣ କରୁଥାନ୍ତି। ତେଣୁ କଫି ପିଅ, ପିଜ୍ଜା ଖାଅ ଓ ବସିବସି John Lennon, Elvis Presley, Michael Jackson ବା Madonna ଶୁଣୁଥା'। (କେତେ ସେଥିରୁ ବୁଝିବା ଆମେ, ଅଲଗା କଥା!!)

୫.୦୦ PM ରୁ ୭.୦୦PM ଦି ଘଣ୍ଟା ପ୍ରୋମେନେଡ୍‌ରେ ବୁଲାବୁଲି, ପିଜ୍ଜା, କଫି, ମ୍ୟୁଜିକ୍ ଉପଭୋଗ କରିସାରିଲା ବେଳକୁ ସନ୍ଧ୍ୟା ଆସନ୍ନ। ଏଥର ସନ୍ ଡେକ୍ (ଡେକ୍-୧୨) ଟାଇମ୍। ଡେକ୍ ଉପରେ ଅସ୍ତ ସୂର୍ଯ୍ୟର ଶେଷ କିରଣ ପଡୁଥାଏ। ସୂର୍ଯ୍ୟାସ୍ତ ଦେଖିବାର ଇଚ୍ଛା ଥିଲା। ମାତ୍ର ପୁଣି ଆଜି ମେଘମାନେ ଦାଉ ସାଧିଲେ। ସନ୍ଧ୍ୟା ପରେ ଆଉ କେତେଜଣ ସହଯାତ୍ରୀଙ୍କ ସହିତ ଡେକ୍ ଚେୟାରରେ ବସିଲି। ଥଣ୍ଡା ଥଣ୍ଡା ଲୁଣିଆ ପବନ! ସନ୍ ଡେକ୍ ରାତିରେ ଷ୍ଟାର ଡେକ୍‌ରେ ପରିଣତ ହୋଇଗଲା। ଆଜି କୃଷ୍ଣପକ୍ଷ ଅଷ୍ଟମୀ, ଚନ୍ଦ୍ରୋଦୟ ରାତି ୨୩.୩୫ ରେ। ଆକାଶ ସାରା ତାରା। ଆଜି Jumbotron (Poolside TV) ରେ Dumbo ନାମକ ଏକ ଡିଜ୍‌ନି ଫିଲ୍ମ ଦେଖିଲି। ଏବେ ରିଲିଜ ହୋଇଛି। ଭାରତୀୟ ମୂଳର ରୋସନ୍ ସେଠ୍ ଏଥିରେ ଅଭିନୟ କରୁଛନ୍ତି। ଆକସ୍ମିକ ଭାବେ ଗୋଟେ ସର୍କସ ପାର୍ଟିର ମାଈ ହାତୀ ଅସ୍ୱାଭାବିକ ଭାବେ ବଡ଼ କାନ ଥିବା ହାତୀଛୁଆ ଜନ୍ମ କରିଚି। ସେ ଛୁଆଟି ବଡ଼ ହେଲାରୁ କାନକୁ ଡେଣା ଭାବେ ବ୍ୟବହାର କରି ଉଡ଼ିବା ଶିଖିଯାଇଛି। ପିଲାଙ୍କ ପାଇଁ ଫିଲ୍ମ। ଭଲ ଲାଗିଲା।

Casino Royale :

ଡ଼େକ୍-୧୨ରୁ ଆସି କେତେଜଣ ବନ୍ଧୁଙ୍କ ସାଙ୍ଗରେ ଡ଼େକ୍-୪ରେ କାସିନୋ ରୟେଲ ଦେଖିବାହାରିଲୁ। କାସିନୋ ଏକ ଜୁଆ ଘର। ଏଠି ଜୁଆ ଖେଳିବାର ବିଭିନ୍ନ ସାଜ ସରଞ୍ଜାମ ଥାଏ। ଜୁଆ ବିଭିନ୍ନ ପ୍ରକାରର କାର୍ଡ଼ (ତାସ୍)ରେ ଖେଳାଯାଏ। ତା'ଛଡ଼ା Slot Machine ଓ Roullete ଚକ୍ରୀରେ ବି ଖେଳାଯାଏ। କାର୍ଡ଼ର ବିଭିନ୍ନ ପ୍ରକାର ଗେମ୍ ଭିତରୁ Blackjack, Caribbean Stud Poker, Craps ଆଦି ଖେଳ ବେଶ୍ ପପୁଲାର। ରୁଲେଟ୍ ଏକ ଚକ୍ରୀ ଖେଳ। କୌଣସି ସଂଖ୍ୟା ଉପରେ ବାଜି ରଖି ଚକ୍ରୀ ଘୁରାଯାଏ। ବାଜି ରଖିଥିବା ସଂଖ୍ୟା ଉପରେ ଛୋଟ ବଲ୍‌ଟି ଘୂରିଘୂରି ଆସି ପହଞ୍ଚିଲେ

ଜିତିଲ, ନହେଲେ ପଇସାତକ ଗଲା। ରୁଲେଟ୍ ମେସିନ୍ ଓ କାର୍ଡ଼ ଗେମ୍ ଗୁଡ଼ିକ ଗୋଟିଏ ଗୋଟିଏ ଟେବୁଲ ଉପରେ ଥାଏ। ସୁନ୍ଦରୀ ତରୁଣୀମାନେ ଏ ଗେମ୍‌କୁ ଚଳାନ୍ତି। ସେମାନଙ୍କ ପଛରେ ସହକାରୀ ପୁଅମାନେ ଥାନ୍ତି। ଆଉ ପ୍ରକାରେ ଜୁଆ ହେଉଛି ସ୍ଲଟ୍ ମେସିନ୍। ଏଥିରେ ବି ପଇସା ପକେଇ ହ୍ୟାଣ୍ଡଲ ବୁଲେଇଲେ ବିଭିନ୍ନ ସଂଖ୍ୟା ସବୁ ବାହାରେ। ସେଇଥିରୁ ହାର୍‌ଜିତ୍ ବିଚାର କରାଯାଏ। କାସିନୋ ଭିତରେ ୪୧୮ ଜଣଙ୍କ ପାଇଁ ଖେଳିବା ବ୍ୟବସ୍ଥା ଅଛି। ୩୦୦ ସ୍ଲଟ୍ ମେସିନ୍ ଧାଡ଼ି ଧାଡ଼ି ରଖା ହୋଇଛି। ରୁଲେଟ୍ ବା କାର୍ଡ଼ ଗେମ୍ ପରି ଏଠି ଅନ୍ୟର ସାହାଯ୍ୟ ନେବା ଦରକାର ନାହିଁ। ନିଜେ ଖେଳିପାରିବ। ପ୍ରବେଶ ପାଖରେ ଡଲାର ଦେଇ ଟୋକନ୍ କିଣିବାକୁ ପଡ଼ିବ। ଜୁଆ ଖେଳିବା ପାଇଁ ଏଇ ଟୋକନ୍‌ଗୁଡ଼ିକ ହିଁ ଡଲାରର କାମ କରେ। ଜିତିଥିବା ଟୋକନ୍ ଦେଲେ ପଇସା ମିଳିଯିବ। ଟୋକନ୍ କିଣି ନିଜର ସାହସ (ବରଂ ଦୁଃସାହସ କହିବା ଠିକ୍ ହେବ) ଅନୁସାରେ ପଇସା ଲଗେଇଲେ, ଖେଳର ଫଳାଫଳ ଅନୁସାରେ ପଇସା ଜିତିବ କି ହାରିବ। ଆମ ସାତ ଜଣିଆ ଟିମ୍‌ରୁ ୪ଜଣ ୪୦ ଡଲାର ହାରିଲେ, ୨ ଜଣ ୧୦ ଡଲାର ଲେଖାଏଁ ଜିତିଲେ। ମୁଁ ନିରାସକ୍ତ ଦର୍ଶକ। ଅଧିକାଂଶ ଖେଳାଳି ଏଠି ହାରନ୍ତି। ମୁଁ ବୁଝିପାରେନା ପଇସା ହରେଇବା ପାଇଁ ଲୋକ କାହିଁକି ଏଠିକି ଆସନ୍ତି ? ଅବଶ୍ୟ କାସିନୋ ଭିତରେ ପଶିଲା ପରେ କିଛି ବୁଝି ହେଲା।

କାସିନୋର ମଧ୍ୟସ୍ଥଳରେ ବାର୍, ଧିମା ଆଲୁଅରେ ସଫ୍‌ଟ ମ୍ୟୁଜିକ୍ ଆଉ ସୁନ୍ଦରୀ ତରୁଣୀଙ୍କ ସାହଚର୍ଯ୍ୟ ସହିତ କିଛି ଡଲାରର ସମ୍ଭାବନାର ମୋହ ଏଠିକି ଅନେକ ଲୋକଙ୍କୁ ଟାଣି ଆଣେ। ରାତି ୮.୦୦ଟା ବେଳକୁ କାସିନୋ ଖଚାଖଚ୍ ଭିଡ଼। ପୁରୁଷ, ନାରୀ ସମସ୍ତଙ୍କ ହାତରେ ୱାଇନ୍ ଗ୍ଲାସ୍ ଓ ଆଖିରେ ଉତ୍ସାହର ଝଲକ। ସବୁଯାକ ଟେବୁଲ ଭର୍ତ୍ତି। ଅବଶ୍ୟ ନିର୍ଲିପ୍ତ ଦେଖଣାହାରୀଙ୍କ ସଂଖ୍ୟା ବି କମ୍ ନୁହେଁ !

ପୁନଶ୍ଚ ୱିଣ୍ଡଜାମର :

ଡ଼ିନର ଟାଇମ୍ ହେଲାରୁ ସମସ୍ତେ ୱିଣ୍ଡଜାମର ଫେରିଲୁ। ରାତ୍ରିର ୱିଣ୍ଡଜାମରର ରୂପ ଦିନ ଅପେକ୍ଷା ଅଲଗା। ପ୍ରବେଶ ଦ୍ୱାର ପାଖରେ ବାର୍‌ରେ ପୂରା ଭିଡ଼। କିଛି ବନ୍ଧୁ ସେଠି ରହିଗଲେ। ଆମେ କେଇଜଣ ସିଧା ଡିନର ଷ୍ଟେସନ୍ ଆଡ଼କୁ ଚାଲିଲୁ। Grill ଓ Barbequeର ଗୋଟେ ଅଲଗା ସେକ୍ସନ୍ ଖୋଲି ଯାଇଛି। ଚିକେନ୍, ମାଛ, Meat ଓ Steaks, Pork ସବୁ Barbeque Grill ରୁ ମିଳିଯାଉଛି। ଗାଈ ବା ଘୁଷୁରୀର ପୂରା ଅଙ୍ଗଟି ଗ୍ରୀଲ୍ ଭିତରୁ ଦିଶିବା ବଡ଼ ବିବସ୍ତ। ଆଖି ନାକ ବୁଜି ସେ ଅଞ୍ଚଳ ଛାଡ଼ି ଚାଲିଆସିଲି। ସାଲାଡ଼୍ ଉପରେ ମନୋନିବେଶ କଲି। ୪-୫ ପ୍ରକାରର ସୁପ୍ ବି ଥିଲା। ବେଶ୍

ବଢ଼ିଆ ! ଶେଷରେ ଆଇସ୍‌କ୍ରିମ୍। ୧୦-୧୫ ପ୍ରକାରର ଆଇସ୍‌କ୍ରିମ୍‌ରୁ ବାଛି ବାଛି ଖାଇବା କଥା। ସବୁର ସ୍ୱାଦ ଆମଠୁ ଅଲଗା, ମନ ଖୁସି ହୋଇଗଲା ପରି। ଜାହାଜରେ କେବଳ ଅର୍ଗାନିକ୍ ଆଇସ୍‌କ୍ରିମ୍ ମିଳେ। ରେଷ୍ଟୁରାଣ୍ଟ ଖାଲି ହେଲା ପର୍ଯ୍ୟନ୍ତ ଗପସପ ହେଲୁ। ୧୨ଟା ବେଳକୁ ରୁମ୍‌କୁ ଫେରିଲୁ। ପୂରା ଦିନ ଆଜି ଜାହାଜ ବୁଲାବୁଲିରେ କଟିଗଲା।

କେପ୍ କାନାଭେରାଲ ଛାଡ଼ିବା ବେଳୁ ୱାଇଫାଇ ନାହିଁ। ଜାହାଜର ଫ୍ରି' ୱାଇଫାଇ କେବଳ ଜାହାଜ ବିଷୟକ ଜିନିଷ ଜାଣିବା ପାଇଁ। ୩୦ ଘଣ୍ଟା ହେଲା, ନିଜ ଦୁନିଆଁରୁ ବିଚ୍ଛିନ୍ନ ହେବାର। ବାହାରକୁ ସମ୍ପର୍କ ପାଇଁ ସାଟେଲାଇଟ୍‌ରୁ କନେକ୍‌ସନ୍ ନେବାକୁ ପଡ଼ିବ। ଦିନକୁ ୧୮ଡଲାର। ପୂରା ପରିବାର ପାଇଁ ୪ଟା କନେକ୍‌ସନ୍ ନେଲେ ଗୋଟେ ଫୋନ୍ ପାଇଁ ୧୩ଡଲାର ପଡ଼ିବ ଦିନକ ପାଇଁ। ଏଇଟାକୁ Whatsapp ଓ Google ଠାରୁ ଦୂରରେ ରହିବା ପାଇଁ ଏକ ସୁଯୋଗ ବୋଲି ମନକୁ ସାନ୍ତ୍ୱନା ଦେଲି।

ଆଜି ଦିନସାରା ଜାହାଜର ଗତି ୭-୮Knot (୧୩-୧୪Km) ରେ ସୀମିତ ଅଛି। କିନ୍ତୁ ସମୁଦ୍ରର ଗଭୀରତା ୨୦୦୦ ମିଟର ହୋଇଗଲାଣି। ୨ କି.ମି. ଗଭୀର ଏଠି ଆଟଲାଣ୍ଟିକ ମହାସାଗର ! ବିଶ୍ୱାସ କରି ହେଲାନି ନିଜକୁ। ଜାହାଜ ଚାଲୁଛି। ସକାଳୁ ଲାଇଫ ବୋଟ୍‌ମାନଙ୍କର ଅବସ୍ଥିତି ତ ଦେଖିଦେଇଥିଲି । ଲାଇଫ୍ ଜ୍ୟାକେଟ୍‌ର ବ୍ୟବହାର ମଷ୍ଟର୍ ପ୍ୟାରେଡ ବିଷୟରେ ବୁଝାଇ ଦିଆଯାଇଥିଲା। ତେଣୁ ବାକିତକ ଜଗନ୍ନାଥଙ୍କ ଇଚ୍ଛା ! ମୋ ତରଫରୁ MOU ବ୍ୟତିକ୍ରମ ନ ହେଲେ ତାଙ୍କ ତରଫରୁ କାହିଁକି ଖିଲାପ ହେବ ? ଗୁଡ୍‌ନାଇଟ...

୧୦.୦୭.୨୦୧୯ ବୁଧବାର

'ବାହାମାସ୍' ଚପଲର ନାଁ ନୁହେଁ :

ସକାଳୁ ନିଦ ଭାଙ୍ଗିଲା ବେଳକୁ, ଦୂରରୁ ସ୍ଥଳଭାଗ ଦିଶିଲାଣି। ଦଶଟା ବେଳକୁ Nassau ସିଟି ଟୁର୍ ଅଛି। ତେଣୁ ନିତ୍ୟକର୍ମ ଓ ବ୍ରେକ୍‌ଫାଷ୍ଟ ୯ଟା ସୁଦ୍ଧା ସାରିବାକୁ ପଡ଼ିବ। ସନ୍ ଡେକ୍‌କୁ ଯାଇ ସକାଳୁ ସକାଳୁ ନାସାଉ ସହର, ବାହାମାସ୍‌ର ରାଜଧାନୀ ପାଖେଇ ଆସୁଥିବାର ଦେଖିଲି। ପ୍ରାୟ ୮ଟା ବେଳକୁ ଜାହାଜ ବର୍ଥରେ ଲାଗିଗଲା। ଆହୁରି ୩ଟା କ୍ରୁଜ ଲାଇନର ବନ୍ଦରରେ ଅଛନ୍ତି। Cruise Compass ରୁ ବାହାମାସରେ ଦିନକର ଟିକିନିଖି ବିବରଣୀ ମିଳିଗଲା କ'ଣ ସବୁ କରାଯାଇପାରେ। ସିଟି ଟୁର୍ ସହିତ, ଐତିହାସିକ ସ୍ଥାନ ଦର୍ଶନ, ସମୁଦ୍ରରେ ବିଭିନ୍ନ Sports (Scuba, Scuna,

Canoeing, Wind Surfing) ଆଦିରେ ଭାଗ ନେଇ ହେବ। Scuna, ଏକ ନୂଆ ନାଁ'ର Water Sports. Scuba ରେ ଅକ୍ସିଜେନ୍ ସିଲିଣ୍ଡର ନେଇ ପାଣି ଭିତରକୁ ବୁଡ଼ିବାକୁ ପଡ଼େ। କିନ୍ତୁ Scunaରେ ଅକ୍ସିଜେନ ସିଲିଣ୍ଡର ପାଣି ଉପରେ ଭାସୁଥାଏ। ଏକ Air line (ପାଇପ୍) ଦେଇ ଅକ୍ସିଜେନ୍ ନେବାକୁ ପଡ଼େ। ତେଣୁ ଅତି ବେଶୀରେ ୨୦ ଫୁଟ୍ ଗଭୀରକୁ ଯାଇ ହେବ। ଏସବୁ ପାଇଁ କିଛି ଡଲାର ଖର୍ଚ୍ଚ କରିବାକୁ ପଡ଼ିବ। ମୁଁ ଐତିହାସିକ ସ୍ଥାନଗୁଡ଼ିକ ସହିତ ସିଟି ଟୁର୍ ପସନ୍ଦ କଲି... ୫୪ଡଲାର - ତିନି ଘଣ୍ଟାର ମିନିବସ୍‌ରେ ଭ୍ରମଣ...। ବାହାମାସ୍ ଦ୍ୱୀପ ଏକ ସ୍ୱାଧୀନ ଦେଶ। ଏଠି ପାଦ ଦେବା ପାଇଁ ପାସପୋର୍ଟ, ଭିସା ଆବଶ୍ୟକ। କିନ୍ତୁ US Visa ଥିଲେ ରେଡ୍ କାର୍ପେଟ ୱେଲକମ୍। ଲାଲ ଗାଲିଚାରେ ସ୍ୱାଗତ କରାଯାଏ। ଜାହାଜରୁ Disembarcation କରି ସେମାନଙ୍କର ଇମିଗ୍ରେସନ୍ ଦେଇ ଯିବାକୁ ପଡ଼ିଲା। କୌଣସି ଫଳ କିମ୍ବା ଶସ୍ୟ ନେଇ ଦ୍ୱୀପ ଭିତରକୁ ପଶିପାରିବନି। ସବୁ ଦେଶରେ ଏଇପରି କଟକଣା ଥାଏ।

ଏଥର ଜାଣିବା ବାହାମାସ୍ ବିଷୟରେ। ଆମ ଦେଶରେ ବାହାମାସ୍ ଏକ ପପୁଲାର ଚପଲ୍ ବ୍ରାଣ୍ଡ। ଆଜି କିନ୍ତୁ ଆମେ ଦେଖିବା ସତସତିକା ବାହାମାସ୍ - ଏକ ଦ୍ୱୀପପୁଞ୍ଜର ଦେଶ। ସବୁଠୁ ବଡ଼ ଦ୍ୱୀପ New Providence ରେ ଅବସ୍ଥିତ ଏହାର ରାଜଧାନୀ ନାସାଉ। ଛୋଟ ବଡ଼ ୭୦୦ ଦ୍ୱୀପକୁ ନେଇ ବାହାମାସ ଦେଶର କ୍ଷେତ୍ରଫଳ ୧୪,୦୦୦ ବର୍ଗ କିଲୋମିଟର। ଦେଶଟିର ଜନସଂଖ୍ୟା ୪,୦୦,୦୦୦ ହେଲେ ବି ମାତ୍ର ୭-୮ଟି ଦ୍ୱୀପରେ ଜନବସତି ରହିଛି। ପ୍ରମୁଖ ସହର ନାସାଉ, Lucaya, Freeport. ଏଥିରୁ କେବଳ ନାସାଉରେ ୨,୩୦,୦୦୦ ଲୋକ ବାସ କରନ୍ତି। ଅନ୍ୟ ଦୁଇଟି ଦ୍ୱୀପର ଜନସଂଖ୍ୟା ଯଥାକ୍ରମେ ୪୬,୦୦୦ ଓ ୨୭,୦୦୦। ଅନ୍ୟାନ୍ୟ ଦ୍ୱୀପଗୁଡ଼ିକରେ ୧୦,୦୦୦ ବା ତା'ଠୁ କମ୍ ଲୋକ। ଟୁରିଷ୍ଟମାନେ ଏଇ ତିନୋଟି ଦ୍ୱୀପକୁ ଯାନ୍ତି।

ବାହାମାସ୍‌ର ଇତିହାସ ପନ୍ଦରଶ ଶତାବ୍ଦୀରୁ ଇଉରୋପିଆନ୍ ସମାଜ ସହିତ ଜଡ଼ିତ। ଆମ (ଭାରତ) ସହିତ ବାହାମାସ୍‌ର ସମ୍ପର୍କ ହେଲା ଏକ 'ଭ୍ରମ'ର ଭ୍ରମଣ କାହାଣୀ। ୧୪୯୨ ମସିହାରେ ଖ୍ରୀଷ୍ଟୋଫର କଲମ୍ବସ୍, ସ୍ପେନ୍ ରାଣୀ ଇସାବେଲାଙ୍କ ପୃଷ୍ଠପୋଷକତାରେ ଭାରତ ଆବିଷ୍କାର କରିବାକୁ ଅଗଷ୍ଟ ୩, ୧୪୯୨ରେ ନିନା, ପିଣ୍ଟା ଓ ସାନ୍ତାମାରିଆ ନାମକ ତିନୋଟି ଜାହାଜରେ ବାହାରିଲେ। ନଅ ସପ୍ତାହ ଆଟଲାଣ୍ଟିକ୍‌ରେ ନୌଯାତ୍ରା କଲା ପରେ ସେ ସ୍ଥଳ ଭାଗରେ ପହଞ୍ଚିଲେ। ସେଇଟାକୁ ସେ India (ଭାରତ) ବୋଲି କହିଲେ। କିନ୍ତୁ ପ୍ରକୃତରେ ସେ ବାହାମାସ୍‌ର କୌଣସି ଏକ ଦ୍ୱୀପରେ ପହଞ୍ଚିଥିଲେ। ତା'ପରେ ତିନିଥର, ସେ ତାଙ୍କ ଆବିଷ୍କୃତ ଭାରତକୁ

ଆସିଥିଲେ। ଶେଷରେ ସେ ଦକ୍ଷିଣ ଆମେରିକାର Main Land, Mexicoର କୌଣସି ସ୍ଥାନରେ ପହଞ୍ଚିଥିଲେ। ତାଙ୍କର ନୂଆ ଆବିଷ୍କାରକୁ ସେ ରାଣୀ ଇସାବେଲାଙ୍କୁ ଉତ୍ସର୍ଗିତ କରିଥିଲେ। ପରବର୍ତ୍ତୀ ସମୟରେ ଆଉ ଜଣେ ଇଟାଲିଆନ୍ ଅଭିଯାତ୍ରୀ Amerigo Vespucci 1501 ମସିହାରେ ଦକ୍ଷିଣ ଆମେରିକାର ବ୍ରାଜିଲରେ ପାଦ ଦେଲେ। ସେ ଏହାକୁ ନ୍ୟୁ ୱାର୍ଲ୍ଡ କହିଲେ। ୧୫୦୬ରେ କଲମ୍ବସ୍‌ଙ୍କର ମୃତ୍ୟୁ ପର୍ଯ୍ୟନ୍ତ ଏ ଦୁଇଟି ଆବିଷ୍କାର ଗୋଟିଏ ମହାଦେଶ ବୋଲି ଜଣାନଥିଲା। ସେ ଭାରତ ଆବିଷ୍କାର କରିଥିବାର ଗର୍ବ ନେଇ ମୃତ୍ୟୁ ଲାଭ କରିଥିଲେ। ୧୫୦୭ରେ Martin Waldseemuller ନାମକ ଜଣେ ଜର୍ମାନ କାର୍ଟୋ-ଗ୍ରାଫର ଭେସ୍‌ପୁଚିଙ୍କର ଲିଖିତ ବିବରଣୀକୁ ନେଇ ନ୍ୟୁ ୱାର୍ଲ୍ଡର ଏକ ନକ୍ସା ତିଆରି କଲେ। ଆମେରିଗୋ ଭେସ୍‌ପୁଚିଙ୍କ ନାଁରେ ଏଇ ନୂତନ ଭୂଭାଗର ନାଁ ଦେଲେ 'ଆମେରିକା'। ଇଣ୍ଡିଆ ଠାରୁ ଅଲଗା ଏକ ଦେଶ ଭୂଗୋଳରେ ଜନ୍ମ ନେଲା। ଯା ଭିତରେ ଭାସ୍କୋଡ଼ା ଗାମା ୧୪୯୯ ମସିହାରେ କାଲିକଟ୍‌ରେ ପାଦ ଦେଇ ଅସଲ ଭାରତ ଆବିଷ୍କାର କରିଥିଲେ। କଲମ୍ବସ୍‌ଙ୍କ 'ଭ୍ରମ'ର ଅନ୍ତ ହେଲା...।

ପରବର୍ତ୍ତୀ ସମୟରେ ସ୍ପେନ୍, ବାହାମାସ୍‌ରେ ବେଶୀ ଆଗ୍ରହ ରଖିଲାନି। ୧୭୦୦ ମସିହା ପର୍ଯ୍ୟନ୍ତ ଏହା କୌଣସି ଇଉରୋପୀୟ ଶକ୍ତିଦ୍ୱାରା ଅଧୁସିତ ହୋଇନଥିଲା। ୧୭୦୩-୧୭୧୮ ପର୍ଯ୍ୟନ୍ତ ଏଠି କେହି ଶାସନକର୍ତ୍ତା ନଥିଲେ। ତେଣୁ ଦ୍ୱୀପଗୁଡ଼ିକ ଜଳଦସ୍ୟୁ ଅଧୁଷିତ ହୋଇ ରହିଥିଲା। ଇଉରୋପୀୟ ଜାହାଜଗୁଡ଼ିକ ବାରମ୍ବାର ଆକ୍ରାନ୍ତ ହେଉଥିଲେ। ୧୭୧୮ରେ ବ୍ରିଟିଶମାନେ ଏହି ଦେଶକୁ ଦଖଲ କରି, ଜଳଦସ୍ୟୁମାନଙ୍କୁ ନିପାତ କଲେ। ଜଳଯାତ୍ରା ସୁଗମ ହେଲା। ମହାସାଗରର ଏଇ ଭାଗକୁ Caribbean Sea କୁହାଗଲା। Disney ର ପ୍ରସିଦ୍ଧ ଫିଲ୍ମ 'Pirates of the Caribbean' ଏଇମାନଙ୍କର କାହାଣୀ। Black Beard ନାମକ କୁଖ୍ୟାତ ବ୍ରିଟିଶ ଜଳଦସ୍ୟୁ ନାଁରେ ଅନେକ କାହାଣୀ ଏବେବି ଶୁଣାଯାଏ।୧୭୧୮ରେ ଆମେରିକାନ୍ ସିଭିଲ ୱାରରେ ପରାସ୍ତ ହୋଇ Colonialist ମାନେ ନିଜର ଦାସମାନଙ୍କୁ ନେଇ ଧୂଆଁପତ୍ର ଚାଷ ପାଇଁ ଏଠିକି ଆସିଲେ। ତା'ଛଡ଼ା ଦାସ ବ୍ୟବସାୟୀମାନଙ୍କ ପୋତରୁ କ୍ରୀତଦାସମାନେ ଖସିଆସି ଏଠି ବାସ କଲେ। ବ୍ରିଟିଶମାନେ ବି ଦାସମାନଙ୍କୁ ଉଦ୍ଧାର କରି ଏଇଠି ଥଇଥାନ କଲେ। ୧୭୧୮ରେ ବାହାମାସ୍‌ର ଶାସନ ବ୍ରିଟିଶମାନଙ୍କ ହାତକୁ ଗଲା। ୧୯୭୩ ପର୍ଯ୍ୟନ୍ତ ବାହାମାସ୍ ବ୍ରିଟିଶ ଶାସନାଧୀନ ଥିଲା। ୨୨ ଜୁନ୍ ୧୯୭୩ରେ ଏହା ସ୍ୱାଧୀନ ହେଲା। ବାହାମାସ୍‌ର ୯୦% ଅଧିବାସୀ ସେଇ ଆଫ୍ରିକୀୟ କ୍ରୀତଦାସମାନଙ୍କର ବଂଶଧର,୫% ଶ୍ୱେତାଙ୍ଗ ଓ ୫% Afro Bahamian (ଆଫ୍ରୋ ବାହାମିଆନ୍) (ଆଫ୍ରିକୀୟ ଓ ବାହାମାସ୍‌ର ଆଦିମ ଅଧିବାସୀମାନଙ୍କର ମିଶ୍ରଣ)।

ଅଧିକାଂଶ ଯାତ୍ରୀ ବାହାରିଲେ ନାସାଉ ସହର ବୁଲି। ଜାହାଜରୁ Disembarkation କରି ଇମିଗ୍ରେସନ ଦେଇ ବାହାରିଲୁ। ଗତକାଲି ରାତିରୁ ଟ୍ରାଭେଲ୍ ଡେସ୍କରୁ ସିଟି ଟୁର୍ ରିଜର୍ଭେସନ କରିଦେଇଥିଲି। ଗୋଟେ ଟିମ୍ ବାହାରିଲା ମିନି ବସ୍‌ରେ। ଆମ ଭୁବନେଶ୍ୱରର Tempo Traveller ବସ୍ ପରି। ଡ୍ରାଇଭର ସମସ୍ତଙ୍କ ପରିଚୟ ପଚାରିଲା। ମୁଁ ଇଣ୍ଡିଆ କହିଲାଠୁ, ମତେ Drum Stick (ସଜନା ଛୁଇଁ) ମାଗିଲା। ମୁଁ କହିଲି ଆରଥରକୁ ଆଣିବି। ସେ କିନ୍ତୁ ଛାଡ଼ିବା ଲୋକ ନୁହେଁ। ସଜନାର ବୋଟାନିକାଲ ନାଁ 'Moringa' ସହ ଏହାର ବିଭିନ୍ନ ଔଷଧୀୟ ଗୁଣ ବିଷୟରେ କହିଲା। ସମସ୍ତେ ଆଶ୍ଚର୍ଯ୍ୟ ହେଲେ ଏହାର ଶାଗ ଓ ଛୁଇଁ ଖିଆଯାଏ ବୋଲି। କିଛି ଦୂର ଗଲାପରେ ରାସ୍ତାକଡ଼ରୁ ଗୋଟେ ସଜନା ଗଛରୁ ଛୁଇଁ ଓ ଶାଗ ଆଣି ସମସ୍ତଙ୍କୁ ଦେଲା। ବ୍ଲଡ୍‌ପ୍ରେସର, କ୍ୟାନସର ଓ ଥାଇରଏଡ୍‌ରୁ ଉପଶମ ମିଳେ ବୋଲି କହିଲା। ଆଉଗୋଟେ ଜାଗାରେ କଲରା ପତ୍ର ଓ କଲରା ଆଣି ସମସ୍ତଙ୍କୁ ଦେଖାଇ ତା'ର ଗୁଣ ସବୁ କହିଲା। ନାସାଉରେ ଯୁଆଡ଼େ ଗଲେ ଆମ ଗାଁ ପରି ଲାଗିଲା। ଆମ୍ବ, କୃଷ୍ଣଚୂଡ଼ା, ସଜନା, ମନ୍ଦାର, ଲେମ୍ବୁ ଇତ୍ୟାଦି ଗଛ ସବୁଆଡ଼େ ଦେଖିଲୁ। ବାହାମାସ୍ ଓ ପୂର୍ବ ତଥା ଦକ୍ଷିଣ ଭାରତ ମକର କ୍ରାନ୍ତି ଉପରେ ସମାନ ଅକ୍ଷାଂଶରେ ଅବସ୍ଥିତ ଥିବାରୁ ସମାନ ପ୍ରକାର ଉଦ୍ଭିଦ ମିଳିବା ସ୍ୱାଭାବିକ। ପିଆଜ, ଆଖୁ, ଟମାଟୋ, କାକୁଡ଼ି, କନ୍ଦମୂଳ, ସପୁରୀ ଇତ୍ୟାଦି ଗ୍ରୀଷ୍ମମଣ୍ଡଳୀୟ ଫଳ ଓ ପରିବା ଏଠି ଚାଷ ହୁଏ। ସହରର ଘରଗୁଡ଼ିକ ଏକ ମହଲା କିମ୍ବା ଦୁଇ ମହଲା। ସରକାରୀ ବିଲ୍ଡିଂ, ସ୍କୁଲ, କଲେଜ, ହସ୍ପିଟାଲ, ଚର୍ଚ୍ଚ, ଗଭର୍ଣ୍ଣର ହାଉସ, ଆସେମ୍ବ୍ଲି ହାଉସ୍‌କୁ ଛାଡ଼ିଦେଲେ ବଡ଼ ବଡ଼ ଘର ପ୍ରାୟ ନାହିଁ।

ନାସାଉର ଅନ୍ୟତମ ଆକର୍ଷଣ ହେଉଛି Fort Fincastle ଓ Queen's Stair Case. ଫୋର୍ଟ ଉପରକୁ ଯିବା ପାଇଁ ଆଗରୁ ୬୬ଟି ପାହାଚ ଚଢ଼ି ଯିବାକୁ ହେଉଥିଲା। କଥା ଅଛି, ହଜାର ହଜାର କ୍ରୀତଦାସ ୧୭୯୩-୯୪ରେ ଏକ ୫୦ଫୁଟ୍ ଉଚ୍ଚର ପଥର କାଟି ଏହ '66 Steps' ତିଆରି କରିଥିଲେ। ରାଣୀ ଭିକ୍ଟୋରିଆଙ୍କ ନାଁରେ ଏହାକୁ ଉତ୍ସର୍ଗୀତ କରାଯାଇଥିଲା। ଫୋର୍ଟ ଉପରେ ଆମର ଯେକୌଣସି ପର୍ଯ୍ୟଟନସ୍ଥଳୀ ପରିକା ଛୋଟବଡ଼ କେବିନ୍‌ରେ ଛୋଟ ମୋଟ ଟ୍ରାଭେଲ୍ Souvenir ଜିନିଷ ବିକ୍ରି ହେଉଥାଏ। ଟୁରିଷ୍ଟମାନଙ୍କୁ ହାତଠାରି ଡାକନ୍ତି ଜିନିଷ କିଣିବାକୁ (ଧଉଳୀ ବା ପୁରୀ ବଜାର ପରି)। ତା'ପରେ ଦୁଇଟି ବିଚ୍ ବୁଲିଲୁ। ବାହାମାସ୍‌ର ବିଚ୍‌ଗୁଡ଼ିକ ଅତ୍ୟନ୍ତ ପରିଷ୍କାର ପରିଛନ୍ନ। ସମୁଦ୍ର ପାଣି ସ୍ଫଟିକ ସ୍ୱଚ୍ଛ ଓ ଆଶ୍ଚର୍ଯ୍ୟଜନକ ଭାବରେ ନୀଳ। କିଛି ସମୟ ବଜାରରେ ବୁଲିଲୁ। ଆମର ଯେକୌଣସି ସମୁଦ୍ରକୂଳର ଛୋଟ ସହର ପରି।

ଦୋକାନଗୁଡ଼ିକ କେବଳ ଟୁରିଷ୍ଟମାନଙ୍କ ପାଇଁ ଜିନିଷରେ ଭର୍ତ୍ତି । ଘରଗୁଡ଼ିକ ସଫେଦ୍, କିମ୍ବା ହଳଦିଆ ବା ଉଭୟ ରଙ୍ଗର ହୋଇଥାଏ ।

ଅପରାହ୍ନ ହୋଇ ଯାଇଥିଲା । ଜାହାଜକୁ ଫେରିବା ସମୟ ହୋଇଯାଇଥିଲା । ଦୁଇଦିନ ହେଲା ମୋବାଇଲ ସିଗ୍ନାଲ ବା ୱାଇଫାଇ ନଥିଲା । କାହା ସହିତ କଥା ହୋଇନଥିଲି, ଫଟୋ ସେୟାର କରିନଥିଲି । ଇମିଗ୍ରେସନ୍ ପାଖରେ ଗୋଟେ ଛୋଟ ହୋଟେଲ ଦେଖିଲି । କାଳେ ୱାଇଫାଇ ଥିବ, ଚେକ୍ କଲି । ବାଃ... ଫ୍ରି' ୱାଇଫାଇ ମିଳିଗଲା । ଇମିଗ୍ରେସନ୍ ପରେ ୱେଟିଂ ରୁମ୍‌ରେ ଗୋଟେ ସୁବିଧାଜନକ ଜାଗାରେ ବସିପଡ଼ିଲି । ପୂରା ୱାଇଫାଇ ମିଳିଗଲା । ବାସ୍ ଘଣ୍ଟାକ ଭିତରେ ମନଭରି କଥାବାର୍ତ୍ତା ଓ Whatsapp Posting କରିଦେଲି । ଡାଟା ଏମିତି ଚୋରି ହୁଏ ! ବନ୍ଦରରେ ଲାଗିଥିବା ତିନିଟାଯାକ କ୍ରୁଜ୍ ସେଇଠୁ ଦିଶୁଥାଏ । ଜାହାଜଗୁଡ଼ିକ ଏତେ ସୁନ୍ଦର ଯେ ସେମିତି ଅନେଇ ରହିବାକୁ ଇଚ୍ଛା ହେଉଥାଏ । ସମୁଦ୍ର ପବନ ବି ଆସୁଥାଏ । ଆଉ କିଛି ସମୟ ହାତରେ ଥିଲା ଲଞ୍ଚ୍ ପାଇଁ । ତେଣୁ ଖାଲିଖାଲି ଆଉ କିଛି ସମୟ ବସିଲି । ଶେଷରେ ଗାଇଡ୍ ଆସୁଥିଲେ । ଥଟ୍ଟାରେ କହିଲେ- "ଏଠି ରହିଯାନ୍ତୁ, ସବୁଦିନ କ୍ରୁଜ ଦେଖିବେ ।" ଜାହାଜରେ ପହଞ୍ଚି ୱିଣ୍ଡଜାମରରେ ପେଟଭର୍ତ୍ତି ସାଲାଡ଼୍, ଭାତ, ଚିକେନ୍ ଆଉ ଅନ୍ୟ ଜିନିଷ ଅଳ୍ପ ଅଳ୍ପ ।

ଚାରିଟା ବେଳକୁ ଆଜି ଗୋଟେ ନୂଆ ଖେଳ ଅଛି । ସ୍ୱିମ୍ ସୁଟ୍ ତ ନେଇଥିଲି । ବାହାରିଲି ଡ଼େକ୍-୧୩ । ଏଠି ଅଛି Flow Rider... ଜାହାଜ ଉପରେ Sea Surfingର ମଜ୍ଜା । ସି ସର୍ଫିଙ୍ଗ୍, ସମୁଦ୍ରର ଢେଉ ଉପରେ Surf Board ଚଢ଼ି କରାଯାଏ, ତେଣୁ Surfer ମାନଙ୍କୁ Wave Rider କହନ୍ତି । ଏଠି କିନ୍ତୁ Wave ବଦଳରେ ଏକ କୃତ୍ରିମ ସ୍ରୋତ (Flow) ସୃଷ୍ଟି କରାଯାଏ । ଯା ଉପରେ ସର୍ଫ ବୋର୍ଡ଼୍ ଦ୍ୱାରା ଫ୍ଲୋ ରାଇଡରମାନେ ସର୍ଫିଙ୍ଗ୍ କରନ୍ତି । ସି ସର୍ଫିଙ୍ଗ୍, Skate Boarding, Body Boarding ଓ Snow Boarding ଖେଳର ଏହା ଏକ ମିଶାମିଶି ସଂସ୍କରଣ । ବୋର୍ଡ଼୍ ଉପରେ ଛିଡ଼ା ହୋଇ, ଆଣ୍ଠୁ ମାଡ଼ି ବସି ବା ପେଟେଇ କରି ଶୋଇ ଫ୍ଲୋ ରାଇଡ କରାଯାଇପାରେ । ଠିକ୍ ସି ସର୍ଫିଙ୍ଗ୍‌ର ଅନୁଭବ ମିଳେ ।

୪୦ ଫୁଟ୍ ଲମ୍ବା ଓ ୨୫ ଫୁଟ୍ ଓସାରର ଏକ Wave Pool ରେ ତଳପଟରୁ ଉପର ପଟକୁ ୩-୪ ଇଞ୍ଚ୍ ବହଳର ଏକ ଉଜାଣି ସ୍ରୋତ ସୃଷ୍ଟି କରାଯାଏ । ଏହାକୁ 'Sheet of Water' ବା 'Sheet Wave' କହନ୍ତି । ସର୍ଫ ବୋର୍ଡ଼୍‌ରେ ଛିଡ଼ା ହୋଇ, ବସି ବା ଶୋଇକରି ଉଜାଣି ସ୍ରୋତରେ ରହିବାକୁ ଚେଷ୍ଟା କରିବ ବୋର୍ଡ଼୍‌କୁ ଗୋଡ଼ ବା ହାତ ଦ୍ୱାରା ତଳକୁ ଉପରକୁ କରି । ସର୍ଫ ବୋର୍ଡ଼୍‌ର ସାମ୍ନାପଟକୁ ପାଣି ଉପରକୁ ଉଠାଇ

ରଖିଲେ ସ୍ରୋତ ଉପରେ ସ୍ଥିର ହୋଇ ରହିହେବ, ଦିଗ ପରିବର୍ତ୍ତନ କରିହେବ। ଠିକ୍ ଭାବେ ବୋର୍ଡ଼ ଧରି ନ ପାରିଲେ ସ୍ରୋତ ସିଧା ନେଇ ଏକ Soft Top Platform ଉପରେ କଚାଡ଼ି ଦେବ। ଅବଶ୍ୟ ସୁରକ୍ଷା ବ୍ୟବସ୍ଥା ଅଛି। ଖଣ୍ଡିଆ ଖାବରା ହେବାର ଭୟ ନଥାଏ। ତଥାପି ଅସୁବିଧାରେ ପଡ଼ିଗଲେ କିଛି ନା କିଛି ହୋଇପାରେ। ଠିକ୍ ଅଛି। ଅଳ୍ପ ଟିକେ ରିସ୍କ ନିଆଯାଇପାରେ! ୱେଭ୍ ଉପରକୁ ଓହ୍ଲାଇଲି। ୨-୩ କଚଡ଼ା ଖାଇସାରିଲା ପରେ Instructor ଶିଖେଇ ଦେଲେ। ଟ୍ରିକ୍ ଶିଖିଗଲି ଓ ୨-୩ଟା ରାଇଡ୍ ନେଇ ରୁମ୍‌କୁ ଫେରିଲି। ଖେଳଟା ବହୁତ ମଜ୍ଜା ଲାଗିଲା।

ରୁମ୍‌ରେ କିଛି ସମୟ ବିଶ୍ରାମ ପରେ ପୁଣି ଡେକ୍-୧୨। ଆଜି ବୁଲାବୁଲି ଓ ଫ୍ଲୋ ରାଇଡ ପରେ ଟିକେ ହାଲିଆ ଲାଗୁଥିଲା। ତେଣୁ ଆଜି ସନ୍ଧ୍ୟାଟା ଡେକ୍ ଚେୟାର ଉପରେ ବିଶ୍ରାମ ନେଲି। ପୁଲ୍ ସାଇଡ TV ଦେଖିଲି କିଛି ସମୟ। ଆଜି ସନ୍ଧ୍ୟାର ଆକର୍ଷଣ Royal Theatre । ଏକ ସୋ' ଦେଖିବାକୁ ଆସିଲୁ। ଛୋଟ ଛୋଟ ଗୀତ, ଡ୍ରାମା, ମେଜିକ୍ ସୋ', ରକ୍ ବ୍ୟାଣ୍ଡ ଆଦି ଦେଖିବାରେ ୨ ଘଣ୍ଟା ଚାଲିଗଲା। ଏହି ଥିଏଟର ଟି ୨୬,୩୦୦Sft ର ଏକ ଅତ୍ୟାଧୁନିକ ଅଡ଼ିଟୋରିଅମ। ୧୨୫୦ ଦର୍ଶକ ବସିବା ପାଇଁ ବ୍ୟବସ୍ଥା ରହିଛି। ଫ୍ରେଞ୍ଚ୍ ଫ୍ରାଏ, କଫି ଇତ୍ୟାଦି ମନ ମୁତାବକ Snacks ନେଇ ଏଠି ବସି ହେବ।

ଆଜି ୱିଣ୍ଡଜାମରରେ 'ଫେଆାରୱେଲ ଟୁ ବାହାମାସ୍' ଡିନର । ଡିନର କରୁଥିବା ବେଳେ ୯.୦୦PM ରେ ପୁଙ୍ଗା ବଜେଇ ଜାହାଜ ଛାଡ଼ିଦେଲା। ମୋର ଡିନର ସରିଲା ବେଳକୁ ଦେଖିଲି କେତେଜଣ ବନ୍ଧୁ ଗୋଟିଏ କୋଣରେ ବସିଥାଆନ୍ତି। ଆଜି ଲେଟ୍-ନାଇଟ୍ ଡିନର ହେବ ବୋଲି କହିଲେ। ମୋର ତ ଡିନର ସରିଯାଇଥିଲା।

ସ୍ତ୍ରୀମାନଙ୍କୁ କେବିନ୍‌ରେ ଛାଡ଼ିଦେଇ ସମସ୍ତେ ବସିଛନ୍ତି। ମତେ ଡାକିଲେ। ସମସ୍ତଙ୍କ ହାତରେ ଗ୍ଲାସ୍। କିଛି ବିଶୁଦ୍ଧ ଜଳ, ଲେମ୍ବୁ ଓ ଲୁଣ ସହିତ ମୁଁ ବି ଗୋଟିଏ ଗ୍ଲାସ୍ ନେଲି। ସ୍ୱଳ୍ପ ଆଲୋକରେ ତରଳ ପଦାର୍ଥର ରଙ୍ଗ ଠିକ୍ ଭାବେ ଦିଶୁନଥାଏ। ଚିଅର୍ସ ହୋଇଗଲା ସହଜରେ। ରେଷ୍ଟୁରାଣ୍ଟ ବନ୍ଦ ହେଲାରୁ ସମସ୍ତେ ରୁମ୍‌କୁ ଆସିଲୁ।

ଆଜିବି ଜାହାଜର ସ୍ପିଡ୍ ୮-୯ Knots। ସମୁଦ୍ରର ଗଭୀରତା ୧୮୦୦-୨୦୦୦ ମିଟର।

୧୧.୦୭.୨୦୧୯ ଗୁରୁବାର

ବହିତ୍ର ଲାଗିଲା ଯାଇ ପ୍ରବାଳ ଦ୍ୱୀପରେ :

ସକାଳୁ ଟିକେ ଡେରିରେ ନିଦ ଭାଙ୍ଗିଲା ୭ଟା ବେଳକୁ। ଦେଖିଲା ବେଳକୁ

ଜାହାଜ 'Coco Cay' ଦ୍ୱୀପରେ ଲାଗି ସାରିଲାଣି। 'Cay' ଏକ ସ୍ପାନିଶ୍ ଶବ୍ଦ। ଅର୍ଥ, ସମୁଦ୍ର ଭିତରେ Coral (ପ୍ରବାଳ) ଓ ବାଲିରେ ତିଆରି ଛୋଟ ଦ୍ୱୀପ ବା ଟାପୁଟିଏ। Coral Reef (ପ୍ରବାଳ ପ୍ରାଚୀର) ଉପରେ ସମୁଦ୍ର ସ୍ରୋତ ବା ଜୁଆର ଢେଉ ଦ୍ୱାରା କ୍ରମଶଃ ବାଲି ପଡ଼ିପଡ଼ି ଛୋଟଛୋଟ ଦ୍ୱୀପ ସୃଷ୍ଟି ହୋଇଯାଇଥାଏ। ହଜାର ହଜାର ବର୍ଷ ଧରି ବାଲି ସହିତ ଅଳ୍ପଅଳ୍ପ ମାଟି ମିଶି ଛୋଟ ବଡ଼ ସାମୁଦ୍ରିକ ଉଦ୍ଭିଦ ଜନ୍ମ ନିଅନ୍ତି। ସାଧାରଣତଃ ନଡ଼ିଆ ଗଛ ହିଁ ଦେଖାଯାଏ। Caribbean Sea ରେ ହିଁ ଏହାକୁ Cay ବୋଲି କହନ୍ତି। ସେଇପରି ଏକ କୋରାଲ ଆଇଲାଣ୍ଡ୍ ବା ପ୍ରବାଳ ଦ୍ୱୀପ ହେଉଛି 'କୋକୋ-କେ' । ପ୍ରବାଳ ଦ୍ୱୀପ ଉପନ୍ୟାସରେ ପଢ଼ିଥିଲି ସିନା, ଦେଖିବାର ସୁଯୋଗ ଆଜି ମିଳିଲା। ନଡ଼ିଆ ଗଛଗୁଡ଼ିକ ଜାହାଜରୁ ଦିଶୁଥାନ୍ତି। Royal Caribbean Cruise କମ୍ପାନୀର କୋକୋ-କେ, ୨୫୦ ମିଲିଅନ୍ ଡଲାର୍‌ର ଏକ ପ୍ରାଇଭେଟ୍ ଆଇଲାଣ୍ଡ୍ । ଏଠି କମ୍ପାନୀ ଏକ ଆମ୍ୟୁଜ୍‌ମେଣ୍ଟ ପାର୍କ, ସ୍ଥାପନ କରିଛି। ବାହାମାସ୍ ଆସୁଥିବା ତାଙ୍କର ସବୁ କ୍ରୁଜ୍‌ର ଟୁରିଷ୍ଟମାନଙ୍କ ପାଇଁ ଏହା ଏକ ପ୍ରଥମ ପସନ୍ଦର ରହଣିସ୍ଥଳ। ମହାସମୁଦ୍ର ଭିତରେ ଗୋଟିଏ ଦିନ ଜନମାନବଶୂନ୍ୟ ପ୍ରବାଳ ଦ୍ୱୀପରେ ଏକ ମହାର୍ଘ ଅନୁଭୂତି।

କୋକୋ-କେ ଦ୍ୱୀପ ନାସାଉ ଠାରୁ ପ୍ରାୟ ୯୦ କି.ମି. ଦୂର । ୧୨୫୦ ମିଟର ଲମ୍ବା ଓ ୨୦୦ ମିଟର ଓସାରର ଏହି ଦ୍ୱୀପଟି ସମୁଦ୍ରଠାରୁ ମାତ୍ର ୧୦-୧୫ ଫୁଟ ଉଚ୍ଚରେ ଅବସ୍ଥିତ। ଜାହାଜରୁ ଆମ୍ୟୁଜ୍‌ମେଣ୍ଟ ପାର୍କର ରଙ୍ଗୀନ Game Tower ସବୁ ଦିଶିଯାଏ। ଦ୍ୱୀପର Theme 'PERFECT DAY-COCO CAY', ୫ଫୁଟ୍ ଉଚ୍ଚତାର 3 D Standing Letter ରେ ଦୂରରୁ ଦିଶୁଥାଏ। ଏହାର ପୁରୁଣା ନାମ Little Stirrup Island. Royal Caribbean ର ମାଲିକାନାରେ ଆସିବା ଦିନରୁ ଏହାର ନୂଆ ନାଁ କୋକୋ-କେ ଦିଆଯାଇଛି।

କୋକୋ-କେ ର ଆମ୍ୟୁଜ୍‌ମେଣ୍ଟ ପାର୍କ, ବସ୍ତୁତଃ ଏକ ୱାଟର ପାର୍କ। ବିରାଟ Wave Pool, ସ୍ୱିମିଂ ପୁଲ ତଥା ଗୁଡ଼ାଏ Water Sports - Water Slides, Water Scootter, Kayaking, Scuba, Snorkelling ଇତ୍ୟାଦି ରହିଛି। ୟାଛଡ଼ା ୪୫୦ ମିଟର ଉପରକୁ ଉଠୁଥିବା Hellium Baloon, ୧୬୦୦ଫୁଟ ଲମ୍ବା Ziplineରେ ଆକାଶରେ ଉଡ଼ିବା ମଜା ମିଳିଯିବ। କିନ୍ତୁ ଏଥିପାଇଁ ବେଶ୍ କିଛି ଡଲାର୍ ଖର୍ଚ୍ଚ କରିବାକୁ ପଡ଼ିବ। ମୁଁ ବାଛିଲି 'Floating Mat' - ଦାମ୍ ୧୮.୦୦ ଡଲାର। ଏହି ମ୍ୟାଟ୍‌ରେ ବିଚ୍‌ରେ ବା ପାଣି ଉପରେ ଶୋଇପାରିବ। କୋରାଲ ରିଙ୍ଗ ଘେରା ଢେଉହୀନ ଅଗଭୀର ସମୁଦ୍ର ଉପରେ ଫ୍ଲୋଟିଙ୍ଗ ମ୍ୟାଟ୍‌ରେ ଶୋଇ ରହିବା ବି ଗୋଟେ ଅନନ୍ୟ ଅଭିଜ୍ଞତା।

୧୦-୧୫ ଫୁଟ ଗଭୀରରେ ପାଣି ଉପରେ ଆରବ୍ୟ ରଜନୀର ଉଡ଼ନ୍ତା ଗାଲିଚା ପରି ଭାସମାନ ଗାଲିଚା...

କୋକୋ-କେ ବିଚ୍‌ର ଚୁନାଚୁନା ସଫେଦ୍ ରଙ୍ଗର ବାଲି ବେଶ୍ ନରମ ଓ ମସୃଣ। ଏଇ ବାଲିଗୁଡ଼ିକ ସାମୁଦ୍ରିକ ଜୀବମାନଙ୍କର ଦେହାବଶେଷର ରୂପାନ୍ତର। ସାଧାରଣ ବାଲି Silica ରେ ତିଆରି। କିନ୍ତୁ ଏଥିରେ ସିଲିକାର ଅଂଶ ବହୁତ କମ୍ ଥାଏ। ସମ୍ପୂର୍ଣ୍ଣ ଦ୍ୱୀପଟି ଏଇ ବାଲିରେ ଗଠିତ। ମୃତ ପ୍ରବାଳ (Dead Coral) ଙ୍କର ଅବଶେଷ ପଥର ପରି ହୋଇଥାଏ। ସମୁଦ୍ର କୂଳ ସାରା ଏଇ ପଥରରେ ଭର୍ତ୍ତି। ଦ୍ୱୀପର ମୂଳଦୁଆ ଏଇଥିରେ ତିଆରି ଓ ଦ୍ୱୀପର ଚାରିପଟେ ପ୍ରବାଳ ପ୍ରାଚୀର ବାଲିକୁ ଧରି ରଖିଛି। ସମୁଦ୍ରକୂଳରେ ବୁଲିଲା ବେଳେ ମୁଁ ଏଇଟା ଜାଣିପାରିଲି। ଭୂଗୋଳରେ ପଢ଼ିଥିବା ଏଇ ଜିନିଷଟିକୁ ନିଜ ଆଖିରେ ଦେଖି ବୁଝି ପାରିଲି।

ବିଚ୍ ଉପରେ ଧାଡ଼ିଧାଡ଼ି ହୋଇ Beach Chair ମାନ ପଡ଼ିଥାଏ। ଟୁରିଷ୍ଟମାନେ ରଙ୍ଗୀନ Beach Umbrella ତଳେ ଶୋଇଥାନ୍ତି। କିଛି ଲୋକ ଛୋଟ ଛୋଟ ଡ୍ରେସ୍‌ରେ ଶୋଇରହି ସନ୍‌ବାଥ୍ ନେଉଥାନ୍ତି। ବିଶେଷତଃ, ସ୍ତ୍ରୀ ଲୋକମାନେ ଖରାରେ ଅତ୍ୟନ୍ତ ପତଳା ବିକିନିରେ ଶୋଇ ରହିଥାଆନ୍ତି । ମୁଁ ବୁଝି ପାରେନା, ଧୁମ୍ ଖରାରେ ଏମାନେ ଆଖିରେ ପଟି ବାନ୍ଧି ବା ତଳକୁ ମୁହଁ ପୋତି କାହିଁକି ଶୋଇଥାଆନ୍ତି ? ? ? ? ଏଇଟାକୁ କୁଆଡେ 'ଟ୍ୟାନିଙ୍ଗ୍' କହନ୍ତି ! ! ସମସ୍ତେ ବିକିନିରେ, କିନ୍ତୁ କେହି ଶୋଷିଲା ଆଖିରେ ଦେଖିବାର ନାହିଁ ।

ଟିକିଏ ଦୂରରେ Cabana Beach। ବିଚ୍ ଉପରେ ଧାଡ଼ି ହୋଇ କାବାନା ଗୁଡ଼ିକରେ ଟୁରିଷ୍ଟମାନେ ବସିଥାନ୍ତି; ବିଶ୍ରାମ କରୁଥାନ୍ତି ବା ବସିବସି ସାମ୍ପେନ୍ ନେଉଥାନ୍ତି। କାବାନା ଗୁଡ଼ିକ ତମ୍ବୁ କନାରେ ତିଆରି କେବିନର ଉନ୍ନତ ଓ ବୃହତ୍ତର ସଂସ୍କରଣ।

Chill Grill ଏକ Beachside Open Air Restaurant। ଲଞ୍ଚ୍ ଆଜି ଏଇଠି ନେଇ ହେବ। ସାଲାଡ ତ ଅଛି। ଆଉ ଗୋଟେ ଆଶ୍ଚର୍ଯ୍ୟ ଜିନିଷ ମତେ ଅପେକ୍ଷା କରିଥିଲା। 'ପାଚିଲା ଆମ୍ବ' ! ଏତେ ମିଠା ଆମ୍ବ ବୋଧେ ଖାଇନଥିଲି। ତେଣୁ ସାଲାଡ଼ ଓ ଆମ୍ବର ଆକଣ୍ଠ ଭୋଜନ ମିଳିଗଲା। ଖାଇ ସାରିଲା ପରେ ଗରମ ଗରମ ସୁପ୍ ପିଇବା ଓ ମୋର ଗୋଟେ ବଦଭ୍ୟାସ। ସୁପ୍ ପିଇଲା ବେଳେ ଦେଖିଲି ଏକ ବିଚିତ୍ର ଜୀବ... ଦେଶୀ କୁକୁଡ଼ାଟିଏ ଡାଇନିଂ ଟେବୁଲ ତଳେ ବୁଲି ବୁଲି ଖାଦ୍ୟ ସଂଗ୍ରହ କରୁଥିଲା। ଆମ କୁକୁଡ଼ା ପରି ଦିଶିଲେ ବି ସେଇଟା ବୋଧେ ସେମାନଙ୍କର ଜଙ୍ଗଲୀ ପ୍ରଜାତିର କୁକୁଡ଼ା। ଦୁଇତିନିଟା କୁକୁଡ଼ା ସେମାନେ ପୋଷିଛନ୍ତି।

ଖାଇ ସାରିଲା ପରେ କିଛି ସମୟ ହାତରେ ଥିଲା। ଯାଇ ବିଚ୍ ଚେୟାରରେ

କିଛି ସମୟ ବିଶ୍ରାମ ନେଲି। କିନ୍ତୁ ସି-ଗଲ୍ ମାନେ ଶୁଆଇ ଦେଲେନି। କିଛି French Fry ସାଙ୍ଗରେ ନେଇଥିଲି। ଗୋଟେ ଗୋଟେ ଖାଉଥିଲି। ଦଳେ ସି-ଗଲ୍ ଆସି ଚାରିପଟେ ଘେରି, କଁ କଁ ରାବ କରିବାକୁ ଲାଗିଲେ। ସେମାନଙ୍କୁ ଭାଗ ଦେବାକୁ ପଡ଼ିଲା। ଟୁରିଷ୍ଟମାନେ ସବୁ ଗାଧୁଆ ସାରି ଲଞ୍ଚ୍ ପାଇଁ ଚାଲିଗଲେଣି। ବିଚ୍‌ରେ ୧୦-୧୫ ମିନିଟ୍ ଚାଲି ଯାଇଥିଲି। ହାଲିଆ ଲାଗୁଥିଲା। ଖାଇସାରିଲା ପରେ ଟିକେ ଆଖି ବୁଜିହୋଇ ଆସିଲା। ସାମ୍ନାରେ ଅନନ୍ତ ସାଗର, ଛୋଟ ଏକ ପ୍ରବାଳ ଦ୍ୱୀପରେ ମୁଁ ଏକୁଟିଆ, ନଡ଼ିଆ ଗଛର ଛାଇରେ ସି-ଗଲ୍ ମାନଙ୍କର ମେଳରେ ବେଳାଭୂମିରେ ଶୋଇଛି। ସାତ ସମୁଦ୍ର ପାରେ କାହିଁ କେତେ ଦୂରରେ ଘରଦ୍ୱାର!!! ମନେପଡ଼ିଗଲା, ପିଲାଦିନେ ପଢ଼ିଥିଲି 'Daniel Difoe'ଙ୍କର 'Robinson Crusoe'। ପୁଣି ମନେପଡ଼ିଲା, କାହ୍ନୁ ଚରଣ ମହାନ୍ତିଙ୍କର 'ବାଲିରାଜା'। ଏଇପରି ଏକ ପ୍ରବାଳ ଦ୍ୱୀପରେ ନାୟକ ପହଞ୍ଚିଯାଇଥିଲା!! ରେଷ୍ଟୁରାଣ୍ଟରେ ଜଣକ ଠାରୁ ଶୁଣିଲି 'କୋକୋ-କେ'ର ସତସତିକା Robinson Crusoe ବିଷୟରେ। Indian Dan ବୋଲି ଜଣେ ଲୋକ ଏଇ ଦ୍ୱୀପରେ ୧୯୮୦-୮୫ରେ ରହୁଥିଲେ। ଏହି ଦ୍ୱୀପଟି ତାଙ୍କ ବଂଧୁଙ୍କର ଥିଲା। ତେଣୁ ସେ ଏହାର କେଆର ଟେକର୍ ହିସାବରେ ଏଠି ଏକାଏକା ରହୁଥିଲେ। ଜଙ୍ଗଲୀ ଘାସର କୁଡ଼ିଆରେ ରହି ନଡ଼ିଆ, ଲେମ୍ବୁ ସହିତ Shark, Stingray ବା Lobster ଶିକାର କରି ଖାଉଥିଲେ।

ସମୟ ହୋଇଗଲା କୋକୋ-କେ କୁ ଗୁଡ୍‌ବାଏ କହିବାକୁ। ଜାହାଜରେ ପହଞ୍ଚିଲି ପ୍ରାୟ ୪ଟା ବେଳେ। ଖରା ତଥାପି ଥିଲା। ଝାଳନାଳ ହୋଇ ଆସିଥିଲି। A/C ରୁମ୍‌ରେ ନିଦ ଆସିଗଲା। ଉଠୁ ଉଠୁ ସନ୍ଧ୍ୟା। କିନ୍ତୁ ଏ କ'ଣ? ଉଠିପାରିଲିନି। ଅଣ୍ଟା ସହିତ ପଞ୍ଜରା ଧରି ଦେଇଛି। ବହୁତ କଷ୍ଟରେ ଉଠିଲି। ହଲଚଲ ହୋଇପାରୁନି। ଗଦିରେ ଶୋଇ ବୋଧେ ଏମିତି ହେଲା! କଫି ପିଇସାରି ପୋର୍ଟ ହୋଲ୍‌ରେ ସମୁଦ୍ର ଦେଖୁଥିଲି। ୫ଟା ବେଳକୁ ଜାହାଜ କୋକୋ-କେ ଛାଡ଼ିଦେଲା। ଜାଣିଦେଲି ପଞ୍ଜରା ଦରଜର କାରଣ। କାଲି ଫ୍ଲୋ ରାଇଡର ମଜା ଏବେ ବାହାରୁଛି!! ପେନ୍‌କିଲରଟେ ଖାଇ ଶୋଇପଡ଼ିଲି। ବହୁତ କଷ୍ଟରେ ସନ୍ଧ୍ୟା ବେଳକୁ ସନ୍ ଡେକ୍‌କୁ ଗଲି। ଆଜି ଶେଷ ସନ୍ଧ୍ୟା। କାଲି କୋଉଠି? ରାତିରେ ୱିଣ୍ଡଜାମରରେ ଶେଷ ଡ଼ିନର୍। ଗୋଟେ ଇଣ୍ଡିଆନ୍ ପିଲାକୁ ରବୀନ୍ଦ୍ରକୁ ଖବର ଦେବାକୁ କହିଥିଲି। ପାଖ ରେଷ୍ଟୁରାଣ୍ଟରେ ତା'ର ଡ୍ୟୁଟି ଥିଲା। ତା'ଠୁ ବିଦାୟ ନେଲି। ଭୁବନେଶ୍ୱର ଆସିଲେ ଦେଖାକରିବାକୁ ଅନୁରୋଧ କଲି। ସେ ହଁ କଲା। କ୍ରୁଜ୍, ବାହାମାସ୍, କୋକୋ- କେ ସହିତ ରବୀନ୍ଦ୍ର ବି ଏକ ସ୍ମରଣୀୟ ଅଧ୍ୟାୟ ହୋଇ ରହିଗଲା ଜୀବନରେ। ସାତ ସମୁଦ୍ର ତେର ନଈ ସେପଟେ

ଜଣେ ନିଜ ଲୋକକୁ ଆବିଷ୍କାର କରିବାର ଅନୁଭବ ସ୍ୱତନ୍ତ୍ର । ଆଜି ରାତିରେ ଜାହାଜର ସ୍ପିଡ୍ କିନ୍ତୁ ଡବଲ୍ । ପ୍ରାୟ ୧୮-୨୦Knot (୩୮-୪୦ Km) ବେଗରେ ଯାଉଥାଏ । କୋକୋ-କେରୁ କେପ୍ କାନାଭେରାଲ, ୨୩୦Knot (୪୬୦ Km) ଦୂର । ସକାଳୁ ସକାଳୁ ପହଞ୍ଚିବାକୁ ପଡ଼ିବ । ତେଣୁ ଫେରିଲା ବେଳକୁ ଦ୍ୱିଗୁଣ ସ୍ପିଡ୍ ତ ଦରକାର ।

ମ୍ୟାରିନର ଅଫ୍ ସି-ଜ୍‌ରେ ଅନ୍ତିମ ରଜନୀ । ପଞ୍ଜୁରା ଦରଜ ଆହୁରି ବଢ଼ିଯାଇଛି । ଗଦି ଛାଡ଼ି ତଳେ ଶୋଇଲି କଠିନ ଶଯ୍ୟା ପାଇଁ । ଗୁଡ୍‌ନାଇଟ୍......କୋକୋ-କେ...

୧୨.୦୭.୨୦୧୯ (ଶୁକ୍ରବାର)

ଏକ ସାମୁଦ୍ରିକ ସ୍ୱପ୍ନର ଅନ୍ତ :

ବଡ଼ି ସକାଳୁ ନିଦ ଭାଙ୍ଗିଗଲା । କେପ୍ କାନାଭେରାଲ ପୋର୍ଟରେ ଜାହାଜ ପହଞ୍ଚିଛି । ୧୦ଟା ସୁଦ୍ଧା ଜାହାଜ ଛାଡ଼ିବାକୁ ପଡ଼ିବ । କ୍ରୁଜ୍‌ରେ ଆସି ସ୍ୱିମିଂ ପୁଲ୍‌ର ମଜ୍ଜା ନେବାଟା ବାକି ରହିଯାଇଛି । ଆଜି ସାରିଦେବା ! ଚାଲିଲି ଡ଼େକ୍-୧୧ । ପୁଲ୍ ଡେକ୍ ସମ୍ପୂର୍ଣ୍ଣ ଜନଶୂନ୍ୟ । ସମସ୍ତେ ବୋଧେ ସଜବାଜ ହେଉଛନ୍ତି ଜାହାଜ ଛାଡ଼ିବା ପାଇଁ । ଗୋଟେ କ୍ରୁଜ୍‌ର ସାରା ସ୍ୱିମିଂ ପୁଲ୍ ମୋ ପାଇଁ ଖୋଲା... ! ଯାଠୁ ବଳି ସୌଭାଗ୍ୟ ଆଉ କ'ଣ ଥାଇପାରେ ? ହାତରେ ଘଣ୍ଟାଟିଏ ଅଛି । ସ୍ୱିମିଂ ପୁଲ୍ ଓ ଜାକୁ୍ୟଜିରେ ଗୋଟେ ଘଣ୍ଟା ବଡ଼ ଶୀଘ୍ର ସରିଗଲା । ୱିଣ୍ଡଜାମରରେ ଶେଷ ବ୍ରେକ୍‌ଫାଷ୍ଟ । ଜୀବନ ସାରା ୱିଣ୍ଡଜାମର ମନେ ରହିବ । ଲଗେଜ୍‌ଟାକୁ ରୁମ୍ ବାହାରେ ରଖିଦେଇ ଆସିଥିଲି । ମିଳିବ ସେଇଟା କେପ୍ କାନାଭେରାଲର ଇମିଗ୍ରେସନ୍ ପରେ ।

ଠିକ୍ ୧୦ଟା ବେଳେ Disembarkation ପାଇଁ ପହଞ୍ଚିଲୁ । ସେଠି ଦେଖିଲି ବେଶ୍ କେତେ ଯୋଡ଼ି ବୟସ୍କ ବ୍ୟକ୍ତି ହ୍ୱିଲ୍ ଚେୟାର୍‌ରେ ଅଛନ୍ତି ବା ସାଙ୍ଗରେ ସହାୟକ ନେଇ ଆସିଛନ୍ତି । ପାଖ ଏନ୍‌କ୍ୱାରୀ ରେ ଜଣେ କର୍ମଚାରୀଙ୍କୁ ପଚାରିଲି ଏତେ ବୃଦ୍ଧାବସ୍ଥାରେ ଏମାନେ କେମିତି କ୍ରୁଜରେ ଆସନ୍ତି । ସେ ମତେ ଗୋଟେ ଭଲ କଥା କହିଲେ, "Cruise is for Every Body" । ଏକ ନୂଆ କନ୍‌ସେପ୍ଟ - 'Senior Living At Sea' । ବିଷଦ ବିବରଣୀ ପାଇଁ 'cruiseweb.com' ବୋଲି ଗୋଟେ Website ର ଠିକଣା ଦେଲେ । ହାତରେ ସମୟ ବହୁତ କମ୍ । ଆଜି ସମୟ ହେଲେ ଏଆର ପୋର୍ଟରେ ଦେଖିବା...

ଜାହାଜରୁ ତଳକୁ ଓହ୍ଲାଇଲି । Main land ରେ ମାଟି ଛୁଇଁଲି । ଟିକେ ହସ ଲାଗିଲା । ଜଗନ୍ନାଥଙ୍କୁ ଧନ୍ୟବାଦ୍ ଦେଲି । ମ୍ୟାରିନର ଅଫ୍ ସି-ଜ୍ ଟାଇଟାନିକ୍ ନୁହେଁ ! ନିଶ୍ଚିତ ହୋଇଗଲି...

କେପ୍ କାନାଭେରାଲ ବନ୍ଦର ଠାରୁ ଅର୍ଲାଣ୍ଡୋ ଏଆର ପୋର୍ଟ ଘଣ୍ଟାକର ବସ୍ ଯାତ୍ରା। ତା' ପରେ ବିମାନ ଯୋଗେ Atlanta ଦେଇ ସାନ୍‌ଫ୍ରାନ୍‌ସିସ୍‌କୋ। ପ୍ରାୟ ୫ ଘଣ୍ଟାର ଉଡ଼ାଣ, ବାଟରେ ଏକ ଘଣ୍ଟାର ରହଣୀ ଆଟ୍‌ଲାଣ୍ଟାରେ।

ଅର୍ଲାଣ୍ଡୋ ଏଆର ପୋର୍ଟରେ ହାତରେ ଘଣ୍ଟାଏ ଥିଲା। ଫ୍ରି Wifi ତ ଥିଲା। 'Senior living At Sea' ବିଷୟରେ ସେ ୱେବ୍‌ସାଇଟ୍ ଦେଖିଲି। ରିଟାୟାରମେଣ୍ଟ ପରେ ଆମେରିକାରେ ସିନିଅର୍ ସିଟିଜେନ୍ ମାନଙ୍କ ଜୀବନ ଆମ ଅପେକ୍ଷା ଅଲଗା...।

ସରକାରୀ ବା ବେସରକାରୀ ଚାକିରି କରିଥିବା ସମୟରେ ଲୋକମାନେ ପେନ୍‌ସନ୍ ଫଣ୍ଡକୁ ପ୍ରିମିୟମ ଦେଇଥାନ୍ତି। ରିଟାୟାରମେଣ୍ଟ ପରେ ପେନ୍‌ସନ୍ ଫଣ୍ଡରୁ ସେମାନଙ୍କୁ ପେନ୍‌ସନ୍ ମିଳେ। ସେଇପରି ଚାକିରି ସମୟକୁ ନେଇ ମେଡ଼ିକାଲ ସୁବିଧା ବି ପା'ନ୍ତି। ପିଲାମାନେ ଉଚ୍ଚ ମାଧ୍ୟମିକ ପରେ ନିଜ ଖର୍ଚ୍ଚରେ ପାଠ ପଢ଼ନ୍ତି, ବାହା ହୁଅନ୍ତି ପିଲାଝିଲା କରନ୍ତି। କୌଣସି ହାଲତ୍‌ରେ ପୁଅ ଝିଅ ଆସି ବାପ ମା'ଙ୍କ ପାଖରେ ରହିବେନି କି ବାପା ମା' ସେମାନଙ୍କ ପାଖରେ ରହିବେନି ବା ପରସ୍ପରଠୁ ପଇସାପତ୍ର ଆଶା କରିବେନି। ତେଣୁ ସବୁ ସିନିଅର୍ ସିଟିଜେନ୍‌ମାନେ ପେନ୍‌ସନ୍ ଓ ମେଡ଼ିକାଲ ସୁବିଧାକୁ ନେଇ ବେଶ୍ ଚିନ୍ତାହୀନ ଜୀବନ କାଟନ୍ତି ଯେପର୍ଯ୍ୟନ୍ତ କୌଣସି ଗମ୍ଭୀର ବେମାରୀ ନ ହୋଇଛି। ରିଟାୟାରମେଣ୍ଟ ହେଲା ପରେ ଦି'ପ୍ରକାରର ରିଟାୟାରମେଣ୍ଟ ଲିଭିଙ୍ଗ୍ ରହିଛି।

1. Retirement Community :-

କେତେଜଣ ରିଟାୟାର୍ଡ ସିଟିଜେନ୍ ଗୋଟିଏ ବାଉଣ୍ଡରୀ ଭିତରେ ଘର ତିଆରି କରିବେ ବା କିଣି ରହିବେ ହାଉସିଙ୍ଗ୍ ସୋସାଇଟି ପରି। ଏଥିରେ ଅବସର ବିନୋଦନ ପାଇଁ, ଚିକିତ୍ସା ପାଇଁ ସାଧାରଣ ବ୍ୟବସ୍ଥା ଥିବ। ଉଚ୍ଚ ମଧ୍ୟବିତ୍ତ ବା ମଧ୍ୟବିତ୍ତ ଶ୍ରେଣୀର ଲୋକମାନେ ଏଠି ରହନ୍ତି। ରିଟାୟାରମେଣ୍ଟ ପୂର୍ବର ଥିବା ଘରଦ୍ୱାର ବିକ୍ରି କରି କୌଣସି ସୋସାଇଟିରେ ନିଜର କ୍ଷମତା ଅନୁଯାୟୀ ଘର କିଣି ରହନ୍ତି ବହୁତ କମ୍ ଆସବାବ ସହିତ। ସୁସ୍ଥ ଓ ଚଳପ୍ରଚଳ ହେଉଥିବା ପର୍ଯ୍ୟନ୍ତ ଏଠି ରହନ୍ତି। ଦରକାର ହେଲେ କିଛି ଅଧିକ ଖର୍ଚ୍ଚରେ ନର୍ସିଂ କେଆର ବି ନେଇପାରନ୍ତି। ଘର ପିଛା ମାସକୁ ୩୦୦୦-୪୦୦୦ ଡଲାର Service Fees ପଡ଼େ। ସର୍ଭିସ୍ ଫି ଭିତରେ ଖାଇବା ପିଇବା ଓ ଅନ୍ୟାନ୍ୟ ସର୍ଭିସ୍ ଚାର୍ଜ ରହିଥାଏ। ଶକ୍ତି ଅନୁସାରେ ରିଟାୟାର୍ଡ ସୋସାଇଟି ବାଛିନେଇ ଚିନ୍ତାଶୂନ୍ୟ ହୋଇ ରୁହ।

2. Assisted Living :-

ଚଳପ୍ରଚଳ ହେବାରେ ଅସୁବିଧା ଥିବା ବା ଗୁରୁତର ରୋଗରେ ପଡ଼ିଥିବା ବୟସ୍କ ମାନଙ୍କ ପାଇଁ ଆସିଷ୍ଟେଡ ଲିଭିଙ୍ଗ୍ ଏକ ବରଦାନ। ଜୀବନର ଶେଷ ଆଡ଼କୁ ବୟସ୍କ ଦମ୍ପତିମାନେ ନିଜର ଘରଦ୍ୱାର ବିକ୍ରି କରି ଛୋଟ ଗୋଟେ ଆପାର୍ଟମେଣ୍ଟ ନେଇଯାନ୍ତି ଆସିଷ୍ଟେଡ ଲିଭିଙ୍ଗ୍ କମ୍ପ୍ଲେକ୍ସ ଭିତରେ। ଏସବୁ ସୁବିଧା, କମ୍ପାନୀମାନେ ବ୍ୟବସାୟିକ ଭିତ୍ତିରେ ଚଲାନ୍ତି। ଖାଇବା, ପିଇବା, ରହିବା, ଡାକ୍ତର, ଚିକିତ୍ସା, ନର୍ସିଂ କେୟାର, ଅବସର ବିନୋଦନ ସବୁ ବ୍ୟବସ୍ଥା କର୍ତ୍ତୃପକ୍ଷ କରନ୍ତି। ସାଧାରଣତଃ ଆପାର୍ଟମେଣ୍ଟ ବା Condominiumରେ ଏହି ବ୍ୟବସ୍ଥା ଥାଏ। ପିଲାମାନେ ମଝିରେ ମଝିରେ ଆସନ୍ତି। ଦେଖା କରିଯା'ନ୍ତି। ଏଠୁ ହିଁ ସ୍ୱର୍ଗ ଲୋକକୁ ରାସ୍ତା। ଏଠି ଦି'ଜଣଙ୍କୁ ମାସକୁ ୫୦୦୦-୭୦୦୦ ଡଲାର ଖର୍ଚ୍ଚ ହୁଏ।

ଏ ଦୁଇଟି ଛଡ଼ା ଏବେ ଏକତୃତୀୟ ବିକଳ୍ପ ଏବେ ଆସିଯାଇଛି। ସ୍ଥଳ ଭାଗରେ ନରହି ଜଳଭାଗରେ ରୁହ..'Seniors Living at Sea'। ରିଟାୟାରମେଣ୍ଟ ପରେ ସ୍ୱାସ୍ଥ୍ୟ ଠିକ୍ ଥିବା ସମୟରେ ଜୀବନର ଦୌଡ଼ ସାରି କିଛିଦିନ କ୍ରୁଜ୍‌ରେ ସହରର ଗହଳ ଚହଳ ଠାରୁ ଦୂରରେ ରହି ଜୀବନର ସମସ୍ତ ସୁବିଧା ଉପଭୋଗ କରି ଅଲଗା ଏକ ଦୁନିଆରେ କିଛିଦିନ ଜୀବନଯାପନ କରାଯାଇପାରେ। ଘରଦ୍ୱାର, ଗାଡ଼ିମଟରର ଜଞ୍ଜାଳ ଛାଡ଼ି ମହାସାଗର ବକ୍ଷରେ ଫାଇଭ୍ ଷ୍ଟାର୍ ସୁବିଧା ଉପଭୋଗ କରିବା ସହ ଦେଶବିଦେଶ ବି ଦେଖିହେବ। ୩୦ ଦିନରୁ ଆରମ୍ଭ କରି ୩୬୫ ଦିନର ପ୍ୟାକେଜ୍ ଥାଏ। ଏମର୍ଜେନ୍‌ସି ମେଡିକାଲ୍ କେୟାର୍ ସହିତ ମଝିରେ ମଝିରେ ୮-୧୦ ଦିନ ପାଇଁ ନିଜ ସହରକୁ ଫେରିବା ବିକଳ୍ପ ବି ଥାଏ।

ଏବେ ଦେଖିବା ଏଥିପାଇଁ ଖର୍ଚ୍ଚ। ମୋର କ୍ରୁଜ୍ ପ୍ୟାକେଜର ଦାମ୍ ଥିଲା ୫୦୦ ଡଲାର - ଚାରିଦିନ ପାଇଁ ଗୋଟେ ରୁମ୍‌ରେ ଏକୁଟିଆ। ଦି'ଜଣ ହେଲେ ଦ୍ୱିତୀୟ ଜଣକ ପାଇଁ ୫୦% ଡିସ୍‌କାଉଣ୍ଟ। ତେଣୁ ୭୦୦-୭୫୦ଡଲାରରେ ହେଇଯିବ। ସେଇପରି ଟିକିଏ ବଡ଼ରୁମ୍ ପାଇଁ ଚାରିଦିନ ପାଇଁ ନିମ୍ନ ମତେ ଖର୍ଚ୍ଚ ଆସିଯିବ।

	ଜଣକ ପାଇଁ	ଦି'ଜଣଙ୍କ ପାଇଁ
1. Ballcony Room -	600 Dollar	900 Dollar
2. Suits -	1,200 Dollar	1,600 Dollar
3. Ocean View Room-	500 Dollar	750 Dollar

ଜାହାଜର ଭିତରପଟକୁ ଝରକା ନଥାଇ - Interior Room ର ଭଡ଼ା ଅପେକ୍ଷାକୃତ କମ୍ ପଡ଼ିବ - ୪୦୦ ରୁ ଓ ୬୦୦ ଡଲାରରେ ହୋଇଯିବ।

ସେଇ ଅନୁପାତରେ ଆହୁରି ବଡ଼ବଡ଼ ରୁମ୍‌ର ଖର୍ଚ୍ଚ ଆସିଯିବ। ମଧ୍ୟବିତ୍ତ ବା ଉଚ୍ଚ ମଧ୍ୟବିତ୍ତ ମାନଙ୍କ ପାଇଁ Ocean View ବା ଇନ୍‌ଟେରିଅର ରୁମ୍ ଚଳିଯିବ। ମାସକୁ ଖର୍ଚ୍ଚ ପ୍ରାୟ ୫୦୦୦-୫୫୦୦ ଡଲାର। ଏଇଟା ତ ଟିକେ ପ୍ରିମିୟମ ରିଟାୟାରମେଣ୍ଟ ସୋସାଇଟିର ଖର୍ଚ୍ଚ ପାଖାପାଖି। ତେଣୁ ୩ ମାସ ବା ୬ ମାସ ବା ବର୍ଷେ ରହିଲେ କ୍ଷତି କ'ଣ!!!୬-୭ ଘଣ୍ଟାର ବିମାନ ଯାତ୍ରା ପରେ ସାନ୍‌ଫ୍ରାନ୍‌ସିସ୍‌କୋରେ ପହଞ୍ଚିଲୁ ସନ୍ଧ୍ୟା ୮ଟାରେ। ସାନ୍ ଫ୍ରାନ୍‌ସିସ୍‌କୋର ସର୍ଟକଟ୍ ନାଁ SFO। ପ୍ରାୟ ସମସ୍ତେ SFO ଲେଖନ୍ତି ଏତେବଡ଼ ନାଁ ନ ଲେଖି। Hotel Park Centralରେ ରହଣି। କାଲି SFO ଟୁର୍ । ଇଣ୍ଡିଆନ୍ ରେଷ୍ଟୁରାଣ୍ଟରେ ଡିନର ପରେ ରୁମ୍‌କୁ ଆସିଲୁ। ଅଣ୍ଟା ଦରଜ ବହୁତ ବଢ଼ିଯାଇଛି। ଫ୍ଲାଇଟ୍‌ରେ A/C ରୁ ଅତ୍ୟଧିକ ଥଣ୍ଡା ଆସୁଥିବାରୁ ଏମିତି ହୋଇଛି ବୋଲି ଭାବିଲି। ରାତିରେ ଆଉ ଗୋଟେ ପେନ୍‌କିଲର ନେଲି। କାଲିକି କମିବାର ଆଶା! ହୋଟେଲରେ୨ଫୁଟ ଉଚ୍ଚା ଗଦି ଉପରେ ଶୋଇବାକୁ ଇଚ୍ଛା ହେଲାନି। ତୁଳୀତଳ୍ପ ଶଯ୍ୟାରେ ଶାନ୍ତି କମ୍, ଯନ୍ତ୍ରଣା ଅଧିକ...। ଭୂମି ଶଯ୍ୟା ଶ୍ରେଷ୍ଠ ଶଯ୍ୟା!! ତଳେ ଶୋଇଗଲି, ପୋର୍ଟ ହୋଲ ବଦଳରେ ଝରକା ବାଟେ ସହରର ଆଲୁଅ ଆସୁଥାଏ। ଗୁଡ୍‌ନାଇଟ୍... SFO...।

■

ସ୍ୱର୍ଣ୍ଣ ଦ୍ୱାରର ରକ୍ତିମ ତୋରଣ ଓ ଅନାହୂତ ସି-ଲାୟନ୍‌ମାନେ

୧୩.୦୭.୨୦୧୯ ଶନିବାର

ସାନ୍ ଫ୍ରାନ୍‌ସିସ୍‌କୋରେ ସକାଳ ପାହିଲା ମେଘଭର୍ତ୍ତି ଆକାଶ ଓ ଝିପିଝିପି ବର୍ଷା ସହିତ। ଆଜି ଦିନଟା ବୋଧେ ନଷ୍ଟ ହୋଇଯିବ। ୧୦.୦୦ଟା ବେଳକୁ ପହଞ୍ଚିଲୁ ସାନ୍ ଫ୍ରାନ୍‌ସିସ୍‌କୋର ପ୍ରସିଦ୍ଧ ସାମୁଦ୍ରିକ ବଜାର... Fisherman Wharf. ଏଠୁ Bay Cruise ସହିତ Golden Gate Bridge ଦେଖିବାର ପ୍ରୋଗ୍ରାମ ଅଛି।

କାଲିଫର୍ଣ୍ଣିଆ ଷ୍ଟେଟ୍ ଅନ୍ତର୍ଗତ ସାନ୍ ଫ୍ରାନ୍‌ସିସ୍‌କୋ ସହର ଆମେରିକାର ୱେଷ୍ଟକୋଷ୍ଟର ପ୍ରମୁଖ ସହର। ଏହାକୁ ଲୋକମାନେ ଶ୍ରଦ୍ଧାରେ SFO, Frisco ବା Sanfran ବୋଲି କହନ୍ତି। ବସ୍‌ରେ ଗଲାବେଳେ ଜଣେ ଆମେରିକାନ୍ ଭଦ୍ରମହିଳା ଗାଇଡ୍ ହିସାବରେ ଆସିଥିଲେ। ବାଟ ସାରା SFO ସହର ବିଷୟରେ ସେ କହିଯାଉଥାନ୍ତି ଓ ଦି'ପଟର ଦର୍ଶନୀୟ ସ୍ଥାନଗୁଡ଼ିକର ବିବରଣୀ ଦେଉଥାନ୍ତି।

କମ୍ପ୍ୟୁଟର ବିପ୍ଳବର ଏନ୍ତୁଡ଼ିଶାଳ Silicon Valley ଏହାର ନିକଟବର୍ତ୍ତୀ ହୋଇଥିବାରୁ ସାରା ପୃଥିବୀର କମ୍ପ୍ୟୁଟର ପ୍ରଫେସନାଲ୍‌ମାନେ SFO ଆଡ଼କୁ ଅନେଇ ରହିଥାନ୍ତି। Hardware ଓ Softwareର Mecca କୁହାଯାଏ ସିଲିକନ୍ ଭାଲିକୁ। ଗାଇଡ୍ କହିଲେ ଏଇ କମ୍ପ୍ୟୁଟର ପ୍ରଫେସନାଲ୍‌ମାନଙ୍କ ପାଇଁ ସାଧାରଣ ଲୋକମାନଙ୍କର ଜୀବନ କଠିନ ହୋଇଯାଇଛି। ଏମାନଙ୍କର ଦରମା ବହୁତ ବେଶୀ ହୋଇଥିବା ଯୋଗୁ SFOରେ Cost of Living ଅଧିକ। ତେଣୁ ସାଧାରଣ ଚାକିରିଆ ମାନଙ୍କର ଦରମା ବର୍ତ୍ତମାନର ବଜାର ଦର ସହିତ ଖାପ ଖାଇପାରୁନି। ଅଧିକାଂଶ ଲୋକ ସହର ଛାଡ଼ି ଦୂର ଜାଗାକୁ ଚାଲିଯାଉଛନ୍ତି। ମୋଟ ଉପରେ, କମ୍ପ୍ୟୁଟର ନ ଜାଣିଥିବା ଲୋକ ପାଇଁ SFOରେ ଜୀବନ ଦୁର୍ବିସହ ହୋଇପଡ଼ିଛି।

୧୭୭୬ରେ ସ୍ପେନ୍‌ର ଉପନିବେଶ ଭାବେ ଏହା ପ୍ରତିଷ୍ଠିତ ହୋଇଥିଲା। ୧୮୨୧ରେ ଏହା ମେକ୍ସିକୋର ଶାସନାଧୀନ ହେଲା ଓ ଶେଷରେ ୧୮୪୮ରେ Mexico-American War ପରେ ଏହା ଆମେରିକାରେ ମିଶିଗଲା। ୧୮୪୯ର କାଲିଫର୍ଣ୍ଣିଆ 'ଗୋଲ୍‌ଡ ରଶ୍‌' ସମୟରେ ସାରା ଆମେରିକାରୁ ଲୋକମାନେ ଏଠିକି ଆସିଥିଲେ।

୧୯୦୬ରେ ଏକ ପ୍ରଚଣ୍ଡ ଭୂମିକମ୍ପ ସହିତ ବିଭୀଷିକାମୟ ଅଗ୍ନିକାଣ୍ଡ SFO କୁ ଛାରଖାର କରିଦେଇଥିଲା। ସମ୍ପୂର୍ଣ୍ଣ ସହର ଧ୍ୱସ୍ତ ହୋଇଯାଇଥିଲା। ଏହାକୁ Great Fire କହନ୍ତି। ସେଇପରି ଆଉ ଏକ ଭୂକମ୍ପ ୧୯୮୯ରେ ହୋଇଥିଲା। କିନ୍ତୁ ଦି'ଥର ଯାକ SFO ଧ୍ୱଂସସ୍ତୂପ ଭିତରୁ ଉଠିଆସିଛି। SFO ଦୁଇଟି Geographical Fault Line, San Andreas Fault ଓ Hayward Fault ଉପରେ ଅବସ୍ଥିତ ଥିବାରୁ ଏଠି ବାରମ୍ବାର ଭୂମିକମ୍ପ ହୁଏ। ଆମେରିକାରେ ୟୁରୋପିଆନ୍‌ମାନେ ପହଞ୍ଚିବାର ୨୦୦ ବର୍ଷ ପର୍ଯ୍ୟନ୍ତ ସାନ୍‌ଫ୍ରାନ୍‌ସିସ୍କୋ ବେ' ଆବିଷ୍କୃତ ହୋଇନଥିଲା। ଆମେରିକାର ପଶ୍ଚିମ ତଟରେ ଅନେକ ନୌକା, ଜାହାଜ ଗତି କରିଥିଲେ ବି, ଏହି ଉପସାଗରଟି ସେମାନଙ୍କର ନଜରରେ ଆସିନଥିଲା। ଏତେବଡ଼ ଉପସାଗର କେଇ ଶହ ମିଟରର (୧୮୦୦ ମିଟର) ପ୍ରଣାଳୀ ଦ୍ୱାରା ପ୍ରଶାନ୍ତ ମହାସାଗରରୁ ବିଚ୍ଛିନ୍ନ ହୋଇ ରହିଥିଲା। ସ୍ଥଳଭାଗ ଓ ଜଳଭାଗର ଅସାମାନ୍ୟ ସଂଯୋଗ ହେତୁ ଏହି ପ୍ରଣାଳୀଟି ଅଧିକାଂଶ ସମୟ କୁହେଳୀଛାଦିତ ଥାଏ। ତେଣୁ ନାବିକମାନେ ଦେଖିପାରୁନଥିଲେ ଓ ୪୦୦୦ Square Km ର ଏହି ଉପସାଗରଟି ଲୋକଲୋଚନର ଅଗୋଚରରେ ରହିଯାଇଥିଲା। ଷୋଡ଼ଶ ଶତାବ୍ଦୀର ବିଖ୍ୟାତ ସାମୁଦ୍ରିକ ଅଭିଯାତ୍ରୀ Sir Francis Drake ଏଇବାଟେ ଯାତ୍ରା କଲାବେଳେ ବି ତାଙ୍କର ନଜର ୟା ଉପରେ ପଡ଼ିନଥିଲା। ୧୭୬୯ ରେ ପ୍ରଥମ କରି ସ୍ପାନିସ୍ ସର୍ଜେଣ୍ଟ Francis Ortega ପଶ୍ଚିମତଟ ସର୍ଭେ କଲାବେଳେ ଏହି ପ୍ରଣାଳୀଟିକୁ ଆବିଷ୍କାର କଲେ। ଏହି ପ୍ରଣାଳୀ ଦେଇ ଉପସାଗର ଭିତରକୁ ଜାହାଜଗୁଡ଼ିକ ଆସିପାରିଲେ। ତେଣୁ ତାଙ୍କରି ନାଁ ଅନୁସାରେ ଏଇ ଉପସାଗରର ନାଁ ସାନ୍‌ଫ୍ରାନ୍‌ସିସ୍‌କୋ ବେ' ରଖାଗଲା।

ନୌବାଣିଜ୍ୟ ଦୃଷ୍ଟିରୁ ଏଇ ପ୍ରଣାଳୀଟିର ଉପଯୋଗିତା ଅନେକ ବେଶୀ ଥିଲା। ଉପସାଗରର ଭିତର ଆଡ଼କୁ ସାନ୍‌ଫ୍ରାନ୍‌ସିସ୍‌କୋ, ଓକ୍‌ଲାଣ୍ଡ, ରିଚ୍‌ମଣ୍ଡ ଆଦି ଜାଗାରେ ବନ୍ଦର ସ୍ଥାପନ କରିବା ପାଇଁ ଏକ ସହଜ ପ୍ରବେଶ ପଥ ମିଳିଗଲା। ପୂର୍ବ ଦେଶ (Orient) ମାନଙ୍କ ସହ ବାଣିଜ୍ୟ କରିବା ପାଇଁ ଏଇ ପ୍ରବେଶ ପଥଟି ଅତ୍ୟନ୍ତ ଉପାଦେୟ ହେବ ବୋଲି ୧୮୪୬ ରେ John Fremont ନାମକ ଜଣେ ଆମେରିକାନ୍ ଅଭିଯାତ୍ରୀ ଏହାର ନାଁ ଗୋଲ୍ଡେନ୍ ଗେଟ୍ ଦେଲେ। ସାନ୍‌ଫ୍ରାନ୍‌ସିସ୍‌କୋ ସ୍ୱର୍ଣ୍ଣଦ୍ୱାରର ଏଇଆ ହିଁ ଇତିବୃତ୍ତ।

ପ୍ରାୟ ଦିନ ଦଶଟା ବେଳକୁ ପହଞ୍ଚିଲୁ Fisherman Wharf (ମାଛଧରା ଡକ୍)ରେ। Pier 39 ରୁ ଷ୍ଟିମରରେ ବାହାରିଲୁ Bay Cruise ପାଇଁ। ମୁଁ ଉପର ଡେକ୍‌କୁ ଗଲି। Star Board (ଜାହାଜ ସାମ୍ନାର ଡାହାଣ ପାର୍ଶ୍ୱ)ରେ ଜାଗା ମିଳିଗଲା। ପ୍ରାୟ ଏକ କିଲୋମିଟର ଗଲାପରେ ସମୁଦ୍ର ମଝିରେ Alcatraz ଆଇଲାଣ୍ଡ ପାଖଦେଇ କ୍ରୁଜ୍ ଗଲା। ଟିକେ ଦୁରରୁ ଘର ଗୁଡ଼ିକ ଦିଶୁଥାଏ। ଏହା ଏକ ପରିତ୍ୟକ୍ତ ଜେଲ୍ କିନ୍ତୁ ଜାତୀୟ ସ୍ମୃତି ସ୍ଥଳ। ଟୁରିଷ୍ଟମାନେ ଏଠିକି ଆସନ୍ତି କିନ୍ତୁ ଆମ ଲିଷ୍ଟରେ ନଥିଲା। କ୍ରୁଜ୍‌ରୁ ଦିଶୁଥାଏ ସାମ୍ନାରେ FOG। ଧୀରେ ଧୀରେ କ୍ରୁଜ୍ ଫଗ୍ ଭିତରକୁ ଯାଉଥାଏ। ଥଣ୍ଡା ପବନ ଦେହ ଥରାଇ ଦେଉଥାଏ। ଜାକେଟ୍ ପିନ୍ଧିବାକୁ ପଡ଼ିଲା। କିନ୍ତୁ ସମୁଦ୍ର ଉପରେ କେତେ ଲୋକ Parasailing କରି ୨୦୦-୩୦୦ ଫୁଟ୍ ଉଚ୍ଚରେ ଉଡୁଥାନ୍ତି। ପବନର ଗତିରେ ୨୦୦ ଫୁଟ୍ ଉପରକୁ ଉଡ଼ିଯାଇ ପୁଣି ପାଣି ଉପରକୁ ଉଡ଼ି ଆସୁଥାନ୍ତି। ଛୋଟ ଛୋଟ ଲହଡ଼ି ଛୁଇଁ Water Skiing ବି କରୁଥାନ୍ତି। ଦି'ଜଣ ପାରାସେଲର ଏତେ ଦ୍ରୁତ ଗତିରେ କ୍ରୁଜ୍ ଆଡ଼କୁ ଆସିଲେ ଯେ ଧକ୍କା ହେଲା ଭଳି ଲାଗିଲା। ମାତ୍ର ସେମାନେ ପାରାସୁଟର ରସି ଟାଣିଦେଇ ଶେଷ ମୁହୂର୍ତ୍ତରେ ଗତିପଥ ପରିବର୍ତ୍ତନ କରି ଜାହାଜର ଆଗ, ପଛ ବା ଉପର ଦେଇ ଉଡ଼ିଗଲେ। ଆଖି ବୁଜି ହେଇଗଲା ଏପରି କ୍ଷଣରେ। ୧୦୦ ଫୁଟରୁ ଅଧିକ ଦୂର ଦେଖି ହେଉନଥାଏ। ସାମ୍ନାରେ ଲାଲ ରଙ୍ଗର Golden Gate Bridge ଝାପ୍‌ସା ଦିଶୁଥାଏ। ଏହି ବ୍ରିଜ୍‌ଟି ଏକ Architectural Wonder ଓ ସାନ୍‌ଫ୍ରାନ୍‌ସିସ୍କୋର ଗର୍ବ ଓ ପରିଚୟ। ଅନେକ ଦିନୁ ଏଇ ବ୍ରିଜ୍ ଦେଖିବାର ଇଚ୍ଛା ଥିଲା। ମାତ୍ର ଠିକ୍ ସମୟରେ FOG ଏ ସୁଯୋଗଟି ନଷ୍ଟ କରିଦେଲା। ଗାଇଡ୍ କହିଲେ ଆମେ ବ୍ରିଜ୍ ଉପରକୁ ଯିବା। ଦେଖିବା...। ତଥାପି ବ୍ରିଜ୍ ତଳେ ଯିବାବେଳେ ପାଖରୁ ଦେଖିଲୁ ଓ ଫଟୋ ଉଠାଇଲୁ। ଏଇ ବ୍ରିଜ୍‌କୁ ନେଇ କେତେ ଫିଲ୍ମ ଦେଖିଛି... Godjila (2014), Terminator : Genisys (2015), Superman (1978), A View to Kill (James Bond, Roger Moore). Golden Bridge ବିଷୟରେ ଅଧିକ ଜାଣିବା ତା' ପାଖରେ ପହଞ୍ଚିଲେ। ପ୍ରାୟ ଦୁଇଘଣ୍ଟାର ବେ' କ୍ରୁଜ୍ ପରେ ଫେରିଲୁ Wharf କୁ। Pier 39 ରେ ଓହ୍ଲାଇଲୁ। ଷ୍ଟିମରରେ ଜଲ୍‌ଦି ଜଲ୍‌ଦି ଚଢ଼ିଲା ବେଳେ ଗୋଟେ ବଡ଼ ଜିନିଷ ଛାଡ଼ି ଯାଇଥିଲୁ। କ୍ରୁଜ୍‌ରୁ ଓହ୍ଲାଇଲା ବେଳେ ହଠାତ୍ ମୋର ନଜର ପଡ଼ିଗଲା ଟିକିଏ ଦୂରରେ ଥିବା ଡକ୍ ଆଡ଼କୁ। ଭସା ଡେକ୍‌ଗୁଡ଼ିକ ଉପରେ ୨୦-୩୦ଟି ଧୂସର ରଙ୍ଗର ବିରାଟ ବିରାଟ ପ୍ରାଣୀ ଶୋଇଛନ୍ତି। କିଏ ତଳକୁ ମୁହଁ କରି ଶୋଇଛି ତ କିଏ ପେଟ ଉପରକୁ କରି ଶୋଇଛି। କେଉଁଠି ବା ଜଣେ ଆଉ ଜଣକ ଉପରେ ଲଦି ହୋଇ ଶୋଇଛି। ଏଗୁଡ଼ିକ ହେଉଛନ୍ତି 'ସି ଲାୟନ୍', ସିଲ୍ ପ୍ରଜାତିର ଏକ ସାମୁଦ୍ରିକ ପ୍ରାଣୀ। ଏଇଟା Pier 39ର ଆଜିକାର ଗର୍ବ, ପରିଚୟ ଓ ପ୍ରଧାନ ଆକର୍ଷଣ...

ସି ଲାୟନ୍ ମାନଙ୍କର ବିଶ୍ରାମ ସ୍ଥଳ। ଜାଣିବା ଏଥର ସେମାନଙ୍କ ବିଷୟରେ। ସାନ୍‌ଫ୍ରାନ୍‌ସିସ୍‌କୋ ବେ' ସି ଲାୟନ୍ ମାନଙ୍କର ଚରାଭୂଇଁ ବୋଧେ ସୃଷ୍ଟି ଆରମ୍ଭରୁ। ସେମାନେ ନିକଟସ୍ଥ ପାହାଡ଼ Seal Rock ପାଖରେ ବିଶ୍ରାମ କରନ୍ତି, ପ୍ରଜନନ କରନ୍ତି ମଣିଷ ଚଳ ପ୍ରଚଳ ଠାରୁ ଅନେକ ଦୂରରେ। ସେପ୍ଟେମ୍ବର ୧୯୮୯ରେ Pier 39 ରେ K-ଡକ୍‌ର ନବୀକରଣ କରାଯାଉଥିଲା। କିଛିଦିନ ପାଇଁ ସମସ୍ତ ବୋଟ (Yacht, Steamer ଆଦି) ଗୁଡ଼ିକୁ ବାହାର କରିଦିଆଯାଇଥିଲା। ନୂଆ Floating Deck (ଭସା ଡେକ୍) ସବୁ ରଖାଯାଉଥିଲା, ବୋଟ୍‌ଗୁଡ଼ିକର ରହଣି ପାଇଁ। ହଠାତ୍ କ'ଣ ହେଲା କେଜାଣି ଅଚାନକ କେତୋଟି ସି ଲାୟନ୍ ଆସି ଫ୍ଲୋଟିଙ୍ଗ୍ ଡେକ୍‌ଗୁଡ଼ିକ ଉପରେ ପହଞ୍ଚିଗଲେ। ଦିନ ରାତି, ଡ଼େକ୍‌ଗୁଡ଼ିକ ଉପରେ ଶୋଇଲେ, ଖେଳିଲେ, ନିଜ ନିଜ ଭିତରେ କଜିଆ କଲେ। Seal Rock ରୁ ସେମାନଙ୍କର ସଂଖ୍ୟା କମିଗଲା। Pier 39 ର ନବୀକରଣ ସରିଲା। ବୋଟ୍‌ମାନେ ନିଜ ଜାଗାକୁ ଫେରିଲେ। କିନ୍ତୁ ସି ଲାୟନ୍‌ମାନେ ସେମାନଙ୍କର ନୂଆ ଆସ୍ଥାନକୁ ଛାଡ଼ିବାକୁ ନାରାଜ। ଜାନୁଆରୀ ୧୯୯୦ ସୁଦ୍ଧା ସେମାନଙ୍କର ସଂଖ୍ୟା ୧୫୦ରେ ପହଞ୍ଚିଗଲା। ସମଗ୍ର PIERଟିକୁ ଦଖଲରେ ନେଇଗଲେ। ବୋଟ୍ ମାଲିକମାନେ ଯିବେ କୁଆଡ଼େ? ସି ଲାୟନ୍‌ମାନଙ୍କର କଳିକଜିଆର ଶବ୍ଦ, ମଳମୂତ୍ରର ଗନ୍ଧ ସେମାନଙ୍କୁ ପାଖରେ ପୂରେଇ ଦେଲାନି। ଅସ୍ତବ୍ୟସ୍ତ ହୋଇପଡ଼ିଲେ ସେମାନେ। ନୂଆ Pier ହେଲା, କିନ୍ତୁ ବୋଟ୍ ରଖିବାକୁ ଜାଗା ନାହିଁ। ନୂତନ ଅତିଥିମାନେ ଜାଗା ଛାଡ଼ିଲେ ତ! ସି ଲାୟନ୍ ଗୁଡ଼ିକ କାଲିଫର୍ଣ୍ଣିଆ (CA)ର ସଂରକ୍ଷିତ ପ୍ରାଣୀ। ପରିବେଶ ଆଇନ୍ ସେମାନଙ୍କ ସପକ୍ଷରେ। ବୋଟ୍ ମାଲିକମାନଙ୍କର ଅକଲ ଗୁଡୁମ୍। ଶେଷରେ ସେମାନେ ସରକାରଙ୍କୁ ଆପତ୍ତି କଲେ। ସେତେବେଳକୁ ସି ଲାୟନ୍‌ମାନଙ୍କର ଉପସ୍ଥିତି, ଟୁରିଷ୍ଟ ଓ ବନ୍ୟପ୍ରାଣୀ ସଂରକ୍ଷଣ ସଂସ୍ଥାଗୁଡ଼ିକର ଦୃଷ୍ଟି ଆକର୍ଷଣ କଲାଣି। SFO କୁ ଏକ ନୂଆ ଅନୁଭୂତି ମିଳିବା ଆରମ୍ଭ ହେଲାଣି। ତା'ଛଡ଼ା ସି ଲାୟନ୍‌ମାନେ ତ CA ଷ୍ଟେଟ୍‌ର ପ୍ରଜା ନୁହନ୍ତି। SFO Bay ତାଙ୍କର ହଜାର ହଜାର ବର୍ଷ ଧରି। ମଣିଷର ମାତ୍ର ୨୫୦ ବର୍ଷର ସମ୍ପର୍କ। ସରକାର ସେମାନଙ୍କୁ ଅସନ୍ତୁଷ୍ଟ କରିବାକୁ ସାହସ କଲେନି। ବୋଟ୍ ମାଲିକମାନଙ୍କୁ ଅନ୍ୟ ବ୍ୟବସ୍ଥା କରିବାକୁ କୁହାଗଲା। Pier-39, ସି ଲାୟନ୍ ମାନଙ୍କ ପାଇଁ ଉତ୍ସର୍ଗିତ ହୋଇଗଲା। ସେମାନଙ୍କ ସୁବିଧା ପାଇଁ ଅଧିକ ଫ୍ଲୋଟିଙ୍ଗ୍ ଡେକ୍ ପକେଇ ଦିଆଗଲା। ପାଣି ହୋସ୍ ମାରି ଡେକ୍‌ଗୁଡ଼ିକୁ ସଫା କରାଗଲା। ରୁଗ୍‌ଣ ପ୍ରାଣୀଗୁଡ଼ିକୁ ଚିକିତ୍ସା ସୁବିଧା ଯୋଗାଇ ଦିଆଗଲା। ସେମାନଙ୍କର ସୁରକ୍ଷା ପାଇଁ ନିରାପତ୍ତା କର୍ମୀ ନିଯୁକ୍ତ କରାଗଲା। କିନ୍ତୁ ସେମାନଙ୍କୁ ଖାଇବା ପାଇଁ ଦେବା ମନା। Wild Animal ମାନେ ତାଙ୍କ ନିଜର Food Chain (ଖାଦ୍ୟ ଶୃଙ୍ଖଳା) ଭିତରେ ରହିବେ। ଏତେ ସୁବିଧା ଭିତରେ ବର୍ଷକୁ ବର୍ଷ ସି

ଲାୟନ୍‌ମାନଙ୍କର ସଂଖ୍ୟା ବଢ଼ିବାରେ ଲାଗିଛି।୨୦୦୯ ମସିହାରେ ସେମାନଙ୍କ ସଂଖ୍ୟା ୧୭୦୦ରେ ପହଞ୍ଚିଯାଇଥିଲା। ଦେଖାଯାଇଛି Spring (March-June) ସମୟରେ ସେମାନେ ଆସନ୍ତି। ଶୀତ ଆସିଲେ ସମୁଦ୍ର ଭିତରକୁ ଚାଲିଯାନ୍ତି। ତଥାପି ବର୍ଷ ସାରା କିଛି ସି ଲାୟନ୍ ଏଠି ରହିଯାନ୍ତି। ସେମାନଙ୍କର ମୂଳ ପ୍ରାକୃତିକ ବାସସ୍ଥାନ ସିଲ୍ ରକ୍ ଛାଡ଼ି ଏଠିକି କାହିଁକି ଆସିଲେ ସମୁଦ୍ର ପ୍ରାଣୀ ବିଶେଷଜ୍ଞମାନେ ବି କହିପାରନ୍ତିନି। ୫୦୦ କେଜି ପର୍ଯ୍ୟନ୍ତ ବଢୁଥିବା ଏଇ ବିଶାଳ ବପୁବନ୍ତ ପ୍ରାଣୀର ବଡ଼ ଶତ୍ରୁ ହେଲା Great White Shark ଓ Orca (Killer Whale). SFO Bayରେ ଏଇ ଶିକାରୀଗୁଡ଼ିକ ଦେଖାଯାନ୍ତି ନାହିଁ। ତା'ଛଡ଼ା ଜନବସତି ପାଖକୁ ସେମାନେ ଆସନ୍ତିନି। ସି ଲାୟନ୍‌ର ପ୍ରିୟ ଖାଦ୍ୟ Sardin ମାଛ, SFO Bayରେ ପ୍ରଚୁର ପରିମାଣରେ ମିଳନ୍ତି। ତେଣୁ ସାର୍ଡିନ୍ ମାଛର ଆକର୍ଷଣ ଓ ଶିକାରୀମାନଙ୍କ ଠାରୁ ନିରାପତ୍ତା ବୋଧେ ସେମାନଙ୍କୁ Pier 39 ପାଖକୁ ଟାଣି ଆଣିଛି। ଆକସ୍ମିକ ଭାବେ ସେମାନଙ୍କ ଭିତରୁ କେତେଜଣ ୧୯୮୯ରେ ଏଇ ନିରାପଦ ସ୍ଥାନଟିକୁ ଆବିଷ୍କାର କରିଥିବେ ଓ ସ୍ୱାଭାବିକ ଭାବେ ସାଙ୍ଗସାଥୀଙ୍କୁ ଡାକି ଆଣିଥିବେ। ସି ଲାୟନ୍ ଏକ ସାମାଜିକ ପ୍ରାଣୀ। ମଣିଷ ପାଖରେ ରହିଲେ ନିରାପଦ ଅନୁଭବ କରିଥିବେ। ବାସ୍ ସେଇ ଦିନଠୁ SFO ର ବାସିନ୍ଦା ହୋଇଗଲେ। ସେମାନଙ୍କୁ ଏକ ନୂଆ ନାଁ ଓ ଠିକଣା ମିଳିଗଲା-

SFO ସି ଲାୟନ୍‌ସ, Pier-39,
Fisherman Wharf,
SFO, CA, Zipcode-94133.

ସି ଲାୟନ୍ ମାନଙ୍କୁ ପାଖରୁ ଦେଖିବାର ଆଗ୍ରହରେ ମୁଁ ଗ୍ରୁପ୍ ଛାଡ଼ି ଦେଇ ନିକଟକୁ ଚାଲିଗଲି। ମନଭରି ଦେଖି ଫେରିଲି। ସେପ୍ଟେମ୍ବର୍ ୨୦୧୯, ମୋ ଫେରିଲା ପରେ ସି ଲାୟନ୍ ମାନଙ୍କର ଆଗମନର ୩୦ ବର୍ଷ ପୂର୍ତ୍ତି ପାଳନ କରାଯାଇଛି। ଗୋଟେ ବଡ଼କଥା...ଏମାନଙ୍କୁ Pier 39 ରେ ଲାଇଭ୍ ଦେଖିବା ପାଇଁ 'Pier 39.com' Website ରେ ଏକ HD Webcam ଲଗେଇ ଦିଆଯାଇଛି। ପୃଥିବୀର ଯେ କୌଣସି କୋଣରେ ବସି ଏହାର ଲାଇଭ୍‌ଷ୍ଟ୍ରିମିଙ୍ଗ୍ ଦେଖିହେବ। ସି ଲାୟନ୍‌ମାନେ ଏବେ ଅନାହୂତ ନୁହନ୍ତି। ସସମ୍ମାନେ ନିମନ୍ତ୍ରିତ।

ସି ଲାୟନ୍‌ମାନଙ୍କୁ ଦେଖିସାରି ଦୌଡ଼ି ଆସି ଗ୍ରୁପ୍‌ରେ ମିଶିଗଲି। ଏବେ ଦେଖିବା Fisherman Wharf (ମାଛ ଧରା ଜେଟି)। ୧୮୦୦ ମସିହାରୁ ଏଇ ସ୍ଥାନଟି ମାଛଧରା ପାଇଁ ଜେଟି ହିସାବରେ ଛୋଟବଡ଼ ଷ୍ଟିମର ଓ ବୋଟ୍‌ଗୁଡ଼ିକ ଦ୍ୱାରା ବ୍ୟବହାର ହେଉଛି। ସାମୁଦ୍ରିକ ମାଛ ଓ କଙ୍କଡ଼ା ଏଠିକାର ପ୍ରଧାନ ଅମଳ। କିନ୍ତୁ କାଳକ୍ରମେ ଏଠି ବିଭିନ୍ନ

ପ୍ରକାରର Seafood Restaurant ଖୋଲି ଯାଇଥିବାରୁ, ଟୁରିଷ୍ଟମାନଙ୍କର ସୁସ୍ୱାଦୁ ମାଛ ଓ କଙ୍କଡ଼ା ଖାଇବାକୁ ଭିଡ଼ ହୁଏ। ତେଣୁ ଏହା ଏବେ SFO ର ଏକ ବିଶିଷ୍ଟ ଟୁରିଷ୍ଟ ଡେଷ୍ଟିନେସନ୍ ଓ ମାର୍କେଟ୍ ପ୍ଲେସ୍ । ଏଠିକାର ସବୁଠୁ ଆକର୍ଷଣୀୟ Delicacy ହେଲା Dungeness Crab. ଏଇ କଙ୍କଡ଼ା ଏତେ ଜନପ୍ରିୟ ଯେ କଙ୍କଡ଼ା ଉଦ୍ଦେଶ୍ୟରେ ଏଠି ଏକ ସ୍ତମ୍ଭ (Crab Tower) ପ୍ରତିଷ୍ଠା କରାଯାଇଛି। ରେଷ୍ଟୁରାଣ୍ଟ ଛଡ଼ା ଏଠି ବିଭିନ୍ନ Gift Shop, Entertainment Show ଇତ୍ୟାଦିର ଦୋକାନ ଖୋଲି ଯାଇଛି। ଗୋଲ୍ଡେନ୍ ଗେଟ୍ ବାହାରକୁ ଯାଇ ପ୍ରଶାନ୍ତ ମହାସାଗରରେ Whale Watch (ତିମି ଦର୍ଶନ) କରିବା ପାଇଁ ଟିକେଟ୍ ବି ଏଠି ମିଳେ। ମହାସାଗର ଭିତରକୁ ପ୍ରାୟ ୩ କି.ମି. ଗଲେ ତିମି ଦେଖିବାକୁ ମିଳନ୍ତି। ୩-୪ ଘଣ୍ଟାର ଓସେନ୍ କ୍ରୁଜ୍ ସହିତ ହ୍ୱେଲ୍ ୱାଚ୍ ଟିକେଟ୍‌ର ଦାମ୍ ୪୫-୯୦ ଡଲାର। ବଜାର ବୁଲି ସାରିଲା ପରେ ଦେଖିବାକୁ ଥିଲା ସାନ୍ ଫ୍ରାନ୍‌ସିସ୍‌କୋ Flyer। EPCOTରେ ଦେଖିଥିବା ସୋରିନ୍‌ର ଏହା ଏକ ଲଘୁ ସଂସ୍କରଣ। ଏକ ସି-ଗଲ୍ ର ପିଛାକରି SFOର ସମସ୍ତ ଦର୍ଶନୀୟ ସ୍ଥାନ ଉପରେ ଉଡ଼ିବାର ମଜ୍ଜା ମିଳେ। କିନ୍ତୁ ସୋରିନ୍ ପରେ ଏଇଟା ଟିକେ ଫିକା ଲାଗିଲା।

ତା'ପର ଦେଖା... Ghiradelli Square, ଚକୋଲେଟ୍ ଫ୍ୟାକ୍ଟ୍ରି ଓ ବଜାର। Fisherman Wharf ଠାରୁ ସମୁଦ୍ର କୂଳେ କୂଳେ କିଛି ଦୂରରେ ଏହି ମାର୍କେଟ୍‌ଟି ଅବସ୍ଥିତ। ଏଠି ଦୋକାନ ଗୁଡ଼ିକରେ କେବଳ ଚକୋଲେଟ୍ ଓ ଆଇସ୍‌କ୍ରିମ୍ ମିଳେ। ଦୋକାନଗୁଡ଼ିକର ଭିତରେ ବା ବାହାରେ ସବୁ ଜାଗାରେ ଯୁବକ ଯୁବତୀମାନେ ବସି ଚକୋଲେଟ୍ ବା ଆଇସ୍‌କ୍ରିମ୍ ଖାଉଥାନ୍ତି- 'Can sit and Can eat' ସାଇନ୍ ବୋର୍ଡ ତଳେ। ଘିରାଡେଲି ଚକୋଲେଟ୍ ଏକ ପୃଥିବୀ ପ୍ରସିଦ୍ଧ ବ୍ରାଣ୍ଡ। ୧୮୧୭ରେ ପ୍ରତିଷ୍ଠିତ ହୋଇଥିବା ଏଇ ଚକୋଲେଟ୍ ବ୍ରାଣ୍ଡକୁ ଦୁଇଶ ବର୍ଷ ହେଲାଣି। ମାତ୍ର ଏହାର ସ୍ୱାତନ୍ତ୍ରତା ଓ ମାର୍କେଟ୍ ଲିଡରସିପ୍ ବଜାୟ ରହିଛି। ଘିରାଡେଲି ଷ୍ଟୋର ଭିତରେ ଯୁବତୀମାନେ ଟ୍ରେରେ ଚକୋଲେଟ୍ ନେଇ ବୁଲୁଥିବେ। ଚାଖିବା ପାଇଁ ବାଧ କରିବେ। ପଇସା ନ ଦେଇ ଆପଣ ଯେତେ ଇଚ୍ଛା ସେତେ ଟେଷ୍ଟ୍ କରିପାରିବେ। ଏତେବଡ଼ ଦୋକାନ କେବଳ ଚକୋଲେଟ୍ ପାଇଁ!

ତା'ପର ଲକ୍ଷ୍ୟ Golden Gate Bridge ଓ Sausalito. ସହର ଭିତର ଦେଇ ବସ୍ ଗଲାବେଳେ ଦେଖିଲି ସବୁଯାକ ରାସ୍ତା ଉଠାଣି ଗଡ଼ାଣି। ସମତଳ ରାସ୍ତା ନାହିଁ କହିଲେ ଚଳେ। ଉଠାଣିଗୁଡ଼ିକ ବି ଅତି ମାତ୍ରାରେ ତୀବ୍ର (ତୀଖ)। ସମଗ୍ର ସାନ୍‌ଫ୍ରାନ୍‌ସିସ୍‌କୋ ସହରଟି ୪୦ରୁ ଅଧିକ ପାହାଡ଼ ଉପରେ ଅବସ୍ଥିତ। ସବୁଠୁ ଉଚ୍ଚା ଦୁଇ Twin Peak ର ଉଚ୍ଚତା ସମୁଦ୍ର ପୃଷ୍ଠରୁ ୯୦୦ ଫୁଟ୍‌ରୁ ଅଧିକ। ସବୁଠୁ କମ୍ ଉଚ୍ଚ

ପାହାଡ଼ର ଉଚ୍ଚତା ୨୦୦ ଫୁଟ୍। ତେଣୁ ଏମିତିକା ରାସ୍ତା ହୋଇଛି। ଗୋଟେ ଗୋଟେ ଜାଗାରେ ଗଡ଼ିଲା ବେଳକୁ ଡର ଲାଗେ। ସବୁଠୁ ଗଡ଼ାଣିଆ ରାସ୍ତା ହେଉଛି Lombard Street. Russian Hill ଉପରୁ ତଳକୁ ଓହ୍ଲାଇବା ପାଇଁ ଏହା ଏକ ୱାନ୍ ୱେ ରାସ୍ତା। ୬୦୦ ଫୁଟ୍‌ର ରାସ୍ତାରେ ଆଠଟି ବୁଲାଣି ଥିବା ଏଇ ଷ୍ଟ୍ରିଟ୍‌ଟିକୁ Crooked Street ବି କହନ୍ତି। ଅଣଓସାରିଆ ରାସ୍ତାଟିରେ ୮କିମି ସ୍ପିଡ୍‌ରେ କେବଳ କାର୍ ହିଁ ଓହ୍ଲାଇ ପାରିବ। SFO ଆସିଥିବା ସବୁ ଟୁରିଷ୍ଟମାନେ ଏହାକୁ ଦେଖିବାକୁ ଆସନ୍ତି। ବଡ଼ ବସ୍ ଏଇ ରାସ୍ତାରେ ଆସି ପାରିବନି, ତେଣୁ ତଳୁ ଦେଖିଦେଲୁ। ଅନେକ ଟୁରିଷ୍ଟ ଏଇ ରାସ୍ତାରେ ଓହ୍ଲାଉଥିବାରୁ ଉପରେ କ୍ୟୁରେ ଅପେକ୍ଷା କରିବାକୁ ପଡ଼େ।

ଗୋଲ୍ଡେନ୍ ଗେଟ୍ ବ୍ରିଜ୍ ଉପର ଦେଇ ଗଲୁ। SFOର ଅପର ପାର୍ଶ୍ୱରେ ଓ ବ୍ରିଜ୍ ଠାରୁ ଅଳ୍ପ ଦୂରରେ ଓହ୍ଲାଇଗଲୁ। ତଳେ ଶହ ଶହ ଷ୍ଟିମର, ବୋଟ୍ ଓ ୟଟ୍ ଚାଲିଥାଏ। ଫଗ୍ ଏବେବି ବ୍ରିଜ୍‌କୁ କୋଳେଇ ରଖିଛି। ବେଶୀ ବାଟ ଦିଶୁ ନ ଥାଏ। ତଥାପି ପାଖରୁ ଦେଖିବାର ସୁଯୋଗ ମିଳିଥିବାରୁ ଖୁସୀ ହେଲୁ। ଲାଲ୍ ରଙ୍ଗର ଏହି ସସ୍‌ପେନ୍‌ସନ୍ ବ୍ରିଜ୍ (ଝୁଲାବ୍ରିଜ)ଟି ଏକ Architerctural Marvel. SFO ବେ' ରୁ ପ୍ରଶାନ୍ତ ମହାସାଗରକୁ ବାଟ ଏକ ୧.୬ କିଲୋମିଟର ଓସାରର ପ୍ରଣାଳୀ (Strait) ହେଉଛି ଗୋଲ୍‌ଡେନ୍ ଗେଟ୍। SFO ବେ' ଏରିଆର ସମସ୍ତ ସହର ଗୁଡ଼ିକର ବେପାର ବଣିଜ ପାଇଁ ଏହା ଲାଇଫ୍ ଲାଇନ୍। ବ୍ରିଜ୍‌ଟିର ସମୁଦାୟ ଦୈର୍ଘ୍ୟ ୧୯୭୦ ମିଟର। ଏଥିରୁ ୧୩୦୦ ମିଟର ହେଉଛି ଝୁଲା ବ୍ରିଜ୍। ସମୁଦ୍ର ପତନ ଠାରୁ ୨୩୦ ମିଟର ଉଚ୍ଚତାର ଦୁଇଟି ମେନ୍ ସସ୍‌ପେନ୍‌ସନ୍ ଟାୱାରରୁ Cantileverର ବ୍ରିଜ୍‌ଟି ସମୁଦ୍ର ପତନ ଠାରୁ ପ୍ରାୟ ୭୦ ମିଟର ଉଚ୍ଚରେ ଝୁଲିକରି ରହିଛି। ୨୭ ମେ' ୧୯୩୭ରେ ଏହାର ଉଦ୍‌ଘାଟନ ହେଲା ଓ ଗତ ୮୨ ବର୍ଷ ଧରି ଏହା SFO ର Symbol ହୋଇ ରହିଛି। ସମୁଦ୍ରର ଲୁଣି ହାୱାରୁ ଲୁହା ଷ୍ଟ୍ରକ୍‌ଚ୍‌ର ଗୁଡ଼ିକୁ ରକ୍ଷା କରିବା ପାଇଁ ନିୟମିତ ରକ୍ଷଣାବେକ୍ଷଣ ହୁଏ। ଏବେ ବି Pedestrian ବ୍ରିଜ୍‌ର କାମ ଚାଲିଛି। ଆମେରିକାରୁ ଫେରିବାର ବର୍ଷକ ପରେ ପେଡେଷ୍ଟ୍ରିଆନ୍ ବ୍ରିଜ୍ ମରାମତି କାମ ସରିଯାଇଥିବାର ଶୁଣିଲି। ମାତ୍ର ଜୁନ୍ ୨୦୨୦ରେ ଏ କାମ ସରିଲା ପରେ ଟିକେ ଜୋର୍‌ରେ ପବନ ବହିଲେ ବ୍ରିଜରୁ ଶଙ୍ଖଧ୍ୱନି ପରି ଶବ୍ଦ ବାହାରୁଛି। SFOର ଅଧକାଂଶ ସ୍ଥାନକୁ ଏଇ Humming Sound ଶୁଣାଯାଉଛି। ଇଞ୍ଜିନିଅର୍‌ମାନେ Wind Tunnel Test ବେଳେ ଏମିତି ଶବ୍ଦ ହେବ ବୋଲି ଜାଣିଥିଲେ। ମାତ୍ର ପରିବେଶ ଦୃଷ୍ଟିରୁ ଏଇ ଶବ୍ଦର ପ୍ରଭାବ ବିଚାର କରାଯାଇ ନ ଥିଲା। ଏକ ବିରକ୍ତିକର ଶବ୍ଦ ବାହାରୁ ଥିବାରୁ ଲୋକମାନେ ବ୍ୟତିବ୍ୟସ୍ତ ହୋଇଗଲେଣି। ସାଉଣ୍ଡ ଇଞ୍ଜିନିଅର୍‌ମାନେ ଲାଗିଛନ୍ତି ଏହାର ସମାଧାନ ପାଇଁ।

ବ୍ରିଜ୍ ଉପରେ ଛିଡ଼ା ହୋଇ ତଳକୁ ଦେଖିଲି... SFO ବେ' ଓ ପ୍ରଶାନ୍ତ ମହାସାଗରର ମିଳନ ସ୍ଥଳ... ଗୋଲ୍‌ଡେନ୍ ଗେଟ୍ - ସ୍ୱର୍ଣ୍ଣଦ୍ୱାର ଉପରକୁ ଦେଖିଲି- ରକ୍ତିମ ଲାଲ ରଙ୍ଗର ଆକାଶଚୁମ୍ବୀ ସସ୍‌ପେନ୍‌ସନ୍ ଟାୱାର ଓ ସସ୍‌ପେନ୍‌ସନ୍ କେବୁଲ ଏକ ଚମତ୍କାର ତୋରଣର ଭ୍ରମ ସୃଷ୍ଟି କରୁଥାଏ... ତେଣୁ ସ୍ୱର୍ଣ୍ଣ ଦ୍ୱାରର ରକ୍ତିମ ତୋରଣ ବାସ୍ତବରେ **'Gate way to Orient'.**

Sausalito, ବେ'ର ଅପର ପାର୍ଶ୍ୱରେ ଏକ ଛୋଟ ସହର। ଗୋଲ୍ଡେନ୍ ବ୍ରିଜ୍ ଠାରୁ ୧୦ ମିନିଟ୍‌ର ରାସ୍ତା। ଗୋଟେ ଦି'ଟା ପାହାଡ଼ ପାରିହୋଇ ସସାଲିଟୋ ସମୁଦ୍ର କୂଳରେ ପହଞ୍ଚିଲୁ। ୧୦ ମିନିଟ୍‌ର ଫରକରେ ଗୋଲ୍‌ଡେନ୍ ଗେଟ୍ ଫଗ୍‌ରୁ ଆସି ଉଜ୍ଜ୍ୱଳ ସୂର୍ଯ୍ୟକିରଣ, ପରିଷ୍କାର ଆକାଶ ଓ ଆଖି ପାଉଥିଲା ଯାଏ ନୀଳ ଜଳରାଶିର ରାଜ୍ୟରେ ପହଞ୍ଚିଗଲୁ। ଏଇଟା ହିଁ Northern Coast Range ପର୍ବତ ଗୁଡ଼ିକର ମ୍ୟାଜିକ୍। ଫଗ୍ ଏଇ ପର୍ବତଶ୍ରେଣୀ ଟପି ସସାଲିଟୋରେ ପହଞ୍ଚିପାରେନି। ଏଇଥିପାଇଁ ସସାଲିଟୋରେ ରିଅଲ ଇଷ୍ଟେଟ୍ ପ୍ରାଇସ୍ SFOର ଅଧିକାଂଶ ସ୍ଥାନ ଅପେକ୍ଷା ଅଧିକ। ୭୦୦୦ ଲୋକ ବସବାସ କରୁଥିବା ଛୋଟ ଏଇ ସହରଟି ସୁପର ରିଚ୍ ମାନଙ୍କର ରହଣି ପାଇଁ ଫେଭରିଟ ଜାଗା। ପୋଷ୍ଟକାର୍ଡ଼ ପରି, ପାହାଡ଼ ବକ୍ଷରେ ସୁନ୍ଦର ସୁନ୍ଦର ଘର ସବୁ ଖଞ୍ଜା ହୋଇ ରହିଥାନ୍ତି। SFO ବେ' କୂଳରେ ଷ୍ଟିମର୍, ବୋଟ୍ ଆଉ ଲକ୍‌ଜୁରି Yacht (ୟଟ୍) ସବୁ ରଖିବା ପାଇଁ ଏକ Wharf. ଶହ ଶହ ପ୍ରାଇଭେଟ୍ ୟଟ୍ ଏଠି ଲଙ୍ଗର ପକାଇଥାନ୍ତି। ସମୁଦ୍ରର ନୀଳ ଜଳରାଶିରେ ସଫେଦ୍ ରଙ୍ଗର ପାଲଟଣା ୟଟ୍ ସବୁ ପ୍ରଜାପତି ପରି ଘୂରି ବୁଲୁଥାନ୍ତି। ଟୁରିଷ୍ଟମାନଙ୍କ ଚାରିପଟେ ଶହଶହ ସି ଗଲ୍ ବେଶ୍ ପାଖକୁ ଚାଲିଆସୁଥାନ୍ତି ଖାଦ୍ୟ ଆଶାରେ। କେତେଜଣ ମାଛ କିଣିକରି ସେମାନଙ୍କୁ ଖାଇବାକୁ ଦେଉଥାନ୍ତି। ଘଣ୍ଟାଏ ସେଠି ବୁଲିଲା ପରେ SFO ଫେରିଲୁ।

ବସ୍‌ରେ ବସି ଭାବୁଥିଲି ପାଗର ଫରକ ଏମିତି କାହିଁକି ହୁଏ SFO ରେ ? ଗାଇଡ଼୍‌ଙ୍କୁ ପଚାରିଲି। ବଡ଼ ସହଜ ଭାଷାରେ ସେ ବୁଝେଇ ଦେଲେ SFO FOG ର ରହସ୍ୟ। SFO ଏକ ଫଗ୍‌ର ସହର। ସମର୍‌ରେ ଏଠାରେ ବାୟୁ ଉଷ୍ମ ହୋଇଉଠେ। ସେଇ ସମୟରେ California Ocean Current (କାଲିଫର୍ଣ୍ଣିଆ ସାମୁଦ୍ରିକ ସ୍ରୋତ) ଯୋଗେ ଉତ୍ତର ପ୍ରଶାନ୍ତ ମହାସାଗରରୁ ଶୀତଳ ଜଳ ସ୍ରୋତ... କାଲିଫର୍ଣ୍ଣିଆ କୂଳେ କୂଳେ ଦକ୍ଷିଣକୁ ପ୍ରବାହିତ ହୁଏ। ଏଇ ଶୀତଳ ଜଳସ୍ରୋତ ପ୍ରଶାନ୍ତ ମହାସାଗରର ଉଷ୍ମ ବାୟୁ ସଂସ୍ପର୍ଶରେ ଆସି ସମୁଦ୍ର ଉପରେ Marine Layer ବା କୁହୁଡ଼ିର ଏକ ବହଳ ସ୍ତର ସୃଷ୍ଟି କରେ। ପୂର୍ବାହ୍ନରେ ବାୟୁ ସମୁଦ୍ରରୁ ସ୍ଥଳ ଭାଗ ଆଡ଼କୁ ପ୍ରବାହିତ ହୁଏ। ଏହା କୁହୁଡ଼ିକୁ ସାଥୀରେ ଧରି ଗତି କରେ। କାଲିଫର୍ଣ୍ଣିଆ ଉପକୂଳରେ Calfornia Coast

Range ପର୍ବତ ଶୃଙ୍ଖଳା ଉତ୍ତର ପଶ୍ଚିମ ବାୟୁକୁ ବାଧା ଦିଅନ୍ତି। କୁହୁଡ଼ି ବି ସେଇଠି ଅଟକି ଯାଏ। କିନ୍ତୁ ଏଇ ପର୍ବତ ଶୃଙ୍ଖଳା ଅନ୍ତର୍ଗତ Northern Coast Range ଓ Southern Coast Range ମଧ୍ୟରେ ଗୋଲ୍ଡେନ ଗେଟ୍ ଏକ ଫାଙ୍କା ସ୍ଥାନ ସୃଷ୍ଟି କରିଛି। ତେଣୁ କୁହୁଡ଼ିର ସ୍ରୋତ ନଦୀ ପରି ଏଇ ଗୋଲ୍ଡେନ ଗେଟ୍ ଦେଇ SFO ବେ' ଭିତରକୁ ପଶିଆସେ ସ୍ଥଳଭାଗ ଅଭିମୁଖେ। SFO ବେ' ଉପରେ କୁହୁଡ଼ିର ଏଇ ବହଳ ସ୍ତରଟି ସାଧାରଣତଃ ସମୁଦ୍ର ପୃଷ୍ଠରୁ ୨୦୦ ମିଟର ଉଚ୍ଚତା ପର୍ଯ୍ୟନ୍ତ ରହେ। ପାଖ ପାହାଡ଼ (Twin Peak) ଉପରୁ ଦେଖିଲେ ସମ୍ପୂର୍ଣ୍ଣ ଗୋଲ୍ଡେନ୍ ଗେଟ୍ ବ୍ରିଜ୍‌ଟି ଘୋଡ଼େଇ ହୋଇଯାଇଥାଏ। କେବଳ ଦିଶୁଥାଏ ଦୁଇଟି ଲାଲ୍ ଲାଲ୍ ଟାୱାର୍‌ର ଶୀର୍ଷ। ସଫେଦ୍ ରଙ୍ଗର କୁହୁଡ଼ି (ମେଘପରି) ଉପରେ ଦୁଇଟି ଲାଲ୍ ଟାୱାର ଫଟୋଗ୍ରାଫି ପାଇଁ ଦୁର୍ଲ୍ଲଭ ସୁଯୋଗ ଆଣିଦିଏ।

ସିଟି ଟୁର ବେଳେ ଦୁଇ ପ୍ରକାରର ବସ୍ ଦେଖିଲି। ପ୍ରଥମ ପ୍ରକାରର ବସ୍‌ଟି ଏକ ପୁରୁଣାକାଳିଆ ବସ୍ ପରି, କିନ୍ତୁ ଟ୍ରାମ୍ ପରି ଲୁହାଧାରଣା ଉପରେ ଲୁହା ଚକରେ ଚାଲୁଛି। ଦ୍ୱିତୀୟଟି ଅତ୍ୟାଧୁନିକ ଡିଜାଇନ୍‌ର Overhead Electric Line ସହିତ ସଂଯୁକ୍ତ ହୋଇ ଚାଲୁଛି। ଦୂରରୁ ଦେଖିଲି। ବିଶେଷ କିଛି ଜାଣି ହେଲାନି ଏମାନଙ୍କ ବିଷୟରେ।

ହୋଟେଲରେ ପହଞ୍ଚିଲା ବେଳକୁ ସନ୍ଧ୍ୟା ହୋଇ ନଥିଲା, ଖରା ଥିଲା। ଡ଼ିନର୍ ବି ଡେରୀ ଥିଲା। ହୋଟେଲ ରିସିପ୍‌ସନ୍‌ରେ ପଚାରି ବାହାରିଲି ବସ୍ ଖୋଜି। ଦୁଇତିନିଟା ଲେନ୍ ପରେ ଦେଖିଲି ପ୍ରଥମ ବସ୍‌ଟିକୁ। ଏଇଟାକୁ Cable Car କହନ୍ତି। କଲିକତାର ପୁରୁଣା ଡିଜାଇନ୍‌ର ଟ୍ରାମ୍ ପରି ଲୁହା ଧାରଣା ଉପରେ ଲୁହା ଚକରେ ଚାଲେ। ଏହାର ଇଞ୍ଜିନ୍ ବା ଇଲେକ୍ଟ୍ରିସିଟି ସଂଯୋଗ ଦେଖିପାରିଲିନି। ଆଶ୍ଚର୍ଯ୍ୟ ହେଲି ଏହା କେମିତି ଚାଲେ ଭାବି।

ସାନ୍ ଫ୍ରାନ୍‌ସିସ୍‌କୋର ଉଠାଣି ଗଡ଼ାଣି ରାସ୍ତାରେ ଘୋଡ଼ାଗାଡ଼ି ଟାଣୁଥିବା ଘୋଡ଼ାଗୁଡ଼ିକ ନିୟମିତ ଦୁର୍ଘଟଣାର ସମ୍ମୁଖୀନ ହୋଇ ଗୁରୁତର ଭାବରେ ଆହତ ହେଉଥିଲେ କିମ୍ବା ମୃତ୍ୟୁଲାଭ କରୁଥିଲେ। ଏହାଦେଖି Andrew Hallidie ନାମକ ଜଣେ ବ୍ୟକ୍ତି କେବୁଲ୍ କାର୍ ଆବିଷ୍କାର କଲେ ଓ ୧୮୭୩ରେ ଜନସାଧାରଣଙ୍କ ପାଇଁ ପ୍ରଚଳନ କଲେ। ସେଇଦିନ ଠାରୁ SFOରେ କେବୁଲ କାର୍ ଗତ୧୫୦ ବର୍ଷ ଧରି ଚାଲୁଛି। କାର୍ ଡିଜାଇନ୍‌ରେ କିଛି ପରିବର୍ତ୍ତନ ହୋଇନାହିଁ।

ଆଗରୁ କେବୁଲ କାର୍ ସାରା ସହରରେ ଚାଲୁଥିଲା। ମାତ୍ର ଏବେ କେବଳ ୩ଟି ରାସ୍ତାରେ ଚାଲୁଛି। ପୁରୁଣା କାଳିଆ କାର୍‌ଗୁଡ଼ିକୁ SFOର Heritage ସହିତ

ଜଡ଼ିତ କରାଯାଇଛି । କେବଳ ଟୁରିଷ୍ଟମାନଙ୍କୁ SFOର ଐତିହ୍ୟ ସହିତ ପରିଚିତ କରିବା ପାଇଁ ଚଲାଯାଉଛି । ଘଣ୍ଟାପ୍ରତି ସ୍ପିଡ୍ ୧୫ କି.ମି. । ଏଥିରେ ଟୁରିଷ୍ଟମାନେ ବସିକରି କିମ୍ବା ଛିଡ଼ା ହୋଇ ସହର ଦେଖି ଦେଖି ଯା'ନ୍ତି । କେବୁଲ୍ କାର୍ ଗୁଡ଼ିକ ଚାଲିବା ପାଇଁ ନା ଥାଏ ଡିଜେଲ ଇଞ୍ଜିନ, ନା ଥାଏ ଇଲେକ୍ଟ୍ରିକ୍ ମଟର । ଭୂମି ଉପରେ ଦୁଇ Rail(ଧାରଣା) ମଝିରେ ଏକ Cable Slot ଥାଏ । ମାଟି ତଳେ କେବୁଲଟି ଅହରହ ଚାଲୁଥାଏ Routeର ଶେଷରେ ଥିବା ଏକ Cable Drive House ଦ୍ୱାରା । ଏହାକୁ Car Barn କହନ୍ତି । କେବୁଲ କାର୍ ଏକ Grip ବା Clamp ଦ୍ୱାରା କେବୁଲ ସହିତ ଟାଣିହୋଇ ଗତିକରେ । କ୍ଲାମ୍ପକୁ କେବୁଲ କାର୍ ଭିତରୁ ଡ୍ରାଇଭର କେବୁଲ ସହିତ ଲଗେଇ ଦେଇପାରେ ବା ଢିଲା କରିଦେଇପାରେ । ଢିଲା କରିଦେଲେ ଚଳନ୍ତା କେବୁଲରୁ ସମ୍ପର୍କ ତୁଟି ଯାଏ ଓ କେବୁଲ କାର୍‌କୁ କାଠର ବ୍ରେକ୍ ଦେଇ ଅଟକେଇ ଦେଇ ହୁଏ । ପୁଣି କ୍ଲାମ୍ପକୁ ଲଗେଇ ଦେଲେ କେବୁଲ ସହିତ ଚାଲିଥାଏ । ଏଠି ଡ୍ରାଇଭର Gripକୁ ବ୍ୟବହାର କରୁଥିବାରୁ ତାକୁ ଗ୍ରିପ୍ ମ୍ୟାନ୍ ବୋଲି କୁହାଯାଏ । ଅତୀତରେ ଇଉରୋପ, ଆମେରିକାର ବିଭିନ୍ନ ସହରରେ କେବୁଲ କାର୍ ଚାଲୁଥିଲେ ବି ଏବେ ସବୁଠି ବନ୍ଦ ହୋଇଗଲାଣି । କେବଳ SFO ରେ ଏମାନେ ଚଲାବୁଲା କରୁଛନ୍ତି । ତେଣୁ ପୃଥିବୀର ଯେକୌଣସି ଦେଶରୁ ପର୍ଯ୍ୟଟକ ଆସିଲେ ବି SFOର କେବୁଲ କାର୍ ଏକ ବିରଳ ଦୃଶ୍ୟ ଓ ଅନୁଭୂତି ପ୍ରଦାନ କରେ । ପ୍ରତି ଟ୍ରିପ୍ ପାଇଁ $ ୮.୦୦ ଟିକେଟ୍ ଟିକେ ଅଧିକା ହୋଇଥିଲେ ବି, ୧୫ କି.ମି. ସ୍ପିଡ୍‌ରେ SFOର ଉଠାଣି ଗଡ଼ାଣି ରାସ୍ତାରେ କେବୁଲ କାର୍‌ରେ ବସିବା ବା ଫୁଟ ବୋର୍ଡ଼ରେ ଛିଡ଼ା ହୋଇ ବୁଲିବା ଅନେକ ଲୋକଙ୍କୁ ଆକର୍ଷିତ କରେ । ୩୦ ଫୁଟ୍ ଲମ୍ବା ଓ ୮ ଫୁଟ୍ ଓସାରର ଏହି କାର୍‌ରେ ୩୪ ଜଣ ବସିକରି ଆଉ ୩୪ ଜଣ ଛିଡ଼ା ହୋଇ ଯାଇପାରିବେ । ଏଗୁଡ଼ିକ କିନ୍ତୁ ଏୟାର କଣ୍ଡିସନ୍‌ଡ ନୁହେଁ । ଗାଡ଼ି ଅଟକାଇବା ପାଇଁ ବା ଚାଲିବା ପାଇଁ ଟିଣ୍‌ଟିଣ୍ ଘଣ୍ଟି ବଜାଯାଏ । ଯାତ୍ରୀମାନେ ବି ଘଣ୍ଟି ବଜାଇ ଯାତ୍ରାକୁ ଉପଭୋଗ କରନ୍ତି । କେବୁଲ କାର୍ ରୁଟ୍‌ର ଶେଷରେ Turn Table ଥାଏ । ଅପ୍ ରୁଟ୍‌ରେ ଯାଇ ରୁଟ୍‌ର ଶେଷରେ ଡାଉନ୍ ରୁଟ୍‌କୁ ଆସିବା ପାଇଁ ଏଇ ଟର୍ନ -ଟେବୁଲ ସାହାଯ୍ୟ କରେ । କେବୁଲ ରେଲ୍‌ର ଶେଷରେ ଏଇ ଟର୍ନଟେବୁଲଟି ଏକ ଚକି, ଯାହା ଉପରେକି କାର୍‌ଟି ଯାତ୍ରା ଶେଷରେ ରହିଯାଏ । ତା' ପରେ ଦି'ଜଣ କର୍ମଚାରୀ କାର୍‌କୁ ଘୂରେଇ ଦେବା ଦ୍ୱାରା ଟର୍ନଟେବୁଲର ଚକି ବୁଲିଯାଏ । କାର୍ ବି ପଛକୁ ମୁହଁ କରି ଘୁରିଯାଏ ଓ ଡାଉନ୍ ରୁଟ୍‌କୁ ଚାଲିଆସେ ।

ବିନା ଇଞ୍ଜିନ୍‌ରେ, ବିନା ଇଲେକ୍ଟ୍ରିକ୍ ସଂଯୋଗରେ ଏହା କେମିତି ଚାଲୁଛି

ମୋ ମନରେ ଏଇ ପ୍ରଶ୍ନ ଉଠିଲା ପରି, ୧୮୯୦ ମସିହାରେ ପ୍ରସିଦ୍ଧ ଲେଖକ ଓ ସାମ୍ବାଦିକ Rudyard Kipling ବି ଦ୍ୱନ୍ଦ୍ୱରେ ପଡ଼ିଥିଲେ। କିନ୍ତୁ କେବୁଲ କାର୍‌ରେ ବସି ସାରିଲା ପରେ ଏକଦମ୍ ସରଳ ଭାଷାରେ କହିଲେ,"କେବୁଲ କାର୍‌ରେ ବସିଲା ପରେ ୟାର କାରିଗରୀ ବିଷୟରେ ପ୍ରଶ୍ନ କରିବା ଛାଡ଼ିଦେଲି। ଯଦି ଈଶ୍ୱର ଇଚ୍ଛାରେ ଗୋଟିଏ କାର୍ ଏକ ଭୂମିଗତ ଛିଦ୍ର ଦେଇ ମାଇଲ ମାଇଲ ଚାଲିପାରିଲା, ଆଉ ଅଢ଼େଇ ପେନି ଦେଇ ଏଥିରେ ବସିପାରିଛି, ଏଇ ଅଲୌକିକତାର କାରଣ କାହିଁକି ମୁଁ ଖୋଜିବି ?"

(I gave up asking questions about their mechanisms. If it pleases Providence to make a Car run up & down a slit in the ground for many miles, and if for Two pence ha-penny, I can ride in that car, Why should I seek reasons for that miracle?)

ଆଜି ସିଟି ଟୁର୍‌ବେଳେ SFOରେ ଗୋଟେ ଅଜବ ଜିନିଷ ଦେଖିଲି। ସବୁ Multistoried Buildings (ବହୁତଳ ପ୍ରାସାଦ) (ସ୍କାଏସ୍କ୍ରାପର୍ ନୁହେଁ)ଗୁଡ଼ିକ ସାମ୍ନାରେ ସିଡ଼ି ବା ନିଶୁଣି ଉପରୁ ତଳ ଯାଏ ଲାଗିଛି। ବିଲ୍‌ଡ଼ିଂର ସୁନ୍ଦରତା ନଷ୍ଟ କରୁଛି ସତ, କିନ୍ତୁ ସବୁ ଘରେ ଲାଗିଛି। ବୋଧେ ବାଧ୍ୟବାଧକତାରେ କୌଣସି ଆଇନ ଯୋଗୁ ସିଡ଼ି ଲଗାଯାଇଛି ! ପରେ ଜାଣିଲି ଏହାର ରହସ୍ୟ। ୧୯୦୬ର ଗ୍ରେଟ୍ ଫାୟାର ଓ ଭୂମିକମ୍ପ ସମୟରେ ଘର ଭିତରେ ରହିଥିବା ଷ୍ଟେୟାର କେସ୍ ଦେଇ ବାହାରକୁ ବାହାରିବାରେ ଅସୁବିଧା ହେଲା। ଏଇଥିପାଇଁ କେବଳ, ନିଆଁ ଧୂଆଁରେ ଅନେକ ଜୀବନ ହାନି ହେଲା। ତେଣୁ ସରକାର ଘର ବାହାରେ ସିଡ଼ି ଲଗାଇବା ବାଧ୍ୟତାମୂଳକ କରିଦେଲେ। ଏଥିରେ ଉପର ମହଲାରୁ ପ୍ରଥମ ମହଲା ପର୍ଯ୍ୟନ୍ତ ଲୁହାର ସ୍ଥାୟୀ ସିଡ଼ି ଲାଗିଥାଏ। କିନ୍ତୁ ପ୍ରଥମ ମହଲାରୁ ଗ୍ରାଉଣ୍ଡ ଫ୍ଲୋର୍‌କୁ ଆସିବାକୁ ସିଡ଼ିଟି ପ୍ରଥମ ମହଲାରେ Folding ହୋଇ ଥାଏ। ଆବଶ୍ୟକ ହେଲେ ସିଡ଼ିଟିକୁ ଉପରୁ ତଳକୁ ଖସାଇ ଦିଆଯାଇପାରେ। ଏହାକୁ ଏଇଥିପାଇଁ Fire Escape Ladder କହନ୍ତି।

ଏବେ ଅନ୍ୟ ବସ୍‌ଟିକୁ ଖୋଜିଲି। ଅଳ୍ପବାଟ ଚାଲିବା ପରେ ମିଳିଗଲା। କିନ୍ତୁ ସନ୍ଧ୍ୟା ହୋଇଯାଇଥାଏ। ସନ୍ଧ୍ୟାରେ ଭଲଭାବେ ଦେଖିହେଲାନି। କିନ୍ତୁ ଗୋଟେ ଧାରଣା ହୋଇଗଲା। ଏ ପ୍ରକାରର ବସ୍‌ର ନାଁ ହେଉଛି ଇଲେକ୍ଟ୍ରିକ୍ ବସ୍ ବା ଟ୍ରଲି ବସ୍। ଟ୍ରଲି ବସ୍ ଏକ ଅତ୍ୟାଧୁନିକ ଗଣ ପରିବହନ ବ୍ୟବସ୍ଥା। କାଲିଫର୍ଣ୍ଣିଆର ପରିବେଶ ନିୟମ ଆମେରିକାରେ ସବୁଠୁ କଠୋର। Zero Pollution ସେମାନଙ୍କର ଲକ୍ଷ୍ୟ। ତେଣୁ ଡିଜେଲ ଇଞ୍ଜିନ୍ ଚାଳିତ ବସ୍ ଏତେ ସୁବିଧାଜନକ ନୁହେଁ। ତେଣୁ Sanfrancisco Municipalty

Corporation (Muni) ଏକ ନୂଆ ଆଇଡିଆ ପ୍ରବର୍ତ୍ତନ କରିଛି- ଏକ ଅତ୍ୟାଧୁନିକ ଡିଜାଇନ୍‌ର ବସ୍, ଯାହାକି ଇଲେକ୍ଟ୍ରିସିଟିରେ ଚାଲିବ। ଏଥିପାଇଁ ଓଭର୍‌ହେଡ୍ ଇଲେକ୍ଟ୍ରିକ୍ ଲାଇନ୍‌ରୁ ଦୁଇଟି Receptor Rod ଦ୍ୱାରା ବସ୍‌କୁ ଇଲେକ୍ଟ୍ରିସିଟି ପ୍ରବାହିତ ହୁଏ।

ଏହି ରିସିପ୍‌ଟର୍ ଗୁଡ଼ିକୁ Trolley Pole କୁହାଯାଏ। ଇଚ୍ଛା ଅନୁସାରେ ଟ୍ରଲି ପୋଲ୍‌କୁ ଓଭର୍‌ହେଡ୍ ଲାଇନ୍‌କୁ ସଂଯୋଗ ବା ବିଛିନ୍ନ କରାଯାଇ ବସ୍‌କୁ ଚଲା ଯାଇପାରେ କିମ୍ବା ବନ୍ଦ କରାଯାଇପାରେ। ଏହା 'ଜିରୋ ପଲ୍ୟୁସନ୍ Vehicle'। ମାତ୍ର ଏଥିରେ ଅସୁବିଧା ହେଲା ଓଭର୍‌ହେଡ୍ ଇଲେକ୍ଟ୍ରିକ୍ ଲାଇନ୍ ନଥାଇ ଏହା ଚାଲିପାରିବନି। ସେଥିପାଇଁ ଏବେ Hybrid Bus ସବୁ ପ୍ରବର୍ତ୍ତନ କରାଯାଇଛି। ଓଭର୍‌ହେଡ୍ ଲାଇନ୍ ନଥିଲେ ଟ୍ରଲି ପୋଲ୍‌କୁ ବସ୍ ଛାତ ଉପରେ ଶୁଆଇ ଦେଇ ଡିଜେଲ ଇଞ୍ଜିନ୍ କିମ୍ବା ବ୍ୟାଟେରୀ ଦ୍ୱାରା ବସ୍‌କୁ ଚଲାଯାଇପାରେ। SFOରେ ଟ୍ରଲିବସ୍ ଗୁଡ଼ିକ ସାଧାରଣତଃ Twin Bus (ଦୁଇଟି ବସ୍ ଲାଗିକରି ଥାଏ)। ଏଗୁଡ଼ିକ ଏଆରକଣ୍ଡିସନ୍‌ଡ ଓ ବେଶ୍ ସୁନ୍ଦର। ସନ୍ଧ୍ୟା ହୋଇଯାଇଥିବାରୁ ଭିଡ଼ିଓ କରିପାରିଲିନି। ମନ ଦୁଃଖ ହେଲା। ମାତ୍ର ପରଦିନ ସକାଳୁ ମନ ଖୁସୀ ହୋଇଗଲା। ଲାସ୍‌ଭେଗାସ୍ ଯିବା ପାଇଁ ବାହାରିଲା ବେଳକୁ ହଠାତ୍ ଦେଖିଲି ହୋଟେଲ ସାମ୍ନାରେ ଟ୍ରଲିବସ ଗୁଡ଼ିକ ଯାତାୟାତ କରୁଛନ୍ତି। ବାସ୍, ମିଳିଗଲା ସୁଯୋଗ। ନିହାତି ପାଖରୁ ଦେଖିଲି। ଭିଡ଼ିଓ ବି କରିଦେଲି। ଶେଷ ମୁହୂର୍ତ୍ତରେ ମନୋକାମନା ପୂର୍ଣ୍ଣ ହେଲା।

SFO ର ଉଠାଣି, ଗଡ଼ାଣି, ଫଗ୍, High cost of living ସତ୍ତ୍ୱେ ଏହା ସଦାବେଳେ ପୃଥିବୀର ସବୁଦେଶର ଲୋକଙ୍କ ପାଇଁ ଏକ ମନପସନ୍ଦର ଜାଗା। SFO Bay ପାଖରେ ଥିବାରୁ ଏହାର ନାତିଶୀତୋଷ୍ଣ ଜଳବାୟୁ ଏହାର ପ୍ରଧାନ ଆକର୍ଷଣ। କେତେଜଣ ଖ୍ୟାତନାମା ବ୍ୟକ୍ତି SFOର ଶତମୁଖରେ ପ୍ରଶଂସା କରିଯାଇଛନ୍ତି।

1. "East is East but West is SFO"- O' Henry.
2. "Chicago is a great American City, Newyork one of the Capitals of world, But SFO is a Lady" - Norman Mailer.
3. "SFO has only one draw back - It is hard to leave" - Rudyard Kipling.

ଇଣ୍ଡିଆନ୍ ରେଷ୍ଟୁରାଣ୍ଟରେ ରାତ୍ରୀ ଭୋଜନ (ଅବଶ୍ୟ ସାଲାଡ଼ ସହିତ) ପରେ ହୋଟେଲରେ ପହଞ୍ଚିଲୁ। ଅଣ୍ଟା ଦରଜ ଟିକେ ଟିକେ ଥିଲା। ଆଉ ଗୋଟେ ପେନ୍‌କିଲର ନେଲି। ପୁଣି ଭୂମି ଶଯ୍ୟା – ଗୁଡ୍‌ନାଇଟ୍...Lady Sanfran.

■

ପାପର ପୁରୁଣା ଠିକଣା ଓ ବିଷ୍ଣୁମନ୍ଦିରର ନୂଆ ଠିକଣା

୧୪.୦୭.୨୦୧୯ (ରବିବାର)

ସାନ୍ ଫ୍ରାନ୍‌ସିସ୍‌କୋରୁ ଲାସ୍‌ଭେଗାସ୍ ଘଣ୍ଟାକର ଉଡ଼ାଣ । ଅଧଘଣ୍ଟେ ପରେ ବିମାନ ଡ଼େଥ୍ ଭାଲି ଉପରେ ଉଡ଼ିବାକୁ ଲାଗିଲା । ତଳେ ଶହ ଶହ ମାଇଲ ଧରି ଧୂ ଧୂ ମରୁଭୂମିର ଛାତି ଚିରି ଜାତୀୟ ରାଜପଥ ଗୋଟେ ସରଳରେଖାରେ ପଡ଼ିଛି । ଡ଼େଥ୍ ଭାଲିର ଚାରିପଟେ ଭୂମି ଉପରକୁ ଉଠି ପାହାଡ଼ ହୋଇଯାଇଛି ଓ ମଧ୍ୟବର୍ତ୍ତୀ ଅଞ୍ଚଳ ତଳକୁ ଦବିଯାଇ ସମୁଦ୍ର ପତନଠାରୁ ନିମ୍ନକୁ ଆସିଯାଇଛି । ପ୍ରାୟ ୨୦୦ ମାଇଲରେ ଗୋଟିଏ ଜନବସତି ବା ଉଦ୍ଭିଦ ଜଗତ ଦେଖିବାକୁ ମିଳିଲାନି । ସବୁଠୁ ନିମ୍ନସ୍ଥାନର ଉଚ୍ଚତା ସମୁଦ୍ର ପତନ (MSL) ଅପେକ୍ଷା ୨୮୦ ଫୁଟ ତଳେ । ଦିନ ବାରଟାରେ ଲାସ୍‌ଭେଗାସ୍ ପହଞ୍ଚିଲୁ । ସହରରେ ପହଞ୍ଚିଲା ଆଗରୁ ଗୋଟେ ବଢ଼ିଆ ଇଣ୍ଡିଆନ୍ ରେଷ୍ଟୁରାଣ୍ଟ ମିଳିଗଲା । SFO ର ଶୀତତାପ ନିୟନ୍ତ୍ରିତ ଜଳବାୟୁ, ବିମାନ, ବିମାନବନ୍ଦର ଓ ଏସି ବସ୍ ପରେ ଆମେ ହୋଟେଲ ଠାରୁ ଟିକିଏ ଦୂରରେ ଓହ୍ଲାଇଲୁ । ଖରା ତ ଥିଲା, ତାତି ଏତେ ବେଶୀ ଯେ ମୁହଁ ଦେହ ପୋଡ଼ିଗଲା ପରି ଲାଗିଲା । ୨୦୦ ମିଟର ଚାଲିବା ଅସହଜ ଲାଗିଲା । ପ୍ରାୟ ୪୫° ସେଣ୍ଟିଗ୍ରେଡ୍ । ହୋଟେଲର ବାଉଣ୍ଡାରୀ ବାହାରେ ଆଖି ପାଇଲା ପର୍ଯ୍ୟନ୍ତ ଗଛଟିଏ ନାହିଁ । ଖାଲି ପଥର ଆଉ ଅଳ୍ପ କିଛି କଣ୍ଟା ଗୁଳ୍ମ, ଭୂଇଁ ଖଜୁରୀ । ଏଇଟା ହେଉଛି Mojave ମରୁଭୂମି । ଚାରିପଟ ଯାକ ଲଣ୍ଡା ପାହାଡ଼ ମଧ୍ୟରେ ଲାସ୍‌ଭେଗାସ୍ ଏକ ଉପତ୍ୟକା (Basin) । ଲଞ୍ଚ୍ ରେଡ଼ି ହୋଇନଥାଏ । ନିକଟସ୍ଥ ଏକ Ware House ଛାଇରେ ଛିଡ଼ା ହୋଇ ଚାରିପଟକୁ ଦେଖୁଥାଉ । ରାସ୍ତା ସେପଟେ ଏୟାରପୋର୍ଟ ପାଚେରୀ । ରନ୍‌ୱେ କିଛି ଦୂରରେ । ହଠାତ୍ ଲକ୍ଷ୍ୟ କଲୁ ପ୍ରତି ମିନିଟରେ ଗୋଟିଏ ଲେଖାଏଁ ବିମାନ ଅବତରଣ

କରୁଛି। ଗୋଟିଏ ବିମାନ ରନ୍‌ୱେ ସ୍ପର୍ଶ ନ କରୁଣୁ ଆଉ ୩-୪ଟି ବିମାନ ଦିଗ୍‌ବଳୟରେ ଦେଖାଯାଉଛନ୍ତି। ହୋଟେଲରେ ଲଞ୍ଚ୍ କଲୁ। ତା'ପରେ ବସ୍‌ରେ ବସିଲୁ ଲାସ୍‌ଭେଗାସ୍ ଅଭିମୁଖେ। ୫-୭ କି.ମି. ରାସ୍ତା ଏଇଠୁ।

ଦୂରରୁ ଲାସ୍‌ଭେଗାସ୍‌ର ସ୍କାଏସ୍କ୍ରାପର୍ ଗୁଡ଼ିକର କାଚସବୁ ଚିକ୍‌ଚିକ୍ କରୁଥାନ୍ତି। ଲାସ୍‌ଭେଗାସର ସ୍ପାନିଶ୍ ଅର୍ଥ ହେଲା ତୃଣଭୂମି (Meadow) କିନ୍ତୁ ଏଠି ତୃଣ ନ ଥାଏ। ଏହା Nevada ଷ୍ଟେଟ୍ ଅନ୍ତର୍ଗତ। ଏହି ସହରଟିର ଜନ୍ମ ଏଇ ଗତ ଶତାବ୍ଦୀରେ ହିଁ ହୋଇଛି। ତେଣୁ ଆମେରିକାର ଅନ୍ୟସବୁ ସହର ଅପେକ୍ଷା ଯାର ଐତିହ୍ୟ ଚଳନ୍ତି ପିଢ଼ିର ଆଖି ଆଗର କଥା। ଏକ ରେଳପଥ ତିଆରି ହେବା ସମୟରେ ୧୯୦୫ ମସିହାରେ ୧୧୦ ଏକର ଜମିକୁ ନେଇ ଲାସ୍‌ଭେଗାସ୍‌ର ପ୍ରତିଷ୍ଠା ହେଲା। ଅସଲ ସହର ରୂପ ନେଲା ୧୯୩୧ରେ, The Great Depression ସମୟରେ, ୯୦ କି.ମି. ଦୂରରେ Hoover Dam ନିର୍ମାଣ ସହିତ। ହଜାର ହଜାର ନିର୍ମାଣ ଶ୍ରମିକଙ୍କ ରହଣୀ ଓ ମନୋରଞ୍ଜନ ପାଇଁ ଏଇ ସହରଟିରେ ଗଢ଼ି ଉଠିଲା ସବୁ ପ୍ରକାରର ସୁବିଧା। ହୋଟେଲ ଶିଳ୍ପ ସହିତ ଯାବତୀୟ କୁକର୍ମ, ଦୁରାଚାର ପାଇଁ ମଦ୍ୟଶାଳା, ବେଶ୍ୟାଗୃହ ଆଦି ଖୋଲିଗଲା। ତା' ସହିତ ଅବୈଧ ବ୍ୟବସାୟ, ହତ୍ୟା, ଲୁଟ୍ ଆଦି ବଢ଼ି ଚାଲିଲା।

୧୯୩୫ରେ ହୁଭର ଡ୍ୟାମ୍‌ର ନିର୍ମାଣ ସରିଲା। କିନ୍ତୁ ଲାସ୍‌ଭେଗାସ୍‌ରେ ହୋଟେଲ ଶିଳ୍ପ ବଢ଼ି ଚାଲିଲା। ସାରା ଆମେରିକାର ବିଳାସୀ ଲୋକମାନଙ୍କର ମନୋରଞ୍ଜନ ପାଇଁ ଏହା ଏକ ପ୍ରଥମ ପସନ୍ଦର ଡେଷ୍ଟିନେସନ୍ ହୋଇଗଲା। ଦୁଇଚାରିଦିନ ପାଇଁ ଲାସ୍‌ଭେଗାସ୍ ଆସି ଜୀବନକୁ ମନଇଚ୍ଛା ଉପଭୋଗ କରି ପୁଣି ସଫା ସୁତୁରା ହୋଇ ନିଜ ଦୁନିଆକୁ ଫେରିଯିବା ପାଇଁ ଏ ସହର ସବୁପ୍ରକାର ସୁଖ ସୁବିଧା ଯୋଗାଇ ଦେଲା କିଛି ଡଲାର ବିନିମୟରେ। ଏଠି ଯାହା କଲେ ବି ନିଜ ଜୀବନକୁ ସେସବୁ ନେଇ ଫେରିବାର ନାହିଁ। "ସବୁ ପାପ ଏଇଠି କର, ଆଉ ଏଇଠି ଛାଡ଼ିଦେଇଯାଅ।" ସେଇଥିପାଇଁ କୁହାଯାଏ, "What happens in Lasvegas, stays in Lasvegas". ଲାସ୍‌ଭେଗାସ୍‌ର କଥା ଲାସ୍‌ଭେଗାସ୍‌ରେ ହିଁ ରହିଯାଏ। ଏହା ପୁରୁଷ ଓ ସ୍ତ୍ରୀ ଉଭୟଙ୍କ ପାଇଁ ଲାଗୁ। ଉପଭୋଗବାଦର, ଲାସ୍‌ଭେଗାସ୍ ଏକ ବଡ଼ ପ୍ରତୀକ। ଏସବୁ ପାଇଁ ଲାସ୍‌ଭେଗାସ୍‌ର ବଦ୍‌ନାମ ଥିଲା। ଏହାକୁ Sin City (ପାପର ନଗରୀ), ବା Vice Capital (କୁକର୍ମର ରାଜଧାନୀ) ବୋଲି କୁହାଯାଏ। ଏଥିପାଇଁ ଅପରାଧର ମାତ୍ରା ଏଠି ବେଶ୍ ଅଧିକ ଥିଲା। କିନ୍ତୁ ଆସ୍ତେ ଆସ୍ତେ ସରକାର ଶକ୍ତ ହେଲେ। ଅନୈତିକ ଓ ଅପରାଧିକ କାର୍ଯ୍ୟକଳାପଗୁଡ଼ିକୁ ଲଗାମ୍ ଦେବା ପାଇଁ ଏଠି ବେଶ୍ୟାବୃତ୍ତିକୁ ବେଆଇନ୍ କରାଗଲା। ଆଇନକାନୁନ୍‌କୁ ମଜବୁତ୍ କରାଗଲା।

ହୋଟେଲ ଓ ମନୋରଞ୍ଜନ ଇଣ୍ଡଷ୍ଟ୍ରିର ପେଶାଦାର (Professional) ମାନଙ୍କୁ ଉତ୍ସାହିତ କରାଗଲା। ତେଣୁ ପୃଥିବୀର ସମ୍ଭ୍ରାନ୍ତ ହୋଟେଲ ଗ୍ରୁପ୍ ସବୁ ଏଠି ବ୍ୟବସାୟ ଆରମ୍ଭ କଲେ। ଜୁଆଖେଳକୁ ଆଇନାନୁମୋଦିତ କରି କାସିନୋ ଗୁଡ଼ିକରେ କଡ଼ା ନିୟମ ଖଞ୍ଜି ଦିଆଗଲା। ରାସ୍ତା ଘାଟରେ ବେଶ୍ୟା, ଅପରାଧୀ, ପକେଟମାର ମାନଙ୍କର ପ୍ରାଦୁର୍ଭାବ କମିଗଲା। ପୃଥିବୀର ସର୍ବୋତ୍କୃଷ୍ଟ ଓ ନିରାପଦ ମନୋରଞ୍ଜନ ଓ ହୋଟେଲ୍ ସୁବିଧା ପାଇଁ ପୃଥିବୀରୁ ସବୁଆଡୁ ଏଠିକି ଟୁରିଷ୍ଟମାନଙ୍କର ଆସିବା ବଢ଼ିଗଲା। ୧୯୫୧-୧୯୬୩ ପର୍ଯ୍ୟନ୍ତ ଆମେରିକା, ଲାସ୍‌ଭେଗାସ୍ ଠାରୁ ୧୦୦ କିମି ଦୂରରେ 'Ne-vada Test Site' ରେ ପରମାଣୁ ବୋମା ପରୀକ୍ଷଣ କରୁଥିଲା। ପରବର୍ତ୍ତୀ ସମୟରେ ପରୀକ୍ଷା ଭୂମିତଳେ ହେଲା। କିନ୍ତୁ ଭୂମି ଉପରେ ପରୀକ୍ଷା ସମୟରେ ଲାସ୍‌ଭେଗାସ୍‌ବାସୀ ଏତେ ଦୂରରୁ 'Mushroom Cloud' (ପରମାଣୁ ପରୀକ୍ଷା ବେଳେ ଆକାଶକୁ ଉଠୁଥିବା ନିଆଁ ଓ ଧୂଆଁର କୁଣ୍ଡଳୀ ଦେଖିପାରୁଥିଲେ। ସେଥିପାଇଁ ଲାସ୍‌ଭେଗାସ୍‌କୁ ସେ ସମୟରେ Atomic City ବୋଲି କୁହାଯାଉଥିଲା। ଏସବୁ ତ ଲାସ୍‌ଭେଗାସ୍‌ର ଇତିହାସ। ଆଜି ଦେଖିବା ଏବେକାର ଲାସ୍‌ଭେଗାସ୍...

ଲଞ୍ଚ୍ କରିସାରିଲା ପରେ ସହରକୁ ପ୍ରାୟ ୫-୭ କି.ମି. ବାଟ। ସହର ଆରମ୍ଭରୁ ହିଁ ହୋଟେଲ ସବୁ। ରାସ୍ତାର ଦି'ପଟେ ହୋଟେଲ ଓ କାସିନୋ ସବୁ ରହିଛନ୍ତି। ପ୍ରାୟ ୭ କି.ମି. ଦୀର୍ଘ ଏଇ ରାସ୍ତାଟି ହିଁ ଲାସ୍‌ଭେଗାସ୍‌ର ହୃତ୍‌ପିଣ୍ଡ। ଏହାକୁ 'The Strip' ବୋଲି କହନ୍ତି। ଏ ପର୍ଯ୍ୟନ୍ତ ଶୁଣିଥିବା ସମସ୍ତ ହୋଟେଲର ଠିକଣା ଏଇଠି। ଆରମ୍ଭ ହୋଇଛି ଟ୍ରମ୍ପ ଟାୱାରରେ ଓ ଶେଷ ହୋଇଛି Mandalay Bay ସହିତ। ବାଟରେ ଦେଖିଲୁ Bellagio, MGM Grand, Treasure Island, Caesars' Palace, Paris Lasvegas ଇତ୍ୟାଦି। The Strip ଶେଷ ଆଡ଼କୁ ଆମ ହୋଟେଲ MGM Park. ଓହ୍ଲାଇଲୁ ସମସ୍ତେ। ପାଖରେ Hotel Aria, Newyork Newyork, T Mobile Arena, Waldorf Astoria ଆଦି ପୃଥିବୀର ପ୍ରଖ୍ୟାତ ହୋଟେଲ ସବୁ। MGM Park ର ୩୨ମହଲାରେ ପ୍ରାୟ ୩୦୦୦ ରୁମ୍। ୨୦୧୮ ମସିହାରେ ଏଇ ହୋଟେଲଟି Monte Carlo Resort ମାଲିକାନାରୁ MGM ମାଲିକାନାକୁ ଆସିଛି। ଲାସ୍‌ଭେଗାସ୍ ହୋଟେଲର ରେଟିଂ Star ବଦଳରେ Diamond ରେ ହୋଇଥାଏ। MGM Park ର Rating AAA 4 Diamond । ଏହାର ରିସିପ୍‌ସନ କାଉଣ୍ଟର ଦେଖିଲା ଭଳି। ପ୍ରାୟ ୨୦୦ ଫୁଟ ଲମ୍ବା ଓ ୧୫୦ ଫୁଟ ଓସାରର ବିଶାଳ ହଲ୍ ଦିନରାତି ୨୪ ଘଣ୍ଟା ବ୍ୟସ୍ତ। ଚେକ୍ ଇନ୍, ଚେକ୍ ଆଉଟ୍ କରୁଥିବା ଲୋକଙ୍କ ଭିଡ଼। କିନ୍ତୁ ସର୍ଭିସ୍ ଏତେ ଶୀଘ୍ର ଯେ ଆମର ୪୦-୪୫ ଜଣିଆ ଗ୍ରୁପ୍‌ର ସମସ୍ତେ ୧୦-୧୫ ମିନିଟ୍ ଭିତରେ

ରୁମ୍‌ରେ ପହଞ୍ଚିଗଲେ। ରୁମ୍‌ଗୁଡ଼ିକ ବି ବେଶ୍ ପ୍ରଶସ୍ତ ଓ ଆକର୍ଷଣୀୟ। ଦି' ପହରେ ଟିକେ ବିଶ୍ରାମ ପରେ 'Stratosphere' ଦେଖିଯିବାର ପ୍ରୋଗ୍ରାମ ଥିଲା। ୫.୦୦ଟା ବେଳକୁ ପହଞ୍ଚିଲୁ 'The Strats', ଲାସ୍‌ଭେଗାସ୍‌ର ଉଚ୍ଚତମ ହୋଟେଲ। 'ଷ୍ଟ୍ରାଟୋସ୍‌ଫିଅର' ହେଉଛି ଯା'ର ସବା ଉପରେ ଥିବା Observatory । ଏଠୁ ସାରା ଲାସ୍‌ଭେଗାସ୍‌ର ଦୃଶ୍ୟ ଦିଶିଯାଏ। ଏଠି Sky Jump, X-scream, Insanity ଆଦି ଛାତି ଥରାଇ ଦେଲା ଭଳି ରାଇଡ୍‌ସବୁ ରହିଛି। ସେତିକି ଦମ୍ଭିଲା ଲୋକ ନହେଲେ ୮୦୦ ଫୁଟ୍ ଉଚ୍ଚରେ ଶୂନ୍ୟରେ ଝୁଲିବାର ସାହସ କରି ପାରିବନି। ଦୂରରୁ ଅନ୍ୟମାନଙ୍କୁ ଦେଖିବାହିଁ ବିବେକୀର କାମ!!

ସନ୍ଧ୍ୟା ୬.୦୦ଟା ବାଜିବାକୁ ଅଳ୍ପ ସମୟ। ସନ୍ଧ୍ୟା ୬.୦୦ଟାର କିଛି ମିନିଟ ଆଗରୁ ଲାସ୍‌ଭେଗାସ୍‌ର ସବୁ ରାସ୍ତା ଫ୍ରିମଣ୍ଟ ଷ୍ଟ୍ରିଟ୍‌କୁ ଲମ୍ବିଯାଇଥାଏ। (All the roads lead to Fremont Street)। ସନ୍ଧ୍ୟା ୬.୦୦ଟା ହେଉଛି ଫ୍ରିମଣ୍ଟ ଷ୍ଟ୍ରିଟ୍‌ର ବ୍ରାହ୍ମ ମୁହୂର୍ତ୍ତ। ଦିନକର ପରିଚର୍ଯ୍ୟା ଏଇଠୁ ଆରମ୍ଭ ହୁଏ। ଲାସ୍‌ଭେଗାସ୍‌ର ବଦ୍‌ନାମ ଗଳି ଫ୍ରିମଣ୍ଟ ଷ୍ଟ୍ରିଟ୍। କିନ୍ତୁ ପ୍ରତି ଟୁରିଷ୍ଟର ଆକର୍ଷଣ ଏଇ ଷ୍ଟ୍ରିଟ୍ ପ୍ରତି ଥାଏ। ଅତିକମ୍‌ରେ ଗୋଟେ ଝଲକ ପାଇଁ। କ'ଣ ଏଠି ହୁଏ ଗୋଟେ ଧାରଣା ଅର୍ଜନ କରିବା ପାଇଁ ଥରେ ଏଇ ଷ୍ଟ୍ରିଟ୍‌ର Pedestrian Mall (ପଥଚାରୀମାନଙ୍କ ପାଇଁ ମଲ୍)ରେ ପାଦଦେବାକୁ ପଡ଼ିବ।୧.୩୦କି.ମି ଲମ୍ବା ଫ୍ରିମଣ୍ଟ ଷ୍ଟ୍ରିଟ୍‌ଟି ଦିନବେଳେ ଫିକାଫିକା। ଆଦୌ ଆକର୍ଷଣୀୟ ନୁହେଁ। ଲୋକ ଭିଡ଼ ବି କମ୍‌ଥାଏ।

ଋତୁ ଅନୁସାରେ ଏଠି ଜୀବନ ସଂଚାର ହୁଏ ସନ୍ଧ୍ୟା ୬ଟାରୁ ୮ଟା ଭିତରେ 'Fremont Street Experience' ର Viva Vision Light Show ସହିତ। ଶବ୍ଦ ଓ ଆଲୋକର ଖେଳ ଆରମ୍ଭ ହୋଇଯାଏ। କେଇ ମିନିଟ୍ ଆଗରୁ ସବୁତକ ଆଲୁଅ ଲିଭିଯାଏ, ଶବ୍ଦ ବନ୍ଦ ହୋଇଯାଏ। ଠିକ୍ ୬.୦୦ଟାରେ ଜୀବନ୍ତ ହୋଇଉଠେ। ୬,୦୦,୦୦୦ ୱାଟ୍‌ର ସାଉଣ୍ଡ ସିଷ୍ଟମ୍ ସହିତ ୪୯ମିଲିଅନ୍ LED ଲ୍ୟାମ୍ପ ଖଚିତ LED ସ୍କ୍ରିନ୍ , ଫ୍ରିମଣ୍ଟ ଷ୍ଟ୍ରିଟ୍‌କୁ ଏକ ଅଲଗା ରାଜ୍ୟକୁ ନେଇଯାଏ। ପୃଥିବୀର ଏଇ ବୃହତ୍ତମ ଭିଡ଼ିଓ ସ୍କ୍ରିନ୍‌ଟି ପ୍ରତିଘଣ୍ଟାରେ ୧୫ ମିନିଟ୍ ପାଇଁ ଚାଲେ ରାତି ଗୋଟାଏ ପର୍ଯ୍ୟନ୍ତ। ଗମ୍ବୁଜ ଆକୃତିର ଏହି ଭିଡ଼ିଓ ସ୍କ୍ରିନ୍‌ଟିର ଲମ୍ବା ୧୩୭୫ ଫୁଟ ଓ ୯୦ ଫୁଟ ଓସାର। ଏକ ଚାନ୍ଦୁଆ ପରି ଏହା ସାରା ପେଡେଷ୍ଟ୍ରିଆନ୍ ମଲ୍‌ଟିକୁ ଆଚ୍ଛାଦିତ କରି ରଖିଥାଏ। ଏକ Digital Canopy କୁହାଯାଇପାରେ। ଖରାବର୍ଷାର ଡର ନଥାଏ ପଥଚାରୀମାନଙ୍କ ପାଇଁ। କାଲିଡ଼ୋସ୍କୋପ୍ ପରି ବିଭିନ୍ନ ଜ୍ୟାମିତିକ ଚିତ୍ର, ଆନିମେସନ୍‌ର ଅତ୍ୟୁଜ୍ଜଳ ଦୃଶ୍ୟ ସବୁ ଭାସି ଚାଲିଥିବେ ସ୍କ୍ରିନ୍‌ରେ।

୧୯୯୨ ବେଳକୁ ଲାସଭେଗାସ୍‌ର ୮୦% ବ୍ୟବସାୟ The Strip ରେ ହେଉଥିଲା । ଫ୍ରିମଣ୍ଟର ବ୍ୟବସାୟୀମାନେ ଏକ ନୂତନ ଆକର୍ଷଣର ପରିକଳ୍ପନା କଲେ । କାସିନୋ ଓ ହୋଟେଲ ମାଲିକ ଓ ସହର କର୍ତ୍ତୃପକ୍ଷଙ୍କର ୫୦:୫୦ ସହାୟତାରେ $୩୨.୦୦ ମିଲିଅନ୍ ଖର୍ଚ୍ଚରେ ଏହି Viva Vision Project ଟି ତିଆରି ହୋଇଛି । ଏଇଥିପାଇଁ କେବଳ ଫ୍ରିମଣ୍ଟ ଷ୍ଟ୍ରିଟ୍, 'ଦି ଷ୍ଟ୍ରିପ୍' ସହିତ ପ୍ରତିଦ୍ୱନ୍ଦିତା କରିପାରିଛି ।

ଆଜି ସନ୍ଧ୍ୟା ୭.୦୦ରେ ସୋ ଆରମ୍ଭ ହେବ । ତେଣୁ ଅଧଘଣ୍ଟେ ଆଗରୁ ଯାଇ ପହଞ୍ଚିଲୁ ଫ୍ରିମଣ୍ଟରେ ଉଭୟ ଦିନ ଓ ରାତିର ଅନୁଭବ ନେବା ପାଇଁ । ଠିକ୍ ୭.୦୦ଟାରେ ଆରମ୍ଭ ହୋଇଗଲା 'ଭିଭା ଭିଜନ୍' । ଆଖି ପାଇଲାଯାଏ ଆକାଶଟା ଏକ ଭିଡ଼ିଓ ସ୍କ୍ରିନ୍‌ରେ ପରିବର୍ତ୍ତିତ ହୋଇଗଲା । Brilliant Color ର ଦୃଶ୍ୟ ସହିତ High Decibel Sound Effect ସାରା ଷ୍ଟ୍ରିଟ୍‌ଟିକୁ ଏକ Imax Theatreରେ ପରିଣତ କରିଦେଲା । ମୁଁ ତ କିଛି ମିନିଟ୍ ପାଇଁ ଅନେଇ ରହିଲି ଉପରକୁ ମେସ୍‌ମରାଇଜଡ୍ ହେଲା ପରି । ତା'ପରେ ସମସ୍ତେ ଫ୍ରିମଣ୍ଟ ଷ୍ଟ୍ରିଟ୍‌ରେ ଚାଲିବା ଆରମ୍ଭ କରିଦେଲୁ । ହଜାର ହଜାର ଦେଖଣାହାରୀଙ୍କ ଭିତରେ ଆମ ଚାଳିଶ ଜଣିଆ ଦଳର କିଏ କୁଆଡ଼େ ଛିନ୍ନଛତ୍ର ହୋଇ ହଜିଗଲେ । ବଡ଼ କଷ୍ଟରେ ୪-୫ ଜଣ ଏକାଠି ରହିପାରିଲୁ । ଗାଇଡ୍ ସମୟ ଦେଇଥାନ୍ତି ୯.୩୦ରେ ଏଇଠି ପହଞ୍ଚିବ । ତେଣୁ ପରସ୍ପରକୁ ଖୋଜିବାରେ ସମୟ ନଷ୍ଟ ନକରି ଉପଭୋଗ କରି ଚାଲିଲୁ ଫ୍ରିମଣ୍ଟ ଷ୍ଟ୍ରିଟ୍‌ର ପ୍ରତି ଫୁଟର ରାସ୍ତାକୁ । ରାସ୍ତାର ଦି'ପଟେ ହୋଟେଲ, କାସିନୋମାନଙ୍କ ତରଫରୁ କେତୋଟି ଷ୍ଟେଜ୍‌ରେ ବିଭିନ୍ନ ପ୍ରକାରର ମ୍ୟୁଜିକ୍ ସୋ ଚାଲିଥାଏ ।

ଦି'ଟା ଜାଗାରେ ହୋଟେଲ ସାମ୍ନାରେ ସ୍ୱଳ୍ପବସ୍ତ୍ର ପରିହିତା ଯୁବତୀ ବିଭିନ୍ନ ଯୌନ ଉତ୍ତେଜକ ଅଙ୍ଗଭଙ୍ଗୀ ସହ ନାଚୁଥାନ୍ତି । ଟାଇମ୍ ସ୍କୋୟାର ପରି ଏଠି ବି କିଛି Topless (Desnudas) ଯୁବତୀମାନେ ପ୍ରଦର୍ଶନ କରୁଥାନ୍ତି ।

କେହି କେହି ଟୁରିଷ୍ଟ ସେମାନଙ୍କ ସହିତ ଫଟୋ ନେଉଥାନ୍ତି । କିନ୍ତୁ ବାକୀ ସମସ୍ତେ ନିର୍ଲିପ୍ତ ଦେଖାଯାଉଥିବା 'ଆଗ୍ରହୀ ଦର୍ଶକ' । ଦୂରରୁ ଆଖିପକେଇ ପାଖଦେଇ ଚାଲିଗଲେ ଡଲାର ତ ଦେବାକୁ ପଡ଼ିବ ନାହିଁ ! ଟାଇମ୍ ସ୍କୋୟାର ପରେ ଏଠି ଆଶ୍ଚର୍ଯ୍ୟ ଲାଗିଲା ନାହିଁ । କିନ୍ତୁ ଦେଖିଲି ଜଣେ ଭଦ୍ରମହିଳା (ସେମିତି କୁହାଯାଉ) ନିଜର ଟିନ୍‌ଏଜ୍ (Teen Age) ର ପୁଅକୁ ଦି'ଜଣ ଟପଲେସ୍ ଯୁବତୀଙ୍କ ସହିତ ଉପଯୁକ୍ତ ମୂଲ୍ୟ ଦେଇ ଫଟୋ ଉଠାଇଲେ । ପୁଅଟିର ବୟସ ୧୫-୧୬ ଭିତରେ । Desnudas ମାନେ ବିଭିନ୍ନ ବିଭିନ୍ନ ଭଙ୍ଗୀରେ ଅନାବୃତ୍ତ ଊର୍ଦ୍ଧାଙ୍ଗର ପ୍ରଦର୍ଶନ କରି ପୋଜ୍ ଦେଉଥାନ୍ତି । ମୁଁ ହତଚକିତ ହୋଇ ଛିଡ଼ା ହୋଇଗଲି । ଦେଖିଲି ଚାରିଜଣକର ବ୍ୟବହାର । ପିଲାଟି

ଫଟୋ ଉଠିଲା ବେଳେ ଟିକେ ଉଦାସ ଦିଶୁଥିଲା, ମାତ୍ର ଫଟୋ ଉଠା ସରିଲା ପରେ ହସହସ ମୁହଁରେ ମା' ପାଖକୁ ଚାଲିଆସିଲା। ମା'ଜଣକ ବଡ଼ ସମ୍ଭ୍ରମତାର ସହିତ ଦୁଇ ଯୁବତୀଙ୍କ ସହ କଥାବାର୍ତ୍ତା କରୁଥାନ୍ତି ଓ ଫଟୋ ଉଠାଉଥାନ୍ତି। ମୁଁ ବୁଝିପାରିଲିନି କ'ଣ ତାଙ୍କର ମନୋଭାବ। ପିଲାଟିକୁ ସେ କ'ଣ ଶିଖାଉଛନ୍ତି? ପିଲାଟିକୁ ଏଇ ଫଟୋରୁ କ'ଣ ମିଳିବ?? ମା' ହୋଇ ଏତେ କମ୍ ବୟସର ପିଲାପାଇଁ କ'ଣ କରୁଛନ୍ତି? ଏସବୁର ଉତ୍ତର ମତେ ଏବେବି ମିଳିନି! ହୋଇପାରେ ଆମର ଭାବିବା ପ୍ରଣାଳୀ (Thought process) ହିଁ ଅଲଗା! କିନ୍ତୁ...

Stripper ମାନଙ୍କ ଛଡ଼ା, ଜାଗାଏ ଜାଗାଏ ବିଭିନ୍ନ ଫ୍ୟାନ୍‌ସି ଡ୍ରେସ୍ ପିନ୍ଧି Superman, Spiderman, Cow Boy ଆଦି ସିନେମା ଚରିତ୍ର ବି ଥାନ୍ତି ରାସ୍ତାରେ। କେଉଁଠି କିଛି Drummer ବସିଥାନ୍ତି, Sand Artiste ବି ଥାନ୍ତି। ଏମିତି ବିଭିନ୍ନ ସ୍ଥାନରେ କଳାର ପ୍ରଦର୍ଶନ ଚାଲିଥାଏ। କିନ୍ତୁ ସବୁ Performer ମାନଙ୍କ ପାଇଁ ଗୋଟିଏ ଗୋଟିଏ ବୃତ୍ତ ଅଙ୍କାଯାଇଥାଏ। ସେମାନଙ୍କୁ ବୃତ୍ତ ଭିତରେ ହିଁ ରହି ପ୍ରଦର୍ଶନ କରିବାକୁ ପଡ଼ିବ। ଟୁରିଷ୍ଟମାନଙ୍କ ପଛରେ ପଡ଼ି ପାରିବେନି କି ଜବରଦସ୍ତ କରିପାରିବେନି। ଷ୍ଟ୍ରିଟ୍ ସାରା ପୁଲିସ୍ ଥାନ୍ତି। ଟୁରିଷ୍ଟମାନେ ସମ୍ପୂର୍ଣ୍ଣ ନିରାପଦରେ ବୁଲିପାରନ୍ତି ପରିବାର ସହିତ।

ଫ୍ରିମଣ୍ଟ ଷ୍ଟ୍ରିଟ୍‌ର ଆଉ ଗୋଟେ ଆକର୍ଷଣ 'Slot Zilla Zipline'. LED କାନୋପି ତଳେ ୧୧୪ ଫୁଟ ଉଚ୍ଚାର Zipline ତାର ଟଣାଯାଇଥାଏ। ୧୭୫୦ ଫୁଟ୍‌ର ଦୂରତା ଲୋକମାନେ ସୁପରମ୍ୟାନ ପରି ଉଡ଼ିକରି ଯା'ନ୍ତି ତାରରେ ଝୁଲି ଝୁଲି... LED କାନୋପିର ରଙ୍ଗବେରଙ୍ଗ ଦୃଶ୍ୟ ସବୁ ପ୍ରଚ୍ଛଦ ପଟରେ ଥାଇ ଆଖିପିଛୁଳାକେ ଶୂନ୍ୟରେ ଉଡ଼ିଯିବା, ଉଡ଼ିବା ଲୋକ ପାଇଁ ତ ରୋମାଞ୍ଚକର, ମାତ୍ର ତଳେ ଥିବା ଦେଖଣାହାରୀ ପାଇଁ ବି କମ୍ ଆଶ୍ଚର୍ଯ୍ୟଜନକ ନୁହେଁ। ହଠାତ୍ ଦେଖିବ ୫-୭ଟା ଛାଇ ଚିତ୍କାର କରି ତୁମ ମୁଣ୍ଡ ଉପରେ ଦେଇ ଉଡ଼ିଗଲେ ବ୍ୟାଟ୍ ମ୍ୟାନ୍ ପରି!!

ଆଉ ଗୋଟେ ମନଛୁଆଁ ଜିନିଷ ଦେଖିବାକୁ ମିଳିଲା। ଗୋଟିଏ ନିହାତି ଅନାକର୍ଷଣୀୟ ଯୁବତୀ ହାତରେ ଗୋଟେ ପ୍ଲାକାର୍ଡ଼ ଧରି ଛିଡ଼ା ହୋଇଛି।

"TOO UGLY TO STRIP,

TOO UGLY TO PROSTITUTE,

ANYTHING HELPS..."

"ନିର୍ବସ୍ତ୍ର ହେବା ପାଇଁ ଅତି ଅସୁନ୍ଦର, ଗଣିକା ହେବା ପାଇଁ ଅତି ଅସୁନ୍ଦର। ଯା'ହେଲେ ବି ସାହାଯ୍ୟ ହେବ।"

ଭିକ୍ଷା କୁହାଯାଇପାରେ, ସାହାଯ୍ୟ କୁହାଯାଇପାରେ। କିନ୍ତୁ ଏକ ପରିଷ୍କୃତ

ଉପାୟ କିଛି ଡଲାର ପାଇବା ପାଇଁ । ତା'ର ଫଟୋ ଉଠାଇବାକୁ ସାହାସ ହେଲାନି । ଜଣାନାହିଁ ତା'ର ପୃଷ୍ଠଭୂମି...

ହୋଇପାରେ ଫ୍ରେମଣ୍ଟର ପ୍ରତାରଣା,

ହୋଇପାରେ ଜୀବନର ଯନ୍ତ୍ରଣା ! !

ଡିନର ନେଇ ହୋଟେଲକୁ ଆସିଲୁ । ଆଖି ଆଗରେ ନାଚି ଉଠୁଥାଏ ସେ ଝିଅଟିର ମୁହଁ । ପ୍ରତାରଣା ନା ଯନ୍ତ୍ରଣା ? ?

ଏ ତ ଲାସଭେଗାସ୍ ! ପାପର ନଗରୀ, କଳଙ୍କର ସହର ... ତଥାପି ନିଷ୍ପାପ ଆଚରଣ ନିଶ୍ଚିତ ଭାବରେ ଏଇ ସହରରେ ଏକ ନିଷିଦ୍ଧ ପଣ୍ୟ ହୋଇନଥିବ !

ଗୁଡ୍‌ନାଇଟ୍...ଲାସ୍‌ଭେଗାସ୍ ।

୧୫.୦୭.୨୦୧୯ (ସୋମବାର)

ଆଜି Grand Canyon ଦର୍ଶନ । ଟିକେ ଜଲ୍‌ଦି ବ୍ରେକ୍‌ଫାଷ୍ଟ ନେବାକୁ ପଡ଼ିଲା । ଆମ ହୋଟେଲ MGM Park ର ପ୍ୟାକେଜରେ ବ୍ରେକ୍‌ଫାଷ୍ଟ କମ୍ପ୍ଲିମେଣ୍ଟାରୀ ଥିଲା । ଗତକାଲି ରାତିରେ ଗାଇଡ୍ କହିଥିଲେ ବ୍ରେକ୍‌ଫାଷ୍ଟ ପାଖ ଏକ ହୋଟେଲରେ ହେବ । ଟିକିଏ ଚାଲିବାକୁ ପଡ଼ିବ । ତେଣୁ ସମସ୍ତେ ୭ଟା ସୁଦ୍ଧା ଲବିରେ ପହଞ୍ଚିବେ । ମୁଁ ଭାବିଲି, ଏତେବଡ଼ ହୋଟେଲର ନିଜର ରେଷ୍ଟୁରାଣ୍ଟ ନାହିଁ ? କ'ଣ ହେଇଥିବ ! ସମସ୍ତେ ଚାଲିଲୁ । ହୋଟେଲ ଭିତରେ ଭିତରେ କେତେ ଏସ୍କାଲେଟର, କେତେ ସପିଂ ମଲ୍ ଦେଇ ପ୍ରାୟ ୫୦୦ ମିଟର ଚାଲିବାକୁ ପଡ଼ିଲା । ଶେଷକୁ ଗୋଟେ କାସିନୋ ଭିତର ଦେଇ ଗଲୁ । ଶହଶହ Slot Machine ରୁ ନାଲି ନେଳୀ ଆଲୋକ ଆସୁଥାଏ । ଲୋକ (ଜୁଆଡ଼ି)ମାନେ ସକାଳୁ ସକାଳୁ ବସିଗଲେଣି ଜୁଆ ଖେଳିବା ପାଇଁ ସ୍ଲଟ୍ ମେସିନ୍ ସାମ୍ନାରେ । ଶେଷରେ ପହଞ୍ଚିଲୁ ଆଉ ଗୋଟେ ବ୍ରାଣ୍ଡ ନିଉ ହୋଟେଲ 'ARIA' ରେ । ଆମ ହୋଟେଲ ଠାରୁ ଆହୁରି ବଡ଼, ଆହୁରି ସୁନ୍ଦର । ARIAର ବଫେଟ୍ ରେଷ୍ଟୁରାଣ୍ଟ ସାମ୍ନାରେ ଭିଡ଼ । ଦଶ ମିନିଟ୍ ଅପେକ୍ଷା କରିବାକୁ ପଡ଼ିଲା ଟେବୁଲ ନମ୍ବର ପାଇବା ପାଇଁ । ପରିଚାରିକା ଆସି ଆମକୁ ଟେବୁଲ ଦେଖାଇ ଦେଲେ । ରେଷ୍ଟୁରାଣ୍ଟ ଭିତରେ ପହଞ୍ଚି ଆଶ୍ଚର୍ଯ୍ୟ ହେବାକୁ ପଡ଼ିଲା । ୭୬୫ଟି ସିଟ୍ ଅଛି ଏଠି । ଏ ମୁଣ୍ଡରୁ ସେମୁଣ୍ଡ ଆଖିପାଉନି । କେତେ ପ୍ରକାର Veg, Non-veg ଡିସ୍ ସବୁ ଅଛି ଗଣି ହେବ ନାହିଁ । ଭେଜ୍ ସେକ୍‌ସନ୍‌ରେ ଫଳ, ସାଲାଡ୍, ଦୁଧ, ଦହି ଇତ୍ୟାଦି ସହିତ ନନ୍‌ଭେଜ୍ ସେକ୍‌ସନ୍‌ରେ ଶହେ ପ୍ରକାରର Seafood, Ham, Pork ଇତ୍ୟାଦିରେ ଭର୍ତ୍ତି । ଚାରିପଟେ ଆଉ ମଝିରେ ବିଭିନ୍ନ ପ୍ରକାର ଖାଦ୍ୟର ପସରା । Dinner, Mediterranean, Latin,

Fish Market, Salad Bar, Pizza Bar, Carvery ଆଦି ସେକ୍ସନ୍ ରହିଛି। ଏସବୁ ଲାଇଭ୍ କିଚିନ୍। ବରାଦ ଅନୁସାରେ ସେଫ (Chef) ସାମ୍ନାରେ ରୋଷେଇ କରିଦେବେ। Steam Hot, Smokin, Fresh from Sea Dish ସବୁ ମିଳିଯିବ କେଇ ମିନିଟ୍ ଭିତରେ। ମୋ ପାଇଁ ଗୋଟେ ବଡ଼ ସରପ୍ରାଇଜ୍ ଅପେକ୍ଷା କରିଥିଲା। ଟିକେ ଦୂରରୁ ଦେଖି ଆଖି ଚାଲିଗଲା। 'Tandoori', ବଡ଼ ବଡ଼ ଅକ୍ଷରରେ ଲେଖାଯାଇଛି। ଏତେ ପୃଥିବୀ ପ୍ରସିଦ୍ଧ ଫୁଡ୍ ସେକ୍ସନ ଭିତରେ 'ତନ୍ଦୁରୀ'! ପାଖକୁ ଗଲି। ସେଫ୍ ଜଣେ ଗୋରା ଲୋକ, କିନ୍ତୁ ତନ୍ଦୁର ଆମର ଅରିଜିନାଲ, ନାନ୍, ରୋଟି ସେକିବା ପାଇଁ। ଚିକେନ୍ ତନ୍ଦୁରୀ ବି ତିଆରି ହୋଇପାରିବ। Carvery Sectionରେ ଘୁଷୁରୀ କିମ୍ବା ଗାଈର ଗୋଟେ ବଡ଼ ମାଂସଖଣ୍ଡ ସିଝେଇ କରି ରଖା ହୋଇଥିବ। ବରାଦ ଅନୁସାରେ କାଟି, ସେଫ୍ ସେଥିରେ ପରିବା ବା ଫଳ ସହିତ ଟୋଷ୍ଟ କରିଦେବେ। ଝାପ୍‌ସା ଥରେ ଦେଖିଦେଇ ଦୌଡ଼ିକରି ପଳେଇ ଆସିଲି। ଆମେ କିନ୍ତୁ ଚିକେନ୍, ମାଛ, ମାଂସ ବା କଙ୍କଡ଼ାକୁ ଜିଅନ୍ତା ଦେଖି ପସନ୍ଦ କରି ଆଖି ସାମ୍ନାରେ କଟେଇ ଘରକୁ ଖାଣ୍ଟି ଖାସୀ, ଫ୍ରେସ୍ ମାଛ ନେଇଆସୁ! ଚଳଣି ସହିତ ଆଖି ବି ଅଭ୍ୟସ୍ତ ହୋଇଯାଏ!! ARIA ରେଷ୍ଟୁରାଣ୍ଟରେ ବଫେଟ୍ ଖାଦ୍ୟର ରେଟ୍ ଚାର୍ଟ ଏମିତି...

୧. ବ୍ରେକ୍ ଫାଷ୍ଟ - $୨୪.୯୯
୨. ଲଞ୍ଚ୍ - $ ୪୪.୯୯
୩. ଡିନର - $ ୪୪.୯୯
୪. ଅସୀମିତ ସଫ୍ଟ ଡ୍ରିଙ୍କ୍‌ସ -$ ୧୨.୯୯
୫. ଅସୀମିତ ବ୍ଲଡ଼ିମ୍ୟାରୀ - $ ୭.୯୯
୬. ବ୍ରଞ୍ଚ୍ (ବ୍ରେକ୍‌ଫାଷ୍ଟ ଓ ଲଞ୍ଚର ମିଶ୍ରଣ) - $ ୩୦.୯୯

ପରେ ଜାଣିଲି, ARIA ଓ Park MGM ଗୋଟିଏ ମାଲିକାନାରେ ରହିଛନ୍ତି। ପେଟପୁରା, ମନଭରା ବ୍ରେକ୍‌ଫାଷ୍ଟ ଖାଇ ବାହାରିଲୁ ଗ୍ରାଣ୍ଡ କେନିୟନ୍। ଏଆର ପୋର୍ଟରୁ ବିମାନରେ ପ୍ରାୟ ୩୦୦ କି.ମି. ଯିବାକୁ ପଡ଼ିବ। ୫୦-୬୦ ମିନିଟ୍ ଲାଗିବ। କାର୍ ଯୋଗେ ଗଲେ ୪୦୦ କି.ମି. ରାସ୍ତାକୁ ୪-୫ ଘଣ୍ଟା ଲାଗେ। ସାଧାରଣତଃ ଲିମୋସିନ୍ କାର୍ ବ୍ୟବହାର ହୁଏ ଦିନିକିଆ ଟ୍ରିପ୍‌ରେ ହାଲିଆ ନହେବା ପାଇଁ। ଏଆର ପୋର୍ଟ ଲାଉଞ୍ଜରେ ଗୋଟେ ନୂଆ ଜିନିଷ ଦେଖିଲି। ଆମେରିକାରେ ସିଲିଂ ଫ୍ୟାନ୍‌ରେ ତ ଚାରିଟା ବ୍ଲେଡ୍ ଥାଏ। ଏଠି ବି ସେୟା। କିନ୍ତୁ ମଜା କଥା ହେଲା ବେଡ୍‌ର ଦୈର୍ଘ୍ୟ...! ପ୍ରତି ବ୍ଲେଡ୍‌ର ଦୈର୍ଘ୍ୟ ପ୍ରାୟ ୮-୧୦ ଫୁଟ୍। ତେଣୁ ୨୫/୩୦ ଫୁଟ୍‌ର ହଲ୍‌ରେ ଗୋଟିଏ ଫ୍ୟାନ୍‌ରେ ଯଥେଷ୍ଟ ପବନ ବାଜୁଥାଏ। ଏୟାରପୋର୍ଟରେ ପହଞ୍ଚି ଦେଖିଲୁ

ବିମାନଟି ଏକ ଛୋଟ 21 Seater Twin Engine Aircraft। ୧୯ ଜଣ ଯାତ୍ରୀ ଓ ଦୁଇଜଣ ପାଇଲଟ୍ ଏଥିରେ ବସିପାରିବେ। ପ୍ରଥମ ଥର ପାଇଁ ଏତେ ଛୋଟ ବିମାନରେ ବସିଲି। ୫.୫ଫୁଟ ଉଚ୍ଚର କେବିନ୍ ଭିତରେ ସିଧା ହୋଇ ଛିଡ଼ା ହୋଇପାରିବନି। ଟିକେ ମୁଣ୍ଡ ନୁଆଁଇବାକୁ ପଡ଼ିବ। ବିମାନ ଟେକ୍‌ଅଫ୍ ନେଇ ଆରିଜୋନା ମରୁଭୂମି ଉପରେ ଉଡ଼ିବା ଆରମ୍ଭ କଲା। କିଛି ସମୟ ପରେ ଆସିଗଲା ଗ୍ରାଣ୍ଡ କେନିୟନ୍ ପର୍ବତମାଳା ଓ କଲରାଡ଼ୋ ନଦୀ। ହଠାତ୍ ମତେ ତଳେ ଗୋଟେ ଛୋଟ ଡ୍ୟାମ୍ ଦିଶିଲା। ବିମାନଟି ଟିକେ ଉଚ୍ଚତାରେ ଥିବାରୁ ଛୋଟ ଦିଶିଲା। ମାତ୍ର ତା'ର ଆକାର ଦେଖି ଭାବିଲି ବୋଧେ ଏଇଟା Hoover Dam. ଡ୍ୟାମ୍ ଉପରକୁ ଶହ ଶହ ମାଇଲର ଜଳାଶୟ Lake Mead. ଟିକେ ସନ୍ଦେହ ଥିଲା, ମାତ୍ର ହଠାତ୍ ହେଡ୍‌ଫୋନ୍ ଦେଇ ପାଇଲଟ୍‌ଙ୍କ ସ୍ୱର ଶୁଣାଗଲା। ସେ ହୁଭର ଡ୍ୟାମ୍ ବିଷୟରେ ଚୁମ୍ବକରେ କିଛି କହିଦେଲେ। ସନ୍ଦେହ ତୁଟିଗଲା। ପାଇଲଟ୍ ଜାଣିଥିଲେ ଆମେ ସବୁ ଟୁରିଷ୍ଟ ଇଣ୍ଡିଆରୁ ଆସିଛୁ। ଦୂର କେଉଁ ଏକ ପର୍ବତ ଶିଖରକୁ ଦେଖାଇ କହିଲେ "ଏଇଟା ହେଉଛି Vishnu Temple, ତା'ପାଖରେ Brahma Temple". ଏତେ ପାହାଡ଼ ଭିତରେ କୋଉଟାକୁ ଦେଖାଉଛନ୍ତି ତ ଜାଣି ହେଲାନି। କିନ୍ତୁ ବିଷ୍ଣୁ ଟେମ୍ପଲ ଓ ବ୍ରହ୍ମା ଟେମ୍ପଲର ନାଁ ଶୁଣି ଆଶ୍ଚର୍ଯ୍ୟ ହେଲି। କିଛି ସମୟ ପରେ ଏ ବିଷୟରେ ଜାଣିବା।

ବିମାନ West Rimର Airstripରେ ଅବତରଣ କଲା। ସେଠୁ ୫-୭ କି.ମି. ବସ୍ ଯୋଗେ ଯିବାକୁ ପଡ଼ିଲା Eagle Point ଓ Sky Walk ପର୍ଯ୍ୟନ୍ତ। ରାସ୍ତା ଗ୍ରାଣ୍ଡ କେନିୟନର ଖାଇ କଡ଼େ କଡ଼େ ଯାଇଛି। ବସ୍‌ରୁ ପରିଷ୍କାର ଦିଶୁଥାଏ ୧ କି.ମି ଗଭୀରର ଖାଇ। ଶେଷରେ ପହଞ୍ଚିଲୁ ଇଗଲ୍ ପଏଣ୍ଟ। ଏଠି ପ୍ରଧାନ ଟୁରିଷ୍ଟ ଆକର୍ଷଣ ହେଲା 'ସ୍କାଏ ୱାକ୍' । West Rim ର ଏକଧାରରେ ଅବସ୍ଥିତ ଏଇ ଅତ୍ୟାଧୁନିକ ଅଶ୍ୱକ୍ଷୁରାକୃତି 'ନିରୀକ୍ଷଣ ମଞ୍ଚ' (Observation Platform) ର ଓସାର ୧୦ ଫୁଟ୍। ଖାଇ ଭିତରକୁ ୭୦ ଫୁଟ୍ ପର୍ଯ୍ୟନ୍ତ ବ୍ୟାପ୍ତ। କଲରାଡ଼ୋ ନଦୀ ଏଠି ୧୨୦୦ ଫୁଟ୍ ତଳେ ବହୁଛି। ଚାହିଁଦେଲେ ମୁଣ୍ଡ ବୁଲେଇଦବାଟା ନିଶ୍ଚିତ। କିନ୍ତୁ ଏଠି ନିରାପଦରେ କାଚର ଚଟାଣ ଉପରୁ ତଳକୁ ଦେଖିବାଟା ସମ୍ପୂର୍ଣ୍ଣ ନିରାପଦ। ଚାରି ପ୍ରସ୍ଥ Saint Gobain Glass ଓ ଗୋଟିଏ ପ୍ରସ୍ଥ Dupont Glass ଏହାକୁ ଶକ୍ତ ଓ ସମ୍ପୂର୍ଣ୍ଣ ନିରାପଦ କରିଛି। ଯା ଉପରେ ୧୨୦ ଜଣ ଛିଡ଼ା ହୋଇ ପାରିବେ। କିନ୍ତୁ ୮୦୦ ଜଣଙ୍କର ଓଜନ ବହନ କରିପାରିବ। ସ୍କାଏୱାକ୍ ପ୍ରଥମେ Las Vegas Skywalk Development Corporation ଦ୍ୱାରା $ ୩୦ ମିଲିଅନ୍ ଖର୍ଚ୍ଚ କରି ତିଆରି ହୋଇଥିଲା। ପରବର୍ତ୍ତୀ କାଳରେ ସ୍ଥାନୀୟ Hualapai ଜନଜାତି ଲୋକମାନେ ଏଇଟା ତାଙ୍କୁ ଜାଗାରେ

ରହିଛି ବୋଲି ଜବରଦସ୍ତ ଦଖଲ କରିନେଲେ। ଅବଶ୍ୟ ଏଥିପାଇଁ ତାଙ୍କୁ $୨୮ ମିଲିଅନ୍ କ୍ଷତିପୂରଣ ଦେବାକୁ ପଡ଼ିଲା। ଏବେ ଏହା ସେଇମାନଙ୍କ ହାତରେ ଅଛି। ଦଖଲ ସିନା କରିନେଲେ, କିନ୍ତୁ ସ୍କାଏଓ୍ୱାକ୍‌ର ବାକୀ ରହିଥିବା ପ୍ରୋଜେକ୍ଟଗୁଡ଼ିକ ପାଇଁ ବିସ୍ତାର ସମ୍ଭବପର ହୋଇପାରୁନି। ଯେତିକି ଅଛି ସେତିକି ଚଳେଇବା କଷ୍ଟକର ହୋଇଯାଉଛି। ଏଠି ପ୍ରବେଶ ଶୁଳ୍କ $୨୦.୦୦। ନିଜର କ୍ୟାମେରା ନେବାର ଅନୁମତି ନାହିଁ। ତାଙ୍କ କ୍ୟାମେରାରେ ଫଟୋ ଉଠାଇଲେ ଗୋଟିଏ ଫଟୋର ଗୋଟିଏ କପି ପାଇଁ $୧୫.୦୦। ଅତ୍ୟଧିକ ଦର ହେତୁ ଟୁରିଷ୍ଟମାନେ ଅସନ୍ତୁଷ୍ଟ ହୋଇ ଫେରନ୍ତି। ନିରୀକ୍ଷଣ ମଞ୍ଚକୁ ଯିବା ଆଗରୁ ନିଜର ଯୋତା ଖୋଲି ସେମାନେ ଦେଇଥିବା କନାର Soft Shoe ପିନ୍ଧିବାକୁ ହୁଏ। ଏଥିପାଇଁ କାଚ ଉପରେ ଏବେବି ସ୍କ୍ରାଚ୍ ଆସିନି, Crystal Clear ହୋଇ ରହିଛି। ବାଡ଼ ଧରି ମୁଁ ଆସ୍ତେ ଆସ୍ତେ ଗଲି। କଲରାଡ଼ୋ ନଦୀ କାହିଁ କେତେ ତଳେ, ସାମ୍ନାରେ ଇଗଲ୍ ରକ୍ ପାହାଡ଼ ୫ କି.ମି. ଦୂରରେ। ପାହାଡ଼ ଏଠି ଏକ ଉଡ଼ିବାକୁ ଡେଣା ମେଲାଇଥିବା ଇଗଲ ପରି ଦିଶେ। ତେଣୁ ସ୍ଥାନୀୟ ହୁଆଲାପାଇ ଲୋକମାନେ ଏହାକୁ ପବିତ୍ର ମନେକରନ୍ତି।

ଏଥର ଜାଣିବା ଗ୍ରାଣ୍ଡ କେନିୟନ୍‌ର ଉତ୍ପତ୍ତି ବିଷୟରେ। ନୃତତ୍ତ୍ୱବିତ୍‌ମାନଙ୍କ ମତରେ ପ୍ରାୟ ୬ ମିଲିଅନ୍ ବର୍ଷ ତଳେ ଏହାର ଜନ୍ମ। କଲରାଡ଼ୋ ନଦୀ ପ୍ରଥମେ ଆମେ ଯେଉଁଠି ଛିଡ଼ା ହୋଇଛୁ ସେଇ ସମତଳରେ ବହୁଥିଲା। କିନ୍ତୁ ମାଟିର କୋମଳତା ହେତୁ ନଦୀଶଯ୍ୟାର ଭୂମି କ୍ରମାଗତ କ୍ଷୟ ହୋଇଚାଲିଛି। ନଦୀ ସ୍ରୋତର କ୍ଷୟକାରୀ ଶକ୍ତିଦ୍ୱାରା ମିଲିଅନ୍ ବର୍ଷର ଏଇ ପ୍ରକ୍ରିୟାରେ ନଦୀର ଧାର ତଳକୁ ତଳକୁ ଦବିଯାଇଛି। ୬ ମିଲିଅନ୍ ବର୍ଷରେ ଏଠି ୧ Km ଗଭୀରର ଖାଇ ସୃଷ୍ଟି ହୋଇଛି। ଏହାକୁ କହନ୍ତି ଗ୍ରାଣ୍ଡ କେନିୟନ୍ । ନଦୀ ଧାରରେ ପ୍ରସ୍ଥ ପ୍ରସ୍ଥ ହୋଇ ବିଭିନ୍ନ ସ୍ତରର ମୃତ୍ତିକା ଓ ଶିଳାଗୁଡ଼ିକ ସ୍ପଷ୍ଟ ଭାବରେ ଦିଶନ୍ତି। ଅଲଗା ଅଲଗା ଗଠନ, ଅଲଗା ଅଲଗା ରଙ୍ଗ, ଅଲଗା ଅଲଗା ବସ୍ତୁରୁ ତିଆରି ହୋଇଥିବାରୁ, ସ୍ତରଗୁଡ଼ିକ ଖାଲି ଆଖିକୁ ଥାକ ଥାକ ହୋଇ ରହିଥିବାର ଦିଶେ। ଏଇଥିରୁ ସମୟର ମାପ ହୋଇଯାଏ। ଭୂତତ୍ତ୍ୱ ବିଜ୍ଞାନ ଅନୁସାରେ ପ୍ରତିଟି ସ୍ତର ଗୋଟିଏ ଗୋଟିଏ କାଳର ପ୍ରତିନିଧିତ୍ୱ କରନ୍ତି ସମୟର ସ୍କେଲ୍‌ରେ। ତେଣୁ ପ୍ରତିଟି ସ୍ତର ଗୋଟିଏ ଗୋଟିଏ କାଳର ଦସ୍ତଖତ। ସମୟର ବ୍ୟବଚ୍ଛେଦ (Dissection) କରି କେହି ଯେମିତି ଗୋଟେ Cross Section ନେଇଯାଇଛି। ଭୂପୃଷ୍ଠରୁ ବର୍ତ୍ତମାନର ନଦୀ ଶଯ୍ୟା ପର୍ଯ୍ୟନ୍ତ ୧ Km ଉଚ୍ଚତା, ୧୨ଟି ସ୍ତରରେ ବିଭକ୍ତ। ଏଥିରୁ କ୍ରମାନ୍ୱୟରେ ଏକାଦଶ ସ୍ତର, Palezoic Group of Rock ପର୍ଯ୍ୟନ୍ତ ୫୦୦ ମିଲିଅନ୍ ବର୍ଷର ହିସାବ ମେଳ ଖାଉଛି। ସବୁଠୁ ତଳେ ରହିଛି Vishnu

Schist (ବିଷ୍ଣୁ ଶୀଳା) ନାମକ ରୂପାନ୍ତରିତ ଶୀଳା । ଏହାକୁ Vishnu Basement Rock ବୋଲି କହନ୍ତି । Vishnu Group of Rocks ର Vishnu Schist ଉପରକୁ ସମସ୍ତ ସ୍ତର ଗୁଡ଼ିକ ୫୦୦ ମିଲିଅନ୍ ବର୍ଷ ପର୍ଯ୍ୟନ୍ତ କ୍ରମାନ୍ୱୟରେ ସଜେଇ ହୋଇ ରହିଛନ୍ତି । ଏଇଠି ଭୂବିଜ୍ଞାନୀମାନଙ୍କର ମୁଣ୍ଡ ଘୂରିଯାଇଥିଲା । ଦ୍ୱାଦଶ ସ୍ତର Vishnu Schist ର ବୟସ ୨.୦୦ ବିଲିଅନ ବର୍ଷ । ତା' ଅର୍ଥ, ୫୦୦ ମିଲିଅନ୍ ବର୍ଷର ଏକାଦଶ ସ୍ତର ପରେ, ୨.୦୦ ବିଲିଅନ୍ ବର୍ଷର ଦ୍ୱାଦଶ ସ୍ତର!! ୧.୫୦ ବିଲିଅନ୍ ବର୍ଷର ଫରକ । ଏତିକି ସମୟର ହିସାବ ହଜିଯାଇଛି ଗ୍ରାଣ୍ଡ କେନିୟନ୍‌ର ଖାଇରେ । ଜିଓଲଜିର ହିସାବ ଅନୁସାରେ ଏଇ କାଳର ଗ୍ରାଣ୍ଡ କେନିୟନ୍ Super Group Rockର ଚାରୋଟି ସ୍ତରର ଶୀଳା ହଜିଯାଇଛି । ଏ ଗ୍ରୁପ୍‌ର ସବା ତଳ ସ୍ତରର ଶୀଳା ହେଉଛି ଓଁକାର ଗ୍ରୁପ୍ (Unkar Group) । ଏଣୁ ଓଁ କାର ଗ୍ରୁପ୍ ତଳେ ହିଁ ବିଷ୍ଣୁ ଶୀଳାର ସ୍ଥାନ । କିନ୍ତୁ Tectonic Plate Movement ହେତୁ ବିଷ୍ଣୁ ଶୀଳା ପୃଥିବୀ ପୃଷ୍ଠରୁ ୨୫କି:ମି. ତଳୁ ଏତେ ଉପରକୁ ଉଠିଆସିଛି ଓ ଓଁକାର ଗ୍ରୁପ୍ ଆଦି ଚାରୋଟି 'ଗ୍ରାଣ୍ଡ କେନିୟନ୍ ସୁପର୍ ଗ୍ରୁପ୍' ଭୂମଧ୍ୟକୁ ଚାଲିଯାଇଛନ୍ତି । ତେଣୁ ବିଷ୍ଣୁ ଶୀଳା ଏବେ ଗ୍ରାଣ୍ଡ କେନିୟନ୍‌ର BASE Rock ବା ଆଧାର ଶୀଳା ହୋଇ ରହିଛି । ବିଷ୍ଣୁ ଶୀଳାର ସୃଷ୍ଟି ସହିତ ଆହୁରି ରୋମାଞ୍ଚକାରୀ ଘଟଣା ଯୋଡ଼ି ହୋଇରହିଛି । ଏଠି ବିଷ୍ଣୁ ଏକା ନାହାନ୍ତି । ୧.୮୦ ବିଲିଅନ୍ ବର୍ଷର ବିଷ୍ଣୁ ଶୀଳା ଉପରେ ୧.୭୫ ବିଲିଅନ୍ ବର୍ଷର 'ବ୍ରହ୍ମା ଶୀଳା' ଓ ତା' ଉପରେ ୧.୭୦ ବିଲିଅନ ବର୍ଷର 'ରାମ ଶୀଳା' ରହିଛନ୍ତି । ଏହି ତିନୋଟି କାଳର ଶୀଳା ଭୂପୃଷ୍ଠର ଚାପରେ ଏକୀଭୂତ ହୋଇ Base Rock ସୃଷ୍ଟି କରିଛନ୍ତି । ବିଷ୍ଣୁ ଶୀଳା ମିଳିଥିବା ଜାଗାକୁ Vishnu Canyon ବା Vishnu Complex କହନ୍ତି । ନିକଟସ୍ଥ ଏକ ମନ୍ଦିରାକୃତି ଶୃଙ୍ଗର ନାଁ ଅନୁସାରେ ଏହି ଶୀଳାର ନାମକରଣ କରାଯାଇଛି । ସେହିପରି Bramha ଓ Rama Schist ବି ନିକଟସ୍ଥ Brahma Temple ଓ Rama Temple ର ନାଁ ଅନୁସାରେ ଦିଆଯାଇଛି । ମନରେ ପ୍ରଶ୍ନ ଉଠେ ଏସବୁ ଭୌଗୋଳିକ ଆଶ୍ଚର୍ଯ୍ୟ ଆମ ଦେବତାମାନଙ୍କ ନାଁରେ କେମିତି ପରିଚିତ ହେଲେ ! କଥା ହେଉଛି, Charles Walcott ନାମକ ଜଣେ ବିଶ୍ୱବିଖ୍ୟାତ ଭୂତତ୍ତ୍ୱବିତ୍ ୧୮୮୦ ମସିହାରେ ଗ୍ରାଣ୍ଡ କେନିୟନ୍ ସର୍ଭେ କରିଥିଲେ । ଏହାର ବିଶାଳତା ଦେଖି ସେ ଭାବିଲେ ଏତେବଡ଼ ବିସ୍ମୟ ପୃଥିବୀର ସବୁ ସଭ୍ୟତା ସହିତ ଯୋଡ଼ି ହେବା ଉଚିତ । ତେଣୁ ସବୁ ମହତ୍ତ୍ୱପୂର୍ଣ୍ଣ ଶୃଙ୍ଗଗୁଡ଼ିକୁ ମାନବ ସଭ୍ୟତାର ପୁରାଣ, କିମ୍ବଦନ୍ତୀ, ଇତିହାସରୁ ନାଁ ନେଇ ନାମକରଣ କରିଥିଲେ । ସେଇ ସୂତ୍ରରୁ ଶୃଙ୍ଗଗୁଡ଼ିକର ନାଁ Vishnu Temple, Bramha Temple, Siva Temple, Budda (Budha) Temple, Solomon Temple, Zoroaster

Temple, Jupitor Temple ଇତ୍ୟାଦି। ପରବର୍ତ୍ତୀ ସମୟରେ ଏଇ ଧାରା ଅନ୍ୟ ଭୂତତ୍ତ୍ୱବିତ୍‌ମାନେ ଅନୁସରଣ କଲେ। ପୃଥିବୀର ଗଠନ ପ୍ରକ୍ରିୟା ଜାଣିବା ପାଇଁ ଗ୍ରାଣ୍ଡ କେନିୟନ୍‌ର ଦୁଇ ପାର୍ଶ୍ୱର ଅଧ୍ୟୟନ ଗବେଷକମାନଙ୍କ ସାହାଯ୍ୟ କରିଥାଏ।

ସ୍କାଏଓ୍ୱାକ୍ ପାଖରୁ ନିକଟସ୍ଥ ଖାଇ (Canyon) ଭିତରକୁ ଦେଖିଲି। ଅଲଗା ଅଲଗା ରଙ୍ଗର ସ୍ତର ସବୁ ବାରି ହୋଇ ପଡୁଥାଏ। ଇତିହାସ ସତେ ଯେମିତି ଥାକ ଥାକ ହୋଇ ସଜେଇ ହୋଇ ରହିଛି। ଗ୍ରାଣ୍ଡ କେନିୟନ୍‌ର ପ୍ରମୁଖ ରଙ୍ଗ ଈଷତ୍ ଲାଲ୍। ନିକଟସ୍ଥ ରେଷ୍ଟୁରାଣ୍ଟରେ ବସି ପ୍ୟାକେଟ୍ ଲଞ୍ଚ୍ ଖାଇଲି। ରେଷ୍ଟୁରାଣ୍ଟଟି ଖାଇଠାରୁ ୨୫-୩୦ ଫୁଟ୍ ଦୂରରେ ଅବସ୍ଥିତ। ବସିଲେ ଗ୍ରାଣ୍ଡ କେନିୟନ୍‌ର ଅପରପାର୍ଶ୍ୱ ଓ କାହିଁ କେତେ ତଳେ କଲରାଡ଼ୋ ନଦୀର ଅଙ୍କାବଙ୍କା ଧାର ଆସୁଥିବା ଦିଶୁଥାଏ।

ହଁ, ଗ୍ରାଣ୍ଡ କେନିୟନ୍‌ର ପୃଷ୍ଠଭୂମି ସମ୍ପୂର୍ଣ୍ଣ ଲଣ୍ଡା। ଛୋଟ ଛୋଟ ପଥରରେ ଭର୍ତ୍ତି। ଏଠି ସେଠି ଗୋଟେ ଗୋଟେ ଭୂଇଁ ଖଜୁରୀ, କାକ୍‌ଟସ ଓ ଜୋସୁଆ ଗଛ ଦିଶୁଥାଏ। ଠିକ୍ ଆମ ଦାମନ୍‌ଯୋଡ଼ିର ପଞ୍ଚପଟମାଳୀ ପାହାଡ଼ ଉପର ପରି।

କଲରାଡ଼ୋ ନଦୀ ଓ ଗ୍ରାଣ୍ଡ କେନିୟନ୍ ଦେଖିସାରିଲା ପରେ ସମୟର ବ୍ୟାପ୍ତି ଅନୁମାନ କରିବା ପାଇଁ ଚେଷ୍ଟା କଲି। ସାହାସ କରି ଖାଇ ପାଖକୁ ଗଲି। ଆଗରେ ଛିଡ଼ା ହୋଇ ୧କିମି ଗଭୀରକୁ ଦେଖିବା ଅତ୍ୟନ୍ତ ବିପଦପୂର୍ଣ୍ଣ। ସାମାନ୍ୟ ଅସାବଧାନତାର ମୂଲ୍ୟ ଅକଳ୍ପନୀୟ। ତଥାପି କିଛି ସମୟ ଚାହିଁ ରହିଲି। ପ୍ରକୃତିର ଭୀମରୂପ ଦେଖିବା ଅତ୍ୟନ୍ତ ଭୀତିପ୍ରଦ ହେଲେବି ଈଶ୍ୱରଙ୍କ ସୃଷ୍ଟିକୁ ଅନୁଭବ କଲେ ଆତ୍ମବିହ୍ୱଳ ହେବାକୁ ପଡ଼େ। ତାଙ୍କର ସବୁ ସୃଷ୍ଟିରେ ସୁନ୍ଦରତା ରହିଛି। କେବଳ ଆଖି ଦରକାର ଦେଖିବା ପାଇଁ। ବାଙ୍ଗାଲୋରର ଜଣେ ଡାକ୍ତର ସହଯାତ୍ରୀ ସ୍ତ୍ରୀଙ୍କ ସହ ହେଲିକପ୍ଟର ଟୁର୍ ସାରି ଆସିଲେ। ଗ୍ରାଣ୍ଡ କେନିୟନ୍‌ର ବିଶାଳତାରେ ସେ ବି ଅଭିଭୂତ। ସେ କହିଲେ, ହେଲିକପ୍ଟରରେ କେନିୟନ୍‌ର ପ୍ରାଚୀର କଡ଼େ କଡ଼େ ଉଡ଼ିବାରେ ମଜା ଅଛି। କିଛି ସମୟ ଚୁପ୍‌ଚାପ୍ ବସି ଗ୍ରାଣ୍ଡ କେନିୟନ୍‌କୁ ଶେଷଥର ପାଇଁ ୧୦-୧୫ ମିନିଟ୍ ପାଇଁ ଦେଖିଲୁ।

ଗ୍ରାଣ୍ଡ କେନିୟନ୍‌ର ଭିତର ଆଡ଼କୁ ଗୋଟେ ଗୋଟେ କାଲିଫର୍ଣ୍ଣିଆ କଣ୍ଡୋର (California Condor)ର ଉଡୁଥାନ୍ତି। ଏମାନେ ଗ୍ରାଣ୍ଡ କେନିୟନ୍‌ର ମୁକୁଟବିହୀନ ସମ୍ରାଟ। ଖାଦ୍ୟ ଶୃଙ୍ଖଳାରେ (Food chain) ସବା ଉପରେ। ସେଥିପାଇଁ ଏମାନଙ୍କ ଉପରେ ବିପତ୍ତି ନ ଥାଏ। ମାତ୍ର ଏମାନେ ଶିକାର କରନ୍ତିନି। ଅନ୍ୟ ଜୀବମାନେ ଛାଡ଼ିଯାଇଥିବା ଶିକାରର ଅବଶିଷ୍ଟାଂଶ ବା ମଲା ଜୀବଜନ୍ତୁ ଏମାନଙ୍କର ଖାଦ୍ୟ। (ଆମ ଶାଗୁଣାମାନଙ୍କ ପରି)। ଗ୍ରାଣ୍ଡ କେନିୟନ୍‌ର ଅଗମ୍ୟ ଶୀଖର (Cliff) ରେ ଏମାନେ ବସା

କରିଥାନ୍ତି । ଗ୍ରାଣ୍ଡ କେନିୟନ୍ ଉପରେ ଏମାନଙ୍କର ଏକଚାଟିଆ ଅଧିକାର, ହେଲିକପ୍ଟର ଆସିଲା ଦିନୁ କିଛି ପରିମାଣରେ କ୍ଷୁର୍ଣ୍ଣ ହୋଇଛି । ତଥାପି କାଲିଫର୍ଣ୍ଣିଆ କଣ୍ଡୋର, ଗ୍ରାଣ୍ଡ କେନିୟନ୍‌ର ଅପ୍ରତିଦ୍ୱନ୍ଦ୍ୱୀ ସମ୍ରାଟ ବୋଲି ଧରାଯାଏ । ଏମାନେ ସଂରକ୍ଷିତ ପ୍ରାଣୀ । ସମସ୍ତଙ୍କ ଡେଣାରେ ନମ୍ବର ଟ୍ୟାଗ୍ (Number Tag) ଲାଗିଥାଏ । ୧୯୮୭ରେ ଏମାନଙ୍କ ସଂଖ୍ୟା ୨୭ରେ ପହଞ୍ଚି ଯାଇଥିଲା । ବୈଜ୍ଞାନିକମାନଙ୍କ ଚେଷ୍ଟାରୁ ଏମାନଙ୍କ ସଂଖ୍ୟା ଏବେ ୪୫୦ରେ ପହଞ୍ଚିଛି ।

ଆମ ଗ୍ରୁପ୍‌ର ସବୁ ଟୁରିଷ୍ଟ ଚାଲିଗଲେଣି । ଆମେ ତିନି ଜଣ ରହିଯାଇଛୁ । ହାତରେ ଅଳ୍ପ ସମୟ ଅଛି । Airstrip ଫେରିଲୁ ପରବର୍ତ୍ତୀ ବସ୍‌ରେ । ସମସ୍ତେ ଆମ ପାଇଁ ବ୍ୟସ୍ତ ହୋଇପଡ଼ିଥିଲେ । ଯା'ହେଉ, ଠିକ୍ ସମୟରେ ପ୍ଲେନ୍ ଧରିଲୁ । ଏଥର ପ୍ଲେନ୍ ଟିକେ ତଳୁଆ ଉଡୁଥିଲା । ହୁଭର ଡ୍ୟାମ୍ ଅପେକ୍ଷାକୃତ ବଡ଼ ଦିଶିଲା । ପାଖରୁ ନହେଲେ ବି ଆକାଶ ମାର୍ଗରୁ ତ ଦେଖିହେଲା !! ଏଇ ସମୟରେ ମୋବାଇଲ୍‌ରେ ଗୋଟେ ମେସେଜ୍ ଆସିବାର ଶବ୍ଦ ହେଲା । ଲାସ୍‌ଭେଗାସ୍‌ରୁ ଗାଇଡ୍ SMS କରିଛନ୍ତି... "Mr. Patnaik, You are lost. How do you return ?" ପୁରୁଣା ଖବର ଅନୁସାରେ ସେ ମେସେଜ୍ କରିଛନ୍ତି । ମୁଁ ମେସେଜ୍ କରିଦେଲି- "Am inside Aircraft. Don't worry". ଦେଖିଲି ମୋବାଇଲ ସିଗ୍‌ନାଲ ଟିକେଟିକେ ଆସୁଛି । ବୋଧେ ବିମାନ କମ୍ ଉଚ୍ଚତାରେ ଉଡୁଥିବାରୁ କିଛି କିଛି ସିଗ୍‌ନାଲ ମିଳିଯାଉଛି ।

ଗ୍ରାଣ୍ଡ କେନିୟନ୍‌ରୁ ଫେରି ଅପରାହ୍ଣରେ ବିଶ୍ରାମ ନେଲୁ । ଆଜି ସନ୍ଧ୍ୟାରେ ଲାସ୍‌ଭେଗାସ୍ ହେଲିକପ୍ଟର ଟୁର୍ । ହେଲିପ୍ୟାଡ୍‌ରେ ପହଞ୍ଚିଲୁ । ୧୨ ମିନିଟର ଉଡ଼ାଣ ପାଇଁ ଟିକେଟ୍‌ର ଦାମ୍ $ ୮୦-୯୦ । ଓଜନ ଅନୁସାରେ ପାଞ୍ଚ ଜଣିଆ ଗ୍ରୁପ୍ କରାଯାଏ ଯେମିତି ଯାତ୍ରୀମାନଙ୍କର ସମୁଦାୟ ଓଜନ କମ୍ ବେଶୀ ହେବନାହିଁ । ଗ୍ରୁପ୍ ହୋଇସାରିଲା ପରେ ଝିଅଟିଏ ଆସି ଆମକୁ ଡାକି ନେଲା । ପୋଷାକରୁ ଜାଣିଲୁ ସେ ବୋଧେ ପାଇଲଟ, ହେଲିକପ୍ଟରରେ ବସେଇଦେଲା ପରେ ସିଟ୍ ବେଲ୍ଟ ନିଜେ ବାନ୍ଧିଦେଲା ଆଉ ନିଜେ ପାଇଲଟ୍ ସିଟ୍‌ରେ ବସି ପଡ଼ିଲା । (Statutory Instuction) ବୈଧାନିକ ନିର୍ଦ୍ଦେଶ ଦେବା ଆରମ୍ଭ କରିଦେଲା । ଛାତି ଦମ୍ କରି ହେଲା... ପାଇଲଟ୍ ୨୦-୨୨ ବର୍ଷର ସୁନ୍ଦରୀ କନ୍ୟା ! ଏତେ ଛୋଟ ଝିଅ ହାତରେ ପାଞ୍ଚ ଜଣକ ଜୀବନ ! କିନ୍ତୁ ତା'ର ଆତ୍ମବିଶ୍ୱାସ ଦେଖିବା କଥା । ଭାଗ୍ୟକୁ ମତେ ସାମ୍ନାର ଗୋଟିକିଆ ସିଟ୍‌ଟି ମିଳିଯାଇଥିଲା । Full Glass Cabin ରୁ ତିନି ପଟକୁ ଓ ତଳକୁ ବେଶ୍ ଭଲ ଭାବରେ ଦେଖି ହେଉଥାଏ । ଟେକ୍‌ଅଫ୍ ନେଲୁ । ହେଡ୍ ଫୋନ୍‌ରେ ଝିଅଟିର ସ୍ୱର ଭାସି ଆସୁଥାଏ । ତଳେ ଥିବା ଜିନିଷଗୁଡ଼ିକର ଧାରାବିବରଣୀ ଦେଇ ଚାଲିଥାଏ । ଦେଖୁ ଦେଖୁ

ଲାସ୍‌ଭେଗାସ୍‌ର ଆକାଶ ମାର୍ଗରେ ଆମେ। ତଳେ ଆଖି ଆଗରେ ସମଗ୍ର ଲାସ୍‌ଭେଗାସ୍ ଆଲୋକରେ ଉଦ୍‌ଭାସିତ ଆଖି ପାଇଲା ଯାଏ। ଆକାଶକୁ ଉଠୁ ଉଠୁ ବିମାନବନ୍ଦର ପରେ ପରେ 'The Strat'। କାଲି ଷ୍ଟ୍ରାଟୋସ୍‌ଫିଅରରୁ ଦେଖିଥିଲୁ ଲାସ୍‌ଭେଗାସ୍ ଦିନ ବେଳେ, ଆଜି ଷ୍ଟ୍ରାଟୋସ୍‌ଫିଅର ଆମ ପାଦ ତଳେ ! ସିଟିର ଉଚ୍ଚତମ ବିଲ୍‌ଡିଂ ଉପରଦେଇ ଉଡ଼ିଗଲୁ କେତେଫୁଟ୍ ଛାଡ଼ି। ତା'ପରେ ଆମ ହୋଟେଲ, MGM Park, ARIA, Mandalay Bay, MGM Grand, Paris ହୋଟେଲର ଆଇଫେଲ୍ ଟାୱାର, ବେଲାଜିଓରେ ମ୍ୟୁଜିକ୍ ଫାଉଣ୍ଟେନ୍, ଫ୍ରିମଣ୍ଟ ଷ୍ଟ୍ରିଟ୍ ଓ ଶେଷରେ ଟ୍ରମ୍ପ ଟାୱାର। ସୁଦୃଶ୍ୟ ଆଲୋକ ମାଳାରେ ହୋଟେଲ ସବୁ ପରୀ ରାଇଜର ଭ୍ରମ ସୃଷ୍ଟି କରୁଥାନ୍ତି। ୧୨ ମିନିଟ୍‌ର ଉଡ଼ାଣ ପରେ ପୁଣି ଭୂମି ସ୍ପର୍ଶ...। ଓହ୍ଲାଇଲା ବେଳକୁ ପାଇଲଟ୍ ପୁଣି ସିଟ୍ ବେଲ୍‌ଟ ଖୋଲିଦେଲେ ଓ ଅଫିସ୍‌ରେ ଛାଡ଼ି ଦେଇଗଲେ। କମ୍ପାନୀର ନିୟମ ଅନୁସାରେ ଯାତ୍ରୀମାନେ ପାଇଲଟ୍‌ଙ୍କ ସହିତ ଫଟୋ ନେଇପାରିବେ। ଆମେ ବି ନେଲୁ। ଆକାଶ ମାର୍ଗରୁ ଲାସ୍‌ଭେଗାସ୍‌ର ରଙ୍ଗବେରଙ୍ଗର ଆଲୋକ ସହ 'THE STRIP' ଦେଖିବା ତ ନିଶ୍ଚିତ ଭାବରେ ମନୋମୁଗ୍ଧକର। ସୁନ୍ଦରୀ ତରୁଣୀ ପାଇଲଟ୍ ସହ ଫଟୋ ନେବାବି କମ୍ ଆକର୍ଷଣୀୟ ନୁହେଁ ! ଆମେ କେତେଜଣ ବନ୍ଧୁ, ହେଲିକପ୍ଟର ସହ ଫଟୋଟା ଫ୍ରି ଥିଲେ ବି, ରାଇଡ୍‌ଟିକୁ ଫ୍ରି ବୋଲି ଭାବିଲୁ... ବସ୍‌ରେ ପହଞ୍ଚି ସମସ୍ତେ ହସିଲୁ। ବଂଧୁ ପତ୍ନୀମାନେବି ହସରେ ଯୋଗଦେଲେ...

ହେଲିକପ୍ଟର ଟୁର୍ ପରେ ପହଞ୍ଚିଲୁ ଲାସ୍‌ଭେଗାସ୍‌ର ସବୁଠୁ ଗୁରୁତ୍ୱପୂର୍ଣ୍ଣ ସ୍ଥାନ 'ଦି ଷ୍ଟ୍ରିପ୍'। ଲାସ୍‌ଭେଗାସ୍‌ର ହୃତ୍‌ପିଣ୍ଡ କହିଲେ ଚଳେ। ୭ କି:ମି ଲମ୍ବା ଏହି ରାସ୍ତାଟି ସହରର ପ୍ରିମିୟମ୍ ଲୋକେସନ୍। ସବୁଠୁ ବେଶୀ ଆକର୍ଷଣୀୟ ଓ ମହଙ୍ଗା ହୋଟେଲଗୁଡ଼ିକ ଏଇ ରାସ୍ତାର ଦୁଇପଟେ ଅବସ୍ଥିତ। ସମସ୍ତ Iconic Architecture ଏଇଠି ଅବସ୍ଥିତ। କହିବାକୁ ଗଲେ 'ଦି ଷ୍ଟ୍ରିପ୍' ହିଁ ଲାସ୍‌ଭେଗାସ୍। ଉତ୍ତରରେ ସାହାରା ହୋଟେଲ ଠାରୁ ଆରମ୍ଭ ହୋଇ ଦକ୍ଷିଣରେ ମାଣ୍ଡାଲେ ବେ' ହୋଟେଲ ପାଖରେ ଏହା ଶେଷ ହୋଇଛି। ମାଣ୍ଡାଲେ ବେ' ଠାରୁ ଅଳ୍ପବାଟରେ ଆମର ହୋଟେଲ MGM ପାର୍କ।

ପ୍ରାରମ୍ଭରେ ଲାସ୍‌ଭେଗାସ୍ ସିଟି ଭିତରେ ବେଶ୍ୟାବୃତ୍ତି ଓ ଜୁଆ ଖେଳିବା ଆଇନ ଅନୁସାରେ ଅପରାଧ ଥିଲା। ତେଣୁ କିଛି ଲୋକ ସହର ବାହାରେ ଏସବୁ ପାଇଁ ହୋଟେଲ ଓ କାସିନୋ ସବୁ ଖୋଲିଥିଲେ। ପରବର୍ତ୍ତୀ ସମୟରେ ଏସବୁ ଲାଭଜନକ ବ୍ୟବସାୟରେ ପରିଣତ ହେବାରୁ, ଟିକସ ଆଦାୟ ପାଇଁ ଏ ଅଞ୍ଚଳକୁ ସହରରେ ମିଶାଇଦିଆଗଲା। ସେଇସବୁ ହେଉଛି 'ଦି ଷ୍ଟ୍ରିପ୍'। ଏଠି ଥିବା ପୃଥିବୀ ବିଖ୍ୟାତ ହୋଟେଲ ସବୁ...

1. Mandalay Bay
2. MGM Park - 32 Floors, 3000 Rooms, 1400 Slot Machines
3. MGM Grand - 2080 Rooms
4. Bellagio Hotel - 36 Floors, 935 Rooms
5. ARIA Hotel - 61 Floors, 4,600 Rooms
6. Paris Lasvegas - 33 Floors, 2900 Rooms, 1700 Slot Machines.

7. Palazzo Venetian - 3440 Rooms
8. Newyork Newyork

ପ୍ୟାରିସ୍-ଲାସ୍ ଭେଗାସ୍, ଏକ ଛୋଟ ପ୍ୟାରିସ୍ ସହର । ଆଇଫେଲ୍ ଟାୱାର, ଆର୍କ ଡି ଟ୍ରମ୍ପ, ଅପେରା ହାଉସ୍, ଲୁଭ୍ର ମ୍ୟୁଜିଅମ ଆଦି ଆଇକନିକ୍ ସ୍ଥାପତ୍ୟଗୁଡ଼ିକ ଏଠି ନିର୍ମାଣ ହୋଇଛି ।

ଏ ସମସ୍ତ ହୋଟେଲ ରେସର୍ଟ ଓ କାସିନୋ । ତା' ଅର୍ଥ, ରହିବା ଆଉ ଜୁଆ ଖେଳିବାର ପ୍ରାବଧାନ ରହିଛି । ମନୋରଞ୍ଜନ ପାଇଁ ଅନେକ ପ୍ରକାରର ସୋ' ଚାଲେ ହୋଟେଲ ଗୁଡ଼ିକରେ - ଯେମିତିକି -

1. Acrobatic Dances.
2. Magic Show.
3. Stand up comedy.
4. Rock Music ଓ Concert.
5. Adult Show.
6. Film & TV Award Ceremony.

Adult Show ଗୁଡ଼ିକରେ ସାଧାରଣତଃ Topless Dancer ମାନେ ସୋ' କରନ୍ତି । ଟିକେଟର ଦାମ୍ $ ୩୫-୫୦ରୁ ଆରମ୍ଭ ।

ଯା ଛଡ଼ା ସବୁ ହୋଟେଲରେ ବାର୍ ଓ ଶହଶହ ସଂଖ୍ୟାରେ ସ୍ଲଟ୍ ମେସିନ୍ ଆଉ ଅନ୍ୟପ୍ରକାରର ଜୁଆ ମେସିନ୍ ଲାଗିଥାଏ । କାର୍ଡ଼ ଗେମ୍ ବି ଚାଲିଥାଏ । ରାତି ଗୋଟାଏ ପର୍ଯ୍ୟନ୍ତ ଏସବୁ ଆଇନ ଅନୁମୋଦିତ ।

ସନ୍ଧ୍ୟାରେ 'ଦି ଷ୍ଟ୍ରିପ୍' ବୁଲିବା ତ ଆକର୍ଷଣୀୟ । ସବୁଠୁ ବଡ଼ ଆକର୍ଷଣ ହେଲା Hotel Bellagio ର ମ୍ୟୁଜିକାଲ ଫାଉଣ୍ଟେନ୍ । ବେଲାଜିଓ ସାମ୍ନାରେ ୮.୫ଏକର

ଜାଗାରେ ଏକ କୃତ୍ରିମ ହ୍ରଦ ଉପରେ ଏହି ଡ୍ୟାନ୍‌ସିଙ୍ଗ୍ ଫାଉଣ୍ଟେନ୍‌ଟି ନିର୍ମିତ। ୧୨୦୦ Nozzle, ୧୦୦୦Super Shooters, ୧୬ଟି ୪୬୦ ଫୁଟ୍ ଉପରକୁ ପାଣି ପିଚ୍‌କାରୀ ମାରିଲା ଭଳି Extreme Shooter ସହିତ ୪୫୦୦ LED ର ଯୁଗଳବନ୍ଦୀରେ ଏକ ଅଦ୍‌ଭୁତ ଫାଉଣ୍ଟେନ୍ ନାଚି ଉଠେ। ଅତ୍ୟାଧୁନିକ 'Pyrotechnics' ଟେକ୍ନୋଲଜି ଏଥିରେ ବ୍ୟବହାର ହୁଏ। ସୋ'ରେ ବେଳେବେଳେ ଗୋଟିଏ ମୁହୂର୍ତ୍ତରେ ୧୭୦୦୦ ଗ୍ୟାଲନ୍ ପାଣି ଶୂନ୍ୟରେ ରହିଯାଇଥାଏ। John Elton, Elvis Presley, Madonna ଇତ୍ୟାଦିଙ୍କର ପପୁଲାର ଗୀତଗୁଡ଼ିକୁ ନେଇ ଫାଉଣ୍ଟେନ୍‌ର କୋରିଓଗ୍ରାଫି ହୋଇଥାଏ। ତା'ଛଡ଼ା ପ୍ରସିଦ୍ଧ ସିନେମା 'Game of Throne' କୁ ନେଇ ଲେଜର ସୋ ହୋଇଥାଏ। Game of Throne ହେଉଛି ସବୁଠୁ ବେଶୀ ପସନ୍ଦର ସୋ। ଫାଉଣ୍ଟେନ୍‌ରେ ନିଆଁ ଲାଗିଯିବା ପରି ଦିଶେ। ଅପରାହ୍ଣ ୩.୦୦ଟାରୁ ରାତି ଆଠଟା ପର୍ଯ୍ୟନ୍ତ ପ୍ରତି ଅଧଘଣ୍ଟାରେ ଓ ରାତି ୮.୦୦ଟାରୁ ମଧ୍ୟରାତ୍ରି ପର୍ଯ୍ୟନ୍ତ ପ୍ରତି ୧୫ ମିନିଟ୍‌ରେ ୪ ମିନିଟ୍ ପାଇଁ ଏଇ ସୋ'ଟି ପ୍ରଦର୍ଶିତ ହୁଏ। ବେଳେବେଳେ ବିବାହ ଉତ୍ସବ ପାଇଁ ସ୍ପେଶାଲ ସୋ' ବି ହୋଇଥାଏ। ଜନସାଧାରଣଙ୍କ ପାଇଁ ଏହା ସମ୍ପୂର୍ଣ୍ଣ ମାଗଣାରେ ଦେଖିହୁଏ। ରାସ୍ତା ଉପରୁ ହଜାର ହଜାର ଟୁରିଷ୍ଟ ଏହାକୁ ଦେଖିଥାନ୍ତି। ଆମେ ବି ମିଶିଗଲୁ ବେଲାଜିଓ ଭିଡ଼ରେ। ଚାରିମିନିଟର ସୋ ଦର୍ଶକଙ୍କୁ ମେସ୍‌ମରାଇଜଡ଼୍ କରିଦେବା ପାଇଁ ଯଥେଷ୍ଟ।

ଫାଉଣ୍ଟେନ୍ ପରେ କିଛି ବାଟ ଚାଲିଚାଲି ବୁଲିଲୁ। ରାତିରେ ଦି ଷ୍ଟ୍ରିପ୍‌ରେ ସବୁଯାକ ହୋଟେଲ ରଙ୍ଗ ବେରଙ୍ଗର ଚମତ୍କାର ଆଲୋକରେ ସ୍ନାନ କରୁଥାନ୍ତି। ଦିନବେଳେ ଲାସ୍ ଭେଗାସ୍‌ରେ ଧୂ ଧୂ ଖରା ଛଡ଼ା ଆଉକିଛି ମିଳିବନି। ଟୁରିଷ୍ଟମାନେ ସମସ୍ତେ ହୋଟେଲର ଶୀତତାପ ନିୟନ୍ତ୍ରିତ ରୁମ୍‌ରେ ବିଶ୍ରାମ କରୁଥିବେ ବା କନ୍‌ଫରେନ୍‌ସରେ ଭାଗ ନେଉଥିବେ। କିନ୍ତୁ ସମସ୍ତ ଲାସ୍‌ଭେଗାସ୍ ସହର ରାତି ହେଲେ ରାସ୍ତା ଉପରେ ଯେମିତି ଅଜାଡ଼ି ହୋଇପଡ଼େ। ବେଲାଜିଓ ସାମ୍ନାରୁ ARIA ପର୍ଯ୍ୟନ୍ତ ମନୋରେଲ ଥାଏ। ବିନା ପଇସାରେ ଏଥିରେ ଯିବା ଆସିବା କରି ହେବ ଏ ଦୁଇ ହୋଟେଲ ମଧ୍ୟରେ। ଗୋଟିଏ ମ୍ୟାନେଜମେଣ୍ଟ ଅଧୀନରେ ରହିଥିବାରୁ ପରସ୍ପରର ପରିପୂରକ ପରି କାମ କରନ୍ତି। ସୁବିଧା ହୁଏ ଟୁରିଷ୍ଟମାନଙ୍କର। ଲାସ୍‌ଭେଗାସର ମହଙ୍ଗା ଟାକ୍ସି ଖର୍ଚ୍ଚକୁ ଏଡ଼େଇ ଦେଇ 'ଦି ଷ୍ଟ୍ରିପ୍' ବୁଲି ହେବ। ଫେରିଲା ବେଳକୁ ଦେଖିଲୁ ମାଣ୍ଡାଲେ ବେ'। ସ୍ୱର୍ଣ୍ଣାଭ ଆଲୋକ ସମଗ୍ର ହୋଟେଲଟିକୁ ସୁନା ରଙ୍ଗର ପୁଟ ଚଢ଼େଇ ଦେଲା ପରି ଦିଶୁଥାଏ।

ଆଜିକାର ଲାସ୍‌ଭେଗାସ୍ :

ଦି ଷ୍ଟ୍ରିପ୍‌ରେ ବୁଲିଲି। MGM ପାର୍କ ଓ ARIA ଦେଖିଲି। ଯେକୌଣସି ବିଶ୍ୱସ୍ତରୀୟ ସହରର ରୂପ। ଫ୍ରିମଣ୍ଟ ଷ୍ଟ୍ରିଟ୍ ଛଡ଼ା କୌଣସି ଅସମଞ୍ଜସ ଜିନିଷ ଆଗରେ ପଡ଼ିଲାନି। କିନ୍ତୁ ଫ୍ରିମଣ୍ଟ ଷ୍ଟ୍ରିଟ୍‌ରେ ବି ଶୃଙ୍ଖଳା ଭିତରେ ସବୁ ହୁଏ... କେବଳ ସୋ'କୁ ଛାଡ଼ି ଅନ୍ୟକିଛି ଦିଶେନି। ବ୍ୟାଙ୍କକ୍ କିମ୍ବା ପଟ୍ଟାୟା ତୁଳନାରେ ଲାସ୍‌ଭେଗାସ୍‌ର Public Space ବେଶ୍ ସୁରକ୍ଷିତ ଓ ଶାଳୀନତାର ସୀମାରେଖା ଭିତରେ ହିଁ ଥାଏ।

ଲାସ୍‌ଭେଗାସ୍‌ର କ୍ରମବିକାଶ ବିଷୟରେ ଆଗରୁ ଜାଣିଛେ। ସେକ୍‌ସ, ଜୁଆ, ଅପରାଧର ଠିକଣା ଥିଲା ଏଇ ସହର। ସେକ୍‌ସ ଟୁରିଜ୍‌ମର ପ୍ରଧାନ ଆକର୍ଷଣ ଥିଲା ଏସବୁ। ମାତ୍ର ଏବେ ସରକାରଙ୍କର ଦୃଢ଼ କାର୍ଯ୍ୟାନୁଷ୍ଠାନ ଯୋଗୁଁ ଏସବୁ ଆଉ ରାସ୍ତାରେ ଦିଶୁନି। ଯା ଭିତରେ ଟେକ୍ନୋଲଜି ଆସିଯାଇଛି। ଟେକ୍ନୋଲଜି, ସେକ୍‌ସ ଇଣ୍ଡଷ୍ଟ୍ରିକୁ ରାଜରାସ୍ତା ବା ପବ୍ଲିକ୍ ସ୍ପେସ୍‌ରୁ ସାଇବର ସ୍ପେସ୍‌କୁ ନେଇଯାଇଛି। ପୂର୍ବରୁ ହୋଟେଲ ଓ କାସିନୋଗୁଡ଼ିକରେ ଜୁଆଖେଳ Dealer/Table Manager ବା କ୍ଲବ୍‌ର କର୍ମଚାରୀମାନଙ୍କ ଦ୍ୱାରା ପରିଚାଳିତ ହେଉଥିଲା। ଏଥିରେ ଅନେକ ସମୟରେ ଠକେଇ ହେଉଥିଲା। ଏବେ କିନ୍ତୁ ଅନେକ ପ୍ରକାରର ଜୁଆ ମେସିନ୍ (Gambling Machine) - Slot Machine, Video Poker Machine, Roullet Machine ଆଦି ଆସିଗଲାଣି। ଏଥିରେ ଏକୁଟିଆ ବା ଅନ୍ୟମାନଙ୍କ ସହିତ ଖେଳି ହେବ। କିନ୍ତୁ ଫଳାଫଳ ଉପରେ କାହାର ନିୟନ୍ତ୍ରଣ ନଥାଏ। କମ୍ପ୍ୟୁଟରର Random Result ସମସ୍ତେ ଗ୍ରହଣ କରିବାକୁ ବାଧ୍ୟ।

ବେଶ୍ୟା ବୃତ୍ତି, ଲାସଭେଗାସ୍‌ର ଦୁର୍ନାମ ପାଇଁ ଅନେକାଂଶରେ ଦାୟୀ। କିନ୍ତୁ ଏବେ ଗଣିକାମାନଙ୍କୁ ରାସ୍ତାଘାଟରେ ଦେଖିବାକୁ ମିଳୁନି। ଏମାନଙ୍କର ନାମ ପରିବର୍ତ୍ତନ ହୋଇଯାଇଛି... Flyers, Escort ବା Female Personal Entertainer। ସମ୍ଭ୍ରାନ୍ତ ହୋଟେଲର ଲବି, ରେଷ୍ଟୁରାଣ୍ଟ ବା କାସିନୋରେ ଏମାନଙ୍କୁ ଦେଖିବାକୁ ମିଳିବ। ଯଦି ଯୁବତୀଟିଏ ଅଳ୍ପ ୱାଇନ୍ ନେଇ ଦୀର୍ଘସମୟ ବସିରହିଛି, ଧରିନିଆଯାଇପାରେ ସେ ଗ୍ରାହକର ଅପେକ୍ଷାରେ। ତା'ଛଡ଼ା ଲାସ୍‌ଭେଗାସ୍‌ରେ ଏସ୍‌କର୍ଟ ସର୍ଭିସ ପାଇଁ ଉତ୍ସର୍ଗୀତ Website ସବୁ ରହିଛି। ଏଥିରେ ଏସ୍‌କର୍ଟ ମାନଙ୍କର Nationality, Vital Statistics, Hobby ଇତ୍ୟାଦି ତଥ୍ୟ ରହିଥାଏ। କିନ୍ତୁ ଆଇନ ଅନୁସାରେ ଏମାନେ ବେଶ୍ୟା ନୁହନ୍ତି। ଏମାନଙ୍କୁ ବାଧ୍ୟ କରାଯାଇପାରିବନି। ଏସ୍‌କର୍ଟ ଫି କେବଳ ଗ୍ରାହକ ସହିତ ହୋଟେଲରେ ଡିନର କରିବା, ରୁମ୍‌ରେ ଟିଭି ଦେଖିବା ବା ଗପସପ କରିବା ପାଇଁ ! Website ଅନୁସାରେ ଏମାନେ ରୁମ୍‌କୁ ଆସନ୍ତି Adult Entertainment (!) ସକାସେ।

Website କହେ, "We Dellver Girls To your Room Sooner Than Pizza". ମନପସନ୍ଦ ନହେଲେ 'Free of cost Return Policy'(!) ବି ରହିଛି। ୱେବ୍‌ସାଇଟ୍‌ରେ ବୈଧାନିକ ସୂଚନା ବି ଥାଏ ଯେ "ଲାସ୍‌ଭେଗାସ୍‌ରେ ବେଶ୍ୟାବୃତ୍ତି ବେଆଇନ।" ଏସ୍କର୍ଟମାନେ ଆଇନର ନିରାପଦ ଧାରରେ ଥାନ୍ତି। ରୁମ୍‌ରେ ପହଞ୍ଚିଲା ପରେ, ଦୁଇଜଣ ବୟସ୍କବ୍ୟକ୍ତି ପାରସ୍ପରିକ ବୁଝାମଣାରେ ଏସ୍କର୍ଟ ଫି ବାଦ୍ ଆଉ କିଛି ଡଲାର ବିନିମୟରେ ଯେ କୌଣସି କଣ୍ଟ୍ରାକ୍ଟରେ ଅଂଶୀଦାର ହୋଇପାରନ୍ତି! ଏଥିପାଇଁ ଆଇନ ନୀରବ। ଲାସ୍‌ଭେଗାସ୍‌ରେ ସବୁ ଆଇନ ଭିତରେ ହିଁ ହୁଏ! କିନ୍ତୁ ଡଲାର ହିଁ ଆଇନକୁ ରାସ୍ତା ଦେଖାଏ।

ଏସବୁ ସତ୍ତ୍ୱେ ଆଜିକାର ଲାସ୍‌ଭେଗାସ୍ ୩୦ ବର୍ଷ ତଳର ଲାସ୍‌ଭେଗାସ୍ ଠାରୁ ଅଲଗା। ଏବେ ଏଠିକାର ହୋଟେଲ/ରେସର୍ଟ ଗୁଡ଼ିକର ବିଜିନେସ୍ ମଡ଼େଲ ପରିବର୍ତ୍ତନ ହୋଇଯାଇଛି। ଲାସ୍‌ଭେଗାସ୍‌ର କାୟା ପରିବର୍ତ୍ତନ ହେଉଛି। ଏହାକୁ City of Vice (କୁକର୍ମର ସହର) କୁହାଯାଉଥିଲା। ଏବେ କିନ୍ତୁ ଏହାର ନୂଆ ପରିଚୟ City of MICE -

M- Meetings.

I - Incentives.

C - Conventions / Conferences.

E - Exhibitions / Entertainment.

(Incentive Tourism - ଆଜିକାଲି କର୍ମଚାରୀମାନଙ୍କୁ ପୁରସ୍କୃତ କରିବା ପାଇଁ ପ୍ଲେଜର ଟ୍ରିପ୍‌ରେ ପଠାଯାଉଛି। କର୍ମଚାରୀ ପ୍ରୋତ୍ସାହନ ନିମନ୍ତେ ନଗଦ କ୍ୟାସ୍ ଆଉ କାମ କରୁନି।)

ହୋଟେଲଗୁଡ଼ିକରେ ଅଧିକରୁ ଅଧିକ ବିଜିନେସ୍ ଟ୍ରାଭେଲର୍‌ମାନଙ୍କ ପାଇଁ ସୁବିଧା ସୃଷ୍ଟି କରାଯାଉଛି। Business Mixed with Pleasure / Entertainment ଆଜିକାର ନୂଆ ମନ୍ତ୍ର। ଏହା ଏକ ଟ୍ରିଲିଅନ ଡଲାର ଇଣ୍ଡଷ୍ଟ୍ରିରେ ପରିଣତ ହୋଇଗଲାଣି।

ଲାସ୍‌ଭେଗାସ୍‌ର ହୋଟେଲଗୁଡ଼ିକ ଏବେ ଅଧିକରୁ ଅଧିକ ୱାର୍ଲଡ କ୍ଲାସ୍ କନ୍‌ଭେନ୍‌ସନ୍ ଆୟୋଜନ କରୁଛନ୍ତି। ସାରା ପୃଥିବୀରୁ ବଡ଼ ବଡ଼ କମ୍ପାନୀ ତରଫରୁ ଏକ୍‌ଜିକ୍ୟୁଟିଭ୍‌ମାନଙ୍କୁ ଏଠାକୁ ପଠାଯାଉଛି। ୱାର୍ଲଡ କ୍ଲାସ୍ କମ୍ପାନୀଗୁଡ଼ିକ ଏଠି ୱାର୍ଲଡ କ୍ଲାସ୍ ସୁବିଧା ପାଇଯାଉଛନ୍ତି ସୁଲଭ ମୂଲ୍ୟରେ। ମୁଁ ଦେଖିଲି, ହୋଟେଲଗୁଡ଼ିକର ରୁମ୍ ଟାରିଫ୍ ଆମ ଦେଶଠାରୁ ଅପେକ୍ଷାକୃତ କମ୍ କିନ୍ତୁ ସୁବିଧା ବେଶୀ। ଲାସ୍‌ଭେଗାସ୍‌ର

ବଦ୍‌ନାମ କିଛି ପରିମାଣରେ କମିଗଲାଣି। ଆମ ହୋଟେଲରେ ମାଇକ୍ରୋସଫ୍ଟର ଗୋଟେ ଗ୍ଲୋବାଲ୍ ମିଟ୍ ହେଉଥିଲା। ଡେଲିଗେଟ୍ ପ୍ରାୟ ହଜାରେ। ମାଇକ୍ରୋସଫ୍ଟ ଲୋଗୋ ସମସ୍ତଙ୍କ କୋଟ୍‌ରେ। ପୂରା ରିସିପ୍‌ସନ୍, ଲବି, ପୁଲ୍ ଏରିଆ ଭର୍ତ୍ତି ହୋଇଯାଇଥିଲା ଗୋଟେ ବ୍ରେକ୍ ସମୟରେ।

MGM କର୍ତ୍ତୃପକ୍ଷ କହନ୍ତି, "ଆମର ୭୫% ରେଭେନ୍ୟୁ Non-Gaming (ଜୁଆ ନୁହେଁ) Event ରୁ ଆସୁଛି। ତେଣୁ Gaming (Casino) ଏବେ ଆଉ ଆୟର ପ୍ରାଥମିକ ଉତ୍ସ ହୋଇ ରହିନାହିଁ। କିନ୍ତୁ ଦିନକର କନ୍‌ଫରେନ୍‌ସ ସରିଲେ, ଲୋକମାନେ ତ ଅନ୍ୟଆଡ଼େ ଆଖି ପକେଇବେ! After all, men are men ! ସେଇଥିପାଇଁ ଆମେ ଡେଲିଗେଟ୍‌ମାନଙ୍କୁ ଫ୍ୟାମିଲି ନେଇ ଆସିବା ପାଇଁ ପ୍ରୋତ୍ସାହିତ କରୁ। ହୋଟେଲରେ ସବୁ ବୟସର ଅତିଥିମାନଙ୍କର ମନୋରଞ୍ଜନ ପାଇଁ କାର୍ଯ୍ୟକ୍ରମ ରଖାଯାଇଥାଏ। ପରିବାର ସହିତ ସୋ'ଗୁଡ଼ିକ ଦେଖି ହେବ।" ଅବଶ୍ୟ Adult Show ବି ରହିଛି। କିନ୍ତୁ ସଂଖ୍ୟା କମ୍।

ଯା ଛଡ଼ା ସିନେମା, TV ବା ଇଣ୍ଡଷ୍ଟ୍ରିର ବଡ଼ ବଡ଼ ଆୱାର୍ଡ ସେରିମନି ବି ଆୟୋଜିତ ହୁଏ। ପରିସଂଖ୍ୟାନରୁ ଜଣାଯାଇଛି ୨୦୧୯ରେ ୪୨ ମିଲିଅନ୍ ଟୁରିଷ୍ଟଙ୍କ ଭିତରୁ ୭ମିଲିଅନ୍ ହେଉଛନ୍ତି କନ୍‌ଭେନ୍‌ସନ୍ ପାଇଁ। ଏମାନେ ହିଁ High Spender (ଉଚ୍ଚ ଖର୍ଚ୍ଚକାରୀ) ଗ୍ରୁପ୍‌ରେ ଯାନ୍ତି।

ଆଉ ଏକ ବିଶେଷ ସୁବିଧା ହେଲା 'Marriage in Lasvegas'. ଏଠାରେ ବହୁତ ସୁବିଧାରେ ଅତି କମ୍ ଖର୍ଚ୍ଚରେ ସବୁଠୁ କମ୍ ସମୟରେ ବିବାହ ହୋଇଯାଏ। ତେଣୁ ଆମେରିକାର ସବୁଆଡୁ ପ୍ରେମିକ, ପ୍ରେମିକାମାନେ ଲାସ୍‌ଭେଗାସ୍‌କୁ ଛୁଟି ଆସନ୍ତି Instant Marriage (ତତ୍କାଳ ବିବାହ) କରିବା ପାଇଁ। କେବଳ $୭୭.୦୦ ଲାଇସେନ୍ସ ଫି ଜମା କରିଦେଲେ କେଇ ମିନିଟ୍‌ରେ ମ୍ୟାରେଜ୍ ସାର୍ଟିଫିକେଟ୍ ମିଳିଯାଏ। ହୋଟେଲଗୁଡ଼ିକର ଶସ୍ତା ରେଟ୍ ପାଇଁ ଏଠି ଡେଷ୍ଟିନେସନ ମ୍ୟାରେଜ୍ କମ୍ ଦାମ୍‌ରେ ହୋଇଯାଏ। ପରିବାର ଓ ବନ୍ଧୁମାନଙ୍କ ପାଇଁ ଏଠି କିଛି ସ୍ମରଣୀୟ ମୁହୂର୍ତ୍ତ ସେୟାର କରାଯାଇ ପାରେ।

ପୂର୍ବରୁ ମ୍ୟାରେଜ୍ ପାଇଁ ଲାସ୍‌ଭେଗାସ୍‌ର ଅନେକ ବଦନାମ ଥିଲା। ବେଶ୍ୟାବୃତ୍ତି ବେଆଇନ ଥିବାରୁ ଲୋକମାନେ ଲାସ୍‌ଭେଗାସ୍‌ରେ ସକାଳେ ପହଞ୍ଚି ସନ୍ଧ୍ୟା ସୁଦ୍ଧା ମ୍ୟାରେଜ କରି, ରାତ୍ରିରେ ମଧୁଚନ୍ଦ୍ରିକା ପରେ ତା' ପରଦିନ ସକାଳୁ ଡିଭୋର୍ସ ଦେଇ ଚାଲିଯାଉଥିଲେ। ସମ୍ପୂର୍ଣ୍ଣ ଆଇନ୍ ସମ୍ମତ! କିନ୍ତୁ ଏବେ ଆହୁରି ସ୍ମାର୍ଟ ଉପାୟ ସବୁ ଆସିଯାଇଛି। ପ୍ରଯୁକ୍ତି ବିଦ୍ୟା ବି କାମରେ ଲାଗିଛି। Stripper ମାନେ 'ଦି ଷ୍ଟ୍ରିପ୍' ର

ରାସ୍ତାକଡ଼ରେ ଛିଡ଼ା ହେବା ପରିବର୍ତ୍ତେ ଅନ୍‌ଲାଇନ୍ ବୁକିଂ ନେଇପାରୁଛନ୍ତି। ମୋବାଇଲ ବଟନ୍ ଟିପିଲେ ମନପସନ୍ଦର ଏସ୍କର୍ଟ ସାହଚର୍ଯ୍ୟ ଦେବାକୁ ପ୍ରସ୍ତୁତ। E-Wallet ରେ ବାଲାନ୍ସ ଥିଲେ ହେଲା। ତେଣୁ ତତ୍କାଳ ବିବାହ ଓ ଛାଡ଼ପତ୍ର ଆଉ ଦରକାର ପଡୁନି। ଯା'ହେଲେବି ଏସ୍କର୍ଟ ପାଇଁ ଟିକେ ଅଧିକା ଖର୍ଚ୍ଚ କରିବାକୁ ପଡ଼େ। ଲାସ୍‌ଭେଗାସ୍‌ରେ ସିନା ବେଶ୍ୟାବୃତ୍ତି ବେଆଇନ, ସେଇଠୁ ୬୦ କି:ମି. ଦୂର, ସିଟି ଲିମିଟ୍ ବାହାରେ ଆଇନରେ ଏହା ବୈଧ। ଆଇନାନୁମୋଦିତ Brothel ଗୁଡ଼ିକରେ ଅପେକ୍ଷାକୃତ କମ୍ ପଇସାରେ ସେବା ମିଳିଯାଏ। ଏମାନେ ବି ହୋଟେଲ/ରେସର୍ଟ ପରି ଆକର୍ଷଣୀୟ ୱେବ୍‌ସାଇଟ୍ ରଖିଥାନ୍ତି। ସେଥିରେ ସମସ୍ତ ସୂଚନା ସହିତ ଅନ୍‌ଲାଇନ୍ ବୁକିଂ ସୁବିଧା ବି ଥାଏ। ବୁକିଂ ପରେ ସେମାନେ ଲିମୋସିନ୍ ପଠାଇ ଗ୍ରାହକଙ୍କୁ ନିରାପଦରେ ଠିକ୍ ଜାଗାକୁ ନେଇଯିବେ। ବ୍ରଥେଲ ପାଇଁ ଏକ ସମ୍ମାନୀୟ ନାମ, ' Ranch' ଏବେ ବ୍ୟବହୃତ ହେଉଛି।

ଏସବୁ ସତ୍ତ୍ୱେ ଲାସ୍‌ଭେଗାସ୍‌ର ପରିବର୍ତ୍ତନ ହେଉଛି। ବର୍ଷକୁ ବର୍ଷ MICE ଟୁରିଜମ୍ ବଢୁଛି। VICE ଧୀରେ ଧୀରେ ପ୍ରଚ୍ଛଦପଟକୁ ଚାଲିଯାଉଛି। ଏବେ ଟୁରିଷ୍ଟମାନେ ପରିବାର ସହ ଜୀବନସାରା ମନେ ରଖିଲା ପରି ସ୍ମୃତି ନେଇ ଫେରିବେ। ତେଣୁ ଆଉ କହିହେବନି "What Happens in Lasvegas, Shall stay in Lasvegas" । ଲାସ୍‌ଭେଗାସ୍‌କୁ ଏଇଠି ରଖିଦେଇ ଯିବାର ଆବଶ୍ୟକତା ନାହିଁ। "Take Lasvegas Home"। "ତାକୁ ଘରକୁ ନେଇ ଯା'ନ୍ତୁ।"

'ଦି ଷ୍ଟ୍ରିପ୍' ଟୁର୍ ପରେ ଇଣ୍ଡିଆନ୍ ରେଷ୍ଟୁରାଣ୍ଟରେ ଡିନର କରି ହୋଟେଲରେ ପହଞ୍ଚିଲୁ। MGM ପାର୍କର ହାଲ୍‌କା ହାଲ୍‌କା ବାସ୍ନା ଶେଷଥର ପାଇଁ ଶୋଷି ନେଲି। ସେ ଲାସ୍‌ଭେଗାସ୍‌ରେ ରହିଯିବ... ରହୁ ସିଏ। ଆଜି ରାତିକର ସାହଚର୍ଯ୍ୟ ତ ଦରକାର।

ଗୁଡ୍‌ନାଇଟ୍... MGM ପାର୍କ, ଗୁଡ୍‌ନାଇଟ୍...LV City.

■

ସପନ ବଣିଜର ନଗରୀରେ ତାରେଁ ଜମିନ୍‌ପର୍

୧୬.୦୭.୨୦୧୯ (ମଙ୍ଗଳବାର)

ଆଜି ଲାସ୍‌ଭେଗାସ୍‌ରୁ ବିଦାୟ ଲସ୍‌ଆଞ୍ଜେଲସ୍ ଅଭିମୁଖେ। ପେଟ ଓ ମନଭରି ARIA ବ୍ରେକ୍‌ଫାଷ୍ଟ ଖାଇସାରି ହୋଟେଲ ଛାଡ଼ିଲୁ ପ୍ରାୟ ୧୦ଟା ବେଳକୁ। ବସ୍‌ରେ ୪୫୦ କି:ମି ରାସ୍ତା, ପ୍ରାୟ ୪-୫ଘଣ୍ଟା ଲାଗିବ। ସହର ଛାଡ଼ୁ ଛାଡ଼ୁ ମୋଜାଭେ ଡେଜର୍ଟ (Mojave Desert)। SFO ରୁ ଆସିଲା ବେଳେ ମରୁଭୂମି ଦେଖିଥିଲି ଆକାଶରୁ। ଏବେ ସାମ୍ନାସାମ୍ନି। LV ରୁ LA, ଆମେରିକାର ବ୍ୟସ୍ତତମ ରାଜପଥ 'Route 66' ଗୋଟିଏ ସରଳରେଖାରେ ପଡ଼ିଛି। ରାସ୍ତାର ଦି'ପଟେ ଆଖିପାଇଲା ପର୍ଯ୍ୟନ୍ତ ଗଛଲତାଟିଏ ଦେଖିବାର ନାହିଁ। ଛୋଟ ଛୋଟ ପଥର ଥାଇ ମଝିରେ ମଝିରେ ଜୁନିପର, ଜୋସୁଆ, କାକଟସ୍ ଓ ଭୂଇଁ ଖଜୁରୀ ଗଛ। ସମ୍ପୂର୍ଣ୍ଣ ସମତଳ ଭୂମି, ଛୋଟ ପାହାଡ଼ଟିଏ ବି ନାହିଁ। ଅନ୍ତହୀନ ମରୁଭୂମି ଭିତରେ ଦୁଇଟି ସରଳରେଖା ଟାଣିଦେଲା ପରି Two way ରାସ୍ତା। ବ୍ୟକ୍ତିଗତ କାର୍, କାରାଭାନ୍ ଛଡ଼ା ବିରାଟ ବିରାଟ କାର୍ଗୋ ଟ୍ରକ୍ ସବୁ ୧୦୦ କିମିରୁ ଅଧିକ ସ୍ପିଡ୍‌ରେ ଯାଉଥାନ୍ତି। ଟ୍ରକ୍‌ଗୁଡ଼ିକ ଆମ ଟ୍ରକ୍‌ର ୨-୩ଗୁଣ ଆକାରର। ଜଣେ ହିଁ ଡ୍ରାଇଭର ଏହାକୁ ଚଲାଇଥାଏ। ସୂର୍ଯ୍ୟ ମୁଣ୍ଡ ଉପରେ। ବାହାର ତାପମାତ୍ରା ପ୍ରାୟ ୪୫°C। ତିନି ଘଣ୍ଟା ପରେ ନେଭାଡ଼ା ଓ କାଲିଫର୍ଣ୍ଣିଆ ଦୁଇ ଷ୍ଟେଟ୍‌ର ବର୍ଡ଼ର। ଲାସ୍‌ଭେଗାସ୍ ପରେ ଏଇଠି ଦେଖିଲୁ ରାସ୍ତାକଡ଼ରେ ଜନବସତି। ଏଠି ମୋଟେଲର ନାଁ 'On the Border Mexican Grill & Cantina' . LA ପ୍ରଥମେ ସ୍ପେନୀୟମାନଙ୍କର ଉପନିବେଶ ଥିବାରୁ CA (California)ରେ ସ୍ପାନିସ୍ ଭାଷାରେ ଚଳଣି ରହିଛି। CA ର ଦ୍ୱିତୀୟ ଭାଷା ସ୍ପାନିସ୍।

ଇଂଲିସ୍ ଭାଷା ଉପରେ ବି ସ୍ପାନିସ୍ ଭାଷାର ଛାଇ ଅନୁଭବ କରିହୁଏ। ମୋଟେଲ ଚାରିପଟେ ଅନେକ ଗାଡ଼ି ମଟର। ଭିତରକୁ ପଶିଲେ ଶୀତତାପ ନିୟନ୍ତ୍ରିତ ମଲ୍। ଖାଇବା, ପିଇବା, ଟଏଲେଟ୍ ସୁବିଧା ସହିତ ସୋଭେନିର ବି ମିଳେ। ସବୁଠୁ କମ୍ ଦରର କଫି $ ୭.୦୦। ଇଉରୋପରେ ଯେଉଁଠିବି ଟଏଲେଟ୍ ବ୍ୟବହାର କଲେ ୨-୪ Euro ଦେବାକୁ ପଡ଼େ। ଆମେରିକାରେ କିନ୍ତୁ ସବୁଠି ଫ୍ରି। ବେଶ୍ ସଫାସୁତୁରା ଓ ସ୍ୱାସ୍ଥ୍ୟପ୍ରଦ। ଆଜି ଗାଇଡ୍ ମେକ୍ସିକାନ୍ ଲଞ୍ଚ୍ ଦେବେ ବୋଲି କହିଛନ୍ତି। ଗୋଟେ ନୂଆ ଜିନିଷ ଚାଖିବା! ଘଣ୍ଟାଏ ପରେ LA ଉପକଣ୍ଠରେ ଏକ ମେକ୍ସିକାନ୍ ରେଷ୍ଟୁରାଣ୍ଟରେ ଖାଇବାର ବନ୍ଦୋବସ୍ତ ରହିଛି। ଲଞ୍ଚରେ Burrito (ଭାତ, ବିନ୍ ତରକାରୀ, ରାଜମା ଡାଲି ପରି) ଓ TACO (ମକା ଅଟାରୁ ତିଆରି ରୁଟି ଓ ପାମ୍ପଡ଼ର ମଝାମଝି ଜିନିଷ)। ଚିକେନ୍ ଝୋଳ ଓ ସାଲାଡ୍ ମିଶାମିଶି କରି Taco ଭିତରେ ପୁରଦେଇ ଚିକେନ୍ ରୋଲ୍ ପରି ଖାଇବାକୁ ପଡ଼େ।

ଲସ୍ ଆଞ୍ଜେଲସ୍ ସିଟି (LA City) :

ଅପରାହ୍ଣ ୪ଟା ବେଳକୁ LA City ରେ ପହଞ୍ଚିଲୁ। ଲସ୍‌ଆଞ୍ଜେଲସ୍ ଆମେରିକାର ପଶ୍ଚିମ ତଟର ଏକ ପ୍ରମୁଖ ସହର। ୧୭୮୧ ମସିହାରେ ୪୪ ଜଣ ସ୍ପେନୀୟ ନାଗରିକ ଏହି ସହରଟି ସ୍ଥାପନ କରି, Los Angeles (The Angel) ବୋଲି ନାଁ ଦେଇଥିଲେ। 1821 ରେ ଏହା ମେକ୍ସିକୋ ଅଧୀନକୁ ଗଲା ଓ ଶେଷରେ ୧୮୪୭ରେ Mexican American War ପରେ ଆମେରିକା ହାତକୁ ଆସିଲା। ପଶ୍ଚିମତଟର ଏକ ଗୁରୁତ୍ୱପୂର୍ଣ୍ଣ ସହର, ବନ୍ଦର ଓ ବ୍ୟବସାୟର ପ୍ରାଣକେନ୍ଦ୍ର ହୋଇଉଠିଲା। LA ର ନିକଟସ୍ଥ ଏକ ଛୋଟ ସହର ହଲିଉଡ୍‌ରେ ଆମେରିକାନ୍ ସିନେମା ଇଣ୍ଡଷ୍ଟ୍ରି ୧୯୦୩ ମସିହାରେ କାମ କରିବା ଆରମ୍ଭ କଲା। ୧୯୧୦ରେ ହଲିଉଡ୍, LA ସହ ମିଶିଗଲା। ସେଇଦିନଠାରୁ LA, ଆମେରିକାନ୍ ସିନେମାର ପ୍ରାଣକେନ୍ଦ୍ର ହୋଇ ରହିଛି। ସମୁଦ୍ର ତଟବର୍ତ୍ତୀ ନାତିଶୀତୋଷ୍ଣ ଓ ଶୁଷ୍କ ଜଳବାୟୁ ସହିତ ବର୍ଷର ଅଧିକାଂଶ ସମୟ ଆକାଶ ମେଘମୁକ୍ତ ରହୁଥିବାରୁ ସିନେମା ପାଇଁ ଏହା ଏକ ପ୍ରକୃଷ୍ଟ ସ୍ଥାନ। ଏଠି ବାୟୁ ପ୍ରଦୂଷଣ ନାହିଁ କହିଲେ ଚଳେ। କେବଳ ଆମେରିକା ନୁହେଁ, ସାରା ପୃଥିବୀରେ CA ର ପ୍ରଦୂଷଣ ମାନଦଣ୍ଡ ସବୁଠୁ ବେଶୀ କଠୋର। ତେଣୁ LAର ଆକାଶ ଧୂଳି, ଧୂଆଁ ମୁକ୍ତ ଥାଏ। ବିଖ୍ୟାତ ସିନେମା କମ୍ପାନୀ ସବୁ - 20th Century Fox, Columbia Pictures, Warner Bros, Paramount Studio, Universal Studio ଆଦି ଏଇଠି ଷ୍ଟୁଡ଼ିଓମାନ ସ୍ଥାପନ କଲେ। କ୍ରମେ ସିନେ କଳାକାର, ଟେକ୍ନିସିଆନ୍ ଓ ଅନ୍ୟ

ସିନେ-ପ୍ରଫେସ୍‌ନାଲମାନେ ହଲିଉଡ୍‌ରେ ଆସି ରହିଗଲେ। କିଛି ବର୍ଷ ପରେ ଏହା ଆମେରିକାର ସିନେମା ସିଟି ବା Dream Factory ହୋଇଗଲା। ଲୋକ ଯାଙ୍କୁ Tinsel Town ବୋଲି କହିଲେ। ସପନର ସହରରେ ସପନର ବଣିଜ...

ବସ୍ ପହଞ୍ଚିଲା 'Hollywood Boulevard' (ହଲିଉଡ୍ ସରଣୀ)ରେ। ସିନେମା ଇଣ୍ଡଷ୍ଟ୍ରିର ଚଳପ୍ରଚଳ ଏଇ ରାସ୍ତାଟିରେ। ଅନେକ ବଡ଼ ବଡ଼ ମ୍ୟୁଜିୟମ୍, ସିନେମା ହଲ୍, ଅଫିସ୍ ଆଦି ଏଇଠି ରହିଛି। ଏଇଠୁ ଦେଖାଯାଏ କିଛି ଦୂରରେ ଥିବା ପାହାଡ଼ Mount Lee ଉପରେ ଥିବା 'HOLLYWOOD ' ସାଇନେଜ୍। ଏହା ହଲିଉଡ୍‌ର ଲୋଗୋ। (ପାହାଡ଼ ଉପରେ ହଲିଉଡ୍‌ର ନ'ଟି ଅକ୍ଷର ସ୍ଥାପନ କରାଯାଇଛି। ଷ୍ଟିଲ୍ ଫ୍ରେମ୍ ଉପରେ ଷ୍ଟିଲ୍ ଚଦରରେ ତିଆରି ପ୍ରତିଟି ଅକ୍ଷରର ଉଚ୍ଚତା ୪୫ଫୁଟ୍ ଓ ଓସାର ୩୧-୩୯ ଫୁଟ୍। ଏହା ୫୦କି.ମି. ଦୂରରୁ ହଲିଉଡ୍‌କୁ ଚିହ୍ନେଇଦିଏ। ତା'ର ନେମ୍‌ପ୍ଲେଟ୍ କୁହାଯାଇପାରେ।

ହଲିଉଡ୍ ବୁଲଭାର୍ଡ଼ (HB) ରେ ସଦାବେଳେ କିଛି ନା କିଛି ସିନେମା ଜଡ଼ିତ ଉତ୍ସବ ଚାଲିଥାଏ। ସିନେଷ୍ଟାରମାନେ ଏଠିକି ପ୍ରାୟ କିଛି ନା କିଛି କାମରେ ଆସନ୍ତି। ତେଣୁ ସେମାନଙ୍କୁ ଦେଖିବା ପାଇଁ ଭିଡ଼ ଲାଗିଥାଏ। ଷ୍ଟ୍ରିଟ୍‌ରେ ଭିଡ଼ କମେଇବା ପାଇଁ Anti Cruising ଅର୍ଡ଼ିନାନ୍‌ସ ପାରିତ ହୋଇଛି। ଏଠି କୌଣସି ବ୍ୟକ୍ତି ୪ ଘଣ୍ଟାରେ ଦୁଇଥରରୁ ଅଧିକ ଥର ଗାଡ଼ି ଡ୍ରାଇଭ୍ କରି ଯାଇପାରିବ ନାହିଁ। HBର ଗୋଟେ ଛୋଟ ଲେନ୍‌ରେ ବସ୍‌ରୁ ଓହ୍ଲାଇଗଲୁ। ଗାଇଡ୍ କହିଲେ ଏବେ ଦେଖିବା Oscar Awardର ଆସ୍ଥାନ, 'Dolby Theatre'. ଏଇଠି ହଲିଉଡ୍‌ର ସିନେମାଗୁଡ଼ିକୁ ଏକାଡ଼େମୀ ଆୱାର୍ଡ଼ ହିସାବରେ ଛାତିରେ ହାତ ଛନ୍ଦି ଛିଡ଼ା ହୋଇଥିବା ଗୋଟେ ପୁରୁଷର ଷ୍ଟାଚ୍ୟୁ ଦିଆଯାଏ। ଯାକୁଇ କହନ୍ତି 'OSCAR'. ବର୍ଷର ଶ୍ରେଷ୍ଠ ଚଳଚ୍ଚିତ୍ର, ଅଭିନେତା, ଅଭିନେତ୍ରୀ, ଫଟୋଗ୍ରାଫି ଇତ୍ୟାଦି ପାଇଁ Oscar Award ଦିଆଯାଏ। ଆମେରିକାର ସବୁ ସିନେ କଳାକାରଙ୍କର ଓସ୍କାର ହିଁ ଜୀବନର ଶ୍ରେଷ୍ଠ ଲକ୍ଷ୍ୟ। ୨୦୦୨ ମସିହାରୁ ଏଠି ଓସ୍କାର ଆୱାର୍ଡ଼ ଦିଆଯାଉଛି। ଗାଇଡ୍‌ଙ୍କ ପଛରେ ଯାଉ ଯାଉ ଦେଖିଲୁ TCL Chinese - Theatre। ରାସ୍ତାରେ ଦେଖିଲୁ ଶହ ଶହ ଲୋକ ଫୁଟ୍‌ପାଥ୍‌ର ଫଟୋ ନେଉଛନ୍ତି। ପାଖକୁ ଯାଇ ଦେଖେତ ଫିଲ୍ମଷ୍ଟାରମାନଙ୍କର ନାଁ ଥାଇ ପିତ୍ତଳର ତାରକା ସବୁ ତଳେ ଖଞ୍ଜା ହୋଇଛି। କିଛି ଚିହ୍ନାଜଣା ଷ୍ଟାର ମିଳିଗଲେ, Bruce Lee, Greta Garbo, Ricky Martin. ଗାଇଡ୍‌ଙ୍କ ସହିତ ଗ୍ରୁପ୍ ବେଶ୍ ଆଗେଇ ଗଲାଣି। ଏସବୁ ଛାଡ଼ି ଦୌଡ଼ିଲି। ଡ଼ଲ୍‌ବି ଥିଏଟର ସାମ୍ନାରେ ଛିଡ଼ା ହୋଇ ଟିକେ ନିଶ୍ୱାସ ନେଲି। ଓସ୍କାର ଆୱାର୍ଡ଼ ଏଇଠୁ ଦିଆଯାଏ ଭାବି ରୋମାଞ୍ଚକର ଲାଗିଲା। ଥିଏଟର ଭିତରକୁ ପଶିଲୁ।

ଏଇବାଟେ ସବୁ ଷ୍ଟାରମାନେ ରେଡ୍ କାର୍ପେଟ୍ ଉପରେ ପଦଚାରଣା କରି ଯା'ନ୍ତି। ସେଇଥିପାଇଁ ଏହାକୁ Red Carpet Zone କହନ୍ତି। ଅନେକଥର ଟିଭିରେ ଦେଖିଛି। ଐଶ୍ୱର୍ଯ୍ୟା ରାୟ, ପ୍ରିୟଙ୍କା ଚୋପ୍ରା, ଦୀପିକା ପାଦୁକୋନ୍ ଏଇଠି ଫଟୋ ପାଇଁ ପୋଜ୍ ଦିଅନ୍ତି। ରେଡ୍ କାର୍ପେଟ୍ ଜୋନ୍‌ରେ ପାଦଚାଳି ଗଲାବେଳକୁ ସେଇମାନଙ୍କ ସହ ପାଦ ମିଳେଇ ଗଲା ପରି ଲାଗୁଥାଏ। ୩୦-୪୦ ଫୁଟ ଚାଲିକରି ଯିବା ପରେ ପ୍ରାୟ ୩୦ଟି ପାହାଚ ଦେଇ ପ୍ରଥମ ମହଲାକୁ ଯିବାକୁ ପଡ଼ିବ। ଏ ପାହାଚଗୁଡ଼ିକ ଏବେବି ଲାଲ୍ କାର୍ପେଟ୍‌ରେ ସଜା ହୋଇଛନ୍ତି। ତେଣୁ ଆମକୁ ବି ଲାଲ୍ କାର୍ପେଟ୍‌ରେ ଚାଲିବାର ସୁଯୋଗ ମିଳିଗଲା ଡ଼ଲ୍‌ବି ଥିଏଟରରେ, ଓସ୍କାର ମିଳୁ କି ନମିଳୁ। ରେଡ କାର୍ପେଟ୍ ଜୋନ୍‌ର ଦି'ପଟେ ପିଲାରଗୁଡ଼ିକରେ ବିଗତ ବର୍ଷରେ ଓସ୍କାର ପାଇଥିବା ଫିଲ୍ମଗୁଡ଼ିକର ନାମ ଲେଖା ହୋଇଛି। ୨୦୭୧ ମସିହା ପର୍ଯ୍ୟନ୍ତ ନାଁ ଲେଖିବା ପାଇଁ ସ୍ଥାନ ରଖାଯାଇଛି। ଭାରତୀୟ ଫିଲ୍ମ 'Slum Dog Millionnair'-2008 Academy Award ପାଇଁ ବି ଏଠି ସ୍ଥାନ ପାଇଛି।

ଡ଼ଲ୍‌ବି ଥିଏଟର ୨୦୦୧ମସିହାରେ Kodak Theatre ନାମରେ ପ୍ରତିଷ୍ଠିତ ହୋଇଥିଲା। $ ୭୫ ମିଲିଅନ୍ ବିନିମୟରେ ୨୦ ବର୍ଷ ପାଇଁ ନିଜ ନାମ ବ୍ୟବହାର କରିବାର ସର୍ତ୍ତ ଥିଲା। କିନ୍ତୁ ୨୦୧୧ରେ କୋଡାକ୍ ଦେବାଳିଆ ହୋଇଯିବାରୁ 'Dolby Sound କମ୍ପାନୀ' ଏହାକୁ କିଣିନେଲା। କମ୍ପାନୀର ନୂଆ Atmos Multi-channel Surround Sound System ର Show case ହିସାବରେ ଏହି ଥିଏଟର୍ ବ୍ୟବହାର ହେଉଛି। ଥିଏଟର୍ ଗେଟ୍ ପାଖରେ ଛିଡ଼ା ହୋଇ ଫଟୋ ନେଲି। ଦ୍ୱିତୀୟ ଓ ତୃତୀୟ ମହଲା ବୁଲି ସାରିଲା ପରେ ପ୍ରାୟ ୪୫ ମିନିଟ୍ ହାତରେ ଥିଲା। ଗ୍ରୁପ୍‌ର ଅନ୍ୟମାନେ ବସି ଗପସପ କରୁଥିଲେ। ମୋ ମନ କିନ୍ତୁ ବାହାରେ ଫୁଟ୍‌ପାଥ୍‌ରେ ଥିଲା ଯୋଉଠି ଦେଖିଥିଲି Greta Garbo ଓ ଅନ୍ୟ କେଇଜଣ ଷ୍ଟାର୍‌ଙ୍କୁ। ଫୁଟ୍‌ପାଥ୍‌ରେ ପହଞ୍ଚି ଦେଖିଲି ଖୁବ୍ ନିକଟରୁ। ପଚାରି ବୁଝିଲି ଏହା ହେଉଛି...'Hollywood Boulevard Walk of Fame'.

ତାରେଁ ଜମିନ୍ ପର୍ :

ଅମୀର ଖାନ୍‌ଙ୍କ ଚଳଚ୍ଚିତ୍ର 'ତାରେଁ ଜମିନ୍ ପର୍' ଦୁନିଆଁରେ ଗୋଟିଏ ସ୍ଥାନରେ ସତ୍ୟ, ଯେଉଁଠିକି ପ୍ରସିଦ୍ଧ ଚିତ୍ରତାରକାମାନେ ରାସ୍ତାରେ ବିଛାଡ଼ି ହୋଇ ପଡ଼ିଥାନ୍ତି। ଡ଼ଲ୍‌ବି ଥିଏଟର ନିକଟରେ ହଲିଉଡ୍ ବୁଲଭାର୍ଡ଼ର ୨.୫Km ର ଫୁଟ୍‌ପାଥ୍ ହେଉଛି 'ଓ୍ୱାକ୍ ଅଫ୍ ଫେମ୍'। ବର୍ଷକୁ ୧୦ ମିଲିଅନ୍ ଲୋକ ଏଠିକି ଦେଖିବାକୁ

ଆସନ୍ତି। ତେଣୁ ଏହା ନିଶ୍ଚିତ ଭାବରେ ପୃଥିବୀର ସବୁଠୁ ବଡ଼ ଦର୍ଶନୀୟ ଫୁଟ୍‌ପାଥ୍, ଲସ୍‌ଆଞ୍ଜେଲସ୍‌ର ଏକ ଫେଭରାଇଟ୍ ଡେଷ୍ଟିନେସନ। କିନ୍ତୁ କ'ଣ ପାଇଁ??

ହଲିଉଡ୍‌ର ବିଖ୍ୟାତ ତାରକାମାନଙ୍କର ନାଁ ଥାଇ ପିତଳ ତାରାମାନେ ଖଞ୍ଜା ହୋଇଥାନ୍ତି ଏଇ ଫୁଟ୍‌ପାଥ୍‌ରେ। ଏତେ ବଡ଼ ବଡ଼ ତାରକାମାନଙ୍କ ନାଁ ଉପରେ ଚାଲିକରି ଯିବାକୁ ଅଡୁଆ ଲାଗେ ନିଶ୍ଚିତ। କିନ୍ତୁ ଏଇଟା ତ ଏଠିକାର ଥ୍ରିଲ୍! ମେରିଲିନ୍ ମନ୍‌ରୋ, ଟମ୍ କ୍ରୁଜ୍, ରୋଗର୍ ମୁର୍, ମାର୍ଲନ ବ୍ରାଣ୍ଡୋଙ୍କ ସହିତ ପାଦ ମିଳାଇ ଗଲାପରି ଲାଗେ। ହଠାତ୍ ନିଜକୁ ସପ୍ତମ ସ୍ୱର୍ଗରେ ତାରା ମାନଙ୍କ ଗହଣରେ ଥିଲା ପରି ଲାଗେ। ଚମତ୍କାର ପରିକଳ୍ପନା ସତରେ!!

୧୯୫୩ରେ ହଲିଉଡ୍ ଚାମ୍ବର ଅଫ କମର୍ସର ପ୍ରେସିଡେଣ୍ଟ Em Stuart ବିଶ୍ୱବିଖ୍ୟାତ ତାରକାମାନଙ୍କୁ ଶ୍ରଦ୍ଧାଞ୍ଜଳି ଦେବାପାଇଁ ଏହାର ପରିକଳ୍ପନା କଲେ। ୧୯୫୬ରେ ପାଞ୍ଚ କୋଣିଆ ତାରାର ଡିଜାଇନ କରାଗଲା। ତାରାର ଉପରି ଭାଗରେ ତାରକାଙ୍କ ନାଁ ଓ ମଧ୍ୟ ଭାଗରେ ତାଙ୍କର ପ୍ରସିଦ୍ଧିର କ୍ଷେତ୍ର, ଯଥା- ସିନେମା, ଟିଭି, ମ୍ୟୁଜିକ୍, ରେଡ଼ିଓ ଆଦିର ସିମ୍ବଲ ରହିଲା। ତାରାର ରଙ୍ଗ କୋରାଲ ପିଙ୍କ୍ ସହିତ ପିତଳର ବର୍ଡ଼ର ରହିଲା। ତାରକାଙ୍କ ନାମ ପିତଳର ଅକ୍ଷରରେ ଖଞ୍ଜାଯାଇ ଅଙ୍ଗାର (Charcoal) ରଙ୍ଗର ଫୁଟ୍‌ପାଥ୍‌ରେ ପ୍ରତି ଛ' ଫୁଟ୍‌ରେ ଗୋଟାଏ ଲେଖାଏଁ ତାରା ବସା ଗଲା।

୧୯୫୬ରେ ପ୍ରଥମ କରି ଆଠଜଣ ତାରକାଙ୍କୁ ସ୍ଥାନ ଦିଆଗଲା। କିନ୍ତୁ ପର ୪ ବର୍ଷ ଅଟକି ଗଲା ଜୁନିଅର ଚାର୍ଲି ଚାପ୍‌ଲିନ୍‌ଙ୍କ କୋର୍ଟ କେସ୍ ଯୋଗୁଁ। ତାଙ୍କର ପିତା ସିନିଅର ଚାର୍ଲି ଚାପ୍‌ଲିନ୍‌ଙ୍କୁ କାହିଁକି ସ୍ଥାନ ମିଳିଲାନି ତା' ବିରୁଦ୍ଧରେ। ଚାର୍ଲି ଚାପ୍‌ଲିନ୍ ବହୁତ ବଡ଼ ଷ୍ଟାର୍ ହୋଇଥିଲେ ବି ତାଙ୍କର ବାମପନ୍ଥୀ ଚିନ୍ତାଧାରା ପାଇଁ ଅଫ୍ ସ୍କ୍ରିନ୍ ଇମେଜ୍ ଏତେ ଭଲ ନ ଥିଲା। ସେ ଯା'ହେଉ ୧୯୬୦ରେ ସେ କେସ୍ ଡିସ୍‌ମିସ୍ ହେଲା ଓ ତାରାମାନେ ପୁଣି ଫେରିଲେ। ୧୯୭୨ରେ ଚାର୍ଲି ଚାପ୍‌ଲିନ୍ ଓସ୍କାର ପାଇଲେ ଓ ଏଠି ସ୍ଥାନ ପାଇଲେ।

୧୯୭୮ରେ ଏହାକୁ ହିଷ୍ଟୋରିକ୍ କଲଚରାଲ ମନୁମେଣ୍ଟ ବୋଲି ଘୋଷଣା କରାଗଲା। ୱାକ୍ ଅଫ୍ ଫେମ୍‌ରେ ସ୍ଥାନ ପାଇବା ପାଇଁ ବର୍ଷକୁ ପ୍ରାୟ ୨୦୦ ନମିନେସନ୍ ଆସେ। ସେଲିବ୍ରିଟି ବା ତାଙ୍କର ସ୍ପନ୍‌ସରମାନଙ୍କ ତରଫରୁ। ପ୍ରାୟ ୨୦ ଜଣ ନମିନେଟ୍ ହୁଅନ୍ତି। ସେମାନଙ୍କୁ $୪୦,୦୦୦ ($୧୫,୦୦୦ ଉଦ୍‌ଘାଟନ ଉତ୍ସବ ପାଇଁ + $୨୫,୦୦୦ ତାରାର ରକ୍ଷଣାବେକ୍ଷଣ ପାଇଁ) ଦେବାକୁ ପଡ଼େ। ତାରକା ଉତ୍ସବରେ ସେଲିବ୍ରିଟିଙ୍କ ଉପସ୍ଥାନ ନିଶ୍ଚିତ କରାଯାଏ।

ଫୁଟ୍‌ପାଥ୍‌ରେ ପହଞ୍ଚିଲା ବେଳକୁ ଭିଡ଼ ବେଶ୍ ବଢ଼ିଗଲାଣି। ହଠାତ୍ ଏତେ ତାରକା ମାନଙ୍କୁ ମୁଁ ଦେଖି ଆଶ୍ଚର୍ଯ୍ୟ ଯେତିକି, ଖୁସୀ ତା'ଠୁ ବେଶି ହୋଇପଡ଼ିଲି। ସମସ୍ତଙ୍କ ସାଙ୍ଗରେ କ୍ୟାମେରା ନେଇ ଫଟୋ ନେଇ ଚାଲିଲି। ମୋର ଅଧିକାଂଶ ଫେଭରିଟ୍ ଷ୍ଟାର୍ ମିଳିଗଲେ। ମୁନ୍ ଓ୍ୱାକର ମାଇକେଲ ଜାକସନ୍‌ଙ୍କ ସହିତ ମୁନ୍ ରେକର ରୋଗର୍ ମୁର୍ ମିଳିଗଲେ। ଅନ୍ୟ ଦୁଇ ଜେମ୍‌ସ ବଣ୍ଡ, ସିନ୍ କନେରି ଓ ପିଅର୍ସ ବ୍ରସନାନ୍‌ଙ୍କ ସହ 'ସଟର ଡ଼େ ନାଇଟ୍ ଫିଭର'ର ଜନ୍ ଟ୍ରାଭ୍‌ଲୋଟାଙ୍କୁ ବି ଆବିଷ୍କାର କଲି। ଆମ ସମୟର ହିରୋଇନ୍, ମେରିଲିନ୍ ମନ୍‌ରୋଙ୍କ ପାଖରେ ହଠାତ୍ ହୃତ୍‌ସ୍ପନ୍ଦନ ବଢ଼ିଗଲା। ସେମିତି ଲାଗିଲା ସୋଫିଆ ଲରେନ୍ ଓ ଜେନିଫର ଲୋପେଜଙ୍କ ନିକଟରେ। ହଲିଉଡ୍‌ର ଅନ୍ୟ ହିରୋଇନ୍, ନିକୋଲ କିଡ଼ମାନ୍ , ବ୍ରିଟ୍‌ନି ସ୍ପିଅର୍ସ, ସାଣ୍ଡ୍ରାବୁଲକ୍ ଇତ୍ୟାଦିଙ୍କର ଭିଡ଼ ସେଠି। ପୁଣି ଦେଖିଲି ଷ୍ଟିଭେନ୍ ସ୍ପିଲବର୍ଗ, ଚାର୍ଲି ଚାପ୍‌ଲିନ୍, ଜନ୍ ଲେନନ୍, ବ୍ରୁସ-ଲି, ଜାକି ଚାନ୍, ଫ୍ରାଙ୍କ ସିନାତ୍ରା, ଏଲ୍‌ଭିସ୍ ପ୍ରେସ୍‌ଲେ, ସିଲ୍‌ଭେଷ୍ଟାର ଷ୍ଟାଲୋନ୍, ହାରଲଡ଼ ରବିନ୍‌ସ ଇତ୍ୟାଦିଙ୍କୁ। ପ୍ରସିଦ୍ଧ ଭାରତୀୟ ଅର୍କେଷ୍ଟ୍ରା ମାଷ୍ଟର ଜୁବିନ୍ ମେହେଟ୍ଟାଙ୍କୁ ଦେଖି ଛାତି କୁଣ୍ଢେମୋଟ ହୋଇଗଲା। ଗତ ପଚାଶ ବର୍ଷ ଧରି ସେ ଇସ୍ରାଏଲ ଫିଲ୍‌ହାରମୋନିକ୍‌ର ମ୍ୟୁଜିକ ଡାଇରେକ୍ଟର ଅଛନ୍ତି। ଅକ୍ଟୋବର ୨୦୧୯ରେ ଅବସର ନେବାକୁ ଘୋଷଣା କରିଛନ୍ତି। ଓ୍ୱେଷ୍ଟର୍ଣ୍ଣ ମ୍ୟୁଜିକ୍ ଓ କ୍ଲାସିକାଲ୍ ମ୍ୟୁଜିକ୍‌ରେ ତା'ଙ୍କ ନାଁ ସମ୍ମାନର ସହ ନିଆଯାଏ।

ଏତେ ତାରକା ଥିଲେ ବି କିଛି ବଡ଼ ତାରକା ବି ଏଠି ନାହାନ୍ତି। ଲିଓନାର୍ଡୋ ଡି କାପ୍ରିଓ (ଟାଇଟାନିକ୍), ଜୁଲିଆ ରବର୍ଟସ, କ୍ଲିଣ୍ଟ ଇଷ୍ଟଉଡ୍, ବ୍ରାଡ଼ ପିଟ୍, ଆଞ୍ଜେଲିନା ଜୋଲି ଏଠି ନାହାନ୍ତି। କିନ୍ତୁ କାହିଁକି ? କଳାକାରମାନେ ସାଧାରଣତଃ ଖିଆଲି। ସେଇମିତି ଏକ ଖିଆଲ ହୋଇଥାଇପାରେ! "ଓ୍ୱାକ୍ ଅଫ୍ ଫେମ୍‌କୁ ନ ଯାଇ ବି ମୁଁ ତ ସପ୍ତମ ସ୍ୱର୍ଗରେ। ଏତେ ଭିଡ଼କୁ ଯିବି କିଆଁ ? ?"

ଆଉ ଜଣେ ତାରା ଏଠି ମାଟିରେ ରହିବାକୁ ପସନ୍ଦ କଲେନି। ସେ ବକ୍ସିଙ୍ଗ ରିଙ୍ଗ ଭିତରୁ ଘୋଷଣା କରିଥିଲେ, "ଆଇ ଆମ ଦି ଗ୍ରେଟେଷ୍ଟ"। ମହମ୍ମଦ ଅଲ୍ଲୀ.., ତା'ଙ୍କ ତାରକା ଫୁଟ୍‌ପାଥରେ ନ ଲାଗି ଲାଗିଛି ଡଲ୍‌ବି ଥିଏଟର କାନ୍ଥରେ। ଏଠି ସେ ପୃଥିବୀ ପ୍ରସିଦ୍ଧ ବକ୍ସର ନୁହନ୍ତି, ଜଣେ ଏଣ୍ଟରଟେନର...। ମୋ ଜାଣିବା ବାହାରର ଅନେକ ତାରକା ବି ଏଠି ଅଛନ୍ତି। ସମୁଦାୟ ୨୬୨୦ ଜଣ ତାରକା ଏଠି ସ୍ଥାନ ପାଇଛନ୍ତି।

ଓ୍ୱାକ୍ ଅଫ୍ ଫେମ୍‌ରେ ତାରା ଗଣୁ ଗଣୁ ହଠାତ୍ ଦେଖିଲି TCL Chinese Theatre, Dolby ଠାରୁ ଶହେ ମିଟର ଦୂରରେ। ହଲିଉଡ୍‌ର ଅନ୍ୟତମ ପ୍ରସିଦ୍ଧ ଥିଏଟର।

ଯାର ସାମ୍ନା ପ୍ରାଙ୍ଗଣରେ ଆଉଏକ ବିରଳ ଆକର୍ଷଣ। କଂକ୍ରିଟ୍ ସ୍ଲାବ୍ ଉପରେ ସିନେମା ଲିଜେଣ୍ଡମାନଙ୍କର ହାତ ଓ ପାଦର ଚିହ୍ନ ସହିତ ସେମାନଙ୍କର ହସ୍ତାକ୍ଷରର ଛାପା ରହିଥାଏ। ଏହାକୁ ମେମୋରୀ ସ୍ଲାବ୍ କୁହାଯାଇପାରେ। ପ୍ରାୟ ୨୦୦ ଚଳଚ୍ଚିତ୍ର ତାରକାମାନଙ୍କର ମେମୋରୀ ସ୍ଲାବ୍ ଏଠି ରହିଛି। ହାରିସନ୍ ଫୋର୍ଡ୍, ମେରିଲିନ୍ ମନ୍‌ରୋ, ସୋଫିଆ ଲରେନ୍, ଜନ୍ ଟ୍ରାଭ୍‌ଲୋଟାଙ୍କର ପାପୁଲି ଓ ପାଦ ଚିହ୍ନ ରହିଛି ଏଠି। ସବୁଠୁ ରୋମାଞ୍ଚକର, କିଙ୍ଗ୍ ଅଫ ପପ୍ ମାଇକେଲ ଜାକସନ୍‌ଙ୍କର ପାଦର ଜୋତା ଚିହ୍ନ। ମୁନ୍ ଓ୍ୱାକରଙ୍କର ପାଦରେ ତ ମ୍ୟାଜିକ୍ ଥିଲା। ସେଇ ପାଦ ଉପରେ ନିଜ ପାଦ ଥାପିବାର ଥ୍ରିଲ୍ ଅଲଗା ସତରେ ! ମତେ କେମିତି ହିପ୍‌ନୋଟାଇଜ୍‌ଡ ହେଇଗଲା ପରି ଲାଗିଲା। ମୁନ୍ ଓ୍ୱାକିଙ୍ଗ୍‌ର ଅନୁଭବ... ଶୀହରଣ ଖେଳିଗଲା ଦେହରେ। ତାଙ୍କ ପାଦ ଉପରେ ମୋ ପାଦ ରଖି ଫଟୋ ନେଲି। ଏତେବଡ଼ ଲିଜେଣ୍ଡଙ୍କ ସହିତ ଆତ୍ମସ୍ଥ ହେବାର ଅନୁଭବ... ହଲିଉଡ୍ ବୁଲଭାର୍ଡ଼ ଛାଡ଼ିବାର ଅନେକ ସମୟ ପର୍ଯ୍ୟନ୍ତ ସେ ମୁହୂର୍ତ୍ତ ମୋ ମନକୁ ଆଚ୍ଛନ୍ନ କରି ରଖିଥିଲା।

ଆଉ ଏକ ମଜାକଥା। ସବୁ ସେଲେବ୍ରିଟିମାନଙ୍କର ହାତ ଓ ପାଦର ଛାପ ଥିଲାବେଳେ, ଜାକି ଚାନ୍ ତାଙ୍କ ନାକର ଛାପ ରଖିଛନ୍ତି। ଚୀନ ଲୋକମାନଙ୍କର ନାକ ପ୍ରତି ଦୁର୍ବଳତା ଏଥିରୁ ଜଣାପଡ଼େ।

ଓ୍ୱାକ୍ ଅଫ୍ ଫେମ୍, ତାରକାମାନଙ୍କ ପାଇଁ ଏତେ ପ୍ରସିଦ୍ଧ ହୋଇଥିଲେ ହେଁ, ଜଣେ ତାରକାଙ୍କ ପାଇଁ ଏହା ଅନେକ ବଦ୍‌ନାମ ହୋଇଛି। ୨୦୦୭ରେ ଏକ ଟିଭି ସୋ'ର ଆଙ୍କର ଡୋନାଲ୍ଡ ଟ୍ରମ୍ପ୍ ନାମକ ଟିଭି କଳାକାରଙ୍କୁ ଏଠି ସ୍ଥାନ ଦିଆଗଲା। ସବୁ ଠିକ୍ ଥିଲା। ହଠାତ୍ ସେ ୨୦୧୬ରେ ଆମେରିକାର ପ୍ରେସିଡେଣ୍ଟ ପାଇଁ ପ୍ରତିଦ୍ୱନ୍ଦ୍ୱିତା କଲେ। ୩୧ ଅକ୍ଟୋବର ୨୦୧୬ ଓ ପରେ ପରେ କେତେଥର କିଛି ନିନ୍ଦୁକ ଏଇ ତାରାଟିକୁ ବିକୃତ କରିଛନ୍ତି ବା ତା' ଉପରେ ରାଗ ଶୁଝାଇଛନ୍ତି। ବିଡ଼ମ୍ବନାର ବିଷୟ, ସେ ଭଦ୍ରବ୍ୟକ୍ତି ଜାନୁଆରୀ ୨୦୧୭ରୁ ଆମେରିକାର ପ୍ରେସିଡେଣ୍ଟ. । କିନ୍ତୁ ତାରା ସେମିତି ବାରମ୍ବାର ଆକ୍ରାନ୍ତ ହେଉଛି। ଓ୍ୱାକ୍ ଅଫ୍ ଫେମ୍‌ର ଏଇଟା ସବୁଠୁ ବଡ଼ ଲଜ୍ଜା। ସମୟ ସମୟରେ ଏମିତି ଅକଥା ବି ହୋଇଯାଏ।

ଆମ ବସ୍‌ରେ ଜଣେ ଆମେରିକାନ୍ ମହିଳା ଗାଇଡ୍ ହିସାବରେ ଆସିଥିଲେ। ୩-୪ ଘଣ୍ଟା ଧରି ଆମକୁ ବିଭିନ୍ନ ଜାଗା ବୁଲେଇ ସାରିଲା ପରେ ସେ କହିଲେ- "ଆଇ ନୋ, ୟୁ ଇଣ୍ଡିଆନ୍‌ସ ଆର୍ ଗୁଡ୍ ପିପୁଲ୍। ଉଇ ଅଲ୍‌ସୋ ଲଭ୍ ୟୁ। ବଟ୍ ଡୁ ନଟ୍ ଜଜ୍ ଅସ୍ ଉଇଥ୍ ଆୱାର ପ୍ରେସିଡେଣ୍ଟ। ହି ଇଜ୍ ଏ କ୍ରେଜୀ ମ୍ୟାନ୍।" ଗୋଟେ ଜାତିର ମନୋବେଦନା... ଡେମୋକ୍ରାସି ସମ୍‌ଟାଇମ୍‌ସ୍ ବ୍ରିଙ୍ଗସ୍ ଷ୍ଟ୍ରେଞ୍ଜ ଥିଙ୍ଗ୍‌ସ...।

ତା'ପରେ ଡେଷ୍ଟିନେସନ୍ ବିଭର୍ଲି ହିଲ୍ସ... ବିଭର୍ଲି ହିଲ୍ ଗାର୍ଡେ଼ନ୍ସ ପାର୍କରେ ପହଞ୍ଚିଲୁ। ଏଠି ବିଭର୍ଲି ହିଲ୍ସର ଲୋଗୋ ରହିଛି। ସମସ୍ତେ ଫଟୋ ନେଲୁ। ୮ ବର୍ଗ କିଲୋମିଟରର ଏକ ସହର, ଲସ୍ ଆଞ୍ଜେଲସ୍ ସିଟି ପରେ ପରେ। ଏହା LA ର ସବୁଠୁ ସମ୍ଭ୍ରାନ୍ତ ଅଞ୍ଚଳ। ହଲିଉଡ୍‌ର ପ୍ରଖ୍ୟାତ ତାରକାମାନଙ୍କ ପାଇଁ ବିଭରଲି ହିଲ୍ସରେ ଗୋଟେ ଠିକଣା, ଜୀବନର ଚରମ ଲକ୍ଷ୍ୟ ହୋଇଥାଏ। ଏଠି ରହନ୍ତି Elvis Presley, Frank Sinatra, Justine Bieber, Rosemary Cloony, Demi Moore ଆଦି ବିଖ୍ୟାତ ବ୍ୟକ୍ତିତ୍ୱ ସବୁ। ଆମ ପ୍ରିୟ ହିରୋଇନ୍‌ଙ୍କୁ ବିବାହ କରିବା ଆଗରୁ ନିକ୍ ଜୋନାସ୍ ଏଇଠି ରହୁଥିଲେ। ପ୍ରିୟଙ୍କା ଚୋପ୍ରା ନବବଧୂ ବେଶରେ ବିଭର୍ଲି ହିଲ୍ସରେ ପହଞ୍ଚିଥିଲେ। ଅବଶ୍ୟ ଏବେ ସେମାନେ LA ରେ $୨୦.୦୦ ମିଲିଅନ୍‌ରେ ଆଉ ଏକ ଘର କିଣି ରହିଛନ୍ତି। ପ୍ରଥମେ ଏ ସହର କେବଳ ଗୋରା ଲୋକଙ୍କ ପାଇଁ ଉଦ୍ଦିଷ୍ଟ ଥିଲା। ମାତ୍ର ସୁପ୍ରିମକୋର୍ଟ ଏହାକୁ ପ୍ରତ୍ୟାଖ୍ୟାନ କଲା ପରେ ସମସ୍ତଙ୍କର ଅଧିକାର ସାବ୍ୟସ୍ତ ହୋଇଛି। ବିଭରଲି ହିଲ୍ସ ଟାଉନ୍‌ର ଅଲଗା ପୋଲିସ୍ ଫୋର୍ସ ରହିଛି। ଷ୍ଟେଟ୍ ପୋଲିସ୍ ଏଠି କାମ କରେନି।

ତା'ପରେ Santa Monica Beach, LA ର ଅନ୍ୟତମ ଆକର୍ଷଣ। ପ୍ରାୟ ୫କି:ମି. ଲମ୍ବା ଏଇ ବିଚ୍‌ର ମଝାମଝି ହେଉଛି Santa Monica Pier. Pierଟି ଏକ କାଠର ଜେଟୀ। ସମୁଦ୍ର କୂଳରୁ ପ୍ରାୟ ଦେଢ଼ କି.ମି ସମୁଦ୍ର ଭିତରକୁ ଯାଇଛି। Pier ଉପର ଦେଇ ସମୁଦ୍ର ଭିତରକୁ ତେଣୁ ଯାଇ ହୁଏ। ଡାହାଣପଟ ବିଚ୍‌ରେ ଗେମ୍ ଜୋନ୍। ସ୍ୱଳ୍ପ ପୋଷାକରେ ପୁରୁଷ, ସ୍ତ୍ରୀ ବିଚ୍ ଭଲିବଲ୍ ଖେଳୁଥାନ୍ତି। ହଜାର ହଜାର ଲୋକ ସମୁଦ୍ରରେ ସ୍ନାନ କରୁଥାନ୍ତି। ସ୍ତ୍ରୀମାନେ ସ୍ନାନ ପରେ ବିକିନି ପିନ୍ଧି ବିଚ୍‌ରେ ଶୋଇଥାନ୍ତି ବା ବସି ଗପସପ କରୁଥାନ୍ତି। ସମୁଦ୍ର ଭିତରେ ପ୍ରାୟ ଜନସମୁଦ୍ର। କିଛି ଦୂରରେ Life Guard Cabin. ସମ୍ପୂର୍ଣ୍ଣ Baywatch ପରିବେଶ। Pier ଉପରେ ଛୋଟ ଗୋଟେ ଆମ୍ୟୁଜ୍‌ମେଣ୍ଟ ପାର୍କ। ବାଁ ପଟ ହୋଟେଲ, ରେଷ୍ଟୁରାଣ୍ଟରେ ଭର୍ତ୍ତି। Beach Front ବ୍ରେକ୍‌ଫାଷ୍ଟ,ଲଞ୍ଚ ବା ଡିନରର ବହୁତ ଚାହିଦା ଏଠି। ଆମେରିକାର ପଶ୍ଚିମ ଉପକୂଳ ହୋଇଥିବାରୁ ସୂର୍ଯ୍ୟାସ୍ତ ଦେଖିବାକୁ ବହୁତ ଲୋକ Pier ଉପରେ ଜମା ହୋଇଥାନ୍ତି। ଆମେ ବି ଦେଖିଲୁ।

Pier ରୁ ଫେରି Beach Front ପାର୍କରେ ବୁଲୁଥିଲି। ପାର୍କଟିର ନାଁ Palisades Park. ସିଜନାଲ ଫୁଲ, ଘାସପଡ଼ିଆ ଓ ଡେଙ୍ଗା ଡେଙ୍ଗା Palm Tree ରେ ଭର୍ତ୍ତି। Segway, Power Board ରେ ଯୁବକ ଯୁବତୀମାନେ ଉଡ଼ିଲା ପରି ଚାଲିଯାଉଥାନ୍ତି। ହଠାତ୍ ଦେଖିଲି ଗୋଟେ ସାଇନ୍ ବୋର୍ଡ଼ ପାଖରେ ସମସ୍ତେ ଫଟୋ

ଉଠାଉଥାନ୍ତି । 'West End of Route 66' । ବୁଝିଲି ଲାସ୍‌ଭେଗାସ୍‌ରୁ LA ଆସିଥିବା ରାସ୍ତା Route 66 ଏଇଠି ଶେଷ । ସିକାଗୋ, ମିସୋରି, ଓକ୍‌ଲାହାମା, ଆରିଜୋନା ଇତ୍ୟାଦି ୫ଟି ଷ୍ଟେଟ୍ ନେଇ ୪୦୦୦ କି.ମି.ର ଏହି ଷ୍ଟେଟ୍ ହାଇୱେ ଆମେରିକାର ଦୀର୍ଘତମ ହାଇୱେ । ଏହାକୁ Main Street of America ବା Mother Route ବୋଲି କୁହାଯାଏ । ଗୋଟିଏ ହାଇୱେର ଅନ୍ତିମ ବିନ୍ଦୁକୁ ଏକ ଦର୍ଶନୀୟ ସ୍ଥାନରେ ପରିଣତ କରିଦେବା କେବଳ ଆମେରିକାରେ ସମ୍ଭବ । ଆମର ରାସ୍ତା କୋଉଠୁ ଆରମ୍ଭ କୋଉଠି ଶେଷ କିଏ ପଚାରେ !!

ହଠାତ୍ ଗୋଟେ କଥା ମୁଁ ଲକ୍ଷ୍ୟ କଲି । LA ର ସମସ୍ତ ରାସ୍ତାର ପଥପ୍ରାନ୍ତ ବୃକ୍ଷସବୁ Palm Tree (ତାଳଗଛ) । ପରେ ଜାଣିଲି LA ର ଫେଭରିଟ୍ ବୃକ୍ଷ ହେଉଛି ପାମ୍ । ସହରର ସବୁ ଜାଗା, ବିଭର୍‌ଲି ହିଲ୍‌ର ସବୁ ଘରଗୁଡ଼ିକ ପାମ୍ ଟ୍ରିରେ ହିଁ ସଜ୍ଜିତ । କିନ୍ତୁ ପାମ୍, CA ର ସ୍ଥାନୀୟ କିସମର ବୃକ୍ଷ ନୁହେଁ । ପୃଥିବୀର ସବୁ ପ୍ରାନ୍ତରୁ ବିଭିନ୍ନ ଭେରାଇଟିର ପାମ୍ ଆଣି ଲଗାଯାଇଛି । ୧୯୨୦ ବେଳକୁ ଏଠି ପାମ୍ ଟ୍ରି ନ ଥିଲା । ୧୯୩୨ରେ ଅଲିମ୍ପିକ୍ ଗେମ୍ ଆସିବାର ଥିଲା । ୧୯୨୫-୨୬ରୁ ସାରା ସହରକୁ ସଜେଇବା ଆବଶ୍ୟକ ହେଲା । ଆୟୋଜକମାନଙ୍କ ହାତରେ ବହୁତ କମ୍ ସମୟ ଥିଲା । ବଡ଼ ବଡ଼ ପାମ୍ ଟ୍ରିର ମୂଳ ସହିତ ଓପାଡ଼ି ଆଣି ସାରା ସହରକୁ ସଜେଇ ଦିଆଗଲା । ବହୁତ ଶୀଘ୍ର ସହରଟି ପାମ୍ ଟ୍ରିରେ ସଜେଇ ହୋଇଗଲା । ୫-୬ ବର୍ଷ ଭିତରେ LAର କାୟା ପରିବର୍ତ୍ତନ ହୋଇଗଲା । LA ର ସ୍କାଏ ଲାଇନ୍ ପରିବର୍ତ୍ତନ ହୋଇଗଲା ଆକାଶ ଛୁଆଁ ପାମ୍ ଟ୍ରି ଗୁଡ଼ିକରେ । ଏବେ କିନ୍ତୁ ଆଉଗୋଟେ ସମସ୍ୟା ଆସିଯାଇଛି । ପାମ୍ ଟ୍ରି ର ଆୟୁଷ ପ୍ରାୟ ୧୦୦ବର୍ଷ । ତେଣୁ ଅଧିକାଂଶ ପାମ୍ ଟ୍ରି ଏବେ ଅନ୍ତିମ ଅବସ୍ଥାକୁ ଆସିଗଲେଣି । ତେଣୁ ପୁଣି ନୂତନ ପାମ୍ ଟ୍ରି ରୋପଣ ଆରମ୍ଭ ହୋଇଗଲାଣି ।

ସନ୍ଧ୍ୟାରେ ଡିନର ପରେ ହୋଟେଲରେ ପହଞ୍ଚିଲୁ । ଆଜିର ହୋଟେଲ Hilton, Los Angeles. ଏଠି ବି ଚତୁଃପାର୍ଶ୍ୱ ପାମ୍ ଟ୍ରିରେ ସଜ୍ଜିତ ।

ସପନର ସହରରେ ହଲିଉଡ୍ ମାଟିରେ ତାରାମାନଙ୍କ ଗହଣରେ ଦିନଟି କଟିଲା ଲୋକ ଭିଡ଼ ଭିତରେ । ରାତି କିନ୍ତୁ କଟିଲା ତାରା ଭରା ଆକାଶରେ ସବୁ ଓ୍ୱାକ୍ ଅଫ୍ ଫେମ୍ ତାରକାମାନଙ୍କ ସାଥିରେ ମୁଁ ଏକା ଏକା...

୧୭.୦୭.୨୦୧୯ (ବୁଧବାର)

ଆଜି ଥୋମାସ୍ କୁକ୍ ଯାତ୍ରାର ଶେଷ ଦିବସ । ୧୮ ଦିନର ଯାତ୍ରାର ଅନ୍ତିମ

ଚରଣରେ ଆଜି CA ର Universal Studio ଦର୍ଶନ। ପ୍ରାୟ ୧୦ଟାରେ ୟୁନିଭର୍ସାଲ୍ ଷ୍ଟୁଡ଼ିଓରେ ପହଞ୍ଚିଲୁ। ପିଲାଦିନୁ ପଢ଼ିଥିଲି। ଆଜି ସାମ୍ନାସାମ୍ନି।

ୟୁନିଭର୍ସାଲ୍ ଷ୍ଟୁଡ଼ିଓ ୧୯୧୦ ମସିହାରେ LA ରେ ପ୍ରତିଷ୍ଠିତ ହୋଇଥିଲେ ବି, ୧୯୬୪ ମସିହାରେ ସେମାନେ LA ରେ ଏକ Theme Park ପ୍ରତିଷ୍ଠା କଲେ। ଥିମ୍ ପାର୍କରେ ୟୁନିଭର୍ସାଲ୍ ଷ୍ଟୁଡ଼ିଓରେ ପ୍ରସ୍ତୁତ ଫିଲ୍ମଗୁଡ଼ିକର ଥିମ୍ ବା ଷ୍ଟୋରୀ ଲାଇନ୍‌କୁ ନେଇ ଦର୍ଶକମାନଙ୍କ ପାଇଁ Ride ସବୁ ତିଆରି କରାଯାଇଥାଏ। ଫିଲ୍ମର ଚରିତ୍ର ଓ ସ୍ପେଶାଲ ଏଫେକ୍ଟକୁ ନେଇ ରାଇଡ୍‌ରେ ଦର୍ଶକମାନଙ୍କୁ ୩୬୦° 3D ସ୍କ୍ରିନ୍‌ରେ ତାଙ୍କର ଫେଭରିଟ୍ ଚରିତ୍ରମାନଙ୍କ ସହିତ ମିଶିଗଲା ପରି ଲାଗେ।

ଆଜି ସେମିତି କେତୋଟି ରାଇଡ୍‌ରେ ଭାଗନେବାର ସୁଯୋଗ ଅଛି। ଏଠି ଟିକଟର ଦାମ୍ $୧୦୯.୦୦ ରୁ $ ୧୨୯.୦୦ ଭିତରେ।

LA ରେ ୟୁନିଭର୍ସାଲ୍ ଷ୍ଟୁଡ଼ିଓଟି ଏକ ପାହାଡ଼ ଉପରେ ଅବସ୍ଥିତ। କିନ୍ତୁ କିଛି ଅଂଶ ପାହାଡ଼ ତଳେ ବି ଅଛି। ତଳେ Lower Lot ରେ ଷ୍ଟୁଡ଼ିଓ ଟୁର୍ - ଅତୀତରେ ବିଖ୍ୟାତ ସିନେମାଗୁଡ଼ିକର ଆଉଟ୍ ଡୋର ସେଟ୍‌ଗୁଡ଼ିକ, ସହିତ କିଛି ଫିଲ୍ମ ରାଇଡ ରହିଛି। Upper Lot ରେ କିନ୍ତୁ କେବଳ ଫିଲ୍ମ ରାଇଡ ସବୁ।

ପ୍ରଥମେ ଆମେ ଷ୍ଟୁଡ଼ିଓ ଟୁର୍‌ରେ ବାହାରିଲୁ। ଚାରୋଟି ବଗିଥିବା ଏକ ବ୍ୟାଟେରୀ ଚାଳିତ ଟ୍ରାମ୍‌ରେ ବସିବାକୁ ହେବ। ଟ୍ରାମ୍ ଧୀର ଗତିରେ Lower Lot ଆଡ଼କୁ ଗତି କଲା। ବାଟ ସାରା ୟୁନିଭର୍ସାଲ୍ ଷ୍ଟୁଡ଼ିଓର ବିଖ୍ୟାତ ଫିଲ୍ମଗୁଡ଼ିକର ପୋଷ୍ଟର। Back to Future, JAWS, Jurassic World, Pirates of the Caribbean, Transformer, King Kong ଆଦି ଫିଲ୍ମଗୁଡ଼ିକର ଏ ହେଉଛି ଏନ୍ତୁଡ଼ିଶାଳ।

ପ୍ରଥମେ ଦେଖିଲୁ Back to Future ର Clock Tower। ସେଇ ଲେନ୍, ସେଇ ଘର, ସେଇ ଘଣ୍ଟା... ୧୯୮୫ର ସେଇ ସେଟ୍ ଏବେ ବି ଅବିକଳ ସେମିତି ରହିଛି। ଆଡ଼ବାୟା ବୈଜ୍ଞାନିକ ଘଣ୍ଟାକଣ୍ଟା ସାହାଯ୍ୟରେ ଆକାଶରେ ବିଜୁଳି ମାରିବା ସମୟରେ ଇଲେକ୍ଟ୍ରିସିଟି ଆହରଣ କରି ସିନେମାର ନାୟକକୁ ଭବିଷ୍ୟତକୁ ପଠାଇଦେଇଥିଲେ। ଆଖି ଆଗରେ ନାଚିଗଲା ସେ ସିନ୍ ୩୫ ବର୍ଷ ପରେ। Steven Spielberg ଙ୍କ କଳ୍ପନା ପ୍ରସୂତ ସେ ସିନେମା ଯିଏ ଦେଖିଛି ସେ ହିଁ ଏ ସ୍ଥାନର ସ୍ପନ୍ଦନ ଅନୁଭବ କରିପାରିବ।

ତା'ପରେ ଟ୍ରାମ୍ ଏକ ମଧ୍ୟଯୁଗୀୟ ବ୍ରିଟିଶ ସହର ଦେଇ ପହଞ୍ଚିଲା Jurassic Parkରେ। ପାର୍କରେ ପଶିଲା ବେଳକୁ ଦେଖିଲୁ କିଛି ଦୂରରେ ଗୋଟେ ଭଙ୍ଗା ଟ୍ରାମ୍ ଓ ଭଙ୍ଗା ଦଦରା କାଠ ପୋଲ। ଏ ଦୁଇଟି ଜିନିଷ ଦିନେ ୟୁନିଭର୍ସାଲ୍ ଷ୍ଟୁଡ଼ିଓର ବଡ଼

ଆକର୍ଷଣ ଥିଲା। ଦର୍ଶକମାନେ ଟ୍ରାମ୍‌ରେ ବସିଥିଲା ବେଳେ ଏହି ଦଦରା କାଠ ପୋଲଟି କଡ଼ମଡ଼ ହୋଇ ଭାଙ୍ଗି ପଡୁଥିଲା। ଏହାକୁ Collapsing Bridge କହୁଥିଲେ। ଏବେ ଏହାର ସ୍ଥାନ ନେଇଛି Jurassic World. ଜୁରାସିକ୍ ଓ୍ୱାର୍ଲଡ ରାଇଡଟି, ଦୁଇଟି ହଲିଉଡ୍ ସିନେମା, Jurassic Park ଓ Kingkong ର ଥିମ୍ କୁ ନେଇ ତିଆରି ହୋଇଛି। 3D ଚଷମା ପିନ୍ଧି ପାର୍କ ଭିତରେ ପଶିଗଲା ମାତ୍ରେ ନିଜକୁ ଜୁରାସିକ୍ ଏଜ୍‌ର ଜଙ୍ଗଲ ଭିତରେ ପାଇବ। ଛୋଟ ଛୋଟ Veratosaurus (V.Rex) ମାନେ ଟ୍ରାମ୍‌ର ଦୁଇପଟେ ଦୌଡ଼ିବା ଆରମ୍ଭ କରିଦେବେ। କିନ୍ତୁ ସଙ୍ଗେ ସଙ୍ଗେ ତିନିଟା ବିଶାଳ T-REX ବାହାରି ସେମାନଙ୍କୁ ଶିକାର କରିଚାଲିବେ। V-Rex ମାନେ ଯିଏ ଯୁଆଡ଼େ ଦୌଡ଼ି ପଳାଇବେ। T-REX ମାନଙ୍କର ଭୟଙ୍କର ମୁହଁ ଦର୍ଶକମାନଙ୍କ ଠାରୁ ୨-୩ ଫୁଟ୍ ଦୂରରେ ରହୁଥିବ। ଏଇ ସମୟରେ କିଙ୍ଗ୍‌କଙ୍ଗ୍ ଆସି ସେମାନଙ୍କୁ ମାରି ଦର୍ଶକମାନଙ୍କୁ ବଞ୍ଚାଇବା ପାଇଁ ଚେଷ୍ଟା କରିବ। ସେମାନଙ୍କର ଲଢ଼େଇ ଭିତରେ ଗୋଟେ T-REX ହଠାତ୍ ପଛ ଟ୍ରାମ୍‌ଟିକୁ ଦାନ୍ତରେ ଉଠାଇ ନେଇ ଜଙ୍ଗଲର ଅତଳ ଗହ୍ୱରକୁ ଫିଙ୍ଗିଦେବ। ପଛ ଟ୍ରାମ୍ ସହିତ ଆମ ଟ୍ରାମ୍ ବି ତଳକୁ ଖସି ପଡ଼ିଗଲା କାହିଁ କେତେ ତଳେ ଥିବା ଖାଇରେ। କିନ୍ତୁ ପଥର ଓ ଗଛର ଚେରଗୁଡ଼ିକର ଜାଲରେ ଟ୍ରାମ୍ ଅଟକିଗଲା। କିଙ୍ଗ୍‌କଙ୍ଗ୍ ଆସି ଟ୍ରାମ୍‌କୁ କୋଳରେ ଧରି ଉପରକୁ ନେଇ ଆସିଲା। T-REX ଗୁଡ଼ିକୁ ମାରିଦେଲା... ଅଢ଼େଇ ମିନିଟର ଏଇ ରାଇଡ୍‌ର ଦୁଇପଟେ ୨୦୦ ଫୁଟ୍ ଓସାରର 3D Screen ରେ ଛବି ପ୍ରକ୍ଷେପିତ ହେବା ସହିତ, ପବନ, ପାଣି ଓ କୃତ୍ରିମ ବାଷ୍ପ ବି ବ୍ୟବହାର ହୋଇଥାଏ। ଏସବୁ କୃତ୍ରିମ ଦୃଶ୍ୟ ଶ୍ରାବ୍ୟ ବ୍ୟବସ୍ଥା କମ୍ପ୍ୟୁଟର ଦ୍ୱାରା ପରିଚାଳିତ ହୁଏ। ଅଢ଼େଇ ମିନିଟ୍ ପରେ ବାହାରକୁ ଆସିଲା ପରେ ଛାତି ଥରିବା ବନ୍ଦ ହେବାପାଇଁ ଦୁଇ ତିନି ମିନିଟ୍ ଲାଗିଲା।

Flash Flood (ଅଚାନକ ବନ୍ୟା) :

ଏକ ଛୋଟ ମେକ୍ସିକାନ୍ ଗ୍ରାମ ପାଖରେ ଟ୍ରାମ୍ ରହିଲା। ଦୂର କେଉଁ ଏକ ବର୍ଷା- ବନରେ ଘଡ଼ଘଡ଼ି ସହ ବିଜୁଳୀ ମାରିବାର ଶବ୍ଦ ଶୁଭିଗଲା। ଆମ ପାଖରେ ବି ବର୍ଷା ଅସରାଏ ପଡ଼ିଗଲା। ୩୦ ସେକେଣ୍ଡ ପରେ ମାଡ଼ିଆସିଲା ଏକ ନଈବଢ଼ି। ଘର ଭିତର ବାହାର ସବୁଆଡୁ ପାଣି ବହିଆସିଲା। ଟ୍ରାମ୍ ପାଖ ଦେଇ ପାଣିତକ ଚାଲିଗଲା ପାହାଡ଼ର ନିମ୍ନ ଦେଶକୁ। ଆମେ ରକ୍ଷା ପାଇଗଲୁ। ବଡ଼ ଜୀବନ୍ତ ଏ ଦୃଶ୍ୟ। ୨୦,୦୦୦ ଗ୍ୟାଲନ୍ ପାଣି ଏଠି ଖର୍ଚ୍ଚ ହୁଏ ଥରେ ବଢ଼ି କରିବା ପାଇଁ।

The Jaws :-

କିଛି ଦୂରରେ Amity Island, ୧୯୭୫ ର ମୁଭି The Jaws ର ସେଟ୍। ପ୍ରକୃତ ସୁଟିଂ ଅନ୍ୟ ଜାଗାରେ ହୋଇଥିଲା। ଏଠି ଆମିଟି ନାମକ ଛୋଟ ମାଛଧରା ଗାଁର ସେଟ୍ କରାଯାଇଛି। ଟ୍ରାମ୍ ସମୁଦ୍ର କୂଳରେ ଥିବା ଏକ ଲେଗୁନ୍ ନିକଟରେ ପହଞ୍ଚିଲା ବେଳକୁ ଲେଗୁନ୍ ଭିତରେ କିଛି ହଲ୍‌ଚଲ୍ ଦେଖାଯିବ। ଏକ ବୁଡ଼ାଳୀକୁ ସାର୍କ ପାଣି ଭିତରୁ ଟାଣିନେଲା ପରି ଦିଶିବ। ତା'ପରେ ହଠାତ୍ ଟ୍ରାମ୍ ପାଖରେ ବିରାଟ ଏକ ଗ୍ରେଟ୍ ହ୍ୱାଇଟ୍ ସାର୍କ ମୁହଁ ଖୋଲା କରି ପାଣି ଉପରକୁ ଅଚାନକ ଉଠିପଡ଼ିବ। ଦର୍ଶକମାନଙ୍କ ଠାରୁ ୪-୫ ଫୁଟ୍ ଦୂରରେ ଏତେ ବଡ଼ ସାର୍କର ଆବିର୍ଭାବ ତ ନିଶ୍ଚିତ ଭୟ ଉଦ୍ରେକକାରୀ। କିନ୍ତୁ କେଇ ସେକେଣ୍ଡ ପରେ ଶାନ୍ତ ପଡ଼ିଯାଇଥିବା ସାର୍କଟିକୁ ପାଖରୁ ଦେଖିଲେ, ଏହା ଏକ ଧାତବ Mechatronic ଯନ୍ତ୍ର ବୋଲି ଜଣାପଡ଼ିଯାଏ। (Mechatronic = Mechanical + Electronic ଯନ୍ତ୍ର)

War of the Worlds Boeing Accident :-

ଟମ୍ କ୍ରୁଜ୍ ଅଭିନୀତ ୨୦୦୫ର War of the Worlds ମୁଭିର ବୋଇଂ ୭୪୭ର ଦୁର୍ଘଟଣା ସ୍ଥଳରେ ବିମାନର ଇଞ୍ଜିନ୍, ଫ୍ୟୁଜଲେଜ୍ ଓ ଅନ୍ୟାନ୍ୟ ଯନ୍ତ୍ରପାତି ବିକ୍ଷିପ୍ତ ଭାବରେ ପଡ଼ିଥିବାର ଦୃଶ୍ୟ, ବଡ଼ ଜୀବନ୍ତ ଭାବେ ରଚନା କରାଯାଇଛି। ଏଠୁ ସେଠୁ ଧୂଆଁ ଉଠୁଥିବ, ଇଞ୍ଜିନ୍‌ର ରୋଟର ଘୂରୁଥିବାର ଦୃଶ୍ୟ, ଦୁର୍ଘଟଣାଟି ସଦ୍ୟ ଘଟିଥିବାର ଧାରଣା ଦିଏ।

Retired Cars :

କିଛିବାଟ ପରେ ଦେଖିଲୁ ପ୍ରସିଦ୍ଧ ସିନେମାଗୁଡ଼ିକରେ ବ୍ୟବହାର ହୋଇଥିବା ସ୍ପେଶାଲ ଡିଜାଇନ୍‌ର କାର୍‌ଗୁଡ଼ିକର ବିଶ୍ରାମ ସ୍ଥଳ। ଫିଲ୍ମଗୁଡ଼ିକ ସୁଟିଂ ସରିଲା ପରେ ଦର୍ଶକମାନଙ୍କର ସ୍ନେହ ପ୍ରେମ ପାଇଥିବା କାର୍‌ଗୁଡ଼ିକର ଏ ଅବସ୍ଥା ଦେଖି ଦୁଃଖ ଲାଗିଲା। ଖୁସୀ ଲାଗିଲା ଯେ, ଏଗୁଡ଼ିକ ବି ଆମ ସମୟର ଷ୍ଟାର। ହିରୋ ହିରୋଇନ୍‌ମାନଙ୍କ ସହିତ ଏମାନେ ବି ଆମ ମନରେ ଛାପ ଛାଡ଼ିଯାଇଛନ୍ତି। ସବୁ କାର୍‌ଗୁଡ଼ିକ ସଶରୀରେ ଦେଖିବା ରୋମାଞ୍ଚକାରୀ ନିଶ୍ଚୟ। Back to Future Part-I & II, Fast & Furious, Transformers, Flint Stonesର କାର୍‌ଗୁଡ଼ିକୁ ଏତେଦିନ ପରେ ସଶରୀରେ ଦେଖି ପାରିଲୁ।

ସବୁଠୁ ରୋମାଞ୍ଚକର ହେଉଛି ଜୁରାସିକ୍ ପାର୍କର ମୋବାଇଲ୍ ଲାବ୍ ଭ୍ୟାନ୍।

ନୀଳ ରଙ୍ଗର ଏଇ ଭ୍ୟାନ୍ ଦୁଇଟି ଅଧା Camoflage Netting ରେ ଘୋଡେଇ ହୋଇ T-Rex ନଜରରୁ ରକ୍ଷା ପାଇବା ପାଇଁ ଗଛ ଆଢୁଆଳରେ ରହିଥିବାର ପ୍ରତୀୟମାନ ହୁଏ।

ଆହୁରି ମଜ୍ଜାଦାର ହେଉଛି ଜୁରାସିକ୍ ୱାର୍ଲ୍ଡର Bubble Car (Gyro Sphere) I ସମ୍ପୂର୍ଣ୍ଣ କାଚରେ ତିଆରି ଏହି ଗୋଲକଟିରେ ଦୁଇଭାଇ ବସି ଡାଇନୋସର ଦେଖିବାକୁ ଯାଇଥିଲେ। ସିନେମାରେ ଏହି ସିନ୍‌ଟି ମନେପଡ଼ିଗଲା। ଶେଷରେ ଡାଇନୋସରମାନେ ଏହାକୁ ଗୋଡ଼ରେ ମାରି ଫୁଟ୍‌ବଲ୍ ଖେଳୁଥିଲେ। କିନ୍ତୁ ହଠାତ୍ T-Rex ଆସି ଏହାକୁ ଆକ୍ରମଣ କରି ଭାଙ୍ଗିଦେଲା। ପିଲା ଦି'ଜଣ ଏଥିରୁ ଖସି ଆସିଲେ। ଏହା ଏକ ଅତ୍ୟାଧୁନିକ କନ୍‌ସେପ୍ଟ Vehicle, ଏ ପର୍ଯ୍ୟନ୍ତ ବ୍ୟବହାରରେ ଆସିନି। ବବ୍‌ଲ କାର୍‌ଟିକୁ ଫିଲ୍ମ ପରେ ଏଠି ସଶରୀରେ ଦେଖିବାର ସୁଯୋଗ ନିଶ୍ଚିତ ଭାବରେ ଭାଗ୍ୟର କଥା।

Transformers :-

ଷ୍ଟୁଡ଼ିଓ ଟୁର୍ ପରେ ଫେରିଆସିଲୁ। Upper Lot କୁ ପଶୁ ପଶୁ ସାମ୍ନାରେ ବିରାଟ Transformer ଛିଡ଼ା ହୋଇଛି ତା' ଘର ସାମ୍ନାରେ। ୧୦ ଫୁଟ ଉଚ୍ଚତାର ଏହି ଟ୍ରାନ୍ସଫର୍ମରର ନାଁ Megatron । ଛୋଟ ପିଲାଙ୍କ ସହିତ ମୁଣ୍ଡ ନୁଆଁଇ ରୋବାଟିକ୍ ଟୋନ୍‌ରେ କଥାବାର୍ତ୍ତା କରେ, ହ୍ୟାଣ୍ଡସେକ୍ କରେ ଓ ଫଟୋ ପାଇଁ ପୋଜ୍ ଦିଏ। ତା' ଘରେ ଆଉ ଦିଓଟି କଜିନ୍ ଅଛନ୍ତି- Optimus Prime ଓ Bumble Bee I ତିନିଜଣଯାକ ପାଳିକରି ଦର୍ଶକମାନଙ୍କ ସହିତ ମଜ୍ଜା କରନ୍ତି ଓ ପିଲାମାନଙ୍କ ମନୋରଞ୍ଜନ କରନ୍ତି। ପିଲା, ବଡ଼ ସମସ୍ତେ ସିନେମାରେ ଦେଖିଥିବା ଟ୍ରାନ୍ସଫର୍ମରକୁ ସାମ୍ନାରେ ଦେଖି, କଥାବାର୍ତ୍ତା ହେବାର ସୁଯୋଗ ହାତଛଡ଼ା କରନ୍ତିନି। ପିଲାମାନଙ୍କ ପାଇଁ ତ ଏମାନେ ସବୁଠୁ ବଡ଼ ଆକର୍ଷଣ।

Jurassic Park River Adventure :

ଏ ରାଇଡ୍‌ଟି ଦର୍ଶକମାନଙ୍କୁ ଜୁରାସିକ୍ ୱାର୍ଲ୍ଡକୁ ନେଇଯାଏ। ଜଙ୍ଗଲ, ନଦୀ, ପ୍ରପାତ, ପାହାଡ଼, ଗୁମ୍ଫା ଆଦି ଭିତର ଦେଇ ଯିବାକୁ ପଡ଼ିବ। ଏକ Rain Forest (ବୃଷ୍ଟିବନ) ସୃଷ୍ଟି କରାଯାଇଛି। ବାଟରେ ଛୋଟ ବଡ଼ ଅନେକ ପ୍ରକାରର ଡାଇନୋସରମାନଙ୍କୁ ଦେଖିବାକୁ ମିଳେ। ୫୦ ଫୁଟ୍ ଉଚ୍ଚ ବେକ ଥିବା Brontosaurus ଠାରୁ, ଭୟଙ୍କର T-Rex ପର୍ଯ୍ୟନ୍ତ ଡାଏନୋସୋରମାନେ ଜଙ୍ଗଲ ଓ ହ୍ରଦ ଭିତରୁ ବାହାରି ଚମକେଇ ଦିଅନ୍ତି। ପିଲାମାନଙ୍କ ପାଇଁ ଅତି ଆକର୍ଷଣୀୟ।

Water World :-

ୱାଟର ୱାର୍ଲଡ ନାମକ ଏକ ଫିଲ୍ମ ଛାୟାରେ ଏହି ସେଟ୍‌ଟି ତିଆରି ହୋଇଛି। ଓରିଜିନାଲ ଫିଲ୍ମ ପରି ସେଟ୍‌ଟି ସ୍କ୍ରାପ୍ ଲୁହାରେ ତିଆରି ହୋଇଛି। ହିରୋ, ହିରୋଇନ୍, ଭିଲିଆନ୍ ସଶରୀରେ ଆସି ଏଠି ରୋଲ୍ କରନ୍ତି। ନିଆଁ, ଧୂଆଁ, ଉଡ଼ାଜାହାଜ ଦୁର୍ଘଟଣା ଇତ୍ୟାଦି ଷ୍ଟଣ୍ଟ ସୋ'ରେ ସ୍ପିଡ୍ ବୋଟ୍, ହୋଭରକ୍ରାଫ୍ଟ ଆଦି ଉପକରଣ ଯୁଦ୍ଧ ପାଇଁ ବ୍ୟବହାର ହୁଏ। ଆକାଶରୁ ବିସ୍ଫୋରଣର ପ୍ରଚଣ୍ଡ ଶବ୍ଦ କରି ନିଆଁ ଲାଗିବା ଅବସ୍ଥାରେ ଉଡ଼ାଜାହାଜ ଲେକ୍ ଉପରେ ଖସିପଡ଼ିବା ସବୁଠୁ ରୋମାଞ୍ଚକର।

Harry Potter and the Forbidden Journey :-

ହାତରେ ଆଉ ଦୁଇଘଣ୍ଟା। ୨-୩ଟି ରାଇଡ୍ ବାକି ଅଛି। ମୁଁ ସେଥିରୁ ବାଛିଲି Harry Potter the Forbidden Journey. Harry Potterର ସ୍କୁଲ, Hogwarts School of Witchcraft and Wizardy, ସ୍କଟଲାଣ୍ଡର ଏକ Castle (ଦୁର୍ଗ) ଭିତରେ ଅବସ୍ଥିତ। ଏହି Castleଟି ସମ୍ପୂର୍ଣ୍ଣ ସ୍କଟଲାଣ୍ଡ ଡିଜାଇନରେ ଗଢ଼ା। ଲେଖିକା JK Rowlingଙ୍କ ପପୁଲାର ଚରିତ୍ର ହ୍ୟାରୀ ପଟର ଓ ଅନ୍ୟ ଚରିତ୍ରମାନେ ଏଇଠି ରହି ମ୍ୟାଜିକ୍ ଶିଖନ୍ତି। ବିଭିନ୍ନ ୱିଚ୍ ମାନେ ବି ଥାନ୍ତି। Wizardy ଦ୍ୱାରା ହ୍ୟାରୀ ପଟର ତାର ବନ୍ଧୁମାନଙ୍କୁ ସେମାନଙ୍କ ଠାରୁ ରକ୍ଷା କରେ। Hogwarts Castle ପାଖକୁ ଆସିଲୁ। ଏଠି କିନ୍ତୁ ଲମ୍ବା ଲାଇନ୍। ବୋଧେ ୟୁନିଭର୍ସାଲ୍ ଷ୍ଟୁଡ଼ିଓର ସବୁଠୁ ବଡ଼ ଲାଇନ୍। ଘଣ୍ଟାଏରୁ ଅଧିକ ଲାଗିଲା ଆମ ପାଳି ଆସିବା ପର୍ଯ୍ୟନ୍ତ। ଶେଷ ବେଳକୁ ବିରକ୍ତ ଲାଗୁଥିଲା। ଛାଡ଼ିଦେଇ ପଳେଇ ଆସିବି ବୋଲି ଭାବୁଥିଲି।

Hogwarts Castle ଭିତରକୁ ଭିତରକୁ ଯାଉଥିଲୁ। ଅନ୍ଧାରୁଆ ଭୌତିକ ପରିବେଶ। ୱିଚ୍‌ମାନଙ୍କ ପାଇଁ ପ୍ରକୃଷ୍ଟ ସ୍ଥାନ। ବାଟସାରା ହ୍ୟାରୀ ପଟର ନଭେଲର ବିଭିନ୍ନ ଚରିତ୍ରମାନଙ୍କର ମୂର୍ତ୍ତି। Headwig Owl, Witch, Wizard ମାନଙ୍କୁ ଅନ୍ଧାରୁଆ କୋଠରି ଭିତରୁ ଦେଖିବାକୁ ମିଳେ ମଝିରେ ମଝିରେ। Hedwig Owl ର ହୁଁ ହୁଁ ଶବ୍ଦ ଶୁଣାଯାଉଥାଏ। ଶେଷରେ ରାଇଡ୍‌ରେ ବସିଲୁ।

ଓମ୍‌ନି ମୁଭର୍‌ରେ ତିନିଜଣଙ୍କ ପାଇଁ ସିଟ୍ ରହିଛି। ଏହା ଏକ ରୋବୋଟିକ୍ ARM ଦ୍ୱାରା ପରିଚାଳିତ। ତା'ପରେ ହ୍ୟାରୀ ପଟର ସହ ଜଙ୍ଗଲ ଓ ବିଭିନ୍ନ Castle ଭିତର ଦେଇ ଉଡ଼ିବା... ହ୍ୟାରୀ ପଟର ତା ସାଙ୍ଗମାନଙ୍କ ସହ ଝାଡୁ ଧରି ଉଡୁଥିବା ସମୟରେ ଦର୍ଶକମାନେ କେବଳ ତା ପଛେ ପଛେ ଉଡ଼ିବା ଦରକାର। ଭୂତପ୍ରେତ ସବୁ ଦର୍ଶକମାନଙ୍କୁ ବାଟବଣା କରି ବଡ଼ବଡ଼ ଅମୁହାଁ ଗୁମ୍ଫା ଭିତରେ ଛାଡ଼ି ଦେଉଥିବେ।

ମାତ୍ର ଠିକ୍ ସମୟରେ ହ୍ୟାରୀ ପଟର ପହଞ୍ଚି ଠିକ୍ ରାସ୍ତାରେ ଉଡ଼ାଇ ନେବ। ଉଡ଼ିବା ସମୟରେ ବାଦଲ ଭିତରେ ଥଣ୍ଡା ପବନ ବାଜିଯାଉଥିବ। ୪ ମିନିଟ୍‌ର ଏକ ରାଇଡ୍‌ରେ ଉଡ଼ିବାରେ ଏତେ ମଜା ଲାଗିଲା ଯେ, ଆଉଥରେ ବସିପଡ଼ିବା ପାଇଁ ଇଚ୍ଛା ହେଉଥିଲା। ମାତ୍ର ସମୟ ତ ନାହିଁ। ଏଇଟା ବୋଧେ 'ସୋରିନ୍' ପରି ସବୁଠାରୁ ଭଲ ରାଇଡ୍ ଥିଲା ଆମ ଟୁର୍‌ର। ଚମତ୍କାର ଅଭିଜ୍ଞତା।

ସମୟ ହୋଇଯାଇଥିଲା। ଆସି ବସ୍‌ରେ ବସିଲୁ। ଡିନର କରିସାରି ହୋଟେଲରେ ପହଞ୍ଚିଲୁ। ଆଜି ୨୫ ଦିନର ସ୍ୱପ୍ନର ଦୌଡ଼ (Dream Run) ଶେଷ। ନିଜେ ସାତଦିନ ନ୍ୟୁୟର୍କ ଓ ଆଲବାନୀ ବୁଲିବା ପରେ ୧୯ଦିନର ଥୋମାସ୍ କୁକ୍‌ର ପ୍ୟାକେଜରେ ଭାରତର ବିଭିନ୍ନ ପ୍ରାନ୍ତରୁ ୪୦-୪୫ ଜଣ ଟୁରିଷ୍ଟ, ୧୯ ଦିନ କାଳ ବୁଲିଲୁ। ମୋ ପାଇଁ ୨୫ଦିନ ସକାଳୁ ଉଠି ସନ୍ଧ୍ୟା ପର୍ଯ୍ୟନ୍ତ କେବଳ ବୁଲିବା ଓ ବୁଲିବା। ସମସ୍ତଙ୍କ ପାଇଁ ଜୀବନର ଶ୍ରେଷ୍ଠ ଅନୁଭୂତି। ଜୀବନର ଚରମ ଆକାଙ୍‌କ୍ଷୀତ ଅନୁଭବ। ଆମେରିକା ତ ଏକ ବିରାଟ ଦେଶ। (ଭାରତର ୩ ଗୁଣ) ମହାଦେଶ କୁହାଯାଇପାରେ। ସବୁ ଜିନିଷ ସୀମିତ ସମୟ ଓ ସମ୍ବଳ ଭିତରେ ଦେଖିବା ସମ୍ଭବ ନୁହେଁ। କିନ୍ତୁ ୧୯ ଦିନରେ ଇଷ୍ଟକୋଷ୍ଟ ଓ ୱେଷ୍ଟକୋଷ୍ଟର ସବୁ ଗୁରୁତ୍ୱପୂର୍ଣ୍ଣ ସ୍ଥାନଗୁଡ଼ିକୁ ଦେଖିପାରିବା କମ୍ କଥା ନୁହେଁ। ଆମେରିକାର ସବୁତକ ଶ୍ରେଷ୍ଠ ଜିନିଷ ଦେଖିଲୁ। ଏତେ କମ୍ ସମୟ ଭିତରେ ଏତେ ବେଶୀ ଜିନିଷ ଦେଖିବା ସମ୍ଭବପର ହେଲା କେବଳ ଥୋମାସ୍ କୁକ୍ ପରି ଅଭିଜ୍ଞ ଟୁର୍ ଅପରେଟରଙ୍କ ପାଇଁ। ପ୍ରତିଟି ମୁହୂର୍ତ୍ତର ସଦୁପଯୋଗ ପାଇଁ ନିର୍ଭୁଲ ଯୋଜନା ହିଁ ଦାୟୀ। ଗାଇଡ୍‌ମାନେ ବି ଟୁର୍‌ର ସଫଳତା ପାଇଁ ଅନେକାଂଶରେ ଦାୟୀ। କୌଣସି ଜାଗାରେ ଆମର ରହିବା, ଖାଇବା ବା ବୁଲିବାରେ ଅସୁବିଧା ହୋଇନି। ରହିଗଲା ଦୁଃଖ କେବଳ ୪' ଜୁଲାଇରେ ୱାଶିଂଟନ୍ ଡିସିରେ Smithsonian ମ୍ୟୁଜିଅମ୍ ଦେଖି ନପାରିବାରୁ। ମାତ୍ର ସେଇଟା ତାଙ୍କର ଦୋଷ ନଥିଲା। ଟ୍ରମ୍ପ ସାହେବ ହଠାତ୍ ଜାତିକୁ ସମ୍ବୋଧନ କରିବାକୁ ବାହାରକୁ ଆସିବା ହିଁ ସବୁଆଡ଼ୁ ଟ୍ରାଫିକ୍ ବନ୍ଦ କରିଦେଲା। ରାତିରେ ହୋଟେଲରେ ପହଞ୍ଚି ୨୫ଦିନର ଫଟୋ ସବୁ ଦେଖିଚାଲିଲି। ପରୀ ରାଇଜରେ ପଚିଶ ଦିନ। Roller Coaster ରାଇଡ୍ ପରି ଲାଗିଲା। ଏତେ ସ୍ଥାନ, ଏତେ ଦୃଶ୍ୟ, ଏତେ କମ୍ ସମୟ ଭିତରେ ମନ ଭିତରେ ଛାପି ହୋଇ ରହିବା ମୁସ୍କିଲ। ସେଇଥିପାଇଁ ଏତେ ଫଟୋ ନେଇଛି। ଯେକୌଣସି ମୁହୂର୍ତ୍ତରେ ଫ୍ଲାସ୍‌ବ୍ୟାକ୍‌ରେ ପୂରା ୨୫ ଦିନର ସ୍ମୃତି ଓଲଟେଇ ହେବ।

Journal Square, Empire State Building, One World, Time

Square, Statue of Liberty, Bryant Park, AMNH, Central Park, Grand Central, Albany, ପ୍ରଧାନୀବାବୁ, Lake George, White House, ନାଏଗ୍ରା ଓ ଦେବଜାନୀ, କ୍ରୁଜ୍ ର ସାଲାଡ୍ ଓ ବାହାମାସ୍, ପ୍ରବାଳଦ୍ୱୀପ, SFOର ସି ଲାୟନ୍, ଲାସ୍‌ଭେଗାସ୍, ଗ୍ରାଣ୍ଡ କେନିୟନ୍‌ର ବିଷ୍ଣୁ ମନ୍ଦିର, LA ରେ ତାରେଁ ଜମିନ୍‌ପର୍ ଆଉ ହ୍ୟାରୀ ପଟର୍ ଇତ୍ୟାଦି ଭାବିନେଲେ ଏବେବି ସୋରିନ୍‌ର ଉଡ଼ାଣ ପରି ଲାଗେ।

୧୮ ଦିନରେ ଏତେସବୁ ବୁଲିବା ପାଇଁ ଥୋମାସ୍ କୁକ୍‌ର ପ୍ୟାକେଜ୍ ଖର୍ଚ୍ଚ Rs.୪.୭୫ଲକ୍ଷ। ମୁଁ ଏକାଥିଲି। ଦି'ଜଣ ହୋଇଥିଲେ ଜଣକୁ ପ୍ରାୟ Rs.୬୫,୦୦୦/- କମ୍ ପଡ଼ିଥାନ୍ତା। Rs.୬୫,୦୦୦/- ର ଏୟାର ଟିକେଟ୍ ସହିତ ମୋର ସମୁଦାୟ ଖର୍ଚ୍ଚ Rs.୫.୪୦ ଲକ୍ଷ। ଏତିକି ପଇସାରେ ପାଞ୍ଚ ଦିନର କ୍ରୁଜ୍ ଯାତ୍ରା, 4/5 Star ହୋଟେଲରେ ରହିବା, ମନମୁତାବକ ଇଣ୍ଡିଆନ୍ ରେଷ୍ଟୁରାଣ୍ଟରେ ଲଞ୍ଚ୍ ଓ ଡିନର୍, US ଭିତରେ ୩ଟା ଫ୍ଲାଇଟ୍, ଆରାମଦାୟକ ବସ୍‌ରେ ଯାତ୍ରା ଇତ୍ୟାଦି ହିସାବ କଲେ ଠିକ୍ ଲାଗେ।

ଅବଶ୍ୟ ୨୫ ଦିନ ଧରି ସବୁ ଜିନିଷ ଠିକ୍ ଚାଲିପାରିଲା, ସେଥିପାଇଁ ଥୋମାସ୍ କୁକ୍ ଛଡ଼ା ଆଉ ଜଣେ ଟ୍ରାଭେଲ ଅପରେଟର୍ ଦାୟୀ ବୋଲି ମୁଁ ନିଶ୍ଚିତ। ଦିଲ୍ଲୀ ଏୟାରପୋର୍ଟରେ ଏତିହାଦ୍ ଫ୍ଲାଇଟ୍‌ରେ ବସି ଜଗନ୍ନାଥଙ୍କ ସହ ବୁଝାମଣା ପତ୍ର (MOU) ଅନୁସାରେ ସେ ହିଁ ଏହାର କର୍ତ୍ତା, ଏଥିପାଇଁ ଦାୟୀ। କୌଣସି ଜାଗାରେ ଦେହ ଖରାପ ହୋଇନି, କିଛି ଅସୁବିଧା ହୋଇନି। ଧନ୍ୟବାଦ୍ ପ୍ରଭୁ...।

ଶୁଭରାତ୍ରୀ ଲସ୍ ଆଞ୍ଜେଲସ୍...

■

ପବନର ସହରରେ ମେଘର ତୋରଣ ଓ ପରୀର ଅଭିସାର

୧୮.୦୭.୨୦୧୯ (ଗୁରୁବାର)

ସକାଳୁ ସକାଳୁ ଆଜି ଗାଇଡ୍‌ଙ୍କର ୱେକଅପ୍ କଲ୍ ନାହିଁ। ତରବର ହୋଇ ବ୍ରେକ୍‌ଫାଷ୍ଟ ପାଇଁ ଦୌଡ଼ିବାର ନାହିଁ, ଆଗ ଯାଇ ବସ୍‌ର ସାମ୍ନା ସିଟ୍‌ରେ ବସିବାର ଚିନ୍ତା ନାହିଁ। ଧୀରେ ସୁସ୍ଥେ ସମସ୍ତେ ଏକାଠି ବସି ଗପସପ କରି ବ୍ରେକ୍‌ଫାଷ୍ଟ ନେଲୁ। ଅଠର ଦିନର ଯାତ୍ରା ଶେଷ। ଖରାପ ଲାଗୁଥାଏ ସମସ୍ତଙ୍କ ମୁହଁକୁ ଦେଖି। ତାମିଲନାଡୁର ଦୁଇ ଆନ୍ନା ଓ ଦୁଇ ଆକ୍କା (ସେମାନଙ୍କ ସ୍ତ୍ରୀ ଦୁହେଁ)ମାନଙ୍କ ସହିତ ମୋର ଟିକିଏ ଆତ୍ମୀୟତା ବଢ଼ିଯାଇଥିଲା। ଦି'ଜଣ ଯାକ ସୁନା ଅଳଙ୍କାର ବ୍ୟବସାୟୀ। ହିନ୍ଦୀ, ଇଂଲିଶ, ଜାଣନ୍ତିନି। ଗୋଟେ ଗୋଟେ ଇଂଲିଶ ଶବ୍ଦ କହନ୍ତି। ବାକି ସମସ୍ତେ ପାଠପଢୁଆ, ଉତ୍ତର ଭାରତୀୟ। ଦୁଇ ଆନ୍ନାଙ୍କର ମୁଁ ଇଣ୍ଟରପ୍ରିଟର ହୋଇଯାଇଥିଲି। ସବୁ ଜାଗାରେ ଏକାଠି ବୁଲୁ। ସେମାନଙ୍କୁ ଛାଡ଼ିବା ପାଇଁ ଦୁଃଖ ଟିକେ ଅଧିକ ଲାଗିଲା। ଆଉ ବୋଧେ ଜୀବନରେ ଦେଖା ହେବନି। ୧୮ ଦିନର ସାହଚର୍ଯ୍ୟ ବୋଧେ କେଉଁ ଜନ୍ମରୁ ଆମ ଟାଇମ୍ ଲାଇନ୍‌ରେ ଲେଖା ହୋଇଥିଲା। ଯାକୁ ଇ କହନ୍ତି ଜୀବନ। ଷ୍ଟପେଜ୍ ଆସିଲେ ଓହ୍ଲାଇଯିବା କଥା, ବାକି ଯାତ୍ରୀଙ୍କୁ ଛାଡ଼ି। ପୁଣି କେବେ କେଉଁ ମୋଡ଼ରେ ଦେଖା ହେବ କିଏ ଜାଣେ ? ?

ଦିନ ୧୧ଟାରେ ହୋଟେଲ ଛାଡ଼ି LA ଏୟାରପୋର୍ଟ ପହଞ୍ଚିଲୁ। ସମସ୍ତଙ୍କର ଇଣ୍ଡିଆ ଫ୍ଲାଇଟ୍ ଅପରାହ୍ନ ୪ଟାରେ ଥିଲା। ତେଣୁ ତାଙ୍କ ପାଇଁ ସମୟ ଠିକ୍ ଥିଲା। ମୋର ସିକାଗୋ ଫ୍ଲାଇଟ୍ ସନ୍ଧ୍ୟା ୭ଟାରେ। ତେଣୁ ବହୁତ ସମୟ ଅପେକ୍ଷା କରିବାକୁ ପଡ଼ିବ। ବୋର୍ଡ଼ିଂ ସମୟରେ ଗୋଟେ ନୂଆ କଥା ଦେଖିଲି। ପ୍ରଥମେ Active Duty

Military Personnel (ସକ୍ରିୟ ସେନା କର୍ମଚାରୀ)ଙ୍କର ବୋର୍ଡ଼ିଂ ଅଧିକାର। ଆମେରିକାର ବିମାନ ବୋର୍ଡ଼ିଂ ପଲିସି ଅନୁସାରେ ଫାର୍ଷ୍ଟକ୍ଲାସ୍ ଯାତ୍ରୀମାନଙ୍କ ପରେ ପରେ US ମିଲିଟାରି ଓ ତା'ପରେ ବିଜିନେସ୍ କ୍ଲାସ୍ ଇତ୍ୟାଦି। ବୋର୍ଡ଼ିଂ ପାଇଁ ଜଣେ ଦିଜଣ ମିଲିଟାରି ଲୋକ ଗଲାବେଳକୁ ଅନ୍ୟ ଯାତ୍ରୀମାନେ ସିଟ୍‌ରୁ ଛିଡ଼ାହୋଇ ସମ୍ମାନ ଜଣାଉଥାନ୍ତି। ଆମେରିକାନ୍ ସୋସାଇଟି ସେନାକୁ କେତେ ସମ୍ମାନ ଦିଏ !

ସିକାଗୋ ଏଠୁ ଚାରି ଘଣ୍ଟାର ଉଡ଼ାଣ। ସନ୍ଧ୍ୟ ୭.୩୦ରେ ବସିଲେ ରାତି ୧.୩୦ରେ ପହଞ୍ଚିବ। LA ତୁଳନାରେ ସିକାଗୋର ସମୟ ଦୁଇଘଣ୍ଟା ଆଗୁଆ। ତେଣୁ ମିଶାଣ ଗଣ୍ଡଗୋଳ !! ଫ୍ଲାଇଟ୍ ଛାଡ଼ିଲା ଆଗରୁ ମୋ ସାନଭାଇ ରଞ୍ଜୁ (ଜ୍ଞାନରଞ୍ଜନ ପଟ୍ଟନାୟକ)କୁ ଫୋନ୍ କରିଦେଇଥିଲି। ସେ ଆସି ଏୟାରପୋର୍ଟରେ ଅପେକ୍ଷା କରିଥିଲା। ରାତି ଗୋଟାଏ ବେଳେ ଏୟାରପୋର୍ଟରେ ବେଶ୍ ଗରମ। ଏଠିକାର ଏୟାରପୋର୍ଟର ନାଁ O'Hare International Airport. ରଞ୍ଜୁ ବ୍ୟାଗେଜ୍ କ୍ଲେମ୍ ଏରିଆରେ ହିଁ ଅପେକ୍ଷା ରହିଥିଲା। ବେଶ୍ ସହଜରେ ପାଇଗଲୁ ପରସ୍ପରକୁ। ତା'ଘର ସିକାଗୋରୁ ୪୦କି.ମି. ଦୂର ନାପରଭିଲ୍ , ଏକ ଛୋଟ ସହରରେ। ରାତି ବେଶି ହୋଇଯାଇଥିଲା। ରାସ୍ତା ଖାଲି ଥିଲା। ଘଣ୍ଟାଏରେ ପହଞ୍ଚିଗଲୁ ତା' ଘରେ। ଚାରିଘଣ୍ଟାର ବିମାନ ଯାତ୍ରାରେ ଅଣ୍ଟା, ପିଠି ଦରଜ ହୋଇଯାଇଥିଲା। ଶୋଇପଡ଼ିଲୁ।

୨୦.୦୭.୨୦୧୯ (ଶନିବାର)

ପରଦିନ ସକାଳୁ ଡେରିରେ ଉଠିଲି। ଆଜି ଆମେରିକାରେ ମୋ ପାଇଁ ଗୋଟେ ନୂଆ ସକାଳ। ନ୍ୟୁୟର୍କ, ଆଲବାନୀ, ଥୋମାସ୍ କୁକ୍ ଦିନ ସବୁ ପରେ ମୋ ଯାତ୍ରାର ଚତୁର୍ଥ ପାହାଚ। ଏବେ ୮-୧୦ ଦିନ ଖାଲି ବିଶ୍ରାମ।

ରଞ୍ଜୁ ଘରର ଠିକଣା – 1047, Thakery Lane, Napervill, IL, 60564

ଗୁଗୁଲ୍ ମ୍ୟାପ୍‌ର ଷ୍ଟ୍ରିଟଭିୟୁରେ ଏଇ ଠିକଣା ମାରି ତା ଘର ଚାରିପଟ ଦେଖି ଦେଇଥିଲି ଭିସା ମିଳିଲା ଦିନଠୁ। ଆଜି ସ୍ୱଚକ୍ଷୁରେ ଦେଖିବାର ଥିଲା।

ପ୍ରାୟ ଏକ ଏକର ଜମିରେ ଦୁଇ ମହଲା ବିଶିଷ୍ଟ ଏକ 4BHK ଘର (ଅବଶ୍ୟ ବେସ୍‌ମେଣ୍ଟ ବି ରହିଛି)। ଘରେ ଆମ ବୋହୂ ସୁଜାତା, ସାନପୁଅ ଶିବମ୍ ରହନ୍ତି। ବଡ଼ପୁଅ ସୁରଜ ଡେଟ୍ରଏଟରେ ମାଷ୍ଟର୍ସ କରେ। ମଝିଆଁ ପୁଅ ସୌରଭ SFO ରେ Wells Fargo କମ୍ପାନୀରେ ଚାକିରି କରେ। ସୁଜାତା ଏକ ଇନ୍‌ସ୍ୟୁରାନ୍ସ କମ୍ପାନୀରେ ସଫ୍ଟୱେର ଇଞ୍ଜିନିୟର। ସପ୍ତାହରେ ୪ ଦିନ ଘରୁ କାମ କରି ଗୋଟେ ଦିନ ଅଫିସ ଯିବାକୁ ପଡ଼େ। ରଞ୍ଜୁ ପ୍ରସିଦ୍ଧ ଟେଲିକମ୍ କମ୍ପାନୀ AT & T ର VP ପଦବୀରୁ ଅବସର

ପ୍ରାପ୍ତ। ଏବେ ଆମାଜନ୍‌ର ଲଜିଷ୍ଟିକ୍ ପାର୍ଟନର୍। ସୁଖର ସଂସାର। ପୂରା ପରିବାର ସ୍ୱାମୀ ଚିନ୍ମୟାନନ୍ଦଙ୍କର ଅନୁଗାମୀ, ଚିନ୍ମୟ ମିଶନ୍, ସିକାଗୋର ସକ୍ରିୟ ସଭ୍ୟ। ସୁରଜ ଇଣ୍ଡିଆନ୍ କ୍ଲାସିକାଲ ମ୍ୟୁଜିକ୍ ଶିଖେ। ସୁନ୍ଦର ଓଡ଼ିଆ, ହିନ୍ଦୀ ଭଜନ ବୋଲେ। ସଂସ୍କୃତ ଶ୍ଳୋକ ଶୁଦ୍ଧ ଆବୃତ୍ତି କରେ। ଶିବ, ଗଣେଶ ଭଜନ ତା'ର ପ୍ରିୟ। ତା'ର କାର୍‌ର ପେନ୍‌ଡ୍ରାଇଭ୍‌ରେ କେବଳ ଭଜନ ଓ ଶ୍ଳୋକ। ଉପନିଷଦ, ଗୀତା ପଢ଼େ ଓ ଚିନ୍ମୟ ମିଶନରେ ଛୋଟ ପିଲାଙ୍କର କ୍ଲାସ୍ ନିଏ। ଏତେ କମ୍ ବୟସରେ, ଆମେରିକାରେ ଜନ୍ମ ଓ ବଡ଼ହୋଇ ଏତେ ଈଶ୍ୱର ପ୍ରାଣ ହେବା ସାଧାରଣ ନୁହେଁ ନିଶ୍ଚିତ। ଭଗବତ୍ କୃପା କୁହାଯାଇପାରେ। ସେ ଭଲ ଓଡ଼ିଆ କହେ। ଶିବମ୍ ସ୍କୁଲରେ ପଢୁଛି। ଓଡ଼ିଆ ପୂରା ବୁଝେ, କିନ୍ତୁ ଅଳ୍ପ ଅଳ୍ପ କହେ। ଓଡ଼ିଆ, ଇଂଲିସ୍ ଶବ୍ଦ ଯୋଡି ରାପ୍ ଗୀତ ଲେଖେ ଓ ଗାଏ। ଭଲ ରାପର ହେବା ତା'ର ଲକ୍ଷ୍ୟ।

ଘର ସାମ୍ନାରେ ଓ ପଛରେ ମନଲୋଭା ଘାସର ଲନ୍। ମଝିରେ ମଝିରେ ରଞ୍ଜୁ ବା ଶିବମ୍ ମେସିନ୍‌ରେ ଘାସ କାଟନ୍ତି। ବେଶ୍ ସହଜ। ମୁଁ ବି ଦିନେ ଶିବମ୍‌ର ଆସିଷ୍ଟାଣ୍ଟ ହୋଇ ଘାସ କାଟିବା ଶିଖିଲି! ପଛପଟ ପାଟିଓରେ ସକାଳୁ ପାଣି ଖରା ପଡ଼େ। କଅଁଳିଆ ଖରାରେ ବସି ଚା'ପିଇବା ଗୋଟେ ଲୋଭନୀୟ ନିତ୍ୟକର୍ମ। ବାକିତକ ଦିନ ପାଇଁ ଏଇ ଅଭ୍ୟାସଟା ହୋଇଗଲା। ଚା' କପ୍‌ରେ ମୁଁ ଅଧା କପ୍ ଚା' ପିଏ ବୋଲି ରଞ୍ଜୁ ଓ ସୁଜାତା ହସନ୍ତି। କିନ୍ତୁ ଠିକ୍ ସମୟରେ ମୋର Exact ଟେଷ୍ଟର ଚା' କରି ଦିଅନ୍ତି, ଦିନକୁ ୩-୪ ଥର। ଘର ପଛପଟେ ଗୋଟେ ଛୋଟ ଝରଣା ଓ ୧୦୦-୧୫୦ ଫୁଟ୍‌ର ଏକ Green Belt ଜଙ୍ଗଲ। ତା'ପରେ ହାଇୱେ। ଗ୍ରୀନ୍‌ବେଲ୍‌ଟର ଗଛଗୁଡ଼ିକ ପାଇଁ ଗାଡ଼ି ମଟର ଶବ୍ଦ ଶୁଭେନି।

ମୁଁ ପହଞ୍ଚିଲା ବେଳକୁ ଭୁବନେଶ୍ୱରର ଜଣେ ଯୁବ ଚିତ୍ରକର ସୁଧୀର ମହାରଥା ରଞ୍ଜୁ ଘରେ ଅତିଥି। OSA (Orissa Society of Americas)ର ବାର୍ଷିକ ଉତ୍ସବରେ ଯୋଗ ଦେବା ପାଇଁ ଆସିଥିଲେ। ଉତ୍ସବ ପରେ ନାପରଭିଲ୍‌ର ଓଡ଼ିଆମାନଙ୍କ ଅନୁରୋଧରେ ରହି ପିଲାମାନଙ୍କୁ ପଟ୍ଟଚିତ୍ର ଓ ଓଡ଼ିଶୀ ମୂର୍ତ୍ତି କଳା ଶିଖାଉଛନ୍ତି। ରଞ୍ଜୁର ବେସ୍‌ମେଣ୍ଟରେ କ୍ଲାସ୍ ହେଉଛି। ଛୋଟ ଛୋଟ ପିଲାଙ୍କର ଭିଡ଼ ହେଉଛି।

ପ୍ରଧାନୀ ବାବୁଙ୍କ ଠାରୁ ଶୁଣିଥିଲି ଆମ ନାଲ୍‌କୋର ପୂର୍ବତନ ସହକର୍ମୀ ନୀଳମାଧବ ନନ୍ଦ (ସଫ୍ଟୱେର ଇଞ୍ଜିନିୟର) ସିକାଗୋରେ ରହନ୍ତି। ରଞ୍ଜୁ ତାଙ୍କୁ ଚିହ୍ନିଚି ବୋଲି କହିଲା। ୧୯୯୫ ପରେ ସେ ନାଲ୍‌କୋ ଛାଡ଼ି ଆମେରିକା ଚାଲି ଆସିଥିଲେ। ୨୫ ବର୍ଷ ହେଲା ଦେଖା ସାକ୍ଷାତ ବା ଯୋଗାଯୋଗ ନଥିଲା। ଫୋନ୍ ଲଗାଇଲୁ। ସାଙ୍ଗେ ସାଙ୍ଗେ ଚିହ୍ନି ପକାଇଲେ। ବହୁତ ଖୁସୀ ହେଲେ। କାଲି ଦେଖା ହେବ ବୋଲି କହିଲେ।

ପରଦିନ ଶନିବାର। ଏଠି 5 Day Week ରେ ଶନିବାର, ରବିବାର ଦି'ଦିନ ଛୁଟୀ। ଭାରତୀୟମାନଙ୍କର ସପ୍ତାହ ଯାକର, ବାହାଘର, ବ୍ରତ, ଠାକୁର ପୂଜା, ଜନ୍ମଦିନ, ସାଂସ୍କୃତିକ କାର୍ଯ୍ୟକ୍ରମ ସବୁ ଏଇ ଦି'ଦିନ ପାଇଁ ଥାଏ। ରଥଯାତ୍ରା ବି ରବିବାର ହୁଏ। ଜଣେ ଓଡ଼ିଆ ଭଦ୍ରବ୍ୟକ୍ତିଙ୍କ ଝିଅର ଗ୍ରାଜୁଏସନ ସେରିମନି ପାଇଁ ଏକ ପାର୍ଟି ଅଛି ଆଜି ସନ୍ଧ୍ୟାରେ। ସିକାଗୋର ସବୁ ଓଡ଼ିଆମାନଙ୍କୁ ନିମନ୍ତ୍ରଣ ହୋଇଛି। ସନ୍ଧ୍ୟାବେଳେ ନିକଟସ୍ଥ କମ୍ୟୁନିଟି ହଲ୍‌ରେ ଆଖପାଖର ସବୁ ଓଡ଼ିଆ ପରିବାର ଏକାଠି ହୋଇଛନ୍ତି। ଆମର ଯେକୌଣସି ପାରିବାରିକ ଉତ୍ସବ ପରି ହୋ ହଲ୍ଲା ଚାଲିଥାଏ। ପୃଥିବୀର ଆରପଟେ ଏତେ ଓଡ଼ିଆ ଏକସଙ୍ଗେ ଦେଖି ଖୁସୀ ଲାଗିଲା। କେତେଜଣ ଘନିଷ୍ଠ ବନ୍ଧୁଙ୍କର ଆତ୍ମୀୟମାନଙ୍କ ସହିତ ବି ଦେଖାହେଲା। ଏଇଠି ରହିଯାଇଛନ୍ତି ସ୍ଥାୟୀ ଭାବରେ। ନନ୍ଦବାବୁଙ୍କ ସହିତ ୨୫ ବର୍ଷ ପରେ ଏତେ ଦୂରରେ ଦେଖାହେବା ଏକ ବହୁତ ବଡ଼ ଅନୁଭବ।

ଗ୍ରାଜୁଏସନ୍ ସେରିମନି ମୋ ପାଇଁ ଏକ ନୂଆ ଜିନିଷ। ଆମେରିକାରେ ପିଲା ସ୍କୁଲ (୧୦+୨) ପାଠ ସାରିଲେ Under Graduate (UG) କୋର୍ସ ପାଇଁ (University, କଲେଜ) ଯା'ନ୍ତି। କଲେଜକୁ ଉତ୍ତୀର୍ଣ୍ଣ ହେବା ଜୀବନର ଏକ ଗୁରୁତ୍ୱପୂର୍ଣ୍ଣ ଘଟଣା ବୋଲି ଧରାଯାଏ। ସାଧାରଣତଃ ୟୁନିଭର୍ସିଟି ପାଠ ପାଇଁ ଅନ୍ୟ ସହରକୁ ଯିବାକୁ ପଡ଼େ। ହଷ୍ଟେଲ କିମ୍ବା ନିଜେ ଘର ନେଇ ରହିବେ। ପ୍ରାପ୍ତ ବୟସ୍କ ହୋଇଯାଇଥିବାରୁ ବୟଫ୍ରେଣ୍ଡ /ଗାର୍ଲଫ୍ରେଣ୍ଡ ଯୋଗାଡ଼ କରିବେ। ବାପ ମା'ଙ୍କ ସଂସାରରୁ ନାହି ନାଡ଼ କାଟି ନିଜେ ସ୍ୱାଧୀନ ଭାବେ ଜୀବନ ଯାପନ କରିବେ। ଏଠି କଲେଜ ପାଠ ବଡ଼ ମହଙ୍ଗା। ସାଧାରଣତଃ ଆମେରିକାନ୍‌ମାନଙ୍କର ଏତେ ସେଭିଙ୍ଗସ୍ (ସଞ୍ଚୟ) ନଥାଏ ଏତେ ପଇସା ଦେବାପାଇଁ। ତେଣୁ ପିଲାମାନେ ନିଜେ ପାର୍ଟଟାଇମ୍ ଜବ୍ କରି ପଇସା ରୋଜଗାର କରନ୍ତି ବା ଷ୍ଟଡ଼ି ଲୋନ୍ କରନ୍ତି। ବାପା ମା' କିଛି ସାହାଯ୍ୟ କରିପାରନ୍ତି, ମାତ୍ର ନିଜେ ରୋଜଗାର କରି ପାଠପଢ଼ିବା ସେମାନଙ୍କ ପାଇଁ ଆତ୍ମସମ୍ମାନର କଥା। କିନ୍ତୁ ଭାରତୀୟ ପରିବାରରେ ପିଲାମାନେ ବେଶ୍ ଆର୍ଥିକ ସୁରକ୍ଷା ଉପଭୋଗ କରନ୍ତି ବାପା ମା'ଙ୍କ ତରଫରୁ। ବାପା, ମା' ପିଲାଙ୍କ ପାଠପଢ଼ା ପାଇଁ ଶକ୍ତି ମତେ ଖର୍ଚ୍ଚ କରନ୍ତି। ଏ ମୂଲ୍ୟବୋଧ ବୋଧେ ଗୋଟେ ଦି'ଟା ଜେନେରେସନ୍ ପାଇଁ ରହିବ। ତା'ପରେ ସେମାନେ ଆମେରିକାନ୍ Bolling Pot ରେ ମିଶିଯିବା ସ୍ୱାଭାବିକ୍।

ପାର୍ଟିରେ ସେ ଝିଅର ସାଙ୍ଗମାନେ ଗୀତ ବୋଲିଲେ, ମଜା ମଜା କଥା ତା' ବିଷୟରେ କହିଲେ। ଖାଇବା ପୂରା ଇଣ୍ଡିଆନ୍ ମେନୁ।

ତା' ପରଦିନ ନନ୍ଦବାବୁ ଆସି ମତେ ଜଗନ୍ନାଥ ମନ୍ଦିର ଦର୍ଶନ କରେଇବାର ପ୍ରୋଗ୍ରାମ୍ ରହିଲା।

୨୧.୦୭.୨୦୧୯ (ରବିବାର)

ଲଞ୍ଚ୍ ପରେ ନନ୍ଦବାବୁଙ୍କ ସହିତ ଜଗନ୍ନାଥ ମନ୍ଦିର ଗଲି। ନାପରଭିଲ୍ ନିକଟସ୍ଥ ଆଉ ଏକ ଛୋଟ ସହର ଆରୋରା (Aurora) ରେ ସିକାଗୋର ଓଡ଼ିଆମାନେ ଜଗନ୍ନାଥ ମନ୍ଦିର ପ୍ରତିଷ୍ଠା କରିଛନ୍ତି। ନନ୍ଦବାବୁ ମନ୍ଦିରର ମୁଖ୍ୟ କର୍ଣ୍ଣଧାର। ତାଙ୍କର ଘର ପୁରୀ। ସେ ଓ ଶ୍ରୀମତୀ ନନ୍ଦ ଅତ୍ୟନ୍ତ ଜଗନ୍ନାଥ ପ୍ରାଣ। ଏଠିତ ସପ୍ତାହସାରା ମନ୍ଦିର ବନ୍ଦ। କେବଳ ରବିବାରରେ ଖୋଲା। ସେ ଦି'ଜଣ ୫୦ କି.ମି. ଦୂର କେରୀରୁ ମନ୍ଦିର ଖୋଲିବା ପାଇଁ ଆସନ୍ତି। ଆସନ୍ତି ଆଉ ଜଣେ ଗୁଜୁରାଟି ବ୍ରାହ୍ମଣ। ଅନ୍ୟ ଓଡ଼ିଆ ଭକ୍ତମାନେ ଆସନ୍ତି, ଗାଡ଼ିପୂଜା, ଜନ୍ମଦିନ ପୂଜା, ମାନସିକ ଇତ୍ୟାଦି ପାଇଁ। ଆଜି ଆଉ ଜଣେ ଓଡ଼ିଆ ନୂଆ ଗାଡ଼ି ପୂଜା ପାଇଁ ଆସିଛନ୍ତି। ପୂଜା ଶେଷରେ ପ୍ରସାଦ ସେବନର ବନ୍ଦୋବସ୍ତ ଅଛି। ଭକ୍ତମାନେ ଘରୁ କିଛି କିଛି ଆଇଟମ୍ ତିଆରିକରି ଆଣିଥାନ୍ତି। ବେସ୍‌ମେଣ୍ଟରେ ଆନନ୍ଦ ବଜାର। ପ୍ରସାଦ ସେବନ ଏକାଠି ହୁଏ। ସମସ୍ତେ ତଳେ ବସି କଦଳୀ ପତ୍ରରେ ଖା'ନ୍ତି। ଶ୍ରୀମତୀ ନନ୍ଦ ଆଣିଥିବା କ୍ଷୀରୀ ଓ ଅନ୍ୟ ଭକ୍ତ ଜଣଙ୍କ ଆଣିଥିବା ଆମ୍ବଖଟା ମୁଖ୍ୟ ଆକର୍ଷଣ ଥିଲା।

ଜଗନ୍ନାଥ ମନ୍ଦିରଟି ଏକ Ranch Type ର ଏକ ମହଲା ଘର। ଅବଶ୍ୟ ବେସ୍‌ମେଣ୍ଟ ବି ଅଛି। ପ୍ରସାଦସେବନ ବେସ୍‌ମେଣ୍ଟରେ ହୁଏ। ଆଗରେ ପଛରେ ଯଥେଷ୍ଟ ଖାଲି ଜାଗା ସୁନ୍ଦର ଘାସର ଲନ୍ ସହିତ। ମନ୍ଦିରରେ ପୁରୀରୁ ତିଆରି ଚତୁର୍ଦ୍ଧା ମୂରତୀ ଶୋଭା ପାଉଛନ୍ତି। ଉପରେ ନୀଳଚକ୍ର ବାନା ଉଡୁଛି। ଛୋଟ ଏକ ରଥ ତିଆରି କରି ରଖିଛନ୍ତି। ରଥଯାତ୍ରା ହେଉଛି। କିନ୍ତୁ ସେଇ ରବିବାରରେ...। ଅନ୍ୟ ଦିନରେ ଆମେରିକାରେ ସର୍ବସାଧାରଣ ଉତ୍ସବ ପାଳନ କରିବା ସମ୍ଭବ ନୁହେଁ। ଅରୋରାରୁ ନନ୍ଦବାବୁଙ୍କ ଗାଁ (ସହର!) କେରୀ (Cary) ୫୦କିମି ଦୂର। ସବୁ ରବିବାର ଝଡ଼, ବର୍ଷା, ଶୀତ, କାକର ବା ବରଫ ଝଡ଼ ଭିତରେ ବି ଦି'ପ୍ରାଣୀ ମନ୍ଦିର ଖୋଲନ୍ତି ଆଉ କେହି ଆସନ୍ତୁ ବା ନ ଆସନ୍ତୁ।

ଜଗନ୍ନାଥ ମନ୍ଦିର କାମସାରି ନନ୍ଦବାବୁ ମତେ ନେଲେ ଶ୍ରୀ ଭେଙ୍କଟେଶ୍ୱର ସ୍ୱାମୀ ମନ୍ଦିର (SVS Temple)। ବିରାଟ ଜାଗାରେ ବିରାଟ ମନ୍ଦିର। ଭାରତର ସବୁ ପ୍ରାନ୍ତର ଭକ୍ତମାନେ ଏଠି ଭର୍ତ୍ତି। ଏତେ ସୁନ୍ଦର ମନ୍ଦିର, ଦେଖିଲେ ମନ ଖୁସୀ ହୋଇଯିବ। ଅତିସୁନ୍ଦର ଡିଜାଇନ୍। ଦକ୍ଷିଣ ଭାରତୀୟ ଶୈଳୀରେ ମନ୍ଦିର ଓ ମୂର୍ତ୍ତି ସବୁ ତିଆରି

ହୋଇଛି। ପୂଜାରୀମାନେ ବି ଖାଣ୍ଟି ଦେଶୀ ପୂଜାରୀ। ଚର୍ତୁପାର୍ଶ୍ୱର ଲ୍ୟାଣ୍ଡ ସ୍କେପିଂ ମନ୍ଦିରଟିକୁ ଆହୁରି ଆକର୍ଷଣୀୟ କରିଛି। ତଳ ମହଲାରେ ଏକ ରେଷ୍ଟୁରାଣ୍ଟ। କମ୍ ପଇସାରେ ଦୋଷା, ଇଡ୍‌ଲିର କ୍ୱାଲିଟି ବେଶ୍ ଭଲ। ସନ୍ଧ୍ୟାବେଳେ ପ୍ରାୟ ସବୁ ସିଟ୍ ଭର୍ତ୍ତି। ଦୋଷା ଖାଇଲୁ। ଖୁବ୍ ଭଲ ଲାଗିଲା।

୨୩.୦୭.୨୦୧୯ (ମଙ୍ଗଳବାର)

ଆଜି ସନ୍ଧ୍ୟାବେଳେ ନିମନ୍ତ୍ରଣ ଅଛି ରଞ୍ଜୁର ଫାମିଲି ଫ୍ରେଣ୍ଡ, ଶ୍ରୀ ମଧୁସୂଦନ ଖୁଣ୍ଟିଆଙ୍କ ଘରୁ। ତାଙ୍କ ଶ୍ରୀମତୀଙ୍କ ନାମ ଭାରତୀ, ସମସ୍ତଙ୍କର ଭାରତୀ ଅପା। ଶ୍ରୀ ଖୁଣ୍ଟିଆ REC, ରାଉରକେଲାରୁ ଇଞ୍ଜିନିୟରିଂ ପାସ୍ କରି ଏଇଠି MS କରିଛନ୍ତି। କିଛିଦିନ IIT Delhi ରେ ଅଧ୍ୟାପନା କରୁଥିଲେ। ତାଙ୍କ ପ୍ରଫେସରଙ୍କ ଠାରୁ ଡାକରା ପାଇ ପୁଣି ଏଠିକି ଚାଲି ଆସିଥିଲେ। ପୁଅ ପଢ଼ା ପରେ ଚାକିରି କରୁଛି। ଝିଅ UG କରୁଛି। ମଧୁବାବୁ ଏବେ ଏକ ନ୍ୟୁକ୍ଲିଅର ପାୱାର କମ୍ପାନୀରେ ବରିଷ୍ଠ ଇଞ୍ଜିନିୟର। ସନ୍ଧ୍ୟାବେଳେ ଘର ପଛ ପାଟିଓରେ ବସି, ଗରମାଗରମ ବରା, ମଟର ତରକାରୀର ମଜ୍ଜା ନେଲୁ। ରାତିରେ ଡିନର। ଛ'ତିଅଣ ନ'ଭଜା କରିଥିଲେ ଭାରତୀ ଅପା। ତାଙ୍କ ଟିଭିରେ ସବୁ ଓଡ଼ିଆ ଚାନେଲ ଚାଲୁଛି। କଟକରେ ବସି ଦେଖିଲାପରି ଲାଗିଲା। ମଧୁବାବୁଙ୍କ ସହ ଅନେକ ସମୟ ଓଡ଼ିଶା କଥା, REC କଥା ଗପସପ ହେଲା। ମୋର ନାଲ୍‌କୋର ବନ୍ଧୁ ଶ୍ରୀ ପୂର୍ଣ୍ଣ ଚନ୍ଦ୍ର ସେଠୀ, ସୁବ୍ରତ କର, ଦେବଦତ୍ତ ପଟ୍ଟନାୟକ ସବୁ ତାଙ୍କର କ୍ଲାସ୍‌ମେଟ୍ ଓ ଘନିଷ୍ଠ ବନ୍ଧୁ। ଓଡ଼ିଶା ଆସିଲେ ସମସ୍ତଙ୍କ ସହିତ ଦେଖାକରି ଆସନ୍ତି। ବରିଷ୍ଠ ଆଇଏଏସ୍ ଶ୍ରୀ ମଧୁସୂଦନ ପାଢ଼ୀ ବି କ୍ଲାସମେଟ୍। ଦିହେଁ ମଇତ୍ର ଡକାଡକି ହୁଅନ୍ତି। ଆମେରିକାରେ ଏତେଦିନ ରହିଲା ପରେ ଖୋର୍ଦ୍ଧା ଗାମୁଛାର ମୋହ କିନ୍ତୁ ତୁଟିନି। ଓଡ଼ିଆତ୍ୱ ଟିକିଏ ବି କମିନି। ଖାଣ୍ଟି ଓଡ଼ିଆ ସତରେ...

୨୫.୦୭.୨୦୧୯ (ଗୁରୁବାର)

ଦୁଇ ତିନି ଦିନ ହୋଇଗଲାଣି ଘରେ ବସି ବସି। ଅବଶ୍ୟ ସନ୍ଧ୍ୟାବେଳେ ରଞ୍ଜୁ କିମ୍ବା ସୁଜାତାଙ୍କ ସହିତ Wall Mart କିମ୍ବା Costco ଡିପାର୍ଟମେଣ୍ଟାଲ ଷ୍ଟୋର ଗଲେ ଘଣ୍ଟେ ଦୁଇଘଣ୍ଟା ମଜ୍ଜାରେ କଟିଯାଏ, ଏତେ ଲୋକ, ଏତେବଡ଼ ଷ୍ଟୋର୍, ଏତେ ଜିନିଷ ଦେଖି ଦେଖି। ହଠାତ୍ ଆଜି ଭାବିଲି ନାପରଭିଲ ତ କାର୍‌ରେ ବୁଲିଲିଣି, ସାଇକେଲରେ ବା ପାଦରେ ଗୋଟେ ଅଭିଯାନ କରାଯାଉ ଅନିର୍ଦ୍ଦିଷ୍ଟ ଲକ୍ଷ୍ୟ ନେଇ। ରାସ୍ତା ତ ଦେଖିନି, ହଜିଯିବାର ଭୟ ରହିଛି। ତଥାପି ମୋବାଇଲ ତ ପାଖରେ ଅଛି,

ହଜିଲେ ରଞ୍ଜୁ କିମ୍ବା ସୁଜାତା ରେସ୍‌କ୍ୟୁ କରିଦେବେ। ତାଙ୍କ କଲୋନୀ ଛାଡ଼ି ଟିକେ ଦୂରକୁ ଶିବମ୍‌ର ସାଇକେଲ ନେଇ ବାହାରିଲି। ଦେଖିଲି HT Line ତଳେ ତଳେ ଗୋଟେ ପତଳା ପିଚୁରାସ୍ତା ଅଛି। ଗାଡ଼ି ମଟର ଯା'ଆସ ନାହିଁ। କେବଳ ସନ୍ଧ୍ୟା ଭ୍ରମଣକାରୀମାନେ ଜଗିଙ୍ଗ ବା ସାଇକ୍ଲିଂ କରୁଛନ୍ତି। ପାଦରେ ବି ଅନେକ ଚାଲୁଛନ୍ତି। ଏଇ ରାସ୍ତାଟି ଠିକ୍ ହେବ। HT ଲାଇନ୍‌ର ଦି'ପଟେ ୨୦୦ ମିଟର ଛାଡ଼ି ଘର ସବୁ। ମଝିରେ ମାନିକିଓର୍ଡ଼ ଘାସର ଲନ୍। ସୁନ୍ଦର ଭାବେ ବଡ଼ ଯତ୍ନରେ କଟାଯାଇଛି। ସବୁଜ ଘାସର ଲନ୍, ଜଗିଙ୍ଗ ଟ୍ରାକ୍ ସହିତ ଲମ୍ବିଯାଇଛି କାହିଁ କେତେ ଦୂର ଆଗକୁ। ଆଖି ପାଇଲା ଯାଏ। କିନ୍ତୁ କେତେବାଟ ! ସାଇକେଲ ଚଳେଇ ପ୍ରାୟ ୩-୪ କି.ମି ଆଗକୁ ଗଲି। କିନ୍ତୁ ଘାସ ପଡ଼ିଆର ଶେଷ କାହିଁ ? HT ଲାଇନ୍ ଦିଶୁଥାଏ ୪-୫ କି.ମି ଆଗକୁ ଆଗକୁ, ଆଉ ଘାସ ପଡ଼ିଆ ଦିଶୁଥାଏ ଦୂର ଦିଗ୍‌ବଳୟ ପର୍ଯ୍ୟନ୍ତ ଆଖିପାଇଲାଯାଏ। ସଞ୍ଜ ନଇଁ ଆସିଲାଣି। ଆଉ ଆଗକୁ ଯିବାକୁ ସାହସ ହେଲାନି। ଫେରିଲି। ମନେ ପଡ଼ିଗଲା ପିଲାଦିନ କଥା। ଥରେ ବର୍ଷାଦିନେ ସ୍କୁଲରୁ ମୁଣ୍ଡିଆ ଉପରେ ଆସୁଥିଲି ଏକାଏକା, ୪ଟା ବେଳେ ଛୁଟି ହେବା ଆଗରୁ। ଚଲାମେଘଟିଏ କୁଣ୍ଡା ଝାଡ଼ିଦେଇ ଚାଲିଗଲା। କିନ୍ତୁ ଛାଡ଼ି ଦେଇଗଲା ପୂର୍ବ ଆକାଶରେ ଏକ ଇନ୍ଦ୍ରଧନୁ। ଇନ୍ଦ୍ରଧନୁର ସବୁ ରଙ୍ଗ ଗାଢ଼ ଭାବରେ ଆକାଶରେ ଆଙ୍କି ହୋଇଯାଇଥାଏ। ଇନ୍ଦ୍ରଧନୁର ଦୁଇ ପ୍ରାନ୍ତରୁ ଗୋଟିଏ ପଡ଼ିଥାଏ ଧାନ ବିଲରେ, ଆରଟି ପଡ଼ିଥାଏ ଅଂଶୁପା ଭିତରେ (ଅଂଶୁପା ହ୍ରଦ ଆମ ସ୍କୁଲର ପଡ଼ୋଶୀ)। ଦି' ଗାଁ ମଝିରେ ଦିଗନ୍ତ ବିସ୍ତାରୀ ଧାନବିଲ। ଭାବିଲି ଇନ୍ଦ୍ରଧନୁଟା ପାଖରୁ କେମିତି ଦିଶେ ? ତା' ପ୍ରାନ୍ତ ଛୁଇଁଲେ ଇନ୍ଦ୍ରଧନୁଟା ତ ମୋ ଦେହରେ ପଡ଼ିପାରନ୍ତା ! ଏମିତି ତ କେବେ କାହା ଦେହରେ ପଡ଼ିନଥିବ ! ଗୋଟେ ନୂଆ ଅଭିଜ୍ଞତା ହୁଅନ୍ତା !! ଦୌଡ଼ିଲି ଧାନ ବିଲେ ବିଲେ ବସ୍ତାନୀକୁ ପିଠିରେ ପକେଇ, ଇନ୍ଦ୍ରଧନୁକୁ ଦେଖି ଦେଖି। ହୁଡ଼ା, ପାଣି, କାଦୁଅ, ଧାନଗଛ ଭିତରେ ପଶିପଶି ଚାଲିଛି। ମାତ୍ର ଇନ୍ଦ୍ରଧନୁ ସେମିତି ଦୂରରେ ହିଁ ରହିଛି ଆକାଶରେ ଝୁଲିକରି। ପାଖ ଗାଁ ଯାଏ ଦୌଡ଼ିକରି ଗଲି। କିନ୍ତୁ ଇନ୍ଦ୍ରଧନୁର ପ୍ରାନ୍ତ ଛୁଇଁବା ନୋହିଲା। ରହିଗଲା ଆଗକୁ କେତେ ଧାନ କିଆରୀ, ରହିଗଲା ଆହୁରି କେତେବାଟ, ଇନ୍ଦ୍ରଧନୁର ଦୁଇ ପ୍ରାନ୍ତ କାହିଁ କେତେ ଦୂରେ। ସେମିତି, ଆଜି ଘାସ ପଡ଼ିଆର ଅନ୍ତ ବି ରହିଗଲା କାହିଁ କେତେଦୂରେ HT Line ତଳେ ତଳେ...

୨୮.୦୭.୨୦୧୯ (ରବିବାର)

ଆଜି ଚିନ୍ମୟ ମିଶନରେ ଆଧ୍ୟାତ୍ମିକ କାର୍ଯ୍ୟକ୍ରମ ଅଛି। ନାପରଭିଲ ଠାରୁ ଅଳ୍ପ

ଦୂର (୫୦km) Willow Brook ରେ ଚିନ୍ମୟ ମିଶନର ସିକାଗୋ ସେଣ୍ଟର। ଏକ ନିରୋଳା ଜାଗାରେ ସୁନ୍ଦର ଆଶ୍ରମଟି ଅବସ୍ଥିତ। ସ୍ୱାମୀ ଶରଣାନନ୍ଦ ଏଠିକାର ପ୍ରଧାନ ଆଚାର୍ଯ୍ୟ। ତା'ଙ୍କ ଘର ପୁରୀ। ବାଣୀବିହାରରେ ପାଠ ପଢ଼ିଛନ୍ତି। ଅତ୍ୟନ୍ତ ବିଦ୍ୱାନ ବ୍ୟକ୍ତି। କଥା ହେଲେ ମୁଣ୍ଡ ନଇଁ ଯିବ। ଆମକୁ ତାଙ୍କ ରୁମ୍‌ରେ ପ୍ରସାଦ ଦେଲେ। ଖୁସୀ ଲାଗିଲା ଯେ ଜଣେ ଓଡ଼ିଆ ସନ୍ନ୍ୟାସୀ ଚିନ୍ମୟ ମିଶନର ଏତେ ଗୁରୁତ୍ୱପୂର୍ଣ୍ଣ ଦାୟିତ୍ୱରେ ଅଛନ୍ତି।

ସନ୍ଧ୍ୟା ବେଳକୁ ନୀଳମାଧବ ନନ୍ଦ ସସ୍ତ୍ରୀକ ଆସିଲେ ମତେ ନେବା ପାଇଁ। ଅନ୍ଧ ଅନ୍ଧ ରାତି ହୋଇ ଯାଇଥିଲା କେରୀରେ ତା'ଙ୍କ ଘରେ ପହଞ୍ଚିଲା ବେଳକୁ।

୨୯.୦୭.୨୦୧୯ (ସୋମବାର)

ନନ୍ଦ ବାବୁଙ୍କ ଗାଁ (ସହର!) କେରୀ, ସିକାଗୋ ଠାରୁ ୭୫କିମି ଓ ନାପରଭିଲ ଠାରୁ ୫୦କିମି ଦୂର। ଏଠି ସେ ଏକ 4BHK ଘର କିଣିଛନ୍ତି। ସକାଳୁ ଉଠି ଦେଖେତ ବାଡ଼ିପଟେ ଆଖି ପାଇଲା ଯାଏ ମକା କ୍ଷେତ। ପ୍ରାୟ ୧୦୦ ଏକର ହେବ। ନନ୍ଦବାବୁ କହିଲେ, ଚାଷୀ ଏଠିକି ସମୁଦାୟ ୩ଥର ଆସେ। ଥରେ ଆସେ ଚାଷ କରି ମଞ୍ଜି ଲଗାଇବା ପାଇଁ। ଥରେ ଆସେ ପୋକମରା ଔଷଦ ସିଞ୍ଚିବା ପାଇଁ। ଆଉଥରେ ଆସେ ମକା କାଟି ଅମଳ କରିବା ପାଇଁ। ସବୁଥର ସେ ଏକା ଆସେ ତା'ର ଟ୍ରାକ୍ଟର ସହିତ ଅନ୍ୟାନ୍ୟ ଉପକରଣ ନେଇ।

ପ୍ରଥମ ଥର ଚାଷ କଲା ସମୟରେ ହିଁ ସେ ସାର ସହିତ ମଞ୍ଜି ଲଗାଇ ଚାଲିଯାଏ। ପାଣି ପାଗ ସୂଚନା ଅନୁସାରେ ବର୍ଷା ହେବାର କେତେ ଘଣ୍ଟା ଆଗରୁ ହିଁ ମଞ୍ଜି ଲଗାଏ। ତେଣୁ ମଞ୍ଜି ଗଜା ହେବାରେ ଅସୁବିଧା ହୁଏନି। ଜଳ ସେଚନ ପାଇଁ Soaker Hose ମାଟି ତଳେ ଲଗାଯାଇଥାଏ ବା Drip Irrigation ପାଇଁ ପାଇପ୍ ମାଟି ଉପରେ ଥାଏ। ଆବଶ୍ୟକତା ଅନୁସାରେ ପମ୍ପ ଚଳେଇଦେଲେ ଗଛକୁ ଠିକ୍ ପରିମାଣର ପାଣି ସହିତ ନ୍ୟୁଟ୍ରିଏଣ୍ଟ ମିଳିଯାଏ। ପୋକମରା ଔଷଦ ବି ସେମିତି ଥରେ ସିଞ୍ଚିଦିଏ ଟ୍ରାକ୍ଟରରୁ। ଶେଷରେ ହାର୍ଭେଷ୍ଟରରେ ଅମଳ କରେ। ଗଛ କାଟିବା; ମକାରୁ ମଞ୍ଜି ଛଡ଼େଇ ଟ୍ରକ୍‌ରେ ରଖିବା, ଗଛକୁ ଗୁଣ୍ଡ କରି କ୍ଷେତରେ ମିଶେଇବା ସବୁ କାମ ଏକାଥରକେ ହୋଇଯାଏ। କ୍ଷେତ ଚାରିପଟେ ବାଡ଼ ନାହିଁ। କେହି ପଶି ଖାଇ ଦେବାର ଡର ନାହିଁ। ମକା କ୍ଷେତରୁ ନନ୍ଦ ବାବୁଙ୍କ ଘରକୁ ଗୋଟେ ବଡ଼ ଅସୁବିଧା! ସେଠୁ ରାବିଟ୍ ଆସି ତାଙ୍କ ବାଡ଼ିରୁ କଖାରୁ ଡଙ୍କ, ପତ୍ର, ଫୁଲ, ପୋଇ ପତ୍ର, କୋଶଳା ଶାଗ, ଲେଉଟିଆ ଶାଗ ଇତ୍ୟାଦି ସବୁ ଖାଇଦିଏ। କିଚେନ୍ ଗାର୍ଡ଼େନ ଚାରିପଟେ ନାଇଲନ୍ ଜାଲ ଥିଲେ ବି ସେ ତା'ର ରାସ୍ତା ଖୋଜିନିଏ। ଆମେରିକାନ୍ ମାନେ ତ ଇଣ୍ଡିଆନ୍

ଫୁଡ୍ ପ୍ରେମରେ ପଡ଼ିଗଲେଣି, ରାବିଟ୍ ଓଡ଼ିଆ ଫୁଡ୍ ମାୟାରେ ପଡ଼ିବାରେ ଅସ୍ୱାଭାବିକତା କ'ଣ ଅଛି ? ତାକୁ ନନ୍ଦବାବୁଙ୍କ ପରିବାର କିଛି କରିପାରିବେନି। ବଣ୍ୟଜୀବ ସଂରକ୍ଷଣ ଆଇନ ଅନୁସାରେ ସେ ସଂରକ୍ଷିତ।

ଆଜି ସକାଳୁ ଏକୁଟିଆ ସିକାଗୋ ଅଭିଯାନ। ନନ୍ଦବାବୁ ମତେ କେରୀ ରେଲ୍ ଷ୍ଟେସନରେ ଛାଡ଼ିଦେଲେ। ଆମ୍‌ଟ୍ରାକ୍ ଆମେରିକାର ସବୁଠୁ ବଡ଼ ଟ୍ରେନ୍ କମ୍ପାନୀ। ଆମ୍‌ଟ୍ରାକ୍ ଟ୍ରେନ୍‌ଗୁଡ଼ିକ ଆମ ଟ୍ରେନ୍ ଅପେକ୍ଷା ୨-୩ ଫୁଟ୍ ଅଧିକ ଉଚ୍ଚ। ଟ୍ରେନ୍ ଭିତରେ ଦୁଇଟା ଲେଭେଲ। ତଳ ଲେଭେଲରେ ୨x୨ ସିଟିଂ, ଉପର ଲେଭେଲରେ ୧x୨, ଦୁଇ ଝରକା ପାଖରେ ଦୁଇଟି ସିଟ୍। ଏସି ଟ୍ରେନ୍‌ରେ ଆରାମଦାୟକ ସିଟ୍ ସବୁ। ଆମ ବିମାନ ଟିକଟ ପରି ଏଠି ଟ୍ରେନ୍ ଟିକେଟ୍ ଦାମ୍ ଦିନ ଓ ସମୟ ଅନୁସାରେ କମ୍ ବେଶୀ ହୁଏ। ସହରତଳି ଅଞ୍ଚଳରେ ଚାଲୁଥିବା ଟ୍ରେନ୍‌ଗୁଡ଼ିକ Metra Train କୁହାଯାଏ। ସିକାଗୋରେ ମେଟ୍ରା ଷ୍ଟେସନରେ ଓହ୍ଲାଇ ନିକଟରେ ଥିବା Sears Tower ଅଭିମୁଖେ ଚାଲିଲି। ଦୁଇ ତିନିଟା ଲେନ୍ ପରେ ଦେଖିପାରିଲି ଟିକେ ଦୂରରୁ। ବାଟରେ ଜଣେ ଭଦ୍ରଲୋକଙ୍କୁ ପଚାରିଲି ସିଅର୍ସ ଟାୱାର କେଉଁଠି ? ସେ ହସି ହସି କହିଲେ, "That is Willis Tower, That Black Beauty with TV Antenas is Willis"।

୧୭୨୮ ଫୁଟ ଉଚ୍ଚ ଓ ୧୧୦ ମହଲା ବିଶିଷ୍ଟ ଏଇ ସ୍କାଏ ସ୍କ୍ରାପରଟି ୧୯୭୦ରେ ଆରମ୍ଭ ହୋଇ ୧୯୭୩ରେ ଶେଷ ହୋଇଥିଲା। World Trade Centreକୁ ପଛରେ ପକାଇ ପୃଥିବୀର ଉଚ୍ଚତମ ସ୍କାଏ ସ୍କ୍ରାପର୍ ହୋଇଥିଲା ୩ ବର୍ଷ ପାଇଁ,୧୯୭୬ରେ Torontoର CNN Tower ଆସିଲା ପର୍ଯ୍ୟନ୍ତ। ଏହାର ପ୍ରଥମ ନାମ ସିଅର୍ସ ଟାୱାର ଥିଲା। ୨୦୦୯ରେ ଯାର ନାଁ ୱିଲିସ୍ ଟାୱାର ହୋଇଗଲା ମାଲିକାନା ପରିବର୍ତ୍ତନ ହେତୁ।

୧୦୩ ମହଲାରେ ଥିବା Sky Deck କୁ ଯିବା ପାଇଁ $ ୨୬.୦୦ର ଟିକେଟ୍। ଟାୱାର ଲବିର ନବୀକରଣ ହେଉଥାଏ। ତେଣୁ ଅଧିକାଂଶ ଅଂଶ ଢାଙ୍କି ହୋଇଥାଏ। ଲବିରେ ଗୋଟିଏ ମଡର୍ଣ୍ଣ ଆର୍ଟ ଭିତରେ ଗୋଟିଏ ମଣିଷ ମୁହଁର ଛାପ ବାରି ହୋଇପଡୁଥାଏ। ତଳେ ଲେଖା ଯାଇଛି 'Fazlur Rehman Khan' । କିଏ ଏହି ବ୍ୟକ୍ତି ? ଟିକେ ପରେ ଜାଣିବା। ୬୦ ସେକେଣ୍ଡରେ ଲିଫ୍ଟ ପହଞ୍ଚିଗଲା ସ୍କାଏଡେକ୍‌ରେ। ସାରା ସିକାଗୋ ସହର ପାଦ ତଳେ। ଚାରିପଟେ ୫୦ କି.ମି. ପର୍ଯ୍ୟନ୍ତ ୩ଟା ଷ୍ଟେଟ୍‌ର ନଦୀ, ହ୍ରଦ ଓ ସହର ସବୁ ଦିଶିଯାଏ। ବାମପଟେ ଦିଗନ୍ତବିସ୍ତାରୀ ମିସିଗାନ୍ ଲେକ୍। ସ୍କାଏଡେକ୍‌ରେ ତିନୋଟି Glass Observation Ledge (ପର୍ଯ୍ୟବେକ୍ଷଣ

ବାଲକୋନୀ) ବିଲ୍‌ଡିଂରୁ ଚାରିଫୁଟ୍ ବାହାରକୁ ତିଆରି ହୋଇଥାଏ। କାଚର କୋଠରି ପରି ବାଲ୍‌କୋନୀରେ ଛିଡ଼ାହୋଇ ୧୦୩ ମହଲା ତଳକୁ ଦେଖିବା ପାଇଁ ଛାତିରେ ଟିକେ ଅଧିକ ଦମ୍ଭ ଦରକାର। ଏଇ LEDGE ହେଉଛି ୱିଲିସ୍‌ର ପ୍ରଧାନ ଆକର୍ଷଣ। ଆଜି ଆକାଶ ମେଘୁଆ ଅଛି। ମଝିରେ ମଝିରେ ଧଳା ଧଳା ମେଘ ଆସି ସ୍କାଏଡେକ୍‌କୁ ଘୋଡ଼ାଇ ପକାଉଛନ୍ତି। ପୁଣି କେଇ ମିନିଟରେ ପବନରେ ଉଡ଼ିଯାଉଛନ୍ତି। ଏଇଟା ହିଁ ସିକାଗୋକୁ Windy City କହିବାର କାରଣ।

ଏଥର ଜାଣିବା ଫଜ୍‌ଲୁର ରେହମାନ୍ ଖାନ୍‌ଙ୍କୁ। ଫଜ୍‌ଲୁର ହେଉଛନ୍ତି ୱିଲିସ୍ ଟାୱାରର ଷ୍ଟ୍ରକ୍‌ଚରାଲ ଇଞ୍ଜିନିୟର, ଜନକ ବା ସୃଷ୍ଟିକର୍ତ୍ତା କୁହାଯାଇପାରେ। ସ୍କାଏ ସ୍କ୍ରାପର୍ ତିଆରି ପାଇଁ ଷ୍ଟ୍ରକ୍‌ଚରାଲ ଇଞ୍ଜିନିୟରିଂରେ Tubular Structure, ଏକ ନୂତନ କନ୍‌ସେପ୍ଟ ତାଙ୍କରି ଅବଦାନ। ସେ ୧୯୨୯ରେ ଅବିଭକ୍ତ ଭାରତର ଢାକା ନିକଟସ୍ଥ ଭଣ୍ଡାରିକାଣ୍ଡି ଗ୍ରାମରେ ଜନ୍ମଗ୍ରହଣ କରିଥିଲେ। ତାଙ୍କ ପିତା ଢାକାରେ ଜଗନ୍ନାଥ କଲେଜରେ ପ୍ରିନ୍ସିପାଲ୍ ଥିଲେ। ଫଜ୍‌ଲୁର କଲିକତାର ଶିବପୁର ଇଞ୍ଜିନିୟରିଂ କଲେଜରୁ ସିଭିଲ ଇଞ୍ଜିନିୟରିଂରେ ଡିଗ୍ରୀ ପରେ ୧୯୫୨ରେ, ଫୁଲ୍ ବ୍ରାଇଟ୍ ସ୍କଲାରସିପ୍ ପାଇ ILLINOIS University କୁ ଉଚ୍ଚଶିକ୍ଷା ପାଇଁ ଆସିଲେ। ତିନି ବର୍ଷର ପାଠ ପଢ଼ାରେ ଦୁଇଟା ମାଷ୍ଟର୍ସ ଓ ଗୋଟେ ପିଏଚ୍‌ଡି କରିଦେଲେ। ତାଙ୍କ ଜନ୍ମଭୂମି ଢାକାରେ ୩ ମହଲାରୁ ଅଧିକ ଉଚ୍ଚ ଘର ନଥିଲା ବେଳେ ସେ ଏଠି ଆସି ୧୦୦ ମହଲାର ସ୍କାଏସ୍କ୍ରାପର୍‌ର କଳ୍ପନା କଲେ। ଗୋଟେ ସମ୍ପୂର୍ଣ୍ଣ ନୂଆ ବିଦ୍ୟା 'Tubular Engineering' ର ସେ ପ୍ରବର୍ତ୍ତନ କଲେ। Computer Aided Design (CAD)ର ବିକାଶ ପାଇଁ ସେ ହିଁ ପଥ ପ୍ରଦର୍ଶକ (Pioneer)। ପୂରା ସ୍କାଏସ୍କ୍ରାପର୍‌ଟିକୁ ଗୋଟିଏ ଷ୍ଟ୍ରକ୍‌ଚର ହିସାବରେ ନ ନେଇ ଏକ ବା ଅଧିକ Tubular Structureର ସଂଯୋଜନ (Combination) ଭାବରେ ଡିଜାଇନ୍ କଲେ। ଏହା ଫଳରେ ଷ୍ଟିଲ୍ ଖର୍ଚ୍ଚ କମିଗଲା। ଗୋଟିଏ ଉଦାହରଣରୁ ବୁଝିହେବ। Empire State Building ରୁ ଅଧିକ ଉଚ୍ଚ Burj Khalifa ରେ ESB ର ଅଧା ଓଜନର ଷ୍ଟିଲ୍ ଉପଯୋଗ ହୋଇଛି। ନିରାପତ୍ତା ଉପରେ ବୁଝାମଣା ନକରି ନିର୍ମାଣ ସାମଗ୍ରୀର ଖର୍ଚ୍ଚ ଅଧା କମିଗଲା। ମଜାର କଥା, ସ୍କାଏ- ସ୍କ୍ରାପର୍‌ର ନୂଆ ଥିଓରୀ ପାଇଁ ତାଙ୍କୁ ପ୍ରେରଣା ମିଳିଥିଲା ତାଙ୍କ ଗାଁରୁ, ଘର ସାମ୍ନା ବାଉଁଶ ଗଛକୁ ଦେଖି। ବାଉଁଶ ପରି ଏକ ଫମ୍ପା କାଣ୍ଡ ବିଶିଷ୍ଟ ତୃଣ ଅନାୟାସରେ ଆକାଶକୁ ଛୁଇଁ ପାରୁଛି। ଏହା ହେଉଛି କେବଳ ବାଉଁଶର ଟ୍ୟୁବୁଲାର ଆକୃତି ହେତୁ। ୧୯୮୨ ମସିହାରେ Jeddah ଠାରେ ମାତ୍ର ୫୨ ବର୍ଷ ବୟସରେ ମୃତ୍ୟୁ ଲାଭ କରିଥିଲେ। ସ୍କାଏସ୍କ୍ରାପର୍ ଟେକ୍‌ନୋଲଜିରେ ଫଜ୍‌ଲୁର ରେହମାନ୍ ଏକ ପ୍ରାତଃସ୍ମରଣୀୟ ନାମ। ଏହି ସିଅର୍ସ

ଟାୱାରରୁ ହିଁ ଆରମ୍ଭ ହୋଇଥିଲା ତାଙ୍କ କଳ୍ପନାର ବାସ୍ତବ ରୂପାୟନ। ସେଇଥିପାଇଁ ଏଠି ତାଙ୍କର ସ୍ମାରକୀ ରଖାଯାଇଛି।

ପ୍ରାୟ ଦି'ଘଣ୍ଟା ପରେ ୱିଲିସ୍‌ରୁ ଓହ୍ଲାଇଲି। ସିଟି ବସ୍‌ଧରି ଚାଲିଲି 'Museum of Science & Industry', ସିକାଗୋର ଏକ ପ୍ରମୁଖ ଆକର୍ଷଣ। ବିଜ୍ଞାନ ଓ କାରିଗରୀର କ୍ରମବିକାଶର ପ୍ରତିଟି ଉଦ୍ଭାବନ ଏଠି ସାଇତି ରଖାଯାଇଛି। ସାଇକେଲ ଠାରୁ ଆରମ୍ଭ କରି ଅନ୍ତରୀକ୍ଷ ଯାନ ପର୍ଯ୍ୟନ୍ତ, ଯାନ୍ତ୍ରିକ (Mechanical) କାଲକୁଲେଟର ଠାରୁ ଆରମ୍ଭ କରି ଅତ୍ୟାଧୁନିକ କମ୍ପ୍ୟୁଟର ପର୍ଯ୍ୟନ୍ତ ସବୁର ନମୁନା ରଖାଯାଇଛି। ଅନେକ ଦିନ ତଳେ ନବେ ଦଶକରେ Autocar ମାଗାଜିନ୍‌ରେ ସୋଲାର କାର ବିଷୟରେ ପଢ଼ିଥିଲି। ତା'ର ନାଁ ଥିଲା 1993 Maize Blue Solar Car। ଝାପ୍‌ସା ମନେଥିଲା। ସଶରୀରେ ତା'କୁ ଦେଖିବାର ସୁଯୋଗ ମିଳିଲା।

ଆଉ ଏକ ଐତିହାସିକ ରୋମାଞ୍ଚକାରୀ ଯନ୍ତ୍ର, ଯାହାକି ଦ୍ୱିତୀୟ ବିଶ୍ୱଯୁଦ୍ଧର ଗତିପଥ ବଦଳାଇ ଦେଇଥିଲା, ସେଇ ENIGMA ମେସିନ୍ ଦେଖିବାକୁ ମିଳିଲା। ଏନିଗ୍‌ମା ମେସିନ ଗୁପ୍ତ ସାମରିକ ବାର୍ତ୍ତା ପ୍ରେରଣ ପାଇଁ ଜର୍ମାନୀର ଏକ କୋଡ଼ିଙ୍ଗ ମେସିନ୍। ଏହାର ବାର୍ତ୍ତାଗୁଡ଼ିକ ବେତାର ଯୋଗେ ଶୁଣିପାରିଲେ ବି ଡିକୋଡ଼ିଙ୍ଗ କରିବା ସମ୍ଭବ ନ ଥିଲା। ଜର୍ମାନମାନଙ୍କର ଏନିଗ୍‌ମା ମେସିନ୍‌ର ମେସେଜ୍‌କୁ ମିତ୍ରପକ୍ଷ ପଢ଼ି ପାରୁ ନ ଥିଲା। କେବଳ ଜର୍ମାନମାନଙ୍କ ପାଖରେ ଥିବା ଆଉ ଏକ ଏନିଗ୍‌ମା ମେସିନ୍ ହିଁ ତାକୁ ପଢୁଥିଲା। ମିତ୍ର ପକ୍ଷର ଜାହାଜଗୁଡ଼ିକ ଜର୍ମାନ୍ U Boat ଗୁଡ଼ିକର ସହଜ ଶିକାର ହେଉଥିଲେ। U ବୋଟ୍ ଗୁଡ଼ିକୁ ଖୋଜି ପାଇବା ସମ୍ଭବ ହେଉନଥିଲା। ରୟାଲ ନେଭି ପାଇଁ ବିଷମ ସମସ୍ୟା। ହଠାତ୍ ତା'ଙ୍କ ହାତରେ ଏକ ଜର୍ମାନ ଜାହାଜ ପଡ଼ିଗଲା। ଟର୍ପେଡ଼ୋ ମାଡ଼ ପରେ ଜାହାଜ ବୁଡ଼ିଯିବ ଭାବି କ୍ୟାପ୍‌ଟେନ୍ ଓ ନାବିକମାନେ ଜାହାଜ ଛାଡ଼ିଦେଲେ। ରୟାଲ ନେଭି ସେମାନଙ୍କୁ ଜାହାଜ ଉପରକୁ ନେଇଆସିଲା। କିନ୍ତୁ ହଠାତ୍ ଜର୍ମାନ କ୍ୟାପ୍‌ଟେନ୍ ଜାହାଜ ନବୁଡ଼ିବାର ଦେଖି ସମୁଦ୍ରକୁ ଡେଇଁ ପଡ଼ି ଜାହାଜକୁ ବୁଡ଼େଇ ଦେବାର ଚେଷ୍ଟାକରି ଗୁଳି ଖାଇଲେ। ରୟାଲ ନେଭି ଜର୍ମାନ୍ ଜାହାଜକୁ ଅକ୍ତିଆର କରିନେଲା। ତା'ଙ୍କ ହାତରେ ପଡ଼ିଗଲା ଏକ ଅକଳ୍ପନୀୟ ପଦାର୍ଥ - ଏକ 'ଏନିଗ୍‌ମା ମେସିନ୍'। ଜର୍ମାନ ଜାହାଜଟି ସମୁଦ୍ରରେ ବୁଡ଼ିଯାଇଛି ବୋଲି ଘୋଷଣା କରିଦିଆଗଲା। ଜର୍ମାନ୍‌ମାନେ ଆଶ୍ୱସ୍ତ ହେଲେ। ମାତ୍ର ସେମାନଙ୍କର ଗୁପ୍ତ କମ୍ୟୁନିକେସନ ଚାନେଲ ବ୍ରିଟିଶମାନଙ୍କ ପାଇଁ ଖୋଲିଗଲା। ଜର୍ମାନ U ବୋଟ୍ ଗୁଡ଼ିକ ସମୁଦ୍ରକୁ ବାହାରି ପାରିଲେନି। ରୟାଲ ନେଭି ସମୁଦ୍ରକୁ ସମ୍ପୂର୍ଣ୍ଣ ନିୟନ୍ତ୍ରଣ କରିନେଲା। ଏଇ ମେସିନ୍ ବିଷୟରେ ପଢ଼ିଥିଲି। ସ୍ୱଚକ୍ଷୁରେ ଦେଖି ରୋମ ଟାଙ୍କୁରୀ ଉଠିଲା ପରି

ଲାଗିଲା। ଆହୁରି କେତେ କ'ଣ ଜିନିଷ ଦେଖିବାର ସୁଯୋଗ ମିଳିଲା। ମ୍ୟୁଜିଅମ୍ ଦେଖା ସରିଲା। ସିଟି ବସ୍‌ରେ ଫେରିଲି ମେଟ୍ରା ଷ୍ଟେସନକୁ।

କେରୀ ଟ୍ରେନ୍ ଛାଡ଼ିବାକୁ କିଛି ସମୟ ବାକି ଥିଲା। ୱେଟିଂ ରୁମ୍ ଖାଲିପଡ଼ିଥିଲା। ବସିଲି। କିଛି ସମୟ ପରେ ଅନ୍ୟ ଯାତ୍ରୀମାନେ ଆସିଲେ। ୧୦-୧୨ ଜଣ ବସିଥିଲୁ। ହଠାତ୍ ଗୋଟିଏ ଝିଅ ଭିତରକୁ ପଶିଆସି କାନ୍ଦିବା ଆରମ୍ଭ କରିଦେଲା। ୩-୪ ମିନିଟ୍ ସକେଇ ସକେଇ କାନ୍ଦିଲା ପରେ କହିଲା, ତା' ସ୍ୱାମୀ ତାକୁ ଡୋମେଷ୍ଟିକ୍ ଭାଓଲେନ୍‌ସ କରି ବାହାର କରିଦେଇଛି। କିନ୍ତୁ ସେ ତା'ର ଏକମାତ୍ର ଝିଅକୁ ରଖିନେଇଛି। ତାକୁ ସେ ଦେଖିବାକୁ ଚାହୁଁଛି। ପଇସା ନାହିଁ ଯିବା ପାଇଁ। ତେଣୁ ସାହାଯ୍ୟ ଦରକାର। "I can not lose my daughter". କହିସାରି ପୁଣି କାନ୍ଦିଲା। କହିଲା, "ଯଦି କେହି ସାହାଯ୍ୟ କରନ୍ତି, ମୁଁ ମୋ ଝିଅ ସହିତ ମିଳିତ ହୋଇପାରନ୍ତି। ଦୟାକରି ସାହାଯ୍ୟ କରନ୍ତୁ।" ଶସ୍ତା ଅପରିଚ୍ଛନ୍ନ ପୋଷାକ, ଛିଣ୍ଡା ଜୋତା, ଅଯତ୍ନ କେଶ ଓ ଶେତା ରଙ୍ଗର ଚେହେରା, ଅର୍ଥାଭାବ ଛଡ଼ା ଅନ୍ୟ କିଛି ସମସ୍ୟାର ସୂଚନା ଦେଉଥିଲା। ନନ୍ଦବାବୁ କହୁଥିଲେ ଡ୍ରଗ୍ ପାଇଁ ଏମିତି କାରନାମା କରନ୍ତି। ତଥାପି ଏକ ଡଲାରର ନୋଟ୍‌ଟିଏ ତାକୁ ଦେଲି। ଜଣେ ଭାରତୀୟ ବି ଆମେରିକାନ୍‌କୁ ଭିକ୍ଷା ଦେଇପାରେ, ଏଇଆ ଭାବି। କେରୀ ଷ୍ଟେସନକୁ ନେବାକୁ ନନ୍ଦବାବୁ ଆସିଥିଲେ।

ଆଜି ସୋମବାର। ରାତିରେ ଶୁଦ୍ଧ ଶାକାହାରୀ ଦିବ୍ୟ ଭୋଜନ ଶ୍ରୀମତୀ ନନ୍ଦଙ୍କର କରୁଣାରୁ।

୩୦.୦୭.୨୦୧୯ (ମଙ୍ଗଳବାର)

ନନ୍ଦ ବାବୁ ମାଇକ୍ରୋସଫ୍ଟର ବରିଷ୍ଠ ସଫ୍ଟୱେର ଇଞ୍ଜିନିୟର। 'Work From Home' କରନ୍ତି। ସପ୍ତାହରେ ଗୋଟିଏ ଦିନ ଅଫିସ ଯାନ୍ତି। ମତେ ସିକାଗୋ ବୁଲେଇବା ପାଇଁ ଆଜି ଅଫିସ ପ୍ରୋଗ୍ରାମ୍ ରଖିଛନ୍ତି। ସକାଳୁ ତାଙ୍କ କାର୍‌ରେ ବାହାରିଲୁ। ସିକାଗୋର ସବୁଠୁ ମହଙ୍ଗା ରିଅଲ ଇଷ୍ଟେଟ୍ ଏରିଆ ହେଉଛି 'ସିକାଗୋ ଲୁପ୍ କମ୍ୟୁନିଟି ଏରିଆ'। ସବୁ ବଡ଼ବଡ଼ କମ୍ପାନୀର ଏଇ ଅଞ୍ଚଳରେ ଅଫିସ। ସ୍କାଏସ୍କ୍ରାପର୍ ଏଠି ଖୁନ୍ଦି ହୋଇ ରହିଛନ୍ତି। One Prudential Plaza, Two Prudential Plaza, Aon Center, IBM Plaza, Park Tower ଇତ୍ୟାଦି ଟାୱାର ଭିତରେ Aon Center ସବୁଠୁ ଉଚ୍ଚା, ନୂଆ ଓ ଆକର୍ଷଣୀୟ। ନନ୍ଦବାବୁଙ୍କ ଅଫିସ Two Prudential Plaza ରେ। ଲୁପ୍ ଏରିଆରେ କାର୍ ପାର୍କିଂ ଏକ ବିଷମ ସମସ୍ୟା। ନନ୍ଦବାବୁ ଦୁର୍ଯ୍ୟୋଗକୁ ତାଙ୍କ ଅଫିସ ପାର୍କିଂ ପାସ୍ ଆଣିନାହାନ୍ତି। ଚାରିଘଣ୍ଟାକୁ $୧୮.୦୦। ଫେରିଲା ବେଳକୁ କୁପନ୍

ଦେବେବୋଲି ପ୍ରମିଜ୍ କରି କାର୍ ରଖିଲେ। ମତେ ଲବିରେ ବସାଇ ଦେଇ ତାଙ୍କ ଅଫିସ୍‌କୁ ଗଲେ। କିଛି ସମୟ ବିଶ୍ରାମ ନେଇ ମୁଁ ବାହାରିଲି ଲୁପ୍ ଏରିଆ ଅନ୍ୱେଷଣରେ।

ସାମ୍ନା ରାସ୍ତା ପାରିହେଲେ ମିଲେନିଅମ୍ ପାର୍କ। ଏହି ପାର୍କଟି ସିକାଗୋର ଗର୍ବ, ଗୌରବ ଓ ସବୁଠୁ ବଡ଼ ଟୁରିଷ୍ଟ ଆକର୍ଷଣ। ମିସିଗାନ ଲେକ୍ କୂଳରେ ୨୫ ଏକର ଜମିରେ ନୂତନ ସହସ୍ରାବ୍ଦ ପାଇଁ ଏକ ଅତ୍ୟାଧୁନିକ ପାର୍କ ଖୋଲିବା ପାଇଁ ପରିକଳ୍ପନା ହୋଇଥିଲା। ଏହି ସ୍ଥାନରେ ରେଲ୍ ଟ୍ରାକ୍ ଓ ଖୋଲା ପାର୍କିଂ ବ୍ୟବସ୍ଥା ଥିଲା। ସିଟି କର୍ତ୍ତୃପକ୍ଷ ରେଲ୍ ଟ୍ରାକ୍ ଓ ପାର୍କିଂକୁ ଭୂମିତଳକୁ ନେଇଯାଇ ଭୂମି ଉପରେ ଏକ ରୁଫ୍‌ଟପ୍ ପାର୍କ କରିବେ ବୋଲି ସ୍ଥିର କଲେ। ଏହି ମହତ୍ତ୍ୱାକାଙ୍କ୍ଷୀ ପ୍ରକଳ୍ପଟି ୧୯୯୮ ଆରମ୍ଭ ହୋଇ ୨୦୦୪ରେ ଲୋକାର୍ପଣ ହେଲା। ଏହା ପୃଥିବୀର ବୃହତ୍ତମ ରୁଫ୍‌ଟପ୍ ପାର୍କ। ଛାତ ତଳେ ଅତ୍ୟାଧୁନିକ ମେଟ୍ରୋ ରେଲୱେ ଷ୍ଟେସନ ଓ ବିଶାଳ କାର୍ ପାର୍କିଂ। ଧୂଳି ଧୂଆଁ ଭର୍ତ୍ତି ରେଲୱେ ଟ୍ରାକ୍ ଓ ପାର୍କିଂ ପରି ଅସୁନ୍ଦର ସ୍ଥାନକୁ ଏକ ସୁନ୍ଦର ପାର୍କରେ ପରିଣତ କରିଦିଆଯାଇ ପାରିଲା। ଦେଖିବା ଏଥର ପାର୍କଟିକୁ...

1. Wrigley Square (ରିଗ୍‌ଲେ ସ୍କୋୟାର) :-

ରାସ୍ତା ଉପରୁ ପାହାଚ ଦେଇ ଉପରକୁ ଉଠି ଆସିଲେ ଆଖିରେ ପଡ଼ିଯିବ ରିଗ୍‌ଲେ ସ୍କୋୟାର ଓ ଏହାର ମିଲେନିୟମ ମନୁମେଣ୍ଟ।

ପ୍ରୁଡେନ୍‌ସିଆଲ୍ ଟାୱାର ଓ ଏଭନ ଟାୱାରକୁ ପ୍ରଚ୍ଛଦରେ ରଖି ଏହି ମନୁମେଣ୍ଟ ଆଗରେ ଫଟୋ ନେବା ପ୍ରତିଟି ଟୁରିଷ୍ଟ ପାଇଁ ଏକ ସୁନିଶ୍ଚିତ କାମ। ବହୁତ ବଡ଼ ସ୍କାଏଲାଇନ୍ ପାଇଁ ସେଲ୍‌ଫି ନେବା ସୁବିଧାଜନକ ନୁହେଁ। ସାମ୍ନା ଲନ୍‌ରେ ଯୁବତୀଟିଏ ବସିଥିଲା, ତାକୁ ଅନୁରୋଧ କଲି ଗୋଟେ ଫଟୋ ପାଇଁ। ବେଶ୍ ଖୁସୀରେ ଉଠି ଆସିଲା। ୪-୫ ମିନିଟ୍ କାଳ ମତେ ବିଭିନ୍ନ ପୋଜିସନ୍‌ରେ ରଖି ଫଟୋ ନେଇ ଚାଲିଲା। ଏତେ ପରିଶ୍ରମ କରୁଥିବାରୁ ମତେ ଟିକେ ମାଡ଼ିପଡ଼ିଲା। ଧନ୍ୟବାଦ୍ ଦେଲାରୁ କହିଲା, "Tourists are to be Helped." ଯେତେ ଧନ୍ୟବାଦ୍ ଦେଲେ ବି କମ୍ ହେବ ଏପରି ମନୋବୃତ୍ତି ପାଇଁ।

ମନୁମେଣ୍ଟର ବାଁ ପଟରେ ଏକ ଟେଣ୍ଟ ତଳେ ୩୦-୪୦ ଜଣ ଟିନ୍ ଏଜ୍‌ର ତରୁଣ ତରୁଣୀ ବିଭିନ୍ନ Musical Instrument ସହିତ Western Classical Music ପରିବେଷଣ କରୁଥାନ୍ତି। ଏହା ସିକାଗୋର ଏକ ପରମ୍ପରା। କ୍ଲାସିକାଲ ମ୍ୟୁଜିକ୍ ଶିଖୁଥିବା ସ୍କୁଲର ପିଲାମାନଙ୍କର ଏଠି ମ୍ୟୁଜିକ୍ ପରିବେଷଣ କରିବା ଏକ ବିଶେଷ ସମ୍ମାନ। ଏହି ସ୍ମାରକୀଟି ପ୍ରସିଦ୍ଧ ଚିୱିଙ୍ଗ୍ ଗମ୍ କମ୍ପାନୀ Wrigley ର ଦାନରେ

ହୋଇଥିବାରୁ ଏହାକୁ Wrigley Square ନାଁ ଦିଆଯାଇଛି। ଦଶମିନିଟ୍ ଲନ୍‌ରେ ବସି କ୍ଲାସିକାଲ ମ୍ୟୁଜିକ୍ ଶୁଣିଲି।

2. Cloud Gate :-

ତା'ପରେ ଆଉ କେତୋଟି ପାହାଚ ଚଢ଼ି ପାର୍କର ଉପର ଲେଭେଲ୍‌ରେ ପହଞ୍ଚିଲି। ମତେ ସେଠି ଏକ ବିସ୍ମୟ ଅପେକ୍ଷା କରିଥିଲା। ସାମ୍ନାରେ ଦେଖିଲି ଏକ ଅଦ୍‌ଭୁତ ଆକାରର Sculpture. ବିଶାଳ ଏକ ସଂରଚନା ଯାହାର ଚାରିପଟ ଦର୍ପଣ ଭଳି ପ୍ରତିଫଳିତ କରୁଛି ସମଗ୍ର ଆକାଶ ଓ ସ୍କାଏଲାଇନ୍‌କୁ। ଏହା ହେଉଛି 'Cloud Gate' - ଯେଉଁଠି ମେଘମାନେ ପୃଥିବୀପୃଷ୍ଠକୁ ଓହ୍ଲେଇ ଆସିଥାନ୍ତି ଅପୂର୍ବ ଏକ ତୋରଣ ସୃଷ୍ଟି କରିବାକୁ। ଏଇଟା ବୋଧେ ସିକାଗୋର ସବୁଠୁ ବଡ଼ ଟୁରିଷ୍ଟ ଆକର୍ଷଣ। ଦେଖିବାକୁ ଏହା ରାଜ୍‌ମା ବିନ୍ ମଞ୍ଜି ପରି ହୋଇଥିବାରୁ ଲୋକମାନଙ୍କ ଏହାକୁ Bean (ବିନ୍) ବୋଲି କହନ୍ତି। ସିକାଗୋବାସୀଙ୍କର ଏହା ସବୁଠୁ ବଡ଼ ସ୍ନେହାସ୍ପଦ ପଦାର୍ଥ।

କ୍ଲାଉଡ୍ ଗେଟ୍ ଭାରତୀୟ ବଂଶୋଦ୍ଭବ ବ୍ରିଟିଶ୍ ଆର୍କିଟେକ୍ଟ ଅନୀଶ କପୁରଙ୍କର ମାନସ ପ୍ରସୂତ ଅନବଦ୍ୟ ସୃଷ୍ଟି। ଏପରି ଏକ ସହଜ କିନ୍ତୁ ସୁନ୍ଦର (Simple But Beautiful) କଳା ଓ ସ୍ଥାପତ୍ୟର ଅପୂର୍ବ ସଂଯୋଜନ ପୃଥିବୀରେ ବିରଳ।

ମିଲେନିୟମ ପାର୍କରେ ଏକ କଳାକୃତୀ ସ୍ଥାପନ ପାଇଁ ଏକ ପ୍ରତିଯୋଗିତାରେ ପୃଥିବୀର ସବୁ ପ୍ରାନ୍ତରୁ ସ୍ଥପତିମାନେ ଭାଗ ନେଇଥିଲେ। ଅନୀଶ କପୁରଙ୍କର ସୃଷ୍ଟି ଶ୍ରେଷ୍ଠ ବିବେଚିତ ହେଲା। ୨୦୦୬ ମସିହାରେ ଏହା ଲୋକାର୍ପଣ ହେଲା। ୩୩x୬୬x୪୨ ଫୁଟ୍ (LxBxH) ସାଇଜ ଓ ୧୧୦ ଟନ୍ ଓଜନର ଷ୍ଟେନ୍‌ଲେସ୍ ଷ୍ଟିଲ୍‌ରେ ତିଆରି ଏକ ସ୍ଥାପତ୍ୟ। ଏହାର ବାହାରପୃଷ୍ଠ ଦର୍ପଣ ପରି ମସୃଣ ହୋଇଥିବାରୁ ଚର୍ତୁପାର୍ଶ୍ୱର ଦୃଶ୍ୟ ଏଥିରେ ସୁନ୍ଦର ଭାବେ ପ୍ରତିବିମ୍ବିତ ହୁଏ। ପାଗ ମେଘୁଆ ଥିଲେ ସମ୍ପୂର୍ଣ୍ଣ ବିନ୍‌ଟି ଧଳା ରଙ୍ଗର Mercury Bubble (ପାରଦ ଫୋଟକା) ପରି ଦିଶେ। ଆକାଶ ପରିଷ୍କାର ଥିଲେ ଉପରପାର୍ଶ୍ୱର ତିନିଚତୁର୍ଥାଂଶରେ ନୀଳ ଆକାଶ ପ୍ରତିଫଳିତ ହୋଇ, ନୀଳ ରଙ୍ଗର ଏକ ପ୍ରଲେପ ଚଢ଼େଇଦିଏ। ତା'ଛଡ଼ା ରଙ୍ଗବେରଙ୍ଗର ବାଦଲ ସହିତ ଚାରିପଟର ସ୍କାଏସ୍କ୍ରାପର୍ ଓ ପାର୍କର ପ୍ରତିବିମ୍ବ ଥାଇ ସମ୍ପୂର୍ଣ୍ଣ ଆକାଶକୁ ଦର୍ଶକର ଆଖିସାମ୍ନାକୁ ନେଇଆସେ। ସ୍ଥାପତ୍ୟର ନିମ୍ନ ପାର୍ଶ୍ୱ (ବାକି ୧/୪ ଅଂଶ)ରେ ନିକଟରେ ଥିବା ଦର୍ଶକମାନଙ୍କ ସହିତ ଭୂମିର ପ୍ରତିବିମ୍ବ ସୃଷ୍ଟି ହୁଏ। ଦର୍ଶକ ନିଜେ ସାମ୍ନାରେ ଛିଡ଼ା ହୋଇ ଆକାଶ ଓ ସ୍କାଏସ୍କ୍ରାପର୍ ସହିତ ନିଜ ଛବିର ଫ୍ୟୁଜନ ଦେଖିପାରେ। ଆକାଶ ଓ ଭୂମି ମିଶିଯାନ୍ତି ଗୋଟିଏ ସମତଳରେ। ମେଘର ଗେଟ୍ (କ୍ଲାଉଡ୍ ଗେଟ୍), ଦର୍ଶକକୁ ଭୂମି

ଓ ଆକାଶ ସହିତ ଯୋଡ଼ିଦିଏ। ଚମତ୍କାର କଳ୍ପନା ଓ ଚମତ୍କାର ଅନୁଭବ। ଅନୀଶ କପୁର ଯାର ନାଁ 'କ୍ଲାଉଡ୍ ଗେଟ୍' ଦେଲେ ବି ଏହାର ଆକୃତି ପାଇଁ ଲୋକମାନେ ଯାକୁ ' The Bean' ବୋଲି କହିଲେ। ଅନୀଶ କପୁର ପ୍ରଥମେ ନାଁଟି ପ୍ରସନ୍ଦ କଲେନାହିଁ। କିନ୍ତୁ ପରବର୍ତ୍ତୀ କାଳରେ ସିକାଗୋବାସୀଙ୍କ ସ୍ନେହ ଓ ଶ୍ରଦ୍ଧା ଆଗରେ ମୁଣ୍ଡ ନୁଆଁଇଲେ। ନାଁଟିକୁ ସେ ବି ମାନିନେଲେ।

ମୁଁ ତ ପ୍ରଥମେ 'ଦି ବିନ୍' ସାମ୍ନାରେ କିଛି ମିନିଟ୍ ପାଇଁ ସ୍ଥିର ହୋଇ ଛିଡ଼ା ହୋଇ ରହିଲି। ତା'ପରେ ଚାରିପଟୁ ଫଟୋ ନେଇ ଚାଲିଲି ହାଲିଆ ହେବା ପର୍ଯ୍ୟନ୍ତ। ଶେଷରେ ଛାଇରେ ବସି ଦେଖୁଥାଏ। ଆଖି ମୋର ଟାଣି ହୋଇଗଲା ୨୦ଫୁଟ ଦୂରକୁ। ଧଳା ଓ ଗୋଲାପୀ ରଙ୍ଗର ପରୀ ଡ୍ରେସ୍ ପିନ୍ଧି ଟିନ୍ ଏଜ୍‌ର ଝିଅଟିଏ ଆସୁଥିଲା। ତା' ପଛରେ ୩-୪ ଜଣ ସହାୟକ, ଫଟୋଗ୍ରାଫର, ମେକ୍‌ଅପ୍ ଆର୍ଟିଷ୍ଟ ଇତ୍ୟାଦି। ସେମାନେ ଆସି ମୋ ସାମ୍ନାରେ ଛିଡ଼ା ହେଲେ। ଏତେ ସୁନ୍ଦର ଭାବରେ ସେ ଝିଅଟି ସଜେଇ ହୋଇଥିଲା ଯେ, ସତରେ ଯେମିତି ପରୀଟି ମେଘର ଦୋଳିରେ କ୍ଲାଉଡ୍ ଗେଟ୍ ଦେଇ ଆକାଶରୁ ଓହ୍ଲେଇ ଆସିଛି ! ତା'ର ଫଟୋ ନେବା ପାଇଁ ଅନୁରୋଧ କଲା ମାତ୍ରେ ରାଜି ହୋଇଗଲା। ଫଟୋ ନେଇସାରି ତା'ର ସହାୟକମାନଙ୍କୁ ପଚାରି ବୁଝିଲି, ସେ ତା'ର ବୟ ଫ୍ରେଣ୍ଡର ବାର୍ଥ ଡେ'ରେ ତା'କୁ ଏଇ ଡ୍ରେସ୍‌ରେ ସରପ୍ରାଇଜ୍ ଦେବା ପାଇଁ ଆସିଛି। ତା'ର ବୟ ଫ୍ରେଣ୍ଡ ଭାଗ୍ୟବାନ୍ ନିଶ୍ଚିତ ! କ୍ଲାଉଡ୍ ଗେଟ୍ ସ୍ଥାପିତ ହେଲା ଦିନୁ ପ୍ରେମିକ ପ୍ରେମିକାମାନଙ୍କ ପାଇଁ ଏହା ଏକ ଆକର୍ଷଣୀୟ ସ୍ଥାନ ହୋଇଯାଇଛି। ଡେଟିଂ ପାଇଁ ଏଠିକି ଆସନ୍ତି ଆଉ ପ୍ରପୋଜ୍ କରି ମୁଦି ପିନ୍ଧେଇ ଦେବାପାଇଁ ବି ଆସନ୍ତି।

3. Crown Fountain :

ପାର୍କର ଉପର ଲେଭେଲରୁ ମିସିଗାନ୍ ଆଭେନ୍ୟୁ ପଟକୁ ଓହ୍ଲାଇପଡ଼ିଲେ ରାସ୍ତା ପାର୍ଶ୍ୱରେ କ୍ରାଉନ୍ ଫାଉଣ୍ଟେନ୍। ଫୁଟ୍‌ପାଥ୍‌ରୁ ବି ଠିକ୍ ଭାବେ ଦିଶେ। କିନ୍ତୁ ଲୋକମାନେ ପାଖକୁ ଆସି ସିମେଣ୍ଟ ବେଞ୍ଚରେ ବସିଥାନ୍ତି। ୪୮x୨୩୨ ଫୁଟ୍‌ର ଏକ ଆୟତାକାର Reflective Pool ରେ ପାଦେ ପାଦେ ପାଣି। ଛୋଟ ପିଲାମାନେ ପାଣିରେ ଚବର ଚବର ହେଉଥାନ୍ତି। ପୁଲ୍‌ର ଦୁଇପାର୍ଶ୍ୱରେ ଦୁଇଟି ୫୦ଫୁଟ୍ ଉଚ୍ଚର ଫାଉଣ୍ଟେନ୍ ଟାୱାର। ଷ୍ଟେନ୍‌ଲେସ୍ ଷ୍ଟିଲ୍‌ର ଫ୍ରେମ୍‌ରେ Glass Brick ଖଞ୍ଜା ହୋଇ ଏହା ନିର୍ମିତ। ସାମ୍ନାପଟ Glass Brick Wall ପଛପଟେ LED ଭିଡିଓ ସ୍କ୍ରିନ୍ ରହିଥାଏ। ବାକି ତିନିପଟେ ଗ୍ଲାସ୍ ୱାଲ୍ ପଛପଟେ LED ଲ୍ୟାମ୍ପସବୁ ଥାଏ। ସାମ୍ନା କାନ୍ଥ ଉପରୁ ପାଣି ଝରୁଥାଏ। ପ୍ରତି ପାଞ୍ଚ ମିନିଟରେ ଗ୍ଲାସ୍ ୱାଲ୍ ପଛପଟେ ଥିବା ଭିଡିଓ ସ୍କ୍ରିନ୍‌ରେ ଗୋଟିଏ ଟାୱାରରେ ପୁରୁଷର

ମୁହଁ ଓ ଅନ୍ୟଟିରେ ସ୍ତ୍ରୀର ମୁହଁ ଦେଖାଯାଏ। ସେମାନେ ସାମାନ୍ୟ ହସିବା, ଆଖିପତା ପକେଇବା ପରି ଛୋଟ ଛୋଟ ମୁଦ୍ରାରେ ଅଭିବ୍ୟକ୍ତି ଦିଅନ୍ତି। ୪ମିନିଟ୍‌ର ଏଇ ସୋ'ର ଶେଷ ୩୦ ସେକେଣ୍ଡରେ ଦୁଇଟିଯାକ ଛବିର ମୁହଁରୁ ପାଣିର ପିଚ୍‌କାରୀ ବାହାରି ଆସେ। ଛବିଟି ମୁହଁ କୁଳୁକୁଞ୍ଚା କଲାପରି କରେ ଓ ପାଣି ପଡ଼ିବାଟା କୁଳୁକୁଞ୍ଚା ପରି ଦିଶେ। ଏଇଟା ହିଁ ହେଉଛି କ୍ରାଉନ୍ ଫାଉଣ୍ଟେନ୍‌ର ବିଶେଷତ୍ୱ ଓ ଆକର୍ଷଣ। ପିଲାମାନେ ଏଇ ମୁହୂର୍ତ୍ତକୁ ଅପେକ୍ଷା କରିଥାନ୍ତି। କୁଳୁକୁଞ୍ଚା ପାଣିରେ ଗାଧୋଇବାକୁ ଠେଲାପେଲା ହୁଅନ୍ତି। LED ସ୍କ୍ରିନ୍‌ରେ ଦିଶୁଥିବା ସ୍ତ୍ରୀ ଓ ପୁରୁଷମାନେ ସିକାଗୋ ସହରର ସାଧାରଣ ନାଗରିକ। ପ୍ରାୟ ହଜାରେ କଳାକାରଙ୍କୁ ନେଇ ଭିଡ଼ିଓଗୁଡ଼ିକ କରାଯାଇଛି। କମ୍ପ୍ୟୁଟରରୁ ଏସବୁ କ୍ରମାନ୍ୱୟରେ ପ୍ରଦର୍ଶନ କରାଯାଏ। କିନ୍ତୁ ଗୋଟିଏ ଚିତ୍ରର ପାଳି ଆଉଥରେ ଆସିବା ପାଇଁ ପ୍ରାୟ ତିନିଦିନ ଲାଗେ।

ରାତିରେ ଟାୱାର ବାକି ତିନିପଟର LED ଲ୍ୟାମ୍ପରେ ବିଭିନ୍ନ ରଙ୍ଗର ପ୍ରଦର୍ଶନ ହୁଏ ଓ ସବା ଉପରୁ ପାଣି ଝରିପଡ଼େ। ସନ୍ଧ୍ୟା ବେଳେ ପାଣି ଆଲୁଅର ଖେଳ ଦେଖିବାକୁ ଅନେକ ଲୋକ ଏଠିକି ଆସନ୍ତି।

ଏଇ ଫାଉଣ୍ଟେନ୍‌ଟି କରିବା ପାଇଁ $ ୧୭.୦୦ ମିଲିଅନରୁ $୧୦.୦୦ ମିଲିଅନ୍ Lester Crown ଦାନ କରିଥିବାରୁ ତାଙ୍କ ନାଁରେ ଫାଉଣ୍ଟେନ୍‌ଟି ନାମିତ କରାଯାଇଛି।

4. Great Lawn-Open Air Theatre :-

ଏହା ଏକ ଓପନ ଏୟାର ଥିଏଟର (Open Air Theatre)। ସିଟିର ବଡ଼ବଡ଼ ମ୍ୟୁଜିକ୍ ଫେଷ୍ଟିଭାଲ୍ ଏଇଠି ହୁଏ। Western Classical Music, ହଜାର ହଜାର ଲୋକ ଲନ୍‌ରେ ବସି ଶୁଣନ୍ତି। ସିକାଗୋର ଏହା ଏକ ସାଂସ୍କୃତିକ ପ୍ରାଣକେନ୍ଦ୍ର। ଦିନ ସାରା ଏଠି ଛୋଟ ଛୋଟ ନାଚଗୀତ ଜନସାଧାରଣଙ୍କ ପାଇଁ ଚାଲିଥାଏ। ଗୋଟେ ଇଣ୍ଡିଆନ୍ ଡ୍ୟାନ୍‌ସ ଟିମ୍ ଏଠି ହିନ୍ଦୀ ଫିଲ୍ମ ଗୀତର ନାଚ ଷ୍ଟେପ୍ ଶିଖାଉଥାଏ। ଷ୍ଟେଜ୍ ଉପରେ ସେମାନେ ମ୍ୟୁଜିକ୍‌ର ତାଳେ ତାଳେ ନାଚିଲା ବେଳକୁ ତଳେ ଭାରତୀୟମାନେ ତ ନାଚୁଥାନ୍ତି, କେତେଜଣ ଆମେରିକାନ୍ ବି ପାଦ ପକେଇବାକୁ ଚେଷ୍ଟା କରୁଥାନ୍ତି।

ମିଲେନିୟମ ପାର୍କରେ ବୁଲୁବୁଲୁ ହଠାତ୍ ମନେପଡ଼ିଲା ହିନ୍ଦୀ ଫିଲ୍ମ 'ଧୂମ୍-୩', ସିକାଗୋର କାହାଣୀ ଓ ଏଇଠି ସୁଟିଂ ହୋଇଥିଲା। ଝାପ୍‌ସା ଝାପ୍‌ସା ମନେ ଥିଲା। 'ୟୁଟ୍ୟୁବ୍' ସର୍ଚ୍ଚ ମାରି ଦେଖିଲି। ହଁ, 'ତୁହି ଜୁନୁନ୍' ଗୀତଟି କ୍ଲାଉଡ୍ ଗେଟ୍ ଓ ଗ୍ରେଟ୍ ଲନ୍-ରେ ହିଁ ସୁଟିଂ ହୋଇଛି। 'ୟୁଟ୍ୟୁବ୍' ଦେଖିସାରି ଆଉ ଥରେ କ୍ଲାଉଡ୍ ଗେଟ୍

ଗଲି ସିନେମା ସହିତ ଆଉ ଥରେ ଦେଖିବା ପାଇଁ। ଅମୀର ଖାନ୍ ଓ କାଟ୍ରିନା କେଫ୍‌ଙ୍କୁ କ୍ଲାଉଡ୍ ଗେଟ୍ ଓ ଗ୍ରେଟ୍ ଲନ୍‌ରେ ଆବିଷ୍କାର କରିବାର କଳ୍ପନା କଲି।

5. Michigan Lake :-

ମିଲେନିୟମ୍ ପାର୍କ ଦେଖା ସରିଲା। ନନ୍ଦ ବାବୁଙ୍କ ଅପେକ୍ଷା କରିଥିଲି କ୍ଲାଉଡ୍ ଗେଟ୍ ସାମ୍ନାରେ। ସେଠି ବସିଥିବା ସେହି ମୁହୂର୍ତ୍ତଗୁଡ଼ିକ ମୋର ସିକାଗୋର ସବୁଠୁ ମୂଲ୍ୟବାନ୍ ମୁହୂର୍ତ୍ତ ପରି ଲାଗୁଥିଲା। ସେ ପହଞ୍ଚିଲେ। ସାଙ୍ଗ ହୋଇ ଆଉ କିଛି ଫଟୋ ନେଲୁ। ସେ କହିଲେ ଚାଲନ୍ତୁ ମିସିଗାନ୍ ଲେକ୍ ଦେଖିବା।

ବାଟରେ ଗଲାବେଳେ Buckingham ଫାଉଣ୍ଟେନ୍ ଦେଖିଲୁ। ପାର୍କରୁ ଲେକ୍ ଦଶମିନିଟ୍‌ର ଚଲା ରାସ୍ତା। ମିସିଗାନ୍ କୂଳରେ ପହଞ୍ଚି ମତେ ସ୍ୱର୍ଗରେ ପହଞ୍ଚିଲା ପରି ଲାଗିଲା। ଆଖି ପାଇଲା ଯାଏ ନୀଳ ଜଳରାଶି। ରଙ୍ଗ ବେରଙ୍ଗର ପାଲଟଣା ନୌକା ସହିତ ଛୋଟବଡ଼ ଷ୍ଟିମର ବି ଘୂରି ବୁଲୁଥାନ୍ତି। ହ୍ରଦର ସ୍ଫଟିକ ସ୍ୱଚ୍ଛ ପାଣିରେ ଡକ୍ ଆଉ କାନାଡ଼ିଆନ୍ ଗିଜ୍‌ମାନଙ୍କର ଅବାଧ ସନ୍ତରଣ। କିଛି ପକ୍ଷୀ କୂଳରେ ଘାସ ଉପରେ ଚରୁଥାନ୍ତି ଶହଶହ ଦର୍ଶକଙ୍କୁ ଖାତିର ନକରି। ଦଶ ପନ୍ଦର ଫୁଟ୍ ପାଖକୁ ଗଲେ ହିଁ ସେମାନେ ମୁଣ୍ଡ ଉଠେଇ ଚାହିଁବେ। ସେମାନଙ୍କର ଦଳପତି ଦି'ଚାରିଟା କ୍ୱାକ୍‌କ୍ୱାକ୍ ଶବ୍ଦ କରି ଥଣ୍ଟକୁ ଉପରକୁ ଟେକି ଅନୁପ୍ରବେଶକାରୀକୁ ସତର୍କ କରାଇଦେବ... 'ବାସ୍, ସେତିକି.. ଆଉଆଗକୁ ଆସନା... ବିପଦ ଅଛି।' ଲୋକମାନେ ବି ସେମାନଙ୍କୁ ବିରକ୍ତ କରନ୍ତିନି। ଶାନ୍ତିପୂର୍ଣ୍ଣ ସହାବସ୍ଥାନ !

ମିଶିଗାନ୍ ଲେକ୍ ଯୋଗୁଁ ଲୁପ୍ ଏରିଆରେ ସଦାବେଳେ ଥଣ୍ଡା ପବନ ବହୁଥାଏ। ସ୍କାଏସ୍କ୍ରାପର୍ ଗୁଡ଼ିକ ଉପରକୁ ତ ବେଶୀ ପବନ ହୁଏ। ଅନବରତ ପବନ ବହୁଥିବାରୁ ସିକାଗୋକୁ ପବନର ସହର, Windy City ବି କହନ୍ତି।

ମିଶିଗାନ୍ ଲେକ୍, ଆମେରିକା ଓ କାନାଡ଼ାର ପାଞ୍ଚଟି Great Lake ମାନଙ୍କ ଭିତରୁ ତୃତୀୟ ବୃହତ୍ତମ। ୫୦୦ କି.ମି. ଲମ୍ବା, ୨୦୦ କି.ମି. ପର୍ଯ୍ୟନ୍ତ ଓସାର ଓ ସର୍ବାଧିକ ୨୦୦ ଫୁଟ୍ ଗଭୀରତା ସହିତ ଏହାର କ୍ଷେତ୍ରଫଳ ୫୮,୦୦୦ ବର୍ଗ କିଲୋମିଟର। ଚାରୋଟି ଷ୍ଟେଟ୍- Wisconsin, Illinoise, Indiana ଓ Michigan କୁ ଏହା ଛୁଇଁଛି। ଉନ୍ନବିଂଶ ଶତାବ୍ଦୀରେ ମିଶିଗାନ୍ ଲେକ୍ ହିଁ ସିକାଗୋ ନଗରୀକୁ ବାଣିଜ୍ୟିକ ପରିଚୟ ଦେଇଥିଲା। ଜଳପଥରେ ଗହମ, ମକା ଇତ୍ୟାଦି କୃଷିଜାତ ଦ୍ରବ୍ୟ ପରିବହନ ହେଉଥିଲା। ରେଲ୍ ପରିବହନ ପରେ ସେସବୁ ବନ୍ଦ ହୋଇଗଲାଣି। କିନ୍ତୁ ହ୍ରଦକୂଳରେ ଗଢ଼ି ଉଠିଥିବା ସହର ସବୁ (Milawaukee, Gary, Michigan

City ଇତ୍ୟାଦି) ଏବେବି ଆମେରିକାନ୍ ଅର୍ଥନୀତିକୁ ପ୍ରଭାବିତ କରନ୍ତି। ଏହା ଏକ ମିଠାଜଳ ହ୍ରଦ ହୋଇଥିବାରୁ ପାର୍ଶ୍ୱବର୍ତ୍ତୀ ସହର ଓ ଗ୍ରାମଗୁଡ଼ିକ ମିଶିଗାନ୍ ଉପରେ ପାନୀୟ ଜଳ ପାଇଁ ନିର୍ଭରଶୀଳ। ସେଥିପାଇଁ ଚାରୋଟିଯାକ ଷ୍ଟେଟ୍ ପ୍ରଦୂଷଣ ଆଇନ୍ କରି ହ୍ରଦର ଯତ୍ନ ନିଅନ୍ତି।

କେରୀ ଫେରିବା ସମୟ ହୋଇଗଲା। ନନ୍ଦ ବାବୁଙ୍କ ଅଫିସ୍‌କୁ ଫେରିଲୁ। ମାଇକ୍ରୋସଫ୍ଟ ଅଫିସ୍ ଦେଖିବାର ଇଚ୍ଛା ହେଲା। ନନ୍ଦ ବାବୁ ଖୁସୀରେ କହିଲେ, ଚାଲନ୍ତୁ। ଜଣେ ଦି'ଜଣ ଲୋକ ଏଠି ସେଠି ଦେଖିଲୁ। ସମସ୍ତେ 'Work from Home'. ଏତେ ବଡ଼ କମ୍ପାନୀ ଏତେ ବଡ଼ ବ୍ୟବସାୟ ଘରୁ ଚଳାଉଛି! ଆଶ୍ଚର୍ଯ୍ୟ ନୁହେଁ କି? ତା'ଙ୍କ କାଫେଟେରିଆ ଗଲୁ। ମେସିନ୍‌ରେ ନିଜେ ନିଜେ ତିଆରି କରି ଚା' କିମ୍ବା କଫି ପିଇପାରିବ। ପାନୀୟ ସହିତ ଖାଇବା ପାଇଁ ଛୋଟ ଛୋଟ ପ୍ୟାକେଟ୍‌ରେ ଭଲିକି ଭଲି ଚିପ୍‌ସ ବି ରହିଛି। ଦେଖିବା ପାଇଁ, ଗଣିବା ପାଇଁ କେହି ନାହାନ୍ତି। କଫି ପିଇଲୁ।

ସଞ୍ଜ ହେବାକୁ ଆହୁରି କିଛି ସମୟ ଅଛି। ଫେରିଲା ରାସ୍ତାରେ ନନ୍ଦବାବୁ କହିଲେ ସିକାଗୋ ଆସି ଆପଣ ଇଣ୍ଡିଆ ଦେଖିକରି ଯା'ନ୍ତୁ। ସିକାଗୋର ଇଣ୍ଡିଆ ହେଉଛି 'Devon Street'। ଏହାକୁ ଲିଟିଲ୍ ଇଣ୍ଡିଆ ବି କହନ୍ତି। ଭାରତୀୟ ଉପମହାଦେଶର ଭାରତ, ପାକିସ୍ଥାନ, ନେପାଳ, ବାଂଲାଦେଶ ଆଦି ଦେଶର ଲୋକମାନେ ଏଠି ରହନ୍ତି ଓ ଦୋକାନ ବଜାର କରିଥାନ୍ତି। ଡେଭନ୍ ଷ୍ଟ୍ରିଟ୍ ପହଞ୍ଚିଲୁ। ଏ ତ ଦିଲ୍ଲୀର ଚାନ୍ଦିନୀଚୌକ! ପ୍ରାୟ ୧ କିମି ରାସ୍ତା କେବଳ ଭାରତୀୟ ଦୋକାନ। ଶାଢ଼ି, ଚୁଡ଼ି, ମୁଢ଼ି, ବନାରସୀ ପାନ, ମିଠା ଆଦି ସବୁ ଜିନିଷ ଏଠି ମିଳେ। ସୁନା ଅଳଙ୍କାର ଦୋକାନ ସାଙ୍ଗକୁ ଭାରତର ସବୁକୋଣର ଖାଦ୍ୟ ପାଇଁ ପଞ୍ଜାବୀ, ଗୁଜୁରାଟୀ, ସାଉଥ୍ ଇଣ୍ଡିଆନ୍, ଉଡୁପି ଆଦି ରେଷ୍ଟୁରାଣ୍ଟ ରହିଛି। ମଝିରେ ମଝିରେ ଅଳ୍ପ କିଛି ପାକିସ୍ଥାନୀ ଦୋକାନ। ଗୋଟିଏ ଗୋରା ବା କଳା ଲୋକର ଦର୍ଶନ ନାହିଁ। କେବଳ ବ୍ରାଉନ୍...

ଦୋଷା ଖାଇବାକୁ ଇଚ୍ଛା ହେଲା। ଏତେ ସାଉଥ ଇଣ୍ଡିଆନ୍ ରେଷ୍ଟୁରାଣ୍ଟ ଭିତରେ 'Mysore Woodland ' ନନ୍ଦ ବାବୁଙ୍କର ଫେଭରିଟ୍। ଏଠି ମସାଲା ଦୋଷା $ ୮.୦୦। ଜର୍ସି ସିଟିର ଦୋଷା ଜର୍ଣ୍ଣାଲ ସ୍କୋୟାର ଠାରୁ ଶସ୍ତା ଓ ଭଲ କ୍ୱାଲିଟି। ନନ୍ଦବାବୁ ଚା'କଫି ପିଅନ୍ତିନି। ମୁଁ ପିଏ ଅଧା କପ୍। ଆଜିର ସନ୍ଧ୍ୟା କଫି କପ୍‌ରେ ସେଲିବ୍ରେଟ୍ କରାଯାଉ। ବଡ଼ କଷ୍ଟରେ ନନ୍ଦ ବାବୁ ଅଧା କପ୍ କଫି ପାଇଁ ରାଜି ହେଲେ। କଟକ, ଭୁବନେଶ୍ୱରରେ One by Two କହିଦେଉଛୁ। ମାତ୍ର ସିକାଗୋରେ!!

କ'ଣ ଭାବିବ ହୋଟେଲ ବୟ ? ? ଯା ହେଉ, ପାଖକୁ ଡାକି କହିଲି, "One by Two ମିଲେଗା ?" "ଜରୁର ମିଲେଗା ସାବ୍।" ତତ୍‌କ୍ଷଣାତ୍ ଉତ୍ତର ଆସିଲା... । ପୁଣି ପଚାରିଲି, "ଇଧରମେଁ ୟେ ସବ୍ ଚଲତା ହେ କ୍ୟା ?" ସେ କହିଲା, "ଇଣ୍ଡିଆମେଁ ଯୋ ଚଲତା, ଇଧରମେଁ ୱହି ଚଲ୍‌ତା।" ତିନିଜଣ ଯାକ ହସିଲୁ। ହାତ ମିଳେଇଲି ତା' ସହିତ ଥ୍ୟାଙ୍କ୍ସ ସହ। ଆମେରିକା, ସିକାଗୋରେ 'କଟିଙ୍ଗ୍ ଚା' ମିଳିବ ବୋଲି ନନ୍ଦବାବୁ ବି ଜାଣି ନଥିଲେ। ମୋର ଆବିଷ୍କାର!! ନିଜ ଦେଶର ଭାଷା ଓ ବାସ୍ନା ହୋଟେଲଟିରେ ବାରି ହୋଇପଡୁଥାଏ। ସାଜସଜ୍ଜା ସବୁ ଭାରତୀୟ...

କଫି ପିଇ ବାହାରକୁ ଆସିଲୁ। ପାଖରେ 'Patel Brothers' ସୁପର ମାର୍କେଟ୍। ଆମେରିକାର ୫୭ଟି ସ୍ଥାନରେ ୧୯ଟି ଷ୍ଟେଟ୍‌ରେ ଏହାର ଶାଖା ରହିଛି। ଆମର ଯେକୌଣସି ବଡ଼ କିରାନା ଦୋକାନ ପରି। ଆମ୍ବଡ଼ାଳ, ଦୁବ, ବରକୋଳି ପତ୍ର, କଦଳୀ ପତ୍ର, ଗେଣ୍ଡୁଫୁଲ, ହରିଡ଼ା, ବାହାଡ଼ା, ଅଁଳା, ଠାକୁରଗଡ୍ଡୁ... ହଳଦୀରାମ ମିକ୍ସଚର, ପାନ, ଗୁଆ, ଗୁଣ୍ଡି... ଆହୁରି କେତେ କ'ଣ। ଚାଉଳ, ଅଟା, ମସଲା ତା'ର ନିଜ ବ୍ରାଣ୍ଡ 'Swad' ନାଁରେ ବିକ୍ରି କରେ।

୧୯୬୮ ମସିହାରେ ମଫତ୍ ପଟେଲ ନାମକ ଜଣେ ଗୁଜୁରାଟୀ ଯୁବକ ଇଣ୍ଡିଆନା ୟୁନିଭର୍ସିଟିରେ ଏମ୍‌ବିଏ କରିବା ପାଇଁ ଆସିଥିଲେ। ପାଠ ପଢ଼ିସାରି ସିକାଗୋରେ ଚାକିରି କଲାବେଳେ ଦେଖିଲେ ଭାରତୀୟ ଜିନିଷ ପ୍ରାୟ ମିଳୁନି। ଅତ୍ୟଧିକ ଦାମ୍‌ରେ ବିକ୍ରି ହେଉଛି। ସେ ନିଜର ଏକ ଦୋକାନ ଖୋଲିଲେ ଡେଭନ୍ ଷ୍ଟ୍ରିଟ୍‌ରେ। ବାସ୍ ତା'ପରେ ସେ ଆଉ ପଛକୁ ଚାହିଁ ନାହାନ୍ତି। ସିକାଗୋର ସବୁ ଭାରତୀୟଙ୍କର ଗୋଟିଏ ୱିକେଣ୍ଡ ଡେଷ୍ଟିନେସନ୍, 'ପଟେଲ ବ୍ରଦର୍ସ'। ଦେଶି ଜିନିଷ ସବୁ ମିଳିଗଲା। ଆସ୍ତେ ଆସ୍ତେ ଆମେରିକାର ଅନ୍ୟ ସହରରେ ବି ପଟେଲ ବ୍ରଦର୍ସ ଦୋକାନ ଖୋଲିଲା। ଏବେ ଆମେରିକାର ଏକ ନାଁ କରା ସୁପର ମାର୍କେଟ୍‌ର ଚେନ୍। ବର୍ଷକ ତଳେ ୨୦୧୮ରେ ନାପରଭିଲ୍‌ରେ ସବୁଠୁ ବଡ଼ ଷ୍ଟୋର ଖୋଲିଛନ୍ତି। ରଞ୍ଜୁ କହୁଥିଲା, ଏବେ ଆଉ ତାଙ୍କୁ ଜିନିଷ କିଣିବାରେ ଅସୁବିଧା ହେଉନି। ନନ୍ଦ ବାବୁ ବି ସେୟା କହିଲେ।

କେରୀ ଫେରିଲୁ...

୩୧.୦୭.୨୦୧୯ (ବୁଧବାର)

ନନ୍ଦବାବୁଙ୍କ ଘରେ ବିଶ୍ରାମ। ଶ୍ରୀମତୀ ନନ୍ଦ ବ୍ରେକ୍‌ଫାଷ୍ଟରେ ସରୁ ଚକୁଳି ସହିତ ଗରମ ଗରମ ଡାଲ୍‌ମା, ରସଗୋଲାର ବନ୍ଦୋବସ୍ତ କରିଥିଲେ। ଲଞ୍ଚରେ ଅରୁଆ ଅନ୍ନ

ସାଙ୍ଗକୁ ପୁରୀ ଡାଲି, ନିଜ ବଗିଚାରୁ ଶାଗ, କଖାରୁ ଫୁଲ ଭଜା ଓ ଆହୁରି କେତେକ'ଣ।

ସନ୍ଧ୍ୟା ବେଳେ ବାହାରିଲୁ BAPS ଶ୍ରୀ ସ୍ୱାମୀନାରାୟଣ ମନ୍ଦିର। ୨୭ ଏକର ଜମିରେ ଏହି ମହାର୍ଘ ମନ୍ଦିରଟି ଏକ ଅତି ସୁନ୍ଦର ହିନ୍ଦୁ ମନ୍ଦିର। ଇଟାଲିଆନ୍ ମାର୍ବଲ ଓ ଟର୍କିସ୍ ଲାଇମ୍ ଷ୍ଟୋନ୍‌ରେ ଏହା ନିର୍ମିତ। ଭାରତରୁ କାରିଗର ଆସି ଏହି କାରୁକାର୍ଯ୍ୟପୂର୍ଣ୍ଣ ବିଶାଳ ମନ୍ଦିର ଓ ମୂର୍ତ୍ତି ସବୁ ତିଆରି କରିଛନ୍ତି। ସ୍ୱାମୀ ନାରାୟଣ, ରାମ-ସୀତା, ରାଧା-କୃଷ୍ଣ, ଶିବ-ପାର୍ବତୀଙ୍କର କମନୀୟ ଅପରୂପ ମାର୍ବଲ ପ୍ରତିମା ସବୁ ପୂଜା ପାଉଛନ୍ତି। ମାର୍ବଲର କମକୁଟ କାମ ଥାଇ ନାଟ ମନ୍ଦିରର ଖମ୍ବ, ଖିଲାଣ ଓ ଗମ୍ବୁଜ ଏତେ ସୁନ୍ଦର ଯେ ଆଖି ଲାଖି ରହିବ।

A Dream in Marble କୁହାଯାଇପାରେ।

ସନ୍ଧ୍ୟାବେଳେ ନନ୍ଦବାବୁଙ୍କ ବାଡ଼ି ପଛଆଡ଼େ ଥିବା ୱାଲ୍ ମାର୍ଟ ଷ୍ଟୋର୍‌କୁ ଯାଇ ଫେରିଲୁ।

୧.୮.୨୦୧୯ (ଗୁରୁବାର)

ସନ୍ଧ୍ୟାବେଳେ ନନ୍ଦବାବୁ ସସ୍ତ୍ରୀକ ଆସି ମତେ ରଞ୍ଜୁ ଘରେ ଛାଡ଼ିଦେଲେ। ବାଟରେ ବାହା'ଇ ଟେମ୍ପଲ ଦେଖିଲୁ।

■

ମିସିସିପି ଓ ପଶ୍ଚିମ ସମ୍ପ୍ରସାରଣ

୦୨.୦୮.୨୦୧୯ (ଶୁକ୍ରବାର)

ଆଜି ସେଣ୍ଟଲୁଇସ୍ ଯାତ୍ରା। ବାପୁ (ସଞ୍ଜିବ୍ ଦାସ), ମୋର ସମ୍ପର୍କୀୟ ଶାଳକ ସେଠି ରହେ।

ଅପରାହ୍ଣ ୩ଟାରେ ଗ୍ରେହାଉଣ୍ଡ ବସ୍‌ରେ ସୂରଜ ଆସି ବସେଇଦେଲା ସିକାଗୋରୁ। ବାଟରେ ଆସିଲା ବେଳେ ଗୋଟେ ନୂଆ କଥା ଦେଖିଲି, ହାଇୱେର ଦୁଇପଟରେ ଆଡ୍‌ଭୋକେଟ୍ (Attorney) ମାନଙ୍କର ବିଲ୍ ବୋର୍ଡ଼। ଆଗରୁ ନିଉୟର୍କରେ ଗୋଟେ ଦି'ଟା ଦେଖିଥିଲି । ଏଠି ଟିକେ ଅଧିକା ପରି ଲାଗିଲା। ବିଲ୍ ବୋର୍ଡ଼ରେ ଲେଖା ହୋଇଛି–

1. Arrested by police ? Call us for immediate bail.

2. Met Car Accident ? Get millions from Insurance.

3. Divorce ? Minimise your liability.

Advertisement ତଳେ ଆଟର୍ଣ୍ଣିଙ୍କର ମୋବାଇଲ ନମ୍ବର... ଆଗରୁ ଶୁଣିଥିଲି, ଆମେରିକା ଏକ ମକଦ୍ଦମା ପ୍ରିୟ ଦେଶ। ଟିକେ ଟିକେ କଥାରେ କେସ୍। ପରୀକ୍ଷାରେ ଫେଲ୍ ହେଲେ - ପୁଅର ବାପ ବିରୁଦ୍ଧରେ କେସ୍, ସଡ଼କରୁ ଗୋଡ଼ି ଉଠିଗଲେ, ସରକାର ବିରୁଦ୍ଧରେ କେସ୍, ଅଫିସରେ ଚୌକିରୁ କଣ୍ଟା ଲାଗି ଡ୍ରେସ୍ ଚିରିଗଲେ କମ୍ପାନୀ ବିରୁଦ୍ଧରେ କେସ୍... ଅଦ୍ଭୁତ କେସ୍ ସବୁ ଏଠି ଦେଖାଯାଏ। ଆଟର୍ଣ୍ଣିମାନେ ଏଠି ସବୁଠୁ ବେଶୀ ରୋଜଗାର କରୁଥିବା ଗୋଷ୍ଠୀରେ ଯା'ନ୍ତି।

ଠିକ୍ ସମୟରେ ବସ୍‌ରେ ବସିଲି। ବସ୍‌ରେ ବହୁତ କମ୍ ଲୋକ। କିଛି ସମୟ ପରେ ରାସ୍ତାର ଦି'ପଟେ ମାଇଲ ମାଇଲ ଲମ୍ବା କୃଷିକ୍ଷେତ୍ର ସବୁ ଆସିଗଲା। ସୋୟାବିନ୍, ମକା, ଧୂଆଁପତ୍ରର କ୍ଷେତ ଲମ୍ବିଥାଏ ଆଖି ପାଇଲାଯାଏ। ହଠାତ୍ ବସ୍‌ର ନିହାତି ପାଖ

ଦେଇ ଗୋଟେ ଛୋଟ ଏରୋପ୍ଲେନ୍ ଉଡ଼ିଗଲା। ଏତେ ପାଖରେ ଯିବାର କାରଣ ଜାଣିପାରିଲିନି। କିନ୍ତୁ ସେ ହଠାତ୍ ଗୋଟେ ଲୁପ୍ ଉଡ଼ାଣ ନେଇ କ୍ଷେତର ୧୦-୧୫ଫୁଟ ଉପରେ ଉଡ଼ିଗଲା। ଜାଣିଲି, ସେ କିଛି ପୋକମରା ଔଷଧ ବା ନ୍ୟୁଟ୍ରିଏଣ୍ଟ ସ୍ପ୍ରେ କରୁଥିଲା। ହଜାର ହଜାର ଏକରର କ୍ଷେତରେ ପୋକମରା ଔଷଧ ସ୍ପ୍ରେ କରିବାକୁ କେତେ ସମୟ ଲାଗିବ ! ବାସ୍ କେଇ ମିନିଟ୍‌ରେ ଶହଶହ ଏକରରେ ସ୍ପ୍ରେ ହୋଇଗଲା। ବହିରେ ପଢ଼ିଥିଲି ସିନା, ଆଜି ଆଖିରେ ଦେଖିଲି।

ନାପରଭିଲ୍‌ରୁ ଆସିଲା ବେଳେ ସୁଜାତା କିଛି ଖାଇବା ପ୍ୟାକ୍ କରିଦେଇଥିଲେ। ତା'ର ସୁବ୍ୟବହାର କରି ରାସ୍ତା ଦେଖୁଥାଏ। ପ୍ରାୟ ରାତି ଦଶଟା ବେଳକୁ ପହଞ୍ଚିଲି। ବାପୁ ବସ୍‌ଷ୍ଟାଣ୍ଡକୁ ଆସିଥାଏ। ସାଙ୍ଗରେ ତପନ ଭାଇ। ମୀରା ଅପା ଓ ତପନ ଭାଇ (ବାପୁର ଭଉଣୀ ଭିଣୋଇ) ଭାରତରୁ ଆସି ଦି'ଦିନ ହେଲା ପହଞ୍ଚିଛନ୍ତି। ସେମାନେ ଦୁବାଇରେ ରହନ୍ତି। ଏଠୁ ଦୁବାଇ ଯିବେ। ଏତେଦୂରରେ ନିଜ ଲୋକଙ୍କୁ ଦେଖିଲେ ବହୁତ ଖୁସୀ ଲାଗେ।

ବାପୁ ସେଣ୍ଟ୍‌ଲୁଇସ୍‌ରେ ୧୦ ବର୍ଷ ହେଲା ରହୁଛି। ସଫ୍ଟୱେର ଇଞ୍ଜିନିୟର। ତା'ର ସ୍ତ୍ରୀ ବର୍ଷା, ବିଖ୍ୟାତ ଡିପାର୍ଟମେଣ୍ଟାଲ ଷ୍ଟୋର Macy's ରେ ଏକ୍‌ଜିକ୍ୟୁଟିଭ୍। ପୁଅ ସିଦ୍ଧାର୍ଥ ହାଇସ୍କୁଲ ପରୀକ୍ଷା ଦେଇଛି। ଗ୍ରୀନ୍‌କାର୍ଡ଼ ପାଇ ଘର କିଣି ରହିଛି।

ଖାଇଲା ବେଳେ ହସଖୁସି କରି ଶୋଇବାକୁ ଗଲୁ।

\ \ \

୦୩.୦୮.୨୦୧୯ (ଶନିବାର)

ମିସିସିପି ନଦୀର ପଶ୍ଚିମ ତଟରେ ଅବସ୍ଥିତ ସେଣ୍ଟ୍‌ଲୁଇସ୍ ସହରଟି ମିସୋରୀ ଷ୍ଟେଟ୍‌ର ପ୍ରଧାନ ସହର। ୧୭୬୪ ମସିହାରେ ଏହା ଫରାସୀ Fur (ପଶୁଲୋମ) ବ୍ୟବସାୟୀମାନଙ୍କ ଦ୍ୱାରା ପ୍ରତିଷ୍ଠିତ ହୋଇଥିଲା। ଫ୍ରାନ୍ସର ରାଜା ଚତୁର୍ଦ୍ଦଶ ଲୁଇଙ୍କ ନାମରେ ଏହାର ନାମକରଣ କରାଯାଇଥିଲା। ୧୮୦୩ ମସିହାରେ ଫ୍ରାନ୍ସ ସହ Louisiana Purchase (ଲୁଇଜିଆନା କ୍ରୟ) ଚୁକ୍ତି ଅନୁସାରେ ଆମେରିକା, ମିସିସିପି ନଦୀର ପଶ୍ଚିମ ତଟରୁ ଉତ୍ତର ଓ ପଶ୍ଚିମକୁ ବ୍ୟାପ୍ତ ୮,୨୮,୦୦୦ ବର୍ଗମାଇଲ (୨୧,୪୦,୦୦୦ ବର୍ଗକିଲୋମିଟର) ବିସ୍ତୀର୍ଣ୍ଣ ଅଞ୍ଚଳ ବର୍ଗମାଇଲ ପ୍ରତି $୧୮ ହିସାବରେ $୧୫ ମିଲିଅନ୍‌ରେ କିଣିଦେଲା। ସେଇଦିନଠୁ ସେଣ୍ଟ୍‌ଲୁଇସ୍ ଆମେରିକା ଶାସନାଧୀନ ହେଲା। ଏହାର ବର୍ତ୍ତମାନର ଜନସଂଖ୍ୟା ପ୍ରାୟ ୩,୦୦,୦୦୦।

ଆଜି ସେଣ୍ଟ୍‌ଲୁଇସ୍‌ର ଫରେଷ୍ଟ ପାର୍କ ଦେଖିବାକୁ ଗଲୁ। ଫରେଷ୍ଟ ପାର୍କରେ ପ୍ରାକୃତିକ ଜଙ୍ଗଲ ଅଛି, ସୁନ୍ଦର ପାର୍କଟିଏ ବି ଅଛି। ଜଙ୍ଗଲ ଭିତରେ ଯେମିତି ପାର୍କଟିକୁ

ଖଞ୍ଜି ଦିଆଯାଇଛି । ୧୩୦୦ ଏକରର ଏଇ ପାର୍କଟିକୁ ଦେଖିବାକୁ ଛୁଟିଦିନ ମାନଙ୍କରେ ବହୁତ ଭିଡ଼ ହୁଏ । ଆଜି ଶନିବାର ଛୁଟି ଥିବାରୁ ସବୁ ଲନ୍‌ଗୁଡ଼ିକରେ ଲୋକ ଶୋଇ ବସି ଆରାମ କରୁଥାନ୍ତି । ବାପୁ କହିଲା, ଫଲ୍ ସମୟରେ ଫରେଷ୍ଟ ପାର୍କଟି ଅପରୂପ ଶୋଭା ଧାରଣ କରେ । ଇନ୍ଦ୍ରଧନୁର ରଙ୍ଗରେ ଗଛ ସବୁ ରଙ୍ଗେଇ ହୋଇଯାନ୍ତି । କିଛି ସପ୍ତାହ ପରେ ପତ୍ର ଝଡ଼ିଗଲା ପରେ ରାସ୍ତା ଓ ଲନ୍ ସବୁରେ ରଙ୍ଗୀନ ପତ୍ରସବୁ ଗଦେଇ ହୋଇଯାନ୍ତି । ଆକାଶର ରଙ୍ଗ ଭୂମି ଉପରକୁ ଅବତରଣ କରିଯାଏ ।

୦୪.୦୮.୨୦୧୯ (ରବିବାର)

ଆଜିର ପ୍ରୋଗ୍ରାମ୍- 'Gateway Arch' ।

୬୩୦ ଫୁଟ୍ ଉଚ୍ଚ ପୃଥିବୀର ଏଇ ଉଚ୍ଚତମ ତୋରଣଟି (ଆର୍କ)ଏକ ବିରଳ ସ୍ଥାପତ୍ୟ । ସେଣ୍ଟଲୁଇସ୍‌ରୁ ଆମେରିକାନ୍‌ମାନେ ପଶ୍ଚିମ ଆମେରିକା ସନ୍ଧାନରେ ବାହାରିଥିବାରୁ ଏହାକୁ Gateway To West (ପଶ୍ଚିମକୁ ଦ୍ୱାର) ବୋଲି କହନ୍ତି । ମିସିସିପି ନଦୀର ପଶ୍ଚିମ ତଟରେ ଏହାକୁ ସ୍ଥାପନା କରାଯାଇଛି । ଦୁଇଟି ପାରାବୋଲାକାର (Parabola) ପିଲାର ଭୂମିରୁ ଉତ୍ଥିତ ହୋଇ ୬୩୦ଫୁଟ ଉଚ୍ଚରେ ମିଳିତ ହୋଇ ଏକ ହେଆରପିନ୍ ପରି ଆର୍କଟିକୁ ପ୍ରସ୍ତୁତ କରିଛନ୍ତି । ପିଲାରଗୁଡ଼ିକର Coss Section ତିନୋଟି ପୃଷ୍ଠତଳ ଥାଇ ଏକ ସମବାହୁ ତ୍ରିଭୁଜ ଆକାରର । ଭୂମି ଉପରେ ପ୍ରତି ବାହୁର ଲମ୍ବ ୫୪ ଫୁଟ୍ ହୋଇଥିଲା ବେଳେ ଉପର ଆଡ଼କୁ କ୍ରମଶଃ କମିକମି ଯାଇ ଶୀର୍ଷରେ ୧୭ଫୁଟ୍ ହୋଇଛି । କାର୍ବନ୍ ଷ୍ଟିଲ୍ ଓ କଂକ୍ରିଟର ଫ୍ରେମ୍ ଉପରେ ଷ୍ଟେନ୍‌ଲେସ୍ ଷ୍ଟିଲ୍‌ର ଚଦର ଲଗାଯାଇଛି । ଆର୍କଟି ଭିତରୁ ପୋଲା ହୋଇ ଥିବାରୁ ଏକ ବିଶେଷ ଧରଣର Capsule Lift ରେ ବସି ଦର୍ଶକମାନେ ଶୀର୍ଷ ଦେଶରେ ଥିବା Observation Deck (ପରିଦର୍ଶନ ଡେକ୍)କୁ ଯାଇପାରିବେ । ଡେକ୍‌ର ଦୁଇପାର୍ଶ୍ୱରେ ୧୬ଟି ଲେଖାଏ ଝରକା ଅଛି ।

ଆର୍କର ତିନୋଟି ପୃଷ୍ଠତଳରୁ, ଯେକୌଣସି ଜାଗାରୁ କେବଳ ଗୋଟିଏ ପୃଷ୍ଠତଳ ଦେଖିହୁଏ । ତେଣୁ ଏହା ଏକ ରିବନ୍‌ର ଆର୍କ ପରି ଜଣାପଡ଼େ । ଦିନର ବିଭିନ୍ନ ସମୟରେ ଆକାଶର ରଙ୍ଗ ଇସ୍ପାତ ଚଦରରେ ପ୍ରତିଫଳିତ ହୋଇ ମେଘ ଓ ଆକାଶର ରଙ୍ଗରେ ରଙ୍ଗେଇ ହୋଇଯାଏ । ରାତିରେ ତ ରଙ୍ଗୀନ ଫ୍ଲଡ୍ ଲାଇଟ୍ ଏହାକୁ ଆହୁରି ଚିତ୍ତାକର୍ଷକ କରିଦିଏ ।

ଲିଫ୍ଟରେ ଅବ୍‌ଜରଭେସନ୍ ଡେକ୍ ଉପରକୁ ଯିବାପାଇଁ ଟିକେଟର ଦାମ୍ $୧୬ । ଯିବାକୁ ଚାରି ମିନିଟ୍ ଲାଗେ । ଉପର ଡେକ୍‌ରେ ଏକ ସମୟରେ ୧୬୦ ଜଣ ଦର୍ଶକ

ବାହାରକୁ ଦେଖିପାରିବେ। ମୁଁ ପହଞ୍ଚିଲା ବେଳକୁ ଅପରାହ୍ଣ ପାଞ୍ଚଟା ବାଜି ଯାଇଥିଲା ଓ ସୂର୍ଯ୍ୟ ପଶ୍ଚିମ ଦିଗକୁ ଢଳି ଯାଇଥିଲେ। ଆର୍କର ଛାଇ ମିସିସିପି ନଦୀ ଉପରେ ପଡ଼ିଥାଏ। ପଶ୍ଚିମପଟ ଝରକାରୁ ସାରା ସେଣ୍ଟଲୁଇସ୍ ସହର ଦିଶୁଥାଏ। ଡେକ୍‌ର ପୂର୍ବପଟ ଝରକାଗୁଡ଼ିକରୁ ମିସିସିପି ନଦୀ ଓ ଇଲିନଇସ୍ ଷ୍ଟେଟ୍‌ର ଆଖପାଖ ସହରସବୁ ଦିଶୁଥାଏ। ମିସିସିପି ନଦୀର ଉପର ମୁଣ୍ଡରେ ଦିଶୁଥାଏ ଏକ ପୁରୁଣା ଲୁହାର ବ୍ରିଜ୍। ଡେକ୍ ଉପରେ ଯା ବିଷୟରେ ସମ୍ୟକ୍ ବିବରଣୀ ଦିଆଯାଇଛି। ସେଇଠୁ ଜାଣିଲି ଏ ବ୍ରିଜ୍‌ଟି ପୃଥିବୀର ପ୍ରଥମ 'Steel Truss Arch' ବ୍ରିଜ୍। ଦେଢ଼ଶ ବର୍ଷ ତଳେ ତିଆରି ହୋଇ ଏବେ ବି ବ୍ୟବହାର ହେଉଛି। ତଳକୁ ଗଲେ ନିକଟରୁ ଦେଖିବା। ପ୍ରାୟ ୨୦ ମିନିଟ୍ ସେଠି ରହି ତଳକୁ ଓହ୍ଲାଇଲି। ଆର୍କର ନିର୍ମାଣ ବିଷୟରେ ଏକ ଡକ୍ୟୁମେଣ୍ଟାରୀ ଦେଖିବାର ଥିଲା। ଟିକେଟ କରିସାରି ପାଖରେ ବୁଲୁଥିଲା ବେଳେ ଦେଖିଲି ଚଟାଣରେ ନଦୀ ଧାର ପରି କେତେକ ରଙ୍ଗୀନ ଗାର ଟଣା ହୋଇ ମ୍ୟାପ୍ ଅଙ୍କା ଯାଇଛି। ନିକଟରୁ ଦେଖିଲି ଆମେରିକା ମ୍ୟାପ୍‌ରେ ମିସୋରୀ ଓ ମିସିସିପି ନଦୀର ଗତିପଥ ଛଡ଼ା, ସେଣ୍ଟଲୁଇସ୍‌କୁ ମଝିରେ ରଖି ଆଉ କିଛି ରଙ୍ଗୀନ୍ ରେଖା ବି ଟଣାହୋଇଛି । ବାପୁକୁ ପଚାରିଲାରୁ ସେ କହିଲା... "ଏ ହେଉଛି Westward Expansion ବା ପଶ୍ଚିମ ସମ୍ପ୍ରସାରଣ ବା ପଶ୍ଚିମ ଦିଗକୁ ବିସ୍ତାର...। ଯାରି ଇତିହାସକୁ ନେଇ ନିକଟବର୍ତ୍ତୀ ହଲ୍‌ରେ ଏକ ଚିତ୍ର ପ୍ରଦର୍ଶନୀ ରହିଛି।" ହେଲେ କ'ଣ ଏଇ ପଶ୍ଚିମ ସମ୍ପ୍ରସାରଣ ? ଡକ୍ୟୁମେଣ୍ଟାରି ଦେଖିସାରି ପଶିଲୁ ଏକ୍‌ଜିବିସନ୍ ହଲ୍‌ରେ। ଆମେରିକା ଇତିହାସର ଏକ ଅତି ଗୁରୁତ୍ୱପୂର୍ଣ୍ଣ ଅଧ୍ୟାୟ। United State of America ଏକା ଥରକେ ଗଠନ ହୋଇନଥିଲା। ପ୍ରାୟ ୧୦୦ ବର୍ଷ ଲାଗିଥିଲା ସମ୍ପୂର୍ଣ୍ଣ ଭୂଖଣ୍ଡଟିକୁ ଏକ ଶାସନାଧୀନ ହେବା ପାଇଁ।

୧୭୮୩ରେ ବ୍ରିଟିଶ୍ ଶାସନରୁ ମୁକ୍ତ ହେଲା ବେଳକୁ ଏହା କେବଳ ପୂର୍ବତଟରୁ ମିସିସିପି ନଦୀର ପୂର୍ବତଟ ପର୍ଯ୍ୟନ୍ତ ସୀମିତ ଥିଲା। ମିସିସିପିର ପଶ୍ଚିମକୁ ଆମେରିକାର ମଧ୍ୟାଞ୍ଚଳ ଫ୍ରାନ୍‌ସର ଶାସନାଧୀନ ଥିଲା। ସେଣ୍ଟଲୁଇସ୍ ଥିଲା ଫରାସୀମାନଙ୍କର ବ୍ୟବସାୟର ପ୍ରଧାନ ସହର। ପ୍ରେସିଡେଣ୍ଟ ଜେଫରସନ୍ (Jefferson) ମିସିସିପି ନଦୀ ପାର ହୋଇ ଆମେରିକାର ଶାସନ ବଢ଼ାଇବାକୁ ଚାହିଁଲେ। ୧୮୦୩ରେ ଫ୍ରାନ୍‌ସ ସହିତ 'Lousiana Purchase' (ଲୁଇଜିଆନା କ୍ରୟ) ଚୁକ୍ତି ମାଧ୍ୟମରେ ମାତ୍ର ୧୫ ମିଲିଅନ ଡଲାରରେ ମଧ୍ୟ ଆମେରିକାର ବିଶାଳ ଅଞ୍ଚଳ; ପୂର୍ବରେ ସେଣ୍ଟଲୁଇସ୍‌ଠାରୁ ପଶ୍ଚିମରେ ରକି ପର୍ବତମାଳା ପର୍ଯ୍ୟନ୍ତ; ଉତ୍ତରରେ କାନାଡ଼ା ସୀମାରୁ ଦକ୍ଷିଣରେ ନିଉ ଅର୍ଲିଅନ୍‌ସ ପର୍ଯ୍ୟନ୍ତ; ୨୧,୪୦,୦୦୦ ବର୍ଗକିଲୋମିଟର ଜାଗା କିଣିନେଲେ। ଆମେରିକାର ଆକାର ଦ୍ୱିଗୁଣିତ ହୋଇଗଲା। ଦେଶରେ ୧୫ଟି ନୂଆ ଷ୍ଟେଟ୍ ଯୋଡ଼ି

ହୋଇଗଲା । ତଥାପି ଆମେରିକା ଭୂଖଣ୍ଡର ଏକ ତୃତୀୟାଂଶ, ସମ୍ପୂର୍ଣ୍ଣ ପଶ୍ଚିମତଟ ଅନାବିଷ୍କୃତ ଥାଏ । କିଛି ଅଞ୍ଚଳ ମେକ୍ସିକୋ ଅଧୀନରେ ଥାଏ, କିଛି ଅଞ୍ଚଳ ବ୍ରିଟିଶ ଅଧୀନରେ ଥାଏ । ଆମେରିକାନ୍ ମାନଙ୍କ ପାଇଁ ପଶ୍ଚିମତଟ ସ୍ଥଳଭାଗ ଦେଇ ଅପହଞ୍ଚ ଥାଏ । ୧୮୪୩ରେ ଆମେରିକାନ୍‌ମାନେ ପଶ୍ଚିମତଟ ଅଧିକାର କରିବା ପାଇଁ ବାହାରିଲେ । ପଶ୍ଚିମତଟରେ ପହଞ୍ଚିଲେ ମନମୁତାବକ ଜମି ପାଇଯିବାର ଲୋଭ ପୂର୍ବତଟରେ ବାସ କରୁଥିବା ମଧ୍ୟବିତ୍ତ ପରିବାର, କ୍ଷେତ ବା ଶିଳ୍ପ ଶ୍ରମିକମାନଙ୍କୁ ପଶ୍ଚିମଯାତ୍ରା ପରି ଏକ ଅନିର୍ଦ୍ଦିଷ୍ଟ କିନ୍ତୁ ବିପଦ୍‌ଜନକ ଅଭିଯାନ ପାଇଁ ପ୍ରଲୁବ୍‌ଧ କଲା । ଆର୍ଥିକ ସମୃଦ୍ଧି ଓ ସ୍ୱାଧୀନତାର ସ୍ୱାଦ ଚାଖିବା ପାଇଁ ହଜାର ହଜାର ଲୋକ ଏକ ନୂଆ ଦୁନିଆଁର ସନ୍ଧାନରେ ବାହାରି ପଡ଼ିଲେ । ରାସ୍ତା ତ ନଥିଲା । ସେଣ୍ଟ୍‌ଲୁଇସ୍ ସହରଠାରୁ ପଶ୍ଚିମକୁ ଯାତ୍ରା କରିବା ପାଇଁ ମିସୋରୀ ନଦୀପଥ ଏକ ସହଜ ରାସ୍ତା ମିଳିଗଲା । ତା'ପରେ ପାହାଡ଼, ପର୍ବତ, ସମତଳଭୂମି ଦେଇ ପଶ୍ଚିମକୁ ଚାଲିବା କଥା । ଘୋଡ଼ା, ଘୋଡ଼ାଗାଡ଼ି ବା ଖାଲି ପାଦରେ ଚାଲି ଚାଲି ବାହାରିଲେ । ଏଇଥିରୁ ସୃଷ୍ଟି ହେଲା କେତୋଟି 'TRAIL', 'ଡଗର' ବା 'ଚଲାପଥ' । ଲୋକ, ପଶୁ ବା କାରାଭାନ୍ ଚାଲିଚାଲି ଜଙ୍ଗଲ ଭିତରେ ରାସ୍ତା ବାହାରିଗଲା । ଆମେରିକା ଇତିହାସରେ ଏହା ଏକ ନିର୍ଣ୍ଣାୟକ ମୁହୂର୍ତ୍ତ । ଦୁଃସାଧ୍ୟ ରକି ପର୍ବତ ଶୃଙ୍ଖଳା ଅତିକ୍ରମ କରି Oregon Trail, California Trail ଓ Santafe Trail ଦେଇ ଲୋକମାନେ ଓରେଗନ୍, କାଲିଫର୍ଣ୍ଣିଆ ଓ ନିଉ ମେକ୍‌ସିକୋରେ ପହଞ୍ଚିଗଲେ । ଏ ତିନୋଟି ପ୍ରଧାନ ଟ୍ରେଲ୍ ଛଡ଼ା ଆହୁରି ଅନେକ ଛୋଟ ଛୋଟ ଟ୍ରେଲ୍ ଶାଖା ପ୍ରଶାଖା ହୋଇ ବାହାରିଗଲେ । ସର୍ବାଧିକ ଲୋକ ଏଇ ତିନୋଟି ଟ୍ରେଲ୍ ବ୍ୟବହାର କରିଥିଲେ । ପ୍ରାୟ ୬ ମାସ ଲାଗୁଥିଲା ୨୦୦୦ କିଲୋମିଟରର ଅଜଣା ରାଜ୍ୟ ଅତିକ୍ରମ କରି ଇପ୍‌ସିତ ସ୍ଥଳରେ ପହଞ୍ଚିବା ପାଇଁ । ସାଧାରଣ ଜନତାମାନଙ୍କ ସହିତ ବ୍ୟବସାୟୀମାନେ ବି ନୂଆ ଦୁନିଆରେ ପହଞ୍ଚିଗଲେ ।

ସବୁଠୁ ଗୁରୁତ୍ୱପୂର୍ଣ୍ଣ ହେଉଛି ଓରେଗନ୍ ଟ୍ରେଲ୍ । ରକି ପର୍ବତମାଳା ପାରି ହେଲା ବେଳକୁ ୧୨୦ ଫୁଟ୍ ଉଚ୍ଚର ଏକ ବିଶାଳ ଗ୍ରାନାଇଟ୍ ଶୀଳା ପ୍ରବାସୀମାନଙ୍କ ପାଇଁ ଏକ ତୀର୍ଥସ୍ଥାନ ହୋଇଯାଇଥିଲା । ଏଠି ପହଞ୍ଚିଲେ ଅଧା ବାଟ କଟି ଯାଇଥିବାର ହିସାବ ହୁଏ । ଆଉ ଅଳ୍ପ ବାଟ ଅଛି ଭାବି ପଥଶ୍ରାନ୍ତି ଦୂର ହୋଇ ଯାଉଥିଲା ଏକ ସୁନେଲୀ ଆଶାରେ । ସ୍ୱାଧୀନତା ହେଇ ହାତ ପାହାନ୍ତାରେ... ଏଥିପାଇଁ ଏ ଶୀଳାର ନାଁ ଦିଆଯାଇଥିଲା Independence Rock । ବସନ୍ତ, ହଇଜା ଇତ୍ୟାଦି ରୋଗ ବା ଦୁର୍ଘଟଣାରେ ଏକଦଶମାଂଶ ଲୋକ ପ୍ରାଣ ହରାଉଥିଲେ । ମଣିଷ, ଭାରବାହୀ ପଶୁମାନଙ୍କ ଶବରେ ଓରେଗନ୍ ଟ୍ରେଲ୍ ବେଳେବେଳେ ମୃତ୍ୟୁର ଚଲାପଥ (ଡେଥ୍

ଟ୍ରେଲ୍)ରେ ପରିଣତ ହୋଇଯାଉଥିଲା । କାଳକ୍ରମେ ଆଗରୁ ଯାଇଥିବା ଲୋକମାନଙ୍କର ବିବରଣୀ ବା ଲେଖିଥିବା ବହିରୁ ଟ୍ରେଲ୍ ବିଷୟରେ ଅନେକ କଥା ଜାଣି ହେଲା । ଟ୍ରେଲ୍‌ର ଅନିଶ୍ଚିତତା କମିଗଲା । ତା'ପରେ ନଦୀଗୁଡ଼ିକ ଉପରେ ବନ୍ଧ ବା ପୋଲ ସବୁ ତିଆରି ହୋଇ ଯାତ୍ରା ସୁବିଧା ହୋଇଗଲା । ସବୁଠୁ ବଡ଼ ଘଟଣା ଘଟିଲା ୧୮୯୦ରେ... ରେଳ ଲାଇନ୍ ଖୋଲିଗଲା । ଛଅମାସର ବିପଦ୍‌ଜନକ ପଦଯାତ୍ରା, ସାତଦିନର ଆରାମଦାୟକ ଯାତ୍ରାରେ ପରିଣତ ହୋଇଗଲା । କିନ୍ତୁ ଓରେଗନ୍ ଟ୍ରେଲ୍ ଇତିହାସ ପୃଷ୍ଠାରେ ରହିଗଲା । ଆମେରିକାନ୍‌ମାନଙ୍କ ପାଇଁ ଏହା ଏକ ଟ୍ରାଜେଡ଼ି ହେଲେବି, ଏହା ମାନବ ଅନୁସନ୍ଧାନର ବିଜୟ ।

ଓରେଗନ୍ ଟ୍ରେଲ୍ ଚାଲିଥିଲା ବେଳେ କାଲିଫର୍ଣ୍ଣିଆରେ ସୁନା ଖଣି ମିଳିବାର ଚର୍ଚ୍ଚା ହେଲା । ତେଣୁ ଓରେଗନ୍ ଟ୍ରେଲ୍‌ର ଅଧାରୁ କିଛି ଲୋକ ଦକ୍ଷିଣ ପଶ୍ଚିମ ଆଡ଼କୁ କାଲିଫର୍ଣ୍ଣିଆ ଅଭିମୁଖେ ବାହାରିଲେ । ଏହାକୁ Gold Rush କୁହାଗଲା ।

ସେହିପରି କିଛି ଲୋକ ଓରେଗନ୍ ଟ୍ରେଲ୍‌ରୁ ଦିଗ ପରିବର୍ତ୍ତନ କରି ନିଉ ମେକ୍ସିକୋର ସାନ୍ତାଫେରେ ପହଞ୍ଚିଲେ । ଏହାକୁ ସାନ୍ତାଫେ ଟ୍ରେଲ୍ କୁହାଗଲା ।

ଏହି ପଶ୍ଚିମ ସମ୍ପ୍ରସାରଣରେ (୧୮୪୧-୧୮୬୬) ପ୍ରାୟ ୪,୦୦,୦୦୦ ଲୋକ ସ୍ଥାନାନ୍ତରୀ ହୋଇଥିଲେ । ଏଥିରୁ ଗୋଲ୍ଡ ରଶ୍ ହେତୁ ୨,୫୦,୦୦୦ କାଲିଫର୍ଣ୍ଣିଆ ଆସିଲେ । ୮୦,୦୦୦ ଲୋକ ଓରେଗନ୍ ଗଲେ ଓ ୭୦,୦୦୦ ଲୋକ ସାନ୍ତାଫେ ଯାଇଥିଲେ । ୧୫୦ ବର୍ଷ ପରେ ଏବେବି କିଛି କିଛି ଜାଗାରେ ଘୋଡ଼ାଗାଡ଼ିର ଗୁଳା ଚିହ୍ନ ପଥର ଉପରେ ଦେଖାଯାଏ ।

ନୂଆ ଜାଗାରେ ବସବାସ କଲାବେଳକୁ, ଆଶାଠାରୁ ଅଧିକ ଜମି ମିଳିଗଲା । ଶହ ଶହ ଏକର ଜମିକୁ ଚାଷ କରିବା କାଠିକର ପାଠ ହୋଇପଡ଼ିଲା । ପୂର୍ବତଟର କୃଷି ଶ୍ରମିକ ତ ଏଠି କୃଷକ ହୋଇଗଲା, ଶ୍ରମିକ କୋଉଠୁ ଆସିବେ ? ଶ୍ରମିକ ଅଭାବରୁ ଅନେକ କୃଷି ଉପକରଣର ଉଦ୍ଭାବନ ହେଲା- Barbedwire, ଲୁହାଲଙ୍ଗଳ, ଦୁଧଦୁହାଁ ଯନ୍ତ୍ର, ମକା ତୋଳା ଯନ୍ତ୍ର (Corn Pickers), କଟନ୍ ହାର୍ଭେଷ୍ଟର (ଏହା ଦ୍ୱାରା ସହଜରେ କପା ତୋଳି ଅମଳ କରାଯାଇ ପାରିଲା) । ଶୁଣିଲେ ମଜ୍ଜା ଲାଗେ । ସତରେ, ଅଭାବ ଉଦ୍ଭାବନର ଜନନୀ ।

ଏସବୁ ଜିନିଷ 'Westward Expansion' ମ୍ୟୁଜିଅମ୍‌ରେ ପ୍ରଦର୍ଶିତ ହେଉଛି । ଏତେବଡ଼ ଘଟଣା ଘଟିଥିଲା ଏଇ ମିସିସିପି ନଦୀ କୂଳରେ । ତେଣୁ ସେଣ୍ଟଲୁଇସ୍‌ର ନାମ ସ୍ୱର୍ଣ୍ଣାକ୍ଷରରେ ଲେଖାଯାଇଛି । ରେଳ ଲାଇନ୍ ପଡ଼ିଲା ପରେ ନଦୀ ଓ ସଡ଼କ ପଥରେ ବାଣିଜ୍ୟ ଓ ଗମନାଗମନ କମିଗଲା । ମିସିସିପିର ଗୁରୁତ୍ୱ କମିଗଲା... ।

୧୯୩୩ରେ ସେଣ୍ଟ୍‌ଲୁଇସ୍‌ର ମେୟର Bernard Dickman, ଅତୀତର ସ୍ୱର୍ଣ୍ଣମୟ ଇତିହାସର ସ୍ମୃତି ଉଜ୍ଜୀବିତ କରିବା ପାଇଁ ମିସିସିପି ନଦୀ କୂଳରେ ବଡ଼ କିଛି କରିବା ପାଇଁ ଚିନ୍ତା କଲେ। ଆମେରିକା ସରକାର ଏଥିପାଇଁ ରାଜିହେଲେ। ଆମେରିକାନ୍ ସ୍ଥପତି Lily Swann Saarinen ଙ୍କର ଡିଜାଇନ୍ ସ୍ୱୀକୃତି ପ୍ରାପ୍ତ ହେଲା। ୬୩୦ ଫୁଟ ଉଚ୍ଚର ଏକ Arch (ତୋରଣ)ର ପରିକଳ୍ପନା କରାଗଲା, 'Gateway Arch'. ସେଣ୍ଟ୍‌ଲୁଇସ୍‌ଠାରୁ Westward Expansion ଆରମ୍ଭ ହୋଇଥିବାରୁ ଏହାକୁ ପଶ୍ଚିମକୁ ପ୍ରବେଶ ଦ୍ୱାର ବୋଲି କୁହାଯାଏ। 'Gateway to the West' ର ମୂଳଦୁଆ ପଡ଼ିଲା ସେଣ୍ଟ୍‌ଲୁଇସ୍‌ର ମିସିସିପି ନଦୀ କୂଳରେ।

ମ୍ୟୁଜିଅମ୍ ଓ ଆର୍କ ଦେଖିସାରି ପାହାଚରେ ନଦୀକୂଳକୁ ଓହ୍ଲାଇଲି। ପିଲାଦିନୁ ପୃଥିବୀର ଦୀର୍ଘତମ ନଦୀ ମିସୋରୀ ମିସିସିପି ବୋଲି ପଢ଼ି ଆସିଛି। ଏଇ ତା'ହେଲେ ସେ ବିଖ୍ୟାତ ନଦୀ! କିନ୍ତୁ ଏଠି ଏହାର ଓସାର ମାତ୍ର ୬୦୦ମିଟର। ନଦୀରେ ଷ୍ଟିମର ସବୁ ଚାଲୁଥାନ୍ତି। ଓସାରରେ କମ୍ ହେଲେ ବି ଏହାର ଗଭୀରତା ନୌଚାଳନା ପାଇଁ ଯଥେଷ୍ଟ ଥାଏ। ନଦୀରେ ବର୍ଷସାରା ଯଥେଷ୍ଟ ପାଣି ରହେ। ଏଥିପାଇଁ, ରେଳପଥ ହେବା ଆଗରୁ ଆମେରିକାର ଅଧା ବାଣିଜ୍ୟ ଏଇ ନଦୀ ଦେଇ ହେଉଥିଲା। ଆମେରିକାର ଏକତୃତୀୟାଂଶ ଅଞ୍ଚଳ ଏ ଦୁଇନଦୀର ଜଳଛାୟା (Water Shed) ଦ୍ୱାରା ଉପକୃତ। ମିସିସିପି ନଦୀ ଉତ୍ତର ମିନେସୋଟାରୁ ବାହାରି ୩୭୩୦ କିଲୋମିଟର ଗତି କରି ଗଲ୍‌ଫ ଅଫ ମେକ୍ସିକୋରେ ପଡ଼ିଛି। ମିସୋରୀ ନଦୀ ଉତ୍ତର ପଶ୍ଚିମ ଦିଗରୁ ରକି ପର୍ବତମାଳାରୁ ବାହାରି ୩୮୦୦ କିଲୋମିଟର ଯାତ୍ରା କରି ସାରିଲା ପରେ ସେଣ୍ଟ୍‌ଲୁଇସ୍‌ଠାରୁ ୨୫କି.ମି ଉତ୍ତର ପଶ୍ଚିମ ଦିଗରେ ମିସିସିପି ନଦୀରେ ନିଜର ସତ୍ତା ହରାଇଛି। ମିସିସିପି, ସେଣ୍ଟ୍‌ଲୁଇସ୍ ପର୍ଯ୍ୟନ୍ତ ୧୮୦୦କି.ମି. ଏକାକୀ ଯାତ୍ରା କରି ବାକି ୧୯୩୦ କିଲୋମିଟର ମିସୋରୀ ସହ ମିଶିଛି। ସେଣ୍ଟ୍‌ଲୁଇସ୍‌ଠାରୁ ମିସିସିପି ହିଁ ଏକ ସମ୍ପୂର୍ଣ୍ଣ ନଦୀ ପରି ଯାଇ ସମୁଦ୍ରରେ ପଡ଼ିଛି। ଲମ୍ବାରେ ଅଳ୍ପଟିକେ ଅଧିକା ହେଲେ ବି ମିସୋରୀ ନଦୀକୁ ମିସିସିପିର ଉପନଦୀ କୁହାଯାଏ। ମିସୋରୀ-ମିସିସିପି ନାଁରେ ଦୁଇ ମହାନ୍ ନଦୀକୁ ସମ୍ମାନ ଦିଆଯାଏ। ମିସିସିପି ନଦୀ ପାଣି ଟିକେ ମୁହଁରେ ଦେଲି। ଯେ ଦେଶ ଯାଇ ପାଣି ପିଇ।

Eads Bridge :

ଗେଟ୍‌ୱେ ଆର୍କଠାରୁ ୨୦୦-୩୦୦ ମିଟର ଦୂରରେ ମିସିସିପି ନଦୀର ଉପର ମୁଣ୍ଡରେ ରହିଛି Eads Bridge। ଏହା ପୃଥିବୀର ପ୍ରଥମ ଷ୍ଟିଲ୍ ଷ୍ଟ୍ରକ୍‌ଚରାଲ୍ ବ୍ରିଜ୍। ରୋମାନ୍ ଆର୍କିଟେକ୍‌ଚରରୁ Archର କନସେପ୍ଟ ନେଇ ଏହା ଡିଜାଇନ୍ କରାଯାଇଛି।

ରେଳପଥର ବିକାଶ ପରେ ମିସୋରୀ ଷ୍ଟେଟ୍‌ର ପ୍ରତିଯୋଗୀ, ଇଲିନଇସ୍ ଷ୍ଟେଟ୍‌ର ସିକାଗୋରେ ବାଣିଜ୍ୟ ବୃଦ୍ଧି ପାଇଲା । ପୂରା ନଦୀ ପରିବହନ ଉପରେ ନିର୍ଭର କରୁଥିବା ମିସୋରୀ ସେଣ୍ଟ୍‌ଲୁଇସ୍ ପଛରେ ପଡ଼ିଗଲା । ଆମେରିକାର ପୂର୍ବତଟର ପ୍ରଦେଶ ଓ ବନ୍ଦରଗୁଡ଼ିକୁ ସ୍ଥଳପଥରେ ସଂଯୋଗ ନିହାତି ଆବଶ୍ୟକ ହୋଇପଡ଼ିଲା । ସେଣ୍ଟ୍‌ଲୁଇସ୍ କର୍ତ୍ତୃପକ୍ଷ ମିସିସିପି ଉପରେ ବ୍ରିଜ୍ ବା ତଳେ ଟନେଲ୍ ତିଆରି କରି ଏ ଅଭାବ ଦୂର କରିପାରିବେ ବୋଲି ଭାବିଲେ । ଶେଷରେ ବ୍ରିଜ୍ ପାଇଁ ନିଷ୍ପତ୍ତି ହେଲା ।

James Buchanon Eads ନାମକ ଜଣେ ଡିଜାଇନ୍ ବା ଇଞ୍ଜିନିୟରିଂ ପାଠ ନପଢ଼ିଥିବା ଡିଜାଇନ୍ ଇଞ୍ଜିନିୟର ଏକ ଅଭିନବ ଡିଜାଇନ୍‌ର ବ୍ରିଜ୍ କରିବା ପାଇଁ ପ୍ରସ୍ତାବ ଦେଲେ । ତାଙ୍କର କୌଣସି ପାରମ୍ପରିକ ଶିକ୍ଷା ନଥିଲା । ମିସିସିପି ନଦୀରୁ ସିଭିଲ ୱାର ସମୟରେ ବୁଡ଼ିଯାଇଥିବା ଜାହାଜଗୁଡ଼ିକୁ ଉଦ୍ଧାର (Salvage) କରି ଅର୍ଥ ଉପାର୍ଜନ କରିବା ତାଙ୍କର ବ୍ୟବସାୟ ଥିଲା । ସ୍କ୍ରାପ୍ ବେପାରୀ କହିଲେ ଭୁଲ ହେବ ନାହିଁ । ଏଇ କାମ କରିବା ପାଇଁ, ନଦୀରେ ବୁଡ଼ି କାମ କରିବାର କୌଶଳ ଶିଖି ଯାଇଥିଲେ । ସିମେଣ୍ଟ କଂକ୍ରିଟ୍ ବଦଳରେ ଷ୍ଟିଲ୍-ଟ୍ରସ୍ ଷ୍ଟ୍ରକ୍‌ଚରାଲର ଆର୍କ (Arch) ବା ଖିଲାଣ ବ୍ୟବହାର କଲେ । ଏଥିପାଇଁ ନଦୀ ଉପରେ କୌଣସି ପ୍ରକାରର ସଟରିଂ ଫ୍ରେମ୍ ନବାନ୍ଧି କାଣ୍ଟିଲିଭର ସାହାଯ୍ୟରେ ବ୍ରିଜ୍‌ର ଆର୍କ ତିଆରି ହେଲା । ଷ୍ଟିଲ୍‌ର ଦୀର୍ଘଜୀବନ ଓ ଷ୍ଟ୍ରକ୍‌ଚରାଲ ଷ୍ଟ୍ରେଙ୍ଗ୍‌ଥ ପାଇଁ କ୍ରୋମିଅମ୍ ଷ୍ଟିଲ୍‌ର ଆଲୟ ବ୍ୟବହାର କଲେ । ଷ୍ଟିଲ୍‌ର ଟ୍ୟୁବୁଲାର ରିବ୍ ଓ ବ୍ରେସିଙ୍ଗ (Tubular Rib and Bracing) ଦ୍ୱାରା ଆର୍କର ଫ୍ରେମ୍‌ଟି ତିଆରି ହୋଇଗଲା । ଫୁଟ ପ୍ରତି ୩୦୦୦ ପାଉଣ୍ଡର ଭାର ନେବାକୁ ଆବଶ୍ୟକତା ଥିଲେ ବି ଏହା ୫୦୦୦ ପାଉଣ୍ଡର ଭାର ନେଇପାରିଲା । ନଦୀ ଭିତରେ ପିଲାର୍ ଖୋଳିବାକୁ ପ୍ରଥମଥର ପାଇଁ ସେ ନିଜେ ବିକଶିତ କରିଥିବା ନିଉମାଟିକ କେସନ୍ (Pneumatic Caisson) ବ୍ୟବହାର କଲେ । ଏହାଦ୍ୱାରା ନଦୀଶଯ୍ୟାଠାରୁ ୧୦୦ ଫୁଟ୍ ତଳକୁ ଯାଇ Pierର ମୂଳଦୁଆ ପଡ଼ି ପାରିଲା । ସେ ନିଜେ ଉଦ୍ଭାବନ କରିଥିବା Sand Pump (ବାଲି ପମ୍ପ) ଦ୍ୱାରା ପାଣିତଳୁ ବାଲି, ମାଟି ଅନାୟାସରେ ଉପରକୁ ଅଣାଯାଇପାରିଲା । ନଦୀ ଉପରେ ପ୍ରାୟ ୫୦୦ ଫୁଟ୍ ଅନ୍ତରରେ ତିନୋଟି ସ୍ପାନ୍ (Span) ସହ ପୂରା ବ୍ରିଜ୍‌ର ଲମ୍ବ ୬,୪୦୦ଫୁଟ୍ ହେଲା । ବ୍ରିଜ୍‌ର ଦୁଇଟି ଡେକ୍ (ଲେଭେଲ୍)ରୁ ତଳ ଡେକ୍‌ରେ ଟ୍ରେନ୍ ଚଳାଚଳ ପାଇଁ ଦୁଇଟି ଲାଇନ୍ ଓ ଉପର ଡେକ୍‌ରେ ଗାଡ଼ିମଟର ପାଇଁ ୪ ଲେନ୍‌ର ଏକ ସଡ଼କ ପଥ ରହିଲା । ୧୮୬୭ରେ ଆରମ୍ଭ ହୋଇ ୧୮୭୪ ଏହାର ନିର୍ମାଣ କାର୍ଯ୍ୟ ଶେଷ ହୋଇଥିଲା । ମାତ୍ର ଲୁହା ଫ୍ରେମ୍‌ର ଏହି ବ୍ରିଜ୍ ଉପରେ ଲୋକମାନେ ଯିବାକୁ ସାହସ କରିପାରିଲେନି । ସେଥିପାଇଁ

Eads ଏକ ହାତୀ ଆଣି ତା ଉପରେ ଚଲେଇଲେ। ତଥାପି ସନ୍ଦେହ ଦୂର ହେଲା ନାହିଁ। ଶେଷରେ, ଏକ ସାଙ୍ଗରେ ୧୪ଟି ରେଳ ଇଞ୍ଜିନ୍ ଆଣି ବ୍ରିଜ୍ ଉପରେ ରଖି ବାରମ୍ବାର ଚଲେଇଲେ। ଲୋକମାନେ ବିଶ୍ୱାସ କଲେ ଓ ସରକାର ଏହାକୁ ବ୍ୟବହାର ପାଇଁ ଅନୁମତି ଦେଲେ। ସେଇଦିନଠୁ ୧୫୦ ବର୍ଷ ଧରି ଏହି ବ୍ରିଜ୍‌ଟି ସେଣ୍ଟ୍‌ଲୁଇସ୍‌କୁ ସେବା ଦେଇ ଆସିଛି। ଅବଶ୍ୟ ଏବେ ୨୦୧୬ ମସିହାରେ ଏହାର ଜୀର୍ଣ୍ଣୋଦ୍ଧାର କାର୍ଯ୍ୟ ହୋଇଛି।

Eads ବ୍ରିଜ୍ ସେଣ୍ଟ୍‌ଲୁଇସ୍‌କୁ ସିଭିଲ ଇଞ୍ଜିନିଅରିଂର ଇନୋଭେସନ୍ ଇତିହାସ ସହିତ ଯୋଡ଼ି ଦେଇଛି। ଷ୍ଟ୍ରକ୍‌ଚରାଲ ଇଞ୍ଜିନିୟରିଂର ଏହା ଏକ Technological Marvel (ତକ୍‌ନିକି ଚମତ୍କାର) ରୂପେ ଗଣାଯାଏ। ପାଠ ନପଢ଼ି ବି Eads, ସିଭିଲ ଇଞ୍ଜିନିୟରିଂର ଷ୍ଟ୍ରକ୍‌ଚରାଲ ଅଧ୍ୟାୟର ମାର୍ଗ ଦର୍ଶକ ଓ କିମ୍ବଦନ୍ତୀ ପୁରୁଷ (ଲିଜେଣ୍ଡ)।

ଗେଟ୍‌ୱେ ଆର୍କର କିଛି ଦୂରରେ ଆଉ ଏକ ଐତିହାସିକ ଚିହ୍ନ। Wain Right Building. ମାତ୍ର ୧୩୫ ଫୁଟ ଉଚ୍ଚର (୧୦ ମହଲା) ଟେରାକୋଟା Facade (ଆବରଣ) ଥିବା ଏହି ବିଲ୍ଡିଂଟିର ବିଶେଷତ୍ୱ ହେଉଛି ଯେ, ଏହା ପୃଥିବୀର ପ୍ରଥମ ସ୍କାଏସ୍କ୍ରାପର୍। ୧୮୯୧ରେ ଏହି ବିଲ୍ଡିଂ ପାଇଁ ପ୍ରଥମ କରି ଷ୍ଟିଲ୍ ଫ୍ରେମ୍ ବ୍ୟବହାର କରାଗଲା। ଅବଶ୍ୟ ଯାଠାରୁ ଅଧିକ ଉଚ୍ଚତାର ବିଲ୍‌ଡିଂ ସବୁ ସିକାଗୋରେ ତିଆରି ହୋଇଯାଇଥିଲା। ମାତ୍ର ସେ ସବୁ ପାରମ୍ପରିକ ରୀତିରେ ଇଟା ସିମେଣ୍ଟରେ ତିଆରି। ଇଟା, ସିମେଣ୍ଟର ଅତ୍ୟଧିକ ଓଜନ ପାଇଁ ବେଶୀ ଉଚ୍ଚା ହୋଇପାରୁ ନ ଥିଲା। ଆର୍କିଟେକ୍ଟ Louis Sullivan ପ୍ରଥମେ ଷ୍ଟିଲର ଫ୍ରେମ୍ ବ୍ୟବହାର କରି ବିଲ୍ଡିଂର ଓଜନ କମ୍ କରିବା କଥା ଚିନ୍ତା କରିଥିଲେ। ଷ୍ଟିଲ୍ ଫ୍ରେମ୍ ଓଜନ କମେଇଦେଲାରୁ ସ୍କାଏସ୍କ୍ରାପର୍‌ର ଉଚ୍ଚତାର ପ୍ରତିବନ୍ଧକ ଉଠିଗଲା। Wain Right ପରେ Empire State Building ଠାରୁ ଆରମ୍ଭ କରି Burj Khalifa ପର୍ଯ୍ୟନ୍ତ ସ୍କାଏ ସ୍କ୍ରାପର୍‌ରେ ଷ୍ଟିଲ୍‌ର ଫ୍ରେମ୍ ହିଁ ବ୍ୟବହାର ହେଲା। ତେଣୁ ଉଚ୍ଚତାରେ ଛୋଟ ହେଲେ ବି ଏହାକୁ କନ୍‌ସେପ୍ଟ ସ୍କାଏସ୍କ୍ରାପର୍ କୁହାଯାଏ। ସ୍କାଏସ୍କ୍ରାପର୍ ଅଧ୍ୟାୟରେ ଏ ବିଷୟରେ ଅଧିକ ଜାଣିବା।

ସନ୍ଧ୍ୟାବେଳକୁ ଆଉ କିଛି ବଜାର ବୁଲି ଘରକୁ ଫେରିଲୁ। ଆଜି ବର୍ଷା ଓଡ଼ିଆ ଚିକେନ୍ ଝୋଳ କରିଥିଲା। ସମସ୍ତେ ମିଳିମିଶି ହୋହଲ୍ଲା ଭିତରେ ରୁଟି ଓ କୁକୁଡ଼ା ଝୋଳ ଖାଇଲୁ। ଆଜି ଦିନଟା ଭଲରେ ଗଲା।

ପଶ୍ଚିମ ସମ୍ପ୍ରସାରଣ ମୋ ମନରେ ଏକ ଛାପ ଛାଡ଼ିଦେଲା। ଗୁଡ୍‌ନାଇଟ୍ 'ପଶ୍ଚିମ ପ୍ରବେଶ ପଥର ତୋରଣ' (Gateway to West Arch)...

୦୫.୦୮.୨୦୧୯ (ସୋମବାର)

ସକାଳୁ ତପନ ଭାଇଙ୍କ ପାଟିରେ ନିଦ ଭାଙ୍ଗିଲା। ବଡ଼ ଖବର ପରିବେଷଣ କରିଦେଲେ, ଜାମ୍ମୁ କାଶ୍ମୀରରୁ ଧାରା ୩୭୦ ପ୍ରତ୍ୟାହାର କରାଯାଇଛି। ବିଶ୍ୱାସ କରିହେଲାନି। ସିଧା ଇଣ୍ଡିଆନ୍ ଚାନେଲ ନଥିଲେ ବି ୟୁଟ୍ୟୁବ୍ ତ ଯଥେଷ୍ଟ। ବାକି ୩-୪ ଦିନର ସମୟ ଉପଯୋଗ ପାଇଁ ଖୋରାକ୍ ମିଳିଗଲା... ଦିନରାତି ବସି ମୀରା ଅପାଙ୍କ ହାତରୁ ଚା'-କଫି ପିଇ ୟୁଟ୍ୟୁବ୍ ଦେଖୁଥାଉ...। ବାକି ତିନିଦିନ ୩୭୦ ଧାରାରେ କଟିଗଲା।

୦୯.୦୮.୨୦୧୯ (ଶୁକ୍ରବାର)

ଆଜି ସେଣ୍ଟଲୁଇସ୍‌ରୁ ଡେନ୍‌ଭର ଯିବାର ପ୍ଲାନ୍। ସେଠି ମୋର ପିଇସୀଝିଅ ଭଉଣୀ 'ପିଙ୍କୁ' ରହେ। ରଞ୍ଜୁ ଘରୁ ତା'କୁ ଫୋନ୍ କଲାରୁ ଜିଦ୍ କଲା ଡେନ୍‌ଭର୍ ଆସିବାପାଇଁ। "ଆମ ଘରକୁ ନିଶ୍ଚିତ ଆସ।" ଯିବି ନଯିବି ଭାବୁଥିଲି। ତା'ର ସ୍ୱାମୀ ଆନନ୍ଦ, ଏକ ବଡ଼ ପାୱାର କମ୍ପାନୀରେ ସଫ୍ଟୱେର ଇଞ୍ଜିନିୟର। ସେ ବି କହିଲେ, ଆଉ ଦି'ଟା ଏଆର ଟିକେଟ୍ ପଠେଇଦେଲେ। ନଯାଇ ଗତି ନାହିଁ। ଆଉ ଗୋଟେ ସହର ଦେଖିନେବି। ପ୍ଲାନ୍‌ରେ ନଥିଲେ ବି ଜଗନ୍ନାଥଙ୍କ ଇଚ୍ଛା ବୋଧେ ରହିଥିଲା।

ସେଣ୍ଟଲୁଇସ୍ ଏୟାରପୋର୍ଟ ପାଇଁ ବାପୁ ଗୋଟେ ଟ୍ୟାକ୍ସି ପଠେଇଦେଇଥିଲା। ଭାରତୀୟ ଡ୍ରାଇଭର। ବୟସ ୭୦ ପାଖାପାଖି। ହିନ୍ଦୀରେ କଥାବାର୍ତ୍ତା କରି ଲଗେଜ୍ ଡିକିରେ ରଖିଦେଲା। ବସି ସାରିଲା ପରେ ପଚାରିଲି- "କାହାଁକା ରେହନେ ୱାଲେ ହୈ ଭାଇ?" ସେ କହିଲା- "ଲାହୋର, ପାକିସ୍ତାନ। ମେରା ନାମ୍ ଆଫ୍ରୋଜ।" ଚମକି ପଡ଼ିଲି। ହଠାତ୍ ଗୋଟେ ପାକିସ୍ତାନୀ ସହିତ ଭେଟ ହେବ ବୋଲି ଧାରଣା ନ ଥିଲା। ତଥାପି ହସ ଫୁଟାଇ କହିଲି, "କବ୍‌ସେ ଆପ୍ ଇଧରମେଁ ହୈ, ଔର କୈସେ ୟହାଁ ଆଗୟେ?" ସେ କହିଲା- "୩୦ ବର୍ଷ ତଳେ ଭାଇକୁ ବିଜିନେସ୍‌ରେ ସାହାଯ୍ୟ କରିବାକୁ ଆସିଥିଲି। ତା'ପରେ ଚାକିରି କରୁଥିଲି। ରିଟାୟାରମେଣ୍ଟ ପରେ ସମୟ ସମୟରେ ଟ୍ୟାକ୍ସି ଚଲାଏ। ଇଣ୍ଡିଆନ୍ କମ୍ୟୁନିଟିରୁ ପ୍ରାୟ ବୁକିଂ ମିଳିଯାଏ।" "କୈସେ ଲଗ୍‌ତା ହୈ ଆପକୋ ଇଧର? ଲାହୋର ମେଁ କୌନ୍ କୌନ୍ ହୈ?" ପଚାରିଲି। "ଆଚ୍ଛା ଲଗ୍‌ତା ନହିଁ ସାର୍ ଇଧରମେଁ । ଭାଇ, ବହନ୍ ସବ୍ ଉଧରମେଁ ହୈ, ୟଙ୍ଗ୍ ଥେ, ଚଲ୍‌ଯାତା ଥା...। ଅଭି ଉମର୍ ହୋନେକେ ବାଦ୍ ଦେଶ୍ ୟାଦ୍ ଆତା ହୈ। ଅପନେ ଦେଶ୍‌କା ଆଜାଦୀ ଔର କହାଁ ମିଲେଗା? ମଜ୍‌ବୁରୀ ହୈ ସାବ୍। ୱହାଁ ପେ ଟାଇମ୍ ଠିକ୍ ନେହିଁ ଚଲତା। ଦେଶ୍ ଥୋଡ଼ା ସୁଧର ଯାନେ ସେ ଶୋଚତା ହୁଁ ଚଲା

ଯାଉଁଗା। ଗ୍ରୀନ୍ କାର୍ଡ଼ ତୋ ହୈ। ୱହାଁ ରେହନେ ସେ ଭି ଡଲାରମେ କୁଛ ପେନ୍‌ସନ୍ ମିଲ୍‌ଯାଏଗା, ଚଲ୍ ଯାଏଗା।" ନିଜର କେହି କହୁଥିଲା ପରି ଶୁଭିଲା। ଦେଶ ସିନା ଦି'ଟା, ହେଲେ ନାହିନାଡ଼ ତ ଗୋଟେ, ପରିବାର ବନ୍ଧନ ତ ଗୋଟିଏ ପ୍ରକାରର। ବାପ, ମା', ଭାଇ, ବନ୍ଧୁ, କୁଟୁମ୍ବ, ମଉସା, ପିଇସା ଏତେ ସମ୍ପର୍କ ଭାରତ ମାଟି ଛଡ଼ା ଆଉ କେଉଁଠି ମିଳିବ? ତେଣୁ ପେଟ ପାଇଁ ଯୁଆଡ଼େ ଗଲେବି ନିଜ ଗାଁ, ଗଳିର ସୁନେଲୀ ଦିନଗୁଡ଼ିକ ଝଲ୍‌ମଲ୍ କରୁଥିବ ମନ ଭିତରେ ଶେଷ ସମୟ ଯାଏ। ଆଖି ବୁଜିଦେଲେ ପୃଥିବୀର ସେପଟର ଦୃଶ୍ୟ ଆସି ଯାଉଥିବ ସ୍ମୃତି ପଟଳକୁ। ମୁଁ ତା' ସହ ଏକମତ ହେଲି। କହିଲି, "ସବ୍‌କୁଛ ସୁଧର ଯାଏଗା ଭାଇ ସାବ୍। ଆପ ତୈୟାର ହୋ ଯାଇୟେ।" "ସୁକ୍ରିୟା", ଧାରେ ହସ ଫୁଟାଇ ସେ କହିଲା। ଆଶା ତ ବୈତରଣୀ ନଦୀ। ସେ ଆଉ ଫେରିବନି। ଲାହୋର ଗଳିରେ ଚାରପାଇ ଉପରେ ବସି ହୁକ୍କା ଟାଣିବାର ଆଶା ନେଇ ଜୀବନର ବାକିତକ ଦିନ ଚାଲିଯାଉ...। ପ୍ରାୟ ଘଣ୍ଟାଏ କଥାବାର୍ତ୍ତାରେ ଚାଲିଗଲା। କଥାବାର୍ତ୍ତା ବେଶ୍ ସମ୍ଭ୍ରାନ୍ତ ଓ ସୌହାର୍ଦ୍ଦ୍ୟପୂର୍ଣ୍ଣ...।

ୱାଘା ବର୍ଡ଼ର ଗେଟ୍ ସେପଟେ ପାକିସ୍ତାନୀମାନଙ୍କୁ ଦେଖିଥିଲି। ପୂରା ଆମରି ପରି... କିନ୍ତୁ ଦେଶ ପ୍ରେମର ଉତ୍ତାଳ ତରଙ୍ଗ ଭିତରେ, "ଭାରତ ମାତାକି ଜୟ" ଚିତ୍କାର ମଧ୍ୟରେ ମଣିଷ ଦେଖିବାର ସୁଯୋଗ ନାହିଁ। କେବଳ ଦିଶନ୍ତି ପାକିସ୍ତାନୀ ! ସିଧା କଥା ହେବାର ପ୍ରଥମ ସୁଯୋଗ। ଠିକ୍ ମୋରି ପରି...। ଖୁଦାଙ୍କୁ ଜଣା, ଈଶ୍ୱରଙ୍କୁ ଜଣା କେବେ ଅନ୍ତ ହେବ ଏ ପାଗଳାମି? "ମେରା ଭି ବତନ... ତେରା ଭି ବତନ..."। "ସମସ୍ତ ଲୋକାଃ ସୁଖିନଃ ଭବନ୍ତୁ", ଏଇଆ ଭାବି, ହାତ ବଦଳରେ ଛାତି ମିଶେଇ ବିଦାୟ ନେଲି ଆଫ୍ରୋଜ୍‌ଠାରୁ।

ଏଠି ସବୁ ଏୟାରପୋର୍ଟରେ ଅନ୍‌ଲାଇନ୍ ଚେକ୍‌ଇନ୍... ମୁଁ କରିନଥିଲି। ମୋର ସ୍ପିରିଟ୍ ଏୟାରଲାଇନ୍‌ର ଟିକଟ। ତାଙ୍କର କାଉଣ୍ଟର ଖୋଜିବାରେ ଟିକେ ସମୟ ଲାଗିଲା। ଜଣେ ଏୟାରଲାଇନ୍ ଫ୍ରଣ୍ଟ ଏକ୍‌ଜିକ୍ୟୁଟିଭ୍ ମତେ ପଚାରିଲେ, "Any Prob...?" କହିଲି "ୱାଣ୍ଟ ଟୁ ଚେକ୍ ଇନ୍।" ପାସ୍‌ପୋର୍ଟ ମାଗିଲେ। ଟିକେଟ୍ ଦେଖେଇଲାରୁ ନେଲେନି। ସିଧା ପାସ୍‌ପୋର୍ଟକୁ ଚେକ୍‌ଇନ୍ ମେସିନ୍ ଭିତରେ ଭର୍ତ୍ତି କରିଦେଲେ। କେଇ ସେକେଣ୍ଡ ଭିତରେ ଟିକେଟ ନମ୍ବର ସହିତ ବୋର୍ଡ଼ିଂ ପାସ୍ ବାହାରି ଆସିଲା। ନୂଆ ବ୍ୟବସ୍ଥା! ଆମ ଦେଶରେ ଏ ପର୍ଯ୍ୟନ୍ତ ହୋଇନି। ସମୟ ଲାଗିବ। ଏବେ ଘଣ୍ଟାଏ ବସିବାକୁ ପଡ଼ିବ ପ୍ଲେନ୍ ସମୟକୁ ଅପେକ୍ଷା କରି।

ସ୍ପିରିଟ୍ ଏୟାରଲାଇନ୍ ଆମେରିକାରେ ଏକ ଲୋ'କଷ୍ଟ-ବଜେଟ୍ ଏୟାର ଲାଇନ୍। ତେଣୁ ଶସ୍ତାରେ ଟିକଟ ମିଳେ। ୭କେଜିର କେବଳ ଗୋଟିଏ ଛୋଟ

ହ୍ୟାଣ୍ଡବ୍ୟାଗ୍ ନେଇହେବ। କେବିନ୍ ବ୍ୟାଗ୍ ପାଇଁ $ ୩୦ ଏକ୍ସଟ୍ରା। ମୋର ଟିକେଟର ଦାମ୍ $୭୦। କେବିନ୍ ବ୍ୟାଗ୍- $୩୦ଅତ୍ୟଧିକ ନିଶ୍ଚୟ। ମୁଁ ତ କେବଳ ହ୍ୟାଣ୍ଡବ୍ୟାଗ୍ଟେ ଧରି ବୁଲୁଛି। ଅସୁବିଧା ହେଲାନି।

ସେଣ୍ଟଲୁଇସ୍‌ରୁ ଡେନ୍‌ଭର ଦୁଇ ଘଣ୍ଟାର ଉଡ଼ାଣ। ଡେନ୍‌ଭରରେ ପିଙ୍କୁ ଆସି ଲଗେଜ୍ ବେଲ୍‌ଟ ପାଖରେ ଅପେକ୍ଷା କରିଥିଲା। କିଛି ସମୟପରେ ଆନନ୍ଦ ଆସି ପହଞ୍ଚିଲେ। ଦିନ ଥାଉଥାଉ ଘରେ ପହଞ୍ଚିଲୁ। ଘର ସାମ୍ନା ଲନ୍‌ରେ ରାବିଟ୍ ଓ ତା'ର ଛୁଆ ଘାସ ଖାଉଥିଲେ। ଆମକୁ ଦେଖି ଦୌଡ଼ି ପଳାଇଲେ। ଫେନ୍‌ସ ପାଖରେ ରାବିଟ୍ ଗାତ କରି ପରିବାର ସହ ରହେ।

ପିଙ୍କୁ ଓ ଆନନ୍ଦଙ୍କର ଏକ ପାଞ୍ଚ ଜଣିଆ ପରିବାର। ଜିତ୍-ପୁଅ, ସୋନାକ୍ଷୀ-ଝିଅ ଓ ରୈନା-ଡୋବରମାନ କୁକୁର, ପିଙ୍କୁର ସାନଝିଅ। ଭାରି ଗେହ୍ଲା। ଟିକେ ରାଗିଲେ ରୁଷିଯାଏ। ପିଙ୍କୁ ଭଲରେ ଡାକିଲେ ପାଖକୁ ଆସେ। ମଝିରେ ମଝିରେ ରାବିଟ୍ ଛୁଆକୁ ବାଡ଼ିପଟୁ ଦାନ୍ତରେ ଧରି ଘରକୁ ନେଇ ଚାଲିଆସେ ଅକ୍ଷତ ଅବସ୍ଥାରେ। ଗାଳିଦେଲେ ଛାଡ଼ିଦିଏ। ସେମାନେ ଦି'ବର୍ଷ ହେଲା ଇଣ୍ଡିଆ ଆସିନଥିଲେ। ଢେଙ୍କାନାଳରୁ ଡିଙ୍କିଶାଳ ପର୍ଯ୍ୟନ୍ତ ଗପ ଚାଲିଲା ପିଙ୍କୁର ମୋର (ତା'ର ମାମୁଁ ଘର ଢେଙ୍କାନାଳ)।

ଆନନ୍ଦ, କାଲି ପାଇଁ ରକିଜ୍‌ର ପ୍ରୋଗ୍ରାମ୍ କରୁଥିଲେ ବସି।

■

ଡେନ୍‌ଭର ଓ ରକିଜ୍

୧୦.୦୮.୨୦୧୯ (ଶନିବାର)

ବ୍ରେକ୍‌ଫାଷ୍ଟ ପରେ ସମସ୍ତେ ବାହାରିଲୁ ଆନନ୍ଦଙ୍କର ଅଡ଼ି କାର୍‌ରେ। ରୈନା ପଛ ସିଟ୍‌ରେ ବସିଲା। ରକି ନ୍ୟାସ୍‌ନାଲ୍ ପାର୍କ ଡେନ୍‌ଭରରୁ ୧୨୦ କି.ମି. ଦୂର, ଦେଢ଼/ ଦୁଇଘଣ୍ଟାର ଡ୍ରାଇଭ୍। ଆମେରିକାର ପ୍ରଖ୍ୟାତ ପର୍ବତ ଶୃଙ୍ଖଳା ରକି ମାଉଣ୍ଟେନ୍‌ସ ଦେଖିବାର ସୁଯୋଗ। ଡେନ୍‌ଭରରୁ ରକି ପର୍ବତମାଳା ଦିଶେ। ରାସ୍ତାରେ କଲରାଡୋ଼ ଷ୍ଟେଟ୍‌ର ପ୍ରଖ୍ୟାତ ବୋଲ୍‌ଡ଼ର ସହର। ଏଠିକାର ବୋଲ୍‌ଡ଼ର ୟୁନିଭର୍ସିଟିର ଖ୍ୟାତି ଶୁଣିଥିଲି। ବୋଲ୍‌ଡ଼ର ସହର ପରେ ପରେ ଆରମ୍ଭ ହୋଇଯାଏ ରକିଜ୍...। ପର୍ବତ ଉପର ଦେଇ ଯାଇଛି Trail Ridge Road. ଆମେରିକାର ଯେକୌଣସି ରାଜପଥ ପରି। ଏହା ସବୁଠୁ ଉଚ୍ଚରେ ଯାଇଥିବା ହାଇୱେ। ରାସ୍ତାର ଦୁଇପଟେ ଗଗନ ଚୁମ୍ବି ପର୍ବତ ମାଳା, ପାଇନ୍ ବୃକ୍ଷର ଜଙ୍ଗଲ। ମଝିରେ ମଝିରେ ଛୋଟ ଛୋଟ ମେଘ ଖଣ୍ଡ ଝିପ୍ ଝିପ୍ ବର୍ଷା କରି ଅପସରି ଯାଉଥାନ୍ତି। ବାୟୁମଣ୍ଡଳ ଥଣ୍ଡା ହୋଇ ଆସୁଥାଏ। ଶେଷରେ ପହଞ୍ଚିଲୁ 'Estes Park'। ଛୋଟ ଏକ ସହର ପର୍ବତର ଏକ ଉପତ୍ୟକାରେ। ଏଇଠୁ ରକି ନ୍ୟାସ୍‌ନାଲ୍ ପାର୍କ ଆରମ୍ଭ। ରେଜିଷ୍ଟ୍ରେସନ୍ କରି ପଶିବାକୁ ପଡ଼ିବ। ଏଇଠି ଆରମ୍ଭ ପାଇନ୍, ଫାର୍, ଆସପେନ୍ ଆଦି ବୃକ୍ଷର ଘଞ୍ଚ ଜଙ୍ଗଲ। କିଛି ଦୂର ପରେ ଦେଖିଲୁ ଏକ ହୃଦୟ ବିଦାରକ ଦୃଶ୍ୟ। ହଜାର ହଜାର ହେକ୍ଟର ଜଙ୍ଗଲ ଜଳିପୋଡ଼ି ଧ୍ୱସ୍ତ ହୋଇଯାଇଛି। Wild Fire ରକି ମାଉଣ୍ଟେନ୍‌ସର ଏକ ବଡ଼ ବିପତ୍ତି। ସବୁବର୍ଷ ପ୍ରାୟ ଜଙ୍ଗଲରେ ନିଆଁ ଲାଗେ। ସରକାର ମିଲିୟନ୍ ଡଲାର ଖର୍ଚ୍ଚ କରି ଅଗ୍ନି ନିର୍ବାପନ ବ୍ୟବସ୍ଥା କରନ୍ତି। ହେଲିକପ୍ଟରରୁ ଫାୟାର ହାଇଡ୍ରାଣ୍ଟ ପକାଇବାଠୁ ଆରମ୍ଭ କରି, ଫାୟାର ବ୍ରିଗେଡ୍ ନିଜେ ନିଆଁ ଲିଭାଇବା କାମରେ ଅକ୍ଳାନ୍ତ ପରିଶ୍ରମ କରନ୍ତି। କିନ୍ତୁ କ୍ଷତି ହିଁ ହୁଏ। ଶେଷରେ ପହଞ୍ଚିଲୁ ଏଠିକାର ଶ୍ରେଷ୍ଠ ଆକର୍ଷଣ 'Bear Lake Trail' ପାଖରେ।

ଭିଜିଟର ସେଣ୍ଟର ପାଖରେ ଗାଡ଼ି ରଖି ଚାଲିଚାଲି ଗଲୁ ଟ୍ରେଲ୍‌ରେ। 'Bear Lake' ଏଠୁ ପ୍ରାୟ ଦେଢ଼ କିଲୋମିଟର ଦୂର। ଏହି ଲେକ୍‌ଟି ପାହାଡ଼ ପରିବେଷ୍ଟିତ ୯-୧୦ ଏକର ପରିମିତ ଛୋଟ ଏକ ହ୍ରଦ। ଲେକ୍ ଚାରିପଟେ ଟ୍ରେଲ୍, ଜଙ୍ଗଲୀ ଚଲା ରାସ୍ତା। ଗଛ, ଲତା, ପଥର, ଛୋଟ ଛୋଟ ଝରଣା ମଧ୍ୟ ଦେଇ ଟ୍ରେଲ୍ ପଡ଼ିଛି। ଟୁରିଷ୍ଟମାନେ ଲେକ୍ ଚାରିପଟେ ଥିବା ୧.୫୦କିମି ଲୁପ୍‌ରେ ଚାଲିକରି ଆସିବାକୁ ପ୍ରାୟ ଦେଢ଼ଘଣ୍ଟା ଲାଗେ। ଚାଲିବାରେ ଯେତିକି ସମୟ ଲାଗେନି, ଲାଗିଯାଏ ଲେକ୍‌ଟିକୁ ବିଭିନ୍ନ ସ୍ଥାନରୁ ଦେଖିବାରେ। ଚାରିପଟ ପାହାଡ଼ ଓ ପାଇନ୍ ଜଙ୍ଗଲର ଛାଇ ହ୍ରଦରେ ପ୍ରତିବିମ୍ବିତ ହୋଇ ଏହାର ଶୋଭା ଶତଗୁଣିତ କରିଦିଏ। ଲେକ୍‌ଟି ଛୋଟ ଛୋଟ ପାହାଡ଼ି ଝରଣା ପୁଷ୍ଟ। ପାହାଡ଼ ଶୃଙ୍ଗଦେଶରୁ ବରଫ ତରଳିଲେ ପାଣି ତଳକୁ ଝରି ଆସେ। ହ୍ରଦର ପାଣି ସ୍ଫଟିକ ସ୍ୱଚ୍ଛ। ୧୦-୧୫ଫୁଟ୍ ଗଭୀରରେ ଥିବା ବାଲିଗୋଡ଼ି, ପଥର, ଗଛର ଗଣ୍ଡି ଇତ୍ୟାଦି ପରିଷ୍କାର ଦିଶେ। ଏଥିପାଇଁ ଏହାକୁ See Through ଲେକ୍ ବୋଲି କହନ୍ତି, ଶୀତଦିନେ ବରଫାଚ୍ଛାଦିତ ଶୃଙ୍ଗ ସବୁ ଏଥିରେ ପ୍ରତିବିମ୍ବିତ ହୁଅନ୍ତି। ବରଫ ଶୃଙ୍ଗ ସବୁ ଉଦୟ ବା ଅସ୍ତ ସୂର୍ଯ୍ୟ କିରଣରେ ଆଉଟା ସୁନା ରଙ୍ଗରେ ରଙ୍ଗେଇ ହୋଇଯାଆନ୍ତି, ଆଉ ହ୍ରଦରେ ସୌନ୍ଦର୍ଯ୍ୟର ନିଆଁ ଲାଗିଯାଏ। ଏଇ ଦୃଶ୍ୟ ଦେଖିବାପାଇଁ ଟୁରିଷ୍ଟମାନଙ୍କର ଭିଡ଼ ଲାଗିଯାଏ।

କିନ୍ତୁ ଶୀତ ବଢ଼ିଗଲେ ଲେକ୍‌ଟି ପୂରା ବରଫରେ ପରିଣତ ହୋଇଯାଏ। ଫଲ୍ ସମୟରେ ପାହାଡ଼ଗୁଡ଼ିକ ସାତ ରଙ୍ଗରେ ସଜ୍ଜିତ ହୋଇଯାଆନ୍ତି। ବିଅର ଲେକ୍ ବି ଅନୁରୂପ ରଙ୍ଗ ନେଇନିଏ। ଏସବୁ ଦୃଶ୍ୟ ଦେଖି ଫଟୋ ନେବା ପାଇଁ ଫଟୋଗ୍ରାଫରମାନେ ଆସିଯାଆନ୍ତି।

ପାଇନ୍, ଫାର୍ ଗଛର ଛାଇରେ ହ୍ରଦକୁ ଦେଖି ଦେଖି ଟ୍ରେକିଂ କରି ଯିବା ଆନନ୍ଦ ଦାୟକ। ଆନନ୍ଦ ମୁଁ ଓ ପିଲାମାନେ ଟ୍ରେଲ୍‌ରେ ଚାଲୁ ଚାଲୁ ହଠାତ୍ ଦେଖିଲୁ ଗୋଟିଏ ଗୁଣ୍ଡୁଚି ମୂଷା ଆମ ପଛେ ପଛେ ଆସୁଛି। ଝିଅ ବସିପଡ଼ିଲାରୁ ଗୁଣ୍ଡୁଚିଟି ସିଧା ଆସି ସାମ୍ନା ପଥରରେ ଦି'ଗୋଡ଼ ଟେକି ଉପରକୁ ମୁହଁ କରି ଛିଡ଼ା ହୋଇଗଲା ତା'ଠାରୁ ମାତ୍ର, ୨-୩ ଫୁଟ୍ ଦୂରରେ। ବୋଧେ ଖାଦ୍ୟ ପାଇଁ ମଣିଷ ସହିତ ବନ୍ଧୁତା କରିନେଇଛି। ଦୁଃଖର ବିଷୟ ପକେଟ୍‌ରେ କିଛି ବି ନଥିଲା। ତା'ଛଡ଼ା ବଣ୍ୟ ପ୍ରାଣୀଙ୍କୁ ଖାଇବାକୁ ଦେବା ଆଇନ୍ ଅନୁସାରେ ବର୍ଜନୀୟ। ଟ୍ରେଲ୍‌ରେ ବୁଲି ଫେରିଲୁ। ଆସିଲାବେଳକୁ 'ଏଷ୍ଟେସ୍' ଉପକଣ୍ଠରେ ଏକ ବିସ୍ତୀର୍ଣ୍ଣ ତୃଣଭୂମି। ELK (ଏକ ପ୍ରକାର ହରିଣ ବା ବାରାସିଂଘା) ମାନଙ୍କର ଚରିବା ଜାଗା। ଶହ ଶହ ELK ଏଠି ଚରୁଥାନ୍ତି ବୋଲି ଆନନ୍ଦ କହିଲେ। କିନ୍ତୁ ମୋ ଭାଗ୍ୟକୁ ଗୋଟିଏ ବି ନଥିଲେ। କିନ୍ତୁ କିଛିବାଟ ଆସିଲା

ପରେ ଦେଖିଲୁ ରାସ୍ତା କଡ଼ରେ ଥିବା ନଦୀ ଭିତରେ କେତୋଟି ELK ଛିଡ଼ା ହୋଇଛନ୍ତି। ଟିକେ ଦୂରରେ ଥିଲେ। କିନ୍ତୁ କିଛି ତ ଦେଖିହେଲା !

ଏଷ୍ଟେସ୍ ପାର୍କ ସହର ଦେଇ ଆସିଲା ବେଳକୁ ଦେଖିଲୁ ରାସ୍ତା କଡ଼ରେ 'Wine Festival' ଚାଲିଛି। ଆନନ୍ଦ କହିଲେ, ଏଇଟା ଦେଖିକରି ଯାନ୍ତୁ। ଅଳ୍ପଦୂରରେ ଏଷ୍ଟେସ୍ ଲାଇବ୍ରେରୀ ପାଖରେ ପାର୍କିଂ କରି ଆସିଲୁ। ଏଷ୍ଟେସ୍ Farmers' Market ରେ ଚାଲିଛି ଏଇ ଫେଷ୍ଟିଭାଲଟି। କୃଷକମାନେ ନିଜ Winery ରେ Brew କରିଥିବା ୱାଇନ୍ ଏଠି ବିକ୍ରି କରନ୍ତି। ହାତ ତିଆରି ୱାଇନ୍‌ର ଚାହିଦା ବେଶୀ। ତା'ଛଡ଼ା ଏଠି ଗାଜର, ବିଟ୍, ମୂଳା ଆଦି ଅର୍ଗାନିକ୍ ପନିପରିବା ବିକ୍ରି ହୁଏ। ଟିକେ ଅଧିକ ପଇସା ଦେଲେ ବି ଲୋକମାନେ କ୍ୱାଲିଟି ଜିନିଷ କିଣନ୍ତି। ଲାଇବ୍ରେରୀ ସାମ୍ନାରେ ଆଖି ଲାଖି ରହିଲା ଭଳି ସୁନ୍ଦର ଏକ ବ୍ରୋଞ୍ଜର ଷ୍ଟାଚ୍ୟୁ। ଛୋଟ ପିଲାଟିଏ ତା ସାଙ୍ଗ ସହିତ ଟଟ୍ଟୁ ଘୋଡ଼ା ଉପରେ ବସି ଏକ ଗ୍ରୀନ୍ ଆପଲ୍ ତୋଳୁଛି। ଦୁଇ ବାଳକଙ୍କର ଆପଲ୍ ତୋଳିବା ସମୟର ଅଭିବ୍ୟକ୍ତି ଅତି ଜୀବନ୍ତ ଓ ଚମତ୍କାର। ଷ୍ଟାଚ୍ୟୁଟି 'ଗ୍ରୀନ୍ ଆପଲ୍' ନାମରେ ଜନପ୍ରିୟ। ଏଷ୍ଟେସ୍ ଦେଇ ଯାଉଥିବା ଟୁରିଷ୍ଟମାନେ ଏଇଟିକୁ ଦେଖିବାକୁ କିଛି ସମୟ ଅଟକିଯାନ୍ତି।

ସନ୍ଧ୍ୟା ଆଗରୁ ଡେନ୍‌ଭରରେ ପହଞ୍ଚିଗଲୁ।

୧୧.୦୮.୨୦୧୯ (ରବିବାର)

ଆଜି ରକିର ଆଉ ଏକ ରୂପ ଦେଖିବୁ, 'VAIL', ଆମେରିକାର ସ୍ୱିଜରଲାଣ୍ଡ। ବ୍ରେକ୍‌ଫାଷ୍ଟ ପରେ ସମସ୍ତେ କାର୍‌ରେ ବାହାରିଲୁ। ଆଜି କିନ୍ତୁ ପିଙ୍କୁ ରୈନାକୁ ସାଙ୍ଗରେ ନେବନି। ଘରେ ରଖି ଯାଇ ହେବନି। ଏଠିକାର ଲୋକମାନେ ବାହାରକୁ ଗଲେ କୁକୁର, ବିଲେଇଙ୍କୁ Animal Keeper ଙ୍କ ପାଖରେ ରଖିଯିବେ। ଖାଇବା ପିଇବା ଯେମିତି ଅସୁବିଧା ନହୁଏ। କୁକୁରକୁ ୧୨ ଘଣ୍ଟା ରଖିବା ଚାର୍ଜ $ ୫୦.୦୦। ପିଙ୍କୁ କିନ୍ତୁ ଜଣେ ସହୃଦୟା ବୟସ୍କା ସାହେବାଣୀଙ୍କ ପାଖରେ ଛାଡ଼େ। ଏଠି ଟିକେ କମ୍ ପଇସା...। ୧୨ ଘଣ୍ଟାକୁ $ ୩୦। ଡେନ୍‌ଭର ଠାରୁ ୧୬୦ କି.ମି, ପ୍ରାୟ ଦୁଇଘଣ୍ଟାର ଡ୍ରାଇଭ୍। ରକି ମାଉଣ୍ଟେନ୍‌ର ମଧ୍ୟଭାଗରେ ୮,୨୦୦ ଫୁଟ୍ ଉଚ୍ଚତାରେ VAIL ଏକ SKI Resort. ଏଠାକାର VAIL ପାହାଡ଼ର ଉପରି ଭାଗର ଗଠନ (ଉପଯୁକ୍ତ ଗଡ଼ାଣି ଓ ସମତଳ ଭୂମି ଥାଏ), ଏହାକୁ Ski ପାଇଁ ଏକ ପ୍ରକୃଷ୍ଟ ସ୍ଥାନ ହିସାବରେ ଗଢ଼ି ତୋଳିଛି। ଆମେରିକା ଛଡ଼ା ସାରା ପୃଥିବୀରୁ ଲୋକ ଏଠିକି ଶୀତଦିନେ ସ୍କିଇଙ୍ଗ୍ କରିବାକୁ ଆସନ୍ତି। ସ୍ୱିଜରଲାଣ୍ଡ ପରି ଆଲପାଇନ୍ ଜଳବାୟୁ ଏଠି ଅନୁଭୂତ ହୁଏ।

ବର୍ଷସାରା ଥଣ୍ଡା ଓ ବର୍ଷା ଲାଗି ରହିଥିବାରୁ ଏହାକୁ ଆମେରିକାର ସ୍ୱିଜରଲାଣ୍ଡ କୁହାଯାଏ ।

ଆମେ VAIL ସହର(ସହରର ସବୁ ସୁବିଧା ଥିଲେ ବି ଏହାକୁ Vail Village ବୋଲି କହନ୍ତି)ରେ ପହଞ୍ଚିଲା ବେଳକୁ ଝିପ୍ ଝିପ୍ ବର୍ଷା ପଡୁଛି । ତାପ ମାତ୍ରା ୮°-୯° ସେଣ୍ଟିଗ୍ରେଡ୍ ରହିଛି । ଛତା ଧରି, ଜାକେଟ୍ ପିନ୍ଧି ବୁଲି ବାହାରିଲୁ । ଘରଗୁଡ଼ିକର ଡିଜାଇନ୍, ସାଜସଜ୍ଜା, ଝରକାରେ ବା ବାଲ୍‌କୋନୀରେ ଫୁଲକୁଣ୍ଡ ଇତ୍ୟାଦି ସବୁ ଠିକ୍ ସ୍ୱିଜରଲାଣ୍ଡ ପରି ।

ମାତ୍ର ପାଞ୍ଚ ହଜାର ଲୋକ ରହନ୍ତି ଏଠି । ହୋଟେଲ ଓ ରେସର୍ଟରେ ଭର୍ତ୍ତି । ଲୋକମାନେ ସ୍ୱିସ୍ ଓ ଅଷ୍ଟ୍ରିଆନ୍ ଭାଷା ବି କହନ୍ତି । ହୋଟେଲ୍‌ରେ ସ୍ୱିସ୍ ଓ ଅଷ୍ଟ୍ରିଆନ୍ ଖାଦ୍ୟ ମିଳେ । ହୋଟେଲର ନାଁ ସବୁ ସ୍ୱିସ୍ ଭାଷାରେ । ସ୍ୱିଜରଲାଣ୍ଡ ଦେଖିଥିଲା ଲୋକ କେବେବି ବିଶ୍ୱାସ କରି ପାରିବନି ଯେ ଏହା ଏକ ଅଲଗା ଜାଗା । ସତରେ ଏହା ସ୍ୱିଜରଲାଣ୍ଡ!! ଗ୍ରାମଟିର ପ୍ରଧାନ ଲେନ୍‌ଟି ସରୁ, କେବଳ ପଥଚାରୀ ଓ ସାଇକେଲ ପାଇଁ । ଗୋଟେ ଦୋକାନରେ ଫଳକ ଲାଗିଥିଲା 'Wine Tasting' । ପିଙ୍କୁ ଓ ଆନନ୍ଦ ବାଧ୍ୟ କଲେ, ନୂଆ ଜାଗାରେ ନୂଆ କିଛି କରିବା ପାଇଁ । "ସ୍ୱିସ୍ ୱାଇନ୍ ଗୋଟେ ଅଲଗା ଜିନିଷ, ଟ୍ରାଏ ତ କରନ୍ତୁ" । ଆନନ୍ଦ କହିଲେ । ସାହସ ସଞ୍ଚୟ କରି ଭିତରକୁ ଆନନ୍ଦଙ୍କ ସହିତ ଗଲି । ଦୁଇ ଆଉନ୍‌ସର ଦାମ୍ $ ୪.୦୦ । ଛୋଟ ଲୁଣି ସ୍ନାକ୍‌ସ ପ୍ୟାକେଟଟିଏ ଫ୍ରି । ୱାଇନ୍‌ର ସ୍ୱାଦ ଅଜବ.... ପଇସା ଦେଇଥିବାରୁ ନାକ କାନ ବନ୍ଦ କରି ପିଇଦେଇ ଚାଲି ଆସିଲି । ଆନନ୍ଦ କହିଲେ "ଥଣ୍ଡା ହେଉଛି, ଆପଣଙ୍କୁ ଉଷୁମ ଲାଗିବ ଓ ଟିକେଟିକେ ନିଶା ଲାଗିବ ।" 'ଉଷୁମ ନିଶା'କୁ ଅପେକ୍ଷା କରି କରି ଦୁଇଘଣ୍ଟା ଗଲା । କିନ୍ତୁ କିଛି ଆସିଲାନି! ଆଉ କିଛି ସମୟ ବୁଲି ଆଖ ପାଖର ଦୃଶ୍ୟ ସବୁ ଦେଖିଲୁ । ଗାଁ ମଝିରେ Gore ନାମକ ଛୋଟ ଝରଣା ବହିଯାଉଛି । ଝରଣା ଉପରେ Slanting Roof ଥିବା ସୁନ୍ଦର ଏକ କାଠର ପୋଲ ରହିଛି । ଫୁଲରେ ସଜା ହୋଇଥିବାରୁ ଛୋଟ ଏକ ଘର ପରି ଦିଶୁଛି ।

ଫେରିଲା ବେଳକୁ ବାଟରେ ଦେଖିଲୁ ଏକ ସୁନା ଖଣି, ପରିତ୍ୟକ୍ତ ଅବଶ୍ୟ । Argo Gold Mine & Mills । କେବେଠୁ ବନ୍ଦ ହୋଇଯାଇଥିବା ଖଣିଟି ଏବେ ଟୁରିଷ୍ଟମାନଙ୍କ ପାଇଁ ଖୋଲା ଅଛି । ହାତରେ ସମୟ ନ ଥିବାରୁ ବାହାରୁ ଦେଖି ଚାଲି ଆସିଲୁ । ଅଳ୍ପ କିଛି ବୁଝିନେଲି ସେଠୁ । ଡେନ୍‌ଭର ଆସି ଜାଣିଲି ସୁନା ଖଣିର ସ୍ୱର୍ଣ୍ଣାକ୍ଷରରେ ଲେଖାଥିବା ଇତିହାସ... ଜାଣିବା ଏଥର -

ଆମେରିକା ଇତିହାସରେ 'ଗୋଲ୍‌ଡ ରଶ୍' (ସୁବର୍ଣ୍ଣ ଦୌଡ଼) ସ୍ୱତନ୍ତ୍ର ସ୍ଥାନ ରଖେ । ଦୁଇ ଦୁଇଟି ଗୋଲ୍‌ଡ ରଶ୍‌ରୁ ଅନେକ ସହରର ସୃଷ୍ଟି ହୋଇଛି ।

୧. କାଲିଫର୍ଣ୍ଣିଆ ଗୋଲ୍ଡ ରଶ୍ -୧୮୪୮ ମସିହାରେ କାଲିଫର୍ଣ୍ଣିଆରେ ହୋଇଥିଲା। ସାନ୍‌ଫ୍ରାନ୍‌ସିସ୍‌କୋ, ଲସ୍‌ଆଞ୍ଜେଲସ୍ ଆଦି ସହର ଏହାର ଦାନ।

୨. କଲରାଡ଼ୋ ଗୋଲ୍ଡ ରଶ୍ ଘଟିଥିଲା କାଲିଫର୍ଣ୍ଣିଆ ଗୋଲ୍ଡ଼ ରଶ୍ ପରେ ପରେ...। ୧୮୫୫ ବେଳକୁ କାଲିଫର୍ଣ୍ଣିଆ ଗୋଲ୍ଡ଼ ରଶ୍‌ରୁ ଲୋକଙ୍କର ମୋହ ତୁଟିଗଲାଣି। ସେତେବେଳକୁ କଲରାଡ଼ୋରେ ସୁନା ମିଳୁଛି ବୋଲି ଶୁଣାଗଲାଣି। ତେଣୁ କାଲିଫର୍ଣ୍ଣିଆରୁ ହତାଶ ଲୋକେ କଲରାଡ଼ୋ ଆଡ଼େ ମୁହାଁଇଲେ। କିନ୍ତୁ ସୁନାର ଠିକ୍ ଠିକଣା କାହାକୁ ଜଣା ନ ଥିଲା। ଏଠାକାର ସ୍ଥାନୀୟ ରେଡ୍ ଇଣ୍ଡିଆନ୍ ଅଧିବାସୀ ଚେରୋକି (Cherokee) ମାନଙ୍କୁ ଜଣା ବୋଲି ଲୋକେ ଭାବୁଥିଲେ। ଏଇପରି ଜଣେ ଲୋକ William Green Berry Russel (Green Russel) କଲରାଡ଼ୋ ଆସି ଚେରୋକିମାନଙ୍କ ସହିତ ବନ୍ଧୁତା ସ୍ଥାପନ କଲେ। ଗୋଟିଏ ଚେରୋକି ଝିଅକୁ ବିବାହ କଲେ। ଏଇଠୁ ଆରମ୍ଭ ହୋଇଗଲା ଆମ 'ବିଦ୍ୟାପତି-ଲଳିତା' ସମ୍ବାଦର ଆମେରିକା ସଂସ୍କରଣ। ଚେରୋକିମାନଙ୍କର ବିଶ୍ୱାସ ଜିତିଲା ପରେ ଛଅଜଣ ଚେରୋକି ଓ ତାଙ୍କର ଦୁଇଭାଇଙ୍କୁ ଧରି ବାହାରିଲେ ସ୍ୱର୍ଣ୍ଣ ଅନୁସନ୍ଧାନରେ। ଅଧା ରାସ୍ତାରୁ ଚେରୋକିମାନେ ଫେରିଆସିଲେ। ନିଜର ଦି'ଭାଇଙ୍କୁ ଧରି ଗ୍ରୀନ୍ ତାଙ୍କର ଅନୁସନ୍ଧାନ ଅବ୍ୟାହତ ରଖିଲେ। ଆଜିକାର ଡେନ୍‌ଭର ପାଖାପାଖି କଲରାଡ଼ୋ ସ୍ପ୍ରିଙ୍ଗ ଝରଣା ଶଯ୍ୟାରୁ ଅଳ୍ପ କିଛି ସୁନା ସଂଗ୍ରହ କଲେ। ଏହି ଝରଣାଟି ନିକଟରେ ଥିବା ପାହାଡ଼ Pikes Peak ରୁ ଆସୁଥିବାରୁ ଏହାକୁ ପାଇକସ ପିକ୍ ଗୋଲ୍ଡ ରଶ୍ କୁହାଗଲା। ତା'ପରେ ଅନ୍ୟମାନେ ସୁନା ଅନ୍ୱେଷଣରେ ରକି ମାଉଣ୍ଟେନ୍‌ର ଭିତରକୁ ଭିତରକୁ ଗଲେ। ଚେରୋକିମାନେ ଆହୁରି ଭିତରକୁ ଠେଲି ହୋଇଗଲେ। ନିଜ ରାଜ୍ୟର ସୁନା ଅମଳରୁ ତାଙ୍କୁ କିଛି ମିଳିଲାନି।

କିଛିଦିନ ପରେ George Andrew Jackson ନାମକ ଜଣେ ବ୍ୟକ୍ତି ଏଇ ଅଞ୍ଚଳକୁ ଶିକାରରେ ଆସି ତମ୍ବୁରେ ରହିଥିଲେ। ଦିନେ କ୍ୟାମ୍ପ୍ ଫାୟାର ବେଳେ ନିଜ ଚା'କପ୍‌ରେ କିଛି ସୁନାଗୁଣ୍ଡ ଆବିଷ୍କାର କଲେ। ସ୍ଥାନଟିକୁ ଭଲ ଭାବରେ ଚିହ୍ନିତ କରି ଫେରିଗଲେ। କିଛିଦିନ ପରେ ଲୋକ ଓ ଖୋଳିବା ଯନ୍ତ୍ରପାତି ସହିତ ଫେରି ଆସିଲେ। ଏହି ସ୍ଥାନ ହେଉଛି 'Idaho Spring' - ଆଜି ଆମେ ଦେଖିଥିବା ସ୍ଥାନ। କିଛିଦିନ ପରେ ୧୮୯୩ରେ Argo Gold Mines କମ୍ପାନୀ ପ୍ରତିଷ୍ଠିତ ହୋଇ Idaho ନଦୀ ଶଯ୍ୟାକୁ ଛାଡ଼ି ଭୂଗର୍ଭକୁ ଖନନ କଲେ। ଆଶାନୁଯାୟୀ ସୁନା ମିଳିଲା। ଏହା ଆମେରିକାର ପ୍ରମୁଖ ସୁନାଖଣି ହୋଇଗଲା। ଆଜିକାର ମୂଲ୍ୟରେ ଏହି ଖଣିରୁ $ ୩ ଟ୍ରିଲିଅନ୍‌ର ସୁନା ଆହରଣ କରାଯାଇଛି। କିନ୍ତୁ ୧୯୪୩ ମସିହାରେ ଏକ ଦୁର୍ଘଟଣା

ପରେ ସୁନା ଖୋଳା ବନ୍ଦ କରି ଦିଆଗଲା। କମ୍ପାନୀ ସେଇଦିନଠୁ ଖଣିଟି ପର୍ଯ୍ୟଟନ ଉଦ୍ଦେଶ୍ୟରେ ବ୍ୟବହାର କରୁଛି। VAIL ଆସୁଥିବା ଟୁରିଷ୍ଟମାନଙ୍କ ପାଇଁ ଏଇଟା ଏକ ପ୍ରମୁଖ ଆକର୍ଷଣ।

୧୨.୦୮.୨୦୧୯ (ସୋମବାର)

ଆଜି ସନ୍ଧ୍ୟା ବେଳେ ଡେନ୍‌ଭର ବଜାର ବୁଲେଇନେଲେ ଆନନ୍ଦ। ମଲ୍‌ରେ TESLA ସୋ'ରୁମ୍ ପାଖରେ ପାଦ ଅଟକିଗଲା। ଟେସ୍‌ଲା କାର୍ ବିଷୟରେ ପଢ଼ିଥିଲି। ଇଚ୍ଛାଥିଲା ଟେସ୍‌ଲା କାର୍ ପାଖରୁ ଦେଖିବା ପାଇଁ। ଆଜି ଅଚାନକ ଏ ସୁଯୋଗ।

୩-୪ଟା ମଡ଼େଲ ରହିଛି। ଟେସ୍‌ଲା ଇଞ୍ଜିନିଅର ଆମକୁ ବିଭିନ୍ନ ମଡ଼େଲର କାର୍ ବିଷୟରେ ବୁଝାଇଦେଲେ। ଦାମ୍ $ ୩୫,୦୦୦ ରୁ ଆରମ୍ଭ କରି $୧,୨୪,୦୦୦ ପର୍ଯ୍ୟନ୍ତ। କିନ୍ତୁ ଏଥିରେ ଅଛି କ'ଣ? ଯୁବ ଇଞ୍ଜିନିୟର ତାଙ୍କ ଟ୍ୟାବ୍‌ରେ ଅଡ଼ିଓ ଭିଜୁଆଲର ପ୍ରେଜେଣ୍ଟେସନ୍ ଦେଇଦେଲେ।

ଟେସ୍‌ଲା କମ୍ପାନୀ ଇଲେକ୍ଟ୍ରିକ୍ କାର୍ ପ୍ରସ୍ତୁତ କରୁଥିବା ପୃଥିବୀର ଏକ ଅଗ୍ରଣୀ କମ୍ପାନୀ। ଆହୁରି ଅନେକ କାର୍ କମ୍ପାନୀ ଇଲେକ୍ଟ୍ରିକ କାର୍ ତିଆରି କରୁଥିଲେ ବି ଟେସ୍‌ଲା ଟେକ୍ନୋଲୋଜିରେ ସମସ୍ତଙ୍କଠାରୁ ଆଗରେ। ସେମାନେ କେବଳ ଇଲେକ୍ଟ୍ରିକ୍ କାର୍ ତିଆରି କରନ୍ତି। ଏହାର ପ୍ରତିଷ୍ଠାତା CEO, Elon Muskଙ୍କର ଦୂରଦୃଷ୍ଟି ହିଁ ଟେସ୍‌ଲାକୁ ଅଗ୍ରଣୀ କରି ଗଢ଼ି ତୋଳିଛି।

ଟେସ୍‌ଲା ଇଲେକ୍ଟ୍ରିକ୍ କାର କେବଳ ଗୋଟିଏ ବା ଦୁଇଟି Electric Induction Motor ରେ ଚାଲେ। ପାରମ୍ପରିକ କାର୍ ପରି ନଥାଏ ଏଥିରେ ଇଞ୍ଜିନ୍, ଏକ୍‌ଜଷ୍ଟ, ଫୁଏଲ୍ ଟ୍ୟାଙ୍କ, ଗିଅର ବକ୍ସ ବା ରେଡ଼ିଏଟର ଫ୍ୟାନ୍। ସାଧାରଣ ମଡ଼େଲରେ ପଛ ଆକ୍ସିଲରେ ଲାଗିଥାଏ ଏକ Induction Motor, Differential, Inverter ଓ Transmission। ଟିକିଏ ଦାମୀ ମଡ଼େଲରେ ଆଗ ଓ ପଛ ଦୁଇ ଆକ୍‌ସିଲରେ ଦୁଇ ସେଟ୍ ମଟର, Differential, Inverter ଓ Transmission ଲାଗିଥାଏ ଅଧିକା ପାୱାର ଓ All Wheel ଡ୍ରାଇଭ୍ ପାଇଁ। ଏହାକୁ Dual Drive କହନ୍ତି।

ଟେସ୍‌ଲା କାର୍‌ର ସବୁଠୁ ବଡ଼ ଅଙ୍ଗ ହେଲା ବ୍ୟାଟେରୀ। ପୂର୍ବରୁ ଅନ୍ୟ କମ୍ପାନୀମାନେ ଫୁଏଲ ସେଲ୍‌ର ବ୍ୟାଟେରୀ ବ୍ୟବହାର କରୁଥିଲେ, ମାତ୍ର ଟେସ୍‌ଲା ଏଥିରେ ୭୦୦୦ Cylinderical ଲିଥିଅନ ଆୟନ ବ୍ୟାଟେରୀ ଲଗାଇଛି। ଏହି ବ୍ୟାଟେରୀ ଗୁଡ଼ିକ ସାଧାରଣ ଟର୍ଚ୍ଚ ବ୍ୟାଟେରୀ ପରି। କେବଳ ଫରକ୍ ହେଉଛି ଏତେ ସଂଖ୍ୟାରେ ବ୍ୟବହାର କରିବା। ୭୦୦୦ ବ୍ୟାଟେରୀର ଓଜନ ୫୪୦ କେଜି. ଓ

ସମ୍ପୂର୍ଣ୍ଣ ବ୍ୟାଟେରୀ ପ୍ୟାକ୍‌ଟି କାର୍ ଚେସିସ୍ ଉପରେ ଥାଏ। କାର୍‌ର ପୂରା ଫ୍ଲୋର୍‌ଟିରେ କେବଳ ବ୍ୟାଟେରୀ ପ୍ୟାକ୍ ହିଁ ଥାଏ। ବ୍ୟାଟେରୀ ପ୍ୟାକ୍‌ଟି ଗରମ ନହେବା ପାଇଁ ପ୍ୟାକ୍ ଭିତରେ କୁଲାଣ୍ଟ ପ୍ରବହମାନ ଥାଏ। ବ୍ୟାଟେରୀରୁ ବାହାରୁଥିବା Direct Current (DC) କୁ ଇନ୍‌ଭର୍ଟର, Alternative Current (AC)ରେ ପରିବର୍ତ୍ତନ କରି ଇଣ୍ଡକ୍‌ସନ୍ ମଟରକୁ ଯୋଗାଏ। ମଟର ଘୂରିବା ସହିତ ଟ୍ରାନ୍ସମିସନକୁ ଚଲାଏ ଓ ଟ୍ରାନ୍ସମିଶନରୁ ଡିଫରେନ୍‌ସିଆଲ ଦେଇ ହ୍ୱିଲ୍‌କୁ ଶକ୍ତି ପ୍ରଦାନ କରେ। ଏ ସମସ୍ତ କାମ କାର୍‌ରେ ଥିବା କମ୍ପ୍ୟୁଟର କଣ୍ଟ୍ରୋଲ କରେ। ଅଯଥା ଶକ୍ତି ଖର୍ଚ୍ଚ ହୁଏ ନାହିଁ।

ଟେସ୍‌ଲାର S ମଡ଼େଲ ୩.୨ ସେକେଣ୍ଡରେ ଜିରୋରୁ ଶହେ କିଲୋମିଟର ସ୍ପିଡ୍ ନେଇଯାଇପାରେ। ଥରେ ଚାର୍ଜ କଲେ ପ୍ରାୟ ୫୦୦ କିଲୋମିଟର ଚାଲିଯାଇପାରେ। ସାଧାରଣ କାର୍ ପରି ଏଥିରେ ପାଞ୍ଚ ଜଣ ଲୋକ ବସିପାରିବେ। ଘଣ୍ଟା ପ୍ରତି ସର୍ବାଧିକ ୨୨୫ କିମି ସ୍ପିଡ୍‌ରେ ଏହା ଯାଇପାରିବ। ୭୫ Kwh ବ୍ୟାଟେରୀ ପାର୍କ ପାଇଁ ୨,୦୦,୦୦୦ କିଲୋମିଟର ବା ୫ ବର୍ଷର ଗ୍ୟାରେଣ୍ଟି ଥାଏ। ୮୫ Kwh ପାଇଁ ୮ ବର୍ଷ ଓ ଅସୀମିତ କିଲୋମିଟର ଗ୍ୟାରେଣ୍ଟି ଥାଏ। ଥରେ କାର୍ କିଣିଲେ ୫ ବର୍ଷ ପର୍ଯ୍ୟନ୍ତ ବ୍ୟାଟେରୀ ବା ପେଟ୍ରୋଲ ଚିନ୍ତା ନାହିଁ। ଏବେ ବ୍ୟାଟେରୀ ପ୍ୟାକ୍‌ର ଦାମ୍ $ ୧୦,୦୦୦-୧୨,୦୦୦ ହେଲେ ବି ଟେସ୍‌ଲାର ଅଧ୍ୟକ୍ଷ Elon Musk, ଏହା ଭବିଷ୍ୟତରେ $ ୬,୦୦୦ ହୋଇଯିବ ବୋଲି ଆଶାବାନ୍।

ବ୍ୟାଟେରୀ ଚାର୍ଜ କରିବା ଟେସ୍‌ଲା କାର୍‌ର ଅସଲ ସମସ୍ୟା। ହେଲେ ଏବେ ସହର ଓ ହାଇୱେ ସବୁଆଡ଼େ ଚାର୍ଜିଂ ଷ୍ଟେସନ ଖୋଲିଗଲାଣି। ଘରେ 5 Amp ପ୍ଲଗ୍‌ରେ ଚାର୍ଜ କଲେ, ୧୦ ଘଣ୍ଟା ଓ 15 Amp ପ୍ଲଗ୍‌ରେ ଚାର୍ଜ କଲେ ୫ ଘଣ୍ଟା ଲାଗେ। ଟେସ୍‌ଲାର ସୁପର ଚାର୍ଜରରେ କିନ୍ତୁ ଲାଗେ ୭୫ ମିନିଟ୍। ତେଣୁ ମଲ୍‌ରେ କିମ୍ବା ମୋଟେଲରେ ସୁପର ଚାର୍ଜରରେ ଚାର୍ଜ କରିବା ଭିତରେ ହିଁ ନିତିଦିନିଆ କାମ ସବୁ ହୋଇଯିବ। ସମୟ ନଷ୍ଟ ନାହିଁ। ଆମେରିକାର ସବୁ ପେଟ୍ରୋଲ ଷ୍ଟେସନରେ ସୁପର ଚାର୍ଜର ବନ୍ଦୋବସ୍ତ କରିବାର ପ୍ଲାନ୍ ରହିଛି।

ଟେସ୍‌ଲା କାରର ଦାମ୍ ଟିକେ ଅଧିକା ହେଲେ ବି ସରକାର ତରଫରୁ ଜିଏସ୍‌ଟି ରିବେଟ୍, ରେଜିଷ୍ଟ୍ରେସନ୍ ଫିଜ୍ ଛାଡ଼ ତଥା $ ୨,୫୦୦-୭,୫୦୦ ର କ୍ୟାସ୍‌ବ୍ୟାକ୍ ବି ମିଳେ। ଅବଶ୍ୟ କ୍ୟାସବ୍ୟାକ୍‌କୁ ଟ୍ୟାକ୍ସ ବ୍ୟାକ୍ କହିବା ବେଶୀ ଠିକ୍ ହେବ! କାରଣ ଏତିକି ଟଙ୍କା ଇନ୍‌କମ୍‌ଟ୍ୟାକ୍ସ ଦେଇଥିଲେ ହିଁ ମିଳିବ!! ଷ୍ଟେଟ୍‌ମାନେ ବି ଏଥିପାଇଁ ବିଭିନ୍ନ ପ୍ରକାରର ସୁବିଧା ଦିଅନ୍ତି। କିଛି ଷ୍ଟେଟ୍‌ରେ ତ ଟୋଲ୍ ଟ୍ୟାକ୍ସ ଫ୍ରି ରହିଥାଏ।

ଟେସ୍‌ଲା କାର୍‌ର ମେଣ୍ଟେନାନ୍ସ ପ୍ରାୟ ଶୂନ। ପାରମ୍ପରିକ କାର୍‌ର IC ଇଞ୍ଜିନ୍‌ରେ ୨୦୦୦ଟି Moving Parts (ଚଳପ୍ରଚଳ ହେଉଥିବା ଅଂଶ), ଥିବା ବେଳେ ଟେସ୍‌ଲା କାରରେ ମାତ୍ର ୧୭ଟି ମୁଭିଂ ପାର୍ଟସ। ମଜାଦାର କଥା ହେଉଛି ଏହାର ଗୋଟିଏ ମାତ୍ର ଗିଅର, କ୍ଲଚ୍ ନଥାଏ। ବ୍ୟାଟେରୀ, ମଟର, ଇନ୍‌ଭର୍ଟର, ଡିଫରେନ୍ସିଆଲ ଓ ଟ୍ରାନ୍ସମିଶନ ଛଡ଼ା ଇଞ୍ଜିନ୍ ବୋଲି ଆଉ କିଛି ନାହିଁ। ଏସବୁ ଖରାପ ହେଲେ ପୁରୁଣା ବାହାର କରି ନୂଆ ଲଗାଇବା କଥା। କୁହାଯାଉଛି, ଇଲେକ୍ଟ୍ରିକ୍ କାର୍ ଆସିଲା ପରେ କାର୍ ମେକାନିକ୍ ଦୋକାନ ସବୁ ବନ୍ଦ ହୋଇଯିବ। ରକ୍ଷଣାବେକ୍ଷଣ ଖର୍ଚ୍ଚ ବହୁତ କମିଯିବ।

ଏବେ ଜାଣିବା ବ୍ୟାଟେରୀ ଖର୍ଚ୍ଚ। ୭୫ Kwh ର ବ୍ୟାଟେରୀକୁ ଚାର୍ଜିଂ ଷ୍ଟେସନରେ ସୁପର ଚାର୍ଜରରେ ଚାର୍ଜ କରିବା ପାଇଁ $ ୧୧.୫୦ ଖର୍ଚ୍ଚ ହୁଏ। ସାଧାରଣ ସିଟି ଡ୍ରାଇଭ୍‌ରେ ମାଇଲକୁ ୩.୬୦Cent ଖର୍ଚ୍ଚ ହେବ। ପେଟ୍ରୋଲ ଖର୍ଚ୍ଚ କିନ୍ତୁ ମାଇଲକୁ ୧୫Cent। ତେଣୁ ପ୍ରାୟ ୮୦% ସଞ୍ଚୟ।

ଟେସ୍‌ଲା କାର୍ ସମ୍ପୂର୍ଣ୍ଣ ସଫ୍ଟୱେର୍ ନିୟନ୍ତ୍ରିତ। ଟେସ୍‌ଲା ଟେକ୍ନୋଲୋଜିରେ ସଫ୍ଟୱେରର ନିରନ୍ତର ଉନ୍ନୟନ (Continuous Upgradation) କରାଯାଉଥାଏ। ପୁରୁଣା କାର୍‌ଗୁଡ଼ିକୁ ବି ଅପ୍‌ଗ୍ରେଡ଼େସନ୍‌ର ସୁବିଧା ମିଳିଯାଏ। 'Over The Air Updation'ରେ କାର୍‌କୁ ସମୟ ସମୟରେ Updates ର ସୂଚନା ମିଳେ। ୱାଇଫାଇ ଯୋଗେ କାର୍‌ର ସଫ୍ଟୱେର ଅପ୍‌ଡେଟ୍ କରିଦିଆ ଯାଇପାରେ। ତେଣୁ କାର୍ ସବୁବେଳେ Latest Technologyର ସୁବିଧା ପାଇପାରେ। କାର୍‌ରେ ବସିଲା ବେଳେ ଇଞ୍ଜିନିୟର କହିଲେ- "You can use Ludicrous Mode." ଏଇଟା ପୁଣି କ'ଣ ? ବୁଝିଲି... ସାଧାରଣ ସମୟରେ ଜିରୋରୁ ୬୦ ମାଇଲ୍ ସ୍ପିଡ୍ ପାଇଁ ୫.୯ ସେକେଣ୍ଡ ଲାଗିଲା ବେଳେ, Ludicrous Mode ରେ ଜିରୋରୁ ୬୦ ମାଇଲ୍ ସ୍ପିଡ୍ ପାଇଁ ୨.୮ ସେକେଣ୍ଡ ଲାଗେ। ବର୍ଷକ ପୂର୍ବରୁ 'Insane Mode'ରେ ୩.୨୦ ସେକେଣ୍ଡ ଲାଗୁଥିଲା... ହସିଲି... କାର୍‌ର ମୋଡ୍ ପୁଣି Insane (ଉନ୍ମାଦ ବା ଉନ୍ମତ୍ତ), ଆଉ Ludicrous - (ଅଜବ) !! ସତରେ, ମଣିଷ ମସ୍ତିଷ୍କ Insane ବା Ludicrous ନ ହେଲେ ଟେସ୍‌ଲା ପରି ଟେକ୍ନୋଲୋଜି ସମ୍ଭବ ହୋଇ ନଥାନ୍ତା ! କୁହାଯାଏ "Every Genious has a touch of Madness". ଷ୍ଟିଭ୍ ଜବ୍‌ସଙ୍କ ଭାଷାରେ, "Creation is messy. You want Genius, you get Madness, Two sides of the same coin." (ସୃଷ୍ଟି ଅର୍ଥ ବିଶୃଙ୍ଖଳା। ତୁମକୁ ଦରକାର 'ଜିନିୟସ'। ହେଲେ ମିଳିଯିବ ପାଗଳାମି ତା ସହିତ। ସେଇ ଗୋଟିଏ ମୁଦ୍ରାର ଦୁଇଟି ପାର୍ଶ୍ୱ।)

ପାସେଞ୍ଜର ସିଟ୍‌ରେ ବସି ସେ ପୁଣି କହିଲେ- "You can put the car or self drive and Relax !" ଆଗରୁ, ଗୁଗଲର ଅଟୋ ପାଇଲଟ୍ ବିଷୟରେ ଜାଣିଥିଲି। କିନ୍ତୁ ସେଲ୍ଫ ଡ୍ରାଇଭ୍ କ'ଣ ହୋଇପାରେ! ସେ ବୁଝାଇ ଦେଲେ।

ଅଟୋ ପାଇଲଟ ସିଷ୍ଟମ୍ ବେସିକ୍ ଲେଭେଲର ସଫ୍ଟୱେର। 'Traffic aware Cruise Control ଓ Auto Steer' ସୁବିଧା ଥାଏ। କାର୍ ଷ୍ଟାର୍ଟ କରି ଡେଷ୍ଟିନେସନ୍ ଫିଡ୍ କରିଦେଲେ କମ୍ପ୍ୟୁଟର କାର୍‌ର ସ୍ପିଡ୍ କଣ୍ଟ୍ରୋଲ କରି ଟ୍ରାଫିକ୍ ସିଗ୍‌ନାଲ ଅନୁସାରେ ଚ଼ଲେଇବ। ଷ୍ଟିଅରିଂ ବି ଆପେ ଆପେ କାମ କରିବ। କିନ୍ତୁ ଡ୍ରାଇଭର ଷ୍ଟିଅରିଂ ଉପରେ ହାତ ରଖି ସତର୍କ ରହିବାକୁ ପଡ଼ିବ। ଆବଶ୍ୟକ ପଡ଼ିଲେ କଣ୍ଟ୍ରୋଲ ନିଜ ହାତକୁ ନିଆଯାଇପାରିବ। ବିନା ଡ୍ରାଇଭରରେ ଅଟୋ ପାଇଲଟ୍ କାର୍ ଚଲେଇବା ବେଆଇନ୍। ଏଇ ସୁବିଧାଟି ଗତ କେତେ ବର୍ଷ ଧରି ବିକଶିତ ହୋଇ ଅନ୍ୟ କମ୍ପାନୀର କାର୍‌ଗୁଡ଼ିକରେ ବି ଆସିଗଲାଣି। ମୁଖ୍ୟତଃ ଏହା ଏକ Cruise Control ସଫ୍ଟୱେର।

କିନ୍ତୁ ସେଲ୍‌ଫ ଡ୍ରାଇଭିଂ, ଅଟୋ ପାଇଲଟ ଠାରୁ ଅନେକ ଅଧିକ ସୁବିଧା ଥିବାର ସଫ୍ଟୱେର। ଏହାର ବିଶେଷତ୍ୱ ହେଲା..

୧. ଅଟୋ ପାଇଲଟ (ଉନ୍ନତତର ଭର୍ସନ)

୨. ଅଟୋ ଲେନ୍ ପରିବର୍ତ୍ତନ

୩. ଅଟୋ ପାର୍କିଂ

୪. ସମନ୍ (Summon)

୫. Smart Summon

ଅଟୋ ପାଇଲଟରେ କାର, ସାମ୍ନା କାର୍‌କୁ ଟପିଯିବ ନାହିଁ। କିନ୍ତୁ ସେଲ୍‌ଫ ଡ୍ରାଇଭ୍‌ରେ ରାସ୍ତା ଟ୍ରାଫିକ୍ ଦେଖି ସାମ୍ନା ଗାଡ଼ିକୁ ଟପି ଯାଇପାରିବା ପାଇଁ ସ୍ପିଡ୍ କମ୍ ବେଶି କରି ଲେନ୍ ପରିବର୍ତ୍ତନ କରିପାରିବ। ଲେନ୍ ଚେଞ୍ଜ୍ ପାଇଁ ଆଗରୁ ଡ୍ରାଇଭରର ଆଦେଶକୁ ଅପେକ୍ଷା କରୁଥିଲା।

ପାର୍କିଂରେ କାର୍ ରଖିଦେଲେ, ଗାଡ଼ି ନିଜେ ନିଜେ ଖାଲି ଜାଗା ଖୋଜି ନେଇ ମନକୁ ମନ ପାର୍କିଂ ହୋଇଯିବ। କାମ ସରିଲା ପରେ ମାଲିକ ଗାଡ଼ି ପାଖରେ ପହଞ୍ଚି ମୋବାଇଲ ଆପ୍‌ରେ ବଟନ୍ ଟିପିଦେଲେ କାର୍ ମନକୁ ମନ ପାର୍କିଂରୁ ବାହାରି ଆସିବ। ଏହାକୁ 'ସମନ୍ କମାଣ୍ଡ' କହନ୍ତି। ଦୂରରେ ଥାଇ 'Smart Summon' କମାଣ୍ଡ ଦ୍ୱାରା କାର୍‌କୁ ମାଲିକ ନିଜ ପାଖକୁ ବା ଅନ୍ୟ କୌଣସି ଜାଗାକୁ ଯିବାକୁ ଆଦେଶ ଦେଇପାରେ।

ଏହି ସଫ୍ଟୱେର ଗାଡ଼ି ସହିତ କିଣାଯାଇପାରେ ବା ପରବର୍ତ୍ତୀ ସମୟରେ Over

the Air Update ଦ୍ୱାରା କିଣାଯାଇପାରେ। ଦାମ୍ ପ୍ରାୟ $ ୭,୦୦୦। ଆଇନ୍ ଅନୁସାରେ Full Self Driving ସଫ୍ଟୱେରରେ ବି ଡ୍ରାଇଭରକୁ ଷ୍ଟିଅରିଂ ଉପରେ ହାତ ରଖି ସତର୍କ ରହିବାକୁ ପଡ଼ିବ। କିଛି ଅଘଟଣ ହେଲେ ଡ୍ରାଇଭର କାର୍‌କୁ ନିୟନ୍ତ୍ରଣ ବାହାରକୁ ଯିବାକୁ ଦେବନି।

ଚାରିପଟେ ବୁଲି ବୁଲି ଦେଖୁଥିଲି। ହଠାତ୍ ନଜର ପଡ଼ିଲା ବନେଟ୍ ଉପରେ। ଇଞ୍ଜିନ ନାହିଁ। ତେବେ ବନେଟ୍‌ର ତଳେ କଣ କଣ ଅଛି ? ଇଞ୍ଜିନିୟର ହସିଲେ ଓ "Let's see" କହି ବନେଟ୍ ସ୍ୱିଚ୍‌ମାରି ଖୋଲିଲେ। ପୂରା ଖାଲି। ଅଳ୍ପ କିଛି ଜାଗା ଅଛି ଛୋଟ ମୋଟ ଜିନିଷ ରଖିବା ପାଇଁ। ଯାର ନାଁ ହେଲା-'Frunk' (Front ରେ ଥିବା Trunk !). Frunk ର ଅସଲ କାମ ହେଉଛି 'Crumple zone' ଭାବେ ସାମ୍ନାରେ ବସିଥିବା ଯାତ୍ରୀକୁ ସାମ୍ନା ଆକ୍ସିଡେଣ୍ଟରୁ ରକ୍ଷା କରିବା।

ବହୁତ କମ୍ ସମୟରେ ଟେସ୍‌ଲା ଇଞ୍ଜିନିୟର ସବୁ ବୁଝାଇଦେଲେ ଓ ଟେଷ୍ଟ ଡ୍ରାଇଭ୍ ପାଇଁ ସମୟ ବୁକ୍ କରିବାକୁ ଅନୁରୋଧ କଲେ। ଦୁଇଦିନ ପରର ସ୍ଲଟ୍ ମିଳିଲା। ଦେଖାଯାଉ..

ଆଜି ସନ୍ଧ୍ୟାରେ ପିଙ୍କୁ ଢେଙ୍କାନାଳ ବରା ଓ ମଟର ତରକାରୀ କରିଥିଲା।

୧୩.୦୮.୨୦୧୯ (ମଙ୍ଗଳବାର)

ଆଜି ବାହାରିଲୁ ଡେନ୍‌ଭର ସିଟି ଭ୍ରମଣରେ। ସେମାନେ ରହୁଥିବା ସହରର ନାମ 'ଅରୋରା'। ଏଠୁ ସିଟି ପ୍ରାୟ ୩୦କି:ମି। କାରରେ ଗଲେ ଟ୍ରାଫିକ୍ ଜାମ୍ ପଡ଼ିପାରେ ବୋଲି, ଲୋକାଲ ଟ୍ରେନ୍ ଧରିଲୁ। ୨୦ ମିନିଟ୍‌ର ଟ୍ରେନ୍ ଯାତ୍ରା ପରେ ପହଞ୍ଚିଲୁ ଡେନ୍‌ଭରର ଡାଉନ୍‌ଟାଉନ୍। ହଁ , 'ଡାଉନ୍‌ଟାଉନ୍' – ମାନ୍‌ହଟାନ୍‌ରେ ଶୁଣିଥିଲି ଡାଉନ୍‌ଟାଉନ୍।

ପ୍ରଥମେ ଭାବୁଥିଲି 'ସହର ତଳି ଅଞ୍ଚଳ', ଅପେକ୍ଷାକୃତ କମ୍ ଗୁରୁତ୍ୱପୂର୍ଣ୍ଣ ଅଞ୍ଚଳ..... କିନ୍ତୁ ମାନ୍‌ହଟାନ୍‌ରେ ସବୁଠୁ ବଡ଼ବଡ଼ ଅଫିସ ଓ ସ୍କାଏସ୍କ୍ରାପର ଏଇ ଡାଉନ୍‌ଟାଉନ୍‌ରେ ଅବସ୍ଥିତ। ଏଠି ଡେନ୍‌ଭରରେ ବି ସେୟା ଦେଖିଲି। ଆନନ୍ଦଙ୍କୁ ପଚାରି ବୁଝିଲି, ଡାଉନ୍ ଟାଉନ୍ ଅର୍ଥ, ସହରର ସବୁଠୁ ବିତ୍ତଶାଳୀ ଅଞ୍ଚଳ। ସହରର ବାଣିଜ୍ୟିକ ହୃତ୍‌ପିଣ୍ଡ ହେଉଛି ଡାଉନ୍‌ଟାଉନ୍। ଅପ୍‌ଟାଉନ୍ ହେଉଛି ରେସିଡେନ୍ସିଆଲ ଅଞ୍ଚଳ। ଆମେରିକାନ୍ ଇଂଲିଶ ଓ ବ୍ରିଟିଶ ଇଂଲିଶ ଅଲଗା ବୋଲି ଶୁଣିଥିଲି। ଏଇଠି ପ୍ରମାଣ ପାଇଗଲି। ଏହା ଏକ ଆମେରିକାନ୍ ଶବ୍ଦ। ନ୍ୟୁୟର୍କ ସିଟିର କଳେବର ବୃଦ୍ଧି ହେଲାବେଳକୁ ମାନହଟାନ୍ ଏହାର ଦୁଇ ପାର୍ଶ୍ୱକୁ – Lower Manhattan ଓ Upper

Manhattan ଆଡ଼କୁ ବିସ୍ତାର ଲାଭ କଲା । ଏଥିରୁ ଲୋଅର ମାନହଟ୍ଟାନ୍‌କୁ ଲୋକମାନେ ଅଳ୍ପକରେ 'ଡାଉନ୍ ଟାଉନ୍' କହିଲେ ଓ ଅପର ମାନହଟ୍ଟାନ୍‌କୁ 'ଅପ୍ ଟାଉନ୍' କହିଲେ । ଇଉରୋପ୍‌ରେ ଏଇପରି ଜାଗାକୁ ସିଟିସେଣ୍ଟର କହନ୍ତି । ଆମର ବମ୍ବେର ନରିମାନ୍ ପଏଣ୍ଟ ବା ଦିଲ୍ଲୀର କନୌଟ ସର୍କସକୁ ଡାଉନ୍‌ଟାଉନ୍ କୁହାଯାଇପାରେ ।

ଷ୍ଟେସନ୍ ନିକଟରେ ଆନନ୍ଦଙ୍କ ଅଫିସ । କିଛି ସମୟ ପାଇଁ ସେ ଅଫିସ ଗଲେ । ମୋର କାମ ହେଲା ଡାଉନ୍‌ଟାଉନ୍‌ର ଅନ୍ୱେଷଣ । ନିକଟରେ 16th Street Mall । ପ୍ରାୟ ଦୁଇ କିଲୋମିଟରର ଏକ ଷ୍ଟ୍ରିଟ୍‌ର ଦୁଇପଟରେ ବିଶ୍ୱ ବିଖ୍ୟାତ ବ୍ରାଣ୍ଡର ଦୋକାନ ସହିତ ରେଷ୍ଟୁରାଣ୍ଟମାନ ରହିଛି । ସବୁ ଜିନିଷ ଏଠି ମହଙ୍ଗା । ସମ୍ପୂର୍ଣ୍ଣ ଷ୍ଟ୍ରିଟ୍‌ଟିକୁ ଏକ ମଲ୍ (Mall) ଭାବେ ପ୍ରୋଜେକ୍ଟ କରାଯାଉଛି । ଏ ଭିତରେ ବସ୍‌ରେ ବୁଲିବା ଫ୍ରି । ଦିନଯାକ ବୁଲୁଥା ଓ ମଲ୍‌ସବୁ ଦେଖୁଥା ......

କିଛି ସମୟ ପରେ ଆନନ୍ଦ ଆସିଲେ । କହିଲେ ଚାଲନ୍ତୁ ଦେଖିବା ମିଲେନିୟମ ବ୍ରିଜ୍... । 16th ଷ୍ଟ୍ରିଟ୍ ଶେଷରେ ମିଲେନିୟମ୍ ବ୍ରିଜ୍ । ଏହାର ଲ୍ୟାଣ୍ଡ୍‌ମାର୍କ ଡିଜାଇନ୍ ପାଇଁ ଏହା ପ୍ରଖ୍ୟାତ । ମିଲେନିୟମ ବ୍ରିଜ୍‌ଟି ୧୯୯୯ରେ ଆରମ୍ଭ ହୋଇ ୨୦୦୨ରେ ଶେଷ ହୋଇଥିଲା । ମେଟ୍ରୋଲାଇନ୍ ଉପର ଦେଇ ଏଇ ବ୍ରିଜ୍‌ଟିର ଲମ୍ବା ୧୩୦ ଫୁଟ୍ ଓ ଓସାର ୮୦ଫୁଟ୍ । ଏ ବ୍ରିଜ୍‌ଟି ଏକ ପେଡ଼େଷ୍ଟ୍ରିଆନ୍ ବ୍ରିଜ୍-କେବଳ ପଦଚାରୀ ଓ ସାଇକ୍ଲିଷ୍ଟମାନଙ୍କ ପାଇଁ ଉଦ୍ଦିଷ୍ଟ । Eads ବ୍ରିଜ୍ ପରି ଏହା ମଧ୍ୟ କେବଳ ଷ୍ଟିଲ୍‌ରେ ତିଆରି, ମାତ୍ର ଏକ ସମ୍ପୂର୍ଣ୍ଣ ଅଲଗା ଡିଜାଇନ୍ । ସାଧାରଣତଃ ବ୍ରିଜ୍‌ଗୁଡ଼ିକ ଦୁଇ ବା ଅଧିକ ପିଲାର ଉପରେ ନିର୍ମିତ ହୋଇଥାଏ । ମାତ୍ର ଏହା ମାତ୍ର ଗୋଟିଏ ପିଲାରକୁ ନେଇ ତିଆରି । ଅବଶ୍ୟ ଏହାକୁ ପିଲାର ନକହି Mast (ମାସ୍ତୁଲ) କହିବା ବେଶୀ ଯୁକ୍ତିଯୁକ୍ତ ହେବ । ସମଗ୍ର ବ୍ରିଜ୍‌ଟି ଗୋଟିଏ ପ୍ଲାଟଫର୍ମ ପରି ଷ୍ଟ୍ରକ୍‌ଚର । ଭୂମିଠାରୁ ତିର୍ଯ୍ୟକ ଭାବେ ରହିଥିବା ୨୦୦ ଫୁଟ୍ ଉଚ୍ଚର ଏକ ମାଷ୍ଟ୍‌ରୁ ୨୫ଟି ଷ୍ଟେ ଓୟାର (Stay Wire) ସାହାଯ୍ୟରେ ପୂରା ପ୍ଲାଟଫର୍ମଟି ଝୁଲିକରି ରହିଛି । ଠିକ୍ ଯେମିତି ନିକିତିରୁ ୪ଟି ସୁତୁଲି ଦ୍ୱାରା ପଲାଟି ଝୁଲିକରି ରହିଥାଏ । ସଫେଦ୍ ରଙ୍ଗର ଏହି ମାଷ୍ଟ୍ ଓ ଷ୍ଟେ ଓୟାର ଗୁଡ଼ିକ ସ୍କାଏଲାଇନ୍‌କୁ ଆଚ୍ଛାଦନ କରିଥାନ୍ତି । ତଳୁ ଉପରକୁ ଦେଖିଲେ, ନୀଳ ଆକାଶର ବ୍ୟାକ୍‌ଗ୍ରାଉଣ୍ଡରେ ମାଷ୍ଟ୍‌ଟି ଏକ ପାଲଟଣା ଜାହାଜର ମାସ୍ତୁଲ ପରି ଦିଶେ । ତେଣୁ କେହି କେହି ଏହାକୁ 'The Ship' ବୋଲି କହନ୍ତି । ନିକଟସ୍ଥ ସ୍କାଏସ୍କ୍ରାପର୍ ଗୁଡ଼ିକର ଗ୍ଲାସ୍ ଫସାଦ୍ (Glass Facade)ରେ ମାଷ୍ଟ୍ ଓ ଷ୍ଟେ ଓୟାର ଗୁଡ଼ିକ ପ୍ରତିଫଳିତ ହୋଇ ଆହୁରି ସୁନ୍ଦର ଦିଶେ ।

୧୪.୦୮.୨୦୧୯ (ବୁଧବାର)

ପିଙ୍କୁ ଘର ପାଖରେ ଜଣେ ବିଲ୍‌ଡ଼ର ଗୋଟେ ନୂଆ ସବ୍‌ଡିଭିଜନ (ଶହେରୁ ଅଧିକ ଘରକୁ ନେଇ ଏକ ଆବାସିକ କଲୋନୀ) ନିର୍ମାଣ କରୁଛି । ଫାଉଣ୍ଡେସନ୍ ଠାରୁ ଆରମ୍ଭ କରି ଇଣ୍ଟେରିଅର ଡେକୋରେସନ ଓ ରେଡ଼ି ଟୁ ଅକୁପାଏ ପର୍ଯ୍ୟନ୍ତ ବିଭିନ୍ନ ଷ୍ଟେଜ୍‌ର ଘର ସବୁ ରହିଛି । ଦୁଇ ଥର ଯାଇ ଘର ତିଆରିର ଟେକ୍‌ନିକ୍ ସବୁ ଦେଖିଆସିଲି । ଆଜି ବିଲ୍ଡରର ସାଇଟ୍ ଇଞ୍ଜିନିୟର ସହିତ କଥାବାର୍ତ୍ତା ହେଲି । ସନ୍ଦେହ ମୋଚନ ପାଇଁ ଗଲା ମାତ୍ରେ ସେ ଭଦ୍ରବ୍ୟକ୍ତି ଅତି ଉତ୍ସାହରେ ମତେ ପ୍ରୋଜେକ୍ଟର ବିଭିନ୍ନ ଅଂଶ ବୁଲେଇ ଦେଖାଇଦେଲେ ଓ ସବୁ ପ୍ରଶ୍ନର ଉତ୍ତର ଦେବାକୁ ଚେଷ୍ଟା କଲେ । ଏ ବିଷୟରେ ବିଷଦ ଭାବରେ ପରବର୍ତ୍ତୀ 'ଆମେରିକାର ଗାଁ ଓ ଘର' ଅଧ୍ୟାୟରେ ରହିଛି ।

୧୬.୦୮.୨୦୧୯ (ଶୁକ୍ରବାର)

ଆଜି ଆନନ୍ଦ ଆସି ଡ଼େନ୍‌ଭର ଏଆର୍‌ପୋର୍ଟରେ ଛାଡ଼ିଦେଇଗଲେ । ଡ଼େନ୍‌ଭରରୁ ସିକାଗୋ Frontier ଏୟାର ଲାଇନ୍‌ରେ ଦୁଇଘଣ୍ଟାର ଉଡ଼ାଣ । ଟିକେଟର ଦାମ୍ ୭୦ ଡ଼ଲାର । ସୁରଜ ଆସି ଏଆର୍‌ପୋର୍ଟରୁ ନେଇଗଲା । ପିଙ୍କୁ ଓ ଆନନ୍ଦଙ୍କ ସହିତ ଛଅଦିନର ରହଣୀ । ମୋର ଅରିଜିନାଲ୍ ଆମେରିକା ପ୍ଲାନ୍‌ରେ ଡେନ୍‌ଭର ନଥିଲା । ପିଙ୍କୁର ସ୍ନେହ ଓ ଆନନ୍ଦଙ୍କର ଅନାବିଳ ନିମନ୍ତ୍ରଣ ମତେ ଡେନ୍‌ଭର ଟାଣି ଆଣିଲା । ଛଅଦିନ ହେଲା ସେମାନେ ମୋର ଚର୍ଚ୍ଚାରେ ଲାଗିଛନ୍ତି । ଭଲ ଭଲ ଜିନିଷ ଖୁଆଇବାରେ ପିଙ୍କୁ ଓ ସବୁଦିନ କିଛି ନା କିଛି ନୂଆ ଜିନିଷ ଦେଖେଇବାରେ ଆନନ୍ଦ ଆନେକ କଷ୍ଟ କରିଛନ୍ତି । ଜିତ୍ ଓ ସୋନାକ୍ଷୀ ବି ମାମୁଁ, ମାମୁଁ ବୋଲି ମୋ ସହିତ ଲାଗିଛନ୍ତି । ଅନେକ ପ୍ରଶ୍ନ ପଚାରିଛନ୍ତି । ଏ ପର୍ଯ୍ୟନ୍ତ ଆମେରିକାର ସହର, ମଲ୍, ଆମ୍ୟୁଜ୍‌ମେଣ୍ଟ ପାର୍କ, ସମୁଦ୍ର, ହ୍ରଦ, ମରୁଭୂମି, ବିଜ୍ଞାନ ଓ ଟେକ୍‌ନୋଲଜିର ଝଲକ ଦେଖି ଆସିଥିଲି । ବାପୁ ପାଖରେ ଦେଖିଲି ଆମେରିକାର ନଦୀ ମିସିସିପି... । ଏମାନଙ୍କ ସହିତ ଦେଖିଲି ଆମେରିକାର ପାହାଡ଼ ରକିଜ୍, ହିଲ୍‌ଷ୍ଟେସନ୍ - VAIL ଆଉ Wild Elk । ପିଙ୍କୁ, ଆନନ୍ଦଙ୍କ ବ୍ୟତୀତ ମୋର ଆମେରିକା ଦେଖା ଅଧା ଅଧୁରା ହୋଇଥାନ୍ତା । ଏତେବଡ଼ ମହାଦେଶକୁ ଦୁଇମାସରେ ଦେଖିବା ତ ସମ୍ଭବପର ନୁହେଁ । କିନ୍ତୁ ଆମେରିକାର ଇତିହାସ ଓ ଭୂଗୋଳ ବିଷୟରେ ସମ୍ୟକ୍ ଧାରଣା ହୋଇଗଲା । ଧନ୍ୟବାଦ୍ ଆନନ୍ଦ ଓ ପିଙ୍କୁ... ।

■

ଆମେରିକାରେ ଗାଁ ଓ ଘର

ଆମେରିକାର ସିଟି (ସହର) ଓ ସବର୍ବ(ଗାଁ) ସହରତଳି ଅଞ୍ଚଳର ଘରଗୁଡ଼ିକର ଡିଜାଇନ୍ ସମ୍ପୂର୍ଣ୍ଣ ଅଲଗା। ସିଟିଗୁଡ଼ିକ ବଡ଼ବଡ଼ ଘର ଓ ଫ୍ଲାଟ୍ ତଥା ସ୍କାଏସ୍କ୍ରାପରରେ ଭର୍ତ୍ତି। ସବୁଗୁଡ଼ିକ ଅଲଗା ଡିଜାଇନ୍‌ର। ପ୍ରଧାନତଃ କାଚ, ଆଲୁମିନିଅମ୍ / ମେଟାଲ୍ କ୍ଲାଡ଼ିଂ ବା ବିଭିନ୍ନ ରଙ୍ଗର ଟାଇଲରେ ସଜ୍ଜିତ। କିନ୍ତୁ ସହରତଳିର ଘରଗୁଡ଼ିକ ହିଁ ମର୍ତ୍ତ୍ୟକୁ ସ୍ୱର୍ଗ କରିଦେଇଥାନ୍ତି। ଯେକୌଣସି ସିଟିର ୪୦-୫୦ ମାଇଲ୍ ଭିତରେ ସବର୍ବାନ୍ ଟାଉନ୍‌ଗୁଡ଼ିକ ଥାନ୍ତି। ଏଗୁଡ଼ିକୁ ଅମେରିକାର ଗାଁ ବୋଲି କୁହାଯାଇପାରେ। ଏଗୁଡ଼ିକ ପ୍ରକୃତରେ ଗୋଟିଏ ଗାଁକୁ ବେଢ଼ି ଗଢ଼ି ଉଠିଥାନ୍ତି ନୂଆ ବା ପୁରୁଣା ସବର୍ବାନ୍ ଅଞ୍ଚଳ ହିସାବରେ। ଦୁଇ ମାସର ରହଣି ବସ୍, ଟ୍ରେନ୍ ବା କାର୍‌ରେ ଯିବା ସମୟରେ ଏଗୁଡ଼ିକୁ ଦୂରରୁ ବା ପାଖରୁ ଦେଖିବାର ସୁଯୋଗ ମିଳିଥିଲା। ହାଇୱେ ଦି'ପଟରେ ଛୋଟଛୋଟ ଗାଁ ସବୁ ଦେଖାଯାଏ ଦୁଇଟା ଚାରିଟା ଘରଥାଇ। ଏମିତିକି, ଗୋଟେ ମାଇଲ ପରେ ଗୋଟେ ଘର ଥିବ, ଚାରିପଟ ଯାକ ଆଖି ପାଇଲା ଯାଏ ଘାସପଡ଼ିଆ ବା କ୍ଷେତ ଥାଇ। କିନ୍ତୁ ଯେତେ ଏକୁଟିଆ ହେଲେ ବି ଘର ଚାରିପଟେ ପାଚେରୀ ନ ଥିବ। ଗୋଟେ ଏକର ବା ତା'ଠୁ ବେଶୀ ଜାଗାରେ ଗୋଟେ ଘର, ଲମ୍ବା ଲମ୍ବା ଗଛ ଓ ଘାସପଡ଼ିଆ ଘେରି ହୋଇ ବିନା ପାଚେରୀରେ ରହିଥିବ। ଆଶ୍ଚର୍ଯ୍ୟ ଲାଗେ, କେମିତି ଏମାନେ ରହନ୍ତି ଏକାଏକା ବିନା ପଡ଼ୋଶୀରେ। ତା'ଠୁ ବଡ଼ ଆଶ୍ଚର୍ଯ୍ୟ ହେଲା... କାଚର କବାଟ ଝରକାରେ କୌଣସି ଗ୍ରୀଲ୍ ନ ଥିବ। ଘର ସାମ୍ନାରେ ଓ ପଛଆଡ଼େ ଗାର୍ଡ଼େନ୍ ଚେଆର, କାର୍, ୟଟ୍ ସବୁ ଥୁଆ ହୋଇଥିବ। କିନ୍ତୁ ଲୋକଙ୍କର ଦେଖାନଥିବ।

ଟିକେ ଅଧିକା ଜାଣିବାକୁ ଚେଷ୍ଟା କଲି...। ଆମେରିକା ସବର୍ବରେ ଘରଗୁଡ଼ିକ ପରୀରାଇଜର ଚିତ୍ର ପରି ଲାଗେ। ସବୁ ଘର ପ୍ରାୟ ଦୁଇମହଲାର; ସମାନ ଉଚ୍ଚତା

ବିଶିଷ୍ଟ; ପାଖାପାଖି ସମାନ ରଙ୍ଗର ଓ ସମାନ ଡିଜାଇନ୍‌ର। ସାମ୍ନାରେ ସମାନ ସାଇଜର ଲନ୍, ସ୍ଲାଣ୍ଟିଂ ରୁଫ୍ ଓ କଳା ମଟମଟ ପିଚୁ ରାସ୍ତା ଗ୍ୟାରେଜ୍ ପର୍ଯ୍ୟନ୍ତ। କୋଉ ଗୋଟିଏ ବି ଘର ଅସୁନ୍ଦର, ରଙ୍ଗଛଡ଼ା ବା ଅସାଇଜ୍‌ର ନୁହଁ। ଚାରିପଟେ ସବୁଜ ଲନ୍, ସାମ୍ନାରେ ମଝାମଝି ଗୋଟେ ମ୍ୟାପଲ୍ ବା ଘଞ୍ଚ ପତ୍ର ଥିବା ଗଛ ସହିତ ଘରଗୁଡ଼ିକ ପୋଷ୍ଟକାର୍ଡ଼ର ଫଟୋ ପରି ଦିଶନ୍ତି। ସବୁଆଡ଼େ ଏଇପରି। ପଚାରି ବୁଝିଲି ସେମାନଙ୍କଠାରୁ ସବୁ ଘର କେମିତି ଏକା ପ୍ରକାରର ତିଆରି ହୋଇଛି ? ଯାହା ଶୁଣିଲି .....

ଅଧିକାଂଶ ଜାଗାରେ ଘରଗୁଡ଼ିକ ଗୋଟେ ବିଲ୍ଡର ବନେଇଥାଏ ବଡ଼ ଏକ ଜମି ନେଲା ପରେ। ସିଟି ଅଥରିଟୀଠୁ ପରମିସନ୍ ଓ ଡିଜାଇନ ଆପ୍ରୁଭାଲ ଅନୁସାରେ ହିଁ ଘର ତିଆରି ହୋଇଥାଏ। ଏହାକୁ ସବ୍‌ଡିଭିଜନ୍ କହନ୍ତି। ସବ୍‌ଡିଭିଜନ୍ ଚାରିପଟେ କାଠ ବା ଇଟା ସିମେଣ୍ଟର ବାଉଣ୍ଡାରୀ ୱାଲ ଥାଏ। କିନ୍ତୁ କୌଣସି ଗେଟ୍ ନଥାଏ। ସବ୍‌ଡିଭିଜନ୍‌ର ଘର ସହିତ, ପିଚୁରାସ୍ତା, ଛୋଟ ଛୋଟ ଜଳାଶୟ ଥାଏ। ଏଥିରେ ବର୍ଷାଜଳ ସଂରକ୍ଷଣ ହୁଏ। ମାଛ ଛଡ଼ାଯାଇଥାଏ ପାଣିର ଶୁଦ୍ଧତା ଜାଣିବା ପାଇଁ। ଟିକେ ବଡ଼ ଜଳାଶୟ ହୋଇଥିଲେ, ୱାଇଲ୍ଡ ଗିଜ୍ ବା ଡକ୍ ମାନେ ଦଳଦଳ ହୋଇ ବାସ କରନ୍ତି। ବେଳେବେଳେ ସଦଳବଳେ ଚାଲିଚାଲି ରାସ୍ତା ପାରି ହୁଅନ୍ତି କୁନିକୁନି ଛୁଆଙ୍କ ସହିତ। ଏଇ ସମୟରେ ଦିପଟରୁ ଗାଡ଼ିମଟର ବନ୍ଦ ହୋଇଯାଆନ୍ତି ଏମାନଙ୍କୁ ସମ୍ମାନ ଜଣାଇ। ପ୍ରକୃତି ଉପରେ ଏମାନଙ୍କର ପ୍ରଥମ ଅଧିକାର। ସବ୍‌ଡିଭିଜନ ଚାରିପଟେ ଲମ୍ବା ଲମ୍ବା ଗଛର ଏକ ବଳୟ ଗ୍ରୀନ୍ ବ୍ୟାରିଅର ହିସାବରେ ଥାଏ। ରାସ୍ତାର ଧୂଳି ଓ ଶବ୍ଦରୁ ଅଟକାଇବା ପାଇଁ ଏହା ବିଶେଷ ଉପଯୋଗୀ।

ସାମ୍ନା ଓ ପଛ ଲନ୍‌ଗୁଡ଼ିକ ସୁନ୍ଦର ଭାବରେ ଲ୍ୟାଣ୍ଡ ସ୍କେପିଂ କରାଯାଇଥାଏ। ଲନ୍‌ର ଯତ୍ନ ନେବା ଅଧିବାସୀଙ୍କର ଦାୟିତ୍ୱ। ଏଥିପାଇଁ ସମସ୍ତଙ୍କ ଘରେ ବିଭିନ୍ନ ପ୍ରକାରର ଗାର୍ଡ଼େନ ଯନ୍ତ୍ରପାତି ଥାଏ। ସମୟ ସମୟରେ ଲନ୍‌କୁ ମୋୱିଙ୍ଗ କରିବେ, ଟ୍ରିମିଂ କରିବେ ଓ ସାର ଦେବେ। ସୁନ୍ଦର ଭାବରେ ରଖିବାକୁ ବାଧ୍ୟ। ନିଜେ କର ବା କାହାଦ୍ୱାରା କରାଅ। ବ୍ୟତିକ୍ରମ ପାଇଁ ଜୋରିମନା..... !

ଆଲବାନୀରେ ପହଞ୍ଚିଲା ଆଗରୁ ଦୂରରୁ ଫଟୋ ଉଠାଉଥିଲି ବସ୍‌ରୁ, ଆଉ ଭାବୁଥିଲି, ସବୁ ଘରଗୁଡ଼ିକ ଏତେ ସୁନ୍ଦର କେମିତି ହେଲା ? ବନ୍ଧୁ ନବ କୁମାର ପ୍ରଧାନୀଙ୍କ ଘରେ ପହଞ୍ଚି ଗୋଟେ ବଡ଼ ଝଟ୍‌କା ଖାଇଲି। ଏସବୁ ଘର କାଠରେ ତିଆରି। ଏ କଥା ତ ଆଗରୁ କହିଛି। କିନ୍ତୁ ଅନେକ ପ୍ରଶ୍ନ ମନ ଭିତରେ ଅସମାହିତ ରହିଯାଇଥିଲା। ସବୁ ପ୍ରଶ୍ନର ଉତ୍ତର ମିଳିଗଲା ଡେନ୍‌ଭରରେ। ପିଙ୍କୁ ଘର ପାଖରେ ଗୋଟେ ନୂଆ ସବ୍‌ଡ଼ିଭିଜନ ତିଆରି ହେଉଥିଲା। ତେଣୁ ଘର ତିଆରିର ପ୍ରତିଟି ସ୍ତର ଓ ଘର ତିଆରିର

ବିଭିନ୍ନ ସରଞ୍ଜାମ ଦେଖିହେଲା ଓ ଯା ବିଷୟରେ ଗୋଟେ ଚଳନୀୟ ଜ୍ଞାନ ଅର୍ଜନ କରିହେଲା। ଆଖି, କାନ ଓ ମନର ବିବାଦ ତୁଟିଲା।

ସବର୍ବରେ ସାଧାରଣତଃ ବାସଗୃହଗୁଡ଼ିକ ଦି'ପ୍ରକାରର ଥାଏ। ର୍ୟାଞ୍ଚ୍ ଟାଇପ୍ ଓ ବଙ୍ଗ୍‌ଲୋ ଟାଇପ୍। ର୍ୟାଞ୍ଚ୍ ଟାଇପ୍ ହେଉଛି ଏକମହଲା ଓ ବଙ୍ଗ୍‌ଲୋ ଟାଇପ୍ ହେଉଛି ଦି' ବା ତିନି ମହଲା ବିଶିଷ୍ଟ। ମାଟି ଉପରେ ଏକ ବା ଦୁଇମହଲା ହେଲେବି ମାଟି ତଳେ ଗୋଟେ ମହଲାର ବେସ୍‌ମେଣ୍ଟ ଥାଏ।

ଆଉ ଗୋଟେ ପ୍ରକାରର ଘର ହେଉଛି 'Row Housing Society'. ଏଇ ଘର ଗୁଡ଼ିକ ପରସ୍ପର ସହିତ Common Wall ଦ୍ୱାରା ଲାଗି ଲାଗି ଥାଆନ୍ତି। ଏଗୁଡ଼ିକରେ ବି ବେସ୍‌ମେଣ୍ଟ ସହିତ ଦୁଇ/ତିନି ମହଲାର ଘର ଥାଏ।

ବେସ୍‌ମେଣ୍ଟ :

ବେସ୍‌ମେଣ୍ଟର କାନ୍ଥ ଓ ଚଟାଣ ସିମେଣ୍ଟ କଂକ୍ରିଟର। ଏଇଟା ହିଁ ଘରର ମୂଳଦୁଆ। ଭୂମିରୁ ୭-୮ ଫୁଟ୍ ତଳକୁ ଓ ୩-୪ ଫୁଟ୍ ଉପରକୁ ଏହି ମୂଳଦୁଆଟି ତିଆରି ହୋଇଥାଏ। ଫାଉଣ୍ଡେସନ୍ ୱାଲ୍ ଉପରେ କାଠର ଫ୍ରେମ୍ ବସାଇ ଦିଆଯାଏ ଘର ତିଆରି କରିବା ପାଇଁ। ବେସ୍‌ମେଣ୍ଟକୁ କିଛି ଲୋକ ଚଳନ୍ତି, ଅଚଳନ୍ତି ଜିନିଷ ରଖିବା ପାଇଁ ବ୍ୟବହାର କରନ୍ତି ତ କିଛିଲୋକ ପୂରା ଫିନିସିଂ କରି ରହିବା ଉପଯୋଗୀ କରିଥାନ୍ତି। ଘରେ ଅଧିକ ଲୋକ ହେଲେ ବ୍ୟବହାର କରନ୍ତି। ପାର୍ଟି ଇତ୍ୟାଦି ଏଇଠି ହୁଏ। ଡ୍ୟାନ୍ସ ଫ୍ଲୋର, ଜିମ୍, ହୋମ୍ ଥିଏଟର, ବିଲିଆର୍ଡ଼ ଟେବୁଲ, ୱାଇନ୍ ସେଲାର ଆଦି ଏଠି ରହିଥାଏ। ବର୍ଷା ଦିନେ ମାଟି ତଳୁ କାନ୍ଥଦେଇ ପାଣି ପଶିବାକୁ ରୋକିବା ପାଇଁ, ଚାରିକାନ୍ଥ ତଳେ ଗାର୍‌ଲାଣ୍ଡ ଡ୍ରେନ୍ ଓ ସମ୍ପ୍ ରଖାଯାଏ। କାନ୍ଥ ବାଟଦେଇ ପାଣି ଝରିଲେ, ଗାର୍‌ଲାଣ୍ଡ ଡ୍ରେନ୍ ଦେଇ ସବୁ ପାଣି ସମ୍ପ୍‌କୁ ଯାଏ। ଅଟୋମେଟିକ୍ ପମ୍ପ୍ ସାହାଯ୍ୟରେ ପାଣି ବାହାର କରିଦିଆଯାଏ। ଏହା ବ୍ୟତୀତ ଘରର ସେଣ୍ଟ୍ରାଲ ହିଟିଂ ସିଷ୍ଟମ୍, ଏୟାର କଣ୍ଡିସନିଙ୍ଗ ସିଷ୍ଟମ୍, ୱାଟର ଟ୍ରିଟ୍‌ମେଣ୍ଟ ପ୍ଲାଣ୍ଟ ଓ ୱାଟର ହିଟିଙ୍ଗ ସିଷ୍ଟମ ବି ବେସ୍‌ମେଣ୍ଟରେ ରହିଥାଏ। ସେଣ୍ଟ୍ରାଲ ଏୟାରକଣ୍ଡିସନିଂ ଏବଂ ହିଟିଙ୍ଗ ସିଷ୍ଟମ ଗ୍ୟାସ୍‌ରେ ଚାଲେ। ଋତୁ ଅନୁସାରେ ସାରା ଘରକୁ ଥଣ୍ଡା ବା ଗରମ ପବନ ସଞ୍ଚାଳିତ ହୁଏ। ପ୍ରତି ଘରକୁ ପାଇପ୍ ଯୋଗେ ଗ୍ୟାସ୍ ଯୋଗାଇ ଦିଆଯାଇଥାଏ ଓ ମିଟର ଅନୁସାରେ ବିଲ୍ ଦିଆଯାଏ। ଏ ସମସ୍ତ ମେସିନ୍ ଘରର ହାର୍ଟ-ଲଙ୍ଗ୍ ମେସିନ୍ ପରି କାମ କରନ୍ତି। ପାଣି, ପବନ ଏଇମାନେ ହିଁ ସାରାଘରକୁ ଯୋଗାଇ ଦିଅନ୍ତି। ଋତୁ ଅନୁସାରେ ଉତ୍ତାପ କମ୍ ବେଶୀ କରିବା ପାଇଁ କଣ୍ଟ୍ରୋଲ ପ୍ୟାନେଲ ଘର ଭିତରେ ରହିଥାଏ। ସାଧାରଣତଃ

ଏଠି ଫାରେନ୍‌ହାଇଟ୍‌ରେ ଉତ୍ତାପ ମପାଯାଏ। ହଁ, ନିଆଁ ଲାଗିଲା ବେଳେ ବେସ୍‌ମେଣ୍ଟରୁ ବାହାରକୁ ବାହାରିବା ପାଇଁ ଫାୟାର ଏସ୍‌କେପ୍ ମାଟି ଲେଭେଲରେ ଥାଏ।

ଗ୍ରାଉଣ୍ଡ ଫ୍ଲୋର : ତଳ ମହଲାଟି ପ୍ରବେଶ ପଥ, ଡ୍ରଇଂରୁମ୍, କିଚେନ୍ ଓ ଡାଇନିଙ୍ଗ ରୁମ୍ ଇତ୍ୟାଦି ପାଇଁ ବ୍ୟବହାର ହୁଏ ।

ଫାର୍ଷ୍ଟ/ସେକେଣ୍ଡ ଫ୍ଲୋର : ଉପର ମହଲାରେ ଶୋଇବା, ରହିବା ଘର ସବୁ ଥାଏ। ଆବଶ୍ୟକତା ଅନୁସାରେ 2/3/4 BHKର ଘର ତିଆରି ହୁଏ।

ଗ୍ୟାରେଜ୍ : ସମସ୍ତଙ୍କ ଘରେ ୨ଟି ବା ୩ଟି କାର୍ ରହିବା ପାଇଁ ଜାଗା ଥାଏ। କାର୍ ଛଡ଼ା, ଯାବତୀୟ ଯନ୍ତ୍ରପାତି ଯଥା- ଚେନ୍-ସ, ଭାଇବ୍ରେଟର ସ, ସ୍ନୋ ରିମୁଭର, ଲନ୍ ମୋୟର, ଏଜ୍ ଟ୍ରିମର ଇତ୍ୟାଦି ଯନ୍ତ୍ରପାତି ରଖା ହୋଇଥାଏ। ଲୋକ ଲଗାଇ ଲନ୍ ମୋୱିଂ କରିବା ବେଶୀ ଦାମ୍‌ର ହୋଇଥିବାରୁ ଅଧିକାଂଶ ଲୋକ ନିଜେ ବଗିଚା କାମତକ କରିଦିଅନ୍ତି। ଯନ୍ତ୍ର ସାହାଯ୍ୟରେ ବହୁତ କମ୍ ସମୟରେ ଓ କମ୍ ପରିଶ୍ରମରେ ସବୁ ହୋଇଯାଏ। ହଁ, ସବୁ ଗ୍ୟାରେଜ୍‌ରେ ଅଟୋମେଟିକ୍ ସଟର୍ ଲାଗିଥାଏ। କାର୍ ଘର ପାଖରେ ପହଞ୍ଚିଲେ ରିମୋଟ୍ ଦ୍ୱାରା ଗ୍ୟାରେଜ୍ ଖୋଲା ଯାଇପାରେ ବା ବନ୍ଦ କରିଦିଆଯାଇ ପାରେ। ରିମୋଟ୍ ବ୍ୟତୀତ ବାହାରେ ଥିବା ଡିଜିଟାଲ ଲକ୍‌ର କି-ପ୍ୟାଡ୍‌ରେ କୋଡ୍ ନମ୍ବର ଟିପି ବନ୍ଦ ବା ଖୋଲା ଯାଇପାରେ।

ଅନେକ ଉଦ୍ୟୋଗୀ ଗ୍ୟାରେଜରୁ ହିଁ ବ୍ୟବସାୟ ଆରମ୍ଭ କରନ୍ତି। ଆପ୍‌ଲର ଷ୍ଟିଭ୍ ଜବ୍‌ସ୍, ମାଇକ୍ରୋସଫ୍ଟର ବିଲ ଗେଟ୍‌ସ ଗ୍ୟାରେଜ୍‌ରୁ ହିଁ ଆରମ୍ଭ କରିଥିଲେ।

ଘର ତିଆରି :

ସିମେଣ୍ଟ କଂକ୍ରିଟ୍‌ର ଫାଉଣ୍ଡେସନ୍ ୱାଲ୍ ଉପରେ ଏକ ବା ଦୁଇ ମହଲାର କାଠର ଫ୍ରେମ୍ କରାଯାଏ। ଏଥିପାଇଁ ବିଭିନ୍ନ ସାଇଜର ଫ୍ୟାକ୍ଟ୍ରି କଟ୍ ପଲିସ୍‌ଡ କାଠପଟା... ବଜାରରେ ମିଳେ। ତେଣୁ କବାଟ ଝରକା ବାହାର କରିବା ପାଇଁ ପଟା କାଟିବା ଦରକାର ହୁଏ ନାହିଁ। ଷ୍ଟେୟାର କେସ୍ ବି ରେଡ଼ିମେଡ୍ ମିଳେ। ତେଣୁ କାଠ କାଟିବାକୁ ଦରକାର ହୁଏ ନାହିଁ। କେବଳ ଆବଶ୍ୟକ ସାଇଜ୍‌ର ପଟା ବାଛି କଣ୍ଟା ପିଟିବା ଦରକାର। କଣ୍ଟା ପିଟିବା ପାଇଁ ବି ମେସିନ୍ ଅଛି। ନେଲ୍ ଡ୍ରାଇଭରରୁ ବୁଲେଟ୍ ବେଗରେ କଣ୍ଟା ପିଟି ହୋଇଯାଏ।

ବାହାର କାନ୍ଥ, ଗ୍ରାଉଣ୍ଡ ଫ୍ଲୋର୍, ଫାର୍ଷ୍ଟ ଫ୍ଲୋର୍ ଚଟାଣ ଓ ଛାତ ପାଇଁ ୱାଟର ପ୍ରୁଫ, ଟରମାଇଟ୍ ପ୍ରୁଫ୍ ପ୍ଲାଇଉଡ୍ ବା କମ୍ପ୍ରେସ୍‌ଡ୍ ଚିପ୍ ବୋର୍ଡ଼ (କାଠ ଟୁକୁରାକୁ ଅଠାରେ ମିଶାଇ ମେସିନ୍‌ରେ ଚାପଦେଇ ଚିପ୍ ବୋର୍ଡ଼ କରାଯାଏ) ବ୍ୟବହାର

କରାଯାଏ। ଆଜିକାଲି କିନ୍ତୁ ଚିପ୍ ବୋର୍ଡ଼ର ବ୍ୟବହାର ଅଧିକ। ଫ୍ରେମ୍‌ର ଭିତର କାନ୍ଥ ଓ ସିଲିଂ ପାଇଁ ଜିପ୍‌ସମ୍ ବୋର୍ଡ଼ ଲଗାଇ ଦିଆଯାଏ। ଏହାକୁ ଇନର ଡ୍ରାଏୱାଲ କହନ୍ତି। ଫ୍ରେମର ବାହାରକୁ ଚିପ୍ ବୋର୍ଡର ୱାଲ ଲଗାଇ ଦିଆଯାଏ। ଏହାକୁ ଇନର ୱେଟୱାଲ କହନ୍ତି। ଇନର ୱେଟୱାଲ ବା ଚିପ୍‌ବୋର୍ଡ଼ ୱାଲ ଓ ଇନର ଡ୍ରାଏୱାଲ ମଝିରେ ଫାଙ୍କା ଥାଏ। ଇଲେକ୍ଟ୍ରିକ୍ ଲାଇନ୍ ତାର, ପବନ ଓ ପାଣି ଯିବାପାଇଁ ପାଇପ୍ ବି ଯା ଭିତରେ ରହେ। ତା'ଛଡ଼ା ବାହାର ଥଣ୍ଡା ଓ ପବନରୁ ରକ୍ଷା କରିବା ପାଇଁ ଇନ୍‌ସୁଲେସନ୍ ପ୍ୟାକିଂ ବି ଦିଆଯାଏ। ବିଭିନ୍ନ ପ୍ରକାରର ଇନ୍‌ସୁଲେସନ୍ ଭିତରେ ସେଲ୍ୟୁଲୋଜ୍ ବ୍ଲାଙ୍କେଟ୍, ରକ୍‌ଉଲ/ଗ୍ଲାସ୍ ଉଲ୍ ସ୍ଲାବ୍ ବି ଦିଆଯାଏ। କିନ୍ତୁ ୧୫-୨୦ ବର୍ଷରେ ସେଲ୍ୟୁଲୋଜ୍ ବା ରକ୍‌ଉଲ୍ ବ୍ଲାଙ୍କେଟ୍ ଭିତରେ ଜଳୀୟ ଅଂଶ ପଶିବା ଯୋଗୁ ଫିମ୍ପି ଧରି ଖରାପ ହୋଇଯାଏ। ଘରୁ ଖରାପ ଗନ୍ଧ ବାହାରେ। ତେଣୁ ନୂଆ ଲଗାଇବା ଦରକାର ହୁଏ। ଆଜିକାଲି ମାର୍କେଟ୍‌ରେ ଏକ ନୂଆ ଇନ୍‌ସୁଲେସନ ମାଟେରିଆଲ ମିଳୁଛି - 'ସ୍ପ୍ରେ-ଫୋମ୍'। ଦି'ଟା କେମିକାଲ ମିଶାଇ ଏକାଠି ଗୋଟେ ପତଳାସ୍ତର ସ୍ପ୍ରେ କରିଦେଲେ ଏହା ତତ୍‌କ୍ଷଣାତ୍ ୧୦୦ଗୁଣ ମୋଟାର ଗୋଟେ ଆସ୍ତରଣ ହୋଇଯାଏ। ତେଣୁ ଡ୍ରାଇୱାଲ ଓ ୱେଟୱାଲ ମଧ୍ୟରେ ସ୍ପ୍ରେ ଫୋମ୍ ସ୍ପ୍ରେ କରିଦେଲେ କୌଣସି ଫାଙ୍କା ନରହି ସମ୍ପୂର୍ଣ୍ଣ ଭର୍ତ୍ତି ହୋଇଯାଏ। ଏହା ପାଣି ଓ ପବନକୁ ସମ୍ପୂର୍ଣ୍ଣ ଅଟକାଇଦିଏ। ବହୁତ ହାଲ୍‌କା ହୋଇଥିବାରୁ କାନ୍ଥ ଉପରେ ବି ଚାପ ପଡ଼େନି। ୧୦% ମାଟେରିଆଲ ଓ ୯୦% ପବନ ଏହାକୁ ପବନ ଅପେକ୍ଷା ୧୦% ଅଧିକ ଓଜନର କରିଥାଏ। ଏହା ଏକ ୱାଣ୍ଡର ଫୋମ୍ ସତରେ।

ସବୁ ଛାତ ଗଡ଼ାଣିଆ ବା ସ୍ଲାଣ୍ଟିଂ ହୋଇଥାଏ ବରଫ ନଜମିବା ପାଇଁ। ଚିପ୍ ବୋର୍ଡ଼ର ଛାତ ହୋଇସାରିଲା ପରେ ତା' ଉପରେ ଆସ୍‌ଫାଲ୍ଟର କାର୍ପେଟ୍ ବିଛାଇ ଦିଆଯାଏ। ତା ଉପରେ ଆସ୍‌ଫାଲ୍ଟ ସିଙ୍ଗଲ୍‌ସ (ଟାଇଲ୍)ଗୁଡ଼ିକ ଲଗାଇଦିଆଯାଏ। ଏହା ସବୁ ପ୍ରକାର ପ୍ରାକୃତିକ କ୍ଷୟକାରୀ ଶକ୍ତିକୁ ସାମ୍ନା କରେ। ଖରା, ବର୍ଷା, ବରଫ ସବୁଠୁ ଘରକୁ ଏହା ସୁରକ୍ଷିତ ରଖେ। ଆସ୍‌ଫାଲ୍ଟ ସିଙ୍ଗଲ୍‌ସ ଗୁଡ଼ିକ ବିଭିନ୍ନ ରଙ୍ଗ (Shades)ର ସଂଯୋଜନାରେ ବେଶ୍ ସୁନ୍ଦର ଦିଶନ୍ତି । ମେଟାଲ ସିଙ୍ଗଲ୍‌ସ ବି ମିଳେ। ଅଧିକ ଦାମ୍, ଓଜନ ଓ ତାପର ସୁପରିବାହୀ ହୋଇଥିବାରୁ ଏବଂ ଲୋକପ୍ରିୟ ହୋଇପାରିନି।

ଘର ଭିତରର ଚଟାଣ ଉପରେ ଭିନାଇଲ କାର୍ପେଟ୍ ବା ଉଡ଼େନ୍ ଫ୍ଲୋର୍ ଦିଆଯାଏ ଅତ୍ୟଧିକ ଶୀତରୁ ବଞ୍ଚିବା ପାଇଁ। ଉଡ଼େନ୍ ଫ୍ଲୋର୍ ସୁନ୍ଦର ଦିଶେ ସିନା, ଭିନାଇଲ କାର୍ପେଟ୍ ହିଁ ଶୀତଦିନର ସାଥୀ। ଗଦି ଭଳି ଫୋମ୍ ଲେୟାର ଉପରେ ଭିନାଇଲ କାର୍ପେଟ୍, ଉଷୁମ ଲାଗେ ଓ ପାଦକୁ ଥଣ୍ଡା ଲାଗେନି। କିନ୍ତୁ କିଚେନ୍ ବା ଟଏଲେଟ୍ ଯୋଉଠି ପାଣି

ପଡ଼ିବାର ଭୟଥାଏ, ଉଡ଼େନ୍ ଫ୍ଲୋରିଂ କିମ୍ବା ଫ୍ଲୋର୍ ଟାଇଲ୍ ଦିଆଯାଏ। ଭିନାଇଲ କାର୍ପେଟ୍‌କୁ ପନ୍ଦର ଦିନରେ ଥରେ କ୍ଲିନର ଆସି ଭ୍ୟାକ୍ୟୁମ୍ କରି ଚାଲିଯାଏ। ଆମେରିକାନ୍ କ୍ଲିନର ହେଲେ ୧୦୦ ଡଲାର ବା ତା'ଠୁ ବେଶୀ ପଡ଼େ। କିନ୍ତୁ ମେକ୍ସିକାନ କ୍ଲିନର ୮୦ ଡଲାର ବା ଟିକିଏ କମ୍ ବେଶୀରେ କାମ କରିଦିଏ।

କନ୍‌ଷ୍ଟ୍ରକ୍‌ସନ୍ ସାଇଟ୍‌ରେ ଛିଡ଼ା ହୋଇ ଦେଖିଲି କେତେ ସହଜ ଘର ବନେଇବା। ଅସଲ କାମ କାର୍ପେଣ୍ଟରର। ଖାଲି ପଟାକୁ ପଟା ଯୋଡ଼ିବା କଥା କଣ୍ଟା ପିଟି। କଟାକଟିର ଆବଶ୍ୟକତା ପ୍ରାୟ ନଥାଏ। ଇନର ଡ୍ରାଏ ୱାଲ ଓ ଇନର ୱେଟ୍ ୱାଲ୍ କରିସାରିଲା ପରେ ଇଲେକ୍ଟ୍ରିସିଆନ୍ ଓ ପ୍ଲମ୍ବର ଦି କାନ୍ଥ ମଧ୍ୟରେ ଇଲେକ୍ଟ୍ରିକ ତାର ବା ପାଇପ୍ ଫିଟିଂ କରି ଖଞ୍ଜିଦିଅନ୍ତି। ଜିପ୍‌ସମ୍ ବୋର୍ଡ଼ର ଡ୍ରାଇ ୱାଲ୍ ଲାଗି ସାରିଲା ପରେ କେବଳ ମନ ପସନ୍ଦର ରଙ୍ଗ ସ୍ପ୍ରେ କରିବା କଥା। ହଁ, କାନ୍ଥରେ କଣ୍ଟା ମାରି ବଡ଼ ଫଟୋ ବା ଠାକୁର ମୂର୍ତ୍ତି ରଖିପାରିବନି।

ଆଉ ଗୋଟେ ମଜା କଥା ହେଲା, ଏମାନଙ୍କର ସ୍ୱିଚ୍‌ବୋର୍ଡ଼ ସବୁ। ଆମ ଘରର କାନ୍ଥର ସାଢ଼େ ତିନିଫୁଟ ଉଚ୍ଚତାରେ ସ୍ୱିଚ୍‌ବୋର୍ଡ଼ ଥାଏ। ଏଠି କିନ୍ତୁ କାନ୍ଥର ଏକ ଫୁଟ ଉଚ୍ଚତାରେ ଥାଏ। ସ୍ୱିଚ୍ ମାରିବା ପାଇଁ ନଇଁବାକୁ ପଡ଼ିବ। ବଡ଼ ଅସୁବିଧା!!

ଆଉଟର ୱେଟ୍ ୱାଲ:

ଚିପ୍ ବୋର୍ଡ଼ର ବାହାର କାନ୍ଥ ହୋଇସାରିଲା ପରେ, ଯା ଉପରେ ଭିନାଇଲ୍ ବୋର୍ଡ଼ ଲଗାଇଦିଆଯାଏ। ଏହାକୁ ଆଉଟର ୱେଟ୍ ୱାଲ କହନ୍ତି। ଏହା ୱାଟର ପ୍ରୁଫ୍, ୱେଦର ପ୍ରୁଫ୍ ଓ ଟର୍ମାଇଟ୍ ପ୍ରୁଫ୍। କେହି କେହି ପତଳା ଇଟାର ଗୋଟେ ସ୍ତର ଲଗେଇଦିଅନ୍ତି। ଭିନାଇଲ ବୋର୍ଡ଼ ବିଭିନ୍ନ ରଙ୍ଗର ଆସେ। ଥରେ ରଙ୍ଗ କଲେ ୧୦-୧୨ ବର୍ଷ ପର୍ଯ୍ୟନ୍ତ ରଙ୍ଗ ଦରକାର ହୁଏନି।

ପାଟିଓ (PATIO) :

ଘର ପଛପଟେ ତ ଲନ୍ ନିଶ୍ଚିତ ଥିବ। କିନ୍ତୁ କାଠର ଗୋଟେ ମଣ୍ଡପ ବି ଥିବ। ଏଇଟାକୁ ସେମାନେ ପାଟିଓ (PATIO) କହନ୍ତି। ବାଡ଼ିପଟ କବାଟ, ପାଟିଓକୁ ଖୋଲେ। ଏଠି ଗାର୍ଡ଼େନ ଚେୟାର, ଟେବୁଲ ପଡ଼ିଥାଏ। ଆଉ ଥାଏ ଇଲେକ୍ଟ୍ରିକ୍ ବା ଗ୍ୟାସ୍‌ର ଗ୍ରିଲ୍। ମନ ହେଲେ ଚିକେନ, ପମ୍ଫ୍ରେଟ୍, ସାଲମନ୍ ଇତ୍ୟାଦି ଗ୍ରିଲ୍ କରି ପାଟିଓ ଉପରେ ବସି ଖାଆନ୍ତି। ଗ୍ରିଲ୍‌ଡ ଚିକେନ୍ ବା ଫିସ୍ ସହିତ ୱାଇନ୍, ହ୍ୱିସ୍କି ବା ସ୍କଚ୍‌ର ଫୁଆରା ଛୁଟିବା ଅସ୍ୱାଭାବିକ ନୁହେଁ। ଖରାଦିନେ ଏଠି ବସି ସନ୍‌ବାଥ୍ ନେଇହୁଏ। କିଛି ଲୋକ ପଛପଟେ ସ୍ୱିମିଂ ପୁଲ୍ କରିଥାନ୍ତି।

କେହି କେହି ବାଡ଼ିପଟକୁ ଛୋଟ କିଚେନ୍ ଗାର୍ଡ଼େନ୍ ବି କରନ୍ତି ଅଳ୍ପ କିଛି ପରିବା ଗଛ ଲଗାଇ। କଖାରୁ, ଲଙ୍କା, ମକା, ଗାଜର ଇତ୍ୟାଦି ପରିବା ଲଗାଇଥାନ୍ତି। ଲଙ୍କା ଓ କଖାରୁ ମଞ୍ଜି ସେମାନେ ଓଡ଼ିଶାରୁ ମଗେଇ ଥାନ୍ତି ଦେଶୀ ସ୍ୱାଦ ପାଇଁ। କିନ୍ତୁ ରାବିଟ୍ ହେଉଛି ଗାର୍ଡ଼େନର ପ୍ରଧାନ ଶତ୍ରୁ। ହେଲେ ଆପଣ ତାକୁ କିଛି କରିପାରିବେନି। ବଣ୍ୟଜନ୍ତୁ ସଂରକ୍ଷଣ ଆଇନ୍ ଅନୁଯାୟୀ ତା'ର ବି ଫସଲରେ ଅଧିକାର ରହିଛି !

ଘର ତିଆରି ସରିଲେ, ସାମ୍ନାରେ ଓ ପଛରେ ଲ୍ୟାଣ୍ଡ ସ୍କେପିଂ ସହ ସୁନ୍ଦର ଲନ୍ କରିଦିଆଯାଏ। ବାଃ ! ହେଇଗଲା ଗୋଟେ ଡ୍ରିମ୍ ହାଉସ୍ ବା ସ୍ୱପ୍ନର ଆଣିଆନା...। କଅଁଳ ଛନ୍‌ଛନ୍ ସବୁଜ ଘାସ ତ ରାବିଟ୍‌ଙ୍କୁ ଚରାବୁଲା ଓ ଖେଳ କରିବା ପାଇଁ ନିମନ୍ତ୍ରଣ ଦେଲାପରି। ଆସିଯିବେ ରାବିଟ୍ ଓ ତା' ଛୁଆମାନେ। ଘର ଭିତରୁ ସେମାନଙ୍କ ଖେଳ ଦେଖ... ଝାପ୍‌ସା ଶବ୍ଦରେ ଆଖି ପଲକରେ ପାଖ ଜଙ୍ଗଲକୁ ଦୌଡ଼ି ପଳେଇବେ।

ଘରର ସୁରକ୍ଷା :

ଦେଖି ଆଶ୍ଚର୍ଯ୍ୟ ହେଲି - ସାମ୍ନା କବାଟ, ପଛକବାଟ, ଝରକା ସବୁ କାଚର। ଝରକା ଓ କବାଟ ଆଗରେ କି ପଛରେ ଲୁହା ବା ଆଲୁମିନିୟମର ଗ୍ରୀଲ୍ ନଥାଏ। କେହି କେହି ଡେକୋରେଟିଭ୍ ଆଇଟମ୍ ହିସାବରେ ସାମ୍ନାରେ କାଠ କବାଟ ଲଗାଇଥାନ୍ତି। କିନ୍ତୁ ବାକି ସବୁ 6mm (ପ୍ରାୟ)କାଚର। ଛୋଟ ଲିଭରର ତାଲାଟେ କବାଟରେ ଲାଗିଥାଏ। ଏମାନେ କବାଟ ଟାଣିଦେଇ ଘରଛାଡ଼ି ସବୁଆଡ଼େ ଚାଲିଯାଆନ୍ତି। ଚିନ୍ତା ନଥାଏ କିଛି। କବାଟ ବା ଝରକା ଭାଙ୍ଗି ଭିତରେ ପଶିବା ମିନିଟକର କାମ। ଡର କେମିତି ଲାଗେନି ଏମାନଙ୍କୁ କାଚଘର ଭିତରେ ରହିବା ପାଇଁ ବା କାଚଘର ଛାଡ଼ି ବାହାରେ ରହିବା ପାଇଁ ? ବୁଝିଲି ଭିତିରି କଥା। ସବୁ ଘରେ ସିକ୍ୟୁରିଟି ସିଷ୍ଟମ୍ ଲାଗିଛି।

ସିଷ୍ଟମ୍ ହେଲା -

୧. ଯେକୌଣସି ସିକ୍ୟୁରିଟି କମ୍ପାନୀ ଠାରୁ ହାର୍ଡ଼ୱେର (କ୍ୟାମେରା, ସେନ୍‌ସର୍, ଲକ୍, କଣ୍ଟ୍ରୋଲ ୟୁନିଟ୍) କିଣି ସେ କମ୍ପାନୀର ସିକ୍ୟୁରିଟି ନେଟ୍‌ୱାର୍କ ସହିତ ଜଡ଼ିତ ହେବାକୁ ପଡ଼ିବ।

୨. ଘରେ ସମସ୍ତ କବାଟ ଝରକାରେ କ୍ୟାମେରା ଓ ବିଭିନ୍ନ ପ୍ରକାର ସେନ୍‌ସର ଲାଗିଥିବ। ଘରେ ମଣିଷ ଥିଲା ବେଳେ ସିକ୍ୟୁରିଟି ସିଷ୍ଟମ୍ ଅଫ୍ ଥାଏ। ବାହାରକୁ ଗଲେ ବା ରାତିରେ ଶୋଇଲା ବେଳେ ଅନ୍ କରିଦିଅନ୍ତି। ସିଷ୍ଟମ ଅନ୍ ବେଳେ ଘରେ କୌଣସି ହଲଚଲ୍ ହେଲେ ବା କବାଟ ଝରକା ଜବରଦସ୍ତି ଖୋଲିବାର ଚେଷ୍ଟା ହେଲେ, ସାଇରନ୍ ବାଜି ଉଠେ। ଘର ମାଲିକଙ୍କ ପାଖକୁ ଆଲାର୍ମ ମେସେଜ୍ ଚାଲିଯାଏ।

କମ୍ପାନୀର କଣ୍ଟ୍ରୋଲ ରୁମ୍‌କୁ ସତର୍କ କରିଦିଏ। କଣ୍ଟ୍ରୋଲ ରୁମ୍, ମାଲିକ ଓ ପଡ଼ୋଶୀ ପାଖକୁ ଖବର ପଠାଇଦିଏ। ଯଦି ସତରେ କେହି ପଶିଥାଏ ତେବେ ପୋଲିସ ପାଖକୁ ଖବର ଚାଲିଯାଏ। ୩-୪ ମିନିଟ୍ ଭିତରେ ପୋଲିସ ପହଞ୍ଚିଯାଏ। କମ୍ପାନୀର ଅଧିକାରୀ ପହଞ୍ଚିଯାନ୍ତି ମାଲିକ ଆସନ୍ତୁ ବା ନ ଆସନ୍ତୁ। ତେଣୁ ଚୋର ଧରାପଡ଼ିବା ନିଶ୍ଚିତ। କିନ୍ତୁ ଏକମାତ୍ର ସର୍ତ୍ତ ହେଲା, ସିକ୍ୟୁରିଟି ସିଷ୍ଟମ୍ ଅନ୍ ହୋଇଥିବା ଦରକାର। ମାଲିକଙ୍କ ଭୁଲ ପାଇଁ ବାରମ୍ବାର ପୋଲିସକୁ ଆସିବାକୁ ପଡ଼ିଲେ, ତିନିଥର ମିଛ ଆଲାର୍ମ ପରେ ବଡ଼ ପରିମାଣରେ ଜୋରିମନା ଦେବାକୁ ହୁଏ।

ଆମେରିକାରେ ଅନେକ କମ୍ପାନୀ ସିକ୍ୟୁରିଟି ସିଷ୍ଟମ ଯୋଗାଇ ଦିଅନ୍ତି। ADT, Front Point, Protect America ଇତ୍ୟାଦି କମ୍ପାନୀ ହୋମ୍ ସିକ୍ୟୁରିଟି ପାଇଁ ପ୍ରସିଦ୍ଧ। ଏମାନଙ୍କ ଭିତରେ ADT ସବୁଠୁ ବଡ଼ ଓ ଜନପ୍ରିୟ। ADT ର ଦାମ୍ ଏତେ ବେଶୀ ନୁହଁ। ସିକ୍ୟୁରିଟି ସିଷ୍ଟମ୍‌ର ହାର୍ଡ଼ୱେର୍ ଓ ଲଗାଇବା ଖର୍ଚ୍ଚ ପ୍ରାୟ ୧୦୦୦ ଡଲାର୍ ଓ ମାସିକ ଖର୍ଚ୍ଚ ୪୦-୫୦ ଡଲାର୍। ତେଣୁ ସମସ୍ତେ ପ୍ରାୟ ADT ସିଷ୍ଟମ୍ ଲଗାଇଥାନ୍ତି। ଏହାକୁ ଆଲେକ୍ସା କିମ୍ବା ଗୁଗଲ୍ ଆସିଷ୍ଟାଣ୍ଟ ସହିତ ସଂଯୋଗ କରିହେବ। ଘରର ସମସ୍ତ ବୈଦ୍ୟୁତିକ ଆସବାବ ପତ୍ର (ଟିଭି, ଫ୍ରିଜ୍, ଏସି) ଇତ୍ୟାଦି ଦୂରରୁ ଚଳେଇ ହେବ ବା ବନ୍ଦ କରିହେବ। ହଁ, ସିକ୍ୟୁରିଟି ସିଷ୍ଟମ୍ ନ ଥିଲେ ହୋମ୍ ଇନ୍‌ସୁରାନ୍ସ ପ୍ରିମିୟମ୍ ବଢ଼ିଯିବ। ତେଣୁ ସମସ୍ତେ ପ୍ରାୟ ହୋମ୍ ସିକ୍ୟୁରିଟି ଲଗାନ୍ତି ଓ ନିଶଙ୍କାରେ ଘର ଛାଡ଼ି ବୁଲୁଥାନ୍ତି ଦେଶ ବିଦେଶ। ଆଉ ଗୋଟେ କଥା, ଲୋକମାନେ ଆମପରି ଘରେ ସୁନାଗହଣା ବା ଟଙ୍କା ପଇସା ରଖିନଥାନ୍ତି। ସେଠି ଧନୀ ହେଉ ବା ଗରିବ ହେଉ ସମସ୍ତଙ୍କ ଘରେ ସମାନ ଧରଣର ସାଜ ସରଞ୍ଜାମ ଥାଏ। ୱାଲ୍ ଟୁ ୱାଲ୍ କାର୍ପେଟ୍, ଟୁ ଡୋର ଫ୍ରିଜ୍, ଟିଭି, କ୍ଲାଇମେଟ୍ କଣ୍ଟ୍ରୋଲ ସିଷ୍ଟମ୍ ଇତ୍ୟାଦି ସମସ୍ତଙ୍କ ଘରେ ଥାଏ। ତେଣୁ ଚୋରି ଆଉ କ'ଣ କରିବେ! କଥାରେ ଅଛି, ଧନୀ ଲୋକଙ୍କୁ ଶାନ୍ତିରେ ରହିବାକୁ ହେଲେ ପାଖପଡ଼ିଶାଙ୍କୁ ବି ଧନୀ କରିବାକୁ ପଡ଼ିବ।

ଗୋଟେ ମଜାଦାର କଥା...। ଦେଖିଲି ସମସ୍ତଙ୍କ ଘରେ କମ୍ ପାୱାରର ଏଲ୍‌ଇଡ଼ି ଲାଇଟ୍ ଲାଗିଛି। ଆଜିକାଲି ତ ସମସ୍ତେ ଏନର୍ଜି କନ୍‌ଜରଭେସନ୍ ପାଇଁ ଏଲ୍‌ଇଡି ବଲ୍‌ବ ବ୍ୟବହାର କରୁଛନ୍ତି। କିନ୍ତୁ ଗୋଟେ କଥା ବୁଝା ପଡ଼ିଲାନି। ସମସ୍ତଙ୍କର ବାଥରୁମ୍‌ରେ ୫-୬ ଫୁଟର ଆଇନା ଉପରେ ୪-୫ଟା ଲେଖାଏଁ ୧୦୦ ୱାଟ୍‌ର ସାଧାରଣ ଟଙ୍ଗ୍‌ଷ୍ଟେନ୍ ବଲ୍‌ବର ଶୋଭାଯାତ୍ରା। ୮x୫ ଫୁଟର ଗୋଟେ ଘରେ ଏତେ ବେଶୀ ଆଲୁଅର ବନ୍ଦୋବସ୍ତ କାହିଁକି କରାଯାଇଥାଏ ବୁଝିପାରିଲିନି। କେହି ବି ଠିକ୍‌ରେ ବୁଝେଇପାରିଲେନି। "ଘର ସହିତ ତ ମିଳିଛି, କାହିଁକି କେଜାଣି?"

ଡେନ୍‌ଭରରେ ସେ କମ୍ପାନୀର ସାଇଟ୍ ଇଞ୍ଜିନିୟର ପୂରା ଘରଟି ବୁଲେଇ ଦେଖାଇଲେ। ଏଠି ବି ବାଥ୍‌ରୁମ୍‌ରେ ୱାଲ୍ ଟୁ ୱାଲ୍ ୮ ଫୁଟର ଆଇନା ଉପରେ ୫ଟା ଟଙ୍ଗ୍‌ଷ୍ଟେନ୍ ବଲ୍‌ବ। ତାଙ୍କୁ ପଚାରିଲି, "Why so many power consuming Bulbs ?" ସେ ମତେ ଆଶ୍ଚର୍ଯ୍ୟ ହୋଇ ଅନେଇଲେ... କହିଲେ... "Yes, Everywhere I provide such bulbs, but why, I have never thought of. No body has asked this question. I also wonder now, why ?" କାହାଠୁ ବି ମତେ ଏହାର ସନ୍ତୋଷଜନକ ଉତ୍ତର ମିଳିଲା ନାହିଁ। ଉତ୍ତର ପାଇଲି ବନ୍ଧୁ ଶଶଧର ପ୍ରଧାନଙ୍କ ଠାରୁ ଭୁବନେଶ୍ୱରରେ ପହଞ୍ଚିଲା ପରେ। ଯେହେତୁ ୱାଲ୍ ଟୁ ୱାଲ୍ ମିରର୍ ଲାଗିଥାଏ ଗୋଟେ ଦି'ଟା ଜାଗାରେ ବଲ୍‌ବ ଲାଗିଲେ ମୁହଁ ପୂରା ଦିଶିବନି। ଛାଇ ଆସିଯିବ। ତେଣୁ ଏ ମୁଣ୍ଡରୁ ସେ ମୁଣ୍ଡ ପୂରା ବଲ୍‌ବ ଲଗାଇ ଦିଆଯାଏ। ଟଙ୍ଗଷ୍ଟେନ୍ ବଲ୍‌ବର ସୂର୍ଯ୍ୟ କିରଣ ପରି ପ୍ରାକୃତିକ ଆଲୋକ ଦେଉଥିବାରୁ ଏବେ ବି ଦରକାର ହେଉଛି ଠିକ୍ ଭାବରେ ମୁହଁ ଦେଖିବା ପାଇଁ !!!

ସିଟି ଫରେଷ୍ଟ:

ଜଙ୍ଗଲ ତ ଏଠି ସବୁଆଡ଼େ। ତଥାପି ଛୋଟବଡ଼ ସିଟି, ପାଖାପାଖି ଜାଗାରେ ରିଜର୍ଭ ଫରେଷ୍ଟ ରଖିଥାନ୍ତି। ପ୍ରାକୃତିକ ଜଙ୍ଗଲକୁ ସୁରକ୍ଷା ଦେଲେ, ଏହା ଶୀଘ୍ର ବଢ଼ିଯାଏ। ଜଙ୍ଗଲକୁ ଲାଗି ଶହ ଶହ ଏକରର ପାର୍କ କରିଦିଅନ୍ତି। ସୁଦୂର ପ୍ରସାରୀ ଘାସ ପଡ଼ିଆ ଓ ମଝିରେ ମଝିରେ ବଡ଼ ବଡ଼ ଗଛ ଥାଏ। ଠାଏ ଠାଏ ବେଞ୍ଚ୍ ପଡ଼ିଥାଏ। କାର୍ ଯିବା ପାଇଁ ସୁନ୍ଦର ରାସ୍ତା ଥାଏ। ତେଣୁ ଲୋକମାନେ ନିରୋଳା ଜାଗା ଦେଖି ପିକ୍‌ନିକ୍‌ରେ ବସିପଡ଼ନ୍ତି। ଯୁବକ ଯୁବତୀମାନେ ନିରୋଳା ମୁହୂର୍ତ୍ତ ବି କଟାଇପାରନ୍ତି। କିନ୍ତୁ ପାର୍କ ଭିତରେ ବଳକା ଖାଦ୍ୟଜିନିଷ ବା ଅଳିଆ ପକେଇବା ମନା। ସବୁଆଡ଼େ ସଫାସଫା ପରିବେଶ। ପାର୍କ ଭିତରେ ଜଗିଙ୍ଗ୍ ଟ୍ରାକ୍ ଓ ଛୋଟବଡ଼ ଲେକ୍ ବି ଥାଏ। ଟିକେ ବଡ଼ ଲେକ୍ ହେଲେ ଛୋଟ ଛୋଟ ପାୱାରବୋଟ୍, କାୟାକ୍ ସବୁ ହ୍ରଦ ସାରା ବୁଲୁଥାନ୍ତି। ନିର୍ମଳ ଜଳରେ ୮-୧୦ ଫୁଟ ଗଭୀରରେ ମାଛ ପହଁରିବାର ଦିଶେ। ଜଙ୍ଗଲରେ ଦଳଦଳ ହରିଣ ଓ ଲେକ୍‌ରେ କାନାଡ଼ିଆନ୍ ଗୀଜ୍, ସ୍ୱାନ୍ ଏବଂ ଡକ୍‌ମାନେ ବି ବାସ କରନ୍ତି। ମଣିଷ ଦେଖିଲେ ଖାଦ୍ୟ ପାଇଁ ପାଖକୁ ଆସନ୍ତି। କିନ୍ତୁ ସାମାନ୍ୟ ବିପତ୍ତିର ଆଭାସ ପାଇଲେ, ସେମାନଙ୍କ ଦଳପତି କ୍ୱାକ୍ କ୍ୱାକ୍ ଶବ୍ଦ କରି ଡେଣା ପିଟିପିଟି ଆକ୍ରମଣ ମୁଦ୍ରାରେ ମାଡ଼ିଆସେ। ମଣିଷମାନଙ୍କ ତରଫରୁ ହରିଣ ଓ ପକ୍ଷୀମାନେ ସମ୍ପୂର୍ଣ୍ଣ ସୁରକ୍ଷିତ। କେହି ଏମାନଙ୍କ ସାଙ୍ଗରେ ଲାଗନ୍ତିନି ବା ଶିକାର କରନ୍ତିନି। ଏହା

ବେଆଇନ୍। ଜେଲ୍ ଓ ଜୋରିମନାର ପ୍ରାବଧାନ ଅଛି। କିନ୍ତୁ ବେଳେବେଳେ ହରିଣମାନେ ରାସ୍ତା ପାରି ହେଲାବେଳେ ମଟର ଦୁର୍ଘଟଣାର ସମ୍ମୁଖୀନ ହୁଅନ୍ତି।

ଜଙ୍ଗଲର ରଙ୍ଗ ଋତୁ ଅନୁସାରେ ବଦଳେ। ସମର୍‌ରେ ସବୁଆଡ଼େ ସବୁଜ ଘାସର ପଡ଼ିଆ ଓ ସବୁଜ ପତ୍ରଭରା ଗଛସବୁ। ହାଲ୍‌କା ହାଲ୍‌କା ଥଣ୍ଡା। ଗୁଣ୍ଡୁଚି ମୂଷାର ଦୌଡ଼ାଦୌଡ଼ି ଖେଳ। ତା'ପରେ ଆସେ Fall. ଫଲ୍ ସମୟରେ ପାର୍କଗୁଡ଼ିକ ଅପରୂପ ଶୋଭାରେ ସଜେଇ ହୋଇଯାଆନ୍ତି। ସବୁ ଗଛରେ ରଙ୍ଗବେରଙ୍ଗର ପତ୍ର। ଘାସ ଉପରେ ଝଡ଼ିପଡ଼ିଥିବା ରଙ୍ଗବେରଙ୍ଗର ପତ୍ରର ଚାଦର ପରୀ ରାଇଜର ଭ୍ରମ ସୃଷ୍ଟି କରେ। ପରେ ପରେ ଶୀତ ଆସିଯାଏ। ଗଛ ସବୁ ପତ୍ର ଝଡ଼େଇଦେଇ ଥୁଣ୍ଟାଥୁଣ୍ଟା ହୋଇ ଛିଡ଼ା ହୋଇଯାଆନ୍ତି। ତଳେ ବରଫର ଗାଲିଚା। ଗଛ, ଲତା, ଜୀବଜନ୍ତୁ ସମସ୍ତେ ତ୍ରସ୍ତ। ଅପେକ୍ଷା ଆଉ ଗୋଟେ ସମର୍‌କୁ।

ହମିଙ୍ଗ ବାର୍ଡ଼ :

ଗୋଟେ ନୂଆ ପକ୍ଷୀ ଦେଖିବାକୁ ମିଳିଲା-'Humming Bird'. ହମିଙ୍ଗ ବାର୍ଡ଼ ପୃଥିବୀର କ୍ଷୁଦ୍ରତମ ପକ୍ଷୀ। ପ୍ରାୟ ୩୫୦ ପ୍ରକାରର ହମିଙ୍ଗ ବାର୍ଡ଼ ଦେଖାଯାଆନ୍ତି। ୩"-୫" ଲମ୍ବାର ଏଇ ଚଢ଼େଇଟି ୨-୫ ଗ୍ରାମ୍ ଓଜନ ବିଶିଷ୍ଟ ହୋଇଥାଏ। ଛୋଟଛୋଟ ପୋକଜୋକ ଛଡ଼ା ଫୁଲରୁ ମହୁ ଏହାର ଖାଦ୍ୟ। ଲମ୍ବା ସରୁ ଥଣ୍ଟ, ସୁନେଲି ରଙ୍ଗର ପରଥିବା ଏଇ ଚଢ଼େଇ ଘର ପାଖରେ ଥିବା ଫୁଲ ବଗିଚାକୁ ଖରାବେଳେ ଆସେ। ୨୦ -୩୦ ସେକେଣ୍ଡ ଭିତରେ ୩-୪ଟି ଫୁଲରୁ ମହୁ ଖାଇ ଉଡ଼ିଯାଏ ଅନ୍ୟ କୁଆଡ଼େ। ଏହାର ବିଶେଷତ୍ୱ ହେଲା... ଫୁଲରୁ ମହୁ ଶୋଷିଲା ବେଳେ ଏହା ଶୂନ୍ୟରେ ସ୍ଥିର ହୋଇ ରହିଯାଏ। ଏହା ଏକ ମାତ୍ର ପକ୍ଷୀ ଯେ ପଛକୁ ଉଡ଼ିପାରେ। ସବୁଠୁ ଛୋଟ ହମିଙ୍ଗ ବାର୍ଡ଼ ଏକ ମହୁମାଛି ପରି ଦିଶେ। ଟିକେ ବଡ଼ ହମିଙ୍ଗ ବାର୍ଡ଼ ଆମର ଗାଁମାନଙ୍କରେ ଥିବା ବଡ଼ ଗୁଞ୍ଜର ପୋକ ପରି ଦିଶେ। ସେକେଣ୍ଡ ପ୍ରତି ୧୦୮୦ଥର ଏହା ଡେଣା ହଲେଇପାରେ। ଅଦ୍‌ଭୁତ ଏହାର ଶୋଇବା ଅଭ୍ୟାସ। ରାତିରେ ଏହା ଶୋଇବା ବେଳେ, ଏହାର ହୃତ୍ ସ୍ପନ୍ଦନ ମିନିଟ୍‌କୁ ୧୨୦୦ରୁ ୫୦ ଥରକୁ କମିଆସେ। ଦେହର ଉତ୍ତାପ କମିଯାଏ। ଅଙ୍ଗ ପ୍ରତ୍ୟଙ୍ଗ ଶିଥିଳ ହୋଇଯାଏ। ପ୍ରାୟ ଅଚେତନ ହୋଇ ଶୋଇଯାଏ। ଏହାକୁ ଟର୍ପର୍ ବୋଲି କହନ୍ତି। ଏ ସମୟରେ ତା'କୁ ଧରିଲେ ମଲା ଚଢ଼େଇ ପରି ଲାଗେ। ଈଶ୍ୱରଙ୍କର ଏକ ଅନବଦ୍ୟ ସୃଷ୍ଟି।

■

ନଦୀର ଧାରେ ଧାରେ, ହ୍ରଦର ତୀରେ ତୀରେ

୨୪.୦୮.୨୦୧୯ (ଶନିବାର) :

ଆଜି ବନ୍ଧୁ ମଧୁସୂଦନ ଖୁଣ୍ଟିଆଙ୍କ ସହିତ ସିକାଗୋ ରିଭରକ୍ରୁଜ୍‌ରେ ବାହାରିଲି। ନାପରଭିଲରୁ ସିକାଗୋ ଲୁପ୍ ଏରିଆ ପ୍ରାୟ ଘଣ୍ଟାକର ରାସ୍ତା। ପାର୍କିଂରେ କାର୍ ରଖି କ୍ରୁଜ୍ ପାଇଁ ଟିକେଟ୍ କିଣିଲୁ। ନବେ ମିନିଟ୍‌ର କ୍ରୁଜ୍ ସିକାଗୋ ନଦୀରେ। ଟିକେଟ୍‌ର ଦାମ ୩୫ ଡଲାର। କ୍ରୁଜ୍‌ର ନାଁ 'First Lady', ଯାତ୍ରାର ନାମ 'ସିକାଗୋ ଆର୍କିଟେକ୍‌ଚର ଟୁର୍'। ନଦୀରେ ମାତ୍ର ୩-୪ କିଲୋମିଟର ଷ୍ଟିମର୍‌ରେ ଯିବା ଆସିବା। ସିକାଗୋ ନଦୀର ଓସାର ଏଠି ମାତ୍ର ୨୦୦-୨୫୦ ଫୁଟ୍।

ସ୍କାଏସ୍କ୍ରାପର୍‌ର ଏନ୍ତୁଡ଼ିଶାଳ ଓ ଇତିହାସ :

ନଦୀର ଦୁଇ ଧାରରେ ଗଗନଚୁମ୍ବୀ ସ୍କାଏସ୍କ୍ରାପର୍ ସବୁ। ଏଇଟା ହେଉଛି ସ୍କାଏ-ସ୍କ୍ରାପରର ଏନ୍ତୁଡ଼ିଶାଳ। ଏଇଠୁ ସ୍କାଏସ୍କ୍ରାପରର କନ୍‌ସେପ୍ଟ ଆରମ୍ଭ ହୋଇଥିଲା। ବଡ଼ ଇଣ୍ଟରେଷ୍ଟିଙ୍ଗ ସେମାନଙ୍କ ଜନ୍ମ ବୃତ୍ତାନ୍ତ। ଜାଣିବା ଆସନ୍ତୁ...

ସେଣ୍ଟଲୁଇସ୍‌ରେ Wain Right Building ରେ ସ୍କାଏସ୍କ୍ରାପରର ଧାରଣା ଅଙ୍କୁରିତ ହୋଇଥିଲା ଏକ ଦଶ ମହଲା କୋଠା ସହିତ। ଆର୍କିଟେକ୍ଟ Louis Sullivanଙ୍କର ମସ୍ତିଷ୍କ ପ୍ରସୂତ ଏଇ ବିଲ୍‌ଡିଂଟିକୁ ବିଶ୍ୱର ପ୍ରଥମ ସ୍କାଏସ୍କ୍ରାପର୍ ଓ ସୁଲିଭାନଙ୍କୁ ଫାଦର ଅଫ୍ ସ୍କାଏ- ସ୍କ୍ରାପର କୁହାଯାଏ।

ସୁଲିଭାନ୍ ଜଣେ MIT (Massachusetts Institute of Technology) ଡ୍ରପ୍‌ଆଉଟ୍। ଅସାଧାରଣ ମେଧା ଯୋଗୁ MIT ରେ ସିଧା ତୃତୀୟ ବର୍ଷରେ ଯୋଗଦାନ

କରିଥିଲେ ମାତ୍ର ୧୬ ବର୍ଷ ବୟସରେ। ସେଠି କିନ୍ତୁ ଚିରାଚରିତ ଇଞ୍ଜିନିୟରିଂ ପାଠ ତାଙ୍କୁ ସନ୍ତୁଷ୍ଟ କରିପାରିଲାନି। ଅଧାରୁ ପାଠ ଛାଡ଼ି ଚାଲିଲେ ପ୍ୟାରିସ୍, Art ସହିତ ଆର୍କିଟେକ୍‌ଚର୍ ପଢ଼ିବାକୁ। ବର୍ଷେ ପଢ଼ି ସିକାଗୋ ଫେରିଲେ। ଏକ ଆର୍କିଟେକ୍ଟ ଫାର୍ମରେ ଡ୍ରାଫ୍ଟସ୍‌ମାନ ହୋଇ ଯୋଗଦେଲେ। କିଛିଦିନ ପରେ ୧୮୭୯ରେ ସିକାଗୋର ପ୍ରଖ୍ୟାତ ଆର୍କିଟେକ୍ଟ Dankmar Adler ଙ୍କ ସହିତ ଯୋଗଦେଲେ। ମଣି କାଞ୍ଚନର ସଂଯୋଗ ଘଟିଲା। ୧୮୭୧ର ଗ୍ରେଟ୍ ସିକାଗୋ ଫାୟାର୍‌ରେ ସିକାଗୋ ସହର ଧ୍ୱସ୍ତ ବିଧ୍ୱସ୍ତ ହୋଇ ପାଉଁଶ ତଳୁ ଉଠିବାକୁ ଚେଷ୍ଟା କରୁଥାଏ। ସୁଲିଭାନଙ୍କୁ ନୂଆକରି ଭାବିବା ପାଇଁ ସୁଯୋଗ ମିଳିଗଲା। ସେ ପର୍ଯ୍ୟନ୍ତ ଆର୍କିଟେକ୍‌ଚରରେ Greco Roman Form ର ପ୍ରଭାବ ରହିଥାଏ। ନୂଆ ସଭ୍ୟତାର ନୂଆ ଆବଶ୍ୟକତା... ଆବାସିକ ବିଲ୍‌ଡିଂ ସହିତ କମର୍ସିଆଲ ସ୍ପେସ୍ (ଦୋକାନ, ବଜାର, ମନୋରଞ୍ଜନ)ର ଆବଶ୍ୟକତା ଦେଖା ଦେଲାଣି। ତେଣୁ ନୂଆ ଆବଶ୍ୟକତା ପାଇଁ ନୂଆ ଆର୍କିଟେକ୍‌ଚର ! ସୁଲିଭାନ୍‌ଙ୍କର ନୂଆ Tagline ହେଲା... "Form Follows The Function". (କାମ ଅନୁସାରେ ଆକାର) ସୁଲିଭାନ୍ ଓ ଆଡ଼ଲର୍‌ଙ୍କର କଳ୍ପନାର ଉତ୍ତରଣ ହେଲା ନୂଆ ସିକାଗୋରେ ସ୍କାଏସ୍କ୍ରାପର ରୂପରେ। ବ୍ୟବସାୟିକ ସଂସ୍ଥାଗୁଡ଼ିକ ସହରର ପ୍ରାଇମ୍ ଲୋକେସନ୍‌ରେ ରହିଲେ। ଲୋକମାନେ ଦୂରରେ ରହିଲେ ଯାତାୟାତ ଅସୁବିଧା। ତେଣୁ ବ୍ୟବସାୟିକ ଅଫିସ ସହିତ ଆବାସିକ ସୁବିଧା ଯୋଡ଼ି ଦେବାର ପ୍ରଚେଷ୍ଟା ହେଲା। ସହରର ସମ୍ପ୍ରସାରଣ ଭୂମି ଉପରେ ସମାନ୍ତରାଳ ଭାବେ ନହୋଇ ଭୂମି ସହ ସମକୋଣରେ ଆକାଶକୁ ହେଲା। ଉପର ମହଲାରେ ଆବାସ, ତଳ ମହଲାରେ ଅଫିସ ଓ ଦୋକାନ ବଜାର ଖଞ୍ଜି ଦିଆଗଲା। ତା'ସହ ମନୋରଞ୍ଜନ ବି...। ଲୋକମାନେ ଗୋଟିଏ ବିଲ୍‌ଡ଼ିଂରେ ରହି ଅଫିସ କାମ ସହ, ମନୋରଞ୍ଜନ ବି କଲେ। ବାହାରକୁ ଯିବା ଆବଶ୍ୟକ ନାହିଁ। ତେଣୁ ବିଲ୍ଡିଂର ଡିଜାଇନ୍ ହିଁ ବଦଳିଗଲା...'Form follows the function'.

୧୮୮୬ରେ ସୁଲିଭାନ୍ Wain Right ବିଲ୍‌ଡିଂର ପରିକଳ୍ପନା କଲେ। ପାରମ୍ପରିକ ଇଟା, ସିମେଣ୍ଟର Load Bearing Wall ବଦଳରେ ଷ୍ଟିଲ୍‌ର ବିମ୍ ଓ କଲମ୍ (Beam & Column) ସାହାଯ୍ୟରେ ଷ୍ଟିଲ୍ ଫ୍ରେମ୍‌ର ବ୍ୟବହାର ହେଲା। ଷ୍ଟିଲ୍ ବ୍ୟବହାର ପାଇଁ ସବୁଠୁ ବଡ଼ ସୁବିଧା ଆସିଲା Bessemer Process ର ଉଦ୍ଭାବନ ପରେ। Oxygen Injection ଦ୍ୱାରା ଲୁହାରୁ କାର୍ବନ ବା Impurities ବାହାର କରି Decarborised Steelର ଉତ୍ପାଦନ ସମ୍ଭବ ହେଲା। ବେସେମର ଷ୍ଟିଲ୍, ଅଗ୍ନି ନିରୋଧକ, କଳଙ୍କି ନିରୋଧକ ଓ ଅଧିକ ଓଜନ ବହନ କରିବାର କ୍ଷମତା ରଖିଲା।

ଅପେକ୍ଷାକୃତ କମ୍ ନିର୍ମାଣ ସାମଗ୍ରୀ ଦରକାର ହେଲା। ଷ୍ଟିଲ୍ ଫ୍ରେମ୍ ଭିତରେ ହାଲ୍କା ପଦାର୍ଥରେ ତିଆରି ଅଳ୍ପ ମୋଟେଇର କାନ୍ଥ ଖଞ୍ଜି ଦିଆଗଲା। ଏଇ ହାଲ୍କା ପତଳା କାନ୍ଥକୁ 'Curtain Wall' କୁହାଗଲା। ବିଲ୍ଡିଂର ଭାର କାନ୍ଥ ଉପରେ ନରହି ଷ୍ଟିଲ୍ ଫ୍ରେମ୍ ଉପରେ ରହିଲା। ସେଇ ସମୟକୁ ୧୮୭୯ରେ ଇଲେକ୍ଟ୍ରିକ୍ ବଲ୍ବ ବାହାରି ଯାଇଥାଏ। ୧୮୫୭ରୁ OTIS କମ୍ପାନୀ Safety Elevator (Lift) ତିଆରି କରୁଥାଏ। ଏ ସମସ୍ତଙ୍କର ସଂଯୋଗ ସୁଲିଭାନ୍ଙ୍କୁ Saint Louis ର Wainright Building ଡିଜାଇନ୍ କରିବା ପାଇଁ ସୁବିଧା କରିଦେଲା। ମାତ୍ର ଦଶମହଲା ହେଲେବି, ନୂଆ ଟେକ୍ନୋଲଜିର ଏକ ସଫଳ ପରୀକ୍ଷଣ ଥିଲା। ତା'ପରେ ଆଡ଼ଲର୍ ଓ ସୁଲିଭାନ୍ ସିକାଗୋକୁ ତାଙ୍କର କର୍ମକ୍ଷେତ୍ର ଭାବେ ବାଛିନେଲେ। ସିକାଗୋର ପୁନର୍ଗଠନରେ ଅଧିକରୁ ଅଧିକ ଉଚ୍ଚତାର ବିଲ୍ଡିଂ ଡିଜାଇନ୍ କରି ଚାଲିଲେ। ଆଧୁନିକ ଯୁଗର ଆଧୁନିକ ଗୃହନିର୍ମାଣ... ସମ୍ପୂର୍ଣ୍ଣ ଏକ ନୂଆ ଇଞ୍ଜିନିୟରିଂର ପ୍ରାରମ୍ଭ ହେଲା। ସେମାନଙ୍କର କଳ୍ପନା ରୂପ ନେଲା ସିକାଗୋ ନଦୀର ଦୁଇ ପାର୍ଶ୍ୱରେ ଓ ମିସିଗାନ୍ ଲେକ୍‌ର କୂଳେ କୂଳେ। ଗଗନଭେଦୀ ବିଲ୍‌ଡିଂଗୁଡ଼ିକ ପାଇଁ ଏକ ନୂଆ ନାଁ ଆସିଲା -'ସ୍କାଏସ୍କ୍ରାପର'। ସ୍କାଏସ୍କ୍ରାପରର ଏନ୍ତୁଡ଼ିଶାଳ ହେଲା ଏହି ଅଞ୍ଚଳଟି... ଆରମ୍ଭ ହୋଇଗଲା Race to Sky, ତାରା ଛୁଇଁବାର ପ୍ରଚେଷ୍ଟା...

ଆଡ଼ଲର୍ ଓ ସୁଲିଭାନ୍ଙ୍କ କନ୍‌ସେପ୍ଟରୁ ବାହାରିଥିବା ସ୍କାଏସ୍କ୍ରାପର ଡିଜାଇନିଂକୁ 'Chicago School of Architecture' କୁହାଗଲା। ସ୍କାଏସ୍କ୍ରାପର ଏକ ରୋମାଣ୍ଟିସିଜ୍‌ମ ଆଣିଦେଲା ସିଭିଲ୍ ଇଞ୍ଜିନିଅରିଂରେ। କୁହାଯାଇପାରେ Modern Poetry in Civil Engineering (ସିଭିଲ୍ ଇଞ୍ଜିନିଅରିଂରେ ଆଧୁନିକ କବିତା)। ଏଥିପାଇଁ ସୁଲିଭାନ୍ଙ୍କୁ ସିଭିଲ୍ ଇଞ୍ଜିନିୟରମାନଙ୍କ ମଧ୍ୟରେ 'Prince Charming' କହିଲେ ଅତ୍ୟୁକ୍ତି ହେବ ନାହିଁ।

ପ୍ରଥମେ ପ୍ରଥମେ ୨୦ ମହଲା ବିଲ୍ଡିଂକୁ 'ସ୍କାଏସ୍କ୍ରାପର' କୁହାଯାଉଥିଲା। ଏବେ କିନ୍ତୁ ୪୦ ମହଲା ବା ୧୫୦ ମିଟର ଉଚ୍ଚତାର ବିଲ୍ଡିଂକୁ ସ୍କାଏସ୍କ୍ରାପର କୁହାଯାଉଛି। ସ୍କାଏ- ସ୍କ୍ରାପରର ବୈଶିଷ୍ଟ୍ୟ ବା ମହତ୍ତ୍ୱପୂର୍ଣ୍ଣ ଅଙ୍ଗ ହେଲା... 'ଷ୍ଟିଲ ଫ୍ରେମ୍ ଷ୍ଟ୍ରକ୍‌ଚର' ବା 'ଟ୍ୟୁବୁଲାର ଷ୍ଟ୍ରକ୍‌ଚର', କର୍ଟେନ୍ ୱାଲସ୍ ଓ ଏଲିଭେଟରସ୍ (ଲିଫ୍ଟ)।

ଷ୍ଟିଲ ଫ୍ରେମ୍ - ପ୍ରଥମେ ଷ୍ଟିଲ୍‌ର ବିମ୍ ଓ କଲମ୍ ଦ୍ୱାରା ସମ୍ପୂର୍ଣ୍ଣ ବିଲ୍ଡିଂ ପାଇଁ ଏକ ଫ୍ରେମ୍ ବା କେଜ୍ (Cage) ତିଆରି କରାଯାଏ। ୱେଲ୍ଡିଂ ବା ନଟ୍ ବୋଲ୍‌ଟ ବଦଳରେ Rivet (ରିଭେଟ୍) ଦ୍ୱାରା ଷ୍ଟ୍ରକ୍‌ଚରକୁ ଯୋଡ଼ାଯାଏ। ବିଲ୍ଡିଂର ସମସ୍ତ ଓଜନ ଏଇ ଫ୍ରେମ୍ ହିଁ ନିଏ।

ଟ୍ୟୁବୁଲାର ଫ୍ରେମ୍ - ସ୍କାଏସ୍କ୍ରାପରରେ ସୁଲିଭାନ୍‌ଙ୍କର ଷ୍ଟିଲ୍ ଫ୍ରେମ୍‌ର ବ୍ୟବହାର ୧୯୬୦ ମସିହା ପର୍ଯ୍ୟନ୍ତ ଚାଲିଥିଲା।

୧୯୬୦ ମସିହାରେ ବାଂଲାଦେଶୀ ଆର୍କିଟେକ୍ଟ ଫଜ୍‌ଲୁର ରେହମାନ୍, ସ୍କାଏସ୍କ୍ରାପର ଡିଜାଇନ୍‌ର ମୂଳମନ୍ତ୍ର ପରିବର୍ତ୍ତନ କରିଦେଲେ। (ପବନର ସହର ଅଧ୍ୟାୟରେ ଫଜ୍‌ଲୁର୍‌ଙ୍କ ବିଷୟରେ ବିଶେଷ ଭାବେ ଉଲ୍ଲେଖ ରହିଛି।) ଷ୍ଟିଲ୍ ଫ୍ରେମ୍‌ରେ, ବିଲ୍‌ଡିଂର ମୂଳଦୁଆ (Foundation)ରୁ ଶୀର୍ଷଦେଶ ପର୍ଯ୍ୟନ୍ତ ଗୋଟିଏ ପ୍ରକାର ଷ୍ଟ୍ରକ୍‌ଚର ରହୁଥିଲା। ଫଜ୍‌ଲୁର କିନ୍ତୁ ପୂରା ବିଲ୍ଡିଂଟିକୁ କେତୋଟି ଟ୍ୟୁବ୍ (Tube)ରେ ବିଭକ୍ତ କରିଦେଲେ ଆଉ ଟ୍ୟୁବ୍‌ଗୁଡ଼ିକ ବିଭିନ୍ନ ଉଚ୍ଚତା ପର୍ଯ୍ୟନ୍ତ ରହିଲେ। ଟ୍ୟୁବ୍‌ର ଉଚ୍ଚତା ଅନୁସାରେ ଷ୍ଟ୍ରକ୍‌ଚରାଲ ଡିଜାଇନ୍ ହେଲା। ଅପେକ୍ଷାକୃତ କମ୍ ଉଚ୍ଚ ଟ୍ୟୁବ୍‌ରେ ଲୋଡ୍ ଫ୍ୟାକ୍‌ଟର କମ୍ ଥିବାରୁ କମ୍ ଲୁହା ଲାଗିଲା। ଟ୍ୟୁବ୍‌ର ପରିଧିକୁ Lateral Load (ପାର୍ଶ୍ୱ ଚାପ) ସହ୍ୟ କରିବା ପାଇଁ ଅଧିକ ଶକ୍ତ କରାଗଲା। କିନ୍ତୁ ଭିତରର ଷ୍ଟ୍ରକ୍‌ଚରାଲ କେବଳ Gravity Load ପାଇଁ ଅପେକ୍ଷାକୃତ କମ୍ ଲୁହା ଆବଶ୍ୟକ କଲା। ଉଦାହରଣ ସ୍ୱରୂପ ୱିଲିସ୍ ଟାୱାରର ନ'ଟି Square ଟ୍ୟୁବ୍‌ରୁ ଦୁଇଟି ଟ୍ୟୁବ୍ 50th Floor, ଦୁଇଟି ଟ୍ୟୁବ୍ 66th Floor, ତିନୋଟି ଟ୍ୟୁବ୍ 90th Floor ଓ ବାକି ଦୁଇଟି ଟ୍ୟୁବ୍ 108th Floor ପର୍ଯ୍ୟନ୍ତ ରହିଛନ୍ତି। ଉଚ୍ଚତା ଅନୁସାରେ ପ୍ରତି ଟ୍ୟୁବ୍‌ରେ ଲୁହା କମ୍ ବେଶୀ ଲାଗିଲା। ଏଥିରେ ଲୁହା ଓ ସିମେଣ୍ଟର ଖର୍ଚ୍ଚ ବହୁତ କମିଗଲା। ଏକାଧିକ ଟ୍ୟୁବ୍‌କୁ ଏକାଠି କରି ଗଢି ତୋଳିଲେ, ଟ୍ୟୁବ୍‌ର ଗୋଟେ Bundle ପରି ହୋଇଯାଏ। ଏହାକୁ Bundled Tube Structure କୁହାଗଲା।

ୱିଲିସ୍ ଟାୱାର ପରେ ପରେ ଆଜିକାର ସ୍କାଏସ୍କ୍ରାପର, Burj Khalifa, Taipei Tower ପର୍ଯ୍ୟନ୍ତ ସମସ୍ତ ସ୍କାଏସ୍କ୍ରାପରରେ ଟ୍ୟୁବୁଲାର ଇଞ୍ଜିନିୟରିଂର ନିଦର୍ଶନ।

Elevators (ଲିଫ୍ଟ) :

ଏଲିଭେଟର ବା ଲିଫ୍ଟ, ସ୍କାଏସ୍କ୍ରାପର୍‌ର ଅବିଚ୍ଛେଦ୍ୟ ଅଙ୍ଗ। ଷ୍ଟେଆରକେସ୍‌ରେ ତ ଲୋକ ଯିବା ଆସିବା କରିପାରିବେନି, ତେଣୁ ଲିଫ୍ଟ ବ୍ୟତୀତ ସ୍କାଏସ୍କ୍ରାପର୍‌ର କଳ୍ପନା କରାଯାଇପାରେନା। Empire State Building ଓ Oneworld ରେ ଆଧୁନିକ ଏଲିଭେଟର ର ସଂସ୍ପର୍ଶରେ ଆସିଥିଲି। ESBରେ ଏଲିଭେଟର ସ୍ପିଡ୍ ୧୨୦୦ft/minute (୨୨km / Hr) ଥିବା ବେଳେ One Worldରେ ଏଲିଭେଟର ସ୍ପିଡ୍ ଥିଲା ୨୧୦୦ft/minute (୩୭km/Hr) ପୃଥିବୀର ଅନ୍ୟ ସ୍କାଏସ୍କ୍ରାପର୍ ମଧ୍ୟରେ ତାଇପେଇ ଟାୱାରର ସ୍ପିଡ୍ ୩୩୦୦ft/mnt (୬୦km/Hr) ହୋଇଥିବା ବେଳେ ବୁର୍ଜର ସ୍ପିଡ୍

୨୦୦୦ft/mnt (୩୭km/Hr)। ତାଇପେଇ ଟାୱାରର ଶହେ ମହଲାକୁ ୨୬ ସେକେଣ୍ଡ ଲାଗେ।

OTIS ର ଇଞ୍ଜିନିୟରମାନେ କହନ୍ତି, ଏଲିଭେଟରର ସ୍ପିଡ୍ ବଢ଼େଇବା ପାଇଁ କିଛି ସୀମା ନାହିଁ। କିନ୍ତୁ ଅତ୍ୟଧିକ ବାୟୁଚାପ ଭିନ୍ନତା (Atmospheric Pressure Variance) କାନ ପରଦା ଫଟେଇ ଦେଇପାରେ। ତେଣୁ ମଣିଷ ସହ୍ୟ କଲାପରି ସ୍ପିଡ୍ ଦିଆଯାଏ। ESB ଓ WTC ରେ କିଛି ସମୟ ପାଇଁ କାନ ତାବ୍‌ଦା ଅନୁଭବ କରିଥିଲି।

ଏବେ ଡବଲ୍ ଡେକର ଏଲିଭେଟର ପ୍ରଚଳନ ହେଲାଣି। ଥରକରେ ଦୁଇଗୁଣ ଯାତ୍ରୀ ପରିବହନ କରିଦିଏ।

Curtain Walls :

ବିଲ୍‌ଡିଂର ଓଜନ ଷ୍ଟିଲ୍ ଫ୍ରେମ୍ ନେଇଗଲା ପରେ ଶକ୍ତ କାନ୍ଥର ଆବଶ୍ୟକତା ରହେନି। ତେଣୁ ହାଲ୍‌କା ପଦାର୍ଥରେ ତିଆରି କାନ୍ଥ ଷ୍ଟିଲଫ୍ରେମ୍ ମଝିରେ ଖଞ୍ଜି ଦିଆଯାଏ। ଏହା ବିଲ୍‌ଡିଂର ଭିତରକୁ ଖରା, ବର୍ଷା ତଥା ବାହାରର ଥଣ୍ଡା ଗରମରୁ ରକ୍ଷା କରେ। ସାଧାରଣତଃ କାଚ, ମାର୍ବଲ ବା ଟେରାକୋଟାର କର୍ଟେନ୍ ୱାଲ୍ ବ୍ୟବହାର କରାଯାଏ। ଏବେ କିନ୍ତୁ ଅଧିକାଂଶ ସ୍କାଏସ୍କ୍ରାପର୍‌ରେ Glazed Glass (ରଙ୍ଗୀନ କାଚ) ସବୁ ଲାଗୁଛି। ସ୍କାଏସ୍କ୍ରାପର୍‌ର ବାହାର ପଟକୁ ଦିଶୁଥିବା ଅଂଶକୁ Facade (ଫସାଦ୍) କହନ୍ତି। ଗ୍ଲେଜ୍‌ଡ ଗ୍ଲାସ୍‌ର ବାହାର ପଟ ହିଁ ଫସାଦ୍ । ଏଇଥିରୁ ସ୍କାଏସ୍କ୍ରାପର୍‌ର ସୌନ୍ଦର୍ଯ୍ୟ ଆସିଥାଏ। ତେଣୁ ଫସାଦ୍ ହିଁ ସ୍କାଏସ୍କ୍ରାପର୍‌ର ଚେହେରା ଓ ପ୍ରଧାନ ଆକର୍ଷଣ।

Air Rights :

ଆଉଗୋଟେ ଜିନିଷ ସ୍କାଏସ୍କ୍ରାପର୍‌ର ପ୍ରଚଳନ ଓ ଉଚ୍ଚତା ବଢ଼ାଇବାରେ ସାହାଯ୍ୟ କଲା... ତା' ହେଉଛି 'Air Rights'. ଏୟାର ରାଇଟ୍, ରେସ୍ ଟୁ ସ୍କାଏର ପରିସୀମା ବଢ଼େଇ ଦେଲା।

ଊନବିଂଶ ଶତାବ୍ଦୀର ଶେଷଦଶକ ଓ ବିଂଶ ଶତାବ୍ଦୀର ପ୍ରଥମ ଦଶକରେ ସ୍କାଏସ୍କ୍ରାପର୍ ଗୁଡ଼ିକ ପରସ୍ପର ସହିତ ପ୍ରତିଯୋଗିତା କରି ଆକାଶକୁ ଛୁଇଁବାକୁ ଲାଗିଲେ। ପୂର୍ବରୁ ରୋମାନ୍ ଆଇନ୍ ଅନୁସାରେ, " Who ever owns the soil, it is theirs upto the heaven and down to the hell". ଭୂମି ଯାହାର, ଉପରେ ସ୍ୱର୍ଗ ଓ ତଳେ ପାତାଳ ପର୍ଯ୍ୟନ୍ତ ତା'ର ଅଧିକାର।

କିନ୍ତୁ ବିମାନ ଚଳାଚଳ ଆରମ୍ଭ ହେଲାପରେ ଏଇ ଆଇନର ପରିବର୍ତ୍ତନ

ହେଲା । ବିମାନ ପାଇଁ 'Navigable Air Space' (ବିମାନ ଚଳାଚଳ ଯୋଗ୍ୟ ଆକାଶ ସୀମା) ଚିହ୍ନିତ କରିଦିଆଗଲା । ତେଣୁ ସ୍ଥାନର ଅବସ୍ଥିତି ନେଇ ବିଲ୍‌ଡିଂ ପାଇଁ ଉଚ୍ଚତାର ସୀମା ନିର୍ଦ୍ଧାରିତ ହୋଇଗଲା । ତା' ଛଡ଼ା ଷ୍ଟ୍ରିଟ୍ ଲେଭେଲ୍‌କୁ ସୂର୍ଯ୍ୟାଲୋକ ଆଣିବା ଓ ସହରରେ ବାୟୁ ଚଳାଚଳକୁ ସୁଗମ କରିବା ପାଇଁ ସ୍କାଏସ୍କ୍ରାପର୍‌ର ଉଚ୍ଚତା, ଦୈର୍ଘ୍ୟ ପ୍ରସ୍ଥକୁ ନିୟନ୍ତ୍ରଣ କରିବାକୁ ପଡ଼ିଲା । ଜମିର ପରିମାଣ ନେଇ ବିଲ୍ଡିଂର ସର୍ବାଧିକ Square Feet Area ନିର୍ଣ୍ଣୟ କରିଦିଆଗଲା । ଏହାକୁ କୁହାଗଲା- FAR (Floor Area Ratio) । ତେଣୁ ଯେ କୌଣସି ଜମି ଉପରେ ମନଇଚ୍ଛା ଉଚ୍ଚତାର ବିଲ୍ଡିଂ ଛିଡ଼ା କରେଇବା ସମ୍ଭବପର ହେଲାନି । FAR କୁ 'ଏଆର ରାଇଟ୍' ବି କୁହାଗଲା । ଏଆର ରାଇଟ୍ ଭିତରେ ହିଁ ଉଚ୍ଚତା ସୀମିତ ରହିଲା । କିନ୍ତୁ କିଛି ଲୋକ ସମ୍ପୂର୍ଣ୍ଣ ଏଆର ରାଇଟ୍ ଉପଯୋଗ ନକରି କିଛି କମ୍ କଲେ । କିଛି ଏଆର ରାଇଟ୍ ଅବ୍ୟବହୃତ ରହିଲା ଓ ଏହା ଏକ ମୂଲ୍ୟବାନ୍ ସମ୍ପତ୍ତିରେ ପରିଗଣିତ ହେଲା । ଜଣେ ନିଜର ଏଆର ରାଇଟ୍ ଅନ୍ୟକୁ ବିକ୍ରି କରିବାର ପ୍ରାବଧାନ ରହିଲା । ଜଣେ ଦଶ ମହଲାର ସ୍କାଏସ୍କ୍ରାପର୍ କରିବାର ଅଧିକାର ଥାଇ ଆଉ ଦଶ ମହଲା ଏଆର ରାଇଟ୍ କିଣି କୋଡ଼ିଏ ମହଲାର ବିଲ୍ଡିଂ ନିର୍ମାଣ କରିପାରିବ । ୧୯୦୮ରେ ମାନହଟ୍ଟାନରେ ଗ୍ରାଣ୍ଡ ସେଣ୍ଟ୍ରାଲ କମ୍ପାନୀ ହାତରେ ରେଲୱେ ଷ୍ଟେସନ ଓ ରେଲଟ୍ରାକ୍ ସହିତ ବିସ୍ତୀର୍ଣ୍ଣ ଜମିର ମାଲିକାନା ସ୍ୱତ୍ୱ ଥିଲା । ଇଲେକ୍ଟ୍ରିସିଟିର ବ୍ୟବହାର ପରେ ଗ୍ରାଣ୍ଡ ସେଣ୍ଟ୍ରାଲ ତା'ର ରେଳ ଟ୍ରାକ୍ ଓ ଷ୍ଟେସନକୁ ଅଧିକ ଲାଭଜନକ ଉଦ୍ଦେଶ୍ୟରେ ବ୍ୟବହାର କରିବାକୁ ଚିନ୍ତା କଲା । କୋଇଲା ଇଞ୍ଜିନ୍ ସିନା ଖୋଲା ଆକାଶ ଦରକାର କରେ, ଇଲେକ୍ଟ୍ରିକ୍ ଇଞ୍ଜିନ୍ ମାଟି ତଳେ ଚାଲିବାରେ ଅସୁବିଧା ନାହିଁ । ତେଣୁ ଷ୍ଟେସନ୍ ଓ ରେଲ୍‌ଟ୍ରାକ୍‌କୁ ଭୂମିତଳକୁ ନେଇ ତା' ଉପରେ ଛାତ ପକେଇ ଦେଲାରୁ ମାନହଟ୍ଟାନର ସବୁଠୁ ମୂଲ୍ୟବାନ ଜାଗାରେ ଭୂମି ଉପରେ ବିସ୍ତୀର୍ଣ୍ଣ ଜାଗା ମିଳିଗଲା । ତା' ଉପରର ଏୟାର ରାଇଟ୍ ବିକ୍ରି କରି Park Avenue ପରି ବିଶାଳ କମର୍ସିଆଲ ସ୍ପେସ୍ ବିକଶିତ କରିଦେଇଥିଲା । ପାର୍କ ଆଭେନ୍ୟୁରେ ରାସ୍ତା ସହିତ ୧୮ଟି ସ୍କାଏସ୍କ୍ରାପର୍ ର ନିର୍ମାଣ ପାଇଁ ପଥ ପରିଷ୍କାର କରିଦେଇଥିଲା । ୫୯ ମହଲାର ବିଖ୍ୟାତ Pan Am ବିଲ୍ଡିଂ ଏହାରି ଅବଦାନ । ଏୟାର ରାଇଟ୍ ହେଉଛି ଆକାଶ ବିକ୍ରିର ଅଧିକାର !!

HAL Iyengar :

ଆଉ ଜଣେ ଷ୍ଟ୍ରକ୍‌ଚରାଲ ଇଞ୍ଜିନିୟରିଂର ଯାଦୁକର HAL Iyengar (Srinivas Iyengar) । ସେ Mysore University ଓ Indian Institute of

Science ରୁ ଷ୍ଟ୍ରକ୍‌ଚରାଲ ଇଞ୍ଜିନିୟରିଂ ପାଶ୍ କରି ILLINOIS University ରୁ ଉଚ୍ଚଶିକ୍ଷା ସାରି ଫଜ୍‌ଲୁର ରେହମାନଙ୍କ ସହିତ ଯୋଗଦାନ କଲେ । ଆର୍କିଟେକ୍‌ଚର ଫାର୍ମ SOM (Skidmore Owing & Merill) ଏମାନଙ୍କୁ ପାଇ ଷ୍ଟ୍ରକ୍‌ଚରାଲ ଇଞ୍ଜିନିୟରିଂ କ୍ଷେତ୍ରରେ ବୈପ୍ଳବିକ ଡିଜାଇନ୍ ସବୁ କରିଚାଲିଲା । ଷାଠିଏ ଦଶକରେ ଏ ଦୁଇଜଣ ଷ୍ଟ୍ରକ୍‌ଚରାଲ ଡିଜାଇନିଂରେ କମ୍ପ୍ୟୁଟର ବ୍ୟବହାର (CAD, CAM) ପାଇଁ ନୂଆ ରାସ୍ତା ଖୋଲି ଦେଇଥିଲେ । ଦୁଃଖର ବିଷୟ, ମୋର ସ୍କାଏସ୍କ୍ରାପର୍ ଟୁର୍‌ର କିଛିଦିନ ପୂର୍ବରୁ ୪ ଜୁଲାଇ ୨୦୧୯ରେ ୮୫ ବର୍ଷ ବୟସରେ ତାଙ୍କର ମୃତ୍ୟୁ ହୋଇଯାଇଥାଏ ।

Architecture Tour in Chicago River Cruize :

'First Lady' ଷ୍ଟିମର ଆମକୁ କ୍ରୁଜ୍ ଘାଟରେ (ଜେଟି) ଅପେକ୍ଷା କରିଥିଲା । ସିକାଗୋ ନଦୀ, ମିସିଗାନ୍ ଲେକ୍‌ରେ ମିଶିବାର ୫୦୦ ମିଟର ଉପର ମୁଣ୍ଡରେ ଫାର୍ଷ୍ଟ୍ ଲେଡିର ଜେଟୀ । ଫାର୍ଷ୍ଟ୍ ଲେଡିର ଉପର ଡେକ୍‌କୁ ଚାଲିଲୁ । ନଦୀର ଜଳ ଟିକେ ମଇଳା ଥିଲା । ଶୀତଦିନେ ଏହାର ସବୁଜ ଓ ନୀଳ ରଙ୍ଗର ମିଶାମିଶି ରଙ୍ଗଟି ଚମତ୍କାର ଦିଶେ । ନଦୀଟି ଲେକ୍ ଆଡ଼କୁ ଧୀର ଗତିରେ ପ୍ରବାହିତ ହୁଏ ।

'ଫାର୍ଷ୍ଟ୍ ଲେଡି' କ୍ରୁଜ୍ ଆରମ୍ଭ କଲା । ଉପର ଡେକ୍‌ରେ ବସି ଦେଖିଲେ ନଦୀର ଦୁଇ ଧାରରେ ବିଭିନ୍ନ ରଙ୍ଗ ଓ ଡିଜାଇନର ସ୍କାଏସ୍କ୍ରାପର୍ ସବୁ ଦୃଷ୍ଟିକୁ ଆଚ୍ଛାଦିତ କରନ୍ତି । ୧୯୨୦ ମସିହାରୁ ସିକାଗୋରେ ସ୍କାଏସ୍କ୍ରାପରର ଆବିର୍ଭାବ ପରେ ଆହୁରି ଅନେକ ସ୍କାଏ ସ୍କ୍ରାପର୍ ନିର୍ମାଣ ହୋଇଥିଲା । ସେଥିରୁ କେତୋଟି ଏବେ ବି ମୁଣ୍ଡ ଟେକି ଛିଡ଼ା ହୋଇଛନ୍ତି । ତେଣୁ ଆର୍କିଟେକ୍‌ଚର ଟୁର୍‌ରେ ସ୍କାଏସ୍କ୍ରାପର୍ ଗୁଡ଼ିକର ବିବର୍ତ୍ତନର ଇତିହାସ ବାରିହୋଇ ପଡ଼େ । ଗାଇଡ୍ ମେଗାଫୋନ୍‌ରେ ଆର୍କିଟେକ୍‌ଚରର ଇତିହାସ କହୁଥାନ୍ତି । ପ୍ରତିଟି ସ୍କାଏସ୍କ୍ରାପର୍‌ର ଜନ୍ମବୃତ୍ତାନ୍ତ ସହିତ ଏହାର ବିଶେଷତ୍ୱ ବିଷୟରେ ଟିକିନିଖି ବିବରଣୀ ଦେଇଥା'ନ୍ତି । ନଦୀ ଭିତରୁ ମୁଣ୍ଡ ଉପରକୁ କରି ଆଖି ମେଲେଇ ସ୍କାଏସ୍କ୍ରାପର୍‌କୁ ଦେଖ ଓ କାନଡେରି ଗାଇଡ୍‌ଙ୍କ ଠାରୁ ଶୁଣ । ଏତେ ସୁନ୍ଦର ସ୍କାଏସ୍କ୍ରାପର୍ ଗୁଡ଼ିକ ମଝିରେ ରହି ଫଟୋ ଉଠାଇବାର ଲୋଭ ତ ସମ୍ବରଣ କରି ହେବନାହିଁ । ତିନିଟାଯାକ କାମ ମୁଁ ଏକ ସାଙ୍ଗରେ କରୁଥାଏ । ବନ୍ଧୁ ଶ୍ରୀ ଖୁଣ୍ଟିଆ ମଝିରେ ମଝିରେ ଅଧିକା କିଛି ସୂଚନା ଦେଉଥାନ୍ତି ।

ଆସନ୍ତୁ ଇତିହାସ ପୃଷ୍ଠାରେ ଖୋଜିବା Chicago School of Architecture ର ପ୍ରତିଦାନ ସବୁ ସିକାଗୋ ନଈର ଦି କୂଳରେ...

1. Rookery Building

ନିର୍ମାଣ-୧୮୮୮, ଉଚ୍ଚତା-୧୮୧ ଫୁଟ୍, ୧୨ ମହଲା।

ସିକାଗୋର ସବୁଠୁ ପୁରାତନ High Rise ହେଉଛି 'Rookery Building'. ସିକାଗୋ ଆର୍କିଟେକ୍‌ଚରର ଇତିହାସରେ ଗତ ୧୩୦ ବର୍ଷ ଧରି ଏହା ଏକ ସମ୍ମାନଜନ ସ୍ଥାନ ନେଇ ଆସିଛି। ବିଲ୍ଡିଂର ଫସାଦ୍‌ରେ ଅତି ସୂକ୍ଷ୍ମ କାରୁକାର୍ଯ୍ୟ ଏହାକୁ ଏକ Masterpiece କରି ଗଢ଼ି ତୋଳିଛି। Chicago School of Architectureର ଶୈଶବାବସ୍ଥାରେ ଏହାର ଜନ୍ମ। Exterior Load Bearing Wall ସାଙ୍ଗକୁ Interior Steel Frame ର କମ୍ବିନେସନ୍ ଏହାର ବିଶେଷତ୍ୱ।

ଏହାର ଫସାଦ୍‌ରେ ବିଭିନ୍ନ କଳାକୃତି ପ୍ରଥମେ ପ୍ରଥମେ କାଉ, ପାରା ଆଦି ଚଢ଼େଇମାନଙ୍କୁ ବସା କରିବାକୁ ସୁବିଧା ଦେଲା। ତେଣୁ ବିଲ୍ଡିଂ ଚାରିପଟେ କାଉ ମାନଙ୍କର ପ୍ରାଦୁର୍ଭାବ ଦେଖା ଦେଲା। ଲୋକମାନେ ଏହାକୁ 'Rookery' ବା 'ଚଢ଼େଇ ବସା' କହିଲେ। ଏହା ଧୀରେ ଧୀରେ ଜନପ୍ରିୟ ହୋଇଗଲା ଓ ବିଲ୍ଡିଂଟିର ଔପଚାରିକ ନାଁରେ ପରିଣତ ହେଲା।୧୯୦୭, ୧୯୩୧ ଓ ୧୯୯୨ ଏହାର ସଂରକ୍ଷଣ ଓ ନବୀକରଣ କାମ ହୋଇଯାଇଛି।

2. Tribune Tower :

ନିର୍ମାଣ : ୧୯୨୩-୨୫, ଉଚ୍ଚତା - ୪୭୦ ଫୁଟ୍, ୩୬ ମହଲା।

ସିକାଗୋ ଟ୍ରିବ୍ୟୁନ୍‌ର ମାଲିକ, Colonel Mccormick, ବିଶ୍ୱ ମୈତ୍ରୀର ନିଦର୍ଶନ ସ୍ୱରୂପ, ପୃଥିବୀର ବିଭିନ୍ନ ଇତିହାସ ପ୍ରସିଦ୍ଧ ସ୍ମାରକୀରୁ ପଥର ଖଣ୍ଡେ ଖଣ୍ଡେ ଆଣି ତଳ ମହଲାର କାନ୍ଥରେ ଲଗାଇବାକୁ ନିଷ୍ପତ୍ତି କଲେ। ସିକାଗୋ ଟ୍ରିବ୍ୟୁନ୍‌ର ସାମ୍ବାଦିକମାନେ ଏଇ କାମଟି କରିଦେଇଥିଲେ। କଲୋସିଅମ୍, ପିରାମିଡ୍, ଗ୍ରେଟ୍ ୱାଲ ଅଫ୍ ଚାଇନା, ଆଙ୍ଗ୍‌କରବଟ୍, ନୋଟ୍ରଡ଼ାମ୍, ଆବ୍ରାହମ୍ ଲିଙ୍କନ୍‌ଙ୍କର ସମାଧି ଇତ୍ୟାଦିରୁ ପ୍ରସ୍ତର ଆସି ଏଠି ଲାଗିଛି। ସବୁଠୁ ବଡ଼ କଥା, ତାଜ୍‌ମହଲରୁ ବି ଛୋଟ ଏକ ମାର୍ବଲ ଖଣ୍ଡ ଏଠି ସ୍ଥାନ ପାଇଛି। ତିଆରି ସରିଲା ପରେ ଏହାକୁ Most Beautiful Office Building ବୋଲି କୁହାଯାଉଥିଲା। ଏବେ କିନ୍ତୁ ଏହା ଏକ ଆବାସିକ ଆପାର୍ଟମେଣ୍ଟ।

3. 35, East Wacker Drive - Jewellers' Building :

ନିର୍ମାଣ-୧୯୨୫-୨୭, ଉଚ୍ଚତା-୫୨୩ ଫୁଟ୍, ୪୦ ମହଲା।

ପ୍ରଥମ କେଇବର୍ଷ ଏଥିରେ ସିକାଗୋର ହୀରା ବ୍ୟବସାୟୀମାନଙ୍କର ଅଫିସ

ରହିଥିଲା। ପ୍ରଥମ ୨୩ଟି ମହଲା ସେମାନଙ୍କ କାମରେ ଲାଗୁଥିଲା। ନିଜର ନିରାପତ୍ତା ଦୃଷ୍ଟିରୁ ସେମାନେ ନିଜ ଅଫିସକୁ ନିଜ କାର୍ ନେଇ ଆସିପାରୁଥିଲେ। ପ୍ରଥମ କରି କାର୍ ଲିଫ୍ଟ ଏଇଠି ବ୍ୟବହାର ହେଲା। ଏଇ ବିଲ୍ଡିଂରେ ପୃଥିବୀରେ ଉଚ୍ଚତମ କାର୍ ପାର୍କିଂ ରହିଥିଲା। ବିଲ୍ଡିଂର ସବା ଉପରେ Cuppolla (ଓଲଟା କପ୍) ଆକାରର ଷ୍ଟ୍ରାଟୋସ୍ଫିଅର ନାମକ ଏକ ରେଷ୍ଟୁରାଣ୍ଟ ରହିଥିଲା। ହୀରା ବ୍ୟବସାୟକୁ ଯୋଡ଼ି ହୋଇ ଆଉ ଏକ ବଦ୍‌ନାମ୍ ଏଇ ରେଷ୍ଟୁରାଣ୍ଟ ନାଁରେ ରହିଥିଲା। ସିକାଗୋର ସବୁଠାରୁ ବିପଦ୍‌ଜନକ ମାଫିଆ କିଙ୍ଗ୍ Alcapone ର ଏହା ଆଡ୍ଡା ଥିଲା ଓ ତା'ର କଳା ସାମ୍ରାଜ୍ୟ ଏଇଠୁ ପରିଚାଳିତ ହେଉଥିଲା ବୋଲି ଲୋକମାନେ କହୁଥିଲେ।

4. Carbide & Carbon Building :

ନିର୍ମାଣ-୧୯୨୯, ଉଚ୍ଚତା-୫୦୩ ଫୁଟ୍, ୪୦ ମହଲା।

ପ୍ରସିଦ୍ଧ 'ଏଭରେଡ଼ି' ବ୍ୟାଟେରୀ କମ୍ପାନୀ Union Carbide ର ଏହା ରିଜିଓନାଲ ଅଫିସ୍ ଥିଲା। Dry Cell ବ୍ୟାଟେରୀର ଭିତରେ ଥିବା Carbon Black ସହିତ ମ୍ୟାଚ୍ କଲା ଭଳି କଳାରଙ୍ଗର ମାର୍ବଲ ଓ ଟେରାକୋଟାର ଫସାଦ୍ ସହିତ ସବୁଠୁ ଉପର ମହଲାର ଫସାଦ୍‌ରେ ୨୪ କ୍ୟାରେଟ୍ Gold Leaf ର ଆଚ୍ଛାଦନ ଏହାକୁ ଏକ ଅଲଗା ପରିଚୟ ଦିଏ।

5. 333, West Wacker Drive :

ନିର୍ମାଣ - ୧୯୮୧-୮୩, ଉଚ୍ଚତା-୪୮୯ ଫୁଟ୍, ୩୬ ମହଲା।

ନୀଳ-ସବୁଜ ରଙ୍ଗର ଗ୍ଲେଜ୍‌ଡ ଗ୍ଲାସ୍‌ର Curved ଫସାଦ୍ ଏହାକୁ ସିକାଗୋର ଅନ୍ୟତମ ସୁନ୍ଦରତମ ସ୍କାଏସ୍କ୍ରାପର୍ ଭାବେ ଗଢ଼ି ତୋଳିଛି। ସିକାଗୋ ନଦୀରୁ ଏହାର ଦକ୍ଷିଣ ଶାଖା ଉପତ୍ତି ସ୍ଥଳରେ ହିଁ ଏହା ଅବସ୍ଥିତ। ଏକ ବିଶାଳ ଉତ୍ତଳ ଦର୍ପଣ (Convex Mirror) ପରି ଏହାର ସାମ୍ନା ଅଂଶ, ସିକାଗୋ ନଦୀ, ଆଖ ପାଖର ସ୍କାଏସ୍କ୍ରାପର୍ ଓ ଆକାଶର ଛବି ପ୍ରତିଫଳିତ କରେ। ନଦୀ ଭିତରୁ ମୁଣ୍ଡ ଟେକି ଅନେଇରହିବାକୁ ଇଚ୍ଛା ହୁଏ। ଆଖି ଫେରେଇବାକୁ ଇଚ୍ଛା ହୁଏନାହିଁ।

6. Trump International Centre :

ନିର୍ମାଣ-୨୦୦୯, ଉଚ୍ଚତା-୧୪୦୦ ଫୁଟ୍, ୯୮ ମହଲା।

ପ୍ରଖ୍ୟାତ (!) ରିଅଲ ଇଷ୍ଟେଟ୍ ଟାଇକୁନ୍ ଓ ଆମେରିକାର ବର୍ତ୍ତମାନ ରାଷ୍ଟ୍ରପତି

ଡୋନାଲ୍ଡ ଟ୍ରମ୍ପଙ୍କର ଏହି ସ୍କାଏସ୍କ୍ରାପରଟିକୁ ପୃଥିବୀର ଉଚ୍ଚତମ କରିବାକୁ ଇଚ୍ଛା ଥିଲା । କିନ୍ତୁ 26/11 ପରେ ସେ ପ୍ଲାନ୍‌ରେ ପରିବର୍ତ୍ତନ କଲେ । ଈଷତ୍ ନୀଳ ଓ ରୁପା ରଙ୍ଗର ଗ୍ଲେଜ୍‌ଡ ଗ୍ଲାସର ଫସାଦ୍ ଏହାକୁ ସିକାଗୋର ସବୁଠୁ ସୁନ୍ଦର ସ୍କାଏସ୍କ୍ରାପରରେ ଗଣତି କରାଏ । ଏତେବଡ଼ ଓ ଏତେ ସୁନ୍ଦର ସ୍କାଏସ୍କ୍ରାପର୍ ପଛରେ ଟ୍ରମ୍ପଙ୍କର ବଦ୍‌ନାମ ବି ଯୋଡ଼ି ହୋଇ ରହିଛି । ସିକାଗୋ ନଦୀରୁ ଏୟାରକଣ୍ଡିସନିଂ ପାଇଁ ମିଲିୟନ ଗ୍ୟାଲନ୍ ପାଣିନେଇ ପ୍ରସେସିଂ ନକରି ଗରମ ପାଣି ନଦୀକୁ ଛାଡ଼ି ଦେଉଥିବାର ଅଭିଯୋଗ ହୋଇଥିଲା । ଫଳରେ ମାଛ ଇତ୍ୟାଦି ଜଳଜୀବମାନଙ୍କ ପାଇଁ ବିପଦର କାରଣ ହେଉଥିଲା । ସେ ଯା' ହେଉ, ଟ୍ରମ୍ପ ଟାୱାର ସାମ୍ନାରେ ଫଟୋ ନେବା ଏକ ଲୋଭନୀୟ ଆକର୍ଷଣ ।

7. 150, North Riverside Plaza :

ନିର୍ମାଣ- ୨୦୧୫-୧୭, ଉଚ୍ଚତା-୭୨୬ ଫୁଟ, ୫୧ ମହଲା ।

'The Tuning Fork' ନାଁରେ ଏହି ସ୍କାଏସ୍କ୍ରାପରଟି ଲୋକପ୍ରିୟ । କେହି କେହି ଯାକୁ Champagne Flute (ସାମ୍ପେନ୍ ଗ୍ଲାସ୍) ବୋଲି କହନ୍ତି । ସ୍କାଏସ୍କ୍ରାପରଟିର ଅଦ୍‌ଭୁତ ଆକାର ପାଇଁ ଏଇ ସବୁ ନାଁ ଦିଆଯାଇଛି । ଏକ ଟ୍ୟୁନିଙ୍ଗ୍ ଫର୍କ ପରି ଦେଖିବାକୁ ଏଇ ବିଲ୍ଡିଂଟି ଆଧୁନିକ ଆର୍କିଟେକ୍‌ଚରର ଏକ ଯାଦୁକରୀ ନିଦର୍ଶନ । ଏହାର Gravity Defying (ମାଧ୍ୟାକର୍ଷଣ ଅମାନ୍ୟକାରୀ) ଡିଜାଇନ୍ ହିଁ ସିକାଗୋ ସ୍କାଏସ୍କ୍ରାପର୍ ଗୁଡ଼ିକ ଭିତରେ ଏହାକୁ ସ୍ୱତନ୍ତ୍ର ସ୍ଥାନ ଦେଇଛି । ନିହାତି ଅଣଓସାରିଆ ନିମ୍ନାଂଶ ଓ ଅଧିକ ଓସାରର ଉପରାଂଶ ସହିତ ବିଲ୍‌ଡିଂଟି ବିପଦ୍‌ଜନକ ଭାବେ ଛିଡ଼ା ହେବାପରି ଲାଗେ । କିନ୍ତୁ ଏହାର ଇନୋଭେଟିଭ୍ ଡିଜାଇନ୍ ଏହାଙ୍କୁ ସମ୍ପୂର୍ଣ୍ଣ ସୁରକ୍ଷିତ କରିପାରିଛି । ସିକାଗୋ ଆର୍କିଟେକ୍‌ଚର ଟୁର୍‌ର ଏହା ଏକ ପ୍ରମୁଖ ଆକର୍ଷଣ ।

ପଶ୍ଚିମରେ ଆମ୍‌ଟ୍ରାକ୍ ରେଲ ଟ୍ରାକ୍, ଉତ୍ତରରେ ସିକାଗୋ South River, ପୂର୍ବରେ West Lake Street ଓ ଦକ୍ଷିଣରେ ୧୨୦ ଫୁଟ୍ ଦୂରରେ ଏକ ଆପାର୍ଟମେଣ୍ଟ ଥାଇ ପ୍ରାୟ ୨.୦ ଏକରର ଛୋଟ ଏକ ଲମ୍ବାଳିଆ ପ୍ଲଟ୍ ଶହେ ବର୍ଷ ଧରି ସିକାଗୋର ମଝାମଝି ସ୍ଥାନରେ ଖାଲି ପଡ଼ିଥିଲା । ସିକାଗୋରେ ସ୍କାଏସ୍କ୍ରାପର୍ ପାଇଁ ବଡ଼ କଡ଼ା ଆଇନ୍ । ୭୫% ଜାଗା ସର୍ବସାଧାରଣ ବ୍ୟବହାର (ପାର୍କ ଇତ୍ୟାଦି) ପାଇଁ ଛାଡ଼ିବାକୁ ପଡ଼ିବ । ନଦୀଠାରୁ ୨୦ ଫୁଟ ଓ ଆମ୍‌ଟ୍ରାକ୍ ଲାଇନ୍‌ରୁ ୧୬ ଫୁଟ୍ ଭିତରେ ନିର୍ମାଣ କାର୍ଯ୍ୟ ହୋଇପାରିବ ନାହିଁ । ଏତେ ଜାଗା ଛାଡ଼ିଦେଲେ କେବଳ ୧୫୦ ଫୁଟ୍ x ୪୦ ଫୁଟ୍‌ର ଏକ ନିର୍ମାଣଯୋଗ୍ୟ ପ୍ଲଟ୍ ବାହାରିଲା । ନିକଟରେ ଥିବା ଆମ୍‌ଟ୍ରାକ୍ ଓ

ମେଟ୍ରୋ ରେଲୱେର ଏୟାର ରାଇଟ୍ ବଦଳରେ ଏଠାରେ ଏକ ୫୪ ମହଲା (୭୨୪ ଫୁଟ୍) ଉଚ୍ଚର ସ୍କାଏସ୍କ୍ରାପର୍ କରିବାକୁ ଚିନ୍ତା କରାଗଲା। ଶେଷରେ ଟ୍ୟୁନିଙ୍ଗ୍ ଫର୍କ ଆକାରର ଏକ ବିଲ୍‌ଡ଼ିଂର ଡିଜାଇନ୍ କରାଗଲା। ୪୦ ଫୁଟ୍ ଓସାରର ଜମି ଉପରେ ୧୧୦ ଫୁଟ୍ ଲମ୍ବା ଓ ୧୦୦ ଫୁଟ୍ ଉଚ୍ଚର ଏକ Core Base ତିଆରି କରାଗଲା। ୧୦୦ ଫୁଟ୍ ଉପରକୁ ଶୀର୍ଷ ପର୍ଯ୍ୟନ୍ତ ଓସାରର ଦୁଇପଟକୁ Cantilever ସାହାଯ୍ୟରେ ଷ୍ଟ୍ରକ୍‌ଚରକୁ ୧୨୦ ଫୁଟ୍ ପର୍ଯ୍ୟନ୍ତ ବଢ଼ାଇ ଦିଆଗଲା। ତେଣୁ ୪୦ ଫୁଟ୍ ଓସାରର ବେସ୍ ଉପରେ ୧୨୦ ଫୁଟ୍ ଓସାରର ସ୍ପେସ୍ ଓ ୫୪ ମହଲାରେ ୧,୦୦,୦୦୦ Square meter ର Commercial ସ୍ପେସ୍ ମିଳିଗଲା। ସିକାଗୋ River Frontକୁ ଗୌରବାନ୍ୱିତ କରିବା ପାଇଁ ଆଉ ଏକ ଅନନ୍ୟ ସ୍କାଏସ୍କ୍ରାପର୍ ମିଳିଗଲା...

ଏତେ କମ୍ ଜାଗାରେ ଏତେ ଉଚ୍ଚା ସ୍କାଏସ୍କ୍ରାପର୍ ତିଆରି ହୋଇଗଲା ସତ, ଅଡୁଆ ରହିଗଲା ୱିଣ୍ଡି ସିଟିର ଅମାନିଆଁ ପବନ ପାଇଁ। ମିସିଗାନ ଲେକ୍‌ର ନିକଟବର୍ତ୍ତୀ ହୋଇଥିବାରୁ ପବନର Lateral Pressure (ପାର୍ଶ୍ୱ ଚାପ) ତ ନିଶ୍ଚିତ ପଡ଼ିବ। ଏତେ ଛୋଟ ଫାଉଣ୍ଡେସନ ବେସ୍ ଉପରେ ସମ୍ପ୍ରସାରିତ ଷ୍ଟ୍ରକଚର୍ ହଲ୍‌ଚଲ୍ ହେବା ସୁନିଶ୍ଚିତ। ଏତେ ବଡ଼ ସ୍କାଏସ୍କ୍ରାପର୍‌ର ସନ୍ତୁଳନ ବିଗିଡ଼ିଲେ ଜନଜୀବନ ପ୍ରତି ବିପଦ। କିନ୍ତୁ ଆର୍କିଟେକ୍ଟ ଏଥିପାଇଁ ଏକ ସୁନ୍ଦର ସମାଧାନ ଖଞ୍ଜି ଦେଇଛନ୍ତି ବିଲ୍ଡିଂର ଶୀର୍ଷ ଦେଶରେ। ସବା ଉପରେ ୧୨ଟି Water Reservoir (ପାଣି ଟାଙ୍କି)ରେ ୬,୦୦,୦୦୦ ଲିଟରର ପାଣି ଷ୍ଟୋର୍ କରି ରଖାଯିବାର ବନ୍ଦୋବସ୍ତ କରିଦେଲେ। ତେଣୁ ଅଧିକା ପବନ ଯୋଗୁଁ Lateral Sway (ପାର୍ଶ୍ୱ ଚଳନ) ଘଟିଲେ ରିଜଭୟରର ପାଣି ବିପରୀତ ଦିଗରେ ଚଳନ ହେବ ଓ ବିଲ୍ଡିଂର ସନ୍ତୁଳନ ଏପଟସେପଟ ହେବନାହିଁ।

'ଫାର୍ଷ୍ଟ ଲେଡି', 'ଟ୍ୟୁନିଙ୍ଗ୍ ଫର୍କ' ତଳେ ଯିବା ବେଳକୁ ଏ ସମସ୍ତ ଷ୍ଟୋରୀ ମୁଁ ଗାଇଡ଼ଙ୍କ ଠାରୁ ଶୁଣି ନିଜ କାନକୁ ବିଶ୍ୱାସ କରିପାରୁ ନଥିଲି। କିନ୍ତୁ ଖୁସୀ ହେଲି ଯେ ଏତେବଡ଼ ଆର୍କିଟେକ୍‌ଚରାଲ ମାର୍ଭଲ, ପୃଥିବୀର Thinnest ସ୍କାଏସ୍କ୍ରାପର୍‌କୁ ଏତେ ପାଖରୁ ଦେଖିପାରିଲି। ତଥାପି ଅବସୋସ ରହିଗଲା, ନଦୀ ଭିତରୁ ଦେଖିଲି ବୋଲି। ପାଖକୁ ଯାଇ ଦେଖିଥିଲେ ମନବୋଧ ହୋଇଥାନ୍ତା !

8. Lake Point Tower :

ନିର୍ମାଣ - ୧୯୬୫-୬୮, ଉଚ୍ଚତା-୭୦ ମହଲା, ୬୪୫ ଫୁଟ।

ପ୍ରାୟ ୯୦ ମିନିଟ୍‌ର କ୍ରୁଜ୍ ସିକାଗୋର ପ୍ରସିଦ୍ଧ ସ୍କାଏସ୍କ୍ରାପର୍ ଗୁଡ଼ିକ ମଧ୍ୟ ଦେଇ। ସବୁ ସ୍କାଏସ୍କ୍ରାପର୍‌ର ପାଦଦେଶରୁ ଶୀର୍ଷ ପର୍ଯ୍ୟନ୍ତ ନଦୀରୁ ମୁଣ୍ଡ ଟେକି ଦେଖିବା

ଏକ ବିରଳ ସୁଯୋଗ। ଶହଶହ ସ୍କାଏସ୍କ୍ରାପର୍‌ରୁ କେବଳ ବଛାବଛା କେତୋଟିର ବିବରଣୀ ମୁଁ ଦେଇଛି। କ୍ରୁଜ୍ ଫେରିଲା ସିକାଗୋ ସାଉଥ୍ ନଦୀ ଦେଇ ମିସିଗାନ୍ ଲେକ୍ ସହିତ ମିଶିଥିବା ସ୍ଥାନ ପର୍ଯ୍ୟନ୍ତ। ଏଇଠି 'NAVY PIER' I 'ନାଭି ପିୟର' ସିକାଗୋର ବାଲିଯାତ୍ରା ପଡ଼ିଆ...। ସିକାଗୋ ବାସୀ ଓ ଟୁରିଷ୍ଟମାନଙ୍କର ସନ୍ଧ୍ୟା କାଳୀନ ମନୋରଞ୍ଜନ ପାଇଁ ଏଠି ବିଭିନ୍ନ ରାଇଡ୍ ସହିତ ରେଷ୍ଟୁରାଣ୍ଟ ଓ ଅନ୍ୟାନ୍ୟ ବ୍ୟବସ୍ଥା ସବୁ ରହିଛି। ଏଠି ସବୁଦିନ ଉତ୍ସବର ଦିନ। କିନ୍ତୁ ମୋ ପାଇଁ ତା'ଠୁ ବଡ଼ ଆକର୍ଷଣ ଥିଲା କିଛି ଦୂରରେ ଅବସ୍ଥିତ 'Lake Point Tower', ବୋଧେ ସିକାଗୋର ସୁନ୍ଦରତମ ଟାୱାର... ୧୭୨୫ଟି ଆବାସିକ ଆପାର୍ଟମେଣ୍ଟ ଥାଇ ଏହା ଏକ ପ୍ରିମିୟମ Condominium. Fidget Spinner ବା ତିନୋଟି ବ୍ଲେଡ୍ ଥିବା ଫ୍ୟାନ୍ ପରି ଏହାର ଆକାର। କଳା ରଙ୍ଗର ଗ୍ଲେଜ୍‌ଡ ଗ୍ଲାସ୍‌ର ଫସାଦ୍‌ରେ Golden Anodized Aluminium ର ଲାଇନିଂ ଲାଗିଛି। ଆକାଶ ମେଘାଚ୍ଛନ୍ନ ଥିଲେ ଏହା ସମ୍ପୂର୍ଣ୍ଣ କଳା ଦିଶେ। ଏହାର ତିନୋଟି ଯାକ ୱିଙ୍ଗ ପରସ୍ପର ଠାରୁ ୧୨୦° ବ୍ୟବଧାନରେ ବ୍ୟବସ୍ଥିତ। କ୍ରୁଜ୍ ସାରି ଫାର୍ଷ୍ଟ ଲେଡିର ଘାଟକୁ (ଜେଟୀ) ଫେରିଲୁ।

ମଧୁବାବୁ କହିଲେ, "ସମୟ ଅଛି, ଚାଲନ୍ତୁ River Walkରେ ଯିବା।" ସିକାଗୋ ନଦୀର ଡାହାଣ ଧାରରେ ଚାଲିଲୁ। ସହରବାସୀ ଓ ଟୁରିଷ୍ଟମାନଙ୍କ ପାଇଁ ରିଭର ୱାକ୍ ଏକ ପ୍ରମୁଖ ଆକର୍ଷଣ। ନଦୀ କୂଳରେ ଚାଲିବା ବା ଦୌଡ଼ିବା ପାଇଁ ରାସ୍ତା, ଅତି ସୁନ୍ଦର ଲ୍ୟାଣ୍ଡ- ସ୍କେପିଙ୍ଗ୍ ସହିତ ମଝିରେ ମଝିରେ ଖାଦ୍ୟ ପାନୀୟ ପାଇଁ ରେଷ୍ଟୁରାଣ୍ଟ ସବୁ ରହିଛି। ନଦୀରେ ଚଲେଇବା ପାଇଁ କାୟାକ୍ ବି ଏଠି ଭଡ଼ାରେ ମିଳେ। ରିଭର ୱାକ୍‌ରେ ଗଲେ ସ୍କାଏସ୍କ୍ରାପର୍ ଗୁଡ଼ିକୁ ଆଉ ଟିକେ ପାଖରୁ ଦେଖିହେବ। ଶହଶହ ପୁଅ ଝିଅ ଟ୍ରାକ୍‌ରେ ଦୌଡୁଥାନ୍ତି। ବୟସ୍କ ଲୋକମାନେ ଚାଲୁଥାନ୍ତି ବା ପାନୀୟ ସହ ନଦୀକୂଳରେ ବସି ଦେଖୁଥାନ୍ତି। ତଳେ ପାଣି, ଉପରେ ଆକାଶ ଓ ଆଖି ପାଇଲା ଯାଏ ରଙ୍ଗବେରଙ୍ଗୀ ସ୍କାଏସ୍କ୍ରାପର୍ ସବୁ। ଚମତ୍କାର ପରିବେଶ। ଯେତେ ସମୟ ବସିଲେ ବି ବୋର୍ ଲାଗିବ ନାହିଁ। ପ୍ରାୟ ଦୁଇ କିଲୋମିଟର ଚାଲିଲା ପରେ ଲଞ୍ଚ୍ ଟାଇମ୍ ହୋଇଯାଇଥିଲା। ରାସ୍ତା ଉପରକୁ ଉଠି ଆସିଲୁ। ସାମ୍ନାରେ ସିକାଗୋ ଟ୍ରିବ୍ୟୁନ୍ ଟାୱାର ଓ ଟ୍ରମ୍ପ ଟାୱାର ଆସିଲା। ନିହାତି ପାଖରୁ ଦେଖିଲୁ। ଟ୍ରମ୍ପ ଟାୱାର ସାମ୍ନାରେ ଫଟୋ ଉଠାଇବା ପାଇଁ ଭିଡ଼। ଆମେ ବି ଫଟୋ ନେଲୁ।

ଆସୁ ଆସୁ ଦେଖିଲି, ଦି'ଜଣ ପାକିସ୍ତାନୀ, ଦୁଇଜଣ ଗୋରା ଲୋକଙ୍କ ସହ ମିଶି କାଶ୍ମୀର ପାଇଁ ପ୍ରଚାର(ଅପପ୍ରଚାର!) କରୁଛନ୍ତି। ମେଜର ଲିଟୁଲ ଗୋଗୋଇଙ୍କର Human Shield ର ଫ୍ଲେକ୍ସ ଫଟୋ ଫୁଟ୍‌ପାଥ୍‌ରେ ଲଗାଇ କାଶ୍ମୀରରେ ଅତ୍ୟାଚାର

ହେଉଛି ବୋଲି ଲିଫ୍‌ଲେଟ୍ ବାଣ୍ଟୁଥାନ୍ତି। କିଛି ଲୋକ ଛିଡ଼ା ହୋଇ ଦେଖୁଥାନ୍ତି। ଆମେ ବି ଦି'ମିନିଟ ଛିଡ଼ା ହେଲୁ। ମୋର ତ ରକ୍ତ ତାତି ଉଠିଲା। ଭାବିଲି ଗୋରାଲୋକଙ୍କୁ ପଚାରିବି, କାଶ୍ମୀର ବିଷୟରେ ସେମାନେ କ'ଣ ଜାଣନ୍ତି। ମଧୁବାବୁ କିନ୍ତୁ ମତେ ଟାଣିନେଲେ। ଟୁରିଷ୍ଟ ଭିସାରେ ଆସି ରାସ୍ତାରେ ଶାନ୍ତି ବ୍ୟାହତ କରିବା ନିରାପଦ ନୁହେଁ। ସେମାନଙ୍କର ଗଣତାନ୍ତ୍ରିକ ଅଧିକାରରେ ଆମେ ହସ୍ତକ୍ଷେପ କରିବା ପାଇଁ କିଏ ?

ଲଞ୍ଚ୍ ଟାଇମ୍ ହୋଇଯାଇଥିଲା। ଏକ ରେଷ୍ଟୁରାଣ୍ଟରେ ମେକ୍ସିକାନ୍ ଫୁଡ୍ ଖାଇଲୁ। ଭାତ ଓ ଚିକେନ୍ ଝୋଳ ମିଶାମିଶି...ମନ୍ଦ ନୁହେଁ। ପାଦରେ ଚାଲି ଚାଲି ପହଞ୍ଚିଗଲୁ ମିଲେନିଅମ୍ ପାର୍କ। ଦି ବିନ୍ ଓ କ୍ରାଉନ୍ ଫାଉଣ୍ଟେନ୍ ଆଉ ଥରେ ଦେଖିବାର ସୁଯୋଗ ନେଲି।

9. BP Pedestrian Bridge:

ସିକାଗୋ ଆର୍କିଟେକ୍‌ଚରରେ ଏହା ଏକ ମାଇଲଷ୍ଟୋନ୍। ମିଲେନିୟମ୍ ପାର୍କରୁ ମିସିଗାନ୍ ଲେକ୍ ଫ୍ରଣ୍ଟକୁ ଯିବା ରାସ୍ତାରେ Columbus Drive ରାସ୍ତା ପାରିହେବା ପାଇଁ ସାପ ପରି ଅଙ୍କାବଙ୍କା ଡିଜାଇନ୍‌ରେ ଏଇ ଫୁଟ୍ ଓଭର ବ୍ରିଜ୍‌ଟି ତିଆରି ହୋଇଛି। ଅମୀର ଖାଁଙ୍କର Dhoom-3 ର ଗୀତ 'ତୁହି ଜୁନୁନ୍' ବି ଏଇ ସ୍ଥାନରେ ସୁଟିଂ ହୋଇଛି। ବ୍ରିଜ୍ ଉପର ଦେଇ ମିସିଗାନ ଲେକ୍ ଫ୍ରଣ୍ଟରେ ପହଞ୍ଚିଲୁ। ଡାହାଣ ପଟରେ ଦିଗ୍‌ବଳୟ ପର୍ଯ୍ୟନ୍ତ ଲେକ୍‌ର ନୀଳ ଜଳରାଶି। ସାମ୍ନାରେ ମିସିଗାନ୍ ଲେକ୍ ୟଟ୍ କ୍ଲବ୍‌ର ହାର୍ବର... ଶହଶହ ୟଟ୍ ଲେକ୍ ଭିତରେ ଘୂରୁଥାନ୍ତି ବା କୂଳରେ ବିଶ୍ରାମ କରୁଥାନ୍ତି। ଏଠି ବି କାନାଡ଼ିଆନ୍ ଗିଜ୍‌ମାନଙ୍କର ଭିଡ଼। ଘାସ ଉପରେ ବୁଲୁଥାନ୍ତି ବା ଲେକ୍‌ରେ ପହଁରୁଥାନ୍ତି। ଛୋଟ Duck ତା'ର ପିଲାମାନଙ୍କୁ ନେଇ ରାସ୍ତା ପାରି ହେଉଥାଏ। ମଣିଷ, ଗିଜ୍, ଡକ୍ ସମସ୍ତେ ଗୋଟିଏ ଜାଗାରେ ନିର୍ଭୟରେ ଚଲାବୁଲା କରୁଛନ୍ତି। ପ୍ରକୃତି ଉପରେ ସମସ୍ତଙ୍କର ସମାନ ଅଧିକାର...ବାମ ପଟରେ ଲୁପ୍ ଏରିଆ ଓ ମିସିଗାନ୍ ଆଭେନ୍ୟୁର୍ ଗଗନଚୁମ୍ବୀ ସ୍କାଏସ୍କ୍ରାପର୍ ସବୁ। ଅଳ୍ପ ଅଳ୍ପ ଚଲା ମେଘ ଥାଇ ନୀଳ ଆକାଶ ଓ ବିଭିନ୍ନ ରଙ୍ଗର ସ୍କାଏସ୍କ୍ରାପର୍ ସବୁ ଲେକ୍‌ଫ୍ରଣ୍ଟର ସ୍କାଏଲାଇନ୍‌ରେ ଖଞ୍ଜା ହୋଇ ରହିଥାନ୍ତି। ସମସ୍ତଙ୍କର ରଙ୍ଗ, ଡିଜାଇନ୍ ଅଲଗା ଅଲଗା। ଦୂରରୁ ବି ବାରିହୋଇଯାଏ ପ୍ରତିଟି ସ୍କାଏସ୍କ୍ରାପର୍‌ର ପରିଚୟ। ପୃଥିବୀ ପ୍ରସିଦ୍ଧ ଆର୍କିଟେକ୍ଟ ମାନଙ୍କର ସ୍ୱପ୍ନ ଏଇଠି ରୂପ ପାଇଛନ୍ତି। ରେସ୍ ଟୁ ସ୍କାଏ ଏବେ ବି ଅପ୍ରତିହତ...।

ସନ୍ଧ୍ୟା ହୋଇଆସୁଥିଲା। ଫେରିଲୁ। ଆଜି ମଧୁବାବୁଙ୍କ ଘରେ ଡିନର।

ସନ୍ଧ୍ୟାବେଳେ ପହଞ୍ଚୁ ପହଞ୍ଚୁ ଭାରତୀ ଅପା ଗରମ ଗରମ ବରା, ପିଆଜ ଓ ଲଙ୍କା ପରଶିଦେଲେ। ଏଇଟା ମଧୁବାବୁଙ୍କର ସବୁଠୁ ଫେବରିଟ୍ ସନ୍ଧ୍ୟାବେଳର ଟିଫିନ୍। ମୋର ବି ଏକା ପସନ୍ଦ। ରାତିରେ ରଞ୍ଜୁ ଓ ସୁଜାତା ଆସିଲେ। ଡିନର୍‌ରେ ଚିକେନ୍, ମାଛ, ପନିର ଆହୁରି କେତେ କ'ଣ। ମଧୁବାବୁଙ୍କର ଗପ ଅସରନ୍ତି। REC ଠାରୁ ଆମେରିକା ପର୍ଯ୍ୟନ୍ତ ଯାତ୍ରାର ବିବରଣୀ ଶୁଣିଲି... ବଡ଼ ଆମାୟିକ ବ୍ୟକ୍ତିତ୍ୱ.....

ରାତିରେ ଶୋଇଲା ବେଳେ ରିଭର ଫ୍ରଣ୍ଟ ଓ ଲେକ୍‌ଫ୍ରଣ୍ଟ କଥା ମନେ ପଡ଼ିଯାଉଥିଲା। ଏକ ଅପାସୋରା ସ୍ମୃତି ଜୀବନର... ଯଥାର୍ଥରେ... ନଦୀର ଧାରେ ଧାରେ, ଲେକ୍‌ର ତୀରେ ତୀରେ ଶୋଭାଯାତ୍ରା, ସ୍କାଏସ୍କ୍ରାପର୍‌ମାନଙ୍କର...

■

ନାପରଭିଲ୍ - ଘରେ ଘରେ ଉଡ଼ାଜାହାଜ

୨୫.୦୮.୨୦୧୯ - ୨୯.୦୮.୨୦୧୯

ପ୍ରାୟ ୭୦ ଦିନର ଆମେରିକା ରହଣୀରୁ ୩୦ ଦିନ ନାପରଭିଲ୍‌ରେ। ସନ୍ଧ୍ୟା ବେଳେ ରଞ୍ଜୁ, ସୁଜାତା କିମ୍ବା ମଧୁବାବୁଙ୍କ ସହିତ Wallmart ବା Costco ଗଲାବେଳେ ବା ଅନ୍ୟ ସମୟରେ କାର୍‌ରେ ବୁଲିଲା ବେଳେ ନାପରଭିଲ୍ ଉପରେ ଗୋଟେ ରଫ୍ ଆଇଡ଼ିଆ ହୋଇଯାଇଛି। ନାପରଭିଲ୍, ସିକାଗୋର ପଶ୍ଚିମକୁ ୪୫କି.ମି. ଦୂରରେ ଏକ ଛୋଟ ସବର୍ବାନ୍ ସହର। ଲୋକମାନେ ପ୍ରାୟ ସିକାଗୋରେ ଚାକିରି କରନ୍ତି ବା ବ୍ୟବସାୟ କରନ୍ତି। ୪୫କି.ମି, ଘଣ୍ଟାକର ରାସ୍ତା। ତେଣୁ ସିକାଗୋର ଭିଡ଼ଭାଡ଼ ଓ ମହଙ୍ଗା ଲାଇଫ୍ ଷ୍ଟାଇଲ୍‌ରୁ ଟିକେ ଦୂରରେ ଶାନ୍ତିରେ ରହନ୍ତି। କିନ୍ତୁ ଆମେରିକାର ଧନୀ ସହରଗୁଡ଼ିକ ଭିତରେ ନାପରଭିଲ୍‌ର ନାଁ ଥାଏ। ଆମେରିକାର ପର୍ କ୍ୟାପିଟା ଆଭରେଜ୍ ଇନକମ୍ - $ ୨୯,୦୦୦ ହେଲେ ନାପରଭିଲ୍‌ର $ ୪୭,୦୦୦। କ୍ରାଇମ୍ ରେଟ୍ ବି ଏଠି ବହୁତ କମ୍। ଜନସଂଖ୍ୟା ପ୍ରାୟ ୧,୫୦,୦୦୦। ୧୫% ଲୋକ ଏସିଆନ୍। ଇଣ୍ଡିଆନ୍ ତଥା ଓଡ଼ିଆଙ୍କ ସଂଖ୍ୟା ବି କମ୍ ନୁହେଁ। ଓଡ଼ିଆମାନେ ନିଜ ନିଜ ଭିତରେ ଯୋଡ଼ି ହୋଇଥାନ୍ତି। ସବୁ ପର୍ବପର୍ବାଣି ପାଳନ କରନ୍ତି। ଚିନ୍ମୟ ମିଶନ୍‌ରେ ସବୁ ଇଣ୍ଡିଆନ୍ ଏକାଠି ହୁଅନ୍ତି। ଜଗନ୍ନାଥ ମନ୍ଦିର କଥା ତ ଆଗରୁ କହିଛି।

ଅଧିକାଂଶ ଦିନ ସନ୍ଧ୍ୟାବେଳେ ୱାଲ୍‌ମାର୍ଟ କିମ୍ବା କଷ୍ଟ୍‌କୋ ଯାଉ ସପିଂ ପାଇଁ। ରଞ୍ଜୁ ସପିଂ କଲାବେଳେ ମୋର ଚାଲିଥାଏ ୱିଣ୍ଡୋ ସପିଙ୍ଗ୍।

ୱାଲ୍‌ମାର୍ଟ ଆମେରିକାର ତଥା ପୃଥିବୀର ବୃହତ୍ତମ ରିଟେଲ୍ ଷ୍ଟୋର। ପୃଥିବୀ ସାରା ଏହାର ୧୧,୫୦୦ ଷ୍ଟୋର୍‌ରୁ ଆମେରିକାରେ ୪,୭୦୦ ଷ୍ଟୋର। ଘରକରଣା ପାଇଁ ଗ୍ରୋସରୀ, ଡ୍ରେସ୍ ମାଟେରିଆଲ ଇତ୍ୟାଦି ସବୁ ଜିନିଷ ଏଠି ମିଳେ। ବଜାର ଦର

ଅପେକ୍ଷା ଶସ୍ତା। ଗୋଟିଏ ଛାତ ତଳେ ସବୁ ମିଳିଯାଉଥିବାରୁ ଲୋକମାନେ ଏହାକୁ ପସନ୍ଦ କରନ୍ତି।

ସେଇପରି କଷ୍ଟ୍‌କୋ ଆଉ ଏକ ବୃହତ୍ ରିଟେଲ୍ ଚେନ୍। ୱାଲ୍‌ମାର୍ଟ ପରେ ଏହା ଆମେରିକାରେ ଦ୍ୱିତୀୟ ବୃହତ୍ତମ ଷ୍ଟୋର। ଆମେରିକାରେ ୫୪୩ ଓ ପୃଥିବୀ ସାରା ୭୮୨ ଷ୍ଟୋର ରହିଛି। ଘରକରଣା ଜିନିଷ ସାଙ୍ଗକୁ ଘର ତିଆରି ଜିନିଷ (ଇଟା, ସିମେଣ୍ଟ, ବଗିଚା ମେସିନେରୀ, କାଠ ଜିନିଷ ଇତ୍ୟାଦି ଏଠି ମିଳିଯାଏ। ଏହା ଏକ ହୋଲ୍‌ସେଲ୍ ଦୋକାନ। ମେମ୍ବରସିପ୍ ନଥିଲେ ଦୋକାନରେ ପଶି ପାରିବନି। ୱାଲ୍‌ମାର୍ଟ ଅପେକ୍ଷା ଏଠି ଜିନିଷ ଶସ୍ତା। ଦିନକର କଥା। କଷ୍ଟ୍‌କୋ ଭିତରେ ବୁଲିବୁଲି ମୁଁ ଦେଖୁଥାଏ। ହଠାତ୍ ଦେଖିଲି ଜଣେ ଫ୍ଲୋର୍ ଏକ୍‌ଜିକ୍ୟୁଟିଭ୍, ୪୦-୪୫ ବର୍ଷୀୟା ଭାରତୀୟ ମହିଳା ଆଉ ଜଣେ ଭାରତୀୟାଙ୍କ ସହିତ ହିନ୍ଦୀରେ କଥା ହେଉଥିଲେ..। ପାଖରେ ଥିଲି। ମୋ କାନରେ ପଡ଼ିଲା- "ଯୋ ଭି ହୈ, ଇଣ୍ଡିଆ ତୋ ଜାନା ହୈ...।" ତାଙ୍କ କଣ୍ଠରେ ଅସହାୟତା ଓ ଉଦ୍‌ବିଗ୍ନତା ଜଣାପଡ଼ି ଯାଉଥିଲା। ଏଠି ଚାକିରି କରୁଛନ୍ତି। କେମିତି ଅଛନ୍ତି ଜଣାନାହିଁ, କିନ୍ତୁ ଦେଶକୁ ଯିବାର ଇଚ୍ଛା ମନରେ ଉଙ୍କି ମାରିଲାଣି। ଯାଇପାରିବେ କି ନାହିଁ ବୋଧେ ସନ୍ଦିହାନ। ମୁଁ ଆଉ ଟିକେ ପାଖକୁ ଯାଇ କହିଲି, "Come soon, Country is waiting for U". ମତେ ଆଶ୍ଚର୍ଯ୍ୟ ହୋଇ ଅନେଇଲେ। କେଇ ସେକେଣ୍ଡ ପରେ କହିଲେ, "Thanks. Your wishes should come true", କଣ୍ଠ ଭାରି ଓ ଆଖି ଛଳଛଳ ହୋଇ ଆସୁଥିବାର ଦେଖିଲି। ନମସ୍କାର କରି ଚାଲି ଆସିଲି।

Home with Hangars:-

ଆମେରିକାର ଘରଗୁଡ଼ିକ ବିଷୟରେ କହିଛି। ନାପରଭିଲ୍‌ରେ ରଞ୍ଜୁ ଦେଖେଇ ଦେଲା ଆଉ ପ୍ରକାରେ ଘର। 'Home with Hangars'। ଘର ସହିତ ଗ୍ୟାରେଜ ତ ସାଧାରଣ କଥା। କିନ୍ତୁ 'ହାଙ୍ଗର'! ହଁ, ଛୋଟ ଛୋଟ ଏରୋପ୍ଲେନ୍ ରହିବା ପାଇଁ ଗ୍ୟାରେଜ୍‌ର ନାଁ ହେଲା 'ହାଙ୍ଗର'। ନାପରଭିଲ୍‌ରେ ବ୍ୟକ୍ତିଗତ ବିମାନ ଥିବା ଲୋକଙ୍କ ସଂଖ୍ୟା କିଛି କମ୍ ନୁହଁ। ଆଖପାଖର ସହରକୁ ବ୍ୟବସାୟ ବା ବୁଲିଯିବା ପାଇଁ ଛୋଟ ଛୋଟ ବିମାନ ବ୍ୟବହାର କରନ୍ତି। ବିମାନ ପାଇଁ ତ Air Strip ଦରକାର। ତେଣୁ ବିମାନ ବ୍ୟବହାର କରୁଥିବା ଲୋକମାନେ ତାଙ୍କ ପାଇଁ ନିଜର ଘର ସହିତ ଏକ ପ୍ରାଇଭେଟ୍ ଏୟାରଷ୍ଟ୍ରିପ୍ ବି କରିଛନ୍ତି। ଏୟାରଷ୍ଟ୍ରିପ୍‌ର ଦୁଇପଟରେ ସେମାନଙ୍କର ଘର। ଘର ସାମ୍ନାରେ ପାର୍କିଂ ଜାଗାରେ ବା ଘର ସହିତ ଲାଗିକରି ଥିବା ହାଙ୍ଗରରେ ବିମାନଟି

ରହିବ। ଏଇ ହାଉସିଂ ସୋସାଇଟିର ନାଁ ହେଲା 'Napervill Aero Estates', ସଂକ୍ଷେପରେ 'Naper Aero'. ରାସ୍ତାରେ ଗଲାବେଳେ ଏଆରଷ୍ଟ୍ରିପ୍ ଓ ଘର ମଝିରେ ଖେଳଣା ଭଳି ଛୋଟ ଛୋଟ ସିଙ୍ଗଲ ଇଞ୍ଜିନ୍ ପ୍ଲେନ୍‌ଗୁଡ଼ିକ ଥୁଆ ହୋଇଥାନ୍ତି, ଆମ ଘର ଆଗରେ ସ୍କୁଟର ବା କାର୍ ପରି। ଲୋକମାନେ ସକାଳୁ ଘରୁ ବାହାରି ପ୍ଲେନ୍ ଧରି ଉଡ଼ିଯାଆନ୍ତି କାମରେ। ସନ୍ଧ୍ୟା ବେଳକୁ ସିଧା ଆସି ଘରେ ଓହ୍ଲାନ୍ତି।

ଦିନ ସରି ଆସିଲାଣି.....ମଝିରେ ଆଉ ଚାରୋଟି ଦିନ। ଭୁବନେଶ୍ୱର, କଟକ ସବୁ ଡାକିଲେଣି। ସମୟ ହେଇ ଗଲାଣି ପୃଥିବୀ ସେପଟକୁ ଯିବାର...

ଫେରିବା ଏଥର .....

୩୦.୦୮.୨୦୧୯ (ଶୁକ୍ରବାର)

ଶେଷରେ ଆସିଲା ୩୦.୦୮.୨୦୧୯। ଗୋଟେ ସ୍ୱପ୍ନର ଶେଷ, ଗୋଟେ ଅଭିଯାନର ଅନ୍ତ, ଗୋଟେ ଅନୁଭୂତିର ଅନ୍ତିମ ମୁହୂର୍ତ୍ତ, ଗୋଟେ କାହାଣୀର ଶେଷ ପୃଷ୍ଠା...

ରଞ୍ଜୁ ଆସି ସିକାଗୋ ଏୟାରପୋର୍ଟରେ ଛାଡ଼ିଦେଲା। ତା' ପାଖରେ ପ୍ରାୟ ମାସକର ରହଣି। ଗୋଟିଏ ମୁହୂର୍ତ୍ତ ବି ମୋର ଅସୁବିଧା ହେଇନି। ରଞ୍ଜୁ ଓ ସୁଜାତା ମୋର ପସନ୍ଦର ଖାଇବା, ବୁଲିବା, ସପିଂ କରିବାର ସୁବିଧା କରିଦେଇଛନ୍ତି। ମୋ ପାଇଁ ବଡ଼ ସୁବିଧା ଓ ତାଙ୍କ ପାଇଁ ବଡ଼ ଅସୁବିଧା... ହାଫ୍ କପ୍ ବିନା ଚିନିରେ ଚା... ଚୁଲି, ସସ୍‌ପ୍ୟାନ୍, କପ୍ ସମସ୍ତଙ୍କ ପାଇଁ ଗୋଟେ ନୂଆ ଅଭିଜ୍ଞତା। ୨/୩ କପ୍ ପାଣି, ୧/୩ କପ୍ କ୍ଷୀର, ୧ ଚାମଚ ଚା... ୩ ମିନିଟ୍ ଫୁଟିବ... ଏଇସବୁ ମିଶିଲେ ମୋର ହାଫ୍ କପ୍! କିନ୍ତୁ ସକାଳେ ସଞ୍ଜରେ ମତେ ମିଳିଯାଏ ଠିକ୍ ସମୟରେ... ସୁଜାତାଙ୍କ ସୌଜନ୍ୟରୁ...

ସିକାଗୋ, O' Hare International Airport ରୁ ଏତିହାଦ୍‌ର ଫ୍ଲାଇଟ୍ ରାତି ୨୧.୧୫ରେ। ଡ୍ୟୁଟି ଫ୍ରିରୁ କିଣିଲି Black Label Whisky. ଦୁଇଟି ବଟଲ୍‌କୁ $୬୩। ଶସ୍ତା ହୋଇଥିବ ଏଠି! ବନ୍ଧୁମାନଙ୍କ ପାଇଁ ଏଇଟା ଦରକାର...। ଗତ ରାତିରେ ୱେବ୍ ଚେକ୍-ଇନ୍ କରି ଦେଇଥିଲି। ୱିଣ୍ଡୋ ସିଟ୍ ମିଳିଯାଇଥିଲା। ଜଗନ୍ନାଥଙ୍କୁ ମୁଣ୍ଡିଆ ମାରି ବସିଲି। ଠିକ୍ ସମୟରେ ବିମାନ ଛାଡ଼ିଲା। ମୋ ପାଖରେ ଦୁଇଟି ସିଟ୍‌ରେ ଦି'ଜଣ ସ୍ୱାମୀ, ସ୍ତ୍ରୀ ବସିଥାନ୍ତି। ଇଣ୍ଡିଆନ୍ ପରି ଲାଗିଲା। ପଦେ ଦି'ପଦ ହିନ୍ଦୀରେ କଥା ହୋଇ ଶୋଇପଡ଼ିଲି। ୪-୫ଘଣ୍ଟା ପରେ ନିଦ ଭାଙ୍ଗିଲା ବେଳକୁ ପୂରା ଦିନ। ସୂର୍ଯ୍ୟ

କିରଣ ଟାଣ ହୋଇଯାଇଥିଲା। ପଶ୍ଚିମରୁ ପୂର୍ବକୁ ଆସୁଥିବାରୁ କିଛି ସମୟ ଆଗୁଆ ହୋଇଯାଇଛି। ବ୍ରେକ୍‌ଫାଷ୍ଟ ଖାଇସାରିଲା ପରେ ଭଦ୍ରଲୋକଙ୍କୁ ପଚାରିଲି "ଘର କେଉଁଠି" ? "ରାଓ୍ୱଲ ପିଣ୍ଡି"..... ଚମକି ପଡ଼ିଲି... ସିଧା ହୋଇ ବସିଲି। ଆଉ କିଛି ପଚାରିଲି। ସେମାନଙ୍କ ପୁଅ ପାଖକୁ ଯାଇଥିଲେ। ଏବେ ଫେରୁଛନ୍ତି। ମନେପଡ଼ିଲା ସେଣ୍ଟଲୁଇସ୍‌ରେ ଆଫ୍ରୋଜ - ଟ୍ୟାକ୍ସି ଡ୍ରାଇଭର କଥା... ଠିକ୍ ଆମରି ପରି। ସିନେମା ଦେଖୁଥିଲି କାନରେ ଇଅରଫୋନ୍ ଦେଇ। ହଠାତ୍ ତାଙ୍କର ସ୍ତ୍ରୀ ବ୍ୟସ୍ତ ହୋଇପଡ଼ିଲେ। ଏଆର ହୋଷ୍ଟେସ୍‌କୁ ଡାକିବାକୁ କହିଲେ। ପଚାରିଲି "କ'ଣ ହେଲା ?" "ସୁଗାର୍ କମ୍ ହୋ ଗୟା, କୁଛ୍ ଖାନେକେ ଲିଏ ଚାହିଏ।" ଏୟାର ହୋଷ୍ଟେସ୍ ଆସିବାରେ ଡେରି ହୋଇପାରେ। ମୋ ପାଖରେ ଥିଲା ହଲ୍‌ଦିରାମ୍‌ର ଭୁଜିଆ ଆଉ ସୁଜାତା ପ୍ୟାକ୍ କରିଦେଇଥିବା ପରଟା ଓ ତରକାରୀ। ଗତକାଲି ରାତିରେ ଖାଇନଥିଲି। ଏୟାର ହୋଷ୍ଟେସ୍‌ଙ୍କୁ ଡାକିବା ଦରକାର ପଡ଼ିଲାନି। ପରଟା, ତରକାରୀରେ ଲେଖା ହୋଇଥିଲା ସେ ଭଦ୍ରବ୍ୟକ୍ତିଙ୍କ ନାଁ। କେଇ ମିନିଟ୍ ପରେ ସେ ନର୍ମାଲ୍ ହୋଇଗଲେ। ପରଟା ଶତ୍ରୁ ମିତ୍ର ବୁଝେନି, ବୁଝେ ପେଟର ଭୋକ କଥା। ତାଙ୍କ ପାଇଁ 'ଆଲ୍ଲା' ଏ ବନ୍ଦୋବସ୍ତ କରିଦେଇଥିଲେ... ଶୁକ୍ରିୟା 'ଭଗବାନ'...

ସିକାଗୋରୁ ୧୩ ଘଣ୍ଟା ୩୫ ମିନିଟ୍‌ର ଉଡ଼ାଣ ଆବୁଧାବି ପର୍ଯ୍ୟନ୍ତ। ପ୍ରାୟ ଘଣ୍ଟାଏ ସମୟ ସଞ୍ଚୟ ହୋଇଯାଇଛି। ଆସିବା ସମୟ ଅପେକ୍ଷା। କାରଣ ତ ଆଗରୁ କହିଛି। ଠିକ୍ ସମୟରେ ଆବୁଧାବି ପହଞ୍ଚିଲୁ (ରାତି ୨୦.୦୦)। ସେ ଏଇଠି ଓହ୍ଲାଇଗଲେ। ଅନ୍ୟ ଟର୍ମିନାଲରୁ ତାଙ୍କର ଫ୍ଲାଇଟ୍...। ଗଲାବେଳେ ପଛକୁ ବି ଚାହିଁଲେନି। ଖୁଦା ହାଫିଜ୍... ଦୋସ୍ତ (ଦୁଶ୍ମନ୍ !!!)। ଏଠି ଡ୍ୟୁଟି ଫ୍ରିରେ ଦେଖିଲି ବ୍ଲାକ୍ ଲେବେଲର ଦାମ୍ $ ୫୦.୦୦। $୧୩.୦୦ କ୍ଷତି ତା'ହେଲେ...। କିନ୍ତୁ ଆମେରିକାରୁ ତ ଆଣିଛି ନାଁ!! ୨୨.୧୫ Hrsରେ ବିମାନ ଆବୁଧାବି ଛାଡ଼ିଲା। ଦିଲ୍ଲୀ ପହଞ୍ଚିଲୁ ରାତି ୩.୧୫Hrs, ୩ଘଣ୍ଟା ୩୦ମିନିଟ୍‌ର ଉଡ଼ାଣ। ଦିଲ୍ଲୀ ଡ୍ୟୁଟି ଫ୍ରିରେ ବ୍ଲାକ୍ ଲେବେଲର ଦାମ୍ $ ୩୯.୯୯ !! ଲାଭ କେତେ କ୍ଷତି କେତେ!!!!

ଝିଅ ଘରେ ପହଞ୍ଚିଲି, ସକାଳ ୫.୩୦ Hrs.।

08.09.2019 (ରବିବାର)

ଆଜି ଦିଲ୍ଲୀରୁ ଭୁବନେଶ୍ୱର। ଯାତ୍ରାର ଶେଷ ଭାଗ। ଠିକ୍ ସମୟରେ ଆସି ଚେକ୍ ଇନ୍ କଲି। ଗୋଟିଏ ଲଗେଜ୍‌ର ଓଜନ ଟିକେ ଅଧିକା ଥିଲା। ଡେସ୍କରେ ବସିଥିବା ଏକ୍‌ଜିକ୍ୟୁଟିଭ୍ ଅନ୍ୟ ଲଗେଜ୍ ସହିତ ଏପଟ ସେପଟ କରିଦେବାକୁ କହିଲା

ଓ ଛାଡ଼ିଦେଲା । ସିକ୍ୟୁରିଟି ଚେକ୍ କରି ଗେଟ୍ ସେପଟକୁ ଯାଇଛି । ପଛରୁ ଡାକରା ଆସିଲା, "ହାଣ୍ଡବ୍ୟାଗ୍ ଖୋଲ... ।" କହିଲି, "ତା' ଭିତରେ ତ Duty Paid Liquor ଅଛି, ଅସୁବିଧା କ'ଣ ?" ବୋଧେ ସବୁଠୁ ବଡ଼ ହଇରାଣ ମୋ ଜୀବନର କୌଣସି ଏୟାରପୋର୍ଟରେ । ଉପର ଅଫିସରଙ୍କୁ ଅନୁରୋଧ କରିଲାରୁ ସେମାନେ କହିଲେ ଏୟାର ଇଣ୍ଡିଆର ଗେଟ୍‌ରୁ ପରମିଶନ ଆଣିଲେ ଛାଡ଼ିଦେବେ । ଗେଟ୍ ନମ୍ବର ୯, ଭାବୁଥିଲି ପାଖରେ, କିନ୍ତୁ ପ୍ରାୟ ଗୋଟେ କିଲୋମିଟର । ଦୌଡ଼ିକରି ଯାଇ ପଚାରିଲି । ସେମାନେ ମନା କଲେ । ଲଗେଜ୍ ଏଠି ଛାଡ଼ିଦେଇ ଯାଇଥିଲି । ପୁଣି ଫେରିଲି । ସମୟ ହୋଇଯାଉଥିଲା । ସିକ୍ୟୁରିଟି ପାଖରେ ତାକୁ ଛାଡ଼ିଦେଇ ଦୌଡ଼ିଲି । କୌଣସି ପ୍ରକାରେ ଗୋଟେ ବ୍ୟାଟେରୀ ଗାଡ଼ି ମିଳିଗଲା । ଗେଟ୍ କ୍ଲୋଜ୍ ଆଗରୁ ପହଞ୍ଚିଗଲି । ସିଟ୍‌ରେ ବସିଲି । ପ୍ଲେନ୍ ଛାଡ଼ିଲା... । ଛାତି ଦମ୍ ଦମ୍ ଭିତରେ ଭାବିଲି ଏତେ ଅସୁବିଧା ଠାକୁର କାହିଁକି ରଖିଥିଲେ ଶେଷ ବେଳକୁ । $ ୬୩.୦୦ର ଦାମୀ ଜିନିଷ ଶେଷରେ ହାତରୁ ଗଲା ! କିନ୍ତୁ ଜଗନ୍ନାଥ କାହିଁକି ଟିକେ ସାହାଯ୍ୟ କଲେନି ? ଚେକ୍ ଇନ୍ ଲଗେଜ୍‌ରେ ରଖିଥିଲେ କିଛି ଅସୁବିଧା ହୋଇନଥାନ୍ତା । ଏତିକି ବୁଦ୍ଧି ତ ଦେଇପାରିଥାନ୍ତେ ! ମୋର କ୍ଷତି କରେଇଦେଲେ... ! !

ପାଞ୍ଚ ମିନିଟ୍ ପରେ ଅଧା ଆକାଶରେ ପହଞ୍ଚି ସାରିଲା ପରେ ହଠାତ୍ ମନରେ ଆସିଲା... ମୋର ତ MOU ଦିଲ୍ଲୀ-ଆମେରିକା-ଦିଲ୍ଲୀ ପାଇଁ ହୋଇଥିଲା... । ଦିଲ୍ଲୀ-ଭୁବନେଶ୍ୱର ତ MOUରେ ନଥିଲା । ତେଣୁ ଜଗନ୍ନାଥଙ୍କର ବା ଦୋଷ କ'ଣ ? ତା' ଛଡ଼ା କୋଉ ଗୋଟେ ଭଲ ଜିନିଷଟେ ଯେ, ସେ ସାହାଯ୍ୟ କରିଥାନ୍ତେ ! ! ପୃଥିବୀର ସେପଟେ ତ ଘଣ୍ଟ ଘୋଡ଼େଇକି ରଖିଥିଲେ । ପୃଥିବୀ ଏପଟ କଥା ପାଇଁ ତାଙ୍କୁ କାହିଁକି ଦୋଷ ଦେବି ? ? ? ଥ୍ୟାଙ୍କସ୍ ପ୍ରଭୁ... ।

■

ନ୍ୟୁୟର୍କ – AMNH

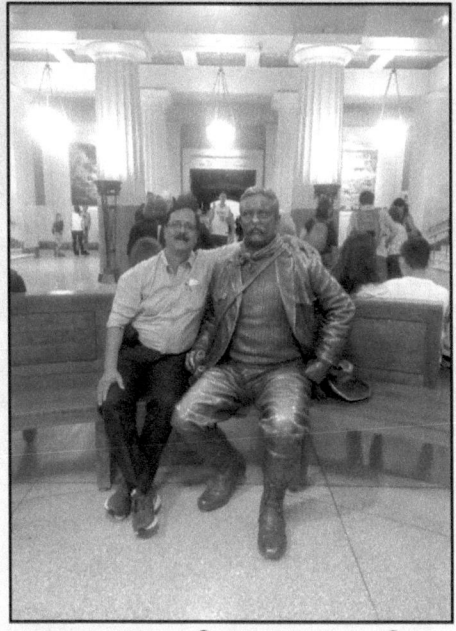

AMNHରେ ଟେଡି ରୁଜ୍‌ଭେଲ୍‌ଟଙ୍କ ସହିତ

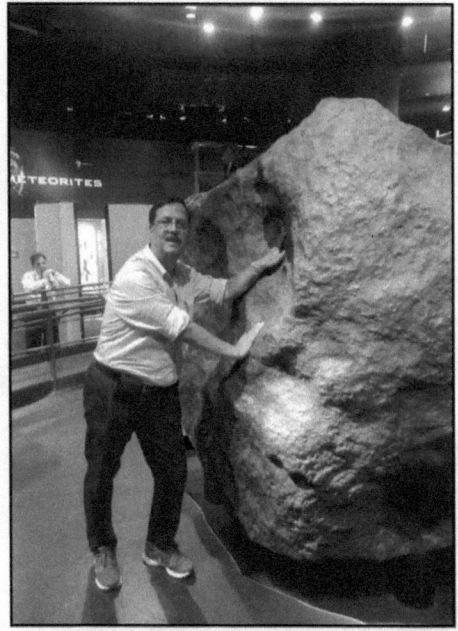

AMNHରେ Cape York ଉଲ୍‌କା ସହ ସାକ୍ଷାତ

ନ୍ୟୁୟର୍କ – AMNH ଓ ଅକ୍ୟୁଲସ୍

ମିନିକ୍

ଅକ୍ୟୁଲସ୍ ଭିତରେ

ନ୍ୟୁୟର୍କ – ବ୍ରାୟଣ୍ଟ ପାର୍କ ଓ ଟାଇମ୍ ସ୍କୋୟାର

ବ୍ରାୟଣ୍ଟ ପାର୍କରେ ଏକ ଅଳସ ଅପରାହ୍ନ

ଟାଇମ୍ ସ୍କୋୟାରରେ DESNUDASମାନେ

ଆଲବାନୀ

ପ୍ରଧାନୀ ବାବୁଙ୍କ ଘରେ, ପଖାଳ ପରେ ପରେ

ପ୍ରଧାନୀ ବାବୁଙ୍କ ଘର

ୱାସିଙ୍ଗଟନ୍ ଡିସି

ଆମେରିକାନ୍ କଂଗ୍ରେସ ସାମ୍ନାରେ

ହ୍ୱାଇଟ୍ ହାଉସ୍ ସାମ୍ନାରେ

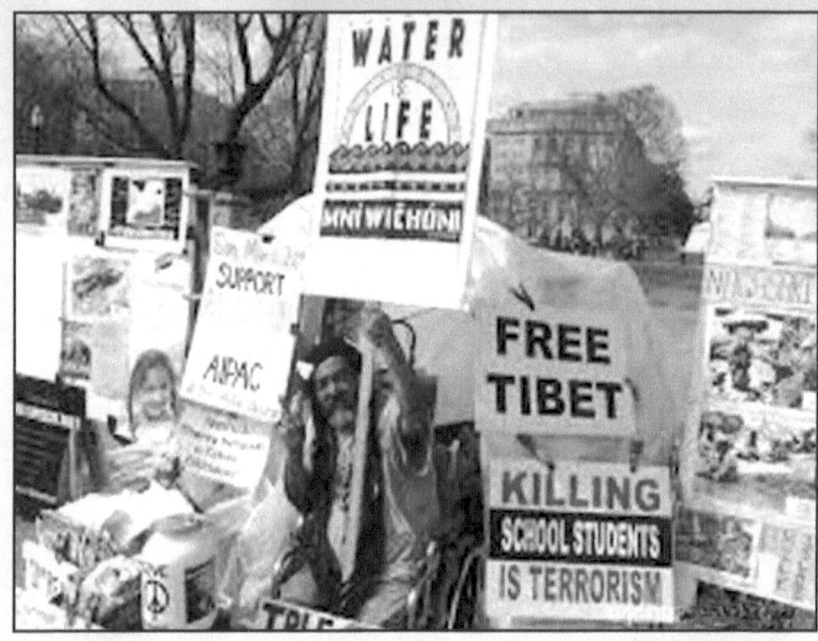

ରାଷ୍ଟ୍ରପତିଙ୍କ ନିକଟତମ ପଡ଼ୋଶୀ- MELAKU BELLO

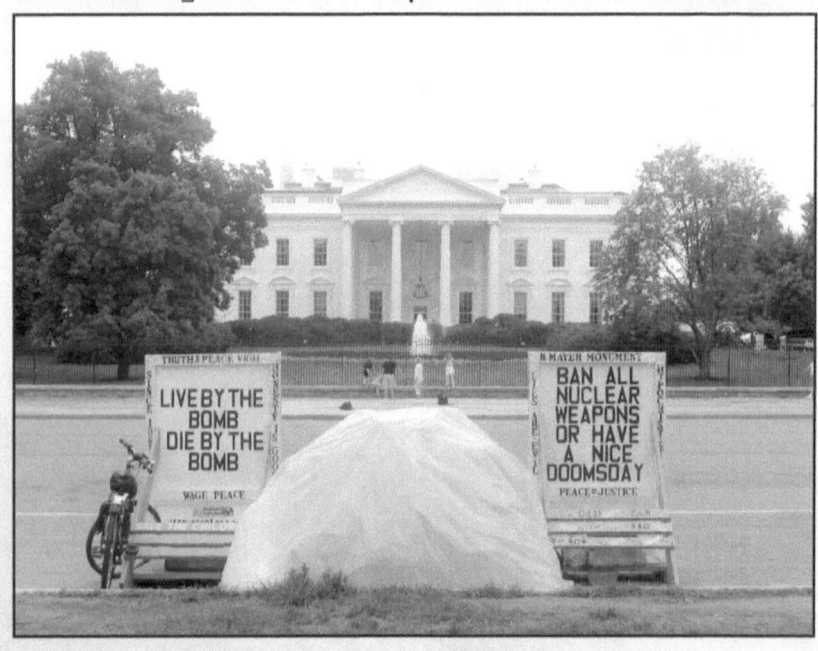

ହ୍ୱାଇଟ୍ ହାଉସ୍ ସାମ୍ନାରେ 'ପିସ ଭିଜିଲ' ଇଗ୍‌ଲୁ

କେନେଡି ସ୍ପେସ୍ ସେଣ୍ଟର (ନାସା)

ଶୟନ ମୁଦ୍ରାରେ ସଟଲ୍ ଆଟଲାଣ୍ଟିସ୍

ଜଣେ ଆଷ୍ଟ୍ରୋନଟ୍‌ଙ୍କ ସହିତ

ବାହାମାସ୍ କ୍ରୁଜ୍

କ୍ରୁଜ୍‌ରେ ରବୀନ୍ଦ୍ର ସହିତ

ଫ୍ଲୋ ରାଇଡରର ମଜା

ସାନ୍‌ଫ୍ରାନ୍‌ସିସ୍କୋ

ପିୟର' ୩୯ରେ ସି-ଲାୟନ୍‌ମାନଙ୍କର ଭିଡ଼

ଘର ସାମ୍ନାରେ ସିଡ଼ି

ତାରେଁ ଜମିନ୍ ପର୍- ଲସ୍‌ଆଞ୍ଜେଲ୍‌ସ

ୱାକ୍ ଅଫ୍ ଫେମ୍-ହଲିଉଡ୍ ବୁଲ୍‌ଭାର୍ଡ୍

ଡୋନାଲ୍‌ଡ ଟ୍ରମ୍ପ ତାରା

ମେରିଲିନ୍ ମନ୍‌ରୋ ତାରା

ମାଇକେଲ୍ ଜାକ୍‌ସନ ତାରା

ମାଇକେଲ୍ ଜାକ୍‌ସନଙ୍କ ସହିତ ପାଦ ମିଳାଇବାର ଦୁଃସାହସ

ନାପରଭିଲ୍

ଶ୍ରୀମତୀ ଓ ଶ୍ରୀ ନୀଳମାଧବ ନନ୍ଦଙ୍କ ସହିତ ସାକ୍ଷାତ ୨୫ ବର୍ଷ ପରେ

ରଞ୍ଜୁ ଘର ସାମ୍ନାରେ ଆମେ ଦୁଇଭାଇ

ଚିନ୍ମୟ ମିଶନ୍‌ରେ – ସ୍ୱାମୀ ଶରଣାନନ୍ଦ, ରଞ୍ଜୁ ଓ ମଧୁସୂଦନ ଖୁଣ୍ଟିଆଙ୍କ ସହିତ

ସେଣ୍ଟଲୁଇସ୍

ତପୁଭାଇ, ମୀରା ଅପା, ବାପୁ ଓ ବର୍ଷାଙ୍କ ସହିତ

ଗେଟ୍‌ୱେ ଅଫ୍ ଆର୍କ ସାମ୍ନାରେ

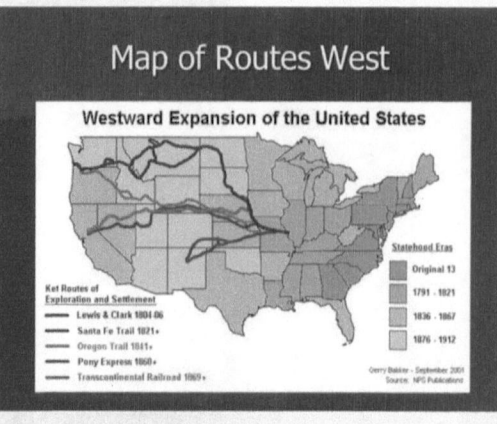

ପଶ୍ଚିମ ସଂପ୍ରସାରଣର ଟ୍ରେଲ୍ ସବୁ

ଡେନ୍ଭର

ଏଷ୍ଟେସ୍ ନ୍ୟାସନାଲ ପାର୍କରେ ପିଙ୍କୁ ଓ ଆନନ୍ଦଙ୍କ ସହିତ

ମିଲେନିଅମ୍ ବ୍ରିଜ୍

ପିଙ୍କୁ, ଜିତ୍ ଓ ସୋନାକ୍ଷୀଙ୍କ ସହିତ

ପବନର ସହର ସିକାଗୋ

କ୍ଲାଉଡ୍ ଗେଟ୍ ସାମ୍ନାରେ ପରୀ

କ୍ରାଉନ୍ ଫାଉଣ୍ଟେନ୍

କ୍ଲାଉଡ୍ ଗେଟ୍- ଆକାଶ ସହ ଭୂମି ଏକାତ୍ମହେବାର ମୁହୂର୍ତ୍ତ

ସିକାଗୋ ନଦୀର ଧାରେ ଧାରେ

ଲେକ୍ ପଏଣ୍ଟ ଟାୱାର

ଟ୍ରମ୍ପ ଟାୱାର

ଟ୍ୟୁନିଙ୍ଗ୍ ଫର୍କ ଟାୱାର

ମଧୁସୂଦନ ଖୁଣ୍ଟିଆଙ୍କ ସହିତ ମିସିଗାନ ହ୍ରଦ କୂଳରେ

ରଞ୍ଜୁ ପରିବାର ସହିତ

ଅକ୍ୟୁଲସ୍

www.ingramcontent.com/pod-product-compliance
Lightning Source LLC
Chambersburg PA
CBHW060548080526
44585CB00013B/482
* 9 7 8 1 6 4 5 6 0 7 2 7 4 *